北京农村年鉴

2012

中国农业出版社

北京农村年鉴

2012

2011年6月21日，中共中央政治局委员、中共北京市委书记刘淇，市委副书记、市长郭金龙到密云县穆九沟域所在地穆家峪镇视察华润希望小镇项目建设情况。

2011年10月10日，中共北京市委副书记、市长郭金龙和农业部部长韩长赋视察北京“三秋”工作，并视察顺义区顺鑫石门市场。市委常委牛有成陪同。

2011年9月15日，市人大主任杜德印参加朝阳区乡人大代表换届宣传日崔各庄分会场活动，市人大副主任赵凤山一同参加。

2011年10月11日，市委常委牛有成和市农委、市发改委、规划委、财政局等十余个部门的主要领导到四季花海调研山区沟域经济。

2011年3月2日，北京市副市长夏占义在北京市农村经管工作会议上讲话。市委农工委书记、市农委主任王孝东、市政府副秘书长安钢、市农村经济研究中心党组书记、主任郭光磊参加会议。

2011年6月21日北京市副市长夏占义视察房山区“三夏”工作。

平谷区金海湖镇将军关新村新民居

通州区潞城镇武疃村葡萄园中低碳村

房山区蒲洼乡东村花台“欧式空中别墅”

朝阳区高碑店乡高碑店村平津古闸遗址重新修复

文化新大街——北京高碑店

房山区青龙湖镇晓幼营村

密云县北庄镇朱家湾村搬迁新村

密云县古北口镇司马台搬迁新村

密云县黄土梁农民新村

密云县石城镇红星村山区搬迁新村

密云县太师屯镇龙潭沟村新村

密云县穆家峪镇阁老峪新村

延庆县康庄镇火烧营村抗震节能工程——墙体保温

通州区吊炕

北京市农村基本金融服务村村通工程启动仪式

房山区张坊镇大峪沟村柿事如意科技园

通州区食用菌种植

门头沟区发展黄芩产业，种植黄芩626.13公顷，促进了农民增收。

北京市妙峰山镇樱桃标准化示范区

门头沟区妙峰山古岸农庄

密云县万亩葵花园

大兴区榆垡镇小黄垡村示范户朱永龙2011年春大棚黄瓜亩产18621.7千克、产值4.05万元，单产创历史生产新水平，获全市春大棚黄瓜高产竞赛第一名。

延庆县沈家营镇临河村景观作物品种引进与筛选基地。

市农业技术推广站在昌平区南邵镇营坊村昆利果园建立苹果环绕滴灌施肥技术示范基地140亩，配套行间生草覆盖和果枝粉碎覆盖等技术措施。

北京农业职业学院建成食品安全检测中心

北京农业职业学院与北郎中农工贸集团合乍推进糯玉米产业化技术开发

北京农业职业学院《生态型奶业发展的技术集成与示范》项目通过验收

市气象局会商天气预报开展气象服务

京科968

丽春

国禧10

京莲白2号

京引野青茅

华

樱桃-彩霞

京研107

京枣1

京研快菜4号

市农科院新品种介绍

平谷区玻璃台新村与青山绿水融为一体，大力发展沟域经济。村民居住环境得到改善，收入提高。

密云县在沟域经济发展中引入社会资本，与中青旅集团合作，开发古北水镇项目，打造北方的“江南水乡”。图为初步成型的古北水镇。

延庆县“四季花海”沟域风景如画，吸引大量游客前来参观游玩，实现了山区经济和生态建设统筹发展。

延庆县“四季花海”沟域大力发展花卉产业，为山区农民提供了大量就业机会。四海镇农民正在花卉种植基地工作。

昌平区在旅游业的发展中，打造环境优美的乡村酒店，深受市民欢迎。图为昌平区苹乐园乡村酒店。

房山区张坊镇的沟域经济建设依托当地特色产品，发展创意文化产业。图为以房山“大盖柿”为背景，打造独具一格的“柿柿如意桥”。

昌平区依托区内山林资源，将自然风光与民俗旅游结合起来，打造山区旅游产业。图为昌平区双龙山，有着大自然的原始风景，四面环山，村民热情、纯朴。

怀柔区汤河口镇发挥山区自然优势，以沟域经济带建设为抓手，加大滨水景观建设力度，相继打造"银河谷"、"白河湾"、"天河川"等著名经济沟和景观产业带。图为天河川林下公园。

怀柔区白河湾将民俗接待产业作为山区沟域经济发展重点。图为独具特色的白河湾八宝堂民俗接待户。

密云县山区社会事业发展之北京曜阳国际老年公寓

密云县山区生态产业发展之穆家峪镇九松山乡村俱乐部

房山区蒲洼乡以沟域经济建设为契机，充分发掘利用山区优良的自然生态资源，发展休闲、健康产业。图为该乡打造的花台“养生山吧”。

怀柔区天河川沟域天河公园之一

怀柔区天河川沟域天河公园之二

平谷区十八弯沟域

延庆县四季花海沟域万寿菊园

房山区张坊镇沟域经济项目——米菊茶园

亚洲最大的活体蝴蝶观赏园——顺义七彩蝶园

2011北京草莓季启动仪式现场

朝阳区蟹岛农耕节

小朋友在昌平小汤山现代农业园内体验豆腐制作

市民在丰台南苑农民公社享受双休日的低碳生活

市民在通州区禾阳都市休闲农庄进行农耕体验

密云水库开捕喜迎“北京密云鱼王美食节”

延庆县四海镇四季花海醉游人

百对佳偶浪漫平谷桃花海

位于密云县巨各庄镇的全国五星级休闲农业园区——张裕爱斐堡国际酒庄

海淀区上庄镇北京尚庄金地农业观光园森林氧吧

为引导城市资金流向农村地区，自2006年起，北京农商银行已经连续举办五届“凤凰乡村游体验新农村”。2011年7月25日，北京农商银行举办了凤凰乡村游“大美体验客”活动。

朝阳区召开全区农村集体资产清产核资工作培训会

丰台区经管站联合检查组听取王佐镇合同管理先进经验汇报

房山区召开农村集体“三资”监管工作现场会

昌平区南口镇花塔村召开股份经济合作社分红大会

大兴区农业承包合同仲裁委员会首次开庭

密云县法院召开土地承包经营权流转问题研讨会

海淀区举办农经合同管理、合作管理知识竞赛

美丽乡村颁奖

农民工参加文化活动

文化活动室、图书室、数字影厅、文化信息资源共享工程接受店先后实现了村级全覆盖，极大地满足了广大农民文化需求。

文化设施：乡村舞台

文化设施：益民书屋

星火工程文艺演出

大兴区青云店社区医生正在宣传家庭医生式服务

社区民警为农民挂上喜庆灯笼

延庆县永宁小学改造后的教学楼

延庆县永宁小学改造后的平房宿舍

密云县新农村小学新建的操场

密云县新农村小学新建的教学楼

密云县新农村小学新建的教学楼语音教室

密云县新农村小学新建的教学楼音乐教室

《北京农村年鉴》编辑委员会

《北京农村年鉴》编辑部

凡　例

一、《北京农村年鉴》是集中反映北京郊区经济和社会发展情况的大型资料性工具书和史料文献。在中共北京市委农村工作委员会和北京市农村工作委员会的领导下，由北京市农村经济研究中心主持编纂。

二、《北京农村年鉴》在马列主义、毛泽东思想、邓小平理论和“三个代表”重要思想的指导下，贯彻科学发展观，以丰富、翔实的资料和客观、真实的记述，使社会各方面增进对北京郊区农村的认识与了解，促进北京地区各行业和国内外与京郊农村的合作、交流，也为地方史志的编写积累珍贵的历史资料。

三、依据年鉴编纂惯例，当年出版的《北京农村年鉴》，标为本年度，而反映上个年度的情况。为增强年鉴的时效性，对本年度年初中共中央和中共北京市委发布的指导农业和农村工作的重要文件，也予以收入。

四、《北京农村年鉴》基本写作形式为条目体，并选载适量文章，辅以图片、图表，使读者对北京郊区情况有一完整了解。

五、《北京农村年鉴》所设栏目与类目基本固定，而依据年度变化情况作适当调整。

六、《北京农村年鉴》稿件，由市委农工委、市农委各职能部门，市农业系统各单位，各郊区县，并邀请各有关部门，确定专人撰写，均经各部门主管领导审阅。有关数据采用国家和市统计部门发布的权威数字；未列入国家和市统计范围的，采用业务部门经过核实、可以发布的数字。

目　录

特　载

文献选载

领导视察

综　述

社会主义新农村建设

都市型现代农业

郊区园林绿化美化建设

郊区二、三产业

农村金融

农产品流通

郊区城镇建设

农村环境与基础设施建设

山区建设

科技进步

农民生活与农村社会保障

农村改革与管理

农村社会事业

农村法制建设

维护农村社会稳定

领导班子建设与基层组织建设

区域合作

区县农情

市农业系统行政、事业单位

大 事 记

统计资料

特　载

中共中央　国务院
关于加快推进农业科技创新
持续增强农产品供给保障能力的若干意见

（2012 年 2 月 2 日）

2011 年，各地区各部门认真贯彻中央决策部署，同心协力，扎实工作，克服多种困难挑战，农业农村保持了强劲发展势头。粮食生产稳定跃上新台阶，农民增收成效喜人，水利建设明显加速，农村民生持续改善，农村社会安定祥和。农业农村形势好，有力支撑了经济平稳较快发展，有效维护了改革发展稳定大局。

做好 2012 年农业农村工作，稳定发展农业生产，确保农产品有效供给，对推动全局工作、赢得战略主动至关重要。当前，国际经济形势复杂严峻，全球气候变化影响加深，我国耕地和淡水资源短缺压力加大，农业发展面临的风险和不确定性明显上升，巩固和发展农业农村好形势的任务更加艰巨。全党要始终保持清醒认识，绝不能因为连续多年增产增收而思想麻痹，绝不能因为农村面貌有所改善而投入减弱，绝不能因为农村发展持续向好而工作松懈，必须再接再厉、迎难而上、开拓进取，努力在高起点上实现新突破、再创新佳绩。

实现农业持续稳定发展、长期确保农产品有效供给，根本出路在科技。农业科技是确保国家粮食安全的基础支撑，是突破资源环境约束的必然选择，是加快现代农业建设的决定力量，具有显著的公共性、基础性、社会性。必须紧紧抓住世界科技革命方兴未艾的历史机遇，坚持科教兴农战略，把农业科技摆上更加突出的位置，下决心突破体制机制障碍，大幅度增加农业科技投入，推动农业科技跨越发展，为农业增产、农民增收、农村繁荣注入强劲动力。

2012 年农业农村工作的总体要求是：全面贯彻党的十七大和十七届三中、四中、五中、六中全会以及中央经济工作会议精神，高举中国特色社会主义伟大旗帜，以邓小平理论和“三个代表”重要思想为指导，深入贯彻落实科学发展观，同步推进工业化、城镇化和农业现代化，围绕强科技保发展、强生产保供给、强民生保稳定，进一步加大强农惠农富农政策力度，奋力夺取农业好收成，合力促进农民较快增收，努力维护农村社会和谐稳定。

一、加大投入强度和工作力度，持续推动农业稳定发展

1. 毫不放松抓好粮食生产。保障农产品有效供给，首先要稳住粮食生产，确保不出现滑坡。要切实落实“米袋子”省长负责制，继续开展粮食稳定增产行动，千方百计稳定粮食播种面积，扩大紧缺品种生产，着力提高单产和品质。继续实施全国新增千亿斤粮食生产能力规划，加快提升 800 个产粮大县（市、区、场）生产能力。继续实施粮食丰产科技工程、超级稻新品种选育和示范项目。支持优势产区加强棉花、油料、糖料生产基地建设，进一步优化布局、主攻单产、提高效益。深入推进粮棉油糖高产创建，积极扩大规模，选择基础条件好、增产潜力大的县乡大力开展整建制创建。大力支持在关键农时、重点区域开展防灾减灾技术指导和生产服务，加快推进农作物病虫害专业化统防统治，完善重大病虫疫情防控支持政策。

2. 狠抓“菜篮子”产品供给。抓好“菜篮子”，必须建好菜园子、管好菜摊子。要加快推进区域化布局、标准化生产、规模化种养，提升“菜篮子”产品整体供给保障能力和质量安全水平。大力发展设施农业，继续开展园艺作物标准园、畜禽水产示范场创建，启动农业标准化整体推进示范县建设。实施全国蔬菜产业发展规划，支持优势区域加强菜地基础设施

建设。稳定发展生猪生产，扶持肉牛肉羊生产大县标准化养殖和原良种场建设，启动实施振兴奶业苜蓿发展行动，推进生猪和奶牛规模化养殖小区建设。制定和实施动物疫病防控二期规划，及时处置重大疫情。开展水产养殖生态环境修复试点，支持远洋渔船更新改造，加强渔政建设和管理。充分发挥农业产业化龙头企业在“菜篮子”产品生产和流通中的积极作用。强化食品质量安全监管综合协调，加强检验检测体系和追溯体系建设，开展质量安全风险评估。大力推广高效安全肥料、低毒低残留农药，严格规范使用食品和饲料添加剂。落实“菜篮子”市长负责制，充分发挥都市农业应急保障功能，大中城市要坚持保有一定的蔬菜等生鲜食品自给能力。

3. 加大农业投入和补贴力度。持续加大财政用于“三农”的支出，持续加大国家固定资产投资对农业农村的投入，持续加大农业科技投入，确保增量和比例均有提高。发挥政府在农业科技投入中的主导作用，保证财政农业科技投入增幅明显高于财政经常性收入增幅，逐步提高农业研发投入占农业增加值的比重，建立投入稳定增长的长效机制。按照增加总量、扩大范围、完善机制的要求，继续加大农业补贴强度，新增补贴向主产区、种养大户、农民专业合作社倾斜。提高对种粮农民的直接补贴水平。落实农资综合补贴动态调整机制，适时增加补贴。加大良种补贴力度。扩大农机具购置补贴规模和范围，进一步完善补贴机制和管理办法。健全主产区利益补偿机制，增加产粮（油）大县奖励资金，加大生猪调出大县奖励力度。探索完善森林、草原、水土保持等生态补偿制度。研究建立公益林补偿标准动态调整机制，进一步加大湿地保护力度。加快转变草原畜牧业发展方式，加大对牧业、牧区、牧民的支持力度，草原生态保护补助奖励政策覆盖到国家确定的牧区半牧区县（市、旗）。加大村级公益事业建设一事一议财政奖补力度，积极引导农民和社会资金投入“三农”。有效整合国家投入，提高资金使用效率。切实加强财政“三农”投入和补贴资金使用监管，坚决制止、严厉查处虚报冒领、截留挪用等违法违规行为。

4. 提升农村金融服务水平。加大农村金融政策支持力度，持续增加农村信贷投入，确保银行业金融机构涉农贷款增速高于全部贷款平均增速。完善涉农贷款税收激励政策，健全金融机构县域金融服务考核评价办法，引导县域银行业金融机构强化农村信贷服务。大力推进农村信用体系建设，完善农户信用评价机制。深化农村信用社改革，稳定县（市）农村信用社法人地位。发展多元化农村金融机构，鼓励民间资本进入农村金融服务领域，支持商业银行到中西部地区县域设立村镇银行。有序发展农村资金互助组织，引导农民专业合作社规范开展信用合作。完善符合农村银行业金融机构和业务特点的差别化监管政策，适当提高涉农贷款风险容忍度，实行适度宽松的市场准入、弹性存贷比政策。继续发展农户小额信贷业务，加大对种养大户、农民专业合作社、县域小型微型企业的信贷投放力度。加大对科技型农村企业、科技特派员下乡创业的信贷支持力度，积极探索农业科技专利质押融资业务。支持农业发展银行加大对农业科技的贷款力度。鼓励符合条件的涉农企业开展直接融资，积极发展涉农金融租赁业务。扩大农业保险险种和覆盖面，开展设施农业保费补贴试点，扩大森林保险保费补贴试点范围，扶持发展渔业互助保险，鼓励地方开展优势农产品生产保险。健全农业再保险体系，逐步建立中央财政支持下的农业大灾风险转移分散机制。

5. 稳定和完善农村土地政策。加快修改完善相关法律，落实现有土地承包关系保持稳定并长久不变的政策。按照依法自愿有偿原则，引导土地承包经营权流转，发展多种形式的适度规模经营，促进农业生产经营模式创新。加快推进农村地籍调查，2012 年基本完成覆盖农村集体各类土地的所有权确权登记颁证，推进包括农户宅基地在内的农村集体建设用地使用权确权登记颁证工作，稳步扩大农村土地承包经营权登记试点，财政适当补助工作经费。加强土地承包经营权流转管理和服务，健全土地承包经营纠纷调解仲裁制度。加快修改土地管理法，完善农村集体土地征收有关条款，健全严格规范的农村土地管理制度。加快推进牧区草原承包工作。深化集体林权制度改革，稳定林地家庭承包关系，2012 年基本完成明晰产权、承包到户的改革任务，完善相关配套政策。搞好国有林场、国有林区改革试点。深入推进农村综合改革，加强农村改革试验区工作。

二、依靠科技创新驱动，引领支撑现代农业建设

6. 明确农业科技创新方向。着眼长远发展，超前部署农业前沿技术和基础研究，力争在世界农业科技前沿领域占有重要位置。面向产业需求，着力突破农业重大关键技术和共性技术，切实解决科技与经济脱节问题。立足我国基本国情，遵循农业科技规律，把保障国家粮食安全作为首要任务，把提高土地产出率、资源利用率、劳动生产率作为主要目标，把增产增效并重、良种良法配套、农机农艺结合、生产生态协调作为基本要求，促进农业技术集成化、劳动过程机械化、生产经营信息化，构建适应高产、优质、高效、生态、安全农业发展要求的技术体系。

7. 突出农业科技创新重点。稳定支持农业基础性、前沿性、公益性科技研究。大力加强农业基础研究，在农业生物基因调控及分子育种、农林动植物抗逆机理、农田资源高效利用、农林生态修复、有害生物控制、生物安全和农产品安全等方面突破一批重大基础理论和方法。加快推进前沿技术研究，在农业生

物技术、信息技术、新材料技术、先进制造技术、精准农业技术等方面取得一批重大自主创新成果，抢占现代农业科技制高点。着力突破农业技术瓶颈，在良种培育、节本降耗、节水灌溉、农机装备、新型肥药、疫病防控、加工贮运、循环农业、海洋农业、农村民生等方面取得一批重大实用技术成果。

8. *完善农业科技创新机制*。打破部门、区域、学科界限，有效整合科技资源，建立协同创新机制，推动产学研、农科教紧密结合。按照事业单位分类改革的要求，深化农业科研院所改革，健全现代院所制度，扩大院所自主权，努力营造科研人员潜心研究的政策环境。完善农业科研立项机制，实行定向委托和自主选题相结合、稳定支持和适度竞争相结合。完善农业科研评价机制，坚持分类评价，注重解决实际问题，改变重论文轻发明、重数量轻质量、重成果轻应用的状况。大力推进现代农业产业技术体系建设，完善以产业需求为导向、以农产品为单元、以产业链为主线、以综合试验站为基点的新型农业科技资源组合模式，及时发现和解决生产中的技术难题，充分发挥技术创新、试验示范、辐射带动的积极作用。落实税收减免、企业研发费用加计扣除、高新技术优惠等政策，支持企业加强技术研发和升级，鼓励企业承担国家各类科技项目，增强自主创新能力。积极培育以企业为主导的农业产业技术创新战略联盟，发展涉农新兴产业。加快农业技术转移和成果转化，加强农业知识产权保护，稳步发展农业技术交易市场。

9. *改善农业科技创新条件*。加大国家各类科技计划向农业领域倾斜支持力度，提高公益性科研机构运行经费保障水平。支持发展农业科技创新基金，积极引导和鼓励金融信贷、风险投资等社会资金参与农业科技创新创业。继续实施转基因生物新品种培育科技重大专项，加大涉农公益性行业科研专项实施力度。推进国家农业高新技术产业示范区和国家农业科技园区建设。按照统筹规划、共建共享的要求，增加涉农领域国家工程实验室、国家重点实验室、国家工程技术研究中心、科技资源共享平台的数量，支持部门开放实验室和试验示范基地建设。加强市地级涉农科研机构建设，鼓励有条件的地方纳入省级科研机构直接管理。加强国际农业科技交流与合作，加大力度引进消化吸收国外先进农业技术。加强农业气象研究和试验工作，强化人工影响天气基础设施和科技能力建设。

10. *着力抓好种业科技创新*。科技兴农，良种先行。增加种业基础性、公益性研究投入，加强种质资源收集、保护、鉴定，创新育种理论方法和技术，创制改良育种材料，加快培育一批突破性新品种。重大育种科研项目要支持育繁推一体化种子企业，加快建立以企业为主体的商业化育种新机制。优化调整种子企业布局，提高市场准入门槛，推动种子企业兼并重组，鼓励大型企业通过并购、参股等方式进入种业。建立种业发展基金，培育一批育繁推一体化大型骨干企业，支持企业与优势科研单位建立育种平台，鼓励科研院所、高等学校科研人员与企业合作共享。加大动植物良种工程实施力度，加强西北、西南、海南等优势种子繁育基地建设，鼓励种子企业与农民专业合作社联合建立相对集中稳定的种子生产基地，在粮棉油生产大县建设新品种引进示范场。对符合条件的种子生产开展保险试点，加大种子储备财政补助力度。完善品种审定、保护、退出制度，强化种子生产经营行政许可管理，严厉打击制售假冒伪劣、套牌侵权、抢购套购等违法行为。

三、提升农业技术推广能力，大力发展农业社会化服务

11. *强化基层公益性农技推广服务*。充分发挥各级农技推广机构的作用，着力增强基层农技推广服务能力，推动家庭经营向采用先进科技和生产手段的方向转变。普遍健全乡镇或区域性农业技术推广、动植物疫病防控、农产品质量监管等公共服务机构，明确公益性定位，根据产业发展实际设立公共服务岗位。全面实行人员聘用制度，严格上岗条件，落实岗位责任，推行县主管部门、乡镇政府、农民三方考评办法。对扎根乡村、服务农民、艰苦奉献的农技推广人员，要切实提高待遇水平，落实工资倾斜和绩效工资政策，实现在岗人员工资收入与基层事业单位人员工资收入平均水平相衔接。进一步完善乡镇农业公共服务机构管理体制，加强对农技推广工作的管理和指导。切实改善基层农技推广工作条件，按种养规模和服务绩效安排推广工作经费。2012 年基层农业技术推广体系改革与建设示范县项目基本覆盖农业县（市、区、场）、农业技术推广机构条件建设项目覆盖全部乡镇。大幅度增加农业防灾减灾稳产增产关键技术良法补助。加快把基层农技推广机构的经营性职能分离出去，按市场化方式运作，探索公益性服务多种实现形式。改进基层农技推广服务手段，充分利用广播电视、报刊、互联网、手机等媒体和现代信息技术，为农民提供高效便捷、简明直观、双向互动的服务。加强乡镇或小流域水利、基层林业公共服务机构建设，健全农业标准化服务体系。扩大农业农村公共气象服务覆盖面，提高农业气象服务和农村气象灾害防御科技水平。

12. *引导科研教育机构积极开展农技服务*。引导高等学校、科研院所成为公益性农技推广的重要力量，强化服务"三农"职责，完善激励机制，鼓励科研教学人员深入基层从事农技推广服务。支持高等学校、科研院所承担农技推广项目，把农技推广服务绩效纳入专业技术职务评聘和工作考核，推行推广教授、推广型研究员制度。鼓励高等学校、科研院所建立农业试验示范基地，推行专家大院、校市联建、院县共建等服务模式，集成、熟化、推广农业技术成果。大力实施科技特派员农村科技创业行动，鼓励创

办领办科技型企业和技术合作组织。

13. *培育和支持新型农业社会化服务组织*。通过政府订购、定向委托、招投标等方式，扶持农民专业合作社、供销合作社、专业技术协会、农民用水合作组织、涉农企业等社会力量广泛参与农业产前、产中、产后服务。充分发挥农民专业合作社组织农民进入市场、应用先进技术、发展现代农业的积极作用，加大支持力度，加强辅导服务，推进示范社建设行动，促进农民专业合作社规范运行。支持农民专业合作社兴办农产品加工企业或参股龙头企业。壮大农村集体经济，探索有效实现形式，增强集体组织对农户生产经营的服务能力。鼓励有条件的基层站所创办农业服务型企业，推行科工贸一体化服务的企业化试点，由政府向其购买公共服务。支持发展农村综合服务中心。全面推进农业农村信息化，着力提高农业生产经营、质量安全控制、市场流通的信息服务水平。整合利用农村党员干部现代远程教育等网络资源，搭建三网融合的信息服务快速通道。加快国家农村信息化示范省建设，重点加强面向基层的涉农信息服务站点和信息示范村建设。继续实施星火计划，推进科技富民强县行动、科普惠农兴村计划等工作。

四、加强教育科技培训，全面造就新型农业农村人才队伍

14. *振兴发展农业教育*。推进部部共建、省部共建高等农业院校，实施卓越农林教育培养计划，办好一批涉农学科专业，加强农科教合作人才培养基地建设。进一步提高涉农学科（专业）生均拨款标准。加大国家励志奖学金和助学金对高等学校涉农专业学生倾斜力度，提高涉农专业生源质量。加大高等学校对农村特别是贫困地区的定向招生力度。鼓励和引导高等学校毕业生到农村基层工作，对符合条件的，实行学费补偿和国家助学贷款代偿政策。深入推进大学生“村官”计划，因地制宜实施“三支一扶”、大学生志愿服务西部等计划。加快中等职业教育免费进程，落实职业技能培训补贴政策，鼓励涉农行业兴办职业教育，努力使每一个农村后备劳动力都掌握一门技能。

15. *加快培养农业科技人才*。国家重大人才工程要向农业领域倾斜，继续实施创新人才推进计划和农业科研杰出人才培养计划，加快培养农业科技领军人才和创新团队。进一步完善农业科研人才激励机制、自主流动机制。制定以科研质量、创新能力和成果应用为导向的评价标准。广泛开展基层农技推广人员分层分类定期培训。完善基层农技推广人员职称评定标准，注重工作业绩和推广实效，评聘职数向乡镇和生产一线倾斜。开展农业技术推广服务特岗计划试点，选拔一批大学生到乡镇担任特岗人员。积极发挥农民技术人员示范带动作用，按承担任务量给予相应补助。

16. *大力培训农村实用人才*。以提高科技素质、职业技能、经营能力为核心，大规模开展农村实用人才培训。充分发挥各部门各行业作用，加大各类农村人才培养计划实施力度，扩大培训规模，提高补助标准。加快培养村干部、农民专业合作社负责人、到村任职大学生等农村发展带头人，农民植保员、防疫员、水利员、信息员、沼气工等农村技能服务型人才，种养大户、农机大户、经纪人等农村生产经营型人才。大力培育新型职业农民，对未升学的农村高初中毕业生免费提供农业技能培训，对符合条件的农村青年务农创业和农民工返乡创业项目给予补助和贷款支持。

五、改善设施装备条件，不断夯实农业发展物质基础

17. *坚持不懈加强农田水利建设*。加快推进水源工程建设、大江大河大湖和中小河流治理、病险水库水闸除险加固、山洪地质灾害防治，加大大中型灌区续建配套与节水改造、大中型灌溉排水泵站更新改造力度，在水土资源条件具备的地方新建一批灌区，努力扩大有效灌溉面积。继续增加中央财政小型农田水利设施建设补助专项资金，实现小型农田水利重点县建设基本覆盖农业大县。加大山丘区“五小水利”工程建设、农村河道综合整治、塘堰清淤力度，发展牧区水利。大力推广高效节水灌溉新技术、新设备，扩大设备购置补贴范围和贷款贴息规模，完善节水灌溉设备税收优惠政策。创新农田水利建设管理机制，加快推进土地出让收益用于农田水利建设资金的中央和省级统筹，落实农业灌排工程运行管理费用由财政适当补助政策。发展水利科技推广、防汛抗旱、灌溉试验等方面的专业化服务组织。

18. *加强高标准农田建设*。加快永久基本农田划定工作，启动耕地保护补偿试点。制定全国高标准农田建设总体规划和相关专项规划，多渠道筹集资金，增加农业综合开发投入，开展农村土地整治重大工程和示范建设，集中力量加快推进旱涝保收高产稳产农田建设，实施东北四省区高效节水农业灌溉工程，全面提升耕地持续增产能力。占用耕地建设重大工程，要积极推行“移土培肥”经验和做法。继续搞好农地质量调查和监测工作，深入推进测土配方施肥，扩大土壤有机质提升补贴规模，继续实施旱作农业工程。加强设施农业装备与技术示范基地建设。加快推进现代农业示范区建设，支持垦区率先发展现代农业。

19. *加快农业机械化*。充分发挥农业机械集成技术、节本增效、推动规模经营的重要作用，不断拓展农机作业领域，提高农机服务水平。着力解决水稻机插和玉米、油菜、甘蔗、棉花机收等突出难题，大力发展设施农业、畜牧水产养殖等机械装备，探索农业全程机械化生产模式。积极推广精量播种、化肥深施、保护性耕作等技术。加强农机关键零部件和重点

产品研发，支持农机工业技术改造，提高产品适用性、便捷性、安全性。加大信贷支持力度，鼓励种养大户、农机大户、农机合作社购置大中型农机具。落实支持农机化发展的税费优惠政策，推动农机服务市场化和产业化。切实加强农机售后服务和农机安全监理工作。

20. *搞好生态建设*。巩固退耕还林成果，在江河源头、湖库周围等国家重点生态功能区适当扩大退耕还林规模。落实天然林资源保护工程二期实施方案，统筹解决就业困难的一次性安置职工社会保险补贴问题。逐步提高防护林造林投资中央补助标准，加强“三北”、沿海、长江等防护林体系工程建设。抓紧编制京津风沙源治理二期工程规划，扩大石漠化综合治理实施范围，开展沙化土地封禁保护补助试点。构建青藏高原生态安全屏障，启动区域性重点生态工程。适当扩大林木良种和造林补贴规模，完善森林抚育补贴政策。完善林权抵押贷款管理办法，增加贷款贴息规模。探索国家级公益林赎买机制。支持发展木本粮油、林下经济、森林旅游、竹藤等林产业。鼓励企业等社会力量运用产业化方式开展防沙治沙。扩大退牧还草工程实施范围，支持草原围栏、饲草基地、牲畜棚圈建设和重度退化草原改良。加强牧区半牧区草原监理工作。继续开展渔业增殖放流。加大国家水土保持重点建设工程实施力度，加快坡耕地整治步伐，推进清洁小流域建设，强化水土流失监测预报和生产建设项目水土保持监督管理。把农村环境整治作为环保工作的重点，完善以奖促治政策，逐步推行城乡同治。推进农业清洁生产，引导农民合理使用化肥农药，加强农村沼气工程和小水电代燃料生态保护工程建设，加快农业面源污染治理和农村污水、垃圾处理，改善农村人居环境。

六、提高市场流通效率，切实保障农产品稳定均衡供给

21. *加强农产品流通设施建设*。统筹规划全国农产品流通设施布局，加快完善覆盖城乡的农产品流通网络。推进全国性、区域性骨干农产品批发市场建设和改造，重点支持交易场所、电子结算、信息处理、检验检测等设施建设。把农产品批发市场、城市社区菜市场、乡镇集贸市场建设纳入土地利用总体规划和城乡建设规划，研究制定支持农产品加工流通设施建设的用地政策。鼓励有条件的地方通过投资入股、产权置换、公建配套、回购回租等方式，建设一批非营利性农产品批发、零售市场。继续推进粮棉油糖等大宗农产品仓储物流设施建设，支持拥有全国性经营网络的供销合作社和邮政物流、粮食流通、大型商贸企业等参与农产品批发市场、仓储物流体系的建设经营。加快发展鲜活农产品连锁配送物流中心，支持建立一体化冷链物流体系。继续加强农村公路建设和管护。扶持产地农产品收集、加工、包装、贮存等配套设施建设，重点对农民专业合作社建设初加工和贮藏设施予以补助。

22. *创新农产品流通方式*。充分利用现代信息技术手段，发展农产品电子商务等现代交易方式。探索建立生产与消费有效衔接、灵活多样的农产品产销模式，减少流通环节，降低流通成本。大力发展订单农业，推进生产者与批发市场、农贸市场、超市、宾馆饭店、学校和企业食堂等直接对接，支持生产基地、农民专业合作社在城市社区增加直供直销网点，形成稳定的农产品供求关系。扶持供销合作社、农民专业合作社等发展联通城乡市场的双向流通网络。开展“南菜北运”、“西果东送”现代流通综合试点。开展农村商务信息服务，举办多形式、多层次的农产品展销活动，培育具有全国性和地方特色的农产品展会品牌。充分发挥农产品期货市场引导生产、规避风险的积极作用。免除蔬菜批发和零售环节增值税，开展农产品进项税额核定扣除试点，落实和完善鲜活农产品运输绿色通道政策，清理和降低农产品批发市场、城市社区菜市场、乡镇集贸市场和超市的收费。

23. *完善农产品市场调控*。准确把握国内外农产品市场变化，采取有针对性的调控措施，确保主要农产品有效供给和市场稳定，保持价格合理水平。稳步提高小麦、稻谷最低收购价，适时启动玉米、大豆、油菜籽、棉花、食糖等临时收储，健全粮棉油糖等农产品储备制度。抓紧完善鲜活农产品市场调控办法，健全生猪市场价格调控预案，探索建立主要蔬菜品种价格稳定机制。加强国内外农产品市场监测预警，综合运用进出口、吞吐调剂等手段，稳定国内农产品市场。完善农产品进口关税配额管理，严厉打击走私违法行为。抓紧建立全国性、区域性农产品信息共享平台，加强农业统计调查和预测分析，提高对农业生产大县的统计调查能力，推行重大信息及时披露和权威发布制度，防止各类虚假信息影响产业发展、损害农民利益。

各级党委和政府必须始终坚持把解决好“三农”问题作为重中之重，不断加强和改善对农业农村工作的领导，切实把各项政策措施落到实处，努力形成全社会关心支持“三农”的良好氛围。全面贯彻落实党的十七届六中全会精神，促进城乡文化一体化发展，增加农村文化服务总量，缩小城乡文化发展差距。加快推进社会主义新农村建设，切实保障和改善农村民生，大力发展农村公共事业，认真落实《中国农村扶贫开发纲要（2011—2020 年）》。推进以党组织为核心的农村基层组织建设，完善农村基层自治机制，健全农村法制，加强和创新农村社会管理，确保农村社会和谐稳定。

切实加强农业农村工作，加快推进农业科技创新，持续增强农产品供给保障能力，使命光荣、责任重大、任务艰巨。我们要紧密团结在以胡锦涛同志为总书记的党中央周围，坚定信心，真抓实干，以优异成绩迎接党的第十八次全国代表大会胜利召开！

中共北京市委书记刘淇在2012年3月15日北京市农村工作会议上的讲话（摘要）

2012年3月15日，北京市召开2012年农村工作会议，总结2011年和市十次党代会以来郊区农村工作，部署今年任务。市委书记刘淇出席会议并讲话，市委副书记、市长郭金龙主持会议，市人大常委会主任杜德印，市委副书记、市政协主席王安顺出席。

刘淇充分肯定了郊区农村工作取得的成绩。他说，只要我们坚持科学发展观，坚定城乡一体化发展的格局；坚持解放思想、改革创新，把“三农”工作真正当成重中之重；坚持农民的主体地位，相信农民、依靠农民，保护好、发展好农民利益；坚持政府主导作用，制定符合实际的政策措施，密切联系群众，扎实开展工作，北京郊区的发展就会更加繁荣、更加和谐、更加文明、更加宜居。

对于京郊农村未来发展，刘淇提出了具体要求：

首先是在统筹城乡发展上迈出更大步伐。刘淇要求，要科学配置资源，推动投资重点、建设重点、发展重点向郊区农村转移，使郊区群众享受到与城区群众基本均等的基础设施和公共服务；推动高端优质资源向农村转移，引导农村集体建设用地产业“腾笼换鸟”，使郊区农村依托高端要素实现跨越式发展；按照以业兴城的思路，分类推进郊区城镇化建设，平原地区农村实现农民就地城市化，远郊区县促进农村人口向小城镇聚集。

其次是在发展都市型现代农业上迈出更大步伐。刘淇强调，要认真总结世界草莓大会的举办经验，进一步提高都市型农业发展水平。坚持高端发展方向，为首都市场提供更多的特色鲜活农产品、绿色安全农产品，积极组织筹办好园博会、世界种子大会等活动；提高农业的科技创新水平，紧紧抓住建设国家现代农业科技城这个契机，占领农业高科技领域的制高点；进一步深化改革，积极推动农村集体经济资产在流动中增值、发挥效益，通过引入高端要素推动农村经济“腾笼换鸟”，实现土地资源的集约节约利用，加快提高农民的组织化程度，发挥专业合作社的集聚能力、创新能力和带领农民参与市场竞争能力。

第三是在农村生态建设上迈出更大步伐。刘淇指出，推动首都生态环境建设，郊区农村承担着重要任务，要加强统筹力度，全力推动平原地区大规模植树造林工程；积极研究减少燃煤、不烧散煤的措施，大力使用新能源，为北京成为无煤城市作贡献；积极探索生态发展、绿色就业的道路，把农村生态环境建设与促进农民就业增收结合起来；积极探索适合生态涵养需求的发展路子，提高沟域经济发展的总体水平，推动山区的绿色发展、低碳发展。

第四是在农村基层组织建设上迈出更大步伐。刘淇要求，要进一步加强农村基层党组织建设，不断增强党组织的凝聚力、战斗力和创造力；加强农村基层民主政治建设，完善村党组织领导下的村民自治机制；切实加强党风廉政建设，加大对损害群众利益行为的问责力度，严肃查处人民群众反映强烈的突出问题；加强和创新农村社会管理，推进城市社区规范化向农村地区延伸。

刘淇最后强调，要始终坚持把解决好“三农”问题作为工作的重中之重，动员各方面力量，形成工作合力，为推进农村改革发展提供有力的组织保障，努力开创郊区农村工作新局面，以优异成绩迎接党的十八大胜利召开。

北京市副市长夏占义在2012年3月15日北京市农村工作会议上的工作报告

这次会议的主要任务是，全面贯彻落实党的十七届六中全会、中央经济工作会、中央农村工作会和市委十届十次全会精神，总结2011年农业农村工作，分析当前形势，部署2012年农业农村任务。一会儿，刘淇同志将作重要讲话，我们要深入学习领会，认真贯彻落实。下面，我先讲四点意见：

一、强势发展，成效显著

2011年是“十二五”开局之年。面对加强宏观调控、缓解通胀压力的严峻挑战，面对生产成本持续攀升、制约因素明显增多的严峻考验，全市上下奋力拼搏，统筹城乡发展，开创了“十二五”城乡一体化发展良好开局。

一是农民增收有新态势。全市农民人均纯收入14 736元，同比实际增长7.6%，工资性收入成为农民增收主体。多年来工资性收入比重一直徘徊在60%左右，去年通过发展镇村企业、加大转移培训力度、开辟公益性就业岗位等措施，新增农村劳动力转移就业8.17万人，工资性收入占到农民收入的65%，提高了近5个百分点，工资性收入对农民增收贡献率达到89个百分点。农民人均纯收入增幅已连续三年高于城镇居民，低收入农户收入增幅高于全市农民平均水平，生态涵养发展区农民收入增幅高于其他地区，收入增幅的“三个高于”缩小了城乡差别。

二是农业发展有新局面。都市型现代农业加快发展，会展农业强势突起，成功举办被誉为国际园艺学会旗舰会议的第七届世界草莓大会，来自全球66个国家和地区的1 160名学术代表参会，200家国内外企业参展，共展出135个品种17种栽培模式75万株，展示面积达10万平方米，20万人次观光采摘36万千克，实现销售额3 600万元。农业产业化扎实推进，国家级农产品加工龙头企业已有38家，市级龙头企业69家，农产品加工业总产值与农业总产值之比接近2∶1，基本达到发达国家水平。农产品供给保障能力切实增强，设施农业面积达到2.17万公顷，基本菜田达到4.23万公顷，肉禽蛋奶等农产品控制率进一步提高，创建各类外埠基地67个，“三品”认证产品占全市农产品生产量35%以上，质量安全合格率处于全国前列。

三是城乡融合有新格局。城乡结合部建设取得突破性进展，重点村建设扎实推进，两年任务圆满完成，树立了城市化典型和标杆。小城镇建设步伐加快，完善重点镇的镇区及产业园区的控制性详细规划，设立总规模100亿元的小城镇发展基金，19个市级农民就业产业基地已引进企业536个。沟域经济取得重大进展，全面启动156个项目，密云县“古北水镇”、延庆县“四季花海”等带动效应显著。新农村建设取得新的进步，“三起来”建设工程深入实施，20万户农民住宅抗震节能改造工作快速启动，平价液化气试点积极开展，农村基础设施管护机制初步建立，社会力量参与平台得到强化。统一城乡低收入家庭认定标准，不断提高农村社保待遇。

四是生态治理有新基础。新增造林绿化面积1.67万公顷，新增城市绿化面积1 320公顷，新增5个新城滨河森林公园、10个郊野公园和10个城市休闲公园，全市林木绿化率达到54%，人均公共绿地面积达到15.3平方米，首都绿色空间进一步拓展。南水北调配套工程扎实推进，北运河、潮白河、永定河等水系综合治理全面加强，建设生态清洁小流域35条、治理水土流失面积520平方公里，村镇供水、污水处理、雨洪利用、农田水利等工程取得新进展，水资源保护和利用迈上新台阶。深入开展村庄环境整治和绿化美化工程建设，创建北京郊区环境优美乡镇和生态村，农村环境展现新面貌。

五是农村改革有新突破。农村集体经济产权制度改革步伐加快，91.4%的村级集体经济组织完成产权制度改革，301.8万社员成为新型集体经济组织的股东，620个村股份分红总金额20.6亿元，人均达到3 525元。集体林权制度主体改革任务基本完成，确权生态林地面积71.13万公顷，119.3万山区农民从生态效益补偿中得到实惠。另外，乡镇机构改革基本完成，农村土地所有权和承包经营权确权登记颁证试点工作有序推进，涉农企业在资本市场直接融资工作扎实有效，农业政策性保险覆盖面继续扩大，全科农技员“千人千村”目标顺利实现，农资服务体系建设取得重大进展，农民专业合作社达到4 878个，辐射带动72%的从事一产农户。

六是基层建设有新气象。乡镇换届工作全面完成，深入开展农村党的建设“三级联创”活动和创先争优活动，基层组织力量不断加强。开展文明乡镇、文明村评选活动，成功举办农民运动会，农民艺术节、乡村文化节、“寻找北京最美乡村”等活动影响力不断扩大。专项清理整顿违规生产经营建设行为，深化村庄社区化管理试点，加强社会矛盾纠纷排查调处工作，促进了农村社会和谐稳定。

同志们，以上这些成绩的取得，是全市上下深入贯彻落实科学发展观的结果，是市委、市政府正确领导的结果，是广大干部群众共同奋斗的结果，也是社会各界大力支持的结果。在此，我代表市委、市政府，向“三农”战线的广大干部群众，向所有关心支持“三农”发展的同志们、朋友们，表示崇高的敬意和衷心的感谢！

二、把握规律，深化思路

“三农”工作是全党工作的重中之重。虽然北京的农业产值比重较小，但农业形势的好坏、农民收入的高低、农村发展的快慢直接会影响到城市发展，影响到经济社会生活的方方面面。北京的“三农”有普遍性，也有特殊性，从事这项工作的同志，特别是领导干部，要带着对农民的深厚感情，在实践中把握市情、提炼经验、检验政策、提高认识。

一是强化农业基础作用。农业比较利益低，相对城市快速发展，北京的农业比较利益就更低。但我们仍大力发展都市型现代农业，实施最严格的耕地保护制度，毫不动摇地稳定和完善农村基本经营制度，是因为北京农业地位特殊。特殊在于示范性。不仅仅是农业科技的示范，农产品高端市场的示范，更重要的是北京作为首都，要在全国示范中央关于“立足国内解决粮食和主要农产品供给问题”的决策部署。特殊在于功能性。都市型现代农业不仅仅是提供农产品，更重要的是提供了巨大的生态服务价值，同时也为难于转移就业的农村劳动力提供了就业增收的渠道。特殊在于保障性。近年来部分农产品不时出现紧缺，价格涨幅过大，对生产生活产生了一定影响。北京作为特大城市，农产品供求偏紧挑战严峻，必须发展都市型现代农业增加有效供给，稳定物价。农业的根本出路在于科技。北京发展都市型现代农业一个最重要的优势，就是科技。首都科技智力资源密集，要靠科技，加快提升都市型现代农业科技与装备水平，发展高端高效农业，引领示范农业科技进步；要靠科技，破解土地、水等资源供给刚性约束与城乡发展日益增长的刚性需求之间的矛盾，促进可持续发展；要靠科技，整合生产、加工、销售、旅游、休闲等价值链，结合文化创意，挖掘出更多价值资源。我们将召开全市农业科技工作会议，出台相关政策文件，在抢占农业高技术领域制高点上作应有的贡献。

二是强化农村战略腹地作用。郊区农村作为城市发展的战略腹地，不仅要依靠郊区提供资源和空间来解决城市快速发展带来的诸多难题，包括城市空间的扩张、流动人口的聚集、大气和水环境质量的改善、交通大框架的构建，还要靠自身改善发展环境，提升区域竞争力，在主动融入首都城市化进程中，实现高端发展。郊区农村要承担起截流功能，把符合首都功能定位、符合区域发展要求产业的新增人口聚集在郊区农村，不再向中心城区聚集，以应对大规模的城市人口机械增长，防止流动人口无序聚集。要承担起疏解功能，把中心城区过度聚集的城市功能合理布局到郊区农村，通过经济发展、公共管理、生产服务、生活服务等功能的疏解实现人口的疏解，缓解中心城区人口资源环境矛盾。要承担起发展功能，没有郊区农村的现代化，就没有首都的现代化。通过城镇化和新农村建设双轮驱动，城乡互促共赢发展。新农村建设要保持农村特点，持续改善农村基础设施，提高农村社会事业发展水平，促进城乡社会保障一体化，改善发展条件。城镇化要充分重视产业园区和农民就业基地建设，使人口城镇化和土地城镇化有机结合起来，充分保障农村转移人口的当前利益和长远生计。提升农村腹地战略地位的一条基本途径就是抓住城市发展机遇。城市经济结构的调整是农村转变发展方式的机遇，城市体系的构建是农村城镇化的机遇，城市环境治理是农村优化发展环境的机遇。水系治理打造了郊区水岸经济带，生态林管护富裕了山区农民、增加了就业渠道。当前植树造林、降低 PM2.5 等举措也将是改善农村发展条件、改善农村能源消费结构的重要机遇。

三是强化农民主体作用。解决好农民问题是城乡一体化发展的关键，基本手段就是巩固农民主体地位，发挥农民主体作用。提升农民主体地位要注重制度建设。在当前城乡关系大变革过程中，经济体制的转换、社会资本的冲击，农民利益最容易受到伤害，某种程度上讲，农民利益还处于最主要、最核心也是最需要保护的位置。必须通过一系列的制度建设，切实保障农民的物质利益和民主权利，让农民成为新农村建设和城乡一体化发展的支持者、参与者和受益者。提升主体地位要特别注重依法合规。中央连续九年出台 1 号文件，对新时期农村改革发展进行了全面部署，要按照中央的统筹安排推进农村改革。要坚守政策和法律的底线，保护和实现农民集体土地的财产权益不能改变农村基本经营制度，而要在发展农民专业合作社和各种农业社会化服务组织、鼓励和引导农户流转土地经营权等方面进行制度创新。证明行之有效的政策要坚决贯彻落实，改革开放以来积累的试点经验要加以集成。农村集体经济产权制度改革、农民转居转非政策都是提升农民主体地位，保障农民权益的重要举措，工作虽有难度，但不能推诿、搪塞，必须切切实实加以落实。

三、攻坚克难，重点突破

今年的“三农”工作，市委市政府根据中央农村工作会议精神，制定了《关于加大强农惠农富农政策力度，深入推进城乡一体化发展的意见》。我们要大力践行“北京精神”，按照增投入、强基础、促发展、惠民生、创和谐、保稳定的总体思路，深化改革，创新机制，凝聚力量，加快推进城乡经济社会发展一体化进程。

（一）加快发展都市型现代农业

提高农业科技竞争力。有效整合科技资源，积极对接中央科研单位的农业科技创新，争取国家良种繁育、疫病防控、农产品质量安全等关键技术的研发、应用项目在北京落地。加快推进国家现代农业科技城建设，强化科技创新在都市型现代农业发展中的支撑作用。加快推进通州国际种业科技园建设，着力培育一批大型种子企业，努力打造世界种业之都。基层农技推广人员工资待遇不低于基层事业单位人员水平，农技推广体系基础项目覆盖到所有远郊区县和涉农乡镇，切实改善农技推广工作条件。

创新农业发展模式。以市场需求为导向，丰富都市型现代农业实现形式，提高区域竞争力，富裕农民。在有条件的地区促进农业适度规模经营。以园区化、集聚化、规模化为方向，支持农民专业合作社示范社开展农产品深加工，做大做强农业龙头企业，大力发展农产品加工业。大力实施京郊旅游“三年行动计划”，促进休闲观光旅游业发展。注重重大项目带动作用，推动沟域经济发展。制定会展农业发展规划，筹办好国际食用菌大会和首届农业嘉年华活动，抓紧筹备园林博览会、世界种子大会、世界葡萄大会，推动会展农业发展。加强都市型现代农业服务体系建设，全面完成 8 万公顷农业基础建设和综合开发任务。

保障农产品供给。加快推进区域化布局、标准化生产、规模化种养，提升“菜篮子”产品整体供给保障能力。新建设施农业 0.17 万公顷，新发展基本菜田 0.2 万公顷，推进“菜篮子”主要产品高产创建。加强农业区域合作，发挥外地专业性生产优势，鼓励、引导和扶持本市农业产业化龙头企业、农民专业合作社等主体，到外埠建设蔬菜、畜牧“菜篮子”主要产品生产基地，新增外埠供京蔬菜基地 0.27 万公顷。加快推进农产品直销示范店建设，推广农超对接、农餐对接、农社对接等农产品短链直销方式。加快推进北京农产品中央物流园区建设和新发地农产品批发市场的升级改造，建设产地仓储保鲜设施，建立冷链物流体系，完善农产品流通设施布局。实施品牌战略，加强农产品质量全程监管，推进“三品一标”认证，打造首都农产品质量安全品牌。

（二）加快提升郊区生态涵养能力

大力拓展绿色空间。加强“山区绿屏、平原绿网、城市绿景”建设。实施平原地区百万亩造林工程，采取存量建设用地腾退、废弃砂石坑绿化、第二道绿化隔离地区种植结构调整等措施，年内新增造林绿化面积1.33万公顷。实施京津风沙源治理二期工程，推进宜林荒山绿化、中幼林培育、废弃矿山修复等工程。创建绿色城镇、绿色村庄，加强“生态园林、科技园林、人文园林”建设。健全和完善绿化养护长效机制，巩固绿化美化成果。需要强调的是，在拓展绿色空间的过程中，各区县、各单位要牢固树立“生态发展，绿岗就业”的理念，从破解首都“三农”问题的战略高度来认识生态就业的重大意义，坚持在生态建设中吸纳农民就业、在绿色资源管护中促进农民就业、在发展林业产业中拉动农民就业，真正让绿色产业成为实现农民就业、加快农民富裕的新空间。

大力发展城乡水务。认真落实各项措施，严格实行用水总量控制、用水效率控制、水功能区限制纳污制度。加强基层水务管理人员培训，规范基层水务站信息管理系统运行维护管理制度，推进农村水务社会化。推进南水北调配套工程建设，加快三大水系及中小河道综合治理，加强重要水源区水资源保护。加大雨洪利用工程建设力度，新建农村雨洪利用工程100处，增加蓄水能力100万立方米。加强农田水利建设，发展节水农业。抓好村镇供水，确保饮水安全。

大力推进环境整治。继续推进生态建设示范区县、乡镇、村“三级联创”活动。加强生态清洁小流域综合治理。完善村镇污水处理设施，创新运行管理模式。加强畜禽污染防治和种植业面源污染防治，推进农村水污染物减排。点、线、面相结合，加强进京通道、旅游干线、重点景区等区域的环境整治。积极推进垃圾分类管理，逐步实现村庄全覆盖。

（三）加快推进农村建设发展

有序推进农村城镇化。围绕“安居、乐业、一体化”的目标，抓好50个重点村建设后续工作。总结经验，多途径推进城乡结合部城市化。落实通州国际新城建设行动计划，推动顺义、亦庄—大兴等其他新城建设，带动农村发展。引导高端产业向郊区聚集，加快新型产业园区建设，夯实城镇化的产业基础。充分发挥小城镇发展基金引导作用，加快健全基础设施和公共服务，着力加强产业基地、就业基地建设，积极培育发展小城镇特色产业。全面建立搬迁村农民长远利益保障机制，确保安置就业有岗位、经营增收有资产、稳定生活有保障、服务管理有组织。

加强农村基础设施建设。深入推进新农村“三起来”工程，研究并制定新一轮建设规划。增加农村地区清洁能源的供应，有条件的区县要加大管道天然气建设力度，增加通达乡镇的支线。对暂不具备管道天然气通达条件的乡镇村，要研究制定相应政策，推进平价液化气罐供应。做好新一轮农村电网改造，改进城乡结合部和农村冬季取暖方式，控制燃煤总量。完成“两年20万户”农宅抗震节能改造任务，做好“建材下乡”试点工作。落实农村基础设施运行与维护管理的长效机制，确保农村基础设施正常运转。

创新基层管理。完善村“两委”议事规则和决策程序，健全村党组织领导下的村民自治机制，加大村级公益事业建设一事一议财政奖补力度，深入推进村务公开，引导群众积极参与规划村庄愿景、建设美好家园。扎实推进市级新型农村社区建设试点工作，完成500个农村社区服务站标准化建设，实现基本公共服务一站式社区管理。实施“十个一”文明创建工程，开展“寻找北京最美的乡村”、农民艺术节、“乡村大舞台”擂台赛等文化活动，推动创建全国最美乡村联合会，加强农村文化建设。深入推进平安创建活动，确保农村和谐稳定。

（四）加快促进农民就业增收

促进农民非农就业。强化小城镇产业园区和农民就业基地建设，提高企业用工中本地劳动力的比例。坚持零就业家庭、纯农就业家庭动态帮扶机制，继续大力开发护林管水等公益性就业岗位，优先使用本地低收入家庭劳动力和就业困难人员。加强职业培训，促进4万名农村劳动力实现转移就业。加快构建城乡统一的就业、失业服务管理制度体系，就业服务、岗位补贴、社会保险补贴、职能技能和创业培训补贴等实现城乡同等待遇。

逐步统一城乡社会保障水平。进一步加强农转非工作，强化区县政府主体责任，加快解决应转未转人员转非问题。继续提高农村社保水平，扩大新农合重大疾病病种范围，提高城乡养老金标准和农村最低保障标准。建立和完善农民在一产就业及自主创业、灵活就业方式参加城镇职工社会保险的政策。健全社会救助保障体系，逐步提高救助保障标准。发展适合农村特点的老龄服务体系，健全完善农村老年社会福利和社会救助制度，开展农村养老院建设试点工作。

推进低收入群众共同致富。深入开展促进农民增收行动计划和共同致富行动计划，对低收入农户、低收入村和特定低收入区域，因地制宜，帮扶增收。今年山区搬迁5 000人，完成第二轮泥石流易发区和生存条件恶劣区农民搬迁工作，制定第三轮搬迁方案和配套政策。

（五）加快深化农村重点改革任务

创新农村土地管理。坚持和完善农村基本经营制度，落实最严格的土地管理制度、最严格的耕地保护制度和最严格的节约用地制度。基本完成集体土地所有权确权登记颁证任务，扎实推进集体建设用地使用权确权登记颁证工作，稳步扩大土地承包经营权登记试点。积极探索集体建设用地利用和管理新模式，研究制定集体建设用地调整为产业发展用地的具体政策和审批办法。

创新乡村集体经济改革发展。深化乡村集体经济产权制度改革，基本完成村级改革任务。加强新型集体经济组织的规范管理，推动集体经济发展壮大。加强农村集体经济经营管理工作，进一步加强农村集体资金、资产、资源规范管理。深化集体林权制度改革，加快完善配套措施。

创新农民专业合作社发展途径。加快发展农民专业合作社，不断扩大覆盖面，提高农民组织化程度。继续开展市级示范社培育创建工作，今年培育创建50家市级示范社。推动农民专业合作社的联合与合作。鼓励农民专业合作社承担涉农项目，支持农民专业合作社兴办农产品加工企业或参股龙头企业。

创新农村金融服务。有序发展农村资金互助组织，引导农民专业合作社规范开展信用合作。积极推进农村基本金融服务村村通工程建设试点。组织开展大学生村官助推农村金融发展行动。扩大无抵押担保、农户小额担保规模。扩大农业保险险种和覆盖面。加强涉农企业融资服务工作，推动涉农企业上市融资、发行债券和集合票据。推进大兴区全国农村金融改革试验区建设。推进城乡结对共建、镇企村企对接、科技兴农、公益捐助、自愿服务、军民共建等六大行动，进一步整合社会力量参与新农村建设。

四、统筹协调、狠抓落实

做好新形势下的“三农”工作，加快推进城乡一体化发展，关键在于加强和改善党对农村工作的领导。一是各级领导干部要把“重中之重”战略思想落实到政策制定、工作部署、财力投放、干部配备上，改善农村民生。新从事“三农”工作的同志，要抓紧掌握农业农村领域的政策法律，了解农村发展沿革和农村改革历程，尽快掌握农村工作要领。二是不断加大强农惠农富农的政策力度，巩固农民主体地位，更加科学有效地推动农业农村发展。三是大力实施“领航工程”、“聚力工程”、“先锋工程”，深化创先争优活动和党的建设“三级联创”，抓好年底村党组织换届选举，加强农村基层党组织建设。

同志们，做好今年“三农”工作，任务艰巨、意义重大。我们要按照率先形成城乡一体化发展新格局的目标，坚定信心、砥砺奋进，努力保持农业稳定发展、农民持续增收好势头，以优异成绩迎接党的十八大胜利召开！

文　献　选　载

北京市人民政府
关于全面推进都市型现代农业服务体系建设的意见

（2011年2月22日）

各区、县人民政府，市政府各委、办、局，各市属机构：

为全面提升本市农业综合服务能力，促进都市型现代农业健康发展和农民持续增收，现就全面推进本市都市型现代农业服务体系建设提出以下意见：

一、指导思想、建设目标和建设原则

（一）指导思想

深入贯彻落实科学发展观，通过深化体制改革、创新服务机制，构建以公共服务机构为依托、农民专业合作经济组织为基础、农业龙头企业为骨干、其他社会力量为补充的都市型现代农业服务体系，形成公益服务和经营性服务相结合、专项服务和综合服务相协调，职责分工明确、优势资源互补、整体协同推进的“一主多元”都市型现代农业服务体系格局。

（二）建设目标

到“十二五”末期，建成符合中国特色世界城市建设定位和满足都市型现代农业需求的都市型现代农业服务体系，力争一年试点突破、两年初见成效、五年全面实现。

一年试点突破。2011年，率先在乡镇、村基层公共服务和农机、农资专业服务领域开展试点。试点乡镇普遍健全和完善农业技术推广、动植物疫病防控、农产品质量安全监管“三位一体”的公共服务机构，组建稳定的村级全科农技员队伍，农民专业合作经济组织、农业龙头企业、供销合作社等社会化服务主体的服务范围扩展至村。

两年初见成效。到2012年，基本建成都市型现代农业技术推广、动植物疫病防控、农产品质量安全、农业信息化、农资、农机、农业用水、农产品流通、农村金融等九大服务体系，体系内部组织构架科学合理，体系间职责明确，服务效能大幅提高。

五年全面实现。到2015年，围绕都市型现代农业优势主导产业，进一步发展形成市、区县、乡镇、村纵向到底，产前、产中、产后服务横向到边的便捷高效服务网络，公共服务需求得到普遍满足，社会化服务快速发展，有力促进农业提质增效和农民持续增收。

（三）建设原则

1. 市级指导、区县主体。市有关部门要明确职责、加强沟通、协同推进；各相关区县要切实履行主体责任，采取有力措施强化队伍建设，落实保障经费，统筹推进服务体系建设的各项工作。

2. 因地制宜、需求导向。各相关区县要按照都市型现代农业发展布局，充分考虑区域产业发展和服务对象等特点，以乡镇、村为重点加强基层体系建设，通过强化管理和指导，切实满足农民最急需、最迫切的服务需求。

3. 机制创新、多元发展。要根据都市型现代农业发展的新形势、新任务，创新服务机制，拓展服务领域，优化服务内容，提高服务质量；支持和鼓励各界力量积极参与服务体系建设。

4. 突出重点、夯实基础。按照“提升区县一级、规范乡镇一级、突破村一级”的思路，率先建立和完善基层农业技术推广、动植物疫病防控、农产品质量安全等基本公共服务体系；大力扶持农民专业合作社发展，充分发挥其基础性作用，提高农民组织化程度。

5. 规划先导、试点先行。各相关区县要结合服务体系建设要求，认真制定实施方案，通过试点先行、典型带动，确保服务体系建设有序推进。

二、职责分工

（一）行政主体职责

1. 市相关部门。负责研究制定服务体系建设总体规划和配套政策，组织实施市级重点工程，协调解

决服务体系建设和运行中的重大问题，制定考核标准并进行督导和检查等。

2. 区县政府。负责制定服务体系建设实施方案，落实相关扶持政策，并对实施情况组织开展考核与评估。

3. 乡镇政府。负责落实服务体系建设的具体内容，重点开展农业综合服务站点建设与运行、农业技术推广、动植物疫病防控、农产品质量安全等工作，指导和服务村级全科农技员开展工作，协调落实全科农技员的工作场所；指导村级组织落实全科农技员聘用、管理和绩效考核等工作。

（二）服务主体职责

1. 基本公益服务主体。主要指市、区县、乡镇农业技术推广机构、科研院所等主要承担社会责任的部门、单位及村级全科农技员，按照工作职责提供包括农业技术推广、动植物疫病防控、农产品质量安全等基本公共服务。其中，市级主体负责新品种、新技术的试验推广，开展人才培养、专业知识培训及咨询等服务。区县级主体负责指导本区县相关行业开展服务工作，开办农民田间学校，开展农业公共信息服务、政策咨询指导，培养、使用、管理与考核乡镇农业综合服务中心和全科农技员等。乡镇级主体负责向服务对象提供直接服务，指导村级全科农技员开展工作等。村级全科农技员负责开展全科农技服务工作及有关信息的传达与反馈等双向服务。

2. 一般公益服务主体。主要指各类农民专业合作经济组织、行业协会、政策性金融服务机构等，按照自愿的原则，通过向服务对象适当收取报酬的形式，开展农业信息化、农资、农机、农村金融等服务。

3. 经营性服务主体。主要是指按市场规律提供服务并收取报酬的服务主体，按照服务对象的需要提供自愿有偿服务，提高社会资源的利用效率。

三、重点建设任务

（一）农业技术推广服务体系

在以种养业为主导产业的村建立综合服务站点，在乡镇健全和完善农业综合服务中心，推进基层教育培训，发展农民田间学校，推进首都现代农业科技示范区建设，形成支撑优势主导产业的市、区县、乡镇、村四级农业技术推广服务链。负责单位：市农委、市农业局、市科委、市财政局、市人力社保局、市水务局、市园林绿化局、市编办、市农林科学院。

（二）动植物疫病防控服务体系

全面落实《北京市动物防疫体系建设规划》（2009—2012年）和《重大植物疫情阻截带建设责任书》要求，重点开展动物疫病防控体系、动物防疫监督体系、动物疫病防控队伍、植物疫病防控监测预警系统、植物疫病应急控制系统、植物疫病防控支撑系统建设，不断提高应对动植物疫情的能力。

负责单位：市农业局、市发展改革委、市园林绿化局、市农林科学院。

（三）农产品质量安全服务体系

依托乡镇农业综合服务中心和村级全科农技员队伍，完善基层农产品质量安全监管服务体系，创新社会化服务模式，建立检验检测体系，全面提高农产品质量安全服务水平。

负责单位：市农委、市农业局、市工商局。

（四）农业信息化服务体系

围绕都市型现代农业信息化“一网一线”建设，重点建设“221信息平台”应用系统、“三农”热线呼叫中心系统，推进农业服务体系信息化管理与整合，搭建服务体系供需服务信息平台。

负责单位：市农委、市农业局、市农林科学院。

（五）农资服务体系

发挥市供销合作总社、邮政系统、农业龙头企业等多元主体参与农资服务的优势和积极性；深化供销合作社改革，拓展农资供应和农产品销售功能，重点开展农资连锁经营服务网络建设，组建现代农资物流配送中心；加强农资市场质量监管，提升基层农资服务水平，满足农民对优质、安全农资的服务需求。负责单位：市农业局、市商务委、市供销合作总社。

（六）农机服务体系

开展农机公共服务体系、区域性农机综合服务站点和农机安全监管体系建设，提高农机公共服务能力和综合保障能力，形成以农机推广机构为主导，多元主体广泛参与的新型农机社会化服务网络。

负责单位：市农业局。

（七）农业用水服务体系

围绕区域水资源供需和农业用水需求情况，开展农业用水管理体系、农业用水计量系统、规模养殖场节水改造和农业抗旱除涝能力建设，进一步提高都市型现代农业水资源利用水平。

负责单位：市水务局、市农业局、市发展改革委、市财政局。

（八）农产品流通服务体系

建设和改造农产品市场，培育以农业产业化龙头企业和大型物流配送企业、产销合作联合社、农村经纪人为主的农产品流通服务主体，构建以农产品流通基础设施、市场推广、产销衔接、制度体系为主的服务平台。

负责单位：市商务委、市农委、市发展改革委、市园林绿化局。

（九）农村金融服务体系

围绕农业发展对金融产品的需求，着力构建和完善农业金融服务网络，重点开展农业保险、农业信贷、农业投资、农业产业基金、农业担保、农村信用、涉农企业上市培育、农村要素市场、农村金融综合改革实验区等建设工程，形成政策性、合作性、商业性金融相结合，资本充足、功能健全、服务完善、运行安全的农村金融服务体系。

负责单位：市金融局、市农委。

四、保障措施

（一）加大政策扶持力度

1. 在试点基础上，建立村级全科农技员队伍发展长效机制。

2. 采取以奖代补的方式，对创新服务体系建设机制的区县及服务成效显著的乡镇农业综合服务中心给予奖励。

3. 创新农村金融产品和服务，加快设立新型农村金融机构，扩大农业担保支持和政策性农业保险覆盖面。

4. 对参与服务体系建设的企业、个人及其他社会力量择优进行扶持。以上政策具体内容和奖励扶持标准等由市农委、市农业局会同市有关部门研究制定，适时出台。

（二）强化考评监督制度

将都市型现代农业服务体系建设列入全市农村工作重点，对区县落实服务体系建设情况进行年度考核，考核结果纳入全市新农村建设奖励范围。

（三）加强组织领导和落实

建立由市农委牵头，市农业局、市发展改革委、市科委、市商务委、市金融局、市财政局、市水务局、市园林绿化局、市工商局等单位组成的都市型现代农业服务体系建设联席会议制度，联席会议办公室设在市农业局。各相关区县要将此项工作列入重要议事日程，加大组织落实力度，切实完成好各项工作任务。

北京市人民政府
关于开展新型农村社区试点建设的意见

（2011 年 5 月 6 日）

各区、县人民政府，市政府各委、办、局，各市属机构：

新型农村社区是首都现代城镇体系的末端节点。开展新型农村社区建设，对于提升本市社会主义新农村建设水平，加快农村城镇化建设步伐，促进率先形成城乡经济社会发展一体化新格局具有重要意义。现就开展新型农村社区试点建设提出以下意见。

一、指导思想和任务目标

（一）指导思想

深入贯彻落实科学发展观，紧紧围绕率先形成城乡经济社会发展一体化新格局的战略目标，通过开展新型农村社区试点建设，深入落实城市总体规划和城乡一体化规划，转变农村经济发展方式，促进优质资源和要素向农村转移，实现农民充分就业和人口集聚，提高农村地区公共服务水平，努力探索郊区城镇化和新农村建设协同发展的新途径。

（二）任务目标

全市重点做好 10 个新型农村社区建设试点。通过试点建设，实现试点社区“产业发展、就业充分，环境宜居、住房舒适，设施完善、服务均等，管理民主、文明和谐”的目标。

二、试点建设的内容

（一）科学编制试点规划

由试点社区所在乡镇政府按照乡镇总体规划、土地利用总体规划和新农村建设规划等组织编制新型农村社区试点建设规划。试点建设规划要遵循农村经济社会发展规律，与中心城、新城、小城镇以及村庄体系规划和限建区等各专项规划相衔接，按照“地域相近、产业相似、习俗相同、便于发展”的原则，明确试点社区选址、功能布局、建设容量和人口规模，统筹考虑社区产业发展定位、基础设施与公共服务设施及相关配套设施建设、生态环境保护等内容。试点建设规划要广泛征求意见，经村民会议或者村民代表会议讨论同意后，报区县政府审批，并报市规划委、市国土局等部门备案。

（二）探索和完善试点用地政策

在坚持最严格的耕地保护制度和集约节约用地的前提下，积极探索和完善新型农村社区试点建设过程中涉及的土地政策。经批准后，新型农村社区试点可享受城乡建设用地增减挂钩的相关政策。其中，涉及农村集体建设用地拆旧和建新的，可按增减挂钩相关政策实行整体审批，不再单独办理农用地转用手续。通过土地整治腾出的农村集体建设用地，首先要复垦为耕地，规划继续作为建设用地的可统筹用于试点社区农民旧房改造、新居建设、基础设施和公共服务配套设施建设以及农村非农产业发展用地。仍有节余的，经批准后少量指标可作为建设用地指标在本区县调剂，并试行有偿使用，其土地增值收益必须及时全部返还农村。以乡镇和村集体经济组织作为主体，使用试点社区内的产业用地发展相关产业的，由市国土局会同市农委等部门研究土地征占用方式问题。

（三）引导农民建设新型住宅

按照“有利生产、方便生活、适度集中、居住安全、群众自愿”的要求，鼓励平原地区或山区乡镇政府所在地的试点社区，采取多村联建的形式，适度集中建设住宅；位于山区其他地区或旅游景区周边的试点社区，一般以一户一宅的庭院式住宅为主，可以建设独院或 3 层以下（含 3 层）联排住宅，适当满足农民发展乡村旅游需要。农村房屋建设和改造，要满足抗震防灾要求，符合相关技术标准。鼓励应用新材料、采用新结构、选用新能源，提高住宅质量，力争把试点社区建成安全环保、舒适宜居、优质耐用、设计美观的居住区。

（四）完善基础设施和公共服务设施

试点社区基础设施和公共服务设施应参照城镇标准进行建设。综合考虑人口规模、资源环境、产业定位、辐射半径和空间承载能力等因素，在充分利用原有设施的基础上，完善道路、交通、供水、排水、电力、燃气、热力、园林、环境卫生、通信、邮政等基础设施，鼓励实施天然气、有线电视入户工程，供热方式可根据实际情况选择集中供热或使用清洁能源分户自采暖；统筹建设社区服务站、卫生服务站、科技文化活动中心、体育活动场所和教育、养老、法律服务、警务等公共服务设施；加强太阳能、沼气、生物质能、地热等清洁能源的使用与推广；积极发展商业、服务业，引导连锁超市（便利店）、再生资源回收站点进驻社区，鼓励连锁超市（便利店）拓展缴费、手机充值等服务功能。努力提高试点社区公共服务能力和水平，营造“30分钟社区公共服务圈”。加强生态环境保护。按照建设“绿色北京”的要求，在规划中注重保护、传承历史文化遗产和乡土特色，在建设中注重保护好自然环境，在发展中注重保护好生态环境和人文环境，使试点社区规划、建设、发展与环境相协调。

（五）推动试点体制机制创新

推动建设发展模式创新。试点建设要考虑平原和山区的不同特点，认真总结联村共建、村企联建、搬迁重建等建设模式取得的经验，学习借鉴园区带动、滚动发展、自主建设、合作开发等发展方式，循序渐进地推进新型农村社区试点建设。推动综合改革。试点社区要全面、妥善地推进农村集体土地所有权及集体建设用地使用权确权登记颁证、集体建设用地使用权流转、农村集体产权制度改革和集体林权制度改革，推进多元化征地补偿安置方式，盘活集体闲置资产，实现农民权益股权化，使农民成为拥有集体资产的新市民。推动社会管理创新。在试点社区设立“一站式”办公服务中心，提供劳动就业、社会保障、社会救助、计划生育、外来人口等服务。积极培育和发展各种民间中介组织、行业协会、专业经济组织协会和社区志愿者组织，逐步建立公共服务、社区志愿者服务和互助服务3大体系，努力做到“小事不出社区，大事有人代理”。

三、组织领导

（一）部门联动，加强统筹协调

建立市级新型农村社区试点建设联席会议制度，由市社会主义新农村建设领导小组综合办公室负责日常工作，研究试点选择条件，提供规划建设类型和发展模式，制定具体工作方案，并研究和会商重点、难点问题，监督、检查和考核试点建设情况，总结、推广试点工作经验；市发展改革委协助做好新型农村社区试点建设相关规划的编制工作，配合制定相关配套政策，指导投资项目管理；市民政局负责指导试点社区进行基层自治组织建设，开展农村社区体制机制改革，健全完善农村社区组织服务体系；市财政局负责指导区县做好各项财政性资金使用的统筹监管工作，按照国家有关规定，研究制定相关费用的减免措施；市国土局负责新型农村社区试点建设用地的管理、审批工作；市规划委负责新型农村社区试点建设规划的统筹指导，制定试点社区的规划导则；市住房城乡建设委负责农村新型住宅建设相关技术指导与服务工作；市商务委负责引导连锁超市（便利店）、再生资源回收站点进驻试点社区，协调连锁超市（便利店）拓展服务功能；市社会办负责指导试点社区开展规范化社区管理工作；市金融局负责协调搭建社区试点金融工作平台，提供必要、便捷的金融服务。联席会议各成员单位要简化审批程序，参照“绿色通道”审批方式，加快办理项目审批手续。市和区县建立“两级主管部门＋专家”的技术指导小组，对社区规划编制、建筑设计、抗震防灾、环境保护和特色发展等方面给予服务和支持。

（二）明确责任，健全工作机制

区县政府是新型农村社区试点建设的责任主体。相关区县政府要建立职责明确的领导体制和工作推动机制，研究制定具体的规划方案、政策措施和实施办法，负责规划审批、工程招投标等工作。试点社区所在乡镇政府要进一步建立健全管理体制，具体做好试点社区规划、建设和管理等工作。村级基层组织是新型农村社区试点建设的实施主体，相关区县政府、乡镇政府要鼓励村级基层组织开展创新，特别是在资源整合、投融资机制、土地利用、建设模式选择和市场运作等方面积极探索切合本地实际、切实保障农民利益的发展方式。

（三）加大投入，拓宽资金渠道

相关区县政府在足额保证安排农村基础设施和公共服务设施、“农村亮起来、农民暖起来、农业资源循环起来”工程、抗震节能住宅、山区泥石流易发区及生存条件恶劣地区农户搬迁、生态清洁小流域治理、棚户区改造等财政资金的基础上，资金具体使用可按照国家及本市有关规定适当向新型农村试点社区倾斜，集中财力办大事。统筹用好市级划转的各项可支配财力，统筹安排农村基础设施维护和管理、按计划偿还银行贷款和新型农村社区试点建设等工作。充分运用财政资金的杠杆作用，引导金融资金和社会资金参与新型农村社区试点建设，鼓励金融机构在金融产品、担保方式、投融资模式等方面进行创新，满足试点建设项目贷款需求。制定相关费用减免和土地出让金返还政策，对于试点建设涉及的防空地下室易地建设费、城市基础设施建设费、房屋所有权登记费、房屋所有权属证书工本费等费用，按照相关规定和程序予以减免。采取以奖代补、创新奖励政策，鼓励农村集体经济组织、农民个人以自有资金进行新型农村社区试点建设，鼓励社会资本和乡镇、村级集体经济组织联合建设新型农村社区和发展新型产业。

（四）保障权益，做好群众工作

广大农民群众是新型农村社区建设的主体，必须尊重农民意愿，维护农民的主体地位，保障农民基本权益，特别是土地权益、居住权益和资产权益不能受到侵害。在新型农村社区试点建设中，要充分保障和体现农民的知情权、参与权、决策权和监督权，让农民全过程参与新型农村社区规划的酝酿、讨论、审核和实施，全方位参与新型农村社区的经济、文化、政治和基础设施建设。各级政府要建立和完善纠纷矛盾排查调处机制，畅通社情民意的表达渠道，及时解决群众反映的问题和合理要求，积极化解新型农村社区试点建设中产生的纠纷和矛盾。

（五）加强宣传，营造良好环境

坚持正确的舆论导向，通过开展形式多样、生动活泼的宣传活动，充分发挥村民委员会等基层组织作用，把试点政策和措施宣传到每家每户，营造全社会关心、支持新型农村社区试点建设的良好氛围。

北京市人民政府
关于加强农村基础设施维护和管理的意见

（2011年6月1日）

各区、县人民政府，市政府各委、办、局，各市属机构：

加强农村基础设施维护和管理，建立健全长效管护机制，是本市社会主义新农村建设进入新阶段的一项重要任务。切实维护好、管理好农村基础设施，对于夯实郊区经济社会发展基础，推进郊区城镇化进程具有积极意义。根据农村集体资产管理有关规定，现就加强农村基础设施维护和管理提出如下意见。

一、指导思想和工作内容

（一）指导思想

深入贯彻落实科学发展观，按照率先形成城乡经济社会发展一体化新格局的要求，明确农村基础设施维护和管理的责任主体、出资主体、监管主体，通过拓展政府公共服务职能、构建社会化公共服务平台、建立健全维护和管理长效机制，确保农村基础设施正常运行，使改革发展成果真正惠及广大农民。

（二）工作内容

2011年8月底前，基本建立农村基础设施维护和管理的长效机制。本文件所指农村基础设施包括：农村街坊路、供水（含消防用水）、污水处理、环境卫生、垃圾处理、公共厕所、绿化、大中型沼气站、生物质气化站、雨洪利用、太阳能浴室、路灯（含太阳能路灯）和户用沼气、脚踏式户厕、吊炕等设施。

二、主要任务

（一）依法进行资产登记并实行台账式管理

市、区县、乡镇政府无偿资助或社会捐资建设的农村基础设施，由乡镇、村集体经济组织依法进行资产登记，实行台账式管理。其中，在行政村范围内并供本村村民使用的基础设施，由村集体经济组织进行资产登记；联村共用或跨村共建的基础设施，由乡镇集体经济组织进行资产登记。对在村民宅院内的户用沼气、脚踏式户厕、吊炕等设施，由村集体经济组织进行登记。登记主体难以明确的，由乡镇、村协商确定；仍存在争议的，由区县政府确定。

（二）建立责任明确的维护和管理体系

1. *发挥政府主导作用*。区县政府是农村基础设施维护和管理的责任主体。要探索建立城乡一体化的行政管理体制和社会管理、公共服务机制，尽可能将农村基础设施纳入政府部门管理范围。其中，公共厕所、路灯（含太阳能路灯）、垃圾处理、环境卫生等设施纳入市政市容部门管理范围，供水（含消防用水）、污水处理、雨洪利用等设施纳入水务部门管理范围，农村街坊路纳入交通路政部门管理范围，绿化纳入园林绿化部门管理范围。各有关部门要参照城镇标准组织做好农村基础设施的日常维护和管理工作，做到制度健全、职责明确、管理到位、责任到人。对户用沼气、脚踏式户厕、吊炕等不便纳入政府部门管理范围的农民自用设施，区县、乡镇政府可组建专业机构负责管理服务或通过中介组织提供有偿服务等方式进行维护和管理。

2. *构建社会化公共服务平台*。区县政府可采取行业监管、政府购买服务的模式，组建专业管护队伍，形成区县、乡镇、村三级综合服务网络。也可采取由政府或集体经济组织委托、专业经营的模式，通过项目公开招标，委托具有一定实力和经验的单位或企业进行管理。

（三）建立长效投入保障机制

1. *加大投入力度*。区县政府是农村基础设施维护和管理资金投入的主体。要根据农村基础设施维护和管理任务及标准，足额安排资金。对应由区县、乡镇政府承担的经费要纳入同级财政预算，并明确资金拨付渠道。区县自有资金不足的，可从市级划转的新农村"五项基础设施"建设资金中安排一定比例，用于已建农村基础设施的维护和管理。

2. *规范使用农村公益事业专项经费*。按照财力与事权相匹配的原则，相关区县政府要加强对现有各项农村公益事业专项经费的监管，进一步明确村集体经济组织应承担的基础设施项目管护经费比例，按标准核定村级管护人员的最低数量，并明确应承担的管护责任。

3. *实行差别化资金补助政策*。对可以进行市场化经营的农村基础设施，区县、乡镇政府应通过多种措施鼓励经营，并根据经营收入与实际运行成本的差额给予一定补助。对不适合进行市场化经营的农村基础设施，区县、乡镇政府要对设施维护和管理予以全额补助。

（四）建立考核监管体系

市行政主管部门负有行业监管主体责任。市有关部门要按照工作职责，根据设施设计使用年限、正常损耗和安全性等因素，建立农村基础设施维护和管理考核监管指标体系。要加强行业监管、业务指导和专项考核，考核结果记入区县社会主义新农村建设综合绩效考评，并在全市通报。相关区县政府要结合实际，研究细化监管措施，确保农村基础设施最大程度发挥效益。

三、工作要求

（一）坚持政府主导，形成有效合力

相关区县、乡镇政府要把农村基础设施的维护和管理纳入重要议事日程。要结合乡镇机构改革、建设服务型政府等方面要求，根据本地区经济社会发展情况，进一步建立和完善农村基础设施维护和管理的长效机制。明确区县、乡镇政府和村民委员会、农民个人享有的权利和承担的义务，合理确定资金投入比例。要建立区县、乡镇、村信息分级报告制度，制定突发事件应急预案，提高应急处置能力。

（二）坚持因地制宜，注重实际效果

要根据不同区域的实际情况和特点，积极创新管理模式和投资方式，降低农村基础设施维护和管理成本。加强农村基础设施管理，鼓励基层结合实际进行创新，对村级综合服务队伍、"门前三包"、垃圾分类、党员（村民代表）责任区、"一事一议"等制度建设积极进行引导和帮助。

（三）坚持农民参与，保障农民权益

相关区县、乡镇政府要加强农民培训，提高物业管理等方面技能。统筹考虑增加农村公共服务岗位和扩大农民就业问题，优先安排本地区农村劳动力从事农村基础设施日常维护和管理工作。要及时公开农村基础设施维护和管理制度等情况，接受农民和社会监督。经村民会议讨论后，将农村基础设施维护和管理的相关内容列入村规民约，增强村民自我管理、自我服务的能力。

中共北京市委农村工作委员会
北京市农村工作委员会
关于在严厉打击非法违法生产经营建设行为专项行动中充分发挥农村基层党组织和党员作用的通知

（2011年5月12日）

郊区各区县委、政府：

根据市委、市政府有关工作部署，全市近期组织开展了严厉打击非法违法生产经营建设行为专项行动（以下简称"专项行动"），要求坚决刹住非法违法建设，坚决刹住非法违法生产经营，坚决停产整顿存在重大安全隐患的生产经营活动。开展专项行动，既是对农村基层党组织的凝聚力、战斗力的重大考验，也是对广大党员的党性意识和先进性的现实检验。农村各级党组织要充分认识专项行动的重要意义，把专项行动作为开展创先争优活动的重要内容，作为实施"领航工程"、"聚力工程"、"先锋工程"的具体体现，切实增强凝聚力、提高执行力、发挥战斗力，打好这场关系人民生命财产安全的硬仗，维护广大人民群众的根本利益，为实现"十二五"良好开局、迎接建党90周年营造良好的社会环境。现就在专项行动中充分发挥农村基层党组织和党员作用通知如下：

（一）要把专项行动要求纳入创先争优公开承诺内容

要明确农村基层党组织和党员在专项行动中的任务和要求，将其纳入创先争优公开承诺的内容。农村基层党组织重点围绕强化日常巡查、及时发现制止、宣传政策法律法规、配合拆除违法建设、排查消除安全隐患、加强流动人口服务管理、维护群众利益、做好后续管护等作出承诺，充分发挥战斗堡垒作用；广大党员重点围绕带头执行法律法规和党组织决定、带头制止非法违法生产经营建设行为、带头拆除自家的违法建设、带头宣传政策法规、带头做好亲属朋友和周围群众的思想工作等作出承诺，充分发挥示范表率作用。按照专项行动不同阶段的时限要求，各区县、乡镇党委要通过定期督查承诺、领导点评承诺、群众测评承诺、将承诺完成情况与评先评优挂钩等办法，督促基层党组织和党员兑现承诺、发挥作用，坚决取缔现有非法违法生产经营建设行为，坚决杜绝新增非法违法生产经营建设行为，确保专项行动见到实效。

（二）要广泛动员群众理解支持专项行动

要充分发挥新闻舆论的导向作用，通过广播、电视、报纸、网络、手机短信平台等途径，利用悬挂横幅标语、张贴宣传图画、设置宣传栏（墙）、播放警示教育片、发放宣传材料等方式，对专项行动加以宣传，特别是要加大相关法律法规的宣传教育力度，为专项行动营造良好氛围。要强化社会监督，把专项行动纳入党务、村务公开内容，通过设立举报电话、发动群众随手拍违法建设等，鼓励广大党员群众举报非法违法生产建设行为。要充分发挥农村“八大员”和“三老联席会”（老干部、老党员、老村民）作用，积极组织党员干部宣讲团、劝导队等，登门入户做好政策宣讲和说服教育工作，讲清非法违法生产经营建设的严重性和危害性，引导和教育广大群众个人利益服从整体利益、眼前利益服从长远利益，积极支持和拥护专项行动。

（三）要在专项行动中切实做好群众工作

在专项行动中，要正确处理好依法办事与维护群众利益、社会稳定的关系，坚持疏堵结合，既要严格依法办事，又要注意工作方法。要积极做好困难群众帮扶工作，特别是对弱势群体、少数确有特殊困难的群众，要通过提供就业创业援助、申请最低生活保障、联系经营场所等措施，解决他们的实际困难和问题。要努力维护农村社会稳定，通过党员责任区、党员联系户等载体，畅通群众利益诉求渠道，建立健全矛盾排查、信息预警、应急处置机制，切实做好专项行动中出现的社会矛盾纠纷调处化解工作。

（四）要把开展专项行动与加强长效管理结合起来

要突出标本兼治，做到打击一处、整治一处、巩固一处，不断扩大专项行动成果。重点要坚持“四个结合”：坚持专项行动与建设相结合，在集中整治后，要根据区域规划功能定位和群众生产生活需要，大力推动产业发展，建设公共服务设施，实现清道还路、治脏治乱、增绿添景。坚持专项行动与管理相结合，村（社区）党组织要全面落实属地管理责任，探索实行网格化管理模式，采取组建专门力量、组织党员参与等方式，加强日常监管，切实做到责任全覆盖、防控全天候、巡查无缝隙，对辖区内发生的各类非法违法生产经营建设行为要第一时间发现、第一时间报告、第一时间制止。坚持专项行动与文明创建相结合，开展“无违法建设、无违法占地、无非法违法生产经营、无安全隐患社区”创建活动，把创建过程变成规范城市管理、优化发展环境的过程，变成提高群众素质、共建美好家园的过程。坚持专项行动与发挥村民主体作用相结合，做好《村民自治章程》、《村规民约》修订工作，把安全生产、房屋租赁、流动人口管理、宅基地建房、农民承包地及蔬菜大棚土地用途管理等内容纳入村务管理，建立管理台账，增强村民自我管理、自我教育、自我约束的能力。

（五）要确保专项行动各项具体措施真正落到实处

各级组织的负责人要亲自挂帅，靠前指挥，带头到难度大、矛盾多的地方去，做到情况掌握在一线、协调指挥在一线、问题解决在一线。要深化区县、乡镇领导干部包村（社区）和党员联户制度，建立明确的工作责任制度和定期反馈报告制度，将任务、责任、进度分解落实到人，做到分工明确、划片包干、责任落实。要坚持党政齐抓共管，整合执法力量和群防群控力量，形成上下联动、部门协作、信息互通、群众参与的工作格局。要完善考评机制，把专项行动纳入创先争优活动和农村党的建设“三级联创”活动考评体系，通过明查暗访、跟踪督办、情况通报等措施，激发各级党组织和党员干部参与专项行动的责任感与积极性。要突出典型引路，及时推广专项行动中的好经验、好做法，推动面上工作开展。要加强监督检查，充分发挥纪检监察部门作用，邀请党代表、群众代表等担任义务监督员，具体督导专项行动。要实行严格问责制度，对不履行职责、不作为或带头从事非法违法生产经营建设的党员干部，依纪依法严肃处理。

北京市农村工作委员会
北京市财政局　北京市农业局
关于2011年北京市粮食直补和农资综合补贴的意见

（2011年1月5日）

郊区各区县人民政府，市有关单位：

为贯彻落实中央有关文件精神，结合北京都市型现代农业发展的实际，现提出2011年北京市粮食直补和农资综合补贴的意见。

一、补贴原则

1. 坚持促进生产、普惠农民的原则。以促进农业增效和农民增收为宗旨，以提高种粮农民积极性为目标，确保种粮农民受益。

2. 坚持存量不动、增量倾斜的原则。新增补贴要适当向种粮大户、农民专业合作社倾斜。在遵循“自愿、规范、有序”的基础上，鼓励粮食规模化、集约化生产经营，提高综合生产能力和经济效益。

3. 坚持动态调整、只增不减的原则。农资综合补贴标准按照化肥、柴油等农资价格上涨变动进行动态调整，只增不减。

二、补贴范围

对本市农户及农场在耕地内种植的小麦、玉米实施粮食直补和农资综合补贴政策。

三、补贴标准

1. 粮食直补。小麦为 1 050 元/公顷（70 元/亩），玉米为 480 元/公顷（32 元/亩）。

2. 农资综合补贴。小麦为 675 元/公顷（45 元/亩）、玉米为 675 元/公顷（45 元/亩）。如遇中央调整农资综合补贴政策将随时上调补贴标准。

四、相关要求

1. 直补工作继续按照“农户自愿申请、村委会公示确认、乡镇政府审核、区县政府批准、市农业局备案”的工作程序进行。请各区县分别于 1 月 31 日和 8 月 15 日前将小麦、玉米直补数据上报市农业局，并分别于 2 月 28 日和 9 月 15 日前完成兑付工作。

2. 各区县粮食直补资金和农资综合补贴资金必须全部纳入“粮食风险基金”专户管理，专款专用，补贴资金要在粮食风险基金中分别反映，单独核算。

3. 直补工作实行属地管理，各级政府要统筹安排，明确责任。直补工作继续落实市、区县、乡镇“三建档三清楚”制度。市、区县、乡镇要成立粮食直补监察小组，建立监督机制，对直补工作进行不定期抽查和监督检查。各部门要加强沟通协作，形成监管合力，畅通举报渠道，查处违法违纪行为。

4. 直补工作要继续坚持全过程透明、公开，严格程序，确保补贴资金及时、足额发放到农民手中。各级政府要加强对农业补贴补贴对象、种类、资金结算的监督检查，确保补贴政策落到实处，不准将补贴资金用于抵扣农民交费。对出现问题的，要依据有关规定严肃处理并追究责任，触犯刑律的移交司法机关依法处理。

北京市农村工作委员会　北京市财政局
关于远郊重点小城镇建设资金的使用指导意见

（2011 年 1 月 28 日）

远郊区县重点小城镇建设主管部门、区县财政局：

郊区小城镇是农村城镇化的重要节点，在农村城镇化建设中具有不可替代的地位和作用，市政府对郊区小城镇工作的投入不断加大。

从 2006 年开始，市财政为推进小城镇建设，每年拨出 7 000 万元专项资金用于小城镇的基础设施和公共服务设施建设。2009 年市政府对财政体制进行了改革，将 7 000 万元小城镇专项资金按原 37 个中心镇名单转移支付到各区县。随着城乡规划体系的逐步完善和小城镇布局的新要求，2009 年 7 月市政府办公厅印发了《关于本市重点小城镇建设有关工作的通知》（京政办发［2009］37 号），对郊区小城镇布局进行了调整，研究确定 42 个重点小城镇作为下一步本市郊区小城镇建设发展的重点。为确保市转移支付到各区县的小城镇专项资金用好用实，真正发挥财政资金的引地作用，现对该项资金的使用提出如下指导意见。

一、该项小城镇建设专项资金必须用于市政府确定的 42 个重点小城镇的建设和发展，不得挪作它用。

二、远郊区县重点小城镇建设主管部门和区县财政局负责小城镇建设专项资金的统筹管理和使用，并负有对该项资金的监督职责。

三、小城镇专项资金的使用不进行平均分配，对发展成效好、特色突出的小城镇予以重点支持。因此，建议各区县加强对各重点小城镇的管理和考核，在区县内建立重点小城镇建设的绩效考评和激励机制，利用好小城镇建设专项资金。

四、市级转移资金是小城镇建设的引导性资金，各区县应加大支持力度，安排小城镇建设发展资金，推动重点小城镇建设更快发展。

附件：郊区 42 个重点小城镇名单

附件：

郊区 42 个重点小城镇名单

门头沟区　斋堂镇、潭柘寺镇、军庄镇
房 山 区　韩村河镇、窦店镇、琉璃河镇、长沟镇、河北镇
通 州 区　潞县镇、台湖镇、西集镇、永乐店镇
顺 义 区　高丽营镇、杨镇、赵全营镇、李遂镇
大 兴 区　采育镇、庞各庄镇、安定镇、榆垡镇、

	魏善庄镇
昌平区	小汤山镇、阳坊镇、南口镇、北七家镇、十三陵镇
平谷区	金海湖镇、峪口镇、马坊镇
怀柔区	桥梓镇、怀北镇、汤河口镇
密云县	溪翁庄镇、太师屯镇、西田各庄镇、古北口镇、巨各庄镇、穆家峪镇
延庆县	康庄镇、永宁镇、八达岭镇、旧县镇

北京市农村工作委员会
关于确定2011年山区采空区泥石流易发区及生存条件恶劣地区农户搬迁任务的函

（2011年3月17日）

各山区县人民政府：

按照《北京市人民政府办公厅转发市农委关于实施新一轮山区泥石流易发区及生存条件恶劣地区农民搬迁工程意见的通知》（京政办发［2008］5号文件）精神，经审核各区县报送2011年度山区泥石流易发区及生存条件恶劣地区农民搬迁计划，现将2011年搬迁任务函告你们。

2011年山区泥石流及生存条件恶劣地区共计划搬迁3 410户7 957人，涉及29个乡镇59个行政村的88个自然村、片。其中1 916户4 461人属于泥石流易发区；1 494户3 496人属于生存条件恶劣地区。2011年搬迁以集中内迁为主，计划集中新建35个村（其中全部选址新建18个、部分迁建17个），可聚集自然村55个，聚集农民3 310户7 642人，占全部任务的96%。

按照《北京市人民政府关于促进沟域经济发展的意见》（京政发［2010］36号）精神，及根据市财政局2010年绩效考评意见，"十二五"时期山区搬迁工作要做好以下几个方面：

1. 计划调整需及时上报。搬迁工程年度任务一经下达，不得擅自变更。确需调整的，需工程实施当年6月底前以政府名义（或各相关部门联合）报市农委审批。

2. 新选址确保安全、旧址及时进行整理。对于搬迁农户集中新建房屋的选址，要按照批准的市、区县规划合理安排村庄布局。新村庄在建设前要进行地质灾害和水资源环境评价，确保安全。迁出地要拆除旧房，做好土地复垦、水土保持和生态修复工程，做到搬迁一处，恢复一处。

3. 按进度保证工程实施。要尽快根据市里下达的任务，落实到人，按程序做好村民代表大会决议、农民申请、实地勘查、公示复核、签订合同、建立档案、留存图片图像资料等工作。集中建房的完成选址、占地、规划测量、户型设计、建筑结构、搬迁实施方案论证等前期准备工作。5月底前，新建房屋工程全面开工建设。11月底前，非集中建房的搬迁户全部完成搬迁，迁入新居，兑现补助资金。集中搬迁的新建房屋主体工程全部完工，一部分搬迁农户当年入住。工程第二年5月底前，集中建房的搬迁户新建房屋完成内部装修，及村庄基础设施配套工程等。搬迁农户全部入住新居。

4. 加强资金管理。各区县要设立搬迁资金专项账户，严格管理，专款专用。区县财政要及时按计划下拨搬迁资金。对调整计划的，每年7月底前由市农委将调整后的搬迁计划报市财政局，市财政局在下一年度调整预算资金。区县相关部门要加强村级财务管理，完善村级财务管理制度，以保证搬迁资金的使用安全、合理。

5. 做好工程监督。区县需做好搬迁工程的监理工作，并按季度上报搬迁工程进度。工程实施第二年6月底前对搬迁工程规划的执行情况、运行情况、搬迁工程效益情况等进行自查，并向市农委提交工作总结、资金管理使用报表、审计部门的资金审计报告。由市农委组织联席会成员单位对搬迁工程按一定比例进行抽查。对抽查中发现的问题，由区（县）负责限期整改。

6. 提前准备2012年计划。下一年度计划要尽早着手准备，优先安排泥石流易发区农民搬迁，搬迁对象需区县农委联合国土等相关部门审核认定。7月底前，区（县）以政府名义（或区县农委、国土联合行文）将计划上报市农委。

2011年山区泥石流易发区及生存条件恶劣地区农户搬迁工程任务表

单位：个、户、人

区县	乡镇	行政村	自然村、片	户数	人数
合计	29	59	88	3 410	7 957
门头沟	2	4	4	32	86
房山	4	17	24	472	1 322
昌平	3	10	10	82	288
平谷	4	4	12	380	968
怀柔	4	6	14	767	1 649
密云	9	12	18	1 334	2 952
延庆	3	6	6	343	692

北京市农村工作委员会　北京市财政局　北京市农业局关于印发《2011年关于发展生产推进“菜篮子”工程建设的实施方案》的通知

（2011年4月22日）

郊区各区县政府，市各有关单位：

为贯彻落实《北京市人民政府关于统筹推进本市“菜篮子”系统工程建设保障市场供应和价格基本稳定的意见》（京政发［2010］37号）精神，提高本市“菜篮子”主要产品（菜、肉、蛋、奶、鱼）生产供给能力，市农委、市财政局、市农业局制定了《2011年关于发展生产推进“菜篮子”工程建设的实施方案》。现予印发，请结合实际贯彻执行。

2011年关于发展生产推进“菜篮子”工程建设的实施方案

为贯彻落实《北京市人民政府关于统筹推进本市“菜篮子”系统工程建设保障市场供应和价格基本稳定的意见》（京政发［2010］37号）精神，切实提高本市“菜篮子”主要产品（菜、肉、蛋、奶、鱼）的自给率、控制率、质量合格率和应急保障能力，结合实际，制定本方案。

一、指导思想

以科学发展观为指导，以实现“菜篮子”主要产品有效供给为核心，以产业化发展为基础、以基地建设为抓手、以机制创新为动力，加大政策扶持力度，推进“菜篮子”主要产品规模化、集约化、标准化生产，全面提升“菜篮子”主要产品的生产能力、供给能力和质量安全水平，促进农民增收、农业提质增效。

二、目标和原则

（一）2011年的工作目标

围绕稳定提高“菜篮子”主要产品供给“三率一能力”的建设目标，按照“生产稳定发展、质量安全可靠、农民稳定增收”的要求，开展“菜篮子”主要产品生产能力建设工作。2011年要以发展蔬菜生产为重点，实施菜田最低保有量制度，新建5万亩基本菜田、2万亩日光温室，建设10个千亩设施蔬菜标准园和10个集约化蔬菜育苗场，在外埠新发展一批蔬菜生产基地，推进“菜篮子”主要产品生产基地高产高效创建和安全放心品牌创建，切实增强“菜篮子”主要产品的生产能力和质量安全水平。

（二）基本原则

一是坚持统筹安排、突出重点的原则。着眼于全面提升“菜篮子”主要产品供应保障能力，重点突出蔬菜生产，确保市政府“菜篮子”工程实事任务完成。

二是坚持市级指导、区县实施的原则。落实“菜篮子”工程建设分级负责制，市级负责制定政策和指导督促检查，区县负责具体组织落实。

三是坚持政策导向、注重效率的原则。明确政策导向，提高资金使用效率，提升“菜篮子”产业的组织化、规模化、标准化、产业化水平，提高“菜篮子”主要产品保障能力。

四是坚持农民增收、农业增效的原则。引导农民转变生产方式和调整农业结构，促进农民合作社和农业企业提升生产标准、增强产品的供给能力和市场竞争水平，促进农民增收和农业增效。

三、2011年的重点工作和政策

（一）增加菜田总量，提高蔬菜生产能力，新建5万亩基本菜田

采取第三方监理的方式，对新建菜田进行验收。对达到《新菜田开发建设标准》的新建菜田，按照以奖代补的形式进行补贴，补贴对象为农民专业合作社和农业企业，补贴资金用于加强菜田基础设施建设、增强产销能力和提高标准化生产水平。补贴标准及要求如下：

1. 新建菜田规模达到100亩（山区乡镇50亩）以上的，市级财政每亩补贴1 000元；新建菜田规模达到500亩（山区乡镇300亩）以上的，市级财政每亩补贴1 500元。

2. 鼓励区县尽早建设尽快投产，对在2011年8月20日前经验收合格并投入实际生产的新菜田，补贴标准在上述标准基础上提高10%。

3. 建设规模在100亩（山区乡镇50亩）以下

的，由区县负责统计面积并制定相应扶持政策。

4. 建设规模在500亩（山区乡镇300亩）以上的新菜田必须配套建设集中育苗基地。

5. 新建菜田纳入基本菜田管理。

6. 补贴资金于8月底和11月底分两批兑付。

（二）大力发展设施农业，提高冬淡季蔬菜生产能力，重点建设2万亩日光温室

继续发展设施农业，重点发展设施蔬菜生产。根据《国家农业综合开发办公室关于北京、天津、河北2011年农业综合开发设施蔬菜项目的实施意见》（国农办［2011］75号）、《国土资源部农业部关于完善设施农用地管理有关问题的通知》（国土资发［2010］155号）精神，调整《关于印发〈促进设施农业发展实施细则〉的函》（京政农函［2010］45号）的有关扶持政策。具体要求如下：

1. 国家农业综合开发设施蔬菜项目用于发展蔬菜生产，列入项目扶持的中高档日光温室，必须符合本市设施农业建设规模的有关要求，补贴标准平均为3万元/亩。其中“百村万户一户一棚援助型设施农业”中高档日光温室，市级补贴标准为4万元/亩；“两区两带多群落设施农业”中高档日光温室补贴标准为2.64万元/亩，补贴资金按照市区（县）两级配套执行，其中市级扶持资金2.24万元/亩，区（县）财政配套0.4万元/亩。以上中高档日光温室建设实行项目管理、总量控制，扶持对象为农业产业化龙头企业、农民专业合作社和农业企业（不含外资企业）；区县应按照市级下达的建设任务指标，及时申报和确定建设项目，确保总量完成；设施蔬菜项目申报按照《国家农业综合开发办公室关于北京、天津、河北2011年农业综合开发设施蔬菜项目的实施意见》的有关要求执行，建成验收后统一设立“国家农业综合开发设施蔬菜项目”公示牌，并在主要工程建筑物上标注农业综合开发标志。

2. 连栋温室（大棚）建设实行项目管理，严格按照《国土资源部农业部关于完善设施农用地管理有关问题的通知》（国土资发［2010］155号）和《北京市国土资源局关于转发国土资源部农业部完善设施农用地管理有关问题的通知》（京国土耕［2011］30号）要求执行，未经区县有关部门备案同意不予验收和扶持。

3. 除国家农业综合开发设施蔬菜项目外，其他设施农业建设项目继续执行《关于印发〈促进设施农业发展实施细则〉的函》（京政农函［2010］45号）的有关扶持政策。其中，“百村万户一户一棚援助型设施农业”扶持标准为：简易温室2万元/亩，钢架大棚1.5万元/亩；“两区两带多群落设施农业”扶持标准为：中高档日光温室1.5万元/亩，简易温室1万元/亩，钢架大棚0.4万元/亩。

4. 新建设施农业在新发展的基本菜田内的，设施农业所占面积不重复享受市级新建菜田的补贴政策。

（三）推进“菜篮子”主要产品高产高效生产基地建设和示范创建

1. 开展“菜篮子”主要产品高产高效生产基地建设。推进规模化、集约化、标准化“菜篮子”主要产品高产高效生产基地建设，重点建设一批设施蔬菜标准园、生猪（奶牛）标准化规模养殖场、标准化肉禽舍、规模化蛋鸡场和老旧池塘、循环养殖温室。对达到建设标准的高产高效生产基地，按照以奖代补形式择优奖励50万～200万元，用于提升基础、改进技术、提高生产水平。

2. 开展蔬菜高产高效示范创建活动。围绕蔬菜生产重点品种的关键茬口，开展高产高效示范创建活动。通过筛选示范点、整合技术装备、技术人员全面跟进服务等方式，打造高产高效示范典型。通过组织观摩、交流评比、集中培训、总结表彰等多种形式，有针对性地调动生产者和技术人员的积极性，普及高产高效生产技术。

（四）创建“菜篮子”产品安全放心品牌

1. 推进标准化分级管理。提升“菜篮子”主要产品生产基地的标准化管理水平，按照《北京市农业标准化基地建设考核评分标准》复核已有基地和认证基地，对达标基地颁发“北京市菜篮子工程标准化生产基地”证书。在达标基地中择优评选50个优级标准化生产基地，授予“北京市菜篮子工程优级标准化生产基地”标牌，每家以奖代补10万元。

2. 开展农产品质量安全监管示范创建。2011年组织开展1个农产品质量安全监管示范区（县）和4个农产品质量安全监管示范镇（乡）的创建，每个示范区（县）和示范镇（乡）分别奖励300万元和50万元。鼓励开展农产品“三品”认证，对获得无公害农产品认证、绿色食品认证、有机食品认证的分别奖励1万元、2万元、3万元。

3. 开展“菜篮子”重点产品质量安全监管。进一步完善“瘦肉精”检测体系，增加路口、市场、屠宰企业快速检测设备；继续开展和加强“菜篮子”重点产品检测。

（五）加强区域合作，深化“京张合作”模式，提升“菜篮子”产品控制力

继续执行“京张合作”政策，采取多种形式，重点扶持本市企业和农民专业合作社在外埠新建一批蔬菜生产基地。

（六）建设和完善“菜篮子”工程信息系统

依托“221信息平台”，建设和完善“菜篮子”工程生产信息系统。重点推进本市和区域合作范围内蔬菜、畜牧、水产等主要产品生产基地上网上图，推进数据统计渠道整合和重要数据定期更新，实现基本菜田信息与国土资源管理平台信息的有效对接。

四、保障措施

（一）加强组织保障，层层落实责任

各区县要按照市政府的统一部署，落实区县长负责制，切实加强对“菜篮子”工程建设的组织领导，制定配套工作方案，采取有力措施，确保各项工作任务的落实。

（二）搭建政策平台，加大监管力度

市、区县两级财政要设立“菜篮子”工程建设专项资金；市级安排资金的，区县要结合实际安排配套资金；各区县要统筹安排各部门的扶持政策，通过搭建政策平台，集中力量确保重点建设任务的完成；各区县要加强“菜篮子”工程扶持资金的监管，对违规使用资金、挪用资金、套取政策资金要予以坚决制止和严肃查处，确保扶持资金用到实处。

（三）细化建设标准，加强考核验收

市级有关部门要按照“菜篮子”工程建设的目标，制定相应的建设标准，分阶段推进工作；要通过采取评比、考核、听取汇报等方式，定期对各区县落实任务情况进行检查和督促。2011年底前，市农业部门将组织进行全面验收，验收结果进行通报。

（四）组织系列宣传，加强舆论引导

市区各有关部门要加强宣传，引导新闻媒体客观准确的报道“菜篮子”工程建设情况，积极宣传“菜篮子”工程建设取得的成绩，发现和树立先进典型，为推进“菜篮子”工程建设营造有利的社会氛围。

北京市农村工作委员会关于创建京郊特色农产品直销示范店的通知

（2011年5月24日）

郊区各区县农委：

按照《北京市农村工作委员会关于做好当前蔬菜产销工作的通知》（京政农发［2011］9号）的要求，进一步推动京郊农产品流通渠道的组织化和标准化建设，提高京郊农产品流通效率，打造京郊优势品牌，现将创建京郊特色农产品直销示范店有关事项通知如下：

一、创建京郊特色农产品直销示范店的条件

创建京郊特色农产品直销示范店必须具备以下基本条件，达不到其中任何一项要求的不安排参加京郊特色农产品直销示范店评定工作。具体如下：

1. 外观。店面使用面积不低于50平方米，店堂内进行简洁装修，店内通风、明亮，店面内外部有装饰。

2. 设施。有与经营商品相匹配的陈列货架或玻璃柜台，使用检定合格、未超过检定周期的计量器具；有可查阅产品产地以及出厂企业信息的基础设施设备，以便顾客现场进行相关信息查询；有避免初级生鲜农产品和冷藏农产品受到污染的保障设施；符合消防要求。

3. 人员。从业人员应持健康证上岗，经过岗前培训，应向顾客承诺不销售假冒伪劣商品，熟悉所经营商品的特点和北京农业基本情况；门店经理应具备大专以上学历。

4. 商品。建立特色农产品的准入和可追溯制度，对进货渠道和供货商进行登记管理。商品单品品种不低于50种（其中北京品牌产品占60％以上）；所有商品资质齐全，能够做到可追溯。所销售每一种特色农产品的产地检测证明、无公害、绿色、有机等各类体现质量安全的认证书进行登记备案，以确保所销售农产品的质量安全；土特散装农产品的营业场地与深加工包装农产品的营业场地严格隔开；严格执行国家物价管理政策，所有商品都明码标价。

5. 特色。示范店经营的商品要体现北京特色。北京特色、优质农产品要占60％以上，有机农产品比例要达到30％

二、申报、评定程序

（一）区县申报

6月底前，由区县农委以书面及电子文档两种方式向市农委推荐上报京郊特色农产品直销示范店申报书，其中书面材料一式三份。

（二）专家组初评

7月中旬前，由市农委组织专家，对区县申报的京郊特色农产品直销示范店相关材料进行评审，按总得分进行排序，初步评选出20家京郊特色农产品直销示范店名单。

（三）联合审定

7月底前，由市农委会同市商务委、市财政局、市农产品流通协会等相关部门按照程序和标准，对专家组初评的20家京郊特色农产品直销示范店进行联合审核，确定京郊特色农产品直销示范店名单并公示。

（四）表彰奖励

8月底前，经市农委主任办公会讨论通过后，对评出的20个京郊特色农产品直销示范店发文予以公布并以市农产品流通协会名义授牌表彰，同时给予每个京郊特色农产品直销示范店5万元奖励资金。

三、工作要求

一是要本着发展与规范并重的原则，进一步加强对京郊特色农产品直销示范店创建工作的指导和服务，引导京郊特色农产品销售商店强化内部管理

制度建设，积极参与京郊特色农产品直销示范店创建活动。

二是要制定配套政策，加大对京郊特色农产品直销示范店的扶持力度，帮助参加示范店创建活动的单位完善公共服务设施设备。

三是各区县农委要按照本通知的要求，及时开展收取申报材料、审核条件工作，按时向市有关部门报送创建京郊特色农产品直销示范店文件资料。

北京市农村工作委员会 北京市农业局 北京市财政局 关于印发《2011年村级全科农技员队伍建设工作方案》的通知

（2011年7月6日）

各远郊区县农委、农业局（农业服务中心）、财政局：

为贯彻落实2011年中央农村工作会议、北京市农村工作会议精神，加快完善基层农业科技服务体系，加快村级全科农技员队伍建设，今年在全部10个远郊区县开展村级全科农技员队伍试点建设工作，新增全科农技员500名，实现“千村千人”目标。现将《2011年村级全科农技员队伍建设工作方案》印发你们，请各单位根据方案要求，做好全科农技员有关工作。

2011年村级全科农技员队伍建设工作方案

为贯彻落实2011年中央农村工作会议、北京市农村工作会议及市政府工作报告精神，经市农工委市农委办公会决议，今年继续开展村级全科农技员队伍试点建设工作，新增全科农技员500名，实现“千村千人”目标，建立健全人员推荐、审核、选聘、培训、日常监管、绩效考核等一系列管理制度。为确保各项工作有序开展，特制定本方案。

一、总体目标与基本原则

（一）总体目标

2011年，全市10个远郊区县累计共聘任全科农技员1 000名。以密云县为试点，全县17个农业乡镇全覆盖；房山在已试点乡镇全覆盖；其他区县新增一个乡镇，在种养业为主的村实现全覆盖，推进全科农技员队伍试点建设，以完善市、区县、乡镇、村农业科技推广服务快速对接联动机制，有效解决科技进村入户“最后一公里”等问题，促进都市型现代农业高端、高效、高辐射发展和农民增收致富。

（二）基本原则

坚持政府主导、政策支持、公益服务的原则；坚持需求导向、因地制宜、发展产业的原则；坚持择优选聘、用培并重、优胜劣汰的原则；坚持试点起步、总结经验、逐步完善的原则。

二、推荐条件和聘用程序

（一）试点村条件

从事一产的农户在50户以上，以种植、养殖产业为主，本村农民有强烈需求，村级领导班子团结，干群关系良好的村作为试点村。

（二）村级全科农技员推荐条件

1. 具有本市户口，身体健康，热爱农村农业工作，责任心、服务意识、科技意识、创新意识及组织协调能力较强，有较好的群众基础和影响力。

2. 具有高中以上文化水平，丰富的农业生产实践经验，较高的农业生产技能，较强的带动和辐射能力。具备农业生产、经营特殊技能的人员可适当放宽。

3. 近年来各级培养的农民田间学校辅导员和优秀学员、林果乡土专家、设施农业骨干农民优先选聘。

4. 已取得国家农业职业资格证书的人员，可优先选聘。

5. 凡享受公共服务性补贴或工资性收入的人员不得聘用。

6. 系服务村村民，即服务村的全科农技员原则由本村产生。

（三）村级全科农技员聘用程序

1. 组织推荐。

（1）本人自愿向所在村村委会提出申请。

（2）本人所在村村委会按照“公平、公正、公开”的原则，对申请人资格条件予以审核，条件达到相关要求的，由村委会向乡镇农技推广机构进行资格推荐（附推荐表）。

（3）乡镇农技推广机构对推荐人员进行汇总后，上报区县农业局（农委）。区县农业局（农委）按照统筹兼顾、合理布点的原则，会同乡镇农技推广机构结合服务村产业特点、服务地点、服务规模及服务对象等情况，从以上人员中筛选出考察资格人选，考察资格人数原则上应比全科农技员岗位数至少多20%以上。

2. 岗前技能测试。考察资格人员参加市农业局统一组织，区县农业局具体承办的全科农技员岗前技能水平笔试和面试。根据测试成绩，由区县农业局根据全科农技员岗位数量遴选确定等额拟聘人员，上报市农业局审定。

3. 培训上岗。市农业局审定批复后，由区县农业局组织拟聘人员参加市农业局组织的上岗技能培训，考核合格的颁发培训证书，并确定为上岗人员。

4. 签约聘用。上岗人员在区县农业局、乡镇农技推广机构主持下，与服务村的村支部书记（村委会主任）签订年度聘用协议，协议中应明确各项权利义务。协议一式四份，以上四方分别备案。

三、工作职责和服务标准

村级全科农技员是村级公益性农业技术推广服务的专门人员，其主要工作职责和服务标准如下：

（一）工作职责

村级全科农技员受所在村党支部和村委会领导，依托村级农业综合服务站，重点做好以下工作：

1. 负责本村种养业产前、产中、产后技术指导，与上级农技部门专家联系，解决农户生产中出现的难点问题。

2. 负责建立服务农户台账，及时将农户的技术需求上报乡镇农技部门，将上级农技部门或专家团队下达的各类信息在本村传播。

（二）服务标准

1. 对本村从事种养业生产的农户到户率达到100%并建立台账。

2. 解决农民实际问题的有效率达到80%以上。

四、运行机制

村级全科农技员队伍建设，实行“部门管理、动态监测、联合培养、定向指导、实效考核、淘汰竞争”的运行机制。

（一）强化部门管理

市农业局为村级全科农技员队伍建设与管理试点工作的主责部门，重点负责制定相关管理文件与办法，指导组织实施与监督管理，协调优势科技资源，指导区县开展工作。建立全市村级全科农技员信息化管理系统。

试点区县农业主管部门是村级农业综合服务站和全科农技员队伍建设的实施责任主体，负责指导村级农业综合服务站建设，组织村级农技员推荐、培养、使用、管理、考核，探索村级农业综合服务站与村级农技员队伍建设运行模式，总结典型经验。

试点乡镇政府负责统筹、协调、调度本区域资源，协助管理与服务指导村级农业综合服务站和村级全科农技员开展服务工作。

行政村是村级全科农技员开展服务的重要依托，在试点村建立由村支部书记或村委会主任担任站长的村级农业综合服务站，为村级全科农技员开展农技服务及培训等提供必要的设施设备和场所条件，做好相关组织协调工作。

（二）突出实效考核

市级统一制订村级全科农技员考核管理办法，村级全科农技员考核以两“率”，即到户率和解决农民实际问题的有效率作为主要考核指标。根据签订的服务协议，采取量化打分和实地测评相结合的方式进行考核，优胜劣汰，建立能进能出的考核机制。绩效考核结果要附农户满意度调查记录，每村随机调查户数不低于10户，农民满意率不低于80%。考核工作由试点区县农业主管部门统一组织，原则上每季度开展一次。

（三）开展动态监测

采取工作日志、联系农户台账及移动网络等方式，加强对村级全科农技员开展服务工作的动态监测，确保其开展及时、有效的技术服务，解决农民生产问题。

（四）实施联合培养

按照总体规划、统一标准、分级实施的总体原则进行。市级主要负责全科农技员培训规划、培训教材的编写、组织岗前和公共性知识培训。区县结合本地实际定期安排全科农技员的技能提升培训，确保每个全科农技员每年参加不少于12次技能提升培训，培训记录计入培训证书。聘用的全科农技员自愿申请国家农业技术指导员资格的，由市农业局委托北京市农业干部培训中心（北京市职业技能鉴定站）对村级全科农技员施行职业技能资格过程鉴定，合格的颁发国家三级农业技术指导员职业资格证书。

（五）采取定向指导

区县要以产品为核心、以产业为主线成立技术服务创新团队，明确首席岗位专家和岗位技术指导员的服务区域、服务对象、服务内容和量化工作指标，与村级全科农技员签订培养与技术指导服务责任书。市级组织科研、教育、推广、企业、协会、服务中介等有关专家，建立以产品为核心的产业技术体系创新团队，重点围绕区县主导产业提供技术支撑，全面与区县技术创新团队有效衔接，上下互动，高效运行，为村级全科农技员培养提供定向指导与服务。

五、进度安排

上岗进度：

2011年4月28日—5月10日：各区县核实申报村条件，确定设立全科农技员的村数，报市农业局核准。

2011年5月11日—5月31日：由区县组织，从村镇推荐的人员中筛选出考察资格人选，考察资格人数应比全科农技员岗位数至少多20%以上；将人选汇总表报市农业局备案。

2011年6月1日—6月10日：由市农业局统一组织，区县农业局具体承办全科农技员上岗技能测试。区县农业局负责安排技能测试考场地点，并向市农业局报送参加笔试的监考人员和面试人员，面试人员资格为区县、乡镇农技推广人员，具有中高级以上职称；市农业局负责笔试与面试试卷的统一印制，并派员去考试现场督导。

2011年6月11日—6月25日：由区县农业局组织拟聘人员参加市农业局组织的上岗技能培训。

2011年7月：签订上岗协议。

服务档案建立进度：

2010年上岗的全科农技员须在2011年5月底前完成服务村所有种养农户的服务档案的建立；2011年新选聘的全科农技员须在2011年9月底前完成服务村所有种养农户服务档案的建立。

六、保障措施

（一）加强领导、建立组织

各级各部门加强对村级全科农技员队伍建设试点工作的组织领导，市、区县两级成立工作协调小组，协调小组应有农业、科技、教育、林业、财政等部门参加，要明确专人负责。乡镇要明确一名主管副乡镇长协助区县管理部门开展工作。行政村要明确由村支部书记或村委会主任负责村级服务站点建设。整合和调动市、区农业推广机构、市级农业高校、院所等资源，组建市、区两级专家团队，为推广员队伍提供技术支撑和技术培训。

（二）建立经费保障机制

市、区县两级建立村级全科农技员队伍建设试点工作经费补助机制。补助经费包括村级全科农技员补贴和服务补助，以及技能提升培训补助等。村级全科农技员补贴标准为平均每月1 500元/人（含人身意外伤害险），分为基本补贴1 000元和绩效补贴500元两部分，基本补贴应于上岗之日起按月发放，绩效补贴经考核后按季度发放，具体发放办法由试点区县农业主管部门商财政局确定。服务补助、技能提升培训补助标准依据市财政相关办法执行。区县财政部门应对村级全科农技员试点工作所需经费予以保障，确保村级全科农技员工作顺利推进。

（三）提高全科农技员的透明度

普遍建立村民联系卡制度，由市农业局统一印制村级全科农技员村民联系卡，卡上写明全科农技员的姓名、联系方式、职责和服务内容、专长等。统一在村委会设立全科农技员信息公示栏。公示栏的内容主要是全科农技员自身信息和全科农技员的服务信息；并在村委会设立技术服务信箱，方便农民需求反馈和全科农技员到户解决问题。

（四）总结经验、做好宣传

试点区县农业部门根据产业发展特点和村级技术队伍现状，有针对性地制定本区县村级全科农技员队伍建设试点工作方案，细化考核与管理，及时发现试点工作存在的不足和问题，采取得力措施妥善解决，并向市级相关部门反馈。发现和挖掘全科农技员工作的好做法、好典型及时上报，做好宣传。

北京市农村工作委员会
关于印发《北京市“十二五”时期政策性农业保险发展规划》的通知

（2011年9月14日）

各郊区县农委、各有关保险公司：

现将北京市政策性农业保险工作协调小组办公室制订的《北京市“十二五”时期政策性农业保险发展规划》印发给你们，请结合实际组织实施。

北京市“十二五”时期政策性农业保险发展规划

北京市政策性农业保险工作协调小组办公室

前　　言

“十二五”时期是北京全力推进都市型现代农业发展、率先形成城乡经济社会发展一体化新格局的重要时期，也是北京建设中国特色世界城市的重要阶段。本规划作为北京市农村工作委员会“十二五”时期专项工作规划之一，旨在制订今后五年北京农业保险发展目标，全面部署农业保险各项工作，不断完善农业保险制度，充分发挥农业保险在保障首都现代农业生产，稳定农民收入，完善首都农村金融体系等方面的积极作用。

本规划以科学发展观为统领，以《北京市“十二五”时期城乡经济社会一体化发展规划》以及“十二五”时期农业产业发展和相关专项规划等为基础和依据，按照“人文北京、科技北京、绿色北京”、建设有中国特色世界城市、率先形成城乡经济社会发展一体化新格局的战略部署，加快完善农业保险制度，推动农业保险体系建设，规范农业保险经营管理，扩大农业保险覆盖范围，推进农业保险探索创新，提高农业保险服务水平，巩固农业保险惠农成果，切实保障农民利益。

规划期限为 2011 年至 2015 年。

一、北京市政策性农业保险发展回顾

现代农业具有投资多、周期长、风险大等特点，需要农业保险提供风险保障。作为风险管理的重要工具之一，农业保险不但能够提高农业的防灾防损能力和灾后恢复能力，而且对于保障农业和粮食生产安全，促进农村发展，稳定农民收入，落实农业产业政策和国家强农惠农政策等都具有重要意义。

新世纪以来，中央高度重视政策性农业保险制度建设。2004 年，为贯彻落实中央精神，北京市启动了农业保险试点工作。经过近三年探索，2007 年 5 月建立了政策性农业保险制度。制度建立以来，在市委市政府的统一部署下，北京市政策性农业保险呈现出稳步、规范、扎实、有序的发展态势。

（一）农险模式初步确立

北京市紧密结合都市型现代农业发展特点、产业布局规划和农业风险保障需求，充分发挥政府的主导作用和市场配置资源的基础作用，突出农民主体地位并保障其他参与主体利益，按照“政府推动、政策支持、市场运作、农民自愿”的原则运行，初步形成了多层次的风险分散机制、强有力的财政支持方式、市场化的经营管理模式以及系统化的组织管理机构等特点的制度雏形，被农业保险业内专家称为“北京模式”。

（二）农险制度逐步完善

不断完善制度建设，初步建立了政策性农业保险制度体系，为农业保险持续健康发展提供了坚实的制度保障。

确立基本制度框架。2007 年，市政府办公厅下发了《关于建立北京市政策性农业保险制度的方案（试行）》，明确了运行模式、组织机构、职责分工、支持政策等基本内容，为政策性农业保险的组织实施确立了基本制度框架。

制定资金管理办法。制定了《北京市政策性农业保险补贴资金管理暂行办法》，明确规定了资金来源及预算安排、财政资金使用范围、标准、拨付程序等内容。

规范农险经营行为。不断修订完善《北京市政策性农业保险统颁条款（试行）》，明确修订思路和原则，强化了政府的政策导向和政策的联动集成；制定并出台了《北京市政策性农业保险承保业务经营规范》、《北京市政策性农业保险理赔服务规程》，规范了保险公司承保、理赔等环节的业务操作流程。

建立信息管理制度。建立了政策性农业保险信息统计上报制度，下发《关于加强政策性农业保险进展情况信息上报工作的通知》，促进了各参与主体之间的有效沟通，及时掌握农险业务发展动态，为科学决策提供数据支持。

建立农险监管机制。除建立了专业监管制度外，还建立了政策性农业保险第三方审计制度，加强了对保险公司业务经营的合规性审核，形成了对保险公司农险业务的有效监督管理。

（三）组织体系初步建立

组织管理体系初步构建。市级成立了由主管副市长任组长，市政府副秘书长和市农委负责人任副组长，市农委、市财政局、市发展改革委、市保监局、市金融局、市政府法制办、市国税局、市地税局、市气象局、市园林绿化局、市民政局、市农业局等部门参加的市政策性农业保险工作协调小组，下设办公室，具体负责政策性农业保险的日常管理工作；各区县也相应设立了协调管理机构。初步组建了涵盖多部门、多层次的农业保险管理体系。

参与主体职责逐步明晰。市级负责制订颁布政策性农业保险相关政策规章，开展日常管理工作；区县负责贯彻落实市级政策，不断完善本区域协调组织机构，组织推动本区域农险工作的顺利开展，探索建立适合本区域发展的农险服务网络；商业保险公司作为市场经营主体，按照市区两级政府的工作要求，具体组织开展承保理赔业务，做到业务规范、服务优良。

政策联动机制逐步形成。加强了政策性农业保险与其他惠农政策的联动，通过具体条款和补贴政策的实施，着力引导土地规模化利用，提高农民组织化程度，促进农业集约化经营。将政策性农业保险融于首都“七农”金融服务平台中，提升农户信用等级，推动银保互动机制建设，改善优化农村金融服务环境。

（四）保障效果日益显现

北京市政策性农业保险覆盖范围稳步扩大，为都市型现代农业持续健康发展提供了有效的风险保障。

保障范围稳步扩大。四年来，政策性农业保险险种数量不断增加，保险责任不断拓展，保障范围不断扩大。截至 2010 年，北京市政策性农业保险已经覆盖全市 13 个郊区县和首农集团等国有涉农企业，险种扩大至 18 种（13 个种植业险种和 5 个养殖业险种），政策性农业保险保障程度已近 40%。

保障作用初步发挥。截至 2010 年，政策性农业保险累计为全市种、养两业提供风险保障 263.2 亿元，简单赔付支出 6.9 亿元，赔付农户达到 39.5 万户次，累计赔付面积达到 171.1 万亩，累计赔付奶牛 1.5 万头、生猪 21.8 万头、种猪 11.2 万头、肉禽

497万只。农业保险在灾后补偿方面发挥了积极作用，风险保障功能进一步发挥。

（五）创新工作不断推进

北京市农业保险立足于服务都市型现代农业，进行了一系列探索创新。

率先建立政府主导的农业再保险机制。在全国率先实现由政府直接出资购买再保险，通过市场化手段转移政府承担的超赔风险，构建了由农民、直保公司、再保公司和政府巨灾风险准备金四个层次组成的农业巨灾风险分散体系。赔付率在160%以下的风险由直保公司承担，160%～300%的风险由再保险公司承担。

率先建立第三方审计制度和跟踪问效制度。率先建立了第三方审计制度，强化了对财政资金使用的监督作用。率先建立了政策实施跟踪问效制度，向广大农户发放调查问卷，收集投保人的反馈意见，真实反映政策性农业保险的实施效果，为进一步完善政策性农业保险制度提供决策依据。

试点推广信保联动。试点开展政策性农业保险零现金支付服务，全面推广发放农民承保理赔"一卡通"，通过银行转账方式实现赔款零现金支付，避免了中间环节弄虚作假的可能，在理赔服务和农民信用体系建设方面做出了新的探索和尝试，受到了农民欢迎。

（六）惠农政策逐显成效

财政补贴资金杠杆作用逐步显现。通过政策性农业保险制度的合理设计，财政补贴资金的杠杆作用得以有效发挥，提高了财政资金的使用效益和效率。4年来，市级财政补贴资金累计6.72亿元，保险金额累计达到263.2亿元，相当于政府出资1元便买到39.2元的风险保障，杠杆放大作用近40倍；也意味着农民支付1元钱就可获得111.5元钱的风险保障，资金放大效应超过百倍，财政资金的引导作用得以有效发挥。

通过政策支持调动参与主体的积极性。市级给予参保农户50%的保费补贴，给予保险公司保费收入10%的经营管理费用补贴，充分调动了农民和公司两个参与主体的积极性，为农业保险工作的持续健康发展提供了有效保障。4年间，参保农户数量由2007年的4.38万户次增加至2010年的26.91万户次，增长了5.2倍，累计参保农户达到71.5万户次。

优化农村金融环境。政策性农业保险有效防范和减轻了农业生产面临的自然风险带来的损失，提高了广大农户防灾减损的能力，为金融资本进入农业产业创造了有利条件，提高了农业生产经营主体的资金融通能力，为优化农村金融环境创造了良好氛围。

二、"十二五"时期北京市政策性农业保险的发展背景

（一）新形势

"十二五"时期，北京市政策性农业保险的发展既蕴含难得的机遇，也面对诸多的挑战。

国家加快推进新农村建设。党中央、国务院对"三农"发展高度重视，2004年以来，中央"一号文件"主题紧紧锁定"三农"问题。党的十七届五中全会明确提出"在工业化、城镇化深入发展中同步推进农业现代化"的重大任务。为实现"三化同步"，加快转变农业发展方式，提高农业综合生产能力、抗风险能力，发展现代种业、设施农业、农产品加工业、流通业，健全农业保险制度，改善农村金融服务等成为"十二五"时期社会主义新农村建设的重要内容。

农险保障需求日益突出。越来越多的郊区农民向"有资产、有住房、有社保、有工作"的"四有"新市民转变，市场参与意识和风险防范意识将进一步增强，对农业保险的需求也愈发强烈和全面。需要政府和公司加强农险产品和险种创新、提升服务水平、扩大保障范围。

社会管理方式不断创新。世界经济增长的不确定性，国内经济发展的不平衡和不协调，以及依然存在的通胀压力，都加大了国内社会管理和公共服务的复杂性。引入农业保险在内的保险机制，将有助于辅助政府增强社会风险管理能力，降低政府社会管理成本，化解社会矛盾纠纷。因此需要农业保险积极参与社会保障体系建设，并成为促进公共管理创新的新途径和新形式。

从北京来看，全新的"三农"视角对发展具有北京特色的农业保险提出了更高要求："首都的农村是北京郊区的一部分，是北京新的战略发展空间；首都的农民是北京的市民，是推动郊区发展的动力，是拥有集体资产的市民；首都的农业是都市型现代农业，是一、二、三产相互融合的产业。"

都市型现代农业全面推进。"十二五"时期，北京都市型现代农业的生产和生活功能不断拓展，生态功能和示范功能进一步强化；农业生产经营专业化、标准化、规模化、集约化水平不断提高。这对农业保险为都市型现代农业发展和"菜篮子"工程建设保驾护航提出了更高要求，需要农业保险提供优质高效全面的风险保障。

农业产业结构加快调整。按照全市"优一强二大三"的产业发展思路，北京农业产业结构和区域布局将进行战略性调整，从拓展农业生产功能和延长产业链着手，农业生产、流通、加工将更为紧密地结合，农产品加工业、休闲观光农业、籽种农业、会展农业等产业的融合性也将得到进一步加强。农业产业内涵的拓展、产业链的延伸以及生产消费观念的转变，对农业保险保障体系建设提出了更高要求。

农村金融服务环境日渐改善。目前，北京已初步建立了首都农贷、农保、农投、农担、农基、农信、农村金融综合改革试验区等"七农"金融服务体系。如何将政策性农业保险更好地融合于首都"七农"金融服务平台，从而改善农村金融服务环境并加强与各平台的联动集成建设，将对农业保险的联动机制提出

新的要求。

农业生产收益波动性日益加大。都市型现代农业具有投资多、周期长、风险大等特点，面对日益突出的极端气候和波动剧烈的农产品市场价格，农户农业生产收益不确定性日趋加大，农户对风险保障的需求将更为强烈，对农业保险的保障范围和保障程度的要求也更为全面和深入。

（二）新问题

站在新的起点，“十二五”期间北京市农业保险发展仍面临一些难题：

一是保险产品和保障水平难以满足农业日益增长的风险保障需要。目前农业保险保障水平还不能完全满足都市型现代农业的发展需求，保险险种数量有待进一步增加、保险范围有待进一步扩大、保险责任有待进一步拓展、覆盖面有待进一步扩大。现阶段基于成本保障设计的农险产品保障程度偏低，不能满足农民稳定收益的需求。

二是保险组织管理体系不够健全。尽管已初步建立了协调管理机构，但缺乏常设机构和固定、专职、专业的人才队伍，目前人员队伍和管理机构配置还难以满足政策性农业保险长效机制建设的需要。

三是农险服务水平仍需提高。保险公司经营管理服务水平不够精细和规范。少数区县仍然存在仅一家保险公司经营农险业务的现象，农险市场竞争不够充分，部分保险公司的基层服务网点和人员数量都难以满足当地农险发展的需要。

四是农民风险意识有待进一步提高。政策性农业保险虽然已经在全市推行四年，但部分农民对农业保险的认识了解还很不够，使用现代农业风险管理工具主动防范和规避风险的意识还不强。

五是农险与其他农村金融政策、产业政策联动还不够紧密。政策性农业保险与农村小额贷款、农业担保、农村信用体系建设等金融服务的联动还不够，与其他农村产业政策的联系还不是很紧密，今后还要大力加强与气象、防疫、畜牧等部门相关产业的联系与联动。

六是农险基础性工作和理论研究尚待深入。目前尚没有全国性的农业保险法律法规，农业保险工作缺乏有效的法律保障，农业保险的许多工作仍然无章可循、无法可依。现有的数据信息等农业保险等基础性工作，难以适应农业农村发展的新形势，农业保险的理论研究和实践创新亟待加强。

三、“十二五”时期北京市农业保险的指导思想与发展目标

（一）指导思想

以邓小平理论和“三个代表”重要思想为指导，以科学发展观为统领，全面贯彻落实中央和市委市政府系列文件精神，按照“人文北京、科技北京、绿色北京”、建设有中国特色世界城市、率先形成城乡经济社会发展一体化新格局的战略部署，紧密结合北京都市型现代农业的特点和农民风险保障需求，围绕深化农业生产、生活、生态和示范功能，促进产业融合性发展，按照完善制度、转变方式、优化结构、探索创新的发展思路，坚持政府推动、政策支持、市场运作、农民自愿的运作方式，不断扩大政策性农业保险的覆盖面，稳步推进我市政策性农业保险制度体系建设，为北京“三农”发展提供有效风险保障。

（二）主要原则

1. 坚持政府引导和市场运作相结合。坚持政府组织引导下的市场化运作模式，充分发挥政府组织推动和政策导向作用，积极引导农民、商业保险公司参与农业保险。同时，作为我市政策性农业保险的制度设计核心，要大力引入市场机制，充分发挥市场配置资源的基础性作用。

2. 坚持突出主体地位和多方共赢相结合。始终坚持农民是政策性农业保险的参与主体和惠农政策的受益主体，强调农业保险制度的惠农目标，明确农业保险的准公共物品属性；同时兼顾保险公司和其他市场参与各方的利益诉求，坚持参与主体互惠共赢，确保农业保险经营健康持续发展。

3. 坚持制度普惠和提高资金效率相结合。始终坚持政策性农业保险的普惠原则，在结合北京主导产业发展方向的同时，力争让更多农民享受到政策的实惠。在农险业务经营过程中，利用市场机制和现代金融工具，充分发挥财政资金“四两拨千斤”的杠杆作用，着力提高农业保险财政补贴资金使用效率和效益。

4. 坚持稳步发展和探索创新相结合。坚持不断巩固和完善北京市政策性农业保险发展模式，紧紧把握我市都市型现代农业的发展规律和特点以及风险防范需求，不断开发和探索适合北京农村与农民特点的农业保险产品和服务，先试先行、不断创新，更好地服务北京建设世界城市的战略目标。

（三）发展目标

1. 总体目标。“十二五”期间，紧密结合我市都市型现代农业的发展特点和风险保障需求，完善农险制度设计，加强组织体系建设，加大农险管理力度，提高农险保障能力，转变农险发展方式，优化农险发展环境，推动农险探索创新，稳步扩大农险覆盖面。力争到2015年，基本形成制度完善、组织健全、覆盖广泛、保障适度、发展规范、全国领先的农业保险制度体系，为全市“三农”提供充分有效的风险保障。

2. 具体目标。第一，农险风险保障能力不断提高。与北京都市型现代农业发展水平和发展特点相适应，不断提高农业保险风险保障能力。稳步扩大覆盖范围和提高保障水平，从种养业保险拓展到农户财产和责任保险，从农业拓展到农民和农村，实现政策性农业保险与商业性农业保险有机结合，为北京“三农”提供宽领域、全方位、大范围的风险保障。到

2015年末，政策性农业保险保障程度①达到50%，政策性农业保险制度覆盖率②达到80%。

第二，农险服务水平显著提高。加强农险制度和组织建设，完善农险服务体系；引进先进技术和服务理念，增强农险服务手段；促进农险规范发展，提高农险服务质量；加大防灾减灾投入，探索建立灾害防御体系，提供农险增值服务；逐步形成一个服务组织完善、服务手段先进、服务质量优质、服务标准精细的农业保险服务体系。到2015年末，实现保险公司经营服务网点乡镇覆盖率达到90%以上，农险宣传村级覆盖率达到100%，政策性农业保险“一卡通”零现金支付覆盖率达到100%。

第三，农险制度体系框架逐步完善。不断完善北京特色的政策性农业保险制度设计，加强农业保险规范性制度和保障性制度建设，建立一套较为完整的业务规范制度、资金管理制度、信息上报制度、稽核审计制度、农业巨灾风险防范制度和绩效考核评价制度，不断推进农业保险组织体系建设，逐步形成一个制度完善、组织健全、覆盖广泛、保障适度、规范发展、全国领先的农业保险制度体系。

第四，农险创新能力显著增强。借鉴国内外经验，结合北京都市型现代农业发展的特点，推进农业保险的产品创新和服务创新。抓住一、二、三产业融合契机，研究拓展农户财产和责任保险以及其他“三农”保险；试点农机具保险、生态林保险和气象指数保险，探索农产品成本价格保险、区域产量保险、农房保险、民俗旅游意外险（或责任险）等；积极推进农业保险服务体系、服务方式创新，引进先进技术和服务理念，提升经营服务创新能力。

四、主要任务和发展重点

（一）完善农业保险制度体系

1. 加强农业保险规范制度建设。继续完善农业保险业务规范类制度，不断提升保险公司农业保险经营服务水平。修订完善《北京市政策性农业保险承保业务经营规范》和《北京市政策性农业保险理赔服务规程》。严格规范宣传发动、组织投保、承保受理、核保处理、收取保费、签发保单的承保流程，以及理赔报案、现场勘查、立案处理、核定损失、理算核赔、张榜公布、结案处理、支付赔款的理赔流程。切实防范虚假承保理赔行为的发生，保证农业保险赔款及时、足额支付到户。

2. 加强农业保险保障制度建设。完善农业保险补贴资金管理制度，同时提高补贴资金的使用效率和效益。修订《北京市政策性农业保险补贴资金管理办法》，继续加强补贴资金预算安排的计划性和前瞻性，明确资金使用范围和补贴标准、资金的管理和拨付程序、资金的监督和检查等内容，实现与农业保险信息平台有效对接。

加强农业保险信息上报制度建设，提高信息报送质量和时效。明确信息的报送内容、时间、方式和格式等内容，实现农业保险统计分析的规范化、常态化，并与农业保险信息平台有效对接。

完善农业保险稽核审计制度，健全农业保险第三方审计制度和专项检查制度，加大对保险公司的监管力度，逐步实现公司经营管理费用补贴与审计结果挂钩。

3. 加强农业巨灾风险防范制度建设。继续推进农业巨灾风险防范制度建设，不断完善农业巨灾风险分散体系。健全农业再保险体系，深化财政支持下的农业巨灾风险分散机制改革，充分利用保险、再保险等方式提高农业巨灾风险分散能力，探索不同巨灾风险分散方式的组合形式，努力保障巨灾后农业生产能力恢复并实现财政资金使用效率最大化。

4. 研究建立绩效考核评价制度。逐步建立完善绩效考核评价制度，对保险公司、第三方审计机构和其他参与主体进行绩效考核，明确绩效考核的评价指标、考核方式、奖惩细则等内容。研究制定保险公司经营管理费用补贴绩效考核办法，逐步将补贴资金使用管理、承保理赔工作、第三方审计结果和农民满意度等纳入保险公司绩效考核范畴。

（二）加强农险组织体系建设

1. 推进政府部门组织体系建设。逐步建立完善各级政府农业保险管理机构。市级探索建立农业保险常设管理机构，明确机构职责、内设岗位和人员编制配置。区县参照市级并结合本区县实际，研究探索建立农业保险管理机构，明确主管部门和负责人员的职责，确保农业保险持续健康运行。

2. 加强保险公司组织体系建设。加强保险公司分支机构建设。经营北京市政策性农业保险业务的保险公司，要在业务经营区县的分支机构设立专门的农业保险部门，并配备足额的农业保险业务人员以确保农险服务的专业化和精细化。

加强保险公司人员队伍建设。经营北京市政策性农业保险业务的保险公司，要在业务经营区县按照政策性业务规模配备相应业务人员，其中要有一定数量的既懂农业生产又懂保险知识的复合型人才。

积极鼓励保险公司充分利用农产品行业协会、农民专业合作社、集体经济组织、农业产业化龙头企业等社会组织资源，推动发展乡镇农业保险服务站和协保员队伍等农业保险服务机构建设。保险公司要从业务经营费用补贴中给予保险服务机构一定的经办费用。

3. 推进社会其他主体参与建设。倡导保险公司

---

① 政策性农业保险保障程度：指政策性农业保险各险种保险金额占各险种产值的比例，反映农业保险实际提供的风险保障程度。

② 政策性农业保险制度覆盖率：指开办险种总产值占全市农业总产值的比例，反映制度设计所能提供的风险保障能力。

充分利用村委会、农业科技推广部门、农村基层金融机构等的网点优势、信息优势和人才优势，以及代理人在农村的人脉资源优势，充分发挥其在承保、核保、查勘等环节的优势，完善农业保险营销的网络建设。建立完善农业保险定损理赔专家库，为理赔争议案件提供客观公正的第三方技术和服务支持。对代办人员、专家队伍、兼职人员等所提供的农险服务，保险公司要从经营费用中给予相应费用补助。

（三）提高农业保险保障能力

1. *不断完善农险统颁条款*。修订完善政策性农业保险统颁条款，不断适应北京都市型现代农业发展的新形势、新变化和新要求，切实提高农业保险的风险保障能力。结合区县实践经验和基层需求，不断修订完善统颁条款的保险险种、保险对象、保险责任、保险费率、保险金额等内容，确保条款充分考虑农民风险防范需求、灾害变化特点、农产品市场价格和生产成本变化等因素。根据险种特点，因地制宜地细化保险期限的设定。逐步探索建立与市场联动的保险金额调整机制。

2. *稳步增加农业保险险种*。因地制宜确定市级补贴险种，确保补贴险种充分考虑北京都市型现代农业的不断发展、产业融合度的不断提高、新一轮菜篮子工程建设和首都应急供应等保障要求。在市级险种基础上，支持区县因地制宜地开设区域特色险种，满足区县发展区域主导特色产业的需求。

试点实施农机具保险、生态林保险和气象指数保险，探索农产品成本价格保险、区域产量保险、农房保险等，研究民俗旅游意外险等险种。鼓励保险公司拓展农村保险业务，开发适合“三农”的商业性农业保险险种，实现政策性农业保险业务与商业性农业保险业务、补贴险种与非补贴险种的有效结合，为我市“三农”提供有效全面的风险保障服务。

3. *逐步拓展农险责任范围*。不断拓展政策性农业保险责任，确保保险责任与北京气候变化日趋复杂、农民风险防范需求日渐强烈的新趋势相一致。在深入研究北京都市型现代农业可保风险和可保对象基础上，更加科学合理地分步分类拓展风险责任范围。逐步将泥石流、山体滑坡责任拓展到全部政策性农业险种，将冻灾责任扩大到所有林果业险种、大白菜、露地蔬菜及部分设施险种，逐步试点在部分种植业险种增加旱灾责任。研究探索通过附加险方式扩展保险责任。

4. *稳步扩大农险覆盖范围*。不断扩大农业保险覆盖面，力争将更多农业资源和更多的农户纳入风险保障体系。巩固关系国计民生的肉、蛋、奶、粮食和蔬菜等重要农产品的风险保障，加强我市特色农产品的风险保障。

鼓励保险公司积极开展商业性农业保险业务，不断创新农业保险产品和险种，稳步拓展保险责任，逐步从种养业保险延伸到农户财产和责任保险，从农业保险延伸到农民和农村的“三农”保险，为北京都市型现代农业提供宽领域、全方位、大范围保障。

稳步提高农户参保率，扩大政策性农业保险参保规模。通过适时增加险种、逐步调整费率、加大宣传力度、提升服务质量等措施，不断贴近农民的风险保障需求，加深农民对农业保险政策的了解，培育风险防范意识，增强参保意识，扩大农户参保规模，让更多农民享受到政策带来的实惠。

在建立农业保险管理信息平台基础上，对生产规模和生产风险不同的农户，逐步探索建立费率浮动机制，对连续投保并且没有发生理赔的农户，保险公司应给予保险费率折扣优惠。

5. *加强农业产业政策联动*。加快推进农业保险政策与农村信贷、农村担保等农村金融政策之间，农业保险政策与粮食直补、生态补偿等其他惠农政策之间，农业保险与灾害救助现代风险管理手段之间的政策联动、资金联动和信息联动，发挥政策合力，切实提高惠农政策的效率和效果。

（四）加强农业保险管理工作

1. *不断完善农业保险市场*。加强农业保险市场建设，营造一个规范有序、良性发展、适度竞争的农业保险市场环境。完善公开公平透明的市场准入制度，鼓励更多符合要求的保险公司参与政策性农业保险业务经营。积极推进市场运作机制，提高保险公司竞争意识，同一区县至少有两家以上保险公司经营政策性农业保险业务，通过竞争提升保险公司服务水平。规范保险公司经营行为，对于严重违法违规经营的保险公司，通过限制业务范围、责令停止接受新业务、吊销业务许可证等手段，逐步建立农业保险优胜劣汰、有进有出的市场竞争机制。

2. *加强保险公司业务监管*。完善政策性农业保险监管制度。严格监督保险公司和其他政策性农业保险经办机构经营行为，形成市、区县、行业等多层次和偿付能力、市场行为和公司治理结构等全方位的监管体系。

强化保险公司经营农业保险业务的合规经营意识，加强对农业保险承保、理赔、信息报送等环节的监督和考核，切实维护农业保险市场秩序和投保农民的利益。

逐步推行理赔公示制。在参保农户集中居住区域，设置理赔公告板，公示出险理赔情况，杜绝虚假理赔行为发生。

3. *加强农险补贴资金管理*。完善农户保费补贴政策，在目前市级财政补贴比例基础上，科学考核评价风险水平和赔付状况，合理厘定并调整市级险种费率水平。鼓励区县根据实际情况开设区域特色险种，市级给予一定比例的配套补贴。

探索建立公司经营费用补贴绩效评价机制。完善保险公司费用补贴政策，选取能有效反映公司服务能力和绩效水平的相关指标，作为考核评价内容，建立科学有效的公司经营费用补贴评价机制，提高财政补贴资金的使用效率和效果。

加强部门合作，确保各级财政补贴资金及时划拨、入账。及时跟踪保险公司财政补贴资金使用情况，切实抓好财政资金效率效果评估工作，加大对保险公司农业保险经营过程中违法违规行为的处罚力度。

4. 建设农业保险管理信息平台。加快推进北京市农业保险管理信息平台建设，并作为“221信息平台”的重要组成部分，实现与有关平台的联动、集成和信息共享。积累并集成农业生产、农户信息、气象灾害、农险经营、农险服务机构队伍等基础信息，实现数据汇总、结果生成、实时管理、信息共享、自助查询、动态监测、风险预警等多种功能。

充分利用农业保险管理信息平台，加强对经营主体承保理赔业务的实时监管，使得承保理赔过程更为公开、公平、公正，有效防止虚假投保或夸大损失骗保等行为；实现参与主体信息共享，逐步建立农业灾害、农户投保与农险费率联动机制；积累真实、完整的农业保险承保理赔数据，为科学合理厘定农业保险费率奠定基础，促进农业保险稳健持续发展。

5. 加强农险风险防范工作。高度重视防灾减损在分散风险中的积极作用，鼓励保险公司与气象、植保、防疫等有关部门合作开展防灾减损工作。通过气象灾害预警、人工降雨、人工防雹、动物防疫等多种方式，提升农业生产防灾减损水平，为农民提供防灾防疫防损等增值型服务，提高农业风险抗御能力。保险公司要投入一定比例的防灾减损费用，逐步将保险公司经营费用中防灾防损比重纳入考核指标。

6. 加强农业保险基础研究。加强北京农业保险基础理论研究。围绕农户风险防范需求，结合农业保险发展方向和重点，每年确定若干涉及重大政策的相关课题，组织开展相关政策研究，逐步形成课题研究、政策试点、政策推广、政策评估的科学决策程序，不断提高政策的前瞻性。

开展农业生产风险区划研究。充分利用已有研究成果，借鉴国内外先进经验，根据气候、灾害和环境等因素，对北京市农业生产进行风险划分，科学厘定区域保险费率，动态模拟区县农业生产风险区划变动情况，不断提高农业保险费率厘定的精算技术。

深入总结北京市政策性农业保险经验，结合国家立法情况，研究农业保险在我市地方立法工作的可能性和可行性。

7. 加强农业保险宣传培训。加大农业保险宣传力度。以“221信息平台”建设为支撑，充分利用网络、电视、广播、报纸、墙报、手机、宣传刊物等信息传播载体，借助集市、会场等信息传播场所，通过组织宣传、典型事例、示范引导等方式构建一个多层次、多形式、多渠道、多主体的农业保险宣传体系。深入基层，向农户宣传并解释保险条款和费率等的修订和变更。加深农民对政策性农业保险的了解和熟悉，培育农民的现代风险防范意识，提高农户参保的主动性、积极性和连续性。探索建立农业保险示范区县、示范乡镇和示范村，充分发挥辐射带动作用。加强典型事例宣传，让更多农户深刻了解到农险政策的风险保障作用，享受政策实惠。

加强农险人员业务培训。加强区县农业保险管理部门和保险公司人员队伍上岗业务培训，将业务培训作为考核区县管理机构和保险公司的重要指标。管理人员和业务人员要及时掌握政策动向，防止出现因宣传偏差或不规范而误导农民的现象。

（五）稳步推进农险创新工作

1. 促进农业保险产品创新。深入研究北京都市型现代农业的发展特点和城乡一、二、三产业不断融合的发展趋势，将农业保险由种养业向农户财产和责任保险拓展，由农业保险向农村和农民的“三农”保险拓展。积极推动农机具保险、生态林保险和指数保险的试点工作，深入探索研究农产品成本价格保险、区域产量保险、农房保险、民俗旅游意外险或责任险等险种。不断丰富农业保险的内涵和外延，因地制宜开发农业保险新产品和新险种，满足不同区县、不同层次、不同群体的风险保障需求。

2. 加强农业保险服务创新。加大农业保险服务创新力度，推进服务机制和服务方式创新。积极探索创新服务机制，完善市、区县两级农险定损理赔争端解决机制，逐步健全市区两级种养业定损理赔专家库，负责重大理赔纠纷的技术裁定和争议调解。

加快农业保险服务方式创新，实现服务制度化、规范化和便捷化，切实提高农业保险服务效率。以便民为出发点，改进保险服务流程，大力推进保单标准化和通俗化，简化承保理赔手续。充分利用农业保险信息平台，提高保险公司核心业务服务质量。加强农业保险电子档案管理，提高农业保险服务水平。

3. 加快技术支持体系创新。建设农业保险信息平台，加强基础数据积累，开发农业保险管理信息系统，完善办公自动化系统，实现网上办公，提高工作效率。

加强IC卡、手机、网络等现代化电子信息技术，遥感与无人航拍技术，地理信息系统，卫星定位系统，远程查勘定损等先进空间技术和设备在农业保险业务中的应用，全面提高农业保险管理、监管、承保、查勘、定损等方面的科技水平。

4. 加强农村金融平台建设。加强农业保险与农村金融服务平台等其他农村金融业务有机联动。探索并逐步建立农业保险与农业贷款联动机制。积极发挥农业保险对农村小额贷款信用评价的助推作用，鼓励引导银行业金融机构将涉农保险投保情况作为授信要素，借款人的投保情况作为其信用贷款等级评定的重要参考指标，建立投保情况与信用评级结果挂钩机制，努力提高投保农户的信用等级，促进农户信用体系建设。

完善农业保险资金结算方式。继续推进完善承保理赔零现金“一卡通”，由试点区县逐步扩大到全市范围，提高资金使用的安全性和结算的及时性，确保农户安全、快速地获得理赔款项，确保保险公司及时、快捷地收取保费和发放赔款资金，有效防范虚假承保及截留赔款风险。研究推进农业保险资金结算与其他惠农政策资金结算的整合，利用“七农”平台联动全面推动农村金融改革和服务体系建设。

北京市农村工作委员会
北京市财政局　北京市金融工作局等
关于金融支持农民专业合作社发展的意见

（2011年10月21日）

各郊区县人民政府、有关金融机构：

农民专业合作社是转变农业发展方式、推进都市型现代农业建设的重要载体。加大金融支持、创新金融服务是解决农民专业合作社资金短缺问题的有效途径。根据十七届三中全会“扶持农民专业合作社加快发展，使之成为引领农民参与国内外市场竞争的现代农业经营组织”和中央2010年1号文件“大力发展农民专业合作社，深入推进示范社建设行动，对服务能力强、民主管理好的合作社给予补助”的要求，为进一步深入贯彻落实银监会和农业部《关于做好农民专业合作社金融服务工作的意见》（银监发［2009］13号）文件精神，促进首都都市型现代农业发展，支持农民专业合作社做大做强，缓解农民“贷款难”的问题，现就金融支持农民专业合作社发展提出以下意见。

一、支持农民专业合作社外部融资

各级政府及其相关部门是营造农民专业合作社融资环境的责任主体，要进一步完善政策支持体系，积极为金融机构支持农民专业合作社发展创造条件。市级财政将对被评定为北京市农民专业合作社示范社及示范社建设单位贷款担保给予一定担保费率补贴（具体补贴标准见年度通知），同时给予一定比例的贷款贴息奖励（单笔贷款贴息奖励最高不超过100万元，具体奖励标准见年度通知）。鼓励区县安排一定比例资金，专门用于支持农民专业合作社外部融资；鼓励区县为具有一定规模的农民专业合作社提供担保费用补贴和贴息奖励；鼓励区县建立专项支持资金，促进农民专业合作社发展，拓宽农民专业合作社资金渠道，降低专业合作社融资成本，促进农民专业合作社发展壮大。

市农业担保公司及区县农业担保机构要充分发挥农业政策性担保机构作用，积极开展担保品种创新和担保模式创新，为更多的农民专业合作社提供融资担保，并适度降低担保费用。

各涉农银行金融机构要进一步强化社会责任，创新服务方式，积极研究农民专业合作社组织形式的特点，开发针对专业合作社的金融产品，建立绿色通道，精简审贷流程，创新贷款模式，不断满足农民专业合作社贷款需求。

农民专业合作社要高度重视自身信用，充分发挥合作社带领农民增收致富作用，积极开拓生产空间，融资后要严格遵守贷款约定，严格资金使用用途，并按照合同要求按时还本付息。

二、支持农民专业合作社
进行内部信用合作

合作社开展内部信用合作是入社农户之间进行内部资金融通的重要渠道。对于规范开展内部信用合作，且取得明显成效的市级示范社和示范社建设单位，每年将选取不超过5个优秀合作社，市级财政给予一次性资金奖励（总体奖励资金额度不超过50万元）。奖励资金全部用于扩大内部信用合作规模。区县政府可以对已经开展资金互助的农民专业合作社给予一定数额的资金支持。

规范农民专业合作社内部信用合作行为，防范金融风险。信用合作不得超出本社社员范围。专业合作社开展内部信用合作应向本区域内合作社管理服务部门备案。合作社管理服务部门应指导开展内部信用合作的专业合作社建立规范、可控的信用合作流程，并对本区域内合作社内部信用合作进行监督检查。

三、提高农民专业合作社风险防范能力

鼓励农民专业合作社积极参加政策性农业保险，化解自然风险。政策农业保险承保机构应根据有关规定，切实为农民专业合作社投保、理赔等环节提供便利条件和更好服务。鼓励农民专业合作社投保商业性财产保险，进一步化解经营风险。各保险机构要创新服务方式，开发适合专业合作社的各类保险产品，适时开展农业小额贷款保证保险试点，创立银行贷款与保险相结合的新模式，满足农民专业合作社发展需求。

四、加强农民专业合作社财务管理队伍建设

财务管理是合作社经营管理体系的核心，也是当前制约农民专业合作社发展壮大的重要因素。各区县经管站、农合服务中心等农民专业合作社管理服务机构应进一步加大农民专业合作社财务人员的培训力度，尽快使农民专业合作社财务人员基本达到专业财务人员的水平。区县政府应把加强财务管理队伍建设作为支持专业合作社发展的重要内容之一，鼓励开展多种形式加强合作社财务管理方式的创新，并安排相应的资金予以支持。

北京市农村工作委员会　北京市发展和改革委员会　北京市科学技术委员会　北京市商务委员会　北京市财政局　北京市工商行政管理局　中国银行业监督管理委员会北京监管局关于公布第二批北京市农民专业合作社示范社名单的通知

（2011 年 11 月 24 日）

郊区各区县人民政府，市各有关单位：

按照农业部和本市开展农民专业合作社示范社建设行动的总体安排，根据《关于 2011 年培育创建北京市农民专业合作社示范社及评定管理办法的通知》（京政农发［2011］4 号），在各区县申报推荐的基础上，经专家组评审和市相关部门联合审定，北京市门头沟区北京花露蝴蝶养殖专业合作社等 50 家农民专业合作社被评为第二批北京市农民专业合作社示范社，现予公布。

农民专业合作社示范社在引导全市农民专业合作社发展、推进都市型现代农业建设、提高农民进入市场的组织化程度，特别是在带动农民增收方面将发挥重要的作用。市各有关部门和各区县政府要加大对示范社的扶持力度，进一步整合资源、集成政策、加大投入，重点支持农民专业合作社示范社开展农业基础设施、农业科技推广示范、农产品加工、农业综合开发、农业标准化等建设项目。要以示范社为载体，组织开展各类农产品质量认证、政策性农业保险、农村实用人才培训、资金互助合作、农超对接等工作。金融机构要加强对农民专业合作社示范社的支持。

各区县农委、经管站或农民专业合作社服务中心要全面加强示范社的指导和服务，不断提高示范社的规范化管理水平。2010 年评定的北京市农民专业合作社示范社建设单位已经被评为“第二批市级示范社”的，撤销原示范社建设单位称号并收回已颁发的牌匾；其余的示范社建设单位要进一步强化管理，完善相关制度，积极参与创建市级示范社活动。市各有关部门将进一步加强对农民专业合作社示范社及示范社建设单位的监测，对市级示范社及示范社建设单位实行动态管理。

附件：第二批（2011 年度）北京市农民专业合作社示范社名单

附件：

2011 年市级农民专业合作社示范社名单
（共 50 家）

门头沟：（5 家）

1. 北京花露蝴蝶养殖专业合作社
2. 北京绿纯金蜜蜂养殖专业合作社
3. 北京大河水肉鸡养殖专业合作社
4. 北京百安园食用菌种植专业合作社
5. 北京太子墓村苹果种植专业合作社

房山区：（5 家）

1. 北京琉璃河宏利肉鸭专业合作社
2. 北京长阳阳兴樱桃种植专业合作社
3. 北京韩继养殖专业合作社
4. 北京开晟鑫农副产品专业合作社
5. 北京市丽宏富民香猪专业合作社

大兴区：（5 家）

1. 北京御丰园西洋梨专业合作社
2. 北京礼贤益农蔬菜专业合作社
3. 北京老宋瓜果专业合作社
4. 北京市京采兴农产品专业合作社
5. 北京市红瑞宝农产品技术开发专业合作社

通州区：（5 家）

1. 北京大务蔬菜专业合作社
2. 北京裕群养殖专业合作社
3. 北京七彩缘编织专业合作社

4. 北京苍上欣通绿原种植专业合作社
5. 北京宋庄北刘果树专业合作社

顺义区：（4家）
1. 北京天天康乐果品产销专业合作社
2. 北京吉祥八宝葫芦手工艺品产销专业合作社
3. 北京高天顺蔬果产销专业合作社
4. 北京龙湾巧嫂果品产销专业合作社

昌平区：（5家）
1. 北京鑫城缘果品专业合作社
2. 北京天润园草莓专业合作社
3. 北京市流村田园盛业农业专业合作社
4. 北京康寿草莓专业合作社
5. 北京后白虎涧京白梨种植专业合作社

怀柔区：（4家）
1. 北京绿神茸鹿养殖专业合作社
2. 北京林生泽种植专业合作社
3. 北京不夜谷官地种养殖专业合作社
4. 北京聚源德种植专业合作社

平谷区：（6家）
1. 北京京东绿谷蔬菜产销专业合作社
2. 北京大诸山养猪专业合作社
3. 北京绿都兴瑞养殖专业合作社
4. 北京益达丰果蔬产销专业合作社
5. 北京互联农机服务专业合作社
6. 北京鸿利丰蔬菜产销专业合作社

密云县：（6家）
1. 北京市岭东肉鸡养殖专业合作社
2. 北京栗联兴业板栗专业合作社
3. 北京市铁成玉米种植专业合作社
4. 北京盛昌糯玉米种植专业合作社
5. 北京山泉养殖专业合作社
6. 北京金地达源果品专业合作社

延庆县：（5家）
1. 北京四海种植专业合作社
2. 北京八达岭小浮坨蔬菜专业合作社
3. 北京夏都果业专业合作社
4. 北京千家富民农产品专业合作社
5. 北京市大庄科中药材种植专业合作社

中共北京市委组织部　北京市农村工作委员会 北京市人力资源和社会保障局　北京市金融工作局 中国人民银行营业管理部 关于大学生村官助力北京农村金融发展的实施意见

（2011年12月20日）

各郊区、县委组织部，农委，人力社保局，金融办：

农村金融是现代农村经济的核心，是促进农民增收、农业增效、农村发展的重要支撑，是率先形成城乡一体化格局的重要内容。近年来，在市委市政府的正确领导和各方面共同努力下，农村金融体系建设取得了显著成效，但总体来看，农户贷款难，涉农企业和农民专业合作社融资难问题依然存在，金融支持农村经济发展还有很大空间，农村金融发展还需要进一步深化。为进一步促进农村金融发展，尤其是解决农村金融服务“最后一公里”问题，特制定本意见。

一、指导思想

深入贯彻落实党的十七届六中全会精神、中央农村工作会和市委十届九次全会、市农村工作会议精神，牢固树立科学发展观，按照率先形成城乡经济社会发展一体化新格局和基本金融服务均等化的要求，充分发挥到村任职高校毕业生（以下简称“大学生村官”）的知识优势和岗位优势、金融部门的资金优势以及市委市政府相关部门的组织优势，积极探索农村金融发展新机制，畅通金融供求信息渠道，改善农村金融生态环境，提高农村金融服务水平，进一步促进农民增收、农业增效、农村发展。

二、工作目标

农户贷款难以及农民专业合作社和涉农企业融资难问题显著缓解；农民金融素养显著提高；农村金融生态环境显著改善；金融在促进农村经济发展中的作用更加突出；农村金融供求信息渠道更加畅通；大学生村官对农村经济、农村金融的理解更加深刻；大学生村官离岗后进入金融机构工作的服务平台初步建立。

三、大学生村官职责

1. 利用各种机会和场合对农民、农民专业合作社、涉农企业进行银行、保险等金融知识宣讲。

2. 指导农户、农民专业合作社、涉农企业进行贷款项目选择。

3. 协助农户、农民专业合作社、涉农企业填报贷款申请资料。

4. 协助贷款银行开展贷前调查并了解项目进展情况和本息回收工作。

5. 参加相关金融机构和部门组织的金融培训活动。

6. 关注并向金融监管部门上报农村金融运行重大异常情况。

四、金融机构职责

1. 对于大学生村官推荐的贷款项目给予及时评审。

2. 对于表现突出的现任大学生村官，在本行招聘人员时，予以优先考虑。

3. 为积极参与本机构业务的大学生村官提供一定的工作支持或便利。

4. 对表现突出的大学生村官给予一定的奖励，并在提供创业贷款等方面予以支持。

5. 为大学生村官开展贷款信息调查、贷款材料初审提供技术培训，为大学生村官开展金融知识宣传等提供宣传资料。

6. 参与区县高校毕业生到农村工作联席会办公室组织的新任大学生村官岗前培训，对大学生村官开展相关业务进行及时指导。

7. 指定本机构有关人员为大学生村官联络员，建立对接机制。

8. 督促本机构、人员充分利用大学生村官提供的信息开展业务。

五、部门职责

在市高校毕业生到农村工作联席会（以下简称"市联席会"）的统一部署下，市委组织部会同市人力社保局负责制订大学生村官促进农村金融发展的有关政策以及大学生村官选拔培养、流动发展等工作。市农委负责具体协调相关工作。人行营管部、市金融局负责协调金融机构参与培训等相关环节的工作，建立促进大学生村官到金融机构就业、实习的工作平台。

各区县党委、政府相关部门负责大学生村官促进农村金融发展工作的具体落实，并为大学生村官开展相关工作提供便利条件。组织区域内金融机构对本区域内村官进行培训、考核，信息沟通、业务培训等相关工作。

六、保障机制

加强组织领导。在市联席会的领导下，市联席会办公室负责具体工作的统筹协调。区县联席会负责本区域内该项工作的组织落实，区县联席会办公室应明确具体负责人员，建立与本区域内金融机构的联系机制。

建立工作机制。在市、区县联席会的统一部署下，建立分层次、分环节的工作机制。鼓励区县根据本区域特点制订配套政策。农口部门、金融机构积极配合，做好大学生村官培训、业绩信息共享等有关工作。

建立考核机制。助力农村金融是大学生村官作为新农村建设骨干力量的重要体现。各区县应积极组织大学生村官、农民、涉农企业参与该项工作。市联席会将该项工作纳入大学生村官工作整体考核范围。

建立奖励机制。有关金融机构可以根据本单位情况，对工作表现突出的村官给予一定的物质或者精神奖励。从村官中录用工作人员时，优先录用表现优异的大学生村官。各区县从"银政合作"资金中拨出一定比例用于本区域内农户、农村经济组织贷款的贴息奖励，支持大学生村官开展工作。

建立信息平台。市农委负责开发涉农贷款信息平台，为贷款供求信息提供必要渠道，并向相关单位通报大学生村官促进农村金融发展工作开展情况，为考核、评选、监测工作提供技术支持。信息平台所需大学生村官、银行贷款数据分别由人力社保局、相关金融机构提供。

七、进度安排

试点阶段（2011 年 12 月至 2012 年 3 月）。选择大兴区、怀柔区各两个乡镇的 4 个村进行试点，以便完善相关政策、制度，总结经验。

推广阶段（2012 年 4 月至 2012 年 8 月）。在试点工作的基础上，将该项工作推广到 13 个涉农区县中农业基础较好、涉农贷款需求较大、村官工作较好的乡镇。

资金短缺问题是制约农户和农村经济组织扩大生产规模，增加经营收入的重要因素之一。大学生村官助力农村金融发展是集聚各方力量，推进本市"三农"事业发展的重要举措。各区县及有关部门应充分认识发展农村金融，满足农户以及农村经济组织贷款需求的重要意义，切实采取措施支持在岗大学生村官做好助力农村金融发展工作。

北京市社会主义新农村建设领导小组
关于印发《北京市促进农民增收行动计划》的通知

（2011 年 5 月 6 日）

郊区各区县委、政府，市各相关单位：

针对当前和今后一个时期农民增收入所面临的新形势，市社会主义新农村建设领导小组研究制订了《北京市促进农民增收行动计划》，现印发给你们。请结合本地区、本部门的实际，认真贯彻落实，确保完成今年和“十二五”时期的农民增收任务。

北京市促进农民增收行动计划

农民增收是“三农”工作的中心任务，是率先形成城乡经济社会发展一体化新格局的关键所在。近年来，在市委市政府正确领导和各方面共同努力下，全市农民人均纯收入持续快速增长，始终保持全国前列，但总体来看，部分农民缺乏增收手段，城乡居民收入的绝对差距仍在扩大，农民持续增收面临严峻的形势。为加快农民增收步伐，持续改善民生，特制订本方案。

一、指导思想

深入贯彻落实党的十七届五中全会、中央农村工作会和市委十届八次全会、市农村工作会议精神，牢固树立科学发展观，按照率先形成城乡经济社会发展一体化新格局的根本要求，突出强化区县主体责任，鼓励创新，增强效能，拓展农民增收渠道，优化农民收入来源结构。着力促进农民非农就业，稳定提高工资性收入。不断深化改革，完善制度设计，确保农民财产性收入和转移性收入实现较快增长。培育农民自主创业、自我发展能力，转变发展方式，挖掘经营性收入增长潜力。进一步动员社会力量参与新农村建设，为农民创造更多的增收机会。

二、工作目标

2011 年，农民人均纯收入要确保实际增长 7%以上，低收入农户人均纯收入要实际增长 10%以上。“十二五”时期，确保农民增收速度高于城镇居民，相对低收入农户增收速度高于农村居民收入平均增长速度，逐步扭转城乡居民收入绝对差距扩大的趋势。

三、重点工作

1. *大力开展充分就业创建活动。*工资性收入是今后一个时期农民增收的主要途径。要按照市就业工作领导小组要求，在全市范围内深入开展充分就业创建活动，积极落实并创新促进农民就业的各项政策，切实加大农民转移就业工作的力度。创建一批充分就业乡镇，使其辖区内 80%以上的行政村成为“充分就业村”，村内劳动年龄人口中有劳动能力和转移就业愿望的人员 90%以上实现转移就业。各郊区县要将这项活动列入就业工作领导小组职责，进一步细化考评办法，尽早制定实施方案并抓紧部署。

2. *加强小城镇产业园区和农民就业基地建设。*规划确定的小城镇产业用地，坚持按照全市经济结构转型和产业发展定位，加强土地集约节约利用，着力发展高端高效低耗产业。推广“项目引进与就业需求预测同时进行、项目审批与就业安置同时进行、项目建设与就业服务同时进行”的“三同时”制度，将吸纳当地农民就业作为产业园区建设的主要目标，鼓励村集体、农民专业合作社、农户入股参与基地建设。各区县要研究制定产业园区和农民就业基地吸纳本地劳动力就业的奖励办法，切实提高企业用工中本地劳动力的比例。

3. *充分发挥公益性岗位安置农村劳动力的重要作用。*各郊区县要结合生态建设、农村公共服务和社会管理的需求，大力开发公益性就业岗位，推广先进经验，推进“绿色就业”。公益性岗位要优先使用本地低收入家庭劳动力和就业困难人员。凡是农民能够从事的公益性建设项目，要优先组织农民参与实施。

4. *加快提高社会保障水平。*围绕提高标准、缩小差距、整合制度，加快推进社会保障城乡一体化进程。完善测算方法，健全社会救助保障标准调整机制。有条件的区县要进一步提高低保标准，逐步实现低保标准城乡统一，进一步扩大农村低保覆盖面。支持和鼓励稳定就业的农村劳动力参加城镇职工社会保险，保障就业农民的各项权益。在试点的基础上研究完善农民以自主创业、灵活就业方式参加城镇社会保险的政策。年内农村无社会保障老年人福利养老金和城乡居民养老保险基础养老金分别增长 15%和 11%。推进新农合市级统筹，构建城乡一体化医疗保障新格局。

5. *增加农民来自集体经济的收入。*城乡结合部 50 个重点村，要加大工作力度，年内完成集体经济产权制度改革任务。全市已经完成产权改革的农村集体经济组织，要建立法人治理结构，切实转变经营机制，强化集体资产、资金、资源的管理，总结推广集体经济产权交易平台的经验，提高集体资产经营效益，坚持股份分红，并逐步提高分红收入。对于产权改革难点村，要明确专人负责，一对一指导帮助，从实际出发，创造性开展工作，攻坚克难，有所突破，让农民更多地分享改革成果，更多地得到实惠。深化林权制度改革，确保今年上半年全面完成全市主体改革任务，加快落实集体生态林补偿政策。探索建立农民多余房屋集体统一经营、统一管理、统一服务的新模式。

6. *切实提高农民土地收益。*完善农户土地承包经营权流转的管理和服务，规范流转行为，积极稳妥地促进土地的适度规模经营。建立土地流转价格动态监测制度，定期发布价格指导信息；加强对外土地租赁合同的管理，年内要对长期限、大面积、低租金的租赁合同进行排查和整改，切实保障农民的长远利益。结合农村集体土地所有权和集体建设用地使用权确权登记颁证工作，开展政策研究，探索建立城乡统一的建设用地市场。加强土地征占补偿款的使用管理，实行专户存储，专款专用。

7. *积极稳妥地推进农转非工作。*建立由市新农村建设领导小组综合办公室牵头的部门协调机制，沟通情况，研究政策，有序推动。区县政府要切实负担起农转非工作的主要责任，明确责任部门，创新工作机制，加大推进力度，坚持逢征必转，按时全面完成新征地项目的转居工作，突出解决好征地转居“应转未转”问题。

8. *增加农民经营性收入*。转变发展方式，将各类扶持政策向农民倾斜，大力开展粮食、蔬菜高产创建活动，加快健康养殖业发展，扶持果树、花卉等生态林业发展，做大做强农产品加工业，推进农业产业化经营，使农民得到更多的增值收益。继续实施并完善各类补贴政策，降低农业生产成本。建立“菜篮子”主要产品补贴制度。加强农业品牌建设，全面提升农产品质量安全水平。加强农产品流通体系建设，完善政府调控，保障农民的市场收益。加强休闲农业园区和乡村旅游配套基础设施建设，促进民俗村、观光采摘园、民俗接待户特色化、规范化发展。加强农民创业指导，扶持农民自主创业，鼓励农民开展其他二、三产业经营。

9. *进一步提高农民组织化程度*。扩大农民专业合作社覆盖农户的比重，年内提高2个百分点以上。农民专业合作社要注重吸收低收入农户入社，提高就业困难农户的增收能力。各区县要紧紧围绕农业主导产业，扶持农民专业合作社发展加工、运输、贮藏、营销，推动农超对接、农餐对接，延长产业链，使农民更多地获得流通环节的利润。以示范社创建为载体，支持鼓励农民专业合作社在更大范围联合，提高规模效益，优先安排农民专业合作社承担政府投入的产业发展项目和农业基础设施项目。区县、乡镇两级政府要制定对农民专业合作社的具体帮扶政策和措施，为入社农户增收创造更好的条件。

10. *加快低收入农户增收步伐*。深入落实“共同致富行动计划”，整合各项强农惠农政策，向低收入地区和低收入农户倾斜。鼓励各区县建立专项资金，制定专门针对低收入农户转移就业、发展产业、提高保障的扶持政策。加大整村推进力度，低收入村100%建立帮扶关系，进一步落实党政机关、领导干部包村包户制度。创新帮扶方式，推广科技帮扶、产业帮扶、慈善帮扶、帮扶指导员等做法。加快泥石流易发区和生存条件恶劣区农户搬迁工作，改善山区农民的生产生活条件。支持经济薄弱地区、少数民族乡村加快发展。加强残疾人扶贫增收工作，推进扶贫助残基地建设。全面落实低收入家庭医疗、教育、住房等专项救助，逐步降低门槛，拓展范围。

11. *动员社会力量帮助农民增收致富*。各级党委政府要按照《市委办公厅、市政府办公厅关于动员和引导社会力量参与社会主义新农村建设的意见》要求，制订行动方案，加大工作力度，广泛动员和引导党政机关、企事业单位、社会团体和个人等各界力量，按照灵活多样、有序推进、注重实效的原则，通过经济合作、结对帮扶、专项对口支持、资金或实物扶持和志愿行动等多种形式，促进农民增收。各有关部门、各区县、各乡镇要搭建工作平台，制定鼓励吸引社会力量参与促进农民增收的配套政策和工作机制。对做出突出贡献的单位、团体以及个人，要通过不同形式予以宣传表彰奖励，在全社会形成促进农民增收的良好氛围。

四、保障措施

1. *加强对农民增收工作的调研监测*。各级党委和政府要切实转变工作作风，深入基层、深入群众，为农民增收出主意、想办法、办实事、多服务。市统计部门、经管部门要完善农民收入监测体系，及时准确反映农民收入的变动情况；要加强农民就业、转非、劳动力资源流向等监测，加强对各项基本数据基础资料的分析，为农民增收工作提供可靠的决策依据。要根据城乡一体化快速推进的形势，从农村、农民的新特点出发，研究相应的指标体系和调查方法，建立适应新情况的监测评价制度，更加客观有效的分析判断农民增收工作。加强农村基层基础工作队伍建设，确保基础数据真实可靠。

2. *加强督促检查和考核奖励*。各郊区县是促进本地方农民增收的主责单位，区县党委、政府要高度重视，针对本地实际，制定本年度农民增收计划和具体措施，强化并完善目标管理，层层分解，狠抓落实。要按照党政领导班子和领导干部考核评价办法的要求，把农民增收作为考核领导班子绩效的重要内容，完善考核办法，严格监督检查，确保各项强农惠农政策和农村改革发展的目标任务落到实处。各成员单位要结合各自职能，与郊区县共同做好本行动计划的落实工作。市新农办要加强对各区县农民增收工作的督促检查，及时通报有关情况，制订导向明确的奖励制度，对农民增收取得明显成效的区县予以奖励。

3. *加强领导，狠抓落实*。促进农民增收、缩小城乡差距，是“三农”工作和城乡一体化效果的集中体现。各级党委和政府要从贯彻落实科学发展观和正确政绩观的高度出发，把农民增收作为事关全局的大事，放在更加突出的位置，不仅分管领导要直接抓，而且党政一把手要亲自抓。市级由市社会主义新农村建设领导小组综合办公室牵头，适时召开农民增收联席会议；各有关部门要按照职能分工，制定相关措施，形成推动农民增收的合力。区县党委政府要统筹落实扶持政策及资金，加强科技、金融等服务，创造性开展工作。乡镇要把促进农民增收作为主要任务，切实抓出成效。要把农民增收工作作为农村基层开展创先争优活动的重要内容，充分发挥农村基层党组织的战斗堡垒作用和广大党员的先锋模范作用，动员和带领广大农民群众发扬自力更生、艰苦奋斗的精神，加快增收致富步伐。

附件：北京市促进农民增收行动计划重点工作分工

附件：

北京市促进农民增收行动计划
重点工作分工

一、大力开展充分就业乡镇创建活动

主责单位：市人力社保局、市农委

协办单位：市经济信息化委、市统计局、国家统计局北京调查总队

二、加强小城镇产业园区和农民就业基地建设

主责单位：市经济信息化委

协办单位：市人力社保局、市规划委、市农委

三、充分发挥公益性岗位安置农村劳动力的重要作用

主责单位：市人力社保局

协办单位：市园林绿化局、市水务局、市市政市容委、市财政局、市交通委、市科委、市邮政管理局、市农委

四、加快提高社会保障水平

主责单位：市民政局、市人力社保局

协办单位：市卫生局、市农委

五、增加农民来自集体经济的收入

主责单位：市农委

协办单位：市园林绿化局、市农研中心

六、切实提高农民土地收益

主责单位：市国土局、市农委

协办单位：市农研中心

七、积极稳妥地推进农转非工作

主责单位：市新农办

协办单位：市发展改革委、市国土局、市人力社保局、市公安局、市财政局、市政府法制办、市民政局、市农研中心

八、增加农民经营性收入

主责单位：市农委、市农业局

协办单位：市商务委、市旅游委、市园林绿化局

九、进一步提高农民组织化程度

主责单位：市农委

协办单位：市发展改革委、市科委、市商务委、市财政局、市工商局、市银监局、市农研中心

十、加快低收入农户增收步伐

主责单位：市新农办

协办单位：市发展改革委、市财政局、市经济信息化委、市民政局、市人力社保局、市国资委、市统计局、国家统计局北京调查总队、市农研中心

十一、动员社会力量帮助农民增收致富

主责单位：市委宣传部、市新农办

协办单位：市有关委、办、局

北京市社会主义新农村建设领导小组综合办公室
北京市财政局　北京市邮政管理局
关于北京市村邮员队伍建设工作的实施意见

（2011年3月22日）

郊区各区县人民政府：

为深入贯彻党的十七大关于统筹城乡发展，推进社会主义新农村建设、实现基本公共服务均等化，落实市政府《关于进一步提升首都邮政普遍服务水平的意见》（京政发［2011］4号）文件精神，加快农村社会公共服务事业发展，确保发挥新型村邮站功能，为农村提供优质邮政服务，特制定本意见。

一、指导思想和原则

（一）指导思想

贯彻落实《中华人民共和国邮政法》，以充分发挥新型村邮站功能、保持村邮员队伍稳定、为村民提供优质邮政服务为目标，将村邮员队伍建设与社会主义新农村建设紧密结合，通过对村邮员实行补贴的方式，建立起新型村邮站健康发展的长效机制。

（二）原则

1. 坚持政府主导、邮政公司配合、村委会管理的原则。

2. 坚持将村邮员队伍建设与扩大农民就业、增加农民收入相结合。

二、村邮员队伍组建

村邮员岗是负责接收、转投本村邮件、报刊和代办邮政服务的公益性岗位。村邮员由村委会聘用。

（一）村邮员核定

以新型村邮站为单元设置村邮员岗，每一个新型村邮站配备一名专职村邮员，共3 864名。

（二）村邮员职责

1. 负责按照国务院邮政管理部门、北京市邮政管理机构的规定和服务质量标准，按时接收邮政部门的邮件、报刊，及时完好投送到户，并办理给据邮件的签收手续，留存签收档案。

2. 严格遵守国家法律法规、国务院邮政管理部门、北京市邮政管理机构的规定，确保通信畅通，维护村民通信自由，保守村民通信秘密，不向他人泄露收件人信息。

3. 负责妥善保管用户邮件、报刊和业务档案，做到不丢失、不短少、不损毁、不积压、不延误。

4. 负责对投交村邮站的邮件、报刊当日投递；对无法投递的邮件要及时改退。

5. 负责妥善保管、维护村邮站的用品用具与设备，不得挪作他用。

6. 经邮政部门批准，负责代办挂号信函、印刷品、包裹、特快专递等邮件的收寄；代收订（零售）本行政村的报刊；代售普通邮票、明信片、集邮品、电信、保险、金融产品和彩票；代收电话费；代办邮政部门委托的其他服务“三农”和农村邮政物流等业务。

7. 自觉接受村委会的领导，接受邮政部门的业务指导和监督检查。

8. 负责其他临时交办的工作。

（三）村邮员管理

1. 村邮员录用条件

（1）具有本村农业户口；

（2）身体健康，具有初中以上文化水平，具备基本的计算机操作技能；

（3）热爱村邮站工作，热心服务农村经济、服务村民群众。

2. 村邮员录用程序

（1）审核录用：坚持公开、公平、公正，由乡镇政府统一组织，农民个人自荐、村民委员会推荐，经审核、公示确定；

（2）培训上岗：对通过公示后的候选人由区县邮政局集中培训，学习村邮员的基本知识和技能，培训合格发上岗证；

（3）签约：区县邮政局与村委会签订村邮员管理责任书，村邮员持证上岗。

（四）村邮员考核

1. 日常工作考核。村委会负责出勤考核和职责考评。

2. 邮政部门实行月考核。区县邮政局每月不定期巡查本局范围内村邮员工作情况，对村邮员履行职责情况进行监督检查，结合村委会负责的出勤及职责考核形成考评结果后报区县财政局。

3. 续聘考评。区县邮政局、村委会每两年共同对村邮员履行职责情况进行考评。考评合格的村邮员可以签订续聘合同，考评不合格的不予续聘。

（五）村邮员补贴资金来源及发放

村邮员补贴资金由区县财政局统筹安排。村邮员补贴按照每人每月不低于本区县农村居民最低生活保障标准核定，区县财政局根据区县邮政局月考核结果核定村邮员补贴资金，乡镇财政部门负责发放。

三、保障措施

（一）建立部门联动机制

市有关部门和邮政部门密切配合，积极协作，共同解决新型村邮站运行过程中的相关问题，建立部门联动、整体推进的工作机制，加强村邮员队伍规范化建设，促进新型村邮站健康发展。

（二）明确责任

1. 各区县政府要加强领导、落实责任、制定实施细则、积极推进村邮员队伍建设工作。

2. 区县邮政局要加强对村邮站的业务管理，制定考核办法，定期向区（县）、乡镇政府反馈所在地区村邮站服务运转情况，并提出改进工作建议。

（三）建立管理信息系统

建立村邮员管理信息系统，实现信息共享、共同管理。

（四）本办法自公布之日起执行。

北京市社会主义新农村建设领导小组综合办公室关于进一步加强北京都市型现代农业基础建设及综合开发工作的函

（2011年5月22日）

远郊区各区县人民政府：

自2009年《北京都市型现代农业基础建设及综合开发规划（2009—2012年）》实施两年来，在市委、市政府的正确领导下，在市农委、市农业局、市发展改革委、市财政局、市国土局、市水务局、市园林绿化局等部门的协调配合与各区县政府的共同努力下，项目区农业综合生产能力明显提高，农业生产方式得到明显转变，农田景观与生态服务能力明显提升。工程建设进展顺利，取得了明显成效。各区县要统一思想，提高认识，进一步做好农业基础建设及综合开发工作，确保一期规划顺利完成。

一、加大工程建设力度

各区县要精心组织，加大工程组织实施和监督检查力度，开展各种形式的观摩交流，强化宣传培训，全面完成2010年工程建设任务，抓紧落实2011年各项建设任务并抓好组织实施，提前谋划好2012年建设任务。

二、加强组织与协调

各区县有关部门要加强协调沟通，进一步明确部门责任，形成合力，严格工程建设标准和程序，保质保量按时完成各项工程的建设任务。市级各相关部门要加强对区县相关部门的指导与服务，并加快审批和资金拨付进度。

三、切实发挥工程效益

各区县要全力推进项目区高产高效示范工作，切实发挥工程作用。以“菜篮子”、粮食高产创建及样板田建设为依托，努力提高单位面积产值与效益。同时积极开展效果监测评价工作。

四、做好二期规划编制准备工作

今年下半年拟启动二期规划的编制工作，计划紧紧围绕剩余的160万亩基本农田，按照“缺什么补什么”原则继续组织推进四大工程、十二项内容建设，请各区县提前谋划，提早做好准备。

附件：2009年北京都市型现代农业基础建设及综合开发工程综合验收评价结果

附件：

2009年北京都市型现代农业基础建设及综合开发工程综合验收评价结果

根据《北京都市型现代农业基础建设及综合开发规划》（2009—2012）（以下简称《规划》）及《2009年北京都市型现代农业基础建设及综合开发工程专家验收工作方案》的要求，北京都市型现代农业基础建设及综合开发项目联席会议成员单位联合对各区县2009年北京都市型现代农业基础建设及综合开发工程进行了验收及综合评价，结果如下：

一、工程完成情况

2009年各区县各项工程已全部完成，总体来看，市各部门、各区县政府及相关部门与项目乡镇按照《规划》要求，紧密配合、周密部署、严格程序，认真组织实施了四项工程，全面完成了各项建设任务，并取得了明显成效。工程区农田基础条件和农田景观明显改善，综合生产能力明显提高，单位面积产值效益明显增加，既培肥了地力又减少了农药化肥及农业用水投入，降低了成本，减轻了农业面源污染。不仅提高了农业综合生产能力，而且促进了农业发展方式转变，推动了低碳农业和循环农业发展，为都市型现代农业可持续发展提供了坚实保障。

二、工程综合验收评价结果

综合专家组验收结果和北京都市型现代农业基础建设及综合开发项目办公室日常考核情况，各区县均通过了验收。综合验收评价结果为：顺义、房山、平谷为优秀，通州、怀柔、昌平、大兴、密云、延庆为良好，门头沟为合格。

2009年农业基础建设及综合开发工程各区县综合验收评价结果

名次	区县	综合评价
1	顺义	优秀
2	房山	优秀
3	平谷	优秀
4	通州	良好
5	怀柔	良好
6	昌平	良好
7	大兴	良好
8	密云	良好
9	延庆	良好
10	门头沟	合格

北京市社会主义新农村建设领导小组综合办公室关于确定市级新型农村社区试点的函

（2011年5月22日）

郊区各区县人民政府、市新农村建设领导小组各成员单位：

为落实市委、市政府《关于坚持科学发展，促进城乡融合，统筹推进郊区工业化城镇化和农业现代化的意见》（京发［2011］6号）中提出的“加快启动10个新型农村社区建设试点工作”和市政府《关于开展新型农村社区试点建设的意见》（京政发［2011］22号）提出的开展新型农村社区试点建设的指导思想、目标任务、建设内容、组织领导等要求，及市农村工作会议和市新农村建设领导小组（扩大）会议的部署，今年以来，郊区各区县积极开展工作，在深入调研、广泛征求农民意见的基础上，按照规模适度、宜居宜业、基础设施和公共服务城乡一体化的原则，因地制宜地推进了社区试点选址、规划方案编制、政策措施制定等工作，并将本区县拟定纳入市级新型农村社区试点初步方案上报到市新农办。市新农办组织市相关部门，按照试点社区选择的条件、规划方案编制要点，以及规划、土地、建设、环保、产业、公共服务等发展要求，对各区县推选上报的试点社区规划方案进行了联合审查，经报请市领导审定，现同意将远郊区县上报的以下10个新型农村社区试点列为市级新型农村社区试点：

1. 密云县穆家峪镇华润希望小镇新型农村社区
2. 房山区青龙湖镇晓幼营村新型农村社区
3. 大兴区魏善庄镇羊坊村新型农村社区
4. 延庆县八达岭镇八达岭新型农村社区
5. 怀柔区庙城镇史山新型农村社区
6. 门头沟区王平镇韭园新型农村社区
7. 昌平区南口镇李庄新型农村社区
8. 顺义区北石槽镇凤凰新村新型农村社区
9. 平谷区西鹿角新型农村社区
10. 通州区宋庄镇五合新村新型农村社区

朝阳区、海淀区、丰台区由于其村庄已纳入了城市功能拓展区规划范围，可按照本区域规划的发展要求，因地制宜地开展新型农村社区试点建设工作，努力推进农村城市化和率先实现城乡一体化。

各区县在开展市级新型农村社区试点建设中要认真贯彻落实好市委、市政府关于开展新型农村社区试点建设文件精神和要求。在实际工作中，要努力坚持“以人为本、以社区建设为本、以农民满意为本”；要科学编制好规划，要统筹考虑试点社区与周边镇村的协调发展和资源共享；要探索更有效的土地节约集约利用方式；要在算清社区建设资金盘子的基础上探索政府、村集体、个人和社会资金的筹集方式和投资渠道，把政府可控、群众能承受得起作为一条标准；要努力探索社区建设和管理的新方式。建设的本质是选择发展方式，通过社区试点建设要在基础设施、公共服务、产业发展和社会保障等方面探索破解城乡二元体制性矛盾的新途径，努力实现城乡协调发展。管理的本质是选择运行方式，要理顺体制机制，要理清产权关系、明确责任主体，让农民作为主体参与到民主管理中来。要通过探索新的建设和管理方式，实现试点社区发展和运行的科学化、规范化和可持续化。

2011年内10个市级新型农村社区试点建设要全部启动，通过这10个试点社区的先行先试，探索出一批可学、可看、可推广的社会主义新农村建设新模式，最终要实现让农民满意、让社会满意、让广大人民群众满意。

各区县在抓好市级新型农村社区试点建设的同时，可根据农民的意愿和本地的实际，努力探索符合当地特点的新型农村社区建设的新模式，为郊区农村城镇化和城乡一体化创新更好的做法和经验，促进北京加快率先实现城乡一体化发展新格局的形成。

领导视察

中共中央政治局常委 全国政协主席贾庆林在北京考察工作

2011年2月16—18日贾庆林在北京调研时强调 凝聚智慧力量促进科学发展 紧扣主题主线实现良好开局

中共中央政治局常委、全国政协主席贾庆林于2月16—18日在北京调研时强调，要深入贯彻党的十七届五中全会和中央经济工作会议精神，牢牢把握科学发展这个主题和转变经济发展方式这条主线，不断创新发展理念和发展模式，广泛凝聚智慧和力量，在更高起点上推进人文北京、科技北京、绿色北京建设，努力实现“十二五”时期良好开局，以优异的成绩迎接中国共产党成立90周年。

初春的北京，依然处在节日的喜庆之中。贾庆林和随行的全国政协副主席兼秘书长钱运录，在中共中央政治局委员、北京市委书记刘淇等陪同下，先后到海淀、昌平、丰台、大兴、朝阳、通州以及北京经济技术开发区，深入工厂车间、建设工地、村镇社区，与广大干部群众深入交流、共话发展。调研期间，他听取了北京市委、市政府的工作汇报，对北京“十一五”时期经济社会发展取得的成绩给予充分肯定。

加快转变经济发展方式、促进经济平稳较快发展，是贾庆林此次调研的重点。在昌平小汤山特菜基地，他实地察看现代农业发展情况。在永定河宛平湖工程建设现场和朝阳循环经济产业园，他仔细了解北京加强生态环境治理、发展循环经济的措施和成效。在海淀四季青镇北坞村、通州新城，他详细询问北京城乡结合部改革发展和新城规划建设的有关情况，并深入居民家中与干部群众促膝交谈。他还兴致勃勃乘坐了地铁大兴线和4号线，亲身感受北京轨道交通发生的新变化。贾庆林强调，要以更广阔的视野，采取更加有力的措施，全面发展都市型现代农业，认真搞好新一轮“菜篮子”工程建设，进一步提升首都农业的生态服务价值和社会效益、环境效益。要继续加强森林资源的建设和保护，强化水资源节约与利用，加强环境治理，使节约资源和保护环境成为全社会的共同价值观和自觉行动。要坚持走中国特色城镇化道路，进一步推进郊区城镇化建设，加快新城建设、城乡结合部改革发展和重点小城镇发展，注重在城镇化进程中推进城乡一体化，推动城市公共服务、基础设施向农村延伸，努力形成梯度开发、分布合理的统筹城乡发展新格局。

贾庆林对北京发展服务业、建设以服务业为主体的产业体系十分关注。他来到昌平巩华城高端科技商务服务区项目现场、CBD国贸三期，详细了解北京整合区域优势资源、打造研发服务和国际商务中心情况。在得知北京市第三产业比重已达到75%，率先在全国完成了产业结构由工业主导向服务业主导的全面转型，已成为推动首都经济持续快速发展的主导力量后，他充分肯定北京服务业发展取得的成绩，强调要继续打造和强化以生产性服务业为主导的服务经济格局，大力实施首都服务的品牌战略，立足服务功能向外拓展，有效延伸服务半径，在服务全国乃至世界中实现更好的发展。贾庆林也十分关心首都高端装备制造业的发展情况。在北京奔驰汽车有限公司，他同企业负责人和技术人员亲切交谈，共商坚持科技创新、发展高端装备制造业大计。他指出，发展制造业与发展生产性服务业乃至消费性服务业是相辅相成的。要立足北京实际，切实加强研发设计和品牌销售，不断推进首都高端装备制造业发展。要充分发挥首都科技人才优势，加强关键核心技术、前沿技术研发以及基础理论研究，着力把北京打造成全国科技创新的高地和中心，不断提升科技创新对首都经济发展的驱动作用，并为全国科技创新作出贡献。

贾庆林指出，实现今年经济社会发展目标任务，实现“十二五”良好开局，必须依靠各党派团体、各族各界人士共同团结奋斗。各级党委要进一步加强和改善对统一战线和人民政协的领导，大力关心支持统战和政协工作，积极采纳他们的真知灼见，真正使统一战线和人民政协参政议政成为充分反映民意、广泛集中民智的有效方式，成为切实改进工作、提高执政能力的重要途径。各级政协组织和统战部门要充分发挥自身优势，紧扣大局大事开展工作，紧扣主题主线履行职能，紧扣群众工作凝心聚力，为促进经济平稳较快发展、维护社会和谐稳定作出新的更大贡献。

中共北京市委书记刘淇、市长郭金龙到郊区视察

2月12日刘淇到朝阳区调研社会管理服务工作时强调
以人为本推动社会管理服务不断创新

2月12日，市委书记刘淇到朝阳区就“创新社会管理服务，推进首都社会建设”主题调研时强调，社会管理与服务的核心是对人的服务，要坚持以人为本，深入了解群众需求，不断创新服务手段，扎实推动社会管理与服务创新，实现首都社会和谐发展。市委副书记、市长郭金龙，市委副书记、市政协主席、市委政法委书记王安顺一同调研。

刘淇、郭金龙、王安顺等市领导首先来到位于CBD核心区的建外街道永安里东社区，了解商务楼宇社区的管理服务建设情况。走进建外SOHO商务楼宇服务站，正赶上永东社区党委书记和驻区物业公司经理、业委会代表、居委会主任、社区工作者开会，安排正月十五高层楼宇周边禁放工作。刘淇对大家说，这项工作很重要，希望你们发挥各自优势，形成合力，把工作落到实处。永东社区是由34栋商务楼宇构成的新型社区，常住居民仅1 200余人，却有6万人在此工作创业。建外街道根据社区特点构建了社区党委、居委会、物业、业委会、社区组织“五位一体”工作模式，为辖区企业和社区居民提供服务。一个服务站就容纳了党务、政务、社区事务三大方面近百项社区群众工作、生活需要的服务内容。

如何针对商务楼宇社区年轻职工多、流动人口多的特点做好管理服务，是市领导重点关注的问题。建外街道对20栋商务楼宇中的近2万名员工调查显示，这些人平时相互沟通，只有1/4通过传统联系方式，3/4是通过手机、QQ、电子邮件等信息化渠道。刘淇对此非常关心。他详细询问了街道开设的社区服务网和社区QQ群的有关情况，并专门通过QQ群问候社区群众和社会工作者。他说，社会管理与服务的核心是对人的服务。商务楼宇社区人员构成以青年为主，他们的沟通主要依靠信息化渠道，社区管理与服务手段的信息化就必须跟上。希望你们不断创新服务手段，加强网络建设，吸引更多的社区人加入进来。通过和服务对象实现畅通交流，更好地了解群众需求，更好地为群众提供服务。

随后，市领导来到朝外街道芳草地社区，了解“一刻钟社区服务圈”建设情况。这是个由居民楼、商务楼宇、涉外机构、部队单位等构成的多元化小区。通过对社区0.39平方公里范围内商务服务资源的摸排整合，社区服务站与65个服务网点签约挂牌，监督它们为社区居民提供共计91项优质、平价的社区生活服务，构成了芳草地社区的“一刻钟社区服务圈”。刘淇当场测试，提出了理发、买菜、购物、就医等生活需求，点击系统立即得到回应，这些服务都能在步行不到10分钟的范围内得到满足，其中半数还可提供上门服务。社区工作人员介绍说，“一刻钟社区服务圈”推出后，居民生活方便了，商家也有了固定客源；社区还能通过签约挂牌，根据群众需求，合理调控服务布局。刘淇对“一刻钟社区服务圈”服务模式给予充分肯定。随后，他走进社区“温馨家园”，与正在休闲的群众和学习书法绘画的孩子们聊天，并亲切慰问了在社区供职的大学生社工，详细询问了大学生社工的工作和生活情况。

在朝阳区城市管理监督指挥中心，市领导察看了全模式社会服务管理信息系统运行情况，听取了朝阳区负责人的工作汇报。全模式社会服务管理是传统的专业化、部门化管理模式与现代的网格化管理模式的有机结合，是朝阳区在社会建设中探索出的一种新模式。该模式将全区的人、地、事、物、组织全部纳入网格进行管理，形成了应急管理、城市管理、综治维稳、安全生产、社会事业、社会保障、社会服务、经济动态、法律司法、党建工作10大模块、2 840个细类的现代化综合管理网络。

刘淇指出，社会建设与管理的最终目的是更好地服务群众，实现社会和谐发展。朝阳区在社会建设和管理工作方面锐意创新，扎实工作，探索建设了先进的社会管理与服务信息系统，取得了很好的效果。希望朝阳区再接再厉，不断提高社会建设与管理创新水平，努力为破解城市发展中面临的人口、交通等问题做出有益的探索。在人口管理方面，要研究如何更好

地为广大群众特别是困难群众搞好服务，让低收入群众享受到改革发展的成果。在交通管理方面，要深入了解群众出行需求，发挥科技手段和信息系统的积极作用，引导群众在社区内实现合理停车、文明出行，为优化完善公交线网、更好地满足居民出行需求积累经验。在政府管理方面，要努力探索通过网格化和信息化优化行政流程、转变政府职能、提高行政效能，不断提高社会建设与管理工作水平。

3月15日刘淇在北京经济技术开发区、大兴区调研时强调 加快公租房建设形成出租房为主的保障性住房供应体系

3月15日，市委书记刘淇深入北京经济技术开发区和大兴区，就“加快保障性住房建设，着力保障和改善民生”主题进行调查研究。他强调，要加快公租房建设，增加公租房来源，提升包括公租房在内的出租房管理水平，逐步形成以出租房为主的保障性住房供应体系，实现“住有所居”的目标。市委副书记、市长郭金龙一同调研。

刘淇、郭金龙首先来到北京经济技术开发区青年公寓。这家公寓是开发区第一个配套服务设施，共有房间2 388间，其中员工公寓2 238间，可供1.4万人居住；白领公寓150间，可供350人居住。配套设施包括青年活动中心、运动场、商业中心、服务中心等。目前，公寓内有京东方、北京奔驰等开发区企业员工约1.3万人入住。在公寓员工宿舍，市领导详细察看了员工的居住和生活条件。宿舍内环境整洁，配有卫生间和电视。有关方面负责人介绍说，青年公寓构建了政府、企业、员工“三位一体”的公共租赁住房建设管理新模式。政府通过政策性补贴等形式，支持公寓发展，员工入住公寓后，每人每月只需交200元房租，大大减轻了企业和员工的经济负担。刘淇对此表示充分肯定。随后，市领导来到公寓的工会服务站和党员活动站，了解了开发区工委通过党团组织建设、建立宿舍管委会等形式，团结凝聚青年员工、共建和谐大家庭的情况。刘淇向开发区工会负责人详细询问了园区企业职工的待遇，叮嘱要从加强社会建设和创新社会管理的高度，充分发挥各级工会作用，依法推动企业开展工资集体协商，科学合理地确定劳动定额和工资标准，切实提高职工的工资收入，维护好职工的合法权益。

在北京经济技术开发区亦城茗苑小区公租房现场，市领导出席了开发区园区配建公共租赁住房发钥匙仪式。在园区配建像亦城茗苑小区这样的公共租赁住房，是开发区改善产业发展环境、促进高技术制造业和战略性新兴产业集聚发展的重大举措。这些配建公共租赁住房位于开发区新的核心居住区，分为31号地、17号地两个项目，占地约16万平方米，总建筑面积60余万平方米，总住宅户数为4 500多户，均为90平方米以下的小户型。项目的建成，将在很大程度上解决开发区企业职工特别是技术人才的住房困难问题，对于改善园区居住环境、推动高端产业集群和人才高地的形成具有重要意义。

仪式上，副市长陈刚讲话，市领导向首批入住的承租企业职工代表交发了钥匙。承租企业职工代表——北京奔驰汽车有限公司二工厂总装车间职工赵亮在发言中说：我是2006年来北京的外地大学生，已经结婚了，还一直住在公司的集体宿舍，很不方便。现在有了房子，使我在开发区找到了归属感，我可以全身心投入工作了。与赵亮一起拿到钥匙的金风科技股份有限公司员工张才盛激动地对刘淇说，这项政策太好了，解决了我们的后顾之忧。新房子在楼房密度、住房空间、设施条件等方面都很棒，太感谢了！

仪式后，市领导来到亦城茗苑小区14号楼一层102室，察看了房屋的建设质量和户型，了解了小区整体规划和配套公共设施建设情况以及开发区管委会加大公租房建设力度、向园区企业提供公租房服务的情况。园区企业代表——宝健（中国）日用品有限公司总裁李道告诉刘淇，开发区把一部分公租房提供给他们后，他们将这些房子全部配租给了公司的业务骨干，“这项政策不仅给我们企业减轻了负担，也为我们留住了人才！”刘淇听后非常高兴，他勉励有关方面负责人继续加大力度，把公租房建好用好。

随后，市领导来到大兴区黄村镇枣园尚城小区，察看这里的入住及管理情况。尚城小区是农民回迁安置房小区，由黄村镇政府设立的北京天河浩宇资产管理有限公司负责管理。该公司以装修标准、租赁期限等为依据，比照周边区域房屋出租价格，从村民手中代管富余房屋，直接向村民支付租金，之后通过市场化运作，向社会等价转租房屋。这一管理和运营模式，既保证了回迁村民的利益，又解决了出租房屋、流动人口管理难题，实现了村民“服务管理有组织，经营增收有资产，安置就业有岗位，稳定生活有保障”的目标，得到了村民的一致认可。在详细了解黄村镇在尚城小区推行的农民回迁房富余房屋代租经营模式后，刘淇指出，这种出租管理模式不仅维护了农民利益，而且规范了房屋出租秩序，值得肯定。他强调，要进一步加大保障性住房建设力度，通过增加公租房来源、规范出租房租金和中介行为等，把出租秩序管理好，把出租房屋管理好，逐步形成以出租房为主的保障性住房供应体系，实现“住有所居”的目标。

3月22日刘淇到丰台区调研时强调
抓住宝贵机遇实现又好又快发展

3月22日，市委书记刘淇到丰台城市规划馆、北京汽车博物馆、第九届中国（北京）国际园林博览会用地现场进行调查研究。刘淇强调，丰台区要落实好"十二五"发展规划，抓住城南行动计划的宝贵机遇，高标准打造宜居、宜业的城市功能拓展区，推动区域经济社会实现又好又快发展。市委副书记、市长郭金龙一同调研。

丰台城市规划馆是刘淇、郭金龙调研的第一站。这座展陈面积3 000平方米的展馆，分史话丰台、丰台崛起等6个展区，采用高科技手段，集中展示了丰台区的历史文明、今日图景和未来蓝图。在沙盘模型展区的弧形大屏幕前，市领导认真观看了丰台区规划宣传片。看到展出的一幅幅不同年代的卢沟桥老照片，刘淇叮嘱有关方面负责人要重视文物保护工作，传承好北京的历史和文化。长辛店生态城的规划引起了刘淇的浓厚兴趣，他说，这是"绿色北京"的具体体现，一定要规划好、建设好、宣传好。在详细了解了大红门时尚创意产业聚集区的规划后，刘淇要求，要把握国际时尚潮流，发挥好行业协会的作用，把大红门时尚创意产业聚集区建设成为首都最具影响力和创意活力的服装服饰文化创意产业聚集区。

中国古代的指南车、一百多年前的老款汽车、曾参加过1907年北京—巴黎汽车拉力赛的雪铁龙轿车、北汽福田生产的纯电动汽车……北京汽车博物馆内，70件不同历史时期的经典汽车吸引了市领导的目光。5万平方米的展馆，由上到下分为创造馆、进步馆、未来馆3个独立展馆，浓缩了汽车的过去、现在和未来。通过电脑操作，参观者可以看到汽车拆解和组装的全过程，也可以参与其他的一些互动项目。展馆内设有"儿童驾驶学校"，孩子们可以通过形象生动的演示，学习交通安全知识。刘淇对此表示赞赏。他说："像儿童驾驶学校这样的互动项目很好，可以让孩子们参与进来，使他们从小就能接受科普教育。"工作人员介绍，汽车博物馆定位为公益性的汽车专题科技类博物馆，致力于普及和弘扬汽车科技与文化，促进汽车工业国家间的文化交流。刘淇叮嘱说，一定要突出汽车博物馆的公益性、科普性，聘请专家参与博物馆的日常运行，将博物馆建设成为科普教育基地、创意培训基地。

位于永定河畔的第九届中国（北京）国际园林博览会用地现场，工作人员正在加紧施工，一片热火朝天的景象。昔日的大沙坑和垃圾坑，已经进行了平整和修复。两年后，这处占地267公顷的昔日的荒滩，将成为第九届中国（北京）国际园林博览会的举办地，成为首都北京的又一处美丽景观。在施工现场，市领导详细了解了园区工程的进展情况。刘淇要求，要加快生态环境修复和建设，进一步细化设计方案，把园区建设成精品，把永定河绿色生态发展带建设成生态文明、山清水秀、设施完善、经济繁荣、社会稳定的宜居、宜业、宜游之区。

刘淇强调，今年是"十二五"规划的开局之年。站在新的发展起点上，丰台区要抓住城南行动计划的宝贵机遇，以高标准的发展理念，推动区域经济社会实现又好又快发展。

5月9日刘淇到朝阳区调研时强调
加大统筹城乡发展力度率先形成城乡经济社会发展一体化新格局

5月9日，市委书记刘淇，市委副书记、市长郭金龙到朝阳区崔各庄乡京旺家园农民安置房项目现场和大望京公园调查研究。刘淇强调，要扎实推进城乡结合部建设，确保两年基本完成重点村建设任务；要进一步加大统筹城乡发展力度，完善基础设施，改善生活环境，健全基层组织，延伸公共服务，加快推进城乡结合部地区的社会管理创新，率先形成城乡经济社会发展一体化新格局。

雨后的京城，空气格外清新。一排排崭新的楼房、一片片美丽的绿地、一处处配套的设施，把朝阳区崔各庄乡大望京村农民安置房项目——京旺家园装扮得分外美丽。刘淇、郭金龙走进京旺家园，在中心广场，结合展板了解了小区规划建设情况，听取了大望京村城乡一体化改革试点工作汇报，并详细询问了地区产业发展规划。

大望京村紧临望京核心区，是典型的城乡结合部地区。以前，这里流动人口聚集，基础设施老化，道路狭窄拥挤，环境卫生脏乱，治安状况复杂，集体经济发展陷入停滞，村民生产生活条件简陋，增收困难。2009年初，市委、市政府把该村列为城乡一体化改革试点村。两年来，朝阳区坚持农民主体、政府主导与市场运作相结合，坚持当前利益与长远利益相结合，坚持维护农民利益和发展集体经济相结合，从新村建设、社会保障、就业安置等多方面着手，改善安置农民生产生活条件，确保他们享受城市化成果。

京旺家园农民安置房项目，是大望京村城乡一体化改革试点工程的重要组成部分，一期工程共有2 228套住宅，主要安置大望京村和临近村腾退搬迁的村民。

刘淇走进京旺家园二区3号楼101室，逐一察看每个房间，详细了解房屋户型结构和建筑质量。他还与即将入住的村民代表交谈，关切地问他分了几套房子、是不是打算出租、有没有找到工作？刘淇叮嘱有关负责人，一定要加强农民富余房屋的出租管理，将这些房屋纳入公租房管理体系，通过建立村集体趸租农民富余安置房机制，使房屋出租规范有序，并使农民通过出租房屋获得稳定的收入。

京旺家园的住宅楼楼体都是南北通透、户户朝阳的板式结构，一梯两户，消防设施健全。小区建立了社区服务站、社区卫生服务中心、物业管理公司、温馨家园、爱心超市、银行、京客隆超市等配套设施，还将建三所幼儿园、一所九年制义务教育学校。刘淇对社区的规划建设以及完善的配套设施表示赞赏。

随后，刘淇走进京旺家园物业办公室、社区卫生服务中心、社区党委（居委会）办公室、社区温馨家园、社区警务站等地，察看社区管理和服务工作准备情况。农民就业情况怎么样，是否都加入了新农合，小区物业费标准是多少，社区共有多少党员，有没有建设菜市场……每到一处，刘淇都会仔细询问，了解详情。在社区警务站，刘淇问值班民警基层防火、流动人口管理职能是否纳入社区警务站，社区综治平台有没有建立，日常消防工作有没有人检查？听说这些职能都在社区警务站得到了落实，刘淇表示充分肯定。他说，新建社区一定要注重加强和创新社会管理，切实把工作落实到基层，把消防、治安工作抓好抓实。

大望京公园也是大望京村城乡一体化改革试点工程的重要组成部分。公园占地面积33.4万平方米，主要景点有望京台、如意湖、休闲广场、亲水广场、跌水瀑布等。“青山绿水、蝶舞莺飞”的设计理念在这里得到了生动体现。

在大望京公园，刘淇了解了大望京公园以及大望京科技商务创新区的有关情况，并登上公园标志性建筑——望京台，察看了公园全貌。公园内，绿草如茵，树木青翠。看到昔日脏乱差的大望京村旧貌换新颜，刘淇非常高兴。他叮嘱朝阳区负责人要在公园内多开展文体活动，丰富群众的精神文化生活；要发挥地域优势，吸引国际、国内知名企业集团总部入驻，提升大望京科技商务创新区的整体竞争力。

刘淇充分肯定了大望京村城乡一体化改革试点取得的成绩。他强调，要扎实推进城乡结合部建设，确保两年基本完成50个重点村建设任务。要进一步加大统筹城乡发展力度，完善基础设施，改善生活环境，健全基层组织，延伸公共服务，加快推进城乡结合部地区的社会管理创新，率先形成城乡经济社会发展一体化新格局。

5月12日刘淇到通州区调研时强调 大力加强文化创新加快经济发展方式转变

5月12日，市委书记刘淇到通州区宋庄文化创意产业集聚区，就“加快转变经济发展方式，促进文化创意产业发展”主题调查研究。他强调，要积极探索实施科技创新和文化创新的“双轮驱动”战略，大力加强文化创新，促进文化创意产业发展，使文化创新和科技创新共同成为推动首都加快转变经济发展方式、实现科学发展的重要引擎；要积极搭建文化创意平台，规划和建设好文化创意产业集聚区，努力打造中国特色社会主义先进文化之都。

通州区宋庄文化创意产业集聚区位于通州区宋庄镇南部，是本市首批文化创意产业集聚区之一。集聚区内，汇集了大型美术馆14家、画廊100多家，相关文化生产企业30家、服务企业25家，集中展览、经营面积达10万余平方米，已初步形成艺术生态与产业生态同步发展的良好局面。

在宋庄文化创意产业集聚区上上国际美术馆，刘淇结合宋庄镇域产业规划图，详细了解了宋庄文化创意产业集聚区的整体规划、发展思路、项目进展等情况，并询问集聚区每年增加多少人、吸引了多少艺术家、一共有多少家工作室……有关负责人介绍说，宋庄文化创意产业集聚区目前已吸引了5 000多名艺术家，从业人员超过了1.5万人；中国艺术品交易中心、国家时尚创意中心等一大批文化创意产业项目将入驻，集聚区呈现出良好的发展态势。刘淇对宋庄文化创意产业集聚区取得的进展给予肯定，他叮嘱有关负责人要精心做好集聚区规划，加强基础设施建设，不断提高管理和服务水平，努力做大做强文化创意产业集聚区，吸引更多的优秀艺术家。

上上国际美术馆是一家私立美术馆，展馆面积达2万多平方米。沿着长长的画廊，刘淇仔细察看了美术馆内的艺术品展陈情况。这些艺术品均出自宋庄文化创意产业集聚区的艺术家之手，题材各异，风格多样。刘淇说，文艺创作要坚持为人民服务、为社会主义服务的方向，坚持百花齐放、百家争鸣的“双百”方针，为促进社会主义文化大发展大繁荣做出贡献。他还详细了解了展览展出的时间、观众观展的情况、艺术家的创作过程等等。

宋庄文化创意产业集聚区艺术品展览交易中心，建筑面积3 800平方米，是目前我国最大的原创艺术品交易场所。刘淇走进艺术品展览交易中心，察看了中心会展、洽商交易等业务开展情况，对通州区搭建文化创意产业交易平台、促进艺术品产业链上下游企业集聚、推动文化创意产业发展所做的工作给予了充分肯定。

刘淇还走进宋庄文化创意产业集聚区内的贵点艺术空间、张东红工作室、梁建平工作室，察看艺术家们的作品展陈，了解艺术家们的艺术创作情况。在梁建平工作室，刘淇和艺术家代表围坐在一起，与他们亲切交谈，详细了解他们在艺术创作中遇到的困难和问题，认真听取他们的意见和建议。艺术家们争相发言，现场气氛融洽热烈。刘淇对艺术家们高涨的创作热情和强烈的社会责任感表示赞赏，勉励大家再接再厉，创作出更多优秀的艺术作品。他表示，将认真研究艺术家们提出的意见和建议，有针对性地制定扶持政策，努力为艺术家们创造更好的艺术创作环境。

调研过程中，刘淇强调，要按照中央要求，加强对文化产品创作生产的引导，通过引导鼓励更多积极健康的优秀艺术作品涌现。要积极探索实施科技创新和文化创新的“双轮驱动”战略，大力发展文化创意产业，使文化创新和科技创新共同成为推动首都加快转变经济发展方式、实现科学发展的重要引擎。要高标准建设中国艺术品交易中心项目，为优秀艺术作品走出去创造良好条件，不断增强中华文化的影响力和辐射力。

5月19日刘淇就“加大统筹城乡发展力度，率先形成城乡一体化发展新格局”主题调研时强调 紧抓机遇科学发展敢于发展加快生态涵养发展区建设

5月19日，市委书记刘淇就“加大统筹城乡发展力度，率先形成城乡一体化发展新格局”主题来到门头沟区进行调查研究。他强调，要紧抓机遇，以科学发展、敢于发展的良好精神状态，千方百计调动各方资源，统筹协调生态涵养与发展，加快生态涵养发展区建设。发展的任务越重，越要加强党的建设，加强党风廉政和反腐败工作，为推动科学发展提供坚强保障。各区县在“十二五”规划编制中，要高度重视合理控制人口规模，处理好人口、资源、环境之间的关系，使之与全市和本地区的承载能力相适应。

作为生态涵养发展区，近年来，门头沟区从生态环境入手，在以环境促发展上进行了有益探索。刘淇登上门城湖观景台，详细了解了湖面蓄水、堤岸绿化和生态修复情况。门城湖是永定河从山峡地带向平原过渡的一个重要节点。全长5.24公里的门城湖水面开阔、碧波荡漾。北京的“母亲河”永定河再次焕发青春，为门头沟发展增添了新的灵气。观景台上的一张张展板，勾画出该区“一湖十园、五水联动”的城市景观体系脉络。配合水景，门头沟区自去年起提速城市公园建设，煤矿近百年堆积的煤矸石山、采挖砂石形成的深达42米的大沙坑，这些曾经的环境污染源，都正在或已经变成了深受群众喜爱的休闲娱乐健身场地。到今年10月，将总共有20个城市公园向市民开放。与此同时，门头沟区还集中力量对中门寺沟、黑河沟、冯村沟、西峰寺沟、城子沟这五条永定河泄洪沟进行治理，昔日的五条荒沟将全部变身景观河。门头沟区政府负责人告诉刘淇，公园建设资金需求量大，在区财力有限的情况下，解放思想，创新融资方式，多渠道筹集资金，为公园建设提供了资金保障。刘淇高兴地说，你们创新工作思路，广泛动员社会投资，建设了这么多公园，在显著改善生态环境的同时，促进了经济发展，提高了群众的生活质量和幸福指数。由于长年缺水、干涸，永定河一度成为城市发展的难题，但现在看来，只要解放思想、勇于创新，就能够破解难题、推动发展，事在人为。

刘淇还察看了长安街西延线规划路由和冯村沟综合治理、门头沟区新城规划情况，听取了该区的工作汇报。首钢搬迁、永定河绿色生态发展带建设、S1线、长安街西延线等市级重点项目的全面推进，为门头沟区转型发展注入了强大动力。面对难得的发展机遇，门头沟区委区政府带领全区干部群众以奋发有为的工作状态，只争朝夕，奋力拼搏。2010年以来，共有83个招商引资项目达成合作意向，意向合作金额突破2 500亿元，其中，有12个项目位于长安街西延线两侧，投资金额约1 353亿元。沿长安街西延线遥望，远处的定都峰树木葱茏，一峰突起，散发出蓬勃向上的生机与活力，昭示了门头沟区令人振奋的美好前景。

刘淇充分肯定门头沟区近年来在城市建设、环境建设、棚户区改造等方面取得的显著成绩。他说，门头沟区委区政府的发展思路符合科学发展观的要求，符合生态涵养发展区的功能定位，各项工作措施得力，推动了经济快速发展，维护了社会和谐稳定。这些成绩的取得，得益于市委市政府西部地区转型发展战略的实施，得益于永定河绿色生态发展带的建设，体现出三个特点：一是坚持以生态治理为抓手，进行产业结构调整。这种以生态为基础的发展符合生态涵养发展区功能定位要求，是可持续发展。二是发展坚持以人为本，注重保障和改善民生，改善生态环境，受到了群众的欢迎。三是有强烈的机遇意识，以科学

发展观为指导，紧抓机遇，敢于发展，勇于创新。由于发展的决心大、机遇意识强，千方百计调动各方面资源，门头沟区形成了强大的发展动力，各项工作取得了显著成绩。

刘淇指出，门头沟区的发展态势反映了全市各区县在“十二五”开局之年的良好发展势头。要组织各区县互相观摩、交流，互相启发，取长补短，形成竞相发展、共同发展的良好局面。

刘淇强调，发展的任务越重，越要加强党的建设。当前，本市大规模开发建设项目多，资金投入量大。全市各区县委一定要结合开展创先争优活动，切实加强党的建设，加强党风廉政建设和反腐败工作，推进廉政风险防范管理。要加强监督制度建设，紧紧围绕政策措施落实、项目规划立项、审批建设程序、资金管理使用、工程建设质量等方面，对重大工程、重点项目进行专项审计和监督，确保各项工作顺利推进，确保实现廉洁工程。

刘淇强调，各区县在“十二五”规划编制中，要高度重视合理控制人口规模。要把人口规模合理控制作为编制好规划的基本条件，处理好人口、资源、环境之间的关系，处理好产业发展、城乡一体化与控制人口过快增长的关系，进一步加强和完善人口管理工作，不断提高基层人口管理和服务水平，有效控制人口过快增长，使之与全市和本地区的承载能力相适应。

刘淇指出，长安街是“神州第一街”，历史意义重大。我们要以对子孙后代负责的态度，认真做好长安街西延线规划建设。市有关部门要对长安街西延线上的建筑设计统一把关，保证长安街沿线建筑整体风格的统一。

5月21日刘淇在怀柔区调研京郊旅游时希望把生态保护与文化创意相结合发展京郊旅游

传统民俗融入现代元素，文化创意转变发展方式。5月21日，市委书记刘淇就“加快转变经济发展方式，促进文化旅游产业发展”主题来到怀柔区进行调查研究。他走进长城国际文化村，深入北沟村、慕田峪村，与在这里定居经营的外国人深入交谈，探寻既具有中华文化，又体现现代国际气息的新型文化旅游村建设发展之路。他希望有关部门把自然生态环境保护与旅游资源文化内涵挖掘相结合，把农村产业发展与文化创意产业相结合，加快推动京郊旅游产业发展。市委副书记、市长郭金龙一同调研。

慕田峪长城，这个昔日的战略防御工事，历经600余年沧桑岁月，由封闭走向开放，成为新时代联结东西方文化的纽带，见证了当地文化旅游产业的繁荣发展。在怀柔区委区政府的带领下，渤海镇长城国际文化村党总支部充分发挥战斗堡垒作用，一个包括北沟、田仙峪、辛营、慕田峪4个村在内的，具有丰厚的长城文化、乡土文化、国际文化底蕴的乡村旅游示范景区——长城国际文化村正在快速发展。

刘淇、郭金龙等市领导来到渤海镇北沟村，在群山环抱、绿树掩映之中的瓦厂小家酒店，了解当地依托慕田峪景区自然人文风光发展乡村休闲度假酒店和长城国际文化村规划建设情况。瓦厂小家酒店主人名字叫萨洋，是个美国人，来中国已经20多年了，能说一口流利的汉语。他高兴地带着刘淇逐一参观。这里的会议室、用餐区是在保留烧砖窑原貌的基础上改造而成；酒店走廊、庭院步道都铺满了五彩晶莹的琉璃片；原有的木柁、檩条、椽子等，经过修整，全部露出墙体，形成天然的装饰。一个破败不堪的琉璃厂在萨洋的创意下，变成了洋溢着艺术气息的乡村酒店。萨洋在酒店房间向刘淇展示自己的独特设计，客人无论是躺在床上，还是淋浴，透过落地窗就可以欣赏到万里长城的雄姿。刘淇笑着说，房间设计与自然环境相融合，感觉很好。在充满乡野气息的庭院，刘淇向萨洋了解酒店帮助当地解决了多少人就业，下一步有什么发展规划。言语间，充满着对加快旅游业发展的殷切期盼。

在萨洋和合伙人王培明的创意下，闲置校舍被改造为慕田峪景区第一家西餐厅——小园西餐厅。刘淇在这里详细了解了旧民居修缮改造再利用情况。从外表看，小园西餐厅与其他乡村院落并无二致，可里面却不仅有吃的、住的，还有好看的。刘淇兴致勃勃地走进半地下的艺术玻璃工作室参观。经过大约半个小时的淬炼，一个色彩艳丽的玻璃工艺瓶在技师手中诞生了。像这样的艺术玻璃吹制工艺表演，每天有两次。王培明还告诉刘淇，这里烧制的玻璃工艺品会“唱歌”。这引起了刘淇的浓厚兴趣。王培明转过身，拿起摩擦棒有节奏地敲击起来，顿时，一组大小不一的妙音杯“唱”出了一曲《东方红》。清脆悦耳的音乐，引得一阵掌声。据介绍，小园西餐厅的建设，填补了景区没有西餐厅和旅游纪念品加工的空白，不但提高了慕田峪乡村旅游的接待档次和盈利能力，还为村民提供了20多个就业岗位，促进了村级民俗接待产业规模的扩大和景区服务接待质量的提升。目前，以小园西餐厅为代表的外商参与旅游产业经营并逐渐向其他产业拓展的模式，已经成为慕田峪村民俗旅游经营的重要特色。

小园西餐厅露台阳光明媚，树影婆娑，抬眼就能望到不远处蜿蜒于崇山峻岭之巅的万里长城。刘淇与萨洋、唐亮夫妇和王培明、尚朱丽夫妇围坐在一起，畅谈旅游业发展的喜人变化，展望美好的发展前景。

尚朱丽对坐在对面的刘淇说，我的家乡在美国马萨诸塞州的一个农村，当地也在发展旅游业，听说我这里餐厅经营得很好，家乡还专程组团来参观学习。刘淇高兴地鼓励她，怀柔的山水很美，旅游资源丰富，有很大的高端旅游市场，希望你们抓住机遇，取得更大的发展。谈起下一步发展，萨洋深有感触：这里的优美环境就是一只下金蛋的鹅，我们不能把这只鹅杀掉，一定要保护好环境，这样才会有可持续发展。刘淇称赞萨洋的思路很对，还关切地询问他们在发展中有什么困难。对于萨洋提出的困难，刘淇说，当前，北京正在加快把旅游业培育成为首都经济的重要支柱产业。对于你们提出的问题，我们会给予关注，希望在发展中通过不断改革创新，积极探索，加以解决。听了这番话，作为第一个在慕田峪创业的外国人，萨洋对自己的美好前景更加自信了，他幽默地对刘淇说，我是第一个吃螃蟹的人，这只螃蟹好吃！一席话，引起大家会心的笑声。

6月21日刘淇就“加强基层党建工作，推动重大项目建设”主题调研时强调 在重大项目建设中充分发挥基层党组织作用

6月21日，市委书记刘淇，市委副书记、市长郭金龙到密云县，进企业，下农村，就“加强基层党建工作，推动重大项目建设”主题调查研究。刘淇强调，要积极探索基层党建工作创新，在重大项目建设中充分发挥基层党组织作用和基层党员的先锋模范作用，进一步增强基层党组织的凝聚力和战斗力，促进重大项目顺利建设，推动首都科学发展。

刘淇、郭金龙等市领导察看了密云县西统路工程的规划建设情况。西统路北起密云经济开发区四期环岛，南与京承高速公路相接，全长7.8公里，总投资10亿元，是密云新城与北京东部发展带的联络线工程。该工程的实施，将为密云经济开发区企业的出行提供更为便利的交通，成为推动密云经济发展的“快车道”。

福田北京多功能汽车厂是密云县2009年引进的大项目，计划投资36亿元，目前已开始批量投产。这是福田汽车在北京地区投资最多、厂区面积最大、工艺水平最先进的现代化汽车厂。全面达产后，可实现年销售收入260亿元，税收18亿元，吸纳4 000人就业。在福田北京多功能汽车厂，刘淇走进总装车间，察看生产情况，详细了解该厂依托“党员班组活动园地”推动党建创新、激发企业科研创新活力的有关工作。福田汽车目前有155个党支部、5 125名党员。近年来，公司党委创新党建方式方法，实施“双培”工程，注重把党员培养成为专家型人才和岗位能手，充分发挥了党员的模范带头作用，促进了企业的发展。刘淇对此给予了充分肯定。生产线旁的党员班组活动园地里，几名技术人员正在埋头研究解决一个零部件的装配错位问题，一旁的“先进党支部流动红旗”格外醒目。这个年轻的科研小团队成员都是工厂评选出的优秀共产党员。刘淇走进他们中间，与大家亲切交谈，勉励他们继续发挥党员的模范带头作用，不断开拓创新，做出更大的成绩。

沿着蜿蜒的乡村道路，市领导来到穆家峪镇华润希望小镇项目建设现场，了解项目总体规划和产业发展规划情况。该项目位于穆家峪镇穆九沟域区，规划涉及6个行政村、2703户。一期工程涉及阁老峪、九松山两个村，将在村庄原址上建设新民居，发展民俗旅游业。其中，阁老峪村新民居建设工作已于上个月启动，建设工程包括新农村示范村、酒店、小型老人养生之家、小型幼儿日托所、卫生站等，建成后当地农民将实现就近就地就业。在建设过程中，穆家峪镇本着“帮扶过程耕地不减少，建设用地不增加，不以购买、置换等任何方式剥夺农民宅基地”等原则，一切以农民利益为出发点，以实现农民增收为目标。围绕希望小镇的建设，在密云县委指导下，穆家峪镇积极探索党组织引领新农村发展的新模式，初步设置了三层党组织架构：成立希望小镇建设领导小组（办公室）、希望小镇党委和管委会、村民居住委员会等党组织；参与希望小镇建设的华润公司，也成立了产业园党总支，加强了企业的党建工作。了解这些情况后，刘淇非常高兴。他叮嘱有关方面负责人，要以党的建设引领新农村建设，努力将希望小镇建设成为极具发展活力的社会主义新农村建设示范区。

随后，市领导来到阁老峪村党支部，听取村支书汇报，察看村党务和村务公开栏。“村里党员有多少”、“村务监督委员会成员如何产生”、“成员中有没有党员”……刘淇详细询问了村党支部的建设情况。在村务监督委员会办公室里，村务监督委员会主任、64岁的老支书郭万春正和委员会成员们商量工作。看到刘淇走进来，大家十分高兴。刘淇和郭万春亲切交谈，询问他村务监督委员会是如何开展工作的。郭万春回答说，村务监督委员会刚刚挂牌，目前已经建立健全了10项规章制度，做到了有人员、有牌子、有印章、有场所、有工作制度、有履职记录。刘淇问：“你认为村务监督委员会有作用吗?”郭万春回答说：“我认为作用很大。村民如果有些问题弄不清楚，我们就去调查，把这些问题弄个一清二楚，让群众明明白白，也让干部有个清白。”刘淇高兴地说：“这种做法很好。把那些似是而非的事情理清楚了，干群关系也就理顺了。”刘淇鼓励大家说，阁老峪村是村务监督委员会试点村，希望你们积极探索村务监督机

制，进一步加强和改进基层党组织建设，围绕发展抓党建，抓好党建促发展。

7月2日刘淇到朝阳区调研时强调
认真学习深刻领会胡锦涛总书记重要讲话精神
以更加奋发有为的精神状态推进首都各项工作

7月2日，市委书记刘淇深入朝阳区文化场馆和文化企业，就“深化文化体制改革，加快推动文化建设”主题调查研究。他强调，要认真学习、深刻领会胡锦涛总书记在庆祝中国共产党成立90周年大会上的重要讲话精神，勇于变革、勇于创新，永不僵化、永不停滞，以更加奋发有为的精神状态，以只争朝夕、排除万难的勇气，以敢于负责、敢于碰硬、敢于创新的精神，推进首都各项工作；要充分发挥首都优势，加快文化体制改革，加快构建公共文化服务体系，加快发展文化事业和文化产业，加强对文化产品创作生产的引导，坚定不移发展社会主义先进文化，努力建设中国特色社会主义先进文化之都，在弘扬中华传统文化的基础上创造出中华文化新的辉煌。

通过深化文化体制改革，加快推动公共文化服务体系建设，朝阳区群众文化质量有了大幅度提升，包括年轻人在内的群众参与度越来越高，群众文化活动得到蓬勃发展。刘淇等市领导首先来到朝阳区文化馆，察看朝阳区创新公共文化服务体系、提升公共文化服务水平等情况。作为全国文化体制改革试点单位，朝阳区文化馆从破解体制机制入手，打破“大锅饭”和“铁饭碗”，采取以项目为核心的全员竞聘制，探索公共文化理念，走出了一条社会效益和经济效益相得益彰的发展之路。

在文化馆一层非非剧场，文化馆负责人介绍说，目前该馆共有设施类、活动类、展览类、培训类、资料类五大免费开放项目，每年服务群众超过百万人次。其中，以“非职业、非专业”为主旨的非非剧场，就是一个免费向业余戏剧爱好者提供演出场地的公益性平台。刘淇高兴地说：公共文化设施免费向群众开放，这种做法非常好。

“首都的文化繁荣大发展，打起我的快板笑开颜。今天刘淇书记来到我们朝阳，我就把大院情况谈一谈……”得知市领导来调研，朝阳区“快板刘文化大院”带头人刘世华特别激动，他专门带着8岁的小孙子刘泽健和演出队其他成员给市领导说了一段自己创作的快板。清脆悦耳的竹板声和精彩的表演赢得了市领导阵阵热烈的掌声。刘淇慈爱地抚摸着小泽健的小脸儿，夸奖他快板书说得好。刘世华是郎各庄村农民，特别喜欢说快板，还在自家院子里义务辅导了不少小学生。刘世华家是朝阳区文化馆挂牌的“文化大院”，成为开展农村文化生活的场所。刘淇高兴地对刘世华说：“文化大院”非常好，希望你用自己的特长带出越来越多的徒弟；在发展中遇到什么困难，请及时向有关部门反映。

随后，刘淇走进文化馆内的“9个剧场”。悠扬的音乐声中，一个由社会青年占多数的芭蕾舞团正在排练，排练场地由文化馆免费提供。“演出团体有多少”、“演出是公益性的还是商业性的”、“文化馆如何建立机制扶持演出团体”……刘淇详细询问了有关情况。工作人员回答说，文化馆现有舞蹈团、话剧团等十几个演出团体，既有商业演出，也有公益性演出，还到社区进行义务辅导。文化馆建立了拨付机制，把按人头拨款变为按任务拨款，形成了“养事业不养人”的新投入机制，为公益性文化事业发展提供必要资金支持，形成了多元化的文化投融资格局。刘淇对此给予了充分肯定。

文化馆内的朝阳艺苑内，京剧爱好者正在排演《沙家浜》选段。刘淇走到票友们中间，与大家亲切握手。票友们争相告诉市领导，他们都是呼家楼社区居民，每周来文化馆活动两次，场地是免费的。刘淇对这种把文化馆与社区文化站融合在一起的做法表示肯定。在票友们的热情邀请下，刘淇坐下来认真观看排练。票友们的一段《军民鱼水情》唱得有板有眼，刘淇鼓掌称赞大家唱得好。

整齐划一的动作，震撼人心的鼓声，这是文化馆创建的“红半天”女子鼓乐团在训练。这支由数十名下岗女工组成的业余鼓队目前不仅在京城创出名气，还走出国门到国外演出，成为朝阳区文化馆的一个品牌。刘淇肯定了文化馆积极担负起社区公共文化中心职能、开展群众文化工作的做法，并叮嘱相关负责人要进一步创新机制，加快推动文化建设，实现从群众文化向公共文化扩展。

调研过程中，刘淇还详细询问了朝阳区是否有区级博物馆。他说，今后，每个区县都要建区县级博物馆，通过丰富多彩的展陈，让群众详细了解当地的过去、现在和未来。

朝阳区依托区域优势资源，大力发展文化创意产业，呈现出了人才、企业、要素的加快聚集，国际知名文化传媒企业纷纷前来落户，CBD—定福庄国际传媒走廊正在加快建设。刘淇来到东方梅地亚中心，结合沙盘察看了国际传媒走廊规划建设及东方梅地亚中心建设运营情况。

CBD—定福庄国际传媒走廊是本市“十二五”重点建设项目，以CBD播出交易平台、定福庄地区内容原创和人才支撑平台为两个端点，沿通惠河和朝阳路、朝阳北路自西向东，形成了一条以央视、北京电视台、凤凰卫视为引领，以传媒文化产业为主导，从人才培养、内容原创、策划设计、节目制作、包装咨询、投资到播出的完整链条信息传媒产业带。朝阳区相关负责人介绍说，目前走廊汇聚了200多家中国最具实力和影响力的传媒机构以及上百家互联网新兴媒体、近200家国际知名新闻机构。刘淇叮嘱朝阳区负责人，国际传媒走廊在地域布局上一定要注意与周边区域相同功能的文化创意产业集聚区隔开，实现可持续发展，切忌走“摊大饼”式的发展路子；要大力发展文化创意产业联盟，实现规模化经营。

在东方梅地亚中心一层大厅，刘淇先后察看了凤凰国际传媒中心、乐视网、时尚传媒集团、昌荣传播等知名传媒企业的产品展示，听取了各企业运营情况介绍。东方梅地亚中心是CBD核心区惟一一个为传媒行业量身打造的顶级写字楼项目，目前已吸引200多家知名文化传媒企业入驻。在设于东方梅地亚中心的大业传媒集团旗下漫奇妙动漫制作有限公司，刘淇察看了公司的原创研发情况及衍生产品。该公司创作的动漫形象“洛宝贝”，已成为朝阳区精神文明建设动漫代言形象。刘淇对漫奇妙弘扬中华爱文化的独特发展战略表示肯定，勉励他们进一步提高原创和制作能力，为首都文化创意产业发展注入新的活力。

调研过程中，刘淇强调，全市上下要认真学习、深刻领会胡锦涛总书记在庆祝中国共产党成立90周年大会上的重要讲话精神，坚持不懈把改革创新精神贯彻到首都工作各个环节，勇于变革、勇于创新，永不僵化、永不停滞，不为任何风险所惧，不被任何干扰所惑。为了党的事业，为了人民利益，要敢于负责、敢于碰硬、敢于创新，以更加奋发有为的精神状态推进首都各项工作。

刘淇指出，要按照胡锦涛总书记在庆祝中国共产党成立90周年大会上的重要讲话精神要求，继续大力推动社会主义文化大发展大繁荣，坚定不移发展社会主义先进文化。要充分发挥首都优势，加快文化体制改革，加快构建公共文化服务体系，加快发展文化事业和文化产业，加强对文化产品创作生产的引导，推动社会主义文化大发展大繁荣。要积极搭建文化平台，大力发展文化事业，做大做强文化产业，以更大力度推进文化改革发展。要充分利用京沪高铁开通契机，把优质文化资源聚集到北京来，进一步增强首都文化的辐射力，努力建设中国特色社会主义先进文化之都，在弘扬中华传统文化的基础上创造出中华文化新的辉煌。

8月15日刘淇到海淀区调查研究时强调
创新体制机制激发创新活力增强企业核心竞争力

8月15日，市委书记刘淇冒雨来到海淀区，深入高科技企业，就“加快转变经济发展方式，率先形成创新驱动发展格局”主题调查研究。他强调，创新是企业发展的不竭动力，要充分发挥中关村国家自主创新示范区的政策优势、资源优势，不断创新体制机制，最大限度激发科技人才的创新活力，努力增强企业自主创新能力和核心竞争力，在战略性新兴产业领域形成一批具有国际影响力的高技术大公司。

位于中关村永丰高新技术产业基地的安泰科技股份有限公司，是一家以先进金属材料研发生产为主业的国家高技术企业。刘淇走进公司研发中心、非晶/纳米晶材料生产车间，详细了解先进材料技术研发、生产等情况，并关切地询问：每年研发经费占销售收入的比重有多大？企业负责人回答说，每年公司自投研发经费大约1.5亿元以上，占销售收入的5%左右。得益于持续不断的创新，该公司在非晶/纳米晶材料、薄膜太阳能电池、难熔材料及制品等十个领域形成了强大竞争力：钨钼烧结坩埚应用在全球80%的主要LED蓝宝石单晶生产厂；非晶/纳米晶新材料被应用到绿色新能源技术全产业链，以SH15型非晶合金变压器为例，其空载损耗仅为S9型硅钢变压器的24%，更为节能、环保。得知在全球非晶合金变压器制造领域，只有安泰公司和一家日本公司竞争时，刘淇十分高兴，勉励企业负责人，着眼长远，瞄准高端，不断加强技术储备，提升设备制造水准，努力降低生产成本，以过硬的产品抢占更多市场份额。

一项项创新成果昭示着公司的雄厚研发实力和美好发展前景。在去往生产车间的路上，刘淇向企业负责人关切地询问：企业运行机制有什么创新、运营经费怎么保障、高端人才引进了多少。企业负责人介绍说，我们通过落实“千人计划”，吸引了一批海外人才，有力推动了核心骨干人才队伍建设。同时，我们还是国资委批准的第一家中关村国家自主创新示范区股权激励试点企业。经过十几年的快速发展，安泰公司已经由一个吃国家财政饭的科研院所成长为去年实现35亿元销售收入、3亿元利润的骨干高技术企业。“好啊！”刘淇高兴地说，你们致力于新能源、新材料领域的研发生产，取得了丰硕成果，走在了行业前列，是领军企业。北京市要积极创造条件，全力支持你们聚集更多高端人才，进一步把企业做大做强。在新能源、新材料领域发展战略性新兴产业，前景广阔。希望你们不断创新体制机制，激发更大的发展活力，取得更大的发展成绩。你们有人才、有机制、有技术，相信你们的发展一定会越来越好。

北京数码视讯科技股份有限公司是中国最大的“三网融合”企业，为90多个国家和地区提供产品和技术服务，所有核心技术均拥有自主知识产权。刘淇先后察看了中间件及增值业务、安全互动平台等展区。一项项自主创新技术，使电视打破了传统的单向传输概念，具备了双向互动功能：市民只需按几下手中的遥控按钮，就可以享受到缴纳水电费等100多项便民缴费服务，免除排队等候之苦；通过在机顶盒内植入芯片，可以把2D图像转化为3D图像，解决3D片源不足问题。

一个“三网融合”接入网改造方案引起了刘淇的关注。这种基于既有广电网络的超光网改造方案具有成本低、入户改造量小等优势。刘淇仔细了解每一项创新成果，并询问这些技术有哪些优势、在国际上处于什么水平。企业负责人回答，公司在2000年成立时，注册资金只有100万元，依托自主创新，得到高速发展，现在已经拥有20多亿元的资产，十年增长了2000倍。他特别告诉刘淇，北京具有独特的资源优势，我们愿意在北京实现更大发展。刘淇对企业取得的成绩表示祝贺，勉励企业负责人把握产业发展方向，继续加大研发投入，不断提高自主创新能力，努力在激烈的市场竞争中取得更大成绩。

8月18日刘淇到延庆县调研时指出
发展休闲文化产业加强农村文化建设

8月18日，市委书记刘淇，市委副书记、市长郭金龙利用一整天的时间，深入延庆县湿地保护区、森林公园和农村文化大院，就“加强农村公共文化设施建设，构建城乡一体化发展格局”主题调查研究。刘淇充分肯定了延庆县在发展休闲文化产业、加强农村文化建设等方面取得的成绩，勉励他们继续立足首都生态涵养发展区功能定位，加强生态环境保护，发展休闲文化产业，加强农村公共文化建设，打造公共文化服务体系，努力构建城乡一体化发展新格局，充分发挥北京作为全国文化中心的示范作用。

位于延庆县西北部的野鸭湖湿地自然保护区，湖水清澈，群鸟聚集，风景如画。这家占地6873公顷的保护区，是全市面积最大、动植物资源最丰富的湿地自然保护区。上午，刘淇、郭金龙走进设立在湿地自然保护区内的野鸭湖湿地博物馆，饶有兴致地观看湿地动植物标本展陈，详细询问湿地保护区的生态环境和生物种类情况。展厅内，汇集了上百种鸟类标本，其中许多是国家珍稀保护鸟类。这些标本全部来自野鸭湖湿地保护区。近年来，随着生态环境的改善，金雕、天鹅、黑鹳等绝迹多年的珍稀动物相继在这里出现，目前湿地保护区内的鸟类多达264种。从博物馆出来后，刘淇登上了湿地保护区的观景塔，察看了保护区全貌。极目远眺，远处的海坨山林木葱郁，妫河烟波浩荡；近处，大片的芦苇随风起伏。保护区内优美的环境犹如一幅油画，给市领导留下了深刻印象。野鸭湖畔，野鸭嬉戏，游人安闲，呈现出一派人与自然和谐相处的景象。刘淇叮嘱延庆县负责人，一定要保护好湿地保护区的水资源，进一步改善这里的生态环境；要把湿地保护区建成全市的科普基地，最大限度地发挥其社会价值和经济价值。

万亩妫河森林公园，是北京市11个新城滨河森林公园之一。公园东西长18公里，建设面积1 026公顷，其中水面面积298公顷，延庆的母亲河——妫河穿园而过。市领导乘船沿妫河察看了公园的建设情况。公园以水为轴，以林为体，山水相依，林城共荣，处处体现了人与自然和谐相处的理念。公园分为上游自然生态休闲区、中游文化建设休闲区、下游自然风景区三段，并建设了36公里长的环河自行车休闲骑游通道。刘淇详细询问了延庆县休闲文化产业的发展情况。延庆县负责人介绍说，“十一五”期间，该县立足首都生态涵养发展区功能定位，生态环境建设逐步实现生态景观化和大地园林化，成为全国生态县和中国县域旅游品牌十强县。刘淇对延庆县充分利用当地特色资源走生态发展之路的做法表示赞赏，他叮嘱延庆县负责人要充分发挥风景秀丽、空气清新的优势，积极围绕高端旅游、休闲和度假，科学规划，合理开发，大力引进高端文化活动和高端产业，在发展休闲文化产业上做足文章，努力把延庆建设成环境优美、生态宜居、富裕文明、幸福和谐的绿色北京示范区；要进一步加大宣传力度，把延庆县丰富的旅游资源推广出去，吸引更多的市民前来休闲旅游。

下午，市领导来到轨道交通S2线延庆站北广场，了解了轨道交通S2线的运营情况，察看了延庆县电动出租车分布式充电站。为倡导低碳绿色出行、建设绿色北京示范区，延庆县投入运营了50辆电动出租车，成为目前全国一次性投放规模最大的电动出租车使用地区。充电桩前，工作人员向市领导演示了电动出租车的充电过程。刘淇与电动出租车司机亲切交谈，详细了解了电动出租车的运营情况。得知延庆县将再增100辆电动出租车、福田汽车公司生产的纯电动公交车也将于年内投放市场后，刘淇高兴地说，电动汽车符合低碳环保理念，对于保护首都生态环境具有重要意义，值得大力发展。

延庆县大榆树镇东桑园村文化大院内，锣鼓喧天，村民秧歌队、舞狮队的队员们正在排练节目。近年来，该村积极开展基层文化设施建设，相继建成了文化大院、数字影厅、数字家园、益民书屋等文化阵地，在满足村民精神文化需求的同时，也带动了民俗旅游产业的发展。在东桑园村数字影厅，刘淇听取了延庆县农村公共文化服务体系建设工作汇报，并观看了东桑园村的村级文化平台演示。近年来，延庆县重点推动公共文化设施、文化队伍、文化活动、文化信息建设，基本形成了具有延庆特色的公共文化服务体系，满足了延庆广大群众不同层次的精神文化需求。为解决基层公共文化管理人员短缺问题，延庆县在大榆树镇开展了“文化资源管理员”试点工作。通过公开竞争，全镇每个村都选拔出一名文化骨干担任村级文化资源管理员。文化资源管理员承担着全村文化服务和管理的11项职责，使村文化设施从“建得好”向“用得好”转变、文化设备从“不会用”向“不够用”转变、文化活动从“无人管理”向“专业管理”转变，农村文化事业得到了蓬勃发展。刘淇详细询问了文化资源管理员的产生过程、人员构成等情况，对文化资源管理员所发挥的积极作用给予了充分肯定。随后，他走进东桑园村益民书屋，察看基层文化设施建设情况，并与来此借阅图书的村民亲切交谈，详细了解益民书屋在农村公共文化建设中发挥的作用。刘淇指出，要充分发挥首都文化人才众多、文化设施健全、文化资源丰富的优势，加强城乡文化交流，帮助培养农村文化人才，不断提升农村文化活动水平，使文化建设在构建城乡一体化发展新格局过程中发挥更大的作用。

8月24日刘淇到丰台和大兴区调研时强调 探索群防群治新机制依靠群众维护首都和谐稳定

8月24日，市委书记刘淇来到丰台区和大兴区，就维稳工作落实情况进行调查研究。他强调，要认真总结经验，积极探索新形势下群防群治的新机制、新模式，动员群众、依靠群众化解社会矛盾纠纷，维护首都和谐稳定。

丰台区丰台街道永善社区，活跃着一支由老教师、老干部、老模范、老战士、老党员组成的市民劝导队。四年多来，他们以满腔热情和对社区的深厚感情，用耐心细致的谆谆劝导，把违章建筑、乱丢垃圾、无照游商等难题矛盾化解在社区，换来了这个老旧小区商铺经营规范、车辆停放有序、环境整洁优美的良好环境。

刘淇走到劝导队员们中间，与他们亲切交谈，询问他们劝导队的工作情况。劝导队员们高兴地向刘淇介绍着自己的心得体会。来自山东的窦乐宝在社区经商多年，他说，老队员们认真负责、耐心细致的工作都看在眼里、记在心上，受老队员的感召，自己也加入了劝导队。退休教师杨少川还告诉刘淇，工作中，我们先与被劝者交朋友，不但“劝”，还要“导”。就是说既劝他们顾全大局，也站在他们的角度考虑问题，引导和帮助他们解决问题。退休教师杨超男对自己的工作感到很自豪，称劝导队员个个都是小小社区美容师。76岁的退休老干部郭庆云身患癌症仍坚持参加劝导工作，他说，我知道这癌细胞已经转移了，转就让它转吧，可劝导队的工作我还得做。朴实的话语，让周围人听了十分感动。刘淇感谢劝导队为维护社区秩序和环境作出的贡献，他说，建立劝导队是社区管理的一个创新，希望大家继续坚持，不断探索，把劝导队工作做得更好。正是凭着劝导队员们“无私无欲、无怨无悔”的奉献精神和这项以政府为主导、居民为主体、社会单位广泛参与的自我管理模式创新，劝导队荣获了由中共中央、国务院颁发的、全国社区层面唯一一个北京奥运会残奥会先进集体等一系列荣誉称号。

离开永善社区，刘淇来到大兴区黄村镇狼垡地区，乘车察看了神龙丰物流市场周边环境整治情况。位于南五环外的这一物流市场，曾是交通拥堵、外来车辆人员密集的治安环境重点地区。狼垡地区将物流市场、机关单位和周围4个行政村综合规划，在统一实行村庄社区化、网格化管理和物流公司旅店式管理后，市场和村镇秩序都得到明显改善。

走进狼垡中心警务站，刘淇仔细了解了警员配备、村庄管理等情况，还察看了这里的常住人口和流动人口电子台账，叮嘱有关负责人，目前，全市正在大力推广集人、地、物、事、组织于一体的网格化管理，电子台账不仅要有人员信息，还要进一步充实出租房屋是否有违建、有无消防隐患、隐患消除没有等具体信息，这样，网格化管理才能真正做到精细化。

刘淇还主持召开座谈会，听取了丰台区、房山区、通州区、大兴区关于综治维稳等工作情况汇报。

刘淇在讲话中说，丰台、房山、通州、大兴四个区认真贯彻中央指示精神和市委要求，在狠抓综治维稳基础上，提高了群众生活质量，实现了科学发展，促进了社会和谐稳定。这些成绩的取得，充分说明推动科学发展必须以和谐稳定为基础，没有和谐稳定就不可能实现科学发展。同时，各区县紧密结合各自区情，在社会矛盾化解、流动人口管理、出租房屋管理等方面不断创新，积累了不少好经验。全市各区县都要互相学习、加强交流，共同提高维护社会稳定、促进科学发展的水平。

刘淇指出，中央领导同志对北京市维稳工作给予了充分肯定，这对我们既是鼓励，也是鞭策。我们必须清醒地看到，当前国际形势复杂多变，国内正处于“十二五”开局之年，进入改革的攻坚阶段和发展的关键时期。维护首都稳定的任务十分繁重，责任十分重大。全市各级领导干部都要充分认清“首都稳、全国稳”的责任，进一步增强维护首都安全稳定的忧患意识和责任感、紧迫感，切实履行好维护稳定这个第一责任，下更大的力量做好维护首都安全稳定工作，坚决防止发生危害国家安全和社会稳定的重大政治事件，坚决防止发生暴力恐怖事件和重大治安事件，坚决防止发生大规模群体性事件和重大安全事故，为我们抓住和用好宝贵的发展战略机遇期提供保障。

刘淇指出，维护首都安全稳定，要把重心下移到基层，切实做好基层基础工作。要继续做好集人、地、物、事、组织于一体的网格化管理，做好村庄社区化管理，建立和完善信息员、消防隐患排查、干部到基层接访等各项制度，打牢首都安全稳定的基础。要切实加强党对维稳工作的领导，结合正在开展的创先争优活动，建立责任制，充分发挥党员的先锋模范作用，把基层党组织建设成为维护社会稳定的战斗堡垒。

刘淇强调，专群结合、群防群治是我国维稳工作的传统优势，也是新时期维护社会和谐稳定的重要保障。要探索群防群治的新机制、新模式，进一步健全群防群治的防控体系。一方面要借鉴和推广劝导队经验，充分发挥老干部、老战士、老专家、老教师、老模范等“五老”作用，汇聚各方力量，形成社会管理合力；另一方面要充分发挥乡规民约作用，进一步动员群众、依靠群众积极参与维稳工作，把专群结合、群防群治的各项任务落实在基层，把矛盾化解在苗头，化解在基层，维护城市运行的正常秩序，维护社会和谐稳定。

刘淇强调，要在坚持创新中，切实提高各级党组织和领导干部的维稳工作能力。一是提高基层干部化解社会矛盾的能力。学会用协商的办法、柔性的方式做好群众的思想工作，尽可能把矛盾化解在基层。二是提高做好新时期群众工作的能力。领导干部要下基层，多接触群众，多与群众在一起，增强同群众的感情，在服务群众中赢得群众的理解、支持。三是提高妥善处理和应对重大突发事件的能力。下先手棋，打主动仗，及早把矛盾化解在萌芽状态。要善于运用互联网等新媒体，及时发布正面信息，正确引导舆论。刘淇指出，维护首都社会和谐稳定怎么强调都不过分。我们有工作基础，也有信心，一定能够做好工作，确保首都和谐稳定。

9月2日刘淇就维稳工作落实情况调研时强调
把维稳工作各项任务落到基层和实务

9月2日，市委书记刘淇，市委副书记、市长郭金龙，市委副书记、市政协主席、市委政法委书记王安顺深入昌平区回龙观镇北四村地区，就维稳工作落实情况调查研究。刘淇强调，首都安全稳定，责任重于泰山。全市上下要高度重视维稳工作，不断增强忧患意识、责任意识，不断创新工作方式方法，进一步落实工作责任，充分发挥基层党组织作用，切实把维稳工作各项任务落到基层、落到实处，全力确保首都安全稳定、社会和谐。

刘淇、郭金龙、王安顺等市领导首先来到昌平区回龙观镇北四村地区，察看了该地区环境整治及村庄社区化管理工作的落实情况。北四村地区包括定福皇庄村、史各庄村、东半壁店村和西半壁店村4个行政村，是回龙观镇最后待改造的村庄。这里有户籍人口6 360人、流动人口6万多人，村民收入主要靠出租房屋。去年以来，该地区拆除违建近9万平方米，并实施村庄社区化管理和网格化管理，环境秩序得到明显改善。刘淇对该地区在整治环境秩序、消除安全隐患方面取得的进展给予了肯定。

结合地区街道狭窄的实际情况，北四村地区自制了小型三轮消防车，配备了背负式细水雾枪，通过采取加大消防隐患排查力度、划定消防专用通道等措施，进一步提高了消防应急能力。刘淇观看了村消防队队员采用自制设备进行的消防演练，关切地叮嘱消防员在发生火险时，一定要戴好防毒面具，保护好自身安全。

市领导还走进史各庄派出所监控室和流动人口管理服务站，了解村庄针对环境秩序复杂、流动人口聚集等情况采取社区化管理、提升流动人口服务管理水平的情况。村庄有没有建立巡防队、有多少出租户、流动人口有没有登记、还有没有新的违法建设……刘淇一边听取情况介绍，一边详细询问。他对派出所负责人说，派出所肩负着维护基层和社区治安的重任，要有针对性地加大工作力度，为辖区群众营造平安祥和的生活环境。

随后，刘淇主持了维稳工作落实情况专题调研座谈会。石景山区、门头沟区、延庆县、昌平区和门头沟区永定镇、延庆县康庄镇先后汇报了各自的维稳工作落实情况。

王安顺讲话指出，要把加强信访工作作为维稳工作的重要内容，进一步建立健全维稳工作体制机制，严格落实维稳责任制，把各项制度和政策切实落到实处。要加强基层党建工作，充分发挥基层党组织和广大基层党员在维稳工作中的战斗堡垒作用和先锋模范作用。

郭金龙讲话指出，全市各区县、各部门要从贯彻落实科学发展观的高度，进一步落实维稳工作责任，深入扎实地推进各项维稳工作。要坚持标本兼治，既要解决好现有的问题，又要管好容易出问题的地方，同时还要确保出问题的地方今后不再出同样的问题。要认真处理好各方利益诉求，妥善解决好历史遗留问题。要加快城乡结合部城市化进程，加强城乡结合部流动人口的服务和管理，推动首都科学发展。

刘淇在讲话中充分肯定了各区县、各相关单位和部门在维护首都安全稳定、认真落实综治维稳责任制，特别是在流动人口服务管理、城乡结合部环境整治、村庄社区化管理等方面所做的大量工作和取得的成绩。他深入分析了当前维稳工作面临的形势和任务，强调要重点做好以下工作：

一是要牢固树立忧患意识和责任意识，以首善标准做好首都安全稳定工作。做好首都安全稳定工作，意义重大，责任重大。全市上下要把维稳工作作为第一责任，坚持属地原则，层层落实责任制。要紧密结合各地实际情况，抓好影响本地区安全稳定的关键环节。

二是要不断创新维稳工作方式方法。要坚持群防群治，专群结合，充分依靠群众，发挥群众力量，特别是发挥好老党员、老同志的骨干作用。要不断创新网络信息管理，加强对网络信息的管理和引导，正确、及时地引导舆论。要在村庄社区化管理中不断创新，使之在维稳工作中发挥更大的作用。

三是要进一步做好流动人口的服务和管理工作。要坚持以业控人、以房管人、以证管人和“量水发展”，落实最严格的土地管理制度和管理措施，建立健全居住证制度，坚决遏制流动人口无序过快增长的势头。

四是要进一步加快城乡结合部改造步伐。全市上下要充分认识做好这项工作的重要意义，统一思想，坚定信心，坚持以人为本，加大工作力度，全力以赴，扎实推进，按时完成城乡结合部城市化改造任务。

五是要把首都维稳工作切实落到基层，落到实处。要加强基层维稳工作的组织领导，加强基层党组织建设，进一步增强基层干部维护首都安全稳定的意识，不断增强基层维稳的能力，打牢首都安全稳定的基础。

9月13日刘淇到通州区调查研究时强调
把通州新城建成科学发展示范区

9月13日，市委书记刘淇就“坚持科学发展科学规划，推进通州新城建设”主题来到通州区调查研究。他强调，建设通州新城是北京“十二五”期间发展的战略重点，要明确定位，集中力量，加快把通州新城建设成为科学发展示范区。

玉桥南里南社区楼门文化建设的“三区一门”工作模式，是通州区在新形势下推进社区建设的一项新的探索和实践。刘淇走进景馨家园小区、社区居委会，从组织构架、工作流程、党员责任等方面详细了解楼门文化建设情况。社区居委会主任介绍说，“三区一门”工作模式，就是党组织包社区、党支部包居民小区、党小组包楼区、党员包楼门的制度。在楼门里设楼门长，并根据居民数量，实行一楼一长，或一楼多长，由党员带头，发动大家一起动手装扮楼道这个大家的“客厅”。

这一举措，激发了居民住社区、爱社区、建社区的积极性，一个个各具特色的楼门文化不断涌现。在彩衣娱亲楼门里，年近70岁的楼门长蔺再清高兴地向刘淇介绍，墙上漂亮的梅花贴纸、飘逸的书法、写意的水墨画都是居民自己制作的。居民们还设计了宣传画。画面上，一双双紧握的手组成团结二字，寓意着每家都伸出一只手，就可以共建团结社区。楼道里，邻里团结其乐融融的浓厚氛围扑面而来。刘淇还向蔺再清详细询问楼里居民构成怎么样、楼门长怎么配备。当了解到蔺再清虽已退休，仍热心社区建设，是一名社区志愿者时，刘淇由衷地感谢她为社区建设做出的贡献。

与彩衣娱亲楼门相邻的古韵新畅楼门，在用通州的辉煌昨天和美好明天凝聚人、激励人。楼门长王月兰告诉刘淇，眼前的《漕运码头》作品，是居民们自发用烟盒、一次性筷子等废弃物制作而成。对面墙上手工作品《通州新城》则强烈表达了大家对新城早日建成的期盼之情。“进门如同进自家，慢步轻声莫喧哗，……你我都是楼主人，管好环境靠大家”。这个楼门公约吸引刘淇驻足观看，并关切地询问：楼门公约大家都能遵守吗？王月兰说，公约都是居民自己制定的，大家都能自觉遵守。一个“以人为本、以文化为魂”的居民自治模式创新，让楼道成为一个个“立体四合院”，增强了社区凝聚力，带来了楼门环境的改善、社区人气的提升和先进文化的传播。刘淇对楼门文化建设取得的成绩给予充分肯定，说，社区建设需要居民的广泛参与，希望社区继续努力，不断创新，汇聚更多居民的智慧和力量，共建美好家园。

在着力用文化促进社区和谐的同时，通州区还大力推进生态环境建设。刘淇乘车察看了大运河森林公园建设情况。经过两年的建设，一条古运河串起潞河桃柳、月岛闻莺等六大景区，原来的河滩地变成了万亩森林公园，深受市民喜爱。站在柳荫广场水岸平台放眼望去，远处绿树繁茂，水面桨声船影，眼前运河缓缓流过，俨然一幅美丽的风光画。刘淇对大运河森林公园的建设成果表示赞许，要求有关负责人，要继续深入挖掘丰厚的运河文化底蕴，进一步提升运河文化内涵，不断丰富表现形式，让古老的运河再次焕发青春。

随后，刘淇主持召开座谈会，听取了通州区关于新城建设相关工作汇报。与会领导就进一步建设好通州新城进行了深入讨论。

刘淇对通州新城建设取得的成绩给予充分肯定。他说，市委、市政府提出集中力量、聚焦通州以来，市、区上下迅速统一思想，高起点、高标准、高效率地推进新城建设相关工作，新城建设组织领导进一步加强，新城建设步伐进一步加快，新城建设带动效应进一步彰显，落实“十二五”规划各项任务开局良好。

刘淇指出，要充分认识加快通州新城建设的重要意义。建设通州新城是北京“十二五”期间发展的战略重点。建设好通州新城对于疏解中心城区功能和人口、培育新的增长极具有标志性意义，对于推动北京可持续发展，发挥北京在首都经济圈中的产业辐射、带动作用具有重要意义。全市上下要集中力量，加快通州新城建设。

刘淇强调，要明确定位，把通州新城建设成为科学发展示范区。建设好通州新城，要坚持以科学发展观为指导，做好产业选择、节能减排等工作，处理好人口、资源、环境之间的关系，突出通州作为“首都新区、历史名镇、北方水城”的特色；要合理规划，充分发挥产业的引领和带动作用，使经济发展与城市建设更加紧密融合；要抓紧新城核心区建设，构筑北方魅力水城的优势特色；要加快推动文化旅游区建设，加强政府协调，创新投资模式，吸引符合文化旅游区定位要求的大企业、大项目落地，同时，要切实维护农民利益，通过土地入股等形式，让农民参与到新城建设开发中来，通过发展产业解决农民就业问题；要加快推进北京国际医疗中心建设，引导企业向教育、医疗、服务、养老、休闲等领域投资，努力培育新的产业，形成新的增长点；要充分利用五河交汇的独特优势，做好水文章，进一步加强新城环境建设；要大力发展文化创意产业，在引导、扶持好体制内文化创意产业发展的同时，发挥优势，创造条件，改善环境，引导、组织和发展好体制外文化创意产业，通过改革、改组、改造，进一步加强合作，整合资源，推进跨地区、跨行业、跨所有制的兼并重组，把企业做大、做强，尽快形成强大的文化创新能力，打造“文化航母”，多出精品力作；要在发展中做到人民共建共享，坚持以人为本，进一步加大保障和改善民生的力度，让群众分享到新城建设发展的成果。

刘淇要求，要加强领导，加快形成聚焦通州发展的领导格局。要发挥好市区联动工作机制的作用，加快新城建设工作进度，争取相关部委对新城建设的支持，加大引进央企、民间资本、侨商侨资投资的力度，扎实推进新城建设。

9月20日刘淇到顺义区调研维稳工作落实情况时强调
把维稳与首都各项工作任务结合起来

9月20日，市委书记刘淇来到顺义区，深入村庄与部分党员和村民代表亲切交流，就维稳工作落实情况进行调查研究。他强调，做好维稳工作不能就稳定抓稳定，要把维稳工作与首都各项工作任务结合起来，以首善之区的标准，切实提高维稳工作水平，努力把首都建设成为社会和谐稳定的首善之区。市委副书记、市长郭金龙讲话。市委副书记、市政协主席、市委政法委书记王安顺一同调研。

顺义区北小营镇北小营村一个“1+1+15”工作模式的创新，搭建起了党员、村民代表“全天候”联系服务群众体系。刘淇、郭金龙、王安顺走进北小营镇北小营村综治维稳工作分中心，与部分党员、村民深入交流，详细了解这一新模式的组织架构、运作流程和工作成效。所谓“1+1+15”工作模式，就是以“1名党员+1名村民代表+15户左右村民”的形式，将全村分为44个小网格，充分发挥党员和村民代表的先锋模范作用，从政策宣讲、矛盾排查化解、流动人口服务等十个方面，为村民做好服务。

谈起“1+1+15”工作模式带来的变化，党员和村民代表如数家珍：村容整洁了、邻里纠纷少了、社会治安更好了。第26组党员王士杰说，看着村子越来越好，心里高兴。我虽然60多岁了，也要给村子做贡献。现在我负责联系组里的15户村民，每天都要转转，看看他们有什么问题需要帮助解决。

刘淇关切地询问村里群众的生活情况。“我们现在生活得挺好。”第26组村民代表王淑芹告诉刘淇，单村里的土地流转收益，平均每人每年就有1200元。从丰富的文化生活到稳定的收入保障，大家向市领导细细讲述自己的幸福生活。了解到这些喜人变化，刘淇高兴地说，看来大家生活的很和谐、很幸福。“可不是嘛，就像那句老话——家和贫也好，不义富何如。”老王深有感触的一席话引起大家的共鸣。随后，市领导察看了外来人口和出租房屋管理情况，慰问了24小时坚守维护村庄和谐稳定岗位的治安志愿者。

刘淇还主持召开座谈会，听取顺义区、平谷区、怀柔区、密云县关于落实综治维稳责任制等有关工作情况汇报。

郭金龙在讲话中说，北京正处在工业化、城市化进程不断加快的发展阶段，同时，北京又是劳动力流入地。要根据这一阶段特征，进一步加强农村特别是城乡结合部地区的基层基础工作。各部门、各区县要认真落实中央关于加强和创新社会管理的要求，紧密结合各自实际，紧紧依靠广大人民群众，进一步做好维护首都和谐稳定的各项工作，不断创造新经验，取得新成绩。

刘淇在讲话中充分肯定顺义、平谷、怀柔、密云四个区县从各自实际出发，创造性地开展工作，狠抓各项维稳任务落实，取得了新的进展，呈现出政通人和、经济发展、社会稳定的良好局面。刘淇对认真学习贯彻胡锦涛总书记“七一”重要讲话精神，以首善之区的标准，切实提高首都维稳工作水平提出要求。一要深刻认识、正确处理改革发展稳定的关系，牢记发展是硬道理、稳定是硬任务；没有稳定，什么事情也办不成，已经取得的成果也会失去。二要深刻认识我国正在经历着空前广泛的社会变革，这种变革在推动发展进步带来巨大活力的同时，也必然带来各种矛盾和问题。三要深刻认识社会矛盾是推动社会发展的基本力量，要遵循社会发展规律，正视矛盾，妥善处理矛盾，不断为减少和化解矛盾培植物质基础，增强精神力量，完善政策措施，强化制度保障。四要加强和创新社会管理，提高社会管理的科学化水平，确保人民安居乐业，社会和谐稳定。

刘淇强调，要把维稳工作与首都各项工作任务结合起来，着重做到“四个结合”。

一是把维稳工作与推动首都科学发展，加快转变经济发展方式结合起来。各级党委政府都要提高处理改革发展稳定关系的能力，认真落实好重大事项社会稳定风险评估机制等防范措施，及时消除和化解影响安全稳定的因素，为首都科学发展和加快转变经济发展方式营造更好的环境。

二是把维稳工作与保障和改善民生工作结合起来。保障和改善民生是各级党委政府的重要责任，是维护最广大人民根本利益和实现国家长治久安的战略任务，也是从源头上实现社会稳定的重要举措。要从源头入手，选择就业、物价、房价、食品安全等群众长期关心的问题，突出重点，集中力量，狠抓推进，力争尽快取得突破、见到成效，让广大人民群众普遍受惠。

三是把维稳工作与加强社会建设的各项任务结合起来。进一步做好加强和创新社会管理的基础工作，认真总结和推广各区县在加强和创新社会管理中积累的好经验、好做法，大力推广我们已经看准的、并被实践证明行之有效的城区“网格化”和农村村庄社区化管理模式，更好地维护社会和谐稳定。

四是把维稳工作与加强各级党组织的建设结合起来。党员是维护稳定的骨干，基层党组织是维护地区稳定的核心。要把深入开展创先争优活动与做好维稳各项工作相结合，充分发挥各级党组织和党员在维护社会稳定、推动科学发展中的先锋模范作用，积极探索和运用党员承诺制、村规民约等方式，不断创新群防群治工作。

刘淇指出，各区县要进一步建立和完善维稳长效机制，认真做好新形势下的社会矛盾排查化解等工作，建设平安幸福区，把广大人民群众紧密团结到党的周围；并通过共同努力，把首都建设成为社会和谐稳定的首善之区，为推动国家又好又快发展做出更大贡献。

10月10日刘淇到平谷区调研时要求
抓好基层矛盾化解工作　密切党群关系　确保社会和谐

10月10日，市委书记刘淇来到平谷区就“落实全国加强和创新社会管理工作会议精神”进行调研。他指出，要进一步规范农村产权交易行为，加强集体资产管理，保护农民合法权益；进一步抓好基层矛盾排查调处工作，密切党群、干群关系，着力维护农村社会和谐稳定。市委副书记、市政协主席王安顺一同调研。

2010年底刚刚成立的平谷区农村产权交易服务中心，是全市第一个区级农村产权交易服务中心，至今已成功受理十余宗农村产权交易，涉及土地、山场共3 500余亩，总交易额达3 192.7万元。刘淇走进产权交易厅时，马昌营镇王各庄村村支书刘国山正与一家农产品物流公司的经理张荣富就365亩土地的流转办理相关手续。这些农地原先每年每亩以600元出让经营也无人问津，通过产权交易平台，交易价格达到了1 200元，既规范了流转程序，又保护了农民权益。张荣富说：公司计划用这些地来扩大细菜种植面积，按照土地流转协议，公司用工将优先录用本村劳动力。刘国山向市领导汇报，土地流转经过了民主决策程序，村民代表大会表决通过后，才来交易中心办理手续。刘淇肯定了这种保护农民权益的举措，并叮嘱平谷区负责人，要进一步深化农村产权制度改革，创新产权式农业发展模式，在全市起到模范带头作用。

走进土地承包仲裁庭，电子屏幕上“保障农民土地经营权，促进农村经济发展社会和谐”的标语格外醒目。成立以来，仲裁庭已成功仲裁农地流转案件11起，调解土地纠纷110起。刘淇关切地询问：仲裁收不收费？群众接不接受这种调解方式？首席仲裁员郭华盛告诉市领导，仲裁案件不向农民收费，一般案件一个月内审结，调解的案件中只有极少数的再次上诉。对于土地流转有无民主决策程序，土地流转合同期内是否有价格保障机制，土地流转后农民的收入，刘淇都一一详细询问。他要求相关部门重视基层基础工作，积极创新方式方法，切实保障农民权益，规范土地承包秩序，努力化解基层矛盾。

行车20分钟，刘淇又来到刘家店镇松棚村。三年前，这还是个上访不断的“问题村”，但今天，松棚村成了零信访村、区级文明村、首都生态文明村，奥妙何在？村支书张永胜说，我们在全镇率先推行“两委”联席接访和“党群干群交心日”制度试点，通过这种方式，两年里化解各类信访矛盾和不稳定隐患30件，化解成功率100%。村民刁春平因为一些历史遗留问题曾上访8年，被大家称作“上访员”。在村“两委”的细致工作下，她的问题已全部得到化解，还主动偿还了拖欠村集体多年的债务。现在的她被村里聘为环保员，认认真真地负责起了全村的卫生环保工作。听到支书汇报村中事务坚持民主决策，实行民主管理，努力做到“明天对今天的决定不后悔”，刘淇连声说好。

走出村委会，刘淇走进老支书焦士祥家中，同老人家聊起了家常。老人高兴地告诉刘书记，入了新农合，有了新农保，自己老两口身子骨硬朗，生活富裕，这全靠党的好政策。刘淇接过老人的话头：基层的工作就得靠党组织，靠党员。老人年届八十，却还担任村里网格化管理的“组长”，因为威信高，平时邻里有个纠纷他一说话就能解决。刘淇充分肯定了松棚村“两委”积极主动开展工作、从化解历史遗留问题入手密切党群、干群关系的做法。他鼓励村干部继续创新社会服务管理，用群众工作统揽信访工作，密切党和群众联系，营造良好的农村社会环境。

10月27日刘淇到密云县怀柔区调研时指出
深入挖掘传统文化内涵　打造生态旅游民生相融合的文化景区

10月27日，市委书记刘淇用一整天时间，在密云县和怀柔区，就“贯彻落实党的十七届六中全会精神，推动首都文化大发展大繁荣”主题调查研究。刘淇指出，生态涵养发展区要深入贯彻落实党的十七届六中全会精神，立足区域特点，自觉把保护利用文化遗产，深入挖掘传统文化内涵与旅游产业发展、改善民生、保护生态紧密融合，进一步推动文化建设与经济建设、政治建设、社会建设以及生态文明建设协调发展。市委副书记、市长郭金龙一同调研。

青砖灰瓦，小桥流水，曲径通幽，斗拱回廊，如果不是远处的司马台长城依稀可见，仿佛置身在江南水乡。刘淇、郭金龙来到密云县正在建设中的古北水镇国际旅游综合度假区，兴致勃勃地走进八旗会馆、餐饮民俗特色街区，察看建设进展情况。古北水镇建成后，将成为京郊又一处有特色的旅游文化景区。刘淇充分肯定工程建设取得的成果，指出，当前，全市上下正在深入贯彻落实党的十七届六中全会精神，积极谋划推动首都文化大发展大繁荣的各项举措。要通过深入挖掘长城文化内涵，进一步提升项目文化品位，努力建设农村旅游开发的样板工程，更好地弘扬中国传统文化。同时，项目建设要注意保护生态，与周边环境相协调。

沿着秋意正浓的乡村公路，刘淇来到司马台新村。村民们即将搬入外观传统、设施现代的新民居，过上“五新”生活。古北口镇党委书记告诉市领导，新村将依托长城景观和优美的自然风光，在民俗旅游上下功夫。届时，全村人均年收入将从9 700元大幅提高到37 500元。村里还要成立由党支部领导的物业管理公司维护社区环境。这些意味着村民将过上基层组织建设机制新、管理模式新、生态建设新、居住环境新、致富方式新的“五新”生活。刘淇对此表示称赞。他说，农村产业发展就是要着眼于改善民生，让农民真正成为有资产的新市民。

河南寨镇套里村村委会院内的宣传板报吸引了刘淇的目光。“三敢精神”，“发展蔬菜产业、建设文明新村、共筑和谐家园”发展战略等工整的板书，透射出全村上下强烈的进取精神。村支书郑爱民用洪亮的声音告诉市领导，依托特菜种植，村民去年人均收入12 000多元，今年肯定能到15 000元！郑爱民充满激情和自信的言语，赢得了市领导的掌声。

市领导还察看了村里的网格化社会服务管理工作。该村的网格化管理，只是河南寨镇网格化的一部分。镇党委书记介绍说，除了村庄，镇里还对农地和山场进行网格化管理，建立了“立体分类式”、无缝隙、全覆盖的农村社会服务管理综合体系。管理员全部由公益岗位上的保洁员、护林员、管水员等整合而来。每个单元网格至少有一名党员、村民代表或者入党积极分子。服务管理的成效赢得了群众的认同，有人还编了顺口溜：农村网格党领导，大事小事有人跑，人民群众齐参与，和谐社会就是好！刘淇对农村网格化管理取得的成绩给予肯定，并称赞整合公益岗位人员为网格化社会服务管理员，实现了一岗多责、一专多能，是创新。

随后，市领导来到怀柔区乘车察看了雁栖湖生态发展示范区交通联络线建设及下辛庄、泉水头、柏崖厂等村拆迁安置情况。在示范区核心岛项目现场，一派热火朝天的繁忙景象。两年后，这里将崛起一座充分体现中国风格、中国气派，具备接待G20首脑会议等大型国际会议能力的综合性国际会都。刘淇强调，雁栖湖生态发展示范区建设时间紧、任务重。各相关部门要充分认识工程建设的重要性，进一步增强责任感、紧迫感，在保护好优美生态环境的同时，扎实工作，确保工期、确保质量，坚决打赢一场漂亮的攻坚战。郭金龙说，建设好雁栖湖生态发展示范区，关系到首都更好地服务国家战略，关系到维护国家形象，市委市政府高度重视。各相关部门要以高度的政治责任感，切实把建设任务抓紧抓好。

11月26日刘淇到丰台区调研时强调 着力推进园博园建设 将首都建成宜居城市

辽金风格的标志性建筑永定塔已经奠基，利用垃圾坑改造建设的锦绣谷正在紧张施工之中，面积246公顷的园博湖水下工程已经完工。11月26日市委书记刘淇来到第九届中国（北京）国际园林博览会项目施工现场进行调研。他强调，要坚持规划先行，狠抓重点项目建设进度，着力推进园博园建设；以园博会建设“园林城市、美好家园”为契机，大力植树造林，想方设法增加城市绿地面积，将首都建成宜居城市。市委副书记、市长郭金龙一同调研。

园博会项目所在地原是永定河旧河道丰台段的一部分，沙坑遍地，满目荒凉，经过整治已显现出土地平展、树木成片的景象。到2012年年底，这一带将崛起一座相当于两个颐和园面积的山清水秀、绿意盎然、湖光塔影、景色优美的园博园，成为永定河绿色生态发展带上一颗璀璨的明珠。在施工现场，刘淇、郭金龙详细察看了解重点项目建设情况。

锦绣谷选址区域曾是建筑垃圾消纳场，治理前仍有一个深30米、面积达10公顷的大沙坑，聚集了2 000余名拾荒者，私搭乱建严重，周边环境非常恶劣。该项目利用原有地形，将垃圾坑设计为独具特色的下沉式花谷景区，建成后将成为园博会生态修复的亮点，完美诠释“化腐朽为神奇”的生态理念。东道主展园北京园取名“十万景园”，选址于园区中部，占地15 000平方米，建筑面积2 500平方米，是典型的皇家园林风格，将与永定塔和主展馆共同形成一个三角形的景观关系，构成支持园区整体景观的重要元素。园博湖建设面积246公顷，水面面积90公顷，建成后将与岸上园区互动，形成壮美的景观，在上月中旬开工后已经完成了水下工程部分。刘淇对园区前期建设工作予以充分肯定，要求园区规划充分体现中国文化精髓，突出北京的鲜明特色，体现人文、科技、绿色的内涵。同时加强国际交流，吸引世界各国名城、特别是北京的友好城市前来建园，展示各国文化，体现包容的“北京精神”。

在永定河生态文化新区规划展览中心，一幅元代《卢沟运筏图》吸引了刘淇的目光，图中心是一座11孔桥，桥栏顶端都雕刻着幼狮，桥下木筏顺流而下，岸边还有许多木材正等待捆扎成筏，两岸店铺林立，桥上、路上行人、车马往来不绝，此图堪称《清明上河图》的姊妹篇。刘淇对丰台区负责人说，你们可以积极利用高新技术，用数字科技让图像动起来，取得更好的传播效果。

市领导察看了卢沟桥、宛平城、园博会和永定河生态文化新区展示区。永定河生态文化新区国际方案征集活动已经顺利完成，丰台区希望通过统筹规划、合理布局、科学设计，将永定河丰台段打造成为融商务服务、文化创意、旅游休闲和高技术产业发展于一体的新区，形成带动城市西南部地区发展的重要引擎。刘淇强调，植树造绿是建设世界城市的重要内容，要在区域规划中注重体现“绿色”内涵，以园博会建设“园林城市、美好家园”为契机，努力使首都绿化建设迈上新台阶。不但山区要植树造林，绿隔地区更要大力植树造绿，要想方设法增加城市绿地面积，为人民群众生产生活营造优美的环境，将首都建成宜居城市。

12月6日刘淇就推进重大项目建设到丰台区调研时强调 坚定不移发展高端制造业 努力形成完整产业链

12月6日，市委书记刘淇围绕“践行北京精神，加快转变经济发展方式，推动重大项目建设”主题，到丰台区进行调研时强调，要统一思想，加大投入，加强与中央企业院所的合作，坚定不移地发展高端制造业，推动重大科技成果就地产业化，努力形成完整的产业链。

位于丰台南苑的中国运载火箭技术研究院致力于航天技术应用产业的发展，以先进能源、特种车辆、新材料、航天特种技术应用为重点领域，已初步形成产业规模。刘淇在这里观看了中国航天“十一五”技术创新成果展和民用领域技术展，了解了研究院发挥科技优势，结合市场需求进行技术创新，促进区域经济社会发展等情况。

中国运载火箭技术研究院利用火箭发动机燃烧与控制技术，开发出具有完全自主知识产权的粉煤加压气化技术；依托运载火箭系列大型发射台、重型运输车辆等设备技术优势，开发生产了多种附加值较高的特种车辆；利用航天技术优势，研发了系列直驱风机产品；发挥航天系统集成优势，将管路优化、精密测量等特种技术向民用领域延伸，形成了立体停车设备等先进产品。刘淇要求市有关部门与研究院积极合作，将立体车库等设备引入交通基础设施建设，解决困扰城市发展的难题。

新兴际华集团是国内应急救援的龙头企业，在集团下属北京三兴汽车有限公司展厅，刘淇察看了应急救援科技产业展，了解集团产业布局情况。新兴际华将在丰台区建设应急救援科技创新园，集聚科技研发、企业孵化、展示交易等功能，项目总投资40亿元，2012年启动建设，预计2015年实现收入200亿～300亿元；建设应急救援科技产业园，集聚产业链关联企业，促进研发成果在京就地转化，打造高端装备制造基地，预计2015年实现产值200亿～250亿元。新兴际华还作为牵头单位，组建了应急救援产业技术创新战略联盟，形成联合开发、优势互补、利益共享、风险共担的技术创新合作组织，促进应急救援产业技术创新，提升应急救援产业核心竞争力。刘淇对集团发展思路给予充分肯定。

市领导还察看了应急救援、国防后勤装备样品展陈。一个连杆结构的84A帐篷，一分钟内就能装卸完毕，可以迅速组装成十几平方米的野战医院；集运水、储水、净水功能于一体的水保障系统，每小时供排水750吨，每天可保障1万人的饮水；还有移动加油站、多功能吹雪车、高空带电车等都是重要的救灾装备。北京三兴汽车有限公司将在丰台区建设国内第一家以应急救援产业为主题的研发和生产基地，大力发展高端装备产业。

刘淇在调研时强调，要统一认识，加大投入，坚定不移地发展高端制造业，在做好“四个服务”的同时，积极推动央地资源融合，推动重大科技成果在京落地转化和产业化，并充分调动各方积极性，围绕重大项目落地集聚关联企业，努力形成完整的产业链。

北京市人大常委会主任杜德印到郊区视察

5月29日杜德印参加市人大常委会到通州调研文化建设

5月29日，市人大常委会推进全国文化中心建设专题调研组到通州区进行调研。市人大常委会主任杜德印参加调研。

来到通州区宋庄镇小堡画家村，杜德印一行首先走进宋庄艺术品展览交易中心。这是宋庄地区最大的原创艺术品展示交易场所，集中了宋庄地区最优秀的原创艺术作品，形成了产业集聚效应。杜德印详细了解宋庄文化创意产业集聚区的发展规划，参观正在展出的现代艺术原创作品，详细了解销售情况。

随后，调研组又来到新开业不久的龙德轩当代艺术中心，这里正在进行“80后”青年艺术家作品群展。杜德印认真观看作品并了解展览主办方提出的“80后”艺术创作10个关键词。他说，对文艺创作中的新事物要关注、要了解，才能更好地为艺术家服务。杜德印一行来到艺术家张东红、梁建平的个人工作室，与他们谈心，了解他们的创作思路和作品销售情况。

在听取了通州区委、区人大常委会的文化建设工作汇报后，杜德印充分肯定通州区在艺术品原创和交易、现代音乐、出版物流等方面取得的成绩。

他说，北京市要加快转变经济发展方式，必须坚持首都的城市性质和功能定位，实现城市发展模式的转型升级。在积极探索实施科技创新和文化创新“双轮驱动”的过程中，要将北京市文化创意产业的发展放到全国文化建设的大局中统筹考虑。要充分发挥服务、引领功能，增强北京对全国乃至世界文化发展的创新力、影响力、辐射力。

杜德印指出，明确区域功能定位，才能实现科学发展。市委决策聚焦通州、加快新城发展以来，通州区将文化创意产业作为支柱产业之一加快发展，取得了初步成效。希望通州区抓住新城建设的有利契机，认真总结宋庄发展的宝贵经验，研究文化创意产业的特殊规律，增强引导和服务文化创意产业发展的能力，努力把通州区打造成为文化创意产业创新发展的示范区。

7月5日杜德印参加市人大常委会到怀柔区调研文化建设

7月5日，市人大常委会专题调研组就推进全国文化中心建设到怀柔区调研。市人大常委会主任杜德印参加调研。

调研组一行首先来到位于怀柔区杨宋镇的中影数字制作基地项目。作为中影怀柔杨宋影视基地的重要组成部分，这里集中了国内最高水平的数字影视制作技术，成为中国影视业重要的生产基地之一。随之开发的影视主题文化旅游项目，吸引了来自全国各地的游客，成为怀柔区新的旅游产业增长点。杜德印察看了道具、布景、拟音等环节的制作和展示，详细了解影视生产和营销情况。

从影视基地继续驱车40分钟，调研组一行来到慕田峪长城脚下的渤海镇长城国际文化村北沟村。该村的村办瓦厂，被来自美国的萨洋夫妇改造成田园风情度假酒店，既实现了与当地村民的生活和谐融合，又将绝佳的自然人文条件转化为极富市场价值的文化旅游产业。萨洋用流利的中文介绍说，我们的客户都喜欢在这里欣赏长城，和本地村民聊天，我们的客房价格超过了市中心的五星级酒店。

萨洋夫妇的企业在长城国际文化村共改造了近30户民居、瓦厂和村小学，直接带动了四个村的乡村民俗旅游升级。杜德印对萨洋说，你的工作很有意义，给我们的新农村建设和农村城市化很多启示。

杜德印一行还察看了鹅和鸭农庄，了解乡村旅游与影视文化相结合的情况。他充分肯定怀柔区文化建设和文化产业发展取得的成绩。他说，长城国际文化村的改造模式充分尊重农民对土地的合法权益，充分尊重农民对生产生活方式的自主权，实现了农村生产、生活和管理方式的深刻变革，对于浅山区农村的城市化具有很好的借鉴意义。

11月28日杜德印参加市人大常委会调研西部转型发展

11月28日，市人大常委会就本市西部地区转型发展情况到门头沟区调研。市人大常委会主任杜德印参加。

民生保障是西部地区转型发展中人大代表高度关注的内容。调研组一行首先来到石门营安置房建设工地，走进即将入住的安置房实地检查。去年3月，杜德印等市人大常委会领导就西部议案督办情况到此视察时，项目刚刚完成规划、拆迁，如今总建筑面积88万平方米的10 340套安置房已基本建成，为门头沟区煤矿采空棚户区搬迁安置提供了有力支撑。了解到安置房按照人均18～20平方米设计，幼儿园、学校等公共服务设施配套完善，杜德印对门头沟区安置房根据北京实际，科学规划设计建设取得的成绩给予充分肯定。

调研组一行还先后实地考察了长安街西延线和门头沟新城规划建设及招商引资情况、门头沟区城市基础设施建设情况和生态环境建设情况。走上永定河观景台，看到门城湖工程初具规模，了解到门头沟区加大对中门寺沟等5条永定河一级支流的环保治理力度，使过去的排污沟变成今日的景观河道，杜德印给予高度赞扬："发展观念转变，生态资源的价值就体现出来了。你们实现了化腐朽为神奇。"

座谈会上，杜德印听取门头沟区经济社会发展情况汇报后讲话说，西部地区产业转型发展是一场深刻的变革，是首都经济社会发展全局中的一件大事。从一年来的实践看，门头沟区产业转型发展坚持城市生态涵养发展区功能定位，积极有为，开拓进取，迈出了重要步伐，取得了显著成效。

杜德印指出，要把首钢搬迁、矿山关停作为西部地区转型发展、实现生态资源解放的重大机遇，切实转变发展观念，坚持民生为本、生态优先，以文化科技产业为主，创新体制机制，积极扶持民营企业发展，努力把首都西部绿色生态新区建设好。要研究完善生态补偿机制，让西部群众既成为生态保护的贡献者，也成为生态发展的受益者，在生态发展中实现自身同步发展。

杜德印指出，市人大常委会将持续关注西部地区转型发展工作，推动市级层面加强统筹协调，加大政策支持力度。各区县要充分发挥主观能动性，积极研究新城区、浅山丘陵和深山区分层次开发规划，努力形成西部绿色生态新区广阔、纵深、多层次发展的良好局面。

北京市政协主席王安顺到郊区视察

4月17日王安顺参加市政协领导到海淀区调研

4月17日，市委副书记、市政协主席王安顺等市政协领导到海淀区调研。

王安顺一行察看了位于上地信息产业基地的北京未名凯拓农业生物技术有限公司、瑞萨半导体（北京）有限公司。北京未名凯拓农业生物技术有限公司是国家作物分子设计工程技术研究中心的依托单位，构建了具有国际水平和竞争力的植物基因研究和作物改良技术平台，成为"产、学、研"一体的生物技术创新及产业化基地。王安顺详细了解了该公司的新一代杂交育种体系，认真察看了非转基因、抗除草剂的优良籼稻新品种和玉米新品种，关切地询问科研人员的工作、生活情况。他充分肯定了海淀区在努力引进高端人才和高端企业、加快科技成果转化及产业化方面取得的成就。瑞萨半导体（北京）有限公司是一家外资企业，在2009年世界半导体企业排名中位列第3名，主要生产微处理器、专用集成电路等电子产品。该公司的优秀员工表彰展示板吸引了王安顺的目光。他说，这是以人为本构建企业文化的体现，可以借鉴。在听取公司负责人介绍后，王安顺说，欢迎你们来京投资办厂，也希望你们的企业在这里发展得越来越好。我们将努力服好务，创造更好的投资环境。

位于海淀区上庄镇的翠湖国家城市湿地公园，是2005年国家建设部公布的9个国家级城市湿地公园之一，总体规划面积达157公顷，目前已完成一期湿地恢复面积53公顷，二期在建中。看到公园内碧波荡漾，水禽飞翔，王安顺高兴地说，要加大公园保护力度，坚持生态优先、合理利用、良性发展的原则，实现城市的可持续发展和人与自然的和谐共处。

座谈会上，王安顺听取了海淀区委、区政协负责人关于海淀区经济社会发展情况、海淀区政协工作的汇报。他说，海淀区委、区政府在市委、市政府的领导下，在经济、政治、文化、社会和党的建设等方面取得了突出的成绩，积累了许多好做法好经验。海淀区委、区政府对人大、政协工作高度重视，从体制上、机制上保障了政协政治协商、民主监督、参政议政等各项工作的开展。这些年来，海淀区政协围绕着区委、区政府的工作中心和大局开展工作，提高了履职能力和水平。区政协要充分发挥政协委员智囊团、智囊库的作用，开展一系列调研活动；要紧扣科学发展主题和加快转变经济发展方式主线，把调研的成果转变成政府政策和制度；要积极发挥政协委员作用，收集、反映社情民意，不断改进政协工作，促进政府工作；要发挥政协专家智库的作用，为加快中关村国家自主创新示范区核心区建设积极建言献策。

（摘自《北京日报》）

综　　述

2011年北京农村经济社会发展综述

中共北京市委农工委研究室

2011年，按照中央和市委、市政府关于统筹推进郊区工业化、城镇化和农业现代化的总体部署，郊区上下紧抓突出问题和关键环节，围绕促进农民增收这一核心，统筹推进郊区工业化、城镇化和农业现代化，着力攻坚克难，勇于改革创新，“三农”各项工作扎实有效推进，实现了推进“十二五”城乡一体化发展的良好开局。

据统计，2011年10个远郊区县地区生产总值达3 261.9亿元，现价同比增长14.2%，比全市增速快0.8个百分点，对全市经济增长的贡献率达到20.4%，比上年同期提高0.2个百分点。全市农林牧渔总产值实现363.1亿元，同比增长10.7%；第一产业增加值完成136.2亿元，按可比价增长0.9%；农民人均纯收入实现14 736元，同比增长13.6%，扣除物价因素实际增长7.6%，高于城镇居民收入增速0.4个百分点。远郊区县二、三产业快速发展，较上年同期分别增长13%和15.7%，分别快于全市增速2.5和1.4个百分点；一般预算财政收入达325.3亿元，同比增长30.5%，比全市增速快2.8个百分点；农村固定资产投资446.7亿元，其中第一产业47.2亿元，同比增长9.3%。10个远郊区县社会消费品零售额达到1 348.7亿元，同比增长13.3%，比全市增速快2.5个百分点。

一、发展方式加快转变，都市型现代农业全面提升

2011年，北京市农业总体运行平衡，都市型现代农业在保持平稳发展势头的同时，产业结构调整取得了新的积极进展，发展方式加快转变，设施农业、籽种农业、休闲农业、会展农业发展齐头并进，农业规模化、产业化、标准化、集约化发展水平进一步提升。

1. 首都“菜篮子”工程稳步推进。全市蔬菜播种面积100.2万亩①，上市量33亿千克，肉、蛋、奶产量分别达到44.4万吨、15.1万吨和64万吨，水产品产量6.1万吨。持续推进设施农业建设，2011年新发展设施农业2.5万亩，总面积达到32.6万亩；温室规模继续较快增长，达到13.6万亩，占设施总面积比例逐年提高。全年设施农业收入45.6亿元，增长11.9%，对农林牧渔总产值增长的贡献率达到13.8%，拉动总产值增长1.5个百分点。全市58万亩基本菜田最低保有量落实到区县；新增基本菜田5.5万亩、建设10个千亩设施蔬菜标准园和10个集约化育苗场，超额完成政府实事工程。区域合作不断加强，累计建设外埠蔬菜基地60万亩。多举措促进农产品营销，全年农超对接果蔬销售量约占北京市场供应量的20%。全面加强农产品质量安全监管和疫病防控。重大动物疫情零发生，确保了本市连续7年未发生区域性重大动物疫情。农产品质量安全在农业部抽检中处于全国较高水平，确保了全年未发生重大农产品质量安全事件。新增“三品”认证产品410个，全市有1 514家企业的4 271个产品获得“三品”认证，占全市农产品生产量的35%以上。京郊农业为保障首都农产品市场供应发挥了基础性作用。

2. 农业综合生产能力明显提高。坚持集中推进一批重点工程、重点项目，强化农业发展基础支撑。粮食生产保持稳定，全年粮食播种面积为314.1万亩，比上年下降6.3%；全年总产量达到121.8万吨，较上年增长5.3%；亩产为387.7千克，增长12.3%，实现了增产增收。高产创建成果显著，创建面积达到60万亩，小麦和玉米亩产分别比全市平均水平高30.8%和74.6%。惠农政策落实到位，全年共兑付粮食直补资金2.63亿元。顺义、房山区被认定为国家现代农业示范区。农业基础建设及综合开发工程完成三年任务的70%以上，新建和续建面积共

① 15亩=1公顷。

85.1万亩。工程实施以来，土壤养分综合指数达到67.5，较2009年提高11.4，有机质含量提高0.2%左右，农田肥力等级得到提升；实施配水节水工程，共节水3 910万立方米。农机化发展步伐加快，全市主要粮食作物耕种收综合机械化水平达66%。特别是玉米机收率达75%，比上年提升了18个百分点。

3. *沟域经济成为山区产业发展新模式。*2011年开始，每年设立1亿元的沟域经济发展专项资金，并会同相关部门出台了《北京市沟域经济发展资金管理暂行办法》。又推出了7条沟域经济发展规划公开征集工作，全面启动了去年通过国际招标高标准规划的7条沟域建设，共启动项目156个，计划总投资82.2亿元，已投入资金24亿元，其中各级政府投资公益性建设项目115个，已投入资金11.1亿元。圆满完成了山区3 293户7 574人的搬迁任务，起草制定新一轮的搬迁工作计划。

4. *一、二、三产融合发展势头强劲。*农产品加工企业资本化、园区化、规模化发展水平显著提升，建成一批农产品加工示范基地，新增8家农业龙头企业，总数达到38家。规模以上农加工企业总资产达到852.7亿元，同比增长14%，实现产值736.5亿元，增长21.1%，利润42.8亿元，增长41.1%。农产品加工业总产值与农业总产值之比接近2∶1，基本达到发达国家水平。出台扶持政策，打造北京农业上市板块，已上市涉农企业10家，后备上市企业突破40家，其中6家拟于2012年报会审批。御食园、红螺、峪口禽业等一批拟上市涉农企业快速成长，上市步伐加快。会展农业成为新亮点，国际影响大幅提高，世界草莓大会、世界食用菌大会、世界种子大会、世界葡萄大会等筹备工作进展顺利。结合“绿色北京”，加强生态建设，休闲民俗产业发展提档升级。2011年“十一黄金周”期间，京郊休闲农业和乡村旅游接待329万人次，同比增长16.2%。怀柔区被评为“全国休闲农业与乡村旅游示范区”，5个单位获得“全国休闲农业与乡村旅游示范点”称号。全市农业观光园和民俗旅游接待户总收入分别实现21.7亿元和8.7亿元，同比分别增长22%和18.2%；观光园园均收入和游客人均消费分别增长22.3%和17.5%；民俗旅游接待户均收入和游客人均消费分别增长12.3%和10%。

5. *农业科技支撑成效显著。*报请市政府印发了《关于全面推进都市型现代农业服务体系建设的意见》(京政发［2011］8号)，建立了联席会议制度，形成折子工程39项。按照国家农业科技“一城两区百园”的总体部署，推进国家级农业科技城建设。“221信息平台”全面推广运行。打造“世界种业之都”，启动建设通州国际种业科技园区，成功举办第19届北京种子大会。全市种业收入实现18.1亿元，同比增长24.3%；其中销往外埠收入11.7亿元，同比增长45%，增速较上年同期高9.2个百分点。深入推进现代农业技术体系创新团队建设，对接国家现代农业科技城，建设都市型现代农业海外人才创业园，受到农业部及国家创新团队多位首席专家的好评。2011年新增全科农技员525名，全市累计达到1 039名，圆满完成了“千人千村”的建设目标。

6. *农民专业合作组织大力发展。*组织实施农民专业合作社示范社建设行动计划。2011年底，全市共培育出300余家区县级示范社，其中：市级示范社达到100家。全市共有12家市级示范社获得国家级示范社荣誉称号。通过示范，有效提升了全市农民专业合作社的规范化运行质量。市里对市级示范社采取统一公示、公告和授牌表彰，并建立了市级示范社项目库，集成各项扶持政策重点向示范社倾斜。继续做好现代装备对接农民专业合作社工程，两年共扶持农民专业合作社车辆601辆。2011年，探索为90家农民专业合作社试点配备了大学生理事长助理，输入外部管理人才。同时，市和区县全面加大培训力度，每年定期举办市、区县两级农民专业合作社培训班，全面加强相关法律法规和政策的培训，逐步建立健全农民专业合作社人才培养的长效机制。2011年，为合作社联系了8家大型连锁超市和近400家经营生鲜农产品的卖场开展农超对接。全市开展农超对接和农社对接的农民专业合作社已经达到140个，各类销售网点及门店达到102个。截至年底，全市注册的农民专业合作社4 400多个，辐射带动农户45.3万户，占一产农户的70%。农业部提出，不论是合作社的规模、覆盖面，还是扶持力度和规范程度，北京都是全国领先。

二、村镇建设切实加强，农民生产、生活条件显著改善

1. *持续开展农村基础设施建设，初步建立管护机制。*深入落实《2011年北京市新农村“三起来”工程建设实施方案》，8.7亿元工程建设及运行维护费用全部落实到位。报请市政府印发了《关于加强农村基础设施运行与维护管理的指导意见》(京政发［2011］28号)，将农村基础设施纳入相关部门的管理体系，管护资金纳入同级财政预算，初步形成了城乡一体化的农村基础设施管护长效机制。

2. *大力加强小城镇建设。*编制完成了《重点小城镇“十二五”建设发展规划》，完善了42个重点镇的镇区及产业园区的控制性详细规划。加强了对小城镇建设的指导，组织了重点镇产业发展拉练活动，与有关部门一起，从资金、土地、产业发展等方面提出了政策措施，并牵头建立了重点镇监测制度。开展了本市中国历史文化名镇名村保护自查工作。会同有关部门加强了重点小城镇建设资金监管，确保市转移支付的专项资金用好用实。“一镇一企”的合作模式在门头沟、密云等区县得到进一步推广，镇域经济不断壮大。

3. *新型农村社区建设试点和农房抗震节能改造稳步推进。*报请市政府印发了《关于开展新型农村社

区试点建设的意见》（京政发［2011］22号）。会同有关部门确定了10个试点，涉及25个村庄，规划新社区占地3 315亩，节约村庄建设用地7 270亩，节地68.7%。目前一些试点规划已经获得批准，部分试点开始全面建设。此外，积极推进农民住房抗震节能改造的试点，计划今明两年完成20万户改造工程，2011年先期完成5万户。

4. 城乡结合部50个重点村加快建设。按照市委市政府的部署，积极推动“调、拆、建、转、管”五个方面的工作，统筹推进50个重点村改革发展。制定了《关于促进城乡结合部地区50个重点村集体产业发展的意见》等4个文件；重点组织推进重点村的产权制度改革。截至年底，已全部启动50个旧村拆迁工作，其中38个村完成拆迁任务，35个村启动回迁安置楼建设，7个村陆续回迁；集体经济产权制度改革全部启动，已有37个村完成；整建制农转居工作稳步推进，已有13个村基本实现。转移就业、社区建设、绿地回建等各项工作有序开展，重点村改革发展取得了阶段性成果。以农村规划管理、违法建设查处、安全生产、流动人口管理为主题，对全市200个城乡结合部村的党组织书记进行了培训，郭金龙市长对此给予充分肯定。

5. 农村生态文明建设成效明显。牵头开展了多次环境专项整治活动，郊区全部村庄基本达到“干净、整洁、路畅、村绿、建制”的标准，圆满完成了建党九十周年大庆的环境保障要求。坚持“提升一批、整顿一批、抓好一批”的村庄整治与建设模式，15个乡镇513个村参加了今年生态示范创建工作，对1 085个村庄进行了整治，在1 254个行政村开展了垃圾分类达标试点工作。

6. 社会力量参与新农村建设扎实推进。新农村建设领导小组创新工作机制，积极动员机关、企事业单位、社会团体和个人参与新农村建设。各部门各单位相继推出了“三进两促”活动、“光彩惠农行动”及“万侨助万村活动”等。全市已有484个机关事业单位、258家企业、13家驻京部队等以不同方式参与我市新农村建设。央企对接小城镇进展顺利，中粮、恒天、五矿、中青旅、中铁等大型央企已选定项目开展建设。

三、农村民生进一步改善，农村社会事业全面发展

1. 多渠道促进农民收入增长。召开全市促进农民增收工作会议，对增收工作突出的顺义、平谷、密云、通州4个区县各奖励1 000万元，起到了示范引导作用；出台《北京市促进农民增收行动计划》，明确了加大转移就业力度、增加农民经营性收入、转移性收入及动员社会力量帮扶等十一项重点工作。通过发展镇村企业、加大转移培训力度、开辟公益性就业岗位等措施，促进农村劳动力向二、三产业转移，农村劳动力非农就业比例达到85.1%，比上年提高4.7个百分点，外出从业人员占比达到30.3%，比上年提高12.1个百分点，农民人均工资性收入实现9 579元，增长19.6%。目前工资性收入已占农民收入的60%以上。集体经济分红和集体土地等财产性收入对拉动农民收入增长的贡献也日益明显。全年农民转移性收入实现2 257元，增长30.8%。全年农民财产性收入实现1 537元，增长11.3%。此外，农民家庭经营收入实现1 363元，同比下降26.6%。

2. 促进低收入农户持续增收。2011年继续推进“共同致富行动计划”，20%低收入组农民人均纯收入实现6 143元，同比增长16.2%，高于全市农民人均纯收入增幅2.6个百分点。结合《中国农村扶贫开发纲要（2011—2020年）》和中央扶贫工作会议精神，起草制定我市的贯彻意见，进一步促进低收入农户增收。

3. 培育新型农民取得初步成效。紧紧围绕京郊设施农业主导产业发展和农民技术需求，继续选派300名农民参加设施农业骨干农民境内外研修，共举办骨干农民研修班64期。培训后平均亩产增加153千克以上，平均亩效益增加0.5万元以上，直接生产面积2 355亩，示范指导生产面积20 034亩，辐射带动生产面积8万亩左右。依托农民田间学校，大力推广良种良法，农民生产效率进一步提高。着力开展农村劳动力转移就业培训、农村“4050”人员培训、农民自主创业培训等方面工作。做好都市型现代农业海外人才创业园基础设施和周边环境优化建设，初步具备农业科技研发、创业基本条件，对海外农业高端人才和创业团队的吸引力进一步提高。

4. 进一步提高农村社会保障水平。按照城乡一体化的思路，不断加大城乡统筹工作力度，逐步推动就业和社会保障制度城乡对接。农村社保经过1月和7月连续两次调整，基础养老金和福利养老金标准分别增长18%和25%，目前农村低保达到每人每月340元，近郊区实现城乡并轨达到500元；城乡居民基础养老金每人每月增加到330元，福利养老金增加到250元。目前，全市农村养老保险累计参保人数153万人，参保率92%，45.4万人领取福利养老金，7.4万人享受农村低保待遇。

5. 大力发展农村教育文化卫生事业。以“魅力京郊，华彩乐章”为主题，举办了北京市第七届农民运动会。举办了农民艺术节、乡村戏剧节等系列活动，带动郊区县组织开展了100多项、3 000多场群众文化活动，吸引了300多万人次参加，大大丰富了农民的文化生活。

四、农村改革进一步深化，郊区发展活力不断增强

1. 稳定并完善农村土地制度。加强农村土地承包档案管理，积极开展推进农村土地承包经营权登记试点。配合市人大开展《农村土地承包法》和《农村土地承包经营纠纷调解仲裁法》的执法检查工作，配

合有关部门开展了集体土地确权发证工作。稳定和完善农村土地制度为农村经济发展和社会稳定奠定了坚实基础。

2. 全面加快农村集体经济产权制度改革。全面加快了农村集体经济产权制度改革，改革的进度、集体经济运转的规范程度和经营效益都已走在全国前列。截至年底，农村集体产权制度改革完成单位1 232个，村级完成比例达到91.4%，全市350多万农村集体经济组织成员成为“拥有集体资产的首都市民”。林权制度改革基本完成，林地确权率达98%，2.4亿元生态补贴落实到户。开展了农村集体资产清产核资试点，规范农村产权交易行为，研究集体经济发展的相关政策，确保集体资产的保值增值。

3. 进一步健全农村金融体系。2011年，政策性农业保险险种扩大到19种，覆盖全市主要农业资源近40%，险种产值占全市农业总产值的70%以上。共收取保费4.22亿元，同比增长14.6%，提前并超额完成全年保费收入计划；参保农户20.8万户次，总保险金额106.9亿元，简单赔付支出2.72亿元，惠及农户7.2万户次。农村金融综合改革试验区建设已经申报全国试点；稳步推进农业信贷、农业担保、农村信用等九大农村金融支撑服务体系建设。完成一期涉农集合票据发行工作，规模3亿元；确定华都集团、资源亚太、德青源等7家二期集合票据发债企业，发行额度为4.3亿元，已经获批，即将择机发行。会同有关部门出台了《关于金融支持农民专业合作社发展的意见》。“乡村便利店”试点初见成效。在怀柔区怀北镇大水峪村建设第一家“乡村便利店”基础上，2011年北京农商银行“乡村便利店”总数已达到20家，平均每个远郊区县有两家。截至2011年12月底，20个乡村便利店共发生交易9 621笔，交易金额达到437.32万元，受惠村民达到3万余人。“乡村自助店”服务功能逐步完善。2011年，北京农商银行在密云县、怀柔区、大兴区和顺义区共建设开通“乡村自助店”5家。截至年底，累计发生存取款交易7.39万笔，交易金额7 148.84万元，当地受惠村民超过1.5万人。大兴区开业仅半年的两家自助店，存、取款交易金额比例达到1∶8.8，日存取款交易笔数分别为130笔和135笔，日均存取款交易额分别为16.9万元和11.3万元，为当地村民办理存取款提供了便利。

4. 全面加强农转非工作。建立了由市新农办牵头，市发展改革委、市国土局、市公安局、市民政局和市人力社保局等8个部门参加的“北京市农转非工作协调小组”。健全完善农转非月报指标体系，切实加强农转非监督管理工作，推进农转非工作的政策措施，指导区县开展整建制转居试点。2011年前11个月新完成农转非33 919人，其中征地转非20 677人。

5. 继续开展农村综合改革。积极开展村级公益事业建设一事一议财政奖补试点，今年全市共确定相关项目133个，建设总投资1.3亿元。继续推进农村义务教育债务化解，积极协调市相关部门开展县乡财政管理体制、农村义务教育和乡镇机构改革工作，协调市有关部门对全市农村基层运转保障经费进行全面检查，农村综合改革进一步深化。

五、加强党的领导，农村基层组织建设进一步加强

1. 基层组织建设不断加强。围绕庆祝建党九十周年，深入推进农村创先争优活动，实施“领航”、“聚力”、“先锋”三大工程，基层党组织战斗堡垒作用更加坚固，农村党员先锋模范作用更加突出。积极适应城乡一体化进程中农村社会结构、产业结构、组织形式的新变化，在全市农村推广村村联建型、产业带动型、村企联建型、村居联动型等多种形式的组织设置方式，农村基层组织建设与时俱进。完善“一定三有”激励保障机制，研究探索优秀村干部进入乡镇机关、事业单位的有效途径。

2. 乡镇领导班子换届工作顺利完成。配合市委组织部，加强乡镇换届工作的指导和监督，选好配强乡镇领导班子。积极推进改革，探索实施“80后”干部选配工作，加大干部交流力度，乡镇领导班子梯队保持了比较合理的结构。举办新任乡镇党委书记和乡镇长轮训班，基层执政能力建设进一步加强。

3. 乡村治理机制逐步完善。深化基层民主建设，推进农村基层党务公开，党员群众的民主权利得到充分保障。规范农村新型股份经济合作社运行机制，农村“两委一社”整体作用得到强化。开展农村集体资产清产核资试点工作，农村集体资产管理切实加强。总结推广平谷区土地承包经营纠纷调解仲裁庭和农村产权交易服务中心工作经验，农村产权交易行为进一步规范。深入开展后进村党组织整顿工作，倒排确定后进村党组织255个，组织市直机关单位与市级挂账经济发展薄弱村所在乡镇结对共建，整顿转化工作扎实有效。全面实施“村账托管”，普遍建立村务监督委员会，制度化建设不断向前推进。

4. 党风廉政建设深入推进。加强农村党风廉政制度建设，开展经常性廉政教育活动，农村党员干部廉洁自律意识得到增强。落实农村基层干部廉洁履职有关规定，推进廉政风险防控管理向农村基层重要部门和岗位延伸。开展农村党风廉政建设专项检查，做好村干部“述职述廉”工作，农村廉政监督有力有效。

六、加强社会建设，农村社会保持和谐稳定

1. 农村社会管理进一步加强。认真落实市委市政府《关于加强和创新社会管理，全面推进社会建设的意见》精神，推进村庄社区化服务管理，开展村庄“自治管理规范化、治安秩序标准化、基层服务组织化、建设规划科学化、城乡文明一体化”创建活动，

积极推进农村基层社会管理体制和服务机制创新。制定了《关于开展推进村庄社区化服务管理活动的意见》等三个文件，提出了推进村庄社区化服务管理活动的五项创建标准。首都综治委农村综治工作协调委员会的成员单位与126个村庄社区对接帮扶，举办“村庄社区化建设”高级研修班，对基层干部进行专题培训。全面启动村务监督委员会试点工作，全市已有1 067个村建立了村务监督委员会。

2. *农村精神文明建设效果明显*。加强对农村精神文明建设工作的指导。贯彻落实中办、国办关于加强农村精神文明建设的意见，制定了《关于进一步加强新形势下首都农村精神文明建设工作的实施意见》，确定了“十个一”建设工程。开展丰富多彩的文化体育活动。以“新农村、新文化、新生活”为主题，弘扬“北京精神”，精心组织第二十二届农民艺术节暨第二届北京乡村歌舞节活动，组织开展了2011“美丽乡村”主题电视晚会、“美丽乡村”文化主题展播系列活动、“乡村大舞台”群众文化系列活动、“北京？美丽乡村”艺术展览系列活动。在门头沟区成功举办了以“生态、和谐、幸福”为主线，以“魅力京郊，华彩乐章”为主题的北京市第七届农民运动会，促进全民健身活动开展，丰富了农村文化体育生活。开展“北京最美的乡村”评选活动。组织开展2011—2012年“寻找‘北京最美的乡村’宣传评选活动”，完成了42个候选村的推荐公示工作，开展“相约美丽乡村”主题宣传活动，出版《2006—2010北京最美的乡村》图书和《美丽乡村》杂志，开通了“北京美丽乡村”网站。

3. *农村安全稳定和谐*。按照“平安北京”建设工作的总体部署，做好维护稳定和安全生产等工作，安全生产实现常态化管理。积极稳妥解决农村社会管理服务的薄弱环节和突出问题，及时掌握可能激化的重点矛盾纠纷和不稳定因素，及时调解处理各类矛盾隐患，全年到市来信来访涉农问题明显下降，维护了农村和谐稳定。

（市委农工委研究室　王修达　王　东）

社会主义新农村建设

概　　述

2011年，切实把深化新农村建设作为最基础的工作来抓。在村庄体系规划基础上，按照规模适度、宜居宜业、就地实现城市基础设施和公共服务的标准，全面启动新型农村社区建设规划。开展10个新型农村社区建设试点工作。探索规划、土地、筹资、就业、新民居建设的新途径。进一步坚持和完善村庄社区化管理。建立新农村基础设施和公共服务设施运行管护长效机制，已建设施正常运转得到确保。继续动员和引导社会力量参与新农村建设。在以上方面，都取得进展。

新农村建设折子工程发布

【新农村建设折子工程发布】

一、坚持双轮驱动，全面推进城镇化和新农村建设

1. 深化小城镇规划编制工作，以产业发展和吸收农民就地城镇化为重点，完善小城镇规划体系。

主要责任单位及负责人：市规划委黄艳

协办单位：市农委、相关区县政府

完成时限：2011年12月底前

2. 出台推进小城镇改革发展的政策意见。

主要责任单位及负责人：市发展改革委张工

协办单位：市农委

完成时限：2011年12月底前

3. 加强镇村产业聚集区和小城镇产业园区建设，加快培育特色产业，壮大镇域经济。

主要责任单位及负责人：市经济信息化委朱炎

协办单位：市发展改革委、市农委、市旅游委、市农业局、相关区县政府

完成时限：2011年12月底前

4. 继续推进“农村亮起来、农民暖起来、农业资源循环起来”工程建设。更换节能路灯5万盏，新建太阳能浴室50座、大中型沼气和生物质气化工程5处、雨洪利用工程100处、粪污治理工程50处。

主要责任单位及负责人：市农委王孝东

协办单位：市水务局、市农业局、相关区县政府

完成时限：2011年12月底前

5. 完成既有住房节能保温改造1万户，新建节能抗震民居2 000户。

主要责任单位及负责人：市住房城乡建设委隋振江、市农委王孝东、相关区县区县长

完成时限：2011年12月底前

二、千方百计增加农民收入，加快改善农村民生

6. 研究制定促进农民增收计划，提高农民收入水平，农民人均纯收入实际增长7%。

主要责任单位及负责人：市农委王孝东

协办单位：市发展改革委、市财政局、市人力社保局、市旅游委、市水务局、市园林绿化局（首都绿化办）、市民政局、市农业局

完成时限：2011年12月底前

7. 完成5万名农村劳动力转移就业。

主要责任单位及负责人：市人力社保局张欣庆

协办单位：市农委

完成时限：2011年12月底前

8. 健全社会救助保障标准调整机制，完善测算办法。全面落实城乡低收入家庭救助制度，进一步拓展医疗、教育、住房救助范围。

主要责任单位及负责人：市民政局吴世民

协办单位：市农委、市财政局、市统计局、国家统计局北京调查总队

完成时限：2011年12月底前

9. 推动农村扶贫助残基地建设。新建40个扶贫助残基地，帮扶1 300名农村贫困残疾人脱贫；开展科研院所与扶贫助残基地结对帮扶活动，为扶贫助残基地提供技术指导服务。

主要责任单位及负责人：市残联负责人

协办单位：市农委

完成时限：2011年12月底前

10. 继续提高农村中小学办学条件，进一步完善区域教师交流工作机制，促进城乡教育均衡发展。

主要责任单位及负责人：市教委姜沛民

完成时限：2011年12月底前

11. 进一步加强农村地区社区卫生服务机构医疗职能，完善基层卫生服务体系，提高农村地区卫生服

务水平。

主要责任单位及负责人：市卫生局方来英

完成时限：2011年12月底前

12. 实现门头沟区妙峰山镇、雁翅镇，昌平区十三陵镇，密云县太师屯镇、石城镇，延庆县永宁镇、张山营镇村村通有线广播。

主要责任单位及负责人：市广电局李春良

协办单位：相关区县政府

完成时限：2011年12月底前

13. 开展体育特色村镇评选活动，推动农村体育发展。

主要责任单位及负责人：市体育局李颖川

完成时限：2011年12月底前

14. 加快敬老院改造工程，推进乡镇敬老院公办民营改革，改善养老环境和条件。完成30所敬老院改扩建项目。

主要责任单位及负责人：市民政局吴世民

完成时限：2011年12月底前

15. 推进农村信息化建设，深入开展试点，建立市、区县两级共同支持、共同投入机制，推动信息化基础设施城乡一体化发展。

主要责任单位及负责人：市经济信息化委朱炎

协办单位：市农委、市广电局、市通信管理局

完成时限：2011年12月底前

16. 继续开展农村全面小康建设进程、农村城镇化进程、新农村建设进程、农业生态服务价值4项监测工作，开展湿地生态服务价值的研究测算工作，对农村经济社会运行状况开展全面综合评价；定期开展42个重点镇经济运行状况的统计监测；定期开展低收入农户增收情况监测。

主要责任单位及负责人：市统计局苏辉、国家统计局北京调查总队潘璠

协办单位：市园林绿化局（首都绿化办）、市水务局、市农业局、市公园管理中心

完成时限：2011年12月底前

三、转变发展方式，提升都市型现代农业发展水平

17. 加强京承高速都市型现代农业走廊和昌平小汤山国家现代农业园、顺义国家级都市型现代农业示范区建设，推进市级都市型现代农业示范镇建设。

主要责任单位及负责人：市农委王孝东

协办单位：市园林绿化局（首都绿化办）、市旅游委、市气象局、市农业局、相关区县政府

完成时限：2011年12月底前

18. 加强设施农业和“菜篮子”基地节水灌溉设施建设，提高农田有效灌溉面积比例和灌溉水利用系数，夯实都市型现代农业发展基础。

主要责任单位及负责人：市水务局程静

协办单位：市农业局

完成时限：2011年12月底前

19. 落实《北京都市型现代农业基础建设及综合开发规划》，启动建设规模2万公顷（30万亩），实施农田水利改善工程、农田培肥工程、田园清洁循环工程与沟路林渠配套工程，营造现代化农业景观，全面提升基本农田农业综合生产能力。

主要责任单位及负责人：市农业局赵根武

协办单位：市发展改革委、市财政局、市水务局、市国土局

20. 加快花卉产业发展，新建花卉生产示范基地4个、面积约46.67公顷（700亩），带动农户200户，培训农民500名。

主要责任单位及负责人：市园林绿化局（首都绿化办）邓乃平

完成时限：2011年12月底前

21. 围绕籽种农业建设，提升林木种苗产业质量，开展适合本市的彩色、抗逆树种资源评价、筛选工作，重点筛选出彩色树种3～5个，抗逆树种3～5个，收集、保存适宜的树种。建设苗木快繁、规模化生产基地，年生产彩色、抗逆树种苗木300万株，完善育苗技术体系。

主要责任单位及负责人：市园林绿化局（首都绿化办）邓乃平

完成时限：2011年12月底前

22. 积极推进国家现代农业科技城建设，全面提升首都农业科技水平。启动农业智能装备、育种服务平台、农业物联网等一批重大科技项目。

主要责任单位及负责人：市科委闫傲霜

协办单位：市农委、市农业局、相关区县政府

完成时限：2011年12月底前

23. 完善基层农业技术推广服务体系，启动乡镇级农技推广机构改革与建设，建设乡镇农业综合服务中心，新增500名村级全科农技员，实现“千村千人”目标。

主要责任单位及负责人：市农委王孝东

协办单位：市科委、市农业局

完成时限：2011年12月底前

24. 推进农产品加工基地示范带动工程和中小型农产品加工企业培育改造工程，开展农产品加工示范乡镇建设，加快以农民专业合作组织为依托的中小型农产品加工企业改造升级。

主要责任单位及负责人：市农委王孝东

协办单位：市经济信息化委

完成时限：2011年12月底前

25. 实施涉农企业上市培育工程和龙头企业规模提升工程，打造涉农企业上市板块，增强涉农企业核心竞争力。

主要责任单位及负责人：市金融局王红

协办单位：市农委、北京证监局

完成时限：2011年12月底前

26. 启动休闲农业和乡村旅游示范区县、示范乡镇的创建及休闲农业和乡村旅游示范点星级评定活动。

主要责任单位及负责人：市农委王孝东

协办单位：市旅游委

完成时限：2011 年 12 月底前

27. 做好世界种子大会、世界草莓大会、世界食用菌大会的筹备工作和国际马铃薯亚太中心建设。

主要责任单位及负责人：市农委王孝东

协办单位：市科委、市园林绿化局、市农业局、昌平区政府、通州区政府、丰台区政府、延庆县政府

完成时限：2011 年 12 月底前

28. 完善农业海外人才创业园政策配套、硬件配备和队伍建设。

主要责任单位及负责人：市农委王孝东

协办单位：市人力社保局、市科委、丰台区政府

完成时限：2011 年 12 月底前

四、推进新一轮“菜篮子”工程，打造首都农产品安全放心品牌

29. 制定新菜地开发建设基金征收管理办法，对基本菜田等“菜篮子”工程建设重点项目给予支持。深化区域合作，新增一批外埠蔬菜生产基地。

主要责任单位及负责人：市农委王孝东

协办单位：市发展改革委、市科委、市财政局、市水务局、市国土局、市农业局、相关区县政府

完成时限：2011 年 12 月底前

30. 加强规模养殖基地建设，推广生态健康养殖模式，促进质量安全体系建设，实施品牌培育，稳步提高肉、蛋、奶等产品市场供给能力。

主要责任单位及负责人：市农业局赵根武

协办单位：相关区县政府

完成时限：2011 年 12 月底前

31. 深入推进动物卫生与畜牧管理 3 大体系建设，实施精细化管理工程；实现动物疫病强制免疫率、动物疫病监测面、动物产地检疫率、动物屠宰检疫率和畜牧兽医执法监管面 5 个 100%，确保不发生区域性重大动物疫情和重大动物产品质量安全事件。

主要责任单位及负责人：市农业局赵根武

完成时限：2011 年 12 月底前

32. 全力推进农业标准化生产，加快农产品质量安全标准体系建设，完善农产品质量安全检验检测体系建设。

主要责任单位及负责人：市农业局赵根武

协办单位：市发展改革委、市财政局、市质监局

完成时限：2011 年 12 月底前

33. 加强农产品质量安全认证工作，大力推进无公害农产品产地认证和产品认证工作，加快绿色食品、有机农产品认证，引导地方特色农产品申请地理标志保护。

主要责任单位及负责人：市农业局赵根武

协办单位：市工商局

完成时限：2011 年 12 月底前

34. 加快公益性大型综合批发市场规划建设，制定在城市东南部建设大型农产品批发市场规划方案，按照规划启动建设；继续推进新发地农产品批发市场升级改造。

主要责任单位及负责人：市商务委卢彦、市规划委黄艳、市发展改革委张工

协办单位：市国土局、市财政局、市农委

完成时限：2011 年 12 月底前

35. 积极推动农产品生产基地与 10 家大型餐饮企业开展“农餐对接”活动。

主要责任单位及负责人：市商务委卢彦、市农委王孝东

协办单位：相关区县政府

完成时限：2011 年 12 月底前

五、加强生态环境建设，促进郊区生态文明

36. 加强农村地区节能减排降耗工作，推进农村新能源、清洁能源和可再生能源利用。

主要责任单位及负责人：市发展改革委张工

协办单位：市住房城乡建设委、市农业局、市气象局

完成时限：2011 年 12 月底前

37. 继续实施京津风沙源治理、三北防护林体系建设和太行山绿化工程，启动实施低效生态公益林改造和林木抚育工程，使全市林木绿化率达到 54%。

主要责任单位及负责人：市园林绿化局（首都绿化办）邓乃平

协办单位：相关区县政府

完成时限：2011 年 12 月底前

38. 提升林木有害生物防控能力。加强生物防治技术的研究和推广应用，完善与周边地区的联防联治机制，确保不发生林木有害生物灾情。全年实施飞防作业 1 600 架次，防控面积 5.33 万公顷（80 万亩）次，释放周氏啮小蜂 20 亿头。

主要责任单位及负责人：市园林绿化局（首都绿化办）邓乃平

完成时限：2011 年 12 月底前

39. 研究编制 2015 年底前山区泥石流易发区及生存条件恶劣地区农户搬迁计划与工作方案。

主要责任单位及负责人：市农委王孝东

协办单位：市住房城乡建设委、市国土局、市水务局、相关区县政府

完成时限：2011 年 12 月底前

40. 远郊区县年度生活垃圾产量增长率控制在 8%以下，生活垃圾无害化处理率达到 88%。

主要责任单位及负责人：市市政市容委陈永

协办单位：相关区县政府

完成时限：2011 年 12 月底前

41. 加强农村绿化工作，推进村庄公园绿地建设，健全完善养护管理机制，创建 5 个首都绿化美化园林小城镇、80 个首都绿色村庄，巩固新农村绿化成果。

主要责任单位及负责人：市园林绿化局（首都绿化办）邓乃平

协办单位：市农委、相关区县政府
完成时限：2011年12月底前

42. 深入开展生态创建活动，创建5个市级环境优美乡镇、100个生态村。
主要责任单位及负责人：市农委王孝东
协办单位：市环保局、市市政市容委、市园林绿化局（首都绿化办）、市财政局
完成时限：2011年12月底前

六、深化农村改革，增强农村发展活力

43. 全面开展农村土地承包档案清查归档工作，加强农村土地承包经营权清查检查，推进农村土地承包经营权登记试点。
主要责任单位及负责人：市农委王孝东
协办单位：市档案局、相关区县政府
完成时限：2011年12月底前

44. 积极推进农村集体土地所有权、建设用地使用权、宅基地使用权确权登记颁证工作。
主要责任单位及负责人：市国土局魏成林
协办单位：市农村土地确权登记颁证工作领导小组成员单位、相关区县政府
完成时限：2011年12月底前

45. 探索建立城乡统一的建设用地市场，规范集体经营性建设用地交易行为，妥善推进农村集体建设用地流转。
主要责任单位及负责人：市国土局魏成林
协办单位：市农委
完成时限：2011年12月底前

46. 加快农村集体经济产权制度改革，完成1 230个乡村集体经济组织产权制度改革，力争使全市完成改革的行政村比例达到90%左右。
主要责任单位及负责人：市农委王孝东
协办单位：相关区县政府
完成时限：2011年12月底前

47. 全面推进农村集体林权制度改革，基本完成主体改革任务，深入研究集体林权制度改革相关配套政策和保障机制；加快落实生态公益林生态效益补偿机制，全面落实山区生态公益林生态效益促进发展机制补偿资金。
主要责任单位及负责人：市园林绿化局（首都绿化办）邓乃平
协办单位：相关区县政府
完成时限：2011年12月底前

48. 研究制定新型集体经济组织扶持政策，探索加快农村集体经济发展的途径。
主要责任单位及负责人：市农委王孝东
协办单位：市财政局
完成时限：2011年12月底前

49. 深化农村综合改革，开展本市村级公益事业建设"一事一议、筹资筹劳"财政奖补试点工作。
主要责任单位及负责人：市农委王孝东
协办单位：市财政局、相关区县政府
完成时限：2011年12月底前

50. 加大农民专业合作社示范社扶持力度，培育创建50家市级示范社，支持农民专业合作社延长产业链条，提高带动、服务能力。
主要责任单位及负责人：市农委王孝东
协办单位：相关区县政府
完成时限：2011年12月底前

51. 加大涉农中小企业集合票据发行力度，探索建立社区银行，推动村镇银行、小额贷款公司、农村资金互助社等新型农村金融机构规范发展。
主要责任单位及负责人：市金融局王红
协办单位：市农委、北京银监局、人民银行营业管理部
完成时限：2011年12月底前

52. 大力发展小额信贷，确保涉农信贷投放增速不低于其他各项贷款平均增速，农户贷款总量显著增加，支持和鼓励有条件的农民专业合作社开展信用合作。探索开展农业设施抵押贷款。加强农村信用体系建设。推进农村金融综合改革试验区建设。
主要责任单位及负责人：市金融局王红
协办单位：市农委、北京银监局、北京农村商业银行、人民银行营业管理部、大兴区政府
完成时限：2011年12月底前

53. 完善政策性农业保险制度，稳步扩大保险覆盖面，全面推行理赔"一卡通"，建设保险管理综合信息平台。探索建立政策性农业保险与农户信用建设、农业担保、农业信贷及小额信贷的联动机制。
主要责任单位及负责人：市农委王孝东
协办单位：市财政局、市金融局、北京保监局
完成时限：2011年12月底前

54. 依托北京农村产权交易所，探索建立集体林权、土地承包经营权、集体资产流转市场。
主要责任单位及负责人：市金融局王红
协办单位：市农委、市园林绿化局
完成时限：2011年12月底前

55. 依托北京农副产品交易所，探索远郊区县规模特色农副产品上柜交易。
主要责任单位及负责人：市金融局王红
协办单位：市农委、市园林绿化局
完成时限：2011年12月底前

七、加强组织领导，努力开创农业农村工作新局面

56. 继续加大财政对"三农"的投入力度，确保财政对农业总投入的增长幅度高于财政经常性收入的增长幅度；土地出让收益重点投向农业土地开发、农田水利和农村基础设施建设，确保足额提取、定向使用。土地出让收益较少的区县也要进一步增加"三农"投入。
主要责任单位及负责人：市财政局杨晓超、相关区县区县长
协办单位：市发展改革委、市农委、市国土局、

市水务局、市农业局

完成时限：2011年12月底前

57. 进一步完善农业支持保护体系，加大粮食直补、良种补贴、农机具补贴和生产资料综合补贴力度，继续完善生态补贴政策。

主要责任单位及负责人：市财政局杨晓超

协办单位：市农业局

完成时限：2011年12月底前

58. 开展市对区县财政转移支付涉农投入绩效评价，提高资产使用效益。各相关区县合理安排财政支农资金，鼓励区县建立财政支农资金预算调整机制，健全督查考核和激励约束制度。

主要责任单位及负责人：市财政局杨晓超、相关区县区县长

协办单位：市发展改革委、市农委

完成时限：2011年12月底前

59. 实施"三级联创"强基固本工程，着力推进城乡一体化进程中基层党组织建设，抓好乡镇机构改革和领导班子换届工作，加强后进村党组织整顿建设，推进"学习型、创新型、服务型"党组织建设。

主要责任单位及负责人：市委组织部刘宇辉

协办单位：市委农工委、市编办、市纪委、相关区县委

完成时限：2011年12月底前

60. 实施党员队伍激发活力工程，加大在重点区域、重点群体中发展党员工作力度。

主要责任单位及负责人：市委组织部刘宇辉

协办单位：市委农工委、相关区县委

完成时限：2011年12月底前

61. 实施基层干部素质提升工程，加强农村干部队伍、党员队伍建设，加强后备干部队伍建设。

主要责任单位及负责人：市委组织部刘宇辉

协办单位：市委农工委、市人力社保局、相关区县委

完成时限：2011年12月底前

62. 实施京郊农村实用人才工程，进一步加强生产类、技术类、营销类农村实用人才培养力度，全市新增农村实用人才不低于4 000名，农村实用人才总数达到3.6万名。

主要责任单位及负责人：市委农工委王孝东

协办单位：相关区县委

完成时限：2011年12月底前

63. 实施基层党组织作用强化工程，深入开展农村创先争优活动，充分发挥各级党组织和广大党员干部在推动城乡一体化发展中的领导、动员和组织保证作用。

主要责任单位及负责人：市委组织部刘宇辉

协办单位：市委农工委、相关区县委

完成时限：2011年12月底前

64. 加强农村党风廉政建设。认真落实加强农村党风廉政基本制度建设的意见和农村基层干部廉洁履行职责的有关规定；研究制定加强农村集体资金、资产、资源管理的规范性文件；稳步推进农村基层党务公开；推进廉政风险防范管理向农村重要岗位延伸，建立健全风险防控长效机制；及时纠正损害群众利益的行为，严肃查处以权谋私和损害农民利益的突出问题。

主要责任单位及负责人：市纪委、市监察局张厚崑、隋秀梅，市委农工委王孝东

协办单位：市委、市政府有关部门，相关区县党委、政府

完成时限：2011年12月底前

65. 完成《北京市实施〈中华人民共和国村民委员会组织法〉若干规定》和《北京市村民委员会选举办法》（修订）立项论证，完善村民自治机制，依法保障村民的知情权、决策权、参与权、监督权。在全市3 943个村全部成立村务监督委员会，深入推进村务公开民主监督，圆满完成105个村务公开和民主管理难点村治理工作。

主要责任单位及负责人：市民政局吴世民

协办单位：市委农工委、市政府法制办、相关区县政府

完成时限：2011年12月底前

66. 深入开展法制宣传教育，抓好新修订的《中华人民共和国村民委员会组织法》宣传普及工作。

主要责任单位及负责人：市司法局于泓源

完成时限：2011年12月底前

67. 贯彻《中共中央办公厅国务院办公厅印发〈关于进一步加强新形势下农村精神文明建设工作的意见〉的通知》（中办发［2010］39号），研究制定本市落实意见。开展农村群众性精神文明创建活动，着力提高农民思想道德文化素质和农村社会文明程度。

主要责任单位及负责人：首都精神文明办陈冬

协办单位：市委农工委

完成时限：2011年12月底前

68. 启动第22届北京市农民艺术节（乡村歌舞节），组织开展系列农村大型群众文化活动。

主要责任单位及负责人：市委农工委王孝东

协办单位：市委宣传部、市文化局

完成时限：2011年12月底前

69. 继续开展"寻找北京最美乡村"宣传评选活动。加强53个"北京最美乡村"建设、服务和宣传工作水平，确定2011年至2012年"北京最美乡村"候选村庄。

主要责任单位及负责人：市委农工委王孝东

协办单位：市旅游委

完成时限：2011年12月底前

70. 总结推广村庄社区化管理经验，开展"农村社区建设实验全覆盖"创建活动，深入推进1 700个农村社区服务站标准化建设。

主要责任单位及负责人：首都综治办滕盛萍、市

民政局吴世民

协办单位：市委农工委、市公安局、相关区县委

完成时限：2011年12月底

71. 加强农村社区建设，规范社区居委会设立以及村民委员会撤销的条件和程序，加强城乡结合部、新建住宅区、流动人口聚居区居委会组建工作。推进96156社区服务平台向农村地区延伸，提高农村社区信息化服务水平。大力培育农村社区服务性、公益性、互助性社会组织。

主要责任单位及负责人：市民政局吴世民

协办单位：市委农工委、相关区县政府

完成时限：2011年12月底前

72. 进一步强化农村地区维稳工作，推进平安创建活动，加强农村警务建设，切实维护农村社会治安环境。强化农村消防工作，推进农村消防设施建设。

主要责任单位及负责人：市公安局高煜

完成时限：2011年12月底前

73. 全面贯彻落实党的民族政策，继续组织实施以奖代补工作，充分发挥少数民族乡村经济发展专项资金作用，促进少数民族乡村经济快速发展。

主要责任单位及负责人：市民委（市宗教局）池维生

完成时限：2011年12月底前

【新农村建设折子工程落实情况】 2011年，在市委、市政府的领导下，各相关区县和市各有关部门按照新农村建设折子工程的要求，严密组织、科学实施、狠抓落实，市委督查室、市政府督查室、市新农办按照联合督查机制，注重协调、强化服务、推动落实，73项新农村建设折子工程任务圆满完成。全市农民人均现金收入达到14 700元以上，扣除物价因素，实际增长7.5%。

一、坚持“双轮”驱动，城镇化和新农村建设稳步推进

一是城乡结合部50个重点村拆迁全部启动。已完成重点村拆迁44个，6个重点村已回迁上楼，37个重点村已完成了集体产权制度改革，13个重点村基本实现整建制转居。

二是10个新型农村社区试点建设进展顺利。全市确定10个市级新型农村社区试点，规划新社区占地3 315亩，节约村庄建设用地7 270亩。目前，密云华润希望小镇一期工程建设顺利，房山青龙湖晓幼营村新型农村社区已完成部分住宅主体工程，延庆八达岭新型农村社区完成新民居705套。

三是小城镇建设逐步加强。制定下发了《关于远郊重点小城镇建设资金的使用指导意见》，研究设立小城镇发展基金，总规模100亿元。全市乡镇总体规划基本实现全覆盖，编制完成42个重点镇控制性详细规划，重点小城镇中19个市级农民就业产业基地累计完成基础设施投资37.8亿元，引进企业536个。

四是农村基础设施不断完善。新建、更换村内节能路灯8万盏，新建太阳能公共浴室50个、大中型“两气”工程11处、雨洪利用工程50处，新建抗震节能住宅2.4万户，既有农宅节能改造2.1万户，建设粪污治理工程30处、有机肥厂7处。出台《关于加强农村基础设施维护和管理的指导意见》，完善了农村基础设施管护长效机制，年投入工程建设及运行维护费用7.8亿元。加大村镇供水设施建设，解决了62个以山泉水为水源的村庄饮水困难问题，全市共建成村镇供水设施3240处。圆满完成7 574人山区泥石流易发区及生存条件恶劣地区农民搬迁任务。

五是农转居工作扎实推进。成立由市新农办牵头的“北京市农转非工作协调小组”，协调市相关部门加快解决征地农转非历史遗留问题，加大督查通报力度，研究推进农转非工作的政策措施，指导区县开展整建制转居试点。全市累计完成农转非6.7万人，其中征地转非4.5万人。

二、加大促进增收力度，农村社会事业全面发展

一是多措并举促进农民增收。研究制定了《北京市促进农民增收行动计划》，全市共有7.55万名农村劳动力实现转移就业。培养生产、技术、营销等农村实用人才5 236人，就业培训3.4万人。提高城乡居民养老保险和最低保障水平，完善新农合制度，农村最低生活保障标准从210元提高到340元，城乡居民基础养老金从280元提高到330元，福利养老金从200元提高到250元，农村五保供养最低标准超过1万元。农村养老保险累计参保人数163万人，参保率93%。深入落实“共同致富行动计划”，积极搭建社会力量帮扶低收入村、低收入农户平台，全市农村20%低收入户人均现金收入6 400元左右。

二是大力发展农村教育文化卫生体育事业。加大公共服务设施建设，完成33所乡镇敬老院42个改扩建项目和40个扶贫助残基地建设。实施初中建设工程、小学规范化建设工程和办学条件达标工程，全市农村初中办学条件主要项目达标率为100%，农村小学办学条件达标率为82.7%，完成30所标准化小学新建任务和100余所农村中小学校的校舍抗震加固改造任务。积极推进农村信息化建设，农村全部实现光纤到村，并对农业和畜牧业物联网技术应用等8个涉农项目给予支持。制定《关于进一步加强农村基层卫生服务工作的实施意见》，农村卫生服务水平明显提高，10个远郊区县人数达1 578.46万人次，农民参合率达到97.65%。

三是广泛发动社会力量参与新农村建设。市相关部门采取结对帮扶、专项对口、资金支持、捐资捐物等方式参与新农村建设，与京郊3 000多个乡村、学校、医院等结成共建对子，引导非公经济人士投入资金7.7亿元，协调侨商、侨资企业在新农村的总投资规模超过2.3亿元，公益捐助达0.2亿元。搭建“央企对接重点小城镇”活动平台，10多家央企与重点小城镇签署了合作和共建意向或协议。目前，全市已有各级党政机关和事业单位484个、在京央企、本市国企31家、民企227家、驻京部队

13家、其他单位（如国际驻华机构）和社会团体及个人200多家采取不同方式参与了北京市的社会主义新农村建设。

三、加快转变发展方式，都市型现代农业不断提升

一是都市型现代农业成果丰硕。世界草莓大会、世界种子大会、国际食用菌大会等国际性农业展会顺利推进，成功举办第十九届北京种子大会。顺义区被认定为国家现代农业示范区和国家农业产业化示范基地，怀柔区被评为“全国休闲农业与乡村旅游示范县”，北京交道富恒休闲农庄等5个农庄（庄园）被评为“全国休闲农业与乡村旅游示范点”。北京御香观光采摘园等5个休闲农业园获得全国休闲农业与乡村旅游星级企业（园区），密云县古北口镇古北口村被评为全国10个“中国最有魅力休闲乡村”之一。

二是一、二、三产业融合发展。制定《2011年北京都市型现代农业基础建设及综合开发实施方案》，基本完成30万亩农业基础设施建设任务。小麦、玉米平均单产分别达426千克和729千克。全市果品产量10亿千克，直接收入42.7亿元。新增花卉生产基地4个，总产值达15.2亿元。新增林下经济面积5.8万余亩，总产值突破15亿元。着力推进农产品加工业中小企业集合票据发行工作，已确定7家发债企业，发行额4.4亿元。举办农产品营销季系列活动，开展了“寻找北京最美的乡村”、“农村实用人才成果展”等活动，向市民免费发放采摘地图、《美丽乡村》杂志、光盘等10万余册（张），促进了休闲农业、民俗旅游业进一步发展。沟域经济快速发展，高标准完成7条沟域规划编制工作。对七条重点沟域实施生态建设、环境整治、基础设施建设、产业建设、村庄和新民居建设等五项工程，计划总投资额82.2亿元，已投入资金24亿元。

三是农业服务体系建设逐步完善。积极推进国家现代农业科技城“一城多园五中心”建设，昌平园建立设施农业、低碳农业、精准农业先导示范基地，顺义园吸引18家国内外优势企业落户，通州国际种业科技园已有20家中外企业入驻。制定《关于全面推进都市型现代农业服务体系建设的意见》；开展全科农技员队伍建设试点，新增全科农技员539名，实现“千人千村”的建设目标。实施农业骨干境内外研修工程，累计培养农民和技术人员1 230人，辐射带动生产面积8万亩。加强农业技术科研攻关和示范推广，建立各种示范区、示范基地、示范点6 000亩，辐射带动4万亩。加大农资服务体系建设，北京农资交易服务中心已投入使用，区县分销中心和基层连锁门店建设陆续展开，“三级”农资连锁网络基本建立。

四是政策扶持力度进一步加大。2011年全市级安排农业支出52.9亿元，比上年增长8.6%，高于市级财政经常性收入8.5%的增幅。在土地出让收益方面，1.1亿元用于农业基础设施与综合开发，5.6亿元用于农田水利建设。51万农户领取了粮食直补资金和农资综合补贴资金，共计2.6亿元。下达农机购置补贴资金1.34亿元。落实良种补贴资金3 467万元。安排8.61亿元支持“菜篮子”工程建设。对“新农村专项”和“小城镇专项”两项转移支付资金进行绩效考核，保证了资金专款专用和使用效益。

四、立足首都市场供应，扎实推进“菜篮子”工程

一是提升农副产品自给能力。实施基本菜田最低保有量制度，58万亩基本菜田已基本划定，新增基本菜田5.5万亩（其中设施菜田2.5万亩），建成10个千亩以上设施蔬菜标准园和10个集约化育苗场，发展外埠蔬菜供应基地4万亩。积极开展提质增效百名专家进菜园、百项技术到地头、百分竞赛选能手“三百”工程，推广实用成熟技术61项、涉及蔬菜品种56个，建立蔬菜高产高效示范点224个，辐射面积16万亩，带动瓜菜、食用菌增产6.5万吨。开展养殖业标准化改造，完成119个生猪、奶牛、蛋禽规模养殖场标准化改造和产能提升，完成25个渔业标准化生产基地建设和10个循环温室共1 632.2亩养殖水面提档升级。

二是加强农产品流通体系建设。制定了《北京市“十二五”时期农产品流通体系发展规划》，启动城区东南方向大型农产品批发市场建设，完成新发地、顺鑫石门、大洋路等农产品批发市场改造项目，对新发地农产品批发市场给予专项补贴，8种蔬菜4种水果免收入场交易费。完成19家农村集贸市场改造，“一乡一集市”工程建设基本实现全覆盖。积极推进农村商贸服务中心试点建设，10个农村商贸服务中心已建成。加大农超对接、农餐对接、农社对接力度，与全国120家农业合作组织建立合作关系，完成10家大型餐饮连锁龙头企业与京郊农民专业合作社对接；培养农产品直销示范店20余家，组织延庆绿富隆和绿菜园、大兴礼贤等农民专业合作社开设周末蔬菜市场，受到中央领导同志的肯定。

三是开展农产品质量安全示范创建活动。建立健全区（县）、镇（乡）、基地三级质量安全控制体系，依法实施农产品质量安全全程监管。推进农业标准化生产基地建立复核和分级动态管理，全市共有57个基地被评为“菜篮子”工程优级标准化生产基地。推进“三品一标”认证，新增“三品”认证产品410个，全市共有4 271个产品获得“三品”认证，占全市农产品生产量近40%以上，其中979家企业的2 083个产品获得无公害农产品认证、46家企业的202个产品获得绿色食品认证、489家企业的1 986个产品获得有机食品认证。全市200多家农业企业通过了ISO9000系列、ISO14000系列、HACCP等各类国际认证。加大上市蔬菜质量安全监测力度，严厉打击非法添加和滥用食品添加剂行为，有效确保了不发生重大农产品质量安全事件。

五、全面深化农村改革，农村发展活力逐步增强

一是完善农村基本经营制度，落实土地管理制度。制定了《北京市农村土地承包经营权登记试点工作方案》，平谷区玻璃台、大庙峪和东寺峪三个村土地承包经营权登记试点工作已完成。开展《农村土地承包法》和《农村土地承包经营纠纷调解仲裁法》贯彻落实情况检查，联合市一中院加强土地承包经营纠纷调解工作，对仲裁员进行了专题培训。积极推进农村集体土地所有权、建设用地使用权、宅基地使用权确权颁证工作，通州区于家务乡、平谷区镇罗营镇、朝阳区黑庄户乡三个试点工作已完成。

二是积极推进农村集体经济产权和林权制度改革。全市新完成产权制度改革单位 1 232 个，累计完成 3 645 个，其中，村级 3 635 个，村级完成比例达到 91.4%。3 274 个村完成农村集体林权改革，占总村数 99.2%，集体林地勘界 6.59 万宗，确权 1 300万亩，林地确权率达 97.5%，为 111.7 万山区农民发放股权证 57.75 万本，梳理完成承包合同 13.5 万本。

三是深化农村综合改革。开展农民专业合作社示范社培育创建活动，新培育农民专业合作社示范社 50家。制定《关于 2011 年开展村级公益事业建设一事一议、财政奖补试点工作实施意见》，在通州、顺义、平谷和密云 4 个区县进行试点，共确定一事一议财政奖补项目 133 个，项目建设总投资 1.3 亿元。

四是推进金融服务创新。京郊共设立小额贷款公司 33 家，村镇银行 8 家，涉农贷款余额达 1 623.3 亿元，其中农户贷款余额 40.6 亿元；扩大有效农村抵押物范围，创新担保模式，新批准项目 389 个，批准担保规模 19.09 亿元。积极支持和鼓励有条件的农民专业合作社开展信用合作，支持金融机构针对农民开展各类个性化金融服务，积极筹备、推动农村基本金融服务村村通工程建设，北京农村产权交易所累计成交项目 15 个，总成交金额 7 424.72 万元；北京农副产品交易所已有 15 家签约授权机构开展业务，成交额达 10.46 亿元。推动 50 个重点村融资工作，通过银团贷款的形式计划解决融资 642 亿元，非银团贷款余额共计 314.48 亿元。完善政策性保险制度，共实现保费收入 4.25 亿元，参保农户 21 万户次，总保险金额 108.4 亿元，赔付支出 3.2 亿元，总计赔付农户 11.4 万户次。

六、实施生态治理保护，郊区生态环境不断改善

一是提升郊区绿化美化水平。建成郊野公园 10 个，继续推进国家级三北防护林和太行山绿化工程、京津风沙源治理工程、第二道绿化隔离地区绿化工作，全市新增造林绿化面积 25 万亩。栽植各类苗木 882 万株，林木绿化率净增一个百分点，达到 54%。全市实施飞防作业 1 096 架次，预防控制面积 54.8 万亩，实施人工地面防治面积 25.2 万亩，实施生物防治 30 万亩。健全村庄绿化管护机制，5 个首都绿化美化园林小城镇、80 个首都绿色村庄达到标准。

二是加强水资源保护。完成 14 公里永定河河道生态治理任务，形成水面 270 万平方米；完成 15 万亩农田节水灌溉任务；新建农村雨洪利用工程 100 处，新增蓄水能力 150 万立方米；通州台湖污水处理厂已投入运行，日处理污水 1 万吨；完成延庆永宁、房山长阳、长沟等 3 座污水处理厂改扩建任务；建成村级公共污水处理站 32 座，日处理污水达 1.3 万吨；全年郊区污水处理量为 2.7 亿立方米。加大生态清洁小流域治理，全年治理水土流失面积 520 平方公里，建成生态清洁小流域 35 条。

三是加大村镇环境治理力度。坚持“提升一批、整顿一批、抓好一批”的村庄整治与建设模式，结合“精细管理、美化市容”活动，对 1 085 个村庄进行了整治，提升了村庄环境整体水平。加快农村地区生活垃圾分类投放、分类收集、分类运输和分类处理全过程管理体系建设，1 030 个行政村完成了垃圾分类系统建设和运行。广泛开展环境优美乡镇和生态村创建活动，5 个乡镇、407 个村达到环境优美乡镇和生态村的标准。

七、加强农村基础工作，农村基层建设全面加强

一是加强农村党组织建设。实施领导干部“领航工程”、基层党组织“聚力工程”和共产党员“先锋工程”，深入推进农村创先争优活动暨“三级联创”强基固本工程，推广村村联建、产业带动、村企联建、村居联动等多种组织设置方式，充分发挥农村基层党组织在推进城乡一体化发展中的作用。圆满完成乡镇领导班子换届工作，全市乡镇党委领导班子文化结构、年龄梯次得到了较大改善。开展后进村党组织整顿建设，255 个后进村党组织通过结对帮扶等措施转化明显。

二是加强农村干部党员队伍建设。全年共培训乡镇党委书记、乡镇长、村党组织书记 600 人，轮训农村党员 14.5 万人。扎实推进廉政风险防范管理向农村基层重要部门和岗位延伸，基本实现风险防控全覆盖；建立健全了农村集体资金、资产、资源管理制度体系，扩大村级会计委托代理服务，目前已覆盖 3 768个村。开展农村基层干部反腐倡廉教育培训 1 606次，98 803 人。积极推进农村基层干部勤廉双述和村民评议村干部工作，4 256 名乡镇干部和9 639 名村干部按要求认真述职，19 592 名村干部接受村民评议。加大农村基层干部任期和离任经济责任审计力度，共审计 4 025 人。

三是加强基层民主政治建设。进一步推进农村基层党务公开，指导各级党组织制定完善党务公开目录，建立健全公开制度，探索出精细化公开、组合式公开、点题式公开、全程式公开等经验做法。完善农村民主监督机制，制定了《关于建立村务监督委员会工作的意见》，基本完成建立村务监督委员会的工作任务，105 个“难点村”已全部完成治理任务。

四是加强农村社会建设。加快新建住宅区、城乡结合部地区、农村拆迁新建小区、流动人口聚居地的社区组建工作，全市新建社区居委会 22 个，实现无缝隙管理。积极推进村庄社区化服务管理创建活动，805 个村实施了社会化管理。开展“农村社区建设实验全覆盖”创建活动，1 700 个农村社区服务站标准化建设全部完成。深入推进农村社会治安防控体系建设，农村地区黄赌警情同比下降 57%。

五是加强精神文明建设。制定《关于进一步加强新形势下首都农村精神文明建设工作的实施意见》，举办第 21 届北京市农民艺术节暨首届北京乡村戏剧节，组织群众文化活动 100 多项、3 000 场。加大乡村新风新事新成果宣传力度，全年中央及市属主要媒体播发稿件共 500 多篇。对 53 个“北京最美的乡村”开展了“相约美丽乡村”主题宣传活动，打造了“北京最美的乡村”品牌。

全市社会主义新农村建设在快速推进的同时，也面临着不少挑战。缩小城乡居民收入差距，促进农民持续增收的任务越来越艰巨；在城镇化进程中，保障农民土地承包经营权、宅基地使用权、集体收益分配权等权益的担子越来越重；郊区产业融合发展的途径和手段需要深入探索破解；密切干群关系、化解各种社会矛盾的任务仍然十分艰巨。

（市农委新农村建设督察处　高精华）

城乡结合部 50 个重点村建设

2010 年初市委市政府全面启动城乡结合部 50 个重点村城市化工程。重点村建设以科学发展观为指导，按照“安居、乐业、一体化”目标，政府主导、农民主体，统筹落实“调、拆、建、转、管”重点任务，彻底转变重点村发展方式、生活方式和社会形态，是城乡结合部建设一次大规模的探索。

【重点村建设背景】 重点村建设是在 2008 年奥运会和新中国成立 60 周年大庆之后，大力推进中国特色世界城市建设的特殊阶段，在人口资源环境矛盾最尖锐、利益诉求最复杂、城乡二元体制性障碍最明显、社会秩序最紊乱的特殊地区，一项维护首都长治久安的特殊政治任务，同时也是造福群众的民生工程和推进城乡一体化发展的创新工程。

1. *实现首都功能的必然要求*。流动人口在城市，主要又是在城乡结合部快速聚集，一方面推动了城市快速发展，另一方面会产生一系列的政治、经济、社会问题。由于当前中国处在高速城市化阶段，城乡发展差距大、区域发展差距大，北京聚集大量流动人口，目前全市义务教育学生中 40%是外来务工子女，全市医院分娩孩子中 60%属于流动人口，北京作为首都，在推进城乡结合部建设过程中，有更紧迫的历史感、有更崇高的责任感。城乡结合部矛盾是一个世界性难题，存在发展中国家“首都现象”，全球 30 个最大的贫民窟，其中有 24 个位于其所在国家的首都。北京能不能避开这个发展中国家发展的陷阱，能不能解决希望积累了近 20 年的矛盾和问题，能不能有效破解存在固化近 60 年的城乡二元的体制性障碍，能不能让存在成百上千年的村庄实现健康都市化，必须有攻坚克难的政治智慧、政策策略。北京作为一个人口近 2 000 万的超级大城市，面对社会结构的变动、社会形态的变迁、社会治理的挑战，以首善标准建设首都，要有解决城乡结合部问题的政治勇气、执政能力。

2. *首都发展阶段的必然要求*。城乡结合部的矛盾和问题的产生、发展、消亡是一个历史过程，主客观条件都已成熟，到了下力气解决城乡结合部矛盾和问题的发展阶段。在这个历史阶段就要承担起这个阶段历史责任，完成历史赋予的使命。目前，北京人均地区生产总值超 1 万美元后，按照世行标准，正在迈向高收入地区行列，在城乡结合部地区以科学发展观为主题，转变发展方式的工作主线极为明显，迫切要求改变依靠低端、不受法律保护、不可持续的“瓦片经济”生存发展的局面。城乡结合部建设不但要付出巨大的建设成本，还要付出巨大的无形成本，必须敢于担当、敢于碰硬、敢于创新，发挥体制优势，各项任务才能扎实推进。经过成功筹办奥运会，成功举行国庆 60 周年庆典活动，北京精神得到进一步升华，体制基础得到了进一步检验，能够承担起这一历史任务。城乡结合部建设是要通过城乡一体化发展，实现这一地区的城市化。“十二五”期间我们要率先形成城乡一体化新格局，更要在城乡结合部取得突破。按照“先难后易”的原则先进行 50 个重点村建设，就是反弹琵琶，尽快缓解人口资源环境紧张局面，降低城市化成本，一举打开工作局面。城乡结合部建设受到社会广泛关注，大家积极建言献策，总结经验教训，政府进行试点试验，凝聚各方智慧，已经形成了难得的共同推进城乡结合部建设的社会共识，这是重点村建设最深厚的群众基础。

3. *城乡一体化实践的必然要求*。市委市政府一直高度重视城乡结合部建设，特别是改革开放以来，加快边缘集团建设、推动“退三（环）进四（环）”产业结构调整，进行绿隔地区建设，加强“城中村”改造，进行奥运环境整治，在 2009 年还启动了海淀区北坞村和朝阳区大望京村试点，对城乡结合部建设作出积极探索。这些探索既有政府主导，主动推动城乡化的探索，也有以村集体经济组织为主要依托，农民主导，主动推进城市化的探索。50 个重点村建设，正是在充分总结以往经验教训，进一步探索了城乡结合部建设模式。由于对重点村建设地位作用的深刻认识、对发展规律的正确把握、对历史责任的主动担当，充分体现了模式自觉；由于放眼全局、展望未来、凝聚共识、抓住机遇，开创一条健康城市化道路，经受住历史的检验，也充分体现模式自信。

【重点村建设进展】 50 个重点村分布在 9 个区 33 个乡镇街道，涉及 73 个行政村 133 个自然村。村域总面积约85.3平方公里。户籍人口21.4万人，流动人口超过100万。重点村建设需要拆迁2 917.2万平方米，整理出45平方公里土地，其中7.8平方公里建回迁安置房1 500万平方米，3.3平方公里建集体产业用房620万平方米，13平方公里回建绿地，16.9平方公里平衡建设资金、完善城市功能，4平方公里建设交通、医疗、卫生、水务等公共基础设施。

到2011年12月，50个重点村已完成38个拆迁，12个在拆，共拆除住宅产权院36 000多个，拆除非住宅单位近4 500个；回迁安置楼建设都在按照动迁后两年左右时间回迁目标加紧工作，35个村已启动建设，建成114.1万平方米，已有6个回迁；全部启动集体经济产权制度改革，已有37个完成；整建制农转居工作已启动，已有13个村基本实现；另外，制定了集体产业发展意见，各区根据实际情况加大了对被拆迁农民转移就业和稳定就业的支持力度，明确了回迁安置小区的管理思路、管理体制和社区建设标准。

【重点村建设模式】 城乡结合部重点村建设的模式是政府主导、农民主体、协力推进，政府主动承担起统筹、协调、组织、服务职责，让农民充分融入到首都城市化进程之中，实现健康城市化。

1. 政府主导。政府主导本质就是要把握发展的大趋势、工作的大格局、政策的大方向、资源的大统筹。一是坚持城市化发展方向。通过城乡一体化实现城市化，彻底改变这一地区的生产生活方式，缓解北京人口资源环境矛盾，维护首都的长治久安，推进世界城市建设。二是坚持保护农民利益政策取向。通过重点村建设，让农民在自己的土地上共同富裕起来，成为有资产的新市民，主动融入到首都城市化进程中来。农民得到了合理拆迁补偿，集中上楼，有保障就业的集体产业发展用地，整建制转居，产权改革保障集体资产收益，实现城市社区化管理，享受到城市社会公共服务。坚持保护农民利益的政策取向是经验教训的深刻总结，是调动农民主体积极性的重要举措，是各项政策集成的基本准则。三是坚持实事求是工作导向。重点村建设要破解城乡二元体制性障碍，有管理权能的重新调配，有建设资源的重新分配，有复杂的利益关系的重新调整，需要实事求是地转变政府职能，提高行政效率。重点村建设不是传统的环境整治，不是农村的新民居建设，是一场深刻的社会转型，构建一个全新的社会形态，要实事求是地帮助农民适应城市化的巨大转变。重点村建设涉及到群众的切身利益，要坚持群众路线，做好新时期的群众工作，在社会转型过程中塑造好一个个社会主体。

2. 农民主体。重点村建设要经得住历史的检验，而经得住历史的检验关键是群众认可，群众认可的重要检验标准是农民成为完整的主体。首先是农民要成为利益主体。重点村建设与既有城市化道路的讨论一样，有廉价和昂贵的争辩，有农民暴富和最后一次剥夺农民的议论，问题反映的本质是农民是否是城市化的利益主体。重点村建设在这方面做出了积极的探索。让农民作为利益主体，就要赋予他们财产权和民主权。这是重点村建设探索的重要价值之一。其次，要看到有财产权就有财产权行使的责任，有民主权就有民主权行使的责任。权责对等，农民作为社会个体，在赋予权力的同时还赋予责任，即赋予自我责任和社会责任。在重点村建设过程中，需要不断行使自己的权力、特别是民主权力，承担起相应的责任，最为直接尖锐的就是农民要清楚自己为了长远利益要放弃什么，为了根本利益要选择什么。这是重点村建设更高的价值追求。最后，还要让农民成为市场主体。农民奔小康，不是政府“背”着奔，而是“领”着奔。农民实现美好生活的新期待，根本出路是在市场竞争中求生存、求发展。重点村建设就要把农民塑造成市场主体。农民成为市场主体，需要培育出就业和创业能力、资产和资本经营能力，这具有更深远的历史意义。

3. 协力推进。政府主导和农民主体有机结合起来，就构成了完整的重点村建设模式。这种协力推进的途径，一是以统筹促转型。在目前经济社会转型阶段，重点村是转型的典型区域。城乡结合部的矛盾和问题是城乡二元结构造成的，解决城乡结合部矛盾和问题，遇到最大障碍也是城乡二元结构。要破解城乡二元结构，必须城乡统筹，走城乡一体化发展道路。通过城乡规划一体化、城乡产业发展一体化、城乡社会保障一体化、城乡基础设施一体化、城乡公共服务一体化、城乡管理体制一体化，实现经济社会转型。二是以转变求效益。转变就是转变发展方式，追求良好的经济和社会效益。北京有丰富的高端经济发展要素，城乡结合部有承载高端发展要素的区位优势，这些良好的发展“基因”决定了发展的结构，决定了转变的路径，决定了发展的效益。重点村建设需要转变政府职能，用好行政手段去推动工作开展，利用市场手段去配置好生产要素，从而真正实现发展方式的转变。三是以改革塑主体。重点村建设是一场深刻而广泛的改革。这场改革的重要任务是把农民主体地位塑造出来，让农民有基础、有条件、有能力、有途径在改革过程中过“民主关”、过“市场关”。

【重点村建设举措】 重点村建设目标就是安居、乐业、一体化。安居就是住有所居、生活便捷、社会和谐、环境优美、文化丰富；乐业就是经济繁荣、就业稳定、共同富裕；一体化就是按照率先形成城乡经济社会一体化新格局的要求，在这一地区填平城乡二元的制度鸿沟，让市民生活更美好、让北京发展更均衡，让首都环境更宜居，实现健康城市化。这些工作目标分解到具体工作环节就是“调、拆、建、转、管”五大任务。

1. 调。其本质就是破解城乡二元的体制机制制度，赋予农民以资源权。一是政策集成，破城乡二元制度。这次重点村建设，“一村（乡）一策”进行规划调整、农村集体经济组织参与重点村项目建设、在集体土地上建设租赁房、融资服务创新、农村拆违控违、整建制农转居、跨区域统筹建设资源、回迁安置房质量全程监督、建设充分就业社区（村）等，都是集成既有政策，有效破解了城乡二元制度。二是城乡统筹，破除城乡二元体制。按照率先形成城乡一体化新格局的部署，发改、规划、国土、住建等市各部门都解放思想，建立健全内部工作机制，解放思想，统筹城乡发展。比如城市建设和农村发展目标的有机结合、集体建设用地的合理利用、基础设施的配套等都是按照城乡一体化思路去安排工作、部署任务。三是部门联动，破除城乡二元机制。成立城乡结合部建设领导小组，统筹城乡结合部建设，成立领导小组办公室，进一步加强各部门联动，不替代各职能部门的职责，不改变各区实施主体地位，不包办各项建设任务，城建部门、农口部门、综合部门一起推进城乡一体化发展。

2. 拆。其本质就是在打破原有的生产、生活、生存方式的同时，赋予了农民合理财产权。重点村人口资源环境矛盾极为突出，“喝得上好酒喝不上好水，买得上好车走不上好路，对得起胃对不起肺”，生存方式恶劣。由于各种历史原因，以“瓦片经济”为主，城市高端经济形态与重点村低端经济形态形成鲜明对立，虽然投入少、见效快，但隐患极多，不受法律保护，生产方式不可持续。重点村环境脏乱差，社会秩序混乱，社会和谐稳定压力极大，生活方式隐患重重。“拆”在表面上看是拆一座座建筑物，但实质上是拆掉原有生产生活生存方式的依存物，为新的生产生活生存方式腾出新的空间。重点村拆迁补偿政策充分尊重历史、尊重现实，保持政策的区域平衡和前后平衡，人均得到50平方米的回迁安置房，得到近30万元的货币补偿，得到劳均50平方米产业用房，等等，保障了农民的合理财产权。

3. 建。建即建设，其本质就是发展方式，“建”的过程就是赋予农民生存权和发展权。“建”与“拆”相对应，不仅仅是建一幢幢的建筑物，实质上是为新的发展方式提供新的物质载体。重点村有农村回迁安置房建设，有社会各群众居住小区建设，更重要的是有集体产业发展空间建设，有经济发展空间建设，有城市生态空间建设，有城市社会发展设施建设等，从而是落实城市总体规划、完善首都城市功能的一次重要机遇。重点村建设不仅解决城市发展问题，还要解决农村发展问题，还要为流动人口提供更好的创业环境、生活环境，是一种包容式、开放式发展方式。就原住民而言，不再依靠违法经营和私搭乱建生存发展，而是通过整建制农转居、集体产权制度改革、转移就业等措施，成为拥有集体资产的新市民，带着资产进城，从而走上一条共同富裕的健康发展道路。

4. 转。其本质就是让农民成为带着集体资产进城的新市民，主要是赋予农民以市民一样的平等权，今后农民就只是职业标识，而不再是身份的标识。一是转居，即整建制农转居。这次重点村建设，集成已有创新政策，从社会公平角度创新城乡一体化社会保障制度，不再视土地为农民社会保障的重要依托，进行整建制农转居。农民转居后有城市社会保障，还有集体资产特别是集体土地，这在全国都有示范意义。二是转制，即产权制度改革。按照“资产变股权、农民当股东”的方向，加快集体经济产权制度改革，建立新型股份合作制集体经济组织。重点村的产权制度改革不但将集体资产全部量化到个人，还逐渐把集体土地这些资源性资产量化到个人，从而促进了农民市民化进程。三是转移就业。重点村强化基层就业服务平台建设，实施“一对一”的跟踪服务，制定社会保险补贴、交通补贴、外出就业奖励等促进就业政策，为农民提供更好的就业环境。

5. 管。管是指管理，其本质就是运行方式，重点村在转变运行方式的同时，赋予了农民民主权。要实现科学管理，重点不在管，而在理。理顺体制，把产权关系理清，经济管理和社会管理分开，实现体制无缝对接、平稳转变。理顺机制，把管理的责任主体确定好。理顺情绪，让农民作为主体参与到民主管理当中来。特别是重点村建设，村民大会或村民代表大会通过的重点村建设方案，理顺个别农民的偏执心理；进行拆迁补偿，理顺个别农民的攀比心理；今后建成现代化城市小区后，还要让农民自觉维护发展环境，自觉参与社区建设，自觉转变生活方式等。通过一系列的制度设计和政策引导，引导实现重点村社会健康有序转型。

附件：北京市城乡结合部50个重点村名单

北京市城乡结合部50个重点村涉及9个区、34个乡镇（街道）、52个行政村（社区），包括自然村108个。

<table>
<tr><th rowspan="2">区县</th><th rowspan="2">挂账重点村</th><th colspan="2">行政村（社区）</th><th rowspan="2">独立建设的自然村</th><th rowspan="2">自然村</th></tr>
<tr><th>含一个自然村</th><th>含两个以上自然村</th></tr>
<tr><td>朝阳</td><td>9</td><td>2</td><td>5</td><td>2</td><td>21</td></tr>
<tr><td>海淀</td><td>8</td><td>4（含唐家岭片区土井行政村）</td><td>4</td><td>1</td><td>20</td></tr>
<tr><td>丰台</td><td>8</td><td>1</td><td>3</td><td>4</td><td>25</td></tr>
<tr><td>石景区</td><td>3</td><td>2</td><td>1</td><td></td><td>11</td></tr>
<tr><td>大兴</td><td>8</td><td>8</td><td></td><td></td><td>8</td></tr>
<tr><td>通州</td><td>4</td><td>2</td><td>2</td><td></td><td>11</td></tr>
<tr><td>顺义</td><td>2</td><td>2</td><td></td><td></td><td>2</td></tr>
<tr><td>昌平</td><td>7</td><td>8（七里渠为两个行政村）</td><td></td><td></td><td>8</td></tr>
<tr><td>房山</td><td>1</td><td></td><td></td><td>1</td><td>1</td></tr>
<tr><td rowspan="2">总计</td><td rowspan="2">50</td><td>29</td><td>15</td><td rowspan="2">8</td><td rowspan="2">108</td></tr>
<tr><td colspan="2">44</td></tr>
</table>

朝阳区

涉及50个重点村中的9个村，行政村7个，独立建设的自然村2个。

长店村：该村为金盏乡下属行政村，除本村外，还包括张万坟自然村。

北皋村：该村为崔各庄乡下属行政村。

官庄村：该村为王四营乡下属行政村，除本村外，还有唐家坟、大柳树、陶庄、垡头四个自然村。

龙爪树村：该村为小红门乡下属行政村，除本村外，还有南双旗杆、少角、宋家楼、郭家庄等4个自然村。

西店村：该村为高碑店乡半壁店村下属自然村。

姚家园村：该村为平房乡下属行政村，除本村外还有一个板城自然村。

十八里店村：该村属十八里店乡下属行政村，除本村外还有二堡子、草家坟两个自然村。

北苑村：该村为来广营乡红军营村下属自然村。

驹子房村：该村为东坝乡下属行政村，除本村外还有一个康各庄自然村。

海淀区

涉及50个重点村中的8个，行政村8个，独立建设的自然村1个。

八家村：该村为东升乡下属行政村。

中坞村：该片区包括中坞、船营、后窑、东关长等四个自然村，均为四季青镇玉泉村下属自然村

振兴社区：隶属于四季青镇，包括柴家坟、双槐树、行集寺、十王坟等四个自然村。

后营社区：隶属于海淀乡树村。

肖家河社区：该村为海淀乡下属行政村。

门头村：该村四季青镇下属行政村。

唐家岭村：该片区还包括土井行政村，均属西北旺镇，除两个本村外，还包括一个隶属于唐家岭村的邓庄自然村。

六郎庄村：该村属海淀乡树村的一个自然村。

丰台区

涉及50个重点村中的8个村，行政村4个，独立建设的自然村3个，管委会1个。

石榴庄村：隶属于南苑乡大红门街道，除本村外，还包括双庙村、白庙村和曹家沟三个自然村。

西局村：该村为卢沟桥乡所属行政村。

久敬庄村：该村为南苑乡大红门村所属自然村。

槐房村：该村为南苑乡下属行政村，除本村外，还包括赵王庄、新林庄、同合庄、义顺庄、北天津庄、二河庄、任家庄、王庄子、杨庄子、高庄子、八大排11个自然村。

吴家村：该村为卢沟桥乡小瓦窑所属自然村。

白盆窑村：该村花乡下属行政村，包括东白盆窑、西白盆窑、东白家窑、西白家窑、汾庄村等5个自然村。

后泥洼村：该村为卢沟桥乡周庄子村所属自然村。

夏家胡同管委会：现隶属于花乡农业总公司下属企业。为加强村内行政管理，2007年10月成立夏家胡同管委会。

石景山区

涉及50个重点村中的3个，为全部转居的社区。

老古城前街社区：隶属于古城街道。

边府社区：隶属于苹果园街道，下辖金王府、申王府、雍王府、后屯、石河村、礼王坟、西小府、塔院、福寿岭等9个自然村。

衙门口南社区：隶属于鲁谷街道。

大兴区

涉及50个重点村中的8个村，均为行政村。

东一村：该村为瀛海镇下属行政村。

庑殿二村：该村为旧宫镇所属行政村。

庑殿三村：该村为旧宫镇所属行政村。

三合庄村：该村为黄村镇下属行政村。

小陈庄村：该村为黄村镇下属行政村。

二村：该村为西红门镇下属行政村。

四村：该村为西红门镇下属行政村。

八村：该村为西红门镇下属行政村。

通州区

涉及50个重点村中的4个村，均为行政村。

杨庄村：该村为永顺镇下属行政村，除本村外，还包括复兴庄村、黄瓜园村、西果园村等3个自然村。

高楼金村：该村为梨园镇所属行政村，包括花庄、东小高力庄、西小高力庄、金庄、娄子庄等5个自然村。

北神树村：该村为台湖镇所属行政村。

六合村：该村为宋庄镇下属行政村。

顺义区

涉及50个重点村中的2个村，均为行政村。

梅沟营村：该村为仁和镇下属行政村。

天竺村：该村为天竺镇所属行政村。

昌平区

涉及50个重点村中的7个，行政村8个。

回龙观村：该村为回龙观镇下属行政村。

燕丹村：该村为北七家镇下属行政村。

东三旗村：该村为北七家镇下属行政村。

七里渠南、北村：为隶属于沙河镇的两个行政村。

中滩村：该村为东小口镇下属行政村。

贺村：该村东小口镇下属行政村。

马连店村：该村东小口镇下属行政村

房山区

涉及50个重点村中的1个村：

东羊庄村：为独立建设的自然村，属于拱振街道。

（北京市城乡结合部建设领导小组办公室　王广双　胡睿宪）

都市型现代农业

概 述

2011年，郊区农村坚持都市型现代农业发展方向，大力发展籽种农业、设施农业、会展农业、循环农业、休闲农业、打造郊区农业品牌。按照建设高科技、现代化、高效益“菜园子”的标准，提高首都农产品的供给能力和农业生产率。积极发展节水、节地农业，提高农业的劳动生产率，降低农业对资源的消耗水平。

种 植 业

【概述】 年内，农作物播种总面积453.9万亩，其中：粮食作物314.1万亩，经济作物11.8万亩，其他农作物128.0万亩。粮食作物中：夏粮87.2万亩，其中：冬小麦87.2万亩。秋粮226.8万亩，其中：玉米210.8万亩，豆类9.4亩，薯类3.5万亩，水稻0.4万亩。经济作物中：油料7.3万亩，棉花0.7万亩，药材3.8万亩。其他农作物中：蔬菜100.2万亩，饲料6.8万亩（其中牧草1.6万亩），瓜类及草莓12.3万亩（其中西瓜11.0万亩），花卉4.4万亩。

【落实粮食直补政策】 年内，全市各项补贴总面积达301.6万亩，补贴资金达3.31亿元。其中：粮食直补资金2.64亿元（包括粮食直补12 915.3元，农资综合补贴资金13 463.7万元）；生态作物补贴资金3 553万元；中央财政农作物优良品种补贴资金3 141万元。

【开展高产创建活动】 年内，小麦、玉米高产创建示范区60万亩。22万亩全市小麦高产创建示范区平均亩产425.9千克，比计划指标增产12.1%；示范区亩均效益513.2元，比2010年示范区增21.3%。38万亩全市玉米高产创建示范区平均亩产723.0千克，比计划指标增17.9%；示范区亩均效益1 148.3元，比上年示范区增38.9%。

【北京都市型现代农业基础建设及综合开发】 2011年，工程总计实施面积85万亩。全年有机肥、配方肥应用面积85万亩。农田培肥工程实施三年以来，土壤养分综合指数达到67.5，比2009年的56.1提高11.4，土壤肥力提高到中等水平，有机质含量提高0.2%左右。实现减少化肥用量4万多吨。大力开展生物农药、生防产品技术的物化补贴，推广10项生物防治产品、5项绿色防控技术，统一释放赤眼蜂200亿头，防治玉米螟118万亩次，全市总计生防面积达300万亩次，实现减少化学农药214吨。推进专业化统防统治社会化服务，累计完成专业化统防统治面积330万亩次，同比增222万亩。通过农业基础建设及综合开发节水配水工程的实施，实现节水灌溉85万亩。实现全年农业节水3 900万立方米。

【实施测土配方施肥工程】 2011年，9个项目区县共实施测土配方施肥面积490.60万亩；主要农作物应用测土配方施肥技术后，增产增收效果明显。调查统计表明：小麦平均每亩增产20.63千克，总增产1.75万吨，每亩增收节支49.60元，总增收节支4 216.00万元；玉米平均每亩增产27.16千克，总增产5.26万吨，每亩增收节支68.39元，总增收节支13 233.47万元；经济作物平均每亩增产19.14千克，总增产0.43万吨，每亩增收节支61.84元，总增收节支1 379.03万元；蔬菜平均每亩增产126.50千克，总增产8.39万吨，每亩增收节支129.74元，总增收节支8 601.76万元；果品亩均增产40.77千克，总增产2.81万吨，亩增收节支107.02元，总增收节支7 384.38万元；其他作物平均每亩增产30.68千克，总增产1.67万吨，每亩增收节支46.27元，总增收节支2 521.72万元。全市各类农作物总增产20.31万吨，总增收节支3.73亿元。

【实施农田节水工程】 2011年，在全市10个远郊区县共建立了225个5.0万亩的农业节水综合示范区，辐射推广154万亩次。据初步统计，示范区蔬菜、果树和粮经作物年亩均节水分别为167立方米、89立方米和44立方米，亩均减少肥料投入36千克、25千克和6千克，亩均节本增收916元、605元和79元；示范基地亩均节水30%以上，节肥20%以上，节本增收10%以上。全年可实现节水4 100多万立方米，经济、社会和生态效益显著。

【落实京津风沙源草地治理任务】 2011年，在延庆、密云、昌平、怀柔、门头沟、平谷6个区县建设人工种草（基本草场）5万亩，围栏封育3万米，草种基地0.15万亩，暖棚建设10万平方米。通过人工种草，冬春季覆盖可减少土壤风蚀量8～10吨/亩，抑制农田扬尘效果非常明显。平均实现每亩收入300元。

【落实退耕还林巩固成果口粮田建设任务】 2011年，在门头沟、昌平、平谷、怀柔、密云、延庆、房山7个区县建设基本口粮田54 849亩。主要开展耕地质量提升与田间基础改造两项工程。退耕还林区口粮田综合生产能力明显提高。

【设施农业建设稳步推进】 按照市新一轮“菜篮子”工程建设的总体部署，2011年共计建设完成设施农业3.2万亩，其中日光温室2.5万亩（其中包括70个国家农业综合开发设施蔬菜项目1.5万亩），钢架大棚0.58万亩，连栋温室0.025万亩。

【完成5.5万亩新菜田建设任务】 2011年新建菜田面积5.5万亩，其中设施农业2.6万亩，露地菜田2.9万亩。

【创建10个设施蔬菜标准园】 2011年在全市创建10个千亩设施标准园，实现“规模化种植、标准化生产、安全化控制、现代化装备、品牌化经营、企业化管理和社会化服务”。集约化育苗技术、标准化高产高效栽培技术、科学水肥技术、现代省力化农机技术和现代植保技术等五套集成技术配套进园。标准园茄果类蔬菜产量比全市平均产量高40%，减少农药、化肥用量20%左右，主要蔬菜病虫为害损失率控制在15%以下，园区的产品实现了100%合格。

【创建10个集约化育苗场】 2011年创建10个集约化育苗场，育苗2 140万株，供应生产面积近万亩。制定了主要蔬菜育苗标准规范，培训了120名蔬菜育苗技术骨干。通过建立标准、技术操作规范和育苗技术培训，全市育苗技术得到了较大提升。

【蔬菜提质增效“三百”工程成效显著】 2011年在全市实施以“百名专家进菜园”、“百项技术到地头”、“百分竞赛选能手”为核心的蔬菜提质增效“三百”工程，整合全市蔬菜行业100名专家及技术人员，深入生产一线解决生产实际问题，筛选集成涵盖蔬菜产前、产中、产后三个环节的成熟技术共117项。以黄瓜、番茄、甜（辣）椒、茄子、食用菌、西甜瓜6种作物为重点，开展高产高效示范创建工作，评选出79名市级设施蔬菜种植能手。

【北京重大植物疫情阻截带建设工作完成】 经过两年建设，建成了60个植物疫情监测点、12个区县植物检疫检验室，升级改造了市级植物检疫隔离网室。建设项目于10月20日通过了专家组验收。

【北京植物检疫性有害生物补充名单修订】 修订、完善、调整、补充形成了新的补充名录共9种，出台了《北京市农业局关于发布北京市农业植物检疫性有害生物补充名单的公告》（京农发［2011］16号），向社会进行了公告。

【种植业行政许可和执法监督工作进展顺利】 年内，共办理《农作物种子经营许可》32件；办理《农作物种子质量检验机构资质考核》1件；办理《肥料登记》633件，发放“北京市肥料登记证”506个，其中正式登记286个、临时登记61个、变更登记159个，农业部肥料登记初审127件；办理《植物检验检疫》733件，省际间植物及其产品（农作物）调运检疫256件，引进国外农作物种苗检疫290件，农业植物繁殖材料的产地检疫187件；办理《农药非行政许可审批》124件。全年立案查处11起种子案件，罚没款总额10.82万元，没收种子1 262千克，其中涉及两起刑事案件，逮捕犯罪嫌疑人4人；查处肥料违法案件3起，罚款6 360元，责令企业就地封存涉案肥料60多吨；查处4起无植物检疫证书调运种子的行为，1起销售无调运检疫证书的小麦种子，5起销售“无证”种子等违法行为，共计罚款500元；查处农药违法案件1起，没收违法所得人民币16 064元，并罚款人民币32 128元。

（市农业局　任辉霞　贺建德　喻绍春　雷　杰　张立新）

畜　牧　业

【概述】 年内，畜牧管理工作围绕建设都市型现代农业目标，以项目为抓手，切实落实“十二五”发展规划，全市畜牧经济稳步发展。全年肉类总产量达到44.4万吨，鸡蛋产量14.73万吨，生鲜乳产量64.1万吨，自给率分别达到31%、56%、58%，产值达到162.7亿元，占农业产值的44.8%。生猪、牛、羊、家禽出栏量分别为312.2万、11.4万、78.62万、10 736.65万头（只）；全年生猪、牛、羊、家禽存栏量分别为179.34万、21.09万、57.77万、2 662.84万头（只）。饲料总产量350万吨，饲料销售额预计达280亿元。具体数量见下表：

2011年主要畜禽品种数量

区　域		生猪（出栏，万头）	肉禽（出栏，万头）	蛋鸡（存栏，万只）	奶牛（存栏，头）
全市		312.2	10 736.65	1 448.16	150 650
生态涵养保护区	平谷区	35.44	718.84	274.34	1 036
	怀柔区	9.60	1 186.02	43.72	10 952
	密云县	21.41	2 784.90	246.76	21 064
	延庆县	10.23	1 088.80	296.24	20 443
	门头沟区	0.69	337.56	7.77	316
	合　计	77.37	6 116.12	868.83	53 811

（续）

区　域		生猪（出栏，万头）	肉禽（出栏，万头）	蛋鸡（存栏，万只）	奶牛（存栏，头）
城市发展新区	顺义区	96.49	1 194.75	114.85	18 487
	房山区	38.88	1 162.66	151.64	10 408
	通州区	29.82	802.43	53.92	20 211
	大兴区	55.85	1 294.40	136.36	30 006
	昌平区	10.11	121.50	104.03	10 938
	合　计	231.15	4 575.74	560.80	90 050
城市功能拓展区	朝阳区	0	0	0	3 179
	丰台区	1.07	8.25	12.42	968
	海淀区	2.61	36.54	6.11	2 642
	合　计	3.68	44.79	18.53	6 789

【继续推进畜禽良种产业发展】 种业项目促畜牧良种产业提质增效。2011 年争取市财政资金 5 100 万元,并引导社会投资 6 000 万元，共计 1.1 亿元，提升畜禽良种产业。一是推进畜禽良种产业科技示范园建设，建设礼贤奥天种猪、中地畜牧良种奶牛和华都峪口蛋种鸡 3 座具有国内先进水平的畜禽良种产业科技示范园区。二是推进高代次良种畜禽场建设项目，通过配备现代技术和装备，提升本市 12 家畜牧龙头企业生产能力和育种水平。2011 年种业项目资金已经拨付区县级财政，设施设备采购招标工作即将启动。国家良种工程项目助推良种产业发展。组织实施国家良种工程建设项目，做到“建设一批、申报一批、储备一批”。2010 年国家良种工程项目正式完工投产，建设内容为蛋鸡原种场新品种培育和利木赞牛原种场建设；2011 年良种工程项目已完成项目前期建设准备工作，建设内容为农大三号蛋种鸡科技园和良种奶牛科技园建设；组织完成 2012 年国家良种工程项目入库工作，建设内容是种公牛站建设项目。畜禽良种生产基地建设稳步推进。通过商品场改造提升种畜禽场、低代次提升为高代次、改新建高代次良种畜禽场等项目的实施，全年本市增加现代化种畜禽场 5 家，改扩建种畜禽场 31 个。一批龙头种畜禽生产企业生产能力和技术水平进一步提升，其中顺鑫农业集团小店畜禽良种场、北京六马养猪科技有限公司、养猪育种中心三家企业入选国家生猪核心育种场行列，代表了全国生猪育种的最高水平。开展种畜禽种质检测和选育，提高市场竞争力。规范开展种猪、奶牛生产性能测定，获得完整、准确的生产性能记录，作为品种选育的依据。开展奶牛生产性能测定 30 500 头，完成种猪生产性能测定 2.13 万头，开展生猪良种精液质量检测 800 剂，提升了全市种畜禽质量，提高了种畜禽市场竞争力。

【继续加快畜牧业生产方式转变】 畜牧业“菜篮子”系统工程有序开展。2011 年组织全市开展畜牧业“菜篮子”系统工程建设，投资 3 300 万元，对 60 个生猪、奶牛、蛋鸡、肉鸡规模养殖场（小区）实施标准化升级改造，推进本市肉、蛋、奶产品实现规模化、集约化、标准化生产，实现肉、蛋、奶的有效供给。产业发展资金项目进展顺利。争取财政资金 2 652万元，重点扶持本市具有绝对产业优势的生猪、奶牛、蛋鸡、肉鸡等主导产业，重点是更新和完善畜牧业生产环节中现代化设施设备。通过 14 家高标准典型示范场建设，加强生猪、奶牛、蛋鸡、肉鸡的标准化生产体系建设。生猪产业、奶牛规模场改扩建项目扎实推进。组织实施 2010 年改扩建项目（跨年度项目）。2010 年国家发展改革委、农业部安排资金 2 510万元，对 27 个生猪规模场、11 个奶牛规模场进行标准化改造。建设内容为改造场区水电路工程、建设粪污处理设施、防疫设施及配套技术服务。该项目跨年度进行，目前 2010 年规模场标准化改造全部完毕，即将开展竣工验收工作。组织实施 2011 年改扩建项目，对全市 22 个生猪规模场、6 家奶牛规模场进行改扩建。积极申报 2012 年改扩建项目。会同市发改委组织 28 家生猪、奶牛规模养殖场申报 2012 年项目。项目的实施进一步提升了北京市生猪、奶牛标准化、规模化水平。产业化项目促进生猪产业健康发展。组织北京二商大红门肉类食品有限公司、北京资源亚太食品有限公司申报实施 2011 年国家生猪产业化项目。项目总投资 3.05 亿元，争取中央财政投资 2 500 万元，引导企业投资 2.8 亿元，重点发展养殖基地建设和肉类屠宰加工基地建设，增强了企业抵御市场风险能力，有利于生猪产业的健康发展。

【畜禽养殖标准化示范创建活动扎实开展】 形成了一套行之有效的标准化示范场创建标准和工作机制。2011 年全市共有 38 家养殖场荣膺“国家级畜禽养殖标准化示范场”，其中全国百家典型示范场 6 家。活动的开展对全市畜禽标准化规模生产起到一定的示范带动作用。

【继续推进畜牧业可持续发展】 粪污治理工作。对31家规模化养殖场开展粪污治理工作，其中猪场30家，鸡场1家，治理总资金1 695.794 8万元。2011年27家养殖场粪污治理项目建设已经完成，顺义区4家养殖场正在等待安监部门的复工批复，预计2012年3月可全部完工。已落实2012年养殖场粪污治理资金1 388万元，计划对25个养殖场进行治理。畜牧业污染治理及资源化综合循环利用工作。会同市发改委、市环保局等相关部门，组织开展畜牧业污染治理及资源化综合循环利用工作，2011年已经正式立项，正在开展项目预可研的编制申报工作。

【继续强化畜禽产品质量安全监管】 在完善市级畜禽产品质量安全监测能力基础上，强化了区县级和企业级畜产品质量安全监测能力，配备各类仪器设备500台、套。强化区县级质量安全监管体系。投入1 800万资金，为13个区县疫病预防与控制中心购置了包括检测"瘦肉精"等违禁物质和药物残留的动物产品质量检测仪器和快速检测设备，进一步完善其基础条件，提升检测能力和水平。完善企业级质量安全监测体系。投入资金2 000万元，10家大型畜禽屠宰企业购置了包括能检测"瘦肉精"等违禁物质和药物残留的动物产品质量检测仪器设备，补充完善了企业内部的检化验设备，提升其自检能力，把好源头控制。

【强化行政管理服务】 一是饲料行政许可。2011年，共办理各类饲料行政许可590件，组织115批次，350人次专家对120家饲料企业进行了现场验收，企业一次通过率为40%，整改通过率60%，严格程度高于往年。企业数量从2007年的550余家下降到351家。制定饲料生产许可证申报程序及范本，一方面确保了企业申报材料的完整性和真实性，同时也为企业提供了参考依据，大大缩短了其办理时间。对已取得生产许可证的企业进行日常监督检查，对在实际生产过程中与现场审核时不一致的情况责令企业进行整改或依法进行处罚。二是畜禽（除生猪）定点屠宰行政许可。目前北京市共有畜禽（除生猪外）定点屠宰企业55家，年屠宰能力牛30万头、羊50万只、禽1.64亿只。2011年共办理定点屠宰许可证23家。三是种畜禽行政许可。强化种畜禽生产经营行政审批准入门槛，引入性能测定、疫病监测等前置程序，实行专家现场审核制，组织45批次，专家135人次开展现场验收工作，共审核发放种畜禽生产经营许可证28个。严格执行种畜禽引种审核制和年初计划申报制，完成17批次从境外引进种畜禽遗传资源审核。四是加强牧草种子管理。开展草种经营企业现状和品种调研，组织牧草种子检验员培训，完成48批次的草种进出口审核，总计6万千克。

【开展三项整治，确保产品安全】 一是开展养殖领域"瘦肉精"等非法添加禁用药物和物质专项整治。2011年全市共出动执法人员23 774人次，监督检查饲料企业1 046个次，养殖场8 336个次，收购贩运户673个次，屠宰企业1 087个次。妥善处理"瘦肉精"事件6起，立案查处1起，监督销毁猪产品4.65吨，公路累计监督检查进京动物及产品车辆101 663辆。针对检测出的4批次"瘦肉精"产品，其中1批次为"3·15"期间双汇冷冻肉产品，进行了立案查处，处罚金5万元，并将其同批次产品进行了销毁；其余3批次为在市场环节抽取的来源于外埠的牛羊肉产品，根据职能分工，已将相关情况通报市工商部门。二是饲料质量安全专项整治。全市共开展监督执法检查1 028次，出动执法人员2 638人次，联合执法46次，纠正违法违规行为110起，下发责令改正通知书14份，查处案件37起，罚没款30.759 5万元，较2010年同期增长近46%。超万元案件达13起，没收不合格饲料26吨、原料药20千克、不合格饲料标签10万余张，有效地打击了饲料和饲料添加剂生产、经营、使用环节的各种违法行为。三是生鲜乳质量安全专项整治。指导区县严格执行生鲜乳收购许可和运输许可审批制度，把好生鲜乳收购站市场准入关，落实生鲜乳收购和运输环节"两证一单"管理制度，推进生鲜乳收购站规范化管理。全市共有生鲜乳收购站54个，较2010年同期减少30%，生鲜乳收购站的标准化水平进一步提高。强化监督执法。共出动生鲜乳监督执法共组织执法行动369次，出动执法人员1 596人次，纠正违规行为105起。

【加强检测监测，实现检打联动】 2011年，本市"瘦肉精"官方抽检饲料、动物尿液、动物内脏及肉类等样品达244 361份，涉及饲料企业、养殖场、收购贩运户和屠宰场等11 142场次，检出"瘦肉精"样品4批次。全市定点屠宰场在官方监督下自检样品近35万份，检测结果全部合格。一是市级监管机构针对"瘦肉精"、三聚氰胺等禁用药物和物质进行专项监测，检测项目包括盐酸克仑特罗、莱克多巴胺、沙丁胺醇、三聚氰胺、氯霉素、己烯雌酚等多种禁用药物和物质。监测范围为本市16个区县的饲料生产企业、畜禽养殖场、生鲜乳收购站、生鲜乳运输车，共计抽查企业1 530家次，其中：饲料生产企业262家次，畜禽养殖场869家次，生鲜乳收购站、生鲜乳运输车、奶牛养殖场441家次。共计抽查样品3 881批次，其中：饲料样品1 309批次，动物尿液2 131批次，生鲜乳441批次。检出"瘦肉精"样品4批次。二是各区县根据本辖区实际情况制定监测计划，针对饲料企业、养殖环节和屠宰环节进行监测。共抽检饲料企业713个次，养殖场3 966个次，屠宰企业1 254个次。检测"瘦肉精"样品176 796批次，其中抽检饲料样品33 526批次，动物尿液137 837批次，抽检畜产品5 433批次。检测结果全部合格。三是畜禽屠宰企业在官方监督下自检样品近35万份，检测结果全部合格。

【继续落实各项支农惠农政策】 落实能繁母猪补贴。通过转移支付的形式落实能繁母猪补贴 2 500 万元。落实生猪良种补贴。争取市级财政资金 500 万元，用于全市生猪人工授精补贴，完成良种精液的招标采购工作。落实生猪调出大县奖励。继续对大兴、顺义两个生猪调出大区进行奖励，落实奖励资金 1 500万元。落实奶牛良种补贴。争取国家资金 300 万元，通过公开招标方式采购良种公牛精液 20 万剂，组织对全市的荷斯坦母牛进行人工授精，推广良种奶牛养殖。落实奶牛生产性能测定资金。在历年奶牛生产性能测定的基础上，结合本市情况，争取国家资金 210 万元，测定奶牛 3 万头，指导养殖场户科学管理，开展品种登记和后裔测定，加快奶牛良种化进程。落实生猪规模化养殖场病死猪无害化处理补贴。会同市财政局制定《北京市生猪养殖环节病死猪无害化处理专项资金管理暂行办法》，争取财政资金拟对本市生猪养殖环节病死猪无害化处理每头补贴 80 元。

【继续加强形势分析和监测预测】 开展畜牧业生产预警预测，完成了 5 个价格监测点，10 个生猪养殖村的生产监测，30 个养猪户成本效益的监测，同时完成了 36 个蛋肉鸡企业的生产监测，54 个奶站的生产情况月度监测，形成了季度会商制度。配合农业部开展的预警。通过监测，获取了大量的基础数字，掌握了翔实的第一手资料，做到了底数清、情况明，为各级领导决策提供了依据。

（市农业局　张保延）

水　产　业

【概述】 2011 年，渔业水域面积 2.1 万公顷，其中池塘养殖面积 4 860 公顷。全年水产品总产量达 61 228 吨，名优品种产量 15 064 吨，鱼苗产量 76 816.2万尾，鱼种产量 15 087.6 万尾。

【抓好产地水产品质量】 首先，及时抓好健康养殖试验推广工作，2011 年怀柔、通州、房山、顺义等区县的 8 个养殖场通过了农业部组织的国家级水产健康养殖示范场的验收。其次，在监督管理上进行创新，在通州、平谷养殖大区创建通州小务村、平谷放光村等 4 个健康养殖监管示范区，开展从苗种、投入品到养殖技术、监督管理和市场销售为一体的全面监管。房山区水产服务中心积极工作，在本区 2011 年被评为农产品质量安全监管示范区过程中发挥了重要作用。第三，积极组织区县开展水产品无公害认证工作，2011 年新增无公害认证企业 23 家 48 个水产品，新增认证面积 1 507 亩。第四，抓常态、抓保障。把抓水产品质量安全工作制度化、常规化，列入预算，经费、人力及车辆有保障。

【加强水产品市场抽测】 坚持主管部门例行检测和市场自检两手抓，增加快速检测的数量和频次，严格落实批发经销商、市场主办方和管理部门的职责，使北京市的市场抽测监管工作逐步迈向制度化、规范化。在农业部组织的市场例行检测中，平均合格率为 96.7%，比 2010 年提高了 0.9 个百分点。2011 年在农业部组织的全国水产品市场例行检测和全国水产品产地抽测中都取得了比较好的成绩。但是在快速检测和市农业局组织的检测中，有的区县养殖场检测结果还不太理想，对检测结果没有做到依法查处。

【开展水产品批发市场自检】 市渔政站和丰台农委、昌平区农业局渔政站等部门密切配合，在京深、大洋路和回龙观 3 个一级批发市场成立了自检实验室，共开展孔雀石绿、氯霉素等快速检测 2 286 个，发现阳性样品 56 个，实验室检测孔雀石绿、硝基呋喃代谢物等 360 个，发现阳性样品 2 个，批发市场组织退市可疑产品 7 060 千克。

【依法查处违法违规事件】 制定了《北京市农业局关于渔业养殖中严厉打击非法添加和滥用禁用药物行为的实施方案》，开展严厉打击渔业非法添加和滥用禁用药物的专项行动，全年共出动执法人员 4 437 人次，检查水产养殖场（户）3 854 个次，立案调查 5起，结案 5 起，无害化处理 1 400 千克。房山、平谷等渔政站监管做到了有经费、有方案、有措施、有考核，使监管工作卓有成效，并且积累一些经验与做法。

【改建一批渔业高产高效标准化基地】 在市政府关于统筹推进本市“菜篮子”系统工程的要求下，制定了《2011 年渔业高产高效生产基地建设实施方案》，在 2010 年水产养殖池塘标准化改造试验示范项目的基础上，将 2011 年渔业高产高效生产基地建设正式纳入“菜篮子”工程中，改建规模和奖励资金都大大增加。2011 年全市共计 28 个养殖场开展了渔业高产高效标准化基地建设，其中建设标准化类型 21 个，循环温室类型 7 个，养殖水面共计 1 427.6 亩。市级财政奖励资金近 2 000 万元，总投资近 7 000 万元。同时聘请中国水科院渔机所的专家与团队，作为科技顾问和技术支撑，确保了改造与建设的技术含量和建设质量。2011 年在怀柔区梭草渔场开展了大量的水处理工艺与效果的实验，得到了怀柔区农业局、梭草渔场的大力支持，完善与试验水处理工艺进展的比较顺利。顺义区及时动手、及时安排，2011 年共安排 6 家养殖场，占地 300 多亩，统一委托测绘公司和设计公司，进展十分迅速，6 月初，在高丽营镇六村渔场召开全市建设工作现场会，进行观摩交流，有力地促进了全市项目地顺利实施。密云县张景平养殖场、大兴区北京长子营五福观光农业园、房山区琉璃庙镇朱言利渔场、窦店镇红宾渔场等多个养殖场都超标准进行建造，对北京市开展高产高效生产基地建设起到了非常好的带动和引领作用。

【增殖放流实现全覆盖】 坚持“讲精细化管理、讲制度、讲廉洁、讲效果”的原则，苗种采购全部通过政府采购形式购买，苗种采购渠道和程序规范。制定了《2011年增殖放流工作方案》，对放流工作在起塘分装、运输和放流三个环节进行了具体部署，由市和区县两级渔政人员组成春放督导小组，实施从苗种场到放流地点全程现场督导。年内北京市在13个区县177处，近30万亩的水库、河流、湖泊和景观水域进行了增殖放流，总投资942.9万元，其中中央转移支付资金530万元，市级财政资金412.9万元。共放鲢、鳙等四大家鱼和潮河鲤红鲫等1 130余万尾。对养护水源地和建设生态文明起到了积极地推动作用，也取得了较大的生态、经济和社会效益。

【“三河十园”增殖与养护活动启动仪式在永定河畔举行】 6月17日，由市农业局、门头沟区政府主办，门头沟区农业局承办的2011年北京市“三河十园”增殖与养护活动启动仪式在永定河畔隆重举行，活动中共向永定河观景台水域内放流大规格“四大家鱼”、锦鲤、草金鱼1万余尾。借“三河十园”增殖与养护活动这一平台，通州、顺义、朝阳、大兴、海淀、丰台等区县陆续在北运河、潮白河、永定河3条主要河流及中南海、奥林匹克公园及门头沟区门城湖等30个郊野公园放流鲢、鳙、草、青、红鲫等品种10万千克，有效控制水体富营养化趋势，维护水源涵养区水质，提升了城市环境景观质量，为公众提供了赏鱼的好去处。

【升级改造水产苗种场】 全市共有38家市级水产苗种生产企业，分布在全市10个郊区县，养殖水面6 170.5亩，其中有国家级良种场3个，市级苗种场6个，初步形成观赏鱼、冷水鱼、罗非鱼及鲟鱼为特色的北京市四大苗种繁育体系。年内新开工建设的种苗场5家，投资近3 000万元，投产后将新增鱼苗4 700万尾。通州区鑫淼水产总公司已通过国家级锦鲤良种场验收，朝阳区的京朝花园农业发展中心、昌平金润龙水产公司和海昌渔业（密云）有限公司正在升级改造。通过国家级和市级水产苗种场的创建工作，使北京市水产良种繁育基础设施水平及管理、技术水平进一步得到提升。2011年共计生产观赏鱼苗种2.97亿尾，食用鱼苗种1 294吨。

（市农业局　杜英杰）

农　机　业

【概述】 年内，全市农机总动力达到265.2万千瓦。拥有各种拖拉机20 517台，其中大中型拖拉机8 864台，小型拖拉机11 653台。拖拉机配套农具23 047部，其中机引犁3 389台，机引耙1 403台，旋耕机5 444台，小麦播种机3 995台，玉米播种机4 862台，深松机417台，机施化肥装置4 133台，秸秆粉碎还田机2 234台。农用排灌动力机械42 680台，节水灌溉类机械11 119套。植保机械133 340台，其中机动植保机械20 212台。收获机械2 487台，其中稻麦联合收割机1 274台，玉米联合收获机893台，青饲料收获机119台。大棚卷帘机32 665台。微耕机（田园管理机）15 858台。农副产品加工作业机械7 005台。畜牧养殖业机械10 054台，渔业机械13 512台。林果业机械4 583台。农用运输车58 922辆。农业机械原值达29.21亿元。农作物机耕水平81.52%，机播水平68.6%，机收水平50.36%，耕种收综合机械化水平68.3%，比上年提高了4个百分点。机电灌溉面积205.6万亩，机械植保面积279.2万亩。拥有各类农机作业服务组织和农机户45 519个，其中农机作业服务组织726个，农机户44 793个。拥有农机维修厂及维修点446个。年内，全市发生一般农机事故12起，死1人，伤2人，未突破市安委会下达的农机安全生产控制考核指标，农机安全生产形势保持稳定。

【农机监理收费停止征收】 12月8日，市财政局、市发展和改革委员会联合印发了《北京市财政局北京市发展和改革委员会关于停止征收农机监理收费的通知》（京财综［2011］2741号），决定从12月30日起停止征收下列农机监理收费：驾驶证、拖拉机号牌、拖拉机临时号牌、行驶证、号牌架、拖拉机驾驶许可考试费、临时行驶证、机动车登记证书费、单独补发号牌专用固封装置。通知要求，停止征收上述行政事业性收费项目后，有关部门和单位依法履行行政管理职能所需经费，由同级财政预算予以保障。市农业局及相关执收单位应按照规定，对停止征收的行政事业性收费项目，不得以任何理由拖延或拒绝执行，不得以其他名目变相继续收费。各级财政和价格主管部门要加强监督检查，对违反的部门和单位，按照规定予以处罚，并追究责任人员的行政责任。

【农机服务组织成为农业发展的主力军】 农机管理部门加强政策引导，进一步加大了对农机服务组织的扶持力度，让基础好、技术高、服务能力强的服务组织，优先享受购机补贴政策。年内补贴购置的拖拉机和联合收割机81.4%向农机合作社、农机服务组织和农机大户倾斜，进一步提高了他们的作业能力。年底，全市农机专业合作社达到138个，比上年增加39个，增幅达39%；农机原值在20万元（含）以上的农机服务组织和农机户达到1 254个，比上年增加171个，增幅达16%，农机户和农机服务组织向大型化方向发展的趋势进一步确立。加强农机服务组织和农机大户基础建设，认真组织实施保护性耕作基础建设项目，2011年房山区已经完成了3个大型服务组织3 100平方米的场库棚建设，大兴区、顺义区还有11 300平方米正在施工，2012年上半年将全部竣工，农机服务组织的发展基础进一步加强。目前，全市农机服务组织和农机大户开展的机耕作业占到全市作业量的82.7%，机收占到35.1%，机播占到25.3%，已经成为京郊农业发展的主力军。

【认真落实农机购置补贴政策】 各级农机管理部门认真落实购机补贴政策，积极引进大型、先进、适用、高效能的农业机械，对设施农业、农产品初加工和保温贮藏、畜牧水产养殖等都市型现代农业产业发展的支撑能力持续提高。2011 年中央和市级财政农机购置补贴资金达 1.34 亿元，新增机具 7 700 余台套，保温被 80 万平方米，果蔬保鲜库 1.5 万平方米。补贴范围覆盖全市 13 个涉农区县，受益农户达 1.9 万多户。落实补贴政策的过程中，全市农机部门紧密围绕北京都市型现代农业发展需求，适时调整了机具购置和装备的重点，2011 年用于购置设施农业装备的补贴资金达 6 047 万元，比 2010 年增加了 1 750 万元，占补贴资金量的比重达到了 45%；用于畜牧水产养殖的补贴资金达 1 079 万元，比 2010 年增加了 196 万元，占补贴资金量的比重达到了 8%。设施农业、畜牧水产养殖等重点产业的装备水平进一步提高，机械作业能力持续加强。积极探索鼓励老旧机具报废的新机制，引导农户购买先进、节能、低排放的适用机具，对使用了 10 年以上的老旧机具，农户愿意报废的，在申请农机购置补贴时优先考虑，加快了农业机械的更新换代。2011 年共注销老旧拖拉机和联合收割机 500 台，引导 870 台老旧机械退出作业市场，更新小麦收获机 113 台，大型、先进、高性能的农业机械进一步增加。

【农业机械化教育培训取得新进展】 围绕人才建设的总体目标，在农机化培训中努力做到“五个结合”，即：与农机补贴政策相结合，培养了一批掌握维修、操作技术的实用人才，367 名合格者获得职业技能鉴定证书；与执法检查相结合，全市共组织农机监理人员培训 63 期，1 235 人次，培训拖拉机和联合收割机驾驶员 949 人；与农机化项目相结合，举办了首期农机经理人培训班，培养了一批职业经理人，56 人通过职业技能鉴定；与创先争优相结合，100 多名村民获得了 14 项新技术及相应机具装备的正确使用知识；与视频网络相结合，对重点行业农机化视频资料进行系统化完善，开展网上网下培训。通过生动、形象的培训教育，提高了管理人员的工作能力，拓宽了技术推广人员的视野，机手的驾驶操作能力明显提高，为推进农机化整体发展提供了重要的人才保障。6 月 10—11 日，农业部在江苏盐城举办了“2011 年全国农机技能竞赛”，全国共有 29 个省市 58 名选手参加了比赛。经过理论知识上机考试、现场竞答以及挂接农具、开沟作业等实际操作的比拼，北京市代表队获得本次大赛的二等奖，密云河南寨陈向阳农机合作社机手刘宝柱，顺义兴天力农机合作服务社的机手司庆振分别以第 3 名、第 10 名的成绩获得本次大赛的“农机能手”光荣称号。

【农机伤亡事故列入北京市道路交通事故社会救助基金】 8 月 10 日，市财政局、中国保险监督管理委员会北京监管局、市公安局、市卫生局、市农业局联合印发了《北京市道路交通事故社会救助基金管理试行办法》（京财金融〔2011〕1542 号），农机伤亡事故列入北京市道路交通事故社会救助基金。《办法》规定：救助基金用于垫付下列情形之一的道路交通事故中受害人人身伤亡的丧葬费用、部分或者全部抢救费用：抢救费用超过交强险责任限额的、肇事机动车未参加交强险的、机动车肇事后逃逸的、农业机械发生交通事故，造成人身伤亡的、联席会议认为确需进行救助的其他情形。根据《办法》制定的相关单位职责，北京市农业局负责制定农业机械发生交通事故的救助基金工作流程；负责通知救助基金管理办公室垫付农业机械在道路以外交通事故中受害人的抢救费用，协助救助基金管理办公室向涉及农业机械交通事故责任人追偿。

【玉米机收保持快速增长】 年内，全市新增自走式玉米收获机 279 台、大型青贮机 8 台，大大提升了玉米机械收获的能力。加强对玉米机手的培训，按照 1 台玉米收获机配 2 名机手的比例进行培训，为了减轻农民负担，对机手培训普遍实行了免费培训政策，提高了机手参加培训的积极性，使新机手达到了懂原理、会操作、知保养、会维修的目标，提高了机手的技术素质。全市共完成玉米机收面积 134 万亩，比上年增加了 35 万亩；机收面积占可机收面积的比例突破 75%，通州、顺义等区县玉米机收水平突破了 85%，玉米机收取得突破。

【农机保险首次列入政策性保险】 1 月 10 日，北京市农村工作委员会发布了《关于印发〈北京市 2011 年政策性农业保险统颁条款（试行）〉的通知》，其中包括农机综合保险条款。2011 年北京市农机综合保险包括农机损失保险、农机具机上人员责任保险、农机具第三者责任保险。为充分体现农机政策性保险的政策性特征，引导农民积极参保农机政策性保险，提高农民风险防御能力，市级财政给予农机政策性保险 50%保费补贴，各区县财政累加 20%～40%保费补贴。各级农机监理部门认真组织落实农机政策性保险，年内全市共有 2 187 台拖拉机和联合收割机参投了农机政策性保险，投保农机保险费合计 38.4 万元，其中财政补贴保费 29.9 万元，农民自付保费仅 8.5 万元，投保金额累计达 2.5 亿元。年内，共有 7 台投保农机发生事故，这 7 起事故农机上交保费合计 2.84 万元，其中农户自负 0.57 万元；保险公司共赔偿农户 36 万余元，最大程度上降低了农机事故损失风险。

【农机化新技术示范推广领域不断拓展】 保护性耕作技术应用得到巩固。全年共推广保护性耕作面积 286.3 万亩，占播种面积的 90.7%。其中小麦保护性耕作面积 85.8 万亩，占播种面积的 95%；玉米保护性耕作面积 196.6 万亩，占播种面积的 91%。继续加强深松作业和秸秆粉碎还田技术的推广应用，全市共完成深松作业面积达到 23 万亩，比上年增加 6 万亩；机械化秸秆粉碎还田面积达 209.2 万亩。围绕产业发展重点，加快了对设施农业新型设备的试验研究和技术储备，试验示范了声频助长、智能控制、等离子种子处理机等 20 多种设施农业发展急需的装备和技术；展示推广了带回收、带脱粒装置的新型玉米收获机；引进了智能养猪成套设备，为农机化新装备、新技术的推广应用做好了储备。

【农机化安全生产形势保持稳定】 继续深化农机安全生产联席会议机制，2011年首次把质量技术监督和工商行政管理部门纳入到联席会议成员单位，将农机安全生产列入了区县政府部门责任制考核指标中。六部门各司其职，相互配合，紧密围绕农机安全隐患治理、执法检查、宣传教育等开展联合行动。全市开展农机安全生产联合行动185次，其中隐患治理行动61次、宣传教育行动45次、执法检查行动79次。紧密围绕安全和谐发展理念，严格把好行政许可、检验和考试三个关口，全面实施免费管理、规范管理和安全保障三项制度建设，深入开展"安全生产年"和"创建平安农机、促进新农村建设"活动，为农机安全生产打下良好基础。结合专项治理强化农机源头管理。结合农机安全生产大检查、隐患排查治理行动、农机农资打假等专项活动，组织农机监理机构检查农机行业有关生产单位和场所9 032个次，发现事故隐患1 474项，整改1 403项，整改率95.2%；结合设施农业专项治理工作，深入全市177个乡镇、3 768个行政村，共检查卷帘机19 123台，微耕机8 101台；结合"三夏""三秋"农机安全生产，对投入作业的拖拉机、联合收割机等农机进行检查，发现事故隐患2 640项，整改2 399项，整改率91%。全年开展农机田间执法检查2 556次，出动人员12 960人次，依法查处违法行为437起，从源头上强化了农机生产安全管理。年内，全市共发生一般农机事故12起，造成1人死亡，2人重伤，未发生较大以上农机事故，未突破市安委会下达的农机安全生产控制考核指标。与上年相比，一般农机事故发生起数增加5起，同比增长71.43%；死亡人数持平；受伤人数减少2人，同比下降50%。

（市农业局　梁井林）

动物疫情防治

【全方位推进全市重大动物疫情应急管理规范化建设】 年内，市防治重大动物疫病指挥部办公室分别制定印发了《北京市突发重大动物疫情应急预案管理办法》（京防指字［2011］2号）、《北京市重大动物疫情风险管理实施指南》（京防指字［2011］3号）。同时，组织相关单位和部门研究制定了《北京市重大动物疫情应急管理精细化工作规范》，为全面提升全市重大动物疫情应急精细化管理工作水平奠定了基础。

【"5·12防灾减灾日"市应急网开通和应急志愿者服务总队成立仪式暨主题宣传活动】 5月12日，在石景山北京国际雕塑园，按照市应急办的统一部署，市农业局组织相关单位和市重大动物疫情应急志愿者队伍参加了市应急网开通和应急志愿者服务总队成立仪式暨主题宣传活动。组织制作并在现场摆放展板12块，标本10件，发放宣传材料15种2 000余份，接待市领导和群众咨询交流200余人次，使动物疫病防控和动物产品安全控制知识得到普及。

【召开北京市2011年度重大动物疫病防控工作会】 1月26日，市防治重大动物疫病指挥部办公室、市农委、市农业局、市人力社会保障局联合组织召开2010年度北京市重大动物疫病防控工作总结表彰部署会。会议中心议题就全面总结2010年全市重大动物疫病防控工作的基础上，围绕努力实现确保不发生区域性重大动物疫情和重大畜产品质量安全事件的目标，对2011年的工作进行了具体部署。北京市副市长夏占义强调：一是以三大体系推进为抓手，打造动物卫生精细化管理平台。二是以奶牛布病净化为抓手，打造动物疫病根除计划平台。三是以难题破解为抓手，打造城市动物卫生风险控制平台。四是以动物防疫体系规划建设为抓手，打造动物卫生现代化管理平台。五是强化免疫、监测和监督执法等综合防控措施，确保免疫密度100%和保护水平达70%以上、监测面达100%，确保生物安全控制、检疫监管、整体防控、应急状态等措施落实到位。会议同时还对30个"2010年度北京市动物防疫工作先进集体"和60名"2010年度北京市动物防疫工作先进个人"进行了表彰。

【农业部检查组高度评价北京市春季重大动物疫病防控工作】 6月10—16日，农业部检查组对本市春季重大动物疫病防控工作进行了检查，检查组一行首先听取了市农业局关于本市2011年春季重大动物疫病防控工作的汇报，检查了市级防疫物资储备情况、进京动物及动物产品屏障保护体系建设情况、兽医实验室建设情况等，随后赴怀柔区实地检查了基层动物防疫各项工作的落实情况，对4个规模养殖场、2个乡镇的20个养殖户和怀柔屠宰场共采集血清样品200份，带回农业部诊断中心进行抗体水平检测。

【市农业局启动规范养殖行为打击私屠乱宰专项整治活动】 6月19日，市农业局召开专门会议，在全市范围内启动规范动物养殖和屠宰行为专项整治活动。专项整治活动从加强对养殖环节和屠宰企业监督管理、强化养殖环节防疫监管、严厉打击出售病死动物的违法行为、建立取缔泔水喂猪的联动机制、强化对未实行定点屠宰动物及其产品的检疫监管、严厉打击私屠乱宰违法行为等方面入手，分排查摸底、集中整治和阶段性总结三个阶段进行。专项整治活动期间，全市累计清理泔水猪49 129头。

【落实各项措施确保重大动物疫情零发生】 一是落实动物强制免疫程序化免疫，免疫高致病性禽流感9 407.74万只/次，其中鸡7 652.56万只/次，鸭1 742.92万只/次，鹅12.26万只/次；免疫口蹄疫977.99万头（只）/次，其中猪735.8万头/次，肉牛51.56万头/次，奶牛32.42万头/次，羊158.21万只/次；免疫猪瘟625.29万头/次；免疫高致病性猪蓝耳病 514.7 万头/次；免疫狂犬病（登记犬）74.252 2 万条；应免率均达到 100%。二是组织实施了高致病性禽流感（Re4、Re5 株）、鸡新城疫、口蹄疫（O 型、亚洲Ⅰ型、A 型）、猪瘟、高致病性猪蓝耳病 5 种疫病的免疫抗体水平监测，监测面达到 100%，合格率均在 80%以上。监测动物血清样本 440 922 份次，其中市级监测 69 988 份次，区县级监测 370 934 份次；实施病原学监测，共监测禽流感 13 242份次，新城疫 10 412 份次，口蹄疫 20 610 份次，猪瘟 6 474 份次，蓝耳病 6 489 份次。对北京地区 11 个主要经济动物饲养区县开展了动物疫病普查，收集调查表 300 多份，开展紧急流行病学调查 10 次，抽样流行病学调查 340 余场次，区县级流行病学调查 1 510 余场次，为科学分析北京地区动物疫病的流行趋势奠定了基础。三是组织实施疯牛病专项调查，对 100 个奶（肉）牛、羊饲养场和养殖小区的易感动物进行了流行病学调查，临床未见疯牛病可疑病畜。在房山和密云 2 个区县采集牛脑和羊脑组织样本各 100 份送到国家疯牛病参考实验室进行了检测；完成了峪口、华都、大发三个祖代鸡场禽流感和鸡新城疫流行病学调查及样品采集、送检工作，共计送检血清 600 份、咽部棉拭子 300 份；协助农业部完成奶牛布病防控成本与策略研究专项调研工作。

【继续推进奶牛两病净化工作】 针对个别区县出现的擅自免疫、采样造假、调运失察、扑杀迟缓等问题，印发《北京市农业局关于奶牛布鲁氏菌病净化项目有关问题的通报》（京农发［2011］171 号），对密云、通州、房山、顺义、大兴、昌平等 6 个区县存在的问题进行了通报，并提出整改要求。组织完成奶牛布鲁氏菌病和结核杆菌病春季和秋季专项检测工作，共检测奶牛布病血清样本 136 212 份，阳性数量为 1 869份，总体阳性率为 1.37%。印发《北京市农业局关于印发北京市奶牛布鲁氏菌病免疫工作实施方案的通知》（京农发［2011］155 号）、《北京市农业局关于奶牛布病免疫申报等有关问题的紧急通知》（京农发［2011］196 号）和《北京市农业局关于调整奶牛布鲁氏菌病免疫条件的通知》（京农发［2011］233 号）等 3 个文件，推进奶牛布病免疫工作，全年批准了 9 个区县 40 个养殖场户免疫申请，共免疫奶牛 10 858头。

【完成本市家禽生物安全隔离区建设项目申报立项】 围绕本市家禽生物安全隔离区建设一期项目，先后 3 次组织召开了研讨会，对涉及的本市种禽三大体系的生产单元的状况进行调研，确定了 17 个项目建设单元。制定完善家禽生物安全隔离区（一期）建设技术标准、工作标准和管理标准体系。积极与市财政局、首农集团对接，研究确定了基础设施设备建设标准、建设内容及项目实施计划安排，完成项目入库工作。

【组织开展消灭马传染性贫血考核验收工作】 一是起草下发了《北京市农业局关于印发北京市消灭马传染性贫血考核验收工作方案的通知》（京农发［2011］102 号），对全市消灭马传染性贫血考核验收申请工作进行了部署安排。二是指导除东、西城之外的 14 个区县开展自查，并组织有关专家完成了市级考核验收。同时，抽检马属动物血清 1 246 份，其中马 863 份，驴 358 份，骡 25 份，检测结果均为阴性，具备了向农业部提出国家级验收的条件。三是邀请国家动物疫病预防控制中心的有关技术专家对北京市进行预审，进一步完善了相关工作材料和技术档案。市农业局已于 12 月向农业部提出了验收申请。

【组织开展种畜禽场重点疫病净化研究】 根据持续监测情况以及本市种畜禽疫病流行趋势，依托中国动物疫病预防控制中心和市农林科学院疫病防控专家团队，启动了北京市种畜禽疫病净化项目调研和中长期规划的编制工作。调研重点包括种猪的伪狂犬病、猪瘟和种鸡的禽白血病、白痢等四种疫病的发生、发展规律，流行状况，经济危害，生物安全控制和防控现状等内容，范围涵盖全市 87 个种猪场和 66 个种鸡场，年底前已完成种畜禽场疫病净化调研报告和净化规划的编制工作，为 2012 年全面实施种畜禽场疫病净化工作打下坚实基础。

【不断加大狂犬病免疫预防和宣传工作力度】 结合 2011 年动物狂犬病防控工作形势和要求，印发了《北京市农业局关于切实做好 2011 年狂犬病预防控制工作的通知》，明确了狂犬病的防控工作要求和目标，首次提出了非登记犬免疫要做到最大覆盖的要求。加大宣传工作力度，将狂犬病防控知识作为“3·15”宣传、防灾减灾宣传和登记年检宣传的重要内容，累计发放宣传材料及宣传品 10 万余份。围绕《狂犬病隔离检疫技术规范》（DB11/T 734—2010）的颁布实施，进一步规范狂犬病流行病学调查、疫情排查、紧急免疫、疑似染疫犬处置等工作。

【深入开展猪肉激光检疫标识项目建设】 猪肉激光检疫标识项目于 6 月通过市财政和市农业局组织的项目验收，目前进入全面运行阶段，试点场的屠宰检疫标识已应用激光灼刻标识。鉴于激光灼刻检疫标识在 3 家屠宰场的成功运行和此项技术产生的良好社会效益，经市农业局办公会议研究决定继续扩大新型检疫标识技术的推广工作，实现全市生猪屠宰企业的全覆盖。

【组织兽医系统实验室复审工作】 1 月，市农业局印发了《北京市农业局关于全市兽医系统实验室考核情况的通报》，5 月，组织专家组对完成整改并提出复审要求的海淀、房山、丰台、延庆、密云 5 个区县进行了复审，其中海淀、丰台经过整改通过了复审。至此，全市共有 7 个区县系统内部兽医实验室达到了农业部规定的考核标准。

【组织完成执业兽医考试任务】 2011 年，全国执业兽医考试北京考区网上报名人数为 2 780 人，其中兽医全科 2 737 人，水生动物 43 人。经审查，

2 457人通过初审，2 449 人通过复审，其中兽医全科 2 416人，水生动物 33 人。2011 年，北京市有 661 人达到执业兽医师分数线，通过率 27%；351 人达到执业助理兽医师分数线，通过率 14.3%，处于各省市前列。

【配合完成《北京市实施〈中华人民共和国动物防疫法〉办法》立法后评估】 6—8 月，先后配合市人大组织了动物防疫体系建设、重大动物疫病防控、动物卫生监督执法、动物诊疗与执业兽医管理、狂犬病防控、动物产品质量安全、无害化处理、兽医事业发展及社会责任八个专题座谈会。配合市人大农委指定的青岛法渊动物法学研究所开展了《北京市实施〈中华人民共和国动物防疫法〉办法》立法后评估调研，共包括 2 个实地调研、3 个调研座谈，完成了 200 份调查问卷。9 月 23 日，市十三届人大常委会第二十七次会议审议了《北京市人民政府关于动物防疫工作情况的报告》，常委会组成人员和列席代表充分肯定了本市近年来动物防疫工作，并根据常委会审议情况，提出了审议意见。市农业局及时将审议意见归纳整理，发各有关部门研究处理方案，拟于 2012 年初整理汇总后报市政府。

【强化兽药行政审批和企业监管】 全年共受理兽药行政许可申请材料 1 301 件，其中新兽药临床试验审批 36 件、兽药生产企业审核 20 件、兽药产品批准文号审核 927 件、兽药经营企业审批 26 件、兽药广告审查 14 件、进口兽药通关单核发 278 件，全部按照兽药法律、法规规定，科学、规范办理，未发生复议或投诉情况。依据 2011 年农业部兽药专项整治和国家四部委抗菌药物联合整治工作方案，结合北京市实际，制定并印发了《2011 年北京市兽药质量安全专项整治工作实施方案》、《北京市兽用抗菌药物专项整治工作实施方案》。全市出动执法人员 2 737 人次，下发监督笔录意见书 1 153 份，纠正违法违规行为 62 个，提出整改意见、措施累计近 1 000 条；全市共组织兽药执法检查 1 493 次，联合执法 159 次，查办违法案件 35 起，同比增长超过 50%，罚没金额 25.4 万元，取缔无证生产、经营黑窝点 16 个，查扣消炎药、抗菌药等假劣兽药近 200 起约 9 吨，货值金额近 30 万元，进一步整治和规范了兽药市场，专项整治效果显著。除区县、乡镇动物疫病预防控制（兽医站）系统外，全市已取得《兽药经营许可证》的个体户或企业共 191 家，已经明确不能达到兽药 GSP 要求的有 44 家，拟提请兽药 GSP 认证的 75 家，通过兽药 GSP 检查验收的企业 72 家。

【稳步推进兽药质量安全监管和兽药残留监控】 加强兽药使用和屠宰环节监督检查，严格控制兽药残留。一是结合北京市兽用抗菌药物专项整治，持续强化源头管理，有阶段性、有针对性实施了“绿剑行动”、养殖场环节投入品综合整治等养殖场兽药使用专项检查。二是以农业部专项监管任务为契机，圆满完成“瘦肉精”部级监督检验工作。对 13 家生猪定点屠宰企业实施了“瘦肉精”监测，共检测样品 29 913项次，结果全部为阴性。三是继续强化兽药质量抽检工作。全年共抽检兽药产品 300 批次，检测项目为性状、鉴别、检查和含量测定，合格率为 97.21%（不包括 13 批非标称产品）。确认的 287 个样品中，其中北京市生产企业产品 93 批，合格率为 98.9%，外埠生产企业 194 批，合格率为 96.9%。针对非标称产品和检测不合格产品，市农业局以《北京市兽药监督管理督办单》转各有关单位按照规定时限查处，并要求及时报送查处结果。四是严格监控兽药残留安全状况。全年抽检动物及动物产品样品 1 411份，检测项目涉及 β-受体激动剂、克伦特罗/莱克多巴胺/沙丁胺醇、氯霉素、硝基呋喃类代谢物、地美硝唑/甲硝唑、喹乙醇残留标示物、替米考星、卡巴氧残留标示物、β-内酰胺类、氟喹诺酮类、磺胺类、氨基糖苷类、林可胺类和大环内酯类等，检测结果全部合格，并分 4 次在全市范围内进行了通报并要求区县告知样品来源单位，提升检测结果的影响力。

（市农业局　廉英隽　张佳艳）

农产品质量安全

【农产品质量安全继续保持较高水平】 据农业部监测，本市农产品中蔬菜、畜产品、水产品合格率分别为 96.7%、99%和 96.7%。全年未发生重大农产品质量安全事件。新制定了 15 项北京市农业地方标准。新认证无公害农产品 102 家企业、275 个产品，绿色食品 3 家企业、4 个产品，有机食品 73 家企业、384 个产品，“三品”比重进一步提高。重大活动农产品质量安全得到了有力保障。2011 年北京市农产品质量安全工作：一是按照“顺向推动、逆向监管”的工作思路，市农业局与 13 个涉农区县的农业行政主管部门签订农产品质量安全行政监管责任书，带动区县、乡镇、农产品生产企业层层签订责任书共计 11 435份，落实属地监管职责；并在全国率先实施农产品质量安全监管示范区县和乡镇创建工作。二是全面开展打击“非法”添加和农产品质量安全整治工作。三是以统筹推进“菜篮子”工程为抓手，提升农产品质量安全水平。

【深化农产品质量安全整治】 年内，根据农业部关于 2011 年农产品质量安全整治工作重点要求，北京市农业局重点推进蔬菜农药残留超标问题专项治理、畜产品“瘦肉精”问题专项治理、水产品禁用药物和有毒有害物质残留问题专项治理等 6 项专项整治工作。2012 年以来，全市各级农业部门共出动农资执法人员 33 007 人次，检查农资企业 11 750 个次，整顿农资市场 1 089 个次，印发宣传材料 45 万份，立案 91 起，查获假劣农资近 3.7 万千克（件），货值金额近 70 万元，挽回农民经济损失 800 多万元。

【加强无公害农产品、绿色食品、有机食品和农产品地理标志认证】 全市“三品一标”工作顺利推进：一是无公害农产品。2011年共有102家企业、275个产品获得无公害农产品证书，其中种植业企业54家，产品196个，认定产地规模1 422公顷，产量59 646吨；畜牧业企业25家，产品31个，产量91 494.6吨；渔业企业23家，产品48个，认定产地规模100.5公顷，产量994吨。完成复查换证177家企业的299个产品。二是绿色食品。2011年有3家企业的4个产品首次获得绿色食品证书，另有11家企业的96个产品报农业部绿色食品中心审核。共有5家企业的13个产品进行了续展。三是有机食品。经初步汇总统计，有73家企业的384个产品获得有机认证。四是地理标志农产品：“延庆葡萄”和“妙峰山玫瑰”的农产品地理标志登记工作，完成了材料审核、品质鉴定、现场核查，部级专家审查工作，现进入公示阶段。“延庆葡萄”登记保护面积2万亩，年产量6 800吨。“妙峰山玫瑰”保护面积5 000亩，年产量150吨。实施了“三品”认证奖励。经过区县材料审查和现场查验，市级认证工作组审核、实地检查和抽检，联合认证工作组、专业处室和聘请相关专家组成评审组最终确认，全市分两批共有382家“三品”认证基地和企业受到奖励。

【加强农产品质量安全检测体系建设】 根据《北京市农产品质量安全检测机构资质考核实施办法》，通过材料初审、专家现场评审等方式，完成了北京市兽药饲料监察所、房山区农业环境和生产监测站等三家单位的农产品质量安全检测机构的资质考核，提升了本市农产品质量安全检测机构的能力。

【加强农产品质量安全监测】 年内，共完成检测样本13 969个，其中：产品类10 424个，样本的总体合格率为98.60%，投入品类1975个，样本的总体合格率为98.33%，环境类1 570个，样本的总体合格率为96.57%。同时，根据相关检测结果，及时采取了以下处理措施：一是及时将检测结果书面通报给不合格产品所属区县及生产主体、工商等相关职能部门；二是相关区县加强对生产主体的跟踪管理，提出针对性的整改措施进行整改。

【加快推进北京市农业标准化】 年初组织各局属单位召开北京市地方标准制修订工作部署会，重点围绕都市型现代农业发展、重大动植物疫病防控、农产品质量安全、农业生产安全等市农业局的职能，开展农业地方标准的制修订和标准宣贯工作。结合推进“菜篮子”工程，推进农业标准基地建设，并率先对本市“菜篮子”产品的农业标准化基地实施分级动态管理。在与市农委、市质监局协商的基础上，印发了《北京市“菜篮子”工程标准化生产基地评定工作实施方案》（京农发［2011］166号），制定了《北京市“菜篮子”工程标准化生产基地等级划分与评定规则》、《北京市“菜篮子”工程标准化生产基地等级划分与评定考核表》，具体确定了评定考核的10大内容，主要包括建设主体、基本条件、农产品质量安全状况、生产过程管理和标准实施等。同时，明确了评定范围、评定依据和评定等级以及评定了具体工作程序与任务分工。

【确保重大活动农产品安全供应】 累计组织向北京市“两会”、全国“两会”驻地供应了5个品种的活鱼产品421 314千克，圆满完成了保障任务。

（市农业局　葛建军）

【食用菌保鲜包装取得新突破】 由市农业技术推广站引进多种新型保鲜包装材料，筛选出适合白灵菇保鲜包装的食品级包装纸和保鲜膜（袋）。针对双孢菇产后保鲜期短的问题，研究优化双孢菇采收、流通工艺，使保鲜期由2～3天提高到7～8天，损耗率由25%以上减少到5%以下。

【全面开展“打非添”专项整治活动】 2011年全面开展“打击非法添加和滥用食品添加剂”（简称“打非添”）专项整治活动，市、区两级出动执法人员500人次，检查企业（合作组织）419家，签订各类责任书6 047份。共计发放《蔬菜质量安全生产告知书》等宣传材料22万份，进行媒体宣传10次，组织指导培训1 795人。同时组织市级定量检测蔬菜样本数1 101个，合格数量1 065个，农残合格率96.73%，其中本市基地合格率为99.8%，全市未发生蔬菜质量安全事件。

（市农业局　张立新）

农产品成本效益

2011年，市农研中心继续对房山、大兴、通州、顺义、昌平、平谷和延庆7个区县、涉及27个品种的450个农产品成本点进行收入、成本、效益监测。从汇总情况看，由于当年自然气候总体上对农作物生长有利，多数农产品市场销售价格同比有不同程度的提高，生产经营者加强了管理和投入，三项因素共同作用，使多数农产品实现了稳产增收，郊区农产品生产效益比较理想。

【种植品种种植效益】 17个种植品种中，有13个品种亩利润同比上升，其中花卉、苹果同比实现三位数增长。

监测结果显示，在17个种植品种中，西瓜（蔬菜）苗的种植效益位居第一，亩利润实现25 342.52元。亩利润在20 000元以上的还有种植技术要求较高的草莓和食用菌，亩利润在10 000～20 000元之间的有花卉和樱桃。亩利润排在后边的分别是玉米、小麦和柿子，分别为432.88元、317.46元和128.69元。

17个种植品种中，亩利润同比增长的有13个。增幅最高的是花卉，同比增长179.4%，其次是苹果和葡萄，同比分别增长121.6%和99.7%。亩利润同比下降的有柿子、西瓜（蔬菜）苗、蔬菜和桃，同比分别降低74%、35.8%、19.9%和5.5%。

表1 2011年种植品种每单位产品成本效益情况排序表

品种＼指标	亩产（销）量（千克）	亩（销售）收入（元）	售价（元/千克）	亩生产（已售产品）成本（元）	亩期间费用（元）	亩生产（销售）利润（元）
西瓜（蔬菜）苗	115 936.5	99 464.00	0.86	74 121.48	0.00	25 342.52
草莓	3 345.0	50 719.70	15.16	29 031.51	500.00	21 188.19
食用菌	5 958.7	44 096.67	7.40	21 674.12	1 767.32	20 655.23
花卉	—	54 598.33	—	31 333.87	6 715.92	16 548.54
樱桃	250.9	16 464.57	65.62	4 253.73	142.90	12 067.94
葡萄	1 142.4	12 289.41	10.76	3 321.14	221.96	8 746.31
桃	2 830.0	11 123.00	3.93	4 645.00	0.00	6 478.00
蔬菜	6 375.9	12 903.52	2.02	6 099.17	409.95	6 394.40
苹果	1 494.5	10 235.26	6.85	4 929.32	542.37	4 763.57
草莓苗	16 647.7	11 994.62	0.72	7 758.37	0.00	4 236.25
西瓜	3 602.1	7 271.94	2.02	3 098.95	0.00	4 172.99
梨	1 407.4	4 509.02	3.20	1 703.12	107.60	2 698.30
白薯	2 055.3	3 488.25	1.70	1 429.69	55.56	2 003.00
花生	220.0	2 193.75	9.97	950.18	26.25	1 217.32
玉米	469.1	929.29	1.98	487.90	8.51	432.88
小麦	373.1	874.21	2.34	550.63	6.12	317.46
柿子	273.4	584.76	2.14	456.07	0.00	128.69

注：西瓜（蔬菜）苗、草莓苗亩产量为棵数，售价为元/棵。

【养殖品种产品利润】 10个养殖品种中，有6个品种的单位已售产品利润同比上升，其中生猪同比增长超过100%。在监测的10个养殖品种中，每单位已售产品利润最高的淡水鱼，达到6 926.97元，每单位已售产品利润在千元以上的还有奶牛、观赏犬和肉牛，分别为3 945.58元、2 989.70元和1 618.95元。每单位已售产品利润最低的是观赏鱼，为亏损519.61元，主要是养殖户为迎接销售旺季（每年的5月份）而增大了养殖量。

10个养殖品种中，每单位已售产品利润同比增长的有8个。增幅最高的是生猪，同比增长169.2%，肉羊同比增长实现98.2%，增幅在两位数的还有肉鸡、淡水鱼、肉牛和蜂蜜，同比分别增长39.2%、35.2%、27%和26.3%。剔除观赏鱼特殊因素，每单位已售产品利润同比下降的只有蛋鸡，降幅为27.2%。

表2 2011年养殖产品每单位已售产品成本效益情况排序表

品种＼指标	计量单位	单位产品销售量（千克）	单位已售产品收入（元）	单位产品售价（元/千克）	单位已售产品成本（元）	期间费用（元）	单位已售产品利润（元）	已售产品成本利润率（%）
淡水鱼	亩	1 754.5	23 484.51	13.39	16 110.83	446.71	6 926.97	41.8
奶牛	头	4 058.3	11 320.79	2.79	7 288.11	87.10	3 945.58	53.5
观赏犬	只	—	4 021.70	—	981.30	50.70	2 989.70	289.7
肉牛	头	479.5	8 184.93	17.07	6 532.65	33.33	1 618.95	24.7
肉羊	头	40.5	860.32	21.24	419.14	35.81	405.37	89.1

（续）

品种＼指标	计量单位	单位产品销售量（千克）	单位已售产品收入（元）	单位产品售价（元/千克）	单位已售产品成本（元）	期间费用（元）	单位已售产品利润（元）	已售产品成本利润率（%）
生　猪	头	95.20	1 683.03	17.68	1 364.32	7.29	311.42	22.7
蜂　蜜	箱	53.53	686.57	12.83	370.17	15.21	301.19	78.2
蛋　鸡	只	15.70	146.19	9.31	125.65	1.35	19.19	15.1
肉　鸡	只	2.50	26.91	10.76	23.68	0.28	2.95	12.3
观赏鱼	亩	62.60	1 599.20	25.55	2 118.81	0.00	−519.61	−24.5

【农产品生产成本】 活劳动和物质投入普遍增加，工值增幅较快，农产品生产成本攀升。监测结果显示，2011 年农产品生产者对多数农产品的生产加大了人力、物力投入。花卉、苹果、花生、小麦等种植品种的人工投入同比增幅在 28%～62%；蛋鸡、生猪、肉羊、淡水鱼等养殖品种的人工投入同比增幅在 31%～116%。同时，劳动力市场价格不断攀升，用工工值明显提高。17 个种植品种的工值同比均呈现两位数增长，如：草莓的工值由上年的 40.15 元/个提高到 57.13 元/个，蔬菜由 47.46 元/个提高到 62.71 元/个，花卉由 47.56 元/个提高到 62.51 元/个，小麦由 46.29 元/个提高到 60.29 元/个，同比分别增长 42.3%、32.1%、31.4%和 30.2%。10 个养殖品种中，饲养肉牛的工值由上年的 46.48 元/个提高到 58.75 元/个，淡水鱼由 52.41 元/个提高到 63.14 元/个，生猪由 48.26 元/个提高到 56.01 元/个，奶牛由 50.76 元/个提高到 58.38 元/个，同比分别增长 26.4%、20.5%、16.1%和 15%。

工值的提高还直接增大了植保费、机械作业费和排灌作业费等物质费用的开支。生产资料中二胺、尿素、复合肥及农药价格的上涨，也是造成农产品生产成本攀升的一个因素。据统计，监测的 27 个农产品中，农产品生产总成本同比出现不同程度增长的有 24 个，占 88.9%。

2011 年的农产品生产在天公作美、主要农产品市场销售价格稳中有升、生产者舍得投入、注重管理等内外因共同作用下，多数农产品的生产（销售）利润实现了同比增长。从汇总结果看，由于蔬菜、鸡蛋销售价格由上年的高位运行到 2011 年的理性回归，观赏鱼前期投入大、未到销售旺季等客观原因使生产效益同比下降外，监测的 27 个农产品中生产效益同比实现不向程度增长的达到七成。

（市农研中心　张文华　曹晓兰）

农产品加工与农业产业化

【农产品加工业发展水平显著提升】 一是农产品加工企业规模化发展，整体盈利能力显著提升。截至 2011 年，北京市规模以上农产品加工企业（主营业务收入 2 000 万元以上）共有 288 家，总资产 852.7 亿元，同比增长 14%，完成工业总产值 736.5 亿元，同比增长 21.1%，实现利润 42.8 亿元，同比增长 41.4%，从业人员 10.5 万人，同比增长 4.8%。二是农产品加工业集聚形态基本形成，集群效应日益凸显。目前，京郊已建立 15 个基础设施完备、优惠政策多、一条龙服务到位、以食品生产为主的国家级农产品加工业示范基地，形成 13 家农产品加工创业基地。42 个重点小城镇已成为农产品加工业的重要聚集区。三是农产品加工业知名品牌逐渐增多，品牌影响力逐步提高。截至 2011 年，国家工商行政管理局共认定北京市涉农驰名商标 19 件，市工商局共认定涉农著名商标 112 件，华都肉鸡、鹏程肉食、三元牛奶、天安农业、德青源鸡蛋等品牌知名度不断上升，品牌价值超过 1 000 亿元。四是农产品加工业科技含量提高，产业发展内在动力增强。北京市拥有全国农产品加工企业创新机构和国家农产品加工技术研发专业分中心共 21 家，一大批农产品加工科研项目得到推广、应用。

【涉农企业上市工作实现新进展】 围绕打造“北京农业上市板块”，全面推进涉农企业上市工作。一是上市企业后备数量增加。到 2011 年底，涉农企业上市后备企业达到 40 家，进度较快的有 11 家。其中，准备 2012 年报会的有 6 家；准备 2013 年报会的有 5 家。二是对涉农企业的服务水平有了提高。建立一对一的帮扶台账，通过实地调研、座谈会及电话沟通等方式，对企业上市的进展情况、遇到的问题做到心中有数。同时，加强与金融局、证监局、发改委、科委、经信委、商务委等部门沟通协调，帮助御食园公司、资源集团、华都峪口、九州大地等企业解决了个人所得税减免、土地拆迁补偿、资金不足等问题。三是对涉农企业上市宣传模式进行了拓展。2011 年 7 月，在市政府新闻办公室召开新闻发布会，专题介绍了北京市推进涉农企业上市工作有关情况，通过与媒体互动来推动涉农企业上市宣传工作，营造了良好的发展氛围。2011 年，各区县、各部门不断提高对推进涉农企业上市工作的认识，营造扶持企业上市的政策环境，在帮助企业上市过程中，促进了企业的规范化管理，提高了企业的核心竞争力，对企业进一步发展起到了积极的作用。

【扶持农加工业发展力度不断加强】 依据《北京市“十二五”时期城乡经济社会一体化发展规划》、《北京市“十二五”时期都市型现代农业发展规划》，编制完成了《北京市“十二五”农产品加工业发展规划》。《规划》进一步摸清了农产品加工业发展现状与优势，确定了发展原则与目标，明确了空间布局与重点产业，确定了重点工程与保障措施，是“十二五”期间北京市农产品加工业发展的总纲领。设立农产品加工业发展资金，按照资本化、规模化、园区化、国际化目标，扶持农加工企业和农业产业化龙头企业加速发展。一是按照《关于促进农业产业化经营的若干政策意见》，本着事前培育的原则，对上市进度较快的企业进行了奖励；二是与国开行北京分行合作解决企业资金瓶颈问题，确定7家资产良好、信用优良的企业，发行4.3亿元集合票据，并安排资金对发行费用进行了补贴；三是鼓励企业争创行业龙头，对2011年新认定的6家农业产业化国家重点龙头企业和原有监测合格的22家农业产业化国家重点龙头企业给予了奖励。通过引导和激励，进一步增强了企业利用资本市场发展壮大的信心和争龙头创品牌的劲头。

（市农委产业发展处　林　然）

观光休闲农业

【休闲农业与乡村旅游业加快转型升级】 2011年，通过创建国家休闲农业与乡村旅游示范县（点）和最有魅力休闲乡村，休闲农业与乡村旅游业加快转型升级，单位效益快速提升。2011年，全市共有农业观光园1 300个，其中市级示范园83个；市级民俗村207个，民俗旅游农户13 907个，其中市级民俗旅游户9 970户。全市农业观光园和民俗旅游接待户总收入分别实现21.7亿元和8.68亿元，同比分别增长22%和18.2%；观光园园均收入和游客人均消费分别增长22.3%和17.5%；民俗旅游接待户户均收入和游客人均消费分别增长12.3%和10%。休闲农业与乡村旅游已经成为郊区农民，特别是山区农民就业增收的重要渠道，表现为：

1. 产品多样化。2011年，北京休闲农业与乡村旅游的内容，超越最初的“吃饭、住宿、采摘”，融合山水、森林、温泉、滑雪、农事体验等内容的乡村休闲活动、面向高端市场的乡村俱乐部、乡村会所等各种类型的休闲农业与乡村旅游项目获得了综合发展。创意农业的兴起，为休闲农业的创新发展打开了一片新天地。

2. 布局全方位。北京休闲农业与乡村旅游项目呈圈带状分布在北京周边，民俗旅游村主要分布在远郊山区、半山区，观光农业园多数分布在近郊平原和山前地带，而在近郊平原区，又能发现高科技农业观光园、农业主题公园的身影。

3. 产业聚集化。从经营规模上看，从一家、一户、一园的分散状态，向一沟一谷、一片一带、一个乡镇，甚至几个乡镇的规模化、集群化方向发展，从最初的星星点点，向点、线、面相结合发展。同时，会展农业的快速发展，也促进了休闲农业产业的规模化、集聚化发展。

4. 投资多元化。随着乡村基础设施条件的改善，休闲农业与乡村旅游的美好前景，吸引了大量的社会资本，经营主体从以农户经营为主，向农民合作组织、社会企业家投资转换。多元化的开发主体带来了先进的技术、管理和发展理念，大幅度提升了北京休闲农业与乡村旅游的水平。

（市农委产业发展处　范子文　田亦平）

农业投入

【市财政局加大涉农投入】 2011年市财政按照“调结构、抓统筹、抓管理、抓效益”的要求，牢牢把握农业财政工作的方向性，着力保障市委市政府重大决策部署的落实。2011年市财政支农投入74.6亿元，比2010年的61.4亿元增加13.2亿元，增长21.5%。主要投入方向有：

一是，牢牢围绕“三农”主题，促进“农业增效、农民增收、农村稳定”。

1. 推动农业发展方式转变，完善农业政策保障体系。通过大力发展都市型现代农业，为农业发展“强筋壮骨”。

（1）实施“菜篮子”工程。2011年市财政投入8.61亿元，支持“菜篮子”工程。一是新建5万亩基本菜田；二是发展设施农业，提高冬淡季蔬菜生产供应能力，重点建设2万亩日光温室；三是推进集约化高产高效生产，创建10个千亩标准设施园，提升40个规模化现代畜禽生产基地；四是加强区域合作，提高外埠对首都农产品市场的供应保障能力。

（2）支持推进都市型现代农业基础建设和综合开发工程。2011年市财政投入资金3.9亿元，完成了59.43万亩涵盖农田培肥、田园清洁循环和沟路林渠配套三项工程任务的农田基础建设，有效地改善了农业生态环境，提高了农产品安全生产能力与水平。

（3）促进沟域经济发展。从2011年起市财政每年设立1亿元沟域经济发展专项资金，支持沟域经济环境综合整治和为产业发展创造条件的公益性配套服务设施工程建设。2011年通过财政资金的引导，全市7条重点沟域共启动项目156个，投入资金38.3亿元，其中各级政府投资公益性建设项目115个，投入资金11.1亿元。

（4）支持农产品加工产业发展。2011年投入资金1亿元，重点围绕三个方面促进农产品加工业的发展：一是支持涉农企业加快上市步伐，提高市场竞争力；二是支持涉农企业打造安全、优质品牌，提升影响力；三是支持涉农企业发行集合票据，畅通融资渠道。

（5）支持落实政策性农业保险政策。2011年市财政拨付资金2.86亿元，主要用于政策性农业保险农民保费补贴和再保险费用支出，2011年全市开办险种19个，参保农民达到20.88万户次，总保费金额108.35亿元，赔付支出3.21亿元，惠及农户11.36亿元。

（6）支持会展农业发展。会展农业是都市型现代农业的重要形态。2011年市财政多方筹措资金，投入2亿元支持昌平世界草莓大会、延庆葡萄大会、丰台世界园林博览会、通州食用菌大会等重要会展活动，为大会的顺利举办创造条件。

（7）落实各项补贴政策，促进农业提质增产。市财政投入资金1.34亿元落实农机购置补贴政策，提升农业机械化水平；及时拨付农作物良种补贴中央资金3 141万元，提升我市小麦、玉米良种使用率；投入资金1 800万元落实冬小麦抗旱补贴政策，缓解冬小麦旱情，确保粮食稳定生产；支持粮食高产创建工作，投入资金1 000万元，打造建设60万亩高产示范区，辐射带动了全市粮食生产均衡增产。

（8）支持农产品流通体系建设。专项安排资金支持中央批发市场建设，主要用于北京市农产品流通中心建设项目前期规划、方案设计及宣传经费，提高流通服务能力。

2. 积极促进农民增收，提高公共服务享受水平。市财政积极落实各项补贴政策，在购买公共服务的同时，增加农民收入，为改善农民生活水平创造条件。

（1）落实大中型水库移民扶持政策。依据市移民办对2011年度移民后期扶持资金及人数的核定结果，市财政按照每人每年600元的标准向房山区、密云县等13个区（县）拨付首批大中型水库移民补助资金7 782.96万元，帮助大中型水库移民改善生活条件，解决水库移民的遗留问题。

（2）落实村级全科农技员补贴政策。市财政投入资金2 055万元，用于1 036名村级全科农技员补贴。

（3）落实生态公益林生态效益补偿政策。市区两级财政落实生态效益促进发展机制补偿政策，60%的资金发放到农民个人手中，山区百万农民人均年增收200元。市财政协调指导相关区县，及时足额拨付护林员和管水员补贴资金。

3. 稳农村，发展农村各项社会事业。

（1）支持城乡结合部重点村建设。2011年是50个重点村建设的关键之年，市财政采取多项措施，大力支持50个重点村建设工作。下达资金1.96亿元，用于对7个城乡结合部重点村建设工作先进区的综合奖励和对于拆迁进度较快的13个重点村的拆迁奖励；调度财政应急风险资金14亿元，缓解重点村建设融资压力。

（2）稳步推进村级公益事业建设一事一议财政奖补试点。会同市农委制定了《北京市2011年开展村级公益事业建设一事一议财政奖补试点工作实施方案》。投入资金10 175万元，支持密云、平谷、顺义、通州开展村级公益事业一事一议财政奖补工作试点。

（3）不断加强农村合作经济管理能力建设。2011年市财政投入资金3 000万元，支持农村集体资产清产核资，推进农村管理信息设备更新和四级联网化，实施电脑触摸屏村务公开，摸清农村家底，提高农村管理智能化水平。

（4）支持支持农民专业合作社建设。市财政局会同市农委等部门印发《关于金融支持农民专业合作社发展的意见》，对农民专业合作社外部融资、农民专业合作社进行内部信用合作给予财政补贴，支持农民专业合作社风险防范能力建设和农民专业合作社财务管理队伍建设。

（5）支持农民运动会。投入资金1 784万元，支持第七届农民运动会的开幕式演出、基础设施建设以及周边环境整治。

二是，提高全市人民生活质量，努力城乡区域协调发展。

1. 加大对水务发展的投入力度，保障城市的基本运转和可持续发展。

（1）建立供排水政策性亏损财政补贴机制。拨付资金10.7亿元，用于市自来水集团和市排水集团政策性补贴，弥补两个企业由于基础设施建设融资和价格等因素造成的资金缺口，保障企业正常运转及我市供排水安全。

（2）积极实施山区小流域综合治理。市财政拨付资金1.87亿元，支持门头沟、怀柔、密云、房山、平谷、昌平、延庆七个山区县小流域综合治理项目建设。

（3）支持密云水库上游稻改旱工作。2011年市财政拨付资金5 665万元促进密云水库上游农民退稻还旱，涵养上游水源，提高密云水库来水量。

（4）支持实施水环境改善。投入污水处理费和水体补贴资金10.2亿元，大力支持我市污水处理行业正常运转。投入水资源费18 000万元，支持我市中水行业的正常运转、城市水环境治理、城市节水、水资源利用工程、再生水补充城市河湖用水、城市水华治理、城市河湖水的调配及补充城市河湖景观水等工作，保障了城区河道水质和市区的水文景观，提高了水资源的利用效率。

2. 促进城乡公用事业发展。

（1）美化城乡，增强北京的吸引力。一是大力支持园博会建设。在经常性的城市美化经费的基础上，投入资金8 300万元支持园博馆筹建期间的展陈、藏品收集和园博园北京园建设。二是支持园林小城镇创建活动，稳步新农村绿化建设。三是支持公园景区环境优化，强化公园的生态环境、休憩服务、景观质量功能，推动公园免费开放。

（2）支持气象事业发展，提高预测能力。2011年市财政投入资金2 667万元支持公共气象事业发展；投入1 000万元，支持人工影响天气设备的购置和改装；投1 651万元，支持人工增雨和防雹，缓解旱情，提高防雹救灾能力。

3. 完善机制，保障生态环境。

(1) 推进集体林权制度改革。2011年本市集体林权制度改革已经基本完成。市财政2011年投入山区生态公益林生态效益促进发展专项资金2.02亿元，用于支持集体林权制度改革工作，森林的生态服务功能显著提升。

(2) 支持做好森林防火工作。为确保首都生态安全，2011年市财政投入森林防火专项资金3 589万元，大力加强森林防火重大基础设施和防空能力建设，确保了我市没有发生重大森林火灾，保障了森林资源的安全。

(3) 支持做好林木有害生物防控工作。市财政下达林业有害生物防治专项资金3 811万元，主要用于检疫性林业有害生物普查、监测测报经费、林业有害生物防治药剂、林业植物检疫综合执法、危险性、常发性林业有害生物防治、京冀林业有害生物防控区域合作等方面，无公害防治率达到100%。为全市林木有害生物防控工作提供了坚实的资金保障。

(4) 支持天安门花卉布置工作。2011年，市财政投入资金7 973万元实施了天安门广场花坛摆放、常态花卉布置、长安街增绿和重点绿地的绿化美化工作，为节日烘托了隆重、热烈、欢乐、祥和的气氛，为市民营造了优美的城市环境。

(5) 支持绿色产业提质增效。在多次调研的基础上，市财政投入资金1.5亿元，发展果树8，5万亩、花卉7万亩，引进彩色苗木2.5株，蜜蜂饲养量达到29万群，建成林下经济示范区7 000多亩。

(6) 支持北运河治理。投入7 000万元支持北运河治理，实施规模化养殖场粪污治理与资源化利用工程，在流域范围内大力推广使用低毒、低残农药和生物农药，对30个工程的粪便、污水、空气环境等各项指标进行监测。

4. 全面提升农产品质量安全保障水平。

(1) 支持做好瘦肉精监管工作。市财政积极筹措资金2 227万元，支持区县畜产品质量安全监测体系建设以及瘦肉精应急检测耗材购置等方面，为首都市场畜产品供应质量安全提供有效保障。

(2) 支持"菜篮子"工程农产品质量安全。投入资金1 736万元，用于对农产品质量安全监管优秀区县、优秀乡镇、"菜篮子"优级标准化生产基地、"三品"认证的奖励。

三是，加强支农资金管理，提高资金管理科学化精细化水平。

1. 完善资金管理办法。制定出台《北京市沟域经济发展资金管理办法》，对沟域经济发展资金的申请、使用、管理等方面进行了规定。制定《北京市第一次水务普查经费使用管理办法》，规范水务普查经费使用管理。印发《关于加强城乡结合部重点村建设奖励资金管理的通知》，规范重点村建设奖励资金的使用管理。制定《北京市中央财政林业科技推广示范资金管理办法实施细则》及《北京市中央财政林业科技推广示范资金绩效评价办法》，规范中央资金使用。

2. 研究制定财政支农资金指导意见。按照完善财政管理体制的要求，结合区县功能定位、市委市政府重点工作，制定下发了《2011年财政支农资金项目申报和管理指导意见》，明确了2011年财政支农资金使用的指导思想、使用原则，提出了财政支农资金扶持的六个方面，规范了区县支农项目申报工作。

3. 继续推行支农项目专家论证制度。为加强财政支农项目的管理，根据2011年区县申报项目的特点，对所有区县项目均实行专家论证制度，提高财政支农资金管理的科学性。

4. 扩大绩效考评范围，实施事前绩效评估。2011年农口部门有15个项目参加市财政绩效考评，20个项目参加部门自评，2个项目参加事前评估。

2011年，财政支农工作成绩显著，但也存在一些困难和问题；一是资金统筹的力度仍需加强；二是资金使用效益不高，依然存在"小散碎"的项目；资金沉淀、闲置浪费等现象依然存在。三是政策导向需要进一步研究，对财政资金的结构、投向以及投入方式、机制等方面研究不够。

(市财政局　张建龙)

【集体经济组织资产投入】 近几年，北京郊区适应首都特殊的经济与社会环境，转变经济增长方式，稳步推进、协调控制郊区与城市的发展步伐。在郊区经济得到持续健康发展的同时，大力开展社会主义新农村建设，郊区农村的村容村貌得到根本改观，正在向"平原城市化、山区城镇化"的宏伟目标迈进。经济的发展，村容村貌的改观，靠的是强大的物质投入作后盾。截至2011年底，乡村两级集体经济组织累计资产投资达4 116.6亿元，比2010年底的3 451亿元净增665.6亿元，同比增长19.3%。其中用于企业的累计资产投资达1 761.9亿元，占42.8%。

1. 固定资产投资。截至2011年底，北京郊区集体经济组织累计固定资产投资达931.1亿元，占累计资产投资总额的22.6%。其中：乡镇级累计固定资产投资331亿元，占固定资产投资总额的35.5%；村级累计固定资产投资600.1亿元，占64.5%。

2. 流动资产投资。截至2011年底，乡村两级集体经济组织各项非固定资产性投资总规模达到2 802.5亿元，占累计资产投资总额的68.1%。其中：乡镇级1 342.1亿元，占47.9%；村级1 460.4亿元，占52.1%。

3. 资产投资的区域分布。近郊集体经济组织累计资产投资达2 136.3亿元，占全郊区累计资产投资的51.9%；平原地区集体经济组织累计资产投资1 520亿元，占全郊区累计资产投资的36.9%；山区集体经济组织累计资产投资460.3亿元，占全郊区累计资产投资的11.2%。这组数字表明，地区间的资产拥有量极不均衡，经济实力相差悬殊。

【公益事业及基础设施投入】 北京郊区公益事业与基础设施规划与建设迈出新步伐。郊区农村统筹安排水、电、路、通讯等基础设施建设项目，优化农村环境整治工作，重点建立完善农村信息网络体系，为农村经济发展和农民增收致富创造良好的环境条件。据北京市农村经济收益分配统计结果显示，2011 年北京郊区乡村集体经济组织及其所属企业共获各级财政各种补贴达 21 亿元，有 395 个农民专业合作经济组织获各级财政扶持资金 1.3 亿元。北京郊区乡镇级集体经济组织当年用于公益事业方面的支出为 5.8 亿元；用于村镇建设及基础设施方面的投入 2.8 亿元。

【农户投入】 据北京郊区 3 000 户农户家庭住户调查资料反映，2011 年农户人均生产性支出为 2 268 元，同比增长 25.7%。其中：人均购置生产性固定资产支出 86 元，占人均生产性投资支出总额的 3.8%，同比下降 12.2%。其中购置运输工具的投入为 14 元，同比下降 69.6%。人均家庭经营费用性支出依然是农户投入的主体，达到 2 182 元，占人均生产性支出总额的 96.2%，比 2010 年提高 1.6 个百分点。人均家庭经营费用性支出中，第一产业是主体，达 1 081 元，占到人均生产性支出总额的 47.7%。一产支出中，牧业达 624 元，占到一产支出总额的 57.7%；农业 402 元，占一产支出总额的 37.2%。这组数字表明，北京郊区的农村家庭经营依然处在以第一产业为主的状态，二、三产业则相对薄弱。第二产业支出 345 元，占人均生产性投资总额的 15.2%。其中工业 275 元，比上年增长 157%。第三产业 756 元，占人均生产性投资总额的 33.3%。其中运输业 427 元，比上年增长 50.9%（见表 3）。

表 3　北京郊区 2011 年人均生产性支出统计表

单位：元

指标名称	2011 年	2010 年	增长（%）
合计	1 081	1 029	5.1
一、购置生产性固定资产支出	402	264	52.3
其中：购置运输工具	624	709	−12.0
二、家庭经营费用支出	345	195	76.9
1. 一产业支出	275	107	157.0
其中：农业	756	482	56.8
牧业	427	283	50.9
2. 二产业支出	279	163	71.2
其中：工业	38	29	31.0
3. 三产业支出	1 081	1 029	5.1
其中：运输业	402	264	52.3
批零贸易业、饮食业	624	709	−12.0
社会服务业	345	195	76.9

（市农研中心　阎建苹）

郊区园林绿化美化建设

概　　述

2011年，北京市园林绿化系统坚持以推动科学发展为主题，以转变发展方式为主线，以提升生态功能为核心，全力实施“生态园林、科技园林、人文园林”行动计划，加快绿化造林步伐，增加森林资源总量，全面开展森林健康经营，提高质量水平，增强生态服务功能效益，推进“山区绿屏、平原绿网、城市绿景”三大生态体系建设，为建设“人文北京、科技北京、绿色北京”和中国特色世界城市奠定基础。全面加快园林绿化建设，确保圆满完成了市委、市政府和首都绿化委员会第30次全会部署的各项工作任务，实现了“十二五”发展的良好开局。全市新增城市绿地1 320公顷，新增造林绿化面积1.67万公顷。全市林木绿化率达到54%，森林覆盖率达到37.6%；城市绿化覆盖率达到45.6%，人均公共绿地面积达到15.3平方米。

生 态 建 设

【城乡生态建设】　一是城市绿色空间不断拓展。大力推动规划建绿、多元增绿，全市新增绿地1 320公顷，完成屋顶绿化11万平方米、垂直绿化3万延米、停车场绿化8万平方米、老旧小区绿化改造113处，改造公园绿地572公顷的建设任务；改建道路绿化450公顷；有效缓解了城市热岛效应。实施了三环路增绿添彩示范工程，共栽植乔木和灌木4.5万株、月季4.4万株、绿篱色带26.8万株，铺设草坪6.2万平方米，形成了“月季成环、大树成线、绿色成链”的优美景观，受到市领导和社会各界的高度评价。二是城郊景观环境明显提升。建成了10个城市休闲公园、10个郊野公园；11个新城滨河森林公园建设加快推进，通州、大兴、延庆3个公园建成开放，昌平、密云两个公园完成核心标段建设，正式接待游人。第二道绿隔地区完成绿化面积1 093公顷。高标准完成永定河“四湖一线”绿化建设，“五园一带”建设稳步推进；完成7个重点小城镇绿化613公顷。三是山区生态建设不断加快。大力推进京津风沙源治理、三北防护林建设和太行山绿化等重点生态工程，共完成人工造林4 900公顷、封山育林2.67万公顷，启动了3万亩低效林改造试点，完成林木抚育4万公顷。完成京承三期、京山铁路二期、延琉路等3条重点通道绿化近万亩，公路河道绿化300千米，涌现出一批精品工程。全面完成京冀生态水源保护林1.33万公顷建设任务。

【造林营林】　2012年北京市的造林营林工作紧紧围绕市政府与各区县人民政府签订的《2011—2015年绿化目标责任书》和“十二五”规划目标任务、为民办实事、折子工程、新农村建设工程开展了以实施国家京津风沙源治理、三北防护林建设、太行山绿化建设和市级郊野公园环建设、重点绿色通道建设、公路河道绿化建设、彩色树造林等工程为重点的造林绿化工作，组织实施了以山区生态公益林林木抚育工程为重点的营林工作。

2011年国家下达北京市造林营林计划任务4 666.67公顷、封山育林1.4万公顷。按照规划目标，2011年全年计划造林面积6 666.67公顷，实际完成绿化造林面积8 333.33公顷，栽植各类乔灌木1 500万株，超国家下达计划任务的56%。超市下达计划任务的25%。完成林木抚育4万公顷；实施封山育林2.67万公顷。

1. 各项绿化造林工程圆满完成。国家三北防护林工程完成绿化造林400公顷，植树121万株。太行山绿化完成造林200公顷，植树13万株。京津风沙源治理完成荒山造林3 100公顷，植树350万株，完成爆破造林600公顷，植树67万株。

市级绿化造林工程有序推进。绿色通道建设密云京承三期工程规划绿化面积1 207.6公顷、62.7千米，完成整地面积677.53公顷、绿化面积290.2公顷，栽植苗木81万株；大兴区京山铁路二期绿化工程完成面积34.27公顷，栽植苗木4.5万株；延庆县延琉路完成绿化面积307.73公顷，栽植苗木34万株。第二道绿化隔离地区完成绿化建设面积1 093.33公顷，栽植各类苗木172万株。彩色树种造林面积1 333.33公顷，栽植苗木128万株。公路河道完成绿化长度300千米，栽植苗木157万株。

郊野公园建设工程进展顺利。2011年绿化隔离地区建成郊野公园10个，公园规划面积354.66公顷。据统计，现已完成移植、栽植乔灌树木4.2万株（移植树木2.8万株，新植树木1.4万株）；种植地被花卉及水生植物22.7万平方米；完成道路、广场铺装5万平方米，铺设排水管线6.8万米；完成土方100万立方米，拆除建筑面积1.824万平方米，动土方量95.6万立方米。目前，海淀区北坞公园已基本建成，具备了开园条件。

各区县级完成造林绿化面积1 720万公顷，栽植各类苗木近170万株。

2. 生态公益林管护工作扎实有效。进一步加强了国家重点公益林的管护工作，及时划拨管护资金，严格征占用林地审批，加大宣传教育力度，采取多种抚育措施，确保了国家重点公益林的安全和林分质量的提升。加强了山区生态林补偿机制管理工作，随着《关于完善本市山区生态补偿机制的通知》的贯彻落实，进一步强化了区县政府的主体责任，建立健全管理制度，确保了各项政策措施落实到位，管护员管林护林的积极性明显提高，责任心明显增强。积极开展生态林的中幼林抚育，扎实做好森林防火工作，有效遏制破坏森林资源行为，生态林管护水平明显提高。2011年围绕山区生态公益林生态效益促进发展机制，积极开展森林健康经营，完成了林木抚育4万公顷，提高了林分质量，增强了森林生态服务功能。

3. 实施山区低效生态公益林改造工程6 666.67公顷。按规划主要安排在重点风景区、前山脸重要部位、重点通道周边，通过补植补造、引针入阔、抚育间伐、更新改造、纯灌林改乔灌林等措施，改良林木组成结构，提升林分质量，提高生态景观效果。同时开展了2 000公顷改造试点建设任务。积极探索经验和技术模式。为科学推进全市低效林改造工程奠定基础。

4. 京冀生态水源保护林建设合作项目稳步推进。按照《北京市人民政府河北省人民政府关于进一步深化经济社会发展合作的会谈纪要》安排，2009—2011年京冀生态水源保护林建设合作项目计划在河北张家口、承德两市密云、官厅水库上游营造生态水源保护林1.33万公顷，工程投资1亿元，涉及赤城、怀来、丰宁、滦平4县。截至目前，三年1.33万公顷生态水源保护林规划建设任务已全部完成，累计栽植各类苗木2 075万余株，其中，2011年按计划完成生态水源保护林建设任务4 000公顷，涉及两市4县8个乡镇，栽植各类苗木642万余株，并完成割灌、修防火道以及宣传标志牌等建设内容，进入养护和验收阶段。张家口、承德两市分别组织四县完成工程自查验收，面积完成率100%，苗木成活率在85%以上，达到项目建设要求。年内开展了新闻媒体的专题宣传报道和历年项目质量核查工作，营造了良好的舆论氛围，巩固了项目建设成效。

5. 各级领导重视，投入力度大。各区县把园林绿化建设列为重要工作，主要领导亲自部署、实地检查，力度大、投入多。据不完全统计，全市2011年各级投入资金累计120多亿元，其中区县财政投入达80多亿元，是历史以来投入最大的一年。南海子公园二期建设面积626公顷，按计划年底完成60%建设任务，目前，拆迁面积340万平方米、处理垃圾1 680万立方米任务已全部完成，栽植各类苗木3.5万株，进展顺利。二期公园建设费用50多亿元。各区县加大了对区、乡镇级公路、河道绿化资金的投入。区县园林绿化局部门积极自筹资金。密云县政府投资近3亿元，围绕新城建设启动实施县级“六路、一口、一园”绿化建设工程，规划绿化面积800公顷、70.68千米。昌平区紧紧围绕区委、区政府提出的全面建设“高端引领、创新驱动、绿色发展、开放包容”的“京北创新中心、国际科教新城”的建设目标，区政府投资4.5亿元，全力实施高标准高质量的绿色通道建设工程，力争到2012年底，对全区镇级以上的284条公路（国道5条、市级道路10条、区级公路39条、镇级公路230条）及温榆河两侧绿化带提质增效建设，绿化总长度1 500多千米，实施绿化面积2 133.33公顷。丰台区政府投资3 800余万元，用于园博园周边道路绿化建设。大兴区政府投资2.4亿元，对亦庄地区周边总长度65千米的道路实施了绿化与改造提升。顺义区政府拟投资2.98亿元，改造顺平路绿化带。

6. 转变发展方式，创新政策机制。一是大兴、密云、昌平、朝阳、顺义、通州、延庆、海淀、丰台等区县参照市相关政策标准，相继出台了本地区的绿化建设、林木养护、占地补偿的政策，制定了绿化建设、检查验收管理办法，利于巩固绿化成果，保护农民利益；二是把林木抚育养护作为春季造林绿化的重点工作，2011年春在加快绿化造林的同时，广泛开展了修枝割灌、补植补造、清除枯死木等营林工作，促进了林木生长，提升了景观质量，推进了造林向营林转变。

【京津风沙源治理工程建设】 按照市发改委批复，北京市2011年京津风沙源治理工程建设总任务3.1万公顷，其中：人工造林3 633.33公顷、爆破造林666.66公顷、封山育林2.67万公顷、种苗基地建设1处。各项工程任务年底前全部完成。

【巩固退耕还林成果建设】 根据调整后《北京市巩固退耕还林成果专项建设规划（2008—2015年）》，2011年建设总任务为建设观光采摘示范园10个，退耕地造林补植补造2 115.33公顷。截至2011年底，退耕地造林补植补造任务已经全部完成；采摘示范园建设年底前可完成全部任务。

【北京市对口支援新疆和田地区防沙治沙项目的管理工作】 2011年市园林绿化局承担北京市与新疆对口支援合作项目中两项防沙治沙项目的管理工作，邀请了北京林业大学等防沙治沙领域的有关专家赴项目区进行了实地考察，并与北京市对口支援和经济合作工作领导小组新疆和田指挥部及和田地区有关领导召开了协调会，洽谈了合同具体条款，明确了工程建设程序，确定了工程项目规模和建设模式并制定了援疆项目防沙治沙工程管理办法（试行）。截至2011年12月，已完成初步设计、施工招标等前期工作，并于近期全面开工建设。

2011年底，全市已在延庆县等12个区县，示范推广林菌、林药、林花、林草等十种林下经济典型模式，推广面积20余万公顷，年实现产值2亿元，参与人员达30万人。

【资源保护管理】 森林火灾防控能力明显增强。八达岭、西山等市属林场防火阻隔工程基本完成，航空护林站、国家物资储备库和红外监测自动报警系统等重大项目扎实推进，成功实施了森林武警定点靠前驻防，提升了安全保障能力，确保全市没有发生重大森林火灾。

林木有害生物防控扎实有效。市政府与区县政府签订了“十二五”防控责任书，加大了动态监测和普查普防力度，实现了“有虫不成灾”的目标。

湿地、自然保护区和古树名木、野生动植物资源的保护管理全面加强。新建了房山长沟、怀柔琉璃庙两个市级湿地公园，野鸭湖、汉石桥湿地保护建设稳步推进；完成古树名木复壮640余株，松山、百花山国家级自然保护区基础设施建设全面加强，野生动物疫源疫病监测体系不断完善。

林政资源管理和执法力度不断加大。累计减少移伐树木、林木4.8万余株，减少征占用林地25公顷；全年受理查处林业行政案件472起，成功侦破一批刑事案件，保护了森林资源。

应急处置水平不断提高。面对2010年的极端天气考验，坚持因险而动、因情施策，全面加强了林木绿地资源的日常管护工作。为抗旱保林，全市仅重点绿色通道管护就补植补造树木4.2万株，巩固了绿化成果；针对夏季连续发生的暴雨险情，迅速启动应急抢险预案，支撑加固倾斜树木，清理倒伏断枝树木。针对公园绿地管理存在的突出问题，连续开展了全市性大检查，健全完善了整改措施。

产业结构调整

【总体情况】 2011年，首次以市政府名义召开了全市林业产业大会，出台了《关于加快花卉产业发展的意见》，推动了绿色产业加快提质增效。结构调整成效明显，加大示范区建设力度，2011年重点在房山区、顺义、密云县、延庆县等区县开展了以林下中草药、林下仿野生菌、林缘玫瑰、治沙植物新材料示范、芳香类植物等为主要内容的示范区建设。完成示范区建设482公顷。2011年，加大林下经济科研力度，继续和北京农学院合作，加大了对玫瑰的繁育、管理及后续加工的科研力度和组培快繁试验等相关研究；在深加工方面还开展了提取玫瑰花的活力细胞液及制作超微粉面膜等。

【果树产业】 2011年，果树产业提质增效显著，完成水蜜桃、甜柿改造工程1 000公顷，建设出口基地66个，引进优良新品种500多个，实现产值42.7亿，比2010年净增6.1亿元，同比增长16.6%，增量和增幅均创历史新高；果品收入增长5.9亿元，果农户均果品收入1.38万元。

1. 各树种果品产量均稳步增长。在经历2010年冻害之后，2011年各树种果品产量均稳步增长。据初步统计，2011年全市果品产量为10.0亿千克，同比增产10.2%。其中鲜果产量达到9.4亿千克，同比增产10.4%；核桃、板栗、仁用杏等干果产量达到6 215.7万千克，同比增长7.5%。全市鲜果收入达到35.2亿元，同比增长19.4%；干果收入7.3亿元，同比略有增长。全市樱桃总产量达到883.9万千克，比2010年增长1.8倍；收入3.4亿元，比2010年增长1.5倍。

从2006年以来，全市果品收入连续五年增长超过10个百分点，2011年全市30.9万户果农户均果品收入1.38万元，同比增长16.0%。

2. 果树发展。2011年春，完成果树发展5 666.66公顷、642.0万株。其中，新发展果树2 600公顷（主要集中在山区县2 200公顷）、357.6万株，鲜果1 866.67公顷、果树303万株，葡萄448.8公顷、210.5万株，分别比2010年增长137.0%、80.0%。为了迎接2014年世界葡萄大会的召开，房山、密云、延庆3个区县分别新植葡萄137.47公顷、193.33公顷、110公顷，占到全市的98.2%；新发展干果733.33公顷、果树54.6万株。“十二五”规划中明确了加强对低效果园改造的力度，2011年春全市更新老杂劣果树1 466.67公顷、165.3万株（山区县1 266.67公顷，149.4万株）。以枣、苹果、葡萄为主。改良品种、高接换优1 600公顷、119.1万株。基本完成改接水蜜桃666.67公顷、甜柿333.33公顷的计划目标。实际完成传统硬肉桃高接优质水蜜桃637公顷、29.7万株；传统涩柿高接甜柿288.53公顷、12.1万株。

3. 全市设施果品总收入又创历史新高达到3.9亿元。近几年设施果树栽植稳步发展，效益逐年提高，平均亩收入在1.7万～2.6万元。到2011年，全市共有设施果树面积1 400公顷，其中结果面积1 000公顷、1.4万个棚室，同比分别增长15.2%、33.8%和29.6%。在结果设施面积比2010年增长的基础上，2011年全市设施果品总产量达到1 471.9万千克，比2010年增长12.3%；总收入又创历史新高达到3.9亿元，同比增长40.0%；结果面积的平均亩收入达到2.6万元。

4. 京郊果园观光采摘效益持续攀升。据统计，2011年京郊果园共接待游客997.6万人次，同比增长10.3%；采摘果品总量达4 074.3万千克，采摘直接收入达4.4亿元，同比增长32.4%。京郊采摘开放果园增加到1 222个，面积达到3.86万公顷（同比增长12.6%)。通过观光采摘促销果品5 924.0万千克；促销收入3.7亿元，同比增长27.0%。

5. *2011年全市完成干鲜果品及加工品出口2 034万千克*。8月29日，在大兴举行了“大兴黄金梨·北京果品批量出口第一单活动”的启动仪式，此次果品出口交易第一单拉开了北京市果品出口的帷幕。

据初步统计，2011年全市已完成干鲜果品及加工品出口2 034.0万千克，收入5 038.3万元，同比分别增长20.9%和29.6%。其中，出口桃、梨类鲜果714.5万千克、收入2 567.3万元，同比分别增长32.1%、45.7%；板栗、仁用杏类干果267万千克、收入534万元，同比均增长25.9%；平谷的桃汁、怀柔的栗仁、核桃仁等果品加工品出口1 052.5万千克、收入1 937万元，同比分别增长13.2%、13.9%。

【花卉产业】 全年培育花卉新品种15个，引进优良品种500多个，实现产值15.2亿元，同比增长9.4%。全市生产鲜切花2 402万支，其中：月季329万支、百合935万支、菊花440万支；生产盆栽植物7 943万盆，其中盆花7 400万盆，盆花中花坛花卉5 804万盆、月季732万盆、菊花228万盆、花烛属类196万盆、兰花类165万盆、凤梨类62万盆；生产观赏苗木1 074万株等。

1. *花卉文化宣传活动*。围绕“绿色北京，让美好走进生活”的办节主题，组织开展了“2011北京郁金香文化节”、“2011北京月季文化节”、“2011北京菊花文化节”。一是成功举办了“2011年北京郁金香文化节”。本届郁金香文化节于4月22日至5月15日举行，在北京国际鲜花港集中展示水晶美人、紫衣王子等86个品种300万株郁金香，并辅以百合、风信子、洋水仙、花毛茛等八大类春季时令花卉，营造出令人神往的花海景观效果。在室内展出百合优良品种88个，15万株。节日期间吸引游客近22万人，实现销售收入667.8万元。二是成功举办了“2011北京月季文化节”。本届月季文化节以“温馨月季、浪漫之约”为主题，于5月26日至6月12日举行。以北京植物园为主会场，天坛公园、陶然亭、北京世界花卉大观园、中科院植物研究所北京植物园为分会场，通过月季造景展、新品种月季、盆栽月季展及月季栽培大师作品展、月季种苗及新技术推介会等13项主题活动，充分展示月季品种、文化、生产。吸引游客30多万人。本次文化节还组织“市花月季进万家”活动，向北京市民提供2万盆栽月季。通过与社区合作，向选定的社区赠送月季，用市花月季布置家园；通过多种预约方式，将盆栽月季送给北京市民，推动市花月季走进千家万户。三是“2011北京菊花文化节”进展顺利。本届菊花文化节于9月24日开幕，展期持续到11月中旬。由北京国际鲜花港、世界花卉大观园、北海公园、北京植物园等4家单位承办。共展出1 000多个品种、4万余盆独本菊；400余个品种、300余万株小菊和草本花卉以及1 000余盆造型菊、艺菊和盆景菊。通过品种展示、菊花评比、“斗菊”等10多项丰富多彩的主题活动，弘扬市花文化，促进产业发展，到10月20日已吸引游客40多万人次。其中北京国际鲜花港展区共接待游客99 313人，同比增长62.4%，实现门票收入332万元，同比增长55.87%，其他经营收入103.4万元，同比增长326.14%，收入合计435.4万元，同比增长382.01%。

2. *积极推进花卉产业示范基地建设*。利用农业综合开发资金1 140万元，启动建设大兴月季出口、密云百合、房山玫瑰加工、天竺高档盆花等4个花卉示范基地700亩，努力打造花卉出口示范基地。

【种苗产业】 全市审定林木种苗新品种13个，新建彩色苗木基地200公顷，北京已成为全国最大的彩色乔木生产基地。

1. *苗木企业调整*。2011年以来，北京市种苗管理部门以满足市场化需求为目标，继续引导苗木企业调整结构，提高质量和效益，提高苗木生产标准化水平，加大良种培育力度。并结合北京市春季造林和绿化工程需要，提供优良苗木。

据统计数据分析显示，经过整合优化，目前全市共有苗圃1 086个，同比减少19个；实际育苗面积14万亩，同比减少0.3万亩；总产苗量2.5亿株，可为下半年提供绿化苗木1.3亿株。全市针、阔、花灌木的比例为25∶38∶37，大规格苗木和彩色树种供应能力不断加强，育苗结构更加符合市场需求。

2. *种苗市场建设*。林木种苗交易市场建设作为“十二五”期间林木种苗发展规划的重要产业布局之一，是2011年种苗工作的重点。“十二五”期间，北京市将继续推进和扶持通州华源发林木种苗交易市场建设，将其建成集交易、展示和配送为一体、华北地区最大的林木种苗交易市场。经多次与通州区园林绿化局、市场负责人商讨市场发展对策和方向，结合市场发展需要，完成华源发种苗交易市场中长期发展规划编制工作，制定了明确的建设目标和内容。2011年，市场总投资480万元，新增经营性用地60亩、新建温室大棚1座1 800平方米、铺设排灌系统1 278米、安装315千伏变压器1座，新修10米宽道路1 295米、翻修道路3 200米。总营业收入7 000万元，吸纳并带动周边从业人员300人。市场基础设施建设的不断完善，向“建设成为富于专业特色、立足北京、华北地区最大、国内一流、具有世界先进水平的综合交易市场”的目标奠定了坚实基础。

【蜂业发展】 全市蜜蜂良种率达到58%，蜜蜂饲养量达到29万群，连续三年实现扩群3万群的目标。引进优良种蜂王1 500只，蜜蜂良种率达58%；蜂蜜产量750万千克，比2010年增加19.6%；蜂王浆产量12.6万千克，比2010年增加10.5%；全市共有蜂业专业合作组织54个，有蜂业产业基地56个，售蜂收入680万元，蜂授粉收入1 600万元，养蜂总产值1.9亿元，蜂产品加工产值超过9亿元，出口创汇超过1 100万美元。

【产业链条不断拓展】 成功举办了“三节一展”和“百万市民观光采摘游”等系列花果节庆活动，吸引1 100多万人次参加，实现果品采摘收入4.4亿元，提升了产业综合效益。林下经济、森林旅游等新兴产业蓬勃发展，建设林下经济示范区1 100公顷。新设立3个市级森林公园，高标准建成开放西山国家森林公园，全市森林公园接待游人600万人次，总收入突破2.2亿元。大力发展新型市场业态，启动了5个市场交易中心的建设。

【生态园林文化】

1. *基础研究取得重要成果*。围绕贯彻党的十七届六中全会精神，开展了生态文化体系建设重大课题研究，取得的成果被首次写入《市委关于发挥文化中心作用、加快建设中国特色社会主义先进文化之都的意见》中，为下一步全面推进生态园林文化建设奠定了基础。

2. *节庆文化活动成效显著*。高水平完成了建党90周年和国庆62周年城市景观布置工作，特别是在时间紧、任务重、要求高的情况下，高质量完成了以“红心向党”为主题的天安门景观环境布置任务，受到市领导和社会各界的高度评价，成为首都庆祝活动中光彩夺目的亮点工程。围绕纪念全民义务植树30周年和开展国际森林年活动，组织举办了首届“森林与人”科普宣传、“第二届零碳音乐季”、“寻找绿色之光”和文学作品、文史资料征集等活动，与北京电视台联合举办了首都全民义务植树30周年大型纪念晚会，取得较大影响。全市公园景区开展各类节庆文化活动达160多项，接待游客2.4亿人次。

3. *各类重大展会影响广泛*。圆满完成第九届中国国际园林博览会各类建设项目的前期手续审批，并全面开工建设。开展了园区环境整治和绿化建设，完成园博馆、主展馆、北京园等标志性建筑的规划设计，并开工建设；召开了全国招展大会，对外邀展招商工作成效显著，已有31个省份和港澳台地区、56个重点城市选定展园67个、面积10.76万平方米，近20个国家相关机构和城市来函咨询或现场考察，表达出浓厚的参展兴趣。圆满完成了西安世园会、重庆园博会北京园和义乌林博会、海南森林旅游博览会北京展厅建设，获得多项荣誉，受到高度评价。世界葡萄大会、中国菊花展等重大展会的筹建工作成效显著。参加了亚太林业周园林绿化展览，受到国际社会好评。

【全民义务植树活动】 圆满完成了中央领导等六大植树活动的筹备和组织协调工作，全市共有366万人次参加了义务植树活动，共植树400万株，抚育树木1 733万株。群众性绿化创建活动蓬勃开展，全年创建花园式单位150个、花园式社区55个、园林小城镇8个、首都绿色村庄100个；深入开展“城乡手拉手、共建新农村”活动，有1 000个单位和驻京部队与700个村结成对子，提供绿化资金达2 049万元、植树27万株，协调市有关部门投入绿化资金达5.6亿元；市民踊跃认建认养林木绿地，共认养地块245处、面积556.9公顷，认养树木12.8万株，投入资金达3.3亿元；林业碳汇行动计划稳步推进，计量监测体系不断完善。

园林绿化基础管理工作

【集体林权制度改革】 经过近三年的努力，全市基本完成以勘界确权、明晰产权、落实股权、保障收益权为核心的主体改革任务，林地确权面积86.67万公顷、确权率达98%，发放股权证57.74万本，山区百万农民从每年4亿多元生态效益补偿中得到实惠，年均增收200多元。

【政策法规体系】 在规划编制方面，与市发改委联合发布了全市园林绿化“十二五”发展规划，出台了规划任务分解方案，并与区县签订了“十二五”绿化工作责任书；编制完成了十大滨水绿廊建设、永定河“五园一带”、湿地公园等一批重要的专项规划，市、区两级林地保护利用规划编制取得阶段性成果，编制完成各区县绿地系统规划，发布了园林绿化应对气候变化行动计划；在法制建设方面，市政府正式颁布了《北京市森林防火办法》，启动了《湿地保护条例》的起草工作；在重大政策方面，以市政府名义制定出台了关于推进城市空间立体绿化、加快花卉产业发展、推动城市绿线划定等3个重要政策文件。特别是针对长期以来园林绿化资源管理面临的突出问题，首次制定了全市公园维护管理费用指导标准和村庄绿化养护指导意见，出台了森林健康经营、代征绿地移交和湿地公园管理等一批重要的规范性文件，各区县也相继制定了一批具体的政策办法，有力加强了园林绿化基础管理工作。

【科技支撑与国际交流合作】 组织实施科研课题34项，推广应用科技成果20项，制定、修订各类标准28项；历时四年的植物种质资源调查取得重大成果，森林资源连续清查圆满完成；完成8个基层林业站的标准化建设，食用林产品质量安全检测检查工作全面加强，林果乡土专家进城交友行动持续推进，林业生物质能源开发取得新的进展。中德、中韩等国际合作项目稳步推进，完成对外援助“中朝友好苗圃项目”，协助举办了首届亚太经合组织林业部长级会议。

【管理服务】 强化全程办事代理、电子政务建设和政府信息公开，完善了网上行政审批等信息管理平台。大力加强城市绿地的精细化管理，完善了监督考核机制，完成中心城第一批绿线划定工作。加强公园和风景名胜区管理，开展了主要公园和历史名园保护发展专题研究，进行了精品公园审定评比，建成了公园景区网络工作平台，启动了假日服务保障机制，不断提升了管理服务能力。

【国有林场和苗圃建设】 市属场圃加快转换经营机制，大力推动“场园一体”发展，在基础设施建设、森林经营抚育、科普教育示范和生态文化普及等方面实现了新突破，全年共实施62个项目，完成投资2.8亿元。

（市园林绿化局 黄桂林）

郊区二、三产业

概　述

大力发展都市型现代农业，把首都农业作为世界城市的特色产业，打造成一、二、三产相互融合、充分体现人文、科技和绿色特征的低碳产业。郊区二、三产业为承载都市型现代农业的重要载体，在推进“三化同步”中发挥不可替代的作用。

二产：2011 年末，全市 1 800 余家农加工企业，规模以上（主营业务收入 2 000 万元以上）的 288 家，其中市级以上龙头企业 107 家，农业产业化国家级重点龙头企业 38 家。规模以上农加工企业资产总额达到 852.7 亿元，完成工业总产值 736.5 亿元，实现利润 42.8 亿元。农加工企业工业总产值与全市农林牧渔总产值之比为 2.43∶1，实现了初级产品附加值的飞跃。

龙头企业横跨产、供、销三界，应对风险能力较强，在调整传统产业结构，发展主导特色产业、发展精品生产方面起引领作用，有利于促进农业提质增效。2011 年郊区龙头企业订单农业使农户户均增收 1 256元，规模以上农加工企业直接带动城乡劳动力就业 15 万人。

2011 年建立了市级农民就业创业基地 54 个，引进企业 536 个，安排就业 5.2 万人（其中本地 3.3 万人）。

三产：2011 年，全市共有市级民俗村 207 个，民俗旅游农户 13 907 个，其中市级民俗旅游户 9 970 户。全市民俗旅游接待户总收入 8.68 亿元，同比增长 18.2%；民俗旅游接待户户均收入和游客人均消费分别增长 12.3%和 10%。

（市农委产业发展处　范子文　林　然　田亦平）

镇村企业

【基本情况】 2011 年依据《关于推进镇村企业发展的指导意见》（京经信委发［2010］135 号），坚持镇村企业发展与农民就业增收相结合、企业规模增长与结构升级相结合、产业基地发展与企业布局优化相结合，切实转变镇村企业发展方式，努力提高创新能力和市场竞争力，各项事业取得明显成效。

2011 年京郊镇村企业 150 721 家，同比减少 1.3%，其中：规模以上企业 3 813 家，同比减少 8.5%，规模工业企业 2 697 家，同比减少 8.3%；从业人员 1 295 534 人，同比减少 5.1%；完成营业收入 46 531 113 万元，同比增长 9.1%；完成利润总额 2 679 843 万元，同比增长 10.4%；实现增加值 8 766 119万元，同比增长 12.8%；实现工业增加值 5 039 700万元，同比增长 13.8%；完成出口产品交货值 1 635 673 万元，同比增长 12%；上交税金 1 992 621万元，同比增长 17.1%；提供劳动者报酬 2 746 143万元，同比增长 14%；人均劳动者报酬 21 197元，同比增长 20.1%；私营以上企业资产总额 45 448 590 万元，同比增长 6.9%；私营以上企业负债总额 30 196 665 万元，同比增长 11.4%；私营以上企业资产负债率 66.4%，同比升高 2.6 个百分点。

【经济运行主要特点】 2011 年，京郊镇村企业总体经济运行状况良好，主要经济指标继续保持较快稳定增长态势。经济运行呈现以下特点：

1. *经济总量持续增长*。2011 年，镇村企业经济总量保持持续较快的增长态势，除总收入外，主要经济指标增幅均超过 10%。全市镇村企业累计完成总收入 4 653.1 亿元，同比增长 9.1%；完成增加值 876.6 亿元，同比增长 12.8%；完成利润总额 268 亿元，同比增长 10.4%；实现工业增加值 504 亿元，同比增长 13.8%；出口产品交货值 163.6 亿元，同比增长 12%。

2. *经济效益稳步提升*。2011 年，京郊镇村企业加快结构调整，强化产业升级，加强科技创新，大力节能减排，经济运行效益逐步提升。截至 2011 年底，镇村企业累计实现利润总额 268 亿元，同比增长 10.4%，比总收入增幅高 1.3 个百分点，利润总额占总收入的比重为 5.8%，同比提高 0.4 个百分点。

3. *产业结构保持稳定*。2011 年，京郊私营以上镇村企业完成增加值 749 亿元，其中：一产增加值 3.1 亿元，占 0.4%，所占比重同比降低 0.1 个百分点；二产增加值 535 亿元，占 71.4%，所占比重同比提高 0.3 个百分点；三产增加值 210.9 亿元，占 28.2%，所占比重同比降低 0.2 个百分点。

镇村工业企业全年完成增加值504亿元，同比增长13.8%，增幅高于镇村企业增加值1个百分点；工业增加值占镇村企业增加值的57.5%，所占比重同比提高0.9个百分点，工业主导地位更加显著。

4. 空间布局更加合理。2011年，城市发展新区（通州、顺义、大兴、昌平、房山）镇村企业持续快速发展，成为全市镇村经济的主体，有效带动了郊区经济的平稳较快发展。其中：顺义区经济总量最大，完成总收入1 105.2亿元，占镇村企业总收入的23.8%；完成增加值205.6亿元，占镇村企业增加值的23.5%。通州区经济增速最快，完成总收入579.8亿元，同比增长19.4%，增幅高于全市镇村企业10.3个百分点；完成增加值122.9亿元，同比增长21.2%，增幅高于全市镇村企业8.4个百分点。

5. 私营、个体经济发展态势良好。2011年，京郊镇村私营、个体企业140 287家，占镇村企业总数的93.1%，所占比重比上年提高0.3个百分点。私营、个体企业从业人员716 667人，占镇村企业职工总数的55.3%，所占比重比上年提高2个百分点。私营、个体企业完成总收入1 262.8亿元，同比增长17.1%，比镇村企业总收入增幅高8个百分点；占镇村企业总收入的27.1%，所占比重比上年提高1.8个百分点。私营、个体企业完成利润总额89.5亿元，同比增长11%，比镇村企业利润总额增幅高0.6个百分点；占镇村企业利润总额的33.4%，所占比重比上年提高0.2个百分点。私营、个体企业实现增加值261.2亿元，同比增长20.8%，比镇村企业增加值增幅高8个百分点；占镇村企业增加值的29.8%，所占比重比上年提高2个百分点。私营、个体企业上交税金50.3亿元，同比增长20.6%，比镇村企业上交税金增幅高8个百分点；占镇村企业上交税金总额的25.3%，所占比重比上年提高0.8个百分点。私营、个体企业作为镇村经济的重要组成部分，发挥着日益重要的作用。

6. 外贸出口持续增长。随着国际金融危机的负面影响基本消除，镇村外贸出口企业生产经营摆脱下滑趋势，经济运行态势明显好转，外贸出口实现了持续增长。2011年，镇村企业累计完成出口产品交货值163.6亿元，同比增长12%。

7. 职工收入明显提高。镇村企业发展增加了农民收入。2011年京郊镇村企业支付镇村企业职工劳动者报酬274.6亿元，同比增长14%；人均劳动者报酬21 197元，同比增长20.1%。

8. 职工总体素质提升。2011年镇村企业积极开展素质提升工程，多层次、多渠道、多形式地开展镇村企业职工教育培训工作，职工总体素质进一步提升。镇村企业职工培训机构392个，比上年增加18个，增长4.8%；职工培训取证人数12 647人，比上年增加636人，增长5.3%。职工中大专及以上文化程度的人数190 774人，占职工总数的14.7%，所占比重比上年提高1.3个百分点；中专及技校文化程度的人数282 100人，占职工总数的21.8%，所占比重比上年提高0.9个百分点。

9. 固定资产投资增长。2011年京郊镇村企业固定资产投资1 000万～5 000万元的项目209个，比上年增加48个，同比增长29.8%；固定资产投资5 000万元至1亿元的项目52个，比上年增加17个，同比增长48.6%；固定资产投资1亿元（含）以上的项目32个，比上年增加9个，同比增长39.1%。

10. 镇村经济实力增强。2011年，镇村企业营业收入超过5亿元（含）的乡镇137个，同比增加1个，占全市189个乡镇总数的72.5%；超过10亿元（含）的乡镇105个，与上年持平，占乡镇总数的55.6%；超过50亿元（含）的乡镇30个，同比增加7个，占乡镇总数的15.9%；超过100亿元（含）的乡镇6个，同比增加3个，占乡镇总数的3.2%。

11. 社会贡献不断加大。镇村企业在自身规模实力不断增强的同时，对社会贡献也进一步加大，镇村企业税收增长，增加了国家财政收入。2011年京郊镇村企业上缴国家税金199.3亿元，同比增长17.1%。

【主要工作】

1. 积极推进镇村产业集聚区发展。按照北京市经济和信息化委领导的要求，制定了镇村产业集聚区发展研究方案，会同相关处室及北京城市系统工程研究中心对京郊镇村产业集聚区的产业规划、产业布局、土地处置方式、基础设施政策、产业引导政策、管理政策措施等方面重点内容进行调研。据统计：京郊镇村产业集聚区共有348个，总占地面积9 458.1公顷；入驻企业9 283家、销售收入总值为1 152.5亿元、就业人口总数为33.9万人，分别约占全市镇村企业的40%、30%和40%。

通过调研，参照北京市经济社会发展“十二五”规划及其他相关专项规划，在“十二五”期间，镇村产业集聚区发展应以解决历史遗留问题和空间调整为重点，不断提高集聚区的土地利用效率，使镇村产业集聚区成为全市城乡产业协调发展的重要载体。针对目前镇村产业集聚区不同区域、不同类型的发展需求，拟制定镇村产业集聚区调整发展的指导性意见。

2. 加强镇村企业统计分析。按照年初农业部对镇村统计分析工作的要求，坚持月报、季报、年报制度，确保各项经济社会指标的及时性、准确性，受到有关部门好评。针对上半年经济指标下滑的态势，深入企业进行调研，分析查找存在的问题，及时召开有关部门、有关区县参加的会议，互通情况，交流经验，积极探索企业监测办法，提出建立镇村企业监测指标体系的工作思路，搭建镇村企业监测运行机制。注重统计成果运用，在每期《北京镇村企业动态》中，及时通报经济运行情况，宣传典型案例，充分发挥数据指导作用。积极配合市农委、市发改委、市统计局相关部门、参与全市经济社会运行分析会议，为有关部门决策发挥了一定的参考作用。

3. 推动开发区与镇村产业基地携手共建。为促进开发区和镇村产业基地携手共建，拓展制造业发展空间，借鉴顺义区的成功经验，落实市经信委与市农委下发的《关于推进镇村企业发展的指导意见》。2011年10月28日，组织市农委、各区县经济信息化委主管领导，3个国家级开发区、16个市级开发区和54个镇村产业基地负责人，在顺义区赵全营镇召开了“开发区与镇村产业基地携手共建”经验交流会。推广顺义区开发区与镇村产业基地合作共建的典型经验，引导条件好的镇村产业集聚区与市级以上开发区开展合作共建活动。通过合作共建和借力开发区，不断完善和延伸镇村产业集聚区的产业链，积极开展配套生产，形成优势企业集群，逐步实现与开发区融合发展。推动集聚区项目引进及产业发展方向调整，应该与周边小城镇功能定位和产业发展相适应，并成为小城镇发展的重要增长点，充分利用周边具有优势的资源和自身良好的区位条件，结合集聚区现有的产业基础，有计划地引进和整合企业，形成特色产业。

4. 积极探索“农商直供”体系建设。为解决京郊镇村企业农产品及加工产品进超市销售难的问题，加强对农加工企业调研与实际考察，提出了打造“农商直供”平台、开展“农商直供”体系建设的工作目标，以龙头企业搭建“农商直供”平台，减少企业农加工产品的流通与销售环节，降低了销售价格，探索新的产销模式。2011年11月8日，在北京旗舰集团组织召开了“2011年京郊农商直供洽谈会预备会”，选择以旗舰集团搭建“农商直供”平台，选8个区县10余家农加工企业参加洽谈，各生产企业与北京旗舰集团达成合作共识，建立了签约意向。

2011年12月8日，由市经信委主办，市商务委、市民政局协同主办的“农商直供”洽谈会隆重举办，34家京郊特色农产品加工企业参加洽谈会，其中6家农产品加工企业与龙头企业现场签订供销合作协议，1家企业与龙头企业签订双方战略合作协议。北京电视台现场采访了市经信委主管领导，在当晚《北京新闻》栏目进行了报道；北京日报、北京晚报、京郊日报、晨报、中国农民报以及多家网站等新闻媒体到会采访，并进行报道。洽谈会开启产供销渠道的一种新模式，为京郊开展“农商直供”体系建设，探索出一条新路子。

5. 有效完成镇村企业素质培训工作。按照年初制定的培训方案，开展镇村企业信息化培训工作。2011年分别在密云、大兴、昌平组织举办了三期镇村企业经营管理人员培训班，邀请了国内知名教授以《中国经济的现状与展望》为主题进行了现场讲座，10个远郊区（县）的镇村规模以上企业的投资者及企业高管500余人参加了培训活动。为进一步改进培训工作，培训活动中，还就培训工作征求了意见。参加培训的镇村企业经营管理者认为举办企业经营管理者培训班非常必要，有利于镇村企业经营管理者了解并掌握国内外相关经济形势，提高经营管理水平和决策水平，同时也就培训内容、形式等提出了良好的建议。通过培训更新了企业经营管理者的经营理念，提升了企业管理队伍整体素质，促进了镇村企业可持续发展。

坚持为镇村企业发展服务，职业技能培训与考核鉴定成效显著。全年进行职业技能培训鉴定近6 000人，涉及12个工种，鉴定合格者5 679人，其中：初级2 583人，中级2 140人，高级956人，通过率为95.8%。

6. 认真完成新农村建设折子工程。根据北京市委、市政府统一要求，2011年新农村建设折子工程第3项，市经信委是主要责任单位，于2011年6月组织召开了市政府相关部门及相关区县参加的协调会，布置了落实折子工程具体实施方案。2011年以来，围绕折子工程，加强规划引导，狠抓镇村产业集聚区和小城镇产业园建设，加大对基地基础设施支持力度，培育特色产业发展，有效地推动相关工作的落实。

【主要问题】

1. 企业数和职工人数减少。受国家宏观经济政策调控、经济结构调整及首都城市功能布局等因素的影响，2011年京郊镇村企业数为150 721家，同比减少1.3%；镇村企业职工人数1 295 534人，同比减少5.1%。

2. 资产负债率有所增高。2011年京郊私营以上企业资产总额4 544.9亿元，同比增长6.9%；负债总额3 019.7亿元，同比增长11.4；资产负债率66.4%，同比增高2.6个百分点。

3. 规模企业增速趋缓。受宏观调控政策和经济结构调整影响，2011年京郊镇村规模以上企业特别是规模工业企业主要经济指标增速放缓。

京郊镇村规模以上企业3 813家，同比减少8.5%；占镇村企业总数的2.5%，所占比重比上年降低0.2个百分点。规模以上企业职工人数476 888人，同比减少8.9%；占镇村企业职工总数的36.8%，所占比重比上年降低1.6个百分点。规模以上企业完成总收入3 408.6亿元，同比增长7.3%，比镇村企业总收入增幅低1.8个百分点；占镇村企业总收入的73.3%，所占比重比上年降低1.1个百分点。规模以上企业完成利润总额163.3亿元，同比增长6.1%，比镇村企业利润总额增幅低4.3个百分点；占镇村企业利润总额的60.9%，所占比重比上年降低2.5个百分点。规模以上企业实现增加值566.4亿元，同比增长9.9%，比镇村企业增加值增幅低2.9个百分点；占镇村企业增加值的64.6%，所占比重比上年降低1.7个百分点。

京郊镇村规模工业企业2 697家，同比减少8.3%；占镇村工业企业总数的12.7%，所占比重与上年持平。规模工业企业职工人数327 039人，同比减少9.5%；占镇村工业企业职工总数的56.6%，所占比重比上年降低0.9个百分点。规模工业企业完成总收入1 996.4亿元，同比增长4.7%，比镇村工业企业总收入增幅低1.7个百分点；占镇村工业企业总收入的82.2%，所占比重比上年降低1.4个百分点。规模工业企业完成利润总额106.4亿元，同比增长1%，比镇村工业企业利润总额增幅低6.8个百分点；占镇村工业企业利润总额的76.9%，所占比重比上年降低5.2个百分点。规模工业企业实现增加值391.6亿元，同比增长10.6%，比镇村工业企业增加值增幅低3.2个百分点；占镇村工业企业增加值的77.7%，所占比重比上年降低2.3个百分点。

4. 企业“融资难”问题突显。现阶段，镇村企业普遍面临“融资难”问题，造成部分企业特别是中小型镇村企业资金短缺，相当一部分企业面临着资金紧张和资金周转困难，影响了企业运营，制约着企业的经营与发展。造成企业“融资难”的原因一方面是由于国家宏观调控，持续实施稳健的货币政策，多次上调商业银行的存款准备金率和存贷款利率，造成企业融资难度加大，融资成本大大提高，企业负担加重。另一方面，镇村企业规模小，融资渠道单一，过度依赖银行贷款，普遍缺乏有产权证明的固定资产，难以进行抵押贷款；使用其他贷款方式贷款，又存在着门槛高、成本高、程序复杂等问题。部分企业财务制度不健全，致使企业抵押贷款和改制上市融资受到很大程度的限制，加之一些企业对担保费率和反担保措施认识不透、理解不够等因素也直接影响了企业融资。

5. 生产经营成本上升。2011年以来，受国内外形势的影响，企业生产经营成本不断加大，压缩了企业的利润空间。主要表现在以下几个方面：一是由于受“融资难’困扰和央行加息影响，企业融资成本上升。二是由于通胀压力持续增大，原材料和煤、电、油、气等能源价格上涨，造成企业生产成本上升。三是由于职工工资上涨和保险、福利费支出增加，造成企业人工成本上升。以上三方面的因素造成镇村企业运营成本不断上升，压缩了企业的利润空间，影响了企业的盈利能力。

6. 企业整体素质不高。虽然近年来北京市镇村企业经济总量增长较快，但整体素质仍然有待提高。镇村企业单体规模偏小，产品科技含量较低，粗放型增长方式还没有完全改变，结构不合理，产业竞争力不强。整体素质不高导致企业抵御市场风险能力不强，受宏观调控政策影响，镇村企业资金、原材料、能源等资源要素紧缺，市场环境趋紧，粗放增长型企业的生存前景不容乐观。此外，部分镇村企业创新能力偏低，缺乏品牌意识，缺少具备自主知识产权的产品，造成产品附加值不高，竞争能力不强。随着市场经济的深入发展，卖方市场向买方市场的转变，创新对企业的生存、发展和竞争力日益重要，没有创新能力就没有发展和竞争力。

7. 企业发展用地受限。近年来，国家和北京市陆续出台了一系列规范城乡建设用地管理政策，工业用地审批手续日益严格，办理难度加大，违章建设问题被有效遏制，但同时也在一定程度上也影响了地区经济特别是镇村企业的发展。由于土地审批政策趋紧，乡镇、园区内的工业用地相对稀缺，造成一些新上项目不得不停建或缓建。

（摘自市经济和信息化委员会《2011年度北京市镇村企业统计资料》）

商业服务业与新兴产业

【新开业大型商业设施布局不断优化】 2011年全市新开业大型商业设施18家，半数选址郊区县，尤其是顺义、通州等新城的吸引力逐步增大。在9家郊区县新增商业设施中，有6家选址新城，占总数的33.3%。

【积极推进“农超对接”】 从搭建平台、畅通信息、加强服务等多方入手，通过七条措施，确保农超对接工作取得成效：一是部门联动、确定农超对接工作目标和政策；二是资金支持、带动超市企业改善生鲜配送中心等基础设施条件；三是合同约定、引领合作社农民按订单规范生产；四是信息支持、推动果蔬农产品产销实现网上服务；五是政策跟进、求得政府各部门对农超对接工作的大力支持；六是搭建平台、全年开展了12场市区县各级对接专场洽谈活动；七是组织培训、强化农民按标准生产的意识。2011年北京市开展农超对接的超市已扩展至8家，经营生鲜的卖场近400家，与全国120家农业合作组织建立合作关系，果蔬农产品销售量和销售面积同比增加15%左右，销售量达13.4万吨，销售额达到14.3亿元。目前，农超对接涉及的蔬菜品种在20种以上：有大白菜、洋白菜、紫甘蓝、白萝卜、芹菜、土豆、西红柿、黄瓜等；涉及的水果在15种以上：有西瓜、香蕉、哈密瓜、苹果、梨、荔枝、葡萄、桃、草莓等。农超对接的果蔬类产品占超市果蔬采购总量的52%。

【开展“农餐对接”试点】 根据《2011年北京市社会主义新农村建设折子工程》，积极推进农产品生产基地与10家大型餐饮企业开展“农餐对接”活动。一是将“农餐对接”列入2011年对区县商务委考核的重点工作内容；二是与市农委联合印发了《关于做好“农餐对接”工作的通知》，提出了工作思路和要求；三是组织企业参加“农餐对接”展示和对接活动。

【开展“场店对接”，降低蔬菜价格】 全市共有6家大型农产品批发市场、10个区50家规范化社区菜市场参加“场店对接”，由200辆蔬菜运输车组成“绿色车队”，发放“绿色车队”统一标识600张。通过场店对接，实现了菜市场到一级批发市场的直采，蔬菜价格降低15%，100个“保本菜摊”深受百姓欢迎。

【开展酒类流通管理法规进乡村活动】 为进一步推进酒类流通管理工作，2011年6月14日，市商务委到房山区西庄村，向周边的酒类经营户及游客宣传酒类流通管理法规，讲解《酒类流通随附单》的使用方法以及“不向未成年人售酒”的有关规定，发放酒类法规等相关资料200余份，并现场为26户酒类经营户办理了酒类流通备案登记，受到了当地民俗旅游户及游客的欢迎和好评。此次活动对促进农村民俗旅游市场的酒类消费安全起到了积极作用。

（北京市商务委员会　郭亚天）

【农产品批发市场情况】 根据对北京市八大农产品批发市场的监测，2011年农产品上市总量为194.4亿千克，同比增幅为3%，其中本地上市量为18.7亿千克，占总上市量的9.6%。农产品综合平均价格为每千克4.88元，同比上升4.5%。从大宗农产品价格运行来看，除蔬菜价格同比下降15.1%外，其余农产品价格均出现了较大幅度的上涨，猪肉、鸡蛋、白条鸡、牛肉、羊肉、淡水鱼、东北大米、富强粉和食用油同比涨幅分别为43.2%、16.3%、15%、16.1%、23%、14.6%、15.3%、7.2%和16.5%。八大批发市场蔬菜上市总量为82.6亿千克，比2010年同期增加6.5%，日均上市量2 263万千克。年平均价格为每千克2.36元，比2010年同期下降15.1%。八大批发市场猪肉上市总量为2.50亿千克，比2010年同期减少12.9%。年平均价格为每千克21.12元，比2010年同期上升43.2%。八大批发市场鸡蛋上市总量为1.99亿千克，比2010年同期增加15.8%。年平均价格为每千克8.22元，比2010年同期上升16.3%。八大批发市场白条鸡上市总量为6 218.6万千克，比2010年同期减少1.6%。年平均价格为每千克12.99元，比2010年同期上升15%。八大批发市场牛肉上市总量为6 373.6万千克，同比升幅20.2%。平均价格为每千克29.81元，同比升幅16.1%。八大批发市场羊肉上市总量为5 029万千克，比2010年同期增加19.1%。年平均价格为每千克32.27元，比2010年同期上升23%。八大批发市场淡水鱼上市总量为2.39亿千克，比2010年同期增加5.9%。年平均价格为每千克11.59元，比2010年同期上升14.6%。八大批发市场东北大米上市总量为5.59亿千克，比2010年同期增加15.9%。年平均价格为每千克4.52元，比2010年同期上升15.3%。富强粉上市量为5.01亿千克，比2010年同期增加7.7%。平均价格为每千克2.83元，比2010年同期上升7.2%。食用油上市量为2.5亿千克，比2010年同期上升13.6%。平均价格为每千克10.33元，比2010年同期上升16.5%。

（市农业局　赵安平）

乡村旅游

【基本情况】 2011年，市旅游委、市农委、市水务局、市园林绿化局、市农业局五部门联合发改、财政、土地、规划等部门把休闲农业与乡村旅游提档升级作为统筹城乡一体发展、调整郊区产业结构、培育郊区经济增长点的重要突破口，打出符合北京市休闲农业与乡村旅游发展的新理念——京郊旅游。全年观光农业园和民俗旅游户接待游客稳定增长，效益良好，全市1 300个农业观光园吸纳就业人员4.6万人，同比增长8.2%；接待游客1 842.9万人次，同比增长3.8%；实现总收入21.7亿元，同比增长22%。13 907户民俗接待户从业人员1.8万人，同比增长8.2%；共接待游客1 668.9万人次，同比增长7.4%；实现总收入8.7亿元，同比增长18.2%。2011年北京市农村居民人均纯收入为14 736元。农业观光园人均劳动报酬8 167元，民俗接待户人均劳动报酬8 248元，分别相当于北京市农村居民人均纯收入的55.4%和56%。充分显示了乡村旅游对“三农”经济的重要贡献，对北京市农村居民收入增长有着积极的促进作用。

【市旅游委和市农委召开京郊旅游工作研讨会】 10月9日，市旅游委、市农委联合召开京郊旅游工作研讨会，研究关于加快发展京郊旅游的若干意见的编写工作，确立了休闲农业与乡村旅游向京郊旅游提档升级的指导思想、目标与原则，提出了北京市京郊旅游发展应着力调整区域布局，优化产业结构，强化基础设施与环境建设、提升品质、打造品牌、培养人才和开发项目等方面的提档升级工作。

【香港旅游业议会代表团考察京郊乡村旅游】 10月22—23日，由胡兆英先生率领的香港旅游业议会代表团分别赴密云县、朝阳区对京郊乡村旅游和城市文化旅游进行考察，表示将与北京各级旅游部门协同合作，共同维护北京与香港旅游市场的发展与进步。

【市旅游委、市农委、市水务局、市园林绿化局、市农业局共同举办京郊旅游发展大会】 12月8日在北京会议中心召开。市委常委牛有成，副市长丁向阳、夏占义出席会议。夏占义要求各区县、各部门、各单位要准确把握、认真学习，深刻领会文件和领导讲话精神；要抓住重点，加大投入，认真谋划，搞好宣传。丁向阳强调，各区县要做到“六个一”：即打造一个具有龙头带动效应的旅游产业项目；主打一种特色旅游品牌商品；培育一个民俗旅游示范镇；人均旅游消费增长一倍；一成农民增收依靠旅游；旅游经济为地区生产总值增长贡献一个百分点。牛有成指出，要改善旅游环境，加强专业规划，注重体现以人为本思想，加大基础设施的投入，防止对生态环境破坏；要创新体制机制，加强服务职能，做到部门联动、政策集成、资源聚焦、共促发展；要满足地理消费、生理消费、心理消费等旅游消费需求。

【市旅游委评定八种京郊旅游新业态】 评定152家“休闲农庄”、“生态渔村”、“京郊酒店”、“山水人家”、“国际驿站”、“采摘篱园”、“民俗风苑”、“养生山吧”八种京郊旅游业态，完成20个市级民俗旅游村“一村一品”的创意策划。

【市旅游委等五部门联合制订《关于加快推进京郊旅游发展的指导意见》】 《意见》确定了京郊旅游发展指导思想，提出了“一年见成效，三年大变样”的工作要求和“突破高端、发展中端、提升低端”的工作思路，明确从2012年开始，经过三年发展，使京郊旅游实现“三个提升，两个促进，一个突破”：京郊旅游从满足人民群众的一般观光游需求向满足休闲度假游需求提升，从旅游产业分散开发向整合资源、统筹开发提升，从简单追求旅游人次向大力提高人均消费能力提升；京郊旅游成为促进农村一、二、三产业融合发展的龙头产业，成为促进农民就业增收和满足居民休闲需求的民生产业；京郊旅游成为突破资源整合障碍，在首都功能分区和区县功能定位框架内实现融合发展的、生态友好型的绿色产业。三年间，力争使京郊旅游总收入、人均消费额、从业人员数量年均增长10%以上，到2020年，把北京郊区建设成为国际一流水平的旅游休闲度假目的地。

（市旅游发展委员会　王文生　杨慧艳）

农村金融

概述

2011年，更多信贷资金投向“三农”。设立适应“三农”需要的各类新型金融组织。创新农村金融产品，推广农户小额信用贷款和农户联保贷款。加大对涉农企业上市融资支持服务力度。政策性农业保险有新的成效。

“十农”金融服务体系

【首都“十农”金融服务体系基本形成】 主要成效：

一是不断丰富农村金融组织，农业信贷体系进一步完善。在鼓励引导政策性金融、商业性金融、合作性金融支持“三农”发展的基础上，着眼农村金融市场实际情况，加快新型农村金融组织的设立进程。截至2011年底，本市已设立8家村镇银行、40家小额贷款公司、1家“三农”信贷专营机构。涉农贷款余额达1 667.5亿元，比年初增长478.8亿元，增幅40.28%；其中，农户贷款余额40.7亿元，有力支持了农村经济社会发展。

二是推动政策性农业保险健康发展，完善农业保险体系。市委、市政府自2007年开始，采用“多层次的风险分散机制、多形式的财政支持方式、市场化的经营管理模式以及强有力的保障措施”推行政策性农业保险。截至2011年底，政策性农业保险承保范围达19大类主要农业品种，覆盖了本市75%农业生产资源，有力保障了农村经济的发展。2011年，全年共收取保费4.25亿元，同比增长23%；参保农户20.88万户次，总保险金额108.35亿元，简单赔付支出3.21亿元，同比增长30.8%。

三是充分发挥农业投资平台作用，完善农业投资体系。市农投公司将创新型农村金融服务作为第一主业，坚持探索政府支农资金“企业化管理、市场化运作”的新模式，吸纳社会资金共建农业投融资平台，促进北京都市型农业发展。截至2011年底，市农投公司资本金达14亿元，累计完成对外投资12.5亿元，现已带动社会资金50.72亿元，预计可带动120亿元资金服务“三农”。此外，市农投公司出资设立北京康安农业发展有限公司，打造种植基地、物流配送、终端销售一体化服务体系。目前，已设立了25家连锁门店，有力保障了首都市场蔬菜供应及食品安全。

四是组建农业产业基金，支持农业龙头企业发展。市农投公司出资2亿元设立了规模10亿元的农业产业基金，主要投资于农业领域农业现代化、产业化和新农村建设所涉及的相关产业链。截至2011年底，基金募集资金合计6.2亿元，已投资北京中地种畜有限公司等8个农业龙头企业，投资额3.7亿元，收益合计1 015万元，较好地支持了农业龙头企业做大做强。目前，农业产业基金挑选、储备项目30余个，为后续投资奠定了基础。

五是充分发挥政策性农业担保公司作用，持续改善“三农”融资条件。市农业担保公司针对“三农”贷款开发了丰富多样的融资服务产品，包括：土地承包经营权抵押贷款担保、农机服务专业合作社农机具抵押贷款担保、龙头企业＋合作社＋农户贷款担保、养猪户浮动资产抵押贷款担保、林权抵押贷款担保、“5＋5”微小农户贷款担保快速通道。针对农业龙头企业开发了专利权、商标权、应收账款质押等的担保模式。截至2011年底，市农业担保公司累计批准担保项目502个，批准担保规模21.99亿元，比2010全年分别增长41.4%和16.4%，有效提升了对“三农”的融资服务。

六是积极推进“三信”工程，不断改善农村金融发展环境。积极开展“信用户、信用村、信用乡镇”评比活动。截至2011年底，北京市信用户评定面达到22.44万户，比年初增加3.12万户，增幅16.16%。共评定信用户10.35万户，信用村304个，信用乡镇12个，为9万多农户建立了信用档案。结合“首都社会信用体系国家示范区”建设，在扩大“三信”工程覆盖面基础上，积极开展以农民专业合作社信用合作为基础的农村信用体系建设，有效改善了农村金融发展生态环境。

七是加强涉农企业上市培育，拓宽涉农企业融资渠道。对拟上市企业实行动态管理和分类指导，构建涉农企业上市培育体系。截至2011年底，北京地区

A股上市涉农企业41家，其中，农业企业10家，镇村企业31家，首发募集资金379亿元。积极构建政金企沟通交流机制，进一步拓宽涉农企业融资渠道。2010年，在全国率先发行第一支农业题材集合票据，规模3.04亿元。第二支7家涉农企业拟发行4.3亿元规模的农产品加工集合票据，已报银行间市场交易商协会审核，拟于近期发行。

八是积极推进涉农要素市场建设，取得良好成效。要素市场致力于引导社会资本向农村流动，优化农村资源配置，提升农产品流通体系层次。截至2011年底，北京农村产权交易所共汇集项目数量145宗，交易报价总额超过35亿元，项目涉及土地承包经营权流转、股权转让、集体资产转让、出租等。北京农副产品交易所共签约15家授权机构，发展交易商900余个，累计成交量达475万批，成交额达70.88亿元。中国林业产权交易所2011年累计完成林业产权项目18宗，成交额1.56亿元。

九是推动大兴农村金融综合改革试验区建设深入开展。大兴区建立以农业信贷体系为主导、农业投资体系为补充、农业保险体系为后盾、农业担保体系为纽带、农村信用体系为基础的五大农村金融支撑服务体系，大力发展小额贷款公司、农村资金互助社和村镇银行等农村微型金融组织，成为全市农村地区新型农村金融组织样本最全、数量最多的地区。2011年12月，大兴区被农业部、中国人民银行、中国银监会、中国保监会批准为国家农村改革（农村金融）试验区，为探索全国农村金融改革积累经验。

十是全面推进农村基本金融服务村村通工程建设。经市政府批准，在本市农村地区组织实施农村基本金融服务村村通工程。该工程通过为农户提供小额取款、账单查询、汇兑、结算、缴纳公共费用等基本金融服务，切实提升农村地区基本金融服务水平。目前，试点工作全面启动。在试点基础上，逐步推进推广，目标是在“十二五”期间完成全市农村地区乡镇、行政村自助服务终端布放任务，实现农村基本金融服务全覆盖。

（市金融局　徐　菁）

【北京农村商业银行股份有限公司运行状况】 2011年，北京农村商业银行股份有限公司（以下简称北京农商银行）坚持科学发展观和按规矩办事的治行理念，围绕“精细化管理”、“风险防控”和“开源挖潜”三项主题，大力开拓优质市场，纵深推进结构调整，主动转变增长方式，全面强化内部管控，取得了经营管理和业务发展的历史性跨越。

1. 拨备前利润首次突破50亿元，经营效益创历史最好水平。2011年，北京农商银行实现拨备前利润50.46亿元，同比增加19亿元，增幅60.4%。计提拨备22亿元，同比增加2.82亿元，实现税前利润28.46亿元，增幅131.7%；实现净利润22.3亿元，增幅131.7%，创改制成立以来的最好水平。

2. 监管指标大幅改善，历史性全面达标。截至2011年末，17项主要监管指标全部达标，其中：拨备覆盖率达到156%，较年初提高46.85个百分点；成本收入比44.69%，较年初下降5.11个百分点；资产利润率0.63%，较年初提高0.32个百分点，均为改制成立以来首次达标。17项主要监管指标历史性首次全部达标，标志着北京农商银行初步探索出了新形势下规模、质量、结构、效益协调发展的经营之路。

3. 经营规模稳定增长，市场影响力明显提升。截至2011年末，北京农商银行各项资产余额3 771亿元，增幅14%。各项存款余额3 351亿元，增幅13%，人民币存款净增额位居北京市同业第5位，股份制银行第1位。其中：储蓄存款余额1 541.1亿元，增幅18.4%，余额和净增额分别居于北京市同业第4位和第3位，股份制银行第1位。各项贷款余额1 694.8亿元，增幅22%，人民币贷款净增额位居北京市同业第5位，股份制银行第1位。其中一般贷款1 537.1亿元，增幅23%，净增额位居北京市同业第6位，股份制银行第1位。

4. “三农”金融产品线与服务体系不断完善。2011年北京农商银行加大对涉农产品的研发和推广，推出了多款满足农村及郊区居民需求的理财产品和“新农村建设贷款”等系列涉农贷款产品，推出了“农”字品牌网上商城，搭建农产品销售平台。大力支持首都地区城乡结合部重点村改造工程，加强与京粮集团、首农集团等涉农企业的业务合作，持续加大“三农”支持力度。到2011年末，北京农商银行涉农贷款余额为473亿元，占北京农商银行全部贷款总额的28%，在全市占比24%（按新口径统计）；在京郊农民贷款需求减少的情况下，新增投放农户贷款2.3亿元，农户贷款余额达24亿元，占全市农户贷款总量的六成。

5. 资金营运收益大幅攀升，中间业务收入持续提高。截至2011年末，北京农商银行实现中间业务收入6.83亿元，增幅27.2%。其中：银行卡实现手续费收入2.33亿元，同比增长30%。会计结算业务实现手续费收入9 237万元，同比增长10%。公司业务中间业务收入9 756万元，同比增长56%。电子银行实现中间业务收入6 119万元，同比增长59%，柜面替代率达到64.7%，同比提高5.06个百分点。资金营运实现中间业务收入6 006万元，同比增长71%。国际业务实现外汇中间业务收入2 071万元，同比增长241%。机构业务实现手续费收入2 041万元，同比增长959%。个金代理销售保险、基金、国债、理财产品合计127.61亿元，实现各项手续费收入9 749万元。

6. 网点转型工作初见成效，整体服务水平明显提升。一是扎实推进“3110”工程，截至2011年末，北京农商银行已完成装修改造财富管理中心5家，贵宾理财网点85家，普通理财网点253家，单一功能网点50家，初步实现了覆盖高、中、低端客户的渠道建设目标。二是全面推进“网点转型”项目，网点营业环境大幅改善，功能分区趋于合理，营销服务流程逐步顺畅，相关考核机制初步建立，营销服务能力明显提升。三是立足服务“三农”，持续打造凤凰乡村游品牌和改善农村地区支付环境，已建成20家乡村便利店、5家乡村自助店。

出色的市场表现和负责任的社会形象获得了社会各界一致好评和认同，2011年北京农商银行相继获得全国金融机构服务“三农”最佳社会责任奖、城乡金融特别贡献奖、中国银行业百佳示范单位等荣誉称号。

（北京农商银行　李　燕）

政策性农业保险

政策性农业保险是一种先进的农业风险管理工具，也是国家支农、惠农、强农的重要政策手段，是解决“三农”问题的有效途径之一，对于提高农业防灾防损和灾后恢复能力，增加农民收入，保障粮食安全，促进农业经济稳定、持续、健康发展，确保社会和谐稳定具有重要意义。

2007年启动政策性农业保险工作以来，按照“政府推动、政策支持、市场运作、农民自愿”的原则，充分发挥政府的引导作用和市场合理配置资源的基础作用，突出农民主体地位，兼顾多方利益诉求，逐步建立了具有多层次的风险分散机制、多形式的财政支持方式、市场化的经营管理模式、系统化的组织管理机构、强有力的制度保障措施等特点的运作模式，被业内专家誉为“北京模式”，在我国农业保险领域引起了广泛关注。2011年，北京市政策性农业保险实现保费收入4.2亿元，提供风险保障106.6亿元，参保农户20.8万户次，简单赔付支出2.8亿元，赔付农户11.8万户次。5年来，北京市政策性农业保险工作呈现了稳步、规范、扎实、有序的发展态势，保费规模逐年递增，覆盖范围逐步扩大，保障作用日益凸显，农民参保积极性不断提高，农险制度逐步健全，组织体系逐步完善，创新工作不断取得新突破。截至2011年底，北京市政策性农业保险累计实现保费收入14.3亿元，提供风险保障367.5亿元，参保农户达到92万户次，简单赔付支出9.5亿元，赔付农户51万户次。

（市农委发展规划处　赵　乐）

农产品流通

概　　述

2011年，农产品流通体系不断完善、健全。冷链物流设施，批发市场、终端销售网络建设等方面有新的进展。农餐对接大力推进，市、区两级“菜篮子”应急储备、“菜篮子”主要产品的应急保障基地正在抓紧建立。

农产品市场状况

【制发“十二五”农产品流通体系规划】 规划着眼于建设世界城市和打造国际商贸中心，明确了本市农产品流通体系建设总的指导思想、总体目标，基本思路、空间布局、主要任务，提出了保障措施。同时制定了推进本市农产品流通体系建设工作方案，明确了各相关部门的工作任务，形成了农产品流通体系建设联动工作机制。

【组织编制农产品冷链物流发展规划】 为推动本市农产品冷链物流发展，提升农产品流通质量和水平，同时为了落实《北京市物流业调整和振兴实施方案》有关任务要求，市商务委组织有关专家多次研究，拟定了《北京市“十二五”时期农产品冷链物流发展规划》，拟以北京市商务委的名义正式发布。

【积极推进社区菜市场立法工作】 为抓好“菜篮子”工程建设，市商务委积极推进本市社区菜市场立法工作。在充分借鉴外地立法经验和多次调研的基础上，研究起草《北京市社区菜市场建设管理办法》(草案)。现该立法项目已列入2012年政府立法计划项目。

【积极打造农产品流通“双核”保障机制建设】 城市东南方新建农产品流通中心各项筹备工作积极推进。提出了政府对建设大型农产品流通中心的功能要求、支持政策、配套资金和建设标准等具体意见，积极做好大型农产品流通中心具体选址工作，引导相关单位按照政府提出的规划建设标准抓紧研究提出新建农产品流通中心规划建设具体方案。另外，政府入股新发地农产品批发市场各项筹备工作进展顺利。根据市政府专题会议要求，积极推动新发地在不上市前提下的政府参股前期各项筹备工作，研究提出了政府支持新发地发展的投资意见和参股出资意见。

【探索开办周末车载蔬菜市场】 周末车载蔬菜市场按照“政府引导、市场运作、减少环节、惠民利农”的原则，由政府搭建平台，帮助京郊蔬菜生产专业合作社进城直接销售蔬菜，最大限度减少流通环节，降低流通成本，着力解决蔬菜买难卖难问题。四家周末车载蔬菜市场既方便了市民生活，也促进了农民增收，受到社区居民和农民的欢迎。市场供应的新鲜蔬菜比超市和菜市场蔬菜平均价格降低20%左右，成为“菜篮子”零售网络建设新的补充形式。

【积极探索创新蔬菜流通新模式】 围绕“减环节、降成本”，积极探索创新直营直供、公司化经营、业态提升、批零延伸、军地共建、周末车载车售等六类蔬菜零售新模式，进一步减少了蔬菜流通中间环节，降低了经营成本。74个蔬菜流通新模式网点全部纳入市统计局降低CPI指数的蔬菜价格监测体系中。北京市率先探索的蔬菜直营直供模式和周末车载模式，不仅为解决本市蔬菜供应“最后一公里”问题探索了新途径，也得到了国务院、商务部领导的关注和认可，成为国务院部署农产品流通体系建设常务会议明确的全国重点任务之一。

【加强生猪定点屠宰企业监管】 为贯彻落实《国务院办公厅关于严厉打击食品非法添加行为切实加强食品添加剂监管的通知》精神，结合生猪定点屠宰企业审核换证回头看和专项整治工作，加大对生猪定点屠宰企业的监督检查力度，对生猪采购、入厂检验、屠宰、发货及销售等重要环节严格进行全面检查，督促企业严格落实“三项纪录，六项制度”，严防定点屠宰厂制售病害肉，确保出厂肉品质量安全。

【加强病（害）猪无害化处理监管】 按照商务部《生猪定点屠宰厂（场）病害猪无害化处理管理办法》和《北京市屠宰环节病害猪无害化处理财政补贴资金管理办法》的要求，市商务委利用远程监控等手段，对北京市14家生猪定点屠宰企业无害化情况实施实时监控。对于生猪定点屠宰企业申报的无害化数量，严格核实，积极配合市财政局落实病害猪损失补贴和无害化费用补贴资金。2011年共审核企业申报病害猪无害化处理4万多头，落实补贴资金1 692万元。

【“放心肉”服务体系建设试点正式运行】 北京市“放心肉”服务体系建设试点工作经过六个月的建设，于2011年12月通过专家论证和有关部门验收正式投入运行。试点范围涉及北京市北京顺鑫农业股份有限公司鹏程食品分公司、北京第五肉联厂、北京二商大红门肉类食品有限公司三家生猪定点屠宰企业、北京八里桥农产品中心批发市场、北京锦绣大地鑫源肉类批发市场、北京大洋路农副产品批发市场三家批发市场及北京家乐福商业有限公司、北京超市发连锁股份有限公司两家大型连锁超市，形成了以屠宰企业为核心，向上关联养殖场信息、向下追溯至零售终端全程信息追溯链，实现了来源可追溯、去向可查证、责任可追究，形成了安全的供应保障渠道。

【牛肉、羊肉实行自动进口许可管理】 根据商务部、海关总署公告2010年第106号，自2011年1月1日起对牛肉、羊肉实施自动进口许可管理。

【猪牛羊肉产品实行进口报告管理】 根据商务部公告2011年第6号，关于调整《实行进口报告管理的大宗农产品目录》的公告，将猪肉及副产品、牛肉及副产品、羊肉及副产品纳入《实行进口报告管理的大宗农产品目录》，自2011年4月1日起对上述品种实行进口报告管理，进口上述产品企业应按照《大宗农产品进口报告和信息发布管理办法》（商务部令2008年第10号）履行有关进口信息报告义务。

【乳制品《食品流通许可证》增加新项目】 根据国家工商总局《关于进一步完善和规范流通环节乳制品市场主体准入有关工作的通知》，在食品流通许可项目中对乳制品进行分类单项审核和管理，新增经营项目：乳制品（含婴幼儿配方乳粉）和乳制品（不含婴幼儿配方乳粉），两项只能选一。从2011年4月1日起，凡申请乳制品经营的企业应到工商管理部门办理《食品流通许可证》及营业执照的核准和变更。从2011年8月1日开始，凡从事乳制品经营的企业所持《食品流通许可证》及营业执照经营范围中，没有乳制品标注项目的，一律依法查处和取缔。

（市商务委员会　郭亚夭）

【69个乡镇建立合同行政指导服务中心】 年内，在本市69个乡镇建立了乡镇合同行政指导服务中心，合同行政指导服务中心由工商所、司法所、经管站等单位组成，主要工作职责是推行涉农合同示范文本，提供涉农签约指导服务，推动“订单农业”发展，为企业及农户诉讼、仲裁提供法律援助。全年乡镇合同行政指导服务中心调解合同纠纷116件，解决纠纷金额189.37万元。

【农村经纪人100余户】 年内，本市共有农村经纪人115户，农村经纪执业人员206人，经纪持证人员488人。在延庆、怀柔、密云、昌平和平谷建立“经纪富农合同助农五区县联盟”，完善了农村经纪人信息服务平台建设，向社会宣传本辖区的农村经纪人，提升了农村经纪人地位。

【制定涉农合同示范文本】 年内，为做好2012年世界草莓大会准备工作，与北京市农业局共同制定了《北京市草莓买卖合同》。怀柔分局、平谷分局结合辖区经济发展的特点，分别制定了《茸鹿养殖收购合同》和《大枣购销合同》。

【指导注册涉农商标】 注意增强农民和农村经济组织使用商标和注册商标的积极性。会同农业部门积极推广“公司＋商标＋农户”的产业模式，扩大企业经营规模，提高生产效率，截至年底，共指导农民、企业合作社申请注册农产品商标6 476件，地理标志7件。

【设置“农民专业合作社登记服务窗口”】 在全市157个工商所统一设置了“农民专业合作社登记服务窗口”，提供咨询服务。年内，本市共登记农民专业合作社552户（其中分支机构11户），其中按照业务范围划分：农产品销售11户（其中分支机构8户）、与农业生产经营有关的技术、信息等服务2户（其中分支机构1户），种植业369户、养殖业86户、其他84户（其中分支机构2户）；出资总额60 803万元，其中货币出资60 098万元，非货币出资705万元；按照出资总额100万～500万元的114户，按照出资总额500万～1 000万元的16户，按照出资总额1 000万～10 000万元的14户；成员总数13 666个，按照成员类别划分：农民成员12 825个，非农民成员840个，企业单位成员1个；按成员人数分类：50～100人的15户，100～500人的55户，500～1 000人的1户。截至年底，北京市累计共登记农民专业合作社4 972户（其中分支机构39户），出资总资合计475 400万元，成员总数130 425个。

【查处制售假冒伪劣农资坑农害农行为】 突出重点季节、重点地区、重点市场和重点经营户、重点品种，严厉查处制售假冒伪劣农资坑农害农行为，进一步完善农资商品准入、农资经营质量承诺、市场巡查、市场预警、不合格农资商品退市等行之有效的市场监管制度，强化农资市场主办者、农资经营者的农资商品质量第一责任人意识。共检查农资经营者5 012户次，检查各类农资市场149个次，全年共立案28起，结案28起，罚没款总额92.69万元，为农民挽回经济损失17.91万元，有效保护了农民消费者的合法权益。

（市工商局　汪凌波）

【农资服务体系建设进展顺利】 12月6日，北京现代农资交易服务中心大楼举行落成揭牌仪式，标志着农资服务体系建设取得阶段性的建设成果。顺义、大兴、昌平三个配送力强、功能齐全、服务规范的区县配送分销中心完成提升改造工程。

（市农业局　王　梁）

农产品市场行情分析

2011年北京主要农产品生产基本稳定，市场整体供应充足，蔬菜产量和上市量首次出现增加。在价格方面，粮油价格平稳，肉蛋类价格高位运行，蔬菜价格受产量和上市量增加影响，价格同比下降15.1%。

【北京CPI涨幅5%以上，食品类涨价是主要推手】 2011年，北京市CPI（居民消费价格指数）为105.6%，比上年高3.2个百分点。居民消费价格指数延续上年的上涨态势，虽然从9月开始指数连续四个月出现回落，但全年CPI涨幅在5%以上，处于高位，距年初确定的控制在4%以内存在差距。其中，食品类价格涨幅较高，为110.6%，比上年同期上涨10.6%，拉动总指数上升2.7个百分点。食品类价格各月涨幅在八大类中均居首位，涨幅均在8%以上，9月达到年内最高点13.4%。

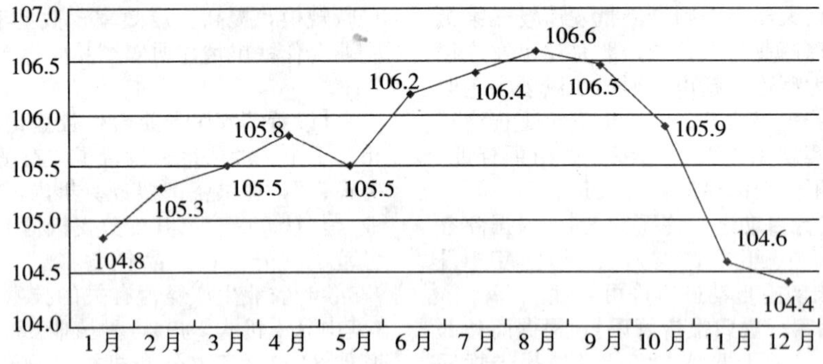

图1　2011年各月居民消费价格同比指数（%）

1—12月，食品类价格累计上涨10.6%，拉动总指数上升2.7个百分点，对价格总水平涨幅的影响达到48.2%，是推动总指数上升的主要动力。

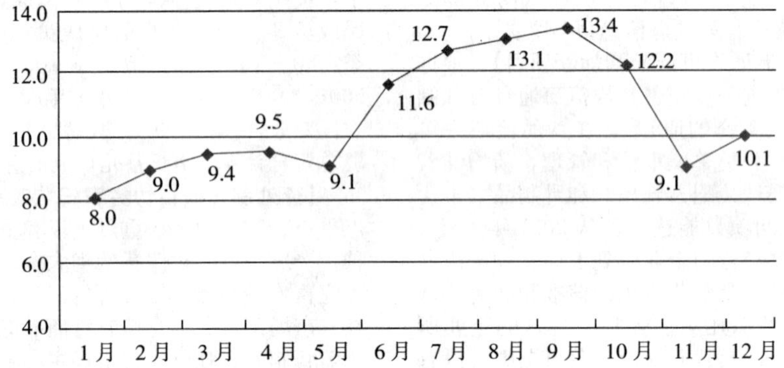

图2　2011年食品类各月同比涨幅（%）

粮、油、肉、蛋、水产品、鲜果价格累计分别上涨10.8%、14.2%、21.8%、9.9%、9.5%和12.1%，共拉动总指数上升1.43个百分点。尤其是猪肉价格大幅攀升，拉升总指数0.48个百分点。2011年在食品类中，粮、肉、蛋、水产、菜、果等主要食品涨幅均低于全国。其中，鲜果、鲜菜涨幅分别比全国低4.3和3.2个百分点。北京食品类涨幅在五个主要城市（北京、上海、天津、重庆、广州）中最低，低于最高的重庆3.5个百分点。

【主要农产品市场行情】

1. *蔬菜市场上市量突破800万吨，价格首现同比下降。*2011年，北京蔬菜播种面积为115.94万亩，产量为364万吨，同比增加3.1%。蔬菜生产形势良好，5月、11月蔬菜产量同比增幅达17%以上。蔬菜市场整体供应充足，上市量首次突破800万吨，为825.96万吨，同比增加6.5%，日均上市量达到2.26万吨，各月同比增幅均高于上年同期。

2011年蔬菜产量、上市量达到近年来新高，蔬菜市场价格自2002年以来首次出现同比下降态势，尤其是6月以后的价格不断下行也是近年来没有出现的情况。2011年批发市场蔬菜平均价格为2.36元/千克，同比下降15.1%。从月度价格走势看，蔬菜价格一直运行在上年的水平之下，1—11月蔬菜价格同比差价逐步拉大，11月同比降幅达到36.2%。

2. *猪肉市场量减价升，肉价21.12元/千克创历史新高。*2011年，全市规模化养殖场生猪出栏量为160.24万头，与2010年基本持平，但相比2008—2010年平均出栏量减少5.6%。从月度走势看，2011年生猪出栏量波动较大，4月、9月、12月出栏较多，5—8月出栏较低，7月是全年出栏的低谷。

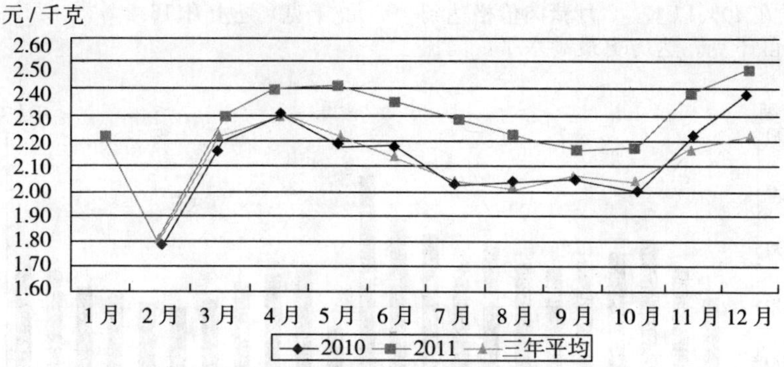

图 3　2010—2011 年蔬菜日均上市量各月走势

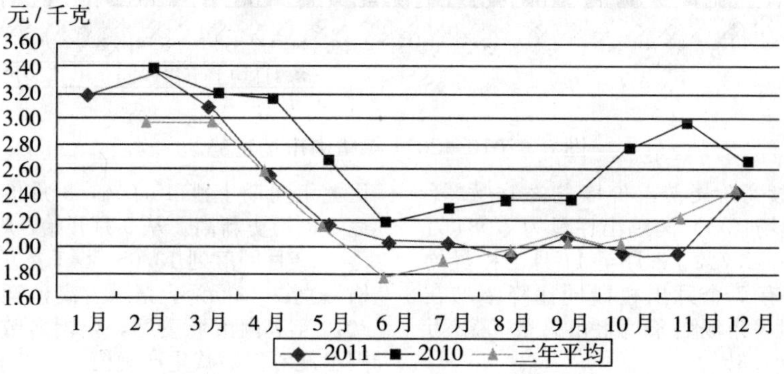

图 4　2010—2011 年蔬菜月度批发价格走势

2011 年生猪出栏平均价格为 17.19 元/千克。1—4 月，生猪价格稳定在 15 元/千克；5 月起价格开始明显上涨；7 月最高，为 20.5 元/千克；10 月后，生猪价格逐月回落；12 月回落至 17.38 元/千克，比全年最低价格水平的 1 月（14.19 元/千克）上涨 22.5%。

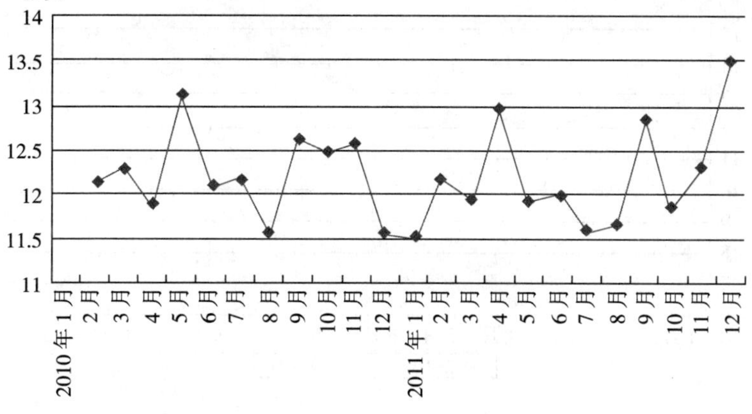

图 5　2010—2011 年生猪出栏量走势

2011 年，猪肉市场上市量受出栏影响，比上年同期明显减少，为 25 万吨，同比减少 12.9%。4 月以来，猪肉上市量每月均比上年同期减少 350 万千克以上，即每日减少 10 万千克以上。猪肉市场呈现量减价升的格局，猪肉价格处于高位运行。2011 年猪肉平均批发价格为 21.12 元/千克，同比上涨

43.2%，创历史新高。月度价格均高于2010年同期，3—10月同比涨幅均在40%以上，7月猪肉价格达到最高点，为24.83元/千克。达历史最高水平，同比上涨59.5%。比猪肉价格较高的2008年1月（21.37元/千克）还上升16.2%。

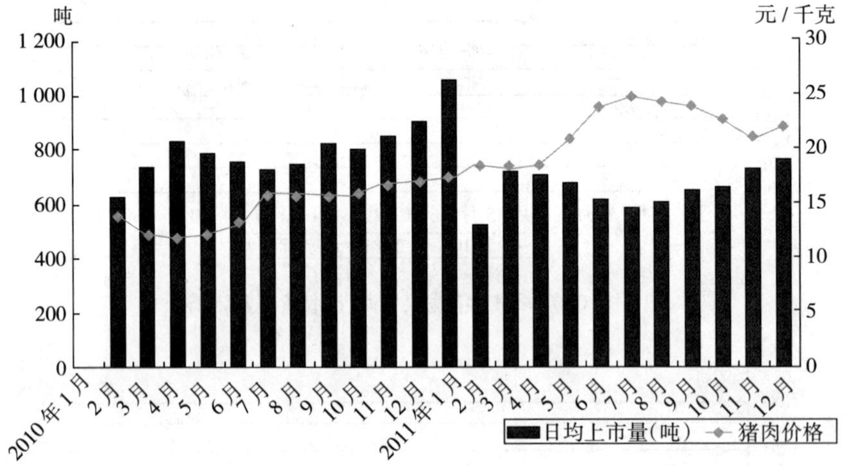

图6　2010—2011年猪肉市场走势

3. 肉鸡市场延续高价走势，价格突破14元/千克。北京市规模养殖场（户）肉鸡出栏量为7 084万只，比上年同期减少12.7%。2月至11月出栏量均低于2010年同期，有7个月出栏量同比降幅均在20%以上。2011年批发市场白条鸡上市总量6.22万吨，比上年同期减少1.6%。

自2010年7月以来，由于饲料价格、屠宰费上涨，白条鸡生产成本增加，市场价格一路向上，达到历史新高。2011年本市白条鸡价格延续了2010年7月以来的高价走势，价格屡创历史新高。2011年，北京市批发市场白条鸡的平均价格为12.99元/千克，比上年同期上涨15.0%，8月价格突破了14元/千克，创历史新高。从9月开始，鸡肉价格开始小幅回落，12月回落到13.05元/千克。2011年鸡肉市场价格一直在12元/千克以上高位运行，一方面是由于2010年鸡肉市场萎靡，全国多数鸡肉生产加工企业因出现亏损缩减生产规模，出栏量和批发市场上市量有所减少，鸡肉市场供需紧张，造成鸡肉价反弹。另一方面，饲料成本上涨。2011年玉米价格比上年同期上涨13.7%，肉鸡配合饲料比上年同期上涨9.6%。屠宰费和人工成本上涨导致肉鸡生产经营成本增加。

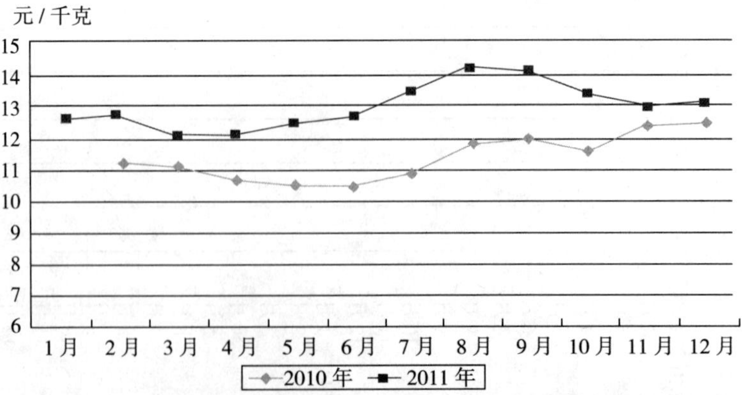

图7　2010—2011年鸡肉月度批发价格走势

4. 鸡蛋市场价格先降后升，升势迅猛，达8.22元/千克。2011年，本地蛋鸡产蛋量为11.41万吨，与上年同期基本持平；12月末蛋鸡存栏1 029.33万只，比上年同期增加10%。分月情况来看，受生产成本上升和年初病害影响，本地规模化养殖场1—5月产蛋量均低于上年同期，同比降幅在2.6%～7%。6月在高价作用下，本地鸡蛋产量开始恢复，同比首次出现增加，产蛋量为9 767.48吨。6—8月鸡蛋产量增幅明显高于往年，8 月鸡蛋产量为 10 118.09 吨，同比上涨 12.4%，有追赶性上涨的趋势。

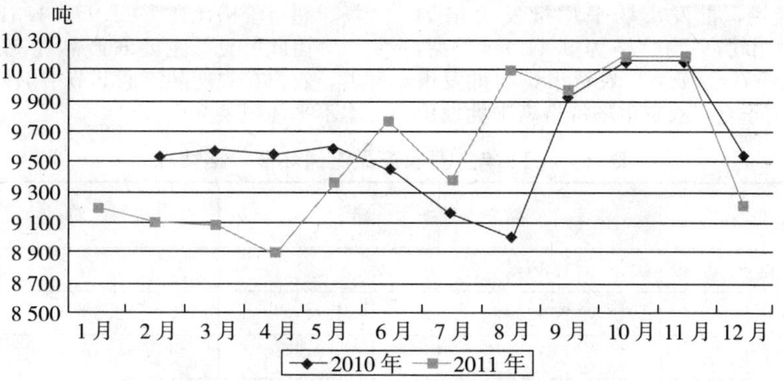

图 8 2010—2011 年肉鸡产蛋量月度走势

从 2002 年开始，鸡蛋价格每隔两年就会上一个台阶。2010 年 3 季度以来，由于生产成本增加、物价总水平上涨等因素影响，鸡蛋市场价格不断创新高，由 2002 年 4 元/千克上升到 2010 年 7 元/千克，突破了高价报警区间。这种上涨趋势延续到 2011 年 1 月。在市场供需作用下，一季度鸡蛋价格逐月回落，但从 4 月开始鸡蛋价格不断上涨，且升势迅猛，屡创历史新高。最高价格出现在 9 月，达到 9.26 元/千克，为历史最高价格。10 月之后，鸡蛋价格持续回落，12 月回落到 7.63 元/千克。2011 年鸡蛋价格延续 2010 年 7 月以来的高价走势，市场价格整体偏高。批发市场鸡蛋平均价格为 8.22 元/千克，比上年同期上涨 16.3%，自 2002 年以来首次达到 8 元/千克以上的价格水平。

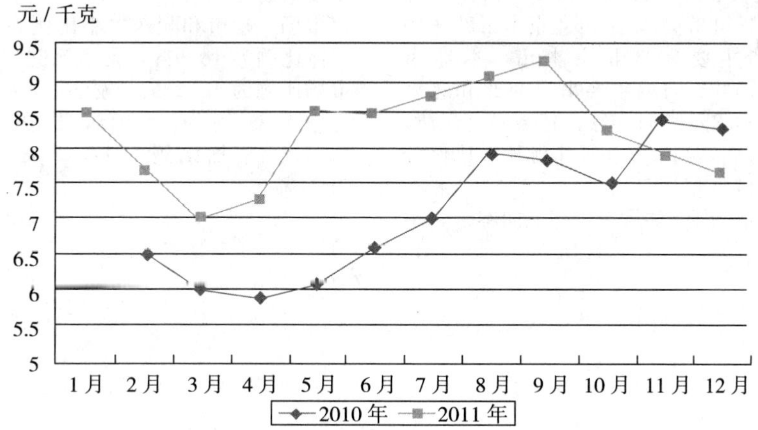

图 9 2010—2011 年鸡蛋月度批发价格走势

【主要农产品流通情况】

1. 肉蛋菜流通环节价格差较大。2011 年蔬菜市场，地头平均收购价为 1.8 元/千克，批发市场平均价格为 2.36 元/千克，农贸市场平均价格为 5.09 元/千克，超市平均价格为 8.08 元/千克。批发价格与地头收购价格差价为 0.59 元/千克，批发价格高于地头收购价格 31.11%；农贸市场与地头收购价格差价为 3.29 元/千克，农贸市场价格高于地头收购价格 182.78%；超市价格与地头收购价格差为 6.28 元/千克，超市价格高于地头收购价格 348.89%。地头收购、批发、农贸市场、超市价格比为 1∶1.3∶2.8∶4.5。

2011 年猪肉市场，批发市场平均价格为 21.12 元/千克，农贸市场平均价格为 24.66 元/千克，超市平均价格为 29.01 元/千克。农贸市场与批发市场的差价为 3.54 元/千克，农贸市场价格高于批发价格 16.76%；超市与批发市场的差价为 7.9 元/千克，超市价格高于批发价格 37.36%。批发、农贸市场、超市价格比为 1∶1.17∶1.37。

2011 年肉鸡市场，批发市场平均批发价格为 12.99 元/千克，农贸市场平均价格为 13.46 元/千克，超市平均价格为 16.3 元/千克。农贸市场与批发市场的差价为 0.47 元/千克，农贸市场价格高于批发价格 3.62%；超市与批发市场的差价为 3.31 元/千克，超市价格高于批发价格25.48%。批发、农贸市场、超市价格比在1∶1.04∶1.26。

2011年鸡蛋市场，批发市场平均批发价格为8.22元/千克，农贸市场平均价格为9.41元/千克，超市平均价格为10.77元/千克。农贸市场与批发市场的差价为1.19元/千克，农贸市场价格高于批发价格14.48%；超市与批发市场的差价为2.55元/千克，超市价格高于批发价格31.02%。批发、农贸市场、超市价格比在1∶1.14∶1.31。

由此可见，主要农产品在流通的环节价格差较大，农户在农产品流通环节中仍处于劣势，劳动与成本不平衡现象突出。

表1　2011年主要农产品流通环节价格情况

	蔬　菜	猪　肉	肉　鸡	鸡　蛋
地头收购价（元/千克）	1.80			
批发价格（元/千克）	2.36	21.12	12.99	8.22
农贸市场价格（元/千克）	5.09	24.66	13.46	9.41
超市价格（元/千克）	8.08	29.01	16.3	10.77
价格比（%）	1∶1.3∶2.8∶4.5	1∶1.17∶1.37	1∶1.04∶1.26	1∶1.14∶1.31

2. 主要农产品来源流向。从来源来看，根据对批发市场的来源与流向统计，蔬菜、鸡蛋以外埠供应为主，来自外埠比例分别为86.7%和95.9%；猪肉市场以来自本市为主，比例为84.6；肉鸡市场来自本市与外埠所占比例相当，分别为41.6%和58.4%。其中，2011年北京市蔬菜主要来自河北、山东、南方四省区（海南、广东、广西、云南），所占比例分别为32.2%、28.1%和8.9%，来自北京本市的比例为13.3%。白条猪主要来自北京本市，本地占84.6%，外埠占15.4%。肉鸡主要来自河北和北京本地，比例分别为50.2%和41.6%，其余来自天津。鸡蛋市场辽宁、内蒙古、河北是主要来源地，比例分别为46%、40.8%和9.1%。

从流向统计来看，肉蛋菜几乎全部流向本市，主要流向农贸市场、超市、配送中心、机关学校团体。其中，蔬菜以流向农贸市场为主，比例为31.7%，流向二级批发市场、机关学校、配送中心和餐饮合计比例为49%，流向外埠比例为10.8%。白条猪流向农贸市场、超市和配送中心比例为43.1%，流向餐饮、机关、学校和工地比例为38.5%，流向二级批发市场比例为11.2%。肉鸡97.2%流向本市，农贸市场、超市和配送中心比例为40.7%，机关学校团体比例为18.9%，餐饮比例为19.6%，二级批发市场比例为10.1%。鸡蛋流向农贸市场、超市和配送中心比例为46.9%，机关学校团体比例为18.5%，餐饮比例为17.4%，二级批发市场比例为11%。

（市农研中心　常　剑）

郊区城镇建设

概　述

2011年，把强化城镇建设作为最关键的环节来抓。小城镇是群众生产生活的重要载体，具有吸纳农村人口、集聚特色产业、促进农民就地城镇化、带动农村发展的功能。小城镇以加强三规合一规划体系的编制工作正在抓紧进行。

农民就业基地和产业园区建设为突破口，特色产业的培育加快进行，壮大镇域经济。

新型农村社区建设

【制定政策】 在调研和征求方方面面意见的基础上，编制并报请市政府下发《关于开展新型农村社区试点建设的意见》（京政发［2011］22号）文件，明确了郊区新型农村社区试点建设的指导思想、目标任务、建设内容、组织领导等。为使区县清楚试点社区规划的编制内容，市农委会同市规划委共同下发试点规划方案编制要求及《北京市新型农村社区试点规划编制指导意见（暂行）》。

【确定10个新型农村社区试点】 经明示条件、组织申报、反复讨论、严格审查、区县确认等几个环节，确定了10个新型农村社区试点，并制发了《关于确定市级新型农村社区试点的函》（京新农办发［2011］8号）。

门头沟区：王平镇韭园新型农村社区

房山区：青龙湖镇晓幼营村新型农村社区

通州区：宋庄镇五合新村新型农村社区

顺义区：北石槽镇凤凰新村新型农村社区

昌平区：南口镇李庄新型农村社区

大兴区：魏善庄镇羊坊村新型农村社区

平谷区：西鹿角新型农村社区

怀柔区：庙城镇史山新型农村社区

密云县：穆家峪镇华润希望小镇新型农村社区

延庆县：八达岭镇八达岭新型农村社区

【组织召开新型农村社区试点村培训班】 5月29日，由市委农工委、市农委牵头，组织召开了新型农村社区试点村培训班，对10个试点社区村党支部书记（或村主任）、相关乡镇主管领导、区县新农办主任及业务技术负责同志共计100余人进行了培训和指导。

【组织召开新型农村社区试点建设观摩现场会】 4月20日，由市委农工委、市农委牵头，在延庆县八达岭镇八达岭新型农村社区组织召开了新型农村社区试点建设观摩现场会，技术指导专家组、各区县新农办、试点乡镇、村书记参加了会议。

8月12日，由市委农工委、市农委牵头，在密云县穆家峪镇“华润希望小镇”新型农村社区组织召开了新型农村社区试点建设观摩现场会，市发改委、市规划委、市国土局、市住建委、市财政局、技术指导专家组、各区县新农办、试点乡镇、村书记参加了会议。与会人员参观学习了密云县穆家峪镇“华润希望小镇”新型农村社区试点建设经验和做法。“华润希望小镇”通过试点建设，探索出“党组织引领、政府支持、企业参与、农民主体”四位一体新型农村社区建设模式，实现政府、企业、农民合作共建新农村的新途径。会议要求各区县要认真学习密云县穆家峪“华润希望小镇”新型农村社区的经验，认真落实市政府22号文件精神，大力发扬敢于担当、敢于碰硬、敢于创新的精神，提高认识，推动北京市10个新型农村社区试点建设取得新进展。

（市农委村镇处　王海龙　孙　峰）

农村基础设施运行与维护管理

【初步建立农村基础设施运行与维护机制】 在调研和征求方方面面意见的基础上，编制并报请市政府下发《关于加强农村基础设施运行与维护管理的指导意见》（京政发［2011］28号），要求要明确农村基础设施（包括农村街坊路、供水、污水处理、环境卫生、垃圾处理、公共厕所、绿化、大中型沼气站、生物质气化站、雨洪利用、太阳能浴室、路灯、户用沼气、户厕、吊炕等）维护和管理的责任主体、出资主体、监管主体，通过拓展政府公共服务职能、构建社会化公共平台、建立健全维护和管理的长效机制。同时要求市相关部门将农村基础设施建设维护和管理的相关任务纳入行业管理范畴，加强行业监管，确保农村基础设施最大程度发挥效益。截至2011年底，海淀、密云、顺义、通州、门头沟、大兴、昌平等7个区县已经制定并实施了本区县的意见，其他区县已上报区县政府待批。

【农民住宅抗震节能】 为落实刘淇书记在2011年上半年经济形势分析会上提出的“要大力推进‘暖起来’工程，通过‘以奖代补’等措施完成农村住宅节能改造目标任务”的指示精神。市新农办会同市住房和城乡建设委、市财政局制定并下发了《关于印发〈北京市农民住宅抗震节能工作实施方案（2011—2012年）〉的通知》（京新农办函［2011］12号），提出2011—2012两年全市完成20万户的农房抗震节能改造任务的目标。市区（县）政府采取以奖代补的形式，对农宅抗震节能改造予以补助。市政府按照新建翻建及综合改革每户2万元，单项改造每户1万元的标准，对区县政府予以奖励，各区县政府根据当地实际情况，确定本区县补助资金标准，区县补助资金可在土地出让金中列支。

【召开全市农民住宅抗震节能改造工作部署会】 9月14日，夏占义副市长主持召开本市农民住宅抗震节能改造工作部署会议，对任务进行了部署，牛有成常委、陈刚副市长出席会议并讲话。为落实全市会议精神，各区县都成立了以主管区长为组长，农村、发改、建设、规划、土地、财政等相关部门及各乡镇参加的领导机构，并制定了区县农民住宅抗震节能改造实施及资金配套政策。2011年除海淀区未安排任务外，其余12个区县都安排了农民住宅抗震节能改造任务。

【新农村“三起来”工程建设】 2011年全市“三起来”工程建设总投资7.84亿元，涉及三大类15小项工程，其中11项任务超额完成了年初计划。其中，新建、更换村内节能路灯8.01万盏；新建太阳能公共浴室50个；大中型“两气”工程11处；雨洪利用工程50处；新建抗震节能住宅2.4万户；实施既有农宅节能改造2.1万户；建设粪污治理工程30处；有机肥厂7处。

（市农委村镇处　孙　峰）

小城镇建设

【规划编制进展顺利，规划体系正在建立】 截至2011年底，市政府确定的42个重点小城镇中，有40个镇的总体规划编制完成，有35个镇的镇区控制性详细规划编制完成，有30个镇产业园区（或农民就业基地）的控制性详细规划编制完成，有38个镇的环境保护规划编制完成，42个镇的土地利用总体规划全部编制完成并通过审批。以镇域总体规划和土地利用总体规划为载体，以产业规划为手段，以人口和环境规划为约束的规划体系逐步建立。

【经济实力进一步增强】 截至2011年底，42个重点镇财政收入合计67.99亿元；实际上缴税金124.40亿元，比上年增加了26.52%；固定资产投资完成额414.70亿元，比上年增加了28.49%。42个镇农民人均纯收入12 942元，比上年增加12%。

【产业园区发展成效显著】 截至2011年底，42个重点镇产业园区（或农民就业基地）内企业合计1 396家，其中已开工企业1 160家，入区企业个数及开工数比2010年分别增加12%和16%；2011年度项目总投资550.56亿元，招商引资实际到位资金112.82亿元，比2010年分别增长36.54%和124.94%；企业总收入达到627.15亿元，比2010年增长了16.76%；园区从业人数10.39万人，其中本地就业人数5.6万人，占54.1%。

【组织重点镇产业发展拉练观摩活动】 会同市发展改革委、市规划委、市国土局等部门于6月下旬组织全市42个重点镇的主要领导集中对昌平区小汤山镇、顺义区高丽营镇产业园区建设发展情况进行了现场观摩，并召开了重点镇产业发展座谈会，座谈会上顺义区高丽营镇、昌平区小汤山镇、通州区台湖镇，就本镇产业园区建设和产业发展进行了经验交流，市农委围绕进一步抓好重点镇的规划编制、积极引进大项目推动小城镇发展、努力打造园区基础设施配套建设、协调多方力量支持小城镇建设、进一步发挥小城镇专项资金的使用效率、认真做好对重点小城镇的监测与通报工作、着力加强对小城镇建设工作的管理等方面提出了具体的工作要求。通过组织拉练观摩活动，进一步统一了思想，搭建了促进重点镇产业园区建设发展的学习交流平台。

【制定了“十二五”时期重点镇发展规划】 会同市发展改革委等相关部门，编制完成了《重点小城镇“十二五”建设发展规划》，作为《北京市“十二五”时期城乡经济社会一体化发展规划》的附件进行发布。规划主要内容是：根据不同类型乡镇的特点，制定发展目标，确定发展方向和镇域主导产业；完成114个乡镇的乡镇域总体规划，指导和完善42个重点镇的镇区及产业园区（农民就业产业基地）的控制性详细规划，对42个重点镇的产业发展提出具体规划措施；完善镇区及与镇区建设相关联的基础设施、公共服务设施和产业园区（农民就业产业基地）等为产业发展所需要的配套基础设施；创新土地使用和管理的模式；建立重点镇建设投融资开发实体，拓宽重点镇发展投融资渠道，解决小城镇发展瓶颈；加强山区特色城镇和平原园林城镇建设；建立人口向镇区集中的引导促进机制和人才吸引机制，探索建立新型镇级管理体制，增强小城镇发展活力。

【对重点镇监测评价情况进行了通报】 为促进郊区重点小城镇的健康发展，充分发挥其在新农村建设中的集聚、辐射和示范作用，进一步加强对重点镇建设的管理和指导，按照市领导的批示要求，市农委会同市统计局、国家统计局北京调查总队根据42个重点镇建设发展情况制定了《北京市重点镇监测调查和评价实施办法（试行）》（京政农函［2011］56号），初步建立了分析评价体系，据此对42个重点镇2010年经济社会发展情况进行了监测评价，并对监测评价情况进行了通报，印发了《关于北京市42个重点小城镇2010年监测评价情况的通报》（京政农函［2011］57号）。通过监测评价及通报，对42个重点镇经济社会及产业发展状况进行了分析，使各重点镇明确了各自的发展状况，查摆了问题，督促其理清发展思路，推进重点镇建设与发展。

【开展了本市中国历史文化名镇名村保护自查工作】 按照住房和城乡建设部、国家文物局的部署，会同市文物局，制定了《关于北京市中国历史文化名镇名村保护工作检查的工作方案》，明确了本市历史文化名镇、名村的自查重点和主要内容，使自查工作有的放矢，重点突出。在区县认真自查的基础上，市农委会同市文物局组成了北京市历史文化名镇名村保护工作检查小组，并邀请住房和城乡建设部规划司、国家文物局相关领导参加，于2011年2月底至3月初，利用5天的时间，对本市“一镇四村”（密云县古北口镇、门头沟区爨底下村、灵水村、琉璃渠村和顺义区焦庄户村）进行了认真检查。通过自查和检查，不仅提高了区县、乡镇、村对历史文化名镇、名村保护工作的认识，也摸清了家底，查找了不足，并进一步完善了保护措施，初步达到了住房和城乡建设部、国家文物局提出的检查目的。

【印发了《关于远郊重点小城镇建设资金的使用指导意见》】 为确保市转移支付到各区县的小城镇专项资金用好用实，真正发挥财政资金的引导作用，会同市财政局研究起草并印发了《关于远郊重点小城镇建设资金的使用指导意见》（京政农函［2011］4号文件）。

（市农委村镇处　胡建华　赵亚男）

农村环境与基础设施建设

概　　述

2011年，郊区绿色发展步伐加快。生态管理和可持续发展意识增强，环境容量作为郊区产业选择和项目设置最基本的限制因素的认识提高。农村环境整治，城乡机制建设等各方面的事业有新的进展。

郊区生态环境建设

【郊区生态示范创建工作取得明显成效】 2011年北京市生态示范创建工作，继续坚持以“抓培训强素质、多指导严程序、高标准重质量”为基本思路，按照“自愿申请、逐一上报、专家验收、会议审议、媒体公示、表彰奖励”的创建程序，精心谋划、科学安排、有序推进，取得明显成效。全市新创建房山区张坊镇等6个“北京郊区环境优美乡镇”、通州区于家务乡枣林村等439个“北京郊区生态村”，超额完成了新农村折子工程。同时，各区县积极参与国家级生态示范创建工作，新创建顺义区等3个“国家级生态示范区”、海淀区海淀乡等13个“全国环境优美乡镇”。目前，全市已创建“国家生态县”2个、“国家级生态示范区”11个、“全国环境优美乡镇”70个、“国家级生态村”2个、“北京郊区环境优美乡镇”129个、“北京郊区生态村”1 643个。

【“三个一批”村庄环境整治任务全面完成】 积极开展“精细管理、美化市容”活动，会同首都环境办按照提升一批先进典型、整顿一批后进村庄、抓好一批重点区域的“三个一批”工作思路，分类推进村庄环境建设，对全市1 085个村庄进行了整治。同时以中国共产党建党90周年、新中国成立62周年为契机，集中进行了重大节日期间的环境治理工作，努力改善农村环境面貌。全年累计清运各类垃圾2.5万余吨，清理卫生死角1 800余处，捡拾白色污染400余千克，清除各类非法小广告2万余条。通过治理，郊区环境面貌明显改善。

【全面启动农村生活垃圾分类达标试点工作】 为贯彻落实《中共北京市委　北京市人民政府印发〈关于全面推进生活垃圾处理工作的意见〉的通知》（京发［2009］14号）精神，加快建设农村地区生活垃圾分类投放、分类收集、分类运输和分类处理全过程管理体系，2011年重点选择了基础条件较好的50个乡镇、1 200个行政村开展垃圾分类达标试点工作。截至2011年底，已有1 210个行政村完成了垃圾分类收集、分类运输、分类处理系统建设和运行，农村地区生活垃圾减量化、资源化、无害化水平进一步提高。

【着力推进新农村村庄绿化美化工作】 为推进全市各区县建立健全农村村庄绿化长效养护管理机制，按照北京市人民政府《关于加强农村基础设施维护和管理的意见》（京政发［2011］28号）文件要求，首都绿化委、市园林绿化局与市新农办制定了《关于进一步加强本市新农村村庄绿化管护的指导意见》（首绿办函［2011］14号）。截止到2011年底，丰台区、海淀区、延庆县、密云县、怀柔区、房山区、门头沟区、大兴区等区县基本建立了农村村庄绿化长效管护机制。同时，村庄绿化美化力度进一步加大，2011年共推进小城镇绿化16个镇，完成绿化855.3公顷，栽植乔木38.9万株、花灌木114.7万株、地被28.4万平方米。

（市农委村镇处　邱　昕）

【农村可再生能源综合建设情况】 2011年全市农村可再生能源建设工作稳步推进：全年新增村级太阳能路灯10 578盏，维护64 136盏；新建和完善村级太阳能公共浴室建设161座；推广标准化户用热水器3.3万户；升级改造沼气和生物质气化集中供气工程113个；完善生物质成型燃料加工厂8个；开展新型生物质炉、商品化户用沼气池和生物质地采暖试验示范3 000户；指导完成延庆县国家级绿色可再生能源示范县建设规划和实施方案，获得国家发改委、能源局和农业部审批。2011年，北京市农村可再生能源综合建设新增受益农户4.5万户，工程设施形成年节约与开发标煤能力6万吨，减排二氧化碳15.96万吨，减少二氧化硫、氮氧化物和可吸入颗粒物2 000余吨，改善了农村生态环境，提高了农民生活质量。

【农业水污染物减排工作顺利开展】 2011年，以国务院“十二五”全国节能减排工作会议要求为指导，组织开展北京市农业污染源普查更新工作，更新畜牧业污染源普查数据8 000余个，计算出北京市农业主要水污染物化学需氧量（COD）排放总量为8.58万吨，氨氮排放总量为0.504万吨，并以此普查数据作为“十二五”农业减排基数。在此基础上明确了北京市农业主要水污染物减排目标：到“十二五”末，将北京市农业（畜牧业）COD排放总量控制在7.89万吨以内，氨氮排放总量控制在0.454万吨以内。同时，根据市政府的要求，签订了《北京市农业“十二五”水主要污染物总量削减目标责任书》。2011年通过采取合理控制畜禽养殖总量和实施养殖粪污处理及有机肥生产等资源综合利用措施，使北京市农业化学需氧量（COD）和氨氮分别减排4.4%和4.7%（此数据经国家环保部核查确认），均超额完成国家下达2%的任务目标。

【农业面源污染防控工作取得实效】 2011年积极开展农业面源污染综合防治工作：全年累计实施测土配方施肥面积490万亩，推广专用配方肥8.96万吨、有机肥3万吨，年节约化肥1.02万吨；实施生物防治面积145万亩，减少化学农药用量90余吨。尤其在北运河流域水系开展农业面源污染防治效果显著：推广化肥用量控制工程18.46万亩，核心区化肥施用量减少30%；推广农药控制工程2.94万亩，使菜田化学农药用量减少25%。

（市农业局　崔洁净）

水利建设与管理

【概况】 2011年，是贯彻落实中央1号文件、进一步加强水务改革发展的起步之年，也是“十二五”规划开局之年。全市水务系统深入贯彻科学发展观，认真落实市委市政府《关于进一步加强水务改革发展的意见》，开拓进取，攻坚克难，水务改革发展取得新突破，水务建设运行取得新成果，水务社会管理取得新进展，水务队伍建设取得新成绩，保障了首都经济社会的平稳较快发展。

【全市水资源状况】 2011年，全市平均降水量552毫米，比2010年降水量524毫米多5%，比多年平均值585毫米少6%，属于平水偏枯年。全市地表水资源量为9.17亿立方米，地下水资源量为17.64亿立方米，水资源总量为26.81亿立方米，比多年平均37.39亿立方米少28%。入境水量为4.71亿立方米（未包括南水北调河北应急调水2.6亿立方米）；出境水量为12.09亿立方米（其中包含污水和污水处理厂退水9.7亿立方米）。全市大、中型水库年末蓄水总量为14.77亿立方米，可利用来水量为7.72亿立方米。官厅、密云两大水库年末蓄水量为12.45亿立方米，可利用来水量为4.56亿立方米（包括密云水库收白河堡、遥桥峪、半城子水库补水0.83亿立方米，官厅水库收河北补水0.08亿立方米）。全市平原区年末地下水平均埋深为24.94米，地下水位比2010年末下降0.02米，地下水储量减少0.1亿立方米，比1980年末减少90.6亿立方米，比1960年减少111.4亿立方米。2011年全市总供水量36.0亿立方米，比2010年的35.2亿立方米增加0.8亿立方米。全市总用水量为36.0亿立方米，其中生活用水15.6亿立方米，环境用水4.5亿立方米，工业用水5.0亿立方米，农业用水10.9亿立方米。

【南水北调工程建设】 2011年，市政府颁布《北京市南水北调工程保护办法》，明确了工程保护范围和市南水北调办管理工程的法律主体地位。加快南水北调市内配套工程建设，大宁调蓄水库主体工程完成，南干渠工程实现全线贯通。组建临时执法队伍，加强对工程沿线的巡查监管，累计巡查17万公里。劝阻、制止各种违法行为300余起，保障了工程运行和调水安全。进一步完善《北京市南水北调配套工程实施方案》，明确2014年前北京市需集中力量建设配套工程20项。制定了北京市南水北调配套工程建设融资方案，成立了北京市南水北调工程投资中心，达成22.3亿元的贷款支持和100余亿元融资合作意向，解决了南水北调市内配套工程投融资问题。

【保障城乡供水安全】 2011年，完成第九水厂三期优化工艺运行应急改造工程，供水保障能力提高7万立方米；新建和改造城市供水管网300公里。完成怀柔城区供水管网改造、密云溪翁庄镇集约化供水厂等一批郊区供水工程。按照市政府做好“四个服务”的要求，积极为中央单位、驻京部队等解决涉水问题，实施了中直机关家属楼自来水管线更新改造工程、航天城自备井供水系统改造工程、武警总部后勤部供水工程等项目。2011年市区高峰日用水量274万立方米，安全平稳度过夏季用水高峰。各相关单位密切协作，优化调度，确保了在多水源切换情况下的供水安全。市自来水集团及各区县自来水公司所属32座水厂水质提前一年达到新国标106项指标要求。郊区加强村镇供水设施运行管理制度建设，运行管理逐步规范，加大水质监测力度，进一步提高了水质合格率。126座乡镇集中供水厂、3 096处村级供水站安全稳定运行。

【污水处理和再生水利用设施建设】 2011年，卢沟桥再生水厂（能力10万立方米/日）投入运行，实现向永定河供水；完成清河污水处理厂扩建和北小河污水处理厂升级改造以及东坝、垡头等污水处理厂主体工程；完成吴家村、酒仙桥等污水处理厂升级改造年度任务，高碑店污水处理厂升级改造工程开工建设。通州、平谷、大兴、延庆、房山等区县新建和改建乡镇污水处理厂10座，建设村级污水处理站32座。2011年全市处理污水11.8亿立方米，污水处理率达到82%，其中城区95.5%，郊区55%。全市再生水利用量达到7.1亿立方米，再生水利用率达60%。污泥无害化处理处置取得新进展，全年无害化处理污泥达48万吨，处理率42%，同比增加4%。

【节水型社会建设】 2011年，加快推进节水型社会建设，完成426个节水型单位、居民小区创建工作，其中中央部委 39 个。海淀区完成节水型社会试点建设，大兴、怀柔节水型社会试点工作扎实推进；建设北土城、八家地清水零消耗示范公园。新增和改善农业节水灌溉面积 15 万亩。实施农业再生水灌区配套改造，受益面积 8.5 万亩。首次开展"做文明有礼的北京人，节水护水我先行"大型主题宣传实践活动，以倡导"节水护水"为主线，每月开展一次主题实践活动，开展了节水进社区、进学校、进医院等"七进"活动及节水大讲堂。

【永定河绿色生态发展带建设】 2011 年，大力推进永定河流域综合治理，完成门城湖、莲石湖、晓月湖、宛平湖和循环管线"四湖一线"工程，生态治理河道 14.2 公里，形成水面 270 万平方米，绿地 280 万平方米，国庆节前向市民免费开放，得到社会广泛赞誉。永定河生态环境的改善，成为驱动沿岸经济发展的新引擎，为"绿色北京"建设注入了新的活力。

【潮白河流域综合治理】 2011 年，启动潮白河流域综合治理。年初，市政府正式批复了《潮白河流域水系综合治理规划》，6 月启动了潮白河流域综合治理工程，完成密云、顺义滨河森林公园涉水项目，启动了部分河段生态湿地修复等综合治理项目。

【通州国际新城等城市发展新区建设】 2011 年，服务通州国际新城等城市发展新区建设，继续推进北运河流域综合治理。完成通州、大兴等新城滨河森林公园涉水项目；完成引温济潮二期工程并投入试运行，新增日调水能力 10 万立方米。北运河综合治理取得明显成效，榆林庄出境断面主要污染物化学需氧量（COD）指标持续下降，连续三年达到国家考核目标要求。

【实现安全度汛目标】 2011 年，汛期多次出现局地强降雨天气过程，市防汛抗旱指挥部加强统一指挥调度、周密部署，各应急保障部门积极应对，保障了河道行洪安全。城市排水集团、路桥集团等抢险队伍快速反应，在最短时间内排除道路积滞水，把损失和影响减小到了最低限度。合理调度水库、郊区水网，充分利用河道、砂石坑等滞蓄利用雨洪 7 800 万立方米，回补地下水。全市各大中型水利工程设施安全运行。实现了"保安全、多蓄水"的安全度汛目标。

【小流域治理】 2011 年，按照"水源保护型、休闲观光型、绿色产业型、和谐宜居型"生态清洁小流域建设模式，建成生态清洁小流域 35 条，治理水土流失面积 520 平方公里。截至 2011 年末，全市已累计治理水土流失面积 5 948 平方公里，治理小流域 436 条，其中建成生态清洁小流域 185 条，为山区经济发展提供了水资源和水环境支撑。

【村镇治污】 2011 年，完成通州台湖污水处理厂建设，投入调试运行，新增污水处理能力 1 万吨/日。新建、续建平谷马坊、马昌营、东高村、刘家店、昌平百善、大兴瀛海等 6 座乡镇污水处理厂，建成后增加污水处理能力 5 万吨/日，改建延庆永宁、房山长阳、长沟 3 座乡镇污水处理厂。建设村级公共污水处理站 32 座，新增污水处理能力 1.3 万吨/日。2011 年公共财政投入村镇地区污水处理设施的运行费用超过 7 200 万元。

【农业灌溉节水】 2011 年，围绕都市型现代农业，以设施农业和果树微灌工程配套为重点，新增改善农业节水灌溉面积 18 万亩，其中新增 9 万亩、改善 9 万亩。同时推进大型灌区配套工程续建项目，建设通州新河灌区五期，发展再生水灌溉面积 8.5 万亩。全市节水灌溉面积已达到 436 万亩，占总灌溉面积的 88.1%，再生水灌溉面积达 58 万亩。完成中央补助农田水利项目，指导推进第一批重点县房山区 2011 年项目顺利实施。在房山区落实中央小型农田水利重点县三年建设中，累计发展农业节水灌溉面积 2.12 万亩，项目取得预期目标和效益，农民生活环境得到极大改善，土地资源、水资源的利用效率提高。同时，推进平谷区、房山区的农田水利专项项目。

【生态治河】 2011 年，完成朝阳区萧太后河、丰台区马草河、顺义区龙道河等 10 条 50 公里中小河道治理以及昌平区万亩滨河森林公园河道治理工程建设，推进完成平谷区洳河和熊儿寨石河、房山区大石河两条河道的治理前期工作，着力打造"清洁的河、有水的河、安全的河"，建设水清、岸绿、流畅、自然的生态水环境。完成郊区 100 处雨洪利用工程建设，增加蓄水能力 150 万立方米，汛期集蓄雨洪水 80 万立方米。改善了区域生态环境、回补了地下水、增加了农村可利用水资源。加强土壤墒情监测工作，完成 21 处旱情监测固定站点、13 处巡测站点的建设，并对 80 个旱情监测固定站点加装避雷设施。

【水务改革发展】 2011 年，中央 1 号文件出台后，市水务局制定了《关于进一步加强水务改革发展的意见》，先后召开了全市水务工作会和水务改革发展大会，郭金龙市长对水务改革发展工作进行全面部署，刘淇书记作重要讲话。市政府将市委 9 号文件提出的 54 项工作任务和政策措施，分解落实到 35 个相关部门，明确抓好落实的要求和措施。市监察局等部门成立联合监督检查组，重点对各区县水务改革发展政策落实、重大水务工程建设等情况进行了 2 次监督检查。全市水务改革 54 项政策措施和工作任务中，取得重要进展的有 27 项，扎实推进的有 20 项，11 个区县出台了实施意见。

【建立水务投入增长机制】 2011 年，市财政局、市水务局联合发布《关于从土地出让收益中计提农田水利建设资金有关事项的通知》，明确实行全市统一提取、统一安排，土地出让收益 10%用于水务建设的政策得到落实。起草了《从土地出让收益计提水务建设资金实施办法》、《北京市地方水利建设基金筹集和使用实施细则》、《北京市水资源费征收和使用管理办法》等文件，制定了北京市南水北调配套工程建设融资方案。全市各区县积极筹集建立了水务专项资金。

【推进最严格的水资源管理制度】 2011 年，市水务局起草了北京市落实最严格水资源管理制度实施意见，提出了用水总量、用水效率、水功能区限制纳污“三条红线”管理的具体措施及监督、考核和奖惩办法。以签订用水责任书的方式，将年度用水总量分解到区县、6 大行业和企事业单位，实行目标责任管理。按照“量水而行、以供定需、因水制宜、绿色节约”方针，要求用水效率低的行业和企业限期整改，推行产业用水效率和产品器具用水效率市场准入制度。会同市环保局确定了 22 个国家考核断面和 61 个区县考核断面，对全市水功能区水质状况进行监测。各区县认真落实最严格水资源管理，制定了相应管理措施。

【深化水务机制体制改革】 2011 年，北京市建立了市属供排水企业运营补贴机制，落实财政补贴资金 13.3 亿元。制定组建首都水资源协调委员会方案，推动建立高层水资源协调机制并取得重要进展。推进流域管理，研究提出了加强流域水资源统一管理的意见。起草基层水务管理体制改革指导意见，进一步规范和明确区县公益性水务单位的设置和职能。

【水库移民后期扶持工作】 2011 年，北京市水库移民后期扶持工作进展顺利，4 月 25 日，北京市水库移民事务中心正式揭牌成立。完成 2011 年度农业户口水库移民人口核定 126 141 人，兑现资金7 568 万元；完成 2012 年度农转非移民人口核定 47 855 人；在水库移民接收村完成了扶持专项资金项目 796 项，完成投资 1.6 亿元。2011 年底，市财政局下达 2009 年度、2011 年度中央结余资金约 2.2 亿元，2011 年底项目陆续开工建设。

【水务普查工作】 2011 年，按照“普查与应用相结合、普查与管理相结合、普查与日常工作相结合”的原则，结合市情，编制了北京市水务普查实施方案。结合北京水务工作实际，新增供水、排水设施 2 项普查内容。对全国统一要求的 8 项普查内容的普查范围进行扩展、普查指标进行了细化。全市 164 张各类普查表全部获统计部门审查批准。北京市、区两级均成立了普查机构、落实了经费和办公场地、落实了普查人员，共落实专职普查工作人员 260 余人，选聘 11 908 名普查员和普查指导员，分清查阶段和普查数据获取阶段进行了培训。确定全市水务普查对象 13.3 万个。2011 年 6 月 18 日，在全国率先报送了清查成果，并得到国务院水利普查办的肯定。累计下发普查工作底图 15 259 张，全面开展各类普查对象详细数据获取工作。结合全市水务管理体制和城市水务管理特点，以水务普查为契机，提出“四个一”的普查成果框架。即构建“一套表、一个库、一张图、一个平台”的水务基础信息系统。

【水务执法专项整治】 2011 年，联合公安、国土等 20 个部门和 16 个区县政府，继续开展 4 项整治和水资源专项执法活动。各相关部门、各区县紧密配合，以我为主，攻坚克难，创新管理，严格执法。全市共出动巡查执法人员 13 万余人次，查封非法开采机井 78 眼，查处非法取水用户 35 家，查处砂石盗采案件 22 起、行政拘留 27 人，清劝占道洗车、非指定区域游泳、捕捞垂钓等 11 万余人次，水事秩序持续好转，得到社会好评。

【水务依法行政】 2011 年，完成《北京市河湖保护管理条例》起草工作，完成《北京市节约用水办法》修订工作，出台北京市排水和再生水设施建设、运行管理暂行规定等 4 项规范性文件。深化水行政审批制度改革，压缩了 8 项水行政审批事项审批时限。市水务局全年共受理水行政审批 458 项，全部办结，实现了零超时、零投诉。办结全国和北京市人大代表建议、政协委员提案 85 件。办理市领导各类批示 350 件，涉及供水、防汛、水环境、节水等方面。

（市水务局　王民洲　唐　菊）

公路建设与运输

【交通运输部领导视察公路交通警地联合演习】 3 月 11 日，交通运输部副部长冯正霖一行在市交通委主任刘小明的陪同下，赴延庆县滦赤路现场，视察公路交通警地联合演习准备情况。冯正霖对市交通委路政局演习地点的选择、演练科目的设计和场地准备等前期工作给予了充分肯定。

【京藏高速大修工程竣工】 4 月 27 日，京藏高速公路大修工程竣工。大修路段全长 51 公里，市首都公路发展集团有限公司每天安排 10 个工作面、1 100多名施工人员同时作业，共处理路面病害 6.5 万平方米，实施罩面 64 万平方米，施划热熔标线 4.8 万平方米，有效减少了道路施工对社会交通的影响。

【首条农村微循环公交线路开通】 4 月，顺义区开通龙湾屯镇柳庄户—张中坞微循环公交线路，招手停车、就近下车，基本解决了该镇居民公交出行“最后 1 公里”的难题。

【110 国道新线大中修工程竣工】 5 月 17 日，110 国道新线大中修工程提前完工。工程铣刨罩面 3.2 万平方米，修复路面病害 2 750 平方米，灌缝 2 300延米，施划标识标线 2.3 万平方米，更换隔离墩 730 块。该工程由北京国投公路建设发展有限公司施工，采用单车道施工、单车道通行的不断路施工措施，有效保障了西北货运通道的正常通行。

【高碑店桥远通桥疏堵工程竣工】 5 月 17 日，高碑店桥、远通桥两项疏堵工程竣工。市交通委路政局在京通快速路高碑店出口至高碑店桥段南、北辅路增加了机动车道，优化了高碑店桥下转向车道，对高碑店路、兴隆街路口进行了渠化拓宽，并将远通桥西南匝道由单车道拓宽为双车道，为京通快速路施划公交专用车道，缓解主路交通压力创造了条件。

【京通快速公交通勤走廊开通】 5 月 24 日，北京市首条放射线快速路公交专用道——京通快速公交通勤走廊开通，并两次延长施划道路和使用时间。公交集团公司先后开通 312—647 联运，322—647 联运，648—649 联运，728 路快，667—1 路，668—1 路，669—1 路等 7 条联运式通勤快车。公交通勤走廊和通勤快车的启用，提高了公交车运行速度，吸引了自驾车通勤客流，有效缓解了地铁八通线通勤压力和新城交通压力。

【密兴路（二期）南霍各庄至瓦窑沟段竣工通车】 5 月 30 日，密兴路（二期）新建工程南霍各庄至瓦窑沟段竣工通车。该段道路全长 23 公里，通车后，去往河北兴隆方向的过境车辆可通过密兴路直达兴隆县界。

【平安工地安全生产标准化创建活动启动】 7 月 4 日，市公路工程平安工地安全生产标准化创建活动暨送安全文化进工地活动在密云县白河大桥施工现场启动。启动仪式后，召开了全市交通路政行业平安工地安全生产标准化工作会。会后，市交通委路政局举办了《北京市公路工程平安工地达标标准》宣贯活动，由交通运输部专家对《标准》进行了详细解读。

【108 国道改建工程两座新建隧道贯通】 7 月 6 日，108 国道改建工程（南村至石门营段）南村隧道下行线实现贯通。至此，108 国道改建工程苛萝坨、南村两座新建隧道全部贯通，为工程完工奠定了基础。

【房山区开通 3 条旅游专线】 7 月 23 日，北京旅游集散中心至房山北线景区等地的 3 条“一日游”专线开通。3 条线路分别为石花洞—青龙湖水上游乐园一日游、圣莲山风景度假村一日游、百草畔自然风景区一日游专线，均从北京旅游集散中心宣武门发车中心发车。

【昌平区特殊儿童教育学校增设公交站点】 8 月 26 日，昌平区交通局带领市、区公交企业现场踏勘，决定途径昌平区特殊儿童教育学校的公交 357 路和昌 33 路增设瓦窑西站公交站点，并组织安装公交候车亭、站牌，方便该校师生和家长往返。

【八达岭过境线改建工程竣工通车】 8 月 31 日，历时 4 年的八达岭过境线改建工程竣工通车。过境线全长 7.2 公里，主体工程投资 3.2 亿元，新建 2.8 公里双洞分离式青龙桥隧道 1 座，下穿京包铁路、八达岭长城、野生动物园、八达岭高速。过境线串联起八达岭残长城、野生动物园、八达岭滑雪场、水关长城等景区，为旅游业发展提供了交通保障，同时，对保护八达岭长城世界文化遗产起到了积极作用。

【获全国农村公路建设质量年先进集体和个人】 9 月 15—17 日，在全国农村公路建设质量年活动和第三批示范工程经验交流会上，交通运输部对全国农村公路建设质量年活动先进集体和先进个人进行了表彰。市交通委路政局和通州、密云、房山、门头沟分局获先进集体称号，大兴分局王志河、昌平分局骆树民、延庆分局马宽、顺义分局李雪峰、怀柔分局杜长利、平谷分局刘中强等 6 人获先进个人称号。

【昌平区完成区划调整公交配套工作】 9 月，昌平区北部山区区划调整。为做好公交配套衔接工作，区交通局将途经下庄地区的昌 31 路终点站调整到九渡河，并更改运营时间，使之与共同途经北庄东口，连接黑山寨、长陵的昌 32 路有效对接。同时，为配合山区旅游开发，在公交线路沿线新建较高档次的公交候车亭、站牌架。

【马刨泉公路综合检查站工程竣工验收】 10 月 18 日，由北京市、昌平区建筑设计和质量监督单位组成的专家组对马刨泉公路综合检查站工程进行竣工验收，综合认定其总体质量符合设计标准，通过验收，可交付使用。该工程位于昌平区流村镇马刨泉南雁路，建筑总面积 1 563 平方米，于 2010 年 5 月开工，由昌平区交通局组织建设。区交通局安排执法人员进驻综合检查站，两日后开始试运行，马刨泉公路综合检查站填补了昌平区公路综合检查站的空白。

【八家道口路面改造工程竣工】 11 月 16 日，经昌平区交通局申报，市道口管理部门协调，施工企业建设，八家道口路面改造工程竣工。改造后的道口，在铁轨两侧分别埋置长 5.5 米、宽 0.5 米、深 1 米的现浇水泥固定条，并沿外侧铺设柏油路面接顺，确保各结合部连接牢固、耐用，消除了安全隐患。

【门头沟区与八方达签订委托经营协议】 11 月 25 日，为确保山区百姓及旅客的顺利出行，门头沟区政府与北京八方达客运有限责任公司重新签订“村村通”23 条山区客运线路委托经营协议，协议为期 5 年。

【密云县 200 座候车亭落成】 11 月 28 日，密云县太师屯、不老屯、高岭、西田各庄、十里堡、巨各庄、穆家峪、冯家峪、石城等 9 个乡镇的 200 个候车亭全部落成，并投入使用。

【延庆西铁路新建工程竣工通车】 11 月 30 日，延庆西铁路新建工程竣工通车。该线路位于延庆县东南部山区，是延庆县“三横三纵”路网规划中的重要一横。线路全长 15.89 公里，工程总投资约 1.5 亿元，历时两年半，新建瓦庙、西沙梁两座隧道。该线路的建成打通了大庄科乡的西部通道，将大庄科乡与县城间的车程缩短了半小时，同时对于改善延庆县东南部山区交通条件，推动延庆“县景合一”旅游发展战略起到了积极作用。

【实施公路沿线地质灾害隐患防治工程】 11 月，公路沿线地质灾害隐患防治工程完工。为应对极端灾害性天气增多的情况，有效防止公路塌方险情，市交通委路政局在全市国、市道易塌方、易落石路段采取山体防护、砌筑挡墙、安装护网等措施，安排实施了 13 项地质灾害隐患防治工程。工程涉及全市 354 公里山区公路。

【西关环岛桥梁改造工程竣工通车】 12 月 9 日，昌平区西关环岛桥梁改造工程竣工，环岛恢复通车。自 10 月 17 日断行起，历时 53 天，完成了 1、2 号立交桥拆除、架运，冬季环氧沥青施工和高温快速养生等主要工作。该工程是我国公路桥梁改造工程中成功应用桥梁快速施工 SPMT 工法的首例，将八达岭高速公路断行时间由普通工法的 1 次 90 天，缩短为 16 次 112 小时，最大限度地降低了施工对社会交通的影响，为重要节点桥梁改造提供了丰富经验。此外，该工程应用钢梁可控电加温技术，保证了北方冬季气候下环氧沥青施工的顺利进行和环氧沥青的快速养生，将夏季需要的养生时间由 30 天缩短到 3 天，为环氧沥青技术在北方地区的推广做出了有益尝试。

【白河大桥建成通车】 12 月 21 日，密云县白河大桥建成通车。白河大桥位于长城脚下，密云水库上游，横跨白河大峡谷，长 492 米，宽 15 米，是目前北京市跨度最大的悬浇钢构桥。该工程采用封闭性良好的护栏及封闭式桥面泄水管，避免了对水库水源的污染，被中国建筑业协会评为“全国建筑业绿色施工示范工程”。作为交通运输部“平安工地”示范项目，工程建立了严密的安全生产管理体系，开展了多项安全生产主题活动，发挥了安全管理示范作用。

【地铁 15 号线一期东段开通运营】 12 月 30 日，地铁 15 号线一期东段开通运营，线路全长 11.35 公里，设南法信、石门、顺义、俸伯 4 座车站。通车后与一期首开段（望京西站—后沙峪站）贯通运营，当地居民前往北京城区更加方便快捷。

【郎家园公交港湾改造工程竣工】 年内，郎家园公交港湾改造工程利用建国路主辅路隔离带，将郎家园公交站改造为长 140 米、宽 3.5 米的公交港湾，新建 2.5 米宽站台，并利用万达广场前绿地新建 4.5 米宽人行步道。该工程是京通快速路公交专用道西延的配套工程，为公交专用道西延提供了设施保障，缓解了建国路进京方向的交通拥堵。

【昌平区推进公交基础设施建设维护】 年内，昌平区共安装显示屏式候车亭 10 个、不锈钢站牌架 40 个；维修候车亭 17 个、站牌架 20 个；迁移候车亭 30 个；抛光翻新不锈钢公交设施 3 929 平方米；喷漆翻新二级候车亭 300 个；拆卸水泥构架候车亭 50 个；安装安全护栏 200 米；更新候车亭、站牌架公益广告 49 000 平方米。

【延庆县完成火车站北广场一期工程】 年内，延庆县完成火车站北广场一期工程，北广场于 7 月 1 日正式投入使用。北广场面积约 2 万平方米，采用轴对称布局，主要用于进出站人流集散和交通接驳，包括 11 条公交线路的始发车站，30 个车位的出租车停车场，70 个车位的社会车辆停车场和 80 个车位的自行车停车场。同时，通过对市郊铁路 S2 线延庆站内及周边接驳道路的导向标识改造，和在车站周边的妫水南街、圣百街、百莲路等主要道路交叉口及广场内增设道路指示牌等方式，对车辆、行人进行引导。

【延庆县推进公交基础设施建设】 年内，依据“绿色生态示范县”和“旅游标准示范县”的功能定位，延庆县设计建设乡镇候车亭 100 个，将城区 53 个公交站点的 136 个站牌更换为不锈钢组合站牌，安装乘车信息导向标识 15 个，进一步完善了县域公交基础设施。

【顺义区完善客运基础设施】 年内，顺义区建成大孙各庄镇后岭客运站，占地面积 4 000 平方米；改造顺于路、光明街、顺平辅路等公交港湾 5 处，促进公交与地铁 15 号线的接驳换乘；新建并安装公共候车亭 100 座。

【门头沟区建设山区客运站】 年内，门头沟区申请新建 6 个农村五级客运站，分别是潭柘寺镇草甸水站、桑峪站，王平镇东落坡站、西王平站，斋堂镇灵水站，清水镇百花山站，并完成场站建设。

【房山区推广使用 LNG 公交车】 年内，房山区交通局召开液化天然气（LNG）清洁能源公交车推广使用座谈会，对区内推广 LNG 公交车进行可行性研究。10 月 17 日，房山区决定第一批更新 80 辆液化天然气单燃料公交车。

【919 路公交车实行多点发车】 年内，919 路快车始发站延庆汽车站迁出东外大街，在延庆城区设置京张路口北、会展公寓、东关和南菜园四个始发站，实现了 919 路公交车多点发车、就近上车的公交化运营模式，有效缓解了东外大街的交通压力，改善了车站周边运输秩序。

【房山区加强公交基础设施建设】 年内，房山区在张宝路、岳琉路、长虹路、西潞大街等地新建公交站亭 30 个，在京周公路、长阳大街等主要地区更换、新增公交站牌 83 个，在房山城关及良乡地区主要路段候车站亭安装护栏 72 处，累计 733 延米。

【延庆县整治重点地区交通环境】 年内，延庆县对 S2 线延庆站、919 公交站、南菜园公交站等交通运输场站周边非法运营车辆进行整治，对沿河、沿堤路段装载砂石运输车辆进行检查，对国道两侧非法加水摊位进行清理，有效改善了县域综合交通运输环境。

【房山区建设停车场】 年内，房山区新增停车场 12 座，共计停车位 3 006 个。其中，新增路外停车场 3 座，共计停车位 505 个；新增旅游景点停车场 5 座，共计停车位 717 个；新增居住小区停车场 4 座，共计停车位 1 784 个。

【顺义区优化通村公交线路】 年内，以“构建城乡公交一体化，方便百姓出行”为目标，顺义区开通顺 11 路区间、17 路区间、21 路区间等公交新线，满足了更多农村居民的乘车需求。

【大兴区开通就业直通车线路】 年内，为方便大兴区内北京经济技术开发区就业人员通勤，按照大兴区委、区政府大力推进大兴区与亦庄开发区行政资源深度融合的有关精神，大兴区交通局与区市政市容委等相关部门共同拟定《关于优化公交线网方便新区百姓出行的方案》，于 9 月 2 日正式开通兴 48 路（天宫院—荣昌东街城铁站）、兴 49 路（礼贤—荣昌东街城铁站）、兴 50 路（榆垡—荣昌东街城铁站）、兴 51 路

（采育—交通服务中心）4条就业直通车线路。

【延庆县基本实现村村通公交】 年内，延庆县新开通"延庆—常家营—旧县"1条公交线路，调整"南菜园—阜高营—莲花滩"等19条公交线路。公交线网覆盖率达到93%，线路总里程940.6公里，线路配车130辆；日均发车1 124次，较上年同期增长14.7%；日均运营24 675公里，同比增长18.7%；日均客运量46 758人次，同比增长9.4%，基本实现了村村通公交。

【顺义区升级智能公交指挥系统】 年内，本着智能化、人性化原则，顺义区在4处公交枢纽或中心站、16处公交站点、48条公交线路、469辆公交车安装指挥监控终端及其附件，实现对公交车辆运行状态的定位查询，以及对远程指挥调度的实时监控，促进了乘客、车辆、场站以及交通环境等要素之间的良性互动，提高了公交运营的安全水平和服务效率。

（市交通委　陈伏虎　杜文龙　白海鹏　侯学敏　陈　颖　刘玉东　李　娟　郭成建　王元媛　高　峰　王剑辉　王亚娜　张　伟　魏　萌　张莉楠）

气象概况与气候评价

2011年（2011年1—12月，下同）降水接近常年，气温略偏高，日照偏少。

冬季（2010年12月至2011年2月，下同）气温、降水接近常年；春季（3—5月）气温偏高，降水偏少；夏季（6—8月）气温偏高，降水偏多；秋季（9—11月）气温比常年略偏高，降水略偏少。冬季、春季日照时数略偏多，夏季、秋季日照时数比常年偏少。

2011年北京市主要的天气气候事件有局地性暴雨、干旱、高温天气、降雪、雾霾和雷暴等。由于2010年10月25日至2011年2月9日北京出现长达108天的连续无有效降水，使得2010年冬季观象台初雪出现在2011年2月9日夜间，比常年同期（11月28日）明显偏晚，创1951年以来初雪最晚的记录。年内高温日数比常年偏多；降雪、局地性暴雨给交通带来一定的不利影响，6月下旬和7月下旬的几次强对流天气，降水时间短，强度大，并发生在上下班高峰期，给市民的交通出行带来了很大影响，同时造成了一定的经济损失。年内雾霾天气频发，较常年异常偏多。

【气温】 2011年北京地区平均气温为12.7℃，比常年偏高0.7℃，与近10年（2001—2010年，下同）平均值持平，比2010年偏高0.7℃。空间分布上，西部山区和北部山区气温介于5～9℃之间，其他地区气温在10～15℃之间；与常年相比，斋堂、霞云岭、汤河口和怀柔几个山区观测站气温偏低0.2～0.5℃，佛爷顶和房山气温与常年同期持平，其他大部分地区气温偏高0.2～1.6℃不等。

年内，1月和9月平均气温低于常年同期，12月气温与常年同期持平，其余月份月平均气温高于常年同期。其中，11月本市平均气温为6.1℃，较常年同期偏高2.0℃，为1951年以来同期第4高值，仅低于2005年（6.5℃），1997年（6.5℃）和1971年（6.2℃）；1月本市平均气温为－5.6℃，比常年同期偏低－1.1℃，为近10年来的第二低值（最低值为2010年1月，－6.1℃）。

南郊观象台极端最高气温为35.9℃，出现在7月31日；极端最低气温出现在1月16日，为－11.6℃。

冬季气温接近常年。冬季本市平均气温为－2.8℃，接近常年同期，比近10年平均偏低0.9℃。除观象台、朝阳、通州、延庆、昌平季平均气温比常年偏高外，其余测站均偏低。偏低幅度为0.1～1.6℃不等。

春季气温偏高。春季本市平均气温为14.2℃，比常年偏高1.1℃，与近10年平均持平。全市20个测站中，除汤河口、斋堂、霞云岭和佛爷顶比常年偏低0.1～0.8℃外，其余各站平均气温均比常年偏高，偏高幅度为0.3～2.0℃不等。

夏季气温偏高。夏季本市平均气温为26.2℃，较常年同期偏高1.2℃，接近10年均值。西部和北部山区平均气温在19～25℃之间，其他地区在25～27℃之间。除上甸子、斋堂和霞云岭接近常年外，其余测站均偏高，幅度在0.7～1.8℃不等。

秋季气温略偏高。本市平均气温为12.9℃，比常年偏高0.7℃，大部分测站的平均气温在7～14℃之间。其中，除房山站平均气温较常年同期偏低以外，其他测站的平均气温均高于常年同期。

【降水】 2011年北京地区降水量为601.1毫米，比常年偏多2.9%，比近10年平均值和2010年分别偏多20.1%和25.1%。全市各测站降水量在287.7～746.7毫米之间，降水主要集中在城区周围的石景山、海淀、朝阳、丰台和车道沟；海淀、朝阳、观象台和石景山的降水量比常年偏多8.0%～28.6%，其中，海淀年降水量最多，为746.7毫米，比常年偏多28.6%；西北部山区的降水普遍偏少，大部分地区降水量较常年偏少6.6%～40.7%，汤河口年降水量最少，为287.7毫米，比常年偏少40.7%。

冬季降水接近常年。本市平均降水量为10.3毫米，接近常年和近10年平均值。各测站降水量在5～16毫米之间，其中2010年12月和2011年1月均无降水；2月出现三次明显的降雪过程，平均降水量为10.3毫米，比常年同期偏多1倍。

春季降水偏少。平均降水量为31.4毫米，比常年同期值偏少5成，比近10年同期偏少近6成，比2010年同期偏少6.6成。降水以西南部的霞云岭最多为55.9毫米，比常年偏少2成；昌平降水最少为23.4毫米，比常年偏少近6成。

夏季降水略偏多。平均降水量为487.9毫米，比常年同期偏多1成，比近10年偏多5成，比2010年同期偏多1倍。降水空间分布不均匀，东南部地区降水相对较多，在350～650毫米之间，西部地区相对较少，在200～350毫米之间。海淀站降水最多为651.1毫米，汤河口降水最少为221.7毫米。与常年同期相比，市区及南部降水偏多一至四成，北部和西部山区降水偏少一至四成。

夏季南郊观象台降水日数（日降水量≥0.1毫米）为32天，较常年同期偏少，较近十年偏多。其中6月和8月降水日数各为9天，7月最多为14天。

秋季降水略偏多。平均降水量为69.4毫米，比常年同期偏少1成，比近10年平均偏少近3成，比2010年同期偏少46%。各测站降水量在42～115毫米之间，9月份平均降水量38.9毫米，比常年同期偏少17%；10月份为12.8毫米，比常年同期偏少42%；11月为16.8毫米，比常年同期异常偏多了115%。

【日照】 年内本市年日照时数为2 478小时，比常年同期偏少105小时，比2010年偏多183小时。全市各测站日照时数在2 224小时（霞云岭）至2 782小时（延庆）之间，其中，延庆、丰台、昌平、顺义和汤河口5个观测站日照时数高于常年平均值；大兴、平谷和观象台日照时数与常年平均持平；其他各测站日照时数均比常年同期偏少68～359小时不等。

本市冬季平均日照时数为587小时，比常年略多。春季日照时数为811小时，比常年偏多近1成。夏季日照时数为577小时，比常年同期偏少1成多。秋季平均日照时数为503小时，比常年同期偏少2成。

【主要天气气候事件、气象灾害及其影响】 年内主要天气气候事件为降雪、沙尘、干旱、大风、雾霾、暴雨、雷电等。春季两次明显的强降温天气给农业造成较大的损失；夏季持续的高温天气给供水供电带来较大的压力，强对流天气对交通造成较大的不利影响。

降雪。冬季南郊观象台降雪日数为4天，比常年（13.6天）显著偏少。降雪过程主要有3次，均出现在2月，分别为10日、13日、26—27日，三次降雪量分别为3.5毫米、1.6毫米和7.2毫米。2月10日出现明显的降雪天气过程，并出现持续性低温，使得本市供热需求骤增。全市天然气日用量达到3 765万立方米米，比降雪前一日的3 513万立方米增加了252万立方米气量。持续的低温也使得北京的电网负荷也突破冬季历史最高纪录，达到1 369.2万千瓦，同比2010年的1 350.8万千瓦增长1.36%。降雪天气导致航班延误，道路积雪，交通道路拥堵。

2011年北京的初雪发生在12月3日，初雪日期较常年（11月28日）和近10年平均（11月24日）偏晚。

沙尘。春季观象台出现了4天沙尘天气，比常年同期（9.7天）偏少，比2010年（3天）偏多。沙尘造成空气质量明显下降，能见度降低，对人体健康及民航交通等产生了一定的不利影响。

干旱。由于2010年10月25日至2011年2月9日，北京地区持续108天无有效降水，造成多数地区冬春季节出现中—重度气象干旱，其中东部及南部地区达到重旱。

高温。夏季观象台最高气温超过35℃的日数为7天，高于常年同期（5.7天），低于近10年平均（9.4天）。高温天气分别出现在6月上旬（2天）、6月下旬（2天），7月上旬（2天）以及7月下旬（1天）。7月份高温闷热下，医院接诊的中暑、感冒、肠道感染的病人明显增多，其中以中暑或闷热天气导致心血管病发作的病人最多。

暴雨。夏季本市出现了12次局地暴雨和3次全市性大到暴雨天气过程。20个测站共出现暴雨33站次，暴雨主要出现在6月下旬和7月下旬，主要发生在东南部，尤其集中在城区。6月23—24日出现入汛以来第一次全市性大到暴雨，全市平均降水50毫米，降雨量分布不均匀，局部地区降雨量达到大暴雨标准，其中城区平均73毫米，最大降水量出现在模式口，为214.9毫米，该站6月23日16时到17时雨强达到128.9毫米/小时。强降水适逢下班高峰，市区多处路段因为积水不能通行，给城市道路交通和航班造成了较严重的影响；雷击造成10千伏线路故障134次，造成6座市政泵站外电源停电；朝阳区两名男子先后因接触带电积水而遭电击，其中一人身亡，石景山两名男子不慎落入被大水冲开井盖的深井死亡。首都机场100多趟航班被取消，上千旅客滞留机场。强降雨还给农业生产造成明显不利影响，京郊有80个大棚受损、8 000亩玉米及3 500亩大葱倒伏，经济损失约80万元。

7月下旬出现了两次全市性大到暴雨。7月24—25日强降水过程造成城区道路积水，多处道路出现交通中断和车辆追尾事故，首都机场航班大面积延误。北京铁路工务段京承线出现险情，京承铁路在密云县境内的部分路基被大雨冲毁。7月29日雷雨天气导致首都机场延误和取消航班近百架次，首都机场航班运行严重受阻。

大风。年内观象台观测到大风日数3天，比常年（22.4天）和2010年（14天）都明显偏少。4月17日大风将大兴区黄村桥停车场内的一处墙体吹倒，将数间工棚砸塌，致2人死亡，8人受伤。

大雾和霾。年内观象台出现大雾日数11天，比常年（20.7天）偏少，接近10年平均（10.3天），但比2010年（5天）明显偏多。大雾主要出现在10月（4天）和12月（4天），其中10月20日、22日、23日和30日均出现1 000米以下的大雾天气，受大雾影响，京沪、京津、京哈、京开等多条高速公路采取临时封闭和分流措施，首都机场多个航班延误。

年内观象台观测霾日数92天，比常年偏多65

天，比2010年偏多29天。

雷电。年内北京市发生雷电灾害106起，造成直接经济损失约592万元。其中人身伤亡事故1起，单位电子设备等遭雷击48起，居民区电器设备等遭雷击49起，高压线、民居等受雷击7起。4月22日14时34分，北京地铁十号线地面信号设备遭雷击，致使巴沟至知春路区段列车运行段短时受到影响。6月7日22时30分左右，昌平区马池口镇土楼村的煤厂内，一女士在大树下收衣服时遭雷击死亡。6月15日昌平区某单位因雷击造成3只安防摄像头、3块电话用户板、2块电话交换板、约20台计算机及1台CT机主板损坏，直接经济损失约60万元。7月14日18时左右，昌平区某部队因雷击造成中控室内高压脉冲箱、脉冲主机、报警主机、数据硬盘存储机、1台电子计算机以及其他设备损坏，直接经济损失约80万元。

气候与农业。2011年北京市气候条件对冬小麦、春玉米和夏玉米的生长较为有利，也有利于保护地蔬果的生长。

（市气象局　田　禾　曹冀鲁）

山区建设

概　述

2011年是“十二五”的开局之年，全市上下坚持以科学发展观为指导，认真贯彻落实市农村工作会议和山区工作会议精神，着力转变山区发展方式，坚持走生产发展、生活富裕、生态良好的可持续发展道路，以沟域经济发展为重点，大力加强生态保护，加快发展生态产业，积极开展生态创建，着力提升生态文明，创新山区发展机制，推动山区经济社会又好又快发展，山区建设取得明显成效。

一是生态治理有新基础。林木绿化率不断提高。大力推进京津风沙源治理、三北防护林建设和太行山绿化等重点生态工程，共完成人工造林7.35万亩、封山育林40万亩，启动了3万亩低效林改造试点，完成林木抚育60万亩，新增造林绿化面积1.67万公顷，使全市林木绿化率净增一个百分点，达到54%，森林覆盖率达到37.6%，首都绿色空间进一步拓展。新建了房山长沟、怀柔琉璃庙两个市级湿地公园，松山、百花山国家级自然保护区基础设施建设全面加强。小流域治理不断推进。南水北调配套工程扎实推进，北运河、潮白河、永定河等水系综合治理全面加强，按照“水源保护型、休闲观光型、绿色产业型、和谐宜居型”生态清洁小流域建设模式，建成生态清洁小流域35条，其中水源保护型2条、休闲观光型11条、绿色产业型18条、和谐宜居型4条，治理水土流失面积520平方公里。完成延庆永宁、房山长阳、长沟等3座污水处理厂改扩建。推进平谷马坊、马昌营、东高村、刘家店、昌平百善等5座乡镇污水处理厂建设。村镇供水、污水处理、雨洪利用、农田水利等工程取得新进展，水资源保护和利用迈上新台阶。深入开展村庄环境整治和绿化美化工程建设，创建北京郊区环境优美乡镇和生态村，农村环境展现新面貌。不断推广农村清洁能源使用。加紧建设生态涵养发展区农村的190座阳光浴室，提升了农村居民的生活品质，让郊区农民冬天不出村、不进城镇就可舒服洗上热水澡。加快推进密云县大城子等4个乡镇约2.5万户居民送气下乡工程，让居民尽快告别燃煤、烧柴，用上清洁廉价、安全可靠的液化石油气。延庆县万户绿色燃气工程启动建设，工程建成后纯化沼气生产能力约为7 650立方米/日，可满足延庆县一万户以上农村居民生活燃气用能需求，使村民用上清洁廉价的管道炊事燃气，对集约化利用生物质资源、改善农民生活用能条件作用显著。

二是基础建设开创新局面。浅山区路网体系不断完善。对7条重点建设沟域的道路进行大修、改造，新改建、大修乡村公路141公里，修建桥涵5座、隧道1条。加快建设密云水库西线路，密云水库西线路连接101国道和云蒙山风景区，工程建成后，去云蒙山的时间将由之前的3小时缩短到1.5小时，时间缩短后，游客有更多的时间去休闲和消费，促进了当地旅游业的发展。司曹路工程加快推进，京承高速公路联络线司曹路是连接京承高速公路和古北口镇的道路，建成后当地到中心城的时间比之前节省一半。“十二五”时期，将规划建设浅山区路网360公里，逐步构建“一环、十一放射、多联络”的空间格局。圆满完成2011年村村通有线广播工程。主要任务是完成昌平、门头沟、密云、延庆4个区县7个乡镇195个村村村通有线广播建设。经过动员部署、与相关区县签订《2011年北京市广播电视村村通工程建设责任书》，通过招标采购、精心组织施工，2010年10月底完成施工，11月中旬通过了验收完成任务。基本完成直播卫星公共服务工程，分布在怀柔、密云等6个区县39个乡镇23个行政村231个自然村的4 436户山区农户和国有林场职工用户，他们都如期装上了直播卫星设备，山区群众可以收看到信号稳定、图像清晰的57套电视节目。大力实施山区泥石流易发区和生存条件恶劣地区农户搬迁工程，截至2011年底，完成搬迁2.2万户、5.7万人，建新村123个，市财政累计补助10.8亿元。

三是沟域经济实现新突破。落实生态涵养发展区功能定位，探索创新并大力推进沟域经济这一山区发展新模式，实现了经济、社会和生态效益的有机统一。起步较早的17条沟域已经形成一定规模，促进了山区生态环境质量、农民收入水平和城市居民幸福指数的共同提高。2011年完成了房山区仙栖谷沟域、门头沟区达摩沟域、昌平区延寿沟域、延庆县葡萄酒庄产业带、怀柔区汤河大营、密云县穆九沟域经济产业带、平谷区丫髻山道教养生谷等7条沟域的经济发展规划面向全社会公开征集工作，重点对2010年已规划的房山的燕山绿谷·丰饶之角、门头沟的中芬生态谷、昌平的西峰古道、延庆的四季花海、怀柔的天河川、密云的司马台·雾灵山国际休闲度假区及平谷的十八弯等7条沟域推进建设，7条沟域共实施各类项目156个，当年完成投资38.2亿元。沟域经济中会展农业方兴未艾。在昌平成功举办被誉为国际园艺学会旗舰会议的第七届世界草莓大会，来自全球66个国家和地区的1 160名学术代表参会，200家国内外企业参展，共展出135个品种17种栽培模式75万株，展示面积达10万平方米，20万人次观光采摘36万千克，实现销售额3 600万元。延庆县积极筹办2014年世界葡萄大会，世界葡萄大会由国际园艺学会主办，每4年举办一次，被称为“葡萄界的奥运会”。延庆县是全国闻名的葡萄与葡萄酒优质产地，目前葡萄种植面积1.7万亩，年产量680万千克。预计到2014年，延庆葡萄产业将建成一条北京最大的葡萄酒庄产业带，一个万亩千种鲜食葡萄产业园，一个葡萄大会主会场和国家级葡萄科研与产业服务中心、国家级葡萄酒质量鉴定评级中心、葡萄及葡萄酒交易中心。果品花卉产值增长迅速。北京市果树产业现有面积231万亩。2011年全市果品产量10亿千克，同比增长10%；果品直接收入42.7亿元，增长16.6%，增量和增幅均创历史新高。全市从业果农户数达30.9万户，果农户均果品收入1.38万元，同比增长16%。2011年，花卉生产面积7万亩，产值达15.2亿元，北京已成为全国最大的彩色乔木生产基地。2011年新增林下经济面积5.8万余亩，农民增收达到2亿元。全市林下经济总面积已达到30万亩，林下经济总产值已突破15亿元。

四是区县合作有新气象。2011年，通过支持密云—海淀、延庆—朝阳区县合作共建基地基础设施建设，为城区产业转移、山区经济发展奠定基础。通过共建基地建设，目前密云共建基地已引入包括华夏闪联总部、北新建材等14家海淀企业；通过两区县共同招商模式，延庆共建基地已引入中材科技风电叶片、京仪绿能工程等13家企业。

五是社会资本参与有新态势。企镇紧密合作联手打造特色镇。2011年一批央企和优质大型企业纷纷落户小城镇，呈现出大型企业在小城镇“抢滩”发展的可喜局面。未来科技城建设进展顺利，在已入驻的15家央企中有13家企业已经开工建设。中科院研究生院新院区在怀柔区怀北镇加快建设，正孕育着一批具有典型示范意义的重点产业功能区配套服务特色镇。古北水镇、华润希望小镇初见成效，2011年中青旅在密云县古北口镇打造“古北水镇”，已完成投资23亿元，预计2013年能够正式营业；华润集团在密云县穆家峪镇打造希望小镇，已完成规划方案。北京叶氏企业集团有限公司与怀柔区渤海镇贫困山村北沟村达成了携手共建协议，投资5 000万元，在当地建设一座旅游精品酒店，并引入现代酒店管理理念，预计可以安置100人就业。密云县25家非公企业家累计投入50万元帮扶50户贫困户。在开展“同心·新农村示范工程”，5家企业筹集1 100万元帮扶资金，支持怀柔区喇叭沟门满族乡帽山村和密云县不老屯镇史庄子村整体搬迁配套工程建设。开展了“喇叭沟门满族乡中心小学”和“不老屯中学”的支教活动，分别为两个学校捐赠了20台套50英寸的背投及课堂实物投影机、计算机，显微镜32台套及部分教学仪器等，价值30余万元。

六是社会建设迈上新台阶。山区社会保障体系建设全面加强，保障水平大幅提高。集体林权制度主体改革任务基本完成以勘界确权、明晰产权、落实股权、保障收益权为核心的主体改革任务，全市基本完成林地确权面积1 300万亩、确权率达98%，发放股权证57.74万本，山区119.3万农民从每年4亿多元生态效益补偿中得到实惠。城乡居民基础养老金提高到330元，无保障老人福利养老金提高到250元，农村最低社会保障水平有较大幅度提高，农村低保从每月210元提高到330元，加大农村社会救助力度，提高低收入家庭取暖补贴标准、高等教育新生入学一次性救助标准，落实特困人员住院押金减免和出院即时结算制度。加大生态涵养等就业困难地区促进就业政策资金扶持力度。鼓励农民自主创业的小额担保贷款政策，鼓励农民提升职业技能的职业培训补贴政策，将房山、门头沟、平谷、怀柔、密云、延庆等调整力度较大的涉农区县确定为就业困难地区，对其出台的鼓励单位招用和鼓励个人自谋职业（自主创业）的岗位补贴、社会保险补贴政策加大了资金支持力度，失业保险基金补贴比例由原来的50%提高到75%。

山区农民收支情况

【概况】 2011年是“十二五”计划的开局之年，京郊山区农村社会经济发展良好，农民收入稳步增长。据京郊山区（按调查村地势划分）850户农民家庭抽样调查，2011年山区农民人均纯收入达到12 908元，比上年增加1 576元，增长13.9%，增速比上年提高4.9个百分点。人均生活消费支出9 060元，比上年增加1 033元，增长12.9%，增速比上年提高11.3个百分点。

【人均纯收入】 工资性收入增长20.6%。2011年，北京市各级政府继续加大劳动力技能培训力度，山区农民接受过专业技能培训的劳动力的比例比上年提高26.4个百分点，劳动力素质提高，工资水平也随之提高。同时加大就业指导力度，山区农民二、三产业就业和外出就业人数比上年增加。二、三产业就业的劳动力的比例比上年提高1.7个百分点，外出就业劳动力比例比上年提高8.7个百分点。以上因素共同拉动山区农民工资性收入快速增长，使工资性收入成为山区农民增收的主体。据调查，2011年山区农民人均工资性收入8 278元，比上年增加1 416元，增长20.6%，增速比上年提高12.4个百分点，增收的贡献率达到89.8%。其中，在本乡地域内劳动得到收入4 687元，比上年增加744元，增长18.7%；外出从业得到的收入3 060元，比上年增加1 095元，增长55.7%。家庭经营纯收入下降23.8%。2011年，由于产业结构调整、劳动力就业转移、生产资料价格上涨、雇工费用增加等原因，山区农民家庭经营规模继续缩减，家庭经营产品出售量减少，收入下降。据调查，2011年山区农民人均家庭经营纯收入2 018元，比上年减少631元，下降23.8%。在全部家庭经营纯收入中，第一产业纯收入下降7.6%。2011年，山区农民人均家庭经营第一产业纯收入1 114元，比上年减少92元，下降7.6%。其中，农业经营收入746元，比上年减少17元，下降2.2%；牧业经营收入96元，比上年减少100元，下降51%。第三产业纯收入下降26%。2011年，山区农民人均家庭经营第三产业纯收入817元，比上年减少287元，下降26%。其中，经营交通运输邮电业收入392元，下降22.1%；经营批零贸易业饮食业收入292元，下降32.1%；经营社会服务业收入122元，下降18.1%。非生产性收入增长43.4%。2011年，农村集体产权制度改革不断深入，山区农民从集体得到的权益收入和与山林土地有关的各种收入增长较快。农村社会保障事业继续发展，低保金、福利养老金和退休金标准提高，山区农民得到的各项补贴继续增加，使山区农民非生产性收入保持大幅度增长。据调查，2011年，山区农民人均非生产性收入2 612元，比上年增加791元，增长43.4%。财产性收入增长20.3%。2011年，山区农民家庭人均财产性收入724元，比上年增加122元，增长20.3%。其中，集体分配股息和红利收入205元，增长91.6%；租金收入300元，增长226.1%；转让土地承包经营权收入105元，下降23.4%。转移性收入增长54.9%。2011年，山区农民家庭人均获得转移性收入1 888元，比上年增加669元，增长54.9%。其中，退休金、养老金收入971元，增长46%；亲友赠送收入149元，增长44.7%；其他政策性收入487元，增长31.6%。

【人均生活消费支出】 生活消费支出增长12.9%。2011年，由于CPI持续高位运行，食品价格居高不下，拉动山区农民生活消费支出增加。据调查，2011年山区农民人均生活消费支出9 060元，比上年增加1 033元，增长12.9%。其中，食品支出3 009元，增长13.2%；衣着支出584元，增长10%；居住支出1 996元，增长22.5%；家庭设备及服务支出601元，增长34.5%；交通和通讯支出921元，下降11.1%；文化教育、娱乐用品及服务支出700元，下降6.3%；医疗保健支出1 062元，增长30%；其他商品及服务支出187元，增长16.1%。

【人均生产性支出】 生产性支出下降11.8%。2011年，山区农民生产性支出2 096元，比上年同期减少280元，下降11.8%。生产性固定资产现金支出下降26.5%。2011年，山区农民人均生产性固定资产支出111元，比上年减少40元，下降26.5%。其中，购买运输工具支出19元，下降76.8%。家庭经营费用支出下降10.8%。2011年，山区农民人均家庭经营费用支出1 985元，比上年减少240元，下降10.8%。其中，人均第一产业经营费用支出1 063元，下降1.2%。在第一产业支出中，农业经营费用支出341元，增长40.9%；牧业经营费用支出646元，下降14.1%。人均第二产业经营费用支出207元，下降55.2%。人均第三产业经营费用支出715元，增长4.1%。

山区沟域经济

【沟域建设工作思路】 2011年，“大力发展沟域经济，做好7条沟域经济发展规划的公开征集工作，启动7条重点沟域建设，打造新型山区生态经济带”被列入市政府折子工程中。按照“遵循规划，突出重点，集成政策，调动主体，引进要素”的总体思路和“出形象、见成效、有进展”建设要求，对房山的燕山绿谷·丰饶之角、门头沟的中芬生态谷、昌平的西峰古道、延庆的四季花海、怀柔的天河川、密云的司马台·雾灵山国际休闲度假区及平谷的十八弯等7条沟域进行了重点建设。一是要遵循规划。7条重点建设沟域的规划较好地体现了生态优先、突出特色、高端高效、产业融合等先进理念，在实际执行过程中，除了在大的规划原则下，可以依实际情况对某一具体项目作适当调整外，原则上应该按规划执行，防止规划一套、实际执行另一套现象的发生。二是要确定重点。2011年7条沟域建设的重点是打造环境，包括沟域主干路两侧和村庄的治脏治乱、绿化美化净化、以及标示等公共配套设施的完善。在此重点下，实施并完成一批已经具备建设条件的项目；同时通过招商引资和协调政府各个部门，为来年建设储备一批项目。三是要集成政策。大量的公益性投资要靠部门联动、项目集成、资金聚焦、搭建平台来解决。各区县要通过加强领导、明确责任、健全机制，完善沟域经济政府投资平台，加大沟域生态环境和公共配套设施的建设力度。四是要调动主体。要引导动员农民积极参与，尊重农民的利益和选择，履行必要的民主程序，加强对沟域经济建设模式、特别是社会资本与农民结合有效模式的研究，对涉及农民土地流转占用的合同，区县、乡镇应严格把关。五是要引进要素。一定要坚定不移地引进社会力量，要把好项目入口关，要选好投资者，重点选择规模大、实力强、知名度高的大企业；要选好项目，重点选择生态环境友好、对地区发展和农民增收带动力强、符合沟域规划的项目。

沟域经济作为促进北京市山区发展的重要举措，

还被写入《北京市“十二五”时期城乡经济社会一体化发展规划》中。规划指出，要把发展沟域经济作为促进生态涵养发展区建设的重要突破口，坚持高标准规划、高水平建设。按照生态优先、可持续发展的原则，提升沟域经济发展质量和效益，全面推动山区生态和旅游业发展。到 2015 年，山区林木绿化率达到 72%，生态清洁小流域建设率达到 60%；具备规模效益和品牌效应的沟域经济产业带达到 35 条左右，旅游接待人次比 2010 年翻一番。充分利用沟域资源条件，创新沟域经济发展模式，加强政策集成，机制创新，建立沟域经济发展专项资金，改进审批服务，优化沟域经济发展环境，引导社会资本参与沟域规划和项目服务，鼓励有条件的集体经济组织开发建设，允许农民依法通过资产入股、资金入股、投工投劳等多种方式参与开发经营。

【主要任务】 2011 年重点实施以下五大工程：一是生态建设工程。包括宜林荒山绿化、小流域综合治理、废弃矿山及裸露山体生态修复，太阳能、沼气、秸秆气化等清洁能源的推广利用等。二是环境整治工程。包括道路、河道两侧和村庄的治脏治乱，绿化、美化、净化等。三是基础设施建设工程。包括沟域内路网、供电、上下水、通讯，旅游咨询接待站、商品销售亭、停车场、厕所、观景台、各种标示等公共配套服务设施的建设完善。四是产业建设工程。包括特色一产、观光采摘园、农产品加工包装企业、重要景区景点、餐饮服务业、休闲养生会所，企业总部、研发中心的建设和引进等。五是村庄和新民居建设工程。包括搬迁新村、农村新社区、新民居的建设，民俗旅游村打造等。上述五项工程中，环境整治是重中之重，其他工程不同沟域可以从实际出发有所侧重。

【工作措施】 一是领导重视，多次召开沟域现场会观摩指导沟域建设。2011 年 4 月，夏占义副市长在延庆“四季花海”沟域主持召开了沟域经济建设启动会。提出按照“遵循规划，突出重点，集成政策，调动主体，引进要素”的思路，以环境打造为重点，实施并完成一批项目的指示精神。8 月，夏占义副市长在密云县、怀柔区召开了沟域经济现场观摩会，夏市长讲话中指出，山区发展沟域经济，保护生态是第一位的，任何破坏生态环境的行为，例如开发房地产，在沟域建设中都要明令禁止。夏市长多次向各区县相关负责人强调保护生态环境的重要性，表示要坚决杜绝以发展沟域经济为由，开发浅山的行为。不管是什么形式的房地产项目，在沟域建设中都不得出现。各区县在对沟域建设进行整体规划时，就要严格地控制把关。10 月，牛有成常委到延庆四季花海沟域进行了调研，牛常委指出，发展沟域经济，要坚持生态底线，坚守基本农田红线，把握好山区发展节奏，实现可持续发展。要强化对生态涵养区的认识。山区是大自然赐给首都的社会保障，是有生命力的资产，是提高市民幸福指数的基础设施。发展沟域经济要遵从“借、顺、创”三字方针。借，就是要借势；顺，就是要顺其自然，顺应民意，顺应山区发展规律；创，就是不断创新沟域建设的机制、体制、政策、管理模式，不断激发山区发展活力，挖掘山区发展优势。二是推动项目落实，沟域建设进展迅速。要求区县按季度上报《重点建设沟域政府投资项目实施进度明细表》、《重点建设沟域吸引社会投资和农民投资项目实施进度明细表》、《重点建设沟域招商情况明细表》，以便市掌握全面情况。2011 年全市重点建设的 7 条沟域，实施了生态建设、环境整治、基础设施、村庄新民居和产业建设五项工程。2011 年 7 条沟域共实施各类项目 156 个，当年完成投资 38.2 亿元。其中公益性项目 115 个，完成投资 11 亿元；产业项目 41 个，完成投资 27.2 亿元。三是完善政策，引导沟域经济建设稳步、有序发展。2011 年，进一步落实《北京市人民政府关于促进沟域经济发展的意见》精神，市财政设立每年 1 亿元的沟域经济发展专项资金，并由市财政、市农委联合出台了《北京市沟域经济发展资金管理暂行办法》（京财农［2011］2228 号），对扶持对象、扶持标准，以及补助和奖励办法提出了更详细的规定。引导沟域经济建设稳步有序开展。每年底前市里组成考核小组，通过区县汇报、现场考察等方式，按照《沟域经济发展年度考核奖励标准》（试行）对当年重点建设沟域按得分高低排出名次，按次序给予奖励，得分低于 80 分的沟域不予奖励。四是政策集成，资金聚焦。市水务局的小流域综合治理和市园林绿化局的绿色通道、森林健康经营、荒山造林、废弃矿山生态修复项目重点向沟域内倾斜；市发改委、市交通委安排 4.5 亿元，实施了红南路、四宝路、宝山镇区路网、司曹路四项道路新、改建工程；市财政局、市农委实施的山区搬迁工程，与新民居建设和培育旅游产业相结合，2011 年安排了 8 个新村建设项目。五是加大宣传力度，扩大沟域经济社会影响。通过在《北京日报》、北京电视台等主流媒体及相关网站加大宣传，提高沟域经济的社会关注度。北京电视台《首都经济报道》和《城市》栏目先后播出 5 集沟域经济专题报道，扩大了沟域知名度，让越来越多的市民了解沟域、走进沟域。

【主要成效】 2011 年沟域建设呈现几方面可喜变化：一是生态环境明显改善。2011 年以道路、河道两侧和村庄的治脏治乱，绿化、美化、净化为内容，7 条沟域实施工程 51 项，投资 2.8 亿元，拆除了一批违规私搭乱建，清除了一批垃圾、煤厂，实施了若干河道清淤、山体护坡、村庄外立面美化、绿色通道建设等工程，沟域面貌发生了明显变化。二是基础设施稳步提升。投资 7.7 亿元实施 49 项工程。其中密云司曹路一期工程和怀柔宝山镇区路网建设项目均投资亿元以上，大大地提升了沟域基础设施条件。三是特色产业出现新亮点。延庆四季花海种植万寿菊、玫瑰等花卉近万亩，大尺度打造大地景观，成为北京山区亮丽的风景线。密云引进中青旅，计划投资

35亿元打造“古北水镇”，已完成投资23亿元。工程品位高、进展快。这些特色产业的发展有效地促进了一、二、三产业的融合。四是农民见到实惠。沟域建设带动了经济发展和农民增收。延庆四海镇实现花卉销售收入3 500万元，全镇人均增收5 000元。平谷张家台村自“五一”搬入新居以来，全村78户农民中70户从事民俗旅游接待，仅半年时间，收入达100万元，是全村过去全年收入的2倍。

【典型沟域】

1. 四季花海沟域。地处延庆县四海镇、珍珠泉乡、刘斌堡乡，以打造花卉大地景观为特色，现已发展花卉逾万亩，2010年带动农民就业1 300多人，花卉产业年综合收入3 500万元。花卉产业的发展带动了乡村旅游产业的发展，农民人均增收5 000元。四季花海沟域通过打造沿线环境得到极大改善，实现了山上郁郁葱葱、山下争奇斗艳、河道整洁优美、村庄焕然一新。一是强化组织机制，确保沟域建设顺利实施。县政府成立了由主要领导任组长、4位副县长任副组长、县农委、发改委、公路局、旅游局、园林绿化局等相关部门和有关乡镇一把手为成员的“四季花海”沟域建设领导小组。县财政2011年专门设立了3 000万元的专项资金，用于支持沟域经济发展。同时，全县各部门、各单位根据职能分工，把产业发展、生态建设、流域治理、基础设施、公共服务设施、新农村建设等相关政策和项目有序向沟域倾斜和转移，投入资金1.96亿元。建立了分工明确、责任到位的工作推进机制。二是明晰发展思路，注重沟域协同发展。在整条沟域的可视范围内大面积种植各种花卉，形成大尺度、高品位的“花海”景观，促进一产向休闲农业、观光农业、创意农业的拓展和延伸。在大规模发展特色产业的过程中，充分发挥农民的主体作用，一方面农民专业合作社通过土地流转实现花卉的统一种植和管理，形成“公司＋合作社＋农户”的产销模式。另一方面，结合全国旅游标准化示范县创建工作，通过加大政策扶持力度，提升民俗户的综合服务水平。把环境综合整治作为沟域经济建设的重点，按照A级景区标准，依据“清、拆、整、理、联，绿、美、精、特、全”的十字方针对沟域内山、水、林、田、路、村进行全面环境综合整治，彻底改变农村脏、乱、差的现状。三是启动六大工程，扎实推进沟域建设。沟域内重点实施了环境综合整治、生态提升、基础设施建设、新农村建设、特色产业建设和推进社会投入六大工程。共投入资金2.4亿元，其中政府专项扶持资金3 000万元，项目集成资金1.96亿元，社会投入资金1 400万元。

2. 司马台·雾灵山国际休闲度假区。地处密云县古北口镇、新城子镇、太师屯镇，密云县将沟域经济与重点镇和新农村建设相结合，与重大项目和乡村旅游产业发展相结合，加快重大项目建设，加速乡村旅游业提档升级，加强新型农村社区和生态环境建设，积极引导创意产业、生产健康产业向沟域聚集，打造集新型镇村、新兴产业、新式生活于一体的沟域经济建设新模式取得初步实效。一是加强组织领导，完善工作机制。成立了以县长为组长、主管县长为副组长、相关职能部门和有关镇为成员的沟域经济领导小组，确定了部门工作职责，并在2011年密云县农村工作会上进行部署，确保各项工作有序开展。将沟域经济发展工程列入2011年县重点工程和折子工程，并结合农村工作实际，在制定的《密云县2011年农业和农村工作意见》中，将沟域经济建设作为年度的一项重要工程加以落实。同时，制定具体工期落实预案和年度工程实施计划，责成由县农委负责，主要领导亲自抓，主管领导具体抓，做到目标明确，措施到位。二是部门联动参与，集成配套政策。统筹协调县农委、发改委、财政局、旅游局、水务局、园林绿化局、农业局、规划局、国土局、环保局、公路局等部门积极参与，整合有关项目向重点沟域集中，形成了“部门联动、各司其职、相互配合、权责一致”的工作机制。同时，整合各类资金，充分利用山区小流域治理、新农村建设、“十百千”工程、生态搬迁、节水灌溉、山区综合开发和老旧果园改造项目等相关政策，搭建沟域经济建设平台，有力保障了沟域经济的快速发展。2011年，密云县安排沟域建设专项资金1 500万元用于沟域经济的发展，累计各级部门投入公益性项目政策性资金达1亿元以上。三是突出建设重点，狠抓工程落实。2011年，沟域内重点实施了生态建设、环境整治、新村民居建设、重要节点建设、产业发展等五项重点工程。四是引进大项目。同中青旅合作共同开发古北水镇，得到市领导高度重视，项目总体规划及控制性详细规划已获批准，项目环境影响评价、交通影响评价、水土保持方案、防洪影响评价、水资源论证、地质灾害评估、地勘论证均已完成。同时，供暖、市政管网、直饮水厂及污水处理厂等基础设施工程及望京楼会所、温泉会所、山水城会所，古北大酒店、鸳鸯会所等旅游设施工程均已开工建设。

【公开征集沟域经济发展规划】 出台了《关于印发〈2010年平谷区、房山区公开征集沟域经济发展规划工作总结〉做好2011年规划公开征集工作的意见》，归纳了公开征集规划的四个步骤：即公司遴选、方案遴选、方案完善、方案审定。公司遴选阶段，按资质和业绩选择出若干高水平的规划设计公司，进行方案初步设计；方案遴选阶段，聘请专家组从若干初步设计方案中选择最佳方案；方案完善阶段，由最佳方案设计公司综合其他方案优点，优化完成规划方案；方案审定阶段，规划设计公司听取各方面意见，对设计方案进行完善后，报区县政府进行审定。总结了平谷区和房山区沟域经济发展规划公开征集工作的特点：一是严格依法开展公开征集工作，征集过程严谨有序。保证了规划征集工作的公开、公平、公正，合法合规。二是广泛发布征集公告，吸引众多国际高水平的规划团队参与。在规划编制过程中，引入竞争机制、先进理念，创新工作方法，提高了规划的水平。三是规划编制过程中，区、镇领导全过程参与，规划公司和镇村紧密对接充分沟通，使编制的规划符合当地实际，具有较强的落地性。四是规划完善审定过程，广泛征求市、区各相关部门建议，编制的规划符合各种上位规划及相关业务部门要求。

2011年完成了房山区仙栖谷沟域、门头沟区达摩沟域、昌平区延寿沟域、延庆县葡萄酒庄产业带、怀柔区汤河大营、密云县穆九沟域经济产业带、平谷区丫髻山道教养生谷等7条沟域的经济发展规划面向全社会公开征集工作，编制了一批高水平、有创意、可实施的沟域经济发展规划。

1. *房山区仙栖谷沟域*。定位在保护和修复原有生态系统，在生态可持续承载的基础上，发展高端度假休闲产品，构建立体复合式的沟域生态服务型经济体系。在规划思路上，仙栖谷提出了“四大模式、一大平台”，即主沟—支沟模式、链接带动模式、自然流域模式、农业转型模式和数据决策管理平台。将打造水岸长廊酒吧、儿童生态乐园、婚纱摄影基地、历史文化名村、水上娱乐项目、沙滩排球、葡萄酒庄、科普探险体验区等一批休闲娱乐体验项目。

2. *门头沟区达摩沟域*。定位在清水镇的大环境下，达摩沟应该跳出沟域说沟域，竖立大沟域、大清水概念。以“高端、小众、配套、单日”为特点发展旅游业，消费群体定位在“高端家庭、儿童、老人、单日自驾游”。分为四大功能区：休闲养生区、生态涵养保育区、农耕体验区和主题度假区。达摩沟域重点打造八个节点，分别是：山居——煤炭产业的华丽转身、静思园——禅文化的体现、建筑创意园——创意在这里实现、老家大院——怀旧主题萦绕其间、户外运动营地——拥抱自然挑战自我、生态农业示范园——都市农业的体现、豆腐作坊——农加工带来更大收益、达摩口湿地公园——醒目的入口。

3. *昌平区延寿沟域*。定位在深入挖掘自身的养生文化特质，高起点、高投入，用“延”的理念做大、做好“寿”的文章，营造出高端养生氛围，建设高端养生产业，发展高端商务产业链，与其他沟域进行差异化发展，避免同质化竞争。在产业布局上，计划打造“一廊三区八节点”，即延寿沟百里生态景观长廊，养生休闲产业集聚区、文化创意产业集聚区、山地休闲产业集聚区和桃峪口、百合、下庄、西湖、北庄、望宝川、老君堂、黑山寨。

4. *延庆县葡萄酒庄产业带*。将举办2014年世界葡萄大会，大会是世界各国之间交流葡萄研究进展与成果，展示葡萄新品种、新栽培技术、新加工产品的最重要的一个学术会议。在产业布局上，将在北半环打造葡酒旅游综合产业带，内容有：主会场及大型度假酒庄群、鲜食、采摘体验园、高品质酒庄群、养生休闲酒堡群和大海陀、白龙谷旅游景区。在南半环打造都市生态休闲产业带，内容有：水库风景区、水上休闲运动区、滨河公园群、千亩花海、湿地森林公园、民俗接待。

5. *怀柔区汤河大营*。总体定位是打造国际著名乡村休闲度假目的地、国家级现代都市创新农业示范基地、京北满族经济文化产业带，功能定位是建设满族文化产业基地、北京生态屏障和后花园、创新农业与绿色生态园区和生态宜居两型乡村度假社区。整体空间布局是：“三轴、三心、三区、八珠、多点”，三轴：风景交通轴、风景河道轴、风景民俗轴；三心：汤河口——田园养生小镇、长哨营——满韵文化聚落、喇叭沟门——森林温泉氧吧；三区：汤河口——田园养生健康美丽主题区、长哨营——田园农耕放飞心灵主题区、喇叭沟门——有氧运动舒缓减压主题区；八珠：重点建设八个具有拉动能力的项目组团；多点：村居——8大吉祥满韵社区设计和产业——10大农业创意主题园区和乡村休闲园区建设。

6. *密云县穆九沟域*。经济产业带定位将打造成极具发展活力的宜居、宜业、宜游、宜商的高端生态旅游休闲度假品质沟域。形象定位“忘忧谷”，“十里阳光，悠享天堂”，十里是指穆九沟的长度，阳光象征着生命、希望、幸福等美好体验，既体现沟域的空间尺度，又体现出沟域的生机与活力以及居民充满幸福感的生活内涵，而悠享天堂的内涵是，对于游客来说，沟域是一个悠然享受美好生活的地方，是一个高端旅游休闲项目集聚的天堂。穆九沟域在组织模式上一个创新是以党组织引领为特色，发挥基层党组织的战斗堡垒作用。

7. *平谷区丫髻山道教养生谷*。主题定位“怡养乐生”主体文化体验区，形象定位“追梦桃源 怡境丫髻”，发展目标是打造北京的京东道家文化旅游名片，打造京津冀地区的世外桃源休闲旅游目的地，打造国内著名旅游产业示范沟域。总体思路是以发展精品农业为引擎，以现代农业装备和科技为支撑，以实现产业联动为目标，政企合作，创新农产品经营和流通模式，全力打造丫髻山精品农业一个品牌。空间布局为“一脉两级六区”，一脉：洳河生态景观带；两级：旅游服务中心和综合服务中心；六区：碧霞仙境、齐幽胜境、花海逸境、逍遥禅境、御苑圣境和百川怡境。

山区泥石流易发区及生存条件恶劣地区农户搬迁工程

【概况】 2011年山区搬迁工作列入了市政府折子工程，内容如下：“组织山区泥石流易发区及生存条件恶劣地区农民搬迁5 000人。分散搬迁农户全部入住，整村搬迁的新建房主体工程完工。”2011年市农委出台了《关于完善山区泥石流易发区及生存条件恶劣地区农户搬迁工程管理办法的意见》、同市住建设委、市规划一同转发了《关于做好山洪泥石流灾害易发生地区规划和建设工作的通知》，要求工程必须按照程序办事，并建立档案、留存图片，要求搬迁新居的建设必须符合抗震节能的要求。各区县政府负责本地区搬迁工程的组织实施。2011年全市共搬迁3 433户、7 899人，市财政补助20 567.7万元，涉及28个乡镇59个行政村，重新选址村18个，部分迁建村20个，聚集自然村58个。

【主要成效】 一是改善了村庄环境。山区搬迁工程改善了山区生产生活条件，解决了农民的居住安全、出行等问题，2011年搬迁的农户有90%以上属于整村或部分村庄集中建房搬迁形式，搬迁新居按照新农村建设标准，房屋实行统一规划、统一施工，统一标准，道路和街道统一硬化、绿化和美化，统一配套公共设施建设工程，使村庄环境发生根本改观。二是促进了产业发展和农民增收。实施搬迁新村建设，积极扶持搬迁村后续产业发展，搬迁农户充分利用节约的土地发展设施农业，利用搬迁新居发展民俗旅游产业，一大批高品质的民俗旅游村应运而生等，促进了产业发展和农民增收。密云县古北口镇司马台村，房屋建成后，凭借丰富的旅游资源，大力发展民俗旅游业，按照色调一致、风格统一、布局合理原则，出租自家房屋进行对外接待，既解决就业又促进农民增收。据调查，在123个整建制搬迁村中，从事民俗旅游的新村有37个，发展民俗旅游户1 694家。三是节省了土地资源。通过山区搬迁，居住分散的农户居住更加集中，原有的宅基地经过复垦后节约了土地资源，节省了建设投资，增加了山区生态价值。共计减少自然村174个，节约村庄建设用地3 113.65亩。

【主要做法】 一是加强领导，落实责任。建立联席会议制度，市农委、发改、财政、国土、水务等部门为成员单位，并将市政府法制办和市住房城建委纳入其中。明确区县委搬迁工程实施主体，及时协调解决问题。区县政府做好计划制定、组织宣传、任务落实等工作，妥善处理好搬迁农民就业安置、户籍、子女入学、资产处置等问题。市农委牵头召开搬迁工作联席会议，下达搬迁任务，定期组织联合检查，协调解决问题。市国土资源局制定搬迁标准，对区县搬迁计划进行核定，对已搬迁的地区，联合市水务局对其安全性进行勘察验收。市发展改革委下达生态移民任务及资金。市财政局下拨搬迁补助资金，严格监督搬迁资金的使用情况。市水务局配合市国土资源局做好泥石流易发区的勘察及验收工作。市园林绿化局对搬迁后山场实行封山育林、绿化造林等生态修复工程。市住房城乡建设委在新型节能建材利用等方面对搬迁村加大扶持力度。市政府法制办在政策制定及执行环节进行指导和审定。二是部门联动，形成合力。建立由市农委负责，市发展改革委、市规划委、市建委、市政府法制办、市财政局、市国土局、市水务局、市园林绿化局等部门共同参与的山区搬迁市级联席会议制度，负责审核各区县年度搬迁实施方案，及时下达年度计划并拨付补助资金，加强指导、监督和检查，及时研究解决搬迁中出现的普遍性问题。除财政设立搬迁专项补助资金外，市发展改革委每年安排生态移民资金1 000万～2 000万元，用于集中新建村的基础设施配套。市工商联2011年组织5家企业筹集1 100万元帮扶资金，支持怀柔区喇叭沟门满族乡帽山村和密云县不老屯镇史庄子村整体搬迁配套工程建设。三是依法自愿，严格程序。首先由农委、国土、水务等部门联合确定搬迁范围，召开村民代表大会确定搬迁后，由搬迁农户填写申请书，搬迁对象在村中张榜公示，对于搬迁新址，区县农委联合国土、水务等部门科学规划、合理布局，把搬迁户建房用地调整好。区县农委核实拟搬迁人员，对每个搬迁农民登记、拍照、建档，使搬迁工程按既定的政策执行。部分乡镇、村聘请了工程施工监理单位。四是因地制宜，形式多样。搬迁工作始终坚持“搬得出、稳得住、能致富”的原则，对于搬迁形式、新村规模、建房风格，在保证新址安全及符合国家规定和政策的基础上，不作统一规定，各区县根据实际情况，由搬迁村农民自主选择。各区县在实际工作中探索出自由搬迁、集中搬迁、搬迁到山下、就近搬迁等多种模式，确保了搬迁工程顺利实施，其中以就近区域内迁为主，此方式不改变原有土地、山场承包关系，农民在生产资料和就业上得到保障，是一种易于操作、较为稳妥、农民欢迎的模式。自由搬迁则不进行统一新村建设，在尊重农民意愿的基础上，通过政策引导由农民自主选择新的居住地点。选择这种方式的农民大多具有一定经济实力，有的在县城已购置房屋，或者子女已在山下就业。

【存在的问题】 一是建设成本上涨，低收入农户搬迁困难。近几年来，建材价格、人工费用大幅增长，而财政补助一直未变，加之山区多数农户家庭积蓄较少，一些区县受财力所限配套资金难以到位，资金不足制约搬迁的问题也较为突出。二是土地问题日渐突出，搬迁受到局限。处于地质灾害易发区需要搬迁的山区村因缺少适宜建新村的土地，经常面对外迁无门、内迁无地的局面。三是随着时间的推移，搬迁难度逐年加大。经过几轮的山区搬迁，山区应搬迁的险村险户中，容易搬的多数已完成搬迁，剩余的或因经济条件、就业技能差，或因“故土难离”的意识强，这部分人搬迁的难度明显加大。

小流域综合治理工程

【基本情况】 北京市6 000多平方公里的水源保护区大部分位于山区，改善生态环境，减少点、面源污染，对保障首都水环境安全和供水安全具有重要意义。北京市山区面积10 072平方公里，占全市总面积的62%，共划分为547条小流域。小流域是山区水源涵养和集水的基本单元。只有把小流域治理好，流域的水质、水量和生态才有基本保障。截至2011年底，全市547条小流域、6 640平方公里水土流失面积中，建成生态清洁小流域185条，占全市小流域的33.8%，治理面积2 422平方公里，占水土流失面积的36.5%。

【主要做法】 一是出台政策、增强活力。以市生态环境协调联席会议为平台，市发展改革、水务、农委、林业、农业等部门建立联动机制，实现政策集成，资金聚焦，促进生态清洁小流域建设。市财政每年安排专项管护资金用于生态清洁小流域管护和污水运行费，市水务局按照管护标准，对设施的运行管护情况进行抽查，年终进行考核，考核合格的拨付运行管护费，不合格的取消管护费用，来年不安排项目计划。二是明确思路、破解难题。近年来，北京市水土保持工作开始由单纯服务农业生产向水源保护、服务首都经济社会全面发展转变，经过几年实践、探索，逐步形成了“以小流域为单元，水源保护为中心，以溯源治污为突破口，构筑生态修复、生态治理、生态保护三道防线，实施污水、垃圾、厕所、河道、环境同步治理，采取21项措施，建设生态清洁小流域”的水土保持工作思路，使水源保护、生态清洁小流域建设工作达到了前所未有的广度和深度。三是统筹规划、科学布局。在工程实施中，以调整人类活动为主线，山、水、田、林、路、村统一规划，从山顶到沟谷依次建设“生态修复、生态治理、生态保护”三道防线，从源头入手，标本兼治，建设人与自然和谐相处的生态环境。重点做好三个“着力改变”：在生态修复区，着力改变自然环境修复方式；在生态治理区，着力改变农民生产、生活方式；在生态保护区，着力改变河湖维护方式。

【治理模式】 因地制宜、分类指导，在实践中总结出水源保护、休闲观光、绿色产业、和谐宜居四种生态清洁小流域治理模式。水源保护生态清洁小流域治理模式：在位于一、二级水源保护区，点面源污染相对严重的小流域，以水质保护、水污染治理为重点，溯源治污，源头护水。治污，治垃圾，治理违章，建河岸库滨植被过滤带，严格执行“六不准”（不准施用化肥、不准施用农药、不准倾倒垃圾、不准养殖、不准耕种、不准开矿）。休闲观光生态清洁小流域治理模式：在具有山水、民俗旅游资源的小流域，以资源环境承载力为基础，以保护原生态和水环境为重点，通过自然修复，保育植被、种植水保林，打造水景观，整体提升山水环境品质。绿色产业生态清洁小流域治理模式：在特色林果种植区，大力建设绿色产业小流域，以完善农业生产设施条件为重点，通过建设梯田、谷坊、塘坝、农路、配套灌溉设施，优化配置水土资源，增加产量，提高品质，创建品牌效应，培育绿色产业发展。和谐宜居生态清洁小流域治理模式：在村庄集中，人口密集的小流域，以防洪安全，整治村容村貌，改善居住环境为重点，建防护坝、排洪沟，改造农厕，绿化美化村庄，完善市政基础设施，建设整洁优美，安全和谐的新农村。

【主要成效】 一是保护了水源。截至2010年底，全市建设了生活污水处理设施839处，设计处理能力13.85万吨/天，634余个村实现了整村治污。2010年全市坡面水土保持措施共涵蓄水量2 095.8万立方米，减少土壤流失109.3万吨，减少总氮流失80.1吨，减少总磷流失23.1吨，减少COD流失350吨。治理小流域出水水质全部达到地表水Ⅲ类以上标准。密云水库连续多年干旱，蓄水量徘徊在6.5亿～11亿立方米警戒蓄水量情况下，水质仍然保持在Ⅱ类标准。官厅水库水质由劣Ⅴ类改善到Ⅳ～Ⅴ类，其中门头沟三家店段全年达到Ⅲ类标准，达到饮用水源标准。生态清洁小流域源头护水功不可没。二是促进了新农村建设。生态清洁小流域建设优化了农业生产资料，调整产业结构，转变经济发展方式。完善了村庄基础设施，提升了村容村貌。促进了自然、人文资源的深入挖掘开发，推动一、三产业的互动与融合。通过生态清洁小流域建设，发展一村一品、一沟一品、一山一品、一流域一品，涌现出一批各具特色的经济沟。通过生态清洁小流域建设，小流域村庄环境整洁优雅，面貌焕然一新。怀柔东帽湾、平谷老泉口、密云古北口、延庆柳沟、房山南观等多个村庄被评选为北京最美乡村。三是维护了河库健康生命。治理污水、治理垃圾、治理沙石坑，治理违章，蓄滞雨洪，建成有水的河、生态的河、安全的河357公里，沟通河网水系，治污蓄清，改善了流域水质，提高了河库生物多样性，形成了稳定的水生、湿生动植物群落，水生态环境明显改善，恢复了河道自然功能。四是促进了生态文明建设。树立了生态修复理念，加强水资源循环利用，促进了污水、垃圾的减量化和资源化。逐步转变了农民观念，改变了农村落后的生产生活方式，推动农村走上生产发展、乡风文明、生态良好的文明发展道路。

（市农委山区建设处　王景辉）

科技进步

概　述

2011年，立足都市型现代农业高端化，加快科技创新体系建设，鼓励自主创新和引进消化吸收再创新。科技推广取得一批新成果。

科技推广与科技成果

【科技导入，解决农业生产中的瓶颈技术问题】 根据2011年北京市农村工作会议精神和农业科技工作要点，重点围绕籽种农业、休闲农业、循环农业、会展农业建设，加强农业技术科研攻关和示范推广，继续实施“克服园艺作物连作障碍关键技术研发与示范”、“设施高效生产模式示范推广”、“优质草莓生产技术”等科技工作，启动“生猪养殖环境治理技术研究”、“规模猪场碳减排指标研究与应用”等试验示范项目，解决现代农业生产过程中关键技术问题。

【克服园艺作物连作障碍关键技术研发与示范项目】 围绕设施蔬菜、果树、西洋参三大作物开展连作障碍克服关键技术创新研究，筛选出设施果菜抗重茬砧木5个、设施蔬菜、草莓抗重茬栽培品种5个、果树抗重茬制剂1种，创新性地研究开发出营养液无基质育苗系统，组装集成1套综合防控技术规范，建立设施蔬菜、果树、西洋参连作障碍综合治理技术示范区1 200余亩，辐射推广13 000余亩。

【设施高效生产模式示范推广项目】 针对京郊设施农业发展过程中高效种植模式普及率不够、设施综合生产能力不强、种植品种单一等技术问题，开展设施高效生产模式示范推广项目，围绕蔬菜、西甜瓜、草莓、食用菌、花卉、果树等方面，集成高产高效种植模式19种，示范推广高效品种53个，关键专项技术9项，建立试验示范基地2 238亩，辐射推广13 000亩左右，示范区平均亩效益3万元左右，亩均实现增收0.2万元。开展培训班16期，观摩会23次，培训农民3 720人次，发放技术手册3 800本。

【优质草莓生产关键技术集成与示范项目】 配合2012年第七届世界草莓大会的筹办，加快北京市草莓产业的健康发展，加大对草莓育种、栽培技术和病虫害综合防治等方面的科技投入。组织市农业局相关科技推广力量推进实施优质草莓生产关键技术集成与示范项目，开展种苗繁育、科学施肥和病虫害综合调控等关键技术研发与集成示范，建立了2个草莓种苗繁育/生产工艺流程，开发出2种种苗繁育新模式，形成了1套完整的全程现代化绿色防控技术体系，编制出台了《草莓日光温室生产技术规程》北京市地方标准，建立技术示范点550余亩。同时扶持市农科院积极开展草莓育种工作，培育出了天香、燕香、书香、冬香、红袖添香和京御香等一系列具有自主知识产权的草莓新品种，选育个大、味浓的大白果草莓及其他优系，初步构建起“核心原原种——二级原种——专业化苗圃生产”的三级育苗。

【农作物新品种展示园功能拓展模式试验示范】 配合2014年世界种子大会的筹办，以丰台农业新品种展示基地为重点，整合市区两级资源，开展农作物新品种展示园功能拓展模式试验示范，以优良品种展示为主线，以籽种文化展现为特色，建设了集种业成果展示、观光、科普为一体的籽种科技示范观光园，每年展示农作物新品种2 000个以上，积极开展多作物、多品种、多色彩搭配的创意研究，提高园区的观赏性、新颖性和趣味性，收到广大市民的一致好评。

【现代农业产业技术体系北京市创新团队建设】 深入推进现代农业产业技术体系北京市创新团队建设，新增家禽和食用菌两个产业，实现全市果类蔬菜、生猪、观赏鱼、家禽和食用菌五大现代农业产业技术体系创新团队，共聘任首席专家5人、岗位专家57人、综合试验站站长24人、农民田间学校工作站站长168人，集中开展技术攻关，促进科技成果快速转化。积极探索创新团队管理的制度化建设，研究制定《现代农业产业技术体系北京市创新团队人员考评办法（试行）》和《现代农业产业技术体系北京市创新团队人员管理暂行办法》，定期召开了创新团队经验交流会，组织先期启动的三个创新团队各层级成员代表介绍了组织或参与创新团队工作的做法和经验，形成了良好的工作氛围，多次受到农业部及国家创新团队多位首席专家的好评。

【探索基层农业技术推广体系改革与建设工作】 贯彻落实国务院、北京市政府有关文件精神，向各区县农委、农业局印发了《关于组织开展北京市基层农业技术推广体系改革验收工作的通知》，按照农业部改革验收“七项标准”，基本完成北京市10个远郊区县改革验收工作。根据国家发改委、农业部的统一部署，研究确定在大兴、延庆、密云、平谷、怀柔、昌平、房山7个远郊区县100个试点乡镇农业服务中心，首批开展基层农技推广体系条件建设项目，配备检验检测、综合服务等农技推广服务仪器，以及必备的办公设备。

【现代农业产业技术体系北京市创新团队建设】 深入推进现代农业产业技术体系北京市创新团队建设，新增家禽和食用菌两个产业，实现全市果类蔬菜、生猪、观赏鱼、家禽和食用菌五大现代农业产业技术体系创新团队，共聘任首席专家5人、岗位专家57人、综合试验站站长24人、农民田间学校工作站站长168人，集中开展技术攻关，促进科技成果快速转化。积极探索创新团队管理的制度化建设，研究制定《现代农业产业技术体系北京市创新团队人员考评办法（试行）》和《现代农业产业技术体系北京市创新团队人员管理暂行办法》，定期召开了创新团队经验交流会，组织先期启动的三个创新团队各层级成员代表介绍了组织或参与创新团队工作的做法和经验，形成了良好的工作氛围，多次受到农业部及国家创新团队多位首席专家的好评。

【农作物新品种展示园功能拓展模式试验示范】 配合2014年世界种子大会的筹办，以丰台农业新品种展示基地为重点，整合市区两级资源，开展农作物新品种展示园功能拓展模式试验示范，以优良品种展示为主线，以籽种文化展现为特色，建设了集种业成果展示、观光、科普为一体的籽种科技示范观光园，每年展示农作物新品种2 000个以上，积极开展多作物、多品种、多色彩搭配的创意研究，提高园区的观赏性、新颖性和趣味性，收到广大市民的一致好评。

【向日葵景观栽培模式试验示范项目】 为拓宽农业领域，实现农业的多种功能，组织实施向日葵景观栽培模式试验示范项目，取得阶段性成果。通过开展向日葵品种筛选和配套技术研究，利用向日葵进行景观营造，开发产前、产中、产后产业链条，形成景观栽培模式，在京郊适宜地区建设观光型向日葵栽培示范点4个，示范和推广面积2 000余亩，打造了房山长沟金秋葵海、延庆千家店消夏葵海、密云新城子雾灵西峰彩葵园等示范典型，辐射带动全市向日葵种植近1万亩。

【设施农业骨干农民境内外研修成效显著】 2011年重点围绕设施蔬菜、草莓、食用菌和西甜瓜，继续选派300名左右设施农业生产骨干进行境内外研修。经过四年的探索实践，一是形成了一套完整的骨干农民培养模式：制定学院选拔和培养目标，采用紧跟农时、理论联系实践、境内与境外相结合的方式开展研修，强化“专家—技术人员—农民”技术链条，及时解决实际问题，开展后期跟踪服务；二是探索了农民出国途径和办法，搭建了一批境外机构平台，开创了符合现代农业发展新要求的境内外研修农民培养方式；三是建立了一支技术水平高、示范带动性强的设施农业骨干农民队伍。截至目前，累计举办市内研修班48期，外埠研修班11期，境外研修班5期，参加研修的农民及技术人员共1 230人，其中852人经考核达到骨干农民培养标准。培训后比培训前，平均亩产增加153千克以上，平均亩效益增加0.5万元以上，直接生产面积2 355亩，示范指导生产面积20 034亩，辐射带动生产面积8万亩左右。活跃在郊区生产一线的骨干农民已经成为新品种和新技术的落脚点，同时他们又是设施高效生产和先进技术传播的中坚力量，对于稳定北京市设施农业的生产、提高菜篮子产品的供应保障能力起到了重要作用。

【都市型现代农业海外人才创业园取得初步进展】 经过一年多的筹划和建设，按照市委市政府关于聚集海外人才的“一个意见两个办法”相关精神，指导丰台区相关部门及王佐镇政府，制定出台了《北京都市型现代农业海外人才创业园优惠政策》，在市农委网站等相关媒体上加强宣传，进一步加强园区对海外农业高端人才和创业团队的吸引力。做好创业园必备设施设备和周边环境优化建设，“一核两区”基本格局已初见雏型，基本完成了7 000平方米孵化核心区建设，并以王佐镇10 800亩农田为基础建立了南宫中试基地，已初步具备了开展农业科技研发、创业的基本条件。积极协调市科委、市农科院，与英国东茂林研究院就引进英国草莓专业技术人才入驻进行洽谈，已取得初步进展，将于2012年引进2名英国权威草莓专家来京开展草莓育种方面的合作研究和技术指导，引进多个草莓特异种质资源在京试种，并将成立中英草莓科技合作工作室入驻创业园。

（市农委社会发展处　董艳华）

【农业科技示范推广成果显著】 年内，围绕全市农业工作重点及市委、市政府要求，组织落实科技项目43个，市级财政资金支持1 580万，其中试验示范项目29个，资金1 010万；科技入户项目14个，涉及资金570万。实施948项目5个，涉及资金380万元；项目涵盖了蔬菜、种子、花卉、畜禽、水产等传统产业的科技创新，还包括景观农业等新兴产业，体现了首都农业高端、示范的发展方向。获2010年度市科学技术奖二等奖1项，三等奖1项；2011年度市科学技术奖三等奖2项。

【现代农业产业技术体系北京市创新团队建设稳步推进】 年内，新增了家禽和食用菌两个产业的创新团队，5个团队共聘任首席专家5人、岗位专家57人、综合试验站站长24人、农民田间学校工作站站长168人，总资金5 700万元。果类蔬菜产业创新团队全年共建设番茄、黄瓜、甜辣椒和茄子四种作物优新抗病品种示范点324个、安全生产高效栽培技术示范点440个、病虫害综合防控点219个、水肥高效利用技术示范点275个、设施农机示范点93个、蔬菜产后分级、加工、贮运示范点 8 个。开展各级观摩培训共计 1 916 学时，培训农民 19 066 人次，培训农业技术员 2 472 人次。岗位专家、综合试验站站长及田间学校工作站站长共到田间指导 1 613 人次，接受电话、网络等咨询 6 202 人次，为农民发放技术明白纸 35 567 张，发放技术手册 14 020 册。生猪团队重点实施"疫病"、"繁殖"、"品牌"三大主题联合攻关，共安排各类试验示范 87 项、推广技术 35 类，累计推广 105 项，举办各类大型培训活动 7 项。重点任务为 65 项，自主开展项目 22 项。产业数据库建设 5 项。观赏鱼团队在育种方面，研究了北京锦鲤主要养殖品种的遗传多样性和种群遗传结构，并初步建立了北京市锦鲤品种资源统计数据库，获得了大量的优良家系和中间育种材料。在营养与饲料方面，研究了锦鲤商品鱼生长的营养需求，查清了虾青素、饲料脂肪、蛋白水平和螺旋藻对锦鲤的影响；开发锦鲤商品鱼养殖专用饲料配方一个。在病害防治方面，对细菌性烂鳃病、车轮虫病和烂鳃病等进行了深入研究，筛选出适宜的有效方剂。出版专著 1 部，发表论文 10 篇，累计推广金鱼 3 000 万尾，锦鲤水花 5 000 万尾，推广面积 15 000 余亩。家禽、食用菌产业创新团队组织完成了产业技术需求调研，明确本产业的五年技术任务。

【农民田间学校示范校带动农民田间学校 750 所】 年内，按照"一个专家组、一所示范校、一名辅导员、一名技术联系人"的总体思路，2011 年针对郊区蔬菜、瓜果、草莓、食用菌、生猪、奶牛、肉羊、鱼、粮食作物、花卉、中草药等主导产业，开办农民田间学校示范校 33 所，培训农民 1 000 人，培养示范户 150 名，主推品种 30 个、技术 30 项，品种和技术的入户率和到位率分别为 100% 和 97.6%。直接示范推广 10 种作物的生态、高效综合技术 6 315 亩，组织农民学员观摩交流 100 次共4 085人次。辐射带动建设农民田间学校 750 所，平均每月开展农民田间学校活动日 1～2 次，培养农民乡土专家、科技示范户、新型农民近 2 万人，推广新技术、新产品、新品种 200 个。

【启动基层农技推广体系改革与建设条件建设】 年内，编制了全市农技推广服务体系建设项目工作方案。按照改革到位、综合建站、与基层农技推广体系改革与建设示范县相结合的原则，本市从种植业规模集中、种植业产业相对较高、从事一产农业人口所占比例较大的延庆、密云、房山、大兴等 7 个区县的 100 个农业大镇（乡）实施建设工作，建设比例达到 54.3%。在投资标准上，按照 1∶1 配套的标准，中央投入 600 万元，地方配套 600 万元，共计安排资金 1 200 万元。主要用于乡镇级农技推广服务机构的检测、试验、培训等设备的购置，以进一步提升乡镇农技推广服务机构的硬件实力。

【逐步加强农业国际科技合作与交流】 年内，先后分别与荷兰王国驻华使馆、瓦赫宁根大学、荷兰绿港集团、荷兰食品包装与机械加工业协会等机构联合召开"中荷农业创新论坛"、"中荷都市农产品供应及可持续发展"研讨会、中荷园艺企业对接会、"北京—阿姆斯特丹都市农产品生产与供应研讨会"等多个会议，促进了双边关系，深化了双方的交流与合作，部分合作项目已开始落地产生效果。落实郭金龙市长访问指示，多方协调签订"北京市农业局—荷兰瓦赫宁根大学战略合作协议"。组织 10 名青年技术骨干赴西班牙开展为期 182 天的设施农业发展模式培训；选拔一人参加了日本 JICA 项目为期 60 余天的学习培训。

（市农业局　武　山）

【北京市农林科学院获奖成果显著】 年内，在院广大干部职工的共同努力下，积极落实科学发展观，围绕"十二五"事业发展规划，精心谋划、求真务实、开拓创新，抓住发展机遇，加快发展步伐，北京市农林科学院的科技产出无论在量上还是质上都取得了突破性成绩，全院共获得省部级以上科技奖励 28 项，其中获得国家科技进步奖 4 项，农业部奖励 4 项，市科学技术奖 20 项。有 48 个新品种通过国家及北京市的审定、认定和鉴定；获得国家植物新品种保护 6 个；农业部新兽药证书 1 个；专利 108 项。制定行业、地方标准 3 项。发表论文 767 篇，其中被 SCI 收录 80 篇。

1. 研发出 70 余种智能技术产品支持现代农业发展。"十一五"以来市农林科学院：①研制出用于测试空气温度、湿度、光照强度、CO_2 浓度、土壤温度等指标的农作物生理生态信息传感器 20 余种。②研发出温室娃娃、便携式 X 荧光土壤重金属测定仪等农业环境及作物生命信息采集设备 13 种。③研制出负水头控水装置、智能多回路温室控制器等设施环境智能调控设备 13 款。④研发出背负式电动防滴喷雾机、移动式温室精准施肥机、喷药机、变量喷雾机器人、全自动播种机等 12 款设施农业专用小型农机具。⑤研制出全自动/半自动变量喷雾机、便携式 GPS 土地面积测量仪等 8 款大型智能农业机械及配套装备。这些农业信息化成果在全国 14 个省市的设施农业和大田累计应用面积 560 多万亩，部分产品出口以色列、俄罗斯和南非等国。

2. 林果专家支撑京郊经济建设。历经 50 余年的科技积淀，市农科院在"十一五"期间选育出 62 个具有自主知识产权的林果新品种。包括普通桃、观赏鲜食两用桃、油桃、蟠桃等 19 个；品质优异的鲜食核桃 9 个、文玩麻核桃 2 个；早熟和中熟杏 5 个；早熟、丰产的板栗 3 个；甜樱桃 3 个；葡萄 3 个；草莓 2 个；绿化、美化效果具佳的柏树和毛白杨新品种 12 个等。研发出"果树优质综合农艺节水技术"、"果树高接换头技术"等各类林果优质栽培、育种、果品安全等新技术 30 余项。制定了"葡萄无公害生产综合技术"、"农作物种质资源鉴定技术规程"等国家标准 3 项，地方标准 10 项，获得专利授权 4 项。这些品种和技术在京郊辐射带动果园达 60 多万亩，使果农亩均收入达 3 000～4 000 元。

3. *选育的西甜瓜品种在大兴西瓜节上喜获多项大奖。*5月 28 日，在第二十三届大兴西瓜节“乐苹杯”全国西甜瓜擂台赛上，按照西甜瓜的外观、重量、含糖量、口感、质地、风味等多项综合指标评比，市农林科学院连续五年有品种拨得头筹：其中最新培育的“京颖-1”战胜日本品种“L-600”，拿到小型西瓜综合奖头魁；“京欣 3 号”获得中型西瓜综合瓜王 3 个奖项；无籽小型西瓜“京玲-3”、“京玲-8”、及早熟中果型京欣系列“华欣 1 号”同时获得新品种奖。在甜瓜综合组中，甜瓜新品种“京玉 8 号”摘得桂冠。

4. *在动植物疫病防治方面取得重大进展。*①该院在全国范围首次发现葡萄枝干溃疡病。该病害在欧美一些国家普遍发生，不仅危害果实，更重要的是危害枝干，造成树势衰弱，最终造成死树，病害发生严重时造成毁园。市农林科学院的植保专家对近年来在北京等地发生的葡萄的穗轴干枯现象进行了初步调查和采样分析，分离病害组织近 2 000 块，得到 24 株单菌丝段的纯系，进行了致病性测定，结合形态学和分子鉴定，鉴定为葡萄枝干溃疡病。②在北京市首次发现一种新型鸭病——鸭出血性卵巢炎，可带来产蛋性下降、绝产和 10%的死亡率，正在严重危害北京市的养鸭业。经该院畜牧兽医专家的及时诊断，完成了该病的流行病学调查，分离鉴定、种子批建立、病理学和病毒学诊断方法的建立及疫苗的制备和检验规程，从而研发出鸭出血性卵巢炎预防技术，并得到推广应用，到 2011 年 7 月中旬，已经为北京市的 75 万只种鸭和商品肉鸭进行了紧急预防。

5. *玉米单交种浚单 20 选育及配套技术研究与应用。*市农林科学院玉米研究中心与河南农科院等单位合作，成功选育出“玉米单交种浚单 20”。该品种株型紧凑、株高穗位适中、结实性好、籽粒产量高，2001—2002 年在国家玉米区试和生产试验中产量均居第一位，比对照农大 108 平均增产 9.61%，品质达国标 1 级。并耐高温干旱及阴雨寡照、抗病性好，综合抗性突出，具有产量潜力高和稳产、优质、多抗、广适等特点，连续被农业部确定为 2004—2010 年全国玉米主导品种。该品种的选育成功拓宽了玉米种质基础，形成了黄淮海夏玉米区新的骨干自交系，实现了我国玉米种质改良的重大突破。该成果荣获国家科技进步一等奖

6. *精准农业技术创新团队。*该团队面向农业“高产、高效、优质、生态、安全”的重大需求，瞄准国际农业高技术前沿，以提高自主创新能力为目标，在国家发改委、863、科技支撑和国家自然基金等科研计划支持下，已完成各类科研项目 26 项，在研项目 24 项。经过近 5 年的研究攻关，在国内率先系统地开展了精准农业技术研究，在精准农业理论方法、产品技术和系统集成技术上取得了重要进展，研发了系列具有自主产权、符合国情的软硬件产品，并进行系统集成和应用示范，初步建立了适合中国国情的精准农业技术体系。团队先后获得国家科技进步二等奖 2 项、省部级科学技术奖励 3 项，农业部中华农业科技奖等奖励 2 项、北京市农业技术推广奖 2 项。团队获得国家授权发明专利 16 项、实用新型专利 32 项。获软件著作权登记 140 多项。发表 SCI/EI 收录论文 56 篇，出版专著 14 部。成果在新疆、黑龙江、河南、河北、北京、上海等 15 个省市进行推广应用，促进了我国精准农业的跨越发展，提高了我国农业机械化、信息化、智能化和现代化水平，经济、社会和生态效益显著。获得 2011 年度中华农业科技奖优秀创新团队。

7. *《农业科技巧应用》10 集电视科普片。*该片是由市农林科学院农业科技信息研究所开发制作的，荣获“2010—2011 年度农业部中华农业科技奖科普类成果奖”。该片针对观光农业、循环农业、精准农业、生态农业、节水农业、有机农业、保护性耕作、胚胎移植、果树修剪、标准化生产等 10 种现代农业产业形态和主导技术，总时长 170 分钟，包含现代农业知识点和技术成果 50 余项。该片于 2009 年通过中国农影音像出版社向全国公开发行，发行量达到 10 万套，并通过中国教育电视台《农业新天地》栏目、中国科协《科普之窗》栏目和北京农村党员干部远程教育平台等电视和网络媒体播出，累计收看人数已达到6 000万人次，为面向全国农村开展现代农业科普和成果技术推广提供了丰富详实的科普资源。

8. *葡萄新品种“香妃”和“峰后”的选育及应用。*市农林科学院林业果树所选育出两个具有自主知识产权的葡萄新品种。“香妃”早熟、大粒、丰产、皮薄肉脆、具有浓郁玫瑰香味，品质上佳，填补了我国市场上缺乏早熟、浓玫瑰香型优质葡萄品种的空白。“峰后”红色、巨大粒、果肉极硬、品质极佳、抗病性强。市农科院专家有针对性地开展了配套栽培技术研究，制定了相应的高效栽培技术规程。到 2009 年，这两个品种全国推广总面积达 10 万多亩，实现年产值约 10.56 亿元，平均每亩产值达到约 0.9 万元，平均每亩增收 0.3 万元以上，在产业结构优化升级过程中发挥了重要作用。年内，该项目获得中华农业科技奖科研类成果三等奖。

9. *奥运蔬菜安全供应保障体系技术研究与应用。*市农林科学院蔬菜技术研究中心针对北京奥运会蔬菜供应在时间、品种、质量、加工品相、数量方面的需求，引进适合夏季栽培的蔬菜品种近 300 种，筛选出奥运会需要的 77 种；在京郊、河北、内蒙古建立蔬菜品种展示基地 5 个，示范基地 16 个；制定农业部行业标准 1 个、蔬菜安全栽培北京市地方标准 32 个、企业标准 20 个；完成 50 种蔬菜加工流程优化，指导生产基地完成 1 049 吨的蔬菜供应和加工企业 720 吨鲜切生产任务。获得实用新型专利 2 项，发表文章 10 篇，提出建议书 1 份。确保了奥运会和残奥会期

间蔬菜的供应实现了安全、优质、多样、足量、有序。

10. 设施农业生物环境数字化测控技术研究应用。市农科院农业信息技术研究中心针对北京市设施农业生产需求和技术现状，本项目围绕感测、控制和实施三个关键环节开展研究，并在设施生产中推广应用。研究提出了基于热源激励、热电堆探测等作物个体生命信息无损监测方法，实现了作物个体水分、蒸腾、器官生长速率的在线定量测量；研究了“量程自适应、多参数补偿、无线自组网、异常自修复”等技术，开发了温度/湿度/光照/二氧化碳和土壤三参数集成测量等设施专用无线传感器。研究了信息融合处理、智能电源管理和低功耗等技术，在国内外首次研制出温室娃娃等语音型便携式环境信息采集器。提出了设施环境监测—作物信息感知—作物与环境信息融合的控制技术模式，开发了6种控制产品，实现了设施环境的精确调控。在国内率先构建了包括数据采集、信息传输、分析决策、设备驱动和智能控制等多层结构的设施农业测控技术平台，利用该平台可快速重构定制出适合不同设施生产类型的专用测控系统。成果在北京、上海、新疆等20个省市推广产品8 000多套，直接经济效益2 800多万元，组织技术培训9 000多人次，产生了显著的经济社会效益。

11. 北京市都市型现代农业221信息平台研发与应用。市农科院农业信息技术研究中心在市农委、经信委等15家市级共建共享单位及13个郊区县6年的支持下，整合了水土气等23大类492项数据，形成了超过50GB的涉及“资源、市场、科技、资金”的农业专题综合数据库和超过6TB的覆盖全市的亚米级遥感影像及基础地理数据库；构建了粮食、蔬菜等7大类160种作物、13种特色唯一性农产品和40个新品种引种适宜性评价模型，建立了养殖场选址、三品基地选址、科技服务资源调配和动物疫情应急处置等23组空间模型，并实现在全市范围内的评价与规划；研发了国内首个现代农业综合信息服务平台，可为政府管理者、生产者和消费者提供综合的查询、决策和服务功能。成果在本市15个委办局、13个郊区县、103家企业及1 000多个生产监测点得到推广应用，取得了显著的经济社会和生态效益，推动了北京现代农业的信息化进程，对全国农业信息化发展起到了引领和带动作用。

12. 首都农林绿地系统综合节水技术示范研究。市农科院农业信息技术研究中心作为在该成果的第二完成单位，研制了多点土壤水分测量的方法及传感器和多尺度/大范围土壤墒情监测方法，实现了墒情信息快速采集与处理，构建了全国墒情监测平台，开发了面向规模化经营、分散分户管理的农业水肥调控管理设备与系统，开发出针对不同用户需求和使用环境的灌溉控制器系列产品；产品已在国内得到广泛应用。成果在北京都市农业、城市绿地和生态涵养区建设中得到大面积应用，实现节水节肥14%～40%、节能10%～25%、增产10%～33%，累计推广面积1万亩。

13. 果树优质综合农艺节水技术体系研究。市农林科学院林业果树所针对我国北方地区水资源缺乏、自然降水与果树需水不协调的特点和土壤有机质偏低等现实情况。以果树分根交替、定位灌溉和氘水运输机理研究为基础，创立了果园土壤局部改良集贮肥水分、起垄覆盖保墒排涝和适时小沟灌溉等综合农艺节水技术体系。项目实施期间，市农科院通过建立示范园、召开现场会、举办学习班、中央7套录制技术规程及《农民日报》等媒体宣传等方式推广该技术，累计培训果农19 730人次。在北京郊区建立示范园2.6万亩，并在北京、山东、陕西、甘肃等省市推广应用340.45万亩，节水5.68亿立方米，增收节支20.9亿元。

14. 京科糯2000等系列特色糯玉米品种选育与推广。市农科院玉米中心综合运用“优种质、大群体、高密度、变换地、强胁迫、严选择”的选系技术，结合配合力测定，分子标记鉴定和多年多点田间筛选，采用马齿×硬粒组配模式，选育并审定了6个系列糯玉米品种，其中4个通过国家审定，京科糯2000还在韩国通过审定，成为我国首个在国外审定的玉米品种。市农科院玉米中心还集成运用了早播种上市和晚播种错期上市技术、与多种不同作物搭配种植技术、在西北等地高产、高质量制种配套技术，并使大面积制种产量稳定在亩产300千克以上，最高可达到500千克。此成果获得2010年度北京市科学技术二等奖。

15. 泛环渤海地区地下水硝酸盐时空变异研究及脆弱性评价。市农林科学院营养与资源研究所在泛环渤海地区进行多省大区域尺度地下水硝酸盐定点长期监测；2008—2011年间共采集水样9 953个，涉及330余县市。从而明确了该区地下水硝酸盐主要影响因素，据此建立地下水硝酸盐时空变异预测模型和泛环渤海地区地下水硝酸盐污染脆弱性评价体系。2006—2009年间该成果累计示范推广376万公顷，作物施纯氮量平均减少15千克/公顷，共减少氮素投入56 430吨，节支19 627.8万元，平原区地下水硝酸盐超过生活饮用水标准（≤20毫克/升）的区域面积由2006年雨季前的33.32%降低到2008年的11.71%，经估算超标地下水资源量降低了7.12×10^{10}立方米，可节约治理费用35.60亿元。

16. 优质锦鲤繁育及养殖关键技术研究与应用。市农林科学院水产科学研究所主要针对目前国内在锦鲤育种、繁殖、养殖领域研究水平较低，种质混杂，遗传性状不稳定、选优率低，缺乏相应技术等问题，重点研究亲鱼培育及配组繁殖、苗种培育与养殖、品种选育、增色饲料配制、病害防治等技术，有目的、有计划地进行规模化繁殖及养殖技术推广，形成产业化。培育亲鱼及后备亲鱼2 000组，年育苗能力达3 500万尾，苗种选优率达0.053%，苗种成活率达75%。适合在养殖“四大家鱼”的任何地区推广，也适于休闲渔业开发。2008—2010年间在北京、河北、天津、江苏等20余省、自治区、直辖市推广苗种1.1亿尾，推广面积达5.1万余亩，产值达3.7亿元，具有显著的社会效益、经济效益及生态效益。

17. 观赏草新品种选育与开发应用。市农林科学院草业中心在国内首次系统地开展了观赏草资源收集、评价筛选、品种选育及种苗繁育、应用管护技术研究。①通过对200余份国内外种质资源适应性和观赏性综合评价，筛选出50个适于北京地区应用的观赏草种（品种），并从乡土资源中选育出6个品种，填补了国内自主知识产权品种的空白。②建立了我国北方最大的观赏草种质资源圃，为进一步新品种选育奠定了基础。③开展了播种、分株、扦插、组织培养等扩繁技术以及容器育苗技术，观赏草对干旱、盐碱、遮荫、贫瘠等逆境条件的适应性研究。这些品种和成果主要应用于郊野公园、农业观光园、生态环境恢复等低维护绿地，核心技术覆盖率高达95%，并辐射带动到全国16个省市，每年取得经济效益约3亿元，2009—2011年间新增直接经济效益3 201万元。

北京市农林科学院2011年度各所（中心）新品种通过审定、鉴定或认定名录

序号	单位	品种名称	类别	主要完成人
1	林果所	京枣18	国审品种	潘青华等
2	林果所	京枣28	国审品种	潘青华等
3	林果所	京枣31	国审品种	潘青华等
4	林果所	京枣60	国审品种	潘青华等
5	玉米中心	京科968	国审品种	赵久然等
6	小麦中心	京冬18	国审品种	小麦中心
7	综合所	丽春（桃）	国审品种	刘佳棽等
8	综合所	超红珠（桃）	国审品种	刘佳棽等
9	草业中心	“京引”野青茅	国审品种	武菊英等
10	草业中心	“四季”青绿苔草	国审品种	武菊英等
11	蔬菜中心	华欣西瓜	市审品种	许勇等
12	蔬菜中心	瑞福西瓜	市审品种	许勇等
13	蔬菜中心	京秋70号大白菜	市审品种	张凤兰等
14	林果所	燕山早生（板栗）	市审品种	黄武刚等
15	林果所	燕昌早生（板栗）	市审品种	黄武刚等
16	林果所	京脆红（杏）	市审品种	王玉柱等
17	林果所	京香红（杏）	市审品种	王玉柱等
18	林果所	早丹（樱桃）	市审品种	张开春等
19	林果所	彩霞（樱桃）	市审品种	张开春等
20	林果所	冬香（草莓）	市审品种	张运涛等
21	林果所	红袖添香（草莓）	市审品种	张运涛等
22	玉米中心	京科青贮205	市审品种	赵久然等
23	玉米中心	京科糯598	市审品种	赵久然等
24	玉米中心	京科甜158	市审品种	赵久然等
25	玉米中心	京早糯188	市审品种	赵久然等
26	小麦中心	京花10号	市审品种	赵昌平等
27	综合所	怀丰（板栗）	市审品种	周连第等

（续）

序号	单位	品种名称	类别	主要完成人
28	玉米中心	京农科 921	河北审定	赵久然等
29	玉米中心	京科甜 183	湖北审定	赵久然等
30	玉米中心	Nk718	内蒙古审定品种	赵久然等
31	玉米中心	京科 528	内蒙古审定品种	赵久然等
32	蔬菜中心	京研 207 黄瓜	鉴定品种	毛爱军等
33	蔬菜中心	迷你 5 号黄瓜	鉴定品种	毛爱军等
34	蔬菜中心	京研 107 黄瓜	鉴定品种	毛爱军等
35	蔬菜中心	国禧 101 辣椒	鉴定品种	耿三省等
36	蔬菜中心	国禧 105 辣椒	鉴定品种	耿三省等
37	蔬菜中心	国福 403 辣椒	鉴定品种	耿三省等
38	蔬菜中心	国福 208 辣椒	鉴定品种	耿三省等
39	蔬菜中心	国塔 102 辣椒	鉴定品种	耿三省等
40	蔬菜中心	国福 306 辣椒	鉴定品种	耿三省等
41	蔬菜中心	国福 308 辣椒	鉴定品种	耿三省等
42	蔬菜中心	京辣 8 号	鉴定品种	耿三省等
43	蔬菜中心	京莲红 2 号甘蓝	鉴定品种	刘凡等
44	蔬菜中心	京莲白 2 号甘蓝	鉴定品种	刘凡等
45	蔬菜中心	京冠红 4 号甘蓝	鉴定品种	刘凡等
46	蔬菜中心	京玉绿宝甜瓜	鉴定品种	张万清等
47	蔬菜中心	京玉墨宝甜瓜	鉴定品种	张万清等
48	蔬菜中心	京玉 11 号甜瓜	鉴定品种	张万清等
49	蔬菜中心	奶白 3 号（白菜）	鉴定品种	张凤兰等
50	蔬菜中心	春油 3 号（白菜）	鉴定品种	张凤兰等
51	蔬菜中心	京研快菜 2 号（白菜）	鉴定品种	张凤兰等
52	蔬菜中心	京研快菜 4 号（白菜）	鉴定品种	张凤兰等

（市农科院　郭建强）

【北京市农业技术推广站成绩显著】 2011 年度，北京市农业技术推广站继续正确履行工作职能，狠抓科技创新与成果转化推广，以各种作物的高产创建为平台推广优新品种与技术，实现了多个方面的技术创新，全年建立高产示范点 538 个，示范应用面积 27.6 万亩，辐射带动 173.4 万亩；总计促进粮经菜增产 1.4 亿千克，其中粮食增产 6 766.6 万千克，蔬菜增产 6 990 万千克，其他经济作物增产 620 万千克；增加产值 3.44 亿元，为促进北京农业发展和农民致富做出了应有的贡献。

1. 引进消化吸收创新。双孢菇工厂化高产技术：通过引进、消化、吸收荷兰的双孢菇工厂化技术，一是改造了 1 个培养料发酵隧道，采用高压通风系统及程序化自动控制，加快培养料发酵速度，提高了发酵质量；二是改进了工厂化生产车间的进、出料及覆土设备，使进料质量和效率大幅提高；三是改造了 2 个出菇房（车间）内设施及其环境控制系统，生产过程实现了实时可控，技术参数即时可读；四是选择采用优良菌种生产。通过硬件升级改造、软件提升，确保了各个生产环节省工、省力、省时，产品产量、质量、效益三提高。原来上料一个车间需 11 个人干 1 天的工作，现在 3 个人只需要干半天，提高劳动效率

80%以上；原来30吨的培养料全部由人工上料、整平、播种等，劳动强度大，现在2～3个人操作机器即可；原来覆土由10～12个人干1天，现在3个人4个小时即可，劳动效率提高80%。双孢菇工厂化生产技术的引进消化吸收和创新，创新了京郊双孢菇工厂化生产的单产历史水平，每平方米单产达到30千克，是目前国内平均单产的3倍，达到国际先进生产水平，每平方米年产值达1万余元。

耐高温食用菌技术：北京食用菌生产一般在冬季进行，为了解决夏季食用菌供应紧缺问题，市农业技术推广站开展夏季耐高温食用菌新品种、新技术引进开发示范工作，2010—2011年在郊区怀柔、密云、顺义等10个区县引进耐高温食用菌并筛选出适合北京使用的香菇、平菇、秀珍菇、金福菇等6个品种，单产虽然略比冬季偏低，但产菇期恰逢市场货源较少，因此产值较高，其中耐高温香菇品种L18、秀珍菇等，亩产值可达5万～6万元左右。夏季食用菌的技术开发既可以解决保护地设施夏季闲置和夏季食用菌供应紧张的问题，还可以促进农民增收致富。技术要点：采用遮阳网覆盖及香菇地栽技术，解决夏季高温不出菇；采用两网、一灯、一板、一缓冲物理防虫技术，减少了农药使用，解决了产品质量安全问题。

食用菌是高产、高效、循环农业的典范，在微生物作用下分解农业生产的废弃物并生产食用菌，菌渣再还田做肥料，实现真正的农业循环，生产的产品安全性好于其他任何农产品；且食用菌具有很高的营养、保健功效；食用菌生产效益较高，一般每亩收入4万～5万元以上，是很好的农民致富项目，北京市政府也非常关注、支持食用菌产业发展，为更好的推动食用菌产业发展，加快新品种、新技术研发与推广，2011年由北京市农业技术推广站牵头组建了北京市食用菌创新团队，建立3个功能研究室，5个综合试验站，25个田间学校工作站，聘请7个岗位专家，开展相关试验、示范，技术集成推广工作，并取得了初步效果。

草莓新品种引进与高架栽培技术：引进草莓优新品种20余个，以口感和产量为评价指标，筛选出适合京郊观光采摘的草莓品种2个——“香”和“艳姬”，外形美观，口感好，果实细密。其中“香”，香味浓郁，开花结果期较主栽品种红颜提高7天，畸形果少，在京郊日光温室种植优势更为明显。引进示范草莓高架网槽式育苗模式，草莓栽植在1米高20厘米×20厘米的网槽内，子苗压植在10厘米×10厘米的网槽中，利用基质栽培，水肥一体化管理。草莓高架网槽式育苗模式具有三方面优势，一是避免了土传病害的影响，二是利用基质栽培透气性好，根系生长发达，三是高架栽培管理方便省力。亩产种苗3万株。

南果北种又添新品种：南果在前几年的基础上，2011年又引进4个甘蔗品种，在怀柔区示范种植1亩，亩产量达到8 000千克以上，可溶性固形物含量18%～21%，采摘价格15元/千克，亩效益达到8万元以上，丰富了南果北种观光采摘品种。

金银花新品种引进并在北京扎根：引进筛选出适合北京地区种植的3个金银花品种：巨花一号、金丰一号和亚特一号。提出移栽后有机肥基肥和追肥用量、氮肥追肥用量、追施方式、安全除草、蚜虫安全防治、合理采收时期、合理加工方式和温室周年开花等技术，初步形成了京郊金银花的生产技术规程。在房山务兹村建立示范田50亩，示范种植巨花一号以及合理密植、冬季修剪、夏季修剪、适时采收和加工技术，该示范点2011年亩产60.8千克，比2010年的35.2千克增产了25.5千克，增效50万元。

不加温温室百合生产技术：北京切花百合生产以春节茬为主，为了解决百合生长期间高耗能问题，市农业技术推广站开展了不加温温室生产百合技术示范工作。通过集成保温和优化栽培技术，使温室的最低温温度达到8～10℃，确保了百合正常生长对温度的要求，A级花产出率90%，亩收益54 169.5元，每亩节省燃煤11 673～13 340元。

2. *新品种选育与设施设备创新*。优良品种选育是农技推广的重要工作之一，2011年市农业技术推广站共筛选出优良品种组合95个，西瓜新品种“北农福赢”通过北京市审定，一特白、一特金、京脆香园等3个甜瓜新品种通过北京市鉴定。近年来共培育各类西甜瓜品种近40个，红小帅2号、北农天骄、暑宝6号等11个新品种分别通过本市审定和国家鉴定，丰富了市场新品种，促使京郊形成了不同皮色、肉色、口味，大中小果型，有籽和无籽西瓜品种搭配；不同皮色、肉色、口味，光皮和网纹，厚皮和薄皮甜瓜品种搭配的系列产品生产格局。其中天骄二号获得第二十三届大兴西瓜节擂台赛中型西瓜组综合奖第一名。

玉米新品种选育也有良好进展，农研青贮1号2007年和2008年分别通过普通玉米品种审定和春播青贮玉米审定；农研2号2011年通过品种审定。

选育出能够脱除黄瓜表面腊粉、显著提高产品商品性的优良砧木品种“北农亮砧”，通过北京市品种鉴定，目前已经大量推广应用。

经过十多年来的精心研究，市农业技术推广站成功推出家庭“阳台菜园”设施装置，分为立柱式、梯架式、壁挂式、南瓜式和台灯式五种类型，既满足了市民的精神文化需求、提高了人们的幸福指数，又扩宽了都市型现代农业的范畴。此项技术已经申报了五项国家专利。其中梯架式装置已获授权，专利号为ZL201020501109.0。

3. *集成创新技术提高土地产出率*。2011年市农业技术推广站在郊区开展了小麦、玉米、蔬菜等作物的高产创建活动，其中小麦、春大棚黄瓜单产创历史生产新水平。

小麦高产创建取得新成果：建立小麦高产示范方22万亩，示范推广了以“一选三调五改进”为核心的主推技术，示范田主推品种和良种应用率达100%；农机作业水平明显提高，整地播种质量明显改善，小麦一播全苗壮苗率由75%上升到95%以上；基本实现了适期播种、合理密植，平均播期为10月2日，亩基本苗35.8万。因苗管理水平明显提高，春季一次追肥变二次追肥比例由35%提高到目前的85%；因墒灌溉措施落实率100%，亩灌水133.2立方米，节水20%以上；100%实施了“一喷综防”。测产结果表明，22万亩高产示范方平均亩穗数41.8万，穗粒数29.9粒，千粒重41.1克，亩产425.9千克，较上年亩增产3.7%，较指标产量增产12.1%。亩纯效益336.5元，增收50.0%。示范方亩氮、磷、钾肥和总养分投入分别为18.1、8.1、2.8和29.0千克，氮、磷、钾投入比例为6.5∶2.9∶1.0，基本符合高产栽培要求，每千克氮、磷、钾肥和总养分分别生产小麦23.5、52.6、152.1和14.7千克，灌水生产率3.2千克/立方米，资源利用率显著高于全市平均水平。高产示范方带动全市小麦均衡增产，2011年全市87.2万亩小麦平均亩产325.5千克，较上年增产5.9%。

房山区窦店村二农场沙志刚种植小麦278.2亩，平均亩产580.5千克，总产量达到16.15万千克，创造了北京市小麦单产历史最高记录。该高产田采取喷灌浇水措施，全生育期每亩灌水126立方米，亩耗水量为190.3立方米，水分生产效率为3.1千克/立方米，是常规灌溉的2.6倍，实现了节水高产；平均亩施纯氮23.8千克、磷（P_2O_5）13.6千克、钾（K_2O）5.0千克，氮∶磷∶钾之比为4.8∶2.7∶1.0，该高产田亩施养分42.4千克，每千克养分产出小麦13.7千克。

2011年在全市9个春、夏玉米主产区建设了38万亩玉米高产创建示范区，示范推广6项关键技术，即合理增加密度500株/亩左右，选用郑单958、京单28等6个耐密高产品种；增施钾肥技术，改变传统的重氮轻钾习惯；精准播种提高播种质量技术；以雨养旱作为主的农艺节水技术和机械深松技术，促进了玉米产量构成三因素协调发展。测产结果表明，38万亩示范区平均单产723.0千克/亩（产量构成因素：亩均有效穗数4 010.2穗，比上年度略增、穗粒数604.1粒，增12.1%、千粒重347.1克，增8.1%），比上年增产7.4%，比指标产量增21.6%。示范区亩均效益1 148.3元，增39.3%，创造本市玉米高产创建实施规模和单产两项最高纪录。对38万亩示范区进行相关技术数据统计显示，亩养分总投入23.6千克（$N:P_2O_5:K_2O=4:1:1$），平均每千克养分产出玉米30.6千克，每立方米水产出玉米2.5千克。资源利用率显著高于一般大田。2011年玉米高产创建活动带动了全市玉米增产增收，全市210.8万亩玉米平均单产达到428.6千克/亩，比上年度增14.4%，排在京郊玉米单产历史上第二位。

在郊区开展的果类蔬菜三大茬口高产创建竞赛活动中，大兴区榆垡镇小黄垡村示范户朱永龙的春大棚黄瓜亩产达到18 621.7千克、产值4.05万元，比全市平均单产水平增产223.3%、增效289.4%，单产创历史生产新水平，获春大棚黄瓜高产竞赛第一名。该高产田采取滴灌和膜下暗灌浇水措施，全生育期灌溉用水520立方米，折每立方米水产出黄瓜35.8千克。在亩施43立方米有机肥（鸡粪15立方米＋猪粪14立方米＋羊粪14立方米）的基础上，全生育期亩追施各种化肥513千克，分20次追施，折合纯氮47.3千克、五氧化二磷21.8千克、氧化钾48.6千克。氮∶磷∶钾之比为1∶0.46∶1.03，基本符合高产所需的科学施肥要求，折每千克化肥产出黄瓜36.3千克。

西甜瓜高产示范田上市时间提早7～10天，产量提高2.7%～31.8%、效益提高13.6%～155.4%。顺义区杨镇松各庄李林征示范田春大棚甜瓜亩产6 700千克，大兴区庞各庄镇东义堂张世同春大棚小型西瓜一种三收，亩产8 316千克，均创历史新水平。他们均采用了双幕覆盖抢早技术和一种多茬多果技术，5月中旬，至7月上旬共收3茬瓜，比2010年多收1茬瓜。

4. 节水农业技术继续推进。初步摸清耕地灌溉现状。以全市10个远郊区县124个乡镇2 571个村为调查单元，以340万亩耕地为调查对象；主要调查不同耕地类型的面积及分布、耕地的灌溉水源现状、不同灌溉方式的应用情况和灌溉机井的运转现状等五方面内容。初步调查结果表明：耕地中旱地有70余万亩，主要分布在延庆和密云；采用土渠灌溉的有60多万亩，而微灌面积不足30万亩，灌溉方式有待优化；1990年前建设的灌溉机井占53%，需要更新改造；灌溉设施管护有待加强，节水灌溉设施利用现状一般。

实施三大节水示范工程。实施了农业走廊综合节水、提升粮田节水灌溉能力、园艺作物标准园综合节水三大示范工程，共建成65个高标准样板田，总面积2.2万亩。工程建设质量高、运行效果好、示范效果突出，将工程节水、农艺节水、管理节水和水肥一体化等技术有机结合。

新型膜面集雨材料应用。引进了新型的集雨材料，主要由聚丙烯塑料模块、防渗土工模、透水软管，过滤装置、观察井和储水罐等组成。与传统的混凝土材料相比，这种材料对耕地破坏性小，且为环保产品，能够回收再利用。在密云和昌平新建了聚丙烯模块的膜面集雨示范基地2个，集雨窖有效容积475立方米，有效容积达93%，集雨率达80%。目前，全市现有膜面集雨高效利用示范区3 450亩，集雨窖822个，总容积9.7万立方米。全年累计收集雨水18万立方米，可满足600亩设施蔬菜一年生产用水。

全年农田节水4 100万立方米。其中，20余万亩蔬菜和果树用上了水肥一体化技术，示范推广滴灌施肥、重力滴灌施肥、微喷施肥、膜面集雨滴灌施肥和覆膜沟灌施肥等5套水肥一体化技术模式。示范区蔬菜年均亩灌水410立方米、施肥162千克、纯收入1.66万元，与常规灌溉施肥相比，年均亩节水152立方米、节肥36千克、增收927元；示范区果树年均亩灌水132立方米、施肥61千克、纯收入6 340元，与常规灌溉施肥相比，年均亩节水86立方米、节肥26千克、增收605元。

5. 农业景观建设推广取得新突破。成功举办了北京农田观光季活动：活动以作物为主线，推出了油菜、向日葵、薰衣草、水稻、谷子、观赏菊等6个主题，围绕主题推介了28个农田休闲观光点，举办了6次相关活动，进行了76次有效的媒体宣传和报道，吸引了约205万市民前去各观光点休闲旅游，实现旅游收入6 181.5万元，培育了延庆千家店向日葵、房山长沟油菜花、延庆四海万寿菊等一些典型的主题观光目的地，为地区经济的发展起到了良好的促进作用。

成功举办了首届“中国景观农业产业创新发展论坛”：2011年12—13日，市农业技术推广站联合中国农业大学和北京农学院共同在北京主办召开了以“构建优美农业景观、促进产业创新发展”为主题的“中国景观农业产业创新发展论坛”，较好的宣传和推广了景观农业的理念和方法，扩大了景观农业的影响力，为今后的发展奠定了良好的基础。

6. 农业信息化工作稳步发展。注重信息宣传，全年在中央电视台、农民日报、北京电视台等媒体播出、刊发新闻325篇，同比增加61.7%。多篇新闻头版头条播（刊）出，《蓄住天上水　留下地表水　用好土壤水　少采地下水——北京市农业用水一年节省16个昆明湖》在北京电视台《北京新闻》头条播出；《蓄住天上水、留下地表水、用好土壤水、少采地下水，2010年以来累计节水3 000多万立方米——13项节水技术给力京郊百万亩良田》在北京日报头版刊登，《阳台菜园成科技周“主角”》在北京晚报头版头条刊登。在京郊日报一版显要位置开设了《推广优新技术服务都市农业》、《建设创新团队　服务都市农业》两个专栏，刊登了20篇有关市农业技术推广站工作的新闻稿。

利用互联网传播的优势，全年通过“北京农技推广网”发布各种来源稿件4 020篇，同时根据工作热点，开设了“草莓飘香”、“魅力麦田”、“油菜花海”、“寻香之旅”、“水岸花田金秋葵海”、“京郊果香溢邀您来采摘”等临时板块，受到市民欢迎。

加强信息化建设，利用电子信息技术促进工作的开展。建设运行“农业基础建设及综合开发信息管理系统”，借助北京市都市农业基础建设和综合开发规划（2009—2012年）工程实施的时机，在展示北京市都市农业基础建设和综合开发工程的实施效果的基础上，同时摸清项目四大工程实施区域内基本农田的现状，建立基本农田综合信息数据库；为基本农田以及农业基础项目的监管提供手段与工具，达到对基本农田“建一块、管一块、用一块”的目标。为北京市基本农田管理与农业基础建设项目管理提供网络化与数字化的运行平台，进一步提高规划实施的科学性与效率。系统模块根据功能分为：基本农田信息管理——管理工程区范围内每一个地块的社会属性、自然属性、种植属性信息，对基本农田数据的展示、查询、统计分析、信息上报更新以及与其他业务平台的数据交换与共享进行管理。基础建设工程管理——管理农业基础建设及综合开发工程实施的总体情况和实施效果的信息，管理每个工程区内的地块信息，提供工程区信息查询、统计功能，并为市、区县、乡镇、村等不同管理层级的用户提供具有针对性的信息服务。耕地质量监测管理——管理土壤肥力、土壤环境监测点的基本信息，以及基本农田地力评价和基本农田环境质量的评价，并以多种可视化方式展示评价结果及其动态。

开发运行了耕地灌溉调查管理数据库。以全市10个远郊区县124个乡镇2 571个村为调查单元，以现有的340万亩耕地为调查对象，调查不同耕地类型的面积及分布、耕地的灌溉水源、耕地的种植结构、不同灌溉方式的应用情况、灌溉机井的运转现状和基层的灌溉需求等六方面内容。累计培训各级人员4 120名，采集数据9.26万个。通过系统，全面摸清北京市现有耕地特别是基本农田的灌溉现状和灌溉需求，了解和掌握耕地的地块类型、种植作物类型、主要灌溉水源、机井配置情况和节水灌溉设施等基本情况，总结分析耕地灌溉存在的问题，农民的灌溉需求，明确下一步的工作重点。为进一步建好“米袋子”和“菜篮子”工程，为提升农业综合生产能力提供基础资料，为进一步做好节水农业工作奠定扎实基础。

继续利用卫星遥感手段，监测京郊农业资源。在坚持进行京郊主要农作物生产、裸露地监测、保护地监测等专题的农业资源的遥感解译分析工作的基础上，2011年根据市局“菜篮子”工程项目要求，梳理了北京市菜田的种类、指标、时间要求，结合业务指标要求、北京市蔬菜物候特征与遥感数据的特点，通过对野外实地情况与遥感影像光谱反映进行对照、分析，探讨秋季菜遥感监测方法，形成一套监测流程；利用卫星遥感手段对2010年基本菜田情况进行了分析，开展了2011年基本菜田遥感监测工作，摸清京郊露地菜、设施农业的分布、面积以及2010—2011年度间的变化，为领导和农业工作人员提供了科学、准确的农业基础数据，为政府部门充分发掘农业自然资源潜能、优化资源配置提供了科学依据，对增强政府的宏观调控能力具有一定的实用价值。

（市农业技术推广站　李国靖）

全科农技员

【全科农技员队伍建设】 会同市农业局、市财政局联合印发了《2011年村级全科农技员队伍建设工作方案》，将试点范围扩大到10个远郊区县，确定农户覆盖率、解决问题有效率、农民满意率的“三率”考核标准；着重加强对全科农技员的技能提升培训，编写针对性强的实用教材和技术宣传片；建设全科农技员信息管理系统，完善市级统筹管理，搭建区县交流平台；不断探索创新服务机制，试点扶持村级服务站点建设工作。截至2011年12月，分三批在39个乡镇，1 039个行政村共计选聘1 039名村级全科农技员，圆满完成了“千人千村”的建设目标。其中，2010年上岗的504名全科农技员服务设施面积7.1万亩，大田71.3万亩，果品17.0万亩，分别占全市产业规模的23%、16%和6%，服务农户覆盖率100%。全科农技员以最容易接受的方式、最便捷的途径、最快的速度解决农民生产过程的技术难题，作为农业科技服务体系的“神经末梢”，亲切地被农民称为“全科医生”。

（市农委社会发展处　董艳华）

农村信息化建设

【信息网络建设】 建设完成北京农村集体资产交易管理网。以支撑各级经管部门对农村集体资产交易行为的各项审核任务，实现各级部门审核信息与产权市场交易信息的交换与共享，从功能上初步达到农村集体资产交易全流程监管的目标。在各级经管站的支持下，共收集了来自11个区县农村土地承包经营权、林权、股权和实物资源信息8 181条，目前已完成了系统开发并上线运行。

建设北京农民专业合作社生产经营管理信息系统。以加强合作社社务管理与全市合作社门户网站为主要建设目标，先从市级示范社开展试点使用的建设思路，开展了项目需求的摸查调研（国内外、京郊），初步建设完成《北京市农民专业合作社门户网站》、《农民专业合作社社务管理系统》和《农民专业合作社生产经营管理系统》。目前平谷区绿谷农合中心、大兴区部分合作社率先应用了种植业生产管理子系统。

升级改版北京农经网互联网站。“北京农经网”于2011年10月29日上线运行，具有政务公开、业务工作、农地流转、乡村旅游、集体资产产权交易、农村专业合作社、新农村建设观察员、村务公开、农村财务人员培训、区县发展、农产品市场、在线互动等12个频道，52个二级栏目、43个三级栏目，16个页面模板，各类信息共7 330条。成为集信息性、服务性、宣传性为一体的北京市农村经济门户网站，是集政务公开平台、工作信息平台和服务管理平台于一体的顶级综合信息平台。

北京现代农业信息网运行平稳。截至12月底，总访问量达到335.60万次，日均访问量9 195次；会员总数达到2 320家，其中新增注册会员20家；累计发布供求信息18.33万条，全年新增6.01万条，月均发布5 015条，发布信息以园艺花卉、籽种、食用菌、蔬菜为主。

北京移动农网信息发布量稳步上升。截止12月底，13个郊区县拥有信息机215台，市属委办局5台；农信机4 867台，入网农民39万户，全市共发送实用短信1 335.52万条，同比增长5.27%。其中全市各郊区县共发送实用短信1 261.09万条，市属涉农单位共发布实用短信74.43万条。其中信息机发布情况良好，共发送1 164.33万条，约占发送总数的87.2%，农信机共发送信息171.20万条。200个基层示范单位累计发送短信453.38万条，占区县总量的35.95%。

农村“数字家园”有效运行。截至12月底，全市累计建成农村“数字家园”419家，其中248个村建设了互联网站；各郊区县利用农村“数字家园”组织开展电脑网络应用、农业实用技术、农村富余劳动力就业技能等相关培训，全年共计11.60万人次。

【“221信息平台”建设】 完成了2010年度数据更新。开发建设了“北京221业务数据采集平台”。进行了“221信息平台”功能优化与完善。在前台展示部分，叠加市园林绿化局提供的林场和自然保护区两个图层的数据，充实了林业的相关内容，启用了纵向专用网络，对用户进行分组。基本完成了基于元数据管理的“221信息平台”数据中心的建设。建设内容包括元数据库建设、空间数据的综合查询功能以及对内对外接口开发。开展了覆盖全郊区县的巡回宣讲活动。来自郊区县涉农各单位、各乡镇、重点龙头企业和农民专业合作社示范社的信息化工作人员，共1 025人次参加培训，取得初步宣传推广效果。推进了物联网应用试点工作，搭建了北京221物联网监控平台。按照国家发展物联网和本市“感知北京”示范建设的有关要求，以“221信息平台”现有数据和相关功能为依托，选择8个区县的11个种植业基地，55个温室大棚，开展“现代农业物联网应用”试点建设，以提升政务和公共服务管理水平。

【政府信息公开】 截至12月底，在北京市政府信息公开工作系统上主动公开信息259条，在市农委网站政府信息公开频道共维护信息1 126条。政府信息公开接待窗口共接听业务咨询电话405个，接待来访81人次，接待3人以上的群体来访17次。处理依申请公开2件；移交政府信息21件。

【网络安全保障】 维护市农研中心、市农委两个局域网；北沙滩、中央电视塔、中环三个机房；8个互联网站和10多个应用系统、43个服务器和200多个终端。制定详细的日计划、周计划和月计划，提高工作规范性，开展机关值守、硬件运维、台账维护、巡检、病毒防护、数据备份、应用系统保障、运维外包管理等工作，每月撰写信息安全月报和网站访问统计分析报告。为了提高机房运维管理水平，增强监控和预警能力，通过软硬件设备监控及7×24小时人工值守，提高了机房运行环境的稳定性、安全性、可靠性和规范性。全年较好地完成了全国和北京市两会期间、建党90周年纪念活动期间及元旦、春节、“五一”、“十一”等节假日期间的网络和信息安全保障工作，未发生重大信息安全事故。

（市农研中心　张　军　冯学静）

【北京12316农业服务热线成效突出】 2011年，北京12316农业热线受理投诉举报523次，提供农业信息咨询服务48 212次。北京12316农业服务网站点击量17 357 995次。全年受理行政许可2 876件，其中备案116件，受理2 508件，一次性告知252次；其中通过网络提交办理的为1 602件。

（市农业局　肖金科）

农民生活与农村社会保障

概　论

2011年，市委、市政府及地方各级党委政府为建设世界城市以及率先形成城乡经济社会发展一体化出台并实施了一系列促进农民就业、促进农村经济建设又快又好发展及加快城乡居民社会保障一体化建设的政策措施，北京郊区农民的就业状况、社会保障面及保障力度大为改观。市委、市政府将中央“多予、少取、放活”的方针进一步细化、实化、具体化。财政对远郊区投入的范围进一步扩大，投入力度进一步加大，投入比例进一步提高，远郊区经济建设和社会建设得到进一步发展，农民收入稳步增长，农民人均纯收入达到14 736元，同比增长13.6%。与此同时，北京市各项社会保障水平进一步提高。一是农村低保标准由年初的每人每月210元提高到340元。二是全市城乡基础养老金由年初的每人每月280元上调为330元。三是全市无社会保障老人每月领取的福利养老金由年初的200元增加为250元。

农村劳动力就业

北京郊区农村劳动力就业动态监测结果显示：2011年度北京市各级政府继续加大对农村劳动力就业安置工作力度，不仅积极开辟公益就业岗位，还加大对农村劳动力的培训，郊区非农就业人数继续增加，就业状况进一步改善。

【农村劳动力基本状况】　截至2011年底，全市共有农村劳动力186.9万人，同比持平。其中就业人数174.9万人，同比没有明显变化，就业率达到93.6%，与2010年持平。近郊区（丰台、海淀、朝阳、石景山）农村劳动力资源总数为27.1万人，比上年减少0.2万人。其中就业劳动力25.2万人，同比减少0.2万人，占近郊劳动力资源总数的93%，就业劳动力所占比重同比持平；平原地区（大兴、通州、顺义及山区县中29个平原乡镇）农村劳动力资源总数为89.2万人，比上年减少0.3万人，就业劳动力83.8万人，比上年减少0.3万人，占平原劳动力资源总数的93.9%，与上年持平；山区（山区县中的83个山区乡镇）农村劳动力资源总数为70.6万人，比上年增加0.6万人，就业劳动力65.9万人，同比增加0.5万人，占山区劳动力资源总数的93.3%，同比持平（农村劳动力就业分布状况见表1）。

表1　2011年北京市农村劳动力就业区域分布状况表

单位：万人

	劳动力总数			就业人数		
	2010	2011	增减（%）	2010	2011	增减（%）
北京市	186.9	186.9	0	174.9	174.9	0
近郊	27.3	27.1	−0.2	25.4	25.2	−0.2
平原	89.5	89.2	−0.3	84.1	83.8	−0.3
山区	70.0	70.6	0.6	65.4	65.9	0.5

【农村各行业的劳动力分布】　2011年北京郊区农村劳动力在各产业的分布特点是，一产就业比重进一步下降，非农产业就业比重进一步提高。农村劳动力实现非农就业126.3万人，同比增加1.3万人，增长1.1%，占就业人员总数的72.2%，比上年提高0.8个百分点；在各类企业就业40.8万人，同比持平。从三次产业情况看，第一产业从业人员48.6万人，比上年减少1.3万人；第二产业从业人员39.2万人，比上年减少0.2万人；第三产业从业人员87.1万人，比上年增加1.5万人。三次产业从业比由上年的28.5∶22.5∶49变为2011年的27.8∶22.4∶49.8，第一产业所占比重同比下降0.7个百分点，第二产业下降0.1个百分点，第三产业上升0.8个百分点。

2011年，北京郊区农村劳动力进一步向非农产业转移，农业从业劳动力为34.8万人，比上年减少1万人；林业从业人员6.5万人，比上年减少0.1万人；畜牧业从业人员6.4万人，比上年减少0.4万人；渔业从业人员0.8万人，同比持平。农、林、牧、渔四业在就业人员总数中的比重分别为19.9%、3.7%、3.7%和0.4%，农业就业比重比上年下降0.6个百分点，林业比上年下降0.1个百分点，畜牧业比上年下降0.2个百分点，渔业同比下降0.1个百分点。

第二产业中，工业就业人员24.9万人，比上年减少0.3万人，占就业人员总数的14.2%，比上年下降了0.2个百分点；建筑业从业人员14.4万人，比上年减少0.3万人，占就业人员总数的8.2%，所占比重同比上升0.1个百分点。

第三产业就业人数继续保持增加态势，但各业间发展亦不均衡。近几年北京郊区城市化建设步伐进一步加快，加之政府对各项公益性事业的投入不断加大，在房地产业得到较快增长的同时，还催生了包括社区物业、卫生社保及公益福利事业的形成和发展，从而促进了相关产业的就业。另一方面，近几年民俗旅游业的进一步发展也带动了相关行业的发展，从而使第三产业就业人数进一步增加。交通运输业就业人员达到15万人，占就业人员总数的比重为8.6%，就业人数和所占比重均同期持平；商饮业就业人数13.7万人，比上年增加0.1万人，占就业人员总数的7.8%，同比持平；服务业从业人员45.6万人，比上年增加1.1万人，占就业人员总数的26.1%，比上年上升0.7个百分点；其他行业从业人员12.9万人，同比增加0.4万人，占就业人员总数的7.4%，同比上升0.3个百分点（农村劳动力产业及行业就业结构见表2、表3）。

表2　2011年北京市农村劳动力三次产业就业结构表

产业类别	人数（万人）			占就业总人数的比重（%）	
	2010	2011	增减（%）	2010	2011
合计	174.9	174.9	0	100.0	100
第一产业	49.9	48.6	−1.3	28.5	27.8
第二产业	39.4	39.2	−0.2	22.5	22.4
第三产业	85.6	87.1	1.5	49	49.8

表3　2011年北京市农村劳动力各行业就业结构表

行业类别	人数（万人）			占就业总人数的比重（%）	
	2010	2011	增减（%）	2010	2011
合计	174.9	174.9	0	100.0	100
农业	35.8	34.8	−1	20.5	19.9
林业	6.6	6.5	−0.1	3.8	3.7
畜牧业	6.8	6.4	−0.4	3.9	3.7
渔业	0.8	0.8	0	0.5	0.4
工业	25.2	24.9	−0.3	14.4	14.2
建筑业	14.1	14.4	0.3	8.1	8.2
交运业	15.0	15.0	0	8.6	8.6
商饮业	13.6	13.7	0.1	7.8	7.8
服务业	44.5	45.6	1.1	25.4	26.1
其他	12.5	12.9	0.4	7.1	7.4

（市农研中心　阎建革）

农民收入

【概况】　2011年，郊区农民人均劳动所得为13 101元，同比增长9.7%。

【产业构成情况】　2011年，农民人均从第一产业获取的所得为2 333元，占农民人均劳动所得额的17.8%，同比下降0.2个百分点；从第二产业获取所得2 710元，所占比例为20.7%，同比下降0.4个百分点；从第三产业获取所得8 058元，所占比例为61.5%，同比提高0.6个百分点。十大行业中，从服务业获取的人均劳动所得最多，为3 375元，占农民人均劳动所得额的25.8%。

【不同功能区情况】　从三大功能区看，2011年城市功能拓展区农民人均劳动所得为18 270元，比全市平均水平高出39.5%；城市发展新区为12 413元，相当于全市平均水平的94.7%。生态涵养发展区为12 017元，相当于全市平均水平的91.7%。生态涵养发展区与城市功能拓展区的差距为6 253元，与上年（差距为6 090元）相比，差距进一步拉大。

【14个区县情况】　从14个区县看，石景山区农民人均劳动所得最高，达24 023元，比全市平均水平高出83.4%；农民人均劳动所得增速超过10%的区县有7个。其中，密云县农民人均劳动所得增幅最快，达13.4%。

【乡人均劳动所得分组情况】　通过对193个乡镇级集体经济组织的农民人均劳动所得分组显示，人均劳动所得低于5 000元的有4个，占乡镇级集体经济组织总数的2.1%；位于5 000～10 000元之间的有35个，占18.1%；位于10 000～15 000元之间的有101个，占52.3%；位于15 000～20 000元之间的有33个，占17.1%；位于20 000～30 000元之间的有17个，占8.8%，30 000元以上的有3个，占1.6%。最高的乡镇是朝阳区南磨房乡，人均劳动所得37 198元；最低的是房山区蒲洼乡，人均劳动所得3 323元。

【村人均劳动所得分组情况】　通过对3986个村级集体经济组织人均劳动所得分组显示：人均劳动所得低于5 000元的有77个，占村级集体经济组织总数的1.9%；位于5 000～10 000元之间的有987个，占24.8%；位于10 000～15 000元之间的有2 077个，占52.1%；位于15 000～20 000元之间的有602个，占15.1%；位于20 000～30 000元之间的有195个，占4.9%，超过30 000元的有48个，占1.2%。

（市农研中心　阎建革）

农村消费

近年来，随着本市郊区经济的持续、快速和稳定发展，北京市郊区居民无论是生活消费需求，还是在调整生产结构，提高科技水平、改善劳作条件的生产消费方面，都开始了由温饱向小康、由传统向现代渐进升级的转变，其间也蕴藏并释放了相当的消费潜能。通过对近年来本市农村消费相关数据进行分析，呈现以下主要特点。

【农村居民收入水平和消费能力提高】 据市农调队3 000户农民家计调查资料显示，2011年农村居民人均纯收入为14 736元，比上年增长11.1%。其中，20%低收入户实现人均纯收入6 143元，同比增长14.7%；20%中低收入户实现人均纯收入10 987元，同比增长21.6%；20%中等收入户实现人均纯收入14 210元，同比增长19.4%；20%中高收入户实现人均纯收入18 034元，同比增长14.2%；20%高收入户实现人均纯收入26 797元，同比增长1.8%。收入水平的高低和前期收入积累的多少是决定消费能力高低的最直接因素。因此，收入水平的提高无疑会使农村居民的消费能力得到相应提高。

从消费支出看，2011年农村居民人均生活费支出11 078元，比上年的10 109元增长9.6%。农村居民恩格尔系数为32.4%。

【农村居民工资性收入增加是农民消费水平的基础性因素之一】 农业经济结构调整，生产专业化程度的提高，促进了农民工资性收入的增长，而工资收入的货币特征是影响农民消费水平的基础性因素之一。据市农调队3 000户农民家计调查资料显示，2011年本市农村居民人均工资性收入达到9 579元，比2010年的8 007元增加1 572元，同比增长19.6%，工资性收入在人均纯收入中的比重也比上年同期提高了4.6个百分点。

【农村人口及家庭结构的新变化为农村消费品市场扩大提供了有力支撑】 近些年的城市化进程加快导致了农村人口的减少，在一定程度上促进了农村收入水平和消费能力的提高；农村大家庭生活习惯的逐渐隐退，以两代人为主的小家庭增加，增加了重复购买的可能性。北京市农村户均人口由2010年的3.26人下降到2011年的3.19人；在郊区土地开发中，进入本市郊区打工的外地务工人员数以百万计，成为拉动农村消费品市场的重要有生力量。由于外地人员具有（相对本地人员）极强的流动性，从而产生更多的重复购买机会。因而，从某种意义上说，这些外地务工人员的购买力甚至比本地农民还要高。这些都为以家庭消费为主的农村消费品市场的扩大提供了有力支撑，从而有力的拉动了郊区的消费品市场。

【农民人均生活消费支出同比增加近千元】 2011年，农村居民人均生活消费支出为11 078元，同比增加969元，增长9.6%。其中，食品支出3 593元，同比增加472元，增长15.1%；衣着支出863元，同比增加84元，增长10.8%；居住支出2 350元，同比增加149元，增长6.8%；家庭设备用品及服务支出715元，同比增加151元，增长26.8%；交通和通讯支出1 228元，同比减少94元，下降7.1%；文教娱乐用品及服务支出1 004元，同比增加21元，增长2.1%；医疗保健支出1 035元，同比增加138元，增长15.4%；其他商品及服务支出290元，同比增加48元，增长19.8%。

（市农研中心　阎建苹）

农村社会保障

【调整了基础养老金福利养老金标准】 年内启动了城乡居民养老保险基础养老金和福利养老金待遇调整机制，进一步加大了财政投入，年内两次调整了基础养老金和福利养老金标准，使基础养老金和福利养老金标准，分别达到了每人每月330元和250元。

【增加了中央补贴资金】 年内，将中央财政每人每月27.5元的补贴，按照中央拨付补贴资金的比例和收入由低到高的原则，先增发给农民人均纯收入和城镇人均可支配收入比较低的郊区县60岁以上领取基础养老金和福利养老金人员。年内有8个区县35万人领到了增发的中央补贴资金，其基础养老金和福利养老金的水平达到每人每月357.5元和275.5元。

【召开了全市城乡居民养老保险推进大会】 7月，北京市召开城乡居民养老保险推进大会，人力资源和社会保障部部长尹蔚民，北京市委副书记、市长郭金龙出席会议并讲话。丁向阳副市长作了城乡居民养老保险工作报告，传达全国城镇居民养老保险试点及新型农村养老保险试点经验交流会议精神，总结交流北京市从“新农保”到“城乡居民”实现城乡社会养老保险一体化的经验。

【调整相关政策，稳定缴费标准】 年内，为确保北京市城乡居民养老保险制度顺利实施，农民能够持续缴费和保持一定的待遇水平，经市政府同意，2011年调整北京市城乡居民养老保险缴费标准，仍维持最低缴费960元，最高缴费7 420元的标准。

【城乡居民养老保险工作运行正常】 年内，北京市城乡居民养老保险累计参保人数173.4万人，其中农民163.8万人，农民参保率达到93%；城镇居民9.6万人。城乡居民新参保总人数4.9万人，增长3%。城乡居民续保率达到94%。领取养老金人数21.5万人，其中农民20.2万人，城镇居民1.3万人。基金累计余额76.5亿元，累计支出23.9亿元，其中基础养老金支出19.4亿元。

【城乡无保障老年人养老制度实施平稳】 年内，享受福利养老金的人数为58.3万人，比2010年底减少了3万人，呈下降趋势。全年发放福利养老金17.5亿元。

（市人力资源和社会保障局　冯晓晴）

【农村优抚对象补助标准进一步提高】 随着首都城乡居民家庭人均消费支出水平的不断增长，为了切实保障优抚对象的生活质量，2011年，北京市全面提高了优抚对象定期抚恤补助标准，涨幅高达8.7%，最高标准达2 984元/人·月，占本市城市居民家庭人均消费性支出的200%，较好地保障了优抚对象与全市人民一道分享经济发展成果；建立了义务兵优待金随上年度城市居民家庭人均消费性支出水平增长的机制，同时将义务兵优待金标准由每人每年1.5万元提高到1.8万元；市民政局会同市财政局、市教委联合发文，将大学生义务兵一次性助学金由1万元提高到3万元，涨幅达200%，有效地激发了大学生应征入伍的积极性，为提高北京市兵员的整体素质和质量，提供了强有力的政策支撑；按照北京市上年度职工平均工资增长情况，提高了1～4级残疾军人护理费标准，最高标准已达每人每月2 101元，占职工平均工资50%；继续开展农村优抚对象危房翻建工作，全年投入1 927.8万元为357户农村优抚对象翻建房屋1 299间，确保了农村优抚对象住房安全；为农村籍退役士兵发放老年生活补助，研究开发了退役士兵老年生活补助信息化管理系统，在全市范围开展培训，协调市级财政垫支450多万元，为全市1.7万余名农村籍退役士兵发放了老年生活补助。

（市民政局优抚处　许丽敏）

【社会福利事业蓬勃发展】 2011年，全市各级民政部门以政策创制为先导，积极加大对社会福利事业的投入，全力推进社会福利创新发展，出台多项惠及农村老年人和儿童的发展政策和文件，北京市社会福利事业实现了跨越式发展，开创了全国社会福利一流水平。

1. 出台低保失能老人入住机构补助办法。为推进本市基本公共服务均等化，2011年，北京市在全国率先出台低保家庭失能老人入住养老机构补助办法，按照每人每月1 100元标准给予补助，为解决低保家庭老人，尤其是大量农村低保老年人养老问题提供了有力的经济支持。补助政策的出台，标志着民政社会福利工作领域从侧重机构管理向关注不同社会群体福利政策需求方向转变。全市共有102名低保家庭失能老人享受到了补助政策。

2. 提高农村敬老院建设资助标准。为加快农村敬老院建设，市民政局按照城乡一体化原则的要求，2011年，对农村敬老院建设资助政策进行了调整和提高。对全市农村乡镇敬老院新建、扩建和设施设备购置改造的建设项目，与城市街道敬老院按照同一标准，给予资金扶持。每新增一张养老床位，资助1万元，最高资助额由原来的100万元提高到200万元；对改建不增加床位的，按照改建费的40%予以资助，最高资助额由原来的20万元调整为40万元；需购置设备的，按照设备购置费的40%予以资助，最高资助额由原来的10万元调整为20万元。全市共13个区县56所敬老院进行了改扩建工程建设，全年共下拨资助经费2 948.22万元。

3. 积极推进养老机构星级评定。为进一步促进农村地区养老机构管理服务优质化，2011年，全市各级民政部门强化配套激励措施，积极推进养老机构星级评定。市民政局出台养老机构星级评定以奖代补政策，对获评1～5星级的机构分别给予2万～32万元不等奖励。在此基础上，朝阳区对辖区内评定为1～5星级的机构，分别给予1万、3万、5万、8万、10万元的区级以奖代补资金。市福彩对通过评定的星级养老机构以奖代补248万元。市养老机构星级评定委员会全年共评定星级机构83所。其中，在昌平区民政局支持下，位于小汤山地区的太阳城银龄老年公寓通过四星级审定，成为全市第二所四星级养老机构。

4. 加强农村养老机构医疗设施建设，提高社会办机构运营资助标准。加强街道、乡镇敬老院资助政策，专设农村新建、改造医务室专项资金，扶持敬老院完善内设医疗服务设施。在大兴、朝阳、平谷等区县民政局的共同努力下，全年共有11所敬老院被市人保局授予医保定点资质，成为医保定点单位，缓解了机构老年人看病难、报销难的问题；同时，注重提高社会办机构运营资助标准，为有效降低社会办养老机构运营成本，对原有运营资助标准进行调整，从每人每月150～200元提高到200～300元。全年共对162所城乡社会办养老机构进行资助，下拨资助金0.34亿元。

5. 加快农村敬老院经营模式转变。2011年，继续推进农村“五保”供养机构管理体制改革，以提高经济和社会效益为目标，盘活农村敬老院存量，引入社会力量和资金，结合和发挥社会力量主动、灵活特点，增强其经营活力。2011年，专门在通州区召开了农村敬老院“公办民营”推进会，取得了显著成效。通过整合资源，2011年，共有6所敬老院开展了公办民营改革，全市实现“公办民营”运营模式的街乡敬老院已达37所，农村敬老院经营模式不断创新和发展。

6. 儿童社会福利管理服务质量全面提升。按照市政府关于加强本市孤儿保障工作意见为依据，切实把保障和提高孤儿生活质量作为工作重点，结合北京市孤儿目前生活的实际情况，市民政局会同市财政局共同研究，下发孤儿生活费发放通知，将民政部提出的社会散居孤儿每月600元、福利机构内儿童每月1 000元的养育标准，分别提高到1 400元和1 600元。实现城市孤儿与农村孤儿生活费标准的统一，农村孤儿社会福利管理服务质量全面提升，农村孤儿生活得到充分保障，使农村孤儿过上了幸福生活。

（市民政局　甘国再　乔伟圣）

【社会救助工作迈上新台阶】 2011年，北京市社会救助工作按照统筹城乡，加强精细化、规范化管理的思路，多手段创新社会救助管理模式，积极探索解决制约社会救助工作发展的难点、重点问题，进一步完善优化城乡社会救助体系，落实各项救助政策，不断提升管理服务水平，大幅提高救助标准，充分发挥社会救助在保障民生、维护首都社会和谐稳定中的重要作用，为困难群众提供了更加科学、合理、有效的基本生活保障，社会救助工作又迈上了新台阶。

1. 农村低保和农村五保供养标准大幅提升。在社会救助制度实现城乡一体化的基础上，北京市又在救助标准的城乡一体化发展上取得了新的突破。城乡低保标准差距进一步缩小。继朝阳、海淀、丰台三个区实现城乡标准一致以后，各区县也结合本地经济社会发展，加快了城乡低保标准统筹发展的力度。仅2011年一年，城乡低保标准的比值由1∶2上升至1∶1.4。全年先后两次大幅调整相关标准。

根据市政府《关于建立本市农村居民最低生活保障标准调整机制的意见》（京政发［2006］15号）的规定，市民政局会同相关部门测算制定了2011年本市最低生活保障标准方案，于2010年12月22日经市委常委会、市政府常务会审议通过，从2011年1月1日起，全市农村低保最低保障标准从家庭月人均210元调整到300元，上调幅度为42.86%。全市13个郊区县政府综合考虑本地经济发展状况，在全市规定的农村低保最低标准的基础上陆续调整公布了当地农村低保标准。其中，朝阳区、海淀区、丰台区农村低保标准与城市低保标准统一上调为月人均480元；顺义区为月人均384元；通州区、门头沟区、大兴区、昌平区、房山区、怀柔区、平谷区、密云县和延庆县为月人均300元。此次低保标准的调整，是市委、市政府贯彻落实党中央、国务院关于做好困难群众生活安排的指示精神，确保本市困难群众基本生活而采取的一项具体措施。

在建党90周年前夕，为体现党和政府对困难群众的关怀，确保本市困难群众生活水平不因物价上涨而降低，进一步促进社会和谐稳定，按照市委、市政府要求，市民政局会同相关部门，再次测算并提出了本市最低生活保障标准调整方案，经市委、市政府审议通过，出台了《关于调整我市城乡社会救助相关标准的通知》（京民救发［2011］242号），从2011年7月1日起，全市农村低保最低保障标准从家庭月人均300元调整到340元，上调幅度为13.33%。其中，朝阳区、海淀区、丰台区为月人均500元；顺义区为月人均400元；通州区和大兴区为月人均350元，门头沟区、昌平区、房山区、怀柔区、平谷区、密云县和延庆县为月人均340元。农村低收入家庭认定标准调整为各区县农村低保标准的130%。依据《北京市实施〈农村五保供养工作条例〉办法》，全市各区县农村五保供养标准从2011年7月1日起按照上年度本地区农村居民消费性支出水平统一上调，全市13个郊区县农村五保供养标准最高为年人均15 224元，最低为年人均6 754元，平均供养标准为年人均10 109元，全市农村五保供养最低标准首次超过年人均1万元。其中朝阳区年人均15 224元；海淀区年人均14 891元；丰台区年人均12 089元；门头沟区年人均8 632元；房山区年人均8 915元；通州区年人均9 840元；顺义区年人均8 639元；昌平区年人均11 379元；大兴区年人均9 806元；平谷区年人均8 348元；怀柔区年人均9 106元；密云县年人均8 860元；延庆县年人均6 754元。截至2011年底，全市共有农村低保对象4.37万户、7.43万人，年度累计支出农村低保金2.87亿。

2. *农村医疗救助工作有了新的突破。*2011年共为农村困难群众提供医疗救助126 487人次，支出救助金3 931.74万元。一是建立城乡特困人员住院押金减免和出院即时结算制度。按照《关于建立城乡特困人员住院押金减免和出院即时结算制度的通知》（京民社救发［2010］501号）精神，2011年，全市各区县共确定住院押金减免和出院即时结算定点医疗机构51个，全年共有500名农村救助对象享受了救助，为农村特困群众减免住院押金148.84万元，通过即时结算方式支出医疗救助资金136.89万元。有效解决了城乡特困人员无力支付住院押金和不能实现出院即时结算的实际困难。二是扩大资助参保、参合人员范围。为进一步完善本市社会救助体系，有效减轻城乡低收入特困人员的就医负担，市民政局会同市人力社保局、卫生局、财政局和残疾人联合会等相关部门联合下发了《关于资助低收入家庭中重病、重残等特困人员参加城镇居民基本医疗保险或新型农村合作医疗有关问题的通知》（京民社救发［2011］394号），将资助参保参合的人员范围，由城乡低保人员、农村五保供养人员扩大到城乡低收入家庭中的重病患者、重度残疾人和60周岁以上的老年人，有效减轻了低保边缘群体的就医负担，使更多的特困群众可以共享改革发展成果。三是加大城乡特困人员罹患重大疾病医疗救助力度。为有效缓解城乡特困群众罹患重大疾病的实际困难，联合相关部门印发了《关于进一步加强城乡特困人员重大疾病医疗救助有关问题的通知》（京民社救发［2011］513号），城乡特困人员因罹患恶性肿瘤、终末期肾病、白血病等九类重大疾病而发生的门诊或住院费用，对于医保或新农合报销后的个人负担部分，可由民政部门按70%的比例给予重大疾病救助，全年累计救助总额不超过8万，有效缓解了城乡特困群众罹患重大疾病的实际困难。2012年开始实施。四是开展城乡特困学生儿童“两病”试点按病种付费救助。配合市卫生局、人力社保局、财政局等部门下发了《关于对学生儿童患白血病、先天性心脏病试点病种实行按病种付费有关问题的通知》（京卫基层字［2011］12号），明确对政策范围内的学生儿童开展“两病”试点按病种付费救治工作。其中城乡特困患儿在享受医保或新农合补偿70%的基础上，再由民政部门给予20%的救助；同时符合重大疾病救助条件的，可由民政部门按政策给予重大疾病救助。

3. *本市高等教育新生入学救助办法进一步规范。*市民政局会同市财政局、教育委员会和残疾人联合会等相关部门联合下发了《关于进一步规范高等教育新生入学救助办法的通知》（京民社救发［2011］367号），享受高等教育新生入学救助的人员从原来城乡低保家庭和生活困难补助的重残人家庭，扩大到城乡低收入家庭，救助标准由4 000元调整至4 500元，全年共救助新生3 678人，支出资金1 629万元，进一步减轻了城乡特困家庭中接受高等教育子女就学负担。

4. 农村特困家庭住房救助工作有序开展。认真落实《北京市农村住房救助实施办法（试行）》（京民救发［2010］101号）要求，各区县坚持把为农村特困家庭翻建维修危旧房屋当作一项经常性工作常抓不懈。2011年共为1 623户农村社会救助对象翻建维修住房5 994间，投入资金6 437.25万元。安居项目的实施，较好改善了农村特困家庭的居住条件。

5. 临时救助工作彰显社会救助的公平与成效。2011年共支出临时救助金（含临时生活补贴、燃煤补助）13 036万元。临时救助制度的不断完善和发展，不仅使社会救助体系更加完善，救急救难，拾遗补缺，能够惠及更多的困难群众，更好地发挥"托底保障"的作用，而且在解决低收入家庭暂时生活困难的同时，也彰显了社会救助的公平与公正。

6. 完善与物价上涨挂钩的联动机制。在本市应急救助机制的基础上，按照国家发改委等五部委文件的要求，修订《北京市居民基本生活消费品价格变动应急救助预案》，进一步明确应急救助启动和中止临界条件，提高了应急救助预案启动条件的灵敏度。根据物价波动情况发放临时生活补贴，全年先后三次发放临时生活补贴，2011年1月，根据国家民政部和财政部要求，由中央财政负担，按照城市低保对象每人150元，农村低保对象和农村五保对象每人100元，优抚对象和新中国成立前老党员每人180元标准，共为21.78万城乡困难群众发放了一次性补贴；11月，根据市政府要求，由市财政负担，按照每人200元补贴标准，共计为21.63万名城乡低保、农村五保及享受生活困难补助人员、享受定期抚恤补助的优抚对象、孤残儿童发放一次性补贴；12月，再次根据国家民政部和财政部要求，由中央财政负担，按照城市低保对象每人300元，农村低保对象和农村五保对象每人200元，优抚对象和新中国成立前老党员每人360元标准，共为21.74万城乡困难群众发放了一次性补贴，有力保障了低收入群众的基本生活。

7. 开展"两节"走访慰问活动。2011年元旦、春节期间，组织开展了对全市城乡低保对象的普遍走访慰问活动，并会同市残联组成联合慰问组，对200户低保家庭进行了重点慰问。"两节"期间，市、区（县）、街（乡）三级共走访慰问城乡低保及困难家庭13.18万户，24.22万人，支付慰问资金共计7 502万元。

8. 出台家庭经济状况核对办法和认定指导意见。积极推动社会救助对象家庭经济状况核对机制建设，协调市相关部门，通过数据交换，对社会救助对象的保险、户籍、车辆、工商、纳税、证券等基本经济状况，进行了多部门联动核对。对于存在预警信息的家庭，各区县重点进行入户调查复核，进一步实现了社会救助对象的动态管理，确保了社会救助制度公平公正，取得了很好的社会效益。在此基础上，结合近年来工作实践，经过反复调研论证，12月5日，以市政府办公厅名义转发《关于北京市社会救助家庭经济状况核对办法和认定指导意见的通知》（京政办发2011［63］号）。其中，《核对办法》主要规定了家庭经济状况核对工作的基本原则、工作机制、部门职责以及核对部门的管理制度。《认定指导意见》将现有社会救助工作中家庭经济状况的核查认定内容进行分类，并规定了具体的认定范围和标准。文件的出台，标志着多部门联动机制正式建立，对创新社会管理手段，规范家庭经济状况认定工作，提升社会救助规范化和精确化管理水平，确保社会救助制度更加公平、公正实施，起到积极的指导和推动作用。

9. 组织全市初任社会救助工作者业务培训。针对基层社会救助工作人员流动性大、工作内容广、社会影响面宽的特点，借鉴前两年经验，自2011年7月开始，联合北京市民政教育管理学院举办了三期全市初任社会救助工作者业务培训班。全市16个区县、325个街道（乡镇）相关工作人员约500人参加了培训。通过培训，全面提升了北京市基层民政干部的整体素质和业务水平，有力推进了北京市社会救助工作规范化管理进程，为基层社会救助工作者搭建了沟通、交流的平台，促进了北京市社会救助工作健康发展。

（市民政局社会救助处　张贵国）

【救灾工作综合能力全面提升】 2011年，北京市农村地区自然灾害频发，人民群众的生命财产安全受到一定危害，救灾工作时间紧、任务重、要求高，因此，我们切实加强对救灾工作组织领导，积极采取有效措施，加大救灾工作力度，狠抓各项工作落实，首都农村防灾减灾综合能力全面提升，保证了人民群众的生命财产安全，维护了首都农村社会稳定。

1. 灾害救助。2011年，北京市部分区县发生不同程度的洪涝、风雹等自然灾害，给灾区人民群众的生产生活造成较严重影响。据统计，全年受灾人口共25.55万人，因灾死亡人口7人；转移安置人口8 100人；倒塌房屋407间，损坏房屋8 757间；农作物受灾面积3.86万公顷，其中绝收面积0.48万公顷；造成直接经济损失14.76亿元。全年共安排救灾资金2 978.1万元，其中，中央级300万元，市级1 348.3万元，区县级1 329.8万元，有力保障了灾区受灾群众基本生活，维护了当地社会稳定。2011年5月中旬，市民政局向国家减灾中心提交了1978年以来全市自然灾害情况和救灾工作数据，获得了国家减灾中心的好评。

2. 防灾减灾。为提升全市社区减灾综合能力，研究制定了《北京市人民政府关于加强本市城乡社区综合减灾工作的指导意见》和《北京市综合防灾减灾社区标准》。2011年11月，经市长办公会讨论并原则通过，待提交市委常委会审议后实施。2011年"防灾减灾日"和"国际减灾日"期间，市民政局认真部署，周密安排，开展了形式多样、内容丰富的防灾减灾和应急管理系列宣教活动。据不完全统计，全市共组织专场活动120多场次，参与活动的市民超过200万人，展出防灾减灾展板3 000余块，悬挂横幅5 000多条，发放各种宣传资料和张贴防灾减灾挂图160多万份，播放宣传教育片170余场次，全市各大媒体组织采编、刊发、播出相关稿件、专题200余条，在全市范围内营造了浓厚活动氛围，取得良好的社会效益。5月12日，全国第三个“防灾减灾日”当天，市应急办、市民政局、市地震局联合举办的西城区金融街街道丰汇园社区居民地震应急疏散演练活动圆满完成。10月19日，第22个“国际减灾日”，市民政局组织举办了朝阳区双井街道九龙社区“减灾从社区做起”应急疏散演练活动，在社区首次立体呈现了应急疏散避险图，在全国率先实现社区应急疏散避险图的电子化，并在全国率先使用了社区紧急广播系统，体现了北京市社区综合防灾减灾工作进一步向智能化、科学化发展，也是北京市在防灾减灾工作中创新社会管理方面的有益尝试。为全面推进基层防灾减灾能力建设，市民政局根据民政部有关精神，下发了《北京市民政局关于做好2011年全国综合减灾示范社区创建工作的通知》（京民救发［2011］196号），全市共有103个社区自觉提升社区防灾减灾硬件配备和软件环境，积极参与“全国综合减灾示范社区”的评比创建活动，其中有70个社区得到了民政部的批准，在全市社区防灾减灾工作中起到了较好的示范和带头作用。截至2011年12月，全市共有162个社区获得“全国综合减灾示范社区”荣誉称号。

3. 应急援助。2011年3月10日，云南省德宏傣族景颇族自治州盈江县发生5.8级地震，紧急启动应急援助响应机制，应急援助地震灾区300万元。7月24日，密云县发生百年未遇的洪涝灾害，市民政局启动应急机制，紧急调运价值112.13万元、3 320件套救灾物资援助密云县受灾地区，下拨救灾资金200万元，用于安置受灾群众，为解决受灾优抚社救对象及低入家庭住房困难问题，下拨市级救灾资金348.3万元。同时，注重加强对口支援工作，根据市援合办要求，5月10日，市民政局组织市捐赠中心、市红十字会、市慈善协会和市青少年发展基金会等4名捐赠机构代表参加“纪念汶川地震三周年”活动，并向四川省什邡市民政局捐赠北京现代越野车一台，用于开展救灾工作，受到了当地党委政府和人民群众的一致好评。

（市民政局救灾处　丁长利）

【积极推进农村公益性公墓建设】 2011年，市民政局把农村公益性公墓建设作为推进首都农村殡葬事业改革的重点摆在突出的位置来抓，积极开展调查研究，深入探讨农村公益性骨灰安置设施全覆盖等问题，并付诸实践。目前，已在平谷、顺义、通州、朝阳、房山、大兴等区县建成试点约70处，取得了较好的效果，有力推进了首都农村殡葬事业的改革和发展。门头沟区在天山陵园内开辟公益性公墓，探索如何解决城乡结合部的公益性骨灰安置问题；房山区长阳镇高起点规划、高标准建设、低价位收费，赢得了属地市民的称赞；海淀区政府出资，解决香山风景区周围农村的散坟整治，将一些集体埋葬点、散葬坟墓统一迁至农村公益性公墓；顺义、平谷、丰台、密云、延庆等区县结合群众扫墓服务保障工作，进一步强化农村公益性公墓的指导和监督，加大事前监管的力度，扎实做好预防工作，倡导农村丧俗新风，防止祭祀引发火情，影响生态安全。这些措施的实施，节约了大量的土地资源，保护了自然环境，对促进首都农村生态环境的改变产生了积极的影响。

（市民政局殡葬处　李　勇）

农村改革与管理

概　述

2011年，进一步深化农村改革。农村土地管理全面加强，农村土地承包经营权登记试点有序进行，农村土地流转合同管理和备案制度不断健全。农村集体经济改革、发展全面推进。村级完成改革的比例已经达到91%。村级合作经济组织3 986个。农民专业合作社进入资源整合、规划发展、做大做强的新阶段。非公有制经济管理与发展成绩显著。

农村土地承包与流转

【开展农村土地承包档案管理情况检查】 2011年3月22日，市农委、市农研中心和市档案局在北京会议中心召开"北京市农村土地承包档案管理工作汇报会"。会议讨论贯彻落实农业部、国家档案局《关于加强农村土地承包档案管理工作的意见》（农经发［2010］12号），研究部署下一步工作计划。昌平区经管站介绍了开展农村土地承包档案清查、加强农村土地承包档案管理的经验和做法。市农委副主任陈涛、市农研中心副主任吴志强、市档案局副局长马素萍出席会议并讲话。本次会议对进一步加强农村土地承包档案管理提出要求：一要充分认识加强农村土地承包档案管理工作的重要意义。农村土地承包档案管理是农村土地承包管理十分重要的基础工作，对落实党的农村基本政策，维护农民权益具有重要意义。各区县农委、档案局、经管站要深刻领会会议精神，将本次会议的主要内容向区县主要领导汇报，努力抓好农村土地承包档案管理工作。二要建立区县农村土地承包档案管理机制，即农委牵头、区县经管站主责、档案局帮助、指导培训的机制，部门间加强沟通、协作。三要抓好各项档案管理制度的建立，包括：人员责任制及激励制，档案收集、管理制度，档案规范及安全保管制度，档案利用制度等。四要积极组织培训，不断提高档案管理人员的业务水平和专项技能。五要利用现代化管理手段，推进档案信息化管理。在已有《村管系统》、《北京农经平台》、《北京郊区自然资源和社会经济信息管理平台》的基础上，进一步完善系统，更新数据。六要进一步开展好农村土地承包档案自查工作。会议结束后，各区县按要求进行了土地承包档案的自查。7月，市农委、市档案局、市经管站组成市级检查组，对13个区县的农村土地承包档案管理情况进行了联合检查。结果表明，各区县农村土地承包档案管理工作总体水平较高，管理较规范，但也还存在着个别地区档案遗失、保管不善等问题。今后要进一步加强农村土地承包档案管理工作，为做好全市农村土地承包管理及纠纷调处工作提供保障。

【认真开展农村土地承包法执法检查】 按照《关于全国人大常委会开展农村土地承包法执法检查的通知》的要求，全国人大常委会组成调查组于2011年9—10月赴地方检查。检查地点是河北省、吉林省、安徽省、山东省、湖南省、甘肃省等6个省。对未安排检查组直接检查的省、自治区、直辖市，由各省、自治区、直辖市人大常委会对本行政区域内《农村土地承包法》、《农村土地承包经营纠纷调解仲裁法》的实施情况进行检查。此次执法检查的重点是：法律的宣传和贯彻实施基本情况；规范土地承包经营权流转，提高流转合同签订率，建立土地承包经营权流转市场和流转服务机构的情况；对非法征用、占用土地，违法将承包地用于非农建设等行为的查处情况；对仲裁工作的指导和支持情况，运用调解、仲裁渠道化解纠纷的情况，法院对仲裁的监督情况等。为配合好市人大常委会的执法检查，市农委下发了开展自查的通知。各区县抓住这次执法检查的有利时机，推动解决法律贯彻实施中存在的重大问题，全面加强农村土地承包管理工作，促进农村土地承包法律政策深入贯彻落实。

【在平谷区开展农村土地承包经营权登记试点工作】 2011年初，农业部、财政部等六部委下发了《关于开展农村土地承包经营权登记试点工作的意见》，明确提出"探索完善农村土地承包经营权确权登记颁证制度，依法赋予农民更加充分而有保障的土地承包经营权，为促进农业现代化和农村和谐提供体制保障。"3月31日，农业部召开全国农村土地承包经营权登记试点工作视频会议，陈晓华副部长出席会议并讲话，对该项工作进行了全面部署。北京市委、市政府高度重视此项工作，决定选择平谷区作为北京市农村土地承包经营权登记试点区县。2011年在镇罗营镇的大庙峪村、东寺峪村、玻璃台村开展村级试点工作。市里成立了由市农委、市政府法制办、市财政局、市档案局和市农研中心等部门组成的北京市农村土地承包经营权登记试点工作指导小组。9月29日，在平谷区召开了农村土地承包经营权登记试点工作领导小组工作会议，这项工作正式启动。10月，农业部正式批复《关于确定全国农村土地承包经营权登记试点地区的通知》（农经发〔2011〕11号），“确定北京市平谷区等50个县（市、区）为全国农村土地承包经营权登记试点地区。”经过各方努力，到2011年底，平谷区3个试点村农村土地承包经营权登记工作基本完成。

【建立农村土地流转价格监测制度】 近年来，北京市农村土地流转数量日趋增长，流转价格呈现出总体上升、区域间价位差距较大的特点。有的地区由于信息不畅等原因，流转价格长期低于土地价值，农民的土地权益受到严重影响，不利于土地流转的健康发展。建立土地流转价格动态监测制度，通过对土地流转实行动态管理，由市级有关部门对全市当前土地流转价格进行统计、分析，形成全市和各地区的流转指导价格，并向区县政府及时发布，有利于形成公平、合理的土地流转价格指导机制，排除人为干扰和低价竞争打压流转价格的不利影响，保护土地流转各方利益，引导农村土地承包经营权有序流转，促进农村土地的适度规模经营。为加强农村土地流转规范化管理，切实保障农民土地承包及流转收益，促进农村土地流转持续、健康、有序发展，北京市从2011年开始建立农村土地流转价格动态监测制度。以乡镇为单位，近郊区县各1个监测点，远郊区县各3个监测点，共33个监测点。监测项目包括土地流转方式、土地类型、土地流转期限、流转面积、土地用途、接转方类型、土地流转价格等。据统计，2011年，监测点共上报信息784条，土地流转总面积13 546.4亩，平均价格为每年每亩1 283元。

【召开“农村土地承包管理工作座谈会”】 为进一步贯彻落实全国农村土地承包管理工作座谈会精神，落实刘淇书记在平谷考察期间对经管工作做出的重要指示，贯彻落实平谷现场会精神，2011年11月16日上午，市农研中心在北京会议中心召开“农村土地承包管理工作座谈会”。会议对近两年北京市农村土地承包和流转管理工作进行了总结，对下一步推进全市农村土地承包及流转的管理和服务工作提出了要求。各区县经管站站长、主管副站长、合同科长、仲裁科科长、市农研中心各处处长、各直属单位负责人参加了会议。市委农工委副书记、新农办副主任高华，市农研中心党组书记、主任郭光磊参加会议并讲话。会议由市农研中心副主任曹四发主持。市农研中心副主任吴志强同志作工作报告。报告简要回顾了近年来北京市加强农村土地承包和流转管理工作的主要做法：一是巩固和完善延包后续工作，进一步稳定农村土地承包关系，开展农村土地承包经营权登记试点；二是进一步加强农村土地流转规范管理，研究制定了统一的《北京市农村土地承包经营权流转合同（示范文本）》，建立土地流转价格监测试点，搭建农地流转信息平台；三是依法加强农村土地承包经营纠纷调解仲裁体系建设，有效化解农村土地承包经营纠纷，维护农民权益。报告还分析了当前农村土地承包和流转的形势和存在问题，对下一步的工作作出了安排和部署：一是扎实推进农村土地承包经营权登记试点工作和集体土地确权登记颁证工作；二是规范土地流转行为，全面推行农村土地流转合同管理制度，建立土地流转收益持续增长机制；三是加强农村土地流转市场建设，力争在2012年建立起全市范围的农村产权交易机构；四是调整土地流转的主方向，大力发展专业合作社、农业大户和家庭农场等新型经营主体；五是完善农村土地承包经营纠纷调处机制，充分发挥仲裁在纠纷调处中的作用，更好地保护农民利益，构建农村和谐社会。

市委农工委副书记、新农办副主任高华同志充分肯定了各级农村土地承包管理部门的工作。他在讲话中指出，面对北京郊区城乡统筹、建设新农村、发展都市型现代农业的新形势、新要求，各区县一要充分认识抓好土地承包管理工作的重要性，积极做好农村土地承包经营权登记试点工作；二要集约利用土地资源，发展有北京特色的都市型现代农业，进一步整合农村土地资源，通过流转推动北京市设施农业、种业、民俗旅游业、休闲观光业发展。同时，在土地流转中要坚持农民的主体地位、加强政府监管，防止流转“非农化”倾向；三要坚持依法合规，不断深化农村经济体制改革。当前北京市正在积极进行产权制度改革，目前已完成产权改革的村有3 092个，改革增强了农民的主体地位和主体责任，也增加了农民的财产收入，各区县要进一步加大工作力度，保证这项工作又好又快完成。

市农研中心党组书记、主任郭光磊同志在讲话中指出，本次会议的主要目的一是贯彻落实8月在新疆召开的全国农村土地承包管理工作会议精神；二是按照10月10日刘淇书记在平谷考察时对经管工作提出的“责任重大、意义重大”的要求，落实好当前工作；三是进一步落实好平谷“农村集体资产经营管理工作现场会”的要求，从认识上提高、从管理上规范农村土地承包工作。大家要充分认识到，农村土地承包问题是农村工作的重要问题和核心问题，是农业增效、农民增收、农村稳定的关键，农村土地承包管理工作是经管工作的重要基础工作之一。多年来，在市委市政府的领导下，在各级农村经管系统干部的努力下，北京市农村土地承包管理工作取得了很大的成绩：2010年，全市已确权面积466万亩，全市农地流转总面积217.7万亩，占确权面积的46.7%。确利流转亩均收益484元，人均收益436元，分别比

2009年增加66元和53元。2010年，全市共受理土地承包及流转纠纷1 281起，调处纠纷1 255起，占受理纠纷数量的98%。目前，北京市在农村土地承包管理上还存在着一些问题：一是管理粗放，特别是乡级以下管理精细化程度不够；二是制度落实不到位，民主决策等程序没有发挥出应有作用，监管职能没跟上；三是从统计数据上看，流转收益较低；四是在管理上认识不统一，思路不清晰。当前，我们正处在城市反哺农村、工业反哺农业的历史新阶段，各区县经管部门要统一认识，今后在工作思路上一要加强对农村土地承包管理工作的指导、服务和监督，重点抓好基础信息管理、制度建设管理、强化过程监管三项工作；二要在农村土地承包管理工作中引入现代化手段。要重视信息网络工作，对存在的经营风险、突出矛盾进行实时管理、实时发布、实时预警；要运用现代金融手段，创新农村土地流转机制，在平谷区开展土地信托流转试点；三要重视和加强村集体在土地流转中的作用，加强管理和监督，全面做好农村土地承包经营权登记工作。

【完成2010年农村土地承包及经营管理情况的分析报告】 对2010年村管系统中的土地承包管理模块进行了测试、汇总及分析。完成了《2010年郊区农村土地承包经营及管理情况分析》及相关报表。在此基础上，对郊区农村土地确权、流转的情况及主要问题进行了分析，完成了《关于2010年全市郊区农村土地确权与流转情况的报告》。报告对当前土地流转的形式、规模、经营情况、流转收益的兑现情况进行了统计分析，提出当前土地流转中还存在着流转收益偏低、流转收益兑现不及时等问题，并提出了建立土地流转价格指导机制和流转收益持续增长机制，规范农村土地流转行为，加强农村土地流转管理的建议和对策。

（市农研中心　任玉玲）

农民专业合作社组织

【基本情况】 2011年，农民专业合作社工作以贯彻实施《北京市实施〈农民专业合作社法〉办法》、《北京市农民专业合作社示范社行动计划》为重心，进一步完善措施，加强指导扶持服务，农民专业合作社建设取得新进展。截止到2011年底，全市农民专业合作组织发展到4 878个，同比增长12.68%，实有注册资本达46.1亿元，同比增长14.54%，带动农户达到43.9万户。农民专业合作社已成为促进都市型现代农业发展和新农村建设的重要力量。

【农民专业合作社发展特点】

1. 合作社的规范化水平不断提高。全市不断依法推进合作社的规范化管理工作，多数区县制定了统一的合作社规范管理制度。密云县制定了每年定期开展两次合作社民主日制度，召开成员大会，面向成员公开财务、社务、档案等；房山区专门开展了财务规范化示范社建设行动，规范了一批财务示范社；怀柔区与档案局联合制定了合作社进行档案规范管理的办法，目前已完成10多家示范社的档案规范；昌平区依托农经信息平台，开展了合作社在线审计试点，进一步强化了对合作社规范建设的监督指导。目前，郊区已经涌现出一大批产权结构清晰、分配制度规范、管理制度健全、实行民主管理、“可学、可看、可比”的合作社。

2. 合作社发展与区域主导产业、优势产品紧密结合。各区县紧密围绕本地区的主导产业和特色产业，培育出了一大批产业基础牢固、产品特色突出、带动能力较强的合作社。如：昌平区围绕本地区的“一花三果”主导产业，重点培育苹果、板栗和草莓专业合作社；大兴区围绕西甜瓜产业带，重点培育西甜瓜专业合作社；门头沟区围绕山区特点，重点培育蜜蜂养殖及山茶种植专业合作社。目前，这些合作社已经成为带动当地主导产业和特色产业发展的中坚力量。

3. 合作社产业融合成为发展趋势。在发展都市型现代农业进程中，合作社正在成为促进一、二、三产相互融合的重要载体。目前，全市融合三次产业的合作社达到826家，占全市合作社总数的17.3%，其中从事农产品加工、储藏、销售的达到139家。通过产业融合，延长了产业链条，提高了经济效益。如：密云县的奥金达蜂产品专业合作社，2007年投资320万元建起了自己的蜂产品加工生产线，产品涉及4大类18个品种，年加工能力达到2 000吨，申请注册了“花彤”牌商标。2008年，合作社投资40万元建成养蜂科普观光园，年接待游客2万人次。怀柔区结合当地乡村旅游，组织山区农民建立了一批手工业及民俗旅游专业合作社，规范和促进了相关产业发展，提升了产品质量和服务水平。

4. 合作社的品牌意识和质量安全意识逐步增强。合作社开始树立以市场为导向、以经济效益为核心的经营理念，产品品牌和质量安全意识进一步增强。目前，全市已有338个合作社注册了自己的产品商标；有346个合作社通过了各类农产品质量认证。在带动农户开展标准化生产，加强品牌建设，提高市场竞争力方面发挥了重要作用。

5. 合作社间的联合以及内部的资金互助机制不断创新。一方面，合作社相互联合的趋势不断增强。郊区已有一批合作社通过相互联合、共建销售平台、共同开展农产品加工等多种方式走向联合。如：平谷、通州区相继成立了全区综合性专业联合社组织；延庆县成立了蔬菜产销联合社；密云建立了板栗、柴鸡蛋等合作社联合组织；昌平区由12家合作社建立了产品销售联盟。另一方面，合作社内部资金互助试点取得积极进展。通州区于家务乡果村蔬菜专业合作社率先实践了合作社内部资金互助试点，有效解决了成员生产资金短缺的问题。目前合作社内部资金互助试点工作已扩展到4个区县，累计达到35家。

6. 合作社市场营销渠道不断拓展，营销体系建设不断完善。按照建设都市型现代农业发展要求，立足于服务首都市场宗旨，合作社初步建立起以发展观光休闲、社区专营店、电子商务、团购配送、有机农产品宅配、“农超对接”、展会，以及广泛的互助联销为主要形式的市场营销体系。平谷区合作社服务中心组织合作社在北京城区开办了40家社区农产品直销店，极大地带动了全区农副产品销售。房山区经管站通过网上联合式形式，为全区120家合作社开设了网店，年销售收入达2 280万元，社均增收19万元，户增收2 814元。通州区合作社联合会在通州繁华地段开办了合作社超市，为全区合作社名特优农产品提供了展销平台。延庆县通过“时鲜快递”方式，积极发展有机农产品宅配业务，实现了农产品从田间到餐桌的对接，更好地服务了首都市民。

【主要工作及成效】

1. 认真贯彻全国会议精神，全面部署本市工作。按照农业部的要求，向本市主管领导及农委办公会议认真传达了全国会议精神，结合本市实际，经过认真筹备，召开了北京市农民专业合作社建设工作会议，对前一段全市农民专业合作社的发展和建设工作进行了认真总结，对下一步工作进行了研究部署，提出了发展目标和任务。

2. 坚持发展规范并重，深入推进示范社建设行动。2010年，本市共培育创建出50家市级示范社和49家示范社建设单位，171家区县级示范社。市里对市级示范社和示范社建设单位统一给予授牌表彰，各项政策扶持重点向示范社倾斜。通过培育一批优秀示范社典型，使全市合作社建设水平提升到了一个新的高度。2011年，根据农业部印发的示范社建设标准，制定印发了《关于2011年培育创建北京市农民专业合作社示范社及评定管理办法的通知》，再培育创建50家市级示范社。市里对市级示范社和示范社建设单位统一给予授牌表彰，各项扶持政策重点向示范社倾斜。通过培育一批优秀示范社典型，使全市合作社建设水平提升到了一个新的高度。

3. 坚持部门联动，强化政策扶持。为进一步整合政策资源，加强对合作社的扶持，2011年，本市进一步完善了农民专业合作社发展联席会议制度。联席会议由市农委牵头，共由17个部门的相关业务处室组成。2011年，市农委会同市财政局，通过项目奖励，扶持合作社营销平台建设资金700余万元。目前，市人力社保局会同市经管部门，已经正式启动了大学生“村官”进合作社试点，参照“村官”相关政策和管理办法，2011年为145个合作社配备了专职“合作社理事长助理”。市农林科学院、市供销总社、农行北京市分行与市经管部门签订了《共同促进农民专业合作社发展合作协议》，在推广应用先进科学技术，建立农资供应体系、扩大销售渠道、提供资金信贷等方面为合作社提供了良好服务。此外，市发改委在加强基础设施建设、改善合作社生产条件，市科委在提供科技项目支持，市商务委在促进农超对接，市工商局在简化合作社登记手续等方面也做了大量卓有成效的工作。

4. 创新工作机制，加强指导服务。2011年，本市对农民专业合作社专家指导组进行了调整充实，继续发挥专家指导组的作用。为了强化指导，加强帮扶，2011年，市农委和市农业局开展了业务处室处长联系示范社制度，建立了示范社理事长与农委、农业局业务处室处长们的直接沟通渠道。此外，市农委、市经管站联合北京农业职业学院正在合作探索建立农民专业合作社培训机构，增设农民专业合作社课程，通过短期培训与专业教育相结合的方式，建立农民专业合作社人才培养长效机制。

5. 典型引导示范，加大宣传培训。2011年，我们组织专人对全市具有典型带动作用的部分示范社进行了认真总结，编辑了《北京市农民专业合作社示范社案例》，印发全市推广。此外，还总结了全市、密云县农合中心建设经验和部分合作社典型案例，在农民日报进行了整版宣传。同时，进一步加大了合作社培训工作力度，2010年至今，市、区县、乡镇三级共举办合作社培训班80余次，培训乡镇、村基层干部和合作社管理人员10 197人次。

全市农民专业合作社总体上仍然处在初级发展阶段，存在经营规模偏小、经济实力较弱、产业链条较短、服务层次较低、带动能力还不强等问题，特别是由于合作社登记门槛较低，造成没有活动内容的“微小社”和“空挂社”占有相当比例。一些部门、区县特别是乡镇主要领导对合作社的重视和关注程度还有待提高，在财政资金、信贷资金、产业项目、科技项目等方面的扶持还有待进一步加强。

（市农研中心　任玉玲　韩　生　白　雪）

【农村专业经济协会发展迅速】 农村专业经济协会是服务“三农”的主力军，在新农村建设中发挥着极其重要的作用。2011年，北京市社会团体管理办公室按照民政部培育发展农村专业经济协会的要求，以简化登记手续、完善内部治理机制、提供高效优质服务为抓手，突出加强制度建设，缩短审批时限，大力推进农村专业经济协会规范化管理，促进了农村专业经济协会健康快速发展。截至2011年12月31日，全市已登记农村专业经济协会644个，分布在朝阳、海淀、丰台及10个远郊区县，其中新成立9个，包括北京市门头沟区清水镇农副产品协会、北京市房山区养殖协会、北京市延庆县张山营果树种植协会等。按性质类型划分，种植业221个，养殖业142个，民俗旅游58个，农民用水112个，综合服务76个，文体活动7个，学术研究6个，其他22个，涵盖首都农业全部领域。现有从业人员3 603人，会员12.5万名。注重积极开展服务“三农”活动，2011年包括农村专业经济协会在内，全市社会组织共开展服务“三农”项目377个，占服务民生项目的9.0%，其中涉农研究机构共组织农业实用技术培训168次，农业科技项目推广33项，现场技术指导1 081次，服务农户5 819户。首次使用福利彩票公益金资助服务

“三农”项目，北京昌平十三陵果业协会的“贫困农户技能培训增收项目”等12个项目获得福利彩票公益金资助，共计42万元。积极引导各区县开展服务“三农”活动，如通州区组织区无公害蔬菜产业协会等11家社会组织深入到张家湾镇开展了“服务民生乡村行——共建和谐新农村”活动，共接受咨询1 260人次，免费发放《蔬菜百项技术》、《番茄虫害识别与防治》等技术宣传资料5 350份，深受广大村民群众的欢迎。同时，针对农村专业经济协会分布广、数量多，发展不平衡等问题，为推动农村专业经济协会共同发展，市社团办采取典型引路的方法，树立了一批先进农村专业经济协会典型，并充分发挥示范引领作用，有力促进了农村专业经济协会的共同发展，北京市房山区食用菌协会、北京市大兴区庞各庄镇甘薯协会、北京市平谷区金海大枣协会等6家农村专业经济协会被评为北京市社会组织先进集体，卓延伟、张林成、霍建樟等13个农村专业经济协会负责人被评为北京市社会组织先进个人，为全市农村专业经济协会深入发展树立了榜样。

（市民政局　甘国再　曲　瑞）

集体经济管理

【基本情况】 2011年，北京市集体经济管理进一步加强，集体经济实力进一步发展壮大。截至2011年底，全市有乡（镇）级合作经济组织193个，村级合作经济组织3 986个。乡村集体经济组织总资产（含所属乡村集体企业资产，下同）达到4 116.6亿元，比上一年度的3 451.0亿元增加了19.3%；乡村集体经济组织净资产达到1 568.3亿元，比上一年度的1 377.7亿元增加了13.8%。2011年，全市乡村集体经济组织实收资本金441.8亿元，比上一年度的419.3亿元增长5.4%。实收资本金中，乡集体资本金101.6亿元，占23.0%；村集体资本金150.6亿元，占34.1%；国家资本金14.6亿元，占3.3%；法人资本金75.7亿元，占17.1%；个人资本金87.2亿元，占19.7%；外商资本金12.1亿元，占2.8%。乡村集体经济组织实收资本结构的多元化，反映了集体经济产权制度改革的成果。

【主要措施】 一是开展农村集体资产清产核资试点工作。从2011年3月开始，历时半年多时间，到10月底基本结束，对13个区县、14个乡（镇）的27家乡镇集体经济组织及所属单位、281个村级集体经济组织、193家集体企业（乡镇级72家、村级121家）进行了清查。朝阳区对农村集体资产进行了全面清查，共清查643个基本单位，其中，乡级集体经济组织21个、村级集体经济组织157个、集体企业及其他单位465家。通过清产核资摸清了集体家底，明晰了产权，夯实了工作基础，完善了各项管理制度，有利于建立起产权明晰、权责明确、经营高效、管理民主、监督到位的农村集体资产管理体制和运营机制，推动农村集体资金、资产、资源管理工作上水平。

二是稳步推进农村财务管理规范化建设。全市95.9%的村实行了村级会计委托代理，97.7%的村实行了农村会计电算化，99.1%的村建立了民主理财小组，99.7%的村实行了财务公开。已有77个乡镇代理机构、1 293个村完成了规范化建设任务，分别占全市乡镇代理机构、总村数的44.3%和32.5%。农村“三资”管理逐步实现了制度化、规范化、经常化，保证了农村集体资金的规范管理、集体资产的保值增值、集体资源的合理使用。

三是强化农村集体经济审计监督。2011年在朝阳、房山、大兴、通州、顺义、平谷、怀柔、密云8个区县及所属136个乡镇2 946个村扩大试点，推广应用北京农村经济在线审计系统。在做好村干部经济责任审计、财务审计、财政专项补贴审计等常规性审计工作的同时，结合产权制度改革、“三资”监管、土地征占等农村经济热点，积极开展新型集体经济组织审计、清产核资结果审计确认、土地征占款审计等项工作。全年共对10 422个单位进行了审计，审计资金总额达1 341.9亿元。经过审计，查出违纪违规单位35个，违纪违规金额563.3万元；查出损失浪费金额175.3万元，促进增收节支187.2万元。

四是规范农村集体资产产权交易行为。各区县已初步建立起农村产权交易服务机构，在规范农村集体资产交易行为和交易程序方面发挥了作用。平谷区农村产权交易服务中心，截至2011年12月，已成功受理十宗交易，涉及土地3 732.2亩、山场1 810亩、集体企业两家，总交易额达8 217.37万元，溢价近2 000万元。农村产权交易服务中心的建立，不仅规范了农村集体产权交易行为和交易流程，还促进了农村资源的优化配置和城乡统筹发展，是新时期加强农村集体资产经营管理，提高农村集体资产经营效益，保护农民合法权益，密切党群、干群关系，促进党风廉政建设的重要举措。

五是加强农村集体经济合同管理。丰台、房山、大兴、朝阳、昌平、密云等区县对农村集体经济合同进行了清理。通过清理，进一步掌握了农村集体资产的经营现状。通过规范合同文本，建立合同管理台账，完善合同签订、审核、备案制度等措施，纠正合同签订和执行过程中的违规违约行为，挽回集体资产的损失。

（市农研中心　吴汝明）

集体经济产权制度改革

【基本情况】 2011年，郊区各区县进一步加大改革工作力度，积极采取有力措施，全面推进农村集体经济产权制度改革工作。截至2011年底，全市累计完成改革的单位达到3 645个，其中村级3 635个，乡级10个，村级完成改革的比例已经达到91.4%，有11个区县村级改革完成比例达到90%以上。正在进行改革的单位有191个，其中：村级182个，乡级9个。总体进展是：处于改革起步阶段45个，清产核资和成员身份界定阶段109个，资产量化和登记注册阶段37个。城乡结合部50个重点村已完成产权制度改革村37个，余下13个村中：处于清产核资和成员身份界定阶段12个，资产量化和登记注册阶段1个。

【主要措施和特点】

1. *加强改革培训*。为确保2011年改革任务的顺利完成，市和区县都加大了改革培训力度。4—5月份，市里连续举办了8期产权制度改革培训班，累计培训1 068人。大兴区针对各镇包村干部、村干部、村财务专管员、村官，重点开展实操培训，培训人数达8 000人。房山区在全区范围内积极宣传改革，介绍改革先进经验，培训人数达1 000人；海淀区加大对重要环节具体工作的指导力度，深入乡镇进行专题培训，累计培训600余人。

2. *加大改革激励*。为确保改革质量，扎实完成产权制度改革工作，各郊区县加大对改革完成村的扶持力度，加强激励监督。昌平推行"三统一、四挂钩、五奖励"的激励机制，区财政累计兑现202个改革完成村奖励资金1 010万元，进一步调动和激发了基层改革的积极性和主动性；顺义区认真研究制定移民村产权制度改革扶持政策，北小营镇对接收移民的5个村集体经济组织，按照接收移民数量给予每人300元标准进行资金扶持，顺利完成移民村产权制度改革工作。

3. *深入调查研究*。丰台成立了以区委副书记王苏维牵头的"深化农村集体经济产权制度改革研究"课题组，对全区乡镇、村改革及深化的情况进行了全面梳理，深入剖析问题，有针对性地提出政策建议。海淀区深入东升乡和玉渊潭调研股份经济合作社运行情况，探索加强管理和服务的新途径。大兴区积极探索多种资产经营模式，根据不同村的具体特点，总结了集体经济发展的六种模式。

4. *推进规范管理*。随着改革工作的深入推进，各郊区县将加强新型集体经济组织的规范化管理提上日程。怀柔区重点抓3个社区股份合作社示范社建设，探索社区股份合作社的规范管理和壮大集体经济的途径。通州区出台了《通州区农村社区股份经济合作社管理实施办法》（通政发［2011］2号），规范股份经济合作社的内部管理；延庆县出台了《关于规范村股份经济合作社收益分配工作的通知》（延农委发［2011］4号），规范新型集体经济组织的收益分配。

（市农研中心　吴汝明）

减轻农民负担与农村综合改革

【认真开展农民负担执法检查】 2011年春季，根据农业部、国务院纠风办、财政部、发展改革委、国务院法制办、教育部、新闻出版总署《关于做好2010年减轻农民负担工作的意见》；国务院农村综合改革工作小组、财政部、农业部《关于做好2010年扩大村级公益事业建设一事一议财政奖补试点工作的通知》；《北京市人民政府关于做好农村综合改革的意见》（京政发［2007］32号）文件要求，我们组织全市农民负担监督管理机构，开展了2011年度农民负担监督管理春季执法检查。主要内容包括：一是2010年村级公益事业补助资金的使用情况和2011年度的拨付情况；二是规范"一事一议"筹资筹劳；三是认真解决农民信访反映的问题。

1. *2010年村级公益事业补助资金的使用情况和2011年度的拨付情况*。2010年全市村级公益事业专项补助资金54 307.4万元，实际支出53 750.6万元，使用率为99%。2011年村级集体公益事业专项补贴资金到位率为98.3%。门头沟区由于拆迁等原因到位率为62.5%，其他区县全部到位。

2. *规范一事一议筹资筹劳的检查情况*。我们对规范一事一议筹资筹劳情况进行了检查。北京市已有通州、密云、顺义、平谷、延庆等7个区县制定了《村民一事一议筹资筹劳管理实施细则》，对村民一事一议筹资筹劳管理部门、筹资的标准、筹劳的标准、筹资筹劳适用范围与对象、应履行的程序等做出了明确规定。

3. *开展农民负担专项执法检查情况*。农村电力问题一直备受农民关注。多年来，农民反映的农户分表与总表的差价负担、农村低压整改施工人员的饭费负担等问题，经过农民负担部门的跟踪监督和电力部门的政策完善及电力干部职工的共同努力，从农村低压整改一个村，村集体要负担整改费用5万～10万元，到采取电力部门自己施工自带锅灶、旧杆旧线更换归村等办法，使低压整改集资141万元全部返还了农民。低压整改后，减少了村级电工，节省了费用，实现了电力职工抄表到户，城乡同网同价。

2011年7—10月，为深入贯彻落实农业部、国务院纠风办等7部门《关于印发〈2011年减轻农民负担工作要点〉的通知》（农经发［2011］6号）、农业部、国务院纠风办《关于开展向村级组织收费专项清理整顿活动的通知》（农经发［2011］7号）和北京市农村工作委员会、北京市纠正行业不正之风办公室《关于开展向村级组织收费专项清理整顿活动的通知》（京政农发［2011］13号）文件精神，北京市农村负担监督管理办公室组织全市、区（县）农民负担监督管理机构开展了向村级组织收费专项清理整顿活动。

【村级组织收费专项清理整顿活动】 一是，应由地方政府承担或配套的农村公益事业建设项目资金要求村级组织配套或摊派给村组织承担情况检查。近年来，北京市各级政府加大了对农村基础设施和公益事业建设的资金投入，农村各项公益事业建设基本由各级财政及相关部门承担。经查，自2009年1月1日以来，未发现应由政府承担或配套的农村公益事业建设项目资金要求村级组织配套或摊派给村组织承担的事项。

但是在检查中也发现村级组织承担了部分农村公共基础设施建设及基本公共服务费用的情况。随着北京市农村城市化的快速推进，农村集体经济组织承担了很多城市管理的职能，承担的城市管理费用持续加大，村级组织负担较重，城近郊区尤为突出。由于城乡结合部地区城市人口和外来人口多，村集体经济组织需要加大对环境综合整治的力度，卫生、水、电、道路、安保、垃圾清运等费用的投入加大，加重了村集体的负担。如海淀区四季青乡，居住人口 27.7 万，农业人口仅有 3.2 万，只占居住人口的 11.5%。全年各村用于环境治理支出 6 049 万元，其中用于外来人口环境治理费用在 5 155 万元左右，占 85.2%。朝阳区十八里店村 2010 年基础设施修补、垃圾清运等公共服务支出 800 万元，占全村年收入的 15%，年支出的 17%。加重了村集体的负担，也制约了农民收入的增长速度。

二是，农村义务教育阶段学校要求村级组织提供捐款、赞助、教师工资奖金等情况检查。经各区县检查上报和抽查，未发现农村义务教育阶段学校要求村级组织提供捐款、赞助、教师工资奖金等情况。

三是，行政机关、事业单位、社会团体、中介组织违规向村级组织收费、报销相关费用或以各种形式要求村级组织提供捐款、赞助、会费、治安费等情况检查。在这次检查中发现个别社会团体向村集体经济组织收取会费和要求村集体捐款等情况。

怀柔区发现全国红十字会向村集体收取会费，每村 100 元，北京市计划生育人口基金会向村收取“幸福工程”捐款，每村 300 元。

密云县发现派驻各乡镇有关部门在没有收费许可证、没有规范票据、没有收费标准、没有执行收支两条线的情况下，向村集体共收取了 4.2 万元法律顾问费。密云县农民负担监督管理办公室与县发展和改革委员会、县监察局组成工作组共同到密云县直属局调查，要求立即停止收取村集体法律顾问费、宣传费，并对已收取的 4.2 万元全额退回。

这次检查中还发现，部分乡镇派出所在办理养犬的登记年检手续时，没有按照规定向养犬人收取费用，而是将费用摊派到村，由村集体经济组织负担。如密云县部分乡镇派出所未按规定向养犬人收取养犬注册费、年检费，而是向集体“打包”收取农户养犬注册费、年检费。大兴区在检查中也发现个别村集体为村民支付应属于个人支付、由公安部门征收的养犬管理费，每村金额在 2 000 元至 3 000 元不等。

四是，地方政府或部门以强制性措施要求村级组织超限额公费订阅报刊情况检查。在这次检查中发现有 9 个乡镇 110 个村 2011 年报刊订阅超过限额，超限金额 13.76 万元。我们严格纠正了报刊订阅超限额问题，按照谁造成超限额谁负责清退的原则进行了处理，并追究了责任人的责任。

五是，各种要求村级组织出钱出物出工的达标升级活动情况检查。在这次经查中未发现各种要求村级组织出钱出物出工的达标升级活动情况。

六是，其他违反国家法律、法规和政策规定，向村级组织收取各种费用的行为的检查情况。这次检查中发现两宗向村级组织收费的情况：

北京农商行向村集体经济组织公用账户收费问题。密云县在检查中发现，北京农商行对公用账户日均存款 5 万元以下的村集体经济组织收取费用。此项费用仅密云县就收取了 150 万元，加重了村级组织的负担。

农村路灯照明电费由村集体和农民承担问题。根据《北京市财政局北京市物价局关于随电价征收附加费办法的通知》（京财预［1999］1818 号）的规定，城市和农村路灯照明电费均应在公用事业附加费中列支。这次检查中发现除密云外，其他区县农村路灯照明电费仍由村集体经济组织和农民承担，路灯电费城乡不统筹，加重了村集体和农民的负担。

【开展减轻农民负担工作专题调研活动】 为做好新形势下的减轻农民负担工作，农业部农民负担监督管理办公室于 2011 年 5 月份组织开展了 2011 年减轻农民负担工作专题调研活动。按照《关于开展减轻农民负担工作专题调研活动的通知》（农负办［2011］5 号）要求，农业部农民负担监督管理办公室对各省（自治区、直辖市）提交的调研报告进行了认真评选。北京市农民负担监督管理办公室不仅获得了 2011 年减轻农民负担工作专题调研活动优秀组织奖，还有延庆、通州和房山等三个区县报送的三篇调研报告分别获得了一、二、三等奖。

【开展村级公益事业建设一事一议财政奖补工作】 为了贯彻落实全国全面推开村级公益事业一事一议财政奖补工作视频会议精神，北京市高度重视，认真落实，积极开展相关工作，推动北京市村级公益事业财政奖补工作顺利开展。2011 年共选取了顺义、通州、平谷、密云作为试点区县，确定一事一议财政奖补项目 133 个，项目建设总投资 13 415.05 万元，其中：村民筹资筹劳 2 575.67 万元，村集体投入 639.38 万元，社会捐赠 21 万元，其他投入 4 万元，财政奖补资金 10 175 万元。

【建立健全农民负担监督管理各项制度】 2011 年 12 月 9 日，根据农业部等 7 部委《关于印发〈2011 年减轻农民负担工作要点〉的通知》（农经发［2011］6 号）和《北京市农民负担管理条例》的有关规定，经市减轻农民负担工作协调会议研究，北京市农村工作委员会发出《关于建立本市农村负担监督管理联席会议制度的通知》（经中京政农函［2011］92 号），决定建立（恢复）北京市农村负担监督管理联席会议制度。联席会议主要职责、组成部门及工作制度和要求具体如下：

1. 联席会议主要职责。依据国家有关法规要求和《北京市农民负担管理条例》规定，本市农民负担监督管理联席会议的主要职责是：负责协调相关部门贯彻落实国家减轻农民负担有关法律法规和政策等工作，研究制定本市减轻农民负担相关政策，协调解决实际工作中遇到的重点问题，建立健全农民负担监管长效机制，防止农民负担反弹。

2. 联席会议组成部门。联席会议由市农委牵头，由市政府各相关部门参加。具体组成人员如下：

总召集人：市委农工委书记、市农委主任王孝东。

召集人：市委农工委副书记高华、市监察局副局长、市纠风办副主任杨逸铮、市农村纪工委副书记尚延华。

组成人员：市纪委纠风室主任、市纠风办副主任徐纪铭、市发展改革委副主任蒋力歌、市教委副主任罗洁、市财政局副局长李玉国、市审计局副局长郭彤、市新闻出版局副局长孙瑛、市政府法制办副主任李富莹、市农研中心副主任吴志强。

联席会议下设办公室，办公室设在市农委，负责联席会议日常工作。办公室主任由市农委农工委副书记高华兼任；办公室副主任由市农委农村改革与经营管理处处长侯书江、市农委监察处处长杨建平和市农研中心经管站站长胡登洲担任。

3. 工作机制和要求。联席会议由联席会议办公室根据工作需要及领导指示精神，每年采取定期与不定期相结合的方式，组织全体或部分组成人员召开。

各组成部门相关人员应当根据本部门职责，通过联席会议对涉及本部门的有关事项及时提出工作措施或建议。

各区县要参照市级农民负担监督管理联席会议的形式，进一步建立健全本区县农民负担监督管理机制，负责减轻农民负担的监督和管理。同时，对本区县农民负担监管中出现的重大问题提交本市农民负担监督管理联席会议，由联席会议帮助研究，协调解决。

（市农研中心　吴新生）

非公有制经济管理与发展

【基本情况】 2011 年，北京市私企和个体工商户登记注册累计 130.7 万户，其中：私营企业 544 022户，个体工商户 762 701 万户；私企和个体从业人员 4 545 932 人，其中：私营企业雇工 3 435 458 人，个体工商户从业人员 1 110 474 人；私企和个体注册资本 106 505 703 万元，其中：私营企业注册资本 104 919 631 万元，个体工商户注册资本 1 586 072 万元。

【《个体工商户条例》正式发布】 4 月 16 日，温家宝总理签署国务院令，公布《个体工商户条例》。条例取消了个体工商户从业人数、申请设立者身份限制和个体工商户管理费，放宽了经营范围，并明确规定登记机关办理个体户验照不得收取任何费用，条例自 2011 年 11 月 1 日起施行。

【完善非公经济发展政策环境】 年内，市发改委完善促进非公经济发展政策环境：一是在编制本市国民经济和社会发展“十二五”规划中提出“加快非公有制经济发展”；二是支持中小企业参与中关村示范区建设；三是以市政府名义下发加快培育和发展战略性新兴产业实施意见，引导更多民营企业向新一代信息技术、生物、节能环保等战略性新兴产业的重点领域发展；四是出台了市级工程研究中心和工程实验室管理办法，提高民营企业核心竞争能力。

【引导民营企业参与投资基金】 年内，市发改委引导和吸引民营企业参与国家新兴产业创业投资基金运转，联合国家发改委、财政部，引导社会资本在电子信息、新能源和高技术服务业等领域设立 6 只创投基金，重点扶持处于初创期、成长期的创新型企业等，每只基金 2.5 亿元，1.5 亿元由社会投资。年内，4 只基金已投资项目 29 个，金额近 5.64 亿元。

【中关村新技术新产品政府采购】 年内，市发改委开展中关村新技术新产品政府采购工作。全市有 849 个项目采购中关村新技术新产品，采购金额 146 亿元，带动投资 561 亿元，其中采购中小企业的新技术新产品约 70 亿元。

【加强产业技术创新联盟建设】 年内，市科委为推进民营科技企业参与产学研合作、加强各类联盟组织建设，会同有关部门出台《关于促进产业技术创新战略联盟加快发展的意见》，明确支持联盟发展的措施和方式；开展“产业技术创新战略联盟促进”科技专项，对 42 家具有示范效应的产业联盟进行支持。年内全市各类产业技术创新战略联盟达 164 家，成员单位 9 200 家。

【建设首都科技条件平台】 年内，市科委加强首都科技条件平台建设，为民营科技企业提供研发实验服务。全年首都科技条件平台共撬动开放的科技资源达 36 亿元，使条件平台开放的科技资源总量达 145 亿，促进近 130 个国家级、市级重点实验室和工程中心向社会开放共享。全年有 4 700 多家企业享受到此平台的研发实验服务，合同额 6.7 亿元。

【推进科技孵化体系建设】 年内，市科委深入推进科技孵化体系建设，认定 10 家专业能力突出、孵化成效明显的机构为年度专业孵化基地，评选出 6 家战略性新兴产业孵育基地和 30 个战略性新兴产业培育项目；新推荐 2 家科技企业孵化器认定为国家级孵化器，年内本市科技孵化体系已培育上市企业 20 多家，在孵企业近 6 000 家。

【完善中小企业创新资金组织工作】 年内，市科委加强和完善科技型中小企业技术创新资金组织工作，创新资金对 125 个项目给予 4 350 万元的支持，项目预计带动企业及社会投资 13.14 亿元；项目完成后，预计实现销售收入 64.4 亿元。

【开展自主创新产品认定工作】 年内，市科委组织开展自主创新产品认定工作，通过政府采购方式帮助民营科技企业开拓市场。认定165家企业的247个产品为本市自主创新产品，采购金额61.7亿元。累计认定1 663家单位的4 681项产品为市自主创新产品，采购金额146.2亿元。

【开展高新技术企业认定工作】 年内，市科委组织高新技术企业认定工作，帮助民营科技企业享受国家税收优惠政策。全年有2 238家企业通过高新技术企业资格复审，认定1 285家。累计认定高新技术企业7 293家，可使企业当年享受税收优惠超100亿元。

【促进中小企业发展】 年内，市经信委牵头成立由市30个相关委办局组成的北京市促进中小企业发展领导小组，出台了关于促进发展的实施意见，确定促进中小企业发展重点任务22项，并组织专题调研，起草《北京市中小企业促进条例》地方法规征求意见稿，提出促进其发展的一系列政策措施。

【创新融资服务】 年内，市经信委完善市区两级投融资服务体系。全年组织22场融资培训会，千余家中小企业、45个行业协会参加培训。争取国家和本市中小企业专项资金4.4亿元，支持其技术改造，发展新兴产业。

【引导创业投资支持民营企业】 年内，市经信委引导合作创业投资公司更多地投资于创业期民营中小企业项目。截至年底，已分四批参股成立18家创业投资公司，注册资本27.5亿元，引导社会资金对54家中小企业进行股权投资，所投企业全部是民营中小企业，推动首都产业结构调整和优化升级。

【发行中小企业集合信托】 年内，市经信委为缓解民营企业融资难问题，发行中小企业集合信托共30期，额度10.37亿元，涉及企业100余家，其中90%以上为民营企业。

【为外地来京私企人员办理常住户口】 市公安局在网站中将有关办理进京入户的政策、条件等予以公开。各分局印制便民条，向咨询人员介绍相关政策。年内，市公安局审批外地来京投资开办私营企业人员进京户口82件、227人。累计办理451件、1 311人。

【保护私个经济发展】 年内，市公安局坚持“打击与防范并重，管理与服务同行”的方针，严厉打击针对私个经营者的恶性案件和黑恶团伙势力，切实保护私个经济健康发展。例如刑侦部门开展重特大刑事案件侦破的组织、协调和攻坚工作，一举打掉朝阳十里河美联天地灯具城一伙假借为商户提供翻译为名，向商户索取“劳务费”的恶势力团伙。

【推进行政审批制度改革】 年内，市监察局坚持“加快、简化、下放、取消、协调”工作方针，梳理48个市级政府部门823项行政许可和744项非行政许可审批事项，共废止许可事项25项；根据相关法律法规，调整许可事项32项，取消非行政许可审批15项。以中关村自主创新示范区和亦庄开发区行政审批权限下放为切入点，推进审批权限下放。

【加大支持担保公司力度】 年内，市财政局从市财政超收资金中安排5亿元，用于中关村担保和中小企业信用再担保公司增资；从市级中小企业担保资金中列支1.9亿元，用于首创担保公司增资。3家政策性担保机构共增资22亿元，担保能力提高一倍。

【发挥创业投资引导基金的作用】 市财政局积极发挥中小企业创业投资引导基金作用，截至年底，引导基金合作创业投资公司对58家企业、股权投资7.95亿元。其中投资北京地区中小企业55家，占94.8%，投资额7.4亿元，占93%。

【中小企业担保快速发展】 年内，本市中小企业担保、再担保快速发展。首创投资担保公司和中关村科技担保公司，成为全市中小企业融资担保主渠道。全年两家政策性担保公司新增担保3 784笔、金额275.66亿元。再担保公司与本市52家担保机构建立业务合作关系，其中25%为政策性担保机构、75%为民营担保机构。新增再担保额407亿元，累计实现承保项目9 243笔、金额710亿元。

【开展小额担保贷款】 截至年底，全市累计发放小额担保贷款1 499笔、金额17 845万元。其中为个体户贷款1 191笔、7 034万元；小企业贷款308笔、10 811万元。

【支持小微型企业发展】 本市为支持私个经济特别是小微企业发展，积极落实以下措施：自2011年11月1日起，上调增值税和营业税起征点，每年减轻个体户和个人税收约9.76亿元；自2011年11月1日起3年内，对金融机构与小微型企业签订借款合同免征印花税；继续执行下岗失业人员再就业税收优惠政策；落实新修订的《个人所得税法》；自2011年9月1日起，调整个体户生产、经营所得和对企事业单位的承包经营、承租经营所得级距。

【支持中关村自主创新企业发展】 年内，市财政局拨付中关村自主创新示范区管委会预算资金90 535万元，主要用于股权激励、金融服务、创新资金等方面，完善直接支持科技型企业大额专项资金，一是为提升企业技术竞争力，全年安排预算2.23亿元；二是为解决科技型中小企业融资难，安排预算4亿元。

【支持文化创意产业发展】 市财政局自2006年设立专项资金以来，每年安排5亿元，扶持文艺演出、影视制作和交易等8个重点行业。截至年底已累计支出30亿元，支持项目近700个，使文化创意产业成长为首都经济的重要支柱和新的增长点。

【加大私个经济人力资源服务力度】 年内，市人力社保局强化私个经济人力资源服务力度，开展“民营企业招聘周”等专项就业服务，全年职业介绍服务机构为1 596家私个企业提供10 125人次匹配推荐服务，6 072人达成就业意向。

【非公人力资源服务机构较快发展】 截至年底，全市非公人力资源服务机构达616家，从业人员0.7万人，服务产值45亿元。

【完善社会保险政策】 年内，市人力社保局积极推进社会保险全覆盖，将在各类企业中工作的农村户籍工等纳入职工基本养老保险范围，对12万灵活就业人员补缴基本养老保险费，将包括私个经济在内的就业职工全部纳入生育保险范围，将非公经济退休人员纳入社区管理人员范围等。

【为非公经济引进人才】 年内，市人力社保局围绕重点发展领域和产业项目建设，拓宽非公经济高层次人才引进渠道，发布882个高层次人才需求岗位，面向全国招贤引才。全年为非公企业引进人才1 600余人，引进留学人员近200人，办理北京工作居住证1万余人。

【引导高校毕业生到非公企业就业】 年内，市人力社保局印发“做好高校毕业生就业工作通知”，规定到非公中小企业就业的高校毕业生，在专业技术职称评定、科研项目经费申请、科研成果或荣誉称号申报等方面，享受与国有企事业单位同类人员同等待遇，并对吸纳高校毕业生达一定数量的非公中小企业，给予小额担保贷款和社会保险补贴等优惠政策。全年引进接收非北京生源毕业生3 700余人。

【推行劳动合同制度】 年内，市人力社保局推进“小企业劳动合同制度实施专项行动计划”，选定254个重点区域开展劳动用工规范一条街活动，指导私个经济劳动关系双方依法订立和履行劳动合同，30人以下的地方企业劳动合同签订率达到88.5%。

【加大劳动争议处理工作力度】 年内，市人力社保局加大劳动争议的预防和处理工作力度，全市共受理涉及非公经济劳动争议5.8万件，为私个经济健康发展创造条件。

【完善私个企业收入分配调控体系】 年内，市人力社保局鼓励私个企业采用灵活多样用工形式，依法自主决定本单位工资分配制度、水平等，建立健全工资支付制度和收入分配激励机制，并制订14个重点行业工资指导线，为私个企业建立工资正常增长机制和内部分配制度提供参考和服务。稳步提高最低工资标准，从12月1日起，最低工资标准提高到1 260元，增幅为8.6%。

【开展私个企业设计资质审批工作】 年内，市规划委加强设计资质审批和从业人员注册服务，受理私个企业设计资质申请审批。至年底，注册登记的合伙制、自然人出资或控股的勘察设计企业达150余家。

【支持非公经济参与政府采购】 年内，市市政市容管委在燃气、供热、环卫等行业基础设施建设、改造，环卫电动车采购、新建跨区快速主路清扫保洁等项目中，共与268家单位签订合同，金额2.06亿元，其中非公企业157家，占58.6%；金额4 550.6万元，占22.1%。在北京地区推荐使用融雪剂产品的27家企业名单中，有24家民营企业，占88.8%。

【引导私个企业构建商业流通体系】 年内，市商务委调动私个企业中坚力量，发展商业服务业设施。如投入70万元，带动北京港佳好邻居连锁便利店公司投资430万元新增50家便民连锁店；支持北京富民逢春农资公司50万元，进行物流配送中心升级改造提高配送率；投入30万元带动绿得食品公司投资150万元改造无糖食品生产工艺。

【评定早餐示范店】 年内，市商务委组织专业人员评定庆丰包子、老家肉饼、和合谷等一批知名民营企业为首批早餐示范店。

【开通“家政服务网”】 年内，市商务委开通“家政服务网”，评选18家民办企业为星级服务组织，投入2 000多万元支持家政服务培训中心开展职业培训工作。

【完善蔬菜储备制度】 年内，市商务委组织调整新发地等6家大型民营批发市场的蔬菜储备品种和时限；协调近100家私个企业参与饮食、服务保障。

【完善集贸市场建设】 市商务委组织对36家农村集贸市场完成改造，全市做到“一乡一集市”覆盖率达80%；投入400万元支持民营北京蓝色港湾公司进行国际商区商业设施升级改造；减少流通环节，促成物美、京客隆、超市发等6家民营连锁超市与全国110多家农业合作社建立合作关系，果蔬直采额达45%。

【私个企业关注民生】 年内，全市大中型商场无障碍设施改造率达81%，其中民营商贸企业占50%以上；全年新发展银行卡特约商户1.8万户，其中私个企业80%以上；投入70万元支持民营千纸鹤电子技术公司发展环保文具及网上一条街；加强流通环节食品安全，全年销售低钠盐7 000吨，私个企业销量超60%。

【帮扶私个企业拓展市场】 年内，市商务委组织投入85万元支持瑞蚨祥绸布店进行中式服装手工制作技艺传承人工作室建设；投入资金支持电子商务企业进入第三方服务平台，当当网、红孩子、千纸鹤、亚运村汽车市场等骨干民营企业成为电器、图书、百货等网上市场销量主力军；对中小企业初次投保的保费支持比例从50%提高到70%。

【调动民营企业艺术生产积极性】 年内，市文化局推动首都剧院联盟成立，该联盟以“服务中央院团，支持市属院团，扶持民营院团”为宗旨，支持民营文化企业做大、做优、做强，集中推介北京刘秀荣评剧团、北京蓬蒿人剧场等近十家民营院团参加剧目展演活动。

【落实动漫产业政策】 年内，市文化局为促进动漫产业快速发展，积极落实有关产业政策，一是通过年审30家动漫企业都不同程度获得增值税、营业税、进口关税等优惠；二是注重原创精品，对15部作品给予100万元资金扶持；三是搭建产业展示交易平台，全年达成合作意向交易额23.86亿元；四是组织指导北京2010年动漫游戏产业年会暨颁奖大会，有25家企业32个作品获得表彰。

【民办文化场馆参与公共文化建设】 年内，市文化局启用51万元专项资金，购买16家民办文化场馆免费为群众开放服务；支持民营文艺院团公益文艺演出，全年完成公益惠民演出 13 282 场，民营演出团体占 50%；支持私营企业及个体经营者参与非物质文化遗产保护、传承传播工作。向 27 个单位发放 2011 年度市级非物质文化遗产保护项目补助 870 万元，其中补助私个企业 15 个项目、510 万元，占 58.6%。对 153 名市级代表性传承人资助 122.4 万元。

【民营文艺院团开发海外市场】 年内，市文化局支持文化出口企业与国际接轨，开发海外市场。如 2011 年北京红樱束打击乐团在欧洲举行 16 场专场巡演，开展大型文化交流品牌活动。

【创新食品添加剂监管机制】 年内，市卫生局首创并实施餐饮服务单位使用食品添加剂电子化备案监管机制，开发“食品添加剂备案程序”，为餐饮服务环节食品添加剂专项整治提供技术支持，保证执法人员执法时，能准确了解食品添加剂功能、使用范围和使用量，做到科学监管，提高监管效能。该监管机制的创新，受到中央政法委、国务院食品安全办等部门的表彰。

【开展餐饮服务食品安全专项整治】 年内，市卫生局对全市餐饮业实行量化分级管理制度；开展餐饮服务环节食品非法添加和滥用食品添加剂专项整治，处罚餐饮服务经营单位 19 家，没收非食用物质和滥用食品添加剂案值 12.05 万元；加强餐饮服务食品安全监管，食品卫生监督抽检 21 大类共 2 115 件，合格 1 982 件，合格率为 93.7%；对“地沟油”、“瘦肉精”等进行专项检查，依法严厉查处违法行为。

【推进食品安全管理员制度】 年内，市卫生局出台《食品安全管理员考试大纲》，组织 1.2 万名餐饮服务食品安全管理人员参加统一考试。

【开通“北京卫生监督”官方微博】 年内，市卫生局开通“北京卫生监督”官方微博，已拥有 36 万粉丝，定期刊登卫生监督工作动态，针对食品安全等问题与网友讨论，并对北京卫生监督网进行了改版，增加在线播放视频、报纸、杂志电子版在线阅读等实用功能，全年共发布新闻（含文章、图片和视频）数量共计 2 301 篇，制作 11 个专题。

【积极落实税收政策】 年内，市地税局开展个体户业主个人所得税核定工作，征收率下调 40%，全市约 30 万个体业主受益；落实营业税起征点：按期纳税的为月营业额 20 000 元；按次纳税的为每次（日）营业额 500 元；落实企业所得税政策。

【推进网络开票系统】 年内，市国税局通过分局对集贸市场和机动车销售纳税人网络开票系统试点，实现征收过程的即时开票、网络传输、实时监管的新模式。使用网上开票系统后，市场征管效率大幅提升，纳税人通过互联网就可完成纳税，避免奔波之苦。

【落实增值税起征点调整工作】 年内，市国税局积极落实增值税起征点调整工作，全市调整后有税户减少 92 265 户，占 93.44%，税收收入将减少 73 302.47万元，占 87.77%。

【促进私个经济优化升级】 年内，市工商局积极贯彻市人口综合调控和产业优化升级政策，推动产业业态调控，促进私个经济产业优化升级，制定《个体户转变为企业组织形式登记规程》，并开展试点。截至年底，全市个体户开业量同比下降 26.1%。

【出台服务示范区企业创新配套政策】 年内，市工商局为支持科技企业创新发展，制定了《中关村国家自主创新示范区企业登记办法》，并报请市政府以政府令的形式颁布实施。

【深化年检验照服务】 年内，市工商局继续推行网上年检验照的同时，采取集中、上门、预约等方式为私个企业提供方便。全市个体户验照率 85.43%，同比增加 1.64 个百分点，网上申报率 44.26%。

【深化无证照经营综合治理】 年内，市工商局为营造私个经济公平竞争环境，深化无证照经营综合治理工作。一是在市工商局推动下，本市建立健全无照经营综合治理机制，于 5 月份成立市场经济秩序综治工作协调委员会，组织各区县查处取缔无照经营和打击传销活动，初步形成“政府牵头、属地负责、部门履职、综合治理”工作格局。二是开展重点地区无照经营排查整治，以 49 个市级挂账重点整治村为突破口，与有关部门开展联合执法，加大查处力度，压减无照经营存量。三是开展打击非法建设、违法生产经营行为专项行动。共排查无证照经营主体 74 101 户，强制取缔 8 577 户，疏导办照 651 户，立案处罚1 893 件，罚没款 1 021.51 万元。

【“推进诚信计量建设和谐城乡”活动】 年内，市质监局以超市和餐饮业龙头企业为切入点，开展“推进诚信计量、建设和谐城乡”主题活动，引导 123 家超市和 212 家餐饮店实现诚信计量自我承诺并向社会公示，推进社区菜市场计价秤统配统管工作，培训市场专兼职计量管理员 200 人，发放宣传资料 15 000 多份。

【私个企业落实产品质量主体责任】 年内，市质监局为促进私个企业落实产品质量主体责任，开展了“免费质量课堂”活动，累计培训 23 期，参训企业 2 600余家，培训企业负责人及质管人员 27 00 余人。另外，对 5 000 余家中小企业开展先进质量管理方法、产品和食品质量安全及认证等方面培训和指导。

【建立中小微型企业统计发布制度】 市统计局于 8 月 8 日颁布《北京市中小微型企业统计和发布制度》，对中小微型企业统计提升到统计制度层面，将定期发布中小企业发展数据和年度发展报告。

【完善立法工作程序和制度】 年内，市政府法制办健全和完善地方立法工作程序和制度，为非公经济发展创造良好外部环境。在办理市政府相关部门和区县政府出台近 500 件规范性文件备案审核和审查工作中，对 18 件涉及私营个体或中小企业主体发展的文件，进行重点审核，避免从制度上产生不平等待遇。

【做好融资服务】 年内，人行营管部整合各方资源，牵头开发建成北京市中小企业金融服务平台。全面整合人行营管部和其他金融部门、各级政府部门、银行业金融机构及中介机构发布的各类政策、产品、流程、咨询信息，为中小企业提供一站式、全方位融资指导服务。

【打造中小企业信用体系】 年内，人行营管部围绕北京市产业发展战略，创造性地开展以“信贷快车”项目、生物医药融资激励项目和信用保险及贸易融资项目“三个融资试点”为主要内容的中小企业信用体系建设。“信贷快车”项目共有17家银行为225家（次）企业提供456笔信用贷款，授信额度109.2亿元，实际发放100.14亿元，已还款67.09亿元，无一违约行为；“信保融资”项目共有3家保险公司以及10余家银行参与合作，累计为60家（次）企业提供近200亿元的信用保险额度和6亿元贸易融资额度；“生物医药”项目共有7家商业银行为75家生物医药企业发放贷款32.57亿元，其中信用贷款20.96亿元。

【实施“光彩惠民”、“融资服务”工程】 年内，市工商联组织实施“光彩惠民、文明创建和劳资和谐”工程。光彩惠民工程是组织非公经济人士开展回报社会，完成项目30个，投入资金（含计划投入）77 625.3万元，帮扶农户3 282户，安排就业6 107人；文明创建工程是联合开展非公经济领域文明企业，共铸诚信主题教育，推动诚信建设；劳资和谐工程，搭建政府、企业、员工和谐劳动关系平台。同时，市工商联组织实施融资服务工程，为中小企业融资及授信额度43亿元。

【“首都非公经济金融服务周”启动】 7月22日，市工商联和市私个协会主办的“首都非公经济金融服务周”正式启动。副市长、市工商联主席程红出席启动仪式。在启动仪式上市工商联、市私个协会与北京银行、工商银行北京分行和建设银行北京分行分别签定了战略合作协议，市金融工作局、驻京金融机构负责人以及民营企业代表近200人出席启动仪式。

【法律服务工作常态化】 年内，区县私个协法律服务中心全部配备了人员，建立制度，每周四为律师固定值班日，法律咨询、宣传、培训等法律服务工作常态化。昌平区私个协为方便山区广大会员了解相关的法律法规，满足他们对法律服务的需求，联合工商所在山区建立了10个法律服务站。全系统组织“合同法”、“消法”、“食品安全法”等法律法规培训144次，培训会员12 597人次；法律咨询4 280人次；代理诉讼、调解纠纷346件，为会员挽回经济损失2 645.6万元。

【“北京私营个体经济网”正式运行】 年内，“北京私营个体经济网”围绕会员的需求，设立了10个服务平台。为使用好网站，市私个协和区县私个协分别多层次组织培训近千人次，全系统网络人员都会熟练使用网站和后台的各项功能。年内，网站接通了16个区县私个协的“子网站”，整合了资源，实现了全系统信息资源共享；网站点击率84 699次，发布供求信息70条，企业招聘信息30条，协会工作动态信息480条；审批“实名制”会员5 152户。

【个体工商户转型升级取得成效】 年内，各区县私个协都结合本地区实际，制订了工作方案，开展了走访、宣传、引导、动员及研讨活动，工作取得了新进展。年内，个体工商户转型升级完成5 626户，推动了区域经济结构调整。

【组织名优产品进社区销售活动】 从3月5日至6月25日，海淀区私个协与辖区4个街道社区服务中心共同开展了“配送中心—名优产品进社区”销售活动，组织16次、10余家会员为社区居民送上包括电子产品、粮油食品、保健产品、床上用品等6大类。近千种名优产品，其价位比市场同类商品优惠让利5%到10%左右，销售额达12万元，受到社区居民的欢迎。

【开展星级达标活动】 年内，延庆县私个协与有关部门一起在八达岭、龙庆峡景区围绕建设良好的市场生态环境为目标，开展了星级达标活动，并就食品安全、知识产权、文明礼仪、诚信服务等13个方面制订了评选标准。10月份通过检查验收，评选出第一批星级达标户。

【平谷成立“私个协会员联盟”】 2月28日，平谷区私个协召开“私个协会员服务联盟启动暨会员服务卡发放仪式”大会，市工商局和平谷区政府有关领导出席，并为“会员服务联盟”揭牌。该“会员服务联盟”把医疗、保险、餐饮、修理、融资服务、商品配送、劳动就业、技能培训、法律援助等9个行业进行捆绑，向社会提供优惠服务项目，持卡人可以享受打折优惠服务。会上，向首批66家联盟单位颁发“会员之家”牌匾，向10 000户优秀私个会员和部分社会残疾、低保人员发放优惠服务卡。

【参加市社会组织公益服务品牌评选活动】 年内，市私个协会参加了市社会建设领导小组办公室组织的“北京市社会组织公益服务10大品牌”评选活动，市私个协推荐的房山区私个协实施的“‘学雷锋’行动”被评选为10大品牌之一。

【组织城乡共建活动】 年内，市私个文明委员会组织系统文明单位与农村开展城乡共建活动。全系统共捐资1 578万元，合作资金2 020万元，捐图书4 950册，送科技资料250份，举办培训班11次，培训农民1 050人。

【组织帮扶济困回报社会活动】 年初，市私个协印发了《关于组织引导会员“帮扶济困，回报社会”公益活动的意见》。各区县私个协组织会员开展了“一帮一”、“二帮一”或“多帮一”的帮扶活动。年内，全系统帮扶“低保户”项目投入42万元，与8 972户低保户签定帮扶协议，多种方式扶助低保户以及社会弱势群体近2万户（人）。

【开展光彩服务日活动】 年内，按照市私个协每年3月5日和10月18日为全系统学雷锋日、光彩服务日活动的通知要求，各区县私个协、直属分会都组织会员深入到社区、敬老院、农贸市场、部队、学校等地对残疾人、孤寡老人等进行慰问，开展义务理发、修理、优惠销售等光彩服务活动，掀起了"'学雷锋'行动"的热潮。

【庆祝《北京市促进私营个体经济发展条例》实施十周年】 2011年8月是《北京市促进私营个体经济发展条例》颁布十周年。市私个协组织市私个经济工作联席办成员单位撰写稿件，总结《条例》实施以来取得的成绩和经验，出版了《专集》，各区县私个协都组织了座谈会，庆祝《条例》实施十周年。

（市工商管理局　党仁先）

农村社会事业

概　述

2011年是“十二五”的开局之年，按照城乡一体化发展取向和新农村建设要求，逐步统一城乡居民社会保障制度、推进社会保险从制度全覆盖迈向人群全覆盖。适应新形势下农村精神文明建设的需要，针对基础设施、基层工作队伍建设、文化建设、创建活动开展等研究出台了具体政策措施，农村精神文明建设工作力度不断加大。新农村建设新闻宣传多方开辟阵地，创新宣传形式、丰富宣传内容，为扎实推进新农村建设营造出了良好的舆论氛围。“寻找‘北京最美的乡村’宣传评选活动”立足城乡互动从多个方面进行创新，吸引更多社会公众参与其中，展示了首都新农村建设的新理念、新成果。北京市第二十二届农民艺术节围绕“新农村、新文化、新生活”的主题，不断促进和带动基层群众文化活动健康深入开展。农村教育、文化、卫生、体育等社会事业取得了新的显著进步。

宣传工作及精神文明建设

【强化新闻宣传为新农村建设营造良好的舆论氛围】 新农村建设宣传工作全面贯彻全市农村工作会议、宣传部长会议精神，紧密结合农村实际，切实围绕新农村建设的中心工作，不断创新宣传形式、拓展宣传外延、提高宣传成效，通过动态宣传、专题宣传、阵地宣传等形式，加强对全市新农村建设的新思路、新经验、新成果的宣传力度，直接涉及“三农”的报道超过2 000篇次。

一是动态宣传，跟踪报道重点工作推进情况。围绕都市型现代农业、沟域经济、农产品系列流通季、农村集体资产管理、农民运动会、农民艺术节、乡镇党委及村支部书记培训等重点工作的动态进展和主要节点，邀请新华社、人民日报、农民日报等中央媒体及北京日报、北京电视台等市属新闻媒体共20多家400余人次进行了50余次集中采访，累计播发稿件500多篇次（不含网络转载）。

二是专题宣传，围绕新农村建设营造舆论氛围。针对农村工作会议、农业上市企业、服务型现代农业、沟域经济等重要事件，组织召开了系列新闻发布会和宣传座谈会，共同研究加强农村新闻宣传工作，积极为基层搭建宣传平台，组织协调中央和市属媒体，以重头报道和专栏、专版等形式作了系列专题报道；为更好的总结和展示“十一五”时期首都“三农”工作取得的丰硕成果，拍摄制作了建党90周年献礼片《北京新农村》，分别在中央电视台、北京电视台展播，并作为学习材料发放到全市每个基层党组织；制作了《放心菜篮子》系列报道在北京电视台播出。

三是阵地宣传，搭建常年性“三农”宣传平台。与《农民日报》合办“都市型现代农业”专版，搭建了面向全国的平台，围绕北京新农村建设情况，每周突出一个主题、刊发一个专版，全年共刊发52个专版、500多篇报道；与北京电视台公共新闻频道合办全市唯一的农业电视栏目——《京郊大地》，自2011年5月1日起从每周播出一期调整为每周播出两期，每期40分钟，全年累计播出76期、400多篇条；与北京人民广播电台继续合办《生态北京》栏目，每周六、日各播出一期，每期30分钟，全年播出96期、800多条。

【组织开展2011—2012年度“寻找‘北京最美的乡村’宣传评选活动”】 根据市清理规范评比达标表彰工作联席会议办公室的规定，“寻找‘北京最美的乡村’宣传评选活动”调整为每两年举办一次。为此，对评选意见进行了修订，完善了推荐条件，调整了工作安排，充实了宣传内容，并从2011年开始，分宣传年、评选年依次进行，2011年已完成42个候选村的推荐公示工作。同时，本着“展示新农村建设成果、搭建城乡沟通互动桥梁、引导社会支持新农村建设”的要求，针对已评选出的53个“北京最美的乡村”，进行了立体宣传。一是开展了“相约美丽乡村”主题宣传活动。在《北京日报》、《北京晚报》、“北京美丽乡村网”开设专版，通过“乡村之约”村里提供最大优惠，“乡村之旅”市民推荐体验线路，“乡村之感”鼓励市民记录精彩瞬间和美丽感受，吸引了更多的市民参观体验“北京最美的乡村”。二是会同市委宣传部、首都文明办等单位主办了宋庄百名画家“描绘美丽乡村、共享美好生活”大型采风活动。百余名画家历时一个月，创作了318幅作品，描绘京郊农民精神风貌、展现美好生活。三是编辑出版了《2006—2010北京最美的乡村》图书、公开发行8 000册。四是与中国农村杂志社共同创办《美丽乡村》杂志，双月刊，全年刊发8期，240余篇稿件；创办“北京美丽乡村网”（www.bjmlxc.cn），截至2011年底，网站点击率超过26万次。通过多种形式的宣传，进一步树立了“北京最美的乡村”品牌，促进了乡村发展，“十一”黄金周期间，只占全市行政村总数1.3%的53个“北京最美的乡村”，共吸引了47.57万名游客，占郊区接待游客总数的14.46%，同比增长11.6%；总收入达到3 377.45万元，占郊区旅游总收入的10.33%，同比增长13.23%。

2011—2012年度“北京最美的乡村”候选村庄是：

1. 八亩堰村（门头沟区清水镇）
2. 七王坟村（海淀区苏家坨镇）
3. 七道梁村（怀柔区长哨营满族乡）
4. 大峪沟村（房山区张坊镇）
5. 大沙务村（通州区西集镇）
6. 上口村（昌平区十三陵镇）
7. 下口村（昌平区十三陵镇）
8. 于地村（顺义区北务镇）
9. 水峪村（房山区南窖乡）
10. 双文铺村（怀柔区琉璃庙镇）
11. 北寨村（平谷区南独乐河镇）
12. 东村（房山区蒲洼乡）
13. 龙王头村（顺义区牛栏山镇）
14. 史东仪村（通州区西集镇）
15. 玉皇庙村（延庆县张山营镇）
16. 杜庄屯村（大兴区安定镇）
17. 花园村（怀柔区杨宋镇）
18. 麦庄村（昌平区兴寿镇）
19. 求贤村（大兴区榆垡镇）
20. 应寺村（通州区永乐店镇）
21. 张家场村（大兴区魏善庄镇）
22. 张家台村（平谷区镇罗营镇）
23. 河北村（顺义区南彩镇）
24. 河西村（密云县古北口镇）
25. 岭角村（门头沟区妙峰山镇）
26. 武疃村（通州区潞城镇）
27. 赵家台村（门头沟区潭柘寺镇）
28. 盆窑村（延庆县旧县镇）
29. 柳庄户村（顺义区龙湾屯镇）
30. 南湾村（延庆县四海镇）
31. 前吉山村（平谷区刘家店镇）
32. 珍珠泉村（延庆县珍珠泉乡）
33. 高井村（朝阳区高碑店乡）
34. 涧沟村（门头沟区妙峰山镇）
35. 贾河村（房山区琉璃河镇）
36. 真顺村（昌平区崔村镇）
37. 超梁子村（怀柔区宝山镇）
38. 黄草洼村（平谷区金海湖镇）
39. 黄土梁村（密云县石城镇）
40. 温泉村（海淀区温泉镇）
41. 黑山寺村（密云县溪翁庄镇）
42. 蔡家洼村（密云县巨各庄镇）

【组织开展北京市第二十二届农民艺术节暨第二届北京乡村歌舞节】 北京市第二十二届农民艺术节暨第二届北京乡村歌舞节活动，由市委宣传部、市委农工委、首都文明办、市农委、市文化局共同主办，以“新农村、新文化、新生活”为主题，贴近基层、贴近群众、贴近生活，广搭文艺舞台，开展了三大系列活动：

1. *举办“乡村大舞台”群众文化系列活动*。坚持“走进区县、贴近基层、政府主导、群众主体”的原则，在郊区开展了“乡村大舞台”群众文化系列活动，以区县为复赛现场，在基层活动的基础上，共组织12场擂台赛，直接参演群众5 000人次，现场观众数万名。市里邀请资深艺术家组成评委团分赴各区县进行现场打分、点评，评选出优秀节目137个，并从中选拔出具有突出地方艺术特色或较强思想感染力的节目，组织了“乡村大舞台”市级总决赛。大兴区的舞蹈《疯狂白领》、顺义区马坡镇的曲艺说唱《咱们新农村》、房山区的绝活表演《舞中幡》等一批优秀节目脱颖而出，获得了节目一等奖；大兴区、平谷区获得了舞台类奖项的金奖。2012年1月6日举行了“乡村大舞台”汇报演出。以“鼓舞欢歌”、“家乡故事”、“家乡颂歌”、“盛世龙腾”四个篇章，展现了一幅京郊大地民俗风情画卷，诠释了新农村新农民的新观念，歌颂了北京精神。“乡村大舞台”总决赛以纯粹的乡村节目、乡土特色于元宵节档口在北京电视台卫视、新闻频道播出，为首都北京奉献了一组主题突出、特色浓郁、感染力强的优秀节目，受到好评。

2. *会同北京电视台举办“美丽乡村”文化主题展播系列活动*。2012北京美丽乡村主题晚会以鲜明的主题、充实的内容、清新的风格、乡村的特色再次受到关注，以3.23%的收视率创历年来本档电视晚会的收视新高，在北京电视台春节特别节目30多台晚会中位列第三。本台晚会乡土气息浓郁而不乏时尚元素，乡村主调明丽构成独有特色，原创节目当家、占到70%以上，非专业演员坐镇、达到九成之多。该台晚会在中国电视艺术家协会、中国视协电视文艺委员会主办的2012年全国春节电视文艺晚会及春节特别节目评选中被评为二等奖，也使得六年连上的美丽乡村晚会进一步站稳了北京卫视正月初四的席位，成为社会认可的新农村品牌节目。而追随“乡村大舞台”擂台赛，与北京电视台联手开展的《美丽乡村·文化之旅》大型系列报道活动，作为美丽乡村晚会的选秀现场，更是以“村村有能人”“村村有绝活”“村村有故事”为采访线索，采制新闻13期，在“北京新闻”、“北京您早”、“晚间新闻”中滚动播出，让乡村文化屡上银屏，为“乡村大舞台”和“美丽乡村”晚会的举办形成了前奏和助威之势。

3. 举办“北京·美丽乡村”艺术展览系列活动。作为本届农民艺术节的第三大系列活动——北京美丽乡村艺术展也进行了多场次的创作与展出。与市委宣传部、首都文明办、市文联、北京摄影家协会在世纪坛联合举办了“描绘美丽乡村、共享美好生活”宋庄百名画家采风作品展。106 名画家以 53 个“北京最美丽乡村”为创作对象，历时四个多月，创作作品 212 件，从不同角度描绘和诠释了乡村之美，展览为期一周，吸引近十万市民前去参观。与市文联、北京书协、通州区委区政府共同主办的“共建美丽乡村，共享美好生活”——第二届北京·美丽乡村书法艺术展走进乡镇，在通州区台湖镇举办了首展，共收到作品 300 余幅，甄选出 200 余幅作品参展，作品或古朴，或秀美，或开张，或恬静，以原创性的诗词锦句抒发了对家乡、对新农村的赞美，也集中展示了京郊书法家的风采。此外，还与北京摄影家协会、北京金福艺农联合举办了“金福艺农”杯第二届“聚焦美丽乡村”主题摄影大赛。历时半年，共收到摄影作品 5 000余幅，评出特等奖作品 1 幅、一等奖作品 3 幅、二等奖作品 6 幅、三等奖作品 9 幅和优秀奖作品 50 幅。伴随活动举办，吸引了一大批热爱旅游的市民和摄影爱好者热走京郊，他们踏访、发现、捕捉乡村的“生产美、生活美、环境美、人文美”，真实记录首都“三农”建设的成果，捕捉京郊大地上每一个灵动美妙的瞬间，为首都“三农”积累了宝贵的图片资料。

【完成了本市《关于进一步加强新形势下首都农村精神文明建设工作的实施意见》的调研起草工作】 会同首都文明办，对我市农村精神文明建设状况开展了深入调研并进行了问卷调查，对农村基层精神文明建设典型经验进行了总结，形成了《原野新风——首都农村精神文明建设工作典型案例选编》、《北京市农村精神文明建设状况问卷调查分析报告》、《北京市农村精神文明建设情况调研报告》等一批成果，同时对连续 5 年开展的寻找“北京最美的乡村”宣传评选活动进行了深入总结，作为北京市的经验以《创建最美乡村、引领乡风文明》为题在全国农村精神文明建设工作经验交流会上进行发言，被中央文明委称为“党的十六大以来农村精神文明建设的创新经验”。在深入调研总结的基础上起草完成了《关于进一步加强新形势下首都农村精神文明建设工作的实施意见》并以市两办文件（京办发 2011［28］号）下发。

（市委农工委宣传处　顾崇华　王　楠）

农村文化工作

【基本情况】 2011 年，按照市委、市政府关于加强新农村文化建设的统一部署，北京市文化局通过采取制定农村基层公共文化设施服务规范、加强“北京最美的乡村”文化建设、试点建立农村群众文化组织员等措施，完善了农村公共文化服务体系，提高了农村基层公共文化服务水平，保障了农村群众的基本文化权益。

【制定《北京市公共文化设施服务规范》（试行），提高农村改革文化管理和服务水平】 2011 年，为进一步提高基层特别是农村文化服务水平和服务标准，满足基层群众基本文化需求，北京市文化局制定实施了《北京市基层公共文化设施服务规范（试行）》（以下简称《规范》）。《规范》共 11 章 70 条，对基层特别是农村改革文化设施的服务对象、服务内容、运营时间、设施环境、运营机制、服务人员、经费保障、服务设备和激励监督等方面进行了规范和明确。《规范》确立了农村公共文化设施建设和服务坚持政府主导、以人为本、运行有效、服务至上、普惠全民、机会均等的原则，以农村文化设施服务为实施重点，以街道乡镇文化设施为补充，为农村提供基本的、公益的、均等的、便利的文化服务，保障群众的基本文化权益。并将作为基本服务标准和依据，用以考核区县政府、乡镇政府和各文化服务机构文化工作情况。

【推进 53 个“北京最美的乡村”文化建设】 2011 年，为了落实鲁炜部长的指示，北京市文化局针对 53 个“北京最美的乡村”的文化建设情况进行了摸底。通过调研，结合实际情况，制定了“北京最美的乡村”文化设施评选标准和示范标准。经过评选，授予顺义区马坡镇庙卷村等 10 个乡村“文化示范村”称号。按照“五个一”的基本标准（即：1 个综合文化室、1 名文化组织员、1 支文艺团队、1 个露天文化广场、1 项特色活动），对 10 个样板村给予建设扶持。并在总结“北京最美的乡村”文化建设经验的基础上，在全市推出了“五个一”村级文化建设标准。另一方面，还按照“六会”标准（即：会组织活动、会指挥合唱、会舞蹈编排、会乐器演奏、会计算机技能、会做群众工作），举办了村文化组织员培训班（每村至少 1 名）。通过培训，发挥村文化组织员的组织、协调和管理作用。还将此项工作纳入市农委整体宣传方案，扩大宣传力度。此外，市文化局还与市发改委、财政局等有关部门沟通，争取支持政策，对未达到“五个一”基本标准的 43 个乡村的文化建设其他项目，给予了一定的设备和经费扶持。

【试点建立农村群众文化组织员队伍】 为推动社会主义新农村精神文明建设，丰富农民文化生活，提升农村现有各类公共文化资源的实用效率，把农民文艺团队组织起来，把文化设施设备用起来，把文化活动开展起来，北京市文化局以延庆县大榆树镇为试点，以建设村级文化组织员队伍为着力点，在农村文化资源整合和资源管理方面，进行了有益的探索并取得了良好成效。通过明确农村群众文化组织员队伍的岗位职责，在全镇组织公开招聘，经过辅导、笔试、面试、岗位技能操作培训等环节，招聘和录用了大批文化素质较高的群众文化组织员，并加强业务培训，高标准组建了农村群众文化组织员队伍。同时，为了严格管理农村群众文化组织员队伍，制定了《群众文化组织员考勤制度》、《群众文化组织员工作情况月报表》等13项管理制度，建立了《益民书屋借阅记录》、《数字影厅电影播放情况记录》等11套记录程序，保障文化资源管理工作顺利开展。每个群众文化组织员每月发放基础补贴300元。出台考核、激励机制，根据各自工作任务完成情况和业绩，每月发放绩效补贴200元。每季度镇政府安排专人进村考评一次。此外，镇政府还拿出5万元用于对管理员队伍的年终一次性奖励。农村群众文化组织员队伍的组建，拓宽了管理员服务渠道，有助于组织农村群众开展文化教育活动，帮助农民增收致富，提倡资源共享，最大限度服务当地农民。有了群众文化组织员队伍的统筹管理和服务，各村在硬件整合方面，合屋并室，把各类文化资源设施都整合到文化大院里，大院变成了村里的政治活动、教育培训、信息交流、文化娱乐、休闲健身的中心。

【整合农村文化数字资源】 近年来，北京市文化局高度重视农村基础设施建设，逐年加大对农村公共服务设施、设备的投入力度，实施了多项惠民工程。为满足农村群众文化需求多样化，顺义区成立由区文化委、区文联、区图书馆、区电影发行放映管理处、北京歌华有线顺义分公司和19个镇为成员的顺义区农村文化资源整合工作领导小组，制定工作实施方案，整合了420个行政村数字电影放映厅、文化信息资源共享、歌华有线、党员电教室等设施和各类数字资源，创建文化数字家园。顺义区设立了100万元专项引导资金，给每个行政村8 000元补助资金，用于农村数字电影放映厅的文化资源整合工作，明确资金的使用范围，为整合工作的有序开展提供了坚强后盾。通过整合，各村充分发挥数字电影放映厅和网络数字科技优势，围绕基层党委、政府中心工作，开展了精神文明创建、文化建设、法制宣传教育、基层党组织建设等各类活动，突出文化数字资源优势，满足了农村群众多项需求，提升了设施使用效率，实现文化资源利用最大化。

【评选中国民间文化艺术之乡】 为了加强农村文化建设，扶持农村民间文化艺术发展，北京市文化局在全市范围内组织开展了中国民间文化艺术之乡的组织申报和评选工作。评选出10个乡镇，给予每个乡镇10万元，加强民间文化艺术之乡建设。经文化部批准，全市共有丰台区南苑乡、平谷区大华山镇等10个乡镇的10个民间艺术门类荣获文化部2011—2013年度“中国民间文化艺术之乡”称号。

【采取具体措施，进一步加强农民工文化工作】 北京市文化局以“政府主导、企业共建、社会参与”为原则，高度重视农民工的精神文化生活，将全市农民工文化工作纳入到首都公共文化服务体系当中，并把农民工文化工作列为2012年全市十大工程之一，以均等化、公益性、共享型、便利式为保障目标，认真制定了《保障来京务工人员基本文化权益温暖工程工作方案》，还在征求相关部门的基础上，于2011年10月出台了《保障来京务工人员基本文化权益工程实施方案》，扩大对农民工群体的覆盖范围，切实保障农民工文化权益。全市各区县也及时出台了相关政策文件及服务指导规范，如平谷区文委制定了《农民工文化服务指导规范》、密云县文委制定了《满足来京务工人员的基本文化需求的实施方案》等，大大加强了对全市农民工文化工作的指导和协调力度，进一步保障了各项农民工文化活动项目的扎实落实。北京市文化局多次召开专题会议研究农民工文化建设情况，在全市积极开展了慰问演出、公益放映、培训辅导、送书展览、文化志愿者服务等各类保障农民工基本文化权益的惠民活动，将实实在在的文化服务送到了农民工身边。特别是三馆免费开放以来，全市图书馆、文化馆、文化站全年免费向农民工开放，使农民工能够无障碍的看书、看报、上网，吸引了众多的农民工的参与，全市各文化广场也为农民工的业余文化生活提供了展示的空间，极大地丰富了农民工的业余文化生活，推动公共文化服务向社区农村、向农民工倾斜延伸。全市还针对农民工提供了多种专项服务，如积极设立农民工文化活动点，利用图书资源常年为工地及打工子弟学校捐赠和配送图书，建立数字电影放映点常年开展为农民工放映电影等文化服务活动。全市在资源配置和经费保障等方面也采取了积极有效的措施。在大力争取市财政的支持下，动员各区县力量，加大财政投入，目前，全市有四级市、区县、街道乡镇和社区行政村公共文化服务设施近7 000个，全部免费向农民工开放，免费提供基本公共文化服务。农民工可以就近到公共图书馆、公共文化馆、街道乡镇文化服务中心和社区行政村文化室等政府提供的各类公共文化资源，满足文化需求，使农民工和首都市民一样平等地享受首都文化发展成果。

（市文化局　刘　超）

农村教育工作

【评选农民教育培训优秀项目】 2月26日，市教委公布北京市农民教育培训优秀项目评选结果。市教委先后组织专家对各区县2010年申报的86个农民教育培训项目进行系统评审，认定74个项目获奖，其中一等奖15项、二等奖26项、三等奖33项。

【评估示范性乡镇成人学校】 3月9日，市教委公布北京市示范性乡镇成人学校评估结果。经市教委专家对各区县教委2010年申报的示范性乡镇成人学校进行评估，认定8所学校为北京市示范性乡镇成人学校。8所学校分别是北京市房山区韩村河镇成人学校、北京市怀柔区北房镇成人学校、北京市平谷区镇罗营镇成人学校、北京市通州区永乐店镇成人学校、北京市密云县西翁庄镇成人学校、北京市密云县东邵渠镇成人学校、北京市延庆县延庆镇成人学校、北京市延庆县康庄镇成人学校。

【建设6所乡村学校少年宫】 10月28日，首都精神文明办、市教委、市财政局在平谷区大华山中心小学共同组织中央彩票公益金支持乡村学校少年宫建设项目启动仪式暨培训活动。该活动为北京市首批利用中央彩票公益金建设的6所乡村学校少年宫揭牌。6所少年宫分别落户在密云县东邵镇中心小学、延庆县香营学校、平谷区大华山中心小学、门头沟区大台中心小学、房山区房山第五中学、怀柔区渤海镇中心小学。

【加强新型农民培养工作】 至年底，市教委加强社会主义新型农民培养工作。市教委大力开展农民学历教育，深入开展"技能＋基础"农民成人中等职业教育实验，积极开展农村实用生产技术培训，全年共开展各类培训60万人次，提高农民综合素质，努力培养一大批懂生产、会经营、善管理的新型农民。

【缩小义务教育城乡区域间差距】 至年底，北京市教委着力缩小义务教育城乡区域间差距，促进城乡均衡发展。市教委研究制定《关于进一步推进义务教育优质学校干部教师向薄弱学校流动的指导意见（试行）》，推动开展教师流动试点。各区县积极探索优质教育资源共享新机制，逐步形成富有区域特色的均衡发展模式。据市政府教育督导室均衡发展专项督导监测显示，全市义务教育均衡发展指数达到比较均衡，城乡区域间在教育经费保障、教育教学仪器设备配置和干部教师配备等方面均衡程度显著提高，城乡学校之间办学差距明显减小。

【完善教育发展条件保障机制】 至年底，北京市完善教育发展条件保障机制。持续加大教育财政投入力度，新增经费重点向教育薄弱地区、农村地区学校倾斜，学前教育、教师队伍建设、基本建设等方面投入得到加强，中小学、中职学校和市属高校生均公用经费标准稳步提高，学校运行保障能力增强。加大对区县中小学校基础设施规划和建设的指导力度。完成校舍安全工程三年任务，全市中小学校舍安全工程累计开工657万平方米，涉及1 261所中小学校。

（市教委　周晓宇）

农村卫生、农村新型合作医疗

【提高新型农村合作医疗保障水平】 2011年，本市参加新型农村合作医疗276.8万人，农业人口参合率97.65%，筹资标准仍为人均520元。截至年底，新农合筹集基金17.6亿元，其中中央财政补助占筹资总额的1%，地方财政拨付补助资金占85%，农民个人缴纳及村集体资金占14%。启动实施学生儿童患白血病、先天性心脏病试点病种实行按病种付费工作，进一步减轻患病学生儿童家庭的医药负担，全年享受优惠政策的参合学生儿童21人。为规范新农合基金监管，开展管理人员培训，对13个涉农区县新农合基金管理情况进行稽查。截至年底，新农合基金支出17.7亿元，启动风险基金4 000余万元。门诊补偿608.7万人次，补偿金额约5.5亿元；住院补偿22.7万人次，补偿金额约11.6亿元。

【开展新农合市级统筹研究】 为做好新农合市级统筹框架的整体设计，在文献研究的基础上，深入涉农区县开展现场调查，邀请已经实行地市级统筹的地区（内蒙古自治区包头市、陕西省榆林市、安徽省淮北市和云南省怒江州）以及部分国家新农合专家就实践经验进行研讨，提出本市实施新农合市级统筹的基本思路，起草了《北京市新型农村合作医疗市级统筹实施方案》。

【商业保险参与新农合的研究】 为探索商业保险参与基本医疗保险服务的方式、运行机制，对本市平谷区的管理模式进行调研。平谷区与人保健康北京分公司合作，试点引进第三方保险公司联合经办新农合业务，实行"共保联办，风险同担"模式。同时，借鉴其他省市的实践经验。经研究，对本市如何实施商业保险机构参与新农合经办提出建议。

【制订乡村医生相关政策】 年内，对村卫生室和乡村医生状况进行专题调查。落实国务院关于加强乡村医生队伍建设的精神，围绕加强农村基层卫生统筹管理、解决农村卫生人员匮乏、完善乡村医生政策等，开展一系列调查研究，并提出加强本市农村基层卫生服务的初步举措。

【开展乡村医生十项急救技能培训】 为贯彻落实卫生部医改办、北京市人民政府关于深化医药卫生体制改革实施意见中提出的"政府重点加强对村卫生室和村医的技术支持"工作任务，进一步提高村卫生室的服务能力，开展村卫生室技术支持第一批十项急救技术培训，即心脏呼吸骤停、眼外伤、开放性腹腔脏器损伤、脊柱脊髓损伤、四肢骨折、淹溺、中暑、急性有机磷杀虫剂中毒、急性酒精中毒、急性呼吸道梗阻等知识内容。培训自2010年11月至2011年6月，共培训了4 862人次。

为了检验、巩固培训效果，提高乡村医生处理医学急救的能力，开展了村卫生室10项急救技术应用项目技能竞赛活动。通过开展村卫生室10项急救技术应用项目技能竞赛活动，各区县积极组织辖区的乡村医生强化对所学理论和技能的复习和练习，强化了培训效果，使乡村医生增强了对农村常见病、多发病、传染病的诊断和应急处理能力，掌握了基本的中、西医适宜技术，进一步提高了业务素质和服务能力。

【召开乡村医生培训表彰大会】 为提高乡村医生的执业能力，适应新的形势，市卫生局按照卫生部《2001—2010年全国乡村医生教育规划》要求，在充分调研的基础上，制定实施了《2006—2010年北京市乡村医生岗位培训规划》和《2006—2010年北京市乡村医生岗位培训大纲》，对2004年6月已取得卫生部乡村医生执业注册证书，但未取得执业助理医师资格的北京市所有乡村医生，进行为期5年的系统化岗位培训。2011年3月25日，北京市卫生局和北京医学教育协会共同举行“2006—2010年北京市乡村医生岗位培训表彰会”，对在培训中表现突出、成绩优异的137名乡村医生、30名优秀师资和15名优秀教学管理人员以及29个先进教学点儿、8个先进培训机构进行了表彰。

【逐步建立农村改水改厕长效管理机制】 2011年，北京市全市农村卫生厕所普及率达到96.95%，当年全市新增无害化户厕7.38万座，并以完整下水道水冲式为主。“十二五”期间，农村改厕工作逐步进入维护管理阶段，根据《北京市人民政府关于加强农村基础设施维护和管理的意见》的工作要求，市爱卫办积极筹备相关意见的落实工作。拟定出《北京市脚踏式户厕年度维修数量预测统计表》、《北京市农村脚踏式户厕维护管理办法》、《北京市农村户厕管理标准》，其中，《北京市农村脚踏式户厕维护管理办法》已与市农委联合发文，在全市正式下发，用于指导和管理全市户厕的维护和更新工作。

【创建北京市卫生村】 2011年，全市各区县共申报市级卫生村114个，经过统一检查和考核，108个村达到北京市卫生村标准，目前全市卫生村总数已达到1 666个。

【实施农村饮水健康行动】 “十二五”期间改水工作以实施农村饮水健康行动、提高农村饮用水水质为重心，根据我市农村饮用水调查现状，为了提高农村饮用水水质，市改水办联合市农委、市财政局、市卫生局共同制定了《关于开展农村饮水健康行动工作的通知》，要求各区（县）爱卫会、农村改水领导小组、农村工作委员会、财政局、卫生局认真执行。为配合这项行动开展，市改水办完成了《北京农民饮水健康手册》（核定稿）的编写工作，上半年已经改水专家审定，将印制分发给各区县涉及饮水、水质管理部门、各类型水厂（站）负责人、管水员；及农民手中。市改水办还重新修改并编制出《农村改水工程计划项目书》，发至各区县改水办，并组织讲解，指导做好2011年度工程项目的编制和准备工作。

根据全国爱卫办要求，结合我市农村饮用水水质卫生实际情况，改水办与市卫生局联合印发了《2011年北京市农村饮用水水质卫生监测技术方案》，在全市部署了700个点监测，2 800个样品的检测任务，在2009年监测范围基础上，实现全市监测全覆盖。截至2011年底，经过各区县的努力，全市175个改水项目已全部完成。

（市卫生局　李志敬　姚　磊　汤伟民）

农村计划生育

【基本情况】 全市常住人口突破2 000万，达到2 018.6万人，常住人口中外省市来京人员为742.2万人，比上年增长5.3%。2011年全市常住人口出生16.5万人，出生率8.29‰，比上年出生人口增加2.6万人，出生率上升0.81个千分点。全市自然增加8万人，自然增长率4.02‰，比2010年上升0.95个千分点。特点：一是在统筹协调人口工作方面取得较大突破；二是在促进家庭发展方面取得较大突破；三是在推进干部人事制度改革方面取得较大突破；四是在通过重大活动促进内外交流合作方面取得较大突破。举办纪念建党90周年暨市人口计生委成立30周年大会。与市政府外办联合举办北京市“纪念世界人口日暨城市与人口主题报告会”，邀请了联合国人口司和美国、日本、中国的知名专家学者发表主题演讲。承办全国计生药具免费发放公共服务全覆盖推进会。与新疆和田、四川什邡、西藏拉萨等地对口帮扶。接待和参加国际人口和计生领域的多边和双边活动，开展国际项目合作，树立了我市人口计生工作的良好形象。

【门头沟区推进生育关怀拓展计生服务】 组织开展“健康人口　幸福家庭”——“生殖健康伴你行”活动，为农村长效节育户籍已婚育龄群众8 822人进行免费健康体检，流动人口提供孕检服务3 173人次，为1 000名低收入残疾家庭育龄妇女提供免费体检服务，免费技术服务落实率100%，访视率达到90%。

将育龄妇女健康体检向孤寡老人延伸，开展家庭保健员培训17期，探索建立志愿者服务队，加强对老年人健康保健的服务指导。从发挥网络优势加强全员人口服务管理入手，投入135万元为全区各村居购置、发放专用电脑，安排技术人员负责定期维护数据。

目前，再生育、奖特扶等6项行政审批事项在网上顺利运行，网上办理事项2 322件。将涉及市民切身利益的对外服务项目及政策信息进行归类汇总，配合做好门头沟区“61696156”为民服务信息平台建设，提交网上查询服务政策信息五项，丰富便民咨询举措，简化咨询程序。

贴息贷款工作深入开展，促进农村计生低收入户增收致富。十年来，全区共发放贴息贷款1.06亿元，扶持农村计划生育低收入家庭3 977户。

【房山区创新机制推动人口计生工作】 一是宣传教育覆盖面大幅度提高。开展计生系统红歌演唱会、“婚育新风杯”计生家庭才艺展示等大型主题宣传活动，累计观众达1万余人。二是继续开展“农村长效免费健康体检”项目和“计划生育生殖健康伴你行”下乡服务活动，完成3.8万人的长效体检和6万多人的妇女病普查。三是加强省际合作，建立健全双向协作机制，与43个省、市、区、县签订双向服务管理协议书，定期进行信息交流和沟通，形成了“信息互通、服务互补、管理互动、责任共担”的流动人口“一盘棋”工作格局。四是人口老龄化趋势明显。全区15～64岁的人口占常住人口的80.4%，65岁及以上人口占8.8%，比“五普”增加2个百分点，在环城五区中占比最高。同时，家庭户规模呈缩小趋势，传统的养老模式逐渐弱化，计划生育家庭的养老问题越来越成为社会关注的焦点。五是区域人口发展不平衡。受区域经济发展条件和产业布局影响，人口分布趋于向平原重点镇集中。良乡组团、燕房组团、窦店、琉璃河等发展较快地区人口总量达到58.9万人，占全区常住人口62%以上。外来流动人口成为人口增长的主要来源，十年间增长了1.4倍。区域承载力有限，人口与资源、环境的矛盾日益凸显。

【通州区启动三个项目推动人口计生】 全年有1 640对符合条件的夫妇自愿领取了免费孕前优生健康检查服务卡，有682对夫妇到医院做了临床检查。

为全区300多名婴幼儿家长、新婚夫妇开展专题讲座，并制作1.5万份具有该中心专利的儿童体格、智能发育测评光盘和体智发育监测图。通过开展0～3岁儿童家庭摸底调查，着力对全区1.5万个0～3岁婴幼儿家庭进行“一盘一图”的发放、培训和使用工作，以此提高婴幼儿家庭教育的针对性和实效性。

全年用于对及计生家庭的奖扶资金达4 231万元，其中用于旧房改造扶持资金912.9万元，产权制度改革扶助金500万元。在计生家庭中建立了意外伤害保险机制，全区参保家庭达139 142户，入险份数61 381份，投入保费1 841 430元。共有600余户计生家庭出险，理赔金额70多万元。

全区共登记流动人口484 208人，其中育龄妇女11 863人。做好了流动人口《婚育证明》查验工作，查验婚育证明31 158份，流动人口出生3 794人。共为4 311名流动已婚育龄妇女进行了免费体检，为流动人口免费孕尿检20 500人次。开展了“生殖健康讲座”、“生殖健康进军营”、免费防癌筛查活动，先后聘请医院妇科专家，深入到15个单位面对面为育龄群众传授生殖保健、妇科病防治、预防性病、艾滋病等生殖健康知识，为她们解除疑难困惑。为近900多名军嫂免费进行健康体检，为2 188名流动已婚妇女进行了宫颈癌筛查。有近3万名流动人口听取了生殖健康知识讲座，组织了2 000多名流动人口参与了“我与现代化新城建设同行”知识竞赛等活动。

为农村采取长效措施的已婚育龄妇女免费体检31 560人，为城镇无业已婚育龄妇女免费体检1 173人。有14 000名新婚夫妇接受了优生优育等方面知识的培训，6万多人接受了生殖健康方面知识的培训。在村、社区服务中心新增加了77个服务网点，在流动人口聚集区6个乡镇21个村增配了56个药具优质服务柜，满足群众需求。

全区投入53万元进行宣传环境建设。新建人口文化一条街32条、人口文化公园2个、人口文化墙9 000平方米、人口文化宣传标语牌309个，人口文化楼门369个，区镇村三级用于人口文化环境建设的投入达500余万元。

【顺义区计生家庭得到更多关注】 全年，区级奖扶男孩和女孩家庭分别增加到每人每年600和800元，特别扶助金达到每人每年1 200元，区财政共拨付192.74万元用于计生家庭奖励扶助和特别扶助，2 562名计生老人受益。镇级奖扶、特扶投入163.6万元。19个镇均出台镇级奖扶政策，17个镇出台镇级特扶政策，最高的南法信镇奖扶每人每年2 400元，特扶3 600元。村级计生家庭养老保障制度更加完善，120个村增加村级养老金发放额度，全年各村累计发放养老金1 606万元，受益老人超过1.3万人。计生家庭低保专项补助实现农村、城区全覆盖，每户每年400元。在6个试点镇推广计划生育家庭意外伤害保险工作，投保金额62万元，1万户家庭受益。利用120万元“幸福工程”款，扶助118户计生家庭增收致富。

区人口计生委和区人力社保局联合制定并印发了《顺义区计划生育家庭劳动力全员就业工程实施意见》，启动计划生育家庭劳动力全员就业工程。开展计生家庭劳动力全员就业工程以来，有就业需求的计生家庭劳动力参加技能培训7 045人次，推荐就业3 951人。

编写了《顺义区全员人口数据库操作手册》，对500名村居专干进行了系统培训，投资50万元为100个村（居）配备了数据库专用计算机，为2万名农村采取长效措施的群众体检。

【大兴区整合资源，深化计生项目化管理】 “人口计生优质服务项目化管理”的工作思路，是大兴区人口计生委工作的一种创新做法。为实现工作的可持续性发展，建立有效的长效机制，以政府为主导、以计生协会为依托，发挥计生协会的职能和作用，按照“一镇一品”、“一街一品”的原则，结合各镇街实际予以确定实施。2010年区政府投入215万元开始在全区19个基层单位试行，并重点进行了6个项目的试点。2011年，又投入340万元进一步深入推进延续项目和新立项目在各镇街的全面铺开。

经试点和推广，项目化管理的开展收到了效果。西红门镇有27个村（其中11个村已拆迁完），14个居委会；户籍人口2.7万人、人户分离3万人、11万外来流动人口。这种现状增加了安全风险隐患和管理的难度。为将辖区内全员人口纳入管理和服务范围，该镇推行了村庄社区化管理项目，并将人口计生工作融入其中，建立了17个计生工作站、120个药具发放点；为加大流动人口网格化管理力度，将原有210名流管协管员增加到474人、原有249人的巡防队员增加到464人；辖区所有人员实行一户一档一人一卡，计生宣传员和协会会员分片包管，做到底数清、信息通，从而较好地解决了人户分离人员、流动人口的安全风险和管理难题，提升了服务水平。

全区有548个行政村，大兴、亦庄两区行政资源的整合，加快了城镇化。仅2010—2011年两年，全区就有1/4村庄实行了整体拆迁。拆迁过程不仅给广大农村居民带来了个人财富的邹然增长和生产、生活方式的巨大变化，也对现行计划生育政策带来了巨大冲击。如何巩固“基本国策”实行30年所取得的巨大成就，加强统筹与协调，深化利益导向机制建设就成为现阶段人口工作的重中之重。

各镇街结合本地区实际制定并出台了一系列独生子女利益导向机制的政策和措施。区对瀛海镇的 25 个行政村进行拆迁，涉及 18 055 人，占全镇户籍人口的 85%。瀛海镇出台了《关于对独生子女家庭实行优惠政策的意见》，坚持把计生“上位政策”纳入到公共政策的全过程，各部门在出台民生政策措施时，一律实行政策会商、文件会签。做到国策与政策、计生与民生、普惠与优惠相互衔接，统筹考虑，切实保障独生子女家庭的利益。文件中明确规定：对获得市级“三好学生”称号的独生子女给予 2 000 元一次性奖励；对独生子女死亡后未再生育或收养子女的家庭给予 3 万元的一次性经济扶助；独生子女伤残后未再生育或收养子女的家庭给予 2 万元的一次性经济扶助。

区投资 126 万元为村居配备了避孕药具专用柜 728 个，制作四种样式的避孕药具免费自取架 1 000 个，免费发放牌和紧急避孕需求电话牌 612 个，结合全区“大拆迁工程”重新布设、整合避孕药具网点 1 070个，并投资 12 万元制作了 5 万本《育龄群众领取国家免费避孕药具服务指南》宣传手册。

【昌平区开展诚信计生】 制订了《昌平区诚信计生实施方案》，全区 480 个村（居）组建 7 600 余个“诚信计生小组”，与 10.5 万名已婚育龄群众签订《诚信计生协议书》，签订率 96%。

在农村集体产权、林权制度改革中设立独生子女父母奖励股，在已完成改革的 300 个村中，确定享受独生子女父母奖励股的有 8.8 万人，独生子女父母奖励股总股金达 13 亿元。目前已有 143 个村、4.6 万余人开始享受独生子女父母奖励股分红，累计分红 8 300多万元。2010 年人均分红达 517 元，家庭分红最多的达 3.65 万元；建立区级计划生育奖扶特扶配套机制，在市级奖励的基础上，奖扶每人每年再奖励 360 元，特扶再奖励 1 200 元。全年区级共发放配套奖励扶助金 53.4 万元、特别扶助金 76.6 万元；建立独生子女意外伤残、死亡慰问制度。全年为 214 户独生子女发生病伤残、死亡或发生意外事故的家庭发放慰问金 39 万元；为计划生育家庭办理意外伤害保险 8 万余份，投保金额 242.3 万余元，其中区财政支付补贴 163.8 万余元，已为意外伤害家庭理赔 120 万元；开展“关爱女孩——阳光助学”行动，为 128 名考上大学的农村困难家庭独生女孩发放助学金 37 万余元。

深化中瑞 AKC 国际合作。自 2008 年以来，先后有瑞典斯德哥尔摩市的家庭中心和青少年中心专家学者 5 批、17 人次到昌平考察和讲学，培训专业人员。昌平区也先后派出工作人员 4 批共 19 人次到瑞典“两个中心”参观考察和实地见习。

完成了 480 个村（社区）网络联通工作。组织举办镇（街）、村（居）两级计生干部 13 期、近 600 人次的全员人口管理信息系统操作培训班。

【平谷区加强管理促进人口工作跨越发展】 建立了 1+7 实施体系，“1”即相关部门联合实施“幸福家庭发展计划”，“7”即在社会层面实施文明倡导、健康促进、爱我宝贝、亮丽青春、致富发展、亲情相伴、灿烂夕阳 7 项工程，并配套出台了 11 个规范性文件。

区人口计生委、区委宣传部门、区文明办等 10 个部门及 18 个乡镇（街道）联合开展了“幸福文明家庭创建”活动。以 18 个桃乡计生小剧团为龙头，以 18 个镇乡（街道）文化站和镇级桃花艺术团为纽带，以 274 个村级文化大院和 450 支业余文艺队伍为依托，以全区 2 万名群众演员为基点，形成了四级人口文化宣传网络，举办各级各类文艺演出 3 600 场，农村数字影院放映婚育知识节目 1 000 场次。送书 2 万多册，开展了“阅读伴我成长”、“书香暑期”、“诵读之星”等多种形式的读书活动。

向全区广大家庭承诺并落实了“开展适龄妇女宫颈癌和乳腺癌免费筛查、实行免费孕前 19 项优生检测、探索研究平谷区户籍符合计生政策的孕产妇免费住院分娩、6 岁前儿童免费体检、为新婚和孕期及 0～3 岁婴幼儿家庭免费发放五卡一书一图、为农村采取长效措施的已婚育龄妇女进行免费健康体检”等六个与健康相关的免费项目。投资 900 多万元，建立了北京市首家区级人口与家庭公共服务中心，中心业务用房 2 400 余平方米。投入近 300 万元，为 6 万名育龄群众进行免费健康体检，建立生殖健康档案，开展梯级式导医服务；建立家庭医生志愿队，社区医生进家庭，发放医患联系卡，满足个性化需求服务；发挥生殖健康讲师团作用，举办知识讲座 500 余场；为了让家庭和谐、夫妇性幸福，全面落实长效节育措施奖励机制，发放奖励金近 20 万元，创造性地提出了“三高一低五个务必”工作思路，使全区落实措施及时率达 96%，综合避孕率达 87%，长效率达 54%。探索完善农村免费避孕药具易得模式，安装自取机 100 台，规范了 2 108 个免费避孕药具发放站点，开展了“九进”活动，形成了“15 分钟药具便民服务圈”。

在全市率先启动了免费孕前 19 项优生健康检测国家级试点项目，至目前已有 900 多对夫妇接受了检测；建立人口计生、民政、卫生联席办公制度，在婚姻登记处设立了婚姻家庭服务室，面对面为新婚夫妇开展优孕、优生个性化咨询指导；向孕中夫妇发放“孕事通”上网卡，举办预防出生缺陷知识讲座 30 余场。首次将学前教育由 3～6 岁拓宽到 0～6 岁，添补了平谷区在婴幼儿早教阵地建设方面的空白；组织了“做合格父母·育幸福宝宝”家庭育儿征文演讲、网上宝宝秀评比和宝宝技能比赛活动，参与群众 4 万多人。

向计生家庭承诺并落实优惠优待政策近 1 000 件次，总投入达 400 多万元，使每个独生子女家庭享受的优惠政策年均不低于150元。探索建立公共政策统筹协调机制，实行农村集体经济产权和林权制度改革的村全部设立“独生子女父母奖励股”。全区参保5.54万份，投保金额166.25万元，各级政府负担90%以上，人寿保险公司理赔金额达168万元，减轻了计生家庭的医疗负担。

为76户因灾、因病致困独生子女家庭提供了紧急救助金9.5万元；在农村特困户危房翻建工作及城乡低保待遇的落实工作中，安排独生子女户修房10户，提供修房款45万元；为城乡低保对象和边缘户中独生子女困难家庭211人实施医疗救助，救助资金17.3万元；救助独生子女困难家庭享受城乡低保待遇达451户，1 235人（次），累计支出保障金325万元；独生子女家庭大学生21人得到教育救助，救助资金9.45万元，使困难计生家庭经济上得到了帮助，精神上得到了慰籍。现全区有养殖、种植基地和项目10个，扶贫帮困人群达200户。

【怀柔区深入推进公共服务转型满足群众需求】 以“3×3×3”怀柔模式为抓手（即打造生殖健康技术服务中心、青少年健康教育中心和家庭发展指导中心三大平台，面向育龄群众、青少年、中老年三类人群，构建生殖健康技术服务、青少年健康教育和幸福家庭创建三大服务网络），全面加强计生公共服务均等化。为近5万名群众进行免费健康体检，共查出各类疾病4 579人，查出癌前病变14人。其中服务中心体检1万人，查出癌前病变4人，宫颈癌1人。实施“康检、随访、转诊、慰问”一条龙全程关爱服务，对病情较重的1 821人进行了重点随访服务，转诊33人次。全年累计600余人次接受免费治疗。全年累计为5 000余名学生提供团队教育和个体咨询、测试、疏导服务，培训家长和教师40余批1 100余人次。免费孕前优生健康检查项目，以怀柔镇、杨宋镇、庙城镇和北房镇为试点，利用区第一医院为试点镇乡的160对新婚待孕夫妇进行免费孕前健康检查、风险评估和健康指导，为45对有高危因素的夫妇提供了针对性服务，有效降低了出生缺陷发生率，为2012年此项工作的全面推开积累了经验。

兑现区级各项奖扶特扶金270余万元。全区共252个村设立独生子女父母奖励，兑现奖励股资金1 963.03万元。制定《关于全面开展计划生育家庭意外伤害保险工作意见》。全区共入保160万元，惠及41 591个计生家庭11万余人，最高保险金额达21亿元。据统计，2011年全区共立案1 700余件，已赔付1 500余件，理赔金额达220万余元。

优化宣传环境，推进“十百千”工程，全区已建成人口文化园11座、区、镇、村三级人口学校317家、人口文化街（胡同）35条、宣传牌718块、新家庭人口文化屋22个。

全区签订诚信计生协议书57 539份，组建诚信计生小组1 570个，区、镇、村三级相互承诺率100%，增进了政府管理服务与村（居）民自治的结合。

【密云县夯实基层抓计生】 全年，全县再生育审批511例，同比减少57例，政策符合率100%；兑现《条例》规定各项奖励，落实率100%；落实北京市农村部分计生家庭奖扶制度，年审发放1 136人；落实独生子女死亡家庭特扶制度，年审发放135人；落实独生子女伤残家庭特别扶助制度，年审发放104人。落实一非一农部分计生家庭奖扶制度及独生子女家庭特扶办法，累计发放94人。加大社会抚养费征收力度，下达社会抚养费征收决定书208例，应征1 348.73万元，已征1 168.29万元，当年征收率86.62%。全年受理信访及政策咨询700件次，信访结办率100%。

制定《密云县人口计生委关于全面推进诚信计生工作的实施方案》，举办了诚信计生专题培训会，将诚信计生工作纳入年度责任制考核。举办520名镇（街）村（居）计生专干参加的全员人口信息录入业务培训。全县录入全员人口信息48.9万人（含流动人口）。

坚持镇（街）村（居）药管员随访制度，全县药具随访服务率100%；深化避孕药具易得工程，巩固、建立免费药具发放点656个，免费自动发放机25台，满足育龄群众避孕节育需求；加大长效避孕措施奖励力度，全县长效避孕措施落实率59%，避孕有效率98.2%，同比提高0.4个百分点；维护育龄群众生殖健康权益，为74 062名已婚育龄妇女和2.29万名采取长效节育措施户籍已婚育龄妇女进行生殖健康体检，体检率90.57%，同比提高2%，治疗率80.52%，同比提高10.47%。落实“健康生育计划”，完善出生缺陷一级预防，为新婚夫妇发放健康服务包3 041份。向2 428对已婚待孕夫妇发放小剂量叶酸片。利用县生殖健康讲师团开展培训80场次，授课人数7 000人次。

全县流入成年育龄人口55 646人，已婚育龄妇女12 939人，成年育龄妇女验证率95.58%；三种责任书签定率99.75%；免费技术服务率92.64%；出生监测统计覆盖率100%；流动人口出生政策符合率91.57%，同比提高2.53个百分点。制定了《密云县关于加强流动人口管理与服务工作的意见》，建立流动人口协会9个，流动人口图书角12个。加强流动人口管理横向协作，与河北省承德、滦平、兴隆、丰宁四县召开了流动人口管理座谈会。

制定了《密云县村居计生宣传员队伍建设实施方案》和《关于在全县人口计生系统建立工作激励机制开展创先争优活动的实施意见》。全县20各镇（街）全部出台了村（居）计生专干、宣传员队伍建设实施方案，并通过统一培训、统一考试，持证上岗，全县宣传员人数由2010年的3 106人，优化到现在的1 552人，缩减幅度近50%。

县人口计生委与中国人寿保险公司密云支公司联合实施了为计生家庭办理人身意外伤害保险工作，全县共收集保费223.4万元，保险金额29.8亿元，近6万户计生家庭参保，其中独生子女家庭参保户数达到43 519户。县财政为参保独生子女家庭累计补贴43.5万元。

【延庆县统筹合力抓计生】 严格落实人口计生法规、政策规定的各项生育、奖励、处罚、扶助措施，维护群众的合法权益：一是100％落实农村和城镇散居民独生子女父母奖励费；落实1 000元一次性奖励297人、一次性经济帮助4例、特别扶助37例、伤残扶助47例，落实农村独生子女家庭奖励扶助672人。二是审批再生育一个子女404例，审核退二胎指标申请61对；处理违法生育209例，征收社会抚养费867万元，申请法院强制执行40例，办理结案179例。

出资为1 318人办理了农村独生子女父母养老保险。开展了“为贫困母亲献爱心”募捐活动，共捐款14.5万元。

与52个市县签订双向服务管理协作协议；协助140余名流动人口办理了婚育证明。

为近10万人次育龄妇女免费检查检测。同时，为男性开展健康讲座、健康体检等。开展了讲一堂健康课程、递一张健康处方、做一次健康体检、送一个健康礼包的“四个一”活动，共举办讲座18场，服务群众2 000余人。对采取长效措施的1.3万农村育龄妇女进行了健康体检。

（市计生委　刘　磊）

农村体育工作

【成功地举办了北京市第七届农民运动会】 9月16—22日在门头沟区举办了北京市第七届农民运动会，以“魅力京郊、华彩乐章”为主题的北京市第七届农运会开幕式于16日晚在门头沟区京浪岛文化体育公园隆重举行。中共中央政治局委员、北京市委书记刘淇出席开幕式并宣布运动会开幕。北京市委副书记、市政协主席王安顺，农业部原部长、中国农民体协原主席陈耀邦，北京市领导吉林、李士祥、牛有成、夏占义、吴世雄、雄大新，中国农民体协副主席、秘书长王福来出席开幕式。近5 000名观众到场观看，3 000余人参加文体表演。

北京市农民运动会是京郊广大农民群众的综合性体育盛会，是京郊农民精神面貌的集中展示，也是新农村建设成果的生动汇报。本届农民运动会共设象棋、围棋、游泳、三对三篮球、武术、风筝、健身秧歌、健身路径、拔河和花毽等10个京郊农民传统体育项目，共有来自全市13个郊区县的1 359名运动员参赛。与前六届相比，本届运动会开幕式场地第一次在户外公园举行。充分反映了生态、和谐、欢乐、绿色的时代潮流。

北京市副市长、本届农民运动会组委会主任夏占义致开幕辞：北京市第七届农民运动会是展示本市新时期农民精神面貌、检阅农民体育健身工作成果的独特舞台，是提高农民综合素质的体育盛会。希望全体运动员、教练员、裁判员和工作人员本着“参与、健身、团结、奋进”的宗旨，遵循“公开、公平、公正”的竞赛原则，充分发扬“更快、更高、更强”奥林匹克精神，努力把本届农民运动会办成热烈、精彩、圆满的盛会。京郊各区县要以组织参加农民运动会为契机，以奥运精神为动力，以竞赛带健身，以健身促文明，积极推动全民健身运动蓬勃开展，推动农村体育事业水平不断提高，推动社会主义新农村建设再结硕果。中国农民体育协会副主席王福来代表农业部为本届农运会的隆重开幕致贺辞。

【农民运动会成功举办的经验】 市农民体协落实第六届农民体协换届会夏占义副市长的指示，市农民运动会的承办单位必须纳入竞争机制。德宏副主席带领市农民体协到京郊13个区县进行调研，经过反复比较，反复论证，并结合区县申办的积极性，最后确定由门头沟区来承办市第七届农运会。门头沟区委、区政府非常重视，于2011年初成立筹备会，并抽专人成立农运会办公室，进行日常工作，区委书记、区长多次亲自召开农运会专题会，要求区各部门责任分工、目标明确，责任落实到人，选址京浪岛上进行开幕式是历届农运会的一次创新，落实了农运会的宗旨“生态、和谐、欢乐、健康”。农运会成功举办，门头沟区被组委会授予“突出贡献奖”。

市、区、县领导是运动会成功举办的基础。市农民体协主席夏占义副市长几次开会落实市农运会工作，王孝东主任、杨德宏副主席多次参加会议、落实具体工作。各区县主管区县长亲自带队参加节目排练，考察场地，参加比赛，使第七届农运会召开成为京郊农民的体育盛会。13个区县农委、体育局积极参与，全部参加了10个项目的竞赛。在市体育局和承办区县的协助下，竞赛工作进展顺利。经过各区县顽强拼搏，门头沟、昌平区、顺义区、房山区、通州区、怀柔区荣获团体总分一等奖，朝阳区、海淀区、丰台区、大兴区、平谷区、密云县、延庆县荣获团体总分二等奖。

通过市第七届农运会的进行，推动了京郊农民健身热潮，在召开农运会期间，结合市全民健身体育节，区、县，乡、镇都在搞体育活动，通过多种形式的竞赛，使北京郊区全民健身活动又掀起了一个高潮。市农运会上也涌现出了一批健身高手和训练优良的体育队伍，如：昌平区男、女拔河队通过参加全国比赛，队伍进行了大幅度调整，在市农运会初显成熟，勇夺冠军。为参加全国第七届农民运动会再夺金牌奠定了基础。顺义区农民篮球队参加市农运会以连胜战绩，勇夺金牌，他们还代表顺义区参加过全国和市里多项比赛，均获得优异成绩，市农民体协决定代表北京参加全国农运会。风筝运动员冷世祥、张嘉斌两位北京功勋运动员，他们制作的风筝工艺优良，放飞技术娴熟，做人认真低调，为参加全国第七届农运会，专门到河南南阳去熟悉场地，了解气候，为参加全国农运会做好了准备。花毽公主吴珊是全国第六届农运会两块金牌获得者，经过三年的锻炼，现在技术精湛，表演非常自如，是北京市参加农运会重量级运动员。通过北京市的选拔，参加全国第七届农运会队伍已经成形，市农民体协将与有任务的区县进行协调，要求他们抓紧时间、早组队、早集训，争取好成绩，为北京争光。

（市农民体协　许胜卓）

少数民族乡村工作

【市民委、市农委、市财政局完成2010年度北京市少数民族乡村经济发展情况以奖代补考评工作】 为激励先进，进一步调动区县政府的主体作用，提高少数民族乡村干部群众加快发展的积极性，推动少数民族乡村经济实现又好又快发展，2011年初，市民委、市农委和市财政局根据《北京市少数民族乡村经济发展专项资金使用管理补充办法》和《北京市少数民族乡村经济发展专项资金2011年以奖代补工作方案》，对2010年度全市少数民族乡村经济发展变化情况和少数民族乡村经济发展专项资金扶持项目完成情况进行了综合考评。房山、怀柔等6个区县政府获得区县主体作用发挥优秀奖，海淀区四季青镇门头村等5个民族村获经济发展示范奖，通州区于家务回族乡于家务村等10个民族村获经济发展进步奖，朝阳区常营回族乡连心园配套商业建设项目等30个项目获专项资金扶持项目优秀奖。

【市民委池维生主任调研房山区少数民族村经济发展情况】 4月13日，市民委池维生主任前往房山区调研少数民族村经济发展情况。池主任听取了房山区政府扶持少数民族村经济发展工作汇报，实地考察了长沟镇东甘池村民俗旅游和窦店镇窦店村工业园区建设情况。池主任指出，房山区委区政府十分重视民族村的经济发展，工作中体现了“认识高、思路清、机制新、力度大、效果好”的特点，应该认真总结和提升经验，进一步促进民族村经济的快速发展。市民委马中璞副主任、房山区祁红区长、李江副区长陪同视察。同年10月1日，市民委池维生主任还到通州区、密云县调研。

【市委、市政府召开全市少数民族乡村经济工作会】 5月20日上午，北京市少数民族乡村经济工作会议在北京会议中心召开。国家民委副主任罗黎明同志，市政协民族宗教专委会的有关领导，各民主党派北京市委、市工商联主管负责同志，市委统战部、市台办、市发改委、市科委、市民委、市财政局、市交通委、市农委、市水务局、市统计局、市金融局、市侨办、市银监局等部门有关领导，北京农学院、北京市农林科学院负责同志，12个有少数民族乡村的区县统战部部长、主管民族工作的区县长和民委（民宗办）、财政局、农委等相关部门的负责同志，全市5个民族乡、49个有少数民族村的乡镇主要负责同志以及117个少数民族村的支部书记参加了会议。市委市政府连续第三年召开全市民族乡村经济工作会，充分体现了对少数民族乡村经济发展的重视和关心。

会议由市委常委、统战部部长牛有成同志主持。市民委主任池维生同志做全市少数民族乡村经济发展情况工作报告。市财政局副局长李玉国同志宣读了《关于表彰2010年度北京市少数民族乡村经济发展工作获奖单位的决定》。大会对获得2010年度区县主体作用发挥优秀奖的怀柔区等6个区县政府和民族村经济发展示范奖及进步奖的15个民族村进行了表彰。怀柔区政府、大兴区榆垡镇政府、房山区窦店镇窦店村分别作了交流发言。

副市长程红同志出席大会并做了重要讲话。程红同志充分肯定了“十一五”时期全市少数民族乡村经济发展取得的成绩，民族乡村主要经济发展指标显著增长，与全市郊区发展水平间的差距进一步缩小，继续呈现加快发展的良好态势。她指出，少数民族乡村经济发展取得的巨大成就，离不开国家民委的指导，离不开市委市政府的坚强领导，离不开人大政协的关心支持，也离不开市各相关部门的通力合作，更离不开各区县乡镇政府和广大少数民族乡村干部群众的辛勤劳动。她强调，“十二五”时期是加快促进少数民族和民族地区实现跨越式发展的重要时期。要从战略高度上，切实增强对加快民族乡村经济发展重要性的认识，准确把握民族乡村经济发展的新形势，抓住全市统筹城乡一体化发展这个重要的历史机遇，弥补不足，改善民生，下大力气做好民族乡村经济发展工作，促进民族团结。要认真贯彻落实“十二五”时期各项任务，按照全市的工作部署和工作目标，各部门、各单位、各区县要切实加强领导，完善政策，转变发展方式，不断创新机制，推动民族乡村经济科学、快速发展。

最后，牛有成同志就各相关部门和各区县乡镇政府贯彻落实会议精神提出了明确要求。他强调，一是从政治角度讲，“少数不等于小数”，少数民族乡村经济发展是落实好党和国家民族政策的必然要求，在全国有示范作用，对世界有影响，要高度重视、倍加珍惜。二是从经济角度讲，平均数不能代替绝对数，绝对数要超出平均数是我们奋斗的目标。要认真研究解决发展不平衡、结构不合理问题，尽快补上“短板”。三是从社会角度讲，多数要帮助少数。要强化主导作用，完善和创新机制，动员社会力量，以更加扎实的工作，努力使全市少数民族乡村经济发展迈上新台阶。

【召开全市少数民族乡村经济发展专题工作会】 6月28、29日，市民委组织12个有民族乡村的区县民（委）宗办主管领导和有关负责同志召开了全市少数民族乡村经济专题工作会，组织学习了市委常委、统战部部长牛有成同志和副市长程红同志在今年全市少数民族乡村经济工作会议上的重要讲话，听取了各区县贯彻落实会议精神的情况汇报，通报和部署了今年的重点工作。

会上，市民委马中璞副主任充分肯定了各区县认真贯彻落实会议精神和市领导指示所付出的努力和取得的成果，同时对按照市委市政府确定的发展目标和要求，切实抓好贯彻落实工作提出了具体要求。

为总结和推广发展经验，还组织大家实地参观了房山区长沟镇东甘池村民俗旅游产业和窦店镇窦店村经济发展情况。

【市民委召开 2011 年少数民族乡村经济发展项目专家评审会】 在市委、市政府的高度重视，社会各界的关心帮助和市财政局等相关部门的大力支持下，“十二五”时期北京市少数民族乡村经济发展专项资金有了较大幅度地增长。为了更好地发挥专项资金使用效益，切实达到促进发展的目的，按照突出重点、集中使用的原则，9 月 20、21 日，市民委在北京会议中心召开了“2011 年北京市少数民族乡村经济发展项目专家评审会”，组织中国农大、市农科院、市农业技术推广站等种、养殖和农业经济的 7 名专家，从项目立项的科学性、可行性和产业定位的准确性等方面，对各区县上报的少数民族乡村经济发展项目进行了评审，为研究确定专项资金扶持项目提供了科学依据。

【相关区县出台政策扶持少数民族乡村发展】 年内，门头沟、通州、密云和延庆出台了关于进一步扶持少数民族乡村经济发展的意见，通州、怀柔、密云和延庆设立了扶持少数民族乡村经济发展专项资金。目前，全市 12 个有民族乡村的区县中，共有大兴、房山、昌平、怀柔等 8 个区县相继出台了相关政策，大兴、顺义、房山、昌平等 8 个区县设立了每年共计 1 610 多万元的区级专项资金。

【全市少数民族乡村农民收入提高】 据市经管站统计，2011 年全市少数民族乡农民人均劳动所得为 13 428.9 元，增幅为 11.4%；少数民族村农民人均劳动所得为 13 890.9 元，增幅为 11.1%，高于全市平均增长水平。新增 11 个民族村农民人均劳动所得达到全市或所在本区县平均水平。全市已有 60%的民族村农民人均劳动所得达到或超过全市或所在区县平均水平。民族乡村主要经济发展指标与全市郊区发展水平间的差距进一步缩小。

【完成少数民族乡村经济发展专项调研】 年内，市民委组织开展了全市少数民族乡村经济发展专项调研，形成《调研报告》并通过专家评审。报告全面总结了“十一五”期间少数民族乡村经济发展情况，对 117 个民族村特别是 76 个低收入村的发展现状和存在问题进行了分析，建立了民族乡村经济发展评价指标体系，提出了加快民族乡村经济发展的政策建议，为指导“十二五”期间少数民族乡村经济发展提供了依据。

（市民委　沙海涛）

农村法制建设

概　述

2011年以服务全市农业经济社会发展为中心，深入贯彻中央农村工作会、全国农业工作会以及全国农业政策法规工作会议精神，积极推进依法行政，突出抓好行政执法监督、农业综合执法规范化建设及法律知识培训，有计划地开展了有关涉农地方性法规规章的调研工作；结合“五五”普法总结验收及六五普法的启动，继续深入开展了对农村农民的法制宣传教育活动，农村法制环境得到了一定提升，农民法律水平得到了有效提高。

立法和执法

【积极参与间接立法】 2011年，市农委根据法定职能和工作实际参与间接立法，共完成《中华人民共和国土地管理法》、《北京市审计条例》和《北京市行政问责办法》等法规、规章草案征求意见共13件，为今后更好地开展农村工作提供了法律和制度上的保障。

【开展规章和规范性文件清理工作】 根据市经信委、市政府法制办、市发改委等部门《关于开展清理阻碍企业兼并重组规定有关工作的通知》及《关于开展专项集中清理不利于民间投资发展的政策文件工作的通知》的精神，共组织开展了三次规章和规范性文件清理工作。主要针对市农委负责的政府规章《北京市农业承包合同纠纷仲裁办法》（2007年第200号令）以及现行有效的市农委起草、以市政府名义发布的8份规范性文件和市农委制发的34份规范性文件进行了清理。经认定，内容均不涉及阻碍企业兼并重组和民间投资发展以及征地拆迁等问题，全部予以保留。

【调研《北京市实施〈中华人民共和国农民专业合作社法〉办法》实施情况】 《北京市实施〈中华人民共和国农民专业合作社法〉办法》已于2010年3月1日开始实施，该办法实施一年以来，为全市农民专业合作社的健康发展营造了更加良好的法治环境。根据《北京市关于法规规章实施准备和评估报告工作的若干规定》第六条第二款“法规颁布实施满一年后的3个月内，行政执法部门应当向同级人民政府提交法规实施情况评估报告”的要求，市农委法制处处会同有关处室对《北京市实施〈中华人民共和国农民专业合作社法〉办法》一年来的实施情况进行了认真调研、总结，并向市政府提交了评估报告。

【开展依法行政专项考评】 根据《北京市市级国家行政机关绩效考核管理暂行办法》相关规定和《关于2011年两委绩效管理工作安排的通知》要求，特制定了《市农委落实机关绩效管理〈依法行政专项考评工作细则〉办法》，严格按细则规定对各处室依法行政工作开展情况进行考评，包括对行政规范性文件合法性审查、有关重大决策事项合法性审查和专项资金项目实施合同（协议）合法性审核工作、对各处室及所属单位结合职能工作开展法律法规宣传教育工作以及法制政府信息报送情况、对落实和执行行政执法责任制工作中的依法行政工作等内容指标。通过专项考评，各处室找到了工作中存在的不足，明确了下一步的工作目标，有效推动了全市农委系统的依法行政工作的开展。

【农委系统单位荣获“五五”普法先进集体称号】 在2011年全市“五五”普法验收总结表彰大会上，全市农委系统的法制宣传教育工作得到了市普法领导小组的充分肯定，并于会上作了书面发言。市农委、市农业局系统、市农职院、市农研中心分获“五五”普法先进单位荣誉称号；市农业局、市农科院、市农产品批发市场4人荣获“五五”普法先进个人称号。

【完成六五普法规划制定】 为继续深入开展法制宣传教育，落实依法治国基本方略，营造首都农村的良好法治氛围，根据《北京市委宣传部、北京市司法局关于在全市开展法制宣传教育的第六个五年规划》，结合全市农村实际，市委农工委与北京市法制宣传教育领导小组办公室联合发文，出台《关于落实全市“六五”普法规划　加强农村法制宣传教育工作的意见》。意见分别从指导思想、主要目标和工作原则、主要任务、对象要求和保障措施方面进行了详细规定，力争使法制宣传教育在服务新农村建设，促进本市农村经济社会协调发展，维护农村和谐稳定方面发挥重要作用。

【印发《北京市农委2011年推进依法行政工作实施方案》】 方案从深化普法宣传教育、完善行政决策规则、程序、严格规范性文件监督管理、完善行政执法体制、强化对行政行为的监督以及措施保障方面进行了详细的规定，为进一步推进市农委系统依法行政工作深入开展提供了有力保证。

【五项措施加强依法行政制度建设】 一是继续贯彻落实重大决策事项由委办公会集体讨论决定的制度。全年共召开委领导办公会议32次，讨论决议事项137件。二是继续坚持重大决策事项和规范性文件合法性审核制度。全年共审核两委专项资金项目实施合同（协议）62件。三是建立重大决策事项公开制度。凡需要公开的重大决策事项和规范性文件都通过首都之窗农委网站及时向社会进行发布。四是建立法律顾问制度。邀请法律专家、学者参与决策的工作方式固定化、制度化，适时建立了法律顾问制度。为指导区县新农村建设工程、产业项目扶持以及农村产权制度改革等工作提供了法制保障。五是扩大政策制定的参与面。在政策制定过程中，主动邀请各方面专家、学者积极参与，充分利用市政府农村经济顾问团、山区顾问团的专家资源优势，为政策的制定提供专家建议。

（市农委法制处　胡　皓）

【全面推进农业依法行政】 6月19日，组织全市农业行政执法人员考试，人数近400名，参加考试人数336名，合格人数282名，合格率占考试人数的84%。组织四期执法人员培训班，培训562名执法人员人次。2011年，全市农业系统共出动执法人员4.6万人次，组织执法活动2.2万次，查办案件1 000余件，有力的维护市场秩序和农民的合法权益。开展全市农业系统行政处罚案卷评查，评查案卷68份，60分以上的合格卷61份（合格率89.7%），其中90分以上的优秀卷53份（优秀率77.9%）；不合格卷7份（不合格率10.3%）。

【农业法制工作会议、农资打假工作会议召开】 年初，召开北京市农业法制工作会议，总结部署农业法制工作。3月，北京市农业局、北京市工商局、北京市质监局、北京市发展改革委员、北京市公安局、北京市经济信息委员会、北京市供销合作总社联合召开“2011年北京市农资打假工作会议”，部署2011年农资打假专项治理工作。

【推进“两法衔接”】 全面梳理农业行政执法与刑事司法的衔接点，完善农业案件移送的标准和程序；积极与市公安局治安管理总队进行接洽，探讨假劣农资行政处罚与刑事司法衔接的相关制度，确立农业部门与公安部门假劣农资重大案件联合查办机制；积极推进案件的移送，与市公安局经侦总队配合，破获国务院重点督办的“北京天作国际农业发展有限公司销售假种子”案，配合公安部门联合查处“北京圣尼亚种业科技有限公司8·30制售假种子案”。

【开展“打四黑除四害”专项行动】 一是成立领导小组，制订工作方案，召开了系统内“打四黑除四害”专项行动部署会。二是上下联动，积极推进。各区县及时成立相应的领导小组，通过发动农民田间学校的学员、村级动物防疫员、农业技术推广全科员等“三员”的作用，深入到农村基层，摸排线索，形成了全市联动打击违法行为的统一机制。三是综合配合，成效显著。行动开展以来，共组织执法检查2 419次，出动执法人员9 552人次，与公安、工商等部门的联合执法检查109次，印发工作简报16期。

（市农业局　王　梁）

法制宣传

【多层次开展农村法制宣传教育】 一是在新农村建设相关培训中开展法律知识内容培训。在举办的乡镇党委书记轮训班、乡镇长轮训班、村党支部书记轮训示范班以及全市农村金融制度政策专题培训班中，有计划地安排村镇规划、土地、建设等法律法规学习。二是结合涉农法律的贯彻实施开展相关法制宣传教育。以村委会换届选举为契机，大力宣传《宪法》、《村民委员会组织法》、《选举办法》等有关选举的法律法规、政策和文件，提高选民的民主法制意识和依法自治能力，使选民懂得参加选举对于维护自身合法权益、实现当家做主的意义，培育农民的公民意识和权利义务相统一的观念。三是在新农村建设各项活动中融入法律宣传。在创建最美乡村活动中，融入法制建设内容，不断提高村民的法律意识。在开展的农民艺术节活动中，进一步发掘涉及农村法律宣传的文艺节目，以农民喜闻乐见的文艺形式，宣传乡村依法治理和村民诚信守法的典型事例，弘扬法制精神。

（市农委法制处　胡　皓）

【组织对全市农资企业负责人的系统宣传培训】 组织完成了对全市农资企业负责人的系统宣传培训。首次统一组织对行政相对人的系统培训，共组织培训班8期，涉及种子、农药、肥料、兽药、饲料、种畜禽、农机、渔业等八类、833家企业的1 000余名企业负责人参加。对企业应知应会的法律法规、产业发展现状进行宣解，创造良好的法制环境，农资企业社会责任意识和诚信意识大大提高，此类培训形式也获得行政相对人的一致好评。农业部专门发布信息作为一项重要经验向全国推广。

【“农业法制进基层”活动启动】 由“农业法制千村万户行”和“农业法制社区行”两项内容组成。“农业法制千村万户行”是利用两年时间，组织农业法制专家和农业执法人员，深入1 000个左右的农业村，面向10 000个左右的农户，采取多种形式，有针对性地开展农业法制宣传。“农业法制社区行”是利用两年时间，组织有关专家和执法人员，选取100个社区，广泛深入宣传有关农产品安全、动物防疫、水生野生动物保护等与市民生活息息相关的农业法律法规。

（市农业局　王　梁）

【法律援助农民工现场会】 1月18日，市司法局在市法律援助中心举行“法律援助农民工现场会暨农民工讨薪款发放仪式”。司法部法律援助工作司司长孙剑英、司法部法律援助中心主任贾午光、市司法局局长于泓源、副局长郑振远和北京市律师协会副会长周塞军出席会议。郑振远介绍全市开展法律援助农民工维权活动情况。

【组织一年一度的“送法下乡”活动】 1月21日，市司法局“送法下乡”启动仪式在延庆县康庄镇刁千营村举行，向村民赠送法治春联和书籍，发放2万册法律书籍和3 000份法制宣传品，2011年“送法下乡”活动全面展开。16个区县按照统一部署，从实际出发，精心组织，扎实有效地开展多种形式的“送法下乡”活动。

【新农村建设领导小组召开全市扩大会议研究司法工作】 1月27日，北京市新农村建设领导小组召开全市扩大会议，市委常委牛有成、副市长夏占义等市领导，各委办局、各区县主管领导参加会议。市委农工委书记、市农委主任王孝东在总结2010年工作时，对市司法局不断完善农村公益法律服务体系建设给予充分肯定，通过构建农村公益法律服务体系，扩大农村司法行政队伍，提高农民的法律素质，维护农民的合法权益。

【规范街道乡镇法律援助工作站建设的指导意见出台】 5月16日，市司法局印发《关于规范街道（乡镇）法律援助工作站建设的指导意见》。《意见》规定，区（县）司法行政机关应当依托街道（乡镇）司法所设立法律援助工作站，工作站在区（县）法律援助指导科（中心）指导和监督下开展工作。《意见》明确工作站的工作职责，包括宣传法律援助制度、接受法律援助申请并进行初审，对符合条件的申请，向区县法律援助中心报批等六项职责，并承担上门服务便民措施的实施。

【人民调解工作顺利展开】 全市共有人民调解组织7 596个，其中居民（社区）调委会2 601个，村调委会3 951个，街道调委会156个，乡镇调委会168个，企事业调委会316个，区域性行业性调委会154个，联合调委会81个，市场调委会66个，流动人口调委会9个，其他调委会98个。全市共有调解委员40 613人，其他调解员人为79 197人。截至11月底，共调解矛盾纠纷229 661件，调解成功222 196件，调解成功率96.7%。

2011年以来完成的主要工作：

1. *人民调解工作领域广泛拓展。*一是与市卫生局等五部门联合制发了《关于加强医疗纠纷人民调解工作的意见》，举办了北京市医疗纠纷人民调解工作启动大会，副市长刘敬民、司法部副部长郝赤勇、卫生局副部长马晓伟出席了会议，并做了重要讲话。组建了“北京市医疗纠纷处理协调指导委员会”和“北京市医疗纠纷人民调解委员会”。医疗纠纷人民调解委员会成立以来，共受理医疗纠纷772件，涉及赔偿金额6 571万元。二是与北京电视台联合在第三调解室栏目组设立人民调解委员会，将电视节目主持人、心理学家、律师等聘为人民调解员，把电视节目的公开性与心理学家、律师的专业性和基层人民调解员熟悉社情民意的广泛性结合在一起，合力化解社会矛盾。三是与北京市住房和城乡建设委员会联合，制发了《关于在建筑业领域建立人民调解委员会的通知》，举办了“北京市建筑施工合同纠纷人民调解委员会”揭牌仪式，标的额高、技术性强以及化解难度大的建筑施工合同纠纷，将由专业的人民调解组织进行化解。

2. *人民调解规范化建设进一步加强。*为全面贯彻落实《人民调解法》，推进人民调解工作规范化建设，一是先后制定了《关于村（居）人民调解委员会规范化建设的指导意见》、《关于乡镇（街道）人民调解委员会规范化建设的指导意见》、《关于行业性专业人民调解组织规范化建设的指导意见》，对全市村居、街乡和行业性专业人民调解委员会组织形式、工作程序等各个方面进行了规范。二是制定了《关于进一步加强人民调解统计和规范人民调解文书格式的通知》，明确了人民调解工作统计标准、要求，统一了人民调解协议书格式，全面规范了人民调解基础工作。三是组织开展了人民调解规范化建设示范单位创建活动，全市广大人民调解组织通过调委会自荐、区县审查推荐、市局检查验收的三个阶段，评选出人民调解规范化建设示范单位54个，全面推进了人民调解规范化建设。四是组织召开了全市人民调解工作会议，全面总结了近三年人民调解工作成绩，表彰了先进，交流了工作经验，对下一步工作进行了部署。

3. *社会矛盾多元调解工作机制进一步完善。*一是以首都综治委的名义制发了《关于成立首都综治委社会矛盾多元调解工作协调委员会的通知》，明确了由市委副书记王安顺任主任，副市长刘敬民、高院院长、综治办主任、法制办主任、司法局局长任副主任，司法局、法制办、综治办、信访办、高院、检察院等22家单位主管领导任委员的首都综治委社会矛盾多元调解工作协调委员会，对各成员单位工作职责进行了细致的分工。二是印发了《关于加强人民调解工作的意见》，协调市政府法制办以市政府办公厅的名义印发了《关于加强行政调解工作的意见》，协调市高院印发了《关于发挥司法职能作用　积极参与社会矛盾多元调解体系建设的意见》。三是组织召开全市首都社会矛盾多元调解工作协调委员会第一次（扩大）会议，印发《2011年社会矛盾多元调解工作要点》，对人民调解、行政调解和司法调解工作进行了部署，王安顺出席了会议，并做了重要讲话。四是组织召开了首都综治委社会矛盾多元调解协调委员会办公室第一次会议，会议审议了《社会矛盾多元调解协调委员会议事规则》，审议通过了《社会矛盾多元调解协调委员会办公室议事规则》，全面明确了协调委及办公室工作例会、议事、信息报送、执行督办等各项工作制度，规范了协调委及办公室各项工作。目前，东城、朝阳、昌平、延庆、密云等区县已经成立区县社会矛盾多元调解工作协调委员会。五是全面总结了物业管理纠纷人民调解工作开展四年来工作经验，对优秀人民调解员和调解的优秀案例进行了表彰；与公安部门联合召开治安和民间纠纷联合调解室表彰大会和全市道路交通人民调解工作现场会；与市总工会联合制发了《关于进一步推进劳动争议调解联动机制建设的意见》，对劳动争议调解进行了规范；在怀柔区组织召开了人民调解进立案庭工作现场会。

4. *基层基础工作进一步活跃*。一是印发了《关于展规范司法所创建活动的实施方案》，组织司法所开展了规范化司法所创建活动；二是印发了《关于开展司法助理员岗位练兵活动的实施方案》，组织全市广大基层司法助理员广泛开展了练兵活动；三是组织全市开展了以“推进人民调解，构筑和谐基石”为主题的《人民调解法》知识竞赛，提高了基层司法助理员《人民调解法》的理解和运用能力；四是组织开展了全市优秀人民调解培训教案评选活动，共评选出一等奖3名，二等奖10名，三等奖25名，为全市开展人民调解工作培训奠定了基础；五是组织开展了“党旗下的风采”司法助理员岗位练兵演讲比赛，比赛分为预赛、决赛两个环节进行，共评选出一等奖1名，二等奖两名，三等奖3名；六是组织开展司法助理员优秀调研文章评比活动；七是印发了《关于推进社会矛盾化解　解当人民调解能手评选活动的实施方案》，组织全市开展了争当人民调解能手活动。

案例四则

“蜂王”传奇

金海湖镇63岁社区服刑人员王某，因犯有故意杀人罪被北京市中级人民法院判处死刑缓期两年执行，2007年3月30日王某刑满释放回归社会。近20年的铁窗生涯，王某养成了固执的“监狱人格”，出监鉴定中称：该犯自闭性强不愿与人接触，社会适应性差，戒备心强，遇到挫折后易发生过激行为。

王某也曾经是生活的强者，依靠精明的头脑和超前的经营意识，王某是平谷区第一批“万元户”，是当地的一位名人。1987年的一天，王某患有神经官能症的妻子，病症发作摔砸生活用品，并对王某打骂不止，王某一时动怒，用刀将其妻子杀害。卑劣的犯罪行径使其背负很大心理压力和社会舆论压力，一些村民议论：“像这样连媳妇都敢杀的人为什么要放出来，怎么不一直关在监狱里死掉。”王某默默承受，加之儿子、女儿及亲朋好友的不接纳和冷嘲热讽，更加深深的刺痛着王某脆弱的心。记得王某回归后第一次回家，看见阔别20年的家——残砖破瓦荒草丛生的样子，王某的心再也承受不起这样的打击，顿时昏厥过去。醒来后，独自坐在破败的房舍前，抱头痛哭。王某面对众多的压力与实际困难，失去了精神支柱，不敢面对未来的生活，丧失了继续活下去的勇气。

面对这样一个特殊的社区服刑人员，司法所工作人员一改常规工作方式，变每月走访为每日走访，耐心细致的做王某的思想工作，同时动员其家属对其进行关爱，用亲情温暖王某，同时注重发挥社会志愿者作用，围绕王某社交圈开展劝导工作，生活上主动与王某接触，言谈话语中尽量避免刺激王某。在司法所工作人员、亲人及社会志愿者的关怀下，王某冰冷的心渐渐融化，艰难的度过了“回归关”。

“回归关”度过之后，司法所开始和他共同商讨他未来的计划，帮他一起出谋划策，通过谈话了解到，其在入狱前曾经养过蜜蜂而且养的还不错，司法所就鼓励他养蜜蜂。由于其刚刚回归社会没有投资基础，司法所就帮其联系卖蜜蜂的人，由村委会和司法所共同担保，先借了王某10箱蜜蜂，等有了第一笔收入再把钱还给卖蜂人。有了这10箱蜜蜂后，王某就像换了个人，脸上浮现久违的笑容，干起活来也特别的起劲。司法所对其进行家访的时候，王某总是有说不完的话，司法所工作人员问他：“蜜蜂养的怎么样啊，它们不会蛰你吧。”王某还高兴的和我们说：“不会，它们已经让我训练的特听话了，它们有蜂后我就是它们的‘蜂王’。”在司法所的帮助下，王某顺利地度过了“创业关”。

经过近1年的辛勤劳动，王某通过养蜂已经有了一些积蓄，蜜蜂的数量也从最初的10箱发展到现在的90多箱，蜂群数量达到近200万只。前不久还刚刚把自己的老房子进行了翻盖，谈到他养的蜜蜂，王某侃侃而谈：“我将来要建成一个养蜂基地，不光养本地蜂，还要培养新品种，解决冬季蜜蜂的食物替代品等养蜂难题。”司法所在走访的时候，王某坚持要送给工作人员蜂蜜，被工作人员婉言谢绝，坚持用市场价格购买，告诉他：“这是你的劳动成果，我们购买你的劳动成果是你应得的。只要你今后继续靠劳动创造你自己的美好生活，比送我们几斤蜂蜜要强得多。”王某表示：“我今后一定会继续把蜜蜂养好，酿出最甜的蜂蜜，让我的生活也像这蜜一样甜，继续当好我家的这群蜜蜂的‘蜂王’。”

心系农民工　调解来维权

2011年春节前夕，50多名农民工因工资被拖欠，追讨无门寻求法律援助。这些农民工来自密云东邵渠、河南寨、巨各庄三个乡镇，还有三名外来务工人员。他们于2010年5月至9月期间，在密云县巨各庄镇某村做建筑工，工作了近半年之久却未拿到一分工钱。他们是家庭的顶梁柱，全家都指望打工挣钱过日子呢，如果没人帮助他们，他们将去县政府上访。

密云县法律援助中心意识到问题的严重性和紧迫

性，于是工作人员一面安抚他们激动的情绪，一面启动农民工法律援助“绿色通道”，指派施工工程所在地的巨各庄镇法律援助站先行援助。

巨各庄法律援助站接受指派后，马上展开调查。经调查了解，此项工程出现违法分包、转包等问题，发包方系北京某建筑工程管理有限公司，余某系此项工程承包方，李某系此项工程第二承包方，二者均不具有资质。李某与51名农民工系雇佣关系，工人们于2010年5月30日至2010年9月15日期间跟随李某从事建筑工作，双方约定每人每天劳动报酬为70元。但工程结束，农民工们向李某索要劳动报酬时，李某以第一承包方未给够工程款为由拒绝支付。因没有签订劳动合同，又没有相应的直接证据，第一承包人余某干脆不认账，拒绝接见。

理清关系后，援助站郝站长带领工作人员开始了艰苦的调解之路。他们找到发包方北京某建筑工程管理有限公司总经理，开门见山地说出了事情原委，总经理却说：“钱我早已结给承包方，这件事是承包方的责任，与我们公司无关。”，随后声称有事离开公司。之后工作人员连去三次该建筑工程管理有限公司，均未见到总经理。无奈之下，为了维护农民工的权益，援助站依法以发包方、无资质的承包方为被告提起诉讼。在工作人员与法官密切配合下，该公司总经理终于同意商谈此事。工作人员从情理法各个方面耐心细致地讲解了农民工的生活情况，说明农民工围堵政府对社会及对公司的不利影响，并明确指出分包、转包属于违法行为，出现此类问题该公司有不可推卸的责任，这16万元工资款对于公司来说数额不大，但对于51名农民工来说就是半年的血汗钱，公司应以大局为重，为社会的安全稳定负起责任。该公司总经理终于被工作人员的真诚感动，答应由公司出钱给农民工兄弟发工资。

2011年5月24日，在司法所与法庭工作人员的共同协调下，历经5个月，51位农民工终于拿到了血汗钱。

联合化解新农村建设纠纷

2009年，怀柔区宝山镇郑栅子村进行新农村改造，具体方案是“老户在原址翻盖新房，新搬迁的散户在空闲地上建房后抓阄入住”。2011年，新房建好，老户全部入住，新户只等抓阄便能搬进新家。边某是村里的老户，村里为他翻建的新房已经建好入住，可他家的老院墙并没有拆除，挡住了里面一所应由新户抓阄入住的房屋，这导致新户们无人敢抓阄，都怕自己抓到无法通行的新房。村委会找到司法所请求调解。

司法所经调查了解到，拆迁前村委会与边某签订合同，合同约定“村委会为边某盖新房，边某在新房盖好后将老院墙拆除，按照规划建设新的院墙。”可新房建好后边某拒不履行合同，要求由村委会为其翻盖院墙。面对此种情况，司法所协同汤河口地区公益法律服务中心、汤河口派出法庭、镇政府村镇办进行联合调解。调解过程中，工作人员向边某强调三点，一是从法律上看，边某的行为违反此前他与村委会签订的合同；二是从情理上看，边某已经入住新房，不应阻拦其他村民搬进新家；三是从实际情况看，村集体一直很照顾边家，共投资3万多元将边家起伏不平的地基垫平。经过一番细致入微的调解工作，边某同意将自家老院墙拆除，散户终于可以抓阄搬入新居。

“检调对接”显效果

大兴区采育镇村民田某、于某因为宅基地问题发生纠纷，诉至法院。法院依法判决，田某赔偿于某损失人民币300元，并将其损坏于某的房屋恢复原状。但田某只履行了赔偿于某人民币300元的判决，拒不履行将于某房屋恢复原状的判决。后于某申请了强制执行，而田某却向大兴检察院提起了申诉。自2010年开始，田、于两家因此事发生了多次冲突，该案经过了公、检、法等多个部门，但问题始终没有得到有效的解决，他们的矛盾也越来越深。

为了使田、于两家的矛盾能够得到彻底化解，维护本地区的和谐稳定，大兴区司法局和大兴区检察院启动了“检调对接”机制，对田某和于某的案件进行联合调解。“检调对接”机制启动后，区司法局和检察院控申、民行两处进行了多次沟通，确定了调解方向和应急预案。在两家单位的共同推动下，9月20日，区司法局与检察院在采育镇司法所共同对田某、于某纠纷一案进行了调解。

调解过程起初并不顺利，田某总是强调自己帮了于某多少忙，在于某家盖房时又出工又出钱，还把自家的宅基地让一块给于某，而于某在田某家盖房时却到处说田某的坏话，还举报田某盖的是违章建筑。田某实在咽不下这口气，一气之下用铲车将于某家新房的一角挑塌了。田某无论如何也不肯和解，并声称要继续举报于某的其他违章建筑问题，调解一度陷入僵局。面对这种情况，镇人民调解员和检察官们从情、理、法等各个角度对田某进行细致耐心的劝说，经过三个多小时的工作，田某的态度终于有所转变。此时，司法所又适时地提出和解方案：第一，于某不再要求田某将其房屋恢复原状，田某撤回申诉。第二，双方争议的宅基地为集体所有，双方均不在提出其他主张，田某表示同意。但于某还对自己的房屋属于违章建筑的事情心存抵触，司法所和检察院工作人员又对其进行了教育，最后于某同意了调解方案，并表示配合执法部门拆除自己的违章建筑。

在司法所和检察院的调解下，田某、于某当场签订了和解协议。至此，一场历时两年多、经过多个部门的疑难纠纷在检察院与司法局两家单位的联合调解下，成功化解。

“检调对接”是2010年大兴区施行的新机制，检察机关和人民调解部门依托社会矛盾纠纷大调解机制，以和谐司法的理念和调解的方式，在法律规定的框架内，有效化解检察环节各类矛盾纠纷。而采育司法所和大兴检察院的这次联合调解活动，是大兴区“检调对接”启动以来的第一次成功案例，通过这次成功的合作，为以后的“检调对接”工作打下了良好的基础。

（市司法局　武寓文）

人大建议、政协提案办理

【基本情况】 市农委（市农业局）共承办市十三届四次会议代表建议和政协十一届四次会议委员提案68件。其中人大建议36件（主办16件、会办20件）、政协提案32件（主办16件、会办16件），主要集中在产业发展、“菜篮子”工程、食品安全、农民利益保护和社会事业五个方面，虽然从数量上少于往年，但从质量上综合性更强、办理难度更大，甚至有些建议提案所提的问题是多年遗留的问题，需要多部门联合共同解决。

【人大代表和政协委员普遍关注的热点问题】

1. 关注产业发展问题。代表和委员们非常关心北京都市型现代农业的发展步伐、“三农”的信息化发展进程，关注首都市场的农产品供应，提出要重点发展休闲农业、设施农业、会展农业、籽种农业和循环农业，要进一步完成现代农业服务体系，加大生态、科技投入力度，从而保障农业产业的可持续协调发展。汤维建代表提出第2154号建议“关于加强北京市都市型现代农业建设的议案”、曾原纪委员提出的第0370号提案“关于系统建设‘北京健康休闲文化圈’的提案”；于海霞代表提出的第0430号“关于加快推进北京郊区现代化养殖水平”的建议、仉锁忠代表提出的第2002号“关于发展籽种产业促进现代农业发展”的建议、李里特委员提出的第0645号“关于合理规划北京市农产品和食品加工，推动农业现代化，提高居民饮食生活质量和安全”的提案；陈定旺委员提出第0119号提案“关于进一步加强三农信息化建设，促进北京城乡统筹发展的提案”；以及郭俊琴委员的第0756号建议“关于将物联网应用于‘三农’建设的提案”，都对产业发展尤其是农业产业的发展提出了较好的切实可行的意见和建议，这些议案的有效办理，必将加快北京市农业产业的发展步伐，给北京市农业的发展带来深远的影响。

2. 关注民生问题。“菜篮子”工程和食品安全问题始终是涉及民生的重大问题，关系到百姓的切身利益，影响着百姓的生活质量，一直以来国家都对此予以高度重视，并先后就此出台了一系列政策和法令。尤其是一段时间以来，物价普遍偏高，因此，2011年的“两会”，针对此问题的提案备受关注。强磊代表的0156号提案“关于尽快建立‘民生价格’制度”、孔静代表提出的第0615号建议“关于持续不断加强食品安全监管的建议”、王爱平代表提出的2021号提案“抑制物价过快上涨是百姓安居的前提”以及郑国本委员提出的第0157号提案“关于进一步加强首都‘菜篮子’工程建设的提案”，马莉莉代表提出的第1017号“保证京郊蔬菜用地不被占用、确保北京市地产蔬菜的基本供应”的建议等等，都从不同的角度指出了通过加强食品安全、平抑物价、建设“菜篮子”工程等途径稳定民生的紧迫性和必要性。

3. 关注农民利益保护。胡锦涛同志在十七大报告提出“解决好农业、农村、农民问题，事关全面建设小康社会大局，必须始终作为全党工作的重中之重”，这就表明要充分保护农民的利益，保证社会的和谐稳定。代表们从征地拆迁补偿、增加农民自主创业资金扶持、加大涵养区扶持力度等方面，倡导对农民利益给予保护。如高扬代表第0005号提案“关于加快京包路征地拆迁补偿工作的建议”；黄天文代表第0211号“关于请尽快研究解决‘假居民’问题的建议”、王晓玲代表第0493号“关于解决农民贷款难问题的建议”、吕秀荣代表提出的第0522号“关于加大农村妇女自主创业扶持资金的建议”、孙玉芝委员提出的“北京市在推进城乡一体化进程中，要积极关注解决事关百姓切身利益的遗留问题，避免形成新的群体上访”等等，都从农村建设和保护农民利益的角度提出了建议，对于维护农村社会的和谐稳定将起到积极的促进作用。

4. 关注社会事业。社会事业的健康发展，体现着社会进步，体现着社会服务水平的提高，是政府惠民、利民的重要举措。代表们从新能源利用、农民综合素质的提高、农村垃圾的合理分类、发展特色小城镇、城乡公共保障一体化等方面，提出了很好的建议。比如焦守田代表提出的第0428号“关于建设北京农村专业农民队伍的政策”的建议、张军委员提出的第0124号“关于创办北京农民学院”的提案、李术元代表提出的第0537号“关于加强农村地区新能源沼气利用”的建议、郭光磊代表提出的第2070号“关于解决农村路灯照明电费过高问题”的建议、杨瑞代表提出的第0274号“关于增加村民委员会运转经费”的建议、徐占明代表提出的第2077号“关于改善京郊农村金融服务环境政策”的议案等都从统筹城乡一体化发展的角度，提出当前农村公共服务保障存在的突出问题，这些问题的有效解决，将大大提高农村公共服务保障水平。

【人大代表和政协委员反映多年问题的分析】 经过对几年来人大代表和政协委员提案进行综合整理分析，目前存在的“假居民”和农民转居保障问题是代表和委员们反映多年的问题。“假居民”主要是因前几年城市各种优惠待遇，通过各种途径将户口转成居民，但还生活在农村，由于户口的改变，农村土地失去，各种惠农政策得不到享受，城市居民的保障没有充分享受，因此，称为“假居民”。农民转居保障问题也是一个突出的问题，主要由于北京城市发展，城市开发、交通、绿隔等政府征地而产生的一部分农转非群体，由于未得到及时合理的安置，进而形成的历史遗留问题。这部分群体在没得到安置的同时，又失去了赖以生存的生活资源——土地，既没有被当作居民对待，又不能享受国家对农民的各项补助和优惠政策，这些一直是社会不安定因素之一，也是几年来代表委员一直关注的问题。

“假居民”和民转居保障问题至今未得到有效解决的主要原因是：一是受现有政策的限制。主要原因是城乡公共服务政策还不够统一，城市与乡村政策缺乏有效的衔接，由于这部分人被卡在政策的夹缝中，失地前和失地后政策的不连贯和不一致等因素，造成以前失地的农民生活困窘，成为政策的牺牲品。有些政策法规在执行过程中还缺乏连续性，特别是一些临时组建的单位，大多是多部门组成，虽然任务顺利完成，但老百姓的遗留问题成了无头问题，最终由政府买单。二是缺乏协调解决机制。“假居民”和农转居保障问题，是长期多种原因形成的，形式也是多样的，涉及多个部门，需要政府明确责任单位，明确基本政策，这样才能使“假居民”和民转居保障问题得到有效解决。

【建议提案办理工作情况】 按照市十三届人大四次会议代表建议和政协十一届四次会议委员提案的办理工作要求，市农委高度重视、严密组织、注重质量、依法办理，圆满地完成了人大建议、政协提案办理工作，代表和委员对办理结果满意率达100%。办理过程中，注重与年度任务相结合，积极吸收和采纳代表委员的建议和意见，不断拓宽思路、创新机制，代表委员所提的问题基本得到有效解决，促进了新农村建设的科学发展。

1. *提高认识，强化办理责任*。市农委领导高度重视建议、提案的办理工作，始终把建议提案的办理作为年度一项重要的任务来抓，在市政府交办会后，及时召开专题动员部署会，会上孝东同志亲自进行动员部署，要求承办单位定人、定责、定时限，加强沟通协调、虚心听取意见、认真解决问题，提高办理质量，全力以赴办好每一件建议提案，真正通过办理建议提案来促进新农村建设。办理过程中，始终把“办理及时不及时，答复认真不认真，落实到位不到位，代表满意不满意”作为衡量办理工作的标准，建立一把手负总责、分管领导直接负责、相关处室具体办理、督查处督促落实的四级承办责任制，做到思想认识到位、组织领导到位、督促落实到位。同时，加大办理人员的选拔、教育和培训，委领导对各处室承办人员逐一把关，并亲自组织专题教育和培训，主要领导经常过问和研究办理工作，对办理中的问题，积极协调处理，及时提出解决的措施，主管领导对办理报告严格把关审批，亲自执笔修改，确保了办理工作顺利进行。各承办单位和承办人能够牢固树立执政为民、依法行政的理念，自觉将建议提案办理的过程，作为吸收营养、提高能力的过程，作为审视工作、改进作风的过程，作为解决问题、拓宽思路的过程，作为创新机制、推动发展的过程，积极沟通、认真答复，积极解决问题，严格依法办理。

2. *严密组织，规范办理程序*。随着建议提案综合性越来越强、办理难度也越来越大，市农委在严格落实“交办、分析、承办、答复、审查、上报”程序的基础上，严把“三关”：一是严把建议提案的分析关。结合往年办理情况，对68件建议提案进行了综合分析，梳理出人大代表和政协委员普遍关注的农村产业发展、“菜篮子”工程、食品安全、农民利益保护和城乡社会事业一体化保障五个热点问题，弄清了多年形成的“假居民”和农转居社会保障难解决的真正原因，形成了热点难点问题解决方案，为今后决策提供了有力依据。同时，结合年度工作任务，对每一件建议提案进行认真分析，研究确定建议提案分类，提升了建议提案办理质量，32件主办件中A1：3件、A2：28件、A3：1件。二是严把答复关。各承办单位按照表达简明准确、答复意见实在、汇报情况具体、落实措施有力要求，基本做到了主管领导要对答复意见进行审查把关，副处以上领导亲自进行答复。对人大、政协的督办件委主管领导一起与处室研究，亲自进行答复。三是严把审查关。督查人员加大办理联络、督促、检查和协调工作，对答复意见初审把关，凡发现不符合要求的，及时督促承办单位整改或重新办理。主管领导对每一件建议、提案都要严格把关、审核签发，从而确保了建议、提案的质量。

3. *加强沟通，提高办理效率*。在办理过程中，市农委始终保持和人大代表、政协委员及有关部门的联系沟通，基本实现了“办理前沟通联系、办理中征求意见、办理后跟踪回访”。在前期完成会办意见时，各承办单位能够主动与主办单位沟通联系，掌握主办单位需求，会办意见要像主办一样重视一样认真，及时将意见反馈主办单位。承办主办件的处室能够主动与代表、委员沟通，了解提出建议、提案的意图，找准问题的症结，做到快捷办理，准确答复，不走弯路；办理过程中，积极向代表、委员通报工作情况，做到发现问题，及时解决，保证质量，提高代表委员的满意率；办理后，将办理结果及时向代表、委员反馈，并对办理情况进行跟踪回访，确保建议提案提出的问题得到有效解决。同时，还建立了与人大代表、政协委员沟通的长效机制，初步形成了通报情况、征询意见、实地考察制度，一方面自觉接受人大代表、政协委员监督，促进工作落实；另一方面广泛听取人大代表、政协委员的意见和建议，确保决策的正确性。

4. *创新思路，确保办理质量*。在办理建议提案过程中，市农委始终坚持突出重点，把人民群众普遍关注的热点、难点问题的解决作为建议提案办理工作重要环节，做到“难点问题领导亲自办、热点问题集中办、综合问题协调办”，各承办单位能够深入末端调查研究，注重从思路上拓展、从方法上创新，从政策上破解。对代表委员关注的降低农产品流通成本、农产品质量安全、市民的菜篮子等热点问题，加大了农超对接、农校对接、农场对接力度，建立社区蔬菜销售点，有效地降低了农产品流通成本；加大标准化生产力度，扩大有机、绿色农产品生产面积，加大农产品市场监测力度，农产品质量得到了安全保证；出台了新一轮“菜篮子”工程实施意见，扩大蔬菜种植面积，加快外埠基地建设，市场蔬菜供应充足。始终坚持搞好结合，把建议、提案办理与日常工作结合起来，做到同安排、同部署、同讲评、同落实，用办理工作来促进落实；把建议提案办理工作与转变工作作风结合起来，培养机关干部为民亲民、务实高效和实事求是的工作作风；把建议提案办理与提升干部能力素质结合起来，在办理建议提案中，提高干部调查研究能力、语言表达能力、沟通协调能力和解决问题能力。例如，对代表普遍关心的农民持续增收问题，结合正在制订的《北京市促进农民增收行动计划》，充分吸收建议提案内容，多次请人大代表、政协委员修改，促进了《北京市促进农民增收行动计划》的出台，通过一系列有效措施，来保证年底前农民人均纯收入实际增长7%以上、低收入农户人均纯收入实际增长10%以上目标的实现。始终坚持督促检查，针对办理工作时间紧、任务重、要求高的特点，采取定期公布进展、定期检查质量、定期讲评落实等方式加强督导，及时推广总结经验做法，表彰先进典型，用强有力的手段，推动办理工作的落实。

5. *跟踪落实，提升办理实效*。在全面分析建议提案总体形势的基础上，结合年度任务，主动与代表委员沟通，认真调查研究，制定出办理方案，凡是有条件解决的，抓紧时间全力解决；对短期内不能解决的问题，列入年度计划，在工作中逐步解决；对部分综合性、前瞻性强的建议提案列入年度调研课题，明确了时间节点，拟定落实计划，通过完善政策体系加以解决，并邀请代表委员全程监督，确保了答复与落实统一。例如代表和委员们关心的北京都市型现代农业的发展问题、三农的信息化发展进程问题、首都市场的农产品供应问题，结合年度任务，大力发展休闲农业、设施农业、会展农业、籽种农业和循环农业，逐步完善现代农业服务体系，加大生态、科技投入力度，从而保障了农业产业的可持续协调发展。针对代表委员提出的征地拆迁补偿、农转居社会保障、农民就业和“假居民”等难点问题，确立了20个调研题目，作为今年改革突破重点项目。为确保建议提案所提的问题真正落实到位，结合督查工作，建立与绩效管理工作相统一的考核机制，采取向代表委员发公开信、让代表委员评议办理情况、召集相关人员评选优秀办理报告等形式，按照“答复态度、能力素质、工作作风、满意程度、问题解决”五个方面进行考评，用评比竞赛和考评促进建议提案办理水平的提高，真正实现从单纯答复向工作落实转变。

【建议、政协提案优秀承办件】 2011年，在市委农工委市农委的正确领导下，农委系统各相关单位努力工作，68件人大代表建议、政协委员提案按期办复。市农委承办的第0409、0768、2154、0756、4001、5006号建议提案被市政府办公厅评为“优秀承办件”。

1. 建议0409号，题目“关于加大对生态涵养发展区扶持力度的建议”，承办单位及承办人：市农委山区建设处齐智。

2. 建议0768号，题目“大力发展京郊有机农业增大健康消费促进消费升级”，承办单位及承办人：市农业局张潇月。

3. 建议2154号，题目“关于加强北京市都市型现代农业建设的议案”，承办单位及承办人：市农委产业发展处郑桐富。

4. 提案0756号，题目“关于将物联网应用于‘三农’建设的提案”，承办单位及承办人：城乡信息中心马俊强。

5. 党派团体提案4001号，题目“加快推进农村规模化沼气利用工程”，承办单位及承办人：市农业局王宇。

6. 党派团体提案5006，题目“关于加大城乡统筹力度，破除城乡二元体制，‘十二五’时期基本实现城乡经济社会发展一体化新格局目标的提案”，承办单位及承办人：市农委发展规划处刘容江。

（市农委新农村建设督查处　高精华）

维护农村社会稳定

概　述

2011年按照市委、市政府的工作部署，以巩固郊区农村和农委系统安全稳定为目标，以化解“三农”突出矛盾问题和加强安全生产监管服务为主线，充分发挥网络信箱答复基础平台、首都综治委农村综治工作协调委员会参与社会治安综合治理平台、市联席会议农村土地问题专项小组平台和农委系统安全隐患排查整治基础台账平台作用，有效做好村庄社区化服务管理、涉农矛盾纠纷排查化解、重大事项社会稳定风险评估和农机安全生产四项工作，为确保首都和谐稳定、推进“平安北京”建设作出了积极贡献，得到了首都综治办、市安办、市维稳办、市信访办等业务主管部门的肯定，并荣获了“2011年度首都社会治安综合治理先进单位”、“2011年度维护稳定工作先进单位”、“2011年北京市构筑消防安全防火墙工程先进集体”等多项荣誉称号。

农村综合治理

一年来，市委农工委、市农委认真落实《首都社会治安综合治理责任书》中确定的综治工作目标任务，紧紧围绕党委政府工作的重点、社会服务管理的难点和人民群众关注的热点，以“平安北京”建设为载体，以化解农村社会矛盾为主线，以推进社会管理创新为契机，以新农村建设为手段，充分发挥首都综治委农村综治工作协调委员会的作用，为促进首都和谐发展营造出稳定的外部环境。

【强化责任落实，努力实现目标管理】 2011年初，市委农工委书记、市农委主任王孝东代表两委与刘淇书记、郭金龙市长、王安顺副书记签订了2011年《首都社会治安综合治理责任书》。两委分别与农委系统所属8个局、事业单位党政“一把手”签订了《农委系统“加强社会治安综合治理”责任书》。同时，农委系统各单位分别与其下属二级单位也签订了社会治安责任书，逐级分解落实了“平安北京”建设任务和责任，有效保证了农委系统社会治安综合治理工作件件有人抓，事事有人管。制定了《关于2011年两委绩效管理工作的意见》，将“深入推进社会矛盾化解、社会管理创新、公正廉洁执法”三项重点工作任务列入《市委农工委市农委2011年重要工作督察任务书》中，并明确了负责领导、承办处室、具体任务、考核目标和完成期限，促进各项工作有效落实。

【强化制度建设，努力确保工作实效】 按照中央和市委、市政府的有关要求，全面加强对综治维稳工作的制度建设，先后制定并下发了《关于进一步做好“两会”期间维护稳定工作的意见》、《关于在“打非”行动中充分发挥农村基层党组织和党员作用的通知》、《关于建立村务监督委员会工作的意见》等文件，逐级落实了工作措施和责任，为推进郊区农村和谐稳定和系统单位的平安建设奠定了坚实基础。

【强化大局意识，努力做好农村地区安全稳定工作】 按照首都综治委第一次全会的工作部署和要求，制定了2011—2013年帮扶共建计划，郝霞委员带队多次到朝阳区东坝乡综治联系点进行社会治安综合治理调研，实地检查东坝乡城市管理指挥中心和东坝家园社区的警务站、巡防站、流管站、民调室、监控室，针对东坝乡流动人口严重倒挂、治安防范基础设施落后、发案率较高等突出问题，将其列入全市推进村庄社区化服务管理活动创建项目，分阶段、有目标地提高社区综治工作管理能力和服务质量，并安排综治专项资金60万元支持联系点的工作，逐步完善镇村两级技防设施建设，规范村级专职巡防队伍建设。注重在防控整治违章建设、违法生产、违规经营中，充分发挥基层党组织和党员的作用，及时下发有关文件，组织郊区县把防控整治工作与开展创先争优活动相结合，注重加强领导、注重政策引导、注重党员带头、注重强化监管、注重保障民生，充分发挥基层党组织战斗堡垒作用和党员先锋模范作用，使“三违”现象的蔓延态势得到了有效遏制。

【强化服务创新，深入推进村庄社区化建设】 2011年初，与中国农业大学合作，在郊区开展了农村社区服务管理状况的工作调研，认真总结了村庄社区服务管理工作取得的成绩，分析了存在的问题及影响因素，撰写了《城乡一体化背景下北京农村社区服务管理现状的研究》报告。在与农村综治系统成员单位充分研讨和论证的基础上，与首都综治办共同制定了《关于开展推进村庄社区化服务管理活动的意见》及配套的《推进村庄社区化服务管理活动工作重点》、《推进村庄社区化服务活动实施细则》三个文件，以发展农村公共事业，拓宽服务领域，增加服务内容，转变服务方式，着力打造管理有序、服务完善、文明祥和的生产、生活共同体为具体评量内容，提出了“自治管理规范化、治安秩序标准化、基层服务组织化、建设规划科学化、城乡文明一体化”作为创建标准，在全市深入开展推进村庄社区化服务管理活动。6月22日，市农委与首都综治办联合召开了推进村庄社区化服务管理活动暨首都综治委农村综治工作协调委员会全体成员大会，农工委副书记、农委副主任刘福志对推进活动进行了部署，占义副市长出席会议并讲话。此项活动以提高村庄社区管理和服务能力为重点，以建立科学完善的社会服务管理体系为目标，以解决当前社会服务管理的薄弱环节和突出问题为突破口，根据村庄地域文化环境、生态特点和产业发展模式等不同形式，按照城中村、中心村、平原村、山区林地村和专业村五种模式，由13个区县推荐出127个村庄，因地制宜的推进社区化建设。

【强化队伍培训，努力提高工作水平】 委托清华大学人文社会科学院举办了“村庄社区化建设”高级研修班，对140名区县“推进村庄社区化服务管理活动”领导小组办公室负责人、乡（镇）主管领导、首都综治委农村综治工作协调委员会成员单位及部分村干部进行了为期3天的培训，邀请多位领域内著名学者和专家，以案例教学的方式，分六个专题对有关社会建设理论、当前社会发展矛盾、问题以及海内外乡村发展和治理经验进行了专题辅导，并于10月份选派了13名市、区县、乡镇从事村庄社区化工作的干部赴台湾进行学习交流，进一步开阔了各级专业干部的视野，提升了知识能力和工作水平。以“深入推进创先争优，严厉打击非法违法生产经营建设行为”为主题，为全市200个城乡结合部村党组织书记，郊区县委组织部、国土分局、规划分局、住建委、农委、城管大队、安监局相关负责人，市相关部门负责同志共300人举办了“严厉打击非法违法生产经营建设行为”示范培训班，针对农村规划管理、违法建设查处、安全生产、流动人口管理等内容进行了专题学习，进一步提高了参训人员对做好基层矛盾纠纷化解和维护安全稳定重要性的认识。

信访工作

一年来，两委坚决贯彻全国信访会议精神和全市信访联席会议的整体部署，紧贴首都“三农”工作实际，结合当前城乡经济社会发展需要，认真落实党在农村的基本政策，围绕影响农村社会和谐稳定的突出矛盾和问题，深入开展矛盾纠纷排查化解，领导带案下访，有力促进了涉农信访形势明显好转，为北京两会、全国两会、建党90周年营造了安全稳定的社会环境。

【涉农信访基本情况】 2011年1—12月份，郊区县到市级部门集体访共616批10 767人次，与2010年的492批7 410人次相比，批次和人次分别上升了25.2%和45.3%。反映的主要问题有：①占地拆迁及补偿分配问题184批4 038人次，占29.9%；②其他（各类纠纷、违法建设拆迁、劳资纠纷等）社会管理问题126批2 234人次，占20.5%；③企业改制和劳资纠纷问题70批1 423人次，占11.4%；④农村基层干部管理问题55批495人次，占8.9%；⑤土地征占引发的问题46批589人次，占7.5%；⑥山区搬迁遗留问题30批351人次，占4.9%；⑦违法违纪问题27批231人次，占4.4%；⑧土地承包及流转纠纷问题24批347人次，占3.9%；⑨转非转工安置问题19批322人次，占3.1%；⑩农村集体资产分配问题12批110人次，占1.9%；⑪产权制度改革问题11批220人次，占1.8%；⑫农村管理问题6批312人次，占1%；⑬社员身份认定问题6批99人次，占1%。

2011年全年到市农委直接来访共115批435人次，来信65件次。市农委直接办理网上信箱人民来信564件。其中，领导信箱来信281封、投诉信箱28封、咨询信箱92件、农村法律咨询信箱90件、市长信箱73件。

【综合施策，推进信访矛盾事前防范化解】 制定并下发了《关于进一步加强打击利用农产品进行非法集资和传销工作的通知》，在各郊区县涉农领域深入开展利用农产品进行非法集资和传销排查整治行动，利用广播、报刊、电视、网络等手段，宣传国家有关的法律、法规及利用农产品进行非法集资和传销的危害性，提高农民群众的风险防范意识和甄别能力，并要求各级农（林）业部门建立健全非法集资日常监测预警制度及信息快速反应机制，做到早发现、早报告，切实维护郊区农村正常的社会经济秩序。坚持用群众工作统揽信访工作，以领导干部接访、信访积案化解、体制机制创新为重点，充分发挥两委作为北京市社会主义新农村建设领导小组的作用，进一步加大对涉农问题的政策调研和执行力度，对到市以上部门的上访，特别是涉农群体访，要注重运用法律、政策等多种手段，为妥善化解各类矛盾纠纷提供支持。出台了《关于加强农村土地承包经营纠纷调解仲裁培训工作的意见》，旨在通过培训打造一支政治素质高、业务能力强、专业技能精、在群众中有较高威望的农村土地承包经营纠纷调解仲裁员队伍，大幅提升化解农村矛盾的能力和水平，使土地承包经营纠纷得到及时有效化解。

【落实制度，着力排查化解突出矛盾和问题】 充分发挥市联席会议农村土地领导小组的协调作用，认真落实领导干部接待群众来访制度，通过领导接访和带案下访等方式，及时化解各类突出信访问题，进一步实现工作重心下移。按照市委农工委、市农委《关于对涉及群众利益重大决策进行信访风险评估的意见》，认真落实涉及群众利益重大决策信访维稳风险评估制度，一年来，针对两委拟出台的涉农政策，要求相关责任处室制定详细的规划和工作预案，对涉及群众利益的重大决策等民生问题事前进行信访稳定风险评估，如：会同产业处与北京市农科院对《新菜地开发建设基金征收管理办法》进行社会稳定风险评估，并在征求市、区县、乡镇、村四级部门和农户、市民、个体经营者意见及建议的基础上，起草完成了《新菜地开发建设基金征收管理办法社会稳定风险评估报告》，最大限度地减少了因决策失误而引发的矛盾和问题，切实保障了农民群众的根本利益。积极整合两委领导信箱、投诉信箱、咨询信箱等网络信息资源，制定了《市委农工委、市农委网络信箱管理办法》，进一步规范并完善了网络信箱管理制度，明确了两委各有关处室参与办理群众来信的工作程序，并在系统内举办了“网络信箱管理”信息员培训班，使两委网络信箱信件办理水平得到显著提升，在市政府政务公开和信息化检查中赢得检查组的高度评价，得到广大网民的一致好评。

【部门联动，形成处理信访突出问题和群体性事件的整体合力】 按照市联席会议的统一部署和要求，对涉农土地征占补偿、拆迁、农村土地承包、集体资产处置、村级管理、山区移民搬迁等易引发群体性事件的问题，会同土地、建设部门，加强组织协调、情况通报和督促检查，形成处理跨部门、跨地区信访突出问题和群体性事件的整体合力。与市二中院签订了《关于积极创新农村社会管理有效预防化解农村矛盾纠纷》的合作协议，重点围绕因农村土地拆迁、流转等原因引起的农村矛盾纠纷，加强政府部门与司法机关的协作，并约定建立联络员制度和不定期会商制度，积极开展日常信息整理通报和案件沟通协调工作。9月20日，在接到农业部关于有绿色和平组织等团体就反转基因农作物问题可能在北京聚集上访的信息通报后，会同市农业局及时与市维稳办、市信访办等部门进行会商，制定了详细的工作预案，为及时稳妥地化解这一突发事件提供了有效保障。

安 全 生 产

一年来，两委高度重视系统安全及农机安全生产工作，按照全市的总体部署，结合工作实际，健全台账、完善制度、制定预案、严密部署、重点排查、迅速整改，有效保障了系统消防安全、交通安全和农机生产安全，全面预防了重特大安全事故发生。

【加强工作部署，层层落实安全责任】 2011年先后制定了《市委农工委、市农委宣传贯彻〈北京市大型群众性活动安全管理条例〉实施意见》（京农发[2011] 10号）、《农委系统火灾隐患排查整治专项行动方案》等文件，通过签订责任书、督导检查、隐患排查、专业培训、值班备勤等方式，有效落实了各项安全防范措施，进一步强化了安全监管工作责任，切实做到了措施到位、责任到人。

【加强防治结合，全面排查并有效整改各类安全隐患】 开展了清理整顿违规生产经营建设行为专项行动，对中央批发市场等系统重点单位的出租房屋、建设工地等场所进行了细致检查，重点查看台账是否存在违规出租和转租行为、房屋是否存在安全隐患、责任是否落实到位、现场是否存在违法经营活动。开展了农委系统火灾隐患排查整治专项行动，采取“三个结合”的方式，即明察与暗访相结合、重点风险部位与基础设施设备检查相结合、火灾隐患排查与人员教育管理相结合，严格落实“七个严查”和“七个一律”，从源头上清除了系统各单位的火灾隐患。开展了“防灾减灾日”活动，进一步增强了机关干部风险防范的责任意识、灾害应对能力和应急管理水平。

【加强监管服务，确保农机安全生产形势稳定】 按照市安委会的统一部署，积极推动《北京市农业机械化促进条例》等相关法律法规和安全标准的贯彻实施，为进一步做好农机安全监理服务工作提供了政策法律保障。主动联合工商、质监、安监、交管等部门开展农机安全隐患治理、执法检查和宣传教育“三项行动”，实现了对农机生产、销售、维修、使用等环节的全程监管。大力推行农机政策性保险、免费管理等支农惠农政策，让农机户得到实惠的同时更提高其抵御风险的能力和办证、上牌、参检的积极性。全面强化农机事故处理制度、装备及队伍建设，逐步形成了自上而下的农机事故应急处置体系。

（市农委社会管理处　杨　琦　李旭辉　陈志国）

领导班子建设与基层组织建设

概　述

2011年，农村党的建设和党风廉政建设进一步加强和改进，农村基层治理机制进一步完善。市委农工委、市农委直属机关党的建设和干部队伍建设有了新的进步和发展。

领导班子建设

【市委农工委系统各单位党建工作继续深化】 市委农工委系统各级党组织认真围绕本单位的中心工作，紧扣服务“三农”这个主题，党建工作不断深化。

一是信息化工作不断推进。根据郊区农村信息化发展的需求，各单位都积极开展农业信息技术应用研究。市农林科学院研发了“北京农村远程教育平台”、“12396北京新农村科技服务热线系统”、“农业远程双向视频咨询诊断系统”、“农业智能问答咨询服务系统”、“手机农事通平台”等便捷的农业科技信息服务软硬件产品，并已在京郊农业科技推广体系建设中得到了广泛的应用，为解决农村信息化“最后一公里”问题提供了高质量的技术支撑。建立并完善了局域网的党务公开系统，向院内公开重大事项及党政工作情况；承担了北京市党员干部现代远程教育平台，为京郊、社区的党员全员培训提供了有力支撑。北京农业职业学院依托校园网站，设立了党务公开专题网，为学院的党务公开工作开展提供一个便捷的平台。近期将在南北校区开通电子触摸屏，进一步丰富学院党务公开载体建设。实现了日常办公从自动化向网络化、“无纸化”转变。采用网站群的技术手段，对网络资源进行有效整合。目前基础设施已初具规模，逐步形成了业务办公网络化、信息处理数字化、资源开发集约化的工作格局。北京农产品中央批发市场管委会在本单位官网上及时发布各项工作信息，不仅成为对外展示的平台，也是管委会系统内部交流的园地。官网上还有“特菜专区，京郊名品展示，网络经销商和配送业务”等农产品流通领域专业服务，方便了用户的了解和使用。为了更加有效强化系统内部人力资源管理，管委会还利用用友软件的人事管理系统建立了自己的人力资源管理库，并在所属二级公司设立三个站点，已经形成了全系统人员统筹管理，适时更新，机关组织人事部门及时了解的动态化管理。

二是进一步推进党员电化教育和现代远程教育教学资源开发工作。完成市委农工委全年课件制作任务30多小时。系统基层单位中两个示范站点被评为北京市党员电教（党员干部现代远程教育）示范站点，4名同志分别被评为优秀站点管理员和优秀学用个人。在北京市党员教育电视片观摩交流活动中，农工委拍摄制作的《农村创先争优写实——实践在基层》获优秀作品奖，农科院《给田野插上翅膀——优秀共产党员孙素芬信息助农工作纪实》获最佳作品奖；在北京市“我眼中的共产党员”DV作品大赛中，农职院拍摄制作的《科研与服务的职教先锋——记北京农业职业学院共产党员罗红霞教授》和《爱岗敬业的模范践行者——记北京农业职业学院优秀共产党员赵晨霞》都获得最佳奖。

三是党建创新工作取得新成果。市农职院“五个一”工程被中共北京市委创先争优活动领导小组评为“全市创新项目”。在创先争优活动中，北京农业职业学院坚持“立足京郊，面向首都，服务‘三农’”的办学宗旨，在总结历年服务“三农”工作成功经验和整合各类项目资源的基础上，实施了“五个一”主题服务工程，即选派一批专业骨干挂职服务、带动一批青年教师社会实践、推广一批农村实用技术、培养一批农村乡土人才、建立一批校外“产学研服”基地，充分发挥学院人才、品种、技术集成优势，为农村发展、农业增效、农民增收做出了积极贡献。

四是组织开展纪念建党90周年活动。组织市农委系统纪念建党90周年主题党日活动。配合市纪念建党90周年主题展览组委会做好展览筹备工作，组织系统党员参观《北京市纪念建党90周年展览》，并被评为优秀组织单位。组织开展“共产党员献爱心”捐款活动。

五是开展慰问帮扶工作。春节前和“七一”前安排工委领导分别到农工委系统各单位慰问优秀党员和生活困难党员。共对14名优秀党员和生活困难党员进行走访慰问。共发放慰问金21 000元。

六是组织系统各单位开展党的十八大代表候选人提名推荐工作，农林科学院孙素芬同志被确定为党的十八大代表候选人推荐人选。

七是组织开展农委系统创先争优活动。做好党内统计工作和厂务公开民主管理工作。

（市委农工委组织处　李艳青）

【坚持竞争择优，做好干部选调引进】 结合两委中心工作需要和机关干部队伍现状，在人员编制空缺的前提下，积极通过面向基层遴选的方式做好干部引进调入工作，确保机关干部队伍建设的稳定性、连续性。一年来根据工作需要，结合机关干部队伍建设实际，通过笔试、面试、考察等环节，从郊区县和有关单位遴选了9名科级以下干部到两委机关工作，为机关注入了新的力量，进一步优化了干部队伍的年龄结构和专业知识层次。

【严格程序标准，做好干部选拔任用】 严格贯彻执行《干部任用条例》各项规定，坚持德才兼备、以德为先、注重实绩、群众公认的选人用人导向，不断健全完善干部选拔任用工作机制，坚决防止选人用人上的不正之风。严把推荐提名、组织考察、讨论决定等环节，充分发扬民主，增强干部选拔工作的公开性，从而确保选人用人的公信度。一年来，提任了1名处级正职、1名处级副职、2名副调研员、3名主任科员和1名副主任科员，进一步优化了干部队伍结构，进一步调动了干部的积极性和创造性。

【注重实践锻炼，做好干部交流和挂职锻炼】 针对机关“三门干部”较多，缺少基层工作经历经验，缺乏处理复杂问题能力等短板，积极选派干部到郊区县乡镇挂职锻炼，同时按照市委组织部“三个一百”工作部署做好干部交流任职。一年来两委着眼于加强机关干部实践锻炼、增长才干，共组织13名干部交流任职和挂职锻炼，其中2名处级交流任职，3名处级机关挂职，6名处级和2名科级干部到乡镇基层挂职锻炼，进一步加强了干部队伍作风建设，有力推动了“三农”工作的落实和城乡经济社会一体化发展，促进了两委机关与镇、村基层的良好互动，开创了“一人挂职、全员参与、个体锻炼、整体受益”的生动局面。

【组织做好年度考核工作】 组织制定年度考核工作的具体意见，并严格按照规定程序和环节组织开展工作。2010年度两委机关处级以下81名公务员，17人考核为优秀，3人获得“三等功”奖励，17人获“嘉奖”奖励。通过考核工作，进一步激励了机关干部忠于职守，勤政廉政，提高工作效能，发挥了激励先进、鞭策落后的导向作用。

【组织做好领导干部有关事项报告工作】 严格做好两项法规贯彻实施工作。两委首次报告工作圆满完成，市管干部共18人，均按要求填写《报告表》，报告比例100%；处级干部63人中，均按要求填写《报告表》，报告比例100%。没有干部报告配偶子女移居情况。在做好两委机关干部申报的同时，还组织指导农委系统各单位做好首次报告工作。

（市委农工委干部处　满　欣　宗大勇）

【组织举办全市新农村建设专题培训班】 为加快新农村建设进程，6月下旬，市委组织部、市委农工委在市委党校，联合组织举办了全市“新农村建设专题研讨班”。研讨班为期5天，郊区各区县分管新农村建设领导，农工委农委系统局级单位局级领导干部，郊区各区县农委主任，市人大、市政协相关部门领导，区县人大政协分管领导，及中国农业发展银行相关干部等60人参加了培训。研讨班邀请中央政策研究室、中国社科院、北京大学、中国人民大学等专家、教授，就新农村建设的政策措施和发展方向等方面问题进行了专题辅导，进一步提高了学员在新农村建设过程中组织、协调、落实能力和应对新情况、解决新问题的能力。

【组织举办全市农委系统局处级领导干部系列讲座】 按照市委《关于大规模培训干部工作的实施意见》的任务要求，4月15日至11月18日，市委农工委在北京农业职业学院北校区组织举办了“2011年度农委系统局处级领导干部系列讲座”。讲座原则上每月一期，共举办了七讲。讲座分别邀请了中央党校、国家行政学院、中国军事科学院、文化部等专家学者，就十七届六中全会精神解析、国家“三农”政策解析、当前中国社会形势与社会建设、“十二五”时期中国国家安全形势与战略运筹等问题作了专题讲座，进一步提高了农委系统局处级领导干部的综合素质和思想理论水平。

【完成本年度政工职评工作】 远郊区县、市农委系统各单位认真组织开展企、事业单位思想政治工作专业职务的评审工作。组织了高级政工师职称的初审工作，共有24人申报高级政工师职称，经高评组评审，推荐了19人参加全市高级政工师的评审，14人取得高级政工师职称。

（市委农工委干部处　满　欣　余路婧）

基层组织和民主政治建设

【农村基层党组织建设服务保障作用更加突出】

1. 深入开展农村创先争优活动。召开了深入推进农村创先争优活动暨“三级联创”工作会议，广泛开展征文研讨、知识竞赛、文艺汇演、向党说说心里话等形式多样的纪念建党90周年活动，对照“十二五”发展规划，认真实施“领航”、“聚力”、“先锋”工程，为实现“十二五”良好开局提供强劲动力。深入开展“践行双承诺、共建新农村”主题实践活动。广泛动员基层党组织和党员开展公开承诺，积极开展党员志愿者、党员责任区、党员先锋岗等活动，在推动农村发展中发挥了党组织的战斗堡垒作用和党员的示范表率作用。

2. 发挥农村基层党组织引领发展作用。围绕转变经济发展方式提供服务、发挥作用，农村产业结构调整步伐加快，都市农业和沟域经济持续发展，农村集体经济产权制度改革成效明显，农村经济实现平稳较快发展。围绕城镇化建设和新农村建设提供服务、发挥作用，城乡结合部 50 个重点村建设稳步推进，10 个新型农村社区建设试点顺利启动，农村基础设施管护长效机制不断完善。围绕维护农民利益提供服务、发挥作用，“促进农民增收行动计划”和“共同致富行动计划”深入推进，农民增收速度不断加快。围绕创新社会管理提供服务、发挥作用，群众工作不断改进和加强，村庄社区化管理成效显著，农村总体保持和谐稳定。围绕“打非拆违”行动提供服务、发挥作用，举办了全市村党组织书记“打非拆违”示范培训班，印发了《关于在“打非拆违”行动中充分发挥农村基层党组织和党员作用的通知》，通过推行公开承诺、加强宣传引导、落实长效管理等措施，有效遏制了非法违法生产经营建设行为的蔓延趋势。

3. 开展后进村党组织整顿建设工作。制定了后进村党组织整顿建设的意见，全市倒排确定后进村党组织 255 个，占行政村总数的 6.5%。加强工作督查落实，召开了后进村党组织整顿建设专题汇报会，对 13 个涉农区县的 26 个后进村党组织整顿建设情况进行了督导检查。全市共下派“第一书记”37 人，调整村党组织班子 71 个，其中调整村党组织书记 61 人、村党组织班子成员 88 人，选派 5 人跨村兼任后进村党组织书记、8 人异村担任后进村党组织书记。

4. 农村基层党建工作创新活力持续增强。探索农村基层组织设置的新方式。推广村村联建、村企联建、村居联建、产业带动等组织设置方式，并在农村社区、“两新组织”、外出务工经商党员集中地区加大党组织组建工作力度，实现了党组织的有效覆盖。探索基层干部队伍建设的新机制。在选拔培养上，切实加强农村后备干部队伍建设；在教育培训上，健全“市级示范培训、区县重点培训、乡镇普遍培训”的工作体系；在激励保障上，目前全市村党组织书记人均收入达到 4.52 万元/年，有 43 名村党组织书记在乡镇换届中进入乡镇领导班子；在管理监督上，建立健全任期目标责任制和述职述廉等制度，推动了农村基层干部更好地履职尽责。探索激发党员队伍活力的新途径。总结推广发展党员“双线接收”模式，广泛推行党员承诺制，实行党员分类管理，提升了党员发展和教育管理工作水平。

【农村基层民主政治建设进一步深化】

1. 党务、村务公开进一步深化。农村基层党务公开实现全覆盖。村务监督委员会普遍建立。注重党务公开与政务公开、厂务公开、村（居）务公开等工作有机结合，建立健全例行公开、监督检查等制度，有力地保障了党员群众的知情权。公开工作综合采用村务公开栏、电子显示屏、“明白纸入户”、手机短信、广播等多种载体进行立体公开；坚持定期公开与即时公开相结合，在每季度公开一次的基础上，遇有重大事项随时公开；坚持结果公开与过程公开相结合，做到事前、事中、事后全过程公开，从而形成了立体式的村务公开格局。

2. 完善创新村民自治制度体系。按照新修订的《村委会组织法》精神，健全和完善村民自治章程及村规民约，把民主选举、民主决策、民主管理、民主监督的要求具体化、制度化。积极探索党组织领导的村级民主自治机制的有效实现形式，把有效做法制度化、管用经验长效化，填补制度空白。重点推进村务公开民主监督，通过成立村务监督委员会、实行“晒帐”等形式，增强村务公开民主管理制度的可行性、执行力和有效性。

3. 顺利完成村务公开民主管理“难点村”治理工作任务。紧紧围绕群众最关心的热点、难点问题，以维护农民权益为重点，着力解决侵占村集体资产、资金和铺张浪费给集体造成的损失问题。大力加强以改善民生为重点的社会建设，着力解决“难点村”经济社会发展的源头性、根本性、基础性问题。加大对“难点村”扶持力度，针对经济发展落后的“难点村”，采取结对帮扶形式，帮助其发展经济，建设硬件设施，解决农民就业等问题，切实改变“难点村”落后面貌。

（市委农工委组织处　舒　展）

【农村基层政权建设工作深入发展】 2011 年，全市基层政权建设工作紧紧围绕首都改革发展稳定大局，认真贯彻落实党的十七大、胡锦涛总书记“七一”重要讲话和市委十届九次全会精神，全力推进农村基层社会管理创新，提高首都基层社会管理水平、进一步加强农村基层民主自治制度建设，健全完善基层党组织领导的充满活力的村民自治机制，圆满完成了各项工作，呈现出广大村民群众关注多、工作亮点多、社会反响好等特点，全市农村基层政权建设工作深入发展，有力地促进了首都社会主义新农村建设。

1. 全市村民委员会底数。据统计，截至 2011 年 12 月底，全市共有村委会 3 941 个。其中：朝阳区 154 个，海淀区 84 个，丰台区 66 个，门头沟区 178 个，房山区 461 个，通州区 475 个，顺义区 426 个，昌平区 303 个，大兴区 527 个，平谷区 273 个，怀柔区 284 个，密云县 334 个，延庆县 376 个。

2. 积极开展《村委会组织法》地方性法规立法调研。根据《村委会组织法》的精神，结合我市实际，我局联合市人大、市委组织部、市委农工委、市政府法制办、市妇联成立了立法调研工作小组，开展《北京市实施〈中华人民共和国村民委员会组织法〉的若干规定》和《北京市村民委员会选举办法》的立法调研工作，征求 40 多个市相关部门、各区县、乡镇和村的意见。在深入调研并广泛征求意见的基础上，起草了《若干规定》、《选举办法》的立项论证报告、草案，并将两个立法草案提交市政府法制办。两个草案被市政府法制办专家委员会评为年度唯一的两个百分之百满意草案。

3. 全面开展建立村务监督委员会工作。市委、市政府高度重视村务监督委员会建设工作，刘淇书记多次做出批示，把它作为基层社会管理创新的重要任务来抓。3月，根据刘淇书记的指示精神，市委专门组成调研组，赴浙江学习考察村务监督委员会建设的经验。5月18日，市委常委会专题研究建立村务监督委员会工作，审议讨论了《关于建立村务监督委员会工作的意见》，明确由市新农村建设领导小组牵头负责此项工作，市民政局、市委组织部、市委农工委具体实施。6月8日，市新农村建设领导小组召开全市建立村务监督委员会工作部署会议，下发了《关于建立村务监督委员会工作的意见（试行）》和《关于做好村务监督委员会工作的通知》，全面启动建立村务监督委员会试点工作。按照全市统一要求，密云县石城镇、平谷区马昌营镇率先在全市启动了试点工作。6月21日，刘淇书记、郭金龙市长到密云县穆家峪镇阁老峪村调研，对密云县村务监督委员会试点工作给予了充分肯定。8月11日，市新农村建设领导小组村务公开工作办公室在海淀区温泉镇召开建立村务监督委员会试点工作推进会，并实地观摩海淀区温泉镇东埠头村村务监督委员会工作。12月，在总结试点经验基础上，市委办公厅、市政府办公厅下发了《关于建立村务监督委员会工作的意见》（京办发［2011］32号）。目前，全市各村已普遍建立村务监督委员会。

4. 召开北京市村务公开和民主管理工作会议。为贯彻落实全国深化村务公开和民主管理“难点村”治理工作会议精神，1月13日，召开了全市村务公开和民主管理工作会议，市新农村建设领导小组组长、市委常委牛有成，市新农村建设领导小组副组长、副市长夏占义出席会议做重要讲话。会议命名表彰了“市级村务公开民主管理示范乡镇”21个、“市级村务公开民主管理示范村”433个，实现全市有60%的乡镇和村达到“村务公开民主管理示范单位”标准的目标。

5. 出色完成村务公开和民主管理“难点村”治理工作。根据中央的统一部署和北京市具体要求，2011年是全市开展村务公开和民主管理“难点村”三年专项整治的最后一年。我局组织各区县对全市153个难点村初步重新摸排，并要求进行动态管理，加强检查监督，巩固治理成果。各区县对“难点村”治理工作现状、取得成果和存在问题等重新审视、总结、研究，并要求进行动态管理，加强检查监督，巩固治理成果，促进治理措施落到基层、落到实处。目前，所有“难点村”面貌都发生根了本性转变，治理工作已基本结束。

6. 指导区县开展农村“民主日”活动等村民自治实践活动。在1月和7月的两次“民主日”实践活动中，我局指导各区县认真制订工作方案，明确“民主日”的主题和重点，确保活动的真实性和时效性。通过积极开展“民主日”等村级民主实践活动，提高村民群众的民主法制意识，切实保证了广大村民群众的民主权利。

7. 评选表彰2011年度北京市先进村委会集体和个人。为进一步调动全市农村基层群众性自治组织和广大基层干部工作积极性，《北京市民政局　北京市人力资源和社会保障局关于表彰2011年度北京市先进社区居民委员会、村民委员会及先进社区居民委员会、村民委员会主任评比表彰活动的决定》（京民基发［2011］551号），授予朝阳区高碑店乡高碑店村民委员会等110个单位“先进村民委员会”荣誉称号；授予朝阳区十八里店乡老君堂村民委员会主任吴文潮等60名同志“先进村民委员会主任”荣誉称号。

（市民政局　甘国再　秦　琦）

【农村社区建设稳步推进】 2011年，全市农村社区工作以率先形成城乡经济社会发展一体化新格局为目标，不断加强农村社区服务设施建设，创新社区管理体制，完善社区服务体系，积极推进农村社区建设实验全覆盖，农村社区建设事业呈现良好发展态势。

1. 加强农村社区服务中心和服务站建设。积极推动乡镇社区服务中心建设，全市农村地区的区县级社区服务中心建设已基本完成，城乡结合部地区的地区办事处社区服务中心建设进展顺利，57个地区（乡镇）办事处已建成社区服务中心36处。根据城市社区服务站标准化建设模式，圆满完成1 700个农村社区服务站的建设工作，逐步实现农村地区社区服务站全覆盖。按照“统一形象标识、统一项目设置、统一运行流程、统一服务规范、统一资源调配”的建设标准，为相关农村社区服务站配备服务指示牌、咨询台、公示栏、宣传资料架等四项标识物和电脑、针式打印机、扫描传真打印复印一体机等三套设备，极大地改善和提升了农村社区公共服务水平。目前，房山、顺义、大兴、怀柔、密云等区县均已实现农村社区服务站全覆盖。

2. 深入推进农村社区建设实验全覆盖创建工作。3月份在通州召开了现场会，介绍推广通州区在农村社区建设实验全覆盖创建工作中取得的成功经验，对全市推进农村社区建设实验全覆盖示范单位创建工作进行了统一部署，各相关区县在工作中加强了农村社区建设的推进力度。门头沟、怀柔就实验全覆盖进行了专题调研并形成了调研报告，海淀、大兴、顺义制定了全覆盖创建工作方案，细化创建标准。目前已有海淀、大兴、顺义等区县申报民政部全国农村社区建设实验全覆盖示范单位，接受民政部组织的检查验收。

3. 城乡结合部农村社区建设取得突破性进展。按照市委市政府统一部署，以农村社区服务站为抓手，认真做好社会治安重点地区排查整治工作，积极探索农村地区社会管理新模式。各区县积极借鉴大兴区村庄社区化管理经验，创新农村社区管理服务思路，推进社区治安综合治理和社区建设工作有机结合，形成社会治安重点地区综合治理新模式。

（市民政局　甘国再　冯　斌）

农村实用人才队伍建设

【组织举办第三届农村实用人才创业成果展示推介活动】 4月份，在玉渊潭公园成功举办了第三届北京市农村实用人才成果展示推介活动。5天的展示推介期间，共展出13个区县19大类8 000余项作品，接待中外游人26万余人次，现场销售农村实用人才作品16 000余件，发放调查问卷4 000份。共计交易额705万元。通过区县自荐，观众评议，专家审核，共评出获奖产品68项，其中，最受欢迎产品奖14个，最佳礼品奖19个，最佳创意奖19个，最具现场人气奖16个为普通市民了解新农村、了解农村实用人才，让实用人才的成果接受市场的检验搭建了平台。许多市民反映通过展示推介活动看到了郊区农村的新面貌，了解了郊区农村的新发展。占义副市长亲临展示推介活动现场，对展示推介活动给予了充分肯定，并指出要认真研究农村实用人才的培养目标、培养措施和培养效果，要围绕社会主义新农村建设、促进农民增收致富，开发培养领军型、创新型人才。

【组织开展农村实用人才等级评定工作】 为进一步加强农村实用人才的管理服务，充分激发和调动农村实用人才兴业创业的积极性，在2010年房山、通州、密云三个区县开展农村实用人才等级评定工作试点的基础上，指导各区县全面开展农村实用人才等级评定工作。通过建立机构、制定标准、完善程序，共评定初级人才1.4万名，中级人才2.5万名，评定高级农村实用人才929名。工作中，各区县把等级评定与激励服务有机结合，有效激发了农村实用人才兴业创业的积极性。

【组织制定农村实用人才中长期发展规划】 按照市委要求，在总结“十一五”郊区农村实用人才工作、广泛征求各区县意见建议的基础上，与市委组织部共同制定下发了《首都中长期农村实用人才发展规划纲要》，印发了《2010—2020年京郊农村实用人才工程实施意见》，对未来10年农村实用人才工作进行了安排部署。同时指导各区县制定本区域的农村实用人才中长期发展规划，明确了今后一个时期的工作思路和工作重点。

【研究制定《北京市农村实用人才开发培养行动计划》】 在前期调研和征求相关市级部门意见的基础上，研究制定了《北京市农村实用人才开发培养行动计划》(2011—2015年)，明确了21个市级部门在农村实用人才开发培养方面的职责任务，为进一步形成工作合力创造了条件。

【组织举办各类农村实用人才培训班】 为全面提高农村实用人才队伍整体素质，切实发挥优秀农村实用人才的示范带动作用，7月份在北京农业职业学院举办了全市优秀农村实用人才培训班。此次培训分为农民专业合作经济组织，种植，养殖，民俗旅游等四个专题，采取示范基地考察、专业教师授课和研讨交流的形式举办，进一步提高了培训的针对性和时效性，来自全市近300名优秀农村实用人才参加了培训。8月中旬，组织60名农村实用人才带头人以及农村实用人才工作者赴华西村、上海孙河农业示范园区以及福建等地进行学习考察，通过实地考察、专题培训和研讨交流，帮助他们开阔视野、拓宽思路，进一步增强他们的示范带动作用。11月上旬，联合市委组织部、市人力社保局在韩村河培训基地举办了全市大学生村官示范培训班，组织116名大学生村官参加培训学习交流。11月下旬，组织12名高级农村实用人才远赴巴西进行境外培训，学习其先进农业管理经验等。

（市委农工委干部处　刘继锋　李晟龙）

党风廉政建设

【贯彻落实党风廉政建设责任制】 2011年，市委农工委、市农委认真贯彻执行中共中央、国务院新修订的《关于实行党风廉政建设责任制的规定》，印发了《关于2011年党风廉政建设工作的意见》（京农发［2011］6号）和《2011年党风廉政建设和反腐败工作主要任务分工方案》（京农发［2011］6号），对两委机关和农委系统党风廉政建设工作进行了全面部署，对39项党风廉政建设工作任务进行了责任分解，将党风廉政建设融入两委的中心业务工作之中。11月15日，下发了《关于对农委系统各单位贯彻执行党风廉政建设责任制情况进行专项检查的通知》（京农发［2011］25号）。11月底至12月初，由市委农工委、市农委主要领导带队，成立了4个检查组，通过听取汇报、查阅资料、召开座谈会、实地走访等方式，对系统单位落实党风廉政建设责任制的情况进行了检查，圆满完成了今年落实党风廉政建设责任制、推进惩防体系建设的各项工作任务。

【开展廉政准则贯彻执行情况专项检查】 8月15日，市委农工委、市农委印发《开展〈中国共产党党员领导干部廉洁从政若干准则〉贯彻执行情况专项检查工作的实施方案》（京农发［2011］21号），对两委机关及系统单位贯彻落实廉政准则的情况开展专项检查。市农委系统各单位认真开展自查自纠，处级以上党员领导干部全部按要求进行了对照与承诺，按时填写了《北京市党员领导干部遵守〈廉政准则〉承诺书》，自查面达100％。

【集中开展三项清理整顿活动】 在开展清理和规范庆典、研讨会、论坛活动专项治理方面，市委农工委、市农委下发了《开展清理和规范庆典、研讨会、讨论活动工作的实施方案》，成立了清理和规范工作领导小组，将两委机关及其4个直属事业单位、市农委业务主管的3个行业协会一并纳入此次专项清理和规范工作的范围，按照规定的内容和步骤进行了集中治理。在公车治理方面，制定印发了两委《开展公务用车问题专项治理工作的实施方案》（［2011］18

号），成立了工作领导小组，按照全市关于开展专项治理工作指导精神和总体部署，召开了两委机关和直属事业单位专项治理工作部署会，开展了公务用车问题专项治理工作。在“小金库”治理方面，按照财务归口管理的原则，重点对市农委主管的3个行业协会进行了专项治理，下发了《关于继续深化“小金库”专项治理工作的通知》。各协会高度重视，全面落实公示制、承诺制和问责制，着重在发票管理、财务报销制度等方面深化源头预防，探索建立健全防治“小金库”的长效机制。

【加强民主科学决策制度建设】 3月16日，市委农工委、市农委印发了《关于加强风险防控，推进民主科学决策完善“三重一大”决策制度的实施意见》（京农发［2011］7号），对“三重一大”事项的主要内容、决策程序和风险防控做了详细规定，为规范和坚持重大事项集体决策提供了制度保障。8月10日，市委农工委印发了《关于推进讨论任免干部票决制的实施办法》（京农发［2011］19号），进一步规范干部选拔任用工作。

【深入推进廉政风险防控管理，切实抓好“两个延伸”】 2011年，市委农工委、市农委深入推进廉政风险防控管理工作，重点抓好廉政风险防控管理向局级领导班子和领导干部的“两个延伸”，确定了13项廉政风险防控重点项目。两委领导班子针对决策“三重一大”事项，认真查找了业务流程和制度机制等方面存在或可能存在的5个方面的廉政风险，制定了7项防控措施。两委领导班子成员按照要求，认真填写了《局级领导干部廉政风险识别防控表》和《局级领导干部廉政风险防控重点项目表》。两委廉政风险防范管理工作领导小组办公室加强了对系统内4个直属事业单位的工作指导和督促检查，确保“两个延伸”工作见实效。两委机关及系统单位全部按照规定的步骤、时限完成了本年度廉政风险防控管理各阶段工作任务。

【对新农村“三起来”工程建设开展效能监察】 年初，市监察局驻市农委监察处紧密结合市农委年度工作重点，采取全面介入、全程参与式的工作形式，依法对市农委村镇处承担的新农村“亮起来、暖起来、循环起来”（简称“三起来”）工程建设项目实施立项效能监察，加大监督检查力度，确保市政府实事工程、重点工程既定任务的完成。

【加大对强农惠农资金监管的监管力度】 9月26日，制定下发了《关于进一步加强市农委专项资金管理的办法（试行）》（京政农发［2011］20号），加强对市农委专项资金的预算管理，优化工作流程，强化项目管理。配合市财政局绩效考评中心完成了2008—2009年新农村建设资金监督检查和2009年新农村建设资金绩效考评工作。配合市审计局完成2008—2010年农村产业资金的审计工作。

【开展向村级组织收费专项清理整顿活动】 7月30日，会同市纠风办制定下发了《关于开展向村级组织收费专项清理整顿活动的通知》（京政农发［2011］13号），于2011年7—10月，在全市范围内开展了向村级组织收费专项清理整顿活动，活动共分部署启动、集中排查、清理整改和总结报告四个阶段。通过查看会计账簿、凭证、发票，查阅档案资料，召开座谈会，走访相关村镇干部群众等方式，从公益事业建设、义务教育收费、各有关单位摊派、超限额公费报刊订阅等六个主要方面，重点对2009年1月1日以来（以发票或收据日期为准）各部门或单位向村级组织的收费情况以及村级组织财务开支情况进行了认真排查，对排查出的问题及时进行核实和整改。

（市委农工委纪工委监察处　张迪飞）

老干部工作

【基本情况】 截至2011年底，10个远郊区县和农委系统5个局、事业单位离休干部总数为2 458人，平均年龄83.7岁，其中局级132人、处级1 233人、科级及以下367人、其他726人，第一、二次国内革命战争时期参加革命的有1人，抗日战争时期参加革命的有481人，解放战争时期参加革命的有1 976人。

在市委、市政府正确领导下，市农口各级党委组织部门、老干部工作部门，认真贯彻全国老干部局长会议、市第二十四次老干部座谈会精神，围绕大局，开拓进取，老干部工作取得了新的进展。

【加强理论学习和形势教育】 全年组织离退休干部学习了十七届五中全会精神、胡锦涛总书记“七一”重要讲话、杨善洲同志先进事迹等内容，有针对性地加强理论学习辅导。农工委书记、主任王孝东同志向本系统局职离退休干部通报了北京农村经济发展情况，市委农工委副书记高华同志在7月上旬向农口老领导通报了全市农村基层换届选举工作情况。通过学习和教育，把广大离退休干部的思想统一到讲话精神上来，统一到中央关于“十二五”时期经济社会发展的要求和部署上来，坚定老同志永远跟党走的政治信念，始终与党同心同德。

【积极推进离退休干部党支部工作创新】 农工委系统共建立离退休干部党支部397个，其中离休干部党支部112个。2011年，各区县各单位以创先争优活动为载体，积极推动离退休干部党支部建设。市委农工委于5月上旬组织召开了农口离退休干部党组织和党员创先争优推进会，各区县交流了开展创先争优活动的做法和体会，市老干部局领导张庆朝同志、刘冰同志到会并对各区县的做法给予充分肯定。在创新离退休干部党支部工作方面，一是将创建“五好”离退休干部党支部和争当优秀共产党员活动与地区经济社会发展实际紧密结合，使离退休干部感到创先争优活动就在自己身边。二是在离退休干部党组织和党员中深入开展公开承诺、最佳主题党日评选和优秀离退休党支部建设工作创新项目等活动，推动了离退休干部党组织和党员创先争优活动扎实、有序、有效开展。三是积极推进社区离退休干部党支部建设工作。加大宣传力度，积极引导离退休干部党员把组织关系转入社区，就近参加组织生活；进一步完善社区离退休干部党支部组织设置，健全工作制度，创新活动方式，增强凝聚力和战斗力。

【组织开展中国共产党成立 90 周年纪念活动】 紧紧围绕纪念建党 90 周年，市委农工委组织开展了一系列主题活动，歌颂党的丰功伟业，展现离退休干部的风采，丰富离退休干部的精神文化生活。在农口离退休干部中广泛开展“颂党恩抒豪情　添光彩乐晚年”主题活动，追忆党的光辉历史，弘扬党的优良传统，宣传党的丰功伟绩。“七一”前夕市委农工委举办了直属单位老干部“颂党恩、抒豪情、展风采”书画摄影手工作品展以及农口老干部“颂歌献给党”文艺演出，为构建和谐北京营造良好氛围。

【着力解决离休干部的实际困难】 贯彻落实了市委市政府出台的多项提高离休干部待遇的政策，如调整了本市去世离休干部无工作配偶生活困难补助费标准、提高了市离休干部宿舍自顾服务人员费用补贴标准以及提高了本市离休干部生活补贴标准和扩大了发放范围等等。完成处级以下离休干部医疗统筹工作，实现离休干部持卡就医、实时结算；为 1 956 名离休干部配备“小帮手”电子服务器；为本市易地出京安置离休干部增加就医定点医院工作；为去世离休干部无工作配偶，办理了城镇居民基本医疗保险（或新型农村合作医疗）。在落实各项政策的基础上，进一步完善特殊困难离休干部帮扶机制，对生活不能自理、身患重病、身边无人照顾等有特殊困难的离休干部，本着特事特办的原则给予照顾，帮助他们解决实际问题。

【认真落实老干部工作的领导责任】 年内，农口各部门对贯彻落实《责任制》情况进行了集中检查，从检查的情况看，各级领导高度重视老干部工作，建立了一套比较健全的层层负责的老干部工作机制。各单位都进一步健全了老干部工作领导小组，充分发挥其组织、指导和协调作用。为了将《责任制》更好地落到实处，各区县各单位结合实际制定了具体的工作制度，最大限度的发挥领导小组的指导作用，从领导体制和制度上保障老干部工作的顺利开展。普遍达到了老同志满意、领导满意、老干部部门满意的标准，有力推动了农口老干部工作的制度化、规范化和科学化建设

【加强老干部工作队伍建设】 各级老干部工作部门将创先争优活动与加强自身建设结合起来，切实增强老干部工作者的政治意识、大局意识、责任意识和服务意识。市委农工委从新时期离退休干部工作需要出发，以建设模范部门和打造过硬队伍为目标，组织老干部工作者培训班，加强老干部工作者对中国特色社会主义理论体系和党的路线方针政策学习，提高农口老干部工作者的政治素质、业务能力和服务水平。各区县各单位老干部工作部门也都联系实际，通过集中培训、交流研讨、岗位练兵、实践锻炼等多种途径，努力建设让老同志满意、让党放心的老干部工作人员队伍。

（市委农工委老干部处　王　岚）

区 域 合 作

概　述

2011年，深化农业区域合作，组织外埠蔬菜进京，取得新进展。与外省市农村干部交流、支援工作都有新成绩。

【扎实推进外埠蔬菜基地建设】 根据《市政府办公厅关于切实做好稳定消费价格水平保障群众基本生活有关工作的通知》（京政发［2010］39号）、《关于统筹推进本市“菜篮子”系统工程建设保障市场供应和价格基本稳定的意见》（京政发［2010］37号）等文件精神，为做好外埠蔬菜生产基地建设、提高控制率，2011年，组织北京首农集团、北京二商集团、顺鑫农业股份有限公司、天安农业、北京农业投资公司、北京裕农、绿富隆、中央批发市场、新发地9家企业在外埠建设蔬菜基地面积21 232亩，其中自建基地8个、面积16 465亩，订单、联营基地13个、面积14 302亩，按3∶1的比例折合。圆满完成年度建设任务。

【深化农业区域合作】 科学统筹，继续深化做好与河北张承地区、安徽金寨、湖北巴东、山西等有合作协议地区的合作。完成了年度农业合作项目，继续加大对各地优势产业的扶持力度。根据《京张蔬菜产销框架协议（2008—2012）》精神，京张双方在蔬菜膜下滴灌工程、农产品品牌建设、蔬菜专业合作社建设、农民蔬菜专业培训等方面开展了合作，并积极引导北京企业到张家口投资建设生产基地。2011年建设紧密型蔬菜膜下滴灌面积2万亩，建设京张农业协作蔬菜专业合作社示范社20个、张家口蔬菜学校（教室）2个，培训张家口蔬菜实用人才5 000余人次。

【组织京张蔬菜产销协作座谈会】 根据京张合作整体工作安排，7月19—20日，2011年新闻媒体走访菜园子暨京张蔬菜产销协作座谈对接会在张家口市召开，市农委、市商务委、市发改委及华联、超市发、京客隆等14家大型连锁超市负责人，高校联合采购中心、清华、北大等高等院校负责人，部分农业企业及大型批发市场负责人，北京东城、朝阳、海淀、丰台、石景山等城区商务委负责人及新华社、北京日报、北京电视台、北京晚报、京郊日报等20余家主流媒体参加了此次对接会。会上，张家口市90余家蔬菜专业合作社、企业与北京市批发市场、超市、高校进行充分洽谈对接，取得了丰硕成果。对接规模达24 088.5吨，对接总额4 256.44万元。其中达成对接意向24项，对接规模4 376吨，价值759.32万元；达成实际对接30项，对接规模19 172.5吨，价值3 497.12万元。与高校实现对接500吨，价值75万元；与超市实现对接4 658.5吨，价值953.64万元；与批发市场实现对接18 930吨，价值3 227.8万元。

【组织承德农民专业合作社理事长赴京培训班】 承德市农民专业合作社理事长、各县区农工委主管农民专业合作社领导、市供销社主管领导等100余人参加了培训。培训班邀请了北京市“三农”方面的领导、专家就农业品牌建设、农产品质量安全认证与风险管理、北京农民专业合作社发展概况等内容进行了专题授课，并现场考察了北京的合作社企业，对加强承德农民专业合作社建设，进一步规范合作社内部管理，提升农民专业社的整体水平起到了积极作用。

【召开第四次京承农业战略合作座谈会】 座谈会以“共建优质安全农产品基地，促进京承农业高度融合”为主题，以“菜篮子”建设为契机，深化京承两地的合作，共同建设优质、安全农产品生产基地，丰富、保障首都“菜篮子”的同时，促进承德产业结构调整，农民增收。北京市农委及承德市政府的相关领导参加了座谈会。北京新发地农产品股份有限公司等11个京承农业合作项目进行了签约，总投资达62.36亿元，其中，投资亿元以上项目有7个。

【与金寨签署新一轮合作框架协议】 与金寨签署了《关于农业区域合作（2011—2015年）框架协议》，根据协议精神，2011年，继续开展对安徽省金寨县的支持与合作，重点在沟域经济发展、品牌创建、人员培训等方面开展了合作。

【主动开展农业区域合作】 根据北京市场农产品需求，积极引导北京企业走出去，到外埠开展农业投资与合作，促进北京与合作地区跨区域的产业优化与整合，促进北京企业的做大做强。组织了相关涉农企业赴河北秦皇岛、唐山、张家口，内蒙古等地的考察交流活动，为企业开展合作搭建了平台。

【做好外省市在京农产品推介会的组织配合工作】 近年来北京市场越来越受到全国其他省市的重视，各省市纷纷到京召开当地农产品推介会、交易会。市农委树立“合作双赢、共同发展”的理念，积极组织相关涉农企业、新闻媒体等部门参与此类活动。一年来，共组织秦皇岛、唐山、重庆、四川、新疆等各类农产品推介会10余场。

【对口支援工作】 按照中央、北京市的要求，根据职责分工，做好“第二届新疆农产品北京交易会”的筹备服务工作。组织了农口相关企业参加6月中旬召开的“中国·青海绿色经济投资贸易洽谈会”，在展示北京现代农业特色的同时，加强了两地企业间的对接、交流。与什邡市政府签署了《北京市农村工作委员会 什邡市人民政府2010—2013年农业技术合作协议》，继续加强京什两地在农业技术方面的合作，由短期的对口援建调整为长效的对口合作，着眼建立长效合作机制，为什邡市实现农业发展、农村繁荣、农民增收提供更多的人才保障和智力支持。

（市农委新农村建设督查处 魏 红）

【做好内蒙古农业技术干部人员来京培训工作】 按照市委组织部、市对口支援办公室的统一安排部署，2011年9月，市委农工委协助安排了50名来自内蒙古自治区赤峰、乌兰察布两市的农牧业从业干部到北京参加培训。在接到培训任务后，市委农工委、北京农职学院及时与内蒙古自治区党委组织部取得联系，就培训对象、培训内容、培训方式进行了多次沟通，认真制定了培训方案，拟定了培训主要需求和课程内容，从而保证了这次培训班的如期、高质量的举行。在师资安排方面，不仅聘请中央党校、北京农学院、北京农职学院等高校的专家教授为学员讲授理论知识，同时还安排了北京市农委的有关处室的领导为学员讲述北京“三农”发展实际；在课程安排上，不仅有国家强农惠农政策的解读，也有北京市农业产业化、农产品流通等方面经验介绍，切实做到理论与实践相结合，让学员听得懂，学得会。在集中授课的同时，还组织学员赴北京郊区的丰台区、房山区、顺义区参观考察，就设施农业技术、循环农业生产技术、新农村建设等方面开展了现场观摩学习，加深其对北京郊区发展现代农业的了解和认识。此期培训班在市委组织部、市对口支援办等各级部门和领导的关心和帮助下，取得了较为圆满的效果，得到了参训学员的一致好评。

【组织对口支援巴东农业干部培训班工作】 2011年6月28日至7月9日，按照市支援合作办的要求，在北京农业职业学院组织进行湖北巴东农业干部赴京培训班。从为切实提高对口帮扶巴东县现代设施农业管理和实用技术人才的业务素质和综合技能水平，增强农业科技对农业农村经济发展的支持能力入手，认真制定了培训班的培训方案，并经两地主管部门认可。培训注重理论与实践相结合，课堂教学与现场考察相结合，教师讲授与学员讨论相结合，主要采取课堂讲授（邀请相关学科的知名专家和教授进行专题讲座）、研讨交流（组织学员之间、学员与专家教授之间进行交流和热点难点问题的讨论）、案例分析（解析市场营销典型案例）、现场教学（参观相关产业基地）等多环节培训方法。

（市委农工委干部处 刘继锋 李晟龙）

区县农情

朝阳区

概述

朝阳区总面积470.8平方公里，农村地区面积349.5平方公里，占全区总面积的74.2%，辖19个乡（地区办事处），154个行政村，149个社区。现有农村户籍人口64.7万人，其中农民14万人，另有流动人口114万人。2011年，朝阳农村在区委、区政府的正确领导下，紧紧围绕推进“城乡一体化先行区”建设中心任务，统筹推进农村科学发展，齐心协力创建全国文明城区，农村地区经济持续健康发展、文化文明建设全面提升，百姓生活安居乐业。全年实现经济总收入970.1亿元，同比增长9%；利润总额45.4亿元，同比增长10.5%；税金总额30.5亿元，同比增长6.4%；形成区级财政收入43.2亿元，同比增长27.5%；农民人均纯收入达到19 839元，同比增长13.6%。产业结构进一步优化，三次产业比重达到0.4∶24.2∶75.4。

城乡一体化

【概况】 农村城市化进程稳步推进，重点村整治、土地储备拆迁腾退、绿化隔离地区建设按计划实施，政策性因素在城乡一体化进程中继续发挥决定性作用。新建社区步伐不断加快、城市管理服务水平不断提升。

【城市化建设水平】 农村城市化综合实现程度为96.7%，同比提高2.2个百分点，比全市84%的综合实现程度高12.7个百分点，在13个郊区县中排名第一。

【土地储备】 8个乡41个村土地储备拆迁腾退工作进入收尾阶段，东坝、豆各庄、孙河组团等土储地块达到上市条件。农民回迁安置房累计开工526万平方米，竣工120万平方米，崔各庄等4个乡1.4万人回迁新居。加大违法建设控制力度，累计拆除侵街占道、侵占农田、使用不合格建材等违法建设674处、22.9万平方米。

【重点村整治】 3月，在2011年北京市城乡结合部建设工作大会上，朝阳区被授予“北京市2010年度城乡结合部重点村建设先进区”荣誉称号，来广营乡党委被授予“北京市2010年度城乡结合部重点村建设先进基层党组织”荣誉称号，来广营、崔各庄、金盏、东坝、平房等5个乡被评为“北京市2010年度城乡结合部重点村建设先进乡镇”。2011年，朝阳区完成高碑店乡西店村、平房乡姚家园村拆迁腾退工作。官庄、十八里店、龙爪树3个重点村拆迁腾退工作稳步推进，累计完成重点村住宅、非住宅腾退任务的87%和89%，十八里店村、龙爪树两个村基本完成拆迁任务，同时启动安置房建设。

【撤乡建街】 5月，奥运村街道办事处成立，挂街道办事处牌子，从农村系统划入社会工作系统。奥运村的农民转居和乡、村两级集体资产处置工作全部完成。

【农村社区建设】 农村社区建设步伐加快，按照全模式管理要求，在常营保障房等小区设立社区21个，社区服务站37个，招录社区工作者302人，朝阳农村社区累计达到149个。推进社区便民服务建设，规范服务商2 920个，新建“一刻钟社区服务圈”42个，覆盖社区89个。

【村庄社区化管理】 在10个乡的16个行政村、5个新农村小区实施村庄社区化管理，统一建设“三站两室”、大门和围墙，安装电子监控探头，按比例增配巡防队、保洁队和流动人口协管人员队伍等。实施村庄社区化管理后，刑事案件显著下降、社会治安形势明显好转、环境秩序明显改观、流动人口管理更加规范、社会矛盾得到有效化解。

【流动人口管理】 区政府进一步规范了全区人口统计口径，建立实有人口库，统筹人口调控与服务管理，落实人口总量控制目标责任制，加大流动人口调控与管理。农村地区流动人口114.4万人，比年初122.2万人减少7.8万人。

都市型现代农业

【概况】 加大基本农田保护力度，落实国家政策，保护农民种粮积极性；巩固和发展都市型现代农业，丰富群众菜篮子，为群众休闲提供好去处；加强动植物检疫防疫，保证动植物食品安全。

【农业用地调研】 全区农业用地面积共计1 760.23公顷，其中蔬菜233.57公顷，粮食148.6公顷，果树451.97公顷，苗木772.51公顷，花卉80.34公顷，商业草坪73.25公顷。

【种植业】 全区小麦收获面积48.4公顷，秋季小麦播种面积50公顷，集中在金盏乡、黑庄户乡。玉米播种、收获面积共143.27公顷，其中春玉米33.27公顷，夏玉米110公顷。

【三夏三秋及秸秆禁烧】 三夏、三秋农机作业投入机具82台次，培训农机操作人员92人次。机播玉米144公顷，机播小麦50公顷，机收玉米135公顷，机收小麦48公顷。三夏三秋作业期间，技术人员深入田间作业现场督导、检查秸秆禁烧执行情况。

【补贴政策】 积极落实基本农田保护政策，2011年对12个乡1 138.11公顷符合政策的基本农田给予补贴资金2 560.737万元、给予管理费853.579万元。落实市级补贴资金58.1万元，购置大中型拖拉机3台，割灌机31台，温室卷帘机39台，保温被3万平方米。落实粮食直补政策，全区小麦直补发放补贴资金共计10.7万元；玉米直补发放补贴资金共计16.3万元。

【设施农业】 为39栋温室大棚安装电动卷苫机，共争取市级财政补贴资金45万元。确定蟹岛、朝来、永顺华三家企业冬春茬和秋冬茬优质高效示范点。

【观光农业】 坚持一体化、差异化、优质化、品牌化、产业化发展战略，打造绿色生态引领区。初步形成"农游合一"、特色水果种植、特种养殖、休闲四种观光农业发展模式。2011年观光农业实现收入40 830.9万元。观光园接待游客124万人次，实现收入40 803万元，其中非农收入为35 258.9万元，占观光园总收入的86.4%，同比提高4.8个百分点。

【蔬菜种植】 全区菜田总面积233.57公顷，其中设施蔬菜面积84.1公顷，露地蔬菜面积149.41公顷。全区蔬菜播种面积322.39公顷，其中春播面积113.14公顷，夏播面积105.78公顷，秋播面积73.47公顷，冬播面积30公顷。引进抗TY番茄、水果型甘蓝、营养价值高的药用蔬菜穿心莲等品种20余个。在蟹岛、永顺华、森禾园等8个农业园区开展有机肥培肥地力工程，推广使用优质有机肥1 000吨，引进配方肥3吨，二氧化碳吊袋肥1 500袋。

【农业科普进社区、进校园】 区种养中心、区科协等单位联合六里屯街道、南磨房地区办事处、白家庄小学共同组织开展了"农业走进家庭，享受绿色生活"科普进社区、进校园系列活动。

【蔬菜质量安全追溯体系建设】 加强了对本区9家追溯企业的监督、检查与指导工作，确保蔬菜质量安全追溯系统正常运用。全区追溯贴标产品数量达90个，标签使用量168万枚。

【农残检测】 检测农贸市场、基地及配送企业、超市的13 716个蔬菜水果样品，合格率99.8%（农贸市场合格率99.8%，农产品生产基地及配送企业合格率99.9%，超市合格率100%），定量检测150个蔬菜水果样品，合格率100%。

【农产品质量安全监管创建示范活动】 在2011年全市农产品质量安全监管示范创建活动总结考评中，金盏乡获得"2011年度农产品质量安全监管示范乡镇"称号、蟹岛、水产科技园被评为"2011年北京市'菜篮子'工程优秀级标准化生产基地"；格林万德等6家被评为"2011年北京市'菜篮子'工程良好级标准化生产基地"、"2011年北京市'菜篮子'工程达标级标准化生产基地"；永顺华、荷美尔、格林万德获得"北京市'菜篮子'工程优秀三品认证基地"称号。

【植物检疫】 进行黄瓜绿斑驳病毒病、瓜类果斑病、红火蚁、扶桑绵粉蚧、美国白蛾、黄顶菊、刺萼龙葵、假高粱、豚草、小麦腥黑穗等10种危险性有害生物普查，除美国白蛾外没有发现其他疫情。诱虫灯监测到少量美国白蛾成虫。

【春防秋防】 在全区开展春、秋防工作。对全区奶牛进行了牛结核、布病检疫净化，对马属动物进行马传贫、马鼻疽的检疫净化，无阳性；加强抗体监测，经检测抗体水平均在有效保护范围。

【特种养殖园区建设】 小鲁店高产高效基地建设项目全部竣工，项目占地4.33公顷，养殖面积2.53公顷，养殖大棚88栋。鳄鱼生态村建成5 000平方米的日光温室，3月初近1 000尾3～9龄的鳄鱼开始养殖，已产卵43枚，孵化成功1枚。

【淡水鱼供应工作】 为北京"两会"，全国"两会"供应草鱼、鲤鱼、花鲢、鲫鱼、罗非鱼共计6 416.89千克。

【疫病防控】 设立22个流动免疫点、46个固定免疫点全年结合免疫，全区养犬注册数量为6万余条，狂犬病免疫了58 294条，应免率达100%。全区口蹄疫、禽流感等疫病免疫率达100%。

【动物产品监测检疫】 对屠宰场、肉类批发市场和京客隆生鲜配送中心实行了24小时全程监管。全年共检测样品7 680份，畜禽产品6 566份、水产品992份、鸡蛋46份、奶制品76份。对外埠进京动物和动物产品的检验检疫，检疫外埠进京猪肉37.08万千克，禽肉57.3万千克、牛肉1 554.2万千克、羊肉355.6万千克、下货48.9万千克，其他肉类135.8万千克；屠宰检疫生猪12 958万头、猪胴体53.16万头、白条鸡67.92万只；检疫出县境动物71 658余头（只），无害化处理动物及产品383.4千克。

【医政药政】 共办理《动物诊疗许可证》8件，《兽药经营许可证》6件，《动物防疫合格证》3件，审批检疫标志使用单位13家，审批狂犬病定点防疫单位9家。

【"瘦肉精"检测】 对大洋路、东郊、咸宁侯等

13个市场来自天津、山东、河北、北京等省市肉产品进行抽样检测。“瘦肉精”专项检测行动共抽取动物产品样品510个，经检测，抽检的样品“瘦肉精”均为阴性。

【增殖放流】 在红领巾公园、鸿博公园、金田公园、蟹岛度假村外湖等9个景观水域开展了春季增殖放流活动，放流面积42.73公顷，共放流0.99万千克鱼种，其中白鲢0.35万千克，花鲢0.11万千克，红鲫鱼0.53万千克，约折合10万尾。

【农产品质量安全自检】 全区11家生产、加工配送、销售单位全年自检农产品样品165 851个，合格率98.8%；其中蔬菜样品106 813个，合格率98.3%；水果样品7 221个，合格率99.9%；畜禽样品29 072个，合格率99.7%；水产样品22 745个，合格率99.9%。较上年自检样品合格率增加了0.4个百分点，杜绝不合格农产品上市，实现全年无一例重大农产品质量安全事故发生。

【农产品质量安全监管追溯体系】 对蟹岛等14个监控点逐一进行优化前端监控点网络环境、提升视频传输能力、增强网络安全性。在11个监控单位统一接入2M专线宽带、在监控指挥中心接入20M图像专网和开发单兵图像监控系统。

非农产业

【概况】 积极探索以工促农、以城带乡有效机制，进一步调整和优化产业结构，发展和壮大文化创意产业、现代服务业、高新技术产业等二、三产业。

【农村企业发展】 农村地区规模以上企业达613家，其中，收入超亿元企业173家。规模以上企业实现收入864.2亿元、利润44.9亿元，分别占农村地区经济总收入、利润总额的89.1%和98.9%。

【产业项目建设】 全区重点项目完成投资24.2亿元，其中乡村集体投资项目12个，完成投资5.9亿元。颐堤港等10个项目建成开业，北京国际中医药港等5个项目主体完工，北京朝来汽车培训服务中心等14个项目正在建设，孙河商业中心等8个项目进行前期筹备。

【现代服务业】 现代服务业实现收入194.3亿元，利润8.5亿元，同比增长27.5%和12.7%，对农村经济收入和利润增长的贡献率为52.4%和22.3%，初步形成了以特色商业街、大型综合商场、家具建材市场、企业总部和设计中心等总部机构为主的现代商贸服务板块。其中，家居建材市场和大型综合商场是带动现代商贸产业快速发展的主要动力，实现收入137.5亿元、利润5.2亿元，同比分别增长22.3%和21.2%，对现代商贸业收入和利润增长点贡献率达到59.7%和95.4%。

【文化创意产业】 高碑店、南磨房、三间房、崔各庄、王四营等地区的文化创意产业显示出强劲发展动力。运河新时尚等传媒文化产业项目实现收入4.5亿元、利润3 963万元，同比分别增长12.1%和73.9%。

【高新技术产业】 以ABB电气传动系统有限公司、实宝来游乐设备公司、燕京医药公司等电子信息、生物医药为代表的高新技术和高科技制造企业实现收入53.8亿元、利润6.3亿元，同比增长12.1%和12.0%，对农村经济收入和利润增长贡献率为8%和15%。

【现代物流产业】 通过整合豆各庄、黑庄户、十八里店等东南部地区仓储设施，吸纳现代高端物流企业入驻，扩大十八里店现代商业物流园区规模，推进黑庄户北京农产品国际物流港建设等，初步形成了电子商务物流、制造业物流、零售业物流和冷链物流等多种产业集群发展的现代物流板块。2011年，农村地区仓储物流业实现收入21.8亿元、利润1.3亿元，同比增长33.6%和132%，对农村经济收入和利润增长贡献率为7%和18%。

【民俗旅游】 民俗旅游快速发展。2011年共接待游客3 784人次，同比增长1.8倍，其中接待外国游客1 904人次、港澳台游客1 880人次；实现收入27.9万元，同比增长1.8倍，增速在全市城市功能拓展区中位居第一。

村镇建设

【概况】 按照城乡一体化的发展要求，以新农村建设为标杆，加强基础设施建设、加大绿化美化力度，着力改善村容村貌、人文环境，形成了“乡风文明、村容整洁”的和谐农村氛围。

【新农村建设】 2011年，开展高碑店乡西店村新型农村社区试点村建设，推进高碑店村西区农民新村建设与何各庄村民居改造工程。完成西店新型农村社区建设试点村整体规划设计，启动村内企业和民居拆迁工作。到年底，涉及的29家企业，458个民宅院落全部拆迁完成。在拆迁的同时，启动新村建设，翻建民宅131个，开工面积5.06万平方米。开工建设1栋安置楼，开工面积3.1万平方米。按照计划，民宅主体工程和市政工程同步启动。继续加大高碑店乡高碑店村西区农民新村建设。投入240万元建成文体活动中心；投入1 000万元用于完善便民服务设施。继续推进崔各庄乡何各庄村新农村建设，投入2 240万元，完成道路工程3 767米，投入60万元进行绿化美化，同时加大了雨排水、污水处理、饮用水改造、便民设施等改造工程。

【“三起来”工程】 完成太阳能光伏电站建设工程，包括三间房乡艺水芳园社区天泰北双苑小区90.63千瓦电站、平房乡姚家园社区59.85千瓦电站、东坝家园社区100.8千瓦电站及崔各庄乡何各庄村130千瓦电站等4处工程建设。完成新建太阳能公共浴室维修、改造工程。完成太阳能路灯维修工程，对3 126盏太阳能路灯进行维修和更换。

【农民住宅抗震节能工作】 在高碑店、崔各庄2个乡7个村安排农民住宅抗震节能新建翻建改造6 219户，2011年完成2 065户。

【基础设施建设】 农村地区基础设施规划建设纳入全区统筹。广渠路二期等4条主次干路开工建设，孙河等安置房周边13条支路建成通车，幺家店路、定福庄西路启动规划设计。东坝、垡头污水处理厂开工建设。

【环境整治】 落实环境常态管理机制。按照每平方公里配两人的标准组建了748人白色污染专业清理队伍。配置小广告清洁车，对农村地区白色污染、小广告进行全面治理。开展停车秩序整顿。按照全区停车秩序整顿工作的统一部署，四环路沿线的太阳宫、来广营、东风、将台、南磨房、高碑店、十八里店等7个乡配备42名交通协管员，对乱停车辆进行执法。推进景观工程建设，在新建道路两侧和重点地区实施以绿化美化、铺装硬化为主的景观建设，温榆河大道基本完成，管庄靓丽东大门、驼房营路、将台东路、定福西街、红芍社区等景观工程进展顺利。

【郊野公园建设】 推进来广营森林公园等6个郊野公园建设，新增绿化面积33.33公顷，公园管理和绿地养护长效机制初步建立。将府公园通过市精品公园评定，成为全市精品公园中仅有的两家郊野公园。

农村改革与管理

【概况】 扎实推进农村产权改革、农村集体三资管理、农经统计、政策调研等工作，农经改革与管理工作迈出了重要步伐。

【产权制度改革】 完成金盏乡、孙河乡两个乡的产权制度改革工作，形成了村级产权制度改革，乡级土地股份合作的新模式。截至2011年底，累计完成改革单位48个，其中村级单位43个，占全区村级改革总数的30%。东风乡完成原东直门大队的资产处置工作，分配兑现健在社员509人、已故人员继承354人，集体资产处置全部兑现完毕。

【清产核资工作】 在农村地区全面开展了清产核资工作，农村集体资产总额743.7亿元，负债总额569.8亿元，净资产总额173.9亿元。农村集体土地2.28万公顷，林地0.63万公顷，各种林木1 444.9万株。

【集体资产管理】 对19个乡级集体经济组织，154个村集体经济组织进行了集体资产产权登记年检工作。

【集体资金管理】 全区15个乡134个村实行村账托管，占总村数的87%，形成了“三资五监管”、乡级统筹监管和委托代理记账等三种村账托管模式。累计开展审计项目487个，审计资金249.5亿元，提出审计建议172条，被采纳审计建议146条，促进增收节支97.2万元。

【土地确权与流转】 开展土地确权续签工作，印制《土地确权确利证书》3.5万册。年底，全区13个乡121个村土地确权续签工作已经完成，共有52 983户续签了土地确权确利协议书，涉及116 840人，面积8 745.07公顷，确权确利收益5 928.7万元。

【集体经济合同管理】 组织开展农村集体经济合同检查，合同台账更新工作。检查各类经济合同6 998份、涉及面积1.23万公顷、承包租赁金额118 738万元。其中，土地承包合同897份，涉及土地面积600.27公顷；场地资产租赁合同6 076份，涉及土地面积11 631.67公顷；合作联营合同25份，涉及土地面积34.73公顷。

【农民专业合作组织】 在工商、民政登记注册农民专业合作协会1个、农民专业合作组织两个。注册的农民专业合作协会是“北京市朝阳区金鱼协会”，该协会主要为观赏鱼养殖户提供信息技术服务，协会理事会成员7人，成员总数88人，带动非成员农户数628户。

【信息化建设】 完成乡村两级共计210名农村信息化管理工作人员培训工作。农村第六批村务公开试点村电脑触摸屏设备在十八里店乡吕家营、十里河、周家庄、小武基、老君堂、十八里店村、王四营乡官庄、王四营村、高碑店乡高井、八里庄、北花园村、金盏乡东村共12个村安装调试完成正式启用。村务公开内容包括村级工农业概况、基础设施、精神文明、招商引资、管理架构、办事指南、政策法规、信息服务、财务公开等。截至2011年底，村务公开触摸屏试点村已达到52个，占全区行政村的30%以上。

农民生活

【概况】 坚持以人为本，完善社会保障机制，加大就业培训安置力度，丰富群众业余文化生活，群众的生活条件和生活环境得到极大改善。

【文化体育和教育】 大力发展学前教育，平房乡幼儿园投入使用，将台等5个乡中心幼儿园建设加快实施，北京二中等6所名校落户农村地区，办学规范化水平逐步提升。加强农村地区文体设施建设，建成居家健身工程100余套。文化文明建设更加深入，组织群众参与文体活动达到70万人次。

【劳动就业】 就业保障和公共服务进一步加强。以土地储备区域为重点，将产业发展和扩大就业有效结合，深化劳动力培训与转移就业工程，全年培训劳动力9 028人次，提出就业承诺制，确保有就业愿望的人员及时就业，劳动力就业形势保持稳定。

【社会保障】 扩大城乡保障覆盖面，落实农民就业奖励办法，累计3.5万名劳动力通过就业参加城镇职工保险，5.1万名农民纳入城乡居民养老保险体系，农村地区社会保障覆盖率达到96%，新型合作医疗参合率达到99.2%。

【安全稳定】 坚持重点信访问题重点突破，高碑店小郊亭村搬迁前期准备、十八里店白墙子村规划调整取得突破性进展。加强治安防控体系建设，完善警务进社区工作机制，整体治安环境显著改善。加强突发事件风险管理、现场处置、善后保障等能力建设，全年未发生重大安全事故。

基层组织与民主政治建设

【概况】 农村地区共有1 183个基层党组织，其中乡党委（地区工委）19个，村党支部（总支）152个，社区党组织158个，非公经济党组织66个，34 000名党员（流动党员558名）。2011年，农村党建工作以“三级联创”活动为载体，统筹推动农村地区科学发展、统领探索社会服务管理创新，不断提升农村基层组织科学化水平，不断创新基层民主政治建设新途径。

【基层组织建设】 按照市区统一部署，开展乡党委、纪委换届工作，严格履行民主程序，组织发动3.4万名党员，选举产生了新一届党委委员177名、新一届纪委委员75名，同步还选举产生了出席中共朝阳区第十一次代表大会的代表77名。

【机关机构改革】 启动19个乡机构改革工作，调整了科室设置，完善了科室职能，加强了社会管理和服务功能。

【民政政治建设与组织建设】 推进党务公开工作。研究制定《朝阳区农村系统党务公开工作实施方案》，成立朝阳区农村党务公开领导小组，平房、崔各庄、来广营、南磨房、黑庄户等五个乡为重点联系乡，其中平房乡为北京市的重点联系单位。年内，农村各地区、各单位完成党务公开方案制定、目录编制和软硬件建设，完善了组织领导、日常运行、监督保障等各个环节，初步达到“公开形式标准化、公开内容规范化和公开工作制度化”的基本目标。加快推进农村基层社会管理创新，制定了《朝阳区关于建立村务监督委员会工作的意见》，在15个乡85个村建立了村务监督委员会，实行“四统一”的管理方式，基层组织建设得到加强。

【党建创新】 推动农村基层党建创新，继续实施党建创新项目化管理。2011年扶持推进57个项目，涌现出太阳宫乡“红芍社”、南磨房乡“心连心广场”、金盏乡“公民学校”，东风乡“六心系民生”、高碑店乡“六园一港湾”、常营乡5 280党员志愿服务体系、崔各庄乡“四双工程”、小红门乡“真情暖巢”、平房乡“爱心驿站”、来广营乡“科技社区”等具品牌项目。

【党风廉政建设】 党风廉政建设扎实推进。针对党风廉政建设薄弱环节和查处的突出问题，查找根源、堵塞漏洞、加强教育，风险防范体系建设进一步加强。出台加强农村集体土地使用管理、村级干部廉洁自律等规章制度，建立廉政风险防范预警机制。开展民主评议和双百考核，加大专项治理和案件查处力度。探索廉政文化建设新模式，将廉政文化建设纳入考核体系，扩大宣传教育覆盖面，源头防范和治理力度进一步加大。

【党代表任期制】 全区19个乡全面推行党代表任期制，并在崔各庄乡和太阳宫乡开展了党代会常任制的试点工作，两个乡党代表每年定期召开党代表全体会议，为农村党的建设、经济和社会发展事业建言献策。

“三农”工作部署和实施

【召开农村城市化工作会议】 1月12日，召开2011年农村城市化工作会。陈刚、程连元、王力军、辛燕琴等四套班子领导出席。区委书记陈刚发表讲话。区委副书记、区长程连元主持。会上，作了题为《坚持城乡统筹，转变发展方式，全力推进城乡一体化先行区建设》的报告。报告回顾了2010年工作，明确了“十二五”时期发展新思路，提出了2011年工作的要求与目标。区委、区政府相关部、委、办、局党政正职，各地区机关科级以上干部、村、社区书记、主任等共1 200人出席了大会。

【2011年农村城市化工作目标】 2011年农村城市化的总体目标是：农村经济总收入、利润总额、辖区税收等经济指标按可比口径增长10%以上；农民收入水平明显提高，人均纯收入按可比口径增长8%以上；农村体制改革进一步深化，各项社会事业全面进步，基层执政能力进一步增强。

【文明城区创建】 2月，农村系统文明城区创建工作指挥部出台《2011年农村系统创建工作要点纲要》《关于进一步做好朝阳区农村系统全国文明城区创建宣传工作的意见》等指导性文件，进一步指导规范创建工作。3月，农村系统召开2011年创建全国文明城区工作部署会，动员农村地区干部群众凝心聚力创建文明城区。

【环境整治百日行动】 4月24日召开了农村地区环境整治“百日行动”动员大会，全面动员部署农村地区环境建设工作。期间，共出动人员8.4万人次，车辆1万台次，发放各类宣传材料7.8万份，清理暴露垃圾4 195处、1万吨，处理卫生死角809处、垃圾728吨，清理白色污染物5 755千克，非法小广告7万处（张），乱堆乱放3 109处，取缔无照经营、散摊游商2 138处，规范“门前三包”5 870家，查获非法运营黑摩的425辆，教育处罚人员2 153人，处罚409起、罚款16.2万元。通过整治，农村地区环境面貌有了明显改观，60处市级挂账卫生全面完成，11处区级挂账秩序乱点案件明显下降，15个市级挂账村整洁优美。

朝阳区主要领导人

区　委　书　记　陈　刚

副书记	程连元　陈宏志
常　委	吴桂英（女）　陈　涛　谢　莹　陶　晶　张　革　宋铁健　贾彦翎　刘军胜
区人大常委会主任	佟克克
副主任	李　国　王亚贵　张富生　朱春霞　曾原纪
区　长	程连元
常务副区长	吴桂英（女）
副区长	陈　涛　阎　军　王　春　张立新（女）　苑文新　汪　洋
区政协主席	辛燕琴（女）
副主席	郑　煌　张树安　陈合庄　邢念增　高向宇　连玉明　王玉华（女）
区纪委书记	宋铁健
副书记	曲　君　高大中　刘丽平

朝阳区各地区办事处（乡）党政正职领导

	工委（党委）书记	办事处主任（乡长）
高碑店	张富生	王秋英
南磨房	郑　勇	张启顺
将　台	荣学强	连文胜
太阳宫	张宏明	王　毅
小红门	康志华	李贺清
十八里店	赵红伟	米振华
王四营	李世喆	李世忠
平　房	马国勇	寇　晔
东　坝	安永存	黄宏春
金　盏	于志刚	孙玉辉
来广营	张克斌	高永荣
东　风	张士华	龙连柏
孙　河	刘伯明	吴晓军
崔各庄	张树宝	陈　杰
三间房	冯永忠	张小峰
常　营	吉广平	王　刚
豆各庄	李云飞	蒋东燕
黑庄户	路　军	李　欣
管　庄	杨建海	周卫东

（朝阳区农委　李荣祥）

海淀区

概　述

海淀区设7个镇，7个地区办事处，84个行政村，农业人口8.53万人。2011年，海淀区在区委、区政府坚强领导下，全区农村工作紧紧围绕核心区建设大局，全面推进城乡一体化，扎实开展新农村建设，农村改革发展各项工作顺利进行，全年目标任务圆满完成。农村经济总收入217.7亿元、增长8.3%，纯收入47.2亿元、增长11.6%。农林牧渔业总产值4.8亿元，增长18.4%。都市型现代农业总收入1.56亿元，增长40.1%。农村居民人均纯收入20 015元，增长13.7%。

城乡一体化

【概述】 在区委、区政府的正确领导下，着力推动调结构、转方式、惠民生、促发展，各涉农部门积极发挥职能作用，通力合作，以推进农村产业结构升级调整为重点、改善发展环境为抓手，科学谋划城乡一体化发展，为农村经济社会的全面发展，尽快形成城乡一体化发展的新格局发挥了积极促进作用，实现了区域经济社会和谐、稳定、持续发展。

【全力推进8个市级挂账重点村建设工作】 加快城乡结合部重点村改造，推进城乡一体化发展是落实科学发展观要求的重要实践，也是为中关村国家自主创新示范区核心区营造良好环境，推进“人文北京、科技北京、绿色北京”和世界城市建设的重要行动。扎实推进了中坞、振兴、门头等3个市级重点村整体拆迁腾退，共计搬迁村民12 639人，拆除村民院落2 408个。继续做好唐家岭等重点村的后续工作。到2011年底如期完成了唐家岭、八家、后营、中坞、振兴、门头6个片区的整体搬迁腾退工作，六郎庄、肖家河两个重点村的建设工作正抓紧推进中。

【全面实施北部开发，城市化进程不断加快】 北部地区首批8个村的旧村腾退工作进入收尾阶段，涉及村民19 185人、村民院落6 571个，开工建设6处约124万平方米的农民定向安置房。围绕推进核心区建设大局，按照北部地区规划确定的功能定位、用地规模、空间布局，统筹城乡建设，促进镇域经济与园区建设协调发展。探索了玉泉慧谷、东升科技园集体产业用地开发新模式，明确了按照“一镇一园”推进北部四镇集体产业园建设的思路。加大转非工作力度，全年完成农转非3 727人，征地农转非完成率名列各区县前茅。

【统筹城乡社会管理，社会和谐稳定基础日益牢固】 推进村庄社区化管理，创新农村社会管理新模式。全面建立村务监督委员会。建设农村社区服务站28个，农村社区综合服务管理水平显著提高。全区农村劳动力实现转移就业2 190人，超过年度任务指标。为符合条件的政策性转居人员适当发放生活补贴，积极解决历史遗留问题。落实重大动物疫情防控责任，健全动物防疫体系，强制免疫率达到100%。严格落实森林防火责任制，查处林区违章用火350起，消除火险隐患9处，荣获“森林防火工作先进区县”称号。深化农产品质量安全整治，保障农产品安全。组织进行“打四黑除四害”、打击非法添加和滥用食品添加剂等专项整治行动，遏制涉农违法行为。开展“农资打假”、“农机化促进条例”等主题宣传活动，做好普法宣传工作。广泛开展文化、科技、卫生“三下乡”活动。

都市型现代农业

【概况】 实现农林牧渔业总产值 47 588.7 万元（现价），较上年增长 18.4%。其中，农业和牧业产值分别为 15 021.5 万元和 13 317.4 万元，较上年分别增长 23.4%和 29.0%，分别拉动总产值增长 7.1 和 7.4 个百分点；林业产值和农林牧渔服务业产值分别为 14 430.2 万元和 4 540.5 万元，较上年分别增长 2.9%和 37.4%，分别拉动总产值增长 1.0 和 3.1 个百分点；渔业产值 279.1 万元，较上年下降 22.2%，影响总产值下降 0.2 个百分点。

【实现果品生产提质增效】 全区推广果品有机化生产技术 1 000 公顷，推广配方施肥技术 1 333.33 公顷，新开办和续建果树田间学校 6 所，培育乡土专家 20 余人，推广沃土工程 666.67 公顷，发放举办全区果树技术培训班近 20 期，600 余人次，外出考察 5 次，150 余人次。全年设施果品生产面积 30.6 公顷，结果面积 28.53 公顷，产量 20 万千克，产值 905 万元；全年果品产量 652 万千克，产值 6 938 万元，取得了丰产丰收。据统计，2011 年全区樱桃产量 116 万千克，产值 3 700 余万元，依然是海淀区果品产业的主导产业。

【及时完成粮食直补工作】 按照粮食直补工作程序及要求，及时完成了小麦、玉米、水稻等粮食直补和小麦生态补贴、中央财政农作物良种补贴等工作，拨付补贴资金 40.82 万元，其中：粮食直补资金 34.46 万元、小麦生态补贴 2.19 万元、中央财政良种补贴 4.17 万元。

【积极探索粮食增值新途径】 上庄镇西马坊村与大道农业合作，改良京西稻品种，改进包装，举办插秧节、收割节和稻米品尝会、稻田认养等活动，开拓京西稻市，2011 年的京西贡米单价较上年提高 2～3 元，农民从水稻种植中获得了更高的经济效益。全年粮食收割面积 355.53 公顷，总产 213.4 万千克，其中：小麦 36.47 公顷、总产 11.8 万千克，玉米 251.73 公顷、总产 151 万千克，水稻 67.33 公顷、总产 50.5 万千克，平均单产与上年基本持平。

【大力推进“菜篮子”工程建设】 在北京市《2011 年关于发展生产推进“菜篮子”工程建设的实施方案》精神指导下，海淀区农委等部门进一步加快了“菜篮子”基地和设施农业的建设。鼓励各镇将一般农用地上零散种植的蔬菜面积集中转移至基本农田上，并扶持其完善基础配套设施，全年共集中转移新建菜田面积 86 公顷；在“菜篮子”工程等因素推动下，2011 年蔬菜播种面积达到 113.47 公顷，同比增长 13.6%，蔬菜产量 21 596.4 吨，同比增长 16.6%。

【设施农业发展成效显著】 实际利用设施农业占地面积 245.93 公顷，同比增长 58.0%，播种面积 519.13 公顷，同比增长 36.7%。其中：蔬菜播种面积 454.07 公顷，同比增长 29.1%，占全部播种面积的 87.5%；蔬菜产量 12 051 吨，同比增长 29.2%。2011 年设施总收入 6 607.0 万元，同比增长 61.2%，其中：设施蔬菜收入 4 645.0 万元，同比增长 48.4%，占总收入的 70.3%；设施花卉总收入 647 万元，同比增长 62.4%；设施瓜果收入 592 万元，同比增长 14.1%；设施水果收入 679 万元，同比增长 11.3 倍。

【加强无公害、绿色和有机食品基地认证管理】 全区“三品”认证基地达 38 家，认证品种 214 个，认证面积达 8 847 亩，其中：无公害基地 31 家、认证品种 103 个、认证面积 475.6 公顷；绿色和有机认证 7 家、认证品种 111 个、认证面积 114.2 公顷。

【观光民俗收入进一步增长】 观光园共接待 41.1 万人次，同比增长 9.3%，民俗旅游接待 4.2 万人次，同比增长 5.5%。观光民俗旅游收入稳步增长，分别实现收入 6 637.7 万元和 233.6 万元，同比分别增长 23.8%和 2.5%。其中：观光园采摘收入和出售农产品收入分别为 2 040.6 万元和 2 727.5 万元，分别增长 79.2%和 28.1%，两项收入占到了总收入的 71.8%。

【第四届香山草莓文化旅游节开幕】 2011 年 1 月 16 日，由区农委、区旅游局、区科委和四季青镇人民政府主办的第四届香山草莓文化旅游节开幕。香山村注重农业发展中的科技含量，重视农村科技工作的开展，充分利用区域科研院所众多的资源优势，为香山村都市现代农业的发展提供了强有力的科技支撑。自 2007 年开始，香山村与北京市农科院林业果树研究所合作，通过农业科技的依托，香山村御香园的水果在近几年屡获殊荣，双方合作种植的草莓取得诸多可喜成果，成为全国草莓种植的领军者，将香山草莓文化旅游节打造成品牌，并已成功举办三届。开幕仪式后，与会人员参观温室草莓栽培并进行采摘活动，参观内容包括香山村与北京农科院林果所承担的区科委“双百对接”项目“日光温室草莓基质栽培技术优化与示范”。香山村运用科技手段发展现代都市农业，为新农村建设提供了宝贵经验。

【完成彩色树种造林工程】 彩色树种造林工程建设面积 66.67 公顷，建设地点位于凤凰岭地区龙泉寺鳌鱼沟及龙泉寺周边地区，共种植彩叶苗木 5 万株，其中：黄栌 3 万株，地锦 1 万株，五角枫 0.5 万株，火炬 0.5 万株，铺设输水管线 3 000 米。

【森林健康经营示范建设情况】 完成山区生态公益林健康森林经营项目任务 400 公顷，其中典型地块改造 110 公顷，林木一般抚育 290 公顷。当年完成抚育总面积 283.33 公顷，占总任务的 71%，其中典型地块改造完成 83.33 公顷。铺设林间步道 1 000 余米。对于林内空地及林分群落单一的地块进行乡土树种的补植，补植苗木包括栾树、元宝枫、黄栌、丁香、连翘等，项目计划投资 160 万元。

【加强五河十路绿色通道管理】 本区内五河十路绿色通道主要包括京藏高速（京张路）、温榆河、六环路和五环路等，累计建设里程达到 45 公里，绿化管护面积 707.53 公顷，其中：永久景观带绿化面积 560.67 公顷；温榆河产业带面积 146.87 公顷。主要管护内容是：补植各类乔灌花木 47.27 万株，地被覆盖草坪等 46.9 万平方米。对京藏路海淀段（主要是主辅路隔离带）进行了改造提升工程，工程于今年 7 月完成，新增植乔灌木 4.1 万株，地被和草坪植物 46.9 万平方米，对大块绿地增加了节水灌溉设施，改造面积 6.56 公顷；对上庄镇温榆河林带进行补植，补植乔木 0.37 万株，其中：杨树 0.13 万株，柳树 0.24 万株，绿化景观效果明显提升。开展林木修剪、绿地清理和防治病虫害等管护工作，为防治美国白蛾等危险性病虫害，释放周氏啮小蜂 3 批，林木涂白 20 余万株，打药 3 次以上；清除枯死树、剪除枯枝共计6 980株，其中：伐除死树 1 862 株，修除枯枝 5 118株；实施林木修剪，面积 173.33 余公顷，清理林地废弃物 300 余吨；实施浇水 6 次以上。参与绿地管护人数 900 人。

【开展“播草盖沙”工程】 北京市下达海淀区“播草盖沙”工程建设任务 133.33 公顷，其中：温泉镇 30.67 公顷；苏家坨镇 69.33 公顷；四季青镇 33.33 公顷。主要是针对林中空地等易发生扬尘、扬沙地块，采取铺种地被植物防沙的方式覆盖。播种板蓝根、二月兰、黑心菊、苜蓿、柴胡、知母等地被植物种子 6 000 千克。

【除萌去蘖工程】 区支农领导小组批准实施平原防护林主干路除萌去蘖项目，项目涉及全区七个乡镇，实施除萌去蘖的乔木株数达到 8.3 万株，项目总投资 100 万元。通过对各乡镇主干路乔木的除萌去蘖工作，修整了乡镇地区重点道路两侧行道树的树形，提高了景观效果。

【近自然森林经营示范建设】 近自然森林经营示范建设项目实施地点位于凤凰岭北线摩崖石刻北侧地区，项目由西山农场负责实施，项目区建设面积 6.67 公顷，项目投资 100 万元。工程累计种植元宝枫、银杏等彩叶苗木 0.4 万株，铺设林间步道1 300 米，并在工程区范围铺设了节水灌溉管道。

【开展村庄绿化工作】 村庄绿化又叫街坊路绿化，出台了《海淀区新农村街坊路绿化（村庄绿化）养护管理办法（试行）》、《海淀区新农村村庄绿化管护标准（试行）》，核定了当年管理面积 135.9 万平方米，管护投资标准为 4 元，由区、镇、村按照 6∶3∶1 的比例承担，从 8 月份开始计算。

【集体生态林补偿机制政策得到落实】 纳入海淀区集体生态林补偿机制政策林地面积为 0.7 万公顷，其中：平原生态林 338.47 万公顷；山区生态林 0.32 万公顷，核定招收生态林管护人员 7 502 人，其中：市核定海淀区山区生态林管护员 208 人；其余人员为乡镇招收，管护人员工资为每人每月 676.5 元。全区兑现集体生态林补偿资金 10 503.9 万元，其中：管护人员工资总额为 6 090.4 万元，占地补偿补助 4 423.5万元。

【完成生态林管护工作】 完成生态林面积管护 0.7 万公顷，累计完成对景观生态林 0.17 万公顷的修剪工作；利用雨季补植柳树、槐树、侧柏等乔灌花木 4.5 万余株，并利用机井、水车及时浇水；整理排洪沟 5.6 万延长米；林地清除杂草工作 3 次、清理枯枝落叶等杂物 0.7 万吨；在山区生态林范围内打防火隔离带 6 万延米；病虫害防治面积 0.48 万公顷，使用药剂 24 余吨。

【加强林木有害生物防控工作】 全区共在 20 个单位（街乡、林场、中心），102 个社区（村、点）中发现美国白蛾成虫 2 894 头，发现幼虫危害树木 55 株。仅为 2010 年的 42.8%和 1.2%。其他常规性病虫害有小范围发生，但经过有效的防治，均没有形成大面积的灾害；红脂大小蠹、松墨天牛、苹果蠹蛾等危险性林木有害生物均未发生。2011 年在全区共设置了市级监测测报站 1 个，美国白蛾诱芯监测测报点 1 050 个和黑光灯监测测报点 500 个，形成了覆盖全区的林木有害生物监测测报网络。2011 年全区组织开展三次以美国白蛾为主的林木有害生物普查、普防工作，累计普查面积 5.33 万公顷、普查树木 4 800 万株；累计投入防控队伍 390 余支、投入人工 7 000 余人次。开展 1 次飞机防治工作，飞行 80 架次，累计防治面积 0.32 万公顷。为加大生物防治力度，在全区范围内共释放周氏啮小蜂 15.4 亿头、管氏肿腿蜂 120 万头。同时严格开展植物检疫工作，全年共检疫苗木 30.29 万株、花卉 46 万盆、木材 57.5 立方米、包装箱 103 件；开具《植物检疫证书》85 份、《产地检疫合格证》12 份、《森林植物检疫要求书》6 份。根据市园林绿化局的统一部署，2011 年全区开展了检疫性有害生物普查工作，在七个乡镇林地和城区主要绿地中设置了标准地 470 块，并完成标准地调查、照片采集、数据录入等工作，基本摸清了海淀区主要林木有害生物种类及发生情况。

【古树名木保护工作】 农村地区共有古树 1 623 株，其中一级古树 207 株，二级古树 1 416 株，2011 年利用支农资金 40 万元完成农村地区 58 株的古树复壮任务。

【完成区一类资源清查工作】 历时 40 余天，完成本区的森林资源连续清查工作。在本次调查中，共对全区 96 个样地进行了调查，其中实测样地 94 个，目测样地 2 个，包括有林地 25 个（含经济林地 7 个），苗圃地 3 个，灌木林地 5 个，非林地 63 个。该项工作顺利通过市园林绿化局和国家林业局的检查验收。

【花卉产业结构面临转型】 花卉产业继续以发展高端、科研为主要方向，以花园中心为特色的新兴市场模式正在萌芽。截至年底，全区花卉企业和市场共6家，从业人员105人。全区花卉种植面积17万平方米，总产值698万元，销售额546.9万元。

【持续做好蜂产业扶持工作】 截至年底，共有蜂农20户，蜂群898群，新发展蜂群391群。年产蜂蜜40 260千克，王浆480千克，花粉380千克，蜂胶20千克，蜂蜡880千克，总收入44.16万元。全年组织蜂农培训4次，100人次参加了培训，制定了扶持政策并为蜂农发放了蜂王、蜂药和各类专业书籍。

【林木伐移审批工作】 年度共办理林木伐移手续117起，其中审批林木采伐92起，采伐株数26 819株，采伐蓄积2 792.5立方米，占全年采伐限额指标的18.4%；共审批林木移植手续25起，移植树木共8 800株（含花灌木）。

【全面加强森林防火工作】 有效应对了长达108天无有效降水的极端干旱天气，全年无森林火灾、零伤亡，荣获“森林防火工作先进区县”称号。11月1日森林消防官兵入驻凤凰岭扑火队，11月14日成立北京市海淀区凤凰岭森林消防中队（海淀区公安消防支队凤凰岭中队）；四季青分指与武警森林指挥部合作，抽调小分队进驻；温泉分指与二炮联合组建温泉镇预备役森林扑火大队；北林大分指与警种指挥学院签订合作共建协议。投资50万元架设人工增雨点，投资50万元对山区11座瞭望塔加装避雷系统。青龙桥分指投资300万元购买2辆消防专用车，在上山主要路口和沿山道路增设监控探头。西北旺分指投资28.6万余元修缮防火岗亭；签订森林防火责任书5 000余份。发放各类防火主宣传品2.7万余份，悬挂横幅15 000条，张贴防火布告1 000张。发布11次27天橙色森林火险预警警报，2次10天红色森林火险预警警报，查处林区违章用火350起，消除火险隐患9处，教育群众100万人次，共接报火情报警5起，处置得当，无成灾。

【开展“2011国际森林年——海淀人民在行动”活动】 以“弘扬生态文明——共建绿色家园”等主题开展了全民义务植树活动，植树节当天，海淀区参加义务植树活动人数有7.5万人，植树8万株，挖树坑6万个，动土方6万立方米，养护树木57.7万株，清扫绿地338.5万平方米。各乡镇、林场、农场、区属公园等接待来海淀区开展义务植树活动的社会单位，据不完全统计，截至4月底共接待2万人，栽植、抚育苗木6万余株，投入经费200余万元。

【水产养殖管理工作顺利开展】 对全区水产养殖情况进行了调查，建立了养殖档案。目前水产养殖户数76户、养殖水面86.33公顷、共有池塘233个、年产量59万千克。5月14日，在凤凰岭自然景区公园举行“观赏鱼进自然景区”主题活动。现场展示金鱼、锦鲤等观赏鱼品种，向凤凰岭自然风景公园的景观潭中投放兴国红鲤、草金鱼等观赏鱼，向游客赠送观赏鱼以及观赏鱼家庭养殖技术资料、观赏鱼鉴赏手册、观赏鱼儿童漫画等资料。同时，通过摆放展板、讲解的形式介绍北京金鱼的发展历史。此外，市农业局为海淀区配套增氧机14台，市每台补贴50%、745元，总补贴资金10 430元。

【积极开展渔政执法工作】 共组织渔政执法12次，出动执法人员55人次。一是开展对水产养殖基地养殖记录、用药记录及渔药库存情况进行监督检查，完善基地生产记录制度。检查内容主要包括生产记录是否完备，生产中使用的兽药的品种、数量、批号、使用时期，并对药库进行检查，共检查了76个水产养殖场户，占总养殖场户的100%，未发现问题。同时，向养殖场户发放水产养殖生产记录表、水产用药记录表及相关法律法规材料。二是加强对水产品市场的检查。对市场管理人员和经营者宣传食品安全专项整治的重要意义，督促其严格遵守食品安全法律、法规。对检查中发现的无证经营水生野生动物的商户进行警告，督促其办理许可证。三是及时处理了两起由区非紧急事务呼叫中心转来的关于非法经营水生野生动物的群众举报，根据举报信息，对两家饭店进行了查处，并在规定时间内对举报人进行了回复。四是完成了春季增殖放流工作。根据市农业局的部署，2011年春季增殖放流已于4月中旬完成，放流地点为八家郊野公园和翠湖湿地公园，放流面积40公顷，放流数量10万尾。

【认真做好乡土专家工作】 根据市林业站工作安排，组织海淀区十余名市级林果乡土专家参加了“北京市樱桃类乡土专家经验交流会”；组织3支林果乡土专家技术服务队参加了关于乡土专家服务队建设的技术、管理及销售等方面的经验交流会。根据市林业站工作要求，对海淀区“北京市林果乡土专家”进行了调整，新增1名“北京市林果乡土专家”。组团参加了由北京市园林绿化局等多家单位联合主办的“第三届北京市林果乡土专家进城交友活动”。区冬枣协会的鲜食枣资源圃、苏家坨镇的京艳庆丰采摘园和来自上庄镇的大道农业、尚庄金地、蓝波绿农、堉荟源、翠湖等采摘观光园参加了本次活动。各观光园、乡土专家在这里向广大市民展示、宣传自己种植的特色、优质农产品，请市民品尝，向市民发放企业名片和宣传资料，深受市民的喜爱。在本次活动中，海淀区的乡土专家张勇增、赵文贞被评为北京市林果乡土专家先进个人。

【加强农业产业化服务工作】 一是组织国家级龙头企业申报工作，北京九州大地和旗舰申报农业产业化国家重点龙头企业，区农委协助其组织申报材料，并对其申报材料进行审核，初审合格后报市产业化管理办公室，经专家评审后，两个企业获批为国家级龙头企业。二是完成龙头企业奖励与补贴申报入库工作，2011年海淀区龙头企业获国家、市级奖励7项，奖励资金近千万元。三是完成农业部“农产品产地初加工设施设备与配套技术”征集工作，北京旗舰食品集团有限公司申报放心主食加工综合配套工程，项目目前已获批，并一次性奖励企业5万元奖励资金。

【加强科学合理规划，推进都市农业产业带建设】 依托果品观光产业的发展，海淀区“十一五”期间规划建设了四季青“一河十园”、温泉“南山”、西北旺“四时田园”、苏家坨“大西山”、上庄“翠湖”五条都市型现代农业观光产业带，现均已有一定规模。2011年区支农资金中安排各乡镇约近5 000余万元用于产业带的提升建设，重点规划了“一河十园”创意农业产业带提升建设项目，提升建设了田村葡萄观光休闲园、玫瑰谷观光园、香山绿色水蜜桃园等观光园；结合唐家岭村拆迁改造，促进土地向集体流转后，规划了“百旺观光园”建设项目，并由专业设计公司进行规划设计，2011年区支农投入扶持资金1 000万元用于基础建设工程；对“南山”产业带沿山果园进行环境整治与老旧生产管理设施进行改造；结合聂各庄路改造，统一规划道路两侧个体采摘园建设，统一设计了包装销售棚室的建设风格，彻底改造环境，着力打造自产水果销售一条街。温泉镇南山产业带建设项目作为海淀区北部地区小城镇建设的先进代表获得市农委的创新奖励，获奖励资金600万元。

【严格执行程序，加强支农项目管理】 支农领导小组办公室组织召开了3次支农会和一次项目报签，完成各单位申报的197项支农项目的汇总、组织上会材料工作，组织签订98个项目的合同书签订工作，及组织成员单位对签订合同书的项目进行验收等支农办日常管理工作。认真贯彻落实北京市有关抓好国家农业综合开发设施蔬菜项目建设的有关要求，积极做好三项工作：一是积极做好项目申报工作。严格按照项目建设要求，广泛征求各乡镇的意见，最终确定并申报了上庄镇“北京上庄新欣果蔬种植专业合作社”和西北旺镇“北京百旺农业种植园”为国家农业综合开发设施蔬菜项目。二是认真抓好建设项目落实。为使项目建设落到实处，多次组织召开有关乡镇的主管镇长、农服中心主任及项目建设单位负责人会议，进行动员和部署，研究方案和措施；多次组织农科所、农机所有关同志深入建设现场督促、指导和帮助解决建设过程中遇到的实际问题。三是认真组织验收工作。按照项目建设的时间要求，积极组织并协助北京市设施建设验收小组对建设项目进行验收，完成了全年建设任务。

【确保支农资金依法增长】 切实加强对农业的投入，确保支农资金依法增长。2011年区财政预算安排支农法定增长资金5.25亿元，截至年底累计完成拨款4.64亿元，结余资金6 130万元，为当年未完成项目验收工作项目尾款。2012年财政预算安排支农法定增长资金6.44亿元，比2011年增加1.19亿元。

【大力支持农业科技研发与推广项目】 共支持“三农”领域科技研发项目13项，支持资金600万元，项目总投资2 977.5万元。其中，现代农业领域（含新农村建设专项4项）11项，支持资金400万元，项目总投资1 975万元；重大科技研发项目一项（一类兽药研发），支持资金150万元，项目总投资932.5万，生态环境与资源利用（农业相关）项目一项，支持资金50万元，项目总投资70万元。

2月，由海淀区农委、财政局、科委组成联合验收组，采取会议验收和实地检查相结合，对海淀区东升乡、上庄镇等10个农村科技协调员工作站承担的13个农业技术推广项目进行了验收。这些农业技术推广项目涉及海淀区的花卉、籽种、林果、京西稻、食用菌、冬枣、樱桃、草莓、小西瓜等农产精品，项目内容包括引进消化创新栽培技术，试验筛选适宜品种，名优特产品的示范生产等。其中，新品种20项，新技术11个；农业示范推广400亩，新增产值2 500万元，带动农民400人就业。2011年农业技术推广项目在全区7个镇4个农口科研单位中征集，最终优选出乡土花卉新品种及其配套技术的示范与推广等12个项目，资金支持200万。项目经海淀区2011年第2次支农领导小组扩大会议审议通过。

【“双百对接”实现人才成果对接】 区科委按照服务产业、认真调研、积极筛选、多方争取的工作思路，经过实地考察、专家评审等环节，已经促成了上庄镇李家坟村党支部与北京市科学技术研究院轻工业环境保护研究所、四季青镇香山村党支部与北京市农林科学院林业果树研究所、西北旺镇土井村党支部与北京市农林科学院植环所、苏家坨镇柳林村党支部与海淀区组培室达成合作，以海淀区科技项目的形式进行支持，并形成“1＋1＋1”的项目对接模式，即“科技部门出资金＋科研院所出技术＋农村基层出设施”，三方共同实施科技项目，为推进农业科技创新成果在海淀的落地转化，提高海淀农业科技水平，探索出新模式、新机制。

【深入推进“科技协调员”建设】 以10个农村科技协调员工作站为平台，进一步发挥215名科技协调员的作用，建成以农业科研专家、农村科技和经营管理能人、种植大户为主体的多层次的农村科技协调员队伍，基本形成了以农村科技协调员为科技服务骨干，具有“市场化、信息化、乡土化、社会化”特征的新型农村科技服务体系基本框架。

【统筹区域科技资源】 一是支持海淀北部水环境建设。8月15日，市科委正式下达《关于2011年度北京市科技计划“海淀北部新区水环境改善技术集成与示范”项目任务的通知》，项目投资约360万元。二是支持区域高端示范项目建设。东升乡考察了东升花园中心节能技术研究与应用项目，通过开发新的节能型温室覆盖材料及应用地源热泵技术，应用智能控制系统进行温室总体控制，最大限度地获得和保持太阳能、地热能，项目预计投资70万元。

【推进乡镇科普工作，为新农村建设服务】 继续加大对北部乡镇科普项目的支持力度，从科普基础设施建设和科普知识培训内容建设入手，鼓励和引导科普工作内容和模式的创新，提高乡镇科普软件和硬件能力，推进乡镇科普工作，为新农村建设服务。1月份在苏家坨镇周家巷村举行的海淀区2011年文化科技卫生“三下乡”活动启动仪式上，联合海淀科技中心向苏家坨镇周家巷村赠送《低碳生活》数字化科普知识光盘、《和谐社区》科普宣传展板，受到村民热烈的欢迎。投入科普经费，支持乡镇科普项目。积极培育和推进乡镇创新型科普社区建设，建立3个科普示范点。投入科普经费支持“上庄镇前章村生态林蘑菇主题公园科普画廊建设”项目。

【农业科技创新成效显著】 一是农业科技创新成果不断涌现。支持北京伟嘉饲料集团项目《仔猪肠道健康调控关键技术及其在饲料产业化中的应用》和北京派得伟业信息技术有限公司项目《数字农业测控关键技术产品与系统》获2010年度国家科技进步二等奖。支持区组培室成为奥运花卉生产基地，一些品种在花博会上获得包括3项金奖在内的10项大奖，多次获得市级奖励。2011年5月18日，上庄镇首届小西瓜节成功举办，受到市、区领导的肯定和相关职能部门的好评；四季青镇一品香山草莓多次在国家级优质草莓评比中获奖；“海淀模式”双百对接赢得了广泛赞誉。区组培室甜椒新品种获得科技部重大项目支持，并在山西、辽宁等多个省市广泛推广。二是农业科技项目绩效显著。2011年6月29日，海淀区召开了农业科技项目绩效交流会，总结了近几年农业科技工作的经验和成绩。“十一五”期间，海淀区科委通过星火计划、农业技术推广计划、新农村专项等方式共支持了114个农业项目，支持资金达3 085万元。三是农业科技企业上市步伐加快。为促进农业科技型企业利用境内外资本市场做强做大，海淀区积极推动重点农业科技企业上市。截至2011年底，已有8家农业科技型企业在国内外上市，其中北京奥瑞金种业股份有限公司在纳斯达克上市，北京大北农科技集团股份有限公司在中小板上市，北京君德同创农牧科技股份有限公司、北京中农立民羊业科技股份有限公司、北京京鹏环球科技股份有限公司、北京金泰得生物科技股份有限公司、北京九州大地生物技术集团股份有限公司、北京东方润泽生态科技股份有限公司等6家农业科技企业在新三板上市。

【农村“数字家园”工作】 12个农村数字家园共举办培训700余次，有5 800人次的农民参加培训。在城乡一体化建设背景下，全区数字家园培训工作由电脑基础知识普及逐步向有效利用网络平台转化。数字家园以点带面，使农民能够利用计算机和互联网获取农业技术信息、农产品交易、便民服务和在线学习；找到对农作物的相关病虫害的解决办法，有效解决村民在田间地头遇到的应急问题，带动了果园采摘和民俗旅游；围绕农民工技能培训、就业服务和权益维护等突出问题提供信息援助；开展农产品电子商务交易、农业信息咨询等工作。其中上庄镇永泰庄村，苏家坨镇七王坟村以多样形式服务村民，数字家园管理制度上墙，活动资料备案，开放时间灵活，作为农业信息化推广典型示范村，为解决农民就业提供了业务能力保障。

非农产业

【积极做好政策性农业保险工作】 针对区内老旧农业设施入保难的问题，区农委组织了中国人保海淀分公司农险负责人、区农科所农业设施专家、农业设施所在乡镇农服中心和所在村负责人等参加的区内老旧农业设施现场鉴定会，现场查看了老旧农业设施安全生产使用情况，明确了可保农业设施范围，做到农业设施在确保安全生产的前提下保险全覆盖。2011年，海淀区政策性农业保险参保农户184户，参保面积为278.02公顷，总保费为1 233 081.2元，已通过财政局向参保农户拨付保费补贴493 232.48元。2011年风灾、雹灾频发，造成多个果园大面积落果，有的果园发生果树倒伏甚至被齐根刮断的情况，区农委先后多次与保险公司出现场查勘定损，共出险92户次，受灾面积84.83公顷，理赔金额为552 199.08元。

【开展严厉打击非法添加和滥用食品添加剂工作】 制定《海淀区农业系统严厉打击非法添加和滥用食品添加剂工作实施方案》，区农委召开了各乡镇农服中心和区属相关单位工作部署会议，并对全区733家农产品生产基地、农业投入品生产（经营）单位开展摸底清查工作，登记造册。将151种食品和饲料中非法添加名单等宣传材料发放到各类监管对象手中，并将公告张贴在每个村委会公示墙上，全区共发放各类宣传材料1 000余份。与所有农产品生产基地、农业投入品生产（经营）单位和农产品经营使用单位签订不使用非法添加剂、安全使用农药等承诺书、责任书800余份。联合区工商分局对市场、畜禽养殖场、水产养殖场、种植基地及饲料厂开展了“打击非法添加剂使用行为”联合执法检查。

【加强农产品管理和监督，严格执法检查】 对农产品生产基地、大型农产品批发市场和农业投入品生产经营企业进行食品安全质量监督抽检，共抽检生产基地和农产品批发市场样本1 426个，其中：蔬菜、果品、水产品和动物产品等农产品1 190个，饲料、兽药等农业投入品236个；生产基地890个、农产品批发市场536个；农业部和北京市农业局抽检428个、区农委1 854个，合格率100%。为14个生产基地配备农药残毒速测仪及配套冰箱14套。农产品生产基地和批发市场共进行了864个场户、6 437个样本的快速检测，合格率99.6%。全区农业执法单位共组织执法检查694次，出动执法人员2 218人次，检查各类监管对象1 297个次，制作现场检查笔录769个，行政处罚32起，罚款167 585元。通过建立健全农产品生产源头监管体制，加大对农业投入品和生产环节的执法力度，确保农产品从生产到销售的全程质量安全。

【民俗旅游产业取得新突破】 2011年是“十二五”的开局之年，也是实施《海淀区旅游产业三年行动计划》的第三年。按照区委区政府的战略部署，区旅游局紧紧围绕新农村各项折子工程任务，整合乡村旅游资源、开发观光农业新产品、推进民俗旅游产业升级等工作重点，结合海淀旅游工作实际，深入开展乡村旅游等涉农工作，旅游专项资金用于支持投入乡村旅游项目达565万元，同时全年乡村旅游持续火爆，累计接待游客45万人次，同比增长8.9%，综合收入6 871万元，同比增长23%，各项工作成效明显。

【乡村旅游与观光农业获得殊荣】 加强乡村旅游与观光农业产业的规范化管理，在不断提升硬件配套设施建设的同时，不断提升管理水平。北京一品香山农产品销售有限责任公司（北京御香观光采摘园）被评为全国四星级休闲农业与乡村旅游星级企业（园区）。苏家坨镇政府被住房和城乡建设部、国家旅游局评为“全国特色景观旅游名镇”。

【大力支持乡镇科普文化旅游项目建设】 一是上庄镇京西贡米科普旅游休闲园基础设施建设项目于2011年3月开工建设，12月建成并投入使用，共支持项目建设资金270万元。主要建设内容为稻香园餐厅、旅游观光服务中心、景观大道基础设施、农耕文化主题浮雕墙等。二是温泉镇红楼梦源文化旅游带二期南山景区项目于2011年5月开工建设，9月建成并投入使用，共投入支持资金180万元。主要建设内容为茶艺楼、小茶室、木栈道及木露台、停车场等。三是2011年度根据《海淀区促进旅游产业发展支持办法》及有关实施细则，共支持大道农业、西山十五号、凤凰岭、三元农业、鹫峰等单位专项扶持资金115万元，主要用于基础设施改造，优化产业结构调整或产品升级等。

【着力提升乡村旅游从业人员整体素质】 按照年初区政府为民办实事“乡村旅游从业人员培训”的要求，区旅游局组织苏家坨镇、车耳营民俗村、管家岭民俗村、七王坟、徐各庄的乡村旅游从业者参观学习培训，全年培训约150人次。为车耳营、管家岭和徐各庄民俗旅游村及重点观光采摘园发放了分类垃圾桶，通过发放仪式宣传了固体废弃物处理与资源再利用、垃圾减量分类等文明理念，提高乡村旅游从业人员素质。

村镇建设

【完成南沙河综合治理工程】 即温阳路桥至稻香湖桥环境整治项目建设内容：治理河道2.63千米；新建循环泵站一座，对河道水质进行净化处理；新建污水接入口一座；埋设截污管线9.865千米；拆除现状雨水口12座，新建规划雨水口1座；新建巡河路1.385千米及河道绿化等。项目总投资9 820.54万元。

【生态治河，改善农村水环境】 完成了南沙河综合治理、中关村创新园河道综合治理，上庄后河分洪排水工程，实施风格渠综合治理工程，治理河道总长14.36千米，有效改善了海淀农村地区的水环境，提高了防洪标准，其优美的河道景观成为当地一道靓丽风景。

【大力推进雨洪利用设施建设】 农村地区雨洪利用主要包括山区沟道和坑塘的治理，以及位于农村地区学校、小区、部队和企事业单位的透水路面改造以及雨水回收了利用。2011年完成农村雨洪利用18处，建设透水砖14处，总面积45 550平方米，自主创新生态砖18 343平方米。蓄水池7处。总容积32 800立方米。总投资3 105万元，年可蓄渗雨水17万立方米，渗水1.7万立方米。

【积极推进和提高农业节水灌溉水平】 在四季青、上庄、温泉、西北旺镇及西山农场等37块地，提升节水灌溉水平。包括低压管道、喷灌、微灌等节水灌溉，总灌溉面积544.13公顷；新增、更新水源井11眼；建设水源井泵房、蓄水池等。

【村镇供水安全保障有力】 成立了村镇供水安全保障领导小组，组织签订了区水务局与各镇（乡）水务管理部门、各镇（乡）与各自备井产权单位、各村与管水员的三级安全供水责任书。以镇、村为单位建立安全饮水应急抢修队伍，成立抢险队伍7支、抢险人员230人，配备应急供水车18辆，并准备了备用物资，以及时处置供水突发事件。对农村供水设施水质监测取样、化验饮用水72个；对7个乡镇22眼饮用水井进行检测，并出具报告。积极推进农村用水收费工作，在完成安饮改造且近期不拆迁的35个行政村推行农村用水收费制度，按照“定额管理、用水计量、有偿使用”的总原则，继续执行农民用水补贴机制。

【加强农村污水处理厂站监管】 对4座区管污水处理厂和31个污水处理站进行监管，确保出水水质达标。处理能力为69 450吨/日。推行小型污水处理厂运行补贴机制，确保农村污水处理站正常运行，改善农村村容村貌。

【强化经常性河道管理工作】 对区管河道的河底、坡面影响行洪及美观的垃圾、杂草、树丛进行彻底清除，对河坡、堤岸的渣土进行清理平整。共清运垃圾、渣土6 944立方米，打捞漂浮物91立方米，引入中水558万立方米；为净化水质，南沙河河道投放药剂16 090千克；种植水生植物2 000平方米。

【继续推进村村通公交建设】 按照村村通公交建设项目进展情况，依据政府投资建设项目文件规定，2011年拨付项目资金435万元，截至2011年底该项目财政累计拨款达到6 936万元，已完成该项目投资计划总额的90%。

【聚集农业科技创新，引导农业高端发展】 在引导农业科技投入方向方面，区科委先后制定了《北京市海淀区科技发展重点领域指南（2006—2008）》和《北京市海淀区科技发展重点领域指南（2009—2013）》，两次指南文件中均将现代农业作为了海淀区需要发展的重点科技领域之一。在《北京市海淀区科技发展重点领域指南（2009—2013）》中进一步将现代农业研究方向细分为园艺作物为主的品种引进、选育及产业化；设施园艺研究与开发；农业环境保护与资源利用；食品安全及其检测技术；农村信息化技术；农业生物技术与高新技术产业化等六个方向，强化了对海淀区农业科技创新的引导。此外，还通过新农村建设专项计划，对我区新农村建设进行专项支持。

【建立健全农村基础设施管理机制】 为建立“投入有保障、管理有队伍、服务有质量、设施运行要正常”的农村基础设施管理长效机制，以区政府名义出台《关于加强农村基础设施管理的意见》，会同区相关部门、各镇政府划分设施类别，拟定养护资金标准，核实现有数量，研究工作任务，拟制实施方案。《海淀区农村基础设施管理实施方案》已经区政府专题会审议通过，以区新农办名义予以印发。区成立了由主管区长任组长、11 个区相关部门和 7 个镇政府主管领导为成员的农村基础设施管理工作领导小组，8 个区相关部门依据职责分别制定了农村基础设施管理办法，各镇政府结合实际拟制了农村基础设施管理奖惩机制，区新农办会同 10 个区相关部门联合举办了由 7 个镇 70 多人参加的农村基础设施管理培训。将街坊路、供排水管网、太阳能路灯等 13 种农村基础设施纳入管理范围，农村粪污治理等 5 种设施由区相关部门提供技术咨询服务，全区农村基础设施养护资金达 7 925.3 万元，其中区政府补贴资金 5 789 万元、镇政府补贴资金 1 602.2 万元、村委会支付资金 534.1 万元。

【提前完成新农村“三起来”工程建设任务】 发挥发改委、水务局职能作用，在海淀驾校、温泉二中、中关村二小分校等单位的配合下，采取有效措施，积极推进工程建设，6 处雨洪利用工程于 11 月底全部竣工，铺设透水砖 8 758 平方米、集雨管道 183 米，修建蓄水池 1 000 立方米，草坪节水灌溉 11 000平方米，治理排洪沟 494 米，新增蓄水量 4.42 万立方米，投入资金 1 448.09 万元，为发展循环农业做出了贡献。

【扎实推进南部地区整理和城中村拆迁整治工作】 根据南部地区土地整理和城中村拆迁整治工作指挥部的部署，研究制定《海淀区四季青地区土地整理和城中村拆迁整治工作方案》，协助四季青镇政府全面完成畅茜园小区四期项目 24 户的拆迁任务，分析研究西郊线、香山隧道等重点项目推进情况，实地调研煤厂街、买卖街、四王府地区环境整治工作，及时指导香山街道“两街一带五路”和四季青镇四王府地区的规划设计工作，充分发挥了四季青地区分指挥部办公室的职能作用。

【积极推进农转非工作】 按照《海淀区推进农转非工作实施方案》相关规定，充分发挥区相关部门和各镇政府职能作用，每月汇总上报转非工作进展情况，截至 2011 年 11 月，海淀区农转非总人数为 3 586人，其中征地转非 3 323 人，大中专学生转非 201 人，投靠亲属转非 47 人，农民城镇购房转非 14 人，其他转非 1 人，农转非完成率名列 13 个区县前列。

【加强农村能源与环保工作】 一是加强农村能源基础设施的安全管护。加强我区两座生物质气化站的安全运行，将运行管护责任落实到镇、村、具体管护责任人，确保责任到人，保障安全运行。二是建立运行太阳能路灯的管护长效机制。加强农村太阳能路灯的管护运行，建立健全管护机制。区农村能源生态服务中心负责太阳能路灯的管护维修。累计管护维修了 1 000 盏太阳能路灯，确保亮起来工程发挥良好的作用。三是加强农村生态环保工作。加强农村生态环保技术推广工作，在苏家坨镇实施了温室沼气利用技术试验示范推广项目，用沼气燃烧进行增光、补充二氧化碳，将沼渣沼液应用在中草药种植上，节省了其他开支，并取得了较好的生态效益。建设苏家坨科润维德种、养、节水低碳循环农业试验示范园，通过养殖→沼气→种植的循环，实现农业生产废弃物的循环利用。继续推广有机化农业生产、测土配方施肥等清洁生产技术，并给予政策扶持。

【生态村镇创建工作有序开展】 海淀区 5 个 2011 年申报创建市级生态村的是上庄镇的东马坊村、罗家坟村、白水洼村、西辛力屯村、皂甲屯村。2011 年 4 月，组织创建村参加了市农委、市环保局组织的创建工作培训班，对今年的创建技术指标和要求进行的培训。各创建村在区环保局和乡镇主管部门的指导下，撰写了技术报告。2011 年区农委对生态村创建工作加大了扶持力度，奖励资金由上年的每村 5 万元提高到每村 10 万元。经市专家组评审和实地检查，罗家坟、白水洼、西辛力屯、皂甲屯村通过市专家组验收，被评为 2011 年市级生态村。

【创建绿色村庄】 四季青镇巨山村和温泉镇辛庄村 2 个村获得了北京市首都绿化委员会的“首都绿色村庄”称号。

农村改革与管理

【深入开展农村集体经济产权制度改革】 年初，区政府常务会审议通过了《海淀区农村集体经济产权制度改革工作方案》，标志着海淀区农村集体经济产权制度改革工作全面进入了攻坚阶段。一是加强业务培训，区农经站为各乡镇举办改制工作业务培训 7 期，培训人员 1 100 人次。二是加大指导力度，主动深入基层研究确定改制方案，解决清产核资、资产量化、老股金、劳龄和人员登记等重点环节工作中遇到的实际问题，审查了 56 个单位的清产核资结果。三是，成立了3个督导小组，由区农委、区农经站人员及有相关经验的外聘人员组成。每个小组对应两个乡镇，重点做好业务指导和进度监督，对个别难点村予以重点督导。截至年底，全区新完成农村集体经济产权制度改革的村45个，超计划完成8个。

【完成集体林权制度主体改革工作】 集体林权制度改革主体改革工作基本完成，勘界宗地162宗，勘界面积4 523.13公顷，其中山区生态公益林涉及28个村共3 443.53公顷；涉及山区生态公益林股权分配的集体经济组织成员有28个村19 812户44 402人，2011年，市、区财政共下达山区生态公益林促进发展机制资金201.18万元。

【上庄镇农村集体资产清产核资试点工作圆满完成】 按照北京市农研中心在全市进行清产核资试点工作的安排，上半年，区农经站全面启动了上庄镇清产核资试点工作，制定了《2011年海淀区农村集体资产清产核资试点工作实施方案》，对清产核资试点工作的主要任务和时间安排进行了分解。同时完善了资产台账和资源登记，加大业务培训和指导服务力度，为该镇20个行政村的改革领导小组成员及相关工作人员共计170余人举办了业务培训。

【加强农村财务管理规范化建设】 为加强农村集体财务管理规范化建设，区农经站制定了《海淀区农村集体财务管理规范化建设实施方案》，对全区农村集体财务管理规范化建设工作进行整体规划，力争2014年全区农村集体账务管理规范化率达100%。制定了《海淀区关于进一步规范农村集体经济组织征地补偿费使用管理的指导意见》，完成了全区71个行政村征地补偿费资金存储情况的清查摸底工作。为了使村级财务得到有效监督，区农经站进一步强化了农村集体经济审计监督。全年共组织实施审计单位188家，审计金额593.1亿元。

【规范和加强农村土地承包合同管理】 为进一步规范乡镇、村两级合同档案管理，准确掌握农村土地确权合同和农用地租赁合同情况，海淀区制定了《关于海淀区北部各镇农村土地确权租赁合同清理规范的通知》，完成海淀区北部四镇53个行政村的农村土地承包合同和农用地租赁合同的清理与规范工作，清理规范确权合同20 330份，清理农用地租赁合同1 666份，共清理出问题合同58份。

【土地征收工作情况】 土地征收工作涉及农村集体土地征收、征地补偿安置和农转非指标等方面。2011年共办理征地项目22件、总用地面积308.8公顷，涉及农用地200.4公顷，涉及农转非指标4 276人，其中劳动力2 587人，超转人员987人。

农民生活

【低收入户收入增长提速】 从五等份分组农村居民收入变化情况看，农村低收入户人均纯收入11 648元，同比增长39.3%。其中工资性收入7 801元、家庭经营纯收入132元、财产性纯收入1 043元、转移性纯收入2 672元，在总收入中的比重分别为67.0%、1.1%、9.0%和22.9%。除转移性收入所占比重高于全区平均水平之外，其余各项收入所占比重均低于全区平均水平。

【农村居民收入持续增长】 农村居民人均纯收入20 015元，增速达到13.7%，扣除价格因素影响，实际增长7.7%。一是工资性收入平稳增长，增收贡献率最大。2011年，农村居民家庭工资性收入增收贡献率为48.0%，拉动总体增收6.6个百分点。人均工资性收入达到14 272元，同比增加1 161元，增长8.9%，同比增速提高1.4个百分点。其中外出从业收入大幅增长，人均达到4 627元，占工资性收入的比重为32.4%；人均在本乡镇地域内劳动得到收入8 884元，占工资性收入的比重为62.2%。二是转移性纯收入大幅增长，增收贡献率次之。2011年，农村居民家庭转移性收入增收贡献率为39.9%，拉动总体增收5.5个百分点。人均转移性收入达到3 505元，同比增加964元，增长37.9%，同比增速提高5.2个百分点。离退休金养老金和各类政策性补贴为转移性收入的主要构成。其中人均离退休金、养老金收入2 106元，占转移性收入的比重为60.1%；随着政府实施各项惠农政策的不断深入以及北部地区城市化进程所带来的各项补贴收入的增加，农村居民人均享受来自政府的各类补贴收入达到1 319元，占全部转移性收入的比重达到37.6%。三是财产性纯收入快速增长。2011年，农村居民家庭财产性收入增收贡献率为19.4%，拉动总体增收2.6个百分点。人均财产性收入1 916元，同比增加470元，增长32.5%。财产性收入快速增长主要来自于房屋租金收入的大幅增长，2011年，农村居民人均租金收入1 402元，增长45.1%。

【农村居民生活消费支出“五升三降”】 农村居民人均生活消费现金支出16 498元，增长10.8%，同比下降1.1个百分点，比同期人均纯收入增速低2.9个百分点。

农村居民八大类生活消费支出中，人均食品支出、家庭设备用品及服务支出、文教娱乐用品及服务支出、医疗保健支出和其他商品及服务支出等五类支出上升，衣着支出、居住支出、交通和通讯支出下降。八大类消费情况为：人均食品支出5 238元，同比增长14.4%。随着物价水平的持续走高，粮、油、菜、肉、禽、蛋、奶及制品等食品支出较上年同期均有不同幅度的增长。在非食品消费支出中，家电“以旧换新”等政策的最后一年实施使得农村居民家庭耐用消费品支出增加，农村居民人均家庭设备用品及服务支出969元，同比增长17.5%；各类教育服务消费的增加拉动文教娱乐类支出同比增长37.8%，达到1 817元；大额医疗、药品费用的增加拉动农村居民人均医疗保健支出同比增长43.1%，达到1 225元。首饰、美容美发等“形象”消费的快速增长拉动农村居民人均其他商品和服务支出同比增长 43.6%，达到 590 元。

在下降的消费支出中，购买成品高档服装的减少使得人均衣着支出同比下降 2.9%，为 1 582 元；受北京市小汽车购买指标调控政策影响，前 11 个月，农村居民交通工具支出降幅显著，拉动人均交通和通讯类支出持续下降，年底摇中的指标若无购买即将过期，一批购买指标在年底集中得到释放，使得交通工具支出由降转升，同比增长 43.4%，拉动人均交通和通讯类支出降幅较前 11 个月收窄 11.1 个百分点，下降 4.5%，为 2 123 元。随着城乡一体化的深入推进，北部地区正在陆续拆迁，使得建筑、维修生活用房及相应的服务支出大幅减少，拉动人均居住支出下降 3.2%，为 2 954 元。

【超额完成农村劳动力就业指标】 全区农村劳动力实现转移就业 2 190 人，完成全年指标 1 800 人转移就业任务的 121%。一是实现了政策体系全面覆盖不同群体。完善了鼓励农业户籍劳动力正规就业、自谋职业及托底安置的资金补贴政策，研究了促进土地腾退地区及 8 个挂账村等重点地区的劳动力就业的政策，落实了促进农转工、大龄失业人员等困难群体灵活就业、自谋职业、正规就业的补贴政策。二是实现了就业管理制度城乡统一。在原有的区、街镇、社区三级就业服务体系的基础上，建立覆盖常住人口的就业失业登记制度，为全区 57 997 名就失业人员换发新发了《就业失业登记证》。将城市化建设地区的 64 个村 4.6 万名农业户籍劳动力纳入就失业管理制度，实行统一管理，为 6 647 名农业户籍劳动力发放了《就业失业登记证》。三是实现了精细化服务标准全区统一。编制了《海淀区精细化就业服务流程》，明确了区级、镇、村三级就业服务机构工作的工作内容、操作流程、时限要求和完成标准，通过规范服务流程、细化个性化援助方式，不断提高精细化服务质量。制订就业服务绩效考核评价体系，结合就业失业登记动态管理、职业介绍、职业指导、就业援助、调查统计等职责明确考核项目和工作标准。

【城乡居民养老保险标准提高】 根据本区农村居民最低生活保障标准的调整，自 2011 年 1 月起，将居民养老保险基础养老金标准从每人每月 430 元提高到 480 元，2011 年 7 月起，从每人每月 480 元提高到 500 元，高于全市基础养老金补贴补贴标准 170 元全区领取基础养老金人员的人均领取水平达到了 585 元/月。全区农村户籍人员的参保率达到了 99%，参保人员的续保率达到了 99%。

【加强农村社会救助工作】 全年为农村低保户 477 户 743 人，累计发放救助金 442.07 万元；农村医疗补助 432 人，支出救助金 196.51 万元。对 9 户农村困难群众危旧房实施翻建维修，共投入资金 37.5 万元。

【开展农民学历教育，提升学历水平】 委托北京市信息管理学校，为乡镇农民开办了"技能＋基础"成人学历教育中专班。经前期准备和招生工作，2011 年 11 月 11 日，信息管理学校在紫竹校区召开了四季青镇 2011 年度技能＋基础成人学历教育启动会，136 名首批录入学籍的四季青镇农民学员参会。开展了技能＋基础成人学历教育文化课串讲活动，并于 2011 年 12 月 17 日进行了文化课考试。技能＋基础成人中等学历教育培训，不仅使农民取得中专学历证书，同时还取得了中级职业资格证书，使农民掌握了一技之长，为农民增收致富创造条件。

【组织开展第二十二届农民艺术节】 为推进海淀区农村群众文化活动的深入开展，激发海淀区农民建设新农村、创造新生活的热情，结合海淀区新农村建设的实际，组织开展了海淀区第二十二届农民艺术节。本届艺术节的主题为：新农村、新文化、新生活。活动时间安排在 2011 年 11 月至 2012 年 2 月。2011 年 12 月 25 日在西北旺镇航天城成功举办了海淀区第二十二届农民艺术节开幕式，邀请副区长刘长利及十几家委办局领导莅临指导。坚持以农民为参与主体，由各乡镇选送优秀节目参演，坚持把作用延伸到基层、活动开展到基层、效果落实到基层，有效地带动农村基层群众文化活动的开展。同时配合《美丽乡村文化之旅》大型乡村文化系列报道活动，选拔能人类、绝活类节目参加此次展播。此外，组织 2 个节目及 150 名观众参加了北京市第二十二届农民艺术节"乡村大舞台"总决赛暨汇报演出。

【农村文化活动丰富】 开展了春节民间花会踩街、五月的鲜花、夏日文化广场活动，丰富农民的业余文化生活。在公益性文化服务上，继续开展"星火文艺演出工程"，中国评剧团、北京歌舞团等专业团体，热情为农民朋友免费提供专业演出。同时，一些民营文艺团体和非专业文艺团体，也到农村进行慰问演出，全年累计演出 186 场。积极开展公益电影放映活动，全年为农民朋友免费放映电影 3 600 多场。大力开展文化培训工程，免费培训农村文艺骨干近 3 000人次。

基层组织与民主政治建设

【加大农村社区建设力度】 一是制定了《海淀区农村社区建设全覆盖创建活动实施方案》。二是完成了 28 个农村社区服务站新建任务，每个服务站按照 6 万元标准给予补助，共投入 168 万元，并为新建服务站统一安装、配置办公设备。三是加强农村社区工作指导，制定了《关于加强农村社区服务站设备管理的规定》及社区服务站各项业务管理制度，规范农村社区服务站建设工作。

【继续深化创先争优活动和农村党的建设"三级联创"活动】 年初，市委农村基层党的建设"三级联创"检查组对海淀区 2010 年农村创建活动进行了检查评估。为做好迎检工作，区委组成了由部分成员单位组成的联合检查组，在各乡镇党委自查的基础上，对全区创建工作进行了由上到下的检查，对重点部位、重点问题进行了多次检查，确保市委对海淀区农村创建检查的顺利进行。5月份，区农委召开了全区深入开展创先争优活动暨“三级联创”工作会议，对上年工作进行了总结，对2011年工作进行了部署。表彰了2010年度“五个好”乡镇6个、村党组织71个、涉农部门2个、乡镇站所8个。多次召开副书记、组织部长会，根据区委要求，结合当前形势对各乡镇党委创先争优活动进行部署和推进；编发农村系统创先争优简报5期。

【大力加强农村干部队伍建设】 一是认真贯彻落实市委关于乡镇领导班子换届工作的意见和方案，配合区委组织部，全力做好乡镇党委换届工作，截至11月18日，全区七镇全部顺利完成党委、人大、政府换届工作。二是全面贯彻落实好中央、市委关于“一定三有”的意见精神，切实落实好《海淀区关于村干部待遇补贴办法》，对各乡镇提出结合自身实际，制定配套措施的工作要求。2011年是《办法》实施第一年，财政拨款目前均已拨付到位。三是继续实施“农村支部书记素质提升工程”，进一步加大对村党组织书记队伍建设。2011年4月份组织农村干部培训班，各乡镇党务干部、农村党组织书记共100余人参加；7月组织北部地区部分农村党组织书记和乡镇后备干部赴上海浦东新区进行为期3周的挂职培训班。学习浦东新区农村工作经验，提高处理复杂问题的能力和发展经济的水平。10月份组织部分农村党组织书记到中关村东升科技园参观考察，学习借鉴东升科技园探索农村发展新道路的有益经验。11月份组织20名优秀农村基层干部到江苏省经济发达地区进行考察。对当地村党组织如何在经济高速发展情况下凝聚党员力量，引领农村经济发展进行考察。通过外出参观和考察，不仅为参加培训的农村基层干部搭建了一个相互交流、互相学习的平台，还开阔了眼界，拓展了思路，借鉴到了经验，从而为今后回到自身岗位更好的从事本职工作，提供了良好的经验。

【加强农村党员教育和管理】 以创先争优活动为契机，区农委开展农村党员教育，利用北京移动代理服务器，搭建农村党员教育平台。为扩大范围，与移动公司协商将平台升级，使159、189等号段可以进入平台。为符合代理服务器条件的农村党员5 500余人进行了录入，农村党员覆盖率达90%以上。农村党员教育信息平台的建立搭建了广大农村党员与区委沟通的桥梁，推动了农村党员干部教育培训工作。

【农村实用人才工作】 海淀区制定和下发了《2011年农村实用人才工作要点》，确定了2011年5个农村实用人才实训示范基地。为贯彻落实市委农工委关于农村实用人才等级评定工作的要求，制定了农村实用人才等级评定方案和标准并提出工作要求。通过村、镇、区、市层层评定和审议，共评出农村实用人才486人，其中初级473人，中级34人，待审高级15人。

【组织开展乡镇组外语培训工作】 按照区外语培训领导小组要求，认真组织好乡镇组外语培训的组织参学报名、分班测评、协调培训场所以及培训组织等相关工作。本次乡镇组英语培训共开设14个班，分别为普及班8个，提高班3个，强化班3个，共计589名机关和事业单位工作人员参加此次培训，本次培训利用周六日时间，共20周，于7月下旬顺利结束。

【加强纪检监察工作】 年初海淀区召开了两次规模空前的全区党风廉政建设责任制工作交流大会，赵凤桐书记亲自到会并做了重要讲话，会议范围涵盖到全区所有党政机关、企业、事业单位的最基层工作人员近7 000余人，区农委组织全区乡镇系统党员干部300余人，事业单位120余人参加了工作交流大会；会后组织全委领导干部系统地学习了大会精神。

“三农”工作部署和实施

【召开2011年农村工作会】 3月15日，海淀区召开2011年农村工作会，主会场设在海淀区第一办公区201会议室，分会场设在各街道、乡镇、委办局。会议由海淀区委副书记关成启主持，海淀区副区长刘长利作2011年农村工作报告，海淀区人大常委会副主任王鲁豫宣布2010年新农村建设先进集体、先进个人表彰决定，海淀区委副书记、海淀区区长林抚生讲话。海淀区农委机关全体人员和下属事业单位领导约40余人参加了设在上地办公区分会场的农村工作会。

【举办农村干部培训班】 4月20—22日，区农委在区委党校举办2011年度海淀区农村干部培训班。各乡镇党委副书记、组织部长和各行政村党支部书记，共计110余名参加了培训。海淀区委副书记关成启同志做了动员报告，对全区各行政村党支部书记提出了希望和要求。要求大家在本职工作中要“顺大势”、“抓重点”、“找定位”、“有作为”。培训班使大家进一步认清了形势，明确了任务、增加了大家的责任感和使命感、坚定了大家做好当前工作的信心。

【召开2011年上半年工作总结会】 2011年6月15日，海淀区农委在昌平区九华山庄召开2011年上半年工作总结会。海淀区委农工委书记、农村工作委员会主任王桐慧，农村工作委员会副主任张德山、海淀区委农工委副书记朱利忠、海淀区委农工委纪委书记谢开宇、农村工作委员会副主任贾德友、鲁书强及各科正、副科长30余人参加了会议。会议由农工委副书记朱利忠主持。各位科长就科室上半年工作情况、下半年工作安排及存在问题进行认真总结汇报；各位主管领导就各自主管工作进行了分析、总结，并对下一步工作提出了进一步要求。

【农委召开所属事业单位廉政风险防范管理工作会议】 7月8日，区农委机关在海淀区政府上地办公中心，召开农委所属事业单位廉政风险防范管理工作会议。会上传达了《关于推进所属事业单位廉政风险防范管理工作的通知》文件精神，区农工委纪委书记谢开宇提出工作要求：统一思想、落实文件，查找风险点，在建立健全制度上下工夫。工作重点是深入推进“两个延伸”（即向领导班子和领导干部延伸、向基层拥有公共权力的部门和关键岗位延伸），着力抓好“三个环节”（即决策、执行、监督环节）的风险防控，全面实施项目化管理，切实增强廉政风险防范管理的有效性。

【开展农资打假为主题的宣传活动】 4月3日，区农委在颐和山庄市场组织开展了农资打假为主题的宣传活动。活动以悬挂主题横幅、发放宣传材料、设置展板、现场解答群众疑问等多种形式展开，重点宣传了农业法律法规、重大动物疫病防控、农产品质量安全以及农资打假等内容。共发放食品安全知识、农资安全等各类宣传材料27种、1万余份，设置宣传展板20块，为群众提供现场咨询服务500人次。同时，通过发放环保袋、笔记本、宣传画册等方式吸引更多的市民参与。

【举办动物防疫员培训班】 11月17日，区农委举办了重大疫情应急演练暨第2期动物防疫员培训班，农村工作委员会副主任鲁书强主持，全区乡镇和村级防疫员共130人参加了此次培训。首先进行了重大动物疫情应急演练的桌面推演，全面、细致地讲解了重大动物疫情应急程序。随后，三位市兽医总站专家分别从村级防疫员职责、重要禽病研究与防治、动物防疫消毒技术等方面为防疫员做了讲解与培训。最后，全体防疫员分组进行禽类免疫、采血的实际操作。

【举办北部地区农村干部异地挂职培训班】 7月11—29日，区农委举办海淀区北部地区农村干部异地挂职培训班，区委农工委书记、区农村工作委员会主任王桐慧为培训班做了开班动员。本次培训班在上海浦东新区党校和浦东新区宣桥镇开办，共有北部四镇部分农村基层党组织负责人、农村后备干部、乡镇机关年轻干部共15人参加了本期培训班。

【召开涉农合同纠纷联动机制工作交流会】 8月18日，区农委、区农经站、区法院共同举行涉农合同纠纷联动工作机制签约暨工作交流会，海淀区委农工委书记、农村工作委员会主任王桐慧代表海淀区农村土地承包仲裁委员会，与区法院副院长石金平签署《关于建立涉农合同纠纷联动工作机制的实施意见》。区农村工作委员会副主任贾德友、区农经站副站长孙庭芳参加会议。

【召开党务公开工作布置会】 8月22日，区农委在海淀区政府上地办公中心，召开农委党务公开工作布置会，农委下属事业单位党支部书记参加会议。会上，区农工委纪委书记谢开宇提出要求：党务公开工作今年在各党支部全面铺开，在推进过程中应把握重点，每个支部均需设立党务公开栏等。通过实行党务公开，有效增加农委机关和各事业单位的党内工作、党内生活的透明度，有利于领导干部增强接受监督的意识，自觉规范行为，做到廉洁自律；有利于推进权力运行规范化和公开透明，建立起科学的权力结构和运行机制，从源头上实施有效防控，推动我委党风廉政建设深入开展。

【认真做好档案归档工作】 按照《海淀区档案局关于印发〈海淀区机关文件材料归档范围和文书档案保管期限规定实施细则（试行）〉的通知》，区农委制定《农委文件材料归档范围和文书档案保管期限表》。2011年档案整理工作，共整理文书档案585件，其中永久档案177件，30年档案248件，10年档案160件，永久档案电子目录177件，30年档案电子目录248件。整理照片档案一册，整理照片53张。

【完成人大建议、政协提案办理工作】 2011年，区农委共承办海淀区第十四届人大六次会议代表建议11件，政协海淀区第八届委员会第五次会议委员提案2件，其中人大代表建议案主办件3件，政协委员提案主办件1件，全部办结，人大代表和政协委员对办理结果满意率达100%。

【召开重大动物疫病联防工作交流会】 11月3日，区农委召开第一届临近区县重大动物疫病联防工作交流会。与会人员包括市畜牧兽医总站站长韦海涛、区农村工作委员会副主任鲁书强、海淀区临近的昌平区、门头沟区、顺义区、平谷区、丰台区、石景山区、延庆县等区县疫控中心主任共60人。会上，各区县疫控中心领导依次介绍了各辖区内的动物防疫工作情况，并针对畜禽强制免疫、宠物医院管理、狂犬免疫等问题以及各自的先进管理、免疫等工作经验进行了讨论、交流。

海淀区主要领导人

区委书记		赵凤桐		
	副书记	隋振江	刘　鸿（女）	
	常　委	杨智慧	尹燕京	李彦来
		吴祖安	芦育珠（女）	
		刘长利	穆　鹏	陈名杰
区人大主任		关成启		
	副主任	王鲁豫	臧桂武	朱春生
		杨　莉（女）		
区长		隋振江		
	副区长	穆　鹏	刘长利	
		陈　双（女）	孟景伟	
		傅首清	徐永全	龚宗元
区政协主席		彭兴业		
	副主席	刘　恪（女）		
		丁志明	肖熙之	

海淀区乡镇党政正职领导

	书　记	镇　长
四季青镇	胡淑彦	张春华
东升镇	肖熙之	高念东

海 淀 镇	李景奇	赵 寒
西北旺镇	刘精明	赵小云
温 泉 镇	方海强	程培衡
苏家坨镇	祝的春	刘圣国
上 庄 镇	魏怀中	胡宗江

（海淀区农委 许相明）

丰 台 区

概 述

丰台区总面积305.87平方公里，农村地区面积169.81平方公里，占全区总面积的55.56%，辖5个乡镇，16个街道（地区）办事处，66个行政村，291个社区居委会。全区常住人口217万人，户籍人口108.1万人，其中户籍农村人口12.1万人。2011年，丰台区紧紧围绕落实“城南行动计划”和“一轴两带四区”建设，坚持科学发展，创新开展工作，努力破解难题，城乡一体化各项工作取得了明显成效，重点村城市化取得阶段性胜利，农村地区产业结构进一步得到调整，产权制度改革和整建制撤村建居工作不断深入，城乡环境和整体面貌变化显著，精神文明建设和文化建设力度继续加大，农村地区民生得到明显改善，开创了“十二五”城市化发展良好开局。全年实现农村经济总收入296.6亿元，同比增长12.4%；实现税金总额11.2亿元，同比增长11.8%；实现利润18.7亿元，增长了13.2%；农民人均纯收入16 554元，同比增长14.2%。

城乡一体化

【城乡经济发展水平】 全年城镇居民人均可支配收入30 682元，比上年增长13.3%，增幅比上年提高4.3个百分点。农村居民人均纯收入16 554元，比上年增长14.2%，增幅比上年提高3.8个百分点。城镇居民恩格尔系数为33.4%，比上年下降1个百分点；农村居民恩格尔系数为34.3%，下降2个百分点。年末城镇居民人均住房使用面积21.5平方米，比上年增加1平方米；农村居民人均住房面积39.1平方米，增加1.1平方米。

【重点村建设】 在市政府、区政府、国开行、农商行、农发行、农行、建行、北京银行、华夏银行等各方的支持下，8个重点村共落实建设资金282亿元，重点村挂账点总签约率达到98.8%，整村范围达到90%以上，共腾退宅基地6 896宗122.5万平方米，腾退企业831家169.9万平方米；启动回迁房建设133万平方米，竣工87万平方米；征地工作全面启动，夏家胡同、西局、大红门三个村基本完成征地手续；社保转居、产业建设前期准备工作已经开始，丰台区荣获“北京市城乡结合部建设工作目标责任制考核先进区”荣誉称号。

【招商引资】 梳理各乡镇集体产业用地招商项目36个，指导各乡镇包装项目，有38块农村产业用地纳入了丰台区招商平台。区商务委与区农委联合开展重点村招商资源摸底调查，区商务委联合市投促局举办丰台专题推介会对重点村产业用地进行推介。区商务委与市地理信息中心合作，继续完善招商资源地理信息系统，利用网络平台直观展示推介各乡镇招商资源，实现资源信息的互动共享。

都市型现代农业

【概况】 全年实现农林牧渔业总产值2.6亿元，比上年下降13.3%。其中，花卉产值8 221.7万元，下降33.2%，占农林牧渔业总产值的比重为31.3%，比上年下降9.3个百分点；林业产值下降4.7%，牧、渔业产值分别增长11.3%和0.3%。

【种植业】 全区耕地利用面积13 447亩，其中：粮田耕地面积6 043亩，蔬菜耕地面积2 600亩。设施农业面积3 190亩。玉米种植面积5 767亩，小麦种植面积351亩，青饲玉米面积3 070亩。蔬菜播种面积5 496亩，蔬菜产量7 414吨。全年有成规模的蔬菜种植基地8家，其中获得有机食品认证基地1家，获得无公害农产品认证基地4家，蔬菜农业标准化基地4家。绿山谷芽菜公司和恒欣源农业公司被评为北京市优级“菜篮子”标准化生产基地。

【养殖业】 全区有畜禽养殖场4家，养殖户132户，生猪存栏3 518头，羊存栏2 443只，肉牛存栏75头，奶牛存栏968头，全年产奶量3 031吨。蛋鸡存栏12.4万只，鸡蛋产量166.5万千克。水产养殖企业2家，水产养殖面积225亩，累计成鱼捕捞量68万千克，总产值2 404.2万元。全区动物诊疗机构48个，全年累计发放各类疫苗52万毫升。进行口蹄疫、高致病性禽流感、鸡新城疫、猪瘟、高致病性蓝耳病监测3 754份，进行奶牛布病、结核病检疫2 816头次，马传贫、鼻疽检疫200匹次，未发现阳性病例。登记注册犬免疫率100%。全区无区域性重大动物疫情发生。

【花卉业】 全年花卉播种面积1 670亩。鲜切花的产量是9.6万枝，盆栽花卉的产量是585.8万盆，盆栽观叶植物的产量是123.3万盆。北京花乡花木集团承担了深圳第26届世界大学生运动会颁奖礼仪用花——大运之光的制作和配送任务，草桥村奥运花卉配送中心高标准配送颁奖花束3 000多束，圆满完成大运会礼仪用花保障任务。花卉大观园被评为市级重点公园。盛芳园花卉种植基地投资159万引进高档花卉新品种。

【林果业】 全年造林面积1 001亩，抚育面积94 215亩，竹木采运2 589立方米。果园面积9 244亩，干鲜果品产量 1 738 吨，其中干果产量 10 吨，园林水果 1 728 吨。果园采摘面积 3 096 亩，采摘果品产量 223 吨。完成产地检疫、复检各类苗木 211 万株。出动防治人员 3 万余人次，实施防治面积 77 万亩，美国白蛾发生率降至去年的 13%。行政许可征占用林地、树木伐移 197 件，审核绿地率 58 件，复核新建居住区绿地 14 公顷，收缴代征绿地 15.6 公顷，处理各类绿化举报件 98 起。7 333 公顷生态林、647 公顷专业绿地养护管理高水平完成。古树名木有效保护，一类清查圆满结束。园博园种植区及周边完成绿化面积 75.3 公顷，栽植大规格名贵树种等各类苗木 100 余万株，形成树景合一的精品园林。以纪念义务植树活动 30 周年为契机，组织重大义务植树活动 9 次，社会各界 6 万多人积极参加，植树 4.5 万株，养护树木 42.6 万株。

【籽种业】 全区共有注册种子企业 100 家，其中持证企业 87 家，占全市 347 家持证企业的 25%。其中注册资金 1 000 万元以上的种子企业 1 家，500 万元以上 3 家。2011 年底全区种子销售量约为 0.7 亿千克，占全市种子销售量的 20%，销售额约 8.7 亿元，占全市种子销售额 17%。全区种子企业以销售蔬菜和花卉种子为主，约 80%企业分布在花乡，以新发地种业市场和高家场 43 号院种业园区为主要聚集地。

【观光休闲农业】 全区共有农业观光园 10 个，全年共接待游客 21 万人次，河西生态休闲旅游区 5 个景点，共接待游客 79 万人次。南苑村“一分地”农业体验园项目 136 亩土地全部实现认养。李家峪农艺风情体验园投资 2 650 万元完成四个主要功能区建设。

【第十九届北京种子大会】 9 月 19—22 日，举办了第十九届北京种子大会，主会场设在鸿坤国际大酒店，分会场在丰台体育中心和庄户籽种展示基地。开展了高峰论坛、特装展示、品种权拍卖、现货交易等 11 项主题活动。参会企业 3 200 余家，其中注册企业 643 家，覆盖全国 32 个省、市、自治区，国外企业及行业协会 16 家。大会交易品种 5 000 余个，展示品种 2 200 个，涉及前沿性品种 200 个。大会交易总额 5.3 亿元，其中拍卖交易额 1 215 万。累计参会 5.2 万人次，日高峰 1.6 万人次。带动餐饮、住宿、旅游收入 2 亿元以上。

【长辛店镇大枣采摘节】 长辛店镇大枣品种有包括长辛店白枣、冬枣、孔府枣在内的 300 多个品种。以“生态旅游镇、民俗长辛店”为主题的长辛店镇第九届大枣采摘节成功举办，期间共接待游客 20 万人次，销售大枣约 40 万千克，枣农及集体经济总收入约 1 500 万元。

非农产业

【概况】 农村经济第一、二、三产业分别完成收入 7.7 亿元、63.5 亿元、214.3 亿元，其中第三产业收入比上年同期增加 26.4 亿元，占总收入增加额的 80.7%，占主营业务收入增加额的 86.8%。各产业占主营业务收入的比重分别为 2.7%、22.2%、75.1%，与上年相比第一、二产业分别下降 0.1 和 1.3 个百分点，第三产业在农村经济的主体地位明显，所占比重上升了 1.4 个百分点。

【乡镇企业】 全区 552 家镇村企业实现营业收入 115.97 亿元，较上年同期 110.81 亿元增长 4.7%；增加值 32.36 亿元，较上年同期 30.42 亿元增长 6.4%；利润总额 10.87 亿元，较上年同期 9.83 亿元增长 10.6%；实交税金 5.55 亿元，较上年同期 4.83 亿元增长 14.9%。

【家电下乡】 2011 年销售家电下乡产品 2 165 台（部），实现销售额 587 万元，家电以旧换新 22.7 万台（部），实现销售额 8.6 亿元。

【重点项目建设】 千灵山景区投资 1 亿元对基础设施及生态环境进行治理。青龙湖公园投资 1 000 余万元进行改造升级。洛平绿色港湾休闲度假村种植的樱桃获得有机果品认证，并投资 210 万建设有机葡萄设施示范基地。万丰路餐饮街 12 家企业开业。欢乐水魔方一期建成运营。8 月 19 日，南苑国际汽车露营公园开始营业并举办首届北京国际汽车露营大会。

【统筹推进大红门地区发展】 积极发挥大红门服装商务区领导小组办公室职能，继续加大统筹发展力度。功能区内项目建设取得突破，北京市京煤二厂商业项目已开工建设；金泰彤翔、鑫福海大厦完成一级开发；城乡一体化大红门村旧村改造项目进入一级开发阶段。开展了大红门地区服装市场、电子商务、税收情况以及时尚创意产业发展的专题调研，加快推进产业功能区建设发展。大红门时尚创意产业集聚区“十二五”发展规划通过专家评审组的验收，经区规划编制领导小组办公室及主管区领导研究审定，已提请区政府审议。

【农产品监管】 年内，完成检测蔬菜、草莓、猪肉瘦肉精和水产品等样品 2 100 个，合格率 100%。各执法部门共出动执法车辆 690 车次，执法人员 1 858人次，检查市场、超市、餐饮单位、冷库、生产基地、畜禽养殖场（户）、经营门店等各类农产品及农业投入品生产、经营、使用单位 1 692 个次。共查处农产品安全案件 39 起，罚款人民币总金额为 6.705 万元。

【农产品流通】 新建便民菜店 25 家，配套资金 60 万元。新建社区菜市场 6 家。与大兴礼贤益农蔬菜生产合作社对接，在方庄紫芳园社区（原大方物业分钟寺苗圃）开办周末车载蔬菜市场。8 月 20 日，方庄周末车载蔬菜市场开业。每个周末蔬菜销售在 1 万千克左右，蔬菜品种 25 种左右，所售蔬菜价格比周边早市低 1/3 左右，深受居民的欢迎。北京枣麦营商业管理有限公司、廊坊市广阳区康绿蔬菜专业合作社、永清富民蔬菜合作社分别与 4 家规范化社区菜市场进行合作。应季蔬菜从生产基地直接配送到社区菜市场，减少了中间环节，降低了流通成本，起到了“降低菜价、盘活市场，实惠居民”的作用。

【农村金融业】 共有3家营业的小额贷款公司，分别是北京丰花小额贷款有限公司、北京农投丰融小额贷款股份有限公司、北京鑫福海小额贷款有限公司。3家小额贷款公司贷款余额共35 574万元，平均利率23.11%，年度累计发放贷款74 790万元，累计收回46 323万元。城市个体工商户贷款26 220万元，占73.71%；农户和农村企业贷款8 454万元，占23.76%；中小企业贷款900万元，占2.53%。

村镇建设

【基础设施建设】 出台《关于加强农村基础设施维护和管理的意见》，建立了农村基础设施维护管理长效机制。投资820万元用于太阳能光伏发电系统、太阳能浴室建设和太阳能灯维护。

【乡史馆和规划馆建设工作】 6月25日，花乡和长辛店镇的乡史馆和规划馆正式开馆运营。花乡乡史规划馆建筑面积1 260平方米，乡史馆分为：序厅、历史厅、经济厅、社会厅、辖区风采厅6个展区；规划馆分为：序厅、沙盘厅、投影沙盘区、互动墙面区、互动桌面区、多功能影厅、阳光公示区7个展区。长辛店镇乡史规划馆建筑面积1 416平方米，以沙盘、展板、图片、实物、3D影院等形式介绍、展示了长辛店镇的历史沿革，镇域规划和城镇发展成就。

【环境整治】 拆除出租大院101个，拆除违法建设544 041平方米。取缔无照商户2 586处。涂抹、覆盖、清理小广告214 593处，清理卫生死角22 651处，整理、规范堆物堆料3 520处。清理白色垃圾14 572千克，清理垃圾渣土132 347吨。绿化美化29 390平方米。

【村庄社区化管理】 49个农村集体土地建成居住区全部纳入城市化管理。建成50个农村社区服务站。11个村实施村庄社区化管理，有效消除城乡管理盲点和缝隙。开展了推进村庄社区化服务管理活动，启动了卢沟桥乡张仪村、郭庄子村、岳各庄村，花乡草桥村、纪家庙村、黄土岗村，南苑乡西铁营村，长辛店镇东河沿村，王佐镇南宫村、佃起村共计10个村的社区化服务管理示范建设。

【农村绿化】 启动并实施“百万亩森林建设工程”333公顷造林绿化，建设3个郊野公园，完成一道绿化37公顷、代征地绿化15公顷，提升绿化和景观布置品质。完善提高农村绿化面积413.9公顷，通道绿化10公里，栽植各类树木30余万株。二道绿化完成收尾。建材化工厂平面一期和北宫西侧地块补植工作圆满结束。

农村改革和管理

【农村产权制度改革】 指导卢沟桥乡完成了乡级产权制度改革工作，乡镇企业职工全部回本村进行了股份量化，乡级股份占净资产的20%，村级股份占80%，实现了资产全乡人民所有的完善模式；推进了长辛店镇张家坟村、张郭庄村、大灰厂村和南苑乡时村、分中寺村的改革，时村产权制度改革已完成，夏家胡同改制工作稳步推进；指导完成卢沟桥乡周庄子村2 400余人6 300多万元资产的处置，指导完成大瓦窑村2 000人近2 000万元资金的处置。分别对卢沟桥乡农工商联合总公司改制和下属企业6.31亿元和2 469万元资产进行了界定。为时村集体经济组织改制界定资产1.34亿元；开展了长辛店镇农村集体资产清产核资试点工作，对镇村两级31家企事业单位共17.8亿元的资产总额进行了核实，摸清了集体资产底数，界定了资产所有权。

【农村集体资产运营状况】 农村集体资产总额为703.1亿元，比上年同期增加175.4亿元，同比增长33.2%。其中：乡级集体资产总额为94.9亿元，比上年同期增加37.4亿元，增长65.1%；村级集体资产总额为608.3亿元，比上年同期增加138.1亿元，同比增长29.4%。农村集体所有者权益为186.1亿元，比上年同期增加33.2亿元，同比增长21.7%。其中：乡级集体所有者权益为22.7亿元，同比增长33%；村级集体所有者权益为163.4亿元，同比增长20.3%。全区各村人均所有者权益超过40万元的村有6个，分别是南苑乡的西铁营村75.2万元、成寿寺村48.5万元、果园村46.8万元，花乡的榆树庄村50.7万元、草桥村46.8万元，卢沟桥乡的精图48.1万元；超过10万元的村共有27个，比上年增加4个，其中卢沟桥乡有8个、花乡有9个、南苑乡有9个、王佐镇有1个；人均所有者权益在1万元以下的村有12个村，比上年减少2个，其中花乡有2个、南苑乡有1个、长辛店镇有6个、王佐镇有3个。

【农村集体资产产权证管理】 完成各村及其企业的农村集体资产产权登记证的年检，对卢沟桥乡、花乡、南苑乡、长辛店镇、宛平城地区办事处各村及其企业共计255家单位的《产权证》进行了年检，其中：换证4家、新办3家；对不符合年检要求（如所有者权益为负数）或已拆迁的16家企业的《产权证》进行了注销。

【整建制撤村建居工作】 5月，编制印发了《整建制撤村建居政策汇编和操作指南》，组织了政策和工作程序培训。撤销了花园村和马家堡村的村民委员会。撤村建居工作获北京市新农村建设创新项目奖励。

【农村征地补偿费管理】 广泛征求了市政府政研室、市发改委、市农委、市农研中心及市经管站等单位专家和各乡镇的意见，起草了《丰台区农村征地补偿费专用存储账户管理办法》（京丰办发［2011］39号），制定了《丰台区农村征地补偿费专用存储账户管理办法实施方案》，进行了有针对性的培训，开展了农村征地补偿费专用存储账户管理情况检查，促进了农村征地补偿费的安全管理，维护了农民的合法权益。

【农村土地承包经营收益权管理】 开展了农村土地承包法律法规贯彻执行情况检查，开展了农村土地承包档案管理清查，规范了农村土地承包档案管理工作。

【农村财务管理】 加大了对农村集体财务的监督管理力度，开展了农村集体财务达标检查，全年共有36个村通过了验收，全区累计有65个村集体达到财务管理规范化建设的要求，占村集体经济组织总数的93%；以贯彻落实《北京市农村合作经济组织会计制度实施细则》情况、农村征地补偿费管理和使用情况及2010年财务检查中的问题整改情况为重点，开展了农村财务大检查，进一步规范了农村财务行为，促进了农村财务制度的落实；对没有实行会计电算化的村全面推行村级会计电算化，年内已有2个村正式开始使用，全区累计90%以上村实现了会计电算化。

【农村财务人员管理工作】 共开办16期农村会计人员继续教育培训班，对3 034名人员培训了《北京市农村合作经济组织会计制度实施细则》、《企业财务管理实务》、税务新知识、农村集体资产清产核资工作以及财会人员职务犯罪预防警示教育等；开展了《北京市农村合作经济组织会计制度实施细则》的专题培训，培训人员265人；对农村会计人员基本信息进行了采集，对《会计从业资格证书》进行了年检，共年检及收集个人信息3 391份，收集和整理农村财务人员信息235条。

【农村审计工作】 投资100万元，在全市率先引入社会中介机构参与农村经济责任审计，全年共完成了24个村级经济责任审计项目、78个行政村和单位的专项资金审计、67个已完成产权制度改革的乡村集体经济组织审计，对2个乡级集体经济组织开展了资产审计，对北京东铁营工贸集团2006年分配1 400万元干部奖金情况进行了专项审计。

【农民负担监督管理】 开展了春秋两季农民负担监督管理执法检查，对2010年度村级公益事业补助资金的使用情况，没有发现捆绑使用、挪作他用及其他违规使用现象，大部分用于环境卫生等公益性事业；对2011年度市财政拨付的村级公益事业专项补助资金的拨付情况进行了检查，各乡镇已下拨到村；开展了一事一议筹资筹劳专项治理，没有发生筹资筹劳行为。开展了向村级组织收费专项清理整顿活动，没有发现向村集体经济组织乱收费行为。

【合同管理规范化工作】 牵头成立了由区法制办、区司法局、区法院和各乡镇参与的联合检查小组，对19个村共556份合同进行了检查，涉及合同金额12.9亿元。全区70个村的合同检查工作全部完成，其中62个村基本达标，达标率88.6%。年内，从上年已达标村中抽查了23个村918份合同，涉及合同总金额26.2亿元。年内，在王佐镇开展了农村集体经济合同管理系统的升级试点，在全市率先实现了镇级对村级合同的日常动态监管。

【农村管理信息化工作】 加强了对农村管理信息化工作的指导，对80余名农村信息化工作人员进行了培训，更新了农村管理信息化11个数据库；按季完成了50户低收入农户的监测工作；为8个村安装了电脑触摸屏，全区利用电脑触摸屏开展村务公开信息查询的村达到了36个。

【农村经济地理信息系统】 完成“221农村经济地理信息系统”一期建设和二期立项。系统由北京市农科院农业信息技术研究中心开发建设，以“整合资源、突出特色”为原则，整合涉农信息平台，突出全区农业观光园、农产品交易等特色资源，通过GIS技术，将农村土地、经济资源等信息数据，在地理信息平台上进行统计、分析和展示。系统数据库包含农服组织、涉农企业、观光农业等综合数据和市场分析、科技服务、种植业、养殖业、林业等相关数据。结合区农委职能，设置了种子大会、动物卫生、产权制度改革、资产处置、乡史村志、撤村建居等功能模块。

农民生活

【农民收入】 农民人均劳动所得达到15 757元，比上年同期增加1 580元，同比增长11.1%。从集体经济所得收入仍是农民收入来源的主渠道，农民人均从集体所得为10 911元，比上年同期增加1 709元，增长18.6%，占人均劳动所得的69.2%，比上年提高4.3个百分点。农民人均从非公所得为4 845.6元，其中家庭经营所得为4 039.7元，比上年减少277元，下降6.4%。农民收入区域差别较大，南苑乡人均劳动所得最高，为20 702元，原老庄子乡最低，为11 269元；从各村情况看，南苑乡成寿寺村人均劳动所得最高，达46 746元，王佐镇沙锅村最低，人均劳动所得仅为6 683元。

【农村劳动力分布情况】 农村劳动力统计数字为94 201人，比上年同期增加581人，其中就业人数为87 303人，增加675人，就业率达92.7%，比上年增加0.2个百分点；待业人数为6 898人，比上年减少94人。在集体就业有62 865人，比上年减少2 397人，集体经济组织仍是农村劳动力就业的主渠道，占就业劳动力的72%，其中在乡级就业3 455人，在村级就业59 410人，分别占就业劳动力的4%和69%。在私营企业、个体工商户及农户家庭经营等非公经济就业的有24 438人，占就业劳动力的28%。

【新型农民培养】 累计培训新型农民7 471人，其中引导性培训4 390人，职业技能培训2 249人，特种作业和特种设备832人。全区农民田间学校6所，其中农机田间学校1所，畜牧田间学校5所，共招收学员130人，举办农民活动日60次。

【农村实用人才队伍建设】 年内共培养、培训、开发农村实用人才100人，经考核全部达到初级实用人才的标准，其中：技术类8人，管理类60人，生产类24人，社会（文化）类8人。4月8—12日，成功参加北京市农村实用人才创业成果展示推介会，16 种展品现场销售金额达 10 余万元，协议销售 20 余万元。

【文化体育建设】 组织了庆“七一”和纪念建党 90 周年系列活动。花乡成立了全市首家践行“北京精神”农民宣讲团和新发地来京建设者宣讲团。出版 30 部村志，其余基本定稿，在城市化进程中保留和传承乡村文化。参加北京市第 22 届农民艺术节“乡村大舞台”专场和第七届农民运动会，展示了丰台农村发展新风貌。开展了“我的丰台·我的家”系列文化活动和文化、科技、卫生“三下乡”活动，组织周末百姓大舞台、“文化四进”工程、“星火工程”、周末场演出等各类文化活动近 600 场次，受众近 20 万人次，丰富了农村地区人民群众精神文化生活。

【农民就业保障】 出台了《关于进一步促进区域农村劳动力就业的意见》，区级财政增加投入 2 260 万元，建立并完善岗补社补制度、企业定岗培训补贴制度和转移就业补助制度，引导农村劳动力参加城镇职工社会保险。开通转移就业班车，为促进农村劳动力就业增收提供了保障。全年新开发绿色就业岗位 1 423个，安置 1 423 名城乡劳动力就业。开展以“送政策、送岗位、送技能、送服务、保就业”为主要内容的“四送一保”活动，共发布空岗信息 8.7 万条，向河西筛选配送岗位 1.2 万个，组织招聘活动 56 场，参与企业 390 家，提高了就业服务的精细化水平。

【农民社会保障】 农村居民社会养老保险参保率达到 98%。1 073 人纳入农村低保范围，全年共支出农村低保金（含农村五保资金）507 万元。保障标准 1—6 月为 480 元，7—12 月为 500 元。投资 182 万元用于政策性农业保险，投保额达到 909 万元。制定了《丰台区村邮员队伍建设实施意见》，农村补偿机制进一步完善。

【新型农村合作医疗】 参合总数为 126 672 人，参合率 98%。其中，由政府资助的低保人员 1 387 人，重残人员 1 155 人。人均筹资标准为 520 元，其中，个人缴费标准为 110 元。区内筹资总额为 6 586.944万元（含风险金 658.69 万元）。其中，个人缴费 442.474 万元；村级资助个人和村级支持资金总额为 1 704.729 万元；乡镇资助个人和乡镇级支持资金总额为 906.757 万元；区级补助资金总额为 3 532.984万元。中央财政补助 101.3 万元，市财政追加 633.36 万元，全年利息收入为 26.59 万元。全年报销补偿 138 964 人次，补偿支出 10 262.68 万元。其中，住院（含特病）补偿 11 899 人次，补偿支出 6 958.16万元，区内一级医院住院政策补偿率已经达到 70%，住院实际补偿率为 47%；门诊补偿 127 065 人次，补偿支出 3 304.52 万元，门诊实际补偿率为 41%。全年超支 2 914.84 万元。

基层组织与民主政治建设

【农村党建“三级联创”检查考评】 完成农村党建“三级联创”活动年度检查考评和市委检查工作，经过市委检查组的检查评定，丰台区取得“城市功能拓展区”小组第一名，获全市表扬。卢沟桥乡、长辛店镇党委、南苑乡党委被评为“五个好”乡（镇）党委，三路居村等 26 个农村基层党组织被评为“五个好”基层党组织，长辛店派出所等 17 个队（所）被授予“五个好”涉农单位称号，166 名农村党员进入“五个好”行列。

【乡镇领导班子换届选举】 通过提前谋划抓领导，督查培训强指导，沟通把关严程序，严肃纪律正风气等四项措施，实现了“好报告、好班子、好风气”的既定目标，各乡镇换届选举全部一次选举成功，乡镇领导班子呈现“一高三优化”，即得票率高，乡镇领导班子成员综合得票 98.7%，学历、年龄和履历结构进一步优化，硕士研究生以上学历同比增加 41.8%，平均年龄下降 0.7 岁，乡镇党委成员中有街道、职能部门工作经验的占 83.6%。

【基层干部队伍培训】 针对村“三套班子”负责人、党务副书记和大学生“村官”共举办培训 12 次、近 5 000 人次参加。创新了培训模式，强化培训的系统性。引进具备基层干部培训经验的专业培训机构，对全区农村基层干部年度培训进行整体策划，建立了个人培训档案。变“集中式”培训为“分散式”培训，变“单一式”课程为“菜单式”课程，实行必修与选修相结合的学分制管理模式。

【深化创先争优活动】 完善党组织党员公开承诺意见，通过召开誓师大会，党员先锋队庄严承诺，进一步号召农村党组织党员在引领产业发展、富裕农民、推进城乡一体化建设中公开承诺。2011 年，农村基层党组织承诺事项 1 800 件，党员承诺事项9 750 件，群众满意率 98.7%。

【纪念建党 90 周年活动】 在农村广泛开展纪念建党 90 周年百姓宣讲、图片巡展、知识竞赛、红歌唱响、组织谈心、党员帮扶等“六个一”活动。通过召开民主生活会、组织生活会，围绕引领推动发展进一步达成思想共识，具备条件的农村党员每人认领一个岗位、帮扶一个困难户，全年共认领岗位 2 845 个、帮扶困难户 3 141 家；通过著村志、学乡史、议规划、游乡情，说生活变化、话镇村发展、谈幸福感受，激励广大农村党员发扬优良革命传统，再建新功；通过选树典型，营造良好干事创业氛围。农村地区开展了大小 30 余场宣讲评议活动，选树了 14 名区级优秀党员和 16 个区级先进基层党组织。

【党员队伍建设】 着眼发挥作用，农村党员队伍基础进一步夯实。一是注重党员发展导向。坚持优先吸收爱岗敬业的积极分子加入党组织，年度发展农村党员 202 名，其中 35 岁以下党员占 37.1%，大专及以上学历的占 60%。二是注重党员培养锻炼。通过下派挂职、交流轮岗、项目承办等形式，为党员和后备干部的成长创造条件，使他们在功能区建设主战场、城乡建设第一线、重点工程最前沿，经受考验，成长成才。三是注重党员服务管理。深化党员分类管理模式，对村属企事业单位中的干部党员，采取“目标式”管理，着重发挥党员的表率作用。

【农民信访矛盾调处】 全年共接待群众来访40人次，向上访人员讲解了相关政策，进行了耐心细致的说服教育。

【农村法制宣传工作】 以“六五”普法启动年为契机，多层次、多途径开展农资产品、农业法律法规的宣传。一是开展“绿剑护农·2011年农资打假专项行动春季宣传月”活动；二是开展了以“推动放心农资下乡，维护农民权益”为主题的服务活动；三是通过“3·15”、“农资打假”、“农产品质量安全”、“12·4”等重大法制宣传日活动，集中开展各项农业法律法规主题宣传；四是积极向管理服务对象进行执法宣传；五是开展了“农业法制千村万户行”、“农业法制进社区”试点宣传；六是组织开展了“打四黑除四害”专项宣传活动。全年，共组织各种法制宣传活动20余次，发放各种宣传材料10万份。设立咨询台12处，出动宣传车辆24台次，咨询群众6 000多人次。4—10月份，“农业普法宣讲团”深入10个村举办法制宣讲、讲座20场，并开展法律咨询活动，宣传面达到200余户，参加人员达1 600余人次。

“三农”工作部署和实施

【召开城乡一体化建设工作会】 3月28日，召开了城乡一体化建设工作会，区领导、各委办局、企事业单位、街道乡镇主要领导，及各社区（村）主要负责人参加会议。会议由区长崔鹏主持，区委书记李超钢做了重要讲话。区委副书记王苏维作报告，总结了上年全区城乡一体化建设工作，部署了当年的工作任务。会议同时表彰了上年度农村党建“三级联创”活动先进单位、城乡结合部重点村建设先进集体和先进个人、“无违法建设社区（村）”和“无新增违法建设社区（村）”。

【落实粮食直补政策】 兑付粮食直补、农资综合补贴、小麦生态作物补贴、良种补贴486 642.9元。享受到粮食综合直补的面积为5 592.7亩，王佐镇和长辛店镇3 914户种粮农户直接受益。

【落实农业机械购置补贴政策】 落实农机补贴机具共16台，其中120型拖拉机1台，30型拖拉机10台，田园管理机5台。财政补贴资金25.6万元。拨付兔产业体系实验站经费50万元，能繁母猪和后备母牛补贴资金28.06万元。

丰台区主要领导人

区委书记　李超钢
副书记　崔　鹏（8月免）
冀　岩（8月任）
王苏维（12月免）
于长辉（12月任）
常委　冀　岩　于长辉
顾晓园（女，1月任）
李　军（9月任）
衡晓帆（5月任）
霍连明（9月任）
高　朋（12月任）
孙军民（女）
刘　宇　朱继明
崔　鹏（9月免）
王苏维（12月免）
李昌安（12月免）（侗族）
杨逸铮（女，9月免）
苗连成（3月免）
孙　钫（5月免）

区人大常委会主任　王苏维（12月任）
杜瑞琴（女，12月免）
副主任　吕跃进　苗　华（女）
郭振江　李　杜　薛　明

区长　冀　岩（12月任）
崔　鹏（9月免）
副区长　高　朋
刘　宇（12月任）
张建国　张　婕（女，11月任）
刘文洪（12月任）
李军会（12月任）
冀　岩（12月免）
李昌安（12月免）（侗族）
李丽萍（女，11月免）
孔令斌（12月免）

区政协主席　李昌安（12月任）（侗族）
初建华（12月免）
副主席　周大春（女）　李新民
邢方岭（12月任）　刘占良
张兆旗　程留恩

区纪委书记　李　军（9月任）
杨逸铮（女，9月免）
副书记　胡春溪　李　军
王和友（6月任）
毕永丰（6月免）

丰台区乡镇党政正职领导

	党委书记	乡（镇）长
卢沟桥乡	吴继东	李惠松
花　乡	李　智	李　勇（3月任）
		牟金萍（女，3月免）
南苑乡	王振华	刘永宗
长辛店镇	李春生（8月任）	王　萍（女，2月任）
	彭　虹（8月免）	李振茹（2月免）
王佐镇	吴　恒	李军会（12月免）
宛平城地区办事处	刘建伟	于　清（主任）

（丰台区农委　汤海丽）

门头沟区

概　　述

门头沟区位于北京城区正西偏南，是具有悠久历史文化的老区。全区总面积 1 448.9 平方公里，山地面积占 98.5%。区辖 9 个镇、4 个街道办事处，178 个行政村、99 个社区居委会。2011 年末，全区有常住人口 29.4 万人，比上年增加 0.4 万人。户籍人口总户数 118 113 户，总人数 247 504 人，其中非农业人口 190 618 人，农业人口 56 886 人。

门头沟区按照生态涵养发展区和建设首都西部综合服务区的功能定位，紧抓机遇、科学发展、敢于发展，经济社会取得了重大发展成果，实现“十二五”时期的良好开局。2011 年，全区完成地区生产总值 102.7 亿元，比上年增长 18.8%。其中第一产业实现增加值 1.8 亿元，比上年增长 29.9%；第二产业实现增加值 53.3 亿元，比上年增长 29.8%；第三产业实现增加值 47.6 亿元，比上年增长 17.4%。三次产业结构为 1.78∶51.87∶46.35。全区实现财政一般预算收入 16.9 亿元，比上年增长 58%，完成调整预算的 145.4%。全区完成财政一般预算支出 55 亿元，比上年增长 20.1%，完成调整预算的 167%。全年完成社会固定资产投资 142.3 亿元，比上年增长 58.4%。全年完成基础设施投资完成 59.4 亿元，比上年增长 16.3%，其中城镇基础设施投资 47.5 亿元，农村基础设施投资 11.9 亿元。全年农村经济总收入实现 76.6 亿元，比上年下降 10.8%。全区农村集体资产总额为 51.8 亿元，比上年增长 19.9%；其中村级集体资产 49 亿元，比上年增长 19.5%。全年规模以上工业完成产值 87.4 亿元，比上年增长 21.2%，实现工业销售产值 82 亿元，比上年增长 18.2%。全年旅游收入实现 14.6 亿元，比上年增长 41%。

城乡一体化

【一带两线四点多组团】 在 12 月 7 日召开的区十一次党代会上，党代会报告用“一带两线四点多组团”，对全区“十二五”时期产业空间布局进行了新的定位。未来五年，全区将以建设旅游文化休闲产业为主导的现代化生态新区为目标，将门头沟新城区建设成为现代化的滨水山城，将山区建设成为全域景区化的百里画廊。一带”即围绕永定河绿色生态发展带建设，优化永定河门头沟新城段两侧的产业空间布局，加快永定滨水商务区、门城生态商务区、龙泉休闲商务区和三家店旅游文化休闲区建设。“两线”即围绕 108、109 国道两线，发展旅游文化休闲产业，加快建设集自然风光、文化旅游、观光农业与民俗文化于一体的沟域经济示范基地。“四点”即打造潭柘寺、斋堂、军庄、王平 4 个重点小城镇。“组团”即推进旅游和文化产业深度融合，吸引高端要素包装策划古寺庙及遗址与生态休闲度假组团、古村与山水生态休闲度假组团、古道与自然山水运动休闲度假组团、商务会议健康休闲度假组团等多个项目品牌。

【招商引资成效显著】 共完成签约项目 22 项，新增储备项目 35 项；新注册企业 19 家，另有 8 家企业准备办理注册登记手续；与 100 余家企业进行了初步洽谈，陪同客商实地考察地块 400 余人次；采编各类招商信息 92 期。全区已开工项目 9 项，准备开工项目 8 项，土地收储项目 11 项，准备拆迁项目 1 项，已完成立项手续项目 1 项，正在办理立项手续项目 3 项，已取得土地一级开发授权项目 1 项，已完成控制性详细规划方案项目 1 项，正在编制控制性详细规划方案项目 3 项，正在调整概念性设计方案项目 7 项，做前期设计方案阶段项目 5 项，正在招商项目 2 项。

【推进村庄社区化服务管理活动】 全区 9 个镇 10 个村参加推进村庄社区化服务管理活动，其中平原村社区化模式 4 个，包括永定镇侯庄子村、龙泉镇琉璃渠村、军庄镇东杨坨村、王平镇吕家坡村；专业村社区化模式 4 个，包括潭柘寺镇赵家台村、妙峰山镇涧沟村、雁翅镇泗家水村、斋堂镇龙门口村；山区林地村社区化模式 2 个，清水镇燕家台村和洪水口村。

【工矿棚户区改造项目开工】 8 月 26 日，京煤集团门头沟工矿棚户区改造项目在军庄镇奠基开工。工矿棚户区改造项目总投资 51 亿元，计划建设安置房 38 万平方米，将彻底改善工矿棚户区内 8 200 户居民的住房条件，提升王平镇、军庄镇等地区的区域形象和产业承载能力，推进地区城市化进程。

【龙泉镇拆迁安置工作】 完成黑山地块、小白楼二期、中门寺一级开发、石泉砖厂地块等 14 个项目拆迁安置工作，拆除面积达 150 405.19 平方米，安置 2 138 户，4 303 人。

【城乡环境面貌持续改善】 开展全域景区化城市建设，新建改建了京门铁路遗址公园、新城滨河森林公园、长城公园、定都阁等 30 多个文化休闲公园，投资 3.9 亿元。治理改造中门寺沟、黑河沟等 4 条永定河支沟，全区城乡生态环境持续改善，全年共完成生态环境建设投资 16.3 亿元，增长 47.9%。其中“一湖多园、五水联动”景观体系投资 11.3 亿元。

【《湖光山色门头沟》正式开通】 11 月 8 日，北京市远郊区县首个高清交互数字电视政务信息发布系统——《湖光山色门头沟》在门头沟区正式开通，全天 24 小时为全市 260 万用户提供全方位的信息服务。全区共有 3.6 万户居民使用高清交互数字电视。

都市型现代农业

【概况】 认真落实强农惠农富农政策，坚持生态环境立区战略，围绕旅游休闲文化产业发展，不断调整农业产业结构，加快传统种养业退出步伐，特色种养业迅速发展。农林牧渔业总产值实现50 613.5万元，同比增长28.7%，增速列全市第一。其中：农业产值实现8 683.7万元，同比下降9.8%；林业产值实现29 336.4万元，同比增长69.0%；牧业产值实现11 922.4万元，同比增长1.7%；农林牧渔服务业实现产值671.0万元，同比增长10.5%。

【粮食生产】 全区秋收总面积1 773.33公顷，其中，春播总面积1 666.67公顷，品种以玉米、大豆、谷子及其他小杂粮为主。夏播总面积为106.66公顷，品种以夏玉米为主。粮食产量29 884吨，比上年增长61.1%。

【蔬菜生产】 常年菜田22.8公顷，季节菜田116.73公顷。新建蔬菜设施2.9公顷，包括日光温室2.33公顷，钢架大棚0.57公顷，分布在清水、王平两镇。全区共有食用菌生产基地3.33公顷，分布在清水、龙泉、妙峰山三镇，月产食用菌50吨。

【黄芩生产】 全区黄芩种植总面积626.13公顷，其中，年内新种200公顷，留茬黄芩426.13公顷，主要分布在清水、雁翅、斋堂、潭柘寺、龙泉5个镇。

【土地开发整理项目】 通过市验收。项目位于清水镇和斋堂镇，总建设规模87.33公顷，新增耕地52.2公顷。其中龙门口项目建设规模62.33公顷，新增耕地30.47公顷；椴木沟村项目建设规模25公顷，新增耕地21.73公顷。

【农资储备】 春耕备耕期间，储备玉米、杂粮、蔬菜种子6.5吨，各种肥料100余吨，旋耕机50台。向有关镇配送大田种子7.5吨，蔬菜种子1 500余袋。

【水果生产】 全区果园面积达1 426.67公顷，增加26.67公顷，增长1.9%。其中苹果面积200公顷，下降2.6%；梨树面积266.67公顷，增长2.6%。全区水果产量3 305.1吨，增加47.9吨，增长1.5%。其中苹果产量1 872.9吨，下降3.9%；梨产量297.7吨，增长4.9%；葡萄产量164.8吨，增长了58.3%；柿子产量226.5吨，下降22.1%；鲜杏产量271.7吨，下降1.5%；鲜枣产量164.3吨，增长147.8%；樱桃产量143.8吨，增长46.6%。

【水果生产呈现三个特点】 一是优化种植结构，特色品种规模扩大。军庄镇新发展京白梨13.33公顷，军庄镇和王平镇京白梨产量增加24.3吨，全区京白梨产值983.4万元，同比增长9.1%。大樱桃产量增加45.7吨，增长46.6%，樱桃产值2 136.9万元，同比增长47.4%。葡萄产量增长了58.3%，达到164.8吨，品种以红提为主。火村红杏产量达到50.5吨。二是促进农游融合，采摘量大幅增加。全年采摘水果产量619.8吨，增长50.8%，增幅较大的为特色果品，葡萄增加52.6吨，增长167.5%；京白梨增加66.5吨，增长133.0%；樱桃增加29.9吨，增长81.0%。三是顺应全局发展，山区比重继续提高。山区水果种植面积所占比重由上年的83.3%提高到85.7%，产量由上年的91.0%提高到94.4%。

【特色果品标准化示范基地】 完成建设特色果品标准化示范基地70公顷，其中核桃43.33公顷、黄金梨13.33公顷、李子6.67公顷、桃6.67公顷，带动区域产业结构调整。

【果品绿色防控技术推广项目】 完成杀虫灯防治266.67公顷，涉及5个镇，购进太阳能杀虫灯22盏，交流电杀虫灯50盏。

【生猪出栏减少存栏略增】 全年生猪出栏6 921头，同比减少1 543头，下降18.2%；年末存栏5 082头，同比增加51头，增长1%，繁殖母猪存栏减少68头。全年生猪生产实现产值1 228.3万元，同比增加170.9万元，增长16.2%，占畜牧业产值的10.3%。

【家禽出栏增加存栏减少】 全年家禽出栏337.56万只，同比增加13.57万只，增长4.2%，实现产值7 957.3万元，占畜牧业产值的66.7%。清水镇、斋堂镇和雁翅镇通过“公司＋协会＋养殖户”形式发展肉鸡养殖，肉鸡累计出栏331.88万只，占全区肉鸡出栏的98.3%；三镇肉鸡养殖产值为7 823.4万元，占全区肉鸡饲养产值的98.3%，占全区牧业产值的65.6%。年末肉鸡存栏22.8万只，同比减少8.98万只，下降28.3%。全年鸡蛋产量363.6吨，同比减少85.2吨，下降19%；年末蛋鸡存栏7.77万只，同比减少0.23万只，下降2.9%。

【新建肉鸡大棚16栋】 其中标准化肉鸡大棚10栋，单栋建筑面积为540平方米，单栋养殖规模0.5万只；现代化肉鸡大棚6栋，单栋建筑面积为1 600平方米，单栋养殖规模为2万～2.5万只。

【肉牛增加奶牛减少】 年末，肉牛存栏319头，同比增加78头，增长32.4%；出栏149头，同比增加33头，增长28.5%，实现产值114.3万元，同比增加38.1万元，占畜牧业产值的0.3%。饲养肉牛主要在清水镇和永定镇。牛奶产量899吨，同比减少253.1吨，下降22%，年末奶牛存栏316头，同比减少61头，下降16.2%，饲养奶牛主要在永定镇和龙泉镇。

【养羊出栏减少存栏增加】 全年羊出栏7 721只，同比减少3 428只，下降30.8%；存栏16 481只，同比增加1 112只，增长7.2%，实现产值640.7万元，同比减少241.7万元，占畜牧业产值的5.4%。

【养蜂收入创历史新高】 全年新发展蜜蜂5 000

群，全区养蜜蜂3万余群，养蜂户487户，向蜂农发放优质种王6 000余只、饲喂器2万个。全年蜂蜜产量1 080吨，王浆产量18吨，蜂胶产量1.64吨，蜂蜡产量7.94吨，养蜂业总产值达4 438万元，蜂产品总产量和总产值同比分别增长7.7%和11.5%，初步形成集养蜂科研、生产、加工、销售一体化的蜂业产业结构。

【畜禽免疫工作】 全年共免疫畜禽454.1万头只次，采集畜禽血液等样品5 619份，完成各类抗体监测5 619头只次，实现免疫率100%，免疫密度100%，监测面100%。

【动物检疫和运输监督工作】 全年完成动物产地检疫264万头只，动物产品产地检疫17.2吨；完成过境检疫畜禽70万头只，检查过境车辆275辆。实现动物及产品产地检疫率100%，小包装动物产品检疫标志粘贴率100%，动物疫病和违禁药物残留检测监管面100%。

【观光休闲农业增速居全市首位】 全区观光休闲农业实现总收入12 806.5万元，同比增长62.3%，在全市13个有观光休闲农业的区县中排名第一。其中观光园收入7 775.4万元，同比增长75.1%；民俗旅游收入5 031.1万元，同比增长45.9%。从组成看：餐饮收入和出售农产品收入是拉动观光休闲农业总收入强劲增长的主要动力。餐饮收入4 785.8万元，比上年同期增长49.5%；出售农产品收入3 800.5万元，比上年同期增长60.7%；采摘收入2 024.4万元，比上年同期增长164.6%；住宿收入1 166.2万元，比上年同期增长164.6%；其他收入1 029.6万元，比上年同期增长56.3%。从功能分区看：浅山区为全区观光休闲农业发展提供了有力保障。浅山区实现收入5 641.6万元，比上年同期增长82.9%，占总收入的44%，对总收入增长的贡献率为52%；新城区实现收入2 025.6万元，比上年同期增长22.4%；深山区实现收入5 139.3万元，比上年同期增长63.2%。

【“两线”观光走廊建设项目】 投资500万元，完成108、109国道两侧观光休闲农业走廊提升改造和环境整治项目。涉及清水、斋堂、雁翅、王平、妙峰山、龙泉、军庄、潭柘寺8个镇，建设提升了7个观光园区，实施了15公里109国道沿线整治，提高了园区和村庄环境质量，促进了农旅一体化发展。

【会展业发展良好】 全区住宿业、主办单位、会展服务三类企业共承接会议3 988个，同比增长10.9%，其中，承接超过500人的会议共计44个，同比增长18.9%；承接居住一夜以上的会议2 629个，同比增长4.6%。全年共承接展览3个，服务展览面积7.28万平方米，同比增长10.3%。全年会展实现收入2.0亿元，同比增长22.4%

【测土配方施肥工作】 在军庄、雁翅、妙峰山、王平、永定、潭柘寺、清水、斋堂8个镇开展测土配方施肥工作，示范总面积13.33公顷，推广总面积666.67公顷。

【新品种引进、试验、示范与推广】 全区示范蔬菜、玉米、甘薯、杂粮等作物新品种12.67公顷，对7栋普通肉鸡大棚进行自动上食槽改造，引进和推广家用玻璃钢沼气池2个，轻型耕作机2台。

【“三品一标”认证工作】 全区农产品认证基地达到55家，其中，有机认证40个，无公害认证15个，提高了全区农业标准化生产水平，确保了农产品质量安全。

【两项特色农产品获金奖】 在第九届中国国际农产品交易会上，京一牌纸皮核桃、核桃油分获第九届农交会金奖产品荣誉称号。

【农业执法监管】 全年累计出动执法人员1 344人次，执法车辆339车次，监督检查对象402个次。出具动物卫生监督笔录103份，出具动物卫生监督意见书72份。组织农产品及农资生产经营企业开展自查77家，进行警告4次，做出行政处罚决定9次，罚款金额7 116元。检查农机车辆806台、检查卷帘机173台。共立案9起，结案9起，实现了执法卷宗零的突破。

【农业法制宣传】 开展了“绿剑护农、执法为民”、“打四黑除四害”打防管控一体化专项行动等大型主题宣传活动50次，发放各种宣传资料3.4万余份，解答群众咨询2 000余人。

【黄芩产业开发科技示范工程】 “门头沟区黄芩产业开发科技示范工程”课题通过市科委验收。该课题由区科委、斋堂镇共同承担，采取“科研单位+龙头企业+农户”的组织模式，共推广林下种植黄芩137.33公顷，开发4个黄芩茶新品种和1种黄芩饮料，带动230户农户从事黄芩种植及加工业，户均年增收4 000余元。

【动物防疫人员业务培训】 对镇、村基层防疫人员，开展重大动物疫病基本临床诊断、畜禽血样采集和犬健康状况临床检查等专业技术培训4期，培训282人次；对区级动物防疫人员开展技术培训7期，培训119人次。

【科技项目示范体系建设】 实施特色科技示范项目14项。其中科技专项9项、绿色通道项目2项、科技推广项目3项。主要开展了“山区食用菌特定环境栽培模式研究与示范”、“门头沟王平镇沟域农林复合系统示范区建设”项目、“优良玫瑰引种与示范栽培展示园建设”、“四翅滨藜适应性栽培与繁育技术研究”、“药用植物培育和高档花卉培育基地建设”等科技项目示范推广，为区域花卉、药用植物等新兴产业的发展发挥了科技引领带动作用。

【启动村级全科农技员试点】 选取清水镇30个以种养业为主的村为试点，为每村配备一名全科农技员，负责种养业技术指导、服务农户台账建立、农业科技信息传播等工作。

非农产业

【概况】 本年实现农村经济总收入76.6亿元，比上年下降10.8%。第一产业实现收入1.7亿元，占总收入的2.3%，比上年减2.7%；第二产业实现收入26亿元，占总收入的33.9%，比上年下降8.6%；第三产业实现收入48.8亿元，占总收入的63.8%，比上年下降12.2%。从经营层次看：全区非公经济实现收入53.9亿元，占总收入的70.3%，比上年增长0.4%；公有经济实现收入22.7亿元，占总收入的29.7%，比上年下降29.5%。

【镇村企业】 镇村企业完成营业总收入50.2亿元，比上年减少12.4%。其中农业企业营业收入8 235万元，比上年减少8.4%；工业企业营业收入13.6亿元，比上年增长2.2%；建筑企业营业收入4.7亿元，比上年减少1.5%；交通运输仓储企业营业收入12.3亿元，比上年增长3.3%；批发零售企业营业收入6.2亿元，比上年减少37.6%；住宿及餐饮企业营业收入2.5亿元，比上年减少22.3%；其他服务企业营业收入10.1亿元，比上年减少24.1%。完成利润总额4.8亿元，比上年减少11.0%。完成增加值9.5亿元，比上年减少14.7%。

【社会消费品零售额实现38亿元】 比上年增长16.7%。其中，限额以上企业及个体实现零售额24.3亿元，增长19.1%；限额以下企业及个体实现零售额11.3亿元，增长16.2%；商品交易市场实现零售额2.3亿元，下降2.5%。

【完成退耕还林补助粮食供应】 涉及177个行政村、11 336户，供应粮食总量1 973吨，其中特一粉863吨，特等大米1 110吨。

【家电下乡、家电以旧换新】 全年销售家电下乡产品2.7万件，实现销售额7 800万元；家电以旧换新产品销售3.8万件，实现销售额1.3亿元。

【"万村千乡"试点】 完成了鑫维康电子商务网站上线工作，成为全国"万村千乡"试点企业中首家实现电子商务的企业。

【农产品质量检测】 全年检测动物产品样品240个、蔬菜样品1 240个、水产品样品120个，抽测结果合格率100%，全年无农产品质量安全事件发生。

【乡村旅游发展】 建成19个旅游港湾，新发展市级民俗旅游村2个，市级乡村旅游接待户共61户，区级乡村旅游接待共77户，新建民俗旅游专业合作社6个，完善21个市级民俗旅游村服务设施。年末全区实际经营的观光园为56个，民俗旅游农户1 006户，全年共接待游客120.8万人次，比上年增长19.7%，实现经营收入12 806.5万元，比上年增长62.3%。

【民俗旅游创建工作】 全区六种乡村旅游特色业态类的17家新业态单位通过评审。其中潭柘寺镇赵家台民俗村等5家单位被评为"乡村酒店"，清水镇小百花人家等3家单位被评为"山水人家"，军庄镇东山天乐园旅游服务部等3家单位被评为"休闲农庄"，雁翅镇天盛湖旅游观光园等3家单位被评选为"生态渔家"，北京龙潭山水旅游服务中心被评为"养生山吧"，清水镇小龙门龙跃园种植采摘园等2家单位被评选为"采摘篱园"。

【古村落文化游特色鲜明】 爨柏景区整合爨底下、青龙涧、黄岭西、双石头、柏峪台和柏峪6个古村落资源，实行市场化运作、捆绑式发展，发展古村落文化游，全年实现营业收入403.8万元，接待游客16.3万人次，其中境外游客接待量为5 679人次。

【区首家小额贷款公司开业运营】 12月30日，门头沟区首家小额贷款公司——北京农投京西小额贷款股份有限公司开业运营。市金融局党组书记、副局长霍学文，区领导王洪钟、罗斌及石军、许彪、张满仓等出席典礼。

【农业保险投保】 开办玉米、豆类、苹果、梨、樱桃等16险种，其中苹果、梨、樱桃等种植业参保面积为250.81公顷，总保额达1 429.32万元。

山区建设

【沟域经济发展】 全年引进项目17个，协议金额达到1 031亿元。启动了5条重点沟域建设。实施了达摩沟域规划设计的国际招标，国家林业局调查规划设计院被评定为中标单位；中芬生态谷总体控制性规划初稿完成，待上报审批；潭柘寺沟域已经完成总体规划，正在进行土地一级开发项目拆迁及村民定向安置房建设工作；南石洋沟域旅游风景区一期建设工程已完成总体和详细规划，基础设施建设初步设计通过区发改委评审，正在建设主体工程；斋堂沟域总体规划和控规都已获批准；军庄沟域引进华谊兄弟公司建设影视基地，正在编制初步方案。与加华酒业合作，前期投资1亿元注册公司建红酒庄园，已签订合作协议。

【生态林建设工程】 完成人工造林1 533.33公顷、爆破造林66.67公顷，栽植苗木176.12万株，完成投资7 340万元。完成彩叶工程146.67公顷，栽植苗木13.2万株。完成公路绿化工程40公里，栽植苗木3万株。完成333.33公顷第二道绿化隔离带绿化工程，栽植苗木32万株。完成废弃矿山植被恢复工程266.67公顷。完成龙泉镇煤矸石山植被恢复及景观建设工程。完成全民义务植树25.2万株。2011年，全区森林覆盖率达到37.27%，林木绿化率达到58.76%。

【完成退耕还林补植补造工程】 对2003年和2004年退耕还林中生态林部分地块进行了补植补造，栽植核桃、仁用杏、樱桃和苹果等苗木共计18万余株。涉及9个镇66个村，其中原地补植313.53公顷，异地造林置换138.87公顷。

【完成国家级公益林管护工程】 工程总投资528.74万元，主要分布在沿108、109国道两侧和永定河两岸的7个镇。中幼林抚育地块29个，抚育面积809公顷，修建防火作业道1.9万延米；工程组建专业施工队12支。

【林业病虫害防治工作】 全年监测面积16 981.33公顷，监测覆盖率100%，产地检疫率100%；全区林业有害生物发生面积4 280公顷，防治率100%，无公害防治率97.66%。

【森林防火工作】 新建瞭望塔3座、视频监测探头2套，使瞭望监测面积提高到50%；开辟防火隔离带20万余延长米，清理林下可燃物300余公顷，制定实施了《门头沟区森林防火区划分和森林防火期限及管理办法》，查处违法用火32起，行政罚款8 800元；门头沟区获得北京市森林防火先进区县称号。

【制定地质灾害搬迁除险计划】 区国土局聘请北京市地质研究所对全区的地质灾害进行了勘察。根据勘察报告，对涉及农村的地质灾害进行了梳理，需要搬迁的共有6个镇40个村、54处、885户、2 139人，其中采空区3个镇5个村、170户、329人；塌陷区6个镇22个村、28处、184户、508人；泥石流5个镇20个村、21处、531户。

【实施险村险户搬迁工程】 山区险村搬迁共涉及两个镇4个村32户86人，主体建设工程已全部完工，基本都能入住新居。其中，王平镇东马各庄村16户37人；清水镇16户49人，包括简昌村3户5人、梁家庄村3户11人、上达么10户33人。清水镇椴木沟村生态移民100人。

【国家农业综合开发重点工程】 截至11月底，已完成平整土地和扶唇垒堰440公顷；修建田间路和田间步道4万平方米；整修护地坝2 400米；护栏1 700米；新建田园景观、景致设施共21处；进行生态护坡460平方米；进行低效林改造26.67公顷；种植经济林和补植玫瑰146.67公顷；新建蓄水池8座；维修集雨池3座；新建扬水站和小截流2处，铺设输水管道1 500米。共动用土方1.3万立方米；石方7 000立方米；水泥8 000立方米；砌砖800立方米；栽植经济作物和苗木12万株。有460个农民增加了收入。区财政拨付资金1 344万元。

【京津风沙源治理工程】 完成人工种草200公顷，围栏封育466.67公顷，暖棚建设0.9万平方米，草种基地33.33公顷。

【小流域治理工程】 完成灵水沟小流域治理工程，治理面积12平方公里。其中，完成整修梯田53.33公顷，经济林种植6.67公顷，节水灌溉600米，挡土墙350米，修护坡850米，村庄美化5 000平方米，田间生产道路1 600米，防护坝300米，铅丝石笼854立方米，沟道清理整治300米。完成东西马涧小流域治理工程，修建田间路3 900米，步行道250米，树盘1.5万个，扶唇垒堰3 690立方米，护地坝1 300立方米。

【完成雨洪利用工程2处】 法城雨洪利用工程完成挡墙修复90米，跌水10处，水系100米，沟道治理1 850平方米，路面硬化450平方米，步行道50米，护栏191米，新建挡墙12米，绿化200平方米，栽植苗木81棵，简介牌1个；青龙涧黄芩仙谷雨洪利用工程，完成沟道治理2 400平方米，集雨沟8米，步行道86米，蓄水池1座，管道1 000米，挡墙168米，亲水平台3个，护栏200米，跌水3处，简介牌1个。

村镇建设

【斋堂镇3项工程开工】 3月6日，斋堂镇定向安置房、文化商业街及生态休闲公园3项工程举行奠基开工仪式。定向安置房工程：用地面积3.1万平方米，建筑面积4.3万平方米，可安置居民492户。文化商业街工程：用地面积1万平方米，安置1号地块49户搬迁商户。生态休闲公园工程：绿化种植面积269公顷，同时进行基础设施和公共服务配套设施建设。

【定都阁建设工程奠基仪式】 7月3日举行。区领导王洪钟、高连广、陈国才、谭杰、张乐春、翟云峰、郑伟革等出席奠基仪式。定都阁位于定都峰上，是定都峰景区的重要组成部分。工程占地面积550平方米，建筑面积约2 400平方米，地上高度33.9米，共有6层，外观看为3层，为古色古香的中式建筑造型。

【“山地户外运动基地”落户斋堂】 7月21日，经北京市体育局、市体育总会批准，斋堂镇被授予“北京国际山地户外运动基地”称号。这是斋堂镇继2006年被中国登山协会授予全国首个“山地户外运动场地”称号之后，再次被命名为北京市首个“北京国际山地户外运动基地”。

【永定楼开工奠基仪式】 8月18日，区领导韩子荣、王洪钟、李慷云、高连广等出席永定楼开工奠基仪式。韩子荣宣布工程开工。王洪钟讲话。罗斌主持仪式。

【斋堂客运换乘中心】 10月25日正式通车运营。该换乘中心为二级场站，占地1.58公顷，建筑面积1 760平方米，可供50部中型客运车辆停泊，供13条客运线路换乘，主要为斋堂镇、清水镇741平方公里内的61个行政村、3个办事处提供公交出行服务。

【潭柘寺镇房屋征收工作】 11月28日，潭柘寺镇中心区土地一级开发3号街区房屋征收工作正式启动。征收涉及潭柘寺镇东村、南村、北村和鲁家滩村路北1 658户、3 140人，总占地面积29.57万平方米，总建筑面积 26.43 万平方米。11 月 29 日，召开潭柘寺镇拆迁工作动员会。区领导王洪钟、付兆庚、郑伟革，京投公司副总经理白云生出席动员会。潭柘寺镇村民代表、村干部代表和京投门头沟管理分公司代表分别发言。12 月 31 日，潭柘寺镇完成中心区土地一级开发 3 号街区项目房屋征收工作，共征收房屋 1 402 户，签约率达 100%。

【制定农村基础设施管护机制】 研究制定了《门头沟区关于加强农村基础设施维护和管理的意见》(门政发［2011］43 号)。《意见》明确了农村基础设施维护和管理的责任主体、出资主体、监管主体，通过拓展政府公共服务职能、构建社会化公共服务平台、建立健全农村的维护和管理长效机制。

【乡村公路】 全区乡村公路总里程为 515.59 公里、196 条，其中乡级 350.40 公里、73 条，村级 165.19 公里、123 条。市级对乡村公路补助资金里程是 444.15 公里、172 条，其中乡级 297.37 公里、68 条，村级 146.78 公里、104 条。按辖区范围划分，由 9 个镇政府进行养护管理，养护人员共计 142 人。年内，完成乡村公路大修项目 15 项，其中道路工程 14 项 34.76 公里，桥梁工程 1 项 278 平方米。门头沟公路分局荣获了交通运输部授予的全国农村公路建设质量年活动先进集体奖。

【公交客运票制改革工作】 全年共拨付村村通公交客运补贴 1 100 万元，开通村村通公交线路 23 条，日发车 172 车次，年运营 283 万公里。

【小城镇规划编制情况】 斋堂镇围绕建设历史文化名镇，编制了《斋堂镇镇域镇区控制性总体规划》、《斋堂镇城镇景观设计规划》、《斋堂镇生态修复与农业发展规划》以及《斋堂镇沟域经济发展规划》等规划。潭柘寺镇围绕生态小城镇建设，编制了《潭柘寺生态小城镇建设规划》、《潭柘寺镇旅游规划发展总体规划（2005—2020）》、《潭柘寺镇环境建设规划》等规划。军庄镇围绕浅山休闲健康产业试点镇建设，编制了《军庄镇总体规划（2007—2020 年）》、《东山沟域都市农业发展规划》等规划。

【潭柘寺镇土地一级开发项目】 土地一级开发总用地面积约 480.72 公顷，规划人口 3.5 万人，规划面积 336 万平方米，可上市面积 233 万平方米，开发总成本 183 亿元，共分成 3 个街区进行分步实施，涉及拆迁人口约 10 280 人，拆迁总面积 112 万平方米，安置总面积约 57 万平方米。

【潭柘寺镇定向安置房项目】 安置房项目位于镇中心区范围内，总占地约 66 公顷，建筑规模为 52.02 万平方米，安置人数 10 417 人，分两期进行建设。一期面积 21.8 万平方米安置房已于 2010 年 6 月 28 日启动实施。

【炭厂村炭文化博物馆竣工】 该项目为“炭厂村神泉峡旅游风景区”的组成部分，于 3 月份启动建设，占地面积 200 平方米，设有展板展示、烧炭模具等设施，供游客参观学习、了解古代烧炭手工业生产状况及该村烧炭文化历史。

【“三起来”工程建设】 全区“三起来”工程共投入资金 3 842 万元。其中“亮起来”工程投资 330 万元。投资 30 万元，完成安装村内节能路灯 5 000 盏；投资 300 万元，开展太阳能路灯维护工作，将原有的农机服务公司的 20 人进行专业培训，成立农村照明设施专业维护队。“暖起来”工程，投资 542 万元，新建农民抗震节能住宅 200 户。“循环起来”工程，投资 2 970 万元，其中，投资 800 万元，实施雨洪利用工程 10 处；投资 100 万元，建设妙峰山镇水玉嘴村循环水务村 1 个；投资 90 万元，建成清水镇和雁翅镇肉鸡养殖小区畜禽粪污处理工程 2 处；投资 80 万元，在斋堂镇九龙头农场和潭柘寺镇阳坡元建有机肥加工厂 2 处；投资 400 万元，用于 97 处农村污水处理站运行费；投资 1 500 万元，用于永定镇污水处理厂达标运行，达标排放水已经进入门城五水联动系统。

【危旧房翻建】 完成农村优抚社救对象翻建危旧房屋 55 户，其中优抚对象 5 户，社救对象 50 户。

【新型农村社区建设情况】 2 月 16 日，门头沟区确定新型农村社区试点为王平镇韭园地区。3 月 28 日，在市新农办新型农村社区试点第一次联席会上通过《门头沟区王平镇韭园新型农村社区试点实施方案》。3 月 31 日，市农委主任王孝东带队到王平镇韭园现场调研。4 月 13 日，区政府第 82 次常务会通过了《王平镇韭园新型农村社区试点实施方案》。5 月 22 日，在市新农办召开的北京市新型农村社区试点建设工作会上，王平镇韭园新型农村社区试点被正式确定为 10 个市级新型农村社区试点之一。11 月 4 日，王平镇韭园股份经济合作社与京煤集团所属金泰地产签订战略合作协议。“中瑞生态谷”项目启动，标志着韭园等四个村新型农村试点建设进入实质性阶段。项目按照规模适度、宜居宜业、因地制宜的原则，以改善当地农民居住条件和加快农民增收步伐为着力点，加快当地旅游文化休闲产业的发展，全力打造生态宜居、文化旅游、休闲养生的新型农村社区。

【城乡环境建设】 全区新建和提升改造公园 20 个，新建公园面积 131.76 万平方米，改建公园面积 13.3 万平方米；道路绿化 2.8 万平方米；屋顶绿化 1 070平方米；垂直绿化 3 000 平方米；小区绿化改造 1.42 万平方米；停车场绿化 5.5 万平方米。

【创建绿色村庄花园式社区】 创建首都绿色村庄 4 个、首都绿化美化花园式单位 4 个、首都绿化美化花园式社区 2 个。全区共有 6 个镇获得了“首都绿化美化园林小城镇”称号；7 个社区获得了“首都绿化美化花园式社区”称号；27 个村获得了“首都绿色村庄”称号；196 家单位获得了“首都绿化美化花园式单位”称号。

【创建环境优美镇、生态村】 开展环境优美乡镇和生态村创建工作，妙峰山镇、王平镇、雁翅镇、斋堂镇、清水镇 5 个镇被环境保护部授予“全国环境优美乡镇”称号。军庄镇被评为“北京郊区环境优美乡镇”；王平镇南涧村、军庄镇西杨坨村、军庄镇孟悟村、雁翅镇山神庙村、雁翅镇珠窝村、斋堂镇沿河城村、斋堂镇张家村、斋堂镇向阳口村、妙峰山镇下苇甸村、清水镇塔河村、清水镇上达么村、清水镇齐家庄村12个村被评为“北京郊区生态村”。

【实施废弃矿硐封堵工程】 该工程为市级挂账安全隐患治理项目，工程总投资2 800万元，涉及斋堂、清水、大台地区18个村的181个废弃矿硐，分修筑道路、清理熏口通风、进硐封堵三个阶段实施。

【田庄村不稳定斜坡治理项目】 雁翅镇田庄村村北不稳定斜坡治理项目通过验收。该项目总投资320万元，对总面积2万平方米的不稳定斜坡进行了治理，极大降低了区域地质灾害隐患，保护了周边地区80余户、200多名村民的生命财产安全。

【市农运会开幕式工程完工】 投资3 100万元，启动了京浪岛基础设施提升改造工程。工程共完成补栽苗木2 200余株、地被植物7.6万余株；护坡砌筑6 000余立方米、铺草坪砖3 420余平方米；安装景观灯218套；安装饮用水龙头4套，以及安装变压器1台、高压开关柜1套、低压开关柜1套、直流屏、电池屏、中央信号屏各1台。

【开展城乡环境整治“百日行动”】 “百日行动”期间，以新城地区市容环境管护为重点，新投入12辆快速保洁车，加大了新桥大街、双峪路等重点大街的集中保洁、冲刷和降尘作业密度；消除各类环境死角60处，清理堆物堆料及渣土等杂物5 000吨、非法小广告2 300处；投入530万元对50座公厕进行气水冲改造，对60座公厕进行了修缮，在福鼎、石门营、滨河及德露苑公园的4个公厕试点安装臭氧除臭设备；对主要道路两侧24个不能封闭的垃圾站点进行了内外墙粉刷油饰，粉刷、更换垃圾箱294个，油饰护栏5 000余扇。针对无照经营、占道经营、违章停车、非法广告牌匾等问题开展了80次集中整治行动，处罚违法行为506起，强制停止通信服务号码515部；检查“门前三包”社会单位、商户2 349家次，处罚8起；查处运输车辆遗撒38起、马车售货违法行为11起；拆除主要大街、国道沿线和景区周边的违规户外广告牌匾288块。“百日行动”期间，各镇、景区共发放《致村民群众的一封信》等宣传材料4万余份，张贴公告2 000余张，出动宣传车200余台次，悬挂宣传横幅近600条；清理生活垃圾和建筑垃圾1 455处5.85万吨、废弃电线杆54根、广告牌304块、小广告4 400余处，擦拭护栏1 932处。各街道共组织3万余人次参加环境整治工作，发放宣传材料5万余份，悬挂横幅500条，清理卫生死角244处、非法小广告5 573处、乱堆乱放1 363处。

农村改革与管理

【农村产权制度改革】 年内，完成农村集体经济产权制度改革村数112个，占应改制村总数184个的60.9%。累计完成179个村改制工作，占应改制村总数的97.3%。

【集体林权制度改革】 在全市率先完成集体林权制度主体改革任务。涉及9个镇167个村，共确权集体林地115 060公顷，其中生态公益林确权发证面积107 729.2公顷，颁发股权证38 927户，发证人口72 548人。按每亩24元的补偿标准，向农村集体经济组织成员及享权人兑现生态效益补偿金3 878.25万元。全区农民人均纯收入通过兑现生态补偿金增加470元，集体经济组织成员人均年兑现金额最高达4 684元。

【8个村股民人均分红2697元】 潭柘寺镇平原村、永定镇冯村以及龙泉镇大峪村、东龙门村、西龙门村、门头口村、岳家坡村、中门寺村8个股份经济合作社进行了分红，分红总额1 720.77万元，享受分红股民4 822人，分红最高的村人均达5 118元。

【农民专业合作社】 全区实际运行的农民专业合作社有158家，其中种植业94家，涉及苹果、香椿、黄芩、菌类等产业；养殖业52家，涉及家禽、蛋类、蜜蜂等产业；其他类合作社12家，涉及手工业、蔬菜加工及旅游开发等。合作社实现销售收入1.86亿元，同比增长30%；入社农户14 070户，同比增长8.19%；入社农户实现纯收入5 761.3万元，同比增长41.2%。种植业合作社利用土地面积2 333.33公顷，占全区农用地的46.7%。

【评选示范社达标社工作】 全年共评出市级示范合作社5个，区级示范合作社10个，区级规范合作社10个，区级达标合作社25个。全区共有29家被评为市级示范社，139家评为区级示范社、规范社、达标社。

【土地确权与流转】 全区应土地确权的村174个，已确权的村173个，未确权的村1个（斋堂镇火村）其中：确权确地的村52个，确权确利的村60个，确权确股的村2个，确地与确利相结合的村59个。全区应确权土地面积4 993.76公顷，已确权土地面积4 935.83公顷，占98.8%。其中，确权确地面积2 360.5公顷，占47.3%；确权确利面积2 539.86公顷，占50.8%；确权确股面积35.47公顷，占0.7%；未确权土地面积57.93公顷，占1.2%。确权户数29 989户，确权人口77 673人。全区流转确权土地面积2 623.68公顷，指导镇村签订流转合同25 613份，兑现流转收益1 063.49万元。

【加强农村“三资”监管】 加强对农村资金、资产、资源监督管理力度，分两次对9个镇100个村的“三资”管理情况进行检查，对各村“三资”管理工作进行百分考核。将“三个中心”纳入各镇机构改革范围，成立镇“三资”管理服务中心，解决“三个中心”人员身份待遇问题。将“三资”监管定期检查制度项目资金列入每年区财政预算。门头沟区被评为全市“农村集体经济三资管理创新单位”。

【清产核资试点】 完成妙峰山镇市级清产核资试点工作。对妙峰山镇、村两级集体经济组织及所属38个单位进行了全面清查、核实和登记工作。经清理核实，妙峰山镇集体土地总面积11 266.67公顷，其中农用地6 000公顷，山地面积4 466.67公顷，建设及其他用地800公顷；集体资产总额28 344万元；负债总额17 359万元；所有者权益总额10 985万元。

【农村管理信息化】 对全区农村8.3万人、5.5万个劳动年龄内人员、3万多户农户家庭详细资料3个数据库进行了年度更新。为15个村配备触摸屏，触摸屏总数达到62个。

【发放农民负担监督卡】 坚持农民负担监督卡发放制度，为8个镇163个村发放农民负担监督卡31 251册。

农民生活

【概况】 2011年，城镇居民人均可支配收入29 172元，比上年增长15.2%；人均消费支出18 578元，比上年增长5.5%，恩格尔系数为33.6%。农村居民人均纯收入14 031元，比上年增长15.6%；人均生活消费支出9 516元，比上年增长10.2%，恩格尔系数为36.9%。

【财产性收入助力农民增收】 城市升级改造给拆迁农民带来大量财产收入，成为助力农民增收的新亮点。全区农民人均财产性收入1 162元，同比增长57%，农民人均财产性收入增长速度均在全市排名第一。2011年农民土地有关的财产性收入为735元，占财产收入比例的63.2%；全区人均转让土地经营权所得收入同比增长123.3%；人均集体分配的股息和红利收入同比增长102.5%，人均利息和金融资产收入同比增长85.2%，农民股权收益的增加直接提高了农民财产性收入。农民人均财产性收入对农民增收的贡献率为22.3%。

【农民人均劳动所得持续增长】 全年农民人均劳动所得实现10 764元，比上年增长7.8%。从第三产业获取的人均劳动所得8 236元，同比增长10.9%，占人均劳动所得的76.5%，主要是农村集体经济产权、林权制度改革增加了农民财产性收入；从第二产业获取的人均劳动所得2 040元，同比下降2.2%，占人均劳动所得的19%；从第一产业获取的人均劳动所得488元，同比增长4.3%，占人均劳动所得的4.5%。

【低收入农户全部脱贫】 全区6 544户低收入农户已全部脱贫，人均可支配收入实现6 636元，比2008年的3 309元增加3 327元，实现三年收入翻一番，年平均增长速度达到26.1%。其中，具有劳动能力的3 747户低收入农户，人均可支配收入实现6 980元，比2008年的3 381元增加3 599元，年平均增长速度27.3%；全市仅有门头沟区监测的不具有劳动能力的2 797户低收入农户，人均可支配收入实现5 841元，比2008年的3 151元增加2 690元，年平均增长22.8%。完成对低收入农户全覆盖监测3年的工作，被评为全市工作创新奖。

【低收入村监测工作】 全区最后4个低收入村全部实现脱贫。2009年全区确定的51个低收入村全部实现脱贫。其中，清水镇上清水村人均可支配收入5 537元，同比增长12.1%，101户低收入农户全部脱贫。斋堂镇双石头村人均可支配收入4 978元，同比增长20%，24户全部脱贫；王龙口村人均可支配收入6 492元，同比增长12.5%，10户全部脱贫；青龙涧村人均可支配收入5 969元，同比增长41.3%，11户全部脱贫。

【农村劳动力就业情况】 全区农村劳动力总数47 167人，占农村分配人口81 593人的57.8%。其中已就业劳动力43 544人，占劳动力总数的92.3%，同比增长1.2%。一产从业人数4 148人，占劳动力总数的8.8%。其中：农业2 387人、林业1 078人、畜牧业668人、渔业15人；二产从业人数5 144人，占劳动力总数的10.9%。其中：工业3 004人、建筑2 140人；三产从业人数34 252人，占劳动力总数的72.6%。其中：交运6 227人、商饮3 883人、服务23 616人、其他526人。待业劳动力3 623人，占劳动力总数的7.7%，同比下降1.2%。

【农转非统计上报工作】 全区累计实现农转非1 471人，其中征地转非1 294人、大中专学生转非105人、投靠亲属62人、农民城镇购房转非2人、其他转非8人。

【农村实用人才工作】 全区农村实用人才共有3 039名，其中：技术类462人、管理类934人、生产类1 003人、社会（文化）类630人、营销（贸易流通）类10人。按照北京市农村实用人才的评价标准，新签订农村实用人才培养帮带协议书466份，有53名农村实用人才被市评为高级农村实用人才，有10名农村实用人才被评为市级优秀农村实用人才，完善区级农村实用人才示范实训基地12个。

【新型农民培养工作】 区农委、区教委起草了《门头沟区农民教育培训五年行动计划（2011—2015》。培训新型农民1万人次，培训村级干部和镇村企业带头人500人次，开展农民实用技术培训2 780人次，农民转移就业273人，学历教育培训中专毕业生113名，大专、本科毕业生51名。

【农民田间学校建设】 新建农民田间学校10所，举办农业实用技术培训14期，培训584人次。

【落实村邮员队伍建设工作】 落实市政府《关于进一步提升首都邮政普遍服务水平的意见》，为177个行政村配备了177名村邮员，6月开始上岗。村邮员补贴资金由区财政局统筹安排，每年补贴资金总额92万元。

【垃圾减量垃圾分类】 开展“垃圾减量垃圾分类

从我做起”主题宣传实践活动。全区有65个试点小区，60个行政村，30%的党政机关、企事业单位、学校开展了垃圾减量垃圾分类工作，开展了60多项各具特色的宣传活动。共评选出最佳活动奖12个，优秀创意奖8个，市民参与奖9个。

【新型农村合作医疗】 参加新型农村合作医疗人数5.51万人，参合率达到98.6%。区资助2 852名农村低保对象参加新农合。新农合报销实现“三增长”：一是补偿人次增长。本年度内共补偿19 948人次，同比增长37.71%。其中住院补偿4 706人次，同比增长22.94%；门诊补偿15 242人次，同比增长43.02%。二是补偿数额增长。共支出基金2 751.35万元，同比增长35.61%；其中住院支出基金2 418.61万元，同比增长29.33%；门诊支出基金332.74万元，同比增长109.56%。三是参合村民补偿受益面增长。本年度达到36.2%，同比增长了9.94%。

【爱国卫生创建活动】 创建市卫生村5个、市健康促进示范村2个、市健康社区2个。

【社会保障惠民力度加大】 全区基本养老、基本医疗、失业、工伤和生育保险参保总人数分别为16.84万人、18.52万人、12.39万人、11.71万人和5.4万人，基金收支总额分别达到11.22亿元和19.3亿元。城镇居民医疗保险参保人数39 047人，累计收缴基金2 373.64万元。实有享受无保障老年人福利养老金186 553人次，累计支付福利养老金待遇4 444.33万元。共发放社会保障卡18.33万张。城乡居民养老保险本年参保人数28 965人，收缴保险费3 117.28万元，本年享受养老保险待遇5 449人，养老金支出2 002.56万元。

【城乡最低生活保障应保尽保】 全区城镇、农村居民最低生活保障人数分别达到11 305人、2 643人，农村五保户人数为264人。

【北京市第七届农民运动会】 9月16日在京浪岛举行了开幕式。以刘淇书记为首的市四大部门领导、市属委办局、兄弟区县的主要领导近百人出席了开幕式。门头沟区承办了农运会4项比赛，参加10项比赛，共获得奖牌53枚，金牌数和团体总分名列全市第一。

【劳动维权服务情况】 全年共检查用人单位2 590户（次），同比增长7.51%，涉及劳动者143 914人（次）。受理群众来访咨询举报505件，涉及劳动者3 359人。立案查处173件，同比减少3.89%，结案率100%。为2 005名劳动者追欠工资1 443.32万元，其中为1 993名农民工追欠工资1 441.33万元，为12名城镇职工追欠工资1.99万元。处理群体讨薪突发事件21起，涉及农民工1 085人。

【农民工失业保险金支付良好】 全年共为796名农民工支付失业保险金194.06万元，比去年同期增长204%；为115名外埠城镇户口在京工作人员支付失业保险金73.81万元，比去年同期增长20.98%。

【完成惠民型煤供应工作】 供应山区农民生活用煤26 315吨，比上年增长31.5%，区财政按每吨补贴377元平价煤补贴约992万元，确保了山区农民温暖过冬。年初对清水等7个镇进行全面摸底调查，7个镇农业及农转非但未获得土地补偿的人口为50 002人，25 374户。制定了《2011年山区农民生活用煤补贴方案》。

【改善山区百姓出行】 全区新增山区运营车辆25辆，调整开通村村通公交线路23条，线路总长度1 754公里，投放运营车辆58部，年运营282万公里，改善了山区百姓出行环境。

基层组织与民主政治建设

【区深入开展创先争优活动大会】 4月25日，召开深入开展创先争优活动大会，区领导韩子荣、王洪钟、张冰、韩生辉、陈国才、赵潮英、张永参加会议。会上，张冰对全区进一步深入开展创先争优活动进行了部署。陈国才主持会议。

【召开乡镇机构改革专题会】 5月3日，召开乡镇机构改革专题会，区领导韩子荣、王洪钟、李慷云、高连广、陈志强、张永、翟云峰参加会议，会上，对乡镇机构改革方案进行了研究。

【镇领导班子换届工作会】 5月6日，区召开2011年镇领导班子换届工作部署会。区领导韩子荣、王洪钟、陈志强、张冰、陈国才、赵潮英、翟云峰参加会议。会上，韩子荣与各镇党委书记签订“严肃纪律，弘扬正气承诺书”；陈志强传达市委关于2011年农村创先争优和三级联创活动精神，并对全区三级联创工作进行了部署；张冰传达市委关于镇换届工作精神，部署全区2011年镇领导班子换届工作；赵潮英传达市委关于严肃换届纪律工作精神，部署严肃镇换届纪律工作。

【市纪委检查区农村廉政建设】 6月3日，市农工委纪工委书记朱二宏带领市纪委检查组到区检查农村党风廉政建设工作。听取了全区农村党风廉政建设工作汇报，实地检查了妙峰山镇党风廉政建设工作。区纪委书记赵潮英参加检查。

【京西第一党支部纪念馆开馆】 6月24日，门头沟区雁翅镇田庄村的京西山区中共第一党支部纪念馆开馆，成为北京市党史教育基地。市委组织部、市党史办、区四大部门等有关领导出席仪式。京西山区中共第一党支部创建人崔显芳的后人、有关部门负责同志，部分基层党组织书记、党员代表约300人参加了仪式。区委书记韩子荣、市委组织部副部长刘宇辉为京西山区中共第一党支部纪念馆揭牌，区民间艺术家曹长旭向京西山区中共第一党支部党史教育基地捐赠崔显芳烈士雕像。

【纪念建党90周年暨表彰大会】 6月28日，区

“纪念中国共产党成立90周年暨先进基层党组织、优秀共产党员表彰大会”在区体育馆隆重举行。韩子荣、王洪钟、李慷云、高连广、陈志强等区领导出席大会。韩子荣致辞。陈志强宣读了《中共门头沟区委关于表彰先进基层党组织、优秀共产党员和优秀党务工作者的决定》，并对全区50个基层党组织、109名优秀共产党员和11名优秀党务工作者进行了表彰。区四大部门主要领导为获奖代表颁奖。

【区、镇人大换届选举动员会】 8月15日，召开区、镇人大换届选举动员会。区领导韩子荣、王洪钟、李慷云、高连广、陈志强、赵爱娟参加会议。会上，李慷云传达市委关于人大换届选举工作相关精神，赵爱娟对全区人大换届选举工作进行了部署。韩子荣讲话。陈志强主持会议。

【完成全区镇党委换届工作】 截至9月30日，全区9个镇完成党委换届工作，选举产生镇党委委员99名，其中书记9名，副书记18名；纪委委员45名，其中书记9名，副书记9名。镇党委领导班子平均年龄为42.7岁，比上届降低3.1岁。大学以上学历的干部、女干部比例分别比上届提高7.8%和2.5%。新当选的镇党委书记平均年龄为45岁，全部具有大学本科以上学历，具有研究生学历的7人，占总数的77.8%。新当选的镇党委书记中，女性1人，占总数的11.1%。换届过程中，对22名镇领导干部进行了交流、轮岗，对26名干部进行了合理安置。从市、区机关单位选拔24人交流到镇任职；将9个镇36个处级职位全部面向社会进行公开选拔。新设置了组织委员、宣传委员两个副处职岗位，明确专职副书记、组织委员、宣传委员的职责分工，增强了镇党委班子的领导力量。

【召开乡镇机构改革动员】 10月8日，召开乡镇机构改革动员暨机构编制实名制管理工作启动大会，区领导韩子荣、陈志强、罗斌、张冰、张永出席会议。会上，罗斌宣读区委办公室、区政府办公室转发《区机构编制委员会办公室关于深化本区乡镇机构改革的实施意见》；张冰宣读区委、区政府关于印发《北京市门头沟区机构编制实名制管理工作实施意见》的通知。韩子荣提出工作要求。陈志强主持会议。会后，区编办对全区人事干部进行了实名制工作业务培训。

【农村土地确权登记颁证动员会】 11月30日，区召开农村土地确权登记颁证工作动员大会。会议传达了《国土资源部、财政部、农业部关于加快推进农村集体土地确权登记发证工作的通知》、《北京市农村土地确权登记发证工作总体方案》等文件精神。郑伟革对农村土地确权登记发证工作提出要求。

【村务监督委员会】 完成178个行政村村务监督委员会推选工作。

【农村基本建设项目制度汇编】 12月21日，区农委编印了《门头沟区农村基本建设工程项目制度汇编》。汇编分为四部分：第一部分工程项目监管制度；第二部分工程项目程序；第三部分“三重一大”制度；第四部分市区相关文件。

“三农”工作部署和实施

【区召开农村工作会】 3月11日，门头沟区2011年农村工作会召开。区领导韩子荣、王洪钟、李慷云、陈志强、罗斌、付兆庚、张冰、韩生辉、陈国才等参加会议。会上，翟云峰作了题为《振奋精神 抢抓机遇 努力推进城乡经济社会发展一体化建设进程》的工作报告。王洪钟主持会议。韩子荣对作好2011年农村工作提出了要求。

【农村人才创业成果展示推介会】 4月初，组织12家农民专业合作社参加了“2011年北京市农村实用人才创业成果展示推介会”。参展的展品主要包括蝴蝶画、麦秸画、酱菜、小杂粮、粉虫、柴鸡蛋、薄皮核桃、黄芩茶、柿子冰激凌、果干、布艺等30余种农产品参展。各类产品销量上去年增加50%以上，销售收入增加30%。

【“环境整治百日行动高潮日”活动】 4月26日，各党政机关、社会团体、驻区部队、企事业单位及村（居）委会开展环境卫生整治，共出动1.1万余人，清除各类环境卫生死角256处，清理堆物堆料40处392吨、建筑垃圾渣土3 500余吨、积存垃圾172吨、树挂及白色垃圾400千克、小广告2 680处，整治广告牌匾20块，清洗公厕及垃圾箱、垃圾桶、果皮箱150个，擦洗护栏1万余米、公共服务设施约400处。

【召开旅游文化休闲产业研究会】 5月30日，召开旅游文化休闲产业发展战略研究工作部署会。区领导韩子荣、李慷云、高连广、张永、张乐春、翟云峰参加会议。会上，翟云峰就相关工作进行了部署。

【召开农村公厕改造专题会】 6月4日，区召开农村公厕改造专题会，区领导韩子荣、张永、张乐春、翟云峰参加会议，听取了相关部门的工作汇报。会前，区领导实地察看了龙泉镇龙泉雾社区公厕建设管理情况。韩子荣对彻底解决农村公厕停用、卫生条件差等问题提出了具体工作要求。

【城乡环境整治百日行动总结会】 7月11日，召开区城乡环境整治百日行动总结表彰大会。区领导韩子荣、王洪钟、李慷云、高连广、陈志强等参加会议，并为受表彰单位代表颁奖。会上，陈国才作“百日行动”工作总结；赵潮英作考评工作小结并宣读“百日行动”表彰决定；郑伟革就《关于推进门头沟区城乡环境精细管理美化市容长效管理的工作措施》和《关于开展文明示范单位、文明示范村、文明示范社区创建活动的实施意见》进行说明。王洪钟主持会议。韩子荣对城乡环境建设提出工作要求。

【举行生态林补偿金发放仪式】 7月8日，区举行集体林权制度改革生态林补偿金发放仪式。市园林绿化局副巡视员贲权民，王洪钟等市区领导出席仪式并讲话。翟云峰主持仪式。区园林绿化局负责人介绍了全区集体林权制度改革情况。市区领导共同为股民代表发放生态林补偿金。

【第二次农村民主日活动部署会】 7月14日，区召开2011年第二次农村民主日活动部署会。会上，李昕对全区2011年第二次农村民主日活动进行安排部署。陈志强对民主日活动提出工作要求。张冰出席会议。

【召开创建国家环保模范城区会】 7月29日，区召开创建国家环保模范城区工作动员会。国家环保部污染防治司司长赵华林、副司长汪键，市环保局局长陈添，韩子荣、王洪钟、李慷云，罗斌、张冰、韩生辉、陈国才、赵潮英、张永、何振芳、赵爱娟、谭杰、张乐春、郑伟革、杲建中、侯建华等市区领导出席会议。王洪钟作《门头沟区全面启动创建国家环保模范城区工作动员报告》；区领导向创模专家孙炳炎、汪诚文颁发聘书。区市政市容委、水务局、园林绿化局作大会发言。李昕主持会议。

【召开农委系统工作研讨会】 10月24日，区召开农委系统工作研讨会。区领导韩子荣、李慷云、张冰、丁勇、张永出席会议。会上，区农委、区农业局、区经管站等单位负责人发言。韩子荣对农口工作提出了具体要求。

【召开森林防火动员大会】 10月31日，区召开2011—2012年度森林防火动员大会。市森林公安局政委徐海峰，区领导王洪钟、罗斌、张永出席会议。会议总结了门头沟区2011年度森林防火工作，部署了2012年度森林防火工作任务。市、区领导为2010—2011年度森林防火先进集体和先进个人代表颁奖。

【村务监督委员会工作推进会】 11月28日，召开村务监督委员会工作推进会。会上，斋堂镇、王平镇村务监督委员会代表发言。赵潮英提出工作要求。李昕主持会议。

【区十一次党代会】 12月7日在北京龙泉宾馆龙泉会堂开幕。韩子荣代表中共门头沟区第十届委员会向大会作了题为《推动经济转型，实现跨越发展，不断开创现代化生态新区建设新局面》的报告。大会执行主席王洪钟主持会议。大会选举产生第十一届中共门头沟区委委员和区纪委委员，选举产生第十一届中共门头沟区委候补委员。大会于12月9日闭幕。

【区政协九届一次会议】 12月17日开幕。市政协副主席唐晓青，区四大部门领导韩子荣、王洪钟、李慷云、付兆庚等出席开幕式。受高连广委托，杲建忠代表八届政协常委会作工作报告。侯建华作政协八届常委会关于提案工作情况的报告。大会主席团常务主席张冰主持会议。12月20日，区政协九届一次会议闭幕。会议通过了政协九届一次会议关于八届政协常委会工作报告的决议以及政协九届一次会议政治决议。张冰代表新产生的区政协九届委员会领导集体讲话。韩子荣就进一步做好政协工作提出要求。

【区十五届人大一次会议】 12月18日开幕。区四大部门领导韩子荣、王洪钟、李慷云、付兆庚等出席开幕式。大会主席团常务主席、大会执行主席李慷云主持会议。王洪钟向大会作政府工作报告。12月21日，区十五届人大一次会议闭幕。会议通过了《关于门头沟区人民政府工作报告的决议》、《关于门头沟区人民代表大会常务委员会工作报告的决议》等五项决议，听取了议案审查报告，宣布了选举结果。王洪钟代表新一届政府班子就职讲话。罗斌代表新一届人大班子就职讲话。韩子荣作重要讲话。

【市农委检查“五十三”工程】 12月28日，市农委检查区“五十三”工程，听取了全区“五十三”工程建设成效及管护等情况汇报，到妙峰山镇水峪嘴村等实地察看，对全区“五十三”工程建设给予了肯定，并要求结合农民需求，进一步强化科学管理，做好长效管护工作，真正让农民受益。

【粮食直补及生态作物补贴工作】 生态补贴面积433.93公顷，补贴资金227 815元，惠及农户297户，集中在潭柘寺、雁翅、斋堂、清水四镇，包括黄芩399.33公顷，紫花苜蓿34.6公顷，占黄芩及牧草种植面积的94.2%；玉米补贴面积843.1公顷，补贴资金973 726.6元，其中粮食直补资金404 665.6元，农资综合补贴569 061元，惠及全区8个镇91个村的4 294户。

【农机具及抗旱机械补贴】 全区发放政府补贴农机具及抗旱机械补贴，包括水泵34台、保温被2万平方米、30马力拖拉机15台、旋耕机15台、田园管理机78台、割灌机30台、抗旱机械12台，

【政协提案办理】 八届政协5年来，共提出提案819件，立案753件，确立重点提案33件，评选优秀提案65件。其中，有关经济科技方面125件，占立案总数16.60%；城市建设与管理方面176件，占立案总数23.37%；农林生态方面70件，占立案总数9.30%；教文卫体方面174件，占立案总数23.11%；社会稳定、法制安全方面68件，占立案总数9.03%；其他方面140件，占立案总数18.59%。

门头沟区主要领导人

区委书记	刘云广（2月免）
	韩子荣（女，2月任）
副书记	王洪钟
	陈志强（12月免）
	付兆庚（12月任）
常委	王二安（3月免） 陈国才
	丁　勇（9月任）
	赵潮英（女）
	刘群立（10月任）（回族）
	张　永　李庆广（3月任）
	石　军（女，12月任）
	彭利锋（12月任）
区人大常委会主任	李慷云（12月免）

	罗　斌（12月任）
副主任	韩生辉（12月任）
	谭　杰
	侯建华（12月任）
	许　彪（1月任）
	李　轶（女 12月任）
区　　长	王洪钟
副区长	陈国才（12月任）
	张　永（12月任）
	郑伟革　李　昕（女）
	洪家志（10月任）（土家族）
	张满仓（12月任）
区政协主席	高连广（12月免）
	张　冰（女 12月任）
党组副书记	杲建忠
副主席	翟云峰（12月任）
	张乐春（12月任）
	冯　飞（12月任）
	野京城　朱德友　孙善民
区纪委书记	赵潮英（女）

门头沟区乡镇党政正职领导

	党委书记	镇　长
潭柘寺镇	韩瑞昌	占永谦（9月免） 杜春涛（9月任）
永定镇	陈　波	李文凯
龙泉镇	索宝柱	闫洪亮（9月免） 刘军生（9月任）
军庄镇	王九中（9月免） 王　涛（9月任）	曹宝华
妙峰山镇	彭利锋	卢佳强
雁翅镇	谢春雪（女）	杜　军
斋堂镇	万　钦	刘贵清
清水镇	张庆伍	安　楠
王平镇	韩兴无	彭天和

（门头沟区农委　高万庚）

房山区

概　述

房山区位于北京西南，全区面积 2 019 平方公里。西北部为山区，东南部为平原，以 100 米等高线为界，山区面积 1 327.2 平方公里，占全区总面积的 65.7%，平原面积 691.8 平方公里，占全区总面积的 34.3%。全区设 6 个乡、14 个镇、8 个街道办事处、1 个办事处，461 个行政村。2011 年末，全区出生 7 161 人，人口出生率 9.26‰；死亡 4 261 人，人口死亡率 5.51‰；人口自然增长率为 3.75‰。全区户籍人口 77.4 万人，其中农业人口 34.9 万人。

全年实现地区生产总值 416 亿元，比 2010 年增长 12%。其中第一、二、三产业增加值分别为 15.2 亿元、259.5 亿元、141.3 亿元。全社会固定资产投资完成 454.5 亿元，比上年增长 18.7%。城镇居民人均可支配收入为 26 956 元，农民人均纯收入为 13 527元，分别比 2010 年增长 13.4%和 13.5%。

全区财政收入完成 117.5 亿元，比 2010 年减少 51.1 亿元，下降 30.3%。全区一般预算收入完成 34.8 亿元，占财政收入比重为 29.6%，比上年增加 6.6 亿元，增长 23.6%。其中，营业税、企业所得税和国有资源有偿使用收入分别实现 10.7 亿元、2.8 亿元和 2.3 亿元，比上年分别增长 29.9%、27.3%和 12.1 倍。

受房地产调控政策和上年同期基数较高影响，全区基金预算收入完成 82.7 亿元，比上年下降 41.1%，占财政收入比重为 70.4%。全区基金预算收入下半年以来持续负增长。

全区税收完成 187.2 亿元，比上年增加 5.5 亿元，增长 3%。其中，房山地区完成税收 71.7 亿元，比上年增长 22.2%；燕山地区完成税收 115.5 亿元，比上年下降 6.1%。从行业看，工业税收实现 125.8 亿元，占全区税收比重为 67.2%，比上年下降 4.1%；建筑业、房地产业和服务业税收增长较快，分别实现 10.5 亿元、22.9 亿元和 11.4 亿元，分别比上年增长 39.6%、34.7%和 9.9%；批发零售业税收小幅缩减，实现 9.4 亿元，比上年下降 1.9%。乡镇街道税收实现 48.8 亿元，比上年增长 31.9%，

都市型现代农业

【概况】 农林牧渔业总产值实现 45 亿元，比上年增长 5.6%。其中，农业产值实现 19.1 亿元，比上年增长 1.7%；林业产值实现 1.2 亿元，比上年下降 2.1%；牧业产值实现 22.7 亿元，比上年增长 9.2%；渔业产值实现 1 亿元，比上年增长 5.7%；农林牧渔服务业产值实现 1 亿元，比上年增长 12.5%。全年完成粮食播种面积 41.6 万亩，粮食总产达 15.2 万吨，同比增长 12.2%。推进“菜篮子”工程建设，有效提升市场应急保障能力；蔬菜、果品、设施农业、花卉、生猪、肉牛产业稳步发展。加快景观和休闲观光农业建设。坚持以转变农业发展方式为重点，以打造世界城市的农业产业为目标，提升区域产业基础。中国北京农业生态谷建设，原则通过了《琉璃河镇总体规划》，将中粮集团生态谷项目规划纳入总体规划。国际高端葡萄酒庄完成总体规划方案，青龙湖镇核心区酒庄建设 412 亩摘牌成交。签订酒庄建设协议 16 项，签约总面积 1.6 万亩，长阳镇莱恩堡酒庄投产。

【完成2.3万亩的节水灌溉工程】 完成节水灌溉工程2.3万亩。其中良乡镇张谢村、窦店镇河口村和前柳村、青龙湖镇西庄户村、城关街道田各庄村、大石窝镇下庄村为示范区建设的4 822亩精准节水灌溉工程，采用精准农业监测与管理技术，通过与用水计量控制系统相配合，实现按需供水和管理节水。

【窦店村小麦平均亩产580千克】 8月9日，在窦店村召开的小麦创高产典型经验交流及攻关研讨会上，窦店村二农场278.2亩小麦平均亩产达580.5千克，在全市参赛的100家种植户中名列第一。

【琉璃河京白梨再获全国梨王金奖】 9月6日，在2011年中华名梨评选暨北京大兴第九届全国梨王擂台赛上，琉璃河镇贾河村的京白梨再次获得秋子梨系列两项金奖。这已是贾河村京白梨连续6年在全国梨王擂台赛上夺魁。

【2011北京（房山）柿子季启动】 9月29日，房山区举办2011北京（房山）柿子季启动仪式。柿子季是北京农产品流通季系列活动之一，目的是搭建一个面向生产者、消费者的平台，让消费者更加了解房山的特色农产品，感受都市型现代农业发展的成果。市委农工委副书记、市农委副主任刘福志宣布2011北京（房山）柿子季开季，区委书记刘伟、区委副书记、区长祁红为“柿事如意”揭牌。城乡、华堂、物美、沃尔玛、超市发、京客隆6家超市成为房山磨盘柿直销店，张坊镇成为6家超市的磨盘柿直采基地。

【创新义务植树管理模式】 全区155家区直机关、企事业单位有125家以“以资代劳”形式完成植树任务，共缴纳以资代劳费65.9万元，全部用于云居寺后山绿化。这种形式属于全市首创。在4月5日《北京日报》第一版上王苏梅介绍说“房山的做法是本市义务植树的新模式，值得借鉴和推广”。

【完成房山区六环路重点绿色通道工程】 5月6日，房山区六环路重点绿色通道工程全部完成，栽植各类苗木14.6万余株，铺植地被16.4万平方米。该工程为市级重点项目，涉及长阳、拱辰、良乡、阎村、西潞、青龙湖共6个乡镇、街道办事处。绿化总长度21.3公里，绿化总面积4312.8亩。

【2010年太行山绿化工程通过国家林业局验收】 7月18—22日，由国家林业局调查规划设计院和市园林绿化局相关专家组成的核查小组，对房山区2010年太行山绿化工程进行核查验收。通过对随机抽选地块的严格核查，核查组对房山区太行山绿化工程的造林成果给予了肯定，认为此项工程严格按照作业设计进行了施工，造林面积、成活率等各项指标达到了验收标准。

【引进欧李新品种栽植试验成功】 3月，房山区引进欧李新品种3个，栽植10 900株。品种为“京欧1号”、“京欧2号”、“赤13号”。聘请北京中医药大学教授进行现场指导技术要点、管理要求等注意事项。到9月5日平均株高80厘米，平均分枝数为5，成活率达到95%。试验表明，这三个欧李新品种栽后易成活，生长快，结果早，经济效益高，是一个新、特、优型的生态优良树种。

【开展清理“垃圾猪”专项整治行动】 2月22日，房山区在青龙湖镇开展清理“垃圾猪”专项整治行动。按照属地管理的原则，各街道办事处、乡（镇）政府负责辖区内垃圾喂猪清理工作，并于2月16—25日开展重点排查和集中整治。整治行动当天，有关部门对青龙湖镇的垃圾猪养殖点进行依法取缔，并对猪舍进行了拆除、清理及防疫消毒，共出动装载机8台、挖掘机1台、消毒车辆1台。

【生猪生产拉动牧业产值上升10.6个百分点】 2011年，房山区生猪生产保持稳定增长。出栏猪为388 795头，比去年增长6%，其中新增野猪出栏为3 300头，野猪价格每千克80元，受野猪价格拉动，全区生猪价格为17.46元/千克，比上年的12.45元，增长40.2%。价格一路飙升，实现生猪饲养产值为70 957.3万元，比上年增长45.2%。生猪产值拉动牧业产值上升10.6个百分点。

【水产养殖添新品种“细鳞斜颌鲴”】 8月30日，区水产技术推广站从湖南省国家级鲴鱼原种场引进细鳞斜颌鲴苗种1.5万尾进行套养试验，平均每亩套养300尾。细鳞斜颌鲴不仅形体美观、肉嫩味美、营养丰富，而且生长快、抗病力强、饲养简便，以水底的腐殖质、水生高等植物枝叶、硅藻和丝状藻类等为主要食物，与现有主要养殖的鲤鱼、草鱼等不争食，可以与这些鱼类混养，并能充分利用水体饵料生物资源，起到清除残食、净化水质等作用，因此享有“环保鱼”的美称。

【渔业高产高效生产基地建设通过验收】 10月28日，市农业局专家组对房山区渔业高产高效生产基地建设进行工程验收。专家组听取了房山区工程实施情况的汇报，查阅了有关资料，并通过面积测量、工程质量勘察等方式进行现场勘验，对房山区渔业高产高效生产基地建设给予充分肯定。2011年，房山区的渔业高产高效生产基地建设单位共涉及3个乡镇的4家渔场（池塘标准化建设2家，温室循环水养殖建设2家），涉及养殖水面155.72亩，争取建设资金474.66万元。建设内容包括池塘护坡、池底防渗、道路硬化、房屋修缮、绿化美化等。

【开展水上花卉试验示范活动】 6月8日，区农业局在青龙湖崇青水库进行水上花卉试验示范活动，共在水面投放浮床50个，约合面积40平方米，种植美人蕉、花叶芦竹、干取菜、旱伞草等品种花卉800余株，主要目的是应用浮床，在水面种植适于水中生长的花卉，通过植物吸收水中多余的营养物质，降低水体的富营养化程度，有效改良水质，改善鱼类生存环境；技术人员将浮床拼装成FUNHILL造型，通过摆放水上花卉，发挥其景观和宣传功能。

【花卉生产一升一降】 全区鲜切花产量301.4万枝，同比增加210.3万枝，增长1.3倍，主要是琉璃河镇庄头村新增种植，增加切花产量30万枝，福兴村增加230亩鲜花基地，产量增加200万枝。2011年，全区盆栽类花卉产量（含盆栽观叶植物）906.3万盆，比去年减少164.6万盆，下降15.4%，其中窦店镇河口村由于没有订单，没有种植，琉璃河庄头村、福兴村扩大鲜切花种植，盆栽减少，导致全镇盆栽产量减少118.3万盆。窦店镇盆栽花卉产量减少99.7万盆，主要是河口村种植花卉的大棚改种蔬菜。

【完成“国家农业综合开发设施蔬菜项目”申报工作】 5月12日，经过区财政局、区农业局初步审核，全区共上报2011年国家农业综合开发设施蔬菜项目17个，其中农业产业化龙头企业8个，农民专业合作社9个，合计面积1 931亩（“两区两带”工程1 501亩，“百村万户”工程430亩），涉及8个乡镇的17个村。

【房山区国家农业综合开发设施蔬菜项目通过验收】 11月23日，房山区2011年国家农业综合开发设施蔬菜项目通过市级验收。该项目总投资2.58亿元，其中财政资金1.02亿元，涉及窦店、长阳等8个乡镇17个村，市级批复建设面积1 952亩，涉及园区面积3 514亩，建设主体为农业产业化龙头企业、农民专业合作社和其他企业，建设内容为中高档日光温室且建成后均用于蔬菜生产。

【推进农业标准化基地建设】 12月，房山区20家农业标准化基地通过区农业局、区质监局、区园林绿化局、区种植中心等相关单位的验收。全区农业标准化基地达到204家（市级62家，区级142家），其中，粮经类12家、蔬菜类45家、畜禽水产类77家、林果花卉类70家。

【蔬菜产量同比下降8.2%】 全区蔬菜面积73 127亩，基本与上年持平，全区蔬菜产量186 084吨，比上年减少16 581.9吨，下降8.2%。主要原因：一是琉璃河等乡镇蔬菜品种改种花卉；二是阎村、青龙湖等乡镇土地流转或设施轮休导致播种面积减少；三是阎村、石楼等乡镇拆迁占地导致产量减少。但作为食用菌种植大区，食用菌播种面积4 442亩，比去年增加796亩，增长21.8%，食用菌产量15 759.4吨，比上年增长11%。

【中国食用菌协会房山基地揭牌】 3月25日，中国食用菌协会（房山）基地揭牌仪式在房山区举行，中华供销合作社、中国食用菌协会、区农委、区种植中心等单位领导参加了揭牌仪式。中国食用菌协会房山基地设立于北京福满堂农业发展有限公司，该基地是全国首个行业组织与地方政府联合主办的精品示范基地。

【完成全区食用菌产业抽样调查】 2—10月，房山区种子管理站对全区食用菌生产经营状况及菌种使用情况进行了抽样调查，调查涉及本区23个乡镇、70家食用菌生产基地、食用菌种植面积1 238.7亩，涵盖了大型工厂化企业、中型基地、小型个体种植户三种种植管理模式。调查内容主要包括食用菌生产基地规模、经营种植模式、菌种使用、用工情况等。调查结果显示，房山区食用菌菌种使用及质量控制状况基本安全。食用菌产业呈现出快速化、稳定化、多样化的良好发展局面。生产品种繁多，主要包括平菇、香菇、白灵菇、杏鲍菇、蟹味菇等。

【完成小麦种子更换工程】 在窦店、琉璃河等乡镇建设1.1万亩小麦籽种基地共繁育以京冬8、京冬12、中麦175、农大211为主的优质、高产小麦籽种440万千克，所产优质籽种除保证满足全区15万亩小麦种子更新外，100余万千克供应了外埠种子市场。

【开展小杂粮品种试验】 引进和选育出一批优质、特色的小杂粮品种，进行小范围的推广试验。完成了小豆、食用菌等10类作物、492个品种的农作物品种试验工作。在霞云岭、大安山、青龙湖等乡镇建设了总面积近万亩以种植豆类、脱毒红薯、谷子等为主要作物的10个优质生产示范基地。为农户提供各种优质作物种子5 000千克，甘薯种苗10万株。

【农业观光休闲旅游收入增长12%】 全区观光休闲、民俗游农业实现收入为29 976.4万元，比上年增长12%；接待人次为396.4万人次，比上年增长4.2%。全区观光园为108个，比上年增加6个观光园。其中没有经营活动的有28个观光园，比上年减少7个。接待观光人次为180万人次，比上年下降3%。下降原因主要是窦店镇富恒观光园接待人次19.4万人次，比上年下降49.3%。观光园总收入为17 033.1万元，比上年增长8.4%，其中：门票收入为377.4万元，比上年增长15.4%。民俗旅游农户为2 350户，比上年下降10.4%，其中经营户1 404户，比上年增长6.8%。接待人次为216.3万人次，比上年增长11.2%，总收入为12 943.3万元，比上年增长17%。

【制定实施森林火灾隐患的认定标准】 区园林绿化局结合房山区气候特点、林木资源分布状况，社会人员活动情况和森林火灾发生规律，在全市率先制定实施《森林火灾隐患的认定标准》，作为认定森林火灾隐患的依据，使森林火灾管理工作有的放矢，执法工作有据可循。该认定标准被市森林防火指挥部高度肯定，并以此为依据编制了《北京市森林火灾隐患认定手册》在全市推广。

【研发葡萄酒庄产业化发展配套适用机械】 2月，为配合房山区葡萄酒庄产业带发展，区种植中心成立了“农机化创新提升工程”专项课题组，就葡萄专用植保弥雾机的研制及葡萄越冬覆土埋藤机的完善改进，与中国农机研究院、中国农业大学、波龙堡葡萄种植基地等相关技术专家研究机具完善改进方案，并进行零部件材料选择、样机加工图纸等技术准备工作，完成了葡萄越冬覆土埋藤机第三代样机的技术改造工作，将带式纵向输送机构改为滚筒式抛送机构，有效地解决了葡萄埋藤机故障率较高和使用寿命较低的问题，并于5月上旬成功研制葡萄专用植保弥雾机第三代样机1台。

【设立农机跨区作业服务站】 为加强外地进京作业机械的安全监督管理，保证北京市“三夏”农机安全生产工作正常有序进行。6月上旬，区种植中心与房山交通支队、区植保站在107国道琉璃河公安交通检查站设立了北京市农机跨区作业服务站房山分站，对过境的以及在房山区作业的外地小麦联合收割机进行检查和登记，为收割机驾驶人及跟机作业人员发放安全提示卡、致进京参加跨区作业机手的一封信、联合收割机安全操作规程等宣传材料，同时为他们提供文化衫、矿泉水、防暑降温药品，提醒广大机手注意生产安全。区植保站的执法人员对来自外埠进京参加作业的小麦联合收割机粮仓中的残余籽粒进行取样检查，防止联合收割机携带植物病虫害进京，为制定外埠进京参加作业的小麦联合收割机传播有害生物的治理措施提供可靠的依据。

【引进示范推广玉米等离子种子处理技术】 6月29日，在窦店镇窦店村、阎村镇紫草坞村完成“等离子种子处理技术”玉米保护性耕作播种试验面积1 000亩。9月中旬，农业部农机化司、市农机试验鉴定推广站领导就“玉米等离子种子处理技术示范推广项目”玉米出苗情况到窦店镇、阎村镇进行实地查看，对出苗情况比较满意，取得了较好的试验示范效果。

非农产业

【概况】 推进重点功能区和重大产业项目工作，北京高端制造业基地成立，是房山区在原窦店基地的基础上获北京市批准的唯一市级规划基地；举行北车轨道交通装备产业园奠基仪式；京西重工房山工厂正式投产；北控绿色科技产业园项目开工。房山区工业总产值实现1051.6亿元，比上年增长8.8%。五大产业增长呈现“一快二增二降”。一快：生物医药产业实现产值5亿，同比增长28.2%。二增：都市产业实现产值43亿元，同比增长10%；基础产业实现产值894.6亿元，同比增长10.2%。二降：汽车产业实现产值3.5亿元，同比下降5.4%；机电产业实现产值68亿元，同比下降1.2%。2011年累计关停落后产能企业共计952家，其中，水泥23家，石灰89家，石材840家。

全区消费市场持续活跃，社会消费品零售额始终保持两位数增长。2011年实现156.7亿元，比上年增长16.5%。限额以上商业企业实现零售额109.5亿元，比上年增长17%，占全区零售额比重为69.8%；限额以下及个体实现零售额37.3亿元，比上年增长15.5%；商品交易市场实现零售额10亿元，比上年增长14.7%。

全年旅游综合收入实现32.7亿元，比上年增长18.8%；接待游客853万人，比上年增长7.9%。从旅游业各构成要素看，旅游商业和旅游餐饮实现收入占比重达到57.3%，比上年增长16.5%；住宿业和旅游区点分别实现收入4亿元和2.3亿元，比上年分别增长34.4%和25.7%。

到2011年底，全区各类金融机构人民币存款余额达到886亿元，比上年增长13.7%。城乡居民储蓄余额达到476.5亿元，比上年增长16.1%。全区各类金融机构贷款余额预计达到217亿元，比上年增长13.7%。

【两高科技企业项目落户房山工业园】 5月30日，北京安龙科技集团、北京市永康药业有限公司分别与房山工业科技园区开发公司签订合作意向，落户房山工业科技园区。北京安龙科技集团是集科、工、贸为一体的民营高科技综合性企业。主要以特种车辆改装、特种警用装具加工、研发和销售为主。该项目一期计划总投资2.04亿元，年产值约5亿元，安置城镇劳动力就业百余人。北京市永康药业有限公司为北京市高新技术企业，是以生产针剂、固体制剂为主的综合性化学制药企业，投资1.02亿元，总建筑面积2.5万平方米。

【华冠储值卡消费跨行业联盟】 1月13日，举行华冠储值卡异业联盟签约授牌仪式，标志着华冠储值卡实现跨行业一卡通用。华冠储值用户可到湘君府、淮阳天下、天福汽车装饰、慧妮良乡美容美发、蓝帆美容美发名店、喜多婚纱摄影、KINDYROO国际婴幼儿启育中心、金桥国际公寓酒店、江南人家茶楼、北京盖尔烟花爆竹、北京东方丽人珠宝销售有限公司及华冠购物中心店内好利来食品、翰皇皮具皮鞋护理中心、美良景咖啡厅等41家指定餐饮、娱乐、汽车服务、美容美发等行业店面使用。

【安全蔬菜卖进社区】 6月10日，西潞街道启动安全蔬菜进社区活动，在苏庄三里、北潞园、西潞园、海逸半岛和月华小区设立5处社区便民蔬菜站点。

【推进蔬菜零售终端建设】 新建周口店镇大韩继、河北镇河南、石楼镇吉羊、史家营乡杨林水、霞云岭乡下石堡5家农村集贸市场和燕山羊耳峪、西潞街道华龙2家规范化社区菜市场，总占地面积5.3万平方米，新增摊位870余个，周边受益群众达到3万人。

【实施“农超对接”工程】 引导、支持“华冠”连锁超市实施“农超对接”工程，与区内外33家农产品生产基地、产销专业合作社建立合作关系，在所有门店内增设“农超对接”蔬菜销售区域。

【农业企业获第九届农交会北京团突出贸易成交奖】 12月27日，第九届中国国际农产品交易会北京团总结表彰大会召开。房山区北京凯达恒业农业技术开发有限公司和北京得立青农业科技有限公司获第九届农交会北京团突出贸易成交奖，区农委获北京参展团最佳组织奖。

【房山获中国最具投资价值旅游区】 4月22日，在香港召开的中国旅游品牌世界之旅·香港峰会暨中国国际旅游投融资洽谈会上，房山区获由亚太旅游联合会、国际度假联盟组织、中华生态旅游促进会联合授予的中国最具投资价值旅游区荣誉称号。

【十渡镇获全国特色景观旅游名镇称号】 十渡镇被住房和城乡建设部、国家旅游局评为全国特色景观旅游名镇。十渡风景名胜区是华北地区唯一以岩溶峰林、峰丛、河谷地貌为特色的自然风景区，景区内山奇水秀，谷壁峭立，峰林叠翠，石美潭深，景致幽胜，被誉为“青山野渡、百里画廊”。十渡景区形成自然风光、会议休闲度假、民俗风情、地质科考、红色文化、农业观光等旅游精品体系。

【霞云岭乡没有共产党就没有新中国纪念馆入选《全国红色旅游经典景区第二批名录》】 在中国共产党建党90周年之际，国家发改委、中宣部、国家旅游局等14个部、局联合下发文件，确定房山区霞云岭乡堂上村“没有共产党就没有新中国纪念馆”入选《全国红色旅游经典景区第二批名录》。

【新开通3条旅游专线】 7月23日，房山区旅游局、交通局与北京旅游集散中心携手，开通3条以房山北线景区为主的一日游旅游专线车，分别是：石花洞——青龙湖水上游乐园、圣莲山风景度假区、白草畔自然风景区一日游专线车。首发当天，共有150名游客乘坐一日游专线车从北京旅游集散中心到房山旅游参观。

【十渡火锅鱼宴举行授牌仪式】 为大力宣传房山旅游品牌形象，房山区以“吃在房山——寻觅美食之旅”为主题，以十渡山水为依托，以流水养鱼为载体，开发房山传统特色餐饮美食文化，全面推出“十渡火锅鱼宴”。11月11日在十渡镇举行十渡火锅鱼宴授牌仪式。

【房山首次以主办单位身份参展金博会】 11月3日，第七届北京国际金融博览会在北京展览馆开幕。房山首次以主办单位身份参展金博会。在本次金博会上，占地面积192平方米的房山馆以“船”的造型亮相，寓意房山金融起航。房山馆外观是一块滚动播出五大园区情况的超大LED显示屏，内部布展包含了房山区“十一五”辉煌成就和“十二五”时期发展蓝图，“首都高端制造业新区”和“现代生态休闲新城”定位以及“两轴三带五园区”发展格局等情况，以图文并茂的方式立体化展示了房山日新月异的变化。金融博览会期间，房山代表团还将以主办身份参加系列论坛和一系列交流活动。

山 区 建 设

【概况】 实施困难地造林、国家级京津风沙源治理、关停废弃矿山植被恢复等10项重点工程，完成绿化造林面积4.85万亩，栽植各类苗木134万株。创建市级青龙湖镇园林小城镇及全区10个绿色村庄、20个花园式单位、2个花园式社区。完成万亩滨水森林公园、刺猬河综合治理工程（二期）、吴店河综合治理工程、大石河流域绿色水岸建设、都市型现代农业节水灌溉等十项水务重点工程建设。

【推进沟域经济建设】 全区投资1 000多万元，建设蒲洼“京郊小西藏”生态休闲沟域的花台产业园、流域治理等8项工程。投资3 000多万元，建设张坊镇仙栖谷沟域特色种植园区及旅游服务设施建设。启动南窖沟域建设，共引进北京金杏湾、中国绿色食品实业有限公司等5家大型企业落户沟域，启动“中国草本咖啡示范基地”建设。

【完成沟域经济规划设计方案国际招标】 张坊千东绿色生态谷沟域和史家营圣莲花谷沟域实施规划设计方案国际招标。经过遴选，国家林业局调查规划设计院等6家具有国家部委颁发甲（A）级资质的规划设计单位入围初步设计。通过评标，确定了美国铭聿景观设计有限公司与城市建设研究院联合体、北京腾远建筑设计有限公司的规划方案中标。

【启动生态效益补偿资金的发放工作】 9月14日，长沟镇完成全镇3个村生态效益补偿资金的发放工作，这是房山区第一个完成生态效益补偿资金发放工作的乡镇。长沟镇涉及林改的生态公益林面积6 909亩，此次发放的补偿资金是2010年度和2011年度两年共计33.163 2万元。共有1 227户、4 017人领取了生态效益补偿资金，人均41.28元/年。

【山区人口迁移首批安置房入住】 10月31日，房山区政府举行山区人口迁移首批安置房入住仪式。大安山、霞云岭、佛子庄、蒲洼、南窖5个乡479户正式入住位于集中安置房项目地阎村镇公主坟村的万紫嘉园一里社区。

【完成山区人口迁移首批安置房配售工作】 10月27日至12月22日，在集中安置地万紫嘉园一里小区分3次完成山区人口迁移首批安置房配售工作。共配售安置房581套，安置1 803名山区搬迁百姓。首批安置房剩余25套，作为山区应急周转房使用。首批安置房配售工作圆满完成。

【生态清洁小流域综合治理工程】 生态清洁小流域综合治理工程涉及中山、二道沟、议合、南泉水河4条小流域，治理面积35平方公里，涉及4个乡镇的5个行政村，总投资1 750万元。中山小流域完成1 000米碎石步道建设，300米农路路基平整，300立方米沟道清理和50米浆砌石挡墙；二道河小流域完成1 650米的路基平整和980米人工绿化整地；议合小流域完成220个鱼鳞坑护坡，400米青石板路建设和3座蓄水池基础开挖。南泉水河小流域建设与云居寺水土保持科技示范园项目统一进行规划。

村 镇 建 设

【概况】 开展新一轮新农村建设，作为市级新型农村社区建设试点，青龙湖镇晓幼营村完成建设规划，5栋200户回迁楼全部竣工。启动河北镇与京煤集团合作的“中国美丽谷”项目22万平方米棚户区改造项目。继续实施“三起来”工程，投入资金9 283万元。深入推进生态创建工作。按照创建标准，逐项巩固、完善、提高，打造了生态经济、生态环境和生态文化三大体系。张坊镇和37个村分别通过了“北京市优美乡镇”和“北京市生态村”的创建验收。

【首座集中供热厂投入使用】 11月12日，作为北京市城南行动计划重点建设项目及房山区重点民生工程的城西集中供热厂，正式投入使用，取代了城关西里地区中医医院、房山商贸有限公司、北京输油气公司、党校、城关中心校等单位6座小型分散燃煤锅炉房，节能减排保暖效果明显。这也是房山区首座集中供热厂。

【10项农村地区群众安全饮水工程竣工】 农村地区群众安全饮水工程是2011年为民拟办实事工程，工程于3月相继开工，10月竣工，完成区域优化供水厂1座、风险管理工程5项、水质处理工程4项，安装管网4.8万米，入户安装1 800户，受益人口1.48万余人。

【乡镇11村打井蓄水抗旱】 针对旱情涉及的佛子庄乡、霞云岭乡、河北镇、大石窝镇等4个乡镇、11个村，房山区编制应急供水预案，遇到突发重大旱情时，启动应急供水车20辆，临时供水柴油机泵20台，临时输水管3 000米，以保障严重旱情地区人畜饮水。通过打井、建泵房、建蓄水池等措施，解决人畜饮水问题。打井5眼，建泵房8座，建蓄水池2座，安装管道15 282米、水泵8台套、消毒设备6台，解决人畜饮水问题。

【举行京煤集团房山棚户区改造奠基仪式】 6月23日，房山区举行京煤集团房山棚户区改造奠基暨中国美丽谷启动仪式，区领导刘伟、祁红、史全富、唐淑荣、孙强、赵军、吴会杰、任振秋出席仪式。该项目占地约11.6平方公里（17 374亩），涉及河北镇磁家务村、万佛堂村、半壁店村，工程总投资10亿元，将建设20万平方米安置房，可建成2 800套保障性住房，计划2013年底可全面建成。与棚户区改造同步，房山区将与京煤集团联手打造“中国美丽谷”，实现以旅游产业带动当地经济发展的“华丽转身”。

【房山区启动农民住宅抗震节能改造工程】 为贯彻落实市新农村办、市住建委、市财政局关于印发《北京市农民住宅抗震节能工作实施方案》，房山启动农民住宅抗震节能改造工程，计划用两年时间实施“农民住宅抗震节能改造工程”完成全区29 377农户的抗震节能型农民住宅建设和既有农民住宅节能改造工作。2011年，房山区完成农民住宅抗震节能改造15 835户，其中，新建翻建7 403户，综合改造50户，单项改造8 382户，改造完成的农户住房达到了抗震节能标准或节能保温标准。

【推进新城建设】 建成区面积大幅增加，城市化率达到69%。新城环境持续改善，基础设施不断健全，林木绿化率达到54.46%，人均公共绿地面积达到12.67平方米，生活垃圾无害化处理率达到94%。空气质量二级以上天数比重达到71%。

【丁各庄村成为“全光化”信息村】 5月，中国联通房山分公司投资114.23万元，在窦店镇丁各庄实施“光进铜退”工程，完成光缆布放和铜缆退出，实现通信网络的全光化接入，成为了“全光通信，无干扰、上网快”的全光化信息村。全村350户村民全部实现光纤入户。丁各庄村大部分村民主要依靠种植大葱、大蒜、大萝卜等蔬菜为生。“全光化”信息村的开通，该村有了自己的网站，菜农可以在网上发布蔬菜供应信息，实现网络销售。

【继续实施“三起来”工程】 年内，新农村建设“三起来”工程投入9 283万元，其中区级投资2 500万元。实施各类工程12项，安装4 021盏太阳能路灯，对2007年所安装的12 118盏太阳能路灯进行全面检测维修，对故障配件及到达使用寿命的电池进行更换。建设户用生物质地采暖300户。建设户用沼气300个，总建池容积3 000立方米，对6处大型沼气和2处秸秆气化站进行完善，建设生物质燃料加工厂2处；建有机化工厂1个；建设雨洪利用工程5处；实施粪污治理工程5处。此外，还实施了新民居天然气综合利用和太阳能与地热联动温室采暖等一批自主建设工程。

【建成首个户外科普园地】 1月14日，由区科协投资建设的户外科普园地在良乡体育中心广场建成并投入使用。该科普园地是全区首个户外科普园地，该园地由全长200延米的科普画廊组成，画廊设有20个宣传橱窗作为科普宣传的重要窗口。户外科普园周边有北潞园、鱼儿沟、幸福家园等6个社区的近6万居民居住，每天都有大量居民在此健身、娱乐。户外科普园地的建成可使每天在此休闲的居民在健身娱乐的同时学习科普知识，掌握生活常识，并为宣传科学思想，普及科学知识，提升广大公众科学文化素质发挥积极作用。

【开展新型农村社区试点建设】 根据京政发［2011］22号文件要求，8月25日，房山区政府下发了《北京市房山区人民政府关于开展新型农村社区试点建设的意见》，对试点建设的指导思想、任务目标、主要任务和工作保障做出了全面安排。经市新农村办批准，房山区青龙湖镇晓幼营村，作为全市10个新型农村社区试点单位之一进行重点建设。晓幼营村的新型农村社区建设完成2万平方米村民回迁楼内外装修，首批入住村民192户。完成周口店镇黄山店村和大石窝镇半壁店村2个区级试点单位的规划编制工作。

【辛庄矿山地质环境治理项目完工】 1月，国土资源部在北京市最大的矿山地质环境治理项目——大石窝镇辛庄大理石矿山地质环境治理工程完工。该项目治理区总面积1 000亩，工程主要包括地形地貌整治、挡土墙、场区道路、给水井、植被防护5项工程，具体内容包括整治采废石矿堆14处，回填采石坑10个，修建38道干砌挡土墙，完成治理区道路、台阶及4段路坡治理工程，修建1座水井，马道及部分台地绿化。

【56万村民参与垃圾分类】 房山区农村地区垃圾分类涵盖20个乡镇的413个行政村，有56万村民参与其中，并在各乡镇建立了专业管理队伍，基本完成了配套设施建设，形成了以“政府主导—专业管理—属地负责—社区（村庄）发动—居民参与”的垃圾分类模式。实现了垃圾分类、运输和处理环节的有效衔接，垃圾减量15%，垃圾无害化处理率达到89%。

农村改革与管理

【概况】 全区350个村启动农村集体经济产权制度改革，完成288个村，累计完成改革363个村。全区林权制度改革共计156.8万亩，落实权益费6 272万元。落实粮食综合直补面积41.6万亩，补贴资金4 600万元；发放各类国补农机设备93台套，补贴资金821万元。及时的气象服务和政策性农业保险有效降低了广大农户的经营风险，全年6 949户次农户因灾得到2 251万元赔付。完成543户1618人山区险户搬迁年度任务。全区农业企业达到320家，资产总额58.8亿元，产值41.5亿元，带动劳动力就业13 460人。全区农民专业合作社总数达到530多家，成员20户以上的规模合作社81家，入社成员1.1万人，带动社外农户1.4万户。开展了新型农民培养暨“技能＋基础”就业培训，培训农民6万人次。

【5家合作社被评为市级示范社】 11月24日，市农委公示2011年度市级示范社名单，房山区韩继养殖、开晟鑫、宏利肉鸭、丽宏富民、阳兴樱桃5家合作社获选。

【“网上联合社”累计发展130家会员】 截至2011年底，“网上联合社”会员发展到130家，累计实现交易2 227次，创收4 258万元，社均增收33万元，社员通过网络平台交易人均增收5 000元。网站总访问量已突破10万次，发布信息2 000条，产品展示达千余种。

【完成农村集体经济产权制度改革年度任务】 启动农村集体经济产权制度改革350个村，完成288个村，超出年度任务51个村，累计完成改革数量达到363个村，占全区农村集体经济组织总数的77.9%。石楼镇、琉璃河镇、良乡镇、蒲洼乡、大安山乡、南窖乡、张坊镇、河北镇、霞云岭乡和长阳镇10个乡镇全部完成了改革任务。

【完成农村土地确权权益费兑现工作】 全区有280个村涉及确权确地土地18.4万亩，应向农户兑现权益费8 407.9万元，比2010年增长13.3%；2011年权益费亩均456元，增长19.1%。

【农村土地承包纠纷案件结案率100%】 全年共受理纠纷124起，仲裁裁决46起，仲裁调解78起，纠纷案件结案率均达到100%；参与指导乡镇土地纠纷调解办公室调解纠纷168起。

【启动农村集体资产清产核资试点工作】 3月31日，房山区启动农村集体资产清产核资试点工作。按照北京市农村集体资产清产核资试点工作动员大会的要求，房山区选取大石窝镇为清产核资的试点乡镇，率先开展清产核资。大石窝镇包括1个镇集体经济组织、24个村集体经济组织、7个村集体企业，全部进行了资产核资。在全市统一要求的基础上，为加强“三资”监管，除对集体存量资产、资源性资产进行清查外，还增加了合同清查内容、设计了资产台账、合同台账，加强了对资产、资源利用情况的清查力度。对资产、负债的账实不符情况，集体土地利用情况，774份集体经济合同标的、期限、年兑现标准及当前兑现情况全部清查清楚，为进一步加强集体资产管理奠定了基础。

【首次开展新型集体经济组织审计】 1月1日至3月1日，首次对新型集体经济组织进行年度审计，对13个乡镇2010年75个新型集体经济组织年度审计，审计总收入13 629.6万元，审计总资产744.4万元，强化了对新型集体经济组织的监督管理。

【开展向村级组织收费专项清理整顿活动】 8月12日至10月31日，按照北京市农村工作委员会、北京市纠正行业不正之风办公室《关于开展向村级组织收费专项清理整顿活动的通知》要求开展向村级组织收费专项清理整顿活动。未发现应由地方政府承担或配套的农村公益事业建设项目资金要求村级组织配套或摊派给村组织承担、村级组织向农村中小学校提供捐款、赞助、教师工资奖、金、行政机关、事业单位、社会团体、中介组织违规向村级组织收费、报销相关费用，或以各种形式要求村级组织提供捐款、赞助、会费、治安费、要求村级组织出钱出物出工的达标升级活动等违反国家法律、法规和政策规定，向村级组织收取各种费用的行为。

【西潞街道成立农村集体资产监管中心】 8月10日，西潞街道农村集体资产监管服务中心揭牌。服务中心的主要职责为，接受村级集体经济组织委托，代理村级账款双托管及相关财务工作；接受村级集体经济组织委托，负责对村级集体经济组织经联社印章和财务专用章的管理工作；受理村级集体经济组织提出的资金、资产、资源“三资”管理事项的书面申请，并上报经管科审核把关；负责对各村“三资”管理中的原始凭证进行审核、登记，对不规范、不符合相关规定的事项不予受理等9项内容。

农民生活

【农村居民“八大类”生活消费支出“六升二降”】 农村居民“八大类”生活消费支出呈现“六增

二降”趋势。人均食品支出为 3 060 元，同比增长 15.3%；人均居住支出 2 167 元，增长 1.8%；人均交通和通讯支出 1 351 元，增长 26.5%；人均文教娱乐用品及服务支出 851 元，增长 9.5%；人均医疗保健支出 827 元，增长 18.9%；人均购买其他商品及服务支出 274 元，增长 23.3%。人均衣着支出 711 元，下降 2.9%；人均家庭设备用品及服务支出 575 元，下降 9.9%。

【农村居民全年生活消费支出同比增长 10.1%】 农民人均生活消费支出 9 814 元，同比增长 10.1%。其中食品消费支出人均为 3 060 元，同比增长 15.3%。

【农村低保居民“八大类”生活消费支出“七增一降”】 农村低保居民“八大类”生活消费支出呈现“七增一降”趋势。食品消费人均支出 1 750 元，同比增长 25.2%；衣着消费人均支出 203 元，同比增长 58.3%；家庭设备、用品消费人均支出 174 元，同比增长 65.1%；交通和通讯消费人均支出 145 元，同比增长 9.3%；文化教育、娱乐消费人均支出 453 元，同比增长 24.2%；医疗保健消费人均支出 1 073 元，同比增长 9.8%；其他商品和服务消费支出 59 元，同比增长 7.0%。居住消费人均支出 1 048 元，同比下降 14.1%。

【农村低保居民生活消费支出同比增长 11.9%】 农村低保家庭人均生活消费支出为 4 905 元，同比增加 523 元，增长 11.9%。其中食品消费支出人均为 1 750元，同比增长 25.2%。

【城镇低保家庭生活消费“四升四降”】 城镇低保居民家庭“八大类”生活消费支出呈“四升四降”态势。生活消费上升的有：衣着、食品、家庭设备用品和居住，同比分别增长 15.9%、15.7%、8.3%和 1.1%；下降的是教育文化用品及服务、交通通讯、医疗保健、杂项商品和服务支出，分别同比下降 11.7%、7.9%、7.5%和 46.5%。

【完成村级就业服务站标准化建设】 对 370 个村级服务站进行标准化建设，全区 461 个行政村的就业服务站标准化建设全部完成，形成了以区人力资源管理服务中心为龙头、以乡镇就业服务中心为骨干、村级就业服务站为基础、辐射五个重点功能区的区、乡、村三级就业服务体系基本形成，实现就业服务全覆盖。

【成立北京高端制造业基地就业服务中心】 11 月 14 日，北京高端制造业基地就业服务中心揭牌。该中心办公面积 300 平方米，设置综合、信息、自助、就业 4 个服务区和 7 个服务窗口，其职能是：宣传、贯彻人力资源和社会保障相关法律法规；为入驻企业提供技能人才培训、人员招聘、劳务派遣等用工服务；帮助企业做好签订劳动合同、参加社会保险等工作；帮助企业引进非北京生源高校毕业生以及各种急需的高端人才；帮助企业申请、落实相关政策。

【新型农民培养暨“技能＋基础”培训启动】 3 月 23 日，房山区举行新型农民培养暨“技能＋基础”培训启动仪式。房山区根据农民实际需求，面向农村青年农民、一产农民、有意愿转移就业的农民、农业企业经营管理者和农民专业合作组织负责人、公益性岗位就业的生态林管护员、农村管水员和拆迁转居人员等群体，坚持分类培养模式，年内完成新型农民培养 5.2 万人次。

【新型农村合作医疗】 新型农村合作医疗，参合农民 40.64 万人，参合率连续四年达到 100%。人均筹资 520 元，比上年增加 100 元；筹资总额 2.113 亿元，政府补助达到 91.6%，比上年增长 0.1 个百分点。

【推广“家庭医生”式服务】 家庭医生式服务是在推行社区卫生服务团队责任制管理的基础上，借鉴先进的家庭医生服务理念，为居民提供主动、连续、综合和稳定的健康责任制管理。3 月，房山区先行选择了良乡地区、河北镇两个社区卫生服务中心进行家庭医生式服务试点工作，在取得一定经验的基础上，5 月底，家庭医生式服务正式在全区范围内进行推广。截至年底，全区已建立社区卫生服务团队 276 个，累计签约家庭 24 849 户、签约居民 53 349 人。

【举办“红歌唱响的地方”大型红歌主题演出活动】 为纪念中国共产党成立 90 周年，5 月 22 日，房山区在红歌圣地——霞云岭乡堂上村《没有共产党就没有新中国》纪念馆党旗广场举办“红歌唱响的地方”——纪念中国共产党成立 90 周年大型红歌主题演出活动。演出分两个舞台，分别以全国最大的 960 平方米金属结构党旗和《没有共产党就没有新中国》纪念馆为背景。以歌曲《没有共产党就没有新中国》诞生的故事为主线，由战友交响乐团、天津少儿合唱团、房山合唱团等多家专业合唱团 800 多名演员，著名歌唱家李谷一、吴雁泽等现场演唱，整场演出 21 个节目，通过独唱、合唱、联唱、拉歌及多声部演唱等多种演出形式，演绎《映山红》、《十送红军》、《解放区的天》等一首首深受人民群众喜爱的革命经典歌曲。青年歌手吴彦凝演唱了主题歌《绿海红歌蓝蓝的天》。演出在《没有共产党就没有新中国》的歌声中落下帷幕。

【在 21 届农民艺术节获奖】 1 月 20 日，在北京市第 21 届农民艺术节暨首届北京乡村戏剧节“农家院”职业技艺擂台赛“金凤凰”奖颁奖晚会上，房山民间手工艺制作“京绣”获金凤凰技艺奖，风味特色小吃“风味鲟鱼片”荣获金凤凰厨艺奖，房山文化馆创作的小品《搬家》获金凤凰戏剧奖二等奖、创作奖，相声《美食家》获金凤凰戏剧奖三等奖，区文委推荐的海逸合唱团、北京龙腾杂技团、燕都神韵艺术团 3 支优秀文艺团队获金凤凰团队奖。

【消费教育走进 116 个农村】 3 月 4 日，房山工商分局、区消协与中国移动北京公司房山分公司共同启动“房山区消费教育百村行”活动，为房山 116 个农村送去科学消费知识，为农民现场解决消费纠纷。

消费教育百村行活动旨在维护广大农民的合法权益，帮助农民树立良好的消费观念及消费信心。每月的5日及25日为消费教育百村行活动日。届时，工商、消协工作人员将深入到全区116个农村投诉举报站开展消费维权巡回讲课和宣传活动，通过课堂消费教育、现场受理咨询投诉等形式，向农民讲授消费知识，倡导科学、健康、文明的消费理念，对农民的消费需求进行正确的引导，进一步增强广大农民消费者的法律意识，营造科学、合理、安全放心的消费环境。

【房山区获全国残疾人工作先进单位称号】 6月，房山区被国务院残工委授予全国残疾人工作先进单位荣誉称号。这是国务院残工委5年一次颁发的最高奖项。房山区全面建立区、乡镇、村三级残疾人组织网络，三级残疾人专职工作者总数达到673人，全区16个平原乡镇设立了专职理事长，在山区乡镇设立了兼职理事长和专职工作者，24个街道、乡镇共配备了67名残疾人工作协管员；建成22家温馨家园、11家扶贫基地、31家职业康复站、31家辅助器具供应站等服务设施，为残疾人参与社会、接受服务提供了平台；狠抓残疾人社区康复服务质量和康复服务受益面，残疾人康复服务率由2006年的55%上升到2010年的90%。认真开展扶贫帮困工作，共有5 403名残疾人享受低保，458名贫困残疾人通过扶贫基地、合作组织等得到安置，万余名重度残疾人享受“九养”政策；为4 320户残疾人家庭进行了无障碍改造，修建了坡道、安装了扶手、为部分家庭翻修了厕所，主要旅游景点、星级饭店、大型商场及其他公共服务设施也都进行了无障碍改造。

【124家养老餐桌获奖励】 共投入160万元资金奖励124家优秀养老（助残）餐桌。奖励金来源为福彩公益金和残疾人保障金。“养老餐桌”是向老年人开放的社区服务，由服务商为老人提供价低质优的送餐服务，以解决无能力做饭的空巢老人的吃饭难问题。“养老餐桌”可为60岁以上的老人提供就餐、送餐和配餐服务，80岁以上的老人可以持养老助残服务券就餐。政府通过补贴和奖励的形式，支持鼓励社会餐饮企业参与开办“养老餐桌”。

基层组织与民主政治建设

【建立农村党员干部现代远程教育服务队】 为进一步加强和完善农村党员干部现代远程教育管理工作，做好各远程教育站点设备维护和技术服务，保障站点正常运行，区委组织部依托各乡镇、街道党员服务中心组建农村党员干部现代远程教育技术服务队。乡镇（街道）党（工）委组织委员为第一责任人，队长为具体责任人，一般由1名现任大学生村官管理员担任。队员由现任各村级终端站点大学生村官管理员组成，人数根据各乡镇、街道村级终端站点数量而定，3～8人不等。

【开展农村实用人才示范实训基地评定工作】 12月，区委组织部以打造一批能够体现房山特色、标准较高、规模适度、产业优势明显、培训功能齐全、带动辐射作用强的示范实训基地为目标，以服务“三农”、注重实效及公开、公平、公正为原则，以重点资助与普通资助相结合的方式，开展2011年度农村实用人才示范实训基地评定工作。经筛选、审核，确定重点资助和普通资助基地名单。其中，重点资助基地以琉璃河镇的北京三江宏利牧业有限公司、西潞街道的北京巧姑靓嫂旅游工艺品有限公司为代表的10个基地，资助标准为8万元。普通资助基地以石楼镇的北京紫竹苗木有限公司、长沟镇的北京德润德龙虫业有限公司为代表的13个基地，资助标准为5万元。共计投入资金145万元。

【评选农村党组织书记“领头雁”】 4月，区委组织部印发《关于评选2010年度农村党组织书记“领头雁”的通知》，部署2010年度农村党组织书记“领头雁”评选工作。在汇总各乡镇、街道上报的“领头雁”候选人和征求区直相关部门的意见后，经区委常委会研究审议，最终评选出60名村党组织书记“领头雁”表彰人选。

【参加全市农村实用人才创业成果展示推介会】 4月，区委组织部组织区内多家企业的50多项产品参加全市农村实用人才创业成果暨乡村旅游产品（手工艺品）展示推介会，通过展览展销、现场制作、论坛交流等多种形式，展示了房山区农村实用人才的创业成果、手工技艺和精神风采。经评比，房山区获得此次推介活动的最高奖项——最佳组织奖，北京巧姑靓嫂旅游工艺品有限公司的钩编获最受欢迎产品奖，京绣产品获最具现场人气奖，汉白玉石雕获最佳礼品奖；北京得立青农业科技有限公司的冰柿获最受欢迎产品奖；区食用菌协会的小宝塔（灵芝工艺品）获最佳创意奖，灵芝孢子粉礼盒获最佳创意奖；北京韦老表食品有限公司的韦老表桃酥王获最受欢迎产品奖。

【完成乡镇换届考察工作】 根据市委组织部要求，3月，区委组织部印发《关于做好2011年乡镇领导班子换届工作的意见》和《关于对乡镇领导班子和领导干部进行换届考察工作的通知》，抽调36名同志，组成6个乡镇换届考察组，对全区乡镇换届和考察工作做出部署。3月29日至4月1日，举办房山区2011年乡镇换届考察组培训班。4月7日，召开房山区2011年乡镇领导班子换届工作动员会。从4月11日开始，利用1个多月时间完成对20个乡镇、3个街道领导班子和领导干部的考察工作。23个乡镇、街道共有2 364人参加民主测评、民主评议和民主推荐，1 309人参加个别谈话。

【建立社区工作指导员制度】 年初，根据《房山区社会服务管理创新实施意见》的有关精神，区委组织部、区委社工委和区委老干部局联合印发《关于选派社区工作指导员的意见》和《房山区社区工作指导员管理办法（试行）》，以退休处级以上老干部和非实职处级领导干部为对象，向社区选派指导员，协调、指导和服务基层社区建设工作。7月，区委组织部、区委社工委和区委老干部局联合印发《关于派驻第一批社区工作指导员的通知》，聘任62人作为第一批社区工作指导员，派驻到67个社区开展工作。

【贾河村荣全国妇联基层组织建设示范村称号】 琉璃河镇贾河村被评为全国妇联基层组织建设示范村。贾河村现有女党员12人，劳动妇女370人。该村妇代会按照“党建带动妇建、妇建服务党建”的工作原则，以“联系妇女、服务妇女、教育妇女、维护妇女合法权益”为根本任务，以连民心恳谈室为依托，建立了妇女维权站、姐妹谈心室，努力化解家庭矛盾、调解邻里纠纷，促进了本村的和谐稳定。由10名女党员组成的“巾帼志愿者服务队”，积极开展三八维权及政策、法律、科技等社会宣传活动，提高了本村广大妇女的综合素质。由65名妇女组成的秧歌队、20名妇女组成的舞蹈队，以梨花文化周和各种节日活动为平台，积极开展丰富多彩的文体活动，丰富群众业余文化生活。同时，为6名家庭困难的妇女争取小额贷款5万元从事种植养殖，帮助她们增收致富。

【20个乡镇完成党委、政府换届选举】 9—11月，全区20个乡镇圆满完成党委、政府换届工作，共选举产生新一届乡镇党委班子成员190人，政府班子成员110人，人大主席、副主席35人。本次乡镇换届工作呈现出新当选领导班子成员得票率高、代表参与度高、换届风气满意度高等特点。

【完成乡镇党委换届选举工作】 7—9月，按照市委组织部、市委农工委的统一部署，全区20个乡镇党委先后完成换届选举工作。各乡镇本级代表的选举，均以基层支部召开党员大会采取无记名投票的方式进行，保证了代表的先进性和广泛性，改善了代表结构。在选举本级党代表和酝酿提名乡镇党委委员、纪委委员的过程中，全区农村党员的参与率达到90%以上。全区所有乡镇党委委员和纪委委员的选举全部采取直接差额选举的办法进行，共提名党委委员候选人236名，其中差额46名，实际当选190名；共提名纪委委员候选人106名，其中差额20名，实际当选86名。党委书记、副书记、纪委书记、副书记的选举均采取等额选举的办法进行，共选举产生新一届党委书记20名，党委副书记40名，纪委书记、纪委副书记各20名。

【推广实施农村基层组织“次序动员”机制】 7月和9月，中央政治局委员、中央书记处书记、中组部部长李源潮和中央政治局委员、市委书记刘淇分别对房山区“次序动员”机制做出重要批示，为贯彻落实中央、市委精神，区委组织部在全区深入推广“次序动员法”。7月至10月，共接待国家行政学院、中国社科院、中国人民大学、北京市委党校、市创先争优领导小组、市委《前线》杂志社的等20余名专家到房山区调研“次序动员法”，通过走访、座谈等方式，进一步丰富了“次序动员法”理论内涵，指导了实际工作，为继续深入开展“次序动员法”奠定了理论和实践基础。8月，市委在房山召开“北京市基层组织次序动员机制现场推进会”，房山区将“次序动员”机制开展情况进行了汇报，并同其他区县进行经验交流，将“次序动员法”在全市各区县、各系统、各单位进行推广。9月，区委组织部召开深化基层组织“次序动员”机制座谈会，号召全区各党（工）委深刻领会“次序动员”机制的核心精神，深入总结推广“次序动员”机制。

【启动学习型乡镇（行政村）创建】 8月3日，房山区召开创建学习型乡镇（行政村）启动会。此次创建学习型乡镇（行政村）工作，按照“全面启动，整体推进，把握重点，突出特色，坚持标准，保证质量”的要求，分为启动、推进和评估三个阶段，在全区20个乡镇、411个行政村和31个社区中开展。

【完善民主评议农村“两委”班子和村干部制度】 根据新修订的《中华人民共和国村民委员会组织法》有关规定，2011年，区委组织部将全区民主评议村“两委”班子和村级干部工作由每年一次改为每年两次，分别于年中和年底进行。12月，全区共有457个村、2 034名村干部参加民主评议，分别占应参评总数的99.13%和99.46%。

【建立民主评议社区“两委”班子和社区工作者制度】 为进一步加强社区建设和管理工作，发挥社区党组织的领导核心作用，充分调动社区“两委”班子和社区专职工作者开展工作的积极性和主动性，2011年，区委组织部与区委社会工委联合印发《房山区民主评议社区“两委”班子和社区工作者工作意见》，在全区开展民主评议社区“两委”班子和社区专职工作者工作。全区共有118个社区、1 044名社区工作者参加民主评议。在参评的118个社区“两委”班子中，全部被评为优秀等级，占参评总数的100%。

【建立严肃换届纪律监督检查机制】 区委组织部以区乡两级换届为契机，建立严肃换届纪律监督检查机制，把干部监督工作贯穿到换届工作全过程。一是建立“三员”工作制度，选聘10名工作经验丰富、责任心强的区直部门负责人担任换届风气巡视员，聘请各乡镇党委副书记、纪委书记、组织委员、宣传委员担任换届政策宣讲员，聘请84名区乡“两代表一委员”担任换届风气监督员；二是建立换届风气监督联席会制度，定期召开会议，通报换届风气情况，对信访举报进行认真分析，做到早发现、早预防、早处理，将违反换届纪律行为消灭在萌芽期；三是建立监督预警制度，完善电话、信访和网络“三位一体”的监督举报平台，充分发挥12380监督举报电话、干部监督短信平台作用，及时准确发现违反换届纪律行为，遏制各种违反换届纪律行为发生。

【编纂《房山区村级干部履职手册》】 在征求基

层乡镇、农村意见的基础上，2011 年，区委组织部编纂了《房山区村级干部履职手册》一书。该书主要由两个部分构成：一是政策文件，收录了《房山区村级干部履职手册》使用管理办法、《房山区农村基层组织工作规范》、《房山区农村基层组织次序动员管理办法（试行）》等村级工作规范化文件；二是各类登记表、记录表，用于记录和反映村干部基本信息、岗位职责、民主评议、联系群众和任期履职等情况。

“三农”工作部署和实施

【房山区与中粮集团入园企业签署合作协议】 7 月 28 日，房山区举行与中粮集团入园企业签字仪式。仪式上，区政府与中粮集团签署合作协议，中国北京农业生态谷管委会与蒙牛乳业集团股份有限公司签署合作协议。中粮集团副总裁史焯炜、区长祁红共同为中国北京农业生态谷管委会和中粮（北京）农业生态谷发展有限公司揭牌。

【开展“三敢”精神大讨论】 5 月 16 日，房山区召开开展“三敢”精神大讨论活动动员大会，贯彻落实区委关于开展“三敢”精神大讨论活动的有关要求，对活动进行具体安排部署。按照区委部署，“三敢”精神大讨论活动从 5 月中旬开始至 12 月底结束，分为学习思考、研讨交流和整改提高三个阶段进行。通过开展此次活动，进一步增强全区党员干部“敢于负责”的意识，激发他们“敢于碰硬”的精神，提升他们“敢于创新”的能力。

【养蜂器具惠蜂农】 在区政协六届六次会议上政协委员提出《加大扶持发展养蜂业的建议》的提案，呼吁政府部门加大对养蜂业的扶持力度，促进养蜂业的健康发展。提案提出后，得到了区政府的高度重视。10 月 12 日，在区林果服务中心院内举办的 2011 年度蜂具发放仪式上，来自区内 13 个乡镇的蜂农代表领到了专业的养蜂器具。

【首次引入社会力量建设靠山居苹果园公园】 3 月 7 日，靠山居苹果园公园开工建设。这是房山区采取引进社会资金参与公园绿地建设、经营管理的新思路，开创了房山区“企业投资、整体打造、利益共享”建设公园的新模式。该公园位于长周路的东侧、靠山居艺墅小区南侧，占地 43 655 平方米。工程建设全部由北京靠山居投资管理集团出资，5 月 30 日竣工。

房山区主要领导人

区委	书记	刘伟
	副书记	祁红　张祝华
	常委	刘欣国（12 月免）
		王智慧
		高言杰（10 月免）
		李江（满族）
		赵佳琛（女）
		鹿进宝（10 月任）
		韩裕　孙强　赵军
		吴会杰（12 月任）
区人大常委会	主任	史全富
	副主任	刘欣国（12 月任）
		李福田（12 月免）
		梁顺（1 月免）
		刘顺林　段维鹏
		苗宗启（1 月任）
		王淑红（女）
区	长	祁红
	副区长	高言杰（10 月免）
		李江（满族）
		吴会杰　卢国懿　马继业
		马丽英（回族，女，10 月免）
		曹蕾（女，10 月任）
区政协	主席	唐淑荣（女）
	副主席	高维魁
		王晓芝（女，12 月免）
		李惠英（彝族，女）
		周文海
		任振秋（12 月任）
		万金峰（12 月免）
		赵润东
		肖武（女）
区纪委	书记	王智慧
	副书记	王永年　李学
		汤连成（4 月任）

	党委（工委）书记	乡（镇）长、主任
燕山办事处	史全富	翟东
城关街道办事处	陆大勇（8 月免） 董凤山（8 月任）	李爱军（8 月免） 藏金凤（女，8 月任）
西潞街道办事处	胡淑苹（女）	刘永玘
拱辰街道办事处	吕守军	陈广利
新镇街道办事处	孟祥友	孟祥友
良乡地区办事处、良乡镇	胡玉富	李更宇（8 月免） 杨文淑（女，8 月任主任，11 月任镇长）
周口店地区办事处、周口店镇	张海生	杨生军
琉璃河地区办事处、琉璃河镇	魏广勋	陈立新（1 月任主任，6 月任镇长）

窦店镇	于英虎	李雪生
石楼镇	王春菊（女，8月免） 樊会来（8月任）	钱新宇
长沟镇	李　仲	杨文淑（女，8月免） 韩继华（11月任）
张坊镇	高海军	慈建民
十渡镇	苏秀春（8月免） 刘　金（8月任）	许金涛
河北镇	穆建山	张艳珍（女）
大石窝镇	李光明	薛满德
阎村镇	柳铁良	张　杰
韩村河镇	豆宝才	豆宝才(8月免) 邵志杰（满族，11月任）
青龙湖镇	董凤山（8月免） 苏秀春（8月任）	樊会来（8月免） 鲍　栋（11月任）
长阳镇	齐文东	李　军
佛子庄乡	于瑞林	宿廷虎（8月免） 薛全英（11月任）
大安山乡	胡建光	隗合庆
南窖乡	孙建华	薛全英（8月免） 霍奇国（11月任）
史家营乡	方玉祥（满族）	霍奇国（8月免） 吴长明（11月任）
霞云岭乡	马春雷	陈兴柱（8月免） 于吉顺（11月任）
蒲洼乡	王学峰	陈慧明

（房山区史志办　贾　昉）

通州区

概　述

通州区位于北京市东南部，京杭大运河北端，面积906.28平方公里。辖10个镇、1个乡、4个街道、475个村民委员会。年末全区户籍人口67.29万人，比上年增长1.4%。其中，农业人口32.95万人，占总人口的49%；非农业人口34.34万人，占总人口的51%。全年实现地区生产总值400.25亿元，按现行价格计算，比上年增长16.1%。其中，第一产业增加值16.63亿元，增长12.8%；第二产业增加值195.37亿元，增长16.6%；第三产业增加值188.25亿元，增长15.9%。三次产业结构为4.2∶48.8∶47。全区完成税收总额124.7亿元，比上年增长20.7%。全区实现地方财政一般预算收入40.4亿元，比上年增长27.8%。全年完成全社会固定资产投资415.8亿元，比上年增长20%。全年实现社会消费品零售额208亿元，比上年增长16%。出口创汇14.1亿美元，下降1.1%。城镇居民人均可支配收入达到27 713.1元，比上年增长13.5%；农村居民人均纯收入14 273元，增长13.8%。

城乡一体化

【城乡经济发展水平】 坚持经济发展产业带动、产业发展园区带动的思路，狠抓产业发展，综合实力快速提升，新城产业支撑不断增强。经济总量快速增长，第三产业比重持续提高，城市经济业态不断成长，文化创意、电子商务、总部经济、现代物流等产业集聚效应日益显现。招商引资成果丰硕，国家时尚创意中心、中国艺术品交易中心等一批项目签约，北汽动力总成、宝德物流等一批重大产业项目建成投产。区属国有企业发展迈上新台阶。园区管理体制进一步理顺，发展活力显著增强，经济贡献率不断提高。乡镇经济发展突飞猛进，成为全区经济增长主力军，2011年实现税收97.3亿元，台湖、马驹桥、梨园、永顺等镇年税收突破10亿元，11个乡镇对全区税收贡献率达78%。全面落实产业项目负责制、企业绿卡制度和项目绿色审批通道等机制，行政审批效率和服务水平不断提高，发展环境进一步优化。

【农村城市化、城镇化进程加快】 坚持新城建设与新农村建设并举，农村城市化进程加快。以"先建后拆"模式在全市率先完成4个市级重点村的整治，获市委市政府表彰。大力推进特色小城镇建设，以台湖、西集、漷县、永乐店等小城镇建设为重点，全面加快建制镇中心区及开发区周边地区的城镇化，小城镇对地区发展的带动能力明显增强。启动了一批土地一级开发和项目建设。转非安置等工作有序推进，1.6万转居农民对接城市社保。农村社区建设全面推进，在全市率先基本实现农村社区建设全覆盖，成为"全国农村社区建设实验全覆盖示范单位"，完成100个村的社区化管理。农村基础设施和公共服务设施更加完善，新农村建设"三起来"工程全面完成，建立了基础设施长效管护运行机制，农村面貌焕然一新。

【完成城乡结合部4个重点村城市化工程】 2010年，通州区有4个村列入全市重点村城市化建设范围，村域总面积967.47公顷（14 512亩），需拆迁旧村面积350.27公顷（5 254亩），户数3 113户，户籍人口10 468人，农业人口6 766人，非农人口3 702人，需安置超转人员1 893人。2011年，区委、区政府将4个重点村建设工程作为全区重点工作统一部署，坚持结合实际，创新模式、统筹推进，使本区在两年内同步如期完成了4个重点村建设任务。

年内，在推进城乡结合部4个市级重点村城市化工程建设过程中，采取先建后拆模式，同步推进"调、拆、建、转、管"各项工作，实现了模式创新和快速推进，成为全市重点村建设典型。66万平方米安置楼全部建成投入使用，近6千多农民迁入新居，住宅搬迁全部完成。整建制转居安置工作全面启动，4个市级重点村城市化工程建设任务基本完成。12月24日，市委、市政府在通州区召开城乡结合部重点村建设现场会，对通州区的工作给予高度肯定和评价。通州区被市委市政府授予"北京市城乡结合部建设工作目标责任制考核先进区"荣誉称号。

都市型现代农业

【概况】 都市型现代农业蓬勃发展，园区农业发展态势良好，国际种业科技园获国家现代农业科技城"一城多园"首家授牌，20余家国内外知名大型籽种企业入驻。旅游观光农业集群发展，三次产业融合发展态势良好。构建"三河三路"（"三河"为北运河六环路至甘棠橡胶坝段、北运河左堤西集段、凤港河于家务段；"三路"为中坝路、张凤路、漷大路）都市农业生态走廊，基本形成无公害蔬菜、林果花卉、精品养殖、优质籽种四大农业主导产业。2011年，全区第一产业增加值16.6亿元，增长12.8%。实现现价总产值45.4亿元，比上年增长14%。其中，农业产值25.8亿元、林业产值0.6亿元、牧业产值15.9亿元、渔业产值2.3亿元、农林牧渔服务业产值0.8亿元。年内，积极推进"菜篮子"工程建设，发展蔬菜生产；加强农业服务体系建设；招商引资发展农加工业；推进会展农业发展，探索新的经济增长模式，建设特色园区，提升都市型现代农业水平：积极推进通州国际种业科技园区建设、加快食用菌产业园建设、打造特色农业创意文化园、启动科技园区建设项目；突出重点，大力发展樱桃、食用菌、花卉等特色产业；开展低收入农户增收致富工作。

【种植业】 全年粮食播种面积3.4万公顷，比上年减少3 648公顷；亩产389.29千克，比上年增加19.42千克；总产1.98亿千克，比上年减少1 035.68万千克。夏粮小麦面积1.39万公顷，比上年减少1 380.4公顷；亩产349.59千克，比上年增加31.27千克；总产7 283.81万千克，比上年减少7.58万千克。秋粮播种面积2万公顷，比上年减少2 267.3公顷；亩产416.82千克，比上年增加10.65千克；总产1.25亿千克，比上年减少1 028.1万千克。其中玉米播种面积1.95万公顷，比上年减少2 204公顷；亩产423.05千克，比上年增加11.49千克；总产1.24亿千克，比上年减少1 025.13万千克。水稻播种面积24.27公顷，比上年减少8.93公顷；亩产433.52千克，总产15.78万千克。豆类播种面积488公顷，比上年减少27.9公顷；亩产160.26千克，总产117.31万千克。经济作物中花生种植面积56公顷，亩产255.24千克；棉花种植面积149.5公顷，亩产94.87千克；薯类39.9公顷；西瓜种植面积619.7公顷。2011年，结合北京市实施新一轮"菜篮子工程"，启动了以漷县镇徐官屯村为核心的万亩优质生菜生产基地、以于家务乡果村为核心的万亩西芹生产基地、以永乐店镇大务村为核心的万亩果菜生产基地、以潞城镇前疃村为核心的万亩叶类菜生产基地、以张家湾镇陆辛庄村为核心的万亩水生菜生产基地建设。年内新发展100亩以上成方连片露地蔬菜面积16 614.8亩，主要种植区为潞城、张家湾、于家务等9个乡镇。

【林果业】 全区林地总面积1.91万公顷。森林覆盖率和林木绿化率分别达到19.74%和23.92%，均较上年同期增长0.54%。城区绿化覆盖率49.37%，绿地率47.16%；人均绿地面积达到60.3平方米，人均公园绿地面积15平方米。高标准推进大运河森林公园建设，完善基础配套设施，增添旅游服务项目，开通公交客运专线，开放"廉政文化主题景区"，该景区成为通州市民生态休闲的首选场所，被国家林业局评为"三北防护林体系建设优质工程"，获得建设部颁发的"中国人居环境范例奖"。通州区第二道绿化隔离地区绿化建设工程2003年开始实施，至2011年工程阶段性任务圆满完成。共完成绿化总面积19 699亩，其中景观生态林10 807亩、一般生态林2 186亩、经济林6 706亩，共栽植苗木939.6万株，累计完成投资4 124万元，争取市级资金支持3 100万元。工程涉及马驹桥、台湖、梨园、张家湾、永顺、宋庄、潞城7个镇，创建了生态公园、运潮减河、台湖政府大街、京津公路、梨园古典公园、怡乐西路等一批"精品"、"亮点"工程，取得了良好的生态效益和社会效益。年内，林下经济主要以做好食用菌大会林地恢复工作为主，工程涉及永乐店镇东河、老槐庄、坚村、小务、小安5个村，完成林地恢复总面积133.3公顷，栽植速生杨、白蜡等7.4万株。果树发展以樱桃为主，少量有水蜜桃、石榴、核桃等，主要涉及西集、宋庄、永乐店、于家务、台湖等乡镇。发展面积86.7公顷，5.7万株。其中新发展46.7公顷，3.5万株；更新面积26.7公顷，2.05万株；高接换优面积13.3公顷，1 500株。种植樱桃面积82.3公顷，5.35万株；水蜜桃1.13公顷，1 350株；石榴1.33公顷，1 000株；核桃1.53公顷，1 150株。

【畜牧业】 全区家畜总存栏34.7万头（只），累计出栏家畜60万头（只），其中生猪出栏38.3万头，奶牛累计产鲜奶10.8万吨。年末全区家禽总存栏144.9万（只），累计出栏家禽414.5万只，累计产鸡蛋0.9万吨。各类备案登记畜禽养殖场150个，其中11个养殖场暂时停产。

【水产业】 全区有水产养殖户922户，其中观赏鱼养殖户251户。养鱼水面17 613亩，其中成鱼养殖水面6 294亩、鱼种养殖水面4319亩、观赏鱼养殖水面7 000亩。全年食用鱼总产量1.48万吨，其中成鱼产量9 000吨、鱼种产量5 800吨、观赏鱼产量2.2亿尾。全年渔业总产值2.40亿元。

【花卉业】 全区花卉总面积370公顷，从国内外引进耐寒蕨类、宝莲灯、红掌等高档、新优花卉品种20余种；在引进新品种的同时，进行自主品种研发创新。如龙泰艺君子兰花卉中心异花培育、耐寒蕨类品种驯化及培育等，年内繁育花卉苗木350余万株，进一步丰富了北京花卉市场。

【设施农业】 设施农业收入8.12亿元，增长21.9%。以张凤路、觅西路农业产业带为重点，大力发展设施农业，全区设施农业总面积达到6.1万亩。年内，启动了“国家设施农业建设项目”和“北京市两区两带多群落设施农业建设项目”，完成农业综合开发中高档日光温室建设2 493亩，“两区两带多群落设施农业建设项目”2501.2亩，其中日光温室1 127亩，钢架大棚988.3亩，其他设施385.9亩。

【籽种业】 全年种业收入累计6 242.9万元，其中销往外埠4 834.5万元，分别增长39.9%和55.3%。继续做好畜禽、水产良种体系建设工作。利用现有的12家猪人工授精点，继续推广使用“浩邦”优质种猪精液，累计使用1.25万瓶，开展人工授精配种6250余头；累计投资70万元，引进优质品种肉羊40只，在通州区肉羊良种繁育推广中心实施“优质肉羊品种引进与推广项目”；通过国家奶牛良种补贴项目补贴荷斯坦奶牛优良冻精2.84万剂，配种奶牛1.2万头；肉羊良种繁育中心为农民养殖户提供人工授精羊240只，发放优良原种公羊28只；完成三元绿荷第一牧场、梨园敖凤乌鸡场、区种羊繁育推广中心、东方种猪场四家畜禽场换证工作。建立和完善“鑫森水产总公司——苗种繁育场——养殖户”的观赏鱼三级良种繁育体系，培育孵化锦鲤鱼苗1 000万尾、优质草金鱼鱼苗3 500万尾，生产锦鲤夏花240万尾，销售锦鲤水花600万尾、夏花180万尾。年底，鑫森良种场被评定成为全国首家国家级观赏鱼良种场。

【休闲农业】 全区农业观光园47处，比上年增长2.2%；全年接待游客63.5万人次，比上年增长3.3%；实现观光园总收入10 206.8万元，增长28%。举办樱桃节、梨文化节和葡萄采摘节等活动。其中樱桃采摘节接待游客近10万人次，同比增长8%，采摘收入近5 000万元，周边民俗旅游户及餐饮业间接收入400万元。

【特色农业园区】 通州国际种业科技园区总占地面积15 000亩，其中核心区5 000亩。2011年，投入资金3 000余万元，完成道路硬化7万平方米，景观树木更新2 000株，完成品种试验中心主体建设26栋，修建园区宣传雕塑9座，企业标识13个，杜邦先锋、利马格兰、德农种业等16家知名企业入驻园区。食用菌产业园区建设总面积1 000亩，包括食用菌优良菌种育繁场、食用菌科技文化园、林地食用菌标准化生产基地、食用菌休闲体验园。2011年，实施园区水电路基础设施建设工程，完成3 000平方米食用菌菌种生产车间主体建设，装配了国内一流水平的百级净化接菌室，新建高档食用菌展示棚室66栋，完善了食用菌休闲体验园的设施装备。台湖镇金福艺农创意生态农业园，融合“军事农业、研发农业、艺术农业、休闲农业”等多种创意业态形式。张家湾镇低碳农业示范园、漷县镇“市花园”和潞城镇通州国际都市农业科技园区等特色农业园区将农业土地、资金、技术等生产要素有机组合、充分利用，实现了最优产品、最高产出，形成了全区农业发展的新亮点。

非农产业

【农民就业产业基地】 全区七家农民就业产业基地批准的规划土地面积为2 085公顷，实际开发面积1 515公顷，入区企业实际占地面积669公顷，剩余可利用土地面积1 150公顷。七家基地基础设施累计投入达到15.6亿元，其中年内新增投入6 345万元。入区企业达到440家，累计总投资273.5亿元，年内新增投入11亿元。基地内用工人数3.7万人。年内七家基地实现销售收入168亿元、利润7.95亿元、税金10.4亿元、增加值34.5亿元，分别占全区工业指标的22.5%、22.9%、24.7%和20.4%。

【工业园区】 园区实现总收入600.66亿元，同比增长20.54%；完成利润23.68亿元，同比增长4.14%；国地税合计34.51亿元，同比增长24.85%。其中光机电基地、金桥基地、通州开发区东区、西区、南区、永乐开发区等六个开发区全年实现工业总产值289.56亿元，同比增长17.66%；工业增加值57.79亿元，同比增长14.74%；工业企业收入304.55亿元，同比增长15.06%；国地税合计28.13亿元，同比增长21.64%。

【农产品加工业】 吸引社会资金实施北京绿源永乐食用菌有限公司杏鲍菇工厂化生产车间、北京恒达兴菌业有限公司白灵菇工厂化生产车间、北京专平生物科技有限公司食用菌生产车间以及富勤食用菌基地扩建等一批农加工项目。北京恒达兴菌业旧厂改造工程完工，白灵菇日产能由0.8吨提高到2吨；日产20吨的绿源永乐杏孢菇工厂化建成投产。先后在马驹桥镇杨秀店村、小杜社村和永乐店镇坚村、老槐庄村兴建现代化食用菌冷房生产基地5 000平方米。

【农村商业】 全区累计销售家电下乡产品27 275台件，销售金额达6 757.4万元。其中，销量占前四位的依次为彩电、空调、冰箱、洗衣机，销售台数分别是7 287台、6 091台、6 021台、3 880台，销售金额分别是2 202.88万元、1 971.51万元、1 330.33

万元、413.32 万元。这四者的销量占总销量的 85.34%，销售金额占总销售额的 87.57%。家电下乡的惠民政策，使百姓享受到政府给予的 13%的资金补贴，充分满足了农村消费群体更高的消费追求。年内，宋庄翟里商品交易市场改造工程竣工开业；祥和市场、聚元鸿市场主体建设完工；堡辛市场建成开业。

【农产品流通】 重点开展农民专业合作社超市和金诚众合猪肉专卖店等特色品牌店创建工作及“绿色农产品运输车队”建设工作。全区有 78 辆运输车参加市农委绿色车队，平均单日向市区农产品交易市场、超市和企事业单位运送优质农产品 300 吨。

【民俗旅游】 相继举办了以“百万市民观光果园采摘游”为主题的樱桃节、以“感受艺术宋庄，体验田园生活”为主题的梨文化节和张家湾镇万亩葡萄采摘节等农业节庆活动。春节期间，全区推出“运河冰灯展”、“三教庙新春文化庙会”、“温泉养生游、农庄度假”等三大类特色旅游系列活动。其中“三教庙新春文化庙会”，以逛新春庙会、赏民俗风情、祈国泰民安、建国际新城为主题，设有民俗年货展卖、文庙佛教活动传统游艺和 11 项古运新城展览展示等，吸引了各界游人参观游览；“五一”假期，全区民俗旅游接待游人 3.92 万人次，实现旅游综合收入 237.1 万元，同比分别增长 12.97%和 39.01%，其中有“薰衣草大观园”之称的布拉格农场，吸引了观赏花海、休闲娱乐的各地游客达 3 000 多人次；“十一”黄金周旅游期间，提出“采一斤果、游一次园、吃一顿饭、坐一次船”的口号，推出金福艺农番茄联合国休闲农业园的“健康养颜需趁‘枣’、番茄王国竟有‘枣’”活动、金盛强世界花卉创意园的金秋“斗菊爽蟹”节、泊浒乐园的“金秋国庆七天乐”、布拉格农场的“十一”游园会、莎日娜蒙古风情园的“蒙古族风情体验”等十多个乡村民俗旅游活动和“北京·通州运河艺术节”、“大运河森林公园游园”等活动。其中乡村民俗旅游活动共接待游人 8.39 万人次，实现旅游综合收入 696.6 万元。

【农村金融业】 两家正式营业的小额贷款公司（北京农投首诚小额贷款股份有限公司、北京澳美小额贷款有限公司）经营状况良好，公司业绩取得突飞猛进的发展。公司累计实现营业收入 4 117.7 万元，同比增长 85.5%；利润总额 3 416.5万元，同比增长 116.1%；上缴税收突破千万元，达 1 089.5 万元，同比增长 110.2%。年内，北京通州国开村镇银行股份有限公司获中国银监会批准设立，注册资本 1 亿元，由国家开发银行股份有限公司作为主发起人，与区内 3 家非金融企业共同组建设立，是国家开发银行总行在京设立的唯一一家村镇银行，也是通州区第一家具有独立法人资质的新型银行类金融机构。北京通州国开村镇银行定位于“立足通州、服务村镇，坚持支农支小、服务民生的市场”，重点支持本区农户、小微企业、农业产业化龙头企业发展。

村镇建设

【概况】 新农村建设在完成农村最基础设施全覆盖的基础上坚持“建管并重”原则，继续完善农村基础设施建设，加大管护力度，并围绕通州区现代化国际新城建设，将城乡结合部城市化建设与新型农村社区建设统筹安排，深化新农村建设，巩固新农村建设成果，加快推进全区农村城市化和城乡一体化进程。随着各项工作的有序开展，农村基础设施建设得到完善提升、农村基础设施长效运行管护机制初步建立且运行良好、新型农村社区建设试点全面启动，新农村建设取得显著成效。

【基础设施建设与管护】 完成全区 9 个乡镇 139 个村严重破损的路面的修复；新建和改造农村节能路灯工程 38 016 盏，惠及全区 9 个乡镇 300 个村，让农村夜间更明亮，农民夜间出行更方便；改造农村节能住宅 600 户、新翻建抗震节能民居 48 户；新建张家湾镇皇木厂村和宋庄镇小堡村雨洪利用工程 2 处。制定出台《通州区农村基础设施维护和管理实施意见》，安排 4 610 万元资金（不含乡镇配套），用于农村的街坊路、公厕、交流电 LED 节能路灯、太阳能路灯、大中型沼气站和生物质气化站（两气）、太阳能公共浴室、污水处理站、联村和单村供水、户厕等 9 项农村基础设施管护，确定了维护标准和办法，明确了各相关部门和乡镇的职责。11 个乡镇均制定建立管护工作方案及台账，并根据自身实际选择了相应的管护模式：组建专业维护队伍、委托村委会或社会化公司管护。在 9 个乡镇建户厕配件供应点 45 个，复杂问题进行上门维修。随着通州区农村基础设施管护工作的推进，管护制度的不断规范化，本区农村公共服务基础设施逐渐走上“平时有人管、坏了有人修、更新有能力”的良性轨道。

【新型农村社区建设】 区委、区政府两办印发了《关于积极推进农村社区建设的指导意见》，通州区农村社区建设领导小组印发了《通州区关于开展“七型”农村社区创建活动指导意见》、《通州区农村社区建设长效基金使用管理办法》、《通州区完善农村社区服务站建设实施意见》等文件，以指导农村社区建设，年底通州区有农村社区 453 个，实现了农村社区建设的全覆盖。同时，进行农村星级社区的评选、验收等项工作，全区 274 个镇级“精品农村社区”全部通过了区农村社区建设领导小组的联合检查验收，评选出张家湾镇张湾村等 68 个一星级精品农村社区；梨园镇刘老公庄等 101 个二星级精品农村社区；于家务回族乡西垡村等 105 个三星级精品农村社区。

【环境治理】 各乡镇、街道办事处成立环境建设委及其办公室，负责属地环境建设的整体协调和组织工作。创新考核评价机制，制定完成《通州区城乡环境建设考核评价办法》，对乡镇政府、街道办事处采取“日检查、月通报”的形式进行综合考评，公告考评结果，鼓励先进，鞭策后进，提高乡镇、街道及城乡环境建设委各成员单位对环境建设工作的重视程度。建立健全巡查小组长效机制，区环境建设办及各乡镇、街道环境建设办均成立环境整治巡查小组，每天专车专人负责检查管辖范围内的堆物堆料、私搭乱建、占道经营、卫生死角、道路遗撒等环境卫生脏乱问题，努力形成“横到边、纵到底、无缝隙、全覆盖”的环境管理网，实现城乡环境由突击型、运动型向常态型、长效型转变。年内，开展进京第一印象区域专项整治。组织宋庄、马驹桥、永顺等11个乡镇对京沪、京哈、通燕、京津、六环等进京高快速路及京哈、京津城际铁路、八通轻轨两侧的环境卫生进行综合治理，捡拾白色污染600千克，清理垃圾渣土3 686吨。各乡镇积极开展“一镇一街”示范工程，提高了农村地区“净、硬、绿、美、亮”档次。2011年，完成漷县镇环境优美乡镇和相关乡镇17个生态村的创建工作，美化镇容村貌。截至年底，各乡镇创建生态村占本乡镇村庄总数的比例分别是：于家务48%、潞城18.5%、永乐店18.4%、台湖17.4%、永顺16.7%、梨园15.4%、马驹桥14%、宋庄12.8%、西集12.3%、张家湾10.5%、漷县8.2%。永乐店、西集、台湖、于家务四个乡镇150个村庄开展垃圾分类达标试点工作。

农村改革与管理

【概况】 围绕“保增长、保民生、保稳定”和“两新建设”任务，区经管站圆满完成了产权改革、土地流转、农民专业合作社规范化建设三项折子工程任务，农村“三资”管理业绩显著，农村审计和农民负担两项监督得到进一步强化。

【农民专业合作组织】 新发展农民专业合作社29家，培育5家市级、7家区级规范化管理示范社。新开展资金互助服务试点3个，资金互助服务试点达到24家；全区农民专业合作组织达到231家，核心社员1.4万户，带动社外农户1.8万户，占全区一产农户的50%，市级示范社10家，位居全市郊区县前列。北京大务蔬菜专业合作社、北京裕群养殖专业合作社、北京七彩缘编织专业合作社、北京欣通绿源种植专业合作社、北京宋庄北刘果树专业合作社5家农民专业合作社被评为“北京市农民专业合作社示范社”。为打造通州农产品精品品牌，开拓农产品产销市场，11月22日，成立首家农民专业合作联合社——北京大运福源农产品产销联合社。同时，在区政府的支持下，在瑞都国际建立通州区首家农民合作组织超市——通州区名优特农产品展销中心。有40余家农民合作社入驻销售，品种包括蔬菜、食用菌、畜禽、观赏鱼、果品、花卉、农加工和手工艺品八大系列150余种，800平方米的展销大厅为全区多家农民专业合作社提供了常年展示和销售的平台。

【产权制度改革】 启动产权制度改革村160个，完成148个，累计完成463个，占村级总数的97%，村级集体经济产权制度改革工作基本完成。于家务、马驹桥、漷县、梨园4个乡镇完成100%，完成95%以上的有6个乡镇。共量化集体经营性净资产53.74亿元，股本总额49.19亿元，农民个人持股37.23亿元，占股本总额的76%；农民股东人数34.11万人，占农村分配人口的92%，人均持股10 914元。

【土地确权与流转】 7月，完成2011年度农村土地流转指导价格评估工作，经过专家组成员的综合分析、论证，确定并发布了2011年7月1日至2012年6月30日全区及各乡镇农村承包土地流转指导价格：全区土地流转指导价格为1 200元/（亩·年），各乡镇土地流转指导价格在1 000～1 800元/（亩·年）。年内，全区流转土地11 066.67公顷，累计流转18 800公顷，约占全区确权土地面积的54.2%。

【农村集体资产管理】 完成123个村的财务管理规范化建设，累计完成413个村，有8个乡镇全部完成；加强业务辅导，培训镇、村两级财务管理人员2 600人次；坚持区级五部门联合检查制度，检查104个村的财务管理情况；落实村级民主理财参席制，区经管站相关人员参加579个村次的民主理财会。

农民生活

【农民收入和消费】 农民人均纯收入达到14 273元，同比增长13.8%。其中工资性收入8 915元，同比增长35.2%；家庭经营纯收入1 139元，同比下降55.6%；财产性纯收入1 580元，同比增长33.6%；转移性纯收入2 639元，同比增长20%。2011年农民人均生活消费支出10 253元，同比增长4.2%。其中，食品消费支出3 755元，增长26.9%；衣着消费支出736元，增长25.9%；居住消费支出2 371元，增长0.5%；家庭设备、用品消费支出691元，增长28.7%；交通和通讯消费支出907元，同比下降37.3%；文化教育、娱乐消费支出836元，下降3.0%；医疗保健消费支出788元，下降13.8%；其他商品和服务消费支出169元，下降5.3%。

【农民教育】 加强农民科技培训，围绕果类蔬菜、生猪、观赏鱼3个现代农业产业技术体系，创新团队建设，组织区级培训35期，培训人数1.2万人次；开办农民田间学校62所，培训农民学员3万人次；举办农村实用人才培训班6期，培训农民360人次；培训村级全科农技员两批共计100人。

【农村卫生和合作医疗】 农民参加新型农村合作医疗人员332 707人，参合率99.5%。人均筹资520元，其中市、区级财政每人补助315元，乡镇财政每人补助140元，农民每人65元。完成502名乡村医生年度考核、基本待遇的统计及经费分配发放，4名乡村医生执业地点变更。组织乡村医生急救知识技能培训522人，全部通过现场理论知识和技能考核。

【农民社会保障】 全区有农村低保对象3 871户6 903人，年保障资金1 824.39万元；按照抗震、节能、保温的标准，区财政投入资金792万元，完成190户农村特困户危旧房改造工作，于11月底前全部竣工。全区农村五保供养220人，自7月1日起农村五保供养标准由每人每年8 296元提高至9 840元。年内新建及改扩建养老服务机构4家，全区21家养老服务机构总床位数3 727张，床位使用率达到85%。

【劳动力转移就业】 全区实现农村劳动力转移就业6 894人，完成任务指标的104%。在组织实施“低收入农户增收致富工程”过程中，以分类指导、帮扶到户、稳步增收为原则，以部门联动、一户一策、责任到人为举措，促进低收入农户快速脱贫、稳定增收。全年安排2 003名低收入农户劳力在一产就业，742名在二产就业，681人在三产就业。截至年底，低收入农户实现全部脱贫。

【文化体育】 张家湾文化服务中心和漷县圣火广场改造工程基本完工。新一轮乡镇文化中心达标试点工程启动，台湖、西集、漷县、永乐店、宋庄五个重点镇列入试点范围，总投资5 847万元，总建筑面积14 000平方米。基层村（社区）级文化室、图书室、室外活动广场等文化设施实现村村全覆盖。全区建成村级数字电影固定放映厅502个，建设面积达6万余平米，投入资金约1.35亿元。各乡镇、街道及各文化机构共举办各类演出3 366场，观众超过60万人次。加大基层体育设施建设力度，为社区和行政村配建全民健身工程（主要包括健身设施）累计达到572处。永乐店镇应寺村全面开展全民健身活动，形成以乒乓球为特色的品牌项目，在2011年北京市特色村创建中，应寺村被北京市体育局、北京市农村工作委员会命名为2011年北京市体育特色村。

基层组织与民主政治建设

【概况】 全区农村基层自治组织建设以加强村民自治为重点，以推进村务公开和民主管理为平台，不断健全基层群众自治组织建设，创新民主管理长效机制，有力地推进了全区农村村民自治建设健康发展。年内，经过试点全面推进建立村务监督委员会，进一步促进村级民主监督的健康发展。深入开展农村民主日活动和村级干部“双述双评”，农村基层自治组织建设得到进一步巩固和加强。各乡镇、街道开展2011年先进村（居）委会和村（居）委会主任评比表彰活动，评出市级先进村（居）委会19个、市级先进村（居）委会主任7名，区级先进村（居）委会12个、区级先进村（居）委会主任13名。

【党建工作创新活动】 “三级联创”活动始终排名全市前列，各领域党建不断深入，涌现出张家湾镇的“小支部、大党建”、永乐店镇的“四评”机制等先进模式。张家湾镇的“小支部、大党建”模式通过与党员群众互动，把领导核心的职能运转起来；与产业合作组织互动，把农民致富的桥梁架起来；与辖区企业互动，把相互支持的和谐氛围营造起来；与社会组织互动，把健康文明的乡风树起来；与群团组织互动，把方方面面的积极性调动起来等五种运转模式，以村党支部为核心，组织凝聚村域内党员群众，实施村党支部与驻村企、事业单位、高校等各类社会组织联动共建，实现党建工作全覆盖，让基层党组织充分运转起来，让党员作用发挥出来，把农民重新组织起来，走出了一条城乡统筹的区域党建科学发展的新道路。获评“北京市社会领域党建优秀活动”。永乐店镇的“四评”机制为：评党委，群众满意度测评打造坚强领导核心；评支部，双述双评激励村干部发挥骨干带头作用；评党员，建立党员责任区服务群众长效机制；评村民，好村民评选树立文明新风尚。“四评”机制获市委农工委颁发的基层党建创新项目奖。

【民主政治建设与组织建设】 各乡镇购置《村委会组织法学习读本》，组织村干部及村民代表进行专题培训。区委组织部结合新修订的《村委会组织法》，对《通州区村级组织工作手册》进行重新修订后发放到各行政村。8月至11月，经过试点、全面实施及制度建设三个阶段，在全区475个村全面启动建立村务监督委员会工作，同时印发《通州区村务监督委员会工作规程（试行）》和《通州区村务监督委员会十项工作制度（试行）》，指导村务监督委员会成员依法履职，推进村级民主监督。

【农村民主日活动】 为切实保障村民的决策权、参与权、知情权和监督权，维护全区农村政治稳定及各项惠农政策得到贯彻落实，认真做好年内两次农村民主日活动的安排部署，以区村务公开领导小组办公室名义印发《关于组织开好全区农村民主日活动的安排意见》，全区各行政村按照文件要求和民主程序召开村民代表大会，村民代表按民主程序审议村务工作报告及财务收支报告。同时，按照区委关于对村干部进行“双述双评”工作的要求，认真对村干部进行民主评议。民主日活动的深入开展，极大地调动了广大群众参政议政的积极性，提高了农村基层干部的决策水平和解决实际问题的能力，进一步密切了党群干群关系。

【党风廉政建设】 严格落实中央关于《农村基层干部廉洁履行职责若干规定（试行）》，加强对基层党员干部的廉政教育和监督，促进廉洁履职。督促协调有关牵头单位，强化村级经济合同管理，严格执行《村级经济事项招投标管理办法》，开通“农村资产处置信息发布”等三大系统。加强村级财务管理，完成123个村财务管理规范化建设。加强集体资产管理，完成农村集体资产清产核资试点工作。有效整合村务公开监督小组、民主理财小组和党风廉政群众监督小组监督力量，大力推进村务监督委员会建设，实现全覆盖。

“三农”工作部署和实施

【加强农业政策扶持与技术服务】 加强农业服务体系建设，组织开展政策性农业保险工作。2011年是通州区推行政策性农业保险的第四年，针对全区农业发展的实际，克服财政资金紧张的困难，继续实施对农户参加政策性农业保险给予30%补贴的优惠政策（市财政补贴50%）。通过动员农业企业、农民专业合作社统一组织订单生产农户参险等方式，有效地扩大了保险的覆盖面，设施农业、林果业及畜牧业参保面积和数量比上年同期有较大幅度的提高。同时，在全市率先举办政策性农业保险业务培训班，开设全市第一个区县级政策性农业保险网上公开专栏，编写发放《通州政策性农业保险知识简明手册》1万余册。截至年底，有38 769户次农民参加政策性农业保险，保险总金额达5.19亿元，同比增长46%；签单保费2 444.50万元，同比增长25%；人保财险等四家保险公司向农户支付理赔金950.16万元。

做好农业化配套服务，截至年底，全区拥有农机总动力27.2万千瓦，农机原值2.81亿元。万亩小麦拥有联合收割机15.9台，万亩玉米拥有收获机6.4台，万亩耕地拥有总动力0.52万千瓦。拥有拖拉机3 137台，拖拉机配套农具共3 706台（件套），其中大中型配套农具2 709台（件）、小型配套农具997台（件）。拥有小麦收割机334台，玉米收获机196台，农副产品加工机械191台，渔业机械5 190台，林业机械139台，农用运输车2 129辆。2011年，在张家湾、永乐店、漷县、潞城、西集、马驹桥、宋庄、于家务、台湖9个乡镇，为日光温室配套电动卷帘机2 500套，降低了农民劳动强度，提高了劳动生产效率，并由专业技术人员组成“农机技术指导与维修小分队”，帮助农民义务维修大棚卷帘机，缓解大棚作业过程中种植户“修机难”的实际困难；推广育苗机组2台，提高了工厂化育苗能力；建保鲜冷库1 000平方米，为蔬菜保鲜提供保障。2011年，市农业局支持通州区食用菌产业发展提供1 500万元，用于购置食用菌配套机械。农研所研制出食用菌灭菌器械的样机，提高灭菌质量。

加强种植技术服务，在小麦、玉米生育期及时进行苗情调查，调查代表地块27块，涉及8个乡镇，代表面积13 000亩。共监测20次，提出各生育时期的管理意见，下发到各乡农办及种植大户，指导全区粮食生产。同时加强技术培训工作，开展小麦春管技术培训班等形式指导大田生产。

【惠民、惠农政策落实】 落实各项惠农补贴政策，安排资金2.62亿元，全面落实“家电下乡”、“汽车下乡”等惠民政策，及时拨付粮食直补和农资综合补贴资金，农民享受到更多实惠。完成能繁母猪补贴和后备母牛补贴工作，其中补贴能繁母猪25 002头，发放补贴资金250.02万元；补贴优质后备奶牛8 000头（含三元绿荷奶牛场2 800头），发放补贴资金400万元。落实国家渔机补贴发放政策，补贴发放增氧机1 148台，补贴金额85万余元，500余个水产养殖户直接受益。

【加大金融支持“三农”力度】 通州区小额贷款公司累计向“三农”及中小企业发放贷款总额达3.98亿元，同比增长35.4%，有效缓解了“三农”及中小企业融资难问题。其中，累计向中小企业及个体经营者发放贷款142笔，金额达2.86亿元，占全部贷款金额的72%；累计向农户及农村企业发放贷款84笔，金额达1.12亿元，占全部贷款金额的28%。贷款投向主要集中在第一产业，主要用于企业流动资金及农户购买原材料等。

通州区主要领导人

区委书记　王云峰
副书记　岳　鹏　李玉君
常　委　王云峰　岳　鹏　李玉君
张秀余（12月免）
赵玉影
尹双曼（8月免）
郭旭升
尹燕京（10月免）
张　勇
储怀森（9月免）
于世疆
张春秀（8月任）
李耀光（10月任）
芦　峰（9月任）
王杰群（12月任）

区人大常委会主任　张文山
副主任　蒋洪昉（12月免）
王　平（12月免）
韩振福（12月免）
张秀余（12月任）
罗明光
宋京璋（12月任）
刘汝林（12月任）
张晓燕（女）

区长　岳　鹏
副区长　张　勇　于世疆
刘淑华（女，12月免）
张　华　崔志成　肖志刚
李亚兰（女，10月任）

区政协主席　王春元
副主席　高志禄（12月免）
李淑华（女，回族，12月免）
金建华（12月免）
张振泉（12月任）

韩振福（12月任）
季志会（女，12月任）
杜少勋　王子江
田春华（女）

通州区乡镇党政正职领导

	党委书记	镇（乡）长
永顺镇	刘立新	石国辉
梨园镇	马峰成	于立东
宋庄镇	胡介报(7月免)	潘月东
	李　霞(7月任)	
张家湾镇	张小艳(女)	孙奎亮
漷县镇	杨连元	闽国常(8月免)
		孝　军(8月任)
马驹桥镇	房亚军	鲁新洪
西集镇	刘雪峰(7月免)	张德启(7月免)
	张德启(7月任)	孙　伟(8月任)
潞城镇	王　晨	雷晓宁
台湖镇	刘贵明	倪德才
永乐店镇	张振泉(7月免)	禹学河(7月免)
	禹学河(7月任)	刘德昉(7月任)
于家务回族乡	甄　宇	何海龙

（通州区史志办　陈宏毅　张亚昆）

顺义区

概　述

顺义区位于北京市东北郊，城区距北京市区30千米，面积1 021平方千米。常住总人口58.76万人，其中非农业人口31.15万人，农业人口27.61万人。流动总人口24.11万人。常住人口出生7 941人，政策符合率96.9%，自然增长率3.6‰，总和生育率1.2。区辖19个镇（地区办事处）、6个街道办事处、426个行政村。

2011年，地区生产总值完成1 000亿元，5年年均增长26.8%。属地财税收入实现370亿元，一般预算收入实现80.6亿元，分别比2006年增长3倍和2.7倍，年均分别增长32%和29.8%。5年累计完成全社会固定资产投资1 740亿元。三次产业比重达到2.5∶42∶55.5。高端制造业地位不断巩固，汽车、航空两大产业集群规模不断壮大，工业总产值突破2 000亿元。现代服务业比重加快提升，金融保险、航空服务、文化创意产业快速集聚。都市型现代农业效益不断提升，农业“四个大区”建设初见成效。节能减排成效明显，万元GDP能耗、水耗五年年均分别下降4.7%和21%，获得“北京市节能减排先进区”荣誉称号。累计引进亿元以上实体项目239个，总投资2 099亿元。现代二工厂、首钢冷轧、新国展一期等重大项目投产运营，现代三工厂、民生银行总部基地即将竣工，北京自主品牌乘用车基地、国家地理信息科技产业园、中航工业北京航空产业园、金蝶软件、新国展一期配套等重大项目建设进展顺利。累计认定国家级高新技术企业57家、国家级企业技术中心5家、市级企业技术中心18家，授权专利567件。中国驰名商标达到13件，北京市著名商标达到38件，成为首批53个国家商标战略实施示范区之一。上市公司达到12家，累计募集资金593亿元。2011年，完成关税及代征税350亿元，完成进出口总值670亿美元，进出口增速在全国各综合保税区中名列第一。农林牧渔总产值实现65.2亿元，同比增长11.2%；一产增加值24.4亿元，同比增长9.6%。农村居民人均纯收入达到14 314元，同比增长14.5%。

新农村建设

【概述】 围绕“生产发展、生活宽裕、乡风文明、村容整洁、管理民主”的总体要求，以科学发展为主题，以构建城乡发展一体化新格局为引领，以改善民生、服务群众为宗旨，全面深入推进社会主义新农村建设，全区农村建设发展水平快速提升，环境面貌焕然一新，承载能力显著增强。

【新型农村社区建设扎实推进】 根据北京市政府《关于开展新型农村社区试点建设的意见》的文件精神，按照“利用产业优势集并一批；借助区位优势改造一批；顺应农民意愿提升一批”的指导思想，扎实推进新型农村社区建设。利用新城周边“城乡结合部”区域的区位优势，按北京市建设城乡结合部的理念，以服务新城为根、以产业发展为本、以整体改造入手，重点对南陈路沿线6.6公里进行整体配套提升，建设“新农村南北走廊精品工程”，涉及马坡镇7个村、赵全营镇4个村。充分利用现有资源，大力发展以休闲产业为主的第三产业集群。集合农宅抗震节能改造、天然气引入、太阳能取暖、大市政配套等政策及资金，按城市社区标准提升基础设施和公共服务设施水平，使其成为顺义区、乃至全市新型农村社区建设的亮点。其规划设计已编制完成。

【加快农村基础设施建设】 坚持城乡一体化的发展方向，加快推进基础设施向农村延伸，各项投入向农村倾斜，有效改善了农村地区的生产、生活、生态环境。一是“三起来”工程建设全面实施。按照北京市新农办《2011年北京市新农村“三起来”工程建设实施方案》的安排部署，顺义区在17个镇实施了“三起来”工程建设，涉及164个村、7.6万户。主要项目包括新建太阳能浴室42座；更换村内街道非节能灯照明总成工程1万盏。以上工程已全部建设完成，并经验收投入使用。二是“两气”安全和技术升级改造工程顺利完成。为了保证顺义区已建23座沼气和秸秆气站的安全稳定运行，在全面加强对“两气”的安全管理和安全隐患排查的同时，启动避雷针安装工程，使沼气和秸秆气站安全系数提高10～15倍。以促进节能减排和降低运营费用为目标，对沼气站发酵罐加装太阳能集热系统，从而提高发酵罐温度，使沼气站产气率提高20%左右，并为每座沼气站节约燃煤近50吨。三是长效管护工作全面展开。为保证顺义区已建设公共基础设施持久、有效运行，制定下发了《顺义区新农村基础设施和公共服务设施运行管护意见》和《顺义区新农村基础设施和公共服务设施运行管护实施方案》。在开展新农村已建设施和镇村自建设施摸底调查、明确设施产权归属的基础上，将街坊路、太阳能浴室等九大类基础设施全部纳入长效管护范围，确保了全区已建设施发挥最大效能，满足了广大村民生活、生产需要。

【农村社区化程度明显提高】 根据《关于开展推进村庄社区化服务管理活动的意见》精神，按照“自治管理规范化、安全秩序标准化、基层服务组织化、城乡文明一体化、建设规划科学化”的要求，经过层层选拔，推荐12个村庄，参与农村社区化试点建设工作。区直各部门加强协作，各项政策不断向试点村庄倾斜，将农村社区化管理与新农村建设有机地结合起来，相互促进、协调发展。有16个镇、105个村庄参与“六型”社区创建，全部工作已顺利完成。

【农宅抗震节能改造全面启动】 通过“市里奖一部分、区里补一部分”的方法，引导村民按规划设计要求改建或翻建农村住房，到“十二五”末，顺义区农村地区住宅按照抗震节能保温标准基本完成改造；民居具有明显地域特色和文化特色，村庄环境优美、服务和管理功能健全、基础设施和公共服务设施相对配套齐备，基本达到“各具特色、环境优美、设施齐全、生态宜居”的城市化社区建设标准。为了保证农宅新建、翻建工作达到既定效果，在顺应农民意愿的基础上，根据顺义区空间总体布局，科学选择规划保留村建设新民居试点。整合政策与资金，将既有民宅节能改造、抗震节能民居建设、公共基础设施配套、天然气引入等工程与新民居试点建设有效结合，对试点村庄进行整体改造提升。同时，按城镇建设标准，在基础设施和公共服务设施配套及产业培育方面给予支持。目前，完成了《新农村住宅标准化户型图集》的印制和《顺义区农民住宅抗震节能工作实施方案》的制定工作，农宅抗震节能工作已全面启动。

都市型现代农业

【加快发展以“高端、高效、高辐射”为特征的特色主导产业，推进农业发展三次产业融合】 按照“设施是条件、品种是重点、市场是关键、效益是核心”的总体要求和“农业生产规模化、都市农业工厂化、农业合作组织化”的发展思路，不断延伸和拓展主导产业链条，坚持巩固和提高顺义农业的优势地位，着力提高对北京高端农产品市场的占有率和控制力，实现经济效益、社会效益、景观效益和生态效益的全面提升。

【绿色农产品生产能力稳步提高】 推进“菜篮子”工程建设，重点增强瓜菜生产能力，顺义区瓜菜生产面积达到10.5万亩，产量56.3万吨。其中强化设施农业的主导作用，设施农业生产面积达到4.4万亩，实现产值6.5亿元，同比增长11.4%。稳定粮食生产，2011年收获小麦22.6万亩、玉米31.4万亩，平均单产水平390.9千克，总产量21.3万吨。出栏生猪96.5万头，同比增长2.7%；出栏家禽1 194.8万只，同比下降0.5%；禽蛋产量1.3万吨，同比下降18.9%；牛奶产量5.2万吨，同比增长0.6%；水产产量1.1万吨，同比增长2.2%。果品产量7.2万吨，同比增长3.3%。

【农产品加工业逐步升级】 农产品加工企业达到96家，其中年销售收入1亿元以上的18家，农产品加工业实现产值130亿元，同比增长18%。鼓励龙头企业做大做强、提高自主创新能力，北郎中农工贸集团、北京艾莱发喜食品有限公司被评为“全国农产品加工示范企业”；北京恒慧通肉类食品有限公司、北京中地种畜有限公司获批国家级农业产业化龙头企业，顺义区国家级龙头企业达到6家（占全市17%）、北京市龙头企业11家；拥有中国驰名商标5件，中国名牌3件，北京市著名商标19件，北京名牌6件。重点实施北郎中食用农产品深加工与物流综合项目、恒慧通低温肉制品加工及冷藏项目，总投资2.68亿元。顺义区获评全市唯一的国家级农业产业化示范基地。

【籽种产业效益明显】 籽种产业实现产值6.9亿元，同比增长39.4%。规模化种猪场达到40个，出栏种猪19.4万头，实现产值4.5亿元，同比增长27.7%。生产种禽（蛋）1亿只（枚），同比增长5%，实现产值1.3亿元，同比增长58.4%。粮经、蔬菜籽种逐渐形成增收优势产业，小麦籽种生产面积3万亩，产量1 020万千克，出售西瓜、甜瓜、西红柿、生菜等种苗2 000余万株。林木种苗育苗面积3.5万亩，产值7 500万元。

【花卉产业快速发展】 新增花卉及彩色苗木生产面积2 000亩，总面积达到1.9万亩，生产鲜切花455.5万枝、盆花5 736.4万盆，实现产值5.3亿元，同比略增。成功举办“2011北京郁金香文化节”、“2011北京菊花文化节”等花卉会展活动。强化科技支撑，“国家现代农业科技城”项目规划基本完成；“花卉服务产业科技促进工程”进展顺利；与荷兰、以色列、美国、德国、日本、朝鲜等国家开展广泛交流合作；引进蝴蝶兰优新品种10余个。推进四季彩色生态观光示范园项目，总投资2亿元，占地面积1 500亩，重点发展彩色苗木。新增花卉销售连锁店2家，特别是在北京国贸CBD商圈建设花卉销售旗舰店，着力开发星级酒店用花、高档别墅区绿化、室外大型婚礼、商业庆典租摆等方面业务。

【农业休闲观光旅游蓬勃发展】 各类农业观光采摘垂钓休闲园区达到295个，其中市级农业观光园10个、市级民俗旅游村4个、市级民俗旅游接待户40户。开展“北京市观光农业示范园”复核工作，顺义区7家园区接受全面考核。推荐顺义区“五横两纵”七条休闲旅游路线参与全国休闲农业与乡村旅游精品线路评选，推荐鲜花港等2家单位参与全国休闲农业与乡村旅游示范点评选，组织七彩蝶等7家休闲观光园区开展“2011年全国休闲农业与乡村旅游星级示范创建行动”。观光采摘垂钓品种丰富，观光游园成为旅游亮点。根据区统计局监测的69个观光园统计数据显示，农业休闲观光旅游共接待游客88万人次，同比增长7.1%，实现收入1.3亿元，同比持平。

【农业基础设施持续改善】 进一步强化部门联动，规范建设标准，确保工程质量，严格资金管理，全面推进5.3万亩农业基础设施建设及综合开发工程。沟路林渠工程完成5万米田间路，植树1.97万株，修桥303座，疏挖排水完成10万米，完成总工程量的100%。农田培肥工程施用复合肥、有机肥各5.3万亩，秸秆还田完成2.65万亩，土壤深松完成2.65万亩，完成总任务量的100%。田园清洁工程已完成安装杀虫灯、投放赤眼蜂2.65万亩，空瓶回收300万个，已完成100%，3家植保专业队已经确认，2家农业废弃物循环示范点建设已完成建设。农田节水配水工程，完成节水灌溉面积3.3万亩，其中大田喷灌面积2.8万亩，设施农业节水面积4 800亩，更新机井156眼，新建井房156座，改造机井18眼，安装水泵设备176台（套）。

【农产品质量安全管理到位】 开展“三品”认证工作，10家基地通过无公害农产品认证、4家基地通过有机产品认证，完成18家基地无公害农产品认证复查换证工作。目前，顺义区共有156家农产品生产单位通过无公害农产品认证，1家单位通过绿色食品认证，46家单位通过有机产品认证，产品涵盖蔬菜、果品、畜禽产品、水产品、蜂产品、粮食作物等各类农产品。开展市级农业标准化生产示范基地分级管理工作，确保顺义区66家市级农业标准化生产示范基地农产品质量安全，其中北郎中种猪场等8家基地获评北京市农业标准化优级基地。进行标牌及展示橱窗升级改造，新竖立标牌、展示橱窗31个。加强农产品质量安全监管，先后开展“严厉打击农业生产中非法使用农业投入品及非法添加和滥用食品添加剂专项整治”、“夏季农产品质量安全专项整治”、“打击地沟油”、“打击瘦肉精”等工作，检查生产基地、市场等农产品生产经营场所2 000余个次，出动执法检查人员4 000余人次，发放各类宣传材料3万余份，抽取蔬菜、果品、动物及动物源性产品等各类农产品样本5万余个，检测合格率为99.8%。开展农产品质量安全监管示范区（镇）创建工作，大孙各庄镇被评为北京市首批农产品质量安全监管示范镇。

【会展农业品牌效应逐渐形成】 花卉会展规模不断扩大，郁金香文化节、菊花文化节、月季展、水仙展、荷花展等花卉展览活动逐渐形成品牌，通过会展平台，举办中外花卉企业战略合作签约仪式、引进“台湾美食节”、非物质文化遗产手工艺品展销等一系列配套活动。北京顺义第八届农业博览会成功举办，参展企业150家，参展产品种类1 300个，直接销售收入3 406.6万元，同比增长26.7%，期间接待量23.2万人，同比增长23.8%。组织顺义区顺鑫农业、燕京啤酒、北郎中等龙头企业参加第九届中国农交会。成功获得2013年“第十一届中国菊花展览会”举办权，各项筹备工作有序开展。

【农业服务体系建设不断完善】 制定《2011年顺义区政策性农业保险实施意见》，推行政策性农业保险理赔一卡通，参保险种达到19个。2011年总保额达到23.6亿元，收取保费1.2亿元，投保农户3.2万户，出险农户2万户，出险理赔8 800万元。加强农民专业合作社规范化建设，组织21家合作社申报市级农民专业合作社示范社；4家合作社与农产品加工龙头企业实现对接，签订长期合作合同；3家农产品加工龙头企业领办成立合作社；为15家示范社配备村官。顺义区农民专业合作社达到165家，其中200户以上的32家，入社社员1.8万户，占顺义区从事一产农户总数的82%。开办田间学校71所，“百名农业专家兴顺工程”聘请农业专家86名，实用农业技术培训工程完成农民培训3万余人次，在北务镇试点推行全科农技员队伍建设，招聘农技员14名。

【种植业】 共种植夏粮小麦1.518万公顷，亩产340.87千克，总产7 761.6万千克，总产值16 300万元；秋粮玉米种植面积2.24万公顷，亩产429.14千克，总产14 419.1万千克，总产值28 800万元；豆类200公顷，亩产280千克，总产84万千克，总产值336万元；甘薯93.3公顷，亩产2 000千克，总产280万千克，总产值588万元；花生133.3公顷，亩产310千克，总产62万千克，总产值310万元；牧草466.7公顷，亩产干草1 000千克，总产700万千克，总产值840万元。全年粮经类总产值4.72亿元，较去年的4.65亿元增长1.5%；蔬菜播种面积1.47万公顷，全年总产量78 774.57万千克，同比增长7.2%。总产值113 846.93万元，同比减少2.5%。

【粮食高产创建项目】 建立“冬小麦—夏玉米”高产示范方1 666.6公顷，其中部级666.6公顷，市级1 000公顷，小麦示范方亩产438.6千克，较顺义区产量增加28.7%。玉米示范方亩产528.5千克，较顺义区产量增加23.2%。建立部级整镇推进大孙各庄示范区1 733.3公顷，示范区小麦亩产366.58千克，较顺义区产量增加7.5%。玉米亩产505千克，较顺义区产量增加17.7%；在大孙各庄建立万亩粮经产业园，为园区内农民补贴110套喷灌设备、尿素、磷酸二氢钾、农药等实物，示范推广10个粮经新品种和10项新技术，改造田园景观，万亩产业园小麦产量408千克，玉米产量531千克。

【实施中央新增农资补贴顺义粮食基础能力建设项目】 为大孙各庄、北务、北小营3个镇配备粮田灌溉机井电力设施5套，建设一个面积300平方米粮食低温种子储藏库（包括种子低温库、种子加工流水线和种子检验设备三个部分），提高农田灌排能力和提高粮食良种储藏能力。

【小麦籽种更新工程】 为本区内17个镇243个村9 173.3公顷更新小麦籽种273.9万千克，更换品种为轮选987、京9843、农大211、中优206四个品种；实施测土配方施肥工程4.67万公顷，完成234个村测土宣传版上墙工作，取、测土样200个，推广磷酸二氢钾0.34万千克。顺义区1.53万公顷冬小麦、2.07万公顷玉米、1.2万公顷蔬菜实施测土配方施肥技术，小麦平均亩增产19.1千克，增收51.6元。玉米平均亩增产23.3千克，增收60.9元。蔬菜平均亩增产170千克，增收274.5元。

【工厂化育苗项目】 为规模园区补贴自动精量播种机20台，完成育苗300万株。全年种苗繁育生产1100余万株，农户增加收入550万元以上。支持北京绿奥蔬菜合作社实施顺义区工厂化育苗建设工程，完成穴盘育苗200多万株，包括西瓜、西红柿、大椒、茄子、生菜、绿菜花等品种，覆盖顺义区300余农户及标准化园区生产。

【开展市级蔬菜标准园创建】 建立核心生产区13.3公顷，开展新品种示范15个，示范常温烟雾防控技术、甜瓜蜂授粉技术等18项。重点推广配方肥应用、特色地膜覆盖、缓释药剂防虫应用等5项。

【农机服务】 农业机械总动力为39.5万千瓦。小麦、玉米等主要粮食作物耕、种、收综合机械化水平为97%，其中小麦从种到收继续保持全过程机械化；玉米从种到收机械化水平为95.7%，其中机械化播种水平为100%，机械化收获水平提升到85.6%，比上年增长30个百分点。社会化农机作业服务组织为313家，其中农机作业服务专业合作社24家，区级农机作业服务组织1家，镇级农机作业服务组织3家，村集体农机作业服务队118家，农机作业专业户167家。

【水产业】 池塘养殖利用面积13 639亩，其中成鱼养殖面积12 367亩，生产成鱼1104.5万千克，同比增长1.5%，渔业经济总产值1.66亿元，同比增长3.8%。休闲垂钓渔业发展势头良好，垂钓量342.1万千克，与上年同期相比增加27.3万千克，同比增长8.7%；吸引游客32余万人次；垂钓收入7 064.2万元，比上年增加640.4万元，同比增长9.9%。

【畜牧业生产稳定】 累计出栏生猪96.5万头，同比增长2.7%，其中种猪19.4万头，同比持平；出栏肉鸡836万只，同比增长5.2%；肉鸭359万只，同比减少11.0%；鸡蛋产量1.3万吨，同比减少18.9%；牛奶产量5.1万吨，同比持平，出栏肉牛4万头，同比减少5.2%，出栏肉羊15.5万只，同比减少14.6%。畜牧业总收入33.3亿元，占全市的20%，占顺义区大农业的51%，同比增长26.4%。

【林业】 园林绿化局围绕“打造临空经济区、建设世界空港城”的目标，制定《顺义区“十二五”时期园林绿化规划》，加快规划浅山区绿地建设，启动潮白河滨河森林公园建设，加强林木绿地资源管理与保护工作，园林绿化形成城乡均衡发展的新局面。新增绿化面积377.3公顷，森林覆盖率达到21.18%，林木绿化率达到26.68%，城镇绿化覆盖率达到46.33%，人均公共绿地达到26.63平方米。现有花卉企业74家，新发展花卉面积2 000亩，花卉种植面积达到1.9万亩，实现产值4.3亿元。全年果品产量7 082.5万千克，产值2.739 3亿元。新建和完善20个特色旅游休闲观光采摘园区、五条观光采摘带。

【水务】 2011年9月23日，区委、区政府印发《关于进一步加快水务改革发展的意见》（京顺发[2011] 46号），对顺义区水务改革发展提出具体要求。区政府出台《顺义区居住小区公共服务设施建设和管理工作的有关规定》，明确要求今后新建居住小区必须建设污水处理、再生水回用及雨水收集利用设施。顺义区水务基础设施建设投入7.8亿元，同比增长24%。顺义新城滨河森林公园水务部分完成总量的85%，空港新城龙道河生态治理工程已完成，温榆河水资源利用二期工程进入试运行阶段。实施3.3万亩农业节水灌溉工程。推进潮白河流域综合治理，包装项目9项，投资额17.7亿元。完成金鸡河港西闸桥等13座危旧桥改造、唐指山生态清洁小流域治理工程。利用2011年市财政转移支付资金3 800万元，实施市级水源地保护、农村蓄水坑塘工程等。在全市率先依法推进取用水管理规范化工作，为887家自备井单位核发取水许可证，收缴一次性水资源费510万元；为1 227家用水单位核定指标550多万立方米，装表计量、纳入计划用水管理的单位由1 310户增至2 537户。农村安全饮水集中供水管网进村扩户，完成37个村的通水准备工作（累计达到83个村）。区财政投资300万元，监测377个村的农村饮水井和水源地水质。农村居民饮水计量收费率由2010年底的51%提高到70%。新建雨洪利用工程17处，新增蓄水能力20万立方米，总蓄水能力突破9 000万立方米。

【双青林场】 北京市双青联合林场是由长青林场和共青林场联合组建而成（以下简称双青）。管辖郝家疃、李遂、河南村、王家场、小胡营、长青第一、二、三、四、五、六、七等12个分场，润郁丰渗灌技术有限公司、北京市兴林苗圃两个林业股份公司和护林防火专业扑火队。建设有北京高尔夫球俱乐部和北京顺鑫绿色度假村两个合作企业。现有在职职工144人，大专以上学历42人，高级工29人。对林场576.33公顷森林资源进行抚育管护。其中包括阔叶林面积461.06公顷，针叶林面积115.27公顷，苗圃地面积53.33公顷，果树地面积139.7公顷。

【气象】 配合顺义区新农办、能源办开展农村两气站的防雷工程改造，对顺义区22个能源燃气站的防雷设施提出可行性整改意见。对M15号线二期工程进行高标准严要求的防雷检测工作并提出整改意见。开展依法发布气象信息检查活动，利用社区中的117块LED电子显示屏发布天气预报和天气预警信息，创造一条气象信息发布的"绿色通道"，使气象信息在顺义城区的覆盖率达到98%，直接惠及人口30余万。完成顺义区气象灾害信息员队伍建设工作，现有农村信息员400多人，实现每个行政村有一名气象信息员，为建立顺义区气象灾害防御体系奠定坚实基础。

【三高农业示范区】 三高示范区是集现代农业展示、农业科技成果转化、高新技术企业孵化、青少年科普教育和农业旅游观光等多种功能于一身的综合性科技农业基地。截至2011年底，共吸引资金11.6亿元，引进项目32个，企业主营业务收入累计达9.48亿元，接待休闲观光旅游人员累计40余万人次。园区基本形成以畜牧籽种、精品花卉、林木种苗、旅游观光、物流配送和信息服务六大产业为主的产业群。2011年，三高示范园区入驻企业共有16家，园区全年实现主营业务收入6 821万元，利润总额686万元，上缴税收204万元，接待休闲观光累计6万余人次。

【汉石桥湿地】 汉石桥湿地自然保护区位于顺义杨镇地区，距北京城区约35公里，总面积19平方公里，是北京市唯一现存的大型芦苇沼泽湿地以及多种珍稀水禽的栖息地，也是北京地区生物多样性指数最高的自然保护区之一。其中国家Ⅰ级重点保护野生动物2种，国家Ⅱ级重点野生动物17种，具有极大的保护和科研价值，对于区域经济社会可持续发展具有重要意义。保护区划分为核心区、缓冲区和实验区。核心区面积163.5公顷，是保护区的核心和精华，实行全封闭保护，控制人员进入；缓冲区面积12.1公顷；实验区面积1 724.4公顷，保护区主要针对这一区域开发利用，开展生态旅游、科研科普等方面工作。2011年共处理污水142万立方米，水质达到《城镇污水处理厂污染物排放一级A标准》，削减化学需氧量200吨，削减氨氮55吨，为湿地提供稳定的水源保障，解决湿地水源不足及水污染严重的问题，提升杨镇地区的环境质量。生态旅游成为热点，设置游船、趣味自行车、观鸟、垂钓、真人CS等旅游项目，增强湿地生态旅游的吸引力。

农村二、三产业

【总体发展情况】 共有镇村企业2.58万家（含个体），其中规模企业472家，职工总人数22.3万人。农村劳动力二、三产业就业率达到93%，同比提高2.2个百分点，其中二产从业人员6.4万人，三产从业人员6.3万人。

【主要指标保持高位增长】 镇村二、三产业实现总收入1 105.2亿元，利润71亿元，税收98.7亿元，同比分别增长23.4%、21.5%和24%。当年，镇村第二产业完成收入702.6亿元，同比增长15.8%；第三产业完成收入402.5亿元，同比增长39.5%，二、三产业收入比重为63.6∶36.4。

【重点产业发挥支撑作用】 汽车及配件产业贡献突出。汽车及配件企业全年完成总收入168.7亿元，占工业比重26.7%，占镇村二、三产业总收入的15.3%。其中23家收入1亿元以上企业实现收入161.2亿元，占行业总量的95.6%。新型建材产业保持稳定发展。全年完成收入82.5亿元，同比增长24.2%。

【规模企业得到长足发展】 镇村规模企业达到472家，全年实现收入915.2亿元，与同期相比增长26.1%，占到镇村二、三产业总收入的82.8%。2011年规模企业平均收入为1.94亿元。收入2 000万元以上企业实现收入898亿元，占规模企业收入的98.1%，与上年同期比，收入增加163.5亿元。472家规模企业中收入500万～1 000万元（不含）的企业83家；1 000万～5 000万元（不含）的企业187家；5 000万～1亿元（不含）的企业82家，同比增21家；亿元以上企业120家，同比增11家。

【镇村经济实力不断提升】 二、三产业收入超10亿元的镇有16个，其中仁和、李桥、南法信、天竺等11个镇二、三产业总收入超过50亿元。19个镇完成地方财政收入27.3亿元，同比增长26%。顺义区农村人均纯收入14 314元，同比增长14.5%。

【镇级产业基地平台效应显现】 到2011年底，19家镇级产业基地规划工业用地面积6.2万亩，已开发面积4.7万亩，累计入驻企业548家，入驻企业累计完成投资313亿元，占用土地面积3.5万亩，占已经开发土地的74.5%。累计安排本地劳动力就业4.2万人，占职工总数的72%。2011年，入驻企业实现营业收入446亿元，利润31亿元，税金28亿元，同比分别增长15%、11%和29%。2011年，19家镇级基地新增基础设施投入7.9亿元，新引进落地开工项目62个，计划总投资292亿元，到年底到位资金108亿元，项目占地6 280亩，项目达产后可实现年收入1 044亿元，利税69.5亿元。

【盘活闲置、技改取得成效】 各镇共盘活闲置资产项目22个，盘活资产2.3亿元，盘活土地463亩，盘活建筑面积9.3万平方米，其中5家为转让，17家为租赁，年内盘活项目实际完成投资2.8亿元。2011年，镇村24家企业进行技术改造，计划投资13.8亿元，其中固定资产投资12.5亿元，到年底，竣工投产项目13个，完成投资2.9亿元。

【经济社会贡献继续增强】 各镇完成属地税收98.7亿元，同比增长24%。完成属地税收2亿元以上有14个镇，其中仁和镇、天竺镇属地税收超10亿元。2011年，镇村二、三产业为职工提供的劳动者报酬总额53.8亿元，同比增长26.4%。2011年农村劳动力向二、三产业转移就业达12 259人。

【私营个体经济健康发展】 私营个体经济发展到27 949家，从业人员13.8万人。全年实现营业收入340.6亿元，同比增长8.8%，创利润总额35亿元，同比增长6.7%。2011年，固定资产投资在500万元以上且吸纳当地劳动力80%以上的新建私营企业19家，总投资8.1亿元，吸纳当地劳动力2 092人；盘活闲置资产在1 000万元以上的私营企业15家，累计盘活闲置资产3.2亿元；当年建设标准厂房5 000平方米以上的私营企业4家；当年农产品加工企业固定资产投资1 000万元以上私营企业4家，带动农户225户；当年本区人员新建投资300万元以上的私营企业3家，总投资3 800万元。

农村社会生活

【农村精神文明建设】 农村精神文明建设以“建党90周年”和“做文明有礼的北京人”主题宣传实践活动为主线，以群众性精神文明创建活动为载体，继续深化文明村镇、环境优美镇、生态村和区级绿色家庭、区级和谐家庭等基层创建活动。5—10月结合《关于进一步加强顺义区农村文化墙建设工作实施意见》，各镇村围绕“庆祝建党90周年”、“打击违法建设”等宣传内容推进农村文化墙建设，全年共清理破损文化墙2.9万延米，新建文化墙4.25万延米，其中新建拆违宣传文化墙1.05万延米，顺义区农村文化墙总数达到10万延米。2—11月围绕“做文明有礼的北京人——绿色出行文明交通从我做起”主题活动，分阶段分专题依次开展公交出行月、健康步行月、绿色骑行月、路口畅行月、文明行车月、成果展示月等宣传实践活动。此外，结合全市“绿色出行文明交通时尚达人”征集评选活动，4—10月期间，共推荐“公交出行”、“健康步行”、“绿色骑行”、“路口文明”、“文明行车”5个方面的时尚达人1 776名，顺义区174名时尚达人获奖，占全市获奖人数的34.8%，居全市之首。12月牛栏山镇获得全国文明镇称号，空港经济开发区获得全国文明单位称号。2011年顺义区共有全国文明单位1个，全国文明镇1个，全国文明村1个，国家环境优美镇12个，国家生态村1个；首都文明镇12个，首都文明村71个，北京市环境优美镇17个，生态村254个，区级绿色家庭累计1 882户，区级和谐家庭累计465户。

【农村科技】 强化科技支撑，提高农村科技水平。紧抓科技部农业科技城项目落地顺义区的历史机遇，会同农委、三高区、鲜花港等有关部门，深入挖掘整合顺义区农业科技资源，凝练科技需求，在此基础上加强与科技部和市科委的沟通联系，运作成功“花卉服务产业科技促进工程”市级重大科技项目，获得一期1 000万元的资金支持；深入实施农民万人培训计划，充分发挥基层科技组织、农民合作社、作用，通过集中授课、邀请农业专家实地指导等多种形式，扎实开展农民实用技术培训，切实提高农民科技素质和致富本领，年内培训农村总计11 000人次；运作涉农科技项目。依照科技部、市科委支持作重点，紧密结合区情，围绕顺义区农村科技工作重点领域、核心环节的科技需求，认真组织科技企业及相关部门申报各级各类科技项目。1—12月，累计申报国家级星火计划项目、农业科技成果转化项目等农业科技项目17个，获得批准9个。

【农村教育】 基础教育方面，公办幼儿园38所，入园4 180人、在园12 724人，离园3 499人；教职工1 149人小学39所（不含4所九年一贯小学部，各分、完小与中心校按一所学校统计）；教学班873个，在校生31 081人（借读生12 711人），招生6 554人（借读生2 935人），毕业5 001人；教职工2 758人，小学入学率100%，巩固率100%，毕业率100%，及格率100%。中学37所，其中，初中27所，完中2所，高中4所，九年一贯制学校4所；教学班746个，其中，初中教学班335个、完中教学班105个、高中教学班212个、九年一贯制学校教学班数94个；毕业9 286人（初中4 984人）、招生9 581人（初中5 566人），在校学生25 096人（借读生1 224人），其中，初中13 593人（借读生1 199人），高中11 503人（借读生25人）；初中入学率100%，巩固率100%，毕业率100%，及格率100%；高中阶段入学率70.74%，毕业合格率75%，应届高考录取率93.4%；教职工3 924人。特殊教育学校1所，在校生153人，教职工63人。全年教育经费投入149 550.2万元，其中，国家拨款145 675.3万元，自筹经费3 874.9万元。职业教育学校7所，其中，公办4所（其中高职院校1所），民办3所，设置专业24个，开设教学班51个；毕业2 223人，应届中等职业教育毕业生531人，就业签约率达到100%。与北京现代汽车有限公司联合开办“北京现代实验班”，探索校企“订单培养”人才新模式。教职工613人，其中，专任教师450人。全部职业学校占地432 086平方米、建筑面积204 179平方米，固定资产总值12 869.5万元。全年教育经费投入9 220.8万元，其中，国家拨款7 260.8万元，自筹经费1 960万元。成人学校3所，其中公办3所，民办0所，开设专业30个。毕业2 696人、招生2 667人，在校生8 772人；教职工92人。其他成人学校学历教育累计招生4 800余人，完成全年计划的103%。各类、各层次学历教育在校生达到12 400人。完成企业职工培训、农民培训等短期培训10 738人次，超额完成全年任务。继续加强“兴农讲堂”学习品牌建设，开展拆迁村农民素质培训，累计培训农民6 380人次。共有各级各类民办学校和教育机构90所，民办幼儿园13所，在园幼儿1 113人，教职工319人；民办中学6所，在校学生5 310人，教职工541人；民办职业高中3所，在校学生1 187人，教职工186人；培训机构68所，主要培训内容为文化补习、外语、电脑、艺术类、文体类、汽车驾驶等。固定资产563 078.9万元，教学实习仪器设备资产值达到412 649.27万元，教学用计算机1 406台，多媒体教室座位数4 223个，占地面积595 663.1平方米，教学行政用房建筑面积178 782平方米，图书藏量669 499册。5月召开城乡联动教育改革实验启动会，成立牛栏山一中、顺义一中、杨镇一中三大教育联盟，每个联盟内下设高中、初中、小学三个组团。义务教育均衡发展、城乡教育一体化发展、办学体制改革、课程教材改革、拔尖创新人才培养以及高中特色发展、推进中小学德育内容方法和机制创新7个方面改革实验正有条不紊地展开。7月被批准成为国家教育体制改革综合改革试验区。

【农村文化】 大力发展公益性文化事业，全面加强文化基础设施建设，构建公共文化服务体系，促进城乡文化一体化发展。顺义区农村数字电影厅覆盖率达到100%，对5个镇已经完成文化资源整合试点工作，将原来娱乐项目单一的农村数字电影厅，改造成为集电影放映、文化资源共享工程、卡拉OK、上网服务等多项功能为一体的“多媒体综合文化服务中心”，该项工作开始在顺义区推广。益民书屋实现顺义区行政村全覆盖的基础上，2011年，与市“益民办”沟通，加强书屋补充图书达标工作，在建成232个达标书屋后，年内预计可实现全部书屋达标。同时，书屋建设继续向街道、社区和其他社会的单位延伸，目前，顺义区共建立基层图书室501家，并实现网上查询、借阅、预订等功能。组织市级和区级优秀文艺团队为农村群众免费演出，确保顺义区所有行政村每年观看1场专业文艺演出和1场业余文艺演出。2011年，“农村文艺演出星火工程”共组织17支市级专业文艺团队演出450场；组织45支区级业余文艺团队演出550场，观众总人数达5万多人次。区影剧院组织“周末场”文艺演出60场，观众人数25 560人次。“二月新春”活动举办百场歌舞庆佳节、千场电影献基层、万册图书送下乡、万幅春联迎新春、万盏彩灯亮城乡等系列节庆活动及“高丽营杯”戏曲票友邀请赛、“赵全营杯”民间花会大赛、顺义区“绿港美、家乡好”农村原创文艺作品大赛、“仁和杯”北京市舞蹈大赛等精品赛事活动，顺义区投资约610余万元，举办群众文化活动690余场次，室内活动330余场次，室外活动390余场次，6万人次参与演出，观众达52万人次。“五月的鲜花”以“在党旗下歌唱”为主题，紧紧围绕建党90周年，广泛发动群众参与，顺义区广泛动员，各镇认真组织文艺汇演，共举办群众演唱会和文艺演出900多场，6万多人次直接参与活动，观众27万人次。2011年11月，举办北京市第二十二届农民艺术节“乡村大舞台”北京顺义专场，有3个节目进入全市总决赛，并分别取得一、二、三等奖，另有4个节目入选全市大汇演，一个节目还入选北京电视台“美丽乡村”春节晚会，获得近年来少有的好成绩。2011年还举办“追溯顺义老八景、描绘绿港新画面”全国书画摄影大赛优秀作品展、“打造绿色国际港，歌唱美丽新顺义”全国歌曲征集大赛颁奖典礼和优秀歌曲展播、第三届北京端午文化节暨“临空经济区杯”龙舟赛开幕式及相关活动，丰富群众业余文化生活。

【农村卫生】 有医疗卫生机构417个，其中营利129个、非营利288个。有卫生技术人员5 159人，其中执业（助理）医师2 255人、注册护士1 710人。实有病床2 609张。平均每千人拥有卫生技术人员5.88人、执业（助理）医师2.57人、注册护士1.95人、病床2.81张。全年户籍人口出生5 577人，出生率为9.54‰；死亡3 890人，死亡率为6.65‰。因病死亡3 682人，占总死亡人数的94.65%。死因顺位前十位依次为：脑血管病、心脏病、恶性肿瘤、呼吸系统疾病、损伤和中毒、内分泌营养和代谢疾病、消化系统疾病、泌尿生殖系统疾病、神经系统疾病、传染病，前十位死亡人数占总死亡人数的96.22%。人口自然增长率为2.89‰。顺义区参加新型农村合作医疗29.85万人，参合率99.8%。市、区、镇、村四级支持资金按照人年175元、165元、115元和5元标准给予补贴，个人出资60元，人年均资金520元，全年累计筹集资金2.0亿元。全年累计支出1.86亿元，补偿受益46.99万人次。其中，住院和特殊病门诊补偿1.99万人次，补偿支出1.1亿元；普通门诊补偿45万人次，补偿支出7 637.7万元。顺义区领取报销金万元以上人员2 882人，最高领取报销资金18万元。2011年，特殊病门诊医药费用直报工作在区内定点医疗机构全面实施，医院社区管理系统与新农合信息管理系统的无缝对接试点工作顺利。顺义区所有社区卫生服务机构全部供应零差率药品，零差率药品销售额11 524万元，同比增长57%。顺义区25所社区卫生服务中心，全部实行收支两条线，全年共上缴收入20 389万元，同比增加7.4%；财政拨付公用经费3 920万元，同比减少8%；拨付人员经费10 213万元，同比增长15%。有23家社区卫生服务中心设置中医科，中医科设置率为92%。

【农村体育】 与40余家有关单位和广大体育战线工作者一道，攻坚克难、精益求精，圆满完成环京赛顺义赛段各项筹办工作。活动中，北务狮舞、腾龙空竹、仁和大鼓、红绸腰鼓等文体表演和7 000余名夹道欢迎观众营造出高潮迭起、热烈欢腾的比赛氛围；景观布置靓丽多彩，赛事运行流畅有序，用精细的组织、优美的环境、安全的保障为世界顶级车手营造极佳的竞赛环境，做到令国际赛事组织满意、令参赛队伍满意、令观赛群众满意。赛事活动通过全程直播，充分体现绿色国际港的浓郁特色，极大提升顺义的知名度和影响力。以第七届全民健身体育节为龙头，举办“后沙峪杯”春季长跑、“南法信杯”健身操、“南彩曲美杯篮球”、“赵全营杯”拔河、“龙湾屯杯”登山、“地税杯”桥牌等十余项传统品牌体育赛事，顺义区百余家单位参与，20万人次投入其中，在全社会形成关注健康、科学健身、共创和谐的良好体育氛围。精彩纷呈的体育活动不仅带动广大市民走出家门、参与健身，更显著提升顺义人民的身体素质。在顺义区所参加北京市第七届农民运动会、北京市第八届体育节两大综合运动会中均取得区县团体总分一等奖、精神文明奖、突出贡献奖等三项殊荣。连续四年承办全国龙狮大联动顺义分会场展示活动，弘扬中国民族传统文化，传承民族体育项目；依托奥林匹克水上公园，打造出“北京绿色国际港端午体育文化节”市级品牌赛事，广电中心、江河幕墙等队伍代表北京参加京津冀三地龙舟友谊交流赛，取得三个第一的好成绩。加大农村体育投入力度，在牛栏山镇富各庄村、石园东苑、北小营镇马辛庄村等行政村、社区创建3个市级体育健身俱乐部、6个市级体育生活化社区和2个北京市体育特色村；建设篮球、笼式足球、乒乓球长廊等体育专项球类场地9处，并完成60套全民健身工程的建设更新。新落成的仁和镇文体广场被评为“全国乡镇体育健身示范工程”。由顺义区首创的“百村万户助农健身工程”，向19个镇的40个村、3 000户农民发放乒乓球台、乒羽拍、象棋等设施器材和健康礼包，奏响“百村万户齐健身、共建和谐新农村”的主旋律，点燃广大农民朋友参与全民健身的热情。

基层组织与民主政治建设

【村民自治】 村民自治工作重点突出，机制完善。13个村委会被评为北京市先进村委会，6个村委会主任被评为北京市先进村委会主任。一是完善村务公开民主管理制度。制定出台了《顺义区关于进一步深化村务公开民主管理工作的意见》，修改农村基层组织规范化管理手册“五簿一编”，重点对村务公开、民主决策、民主管理、民主监督部分进行详细规范。在2011年北京市村务公开民主管理工作会议上，顺义区作为全市唯一一个区县介绍村务公开民主管理工作先进经验。二是426个村全部建立村务监督委员会。426个村采取无记名投票的方式，推选产生了1 565名村务监督委员会成员，其中包村干部157人，大学生“村官”104人，“一助一”工作队人员6人。通过优化人员结构，明确监督职责，完善监督内容，健全工作机制，扎实做好村务监督委员会建设工作。三是统一修订完善《村民自治章程》和《村规民约》。通过召开村民代表大会对《村民自治章程》和《村规民约》进行修改完善，实现了由政府制定规则让群众执行，转变为政府和群众共同参与标准制定、共同监督标准执行，使群众真正成为社会服务管理的参与者、受益者和监督者。四是开展《村委会组织法》地方性法规立法调研工作。在19个镇379个村开展村级民主建设调研活动，发放调查问卷18 950份，调查内容包括村务公开、民主决策、民主管理、民主监督、民主选举等。召开组织部、农工委、民政局、相关镇等14家成员单位参加的专题座谈会，认真分析现阶段农村基层民主建设方面存在的问题，对立法工作提出了合理立法建议和具体解决措施。五是开展农村社区服务站标准化建设。在全区205个村建立农村社区服务站，累计建设320家农村社区服务站，全部配置安装咨询台、电脑、打印复印传真一体机、宣传架等办公设施，梳理规范了公共服务、公益服务和便利服务等三类67项服务项目，实现了统一形象标识、统一项目设置、统一运行流程、统一服务规范、统一资源调配，方便村民生产生活，提高农村社区服务水平。

【农村党政建设】 农村基层创先争优活动扎实开展，涌现出一批先进典型，在庆祝建党90周年表彰中，天竺镇等10个镇被评为“顺义区党建工作先进单位”，46个村党支部被评为全区先进基层党组织，93人被评为全区优秀共产党员，仁和镇平各庄村党支部书记蔡玉民被评为全区优秀党务工作者，马坡镇庙卷村党支部书记程广林被评为北京市优秀共产党员。5月份，分两期对426名农村党组织书记进行了“社会服务管理创新”专题培训，有力促进了社会服务管理工作。北小营镇的“1+1+15”农村社会服务管理模式得到市委书记刘淇同志的肯定。8月份举办第八期农村优秀人才培训班，对39名村级优秀人才进行了“科班”培养。完成村务监督委员会选举工作，倡导“2+1+2”组建模式，即村监会中要有2名村外监督员、1名村党组织委员或村里德高望重的老党员担任主任、2名熟悉村政事务、办事公道的本村监督员。截至11月中旬，全区426个行政村均选举产生了村务监督委员会，有157名包村干部、104名村官和6名“一助一”工作队队员被选进村监会。落实北京市委组织部、市直机关工委和市委农工委城乡党组织结对共建会议精神，12月份，举行了“城乡党组织结对共建活动启动仪式”，北京市检察院二分院、检验检疫局、人力社保局、商务委、人口计生委、住房公积金管理中心、市委610办公室等7家市直单位与顺义区9个经济发展薄弱村开展了城乡结对共建活动。全区农村党的建设“三级联创”活动扎实开展，成效显著，在全市继续保持领先。

农村生活与农村社会保障

【农民收入与消费】 农民人均纯收入14 314元，同比增加1 814元，增长14.5%，延续连续多年较快增长的好势头。随着顺义区农民收入水平的增长，农民的消费能力显著提高，生活质量逐步改善。2011年，顺义区农民人均生活消费支出为9 926元，同比增加1 287元，增长14.9%。

【工资性收入保持平稳增长】 工资性收入是农民增收的主要来源。全年农民人均工资性收入为9 340元，同比增加1 136元，增长13.8%，增收贡献率为62.6%，拉动农民人均纯收入增长9.1个百分点。

【家庭经营纯收入稳步增长】 农民人均家庭经营纯收入为1 585元，同比增加133元，增长9.2%，占顺义区农民人均纯收入的比例为11.1%。其中第一产业纯收入为503元，同比增长8.4%；非农产业（二、三产业）纯收入为1 082元，同比增长9.5%。

【财产性纯收入增速较快】 农民人均财产性纯收入为1 194元，同比增加235元，增长24.5%，占顺义区农民人均纯收入的比例为8.3%。

【转移性纯收入稳步增长】 农民人均转移性纯收入达到2 195元，同比增长16.4%，占顺义区农民人均纯收入的比例为15.3%。农民离退休金、养老金收入为1 584元，同比增长7.8%。

【生活消费支出】 农民人均生活消费支出为9 926元，同比增加1 287元，增长14.9%。其中食品消费支出为3 187元，同比增长5.2%。占生活消费支出的比重（恩格尔系数）为32.1%，同比下降3个百分点。恩格尔系数的下降表明顺义区农民生活水平在不断提高，富裕进程在不断加快；衣着消费支出663元，同比增长8%；居住消费支出2 426元，同比增长69.1%；家庭设备、用品及服务消费支出703元，同比增长32.8%；医疗保健消费支出1 046元，同比增长7.3%；交通和通讯消费支出1 043元，同比下降2.2%；文化教育、娱乐用品及服务支出671元，同比减少171元，下降20.3%。

【农村劳动力和就业情况】 坚持“就业优先”原则，推进“充分就业区”创建工作。农村劳动力二、三产业就业率达92%，农村劳动力转移就业12 259人，完成全年指标（6 000人）的204%；累计安置农村就业困难人员4 925人，完成全年指标（3 000人）的164%；培训农村劳动力10 963人，完成指标（10 200人）的107%。农村劳动力自主创业327人，带动农村劳动力就业1 173人；截至2011年底，农村劳动力自主创业累计申请贷款142人，发放贷款金额1 652万元。

【完成“两个并轨”】 顺利完成“一老一小”和无业居民医疗保险制度、公费医疗保险与城镇基本医疗保险的并轨。顺义区原享受公费医疗人员2.8万人全部纳入基本医疗保险管理，启动社保卡二期工程，实现门诊、住院费用的实时结算。目前，顺义区累计制卡32.9万张，发卡率99.9%。

【社会保险参保率稳步扩大】 五项社会保险累计收缴基金38.61亿元，同比增长35.11%；五项保险平均参保人数达24.3万人，同期增长14%；五项社会保险基金累计支出17.98亿元，同比增长30.08%。城镇居民基本医疗保险参保人数达7.14万人，收缴4 818万元，支出1 418万元。城乡居民养老保险参保人数11.54万人，收取基金2.60亿元，农村劳动力参保率达到96%。累计为2.97万人发放城乡居民养老金1.39亿元；为5.33万人发放无保障老年人福利养老金1.99亿元。

农村改革与管理

【概况】 区经管站认真落实党在农村的各项基本政策，创新农村经济体制机制，努力加强自身建设。以加强农村“三资”管理工作为重点，以保持农村社会稳定、促进农民增收为中心，全面贯彻落实国家惠农政策，使顺义区的“三资”管理、土地承包经营管理、农民负担监督管理、农村审计监督、规范发展农民专业合作社等工作得到进一步加强，确保农经各项工作落到实处，成为贯彻落实党在农村基本政策的生力军和农民意见上传的主渠道。

【农村改革深入推进】 产权制度改革进展顺利，2011年启动199个村改革工作，完成187个，顺义区累计完成414个。重点实施市级挂账村天竺村、梅沟营村改革工作；抓紧推进南法信镇卸甲营村、马坡镇小孙各庄村、牛栏山镇张家庄村、仁和镇梅沟营村资产处置试点工作，为推动顺义区整建制拆迁村集体资产处置摸索经验。充分发挥流转信息平台作用，深入推进农业规模经营，进一步规范农村土地流转和集体资产管理，促进集体资产保值增值，带动农民增收致富，全年新增流转面积1.7万亩。

【农村土地承包经营权流转】 383个村确权土地面积62.1万亩，其中：土地确权确地的村2个，涉及农户478户，1 734人，面积4 027亩；确权确利的村95个，涉及2.8万户，8.3万人，面积11.8万亩；确地确利相结合的村286个，涉及8.2万户，26.8万人，面积49.9万亩。顺义区流转土地总面积41.7万亩，占确权面积的67.1%。其中确地后流转（农户间为耕种方便，在本村农户间进行互换，或暂不愿经营土地的农户将土地流转给本村大户，适当收取土地流转费）面积0.9万亩，占流转面积的2.1%；确权确利流转（主要是不确定地块，农户将土地直接流转给村集体，村集体将接转的土地采取集体经营、大户承包和对外租赁的形式经营。农户从村集体领取土地流转收益）面积 40.8 万亩，占 97.9%。2011 年顺义区兑现土地收益 1.98 亿元，亩均兑现收益 485 元，同比增长 14.9%。

【农村集体资产和财务管理】 为更好地在基层开展工作，提高工作质量，2011 年，区经管站举办农村财会培训班 2 期，对 500 余名镇村两级财会人员进行业务培训。完善"村账镇管"制度，顺义区 426 个村全部实行"村账镇管"；所有镇都实行"村账镇审、集中办公、两级审核、民主监督"的农村财务管理机制，堵塞各种财务漏洞；顺义区全部实行财务公开。

【农民负担监督管理】 为防止村级组织向农民乱收费，确保村级组织正常运转，市、区财政按照城乡统筹的原则，加大对村级组织转移支付的力度。2011 年顺义区 426 个村，市、区两级财政应拨付村级公益事业专项补助资金 5 981 万元，实际拨付 5 981 万元，其中市财政拨付 4 584 万元，区财政拨付 1 278 万元（426 个村每村补贴 3 万），补发新增市级薄弱村 2010 年款项 119 万元。

【农民专业合作组织发展】 在区经管站备案的农民专业合作社共计 165 家，其中涉及种植类合作社 53 家，林果类合作社 42 家，养殖类合作社 36 家，农机类合作社 25 家。北京天天康乐果品产销专业合作社等 4 家农民专业合作社荣获 2011 年市级农民专业合作社示范社，北京兴绿发果品产销专业合作社等 4 家农民专业合作社获得示范社建设单位。

顺义新城建设与开发

【新城核心区村庄拆迁工作顺利进行】 顺义区新城特色居住区（11 号地）和顺义新城风情小镇（12 号地）土地一级开发项目截至 2011 年已完成总建筑面积约 50.43 万平方米的拆迁工作，完成总拆迁量的 99%。西马坡居住区双限房土地一级开发项目已完成涉及村庄总建筑面积约 26.4 万平方米的拆迁工作，其中宅基地 178 宗，建筑面积约 6.6 万平方米；非住宅 44 个，建筑面积约 19.8 万平方米，完成总拆迁量的 98%。

【新城核心区回迁安置有序进行】 2011 年 10 月 28 日至 11 月 20 日进行向阳村期房的回迁安置工作。此次向阳村回迁期房涉及 604、605、707 三栋楼，共 363 套回迁安置房源。

【新城核心区市政基础设施继续完善】 2011 年陆续完成坤安路中段和南段、马场东路、顺安路（顺成大街至顺政街段雨、污水工程）、顺生大街（坤安路至仁安路段污水工程）、和安路（顺恒大街至顺祥街路段雨、污、给水工程）的施工以及坤安路、马场东路的验收工作。自开工建设以来，共完成"十六路、一桥、一通道"的建设，投入建设资金约 9 亿元，总里程 29.4 公里，占总量的 50%。

【新城核心区住宅建设有序开展】 新城核心区内顺义新城 1#地佳和宜园项目（回迁安置房项目、商品房项目）、泰和宜园项目（马坡组团回迁安置房三期）、富力湾项目已建设完成，香悦四季住宅项目、金宝花园工程、新城 7#地花园洋房项目、顺义新城 9#地保障性住房项目、中铁花溪渡（中铁置业集团商品房项目）、北京住总正华集团永泰嘉园双限房项目、民生银行生活公寓项目建设正有序进行。

【新城核心区招商工作稳步推进】 民生银行总部基地项目扎实推进，2011 年完成投资额 4.2 亿元。五个单项工程二次砌筑工程已基本完成，正在进行外幕墙的施工工作，各单项工程平均完成幕墙施工 90%左右。排水、空调、通风管道完成 90%。消防工程已开始施工。弱电桥架完成 90%，计划于 2012 年 6 月底竣工。金蝶软件总部基地项目计划总投资 10 亿元，于 2011 年 5 月开工，2011 年已完成投资额 2.2 亿元，年底主体结构已封顶。北京银行后台处理中心项目于 2011 年 3 月签署入园协议，目前正在就选址、用地需求等具体情况进行洽谈。中信银行数据中心项目已于 2011 年 4 月 27 日签署合作协议。正德人寿总部基地项目已于 2011 年 4 月 29 日签署合作意向书，目前正在办理项目用地征地工作。中国北京国际文化创意博览园等在谈项目正在推进。

顺义区主要领导人

区委书记	张延昆
副书记	王　刚　闫立刚
	周颖博（12 月任）
	胡尚云（12 月免）
常　委	肖韵竹（女）
	车克欣（女，8 月任）
	李国营　林向阳
	于庆丰（9 月任）
	于凤春
	祝卫东（4 月任）
	朱家亮（12 月任）
	肖承继（12 月任）
	雷显武（8 月免）
	李友生（9 月免）
	杨宝华（12 月免）
区人大主任	胡尚云（12 月任）
	马庚良（12 月免）
副主任	冯庆森
	董占云（12 月任）
	吴建国（12 月任）
	李福成（不驻会）
	白丽洁（女，不驻会，12 月

任）
周庆禄（12月免）
贾春林（12月免）
周淑伶（女，不驻会，12月免）

区　　长　王　刚

副区长　林向阳
于庆丰（10月任）
祝卫东（5月始，挂职两年）
赵贵恒
燕　瑛（女）
张晓峰
盛德利（12月任）
李友生（10月免）
车克欣（女，10月免）

区政协主席　杨宝华（12月任）
陶宝金（12月免）

副主席　田建国
闫志广（12月任）
孙桂祥（12月任）
田家玉（不驻会）
李向英（女，不驻会，12月任）
刘　静（女，不驻会，12月任）
王玉奇（12月免）
刘亨文（女，不驻会，12月任）
蒋世林（不驻会，12月免）

顺义区乡镇党政正职领导

	党委书记	主任、镇（乡）长
仁和镇（地区办事处）	吴耀新	陈汉松
马坡镇（地区办事处）	朱家亮	董敬红（女，3月任） 姜　蒙（3月免）
牛栏山镇（地区办事处）	单成刚	郝蔚泉（3月任） 王文荣（女，3月免）
赵全营镇	胡小兵(3月任) 李宝东(3月免)	赵志勇（3月任） 史长生（3月免）
高丽营镇	肖承继	李　刚（3月任） 单晓梅（女，3月免）
北石槽镇	宋　鹏	王　江
南法信镇（地区办事处）	郭振江	李　衍
后沙峪镇（地区办事处）	赵洪涛（3月任） 张尚强（3月免）	王　辉（3月任） 赵洪涛（3月免）
天竺镇（地区办事处）	韩凤桐	史卫东
李桥镇	徐晓武	王卫军（3月任） 张爱冬（3月免）
南彩镇	马朝龙	张香东
杨镇（地区办事处）	张友生	刘晨光
张镇	洪　全	王新兵（女）
北小营镇	王　泽	卞云鹏
木林镇	姜　蒙（3月任） 胡小兵（3月免）	王海松
龙湾屯镇	马云虎（8月任） 张希德（8月免）	朱向国（8月任） 马云虎（8月免）
李遂镇	孙书林	武　捷
北务镇	李长勇	黄海鹏
大孙各庄镇	苏东海	马　强

（顺义区史志办　刘秀娟　张　然）

昌平区

概　述

昌平区位于北京市西北部，面积1 343.5平方公里，耕地面积17.66万亩。辖15个镇（地区办事处）、2个街道办事处和北企公司、304个行政村。2011年末，全区常住人口173.8万人，比上年末增加7.7万人，增长4.6%，其中常住外来人口89.6万人，比上年末增加4.9万人，增长5.8%；全区户籍人口54.8万人，比上年末增长2.8%，其中农业人口20.2万人，占全区户籍人口的36.8%，比重比上年末下降2个百分点。全区户籍人口出生率10.98‰，死亡率5.03‰，自然增长率5.95‰。全年实现地区生产总值447.7亿元，同比增长12%。其中：一、二、三产业增加值分别为6.6亿元、220.8亿元、220.3亿元，分别增长17.7%、12.5%、11.3%，按常住人口计算，全区人均地区生产总值达到26 344元（按年平均汇率折合4 079美元）。三次产业结构由上年1.5：48.3：50.2变化为1.5：49.3：49.2。全区累计完成财政收入45.4亿元，同比增长27.5%。区域税收完成160.8亿元，同比增比增长 27.5%。区域税收完成 160.8 亿元，同比增长 13.1%。实现城镇居民人均可支配收入 27 669 元，比上年增长 13.3%；扣除价格因素后，实际增长 7.3%。农村居民人均纯收入 13 441 元，比上年增长 13.3%；扣除价格因素后，实际增长 7.3%。城镇居民恩格尔系数为 31.9%，比上年下降 0.3 个百分点；农村居民恩格尔系数为 32.3%，比上年提高 4.3 个百分点。农村居民人均住房面积 58 平方米，比上年增加 14 平方米。

城乡一体化

【农村城市化进程明显加快】 坚持城市化发展方向，以重点功能区和城乡结合部重点村为突破口，在区拆迁总指挥部的正确领导及全区各部门的通力合作下，实施大力度拆违、大规模拆迁、大组团建设。截至 2011 年底，全区剩余未拆迁城乡结合部重点村范围内的一切生产经营活动全面停止，流动人口清理、违法建设认定、重点人员签约等基础工作取得突破。其中：七里渠南北村完成住宅户签约 788 宗，签约率 91%，非住宅签约 26 宗，签约率 83.9%；马连店村完成住宅签约 371 宗，签约率 90%，非住宅签约 31 宗，签约率 42%；中滩村完成住宅签约 320 宗，签约率 91.4%，非住宅签约 38 宗，签约率 60%；东小口村完成住宅签约 422 宗，签约率 98%；单芦组团完成住宅签约 322 宗，签约率 98%。5 年来，全区累计完成拆迁面积 556.9 万平方米，拆除违法建设 265.8 万平方米，新建回迁楼 355.5 万平方米。完成土地储备开发投资 300 亿元。

【城乡环境面貌明显改善】 城市化率达到 61.2%，比 2006 年提高 6.4 个百分点。城市道路总里程达到 235 公里，公路总里程达到 1 827 公里。水电气热等基础设施进一步完善。林木绿化率、森林覆盖率分别达到 61.8%和 39.9%，空气质量二级和好于二级天数占全年比重保持在 71%以上。

【城乡结合部综合配套改革试点推进】 全面推进东小口地区综合配套改革试点工作。4 月 12 日，《昌平区东小口地区综合配套改革试点方案》经市政府专题会议审议并原则通过。根据刘淇书记的意见，对《试点方案》中解决当地居民“职住平衡”的措施进行了完善。9 月 7 日，完善后的《试点方案》经第 208 次市委常委会审议通过。从体制上，将东小口地区拆分为 3 个街道，每个街道管辖管理约 10 万人，同时保留东小口镇。通过实施综合配套改革，力争到 2015 年把东小口地区建设成为公共服务到位、充满创新活力、环境和谐优美、百姓安居乐业的“奥北创业新城、生态宜居家园”，成为首都破除城乡二元结构、率先形成城乡经济社会发展一体化新格局的重要示范区。

【实施农村城镇化改造工程】 全区已有 25 个村完成了城镇化改造。实施大修工程，新铺路面 11 万平方米、步道 5 000 平方米。在昌流路、南口大街等 12 处道路新装、改造路灯 666 盏，在南口地区安装太阳能路灯 100 盏。完善了重点地区、重要道路的交通设施，新装交通信号灯 7 处、闯红灯监控设备 7 处、各类交通标志牌 86 套。

都市型现代农业

【概况】 坚持按照“强二优三精一”的产业发展思路，不断加大强农惠农力度，农业产业结构不断优化升级，推动了都市型现代农业的快速发展，以设施农业为龙头，“一花三果”为主导的都市型现代农业产业初具规模。全年完成农林牧渔业总产值 19.8 亿元，同比增长 18.1%，增幅比上年提高 8.8 个百分点。其中：农业产值 81 102 万元，同比增长 21.6%；林业产值 16 032 万元，同比增长 18.8%；畜牧业产值 91 932 万元，同比增长 16.3%；渔业产值 3 456 万元，同比增长 15.7%。

以“一花三果”为主导的都市型现代农业继续提质增效。全区新建日光温室 4 178 栋，春秋大棚 201 栋，新增设施农业 10 227 亩。采收百合切花 478 万枝，收获百合种球 500 万粒，实现年产值 6 000 万元，同比增长 30%。累计建设草莓日光温室 1 万栋，投入生产 8 000 栋，年产量突破 700 万千克，生产季产值实现 1.8 亿元。以果园公园化为目标，建成有机化苹果基地 2 万亩，苹果年产量达到 1 837 万千克，产值实现 1.65 亿元，分别比上年增长 4.7%和 11.5%。建成甜柿示范点 500 亩，扩大了甜柿的种植规模，同时，不断改进柿饼加工技术、提高冰柿加工水平，提升了传统果品产业在农民增收中所占的比例。

【种植业】 粮食播种面积 85 042 亩，同比下降 18.8%；亩产 298.53 千克，同比增长 37.9%；总产 25 388 吨，同比增长 12%。其中：夏收粮食（冬小麦）播种面积 11 886 亩，同比下降 1%；亩产 230.1 千克，同比下降 3.7%；总产 2 734 吨，同比下降 4.6%。秋收粮食播种面积 73 156 亩，同比下降 21.1%；亩产 309.7 千克，同比增长 45%；总产 22 654吨，同比增长 14.4%。认真贯彻落实全市粮食直补和农资综合补贴文件精神，全区 12 个镇（街道），享受补贴的小麦面积 11 842.5 亩、牧草面积 5 085亩、玉米面积 72 381.15 亩、水稻面积 437.5 亩，补贴资金 843.55 万元，其中：良种补贴 84.86 万元、粮食直补 314.57 万元、农资综合补贴 379 万元、生态补贴 65.16 万元，按照粮食直补程序及时发放了抗旱促春管补贴资金 244 282 元。同时，根据全市“菜篮子”工程建设要求，着眼于稳步提高主要产品自给率、控制率、合格率及应急保障能力，2011 年完成新菜田建设 5 065 亩，其中：设施菜田面积 3 209 亩、露地蔬菜面积 1 856 亩。重点打造百善镇千亩设施蔬菜标准园，辐射带动周边蔬菜产业的发展。截至 2011 年末，全区蔬菜播种面积 23 480 亩，蔬菜产量43 454.9吨。其中，蔬菜产量占比重最高的是白菜类，产量达到14 036.6吨，占全区蔬菜产量的32.3%；其次是叶菜类产量实现8 234.2吨，占全区蔬菜产量的18.9%；价格较高的食用菌产量达到3 850吨，占全区蔬菜产量的8.9%。蔬菜虽然面积、产量有所下降，但是，由于品质提升和价格带动，蔬菜产值不断增加。

【设施农业】 进一步规范设施农业建设，以园区化、景观化为目标，按照"一花三果"主导产业的发展思路和《昌平区设施农业规划》（2010—2012年）的总体布局，稳步推进设施农业建设工作。2011年，全区新建日光温室4 083栋，春秋大棚201栋。已利用的设施占地总面积14 372亩，同比增长9.9 %。设施农业收入达到36 382.5万元，同比增长33%。其中，日光温室占地面积13 128亩，同比增加1 392亩，在全区设施农业所占比重达91.3%，日光温室收入达到33 901.1万元，同比增长31.4%。

【草莓产业】 全力以赴备战第七届世界草莓大会，大会重点项目建设基本完工。场馆方面，"一园两中心"主体工程已完工，九华山庄设施改造、绿化美化和内部环境提升工程全部完成。配套路网方面，规划建设的小汤山工业区东侧路、白马路西延、昌金路、顺沙路、昌崔路东延5条道路，已主体完工或通车运行。环境建设方面，全面开展了会场周边10条道路沿线的环境整治，安四路、昌金路、崔昌路3条主要道路两侧的绿化美化，周边29个村庄的环境提升工程及肖村河的河道综合治理。景观布置和氛围营造工作也已进入设备制作和施工阶段。草莓产业发展水平显著提升，逐步形成了"小区域大产业、小队伍大服务、小草莓大市场"的产业集群。全区累计建设草莓日光温室1万栋，投入生产8 000栋，高标准配套建设了3万亩水电路基础设施工程。2010—2011草莓生产季，全区草莓产量达到700万千克，产值突破1.8亿元，带动3 500多户农民增收，栋均年纯利2万元以上。同时，与西班牙商会、日本诚和株式会社等国际机构及众多国内农业院校、科研机构建立了产业合作关系，欧洲（北京）草莓研究所已投工建设，产业发展水平正在逐步与国际接轨。

【林果业】 林果品产业以"提质增效、标准管理"为指导，全面加强果树标准化管理技术培训，积极推动果树产业发展。苹果产业提质增效明显，全区新建标准化果园3 050亩，新发展果树4 633亩（其中：新发展苹果2 103亩；矮化1 078亩，乔化1 025亩），重点建设桃林和北流两个标准化果园，在兴寿镇启动建立了850亩桃林辛庄高效集约现代苹果观光园，为昌平区历史上首个单体面积最大的苹果园。全区建成"零农残"有机化苹果基地2万亩，建立果园覆膜节水技术示范点2 000亩，进一步提升了苹果产业的现代化水平。传统果品产业标准化发展，引进优质甜柿品种，促进名特优果品升级，以柿子为代表的传统林果（含干果）产量达19 696吨、产值实现1.38亿元，特别是以柿子冰激凌、涩柿脱涩、柿饼加工等为代表的系列柿产品加工技术日趋完善，建成自然脱涩甜柿示范点500亩，引进甜柿接穗1.6万根，引进日本水蜜桃品种19个，在十三陵、南口、延寿镇建立示范点5个。完成板栗优良品种"燕红"、"燕昌"栽培技术示范与推广项目的总结验收和核桃选优、嫁接、观察、采收工作。昌平区全年果品总产量达39 148吨，总产值达3.12亿元，比上年分别增长2.68%和6.8%。其中，苹果产量达19 452吨，产值实现1.74亿元，分别比上年增长15.3%和8.1%。

【畜牧业】 以市、区两级政府养殖业重点工程建设为核心，按照生产稳定、安全、环保为原则，进一步加强了生态型养殖业的发展，编制完成了《昌平区畜牧业2011—2015年发展规划》，加大了规模养殖场的标准化水平建设力度，提高了畜牧业环保生产水平。年末总存栏129.41万头/只，累计出栏135.22万头/只，生产鲜奶5.49万吨，生产鲜蛋0.85万吨，肉类总产量1.10万吨。其中：生猪存栏7.15万头，出栏10.11万头；肉羊存栏1.66万头，出栏2.13万头；肉鸡存栏6.06万只，出栏107.97万只；蛋鸡存栏104.03万头；鸭存栏8.96万只，出栏13.39万只；奶牛存栏1.09万头；其他畜禽存栏0.43万头/只，出栏1.60万头/只。重点探索发展现代化生态养殖业，建设生态养殖化猪舍2.1万平方米，实现节水节能生态养殖水面改造87 312平方米。投资300万元，采取"发酵床"和"沼气"两种模式，完成6家养殖场粪污治理设施建设，提高了养殖场粪污无害化处理率，改善了周边环境。

【动物卫生监督】 共开展高致病性禽流感免疫3次，口蹄疫免疫3次，完成高致病性禽流感免疫390.2万只次，猪、牛、羊口蹄疫免疫42.5万头（只）次，高致病性猪蓝耳病免疫24.00万头次，鸡新城疫免疫597.68万只次，猪瘟免疫27.66万头次，狂犬病免疫6.59万条，完成羊痘、猪乙脑、鸡传染性喉气管炎等18种疫病指导性免疫939.30万头（只）次。共进行高致病性禽流感免疫抗体监测9 420只次，抗体合格率为96%；牲畜亚Ⅰ型口蹄疫免疫抗体监测3 176头（只）次，抗体合格率为92%；牲畜O型口蹄疫免疫抗体监测5 295头（只）次，抗体合格率为97%；奶牛A型口蹄疫免疫抗体监测2 147头次，抗体合格率为91%；鸡新城疫免疫抗体监测4214只次，合格率为94%；猪瘟免疫抗体监测1 552头次，合格率为97%；蓝耳病免疫抗体监测1 539头次，合格率为99%，对抗体不合格场户及时进行了补免，确保了畜禽的免疫抗体水平始终处于较高的合格水平。继续完善三级动物防疫体系队伍建设，组建170人社区动物防疫员队伍，稳步推进动物卫生与畜牧管理三大体系建设，扎实推进动物防疫精细化管理。以"绿剑行动"及"瘦肉精"、"打非添"等综合整治行动为主线，有效开展动物卫生监督执法检查工作，开展各类检查 628 次，出动执法人员 3 299 人次，检查各类农资生产、经营企业 1 008 场次，整顿市场 36 个次。加强检疫工作力度，产地检疫猪 6.06 万头、牛 0.06 万头、羊 0.15 万只、禽类动物 1 653.13万余只，检疫种蛋 472.61 万余枚，其他动物 40.24 万余只，动物产品 4075 吨；屠宰检疫生猪 132.55 万余头、活鸡 1 903.38 万余只，对检出的病害猪 0.41 万头、病鸡 28.11 万只全部实施了无害化处理。

【水产业】 狠抓渔业重点项目，突出温水鱼产业特色，强化水产品质量安全监管，推进高产高效池塘及渔业基础设施建设建设。10 月底，完成了“中央财政 2010 年现代农业生产发展资金”项目——常兴庄渔场生态养殖改造项目，完成池塘改造 35.5 亩，育种车间水处理系统升级改造 6 套，办公及服务用房改造 1 100 平方米，场区铺装改造 1 830 平方米，场区绿化 2 530 平方米，对提高全区温水鱼产业的现代装备水平、扩大罗非鱼养殖规模起到了积极的促进作用。11 月，完成了北京浩波渔村农家乐旅游观光园、北京崔村平安渔场、北京海曼水产养殖有限公司共 95.6 亩水面的渔业高产高效生产基地建设工程。同时，做好增殖放流工作，共向十三陵水库、响潭水库、王家园水库、南庄水库、上庄水库、长沟水库、东小口森岭公园、温榆河沙河坝等自然水域放流鲢鱼 39 000 千克、鳙鱼 8 600 千克、草鱼 1 600 千克、红鲫 2 000 千克、红鲤 1 925 千克。强化市场水产品质量监管，全年累计抽查城北回龙观商品交易市场、水屯农副产品批发市场等水产市场样品 373 个，均未发现农药残留物。

【渔政执法】 加大对水产品违规经营利用、自然水域违法捕捞等行为的执法检查力度，全年共出动执法人员 243 人次、出动执法车辆 55 车次，开展自然水域例行检查 36 次，检查水产养殖场所 145 个次、水产品经营利用企业 30 个次，进一步规范了全区水产品经营利用管理、遏制了违法捕捞等违法行为。

【花卉业】 坚持发展以百合花为代表的花卉产业，采用“送货到地头＋收货到门口＋保底价格收购＋超额分成＋无营销费用”的服务方式，解决花农的物资供应和产品销售等问题。全年种植百合日光温室 1 588 栋，实现产值 6 008.38 万元，同比增长 30%。其中：全年采收百合鲜切花 504.2 万支，实现销售收入 3 065.54 万元，生产商品百合种球 550 万粒，各种自繁种球 505 万粒。积极开发鲜切花新品种，销售假龙头、黄莺、飞燕草、红瑞木、龙柳、龙桑等切花花卉，轮作生产切花 25 万枝，实现产值 37.5 万元。北京昊景花卉种植园、北京盛斯通生态科技有限责任公司进行盆栽百合尝试，种植种球 10.7 万余粒，生产百合盆花 3 万盆。积极创新野生花卉繁育工作，月季、宿根花卉上盆 90 万盆，培育精品月季 2 000 盆，嫁接树状月季 30 株，播种蔷薇砧木 40 万株，扦插繁殖香草、草花 30 万株。全年实现兰花、干燥花等花卉出口 450 万美元，居全市花卉出口第一位。

【籽种业】 籽种业收入 23 481.8 万元，其中，销往外埠 17 212.1 万元，占全区种业收入的 73.3%。种业生产中农业、林业总收入分别占 13.7%、4.5%，牧业、渔业分别占 81.3%和 0.5%。牧业占全区种业收入的 81.3%，是全区种业收入的主体，其增加变化带动总体种业发展的趋势。全年牧业种业收入为 19 094.9 万元，占比最高的是种雏禽收入，达到 10 391.7 万元，占全区牧业种业收入的 54.4%，其中，销往外埠收入达到 9 294.3 万元，占全区牧业种业收入的 63.5%。另外，推动百合花、草莓两大种植业种业发展。加速百合花国产化种球的繁殖进程，生产过渡百合种球 50 万粒，百合组培球库存品种 20 余个，种球 25 万粒；扦插种球 25 万粒，实现种球产值 1 929 万元。打造全国草莓种业高地，先后引进美国拉森、台湾三益等国内外知名育苗企业，完成了 6 000 亩草莓生产苗繁殖基地建设。不断聚集优新草莓品种，积极开展草莓优良品种、先进技术的试验示范，建立了中国草莓种质资源基因圃，引进来自西班牙、美国、意大利、日本等国家及国内草莓育种单位的草莓品种资源 135 个、先进栽培模式 17 种，进行草莓种苗繁殖技术研究。4 月，国家质检总局为“昌平草莓”获得国家地理标志保护产品进行了颁牌。

【休闲农业】 观光休闲农业发展继续向好，观光园个数保持稳定，接待人次略有下降，总收入同比呈现两位数增长；在民俗旅游户数稳定的情况下，由于较大规模的民俗户经营较好，带动全区接待人次及民俗旅游收入同比增长。全区观光园及民俗旅游业生产高峰期从业人员达到 6 125 人，同比增长 10.7%，其中，本地从业人员达到 4 298 人，同比增长 14.8%，带动就业人员劳动报酬同比增长 18.2%。全年观光园总收入实现 32 062.2 万元，同比增长 31.7%；接待人次 1 209 003 人次，同比下降 3.9%。采摘产量达到 304.9 万千克，同比增长 22.5%；采摘收入达到 7 057.7 万元，同比增长 33.6%；带动出售农产品收入 15 137.7 万元，同比增长 65.6%。民俗旅游户发展到 1 249 户，民俗旅游总收入实现 7 678.2 万元，同比增长 29.8%；接待人次 1 680 321 人次，同比增长 21.2%。

【现代农业服务体系】 加强农民就业技能培训服务，通过集中授课、农民田间学校、物化技术补贴、生产现场会等形式，向农民传授农业实用技术和农业新品种、新产品，及时解决农业生产中遇到的技术难题。全年培训农民 11 362 人次，开办农民田间学校 31 所，组织活动 200 余次，入户指导 500 人次，解决技术问题百余个。加强科技推广服务，组织开展了种植茬口、新品种种植等一系列科技试验；示范推广了农药减量、农业综合节水等多项重点科技项目；开展了草莓立体栽培、麦饭石草莓等示范项目，推广新产品 300 余个；草莓大棚套种南瓜、西瓜、甜瓜推广 1 200栋；大宗蔬菜综合试验站、草莓温室花园试验取得新进展；继续推广电动开膜机、农林多功能综合管理机的使用；实施了有机肥培肥地力、测土配方施肥等多个示范推广项目。加强农业信息服务，加快建设区级“221信息平台”，建成设施农业、动物疫病防控两大领导管理决策平台；宣传推广“12316”农业服务热线，将“移动农网”应用与“三电合一”工作紧密结合，利用移动短信平台建立起了气象预警、政策宣传和技术指导的信息传递“快速通道”；试点应用“物联网”，实现了设施农业实时监控，提高了现代农业生产的精细化和科学化管理水平。加强农机服务，完成了对全区各种农业机械的摸底调查；新增农机损失保险、农机具机上人员责任保险、农机具第三者责任保险3个农机政策性保险险种；以设施农业装备安全知识作为重点，累计组织机手学习30次，培训机手1 130人次。

【农业基础建设及综合开发】 农业基础设施建设及综合开发工程建设任务全部完成。其中，百善镇中低产田改造项目建设面积13 000亩，长陵镇生态综合治理项目建设面积6 000亩。完成了2009年度及2010年度农田培肥和田园清洁续建工程，配送有机肥2.146 5万吨、配方肥0.214 65万吨。

非农产业

【概况】 实现地区生产总值447.7亿元，比上年增长12%。其中，第一产业增加值6.6亿元，增长17.7%；第二产业增加值220.8亿元，增长12.5%；第三产业增加值220.3亿元，增长11.3%。按常住人口计算，全区人均地区生产总值达到26 344元，三次产业结构由上年1.5∶48.3∶50.2变化为1.5∶49.3∶49.2。通过加快农产品加工企业发展，充分发挥龙头企业的带动作用，推进农业产业化经营，加强农产品市场流通服务，推动了二次产业融合发展。

【乡镇企业】 公有经济中乡镇级企业收入、村级企业收入、村级组织收入、乡镇级组织依次占公有经济收入的68%、20%、9%和3%。村级组织收入占公有经济的份额明显增大，比2010年增加了3个百分点，其余3项收入分别减少了1个百分点，但乡镇级企业仍是公有经济发展的支柱，收入超过千万元的乡镇级企业共有77家，占乡镇企业的41%，实现收入768 470.1万元，占乡镇企业收入的88.3%，其中有38家企业收入增长比例超过10%。各镇（街道）纷纷加大招商引资力度，对辖区内的企业给予许多优惠及奖励政策，为企业的经营发展创造良好环境。

【农产品加工业】 坚持“择优扶强，以点带面”的原则，整合资源、集中力量，重点扶持一批农产品加工龙头企业。选择了天周、锄禾、金盛福、金六环农业园、天安农业、欧阁有机农庄六家农产品加工龙头企业进行技术改造提升。其中，锄禾农产品加工生产厂房技术改造项目被列为市级重大农业项目。年末，各企业厂房建设、设备改造、生产流水线改造等一批项目已经完成。投资300万元支持建设的燕昌红板栗深加项目已完成设备调试，正式投产使用。

【农产品流通】 组织协调区商务委、经信委、经管站等相关部门制定了《昌平区农产品流通对接方案》。金盛福、锄禾、欧阁有机农庄、天安农业等企业已实现了农超对接，在多家超市设立了专柜，带动企业销售额2.6亿元。建立了回龙观“昌平农产品直销店”、东小口“昌平优质农产品交易中心”、亚运村“昌平优质农产品展销中心”三个特色农产品销售专区。与爱农驿站（易付通）公司合作，在城区社区开设了50家昌平安全农产品进社区指定服务点，设立昌平农产品销售专柜，增加昌平农产品销售额1 800万元。参与了全市草莓季、花季、樱桃季等系列活动，报送苹果基地20家、草莓40家和樱桃园12个，对基地进行系列宣传。积极组织参加第三届月季节与北京新技术、新材料推介会，推出百合新品种3个、月季新品种14个。组织区内5家农民专业合作社参加了在四川省成都市举办的第九届中国国际农产品交易会。组织区内6家专业合作社参加了在蟹岛度假村举办的全国年货购物节暨年货购物精品展销会。

【开展昌平特色农产品包装设计征集活动】 通过广泛征求有关领导、专家、农民专业合作社等的意见，在多次讨论、修改和完善的基础上，筛选出了一系列由专业公司设计的农产品标志、户外招牌、装饰图形、包装盒设计方案。包装设计方案突出昌平区域特点、突显“一花三果”为特色的精品农业发展理念。

【北京·昌平第八届苹果文化节系列活动】 10月20日，第四届中国·昌平苹果擂台赛在昌平区综合体育馆举行。本届苹果擂台赛共收到全国12个省市、27个市县选送的646个苹果样品。10月22日，北京·昌平第八届苹果文化节在风景秀丽的十三陵景区神路东侧农副产品销售2号港湾隆重举行。开幕式邀请了市、区有关领导，巴勒斯坦驻华大使艾哈迈德·拉马丹等驻华使节，兄弟区县园林绿化局负责人等500余人。10月24日，昌平精品苹果展示活动在北京市景山公园举行。邀请了北京市园林绿化局、昌平区政府、北京市公园管理中心等单位有关领导、新闻媒体代表、市民代表和昌平果农代表等200余人参加。

【昌平区举办第一届栗蘑种植擂台赛】 6月8日，在昌平区财会之家举办了第一届栗蘑种植擂台赛，全区40家栗蘑种植户竞争“栗蘑王”。最终，来自长陵镇茂陵村农民李春风栽培的重达9.840千克的栗蘑摘取了“栗蘑王”称号。组委会对参赛前10名的农户给予了奖励。配合栗蘑种植擂台赛，昌平区还组织了社区居民采摘及品尝栗蘑宴等活动，不仅提高了全区的栗蘑种植水平，而且提高了昌平栗蘑的市场知名度。

【农村金融业】 加强农村金融服务，探索创新涉农专项贷款工作，全区参与贷款的金融机构增至7

家，贷款模式增为6种，全年新增发放涉农专项贷款2 359万元，累计发放1.8亿元，完成已到期贷款利息和担保费补贴410.8万元；政策性农业保险覆盖面继续扩大，农业保险险种增至18个，覆盖全区16个镇（街道），参保农户达到6 117户，保费总额1 641万元。

山区建设

【概况】 启动北部山区行政区划调整工作。原长陵镇被撤销，其辖区内涵盖了12个明陵景区的22个村划给十三陵镇统一管辖；长陵镇域内剩余的8个深山村则与兴寿镇的9个深山村合并，设立一个完全由山区村组成的新建制镇，命名为“延寿”，办公驻地将设立在北庄村；调整后的兴寿镇维持原建制不变。新成立的延寿镇辖区面积130.34平方公里，实际居住人口1.1万人，成为昌平区唯一的纯山区镇。

【沟域经济】 按照“每年规划一条沟，建设一条沟”的总体要求，2011年重点采取公开招标的方式，面向国内外征集延寿沟域经济发展规划。苏卫东副区长牵头，会同区有关部门和有关乡镇的领导多次听取了规划公司关于延寿沟域经济发展规划的汇报，总体上认可了延寿沟域经济发展规划，规划公司根据各单位提出的具体意见进行进一步修改和完善。区委书记侯君舒对沟域经济发展规划工作极为重视，会同区有关部门领导再次听取专门汇报，经过修改完善，最终形成了规划成果。大力推进流村西峰古道沟域建设。投入建设资金2.5亿元，实施环境整治、生态建设、基础设施、新民居、特色产业四大类16项工程，主要内容包括：环京职业自行车赛流村赛区环境整治工程，百里环形沟域道路沿线绿化工程，白羊城、西峰山等村外立面改造工程，标识和引导系统建设工程，高口流域治理工程等。实现了“出形象、有进展、见成效”的工作目标。

【山区林下特色产业】 通过组织第一届栗蘑种植擂台赛，加大宣传推介力度，昌平栗蘑产业规模进一步扩大，全年完成山区栗蘑种植75万袋，比上年种植规模扩大25%，5 000袋以上种植大户共计44户，栗蘑产量达到56万千克，促进农民增收600万元。同时，引进兰州旱地食用百合种球3 000千克（约18万个种球），在流村镇7个村试种成功，亩产可达1 500千克，亩纯收入2万元以上。

【生态林建设】 山区造林营林任务圆满完成，重点实施了京津风沙源治理项目7.6万亩，完成市级造林工程和彩叶造林工程2 300亩。制定并上报了《2011年度山区生态效益促进发展机制森林健康经营工程实施方案》，实施林木抚育面积4.4万亩，计划2012年6月底完工。

【山区农户搬迁工程】 立足于保护山区人民的生命和财产安全，改善山区人民群众生存条件，年内完成了涉及3个镇9个行政村69户、共253人的山区镇泥石流易发区及生存条件恶劣地区农户搬迁工程，其中：溜石港村14户47人，韩台村4户17人，南流村1户4人，西峰山村18户70人，狼儿峪村1户6人，马刨泉村4户10人，高口村2户8人，老峪沟村24户87人，新元村1户4人。扎实做好生态移民工程，完成了流村镇溜石港道路硬化、兴寿镇下庄村挡墙2项工程。

【对口支山】 4月11日，召开了“2008—2010年对口支援山区新农村建设工作表彰大会”，印发了区委、区政府《关于昌平区2011—2013年对口支援山区新农村建设的工作意见》，掀起了第四轮对口支援山区新农村建设工作的新高潮。第四轮对口支山工作将由166个单位对口支援27个具有一定发展潜力和空间的山区村，安排支山资金1 620万元，扶持27个支援村新发展基础设施和产业项目110项，并落实一批市、区扶持政策。

【小流域综合治理】 继续实施生态清洁小流域建设，加快流村镇韩家台、溜石港和南口镇大石坡、羊台子4条小流域建设，治理面积45平方公里。

村镇建设

【概况】 以加快推进全区城乡一体化为目标，突出农村基础设施建设和城乡结合部重点村迁建两项重点工作，统筹安排工作任务。加强农村“五项”基础设施的管护力度，继续推进“三起来”工程，“生态村”和“环境优美镇”创建工作成效明显，新型农村社区试点建设工作正式启动，城乡结合部重点村迁建工作稳步推进，农村生产生活环境明显提升。

【基础设施建设】 为了巩固农村“五项”基础设施建设成果，进一步优化农村环境，加强了对“五项”基础设施的管护力度。新建和改造了34条城市道路及区级以上公路，推进了156项道路前期手续办理工作，启动了崔昌路东延、顺于路西延、鲁疃西路等22项道路新建项目，顺沙路、昌金路、鲁疃西路等30项续建项目按计划实现了复工建设，全年新增道路面积106万平方米，比上年增加61%。同时，加快新农村水务基础设施建设步伐，实施建设16个村老化供水管网及一户一表改造工程，推动市级民俗旅游村污水治理，铺设污水收集管道8公里，建设污水处理站2座，实施雨洪利用工程5处。

【小城镇建设】 加快推进小城镇建设步伐，科学指导小城镇产业基地建设，全面启动了5个市级重点小城镇的概念性规划国际招投标工作，特色小城镇建设和发展加快推进。5个重点小城镇分别结合自身优势，明确功能定位，建设和发展各具特色的支柱产业。北七家镇以宏福创业园和北七家工业园区为重点，形成了生物医药、能源科技、信息技术等高新技术产业基地；以郑各庄创意村庄、北京七星天河文化广场、北京拉斐特城堡酒店等为载体着力打造了休闲会展和文化创意产业。小汤山镇一方面凭借天然温泉资源，推进“休闲度假、康复疗养观光基地”建设，以打造国际养老社区为目标，发展温泉、会展等特色产业；另一方面以设施农业为重点发展都市型现代农业。南口镇着力打造以现代制造业为核心的特色工业，发展以百合花为代表的特色农业，统筹推进镇中心区旧村改造，加快镇中心城区和新型农村社区建设步伐。阳坊镇通过种植百合花、食用菌、非洲菊、蔬菜等大力发展一产，深入挖掘当地民族文化内涵，以阳坊涮肉和白虎涧生态旅游为主发展了民族特色文化产业。十三陵镇依托特有的历史文化和旅游资源，大力推进了明文化创意产业和果品观光休闲产业的发展。

【新农村建设】 加快城乡一体化步伐，扎实推进新农村建设，市、区两级用于“三农”领域的资金投入达33.5亿元，同比增加4.3亿元，增长14.7%。城乡结合部重点村迁建工作稳步推进。“三起来”工程圆满完成，其中：“亮起来”工程累计安装LED节能灯15 000盏，更换太阳能路灯老化电池5 000块，对13 000盏老旧太阳能路灯进行维护；“暖起来”工程建设安装“太阳能浴室避雷装置”43处；“循环起来”工程建设的白浮污水泵站全部完工，对已建成的12处沼气、秸秆气化集中供气工程安装安全报警装置。

【新型农村社区试点建设情况】 经区政府研究，决定在南口镇西部村庄建设新型农村社区试点。试点包括：东李庄、西李庄、曹庄、王庄、新元村、后桃洼、前桃洼、长水峪、檀峪、花塔、兴隆口，共11个村，涉及6 125人。工作于2011年3月正式启动。年内，编制完成了《南口西部村庄新型农村社区试点建设方案》和《南口西部村庄新型农村社区试点规划方案》。试点拟结合北京三一制造中心项目，采取异地建设、渐进集并的方式，以东西李庄村为基础，先行规划启动新型农村社区以及配套的基础设施及公共服务设施建设，其他村庄待条件成熟后逐步并入该社区，整个项目预计投资67.5亿元，计划在2014年完成。

【基层生态创建工作】 为加快国家生态区建设步伐，全区共有1个镇28个村庄申请了市级生态村的建设工作。9月13日，根据市级生态创建主管部门安排，生态验收专家组利用两天的时间，对昌平区申报的28个北京市级生态村进行了实地验收，并且对2007—2009年已创建成功的5个环境优美镇与120个生态村进行了复查，最终结果是，新申报的28个村庄有20个村庄通过了专家组的考核获得了命名，通过率为71%。复查的各镇村全部通过验收。为全区创建国家生态区奠定了良好的基础。

【重点拆迁工程】 年内，共有在拆迁项目46个，涉及拆迁住宅户数1.38万户，拆迁许可建筑面积989万平方米。未来科技城南北区、回龙观旧村改造、北京新能源汽车设计制造产业基地A地块项目(北汽福田）等14个项目完成拆迁，拆除建筑面积278万平方米，其中拆除住宅面积93万平方米，完成签约住宅2 120户；拆除非住宅面积185万平方米。

【环境治理】 全年累计清运垃圾渣土2 394立方米、修复路面8.5万平方米、绿化3 572平方米、拆除违法建筑5 511平方米、粉刷建筑外立面5.5万平方米、更换宣传版面5 734平方米、摆放花卉141万盆、悬挂道旗1 856面。各镇（街道）完成了31个镇级环境整治项目，全面推进了67个村庄环境升级达标活动。全区共清运消纳生活垃圾44.26万吨，比上年同期减少1.7%，无害化处理率达95.2%。

农村改革与管理

【概况】 农村改革与管理工作扎实推进，基本完成了农村集体经济产权、林权制度改革任务，创新农村集体土地集中租赁管护工作模式，完善了“148”农村民主管理体系，规范发展农民专业合作社，农村各项改革总体走在全市前列。

【农民专业合作组织】 加强农民专业合作社建设，重点对23家区级合作示范社进行规范指导，完善硬件设施，推行财务电算化，将在线审计引入合作社管理，指导合作社规范运营。全区农民专业合作社发展到352家，其中，4家合作社获评农业部示范项目单位，9家合作社被评为市级示范社，4家合作社被评为市级示范社建设单位，合作社社员总数达到1.35万人，带动农户2.68万户。

【产权制度改革】 农村集体经济产权制度改革是继家庭承包经营、农村税费改革之后，又一项具有重大历史意义的农村改革。昌平区委、区政府历来高度重视此项工作，自2003年以来，始终坚持书记、区长挂帅亲自抓，连续8年列入党委、政府的折子工程，常抓不懈，持之以恒。按照“资产变股权、农民当股东”的改革方向，大力推进农村集体经济产权制度由“共同共有”向“按股共有”转变，历时近十年。2011年是改革攻坚年，剩余改革村历史遗留较多，各种矛盾突出，改革困难重重。经过上下共同努力，改革工作取得新进展。截至2011年底，全区产权制度改革完成村达到303个，占全区312个集体经济组织的97%，股东总数达35.4万人，量化资产总额370.6亿元。全区已经进行分红的278个村，占全区改革完成村数的91.7%。全区改革村实现分红5.48亿元，其中，户分红最高10.87万元，个人分红最高3.45万元。改革以来，东小口镇狮子营村创全区户累计分红最高和个人累计分红最高纪录，目前该村户累计分红最高已经达到82.47万元，个人累计分红最高达到25.65万元。实践证明，农村集体经济产权制度改革是促进农村集体经济科学发展的有效途径，是加快城乡一体化发展的基础性制度建设，是保持农村长治久安的治本之策，改革进一步完善了农村基本经营制度，增强了集体经济健康发展的持久动力，保障了城市化进程的有序推进。通过集体经济产权制度改革，因集体资产收益分配、农村干群关系紧张引发的矛盾纠纷大幅减少，全区涉农上访占来访总量的比重由2008年的46.8%下降到2011年的6.9%，降低了40个百分点。同时，涉及全区9个镇（街道）154个村的林权制度改革主体任务全部完成，共发放村级和个人林权证85本，完成全区112个山区村生态效益补偿金核发工作。

【上海市领导到昌平区考察农村集体经济产权制度改革工作】 5月18日，上海市农委主任孙雷率领上海市财政局、规划和国土资源管理局、地税局、经管站等部门一行12人到昌平区回龙观镇北店嘉园、小汤山镇常兴庄村考察农村集体经济产权制度改革工作。

【河北省农业厅领导到昌平区考察农村集体经济产权制度改革工作】 11月2日，河北省农业厅副厅长朱立杰一行10人到昌平区考察农村集体经济产权制度改革工作。重点考察了农村集体经济组织产权制度改革基本做法及改革后运行情况，村集体经济组织成员界定办法，"村改居"集体资产处置办法，赋予农村集体经济组织独立经营主体资格的具体做法、形式、作用及经验等内容。

【土地确权与流转】 11月10日，昌平区召开了百善镇农村土地确权登记颁证试点工作部署会，标志着该项工作正式启动。全区将利用2012年一年时间，在百善镇试点经验的基础上，完成农村集体土地所有权、集体建设用地使用权和国有土地使用权的"三权"确权、登记、颁证工作。同时，进一步建立健全"三级调解"机制，及时对农村集体土地承包、租赁、流转过程中产生的矛盾纠纷进行调查和调处。

【农村集体土地集中租赁管护】 创新工作方法，本着"全面清理、分类整改、标本兼治、务见成效"的原则，在认真开展农村集体出租土地合同清查工作的基础上，结合拆违控违，通过行政协调、经济补偿等方式，实施农村集体土地集中租赁管护。全区农村集体土地核准管护总面积为17.3万亩，已完成土地集中租赁管护总面积16.8万亩，其中，以租赁管护形式完成9.7万亩，以委托管护形式完成6.1万亩。

【农村集体资产管理】 依据《"148"农村民主管理体系考核评价指标》，积极深入镇（街道）、村，对落实"148"制度体系的情况进行检查、指导，及时发现问题，指导解决，确保了"148"制度体系及"五步法"决策程序的贯彻落实。开展了农村会计电算化新建账套工作、农村集体资产产权年检及债权债务调查工作，加强了对农村集体合同管理的指导，完成了2010年村级干部及其他工作人员报酬统计工作。完成区划调整镇村集体的清产核资工作，对区划调整过程中镇、村两级财务、资产、合同、债权债务进行了清理与划分，并以此为契机，进一步摸清了区划调整涉及行政村家底，明晰了产权，规范了账目，有效防止了集体资产的流失，提高了农村集体"三资"管理水平。

农民生活

【概况】 市、区两级"三农"资金总投入达到33.5亿元。全区农村经济总收入完成270.6亿元，同比增长10.2%；农民人均纯收入达到13 441元，同比增长13.3%，增幅比上年提高2.4%。农民生活水平显著提升。

【农民收入和消费】 农村居民人均纯收入实现13 441元，同比增长13.3%，扣除价格因素后，实际增长7.3%。其中，人均工资性纯收入10 020元，同比增长29.5%；人均家庭经营纯收入998元，同比减少226.4%；人均财产性纯收入1 922元，同比增长18.3%；人均转移性纯收入2 497元，同比增长46%。2011年，农村居民人均生活消费支出为11 160元，同比减少1.9%，其中：人均食品消费支出3 600元，同比增长13.2%，占生活消费总支出的32.3%；人均衣着消费支出796元，同比增长8.8%，占生活消费总支出的7.1%；人均居住消费支出2 320元，同比减少12.4%，占生活消费总支出的20.8%；人均家庭设备、用品及服务消费支出778元，同比增长41.8%，占生活消费总支出的7.0%；人均交通和通讯消费支出1 250元，同比减少33%，占生活消费总支出的11.2%；人均文化教育娱乐用品及服务消费支出741元，同比减少22.8%，占生活消费总支出的6.6%；人均医疗保健消费支出1 384元，同比增长13.8%，占生活消费总支出的12.4%；其他商业和服务支出291元，同比增长26.2%，占生活消费总支出的2.6%。

【农村劳动力非农就业】 推出了拆迁建设地区劳动力就业专场招聘会、"金秋万岗促就业"等10个主题100多场次精品就业供需见面会。全区登记农村劳动力转移就业4 288人，开展城乡劳动力职业技能培训7 096人，创业培训142人，帮扶384人成功创业，带动871人实现就业。

【农民教育】 围绕发展以"一花三果"为主导的都市型现代农业，通过组织专家（技术人员）集中授课、入户指导、生产现场会、开办农民田间学校等多种形式，组织开展农业实用技术培训活动，促进农业现代化水平和农民科学素质进一步提升。全年共培训农民11 362人次，开办农民田间学校31所。同时，按照《昌平区职业技能大赛实施方案的通知》要求，牵头成立了"农业职业技能分赛组委会"，组织开展了果树工、花卉工（百合）、草莓3个工种的职业技能竞赛。活动中，579人报名参赛，其中花卉工（百合）172人、果树工142人、草莓265人，为昌平区农业发展储备了人才资源。

【文化体育】 基础文化设施建设不断完善。建成282个村级文化活动室、128个社区文化活动室、19个镇级图书分馆、2个街道图书室、16个乡镇图书室、81个社区图书室、254个村级图书室、303个益民书屋和298个农村数字电影放映厅。全年组织各类文艺演出1 000多场，读书活动96次，举办讲座、报告会45场，送书下乡2万余册，电影放映15 000余场。成功举办了首届“北京·昌平古玩艺术品收藏文化节”。全民健身组织网络进一步完善，新建市级体育生活化社区2个、社区体育健身俱乐部1个，组织对2006年度配建的25套全民健身工程进行了更新，承办了2011年全国龙狮健身大联动北京展示活动，参加了2011年北京市龙舟大赛等四项市级比赛，组织国民体质测试4 427人，科学健身大讲堂50场次，直接受众8 000余人。圆满完成了2011年北京铁人三项世界锦标赛、北京国际户外耐力跑挑战赛和首届环北京国际职业公路自行车比赛（昌平赛段）三项大型国际体育赛事的承办任务。

【农民社会保障】 加快社会保障制度的整合与衔接，创新服务模式，推进社会保障从制度全覆盖迈向人群全覆盖。城乡居民养老保险累计参保12.6万人，历年累计收缴已达4.4亿元，农村居民参保覆盖率达到95%。

基层组织与民主政治建设

【基层干部队伍建设】 全面加强农村基层干部教育培训，举办全区村党组织书记和村委会主任培训班，开展“创先争优促发展——昌平区社会主义新农村建设”村干部论坛，印发《村级事务民主管理工作手册》，细化重大事项决策程序“五步法”流程，促进村干部理解掌握政策法规，提高服务发展和做好新形势下群众工作的本领。

【深入推进农村党的建设“三级联创”活动】 评选表彰了“五个好”镇党委6个、村党组织98个。对26个后进村党组织进行“一村一策”治理整顿。不断加大联建共建和对口支援力度，累计结成“支部互动”对子590余个、“党员互助”对子1 000多个，促进了城乡基层党组织资源共享、优势互补、共同提高。

【深入开展“抓党建，治违建，创先争优促发展”主题活动】 坚持不懈地抓党员干部自查自纠、履行“四带头、五不”承诺等，全力推动整治违建工作。截至2011年底，全区共拆除违章违法建设1 477处、267万平方米，有效遏制了违章违法建设蔓延势头，城乡卫生治安状况明显改善，区域发展环境不断优化，主题活动得到广大干部群众的认可与支持。

“三农”工作部署和实施

【重要会议、部署和实施】 2月23日，区委组织区农委、新农办、住建委、经信委、农业局、旅游局、经管站等部门主要领导，各镇（街道）党（工）委书记、相关村党支部书记以及龙头企业代表近80人，就贯彻落实全市农村工作会议精神，促进城乡融合，统筹推进全区工业化城镇化和农业现代化工作进行研讨。区委书记侯君舒主持会议，区委副书记王书合，区委常委、区纪委书记戴维，区委常委、区宣传部部长潘建新，区委常委、区组织部部长李良，副区长苏卫东、周云帆出席会议，市农委联络员王飞、吴宝新出席了会议。会议结合昌平实际，围绕2011年市农村工作会议上郭金龙市长的讲话和夏占义副市长所作的报告，针对全区“三农”和城乡统筹工作进行了细致而深入的讨论。会议要求：全区上下要认真学习领会全市农村工作会议精神，在总结2010年“三农”工作的基础上，继续振奋精神，坚定信心，攻坚克难，扎实工作，努力开创农业农村工作新局面，全面推进城乡融合发展，推动昌平在新阶段实现跨越式发展。会议强调：贯彻落实全市农村工作会议精神，就是要结合昌平区实际，紧抓重点问题、攻破难点问题，将“三农”工作视为本区域的发展问题，将城乡统筹作为“十二五”期间全区工作的重中之重，准确把握“三化同步”的发展内涵，全面做好国家现代农业科技城、世界草莓大会、沟域经济建设和农村集体土地租赁管护等各项重点工作，抓学习、抓落实、抓特色、抓稳定、抓拆违控违、抓基层党建，创新思路，凝聚力量，努力开创全区农业农村工作新局面。

【惠民、惠农政策落实】 编制了全区农业政策文件汇编，收纳产业发展类、基础设施建设类和其他政策文件17篇，为全区农民更方便、更全面、更准确地掌握强农惠农政策创造了条件。

【人大执法、政协提案办理】 农委系统共承办市人大代表建议3件、市政协委员提案4件，承办区人大代表建议43件、区政协委员提案39件。89件建议和提案主要涉及：水环境治理、污水处理、生活饮水、水利基础设施建设及水资源综合利用、公园建设、绿化美化、农民技能培训、农业信息化建设等内容。建议、提案均在规定时限内办理完毕，代表委员的满意、同意率达到100%。同时，区农委还积极协调本系统各单位对已承诺代表委员在期限内解决的A、B类议案进行了复查补办，并于10月底前完成了复查补办工作，代表委员对农委系统所承办的建议提案答复内容均表示了理解与支持。

昌平区主要领导人

区委书记		侯君舒
	副书记	金树东
		王书合（12月免）
		朱光彤（7月任）
	常委	戴　维（女，8月免）
		潘建新（9月免）
		李　良　陈秋生
		王双武（3月免）
		孙　启
		孙连湖（3月任）

赵　阳（4月任）
张燕友（7月任）
王晓霞（女，8月任）
余俊生（9月任）
田运胜（12月任）

区人大常委会主任	李福忠
副主任	张文祥（12月免）
	张文良　杨国昌　郑国柱
	奚增森（12月任）
	李春菊（女，12月任）
区长	金树东
副区长	朱光彤（7月免）
	张燕友（7月任）
	赵　阳（4月任）
	金　晖（女，7月免）
	方　炎（9月免）
	刘淑华（女，9月任）
	苏卫东
	洪　波（12月免）
	周云帆（2月任）
	王承军
	孙　启（12月任）
区政协主席	王振华（女，12月免）
	王书合（12月任）
副主席	李永生
	张国良（12月免）
	张荣禄（12月免）
	李富和　陈　勉
	任鹏举（12月任）
	于　泓（12月任）
	李雪红（女，12月任）
区纪委书记	戴　维（女，8月免）
	王晓霞（女，8月任）

昌平区各镇（街道）党政正职领导

	党（工）委书记	镇长（办事处主任）
城南街道	董桂蛟	韩宝田
城北街道	茅　江	石东琨（8月免）
		刘庆海（8月免）
回龙观镇	贺　军	储　鑫
东小口镇	李志杰	王　军
沙河镇	王学剑（8月免）	申士学
	白向军（8月任）	
小汤山镇	牟少华	张新亮
崔村镇	宗　江（8月免）	刘宝君
	史佑民（8月任）	
兴寿镇	许正锋	叶玉东
阳坊镇	刘长永（8月免）	李　昌
	吕晨飞（8月任）	
南邵镇	王　建	徐　强
百善镇	郭向东	李怀来
北七家镇	孟　晖（8月免）	韩　军
	刘长永（8月任）	
十三陵镇	蒋文云（8月免）	王建成（8月免）
	张　勇（8月任）	石彩红（8月任）
长陵镇	宁　澈（8月免）	石彩红（8月免）
（行政区划调整撤销镇）		
延寿镇	宁　澈（8月任）	桑先军（8月任）
（行政区划调整新建镇）		
南口镇	黄建军	段学勇
流村镇	秦建柱	张中武
马池口镇	刘向东	王　力（8月免）
		王玉君（8月任）
北方企业集团公司	左　权	

（昌平区农委　田　宁）

大　兴　区

概　　述

大兴区地处北京南郊，素有“京南门户”、“绿海甜园”之称。辖区总面积1 036平方公里，辖14个镇，527个行政村，户籍人口59.5万人。2011年，在区委、区政府的正确领导下，本区积极转变发展方式，推进产业融合发展，加快新农村建设步伐，深化农村机制体制改革，“三农”发展呈现良好态势。都市型现代农业平稳发展，全区农林牧渔总产值达到51.6亿元，其中，都市农业产值实现15.5亿元，比上年同期增长9.5%；新农村建设稳步推进，农村生活条件明显改善；农民生活水平进一步提高，农村居民人均纯收入实现13 723元，同比增长14.2%。

都市型现代农业

【概况】 2011年，大兴区实现农林牧渔业总产值51.6亿元，比上年增长6.9%。粮食总产量23.5万吨，比上年增长0.6%；蔬菜产量85.8万吨，比上年下降3.8%；生猪出栏55.8万头，比上年下降6.3%；禽蛋产量1.9万吨，比上年下降13.5%；牛奶产量15万吨，比上年下降7.6%；家禽出栏1 294.4万只，比上年下降10.5%。

【农业基础持续增强】 农业基础建设及综合开发总面积达到7.1万亩，农业节水灌溉面积达到2万余亩，玉米机械化收获面积达到23.2万亩，农机规模化经营与服务达到5万亩；“菜篮子”工程稳步推进，划定基本菜田12.6万亩，超过全市的1/5。

【环境农业开端良好】 扩大经济林种植，超额完成了5 000亩经济林建设任务。实施了田园清洁与循环利用工程，加大了农业废弃物的综合利用力度，开展了农业环境综合整治，减少了环境二次污染及农业面源污染。

【高效农业成果显著】 推动籽种农业发展，种业实现收入1.3亿元。增强设施农业技术支撑，设施农业收入达到12.6亿元。休闲观光和乡村旅游业快速发展，完成了榆垡镇香草观光园等十大观光园建设，观光园总收入达到1.8亿元。

【特色农业百花齐放】 花卉、苗木、草莓、西瓜等特色农业竞相发展，建设了魏善庄镇陈各庄200亩月季种苗出口基地，花卉出口创收超过600万元；建设了草莓生产基地10个，草莓采摘的亩收入达到6万元。推进特色农产品加工业，肉牛、肉鸽、桑葚、酱菜、肉鸭等特色农产品深加工发展，本区33家农产品加工龙头企业2011年销售收入达到58亿元，实现了农产品加工增值。

【粮经产业发展】 主要粮油作物是小麦、玉米、甘薯、花生、大豆，其中小麦种植面积19.74万亩，主要品种为京9428、农大211、京冬8、京9843等，总产量6 455.83万千克；玉米种植面积35.64万亩(其中春玉米7.5万亩)，主要品种为农大108、郑单958、京单28、京科968、中单28、京玉11，玉米总产量16 482.6万千克；甘薯种植面积3.06万亩，亩产480千克（折粮），总产量1 471.6万千克（折粮)；花生种植面积3.1万亩，亩产210千克，总产量651万千克；大豆种植面积0.6万亩，亩产180千克，总产量105.7万千克。

【粮经产业园建设】 对粮经产业园小麦和玉米生产进行了技术指导，对周边脏、乱、差的环境进行了治理，并进行了农田景观建设，在沟边地头种上有一定经济效益的大豆、谷子、胡麻、向日葵等景观作物。

【粮食高产创建】 建设粮食高产创建示范方4.7万亩，其中部级2万亩，市级2.7万亩；建设市级整建制乡（镇）——青云店镇高产创建示范区5万亩；建设800亩粮食高产高效样板田，其中青云店镇四村二队400亩、长子营镇孙庄村400亩。项目区共申请技术推广补助、专业化服务补助、物化补助、信息和项目考核补助以及农气合作监测点建设费等经费134万元。经测产小麦平均亩产为478.3千克，超出目标产量98.3千克（小麦目标亩产为380千克)；玉米平均亩产为602.9千克，超出目标产量82.9千克（玉米目标亩产为520千克)。高产田亩均产达到1 081.2千克，超额完成预定目标。

【北京市粮食高产竞赛】 共计32户粮食种植户参加了北京市粮食高产竞赛。评比结果小麦种植户12户获奖，2个二等奖、3个三等奖、7个优胜奖；春玉米种植户2户获奖，1个三等奖、1个优胜奖；夏玉米种植户12户获奖，2个二等奖、3个三等奖、7个优胜奖。

【小麦种子更换】 完成小麦换种面积13.3万亩，换种数量266.7万千克，涉及全区9个镇，303个村，拨付补贴资金533.3万元。

【玉米秸秆还田和土壤深松】 完成玉米秸秆还田任务为12.04万亩，土壤深松4.84万亩。其中：新增玉米秸秆还田和土壤深松各4.84万亩，续建玉米秸秆还田任务7.2万亩。涉及资金578.4万元。

【甘薯产业】 甘薯种植面积3.06万亩，主要分布在庞各庄、北臧村、榆垡、魏善庄等镇，主栽品种为遗138和徐薯23，生产模式以春甘薯为主，平均亩产2 400千克。

【甘薯高产创建】 在榆垡镇小黑垡村建立了高产创建田，种植品种龙薯9号面积105亩。9月15日聘请中国农业大学等专家进行了现场测产，结果表明达到了规定的产量标准，百亩高产创建田的平均亩产达到了3 004.5千克，并顺利通过了专家组验收。

【西甜瓜产业】 西甜瓜总面积为9万亩左右，其中棚室面积4万亩、中小拱棚面积3万亩、地膜面积2万亩，年总产量约为2.4亿千克。

【功能性西瓜新品种示范与推广】 种植中心与中国农科院郑州果树所继续合作开展功能性西瓜新品种试验示范工作，示范展示品种为：中兴红1号、金兰无籽和黄玫瑰无籽，其中黄玫瑰无籽亩产量最高，中兴红1号中心糖度最高。

【国家现代化西甜瓜生产技术体系试验站工作】 建立了国家现代西甜瓜产业体系西甜瓜新优品种示范基地及试验基地，引进全国西甜瓜新优品种61个，在国家现代化西甜瓜生产技术体系网站填报综合试验站活动日志140余条。制定了国家西甜瓜产业体系大兴综合试验站“十二五”工作任务书。5月27—29日，协助组织在大兴召开首届全国西甜瓜之乡产业联盟大会，来自全国西甜瓜之乡、西甜瓜地理标志产品、原产地注册地与西甜瓜专业合作社等著名西甜瓜优势产区代表等200余人参加此次会议。

【西甜瓜高产创建工作】 在庞各庄等6镇建立高产创建示范户34户，组织集中培训及观摩活动共计8次，田间指导西甜瓜种植管理技术15次，共计培训农户370人次。获得北京市西甜瓜高产创建一、二、三等奖10余项。

【高品质西瓜新品种及观光采摘技术示范推广】 引进小果型西瓜京颖系列1—6号西瓜新品种，在庞各庄、北臧村镇和科技成果展示基地8个大棚内进行示范；推广优质中果型西瓜品种京欣3号、改良京欣3号和华欣1号三个品种2 100余亩；推广小果型西瓜品种京颖系列和京玲系列各200亩以上；推广优质砧木品种京欣砧4号3 000亩以上。

【草莓生产】 为全区草莓重点生产基地配发草莓种苗10万株，其中红颜9万株，章姬1万株。全年繁育生产苗200万株，定植后成活率达到90%以上。组织草莓重点基地技术人员参加市级草莓技术培训3次、区内培训观摩4次。参加市推广站组织的外出学习1次。邀请日本草莓专家和北京市农业技术推广站的专家进行现场指导4次。

【草莓种植基地土肥肥力水平调研】 5月，区农业科学研究所在全区11个草莓种植基地开展了土壤样品的采集及施肥情况的调查工作，共取基础土样33个，开展施肥调查12份。土壤全部进行了化验，并为各草莓基地制作了施肥建议卡。

【蔬菜生产】 蔬菜播种面积25.52万亩，累计上市量9.19亿千克，销售总收入11亿元，平均单价1.20元/千克。

【设施蔬菜标准园建设】 蔬菜标准园建设项目在民安路北京凤河现代农业示范区实施，设施农业占地1 500亩，涉及北蒲州、南蒲州、永和庄、罗庄4个村。蔬菜标准园建设以北蒲州村为核心示范区，温室213栋，占地500亩。11月16日通过验收。

【设施蔬菜高产高效示范基地建设】 在蔬菜标准园内完成了“设施蔬菜高产高效示范基地建设项目”2011年工作任务，主要完成内容是：开展新品种、新技术示范工作，面积30亩，推广应用200亩，辐射带动1 000亩；开展技术培训、现场观摩2次，培训200人，培养农民技术人员10人。

【蔬菜产业示范园区建设】 完成蔬菜产业示范园区建设，建立设施蔬菜新品种、新技术展示基地2个，引进示范推广高产抗病优质果类蔬菜新品种20个，示范推广蔬菜嫁接等设施蔬菜高产高效栽培技术12项，建立集中育苗基地3个，面积6亩，购置自动化育苗播种设备1套、育苗床架5 000平方米，春季完成番茄、丝瓜、黄瓜等苗300万株。

【设施蔬菜高产高效创建】 建立设施蔬菜高产高效示范点39个。结合高产创建举办市级观摩会4次、区级观摩会10次，培训农民3 000人次，带动全区设施蔬菜新品种使用面积25 000亩，各项新技术使用面积20 000亩。

【蔬菜创意产业建设】 新建蔬菜创意园3个，其中蔬菜迷宫1个，观赏园1个，蔬菜体验园1个。

【蔬菜生产信息监测】 根据农业部和市农业局的指示精神，全区共落实8个全国蔬菜生产信息监测点，开展蔬菜产地生产信息监测上报工作，掌握蔬菜生产动态。

【基本菜田普查】 完成菜田普查工作。普查涉及12个镇，406个村，菜田总面积16.8万亩，比上年减少5.2万亩。其中：常年菜田面积13.6万亩，季节性菜田面积3.2万亩；设施菜田面积11.6万亩，露地面积5.2万亩。

【基本菜田划定与GPS采集工作】 配合市农业局委派的测量组使用GPS采集划定了菜田地块面积，共涉及8镇265村，采集基本菜田面积125 684亩。

【蔬菜质量安全追溯工作】 全区共计有北京市农业局蔬菜质量安全追溯试点企业15家，追溯面积约12 000亩，品种100多个。累计使用追溯标签约1 100万枚，产品销往加乐福、华联等40多家超市和多家社区及机关团体。

【食用菌高产竞赛】 大兴区魏善庄镇李家场村卢兰森、礼贤镇孙营村王占领参加了北京市“香菇、平菇夏秋茬种植模式”比赛，获得“平菇夏秋茬种植模式”三等奖。

【培肥地力工程】 5月20日，完成2010—2011年度8万亩农业综合开发项目培肥地力工程，配送有机肥4万吨，配方肥4 000吨。10月25日，完成2011—2012年度肥料配送工作，配送有机肥65 493吨，完成了本年度任务的78.8%，配方肥8 313.68吨，完成了全部配送任务。全年共发放肥料补贴资金8 886.8万元，其中2010—2011年项目拨付资金3 480万元，2011—2012年项目拨付资金5 406.8万元。

【北运河流域面源污染治理】 建立北运河流域耕地质量监测点21个，全部竖立明显标牌。监测点涉及粮田5个、菜田10个、果园6个。完成土壤取样42个，植株取样21个，全部送到市土肥工作站进行化验。通过物化补贴发放有机肥3 000吨、缓释肥200吨、配方肥1 050吨、吊带式二氧化碳肥料3万袋。在采育、青云店、魏善庄等镇建立6块玉米配方肥、缓释肥大区示范，其中3块缓释肥示范方，总面积90亩；3块配方肥示范方，总面积2 300亩。

【大兴区测土配方施肥项目】 完成2007—2009年农业部测土配方施肥项目及耕地地力工作的验收工作，3年的项目实施中重新收集了第二次土壤普查材料，建立了大兴区土壤资源管理信息系统专业版和网络版，完成了一批耕地资源专题成果图件并形成相关报告，通过了农业部、市农业局和市土肥站的验收。2011年共采集土样450个，化验有效数据2 700个；植株取样246个，获得有效数据984个。为全区农民发放测土配方施肥建议卡25 300张。2011年共进行农户施肥情况调查391份，其中粮食作物包括冬小麦、春玉米、夏玉米，蔬菜作物包括黄瓜、茄子、番茄、甘蓝、大白菜和甜椒，经济作物包括西瓜、甜瓜和花生。

【有机质提升项目】 10月，大兴区农业技术推广站在青云店镇太平庄村开展有机质提升项目秸秆腐熟剂补贴发放仪式，该村共进行有机质提升技术示范200亩，并发放秸秆腐熟剂2 000千克。

【林业概况】 全年完成造林507公顷，新增城市绿地600公顷，改造附属绿地16公顷，完成幼林和绿地抚育1.3万公顷。林木绿化率达到25.95%，森林覆盖率达到23.66%，城市绿化覆盖率49.16%，人均公园绿地12.33平方米。

【大兴新城绿化】 高标准完成新城滨河森林公园建设，总面积达到538公顷；全面启动南海子公园二期和亦新郊野公园建设，各项工作正在有序开展；完成北京市第二道绿化隔离地区绿化建设71公顷，公路河道绿化47公里，彩叶树种造林40公顷；解决老旧小区基础设施不完备、环境差、停车难等社会热点问题，完成10处1 500平方米绿化改造基础工程；完成屋顶绿化600平方米；实施碳汇造林经营示范工程67公顷。完成建党90周年和国庆62周年大兴新城景观环境布置任务，布置花坛18处，摆放鲜花200万盆。

【新农村绿化美化】 全面完成南九镇122个村庄、180万平方米绿化美化建设任务，新农村生态面貌得到巨大改观；启动实施魏善庄、采育、庞各庄、西红门镇级休闲公园建设，总面积达到322公顷，基础工程已完成，绿化建设正在有序推进；实施黄村镇100公顷太平片林改造工程，正在进行基础设施建设。

【全民义务植树运动】 2011年春季开展了“2011国际森林年——首都人民在行动”为主题的义务植树系列活动，集中组织6次重大义务植树活动，营造“植绿、护绿、兴绿”的浓郁氛围。林克庆书记带领新区领导班子率先垂范，激发了全区干部群众推进两区深度融合、共建绿色新区的热情。全年19.2万人次以各种形式履职尽责，累计义务植树96万株，认建认养绿地面积达20万平方米，引入社会资金400余万元。

【绿色通道工程】 完成京开路、永定河、京九铁路、104国道永久性绿化带管护方案的编制。对永久性绿化带浇水和防涝、中耕除草、修枝整形、病虫害防治、补植补造、防风防寒、防火和防止乱砍滥伐、禁止放牧，防止人为破坏、保持林地清洁等管护措施都做了具体的规定。京山二期重点绿色通道工程初步设计：京山铁路二期重点绿色通道工程绿化总长度8.42公里，绿化面积514亩，其中普通段293亩，重点段221亩。建设地点位于安定镇，涉及潘马房、驴房等8个村及北京铁路分局、大兴公路分局、大兴区水务局3个国营单位。设计栽植常绿树4种、2 586株，落叶乔木21种、14 546株，灌木17种、26 149株，宿根花卉2种、38 287株，地被植物2种、22.6万平方米。项目完成后，将与周边环境融为一体，保护道路行车安全，改善区域生态环境。配合北京市林业工作总站专家对绿化带内土壤墒情进行测量，出现缺苗或断带的地段进行补植补造，并根据不同树种、树龄适时进行修枝整形，对枯死树、风倒木等及时进行了清理、修剪，按规格对绿化带内的苗木进行了涂白；春季对绿化带内有害生物进行了防治，主要防治春尺蠖、柳卷叶蜂等，采取飞防和人工防治的方法及时杀灭害虫，防止发生虫灾。各镇分别与绿化带沿线的各村、各单位签订“绿色通道林木管护责任书”，各林权单位成立管护专业队，坚持人员到位、责任到人、培训上岗、宣传到位的原则。

【千顷经济林产业园建设】 制定出台了《大兴区2011年生态经济林产业发展实施意见》；引进红香酥、玉露香、早金酥等70个优新品种；完成新植5 330亩、高接2 740亩；抓万亩有机果品示范基地与330亩出口特供基地的建设；完善10个标准化基地的建设，推广人工授粉6万亩。

【林政资源管理】 2011年办理林木采伐证599份，折合蓄积30 872.62立方米；办理征占用林地11份，共涉及林地面积27.078 1公顷。森林资源保护管理能力显著提高。依法加强征占用林地、林木采伐等管理，通过严格审核和优化方案，减少移伐树木4万株，减少征占用林地2公顷，收回代征绿地38万平方米。

【园林管理】 通过与建设单位兴创公司和管护单位黄村镇沟通协调，滨河公园、高米店公园从4月1日开始正式由黄村镇市政综合服务中心接管。加强公园的行业管理，重点加强了清明节、“五一”、端午节、中秋节、国庆节期间的公园安全管理和游人数量统计工作，2011年大兴区节日期间公园累计接待游客125.1万余人次。处理群众举报翡翠公园内违法建筑1件，已转交规划分局处理。处理其他非紧急援助11件。为北京市园林绿化局修订公园设计规范，进行了重点公园的调研。协调公园管护移交：通过与建设单位兴创公司和管护单位黄村镇沟通协调，滨河公园、高米店公园管护工作进行移交。

【果品产业建设】 2011年全区共完成果树新植和高接面积8 070亩，其中新植5 330亩，以梨为主，还有核桃、樱桃、桃、枣；高接换优2 740亩，以梨、葡萄为主。重点分布在榆垡、庞各庄、北臧村、魏善庄、安定、青云店、长子营、采育镇。为保质保量地完成建设工作，在实施过程中做到了五统一：统一技术标准、统一专家指导、专业服务队统一栽植和高接、统一品种、统一苗木和接穗。新植梨树全部进行沾根粉、铺地膜、套防虫袋，确保成活率。万亩有机果品示范基地建设顺利，发放生产物资1 050.9吨。其中包括生态有机肥813.75吨、土壤净化剂55.8吨、生物制肥素69.75吨、植物保护剂111.6吨。品种引进：引进红香酥、玉露香、早金酥等梨优品种70个。

【林下经济】 利用林地100亩进行养殖，现存栏羊180只，鸡5 000多只。利用景场分区一小班林地90亩进行养鸡，现存栏蛋鸡和肉鸡共7 000多只。近几年播草盖沙和灌草覆盖工程的小桑苗目前长势良好，2011年与北京大兴野生动物园实施了供需桑叶协议。

【花卉产业】 盆花、切花、草花、观赏苗木成为大兴区花卉生产四大支柱品种。其中，兰花种苗已销往韩国、俄罗斯等国家，这是继菊花出口日本后，成功推介大兴花卉走向世界的又一喜讯。切花出口基本持平，产值略有增加。切花菊种植农户年收入最低能达到1.3万元，高的可达2万元，比上年增加了15%。受市场影响，草花价格一路走高。随着生产规模的不断扩大，草花专业合作社的作用也日益凸显，协助花农销售草花800万盆，对大兴区草花产业呈现快速增长起到巨大的推动作用。花卉产业重点项目市花月季出口基地示范项目及月季观光园建设项目进展情况良好，被评为大兴区标准化示范基地。目前月季出口基地已建日光温室26栋，引进、栽植月季品种近400个，带动当地就业近30人，出口月季80万株，国内销售150万盆，经济收益近1 500万元。吸引君子兰生产基地落户大兴区魏善庄镇，占地20亩，建有日光温室70个，已有30个投入使用，每个日光温室年产君子兰7 000～10 000盆，产品销往北京及周边市场。

【种子苗木检疫工作】 全区调运检疫共检疫木材和木材制品5 221立方米，苗木85.7万株，花卉167.2万株，依法换发《植物检疫证书》722份，开具《森林植物检疫要求书》25份，签发《木材运输证》579份。产地检疫执法与林木种苗执法相结合，共检疫苗圃面积3.7万亩次，花卉2 123万株，竹木销售点81家，开具《产地检疫合格证》177份。未发现检疫对象，种苗产地检疫率100%。

【有害生物防控】 林业有害生物防控能力显著提升。重点抓以美国白蛾为首的林业有害生物监测和防控工作，防控面积120万亩次，实现了“有虫不成灾”的目标。在5月12日、7月11日、8月25日应用除虫脲、灭幼脲分别开展了三次普遍预防；适时施放周氏啮小蜂2亿头防治美国白蛾、花绒寄甲82.4万头防治光肩星天牛，并用塑料围环防治春尺蠖和色板诱杀防治柳叶蜂。全年共投入大、中、小型防治机械474台套，出动车次31 200台次，投入人工15.2万人次，预防控制面积119.2万亩次。其中：飞防100架次，预防控制面积6万亩次，地防预防控制面积110.7万亩次，人工物理防治2.5万亩次，无公害防治率达97%。

【野生动物保护】 共办理野生动物行政许可10件，其中驯养繁殖6件，主要养殖梅花鹿、天鹅、松鼠猴等；经营利用3件，主要是食蟹猴、环颈雉等；养殖单位更名1件。做好野生鸟类的监测工作。每天下午通过网络向北京市园林绿化局野生鸟类监测小组上报当日的监测情况。救助工作：全年所里共救助野生动物10起，其中有属于国家二级保护野生动物的孔雀、红隼等。5月份，对全区24家驯养繁殖单位进行了安全检查，分别填写了检查记录，并由养殖单位负责人签字。

【古树名木】 4月11日，市气象局避雷专业施工队伍为魏善庄镇大狼垡村的古树毛白杨安装避雷针。7月28日，一场大风将北臧村的二级古树主杈刮下，造成这株古树严重受损。11月，管护责任单位完成对该株古树抢救保护工作。逐年落实古树名木管护责任，与树权人、责任单位签订管护责任书。每年进行两次巡回检查，针对发现问题采取复壮、支撑、加装避雷装置等措施；对保护不利的情况，及时下发《古树名木保护管理整改通知》。为保护工程建设范围内的古树，通报了全区古树分布情况，告知工程建设避让、移植的许可办理流程。先后与采育、旧宫镇政府签订了临时责任书，积极办理避让申请。

【林业执法】 全年接警67起，其中存档备查35起、立案32起；行政罚款75 385元，补种林木3 316株，刑事拘留3人，自首1人，案件办结率达到98%以上。组织和参与专项行动4个，分别是3月至4月底以打击林木采伐季节中发生的盗伐、非法收购和运输木材等违法行为为重点的“春季攻势”专项行动；3月至7月开展的打击违法毁林建房、滥伐建房的“护绿拆违”专项行动；5月北京市开始实施的为期1年的以网上追逃涉林案件在逃人员为重点的“清网行动”；8月至9月底部署实施的打击破坏林地资源违法犯罪的“亮剑行动”，行动均取得了可喜战果。

【完善政策法规体系】 制定出台了《大兴新城园林绿地管护考核办法》、《大兴区2011年生态经济林产业发展实施意见》等一批规范性文件；编制并实施《大兴区“十二五”时期园林绿化发展规划》、《大兴区林地保护利用规划》，完成大兴区绿地系统规划与开发区绿地系统规划整合工作，编制完成《大兴区“十二五”时期生态经济林产业发展规划》和魏善庄、庞各庄等新市镇绿地系统规划工作。

【完成《衰老低效杨树防护林更新改造技术研究》】 该项目以大兴区永定河沿岸的风沙区为研究范围，采用外业调查、室内分析、试验研究相结合，并对现有更新技术及研究成果进行集成。运用解析木和生长锥相结合的方法，确定原主栽杨树品种的合理更新年龄，确定杨树伐根嫁接更新造林关键技术，完善中、幼林抚育管理技术，为防护林更新改造提供科学有效的技术支撑。该项目经国家林业局科技司组织专家鉴定，达到了国内先进水平，获得了国家林业局科技司的成果鉴定证书。

【一类调查】 国家森林资源连续清除（简称一类调查）是以掌握宏观森林资源现状与动态为目的，以省（直辖市、自治区）为单位，利用固定样地进行定期复查的森林资源调查方法，是全国森林资源与生态状况综合检测体系的重要组成部分。一类调查每5年进行一次，共有260个样地。5月8—12日，北京市林勘院组织了调查技术培训班，之后，对调查表、工具等进行了准备，5月18日分2组正式开始调查，现已完成全部调查任务，通过了市林勘院组织的检查验收。

【林地落界工作】 目的是将林地及其利用状况落实到山头地块（小班），为各级林地保护利用规划提供基础数据。作终全国林统一成图，作为以后国家林地管理的依据。工作内容：在航片图上，依据现有森林资源规划设计调查成果，结合森林经营活动档案等资料，按照林地落界基本条件和精度要求，勾绘林地边界。要求：保持原有小班界线相对稳定；对于满足最小上图面积要求的图斑落实边界；对于宽度大于等于图上2毫米，且连续面积大于最小上图面积的林带，按面状图斑落实界线；对宽度小于图上2毫米，但连续面积大于最小上图面积的林带，用单线符号表示，并标注林带平均宽度和长度，精确至0.1米；当宽度变化大于20%时，应分段标注。大兴区林业工作站现正全力进行此项工作。

【森林资源动态监测】 在2010森林资源二类调查的基础上，大兴区林业工作站把2010年9月至2011年8月大兴区所有采伐、新植、更新林地的面积及相关属性记录填入北京市森林资源管理系统，建立大兴区森林资源动态监测数据库，并将调查汇总结果报北京市林业资源监测中心，此项工作正在进行资料收集。

【固定样地调查】 按照北京市林勘院组织开展的森林资源固定样地调查工作的要求，大兴区林业工作站完成了44块固定样地外业调查任务，调查工作主要任务是通过测量固定样地的各项调查因子，为林业各方面的分析提供科学依据，从而为各级部门的管理、决策工作提供服务。

【主要城市绿化道路调查】 大兴区林业工作站对黄村卫星城和亦庄新城主要街道绿化进行了调查。调查内容包括绿化宽度、主要树种、胸径、株行距、长势、地被植物配置、管护状况、绿化效果等，拍摄了大量照片，为道路系统绿化规划准备了基础资料。

【机场林地调查】 大兴区林业工作站利用二类调查结果对机场占地范围内林地进行统计，机场占地范围内约有林地2 600公顷。

【监督执法】 推进动物卫生诚信体系建设。与全区10大类监管对象签订责任书和承诺书12种，其中责任书2 065份、承诺书2 010份，签订率达100%；另签订协议书1 829份，建立了监管对象电子信息档案。加强畜产品安全整治，制订实施方案。出动执法人员1 588人次，检查经营性冷库62场次、动物产品加工场45场次、市场超市162场次，发放监督笔录意见书287份。同时，与公安、工商、商务等相关部门联合执法12次，有效地打击了违法行为。

【饲料、兽药管理】 大兴区加强兽药、饲料市场的管理，杜绝假冒伪劣饲料、兽药损害农民利益和危害畜禽产品消费者身体健康的行为，对全区饲料兽药经营企业进行了多次集中拉网式检查，查扣假劣、过期兽药共计17种（1 070瓶、46桶、50袋），没收饲料3 414千克，销毁过期饲料和原料1 300千克，销毁不合格标签2.5万张。

【“瘦肉精”监管】 采取多项措施落实“瘦肉精”监管工作。摸清辖区生猪场（户）、肉牛养殖场及生猪配合料饲料生产企业底数。明确监管工作重点。对59个生猪场、1个肉牛养殖场及22家生猪配合饲料生产企业进行检查。加大监测力度。建立快速反应机制。加强宣传。强化执法管理，落实产地检疫、屠宰检疫程序。建立公路动物防疫监督检查站和到达地动物卫生监督所对点通报机制。专项行动共出动执法人员3 551人次，检查养殖场423场次，生猪定点屠宰场21场次，饲料加工企业129厂次，收购贩运户45个次，3个公路动物防疫监督检查站共监督检查运输动物及其产品车辆7 934车次。抽检饲料企业88厂次，抽检养殖场175场次，抽检屠宰场21场次。抽检饲料样品352批次，动物尿样2 740批次，动物内脏及肉品178批次，抽检样品均未检出“瘦肉精”。

【养殖业“打非”专项行动】 按照区委、区政府“打非”工作的统一部署，结合养殖业现状，在全区开展了打击养殖业非法、违法生产经营建设行为专项行动。结合行动，对全区养殖业做了全面和细致的摸排调查。落实安全生产监管防控措施，突出重点监管单位，对在摸排过程中发现的安全隐患风险较高的单位进行重点监管，协调其他职能部门进行综合监管。加强社会舆论监督，建立社会监督机制，鼓励群众对违法建设和违反安全法规的行为进行举报。在广泛征求各镇政府意见的基础上，对全区各镇卫星图片显示的119宗养殖企业的真实性逐一进行了现场核实，其中符合养殖条件的112宗，不符合的4宗，另有3宗属于种植业，与养殖无关。

【泔水猪清理行动】 落实北京市农业局《关于规范动物饲养行为禁止泔水喂猪有关工作的紧急通知》，在全区范围内依法对使用饭店、宾馆、餐厅、食堂产生的未经无害化处理的餐厨垃圾饲喂生猪的非法养殖场所开展了专项整治行动，特别是对青云店、长子营和黄村三个泔水猪养殖密集区进行集中清理。共清理泔水猪24 456头，拆除泔水猪舍10 300平方米。

【动物免疫工作】 全面推行“政府保密度、部门保质量”、“防疫密度领导签字认可”制度，对畜禽口蹄疫、高致病性禽流感、高致病性猪蓝耳病实施强制免疫，实施免疫标识和免疫卡管理。全区常规免疫注射猪瘟疫苗39.2万头次、猪口蹄疫疫苗86.5万头次、猪蓝耳病免疫25.4万头次；牛口蹄疫免疫21.4万头次、羊口蹄疫免疫35.7万头次；免疫各种禽类1 146.81万只次。

【畜牧业产量产值】 全区生猪出栏56万头，肉羊出栏20万只，家禽出栏1 280万只，鲜奶产量14.7万吨，鲜蛋产量1.9万吨。畜牧水产业产值达23.1亿元，占大农业总产值的44%。

【养殖场粪污治理】 北运河粪污治理项目，市农业局投资240万元，治理2个镇4家养猪场；新农村粪污治理项目总投资500万元，治理6个镇20家养殖场，治理面积2.5万平方米。计划“十二五”期间按年递减3%的速度逐年推进。

【畜牧业保险】 本区将能繁母猪补贴款的发放与能繁母猪保险工作捆绑在一起进行，发放补贴资金374.34万元。良种奶牛补贴政策给予补贴资金385.65万元。

【废旧坑塘改造】 对全区坑塘情况进行排查，制定了废旧坑塘改造计划，市区两级总投资315.36万元，首批对牛坊村、罗三村及大兴区种猪场在内的138.35亩坑塘进行改造，并已完成验收。

【渔业增殖放流】 渔业增殖放流工作分春、秋两个阶段进行，其中4月份，引进优良品种分别在滨河公园、南海子公园、天堂河、星月湖自然湿地、野生动物园、安定古桑园文化广场共放流锦鲤、花白鲢等大规格鱼苗 1.88 万尾，涉及水面 2 000 余亩。

【农业普法宣传】 通过采取组织居民参观企业、深入社区发放海报、宣传贴画、科普赶集深入农村等形式，大力宣传《动物防疫法》等法律法规、群众密切关注的动物产品安全及狂犬病防控等知识。全年共出动人员 92 人（次），发放海报 95 份，各类宣传贴画 300 余份，《如何购买放心肉》、《病死动物产品鉴别》等宣传材料 5 000 余份，解答咨询 380 余人次。

【突发应急工作】 继续完善本区重大动物疫情应急管理工作体系，各级相关部门逐级签订责任书，责任到人。建立总数 446 人的区、镇、村三级防疫队伍体系，区防治重大动物疫病指挥部成员单位发展到 43 个，成立区级重大动物疫情应急预备队 2 个，镇级重大动物疫情应急预备队 28 个，并与各镇建立了应急储备人员联动制度。

【农机概况】 全年落实补贴资金 2 637 万元，其中购机补贴 1 700 万元，农机规模化经营服务项目 315 万元，保护性耕作 10 万元，秸秆还田和深松 578 万元，农机服务队 20 万元，农机田间学校 12 万元，农机科技示范户 2.3 万元。推广各类农业机械 598 台套，涉及资金 3 300 万元，其中补贴资金 1 656 万元，包括：大田农业机械 230 台，菜田农业机械 13 台套，畜牧业机械 333 台，林果业机械 22 台。对庞安路、朱马路等重点路段及新农村建设重点村庄损坏路灯进行维修 947 盏，其中更换电瓶 854 块，光源 947 个，控制器 510 个，并对太阳板进行了维护。

【农机规模化作业服务】 依托大型农机服务组织，积极开展农机规模化经营和服务。全年完成农机规模化经营和服务 5 万亩。其中规模化经营 2.4 万亩，规模化服务 2.6 万亩（全程规模化作业服务 1.6 万亩，重点环节规模化作业服务 1 万亩）。积极落实农业部《1000 亩高标准农机规模化经营示范区建设项目》，落实中央资金 15 万元。以北京兴绿禾公司为依托，在青云店镇北店村开展农机规模化经营种植面积1 000亩。购置了小麦收割机、撒肥机、喷灌设备等先进农业机械，开展保护性耕作、青贮全程机械化收获以及土壤深松等农机新技术，研究出了一套标准化种植模式，为今后大规模实施农机规模化经营和服务奠定了基础。

【农业科技成果展示基地示范工作】 基地现代化基础设施进一步完善，完成了西瓜品种展示、病害防治试验、各项肥料试验以及节水示范等项工作。接待各级领导、专家及农业专业人员 20 余批次，共计 3 000余人次，组织各项会议 10 次，进行现场观摩 10 次。

【科研开发工作】 对甘薯起垄机、甘薯起垄铺膜机和甘薯收获机的有关部件系统进行了完善，并加工制作 10 套甘薯双行起垄覆膜设备。在本地区推广的基础上，现已推广到全国七八个省。完成了甘薯割秧机研发方案和样机制作及试验工作。为解决约翰迪尔 1030 玉米免耕播种机秸秆拥堵问题，改制了六套开沟破茬施肥装置，完成了两项甘薯机械技术国家专利的申报工作。

【农机技术宣传和培训工作】 积极开展拖拉机、联合收割机驾驶员及农机修理工职业技能取证培训。其中取得了驾驶证人员 127 名，取得维修工证书 52 名。另外，充分发挥 3 所农机化学校分校、2 所农机田间学校以及 70 个农机科技示范户的作用，组织开展新机具新技术培训 39 期，科技下乡活动 6 次，培训人员 8 000 人次，发放宣传材料 12 000 份。

【一园两厂四河项目顺利实施】 大兴新城滨河森林公园工程于 2010 年 2 月开工，到 2011 年 4 月底完工，累计投工 70 余万个，各类机械台班 5.7 万个，累计工程动土近 400 万立方米，完成绿化面积 4 000 亩，种植各类乔木、花灌木 80 余万株，植草坪中植被 69 万平方米，形成中心湖区面积 700 亩、生态湿地面积 150 亩、蓄水 80 余万立方米。完成投资 16 亿元。黄村再生水厂改建和瀛海污水处理厂建设工程顺利开工，二项改扩建工程总投资 42 033 万元，扩建后的黄村再生水厂日处理污水可达 12 万立方米，瀛海污水处理厂可达 3 万立方米。天堂河水环境治理一期、埝坛水库引渠治理、新凤河中段治理、北小龙河治理工程可研立项已完成，进入实施阶段，四河水环境治理总投资 11.06 亿元。

【农村雨洪利用工程】 2011 年，大兴区建设雨洪利用工程 3 处，其中 2 处为农村废弃坑塘，一处为大龙河上游河道，工程总投资 1 654 万元。

【节水型社会建设】 2011 年，大兴区共创建节水型机关、企事业单位 30 个，节水型小区 5 个，并全部通过市级验收。老旧小区节水型马桶换装工程完成 4 500 套。大兴区为水利部确定的第三批节水型社会建设试点区，2011 年综合评分位列海河流域片第一名。

【第一次水务清查、普查】 2011 年 1 月 1 日，大兴区水利普查正式启动，水务普查办公室组织协调全区 14 个镇、5 个街道办事处，展开水务清查和普查工作，2011 年完成 19 200 个普查对象的录入核实，建起水务普查台账 12 900 个及数据质量控制审核方案。

【水利基础设施防洪能力进一步提高】 2011 年，全区完成防洪水利基础设施建设项目 407 处，累计投工 25.85 万个，机械作业台班 3.4 万个，总动土石方 276 万立方米；疏挖整治镇级骨干排沟 20 条，全长 38.6 公里，开挖土方 7.8 万立方米，投入资金 3.9 亿元。

【水资源基础调查】 按照国务院《关于开展第一次全国水利普查的通知》的要求，大兴区农业技术推广站制定了大兴区耕地灌溉调查实施方案，对全区代表村落灌溉水源、种植类型、灌溉设施现状、农田灌溉需求进行了调查，并将调查结果录入到北京市农业局“耕地灌溉调查管理信息系统”。

【土壤墒情监测】 年内大兴区已有土壤墒情监测点26个，涉及作物是小麦、春玉米和夏玉米，全年共取土壤样品3 900个，获得有效数据1 924个。编写墒情旱情简报9期，指导农民科学灌溉1 000余人次，覆盖大兴南8镇40余个村，代表面积21万亩。

【植物检疫】 6月份完成市植保站检疫科对6个疫情监测点的检查。利用监测点共对红火蚁、美国白蛾、黄瓜绿斑驳花叶病毒病、果斑病等11种有害生物进行监测、普查52次。对全区保护地和露地西瓜进行了踏查和试纸条检测，共普查西瓜田2.5万亩次，未发现检疫性有害生物。对旧宫、青云店、长子营镇等单位的小麦种子田进行产地检疫，产检面积6 177亩，产检地块未发现小麦腥黑穗病。全年共受理调运植物检疫备案和检疫证书签发13批次，涉调量7.5万千克，调检中未发现检疫性有害生物。

【病虫害预测预报】 全年发放病虫简报23期，电视预报片16期，重点对番茄黄化曲叶病毒病、瓜类果斑病和小麦吸浆虫等重大病虫害的防控进行了宣传与培训。

【生物防治补贴工作】 年内都市农业建设项目区共释放22亿头赤眼蜂，涉及夏玉米田11万亩，经调查防治效果都在90%以上；发放补贴生物农药及高效低毒农药共计8.73吨，防治效果均在85%以上，共减少化学农药用量47.5吨；在示范区进行了杀虫灯和性诱剂防控病虫害技术展示。

【农药空包装回收工作】 年内都市农业建设项目区共集中回收销毁农药空包装总量211万个。

【农区灭鼠工作】 全区设立了5个鼠情监测点，开展常年鼠情监测，全年农区灭鼠面积25万亩，其中春季灭鼠20万亩，秋季灭鼠5万亩。以毒饵站灭鼠技术为主，建立小麦田和设施菜区毒饵站示范区15个。采取专业化防治的形式，由青云店、魏善庄镇植保专业化防治队和北京康华盛大有害生物防治有限公司完成。防治效果均达到了90%以上，达到了统一防治后百夹捕获低于1%的指标。

【瓜菜根结线虫病防控】 共计建立4个示范区，分别为魏善庄镇东枣林村、榆垡镇香营村、安定兴安营村、北臧村镇赵家场村，示范作物有番茄、甜瓜、西瓜等。示范内容为抗线虫品种、10%福气多颗粒剂定植前土壤处理、卫根灌根等技术，防控效果85%以上。

【甘薯茎线虫病综合防控】 在丁村建立了甘薯茎线虫病综合防控核心示范区，在庞各庄、榆垡等4个镇建立辐射示范区4个，推广高剪苗和辛硫磷微胶囊悬浮剂进行土壤处理等技术，发放辛硫磷微胶囊悬浮剂、毒死蜱、福气多、吡虫啉等4 375瓶（袋），用于示范区防治。

非农产业

【春华秋实系列活动】 在魏善庄镇隆重举行了北京·大兴黄金梨批量出口第一单启动仪式。大兴区梨实现全市果品出口第一单，共出口果品7.5万千克并且反馈信息良好，在国际市场上得到国际客商的充分肯定。

【采育葡萄文化节】 8月18—22日，第11届北京大兴采育葡萄文化节在采育镇举行。本届葡萄节传承“展古镇风貌，扬葡萄文化，促经济发展，富采育人民”的办节宗旨，以“践行科学发展观、推进城乡一体化”为主题，使节庆活动与农民增收相结合，与城镇建设相结合，与产业发展相结合，与新农村建设相结合，与推进城乡一体化建设相结合。继续提升葡萄文化节系列活动品牌，形成文化创意、经济促进、旅游采摘、群众活动等特色板块。举办“家乐福超市北京18家店”分会场、第11届北京大兴采育葡萄文化节“文艺星火演出工程”送文化下乡、采摘游、工业游、黑陶制作“采育一日游”等活动。

【安定桑文化采摘节】 第十届北京大兴安定桑椹文化节于2011年5月22日至6月5日在大兴区安定镇御林古桑国家森林公园举行。本届桑椹文化节以“体验农桑文化、享受绿色生活、凝聚发展力量、打造活力安定”为主题，以嫘祖文化、丝绸文化、桑蚕文化和农耕文化为载体，弘扬中国农桑历史文化精髓，描绘安定古韵今辉，展示行业和地区特色，倡导“绿色、惠民、低碳”等当代主流文化生活元素；着力促进文化节与新市镇产业发展、新农村经济建设相结合，着力推动镇域建设、促进农民增收，着力提升文化节内涵，创新办节理念与机制，实现资源共享、利益共赢，使其成为对外交流、合作发展、惠民强镇的平台，为大兴新区建设和安定新市镇建设加大创新驱动力度。

【第四届全国甘薯擂台赛】 10月28日，由中国作物学会甘薯专业委员会、国家甘薯产业技术研发中心、大兴区人民政府等单位联合举办的第四届北京大兴“庞各庄杯”全国甘薯擂台赛在北京紫竹院公园举办。庞各庄镇留民庄村张红梅获得薯王综合奖冠军，品种为豫薯10号，单块薯重34.18千克。庞各庄镇留民庄村的李铁军获得优良品种奖冠军，品种名称为红心王。

【第二十三届西瓜节】 为西瓜节生产并制作了造型瓜，为第二十三届“乐苹杯”西甜瓜擂台赛进行西甜瓜品质测定工作。

村镇建设

【概况】 全区提高新农村建设标准，使农村发展与城市的快速发展相协调。围绕三座新城、小城镇及主干路周边，突出特色，集中力量打造一批现代化的新农村示范村。落实北京市新型农村社区试点建设意见，建设1～2个新型农村社区示范村。建立健全新农村各项设施的管护机制。重点在街坊路、垃圾减量化、公厕、新能源设施、绿化美化、文体设施等方面加强管理，加大管理维护的资金投入力度，并形成长效机制。继续建设环境优美镇村。通过开展农村生活垃圾分类达标、村庄绿化美化达标等活动，积极创建市级环境优美乡镇、首都绿化美化园林小城镇、生态村、首都绿色村庄。继续实施“三起来”工程。实施路灯改造、太阳能公共浴室等建设，探索推进压缩燃气进村工程。

【村庄基础设施建设水平不断提升】 完成安定镇东、西芦各庄两个村压缩天然气试点工程，可使600户农户用上绿色优质的清洁能源。重点提升了旧宫镇南小街4个村的道路排水、上下管线等基础设施水平。新建农村公厕193座。完成安定、青云店等镇55个村庄、70万平方米绿化美化工程。完成旧宫南小街村基础设施改造工程。农村地区垃圾分类收集、运输、消纳的统一管理体系初步建立，配置垃圾分类桶40 785套，垃圾运输车219辆，保洁三轮车831辆，垃圾大箱561个，改造垃圾转运站4座。建设村级公共服务中心33个，完善了街坊路、村庄绿化美化等12个单项管护办法。

【新型农村社区试点启动实施】 大兴区发布了魏善庄羊坊村新型农村社区建设总体规划，相关产业已经启动。

【农村生活条件显著改善】 继续推进“三起来”工程，全年，完成村内路灯节能改造1.3万盏，维修太阳能路灯1 820盏，既有住房节能改造750户，新建太阳能浴室7座，新建地源热泵采暖8 928平方米，实施雨洪利用工程3处、粪污治理工程18处。

【百里绿廊和百个新农村绿化】 全区公路河道绿化工程完成75公里，其中魏善庄19公里，庞各庄11公里，榆垡10公里，绿化任务已完成；亦庄开发区实施公路绿化35公里，绿化面积142万平方米，总投资2亿余元。2011年新农村绿化计划实施81村150万平方米，现已完成50%。

【生态环境建设】 启动了南海子公园二期建设，完成了新城滨河森林公园建设并对市民开放，全区人均公园绿地达到12.33平方米。完成造林507公顷，植树145万株，全区林木绿化率已达26%，森林覆盖率达到23.7%。启动了安定镇杜庄屯村和榆垡镇求贤村的“北京最美乡村”建设，城乡宜居水平不断提升。

农村改革与管理

【概况】 围绕“坚持科学发展，走城乡一体化道路，建设宜居宜业和谐新大兴”的总体目标，结合“城南行动计划”与“大兴区和北京经济技术开发区行政资源整合”等重大战略机遇，认真落实党在农村的各项基本政策，创新农村经济体制改革，加强三资管理，确保农村经济不断发展壮大。

【推进农村集体经济产权制度改革】 区经管站指导上年度完成改革的236个村社组建新型集体经济组织，完善内部管理制度；做好对新型集体经济组织登记证书和集体资产产权登记证书的年检和换证工作；配合区产权制度改革督导组，完成改革村社全面验收，各镇改革工作最终评价等级全部为优秀。本年度全区启动村集体经济组织产权制度改革225个村，完成222个村，全区累计完成改革村数达525个，占全区528个农村集体经济组织的99.43%。其中，西红门、旧宫镇全部完成土地股份制，北臧村、礼贤、魏善庄、青云店、庞各庄、安定、瀛海镇全部村社完成改革，建立股份经济合作社。

【加强“账、款、章”三托管工作】 全区14个镇528个村中，实行“账、款、章”三托管制度的村社达到99%，为进一步完善和规范村级财务管理，区经管站继续加强对各镇“农村财务管理服务中心”的检查、监督和指导工作。为严格公章的管理和使用，在实行“双锁制”做好村级公章日常管理的同时，积极采取安装防盗设备、刻印新型防盗印章、公章外借派专人跟随、按季度上报公章使用情况报表等措施加强村级公章在使用、外借环节上的监督，确保用章安全。

【组织农村会计人员进行继续教育和会计证有效期延期注册工作】 组织全区经管系统人员、托管中心财务人员和村级财务专管员610人进行继续教育，并对14镇585名持证人员进行了会计资格有效期延续注册登记工作。

【开展农村集体资产清产核资试点工作】 按照市农研中心《关于开展农村集体资产清产核资试点工作的通知》要求，建立以区委常委、副区长李春亭为组长、区经管站为牵头单位的领导机制，加强工作。确定了安定镇为试点镇，制定了清产核资试点工作的实施方案。试点工作全面完成，为下一步全面开展清产核资工作奠定基础。

【强化农村土地承包合同规范管理】 1—12月份共签订农村土地承包合同1 044份，分户变更17份，集体对外出租合同3份。为贯彻农业部国家档案局《关于加强农村土地承包档案管理工作意见》，重新完善了档案管理制度，加强了档案的管理工作，为全区14个镇427个行政村配置专用的铁制档案柜存放档案资料。结合市林权改革工作，配合区园林绿化局在全区范围内进行了林地合同梳理和合同条款的补充完善工作。共梳理完善合同18 425份，涉及林地10.72万亩，其中梳理合同15 897份，涉及林地面积8.1万亩，签订补充协议2 528份，涉及林地面积2.62万亩。此次梳理和完善共涉及10个镇317个村。

【农村土地经营权的流转和服务工作】 在加强土地流转程序、期限、政策及私自流转的危害等宣传指导，引导农户规范流转的同时，做好土地流转的监测汇总工作。1—12月，农户流转给村集体经济组织7 048亩，涉及2053户；村级经济组织流转给其他组织4 151亩，涉及6个村。

【农村土地承包纠纷的来访接待与仲裁调解】 全年共接待各类农业承包合同纠纷及上访案件81起，接待来访人员106人，在坚持调解为主、仲裁为辅的原则下共受理仲裁案件34起，其中仲裁调解的1起，开庭审理裁决的30起，已立案正在审理的3起。其中30起就是因为合同条款内容不完整，没有明确约定合同在履约过程中遇国家征占地时地上物权属归属问题引发的矛盾纠纷。

【全面开展清理和规范经济合同工作】 大兴区在6月27日召开对全区行政机关企事业单位和农村集体经济合同进行全面清理规范工作大会。成立大兴区清理和规范行政机关企事业和农村集体经济合同领导小组，涉及10个成员单位，下设办公室，日常办事机构设在区经管站，负责全区的清理和规范合同的协调组织工作。针对不规范合同、不履行民主程序的合同、无效合同、口头合同、拖欠租金的合同进行全面的清理、规范和清缴工作。出台了《大兴区进一步清理和规范行政机关企事业单位及农村经济合同的意见》，起草制定了《关于清理农村土地流转（租赁）合同若干问题的处理意见》。此次清理规范工作保留了一批从形式到内容没有问题的合同，废止了一批违反法律法规强制性规定的无效合同、无效转包合同、无效口头合同，规范了一批条款不完备、超期限的合同，共涉及14个镇、5个街道、281家行政事业单位、88家国有企业（其中一级企业14家）。全区共清理合同13 538份，需要完善规范4 895份，已完善规范3 779份，规范比例77%。初步建立了经济合同长效监管机制。

【继续做好农经管理信息化建设工作】 对村管系统的人口管理、经营管理、社务管理等模块的“十二个数据库”进行维护更新，对全区利用触摸屏进行党务、村务公开的130个村进行抽样问卷抽查，调研触摸屏的使用效率。组织全区14个镇500余名镇、村级信息员进行“农村平台”和“村管系统”的培训。配合市经管站并协调区信息中心对14个镇网络重新进行整合，为各个乡镇的网络设备和服务器编制多条路由，将纵向网络中子网建设方案由NAT方案改为VLAN方案，来提高网络维护效率，降低网络故障发生率。

【农村种养业监测管理】 完成了60个农产品成本监测点的收入、成本、利润的核算工作，共对全区14个品种进行了成本及经济效益的监测。其中：农产品中，种植花卉的经济效益最为可观，依次为蔬菜、白薯、花生，花卉每亩平均利润高达24 299.73元，且比上年度上升136%（品种不同）；果品类中，所监测的葡萄和黄金梨较上年平均利润分别下降7.4%和30%；奶蛋肉类中，平均利润较上年都有所上升，其中上升最多的是奶牛，为72.7%。

【农村经济统计分析】 完成了全区农村收益分配统计报表及低收入农户监测工作。大兴区农村经济总收入完成4 756 013.7万元，同比增长5.5%。其中：一产实现总收入400 098.1万元，同比下降0.9%；二产实现总收入2 815 726.9万元，同比上升9.1%；三产实现总收入1 384 417.6万元，同比下降2.1%。主营业务收入实现4 600 242.6万元，同比增长4.6%；人均劳动所得14 769.9元，同比增长9.3%。低收入农户人均可支配收入5 784.64元，比上年同期增长了42.9%，在监测的所有低收入农户中有7 292户低收入农户人均可支配收入达到4 500元以上。

【常规审计及村干部离任审计】 共审计了599个单位，审计金额共计225 083.5万元。其中财务收支审计425个，干部离任审计31个，经济效益审计29个，任期责任目标审计5个，专项补贴审计103个，土地补偿审计2个，其他审计4个。

【村级组织正常运转专项补助资金管理使用情况审计】 全区524个村专项补助资金应收8 630.46万元，实收8 630.46万元。524个村实际使用专项补助资金8 368.44万元。其中：用于村干部报酬金额1 195.55万元，用于办公经费补助金额296.99万元，用于五保户供养金额5.16万元，用于集体公益事业补助金额6 855.73万元，用于其他开支15.00万元。年末余额1 543.68万元。审计过程中未发现挪用现象。

【完成了新型集体经济组织的审计工作】 上年度，全区14个镇共计完成产权制度改革278个村，占524个村的53.1%。集体资产：278个村集体总资产460 952.9万元，同比减少6.6%；集体总负债114 326.3万元，同比减少25.7%；集体所有者权益346 626.6万元，同比增加2.1%。经营状况：278个村经营收入56 097.1万元，同比增长13.2%；经营支出40 043.3万元，同比增长19.8%；净利润17 059.9万元，同比减少2.8%。

【继续开展农民负担春季执法检查】 区经管站协调相关单位对14个镇开展了春季农民负担监督管理执法检查工作。上年度全区村级公益事业补助资金实际支出6 783.92万元，其中：用于公益设施建设费用2 242.53万元，公益设施维护费用1 179.26万元，社会管理费用2 167.16万元，社会事业费用882.58万元，村务人员工资312.39万元。全部足额拨付到村，未发现截留、挪用、平调、挤占补贴资金的情况。其严格按照规范程序逐级审批使用，未发现违规使用专项补助资金的情况。

【开展向村级组织收费专项清理整顿活动】 8月份，区经管站与区农委、区纠风办联合开展了向村级组织收费专项清理整顿活动。重点对2009年1月1日以来（以发票或收据日期为准）各部门或单位向村级组织的收费情况进行清理，纠正和查处以各种名目向村级组织违规收费行为，落实村级组织公费订阅报刊限额制度，取消各种要求村级组织出钱出物出工的达标升级活动，建立和完善向村级组织收费的长效监管机制，切实减轻村级组织和农民负担，维护农民合法权益，促进农村和谐稳定。

【加强对农民专业合作社建设的指导】 年初，区经管站对全区农民专业合作社的重要指标进行了统计，并对中国农民专业合作社网《农民专业合作组织情况》报表及时进行了更新，并对市"211信息平台"上报44家重点农民专业合作社的生产数据。3月份，区经管站与区农委、区财政局联合制定下发《关于2011年农民专业合作社发展建设的实施意见》(京兴政农发［2011］10号)，围绕"十二五"建设规划和主导产业，明确了示范社建设重点和工作程序。区经管站与农委共同对示范社候选单位进行走访，针对合作社在财务管理及成员账户等方面发现的问题及时开展指导，组织财务培训，督促、指导合作社严格按照《农民专业合作社法》及《北京市农民专业合作社会计核算办法》进行规范化管理和运营。5月份，与区农委、区财政局等相关单位对16家农民专业合作社提升项目及13家农民专业合作社规范项目进行了评审打分，最终确定在全区"提升10家、规范10家示范社"。

【政策性农业保险工作】 3月份，区经管站召开了政策性农业保险工作会，积极宣传保险政策，努力扩大农业保险覆盖面积。全区种植业保险承保9个险种13个品种，覆盖11个乡镇。总保险金额3.34亿元，同比减少17.15%；总保险费1 275万元，同比减少16.98%；承保1 230村次，比上年减少353个；承保户数33 044户，比上年减少13 298户；承保亩数199 101.9亩，比上年减少55 465.28亩。部分村社整建制转居、部分村社因土地流转等原因造成政策性农业保险数量整体下降。年内多次遭受了大风、暴雨灾害天气，致使10个镇400余村次农作物受损，种植业共获保险赔付1 396.56万元。

农民生活

【科技培训】 培养村级示范户378户，平均每个示范户接受培训32学时，技术人员进村现场指导8次以上，推广13项主推技术辐射带动周边农民。对32个典型村级科技示范样板田进行了重点培养，其中生猪产业19户、奶牛产业5户、家禽产业8户，培训样板田示范户及村级科技示范户3 000余人次，实现了技术指导员与样板田的科技示范户进行一对一的对接。

【南海子公园二期】 规划面积11.65平方公里，公园面积7.86平方公里。2010年一期完成3 700亩，2011年二期工程已完成绿化面积15万平方米，栽植乔灌木3.5万余株。目前正在加紧基础工程、园林景观工程及配套设施的建设。

【新城滨河森林公园】 完成8 070余亩的主体工程，总投资16亿，包括两园一场一河道，即南区公园、北区公园、高尔夫球场、小龙河景观工程四部分，其中湿地面积近2 000亩，打造同乐广场、五谷丰登、东堤春晓、悠州台歌等十大景点，特别是湿地、水系建设得到一致好评，已于5月28日开园。

【魏善庄龙河公园】 规划面积44公顷，总投资4 700万元。目前该项目规划、国土、环保手续已完成，设计、施工、监理招标已完成，实施方案已批复。目前土建施工完成5万立方米，占计划任务的25%。

【西红门绿地】 位于西红门镇寿宝庄村，绿化面积251亩，总投资1 756万元。目前已完成主体建设，栽植乔灌木2.5万余株。

【庞各庄休闲公园】 规划建设休闲公园6公顷，每平方米投资达600元。目前实施方案已报批完成，正在进行建设前招投标工作。

【采育镇休闲公园】 规划面积21公顷，总投资5 300万元，为市级投资项目。目前规划、国土、环保手续已完成，专业设计规划评审正在进行中，实施方案等待市发改委批复。

【黄村镇太平片林改造】 规划面积100公顷，总投资3 900万元。该项目实施的初衷是"以绿挤乱，以绿治乱"，兼具为周边居民提供休闲绿地的功能。目前规划、国土、环保手续已完成，实施方案已批复，正在进行道路、水电设施等基础工程施工。

【亦新郊野公园】 规划面积605亩，9月取得项目批复，10月份开始建设，现已完成公园绿化用地整理218 400平方米，种植白皮松、桧柏、油松等602株。

【开展"科技助农"工程】 落实培养村级科技示范户316户、典型示范样板田25个、专业服务队2支、农民田间学校2所。按照"服务主导产业、培养专业农民"的总体思路，评选出有一定文化基础、接受新知识能力强、能够起到科技及市场带动作用的花卉种植户10名、花卉生产样板场1个，进行科技扶持。聘请中国农科院蔬菜花卉研究所的花卉专家进行技术培训与入户指导。采取现场教学、集中培训等形式开展科技培训20次、进行农业科技人员入户指导16次。科技助农工程的实施最大限度地发挥了农业信息、技术在花卉生产中的积极作用，为农业科研成果的加速转化和农业新技术的普及，为全区农业增效、农民致富起到很好的示范推动作用，产生了良好的社会效益与经济效益。

【区政府为农民办实事工程】 按照实事内容要求，积极推广小型农业、设施农业机械323台套。涉及资金476.2万元，其中补贴资金241.1万元。补贴机具包括：45马力拖拉机28台，撒肥机2台，气动剪枝机20台，冷藏运输车8辆，小麦免耕播种机10台，秸秆粉碎还田机20台，旋耕机10台，保温被3万平方米，猪产床220套，水净化处理设备2套。积极做好技术参数的制定、论证、询标、评标、合同签订、组织验收等各项工作。目前招标采购工作已经完成，正在进行机具发放。

【西甜瓜外埠研修班培训工作】 组织大兴区西甜瓜骨干农民到外埠、市内及区内观摩9次。1月10日，组织技术人员、西瓜育苗大户参加在武汉召开的全国西甜瓜嫁接育苗集约化生产观摩研讨会。3月2日，组织大兴区设施农业西甜瓜农民骨干30余人到河北乐亭观摩西甜瓜双膜覆盖春季冷棚提温效果。4月10日、5月15日两次组织北京市设施农业西甜瓜骨干农民赴浙江温岭学习观摩西甜瓜长季节栽培技术等。

【设施番茄骨干农村实用人才培训】 区蔬菜技术推广站组织14名蔬菜种植户参加设施番茄骨干农村实用人才培养赴韩培训班，到韩国学习设施番茄栽培技术。

【社区蔬菜技术服务】 区蔬菜技术推广站与清源街道办事处香留园居委会合作，发展社区阳台、庭院以及盆栽蔬菜种植，开展社区蔬菜技术服务。完成兴华中里社区居民的盆栽蔬菜介绍工作。

民主政治与党的基层组织建设

【建立搬迁村党建“四个四”工作机制】 积极推行城乡结合部党建工作，制定出台《关于在推进城乡一体化发展中加强搬迁村党建工作的意见》，创新实施搬迁村“四个四”党建工作模式。围绕“四有”目标，强化基层党组织“资产处置、政策落地、协调运作、教育引导”四项功能，发挥党员“推动搬迁、促进发展、服务群众、维护稳定”四个作用，健全“联系服务、阵地支撑、激励关爱、考核评价”四项保障，建立“抓党建、保搬迁、促发展”长效工作机制。

【开展“四二二一”连心入户活动】 7月，制定下发《关于开展村级主要干部“四二二一”连心入户活动的通知》，要求村党组织书记、副书记、村委会主任带着“沟通情况、解决困难、听取建议、增进感情”四个目的，每年对本村每户村民至少走访两次，每次至少20分钟，并记好一本“民情日记”。统一印制了1万本“民情日记”专用笔记本，发放到全区900多名村级主要干部手中，用于记录走访和征求群众意见等情况。将把活动的开展情况作为考核村“两委”主要干部的重要指标和农村“三级联创”工作考核的重要内容。

【做好服务拆违打非工作】 4月30日，制定下发《关于在开展严厉打击非法违法生产经营建设行为专项行动中发挥党组织党员干部作用的通知》。将“六个一律”作为硬性要求，提出15项具体工作措施，推进专项行动开展。通过层层签订责任书、开展干部包片、党员包户工作和党员干部“四查四纠”活动，建立管控巡查队，充分发挥了党员干部的先锋模范作用。

【开展“说说咱们新农村”主题党日活动】 7月21日，在中华世纪坛组织开展“说说咱们新农村”主题党日活动。演出活动以庆祝建党90周年为主题，采取榆垡镇求贤村村民自编自演的戏曲、合唱、快板等原创节目的形式，全面反映新农村建设及推进城市化进程中取得的成就和人民群众的幸福生活，充分展现全区农村党组织、党员在服务全区重点工作过程中的先锋模范作用。

【开展搬迁村过渡期强化党组织功能和发挥党员作用问题研究调研】 设计并下发调查问卷1 000余份，对9个涉及搬迁的镇进行走访，与组织部长、主管副镇长、搬迁村支部书记、搬迁村党员和村民代表等人员进行座谈，撰写形成调研报告，获市党建研究会2011年度调研成果三等奖。

“三农”工作部署和实施

【院区合作科技项目】 与北京畜牧兽医研究所承担“牛奶安全生产与精细养殖配套技术示范与推广”合作项目，推广蜂胶黄酮擦剂500支、蜂胶黄酮饲料添加剂3吨、抗应激奶牛预混料30吨；完成6个优质牛奶生产基地饮用水净化和检测任务；在15个养殖场开展DHI测定的应用。示范场奶牛单产由项目初的7吨提高到7.6吨。与中国农业科学院饲料研究所开展“生态养殖关键技术研究与示范”合作项目，推广免疫增强剂20吨，覆盖生猪8万头、奶牛1.1万头，推广土著菌30吨，覆盖生态养殖猪舍6万平方米，推广示范生态养殖模式。

【园林规划】 编制并完成《大兴区“十二五”时期园林绿化发展规划》，现已经区政府常务会通过并正式下发；编制完成《大兴区林地保护利用规划》初稿。区级绿地系统规划整合工作已完成初稿，预计年底前完成。镇级绿地系统规划继2010年魏善庄镇完成镇级绿地系统规划后，庞各庄镇、安定镇镇级绿地系统规划已经通过专家评审，正在征求相关部门意见。采育镇已与委托规划单位签订了规划合同，开始进行前期基础调研工作，预计年底前完成。

【粮食生产补贴资金】 2011年种植业服务中心申请拨付各类粮食补贴资金6 258.7万元，其中粮食直补资金5 014.5万元，生态补贴资金792.6万元，抗旱补贴资金394.8万元，中央财政良种补贴资金56.8万元。

【保护性耕作技术推广】 落实2011年农业部保护性耕作项目实施，完成春玉米免耕播种7.5万亩，夏玉米免耕播种28.2万亩，冬小麦免耕播种面积20.9万亩，保护性耕作水平达到98.4%。共落实补贴资金10万元。

【实施“农民观念提升”工程】 积极配合农委开展“农民观念素质提升培训”工程。组织对新农村农民开展了新时期农民就业、理财等方面的观念素质提升培训，引导农民正确理财、合理消费、优质生活。现已完成培训人员20 000名。

【农机技术推广业务工作】 2011年，完成甘薯机械化3万亩，占全区甘薯面积4万亩的75%。其中起垄铺膜1.5万亩、机械收获作业1.5万亩，比上年提高了53%，全年推广起垄铺膜及收获机械10台。

【创建“平安农机”工作】 为贯彻落实北京市农村工作委员会、北京市安全生产监督管理局、北京市农业局《关于开展北京市2011年“平安农机”创建活动的通知》的精神，2011年大兴区积极参加第五期“平安农机”创建工作，建立了“平安农机”示范镇1个、示范村11个、示范户100个，取得了阶段性成果。

【落实市级补贴机具】 按照市农业局的分配指标，已落实补贴农业机械275台（套），涉及资金2 830.36万元，其中补贴资金1 415.18万元。包括160马力拖拉机8台，125马力拖拉机10台，75马力拖拉机70台，30马力拖拉机40台，小麦联合收割机10台，玉米收获机22台，饲料搅拌车5台，TMR搅拌机8台，标准化养鸡设备100套，保温被20 000平方米。

【蔬菜院区合作项目】 通过院区合作完成大兴区蔬菜升级品种20个，示范推广面积7 000亩；扶持15个育苗大户蔬菜育苗技术，春季完成番茄、茄子等水培苗33万株；推广越冬黄瓜—大茬等高产高效种植模式4项；完成北蒲洲新品种示范基地、大东高科种植中心新品种示范基地的蔬菜新品种、新技术展示工作；开展农民技术培训5次、观摩2次，培训农民1 200人次。

【甘薯院区合作】 示范推广徐薯23等新优品种2万余亩；甘薯脱毒、茎线虫综合防治技术0.5万余亩；筛选出抗根腐病品种3个；培训薯农450余人次，发放科普材料600余份。

大兴区主要领导人

区委书记		林克庆
	副书记	李长友　谈绪祥
	常委	马武英
		李艳萍（女）
		邵恒　戴明超　张耀邦
		王有国　贺安钢　姜泽廷
人大主任		张晓林
	副主任	李永贵　绳立成
		靳文浦　张岭
		刘志茹（女）
		邓景全（不驻会）
区长		李长友
	副区长	邵恒　戴明超　王荣彬
		沈洁　喻华锋　金卫东
区政协主席		王新（12月任）
	副主席	陈晓英（女）
		李维民　汪宝国
		刘月娥（女，不驻会）
		秦天刚（不驻会）
		郭耕（不驻会）
区纪委书记		李艳萍（女）
	副书记	李尚贤　王少权
		芦君英（女）

大兴区各镇党政正职领导

	党委书记	镇长
黄村镇	白立成	刘长江
北臧村镇	温震	谢景然（女）
亦庄镇	刘素然	王森
旧宫镇	刘景瑞	冯秀海
瀛海镇	沈永刚	何景涛
西红门镇	马士刚	李强
庞各庄镇	王学军	贾卫国
榆垡镇	杨彦光	郑小毅
礼贤镇	杜志勇	侯志伟
魏善庄镇	贺锐	戴光伟
青云店镇	李亦武	王春晖
安定镇	荣俊艳（女）	胡宝琛
采育镇	孟宪金	杨永政
长子营镇	张辉	刘文虎

（大兴区史志办　宋朝辉）

怀柔区

概述

怀柔位于北京城区东北部，东靠密云，南连顺义，西和昌平、延庆为邻，北与河北省丰宁、滦平、赤城三县接壤。全区总面积2 122.6平方公里，其中山区面积占88.7%。2001年12月30日，国务院正式批准撤县设区。区辖12个镇、2个满族乡、2个街道办事处，有284个行政村。2011年底，怀柔常住人口37.1万人，户籍人口277 239人，其中，农业人口154 711人，非农业人口122 528人。在市委、市政府正确领导下，全区坚持以邓小平理论、“三个代表”重要思想为指导，以科学发展观为统领，团结和带领全区人民，紧紧围绕建设文化科技高端产业新区的目标，抢抓机遇，开拓创新，锐意进取，实现了“十二五”开局之年经济平稳较快发展、社会祥和稳定的良好局面。2011年实现地区生产总值166.5亿元，同比增长12.6%，人均地区生产总值突破7 000

美元。实现一般预算收入 21.1 亿元，同比增长 15.4%；完成固定资产投资 119.9 亿元，同比增长 22.4%；实现社会消费品零售额 79.2 亿元，同比增长 16.8%；城镇居民家庭人均可支配收入 26 647.0 元，同比增长 13.7%；农民家庭人均纯收入12 991.0 元，同比增长 13.3%。

都市型现代农业

【概况】粮食生产基本稳定，设施农业发展迅速，种业生产大幅增长，观光休闲产业健康发展。全年实现农业总产值 181 317 万元，完成种植业产值 63 939.2万元，设施农业发展较快，设施农业占地 5 772亩，全年实现设施农业收入 6 477.6 万元，林业产值18 042.6万元，牧业产值 85 540.3 万元，渔业产值 13 075.6 万元。

【圆满完成储备粮增储工作】 按照市粮食局部署，怀柔对区储备粮结构、规模进行了调整。适当降低成品粮储量，将原粮储备数量提高了 3 倍多。增加储备规模，将储备总量提高了 2 倍多。调整工作已全部完成，增加的原粮已全部入库。储存工作做到了布局合理、规模存放、结构优化、安全规范。

【全年粮食总产、单产增加】 全年粮食作物总产量实现 60 072.3 吨，较上年增加 7 971.1 吨，同比增长 15.3%。其中：夏粮总产量 7 607.5 吨，较上年增加 424.9 吨，同比增长 5.9%；秋粮总产量 52 464.8 吨，较上年增产 7 546.2 吨，同比增长 16.8%。全年粮食作物平均亩产 387.95 千克，较上年同期增加 58.1 千克，同比增长 17.6%，粮食单产创 12 年新高。在粮食作物主要品种中，小麦平均亩产 271.37 千克，较上年同比增加 25.27 千克，增长 10.3%；玉米单产增幅较高，平均亩产 465.9 千克，较上年增加 68.94 千克，同比增长 17.4%。

【“秋收秋种”圆满结束秋粮喜获丰收】 秋收总面积 13.17 万亩，其中粮食作物 12.68 万亩，增产幅度 10%以上。秋粮总产有望达到 5 000 万千克以上。秋种小麦 2.95 万亩，品种主要以优质高产的中麦 175、农大 211 为主。

【小麦高产创建工作成果显著】 在桥梓、庙城、北房、怀柔等 4 个镇建设市级小麦高产创建万亩示范方田 4 000 亩。经北京市农业技术推广站专家进行实地测产，平均亩产达到了 433.14 千克，比全区小麦平均亩产 271.37 千克增产 161.77 千克，增幅 59.6%，圆满完成了市级小麦高产创建万亩方目标产量（单产 380 千克）的目标。

【订单农业签约金额达到 8.61 亿元】 订单农业签约农户 3.55 万户，签约订单 4.07 万份，订单金额达到 8.61 亿元。

【年内新增果树近 150 万株】 北部山区启动了特色果品试验推广工程，用地 500 亩，推广适应山区栽培的糖梨、红肖梨、沙果梨、十里香等传统品种，引进试验适合山区生长的东北小苹果、欧榛等名特干、鲜果品种。结合巩固退耕还林工程成果，对退耕还林地块进行补植补造，主栽板栗、太平果、杨树等树种，总面积 10 460 亩。同时，实施冻害果树更新换优示范工程，在 8 个镇乡的 22 个村受冻害严重地块实施更新换优工程 10 130 亩。新栽植樱桃、太平果、水蜜桃、国光苹果等 3 750 亩，进行板栗、大枣、核桃嫁接补植 6 380 亩。

【特色果业形成“三大产业带”】 经过多年的培育，怀柔特色果品产业体系已初具规模，布局更加合理。已经形成了以南北两沟为中心的燕山板栗产业带，以桥梓特色脆枣产业、怀北红梨产业、雁栖镇核桃坚果产业为主要内容的旅游沿线观光采摘带，以宝山、汤河口、长哨营、喇叭沟门红果、太平果为主的果品加工原料基地。

【积极培育山区特色果品产业】 引进和种植适应山区栽培的糖梨、红肖梨、沙果梨、十里香等传统品种以及小苹果、果桑、软籽石榴、大果榛子、野生猕猴桃等特色果品共 500 亩，进一步丰富了区内果品供应种类。

【不断加大养殖基地建设力度】 实施了高产高效生产基地建设和规模养殖场的改扩建项目。建设“三节两高”（即：节水、节地、节能、高端、高效）循环温室 106 亩，标准化鱼池 79 亩，猪舍 14 栋，牛舍 5 栋，标准化鸡舍 4 栋；改造扩建猪场 4 家，奶牛场 2 家，蛋鸡场 1 家。培育了肉驴、肉牛特色养殖产业。制定下发了肉驴、肉牛养殖产业实施细则，并组织重点发展肉牛、肉驴产业的镇乡赴东北地区考察肉牛、肉驴产业。截至目前，全区肉牛存栏 3 437 头，出栏 2 625 头，肉驴存栏 1 350 头。培育发展了蜂产业。组织养蜂大户、销售大户和颐寿园蜂业有限公司召开了座谈会，为养殖户与龙头企业牵线搭桥。目前，全区完成蜂群繁育 10 080 箱，新发展养蜂10 000 群。

【农产品基地建设初见成效】 怀柔不断加大对蔬菜大棚、温室基地，改造畜禽和水产养殖场区的资金投入，逐步提高蔬菜、畜禽产品、水产品等农产品供给率。同时大力开展农产品标准化基地建设，以及无公害农产品、绿色食品（农产品）、有机农产品认证，提高标准化基地和“三品一标”认证总量，强化生产过程质量安全控制。在 2011 年全市农产品标准化基地和“三品一标”评定过程中，有 2 个基地荣获优级农产品标准化基地、19 个基地荣获良好级农产品标准化基地，15 个种养殖单位获得“三品一标”优秀单位。

【新发展 600 栋食用菌设施大棚】 共投资 2 860.87万元，新增设施种植食用菌 661 栋，种植菌棒 2 033.96 万棒，同比增加 25.37%，实际种植 69.21 万平方米，同比增加 82.9%，已生产食用菌 683.73 万千克，同比增加 4.38%，实现产值 5 074

万元，同比增加 20.4%。共计 398 户农民种植食用菌。

【肉牛产业蓄势待发】 紧紧结合文化科技高端产业新区及国际会都等功能定位，通过积极引进高端养殖品种建设优质肉牛良种繁育基地，扶持农民发展优质肉牛养殖，鼓励更多的养殖户发展肉驴养殖，加大京津风沙源治理工程养殖暖棚建设，夯实肉牛产业发展基础等方式，不断夯实肉牛产业发展基础。

【安格斯肉牛人工繁殖技术取得突破性进展】 在中国农业大学的大力支持下，开展了安格斯肉牛良种繁育和饲养技术试验示范项目。通过一年努力，通过人工繁育，基本解决了自然繁殖受孕率低、种公牛质量无保障以及近亲交配等问题，使纯种安格斯牛的受胎率达到 93%，犊牛成活率 100%，犊牛平均初生重 35 千克，6 月龄断奶体重 205 千克，周岁体重 320 千克，达到安格斯纯种牛品种标准的较高水平，进一步推动了肉牛产业发展，加快了高端肉牛养殖规模化、科学化发展。

【顺利通过渔业高产高效基地项目验收】 按照《北京市渔业高产高效生产基地建设与验收标准》等文件精神，张克元渔场、北京梭草启航养殖专业合作社、杨宋镇梭草村社区股份合作社三家渔场按标准实施了旧池改造工程。其中建设“标准化渔业高产高效生产基地”的养殖场（户）1 个，建设后养殖水面达到 99.5 亩；建设“循环温室养殖高产高效生产基地”的养殖场（户）2 个，建设后养殖水面达到 111 亩。11 月 28 日，三家渔场顺利通过市检查组验收，共计获得奖励资金 712 万元。

【积极推进名优鱼示范基地建设】 为实现渔业经济的快速发展，积极推进名优鱼示范基地建设。一是大力推广“梭草模式”，全面实现老旧池塘转型升级。充分发挥梭草渔场的示范作用，带动周边养殖户改造老旧池塘，发展高效渔业。二是调整渔业养殖结构，积极引导养殖户发展观赏鱼养殖，引进七彩鲑、山鳟、美国甲鱼等新特优品种。三是提高新特优水产品的繁育技术。四是利用山区丰富的水资源，发展设施化更高的名优鱼养殖基地。通过增加设施设备、利用温室保温技术、人工水质调控技术提高养殖产量、提升产品质量，实现水资源的最大化利用。五是抢占更大的市场份额，把社会品牌转换成商业品牌。

【引进国内先进渔业水处理设备】 引进国内先进渔业水处理设备。该套设备通过沉淀池的脱脂棉和弹性滤料过滤后进入微滤机，微滤机网目 200 目，有机碎屑大于 0.63 微米均可滤除，反冲洗耗电低，每小时可处理水量 60 立方米。该套设备已完成安装、调试，处于试运行期，运行效果良好。

【设施农业促怀柔农民增收】 为鼓励农民搞设施农业，怀柔做好推广测土配方施肥、水肥一体化、地膜覆盖防病等技术指导；聘请专家和技术人员结合生产实际开展关键生产管理技术培训。截至 2011 年年底，共有设施面积 5 506.8 亩，共 9 178 栋，其中温室 4 771 栋、钢架大棚 4 407 栋；上市各类蔬菜产量 4 997.01 万千克，设施种植户收入 5 188.71 万元。

【“都市型现代农业科技支撑示范”课题顺利通过验收】 9 月 1 日，怀柔“都市型现代农业科技支撑示范”课题顺利通过市级专家组验收。课题围绕怀柔都市型现代农业发展的重点问题，先后开展了“全雌虹鳟鱼的研究和推广”、“糯米类系列产品研究与开发”和“茸鹿胚胎移植技术的研究”，不仅在国内首次完成了全雌虹鳟鱼生产，推动传统糯米食品加工实现了工业化，在运用胚胎移植技术提高鹿茸产量和品质方面也取得了可喜成果。课题实施期间，共培育出全雌虹鳟鱼苗种 30 万尾，全区推广 20 万尾；开发出 16 个糯米类系列新产品；利用胚胎移植技术推广了梅花鹿 203 只；完成培训 8 期，累计培训 504 人次，带动农户 98 户，新增就业岗位 40 余个，取得了良好的经济和社会效益。

【建立合格种子检验机构】 成立了北京市怀柔区种子质量监督检验站，质检站通过资质认证认可后，将有利于进一步规范怀柔种子市场，提高种子质量，净化种子经营的市场环境，确保农民能够买到放心种子。

【“农业专家双向视频诊断系统”落户怀柔】 为了有效解决种植户在农业生产中遇到的实际问题，怀柔分别在喇叭沟门种植合作社、北京四季华茂农业发展有限公司、白河湾种养殖合作社、长哨营蔬菜种植园、农业技术推广站安装了“专家双向诊断系统”。通过双向视频咨询诊断系统，农民可以把田间病虫害样本实物图样通过该系统传给专家，与专家在网上面对面地交流，听取专家的技术答疑；专家根据实际病症予以诊断，帮助农民指点迷津，解决农民群众的燃眉之急。

【提升林果设施农业装备水平】 积极引进 50 台专为果园、菜地、温室大棚、丘陵坡地和小块地作业而设计的田园管理机，并于 9 月 23 日全部发放到农民手中。

【大力推广玉米青贮喂养模式】 玉米青贮是指在收获玉米穗后，及时把整棵玉米铡碎青贮。青贮饲料比干草营养丰富、效益高，可提高泌乳量 10%～15%。怀柔大力推广玉米青贮喂养模式，抽调专门技术人员联产包片，进村入户，到奶牛场开展技术培训和现场指导，将青贮技术的要领传授给每位养殖户。2011 年，一些大规模奶牛场纷纷建设青贮池，并与农户签订购销合同。

【五项措施支持金秋农产品热销】 怀柔板栗、核桃、大枣、红肖梨等农产品进入销售旺季后，为规范农产品市场、支持农民增收致富，怀柔采取五项措施做好助农富农工作。一是提高服务实效。邀请律师提供法律咨询、推介银行小额担保贷款等多项服务，在解决农民实际困难上取得实际成效。二是促成农产品价格保护协议。在镇乡、企业、种养殖户之间牵线搭桥，通过多方协商促成农产品收购保护价格。三是通过品牌建设提高产品竞争力。帮助农民专业合作社注册和正确使用商标，帮助经营者设计产品的包装和装潢，形成统一品牌，增加产品附加值和市场竞争力。四是推广订单合同规范市场秩序。引导供销双方签订销售合同，促进农副产品市场诚信建设，维护农户和企业利益。五是加强销售市场监管。引导经营者建立自律和内部管理机制，规范销售行为，严厉打击无照经营、虚假宣传等违法行为，保证农副产品销售市场健康有序发展。

【开展“211信息平台”建设】 通过采用地理信息、全球定位等多种高科技技术手段，重点深化山区险村险户搬迁综合分析功能，积极研发“茸鹿养殖RFID管理系统”，不断完善“五十三”工程管理功能。

非农产业

【概况】坚持把都市型农业和休闲旅游业作为特色产业长抓不懈，形成了一产与三产融合发展的良好态势。推动以民俗接待为主的大众旅游逐步向高端休闲度假游转变，游客人均在怀消费水平提升至305元。都市型农业和休闲旅游业成为农民持续增收的重要途径。

【观光休闲农业收入增长】 观光休闲农业收入累计实现27 167.2万元，同比增长3.5%。共有民俗户2 221户，观光园234个。

【特色观光园彰显活力】 观光园共实现总收入13 992.7万元，同比增长0.7%。其中，实现门票收入434.2万元，同比增长35%。当年新增三个分别以薰衣草种植、观光旅游、婚纱拍摄为主题的特色观光园，共实现收入117.8万元，占全区观光园门票收入的27.1%，拉动全区观光园门票收入增长3.7个百分点。

【民俗旅游日渐红火】 年内，全区共发展民俗旅游接待户2 221户，同比增加53户；经营户1 613户，同比增加137户；实现民俗旅游收入13 174.5万元，同比增长6.7%。随着111国道顺利开通，白河湾、白桦谷等燕山自然风景区的民俗旅游迅猛发展。2011年，北部山区镇乡共实现民俗旅游收入1 319.3万元，同比增长10%。

【新增14家乡村旅游特色业态】 在2011年北京市京郊旅游发展大会上，渤海镇北沟村和瓦厂被评为国际驿站；杨宋镇花园村、喇叭沟门乡胡营村晚秋黄梨观光采摘园、九渡河镇杏树台延寿山观光园被评为采摘篱园；雁栖镇那里度假村被评为乡村酒店；桥梓镇上王峪村、九渡河镇石湖峪村、琉璃庙镇青石岭村、宝山镇超梁子村被评为山水人家；杨宋镇鹿世界主题公园被评为休闲农庄；喇叭沟门乡满家人度假村被评为民族风苑；琉璃庙镇鑫鑫永顺淡水鱼养殖场被评为生态渔家；琉璃庙镇西台子村被评为养生山吧等14家旅游企业和民俗村获得批准挂牌新业态。

【板栗采摘成采摘新亮点中秋】 国庆正是板栗成熟的时候，渤海镇栗花沟抓住这好时机，特别推出千亩板栗园采摘活动，为了方便游客采摘，不仅公布了联系方式、乘车和自驾路线，还为游客准备了采摘专门用的手套和方便袋。游客们戴上手套、提着袋子，亲手打板栗、捡板栗、剥板栗，体验秋收的乐趣。游客不仅能把自己采摘的板栗带回家，还可以到农家院品尝农民精心准备的板栗宴、铁锅鱼宴。赏美景、品美食、了解板栗文化，放松心情，回归自然，在栗花沟体会人与自然的和谐之美。

【积极开展“农超对接”工作】 为保证全区蔬菜供应，稳定农产品价格，方便居民消费，促进农民增收，怀柔通过搭建农产品供需信息平台，鼓励商业企业开展“农超对接”业务，增加对“农超对接”项目的资金扶持力度，扩大本地农产品的采购比例等方式不断推进“农超对接”工作，实现市民、菜农、商家三方受益。

【农村集贸市场升级改造工作顺利完成】 进一步完善农村供应体系建设，积极推进农村集贸市场升级改造工作，在完成“一乡一集市”工程基础上，结合镇乡发展实际，在人口多、镇域广的镇乡新建、改造农村集贸市场6家，硬化市场交易场地4万平方米，新建厅棚15 700平方米，项目总计投资1 000余万元。

【新型金融机构支持“三农”效果明显】 怀柔区共有银行10家，各银行在区内设立网点93个；小额贷款公司1家；资产经营公司1家；投资开发公司2家，保险公司7家；担保公司2家，担保分公司2家；证券公司营业部1家。全区各金融机构存款余额347.9亿元，全区各项贷款余额85.3亿元。北京市利源小额贷款股份有限公司累计发放贷款17 967万元，其中涉农贷款11 867万元，占比66.1，有效地改善了农村金融环境，缓解了“三农”资金紧张的难题。

山区建设

【生态建设再上新台阶】 不断强化生态立区理念，实施了京津风沙源治理、废旧矿山修复等生态工程，启动了滨河森林公园建设，累计完成绿化面积54万亩，栽植各类苗木1 120万株。实施了怀九河、雁栖河等河道综合整治和22条小流域治理工程，治理水土流失面积375平方公里。发展农业节水灌溉3.6万亩。怀柔被评为全国绿化模范城市和国家级生态示范区。

【白河湾三期及青龙峡生态休闲村建设工程顺利推进】 投资1 500万元，实施了白河湾三期建设工程，完成滨水沙滩公园一处、湿地公园一处、采摘园

300亩及建设景观雕塑4处。2011年5月6日，举行了整体工程竣工典礼。投资1 500万元，完成了百泉谷建设工程，主要包括环境综合治理、农业产业发展、新民居建设、111国道沿线的广告标识规范以及重要节点建设五项工程，全长12.7公里。

【规划实施京津风沙源林业工程7.8万亩】 投资3 090万元用于京津风沙源林业工程，规划实施7.8万亩造林、营林任务。包括完成爆破造林1 000亩，人工造林7 000亩，封山育林70 000亩。工程共涉及北房镇、桥梓镇、九渡河镇、渤海镇、雁栖镇、怀北镇、汤河口、宝山、长哨营、喇叭沟门乡10个镇乡及北台上、喇叭沟门2个国有林场；涉及地块33个，其中1 000亩以上地块14块。

【封山育林工程全面完成】 投资490万元完成了封山育林工程，完成封育面积7万亩，工程涉及北房、桥梓、渤海、九渡河、雁栖、汤河口、宝山、长哨营、喇叭沟门9个镇乡及北台上和喇叭沟门2个国有林场，规划地块12个。拉封育围栏近3.6万延米，建封山牌41个。

【完成4.5万亩国家级公益林抚育】 根据国家重点公益林抚育工程规划设计，坚持“标准地示范、示范区引路、专业队施工”的原则，怀柔投资1 764.94万元，完成国家级重点公益林抚育4.5万亩，涉及喇叭沟门、宝山、长哨营、汤河口、琉璃庙、渤海镇、九渡河7个镇乡。

【彩叶林和公路绿化工程竣工】 6月中旬，彩叶林工程和公路绿化工程全部竣工，完成彩叶树种造林3 000亩，完成公路绿化20公里。其中，彩叶林工程投资150万元，实施区为雁栖镇西栅子村，面积3 000亩，共栽植黄栌、白蜡营养杯苗15万余株。公路绿化工程投资60万元，涉及长哨营乡东南沟、老沟门、三道子、上孟营及七道河4个村，全长20公里，栽植国槐和银杏等树木共计5 800株。

【全年完成林木有害生物防治75.1万亩】 坚持“预防为主，科学防控，依法治理，促进健康”的防治方针，加大测报监测力度，变被动防治为主动预防，全区设置测报监测点480个。完善了区级、镇村级专业防治队伍建设，组建区级应急专业防治队伍7支，应急查防人员220人。积极做好检疫执法，从源头控制林木病虫害传播。开展科技试验示范，加大科研力度，着力解决林果生产中的瓶颈问题，为百姓排忧解难。全面完成林木有害生物防治75.1万亩，包括美国白蛾防治69.6万亩次，其他常发性林木有害生物防控5.45万亩。

【规划建设生态林智能防灾减灾治安应急指挥系统】 规划建设生态林智能防灾减灾治安应急指挥系统，工程规划总投资11 146.5万元，项目分两期实施，计划到2015年完成。该系统可通过视频监控、气象数据采集、火情分析、综合应急指挥调度处置、林区病虫害监测以及灾后评估等技术手段，为预防并及时处置森林防火，防治病虫害、制止盗伐滥伐林木及林区治安防控提供必要的保障。

【767户山民将喜搬新家】 按照农民自愿原则，大力实施山区生态搬迁工程，采取山区自然村向平原村或行政主村集中整合、合并散户等方式，将位于泥石流易发区的村落和农民全部搬迁到生存条件好的平原村或行政主村。全年完成险村险户搬迁767户、1 649人，涉及4个镇乡、10个村。

【两条生态清洁小流域综合治理工程通过验收】 桥梓镇岐庄小流域和长哨营乡七道梁小流域在生态清洁小流域综合治理工程验收会上顺利通过验收。两条生态清洁小流域综合治理工程累计治理水土流失面积35平方公里，主要包括河道治理、湿地建设、农路修建、节水灌溉、经济林栽植、村庄绿化美化等工程内容，工程总投资1 750万元。通过治理，项目区内每年可拦蓄大量泥沙，且植被覆盖率得到明显提高。

村镇建设

【111国道二期汤河口段施工全面展开】 111国道二期改造工程起点汤河口镇、终点与河北丰宁交界，与一期工程相连，是贯穿怀柔北部山区的重要政治、经济、文化的交通冠脉。涉及汤河口镇5个村，主路全长7.9公里，河道改移5.9公里。8月5日，二期工程正式开工。

【不断加强乡村公路养护管理】 怀柔建立了养护管理标准、定期巡查等制度，不断加强对乡镇养护站人员的培训和指导，并通过开展现场观摩、交流会等方式，提高养护人员的养护水平。2011年，乡村公路列养总里程1 021.349公里，列养率达到100%，其中对33项乡村公路进行了升级改造，对5条乡村路的安保设施进行了完善，新建、改造8座桥涵，极大地改善了村级基础设施条件，方便了百姓出行。

【“阳光浴室”沐浴怀柔农民】 “阳光惠农工程”——农村太阳能浴室工程全部完工，该项目总投资约2 358万元，共涉及长哨营乡榆树湾村、渤海镇四渡河村等7个镇乡20个村，总建筑面积约5 911平方米，安装太阳能集热器面积2 506平方米，淋浴喷头888个，辅助和采暖热源均采用生物质锅炉方式，工程同步实施简易污水处理、智能IC卡控水管理系统等相关设施，该项目在转变传统用能方式、改善农民生活质量方面将起到积极的促进作用。

【渤海镇荣登“全国特色景观旅游名镇”】 渤海镇位于北京市区正北部，怀柔区西南端，距市区东直门61公里，距怀柔城区23公里，属怀柔水库三级水源保护区，风光秀美，景色宜人，辖区内有5A级景区慕田峪长城和3A级景区响水湖和庄户、三岔、六渡河、田仙峪、苇店、北沟等一批市区级民俗旅游专业村。近年来，渤海镇通过整合长城文化、板栗文化、虹鳟鱼饮食文化和国际文化等地区特有资源，重点打造了“夜渤海”、“栗花沟”、“长城国际文化村”等一批景观景点，形成了“畅游栗花沟，感悟山水情”、“走进夜渤海，品味夜美景”、“进入长城国际文化村，尽享中西文化大繁荣”的旅游格局，镇域内的慕田峪、六渡河、北沟三个村更是先后入选“北京最美的乡村”。7月，渤海镇成功跻身第二批“全国特色景观旅游名镇”，成为怀柔区第二个国家级旅游名镇。

【又添6个北京郊区生态村】 北京市社会主义新农村建设领导小组综合办公室和北京市环保局组织召开了2011年北京郊区农村环境建设工作会议，怀柔的渤海镇马道峪村、六渡河村、雁栖镇交界河村、琉璃庙镇双文铺村、长哨营乡后沟村和喇叭沟门乡对角沟门村在会上被命名为北京郊区生态村，至此怀柔北京郊区生态村已经达到52个，占全区总行政村数的18.3%。

【北沟村被推选为全国文明村候选村】 北沟村不断加大文明村建设力度，坚持“依法治村”，制定了全体村民共同遵守的行为规范。组建道德评议会，挑选村里的老干部、党员代表、德高望重的老族长以及能力突出并在村内口碑较好、道德模范突出、群众认可的村民作为村级事务顾问组，引导村里的文明建设。深入开展了“传统文化进北沟”主题实践活动，组织村民学习《黄帝内经》、《弟子规》、《三字经》等传统经典。在村里主街道两边安装壁画60余块，建文化墙2 000余平方米，设计文化雕塑4尊，在村务办公室、民俗餐厅、农家院悬挂字画200余幅，营造了浓厚的文化氛围。通过长期的传统文化教育，村民的个人修养和综合素质得到了大幅提高，全村逐渐形成了邻里和睦、互敬互爱的良好社会风气。6月，渤海镇北沟村被推选为怀柔唯一一家第三批全国文明村候选村。

【东帽湾挂牌首批“北京文化示范村”】 “北京最美乡村”——汤河口镇东帽湾凭借着浓厚的文化底蕴、丰富的文化活动和坚实的文化基础入选北京首批“北京文化示范村”。2006年，该村就建起了怀柔北部山区最大的文化服务中心，并设立了棋牌室、402座的影视厅、老年活动中心、文化排练室和“汤河养生书屋”。几年来，组织开展了“养生健步行”、“夏日广场启动”、“养生厨艺大赛”、“文化三下乡”等大型文化活动。为了活跃村民的文化生活，村里还组建了60多人的秧歌队，编排了快板“最美东帽湾”、舞蹈“开门红”等20多个精彩文艺节目，群众文化生活丰富多彩，全村营造了“文化乐民、文化兴民、文化富民”的良好社会氛围。

【体育特色村获专项资金扶持】 怀柔积极发挥体育工作的独特作用，加大行政村组织建设、活动开展、设施建设、资金保障等方面工作力度，有效推动了行政村体育工作的开展，为营造文明和谐的新农村氛围、推动社会主义新农村发展、满足广大村民体育文化生活需求发挥了积极作用。在北京市2011年体育特色村命名表彰大会上，北房镇北房村、杨宋镇张自口村、怀北镇邓各庄村、喇叭沟门满族乡帽山村被命名为北京市体育特色村，分别获得5万元的资金奖励。

【360户危旧房屋变新居】 对360户农村优抚社救对象的危旧房屋进行了翻建维修，其中优抚对象翻建60户，每户补助5.4万元；社救对象翻建250户，每户补助4.5万元；社救对象维修50户，每户补助1.35万元。

【村村都有卫生“片儿长”】 建立了一套完整的“户集、村收、区运”的三级保洁管理体系，即每个乡镇村民每天将垃圾倒入门前由区政府统一配备的垃圾收集桶内，然后由村级环卫人员进行清理垃圾，最终再由区环卫职能部门负责运至垃圾处理场进行分拣填埋。这一三级保洁管理体系解决了农村垃圾集中处理的问题，实现了山区农户门前及各街道的干净整洁。此外，各村还会根据本村的实际情况，对村域进行卫生责任区划分，与保洁员签订协议书，制定责任制，镇村成立检查组，不定期对村域环境进行抽查，年终进行奖惩。按照每150人配备1名保洁员的标准组成了村级保洁队伍，全区284个行政村共有1 548名保洁员。

农村改革与管理

【概况】 累计完成268个行政村的产权制度改革工作，占全区284个改革村的94%。成立了261家村级社区股份合作社，个人股东达到了153 256人，个人股本达到20 277.08万元，分红2 381.67万元。全区农民专业合作社在工商局注册已达到616家，注册成员达到14 922人，辐射带动农民4万多户，其中，合作社成员规模在100户以上的61家。

【积极推进农民专业合作社示范社建设】 按照农村产业发展的整体规划，怀柔依托地区主导产业，充分尊重农民意愿，在继续加快合作社建设的基础上，着力发展和壮大一批规模较大、带动能力强的农民专业合作社，加大扶持力度，进一步破解千家万户小生产与千变万化大市场之间的矛盾，促进都市型现代农业发展和农民增收。全区共有农民专业合作社616家，注册成员1.5万人，辐射带动农民4万多户，规模在100户以上的51家，基本上覆盖了全区以一产为主要经济来源的农户。农民专业合作社目前已经成为农民促进生产、扩大规模、就业致富的重要载体之一。

【农民专业合作社登记全部通过网上进行】 大力推广网上登记，在各工商所登记大厅设立农民专业合作社自助服务设施，由平台人员指导申请人就近组织登记注册申请材料，并通过网络报送。同时设立专门审核人员，保证在24小时内对网上登记申请进行审查和反馈，减少中间环节，提高工作效率。2011年共办理农民专业合作社登记和变更申请297户，全部通过网上进行，减少申请人往返600余次。

【3家合作社18种蔬菜获得无公害农产品认证】

庙城镇北京聚农利民种植专业合作社、杨宋镇北京春林兰芹种植专业合作社和北京裕丰兴业蔬菜种植专业合作社3家合作社获得了无公害蔬菜认证，其中包含了蔬菜产品18个。

【集体林改补偿金发放工作全面完成】 按照全市集体林权制度改革工作整体部署，怀柔集体林权制度改革勘界确权面积229.2万亩，按照每亩补偿24元的规定，发放集体林权制度改革山区生态公益林生态效益补偿金55 011 429.88元，10月补偿金已发到到位。同时，为表彰各镇乡、村在怀柔集体林权制度改革顺利推进中付出的艰辛工作，给予各镇乡、村林改工作奖励资金1211万元，也已发放到位。

【北京电视台走进最美乡村东帽湾】 10月14日，由北京电视台、怀柔区委宣传部、汤河口镇政府联合主办的“爱在北京走进怀柔”大型公益文艺演出走进北京最美乡村——东帽湾。整台节目以“百亩水上公园”的青山绿水为背景，以“走基层、转作风、改文风”为主题，节目内容丰富，通过舞蹈、魔术、演唱、相声、京剧以及游戏、有奖问答等形式，演出展现了当代怀柔人的良好精神风貌，也让山区的农民近距离地享受了一场专业级的“文化大餐”。

【全力保障集体资产安全完整】 全区284个行政村中270个村实行了村账“双托管”，托管率为95%。2011年修改完善了财务制度，进一步加强了对农村集体资产的管理力度，新制度制定了村级财务账、款委托镇乡管理制度、财务审批与职务消费管理制度、票证（据）管理制度、“一事一议”筹资筹劳管理制度等17项制度107条。

【建成近千人村务监督网络】 全区284个行政村全部建立了村务监督委员会，选出村务监督委员会成员968人，初步建立起覆盖全区的村务监督网络。村务监督委员会将实行定期监督、定期公示、定期汇报制度，充分发挥该组织监督管理作用，代表群众有效行使当家做主权利，对村党务公开、村级财务以及村级工程实行监督，确保本村内资金使用安全、工程项目实施规范、干部作风优良、清正廉洁、干群关系密切。

农民生活

【概况】 完成了16所中小学校舍安全加固工程，全区办学条件不断改善。加强区域间教育合作，21所中小学与西城等区20所中小学签署了合作办学协议。文化事业实现新发展。完成3个镇乡文化中心建设，组建文化志愿者队伍，持续开展了文化下乡、夏日文化广场等活动。率先在郊区实现农村数字影厅、益民书屋、文化信息共享、广播电视村村通升级改造四个全覆盖。卫生事业再上新水平。完成16个社区卫生服务中心、88个社区卫生服务站、208个村级卫生室建设。城乡居民养老保险参保率和新农合参合率均保持在95%以上。在全市率先成立区级社会管理服务中心，建立起区、镇（乡）、村三级社会管理服务网络平台。积极推进社区规范化建设，284个行政村实现社区服务站全覆盖。

【农村居民人均纯收入达到12 991元】 农村劳动力本乡镇内就业比重为76.4%，同比增长2.7个百分点。农村居民人均收支保持了良好的增长势头，人均纯收入、生活消费支出分别达到12 991元和9 483.2元，同比增长13.3%和4.1%。

【284名专职村邮员正式上岗】 在284个行政村建立了村邮站，研究制定了村邮员队伍管理、考核和补贴发放标准等办法，让农民享受到了和城里居民一样的公共服务，全区284名专职村邮员正式上岗。村邮员资金补贴标准原则上按照不低于本区最低生活保障标准，其中，300户以下的村按照每人每月400元发放，300户以上的村按照每人每月500元发放。本区农村最低生活保障标准高于本标准时，村邮员补贴资金随之进行调整。

【新农合参合率达99%】 在册农业人口156 216人，参加新农合人员总数154 696人，参合率99.03%，完成参合率达到95%以上的目标。人均筹资额520元，全区筹资总额达到8 044万元。

【举办2011年群众文艺调演活动】 9月24—26日，在景观剧场举行了镇乡、街道群众文艺调演活动，全区14个镇乡、2个街道千余群众参加了此次文艺调演活动。节目分别以不同的表现形式充分体现了党的十七届五中全会和区委三届十次全会精神，突出建党90周年主题，体现了新时期人民群众爱党、爱家乡积极向上的精神风貌，体现了社会主义新农村的新变化和党的好政策。

【农民“五室一厅”享文化之乐】 村村都配套建起了一个包括“五室一厅”（图书室、阅览室、活动室、排练室、棋牌室和数字影厅）的文化活动站，再加上文化健身广场，农民足不出村即可免费享受丰富多彩的文化生活。

【“乡村大舞台”擂台赛在怀柔开赛】 11月7日，北京市“美丽乡村，文化之旅——乡村大舞台”擂台赛第四场在怀柔剧场精彩上演，怀柔有三个节目参加。本次大赛由市农工委牵头，各区县宣传部、文委组织。参赛的主体为农村居民，参赛的主要形式为歌曲、舞蹈、戏剧、曲艺、才艺、绝活等。经过复赛选拔出来的具有舞台表演艺术特色的节目，作为2012年春节北京“美丽乡村”主题晚会候选节目。

【将资助城乡低收入特困人员参保参合】 将资助参加城镇居民基本医疗保险或新型农村合作医疗的范围由城乡低保人员、农村五保供养人员扩大到城乡低收入家庭中的重病患者、重残人员和老年人，进一步完善了社会救助体系，有效减轻城乡低收入特困人员的就医负担。

【173个村有了专职环卫工】 将城市环卫向农村

延伸，实行“定人、定车、定岗、定责、定片、定标准、定保养”作业机制，发现服务质量问题及时给予警告，严重者予以曝光。城区及浅山区9个平原镇乡173个行政村已全部配上环卫工，设置地箱456个、垃圾桶2 300个。

基层组织与民主政治建设

【选派区级机关年轻干部到基层锻炼】 为了进一步完善公务员队伍整体素质建设，促进年轻干部了解基层、熟悉基层、服务基层，提升做群众工作、应对突发性事件、处理复杂问题的能力，更好地服务文化科技高端产业新区建设，怀柔结合实际有计划地开展了此项工作。选派年轻干部到基层锻炼的范围为区级党政机关、参公单位中基层工作经历不满两年，具有本科以上学历，政治素质好，身体健康，年龄在35周岁以下的科级及以下人员。首批由区统筹安排的7名、自主安排锻炼的18名区级机关年轻干部正式到基层任职。

【举办优秀大学生村官培训班】 9月28—30日，怀柔举办了“2011年怀柔区优秀大学生村官培训班”，来自全区14个镇乡的56名优秀大学生村官和9名首批农民专业经济合作社理事长助理参加了此次培训。此次培训紧密结合大学生村官工作实际，专门聘请了中国农业大学朱启臻教授等知名专家学者，围绕党的十七届五中全会精神、党在农村的方针政策、大学生村官应具备的素质和能力、农村实用案例等内容进行了专题辅导；组织大学生村官参观了北京雁栖湖生态发展示范区、中影集团电影数字制作基地；同时安排了立足实际的案例分析、经验介绍、交流讨论等特色活动内容，为进一步提升优秀大学生村官综合素质和工作能力、做好农村工作的信心和本领提供了学习机会和交流沟通平台。

【合同期满大学生村官就业率92.8%】 怀柔研究制定了《2011年合同期满大学生村官再就业工作方案》，强化了区、镇两级对期满大学生村官的教育和管理。在《大学生村官在怀柔》杂志和怀柔人力资源网上开办《就业指导》栏目，开办公务员笔试、面试、远程教育培训课程，定期发布公务员、事业单位招考信息和企业用工信息。全区194名2011年合同期满大学生村官中，有180人实现就业，就业率92.8%。其中，有33人考取了国家公务员和事业单位，19人考取了社区工作者，84人应聘到企业工作，1人自主创业，41人续聘大学生村官，2人考取研究生继续深造。

【外交部机关党委领导考察北沟村基层党建】 9月22日，外交部机关党委常务副书记马克卿率有关司局负责人、参赞等20余人，来怀考察北沟村基层党组织建设情况。马克卿一行听取了长城国际文化村建设、基层党组织建设的详细介绍，并实地参观了北沟村党建展览室、传统文化墙、村容村貌、外国友人住宅、普通民居等。参观后马克卿对北沟村近几年在新农村建设、党建品牌塑造方面所取得的成绩给予高度评价，并就有关问题进行了深入的沟通和交流。

【农村实用人才开发培养工作成效显著】 实现了平均每个镇乡培养40名、全区年内新增农村实用人才560名的培养目标，超额完成市里部署的培养任务，使怀柔农村实用人才总数达到3 011人，占农村劳动力总数的3.2%。其中技术类638人、管理类160人、营销类98人、生产类1 582人、社会文化类533人，初步形成了一支门类齐全、素质优良、结构合理的农村实用人才队伍。同时，还完成了农村实用人才等级评定工作，推荐市级高级农村实用人才68人，评出区级中级农村实用人才116人、初级农村实用人才1 292人、镇级准初级农村实用人才246人。

【圆满完成“阳光工程”培训任务】 实施了“阳光工程”培训，通过集中授课、田间指导、观摩交流及发放科技资料等方式向农民传授种养殖技术。全区共培训482名农民学员，其中蔬菜园艺工224人，植保员126人，畜禽水产养殖员132人。通过技能考核鉴定，有373人取得了中级农产品经纪人职业资格。

“三农”工作部署和实施

【召开新型农村社区试点建设工作部署会】 6月2日，怀柔召开新型农村社区试点建设工作部署会，会议确定了九渡河镇黄花城社区和团泉社区、渤海镇三岔铁矿峪社区和汤河口镇后安岭社区为区级新型农村社区试点。另外，庙城镇史山社区被市农委确定为市级新型农村社区试点。会议要求，各镇乡在抓好区级新型农村社区试点建设的同时，可根据农民的意愿和本地的实际，努力探索符合当地特点的新型农村社区建设新模式。

【召开区、镇乡人大换届选举工作会议】 8月30日，怀柔召开区、镇乡人大换届选举工作会。会上，区委书记张建东就人大换届选举工作提出要求：一是面临形势，体现新要求，切实增强做好工作的责任感和使命感。二是坚持基本原则，把握关键环节，把换届选举各项工作抓实抓好。三是切实加强领导，明确职责任务，保障换届选举工作如时推进。四是严肃换届纪律，按照中央提出的“五个严禁、十七个不准、五个一律”要求，认真做好此次换届选举工作，为实现怀柔新一轮发展构筑坚强的政治保障。

【召开区镇乡人大换届投票选举阶段工作动员会】 按照《北京市怀柔区区、镇乡两级人民代表大会换届选举工作实施方案》的安排，10月28日，怀柔召开区、镇乡人大换届投票选举阶段工作动员会，部署投票选举阶段的具体工作内容。

【镇乡改革工作顺利完成】 在市委、市政府和市编办的统一部署下，怀柔围绕转变镇乡政府职能和理顺部门职责关系，按照精简统一效能的要求，结合镇乡功能特点、产业结构、城镇化发展水平，按照市编办“必设机构＋选设机构＋其他机构”的设置要求，整合了职能相同或相近的机构，撤销职能萎缩或弱化的机构，合理调整了镇乡党政机构设和事业单位设置。在控制镇乡行政事业编制总量的前提下，综合考虑各镇乡人口总量、经济发展、财政收入、地域面积等因素，科学核定各类镇乡行政事业编制，实行镇乡编制的标准化、科学化、规范化管理。10月，全区镇乡改革工作全面完成，通过改革，镇乡政府促进经济发展、增加农民收入，强化公共服务、着力改善民生，加强社会管理、维护农村稳定，推进基层民主、促进农村和谐的职能得到了强化，进一步促进了镇乡政府职能由管理型向服务型转变。

【京津沪渝农村工作座谈会代表来怀考察】 10月21日，市农委主任王孝东带领京津沪渝农村工作座谈会代表来怀参观考察。考察团先后视察了长城国际文化村、渤海镇卧佛山庄虹鳟鱼养殖产业和杨宋镇星美影城。考察团一行充分肯定了怀柔农村工作和农村产业发展，认为怀柔农业发展成绩突出、特色鲜明，新农村建设、产业发展与休闲旅游有机融合，形成了发展合力和品牌效应，对促进农民增收致富也起到了积极的带动作用。

【全力推进农产品质量安全监管示范区、示范乡镇创建工作】 开展了农产品质量安全监管示范区、示范乡镇创建工作。一是大力发展“三品一标”食用农产品，推进农产品品牌建设；二是建立健全农产品质量安全应急保障工作机制；三是强化监管，完善制度；四是强化抽样检测工作，将检测工作列入年度工作计划，将检测与执法有机结合，形成检打联动机制；五是强化宣传培训，提高生产者安全意识。

【全力保障农机政策性保险惠及所有农机户】 2011年，北京市出台了农机政策性保险条款，实施农机政策性保险，对于造成的保险农机全部损失或者部分损失，能够给予及时的经济补偿，减轻了农机服务组织、农机户的经济负担。为使此项惠民政策惠及所有农机户，怀柔采取三项措施：一是利用多种形式加大宣传力度，在重点镇乡村张贴海报，为每一农机户发放明白纸等。二是开展培训。首先对农机管理干部培训，使其熟知保险知识和条款；再次是培训农机户，使其对投保条款深刻了解。三是上门服务。局农机监理所积极协调保险公司人员，深入农机户家中服务。

【加大政策扶持提速发展蜂产业】 制定出台了发展蜂产的扶持政策。扶持重点为新老养蜂户和蜂业合作组织。凡在扶贫重点村、新农村建设示范村和示范蜂场发展蜂产业规模养殖，老养蜂户原规模在50群以上，新发展20群以上的，对新发展的给予扶持，新养蜂户发展30群以上的也给予扶持，每群蜂奖励150元；鼓励合作组织为农户提供饲养、防病等技术培训和服务，择优给予奖励。

【养殖业保险惠农促增收】 怀柔积极制定养殖业保险政策，做好养殖户保险理赔工作。在怀柔区农业局疫控中心专门设立保险理赔员，保证技术人员能及时到现场；理赔员做到24小时通讯畅通，确保理赔工作不延误，养殖户利益不受损；保险理赔工作用车做到优先保障，提高工作实效；加强保险理赔员管理工作，科学、公正、公开理赔，确保惠农资金合法、合理使用。

【出台《关于实施肉鸡养殖补贴政策的意见》】 7月20日，怀柔制定出台了《关于实施肉鸡养殖补贴政策的意见》。此意见将进一步巩固肉鸡养殖产业的主导产业地位，增加了养殖户数量，提高了农民的收入，特别是对山区农民的致富增收起到了至关重要的作用。

【冻害果树更新换优示范工程补助资金兑现到位】 实施了冻害果树更新示范工程。工程全面启动后，区政府组织专门技术人员深入到工程一线，从苗木、接穗调运到栽（接）后管理，全程进行质量监督和技术服务。冻害果树更新换优示范工程补助资金已全部兑现到位，共补助资金455.85万元。

【11.2万山民拿到集体林改生态补偿金】 共确权山区生态公益林229.2万亩，应发补偿金5 501万元，应享受生态效益补偿金的农民涉及14个镇乡223个村，共11.6万人，已有11.2万人领到了补偿金。

【能繁母猪每头获得补贴100元】 对规模养殖场户和散养户的实际能繁母猪存栏量进行了翔实的统计核查工作，并最终规定每头能繁母猪可获100元补贴。能繁母猪补贴工作的开展，充分调动了生猪养殖户饲养能繁母猪的积极性，有效促进了生猪生产持续健康发展。

【积极组织开展系列家电下乡惠民行活动】 5月1日至6月25日，组织大中电器、苏宁电器和京北大世界等区内5家大型家电下乡销售企业深入宝山镇、喇叭沟门满族乡、琉璃庙镇等6个山区大集开展了为期近2个月的“商务亲民心，家电下乡惠民行”活动。活动现场展卖家电下乡产品，并详细解答补贴政策，将产品和政策送到农民家门口。

【完成林地保护利用落界调整工作】 12月17日，圆满完成林地保护利用落界调整工作，共完成11 275个林地小班的边界调整。林地落界工作调整了所有小班的边界及林地数据，将林地及其利用状况落实到山头地块，为各级林地保护利用规划提供基础数据。

【区政协委员视察农村集体经济合同管理工作】 7月7日，区部分政协委员到庙城镇视察了怀柔农村集体经济管理工作，并对西台上、郑重庄两个村的合同及档案管理进行了视察。视察期间，区政协委员们重点了解了目前怀柔农村经济合同管理建章立制情况、农村集体经济合同管理现状以及存在的一些问题。通过视察，区政协委员们对农村集体经济合同规范管理取得的成绩给予充分肯定。

【区人大代表视察新农村五项基础设施建设情况】 8月19日，怀柔区人大常委会主任吴德增带领部分区人大代表视察了怀柔新农村五项基础设施建设情况。代表们一行先后来到渤海镇田仙峪村、北沟村，桥梓镇北宅村污水处理厂和怀柔镇兴隆庄村，就街坊路硬化、绿化，安全饮水、污水处理，公厕、户厕改造，"三起来"工程，公共服务设施建设五个方面展开视察。视察中，代表们看到四个村通过新农村五项基础设施的建设，交通明显便利，村容村貌和农民生产生活条件都有了很大变化，民俗旅游事业也开始蓬勃发展，一致认为怀柔的新农村五项基础设施建设效果十分显著，为农民致富和农村经济发展打下了坚实的基础。尤其是相关部门和当地政府能在新农村五项基础设施建设过程中，让农民充分发挥主体作用、参与建设增加收入的富民举措，更是得到了代表们的高度赞赏。

【市政协老委员联谊会到喇叭沟门乡调研】 8月29日，市政协老委员联谊会40余名委员来到了喇叭沟门满族乡，对该乡的经济发展情况进行调研。调研组首先考察了喇叭沟门乡满族民俗博物馆和原始次生林景区，并在会议室与喇叭沟门乡领导举行了座谈。

【律师走进山村送法律】 怀柔8家律师事务所与全区16个镇乡、街道办事处结成对子，开展"法律服务进村庄、进社区、进企业"活动，律师免费向基层和群众提供全方位、面对面、零距离、优质高效的法律服务。活动开展以来，每月有律师到每个社区和重点村开展一次法律咨询讲座服务，并统一制作了律师服务联系卡，公示执业律师姓名、办公地址和咨询电话。

【三项举措把法律送到农村群众"家门口"】 着眼广大农村群众的法律需求，怀柔积极搭建法律服务进村庄工作平台，三项举措把法律服务送到农村群众"家门口"。一是发挥10个镇乡法律服务中心和284个村级法律服务室的职能作用，定期为群众上法制课，解答法律咨询，开展矛盾纠纷排查化解。二是开设"法律门诊e点通"视频法律服务平台，每月一次邀请资深律师、公证员、法律援助工作者以及"普法讲师团"成员，为群众在线答疑解惑、排忧解难，提升群众维权能力。三是拓宽法律援助申请和受理渠道，14个镇乡辖区内当事人申请法律援助的，无需来到区法律援助中心，都可以在本辖区的镇乡法律援助工作站受理和办理。全区近16万农村群众不出"家门口"就可以享受到全方位、多层次的法律服务。

【京郊首家村级联合党总支部落户怀柔长城国际文化村】 为进一步整合长城国际文化村的资源，不断挖掘发展潜力，不断推进渤海镇的基层党建工作创新，提升长城国际文化村的区域核心竞争力，加快全镇的发展步伐，渤海镇党委决定成立长城国际文化村党总支部。5月6日，渤海镇长城国际文化村党总支部正式成立，党总支部建立起来后，北沟、田仙峪、辛营、慕田峪4村就有了一个稳定的开展议事决策的机构平台，充分发挥基层党组织的战斗堡垒作用和共产党员的先锋模范作用，通过组织领导的方式让四个村的干部能够顺利地进行工作上的沟通，有利于打破村与村之间工作的壁垒，从而探索出"党建＋产业＋人才"三位一体的发展模式，最终实现共建双赢，带动全镇经济社会全面协调可持续发展。

怀柔区主要领导人

区委书记	王海平(7月免)
	张建东(7月任)
副书记	池维生(2月免)
	齐　静(2月任)
	萧有茂
	姜伯奎(6月免)
常委	王海平(7月免)
	张建东(7月任)
	池维生(2月免)
	齐　静(2月任)
	萧有茂
	姜伯奎(6月免)
	刘春锋(3月免)
	王红兵(4月任)
	王仕龙(12月免)
	李树江(8月免)
	潘临珠(10月任)
	田一农　王贵平　田文杰
	赵文广(10月免)
	彭丽霞(女，满族)
	周东金(12月任)
	张　明(12月任)
区人大常委会主任	吴德增(12月免)
	王仕龙(12月任)
副主任	吕延发(12月免)
	祝自河(12月任)
	徐占明
	焦振华(12月免)
	赵学恭
	金庚申(12月任)
	李凤仙(女)
区长	池维生(2月免)
	齐　静(4月任)
副区长	王仕龙(12月免)
	潘临珠(10月任)
	田文杰(12月任)
	赵文广(10月免)
	祝自河(12月免)
	周东金(12月免)
	吴群刚(10月免)
	朱淑霞(女)
	张　勇(10月任)
	刘久刚(12月任)
	王玉山(12月任)

区政协主席 武占刚
副主席 董林
余建国(12月免)
史宗祥(12月任)
杨万悦(12月任)
钟建忠
闫振佳(女)
尹永利
区纪委书记 王贵平
副书记 杜连明 赵子长 鲁泰吉

怀柔区街道、镇(乡)党政正职领导

	党委书记	主任、镇(乡)长
泉河街道	乔玉龙	李俊娥
龙山街道	杨素平	石全田
怀柔镇	喻永刚	喻永刚
杨宋镇	武贵军	田杰
北房镇	赵海军	宋霁朋
庙城镇	李树才	王建刚
桥梓镇	王洪利	李树海
雁栖镇	郭小卫	彭明祥(满族)
渤海镇	张福利(满族)	王立臣
怀北镇	王国栋	马天彪
宝山镇	田志兵	张军
九渡河镇	孙建杰	任占智
汤河口镇	王永利	周福刚
琉璃庙镇	鲍晓健(女)	肖正凯
长哨营满族乡	马宝良	彭玉柱(满族)
喇叭沟门满族乡	肖坤(女)	彭明现(满族)

(怀柔区委研究室 王学明 董少波 杜金喆)

平谷区

概述

平谷区位于北京市东北部，总面积950.13平方公里，其中山区、半山区和平原面积各占1/3。辖14镇2乡2个街道办事处。2011年末，全区共有273个行政村和28个居委会，户籍总人口41.1万人，其中农业人口18万人。2011年，平谷区深入贯彻落实北京经济工作会、农村工作会和市委十届十次会议精神，以“促增长、调结构、上水平、保民生、抓稳定”为主线，以建设都市型现代农业为基本抓手，以农业持续增效、农民持续增收为目标，突出加强农业基础设施建设，进一步深化“两权”制度改革，充分发挥重大项目带动效益，做大做强特色产业，推动“三农”事业全面发展。年内，完成地区生产总值135.6亿元，较上年增长15.3%；完成固定资产投资100.6亿元，增长28.9%；社会消费品零售额达到58.6亿元，增长17%。城镇居民人均可支配收入达到2.7万元，增长10.2%；农民人均纯收入达到1.4万元，增长11.2%。农业经济总体运行平稳。2011年，平谷区贯彻落实全市“菜篮子”系统工程建设，保障主要农产品的市场供应和价格基本稳定，农业生产效益不断提高，全年农林牧渔业总产值34.4亿元，同比增长16.9%。其中农业实现产值19.5亿元，同比增长13.8%；增速最高的牧业实现产值12.1亿元，同比增长26%；林业和渔业产值分别为0.1亿元和1.7亿元，同比分别增长3%和5.4%。

都市型现代农业

【概况】 全区都市型现代农业发展状况良好，8类主要农产品产量有3项同比降低，其他5项不同程度增长，分别为：出栏猪35.4万头，同比增长2.8%；出栏肉牛1.1万头，同比增长3.9%；出栏羊10.7万只，同比增长0.9%；鲜蛋产量3.1万吨，同比增长7.5%；家禽出栏量719万只，同比增长1%；蔬菜产量24.6万吨，同比下降5.7%；水产品产量1.4万吨，同比下降0.3%；粮食产量7.4万吨，同比下降3.9%。

【粮食生产能力稳步提高】 全年粮食播种面积20.1万亩、单产380.6千克、总产量76 675吨，比2006年分别增加2万亩、27.1千克、12 555吨，粮食面积、单产、总产实现了“三增”。

【蔬菜产业快速发展】 全年蔬菜播种面积可达7.9万亩，总产25.90万吨，产值4.89亿元，蔬菜占地面3.1万亩，其中设施面积近7 500亩，设施蔬菜以每年增加1 000多亩的速度快速增长。蔬菜生产已基本形成了“一带五区”的产业布局。蔬菜产业形成了多个生产加工配送为一体的标准化产业园区、蔬菜产销合作社及蔬菜育苗场。蔬菜园区观光、休闲、农事体验等多种功能得到融合发展。

【打造蔬菜生产专业村】 按照“一村一品”和标准化生产的要求，通过引进品种、试验示范，推广栽培新技术，建成了南独乐河设施食用菌、鱼子山设施草莓、西柏店菊花、大旺务豆角、杨各庄设施西红柿以及大官庄蔬菜等集生产、示范、科普、观光采摘于一体的蔬菜生产专业村，通过专业村的建设辐射周边地区，推动蔬菜产业发展。

【打造精品蔬菜产业基地】 依托华利丰蔬菜种植公司2 000亩蔬菜基地，实现与麦当劳、湾仔码头等知名企业对接，打造精品蔬菜产业基地，带动当地千户菜农增收；依托北京恒亿金利吉蔬菜产销合作社，强化产品精深加工，打造酸菜、酸豆角等特色蔬菜产业；依托京东绿谷农事体验园和坨坨有机农场，发展集产业观光、休闲、农事体验功能为一体的精品蔬菜园区，促进一、三产融合发展。

【加快设施农业发展】 以高效农业设施园区建设

为重点，加快设施农业群落建设。年内，建成了崔庄子、魏太务等20多个占地超百亩、功能多样的设施蔬菜群落。年底，全区设施蔬菜面积达2.06万亩，年产设施鲜菜18.6万吨，蔬菜生产设施化水平不断提高。完成设施蔬菜面积900亩，大官庄大棚建设工程已完工。

【果品产业发展态势良好】 全区果品总产量、果品收入、人均果品收入连续25年位居全市第一。"平谷仙桃"品牌影响力增强，经浙江大学农业品牌研究中心评估，品牌价值达18.56亿元，被农业部评为"中国名牌农产品"，在北京奥运推荐果品评选活动中，摘得90%的大桃奖项。2011年，全区果树总面积40.8万亩。预计果品总产量3.96亿千克，总收入13.64亿元，同比分别增长10%、13.67%；其中，大桃产量3.09亿千克，收入10.1亿元，同比分别增长10.36%、7.4%。山区、半山区15万农业人口人均果品收入预计9 093元，同比增长13.66%。

【果品提甜增效继续推广】 高标准完成0.5万亩，示范带动作用明显，大桃质量明显提升，全区精品果品率达到65%以上。完成特色果品基地建设3 000亩，以金海湖镇茅山后村为重点，完成日本甜柿高接换优面积485.9亩。以应用三安农业科技有限公司生产的生物制肥素、生物土壤净化剂、三安有机肥和植物保护剂四种制剂为核心技术，在全区建立示范基地1万亩。

【都市型现代观光果业建设继续推进】 一是创新苹果矮化栽培技术模式，采用细长纺锤形整形，优良的矮化砧木、优良的品种和优良的栽培技术，在峪口镇示范面积400亩；二是创新梨树网架式栽培模式，在刘家店镇示范面积150亩；三是桃树"Y"字形架式栽培模式，采取幼树长放整形，辅助镀锌管、钢丝绳购置的"Y"字形框架，将树形整成"Y"字形，在刘家店镇示范面积200亩。

【果品品牌建设取得新进展】 在国家工商总局注册的"平谷"大桃证明商标，被评为全国知名商标品牌。平谷大桃被国家质检总局授予"地理标志保护产品"，与中国龙井茶齐名，被欧盟确定为进入欧盟10个中国农产品之一，成为欧盟地理标志保护产品。这标志着平谷大桃直接进入欧盟市场销售。

【生猪产业得到长足发展】 共投资5 603.1万元推进生猪标准化、产业化发展。一是实施生猪规模猪场标准化改扩建，投资1 350万元，对18个猪场实施标准化改造；二是对151个规模猪场实施规模猪场粪污治理（资源化利用）工程，投资3 861万元；三是开展西柏店村生态循环型生猪养殖示范小区建设，投资220万元；四是在南独乐河镇新立村兴建了全区第一家生物有机肥厂，投资80万元；五是对2个猪场实施畜牧机械化示范项目，推动畜牧生产方式变革投资92.1万元。

【蛋鸡产业规模得到大幅提升】 完成"四位一体"300万只蛋鸡现代化养殖项目和10个规模蛋鸡养殖场标准化建设。

【肉鸡标准化水平逐年提高】 投资337万元，完成105个肉鸡养殖场户标准化肉鸡舍建设，兴建标准化肉鸡舍142栋，新增肉鸡出栏能力396万只。同时，在镇罗营镇上营村实施标准化肉鸡养殖示范小区建设，探索"四统一"生产经营管理模式（统一规划、统一进雏、统一防疫、统一销售）。

【草食家畜稳定发展】 实施"果—草—畜"一体化工程，发展养羊小区7个、新增养羊户481户，新建和改造羊舍7 000平方米；对2个奶牛场实施奶牛入区标准化建设，发放奖励资金77.84万元。

【种业快速发展】 投资19 047.5万元，在峪口禽业新建12个养殖基地和1个孵化场，新增种鸡饲养能力100万套，孵化能力2 000万套，进一步推进峪口禽业蛋种鸡基地建设，打造亚洲最大蛋种鸡城。峪口禽业年产父母代雏鸡800万只，全国市场占有率40%，年产商品带雏鸡1.3亿只，全国市场占有率10%。

【渔业发展步伐加快】 水产品产量单产稳步提高，全区池塘养殖水产品产量连续两年居全市第一。渔业基础设施不断完善，老旧池塘改造工程启动，渔业无公害基地及其产品覆盖率不断增加，全区11个养殖基地12个产品通过无公害农产品产地认定和产品认证，认定规模达到697亩，3家水产养殖场2011年首获"农业部水产健康养殖示范场"称号。

【实施一批水产科技项目】 主要包括：国家大宗淡水鱼技术体系建设项目、观赏鱼引进试验示范项目、生物（浮床）治理池塘水体富营养化技术、水产新品种养殖技术等。通过实施这些水产科技项目，改变平谷区水产养殖高密度、高产量、低产值的弊端，逐步形成生态、环保、健康可持续发展。

【科技创新推广体系日趋健全】 一是加强与科研院所、大专院校的技术合作，聘请专家技术指导，通过引智、引进科研成果促进果品产业的发展。二是创新了村级科技服务体系，在128个大桃生产专业村组建了科技示范骨干服务队，队员1 041人，成为了加快优新综合配套技术推广的主力军和生力军。三是科技人员深入生产第一线，与广大果农一起开展科技试验、研究和创新，总结创新了高光效整形修剪、疏嫩梢、大桃算术疏果法、果实套袋四快诀窍等十多项果树管理技术，并在生产中大面积推广。四是编写《桃树标准化科技挂历》等通俗易懂的技术资料，采取多层次、多样化的培训形式，狠抓果农的技术培训，每年举办技术培训班1 000多期，培训果农10万多人次，下发技术材料10万多份。

【积极引进和推广新型农机具】 为解决果树树下施肥难的问题，积极引进推广小型挖沟施肥机械；为提高剪枝质量，降低剪枝在空中作业的危险性，引进推广气动剪枝机械；为提高蔬菜品质，降低菜农劳动强度，提高设施农业机械化水平，积极引进推广日光温室自动控温设备；为解决设施农业发展中出现的土壤板结、生产效率低的问题，在技术完全成熟的基础上，引进推广小牛-868N深耕机；为提高西红柿、黄瓜、葡萄等园艺作物的绑蔓效率，积极引进推广绑蔓器。

非农产业

【农村集贸市场乡镇实现全覆盖】 投资4 000余万元，新建10个农村集贸市场、社区菜市场，改造14个农批市场、集贸市场，新增市场面积13万平方米，改造市场面积27万平方米。农村集贸市场乡镇覆盖率达到100%。

【农村流通现代化水平得到提高】 一是积极发展农村生活用品连锁配送网络。以星宇昊兴业中心为配送中心，全面发展农村生活用品连锁配送网络，建成配送中心1个，配送分中心4个，直营店11家，发展加盟店400余家，乡镇店铺覆盖率及千人村店覆盖率均达到了100%。二是发展规范化农资连锁经营。确定农达丰农业生产资料有限公司为全区农资连锁配送企业。2011年底，农达丰配送中心改造农资储备库2 080平方米，新增配送车辆4部，改造直营店、连锁加盟店108个，为32个完成改造的较大连锁网点配备计算机，建立信息化网络系统。农达丰公司2011年销售额近3 000余万元，比2006年末销售额增长1.9倍。

【家电、汽车摩托车下乡及家电以旧换新工作稳步推进】 全年销售家电下乡产品27 442件，销售金额7 050万元，销售以旧换新家电24 979件，销售额9 796万元。预计全年家电下乡、以旧换新销售分别可达到94 00万元、13 000万元。家电类商品销售成为零售额重要增长点。

【乡村旅游接待收入稳步增长】 依托丰富的农业资源优势，深入挖掘农业的生态功能、生活功能和示范功能，大力发展观光采摘、休闲垂钓、农事体验旅游和乡村旅游业态。发展了王辛庄镇东古村赵广立、马坊镇西大街夏荣齐等5家垂钓园；有黄草洼村、黑水湾村等5个市级民俗村申报了建设登山健体点项目，完成了初审工作。新增了9家“乡村旅游特色业态”接待单位，北寨村采摘园等4家被评为“采摘篱园”，红石门等3个市级民俗村被为“养生山吧”，海子市级民俗村被评选为“生态渔家”，张家台市级民俗村为“山水人家”。

【乡村旅游实现提质增效】 通过乡村美食大篷车、举办专题培训班等多种形式，对民俗户进行礼仪礼节、服务规范等全方位培训，共培训76期，5 300人次。组织区内旅游商品生产企业参加由市旅游委组织的旅游商品设计大赛，交流技艺、开阔眼界。推举具有代表性的旅游商品参加“北京礼物”评选。举办了第六届民俗厨艺大赛，为接待户搭建厨艺技能切磋、交流的平台，丰富乡村特色美食。推出了王辛庄镇太后村“太后黄泥烧鸽”等5道特色菜、刘家店镇前吉山村“驴肉蒸饺”等3道“绝活菜”，受到游客欢迎。据统计，桃花节期间，农民在民俗餐饮接待等方面取得了较往年更加显著的效益。如：太后村回故里农家院凭借“黄泥烧鸽”新品，节间平均每天卖出烧鸽200只，实现接待收入60余万元。

【举办流动大篷车厨艺技能培训】 以9个重点乡镇作为全年不间断培训重点，培训内容包括：凉菜、热菜、面点、配菜、炖菜等农家菜品全方位培训，聘请东高村一职高老师手把手授课，直至学会，达到培训一道菜（主食）会一道，每次培训至少教会3～5道菜，全区9个重点乡镇每个乡镇全年不少于3次的目标，全年累计培训30期，培训人次预计达到1 800人次。

【完成了市级民俗村、民俗户的验收工作】 申报的市级民俗村村各项标准已通过验收合格。2011年通过验收的民俗户260户，合格户130户，完成年初制定的120户的任务指标。

山区建设

【山区沟域经济建设稳步推进】 十八弯沟域重点开展了新村民居和特色产业等5项工程，各方投入资金3.1亿元，实施了玻璃台景区、油葵种植园等25个项目，引导农业与乡村旅游产业融合发展。丫髻山沟域规划编制工作圆满完成。

【圆满完成京津风沙源治理工程】 总面积3.3万亩，工程总投资1 310万元（含监理费），涉及镇罗营、王辛庄、金海湖等9个乡镇。完成荒山造林2 000亩，爆破造林1 000亩，封山育林3万亩（定株修枝2万亩、补种1万亩），栽植油松等乔灌木30万株，玫瑰花近千亩。完成了防火道、围栏、立碑等基础设施。

【彩叶造林工程顺利完成】 按照“多树种、多层次、多色彩”的建设要求，在前脸山和景区周围实施完成了3 000亩，涉及金海湖、王辛庄等镇乡，总投资150万元，全部为市投资（财政转移支付），共栽植黄栌、元宝枫、丁香、连翘等彩色乔灌木16.8万余株。

【做好森林防火工作】 先后对全区各乡镇开展了森林防火工作大检查，组织了12个山区、半山区森林消防中队，开展了森林防火实战演习和练兵大比武活动。在此基础上，对森林高火险期、清明节、桃花节及“五一”期间的防火工作进行了周密部署，各项防火措施落实到位，做到了死看死守，实现了火情减少、有火不成灾的目标。

【巩固退耕还林成果，做好生态移民工作】 巩固2009年退耕还林成果，生态移民400人。经研究，将此项政策分别集成落实在张家台村等4个村共115户。2011年底，搬迁责任书及各项手续已办理完毕，主体工程已基本完成。

【山区搬迁工作继续实施】 积极推进泥石流及生

存条件恶劣地区搬迁工程。此项工作开展以来，先后实施了将军关、向阳村、张家台、东四道岭、大东沟、大庙峪等9个村的整建制搬迁和北寨、关上、北水峪等村的零散搬迁，累计搬迁1 154户、3 357人，补助搬迁资金7 826.1万元。2011年，为减轻搬迁农户负担，采取生存条件恶劣地区搬迁、京津风沙源生态移民、巩固退耕还林成果及新农村建设政策集成使用的方式，先后完成大庙峪、张家台、东四道岭、大东沟等4个行政村的整建制搬迁，累计324户、1 078人。到年底，这4个村的农户可全部入住新房。

【实施小流域综合治理工程】 先后实施了将军关、南水峪、黑豆峪等16条小流域的综合治理工程，工程总投资1.37亿元，总治理面积达234.8平方公里。在治理过程中，平谷区始终坚持"保护水源，构筑水土保持三道防线，建设生态型、清洁型小流域"的治理理念，建立了完备的工作运行机制，搭建了工程管理平台和质量监督体系，确保了工程质量，促进了"首都生态第一区"发展战略的实施。在小流域治理中，充分发挥农民的主体性作用，100%利用本地劳动力，既保证了工程质量，又促进当地农民增收。2011年，对见子庄和黑豆峪两条小流域进行综合治理。10月下旬，市水务局对两条流域作业设计给予批复，现进入工程招投标阶段。

村镇建设

【乡村公路建设、养护管理投入进一步加大】 全年乡村道路建设养护总投资5 433万元，乡村公路建设总投资4 000万元，其中市财政补助资金2 240万元，区财政补助投资1 760万元。工程总里程67.25公里，51条路，桥梁9座。乡村公路养护总里程为1 024.6公里，桥涵、隧道共139座，2 085延米。养护资金为700万元，其中市财政补助576万元，区财政配套124万元。

【农业水利用效率进一步提高】 全区用水总量较2005年减少1 871万立方米，实现万元GDP水耗下降16.6%。新增节水灌溉面积8万亩，累计建成节水灌溉面积36万亩，占可灌溉面积的97%，为服务都市型现代农业发展作出了积极贡献。鱼子山村设施农业滴灌工程位于村南夏鱼路两侧，面积500亩，是北京市第一个全自动（傻瓜化）型滴灌控制系统，无需管理人员进行系统指令或遥控控制，系统就能自动对作物进行适时适量的灌水。工程实施后可节水50%以上，增产30%，年节约电费127元/亩，年节省劳动力费用120元/亩，效益显著。

【进一步加大区域水资源涵养力度】 治理水土流失面积234平方公里，治理率达到81.6%。积极协调资金500万元，支持黄松峪乡大东沟新农村基础设施建设，改善了农民生活环境和生态环境。建成雨洪利用工程128处，连续两年获市政府嘉奖。走出了新农村生态发展、生活富裕、生态良好的文明发展道路。

【积极发展小城镇镇域经济】 按照推进城镇一体化建设的总体部署，大力推动峪口镇、马坊镇、金海湖镇三个重点小城镇的建设工作，全力打造区域经济支点。一是打造特色，发展现代都市型工业。全区三个重点小城镇，打造各具特色的新型工业。峪口镇以绿色新能源产业为发展方向，引进了具有完全自主知识产权的大功率垂直轴风力发电设备制造、国能生物质热电联产等一批重点项目，被正式纳入中关村科技园共建基地范围，并被冠名为"中关村国能新能源产业园"，产业发展享受中关村科技园相关政策的支持。二是面向京津，打造区域型服务品牌。在大力发展新型工业的同时，三个重点小城镇积极完善配套设施，提升服务能力，打造面向京津高端消费群体的区域品牌。例如，金海湖镇立足金海湖景区，大力发展民俗旅游。第十二届国际桃花节期间，该镇共接待游客22.8万人，总收入763.2万元，民俗旅游已成为农民增收致富的新途径。三是关注民生，带动农民共同发展。在推进小城镇园区产业、配套设施建设的同时，积极将农民纳入到发展当中，共享发展成果。三个重点小城镇利用产业集中的优势，积极吸纳解决当地农民就业。同时，随着配套设施的逐步完善，创造出了更多的服务岗位。此外，随着企业的发展壮大，吸纳农民就业的能力也不断增强。马坊利用物流园区内不断发展壮大的企业，有效地促进了农民非农转移就业，吸纳本地农民就业上千人。

【"三起来"工程稳步推进】 "亮起来"工程：一是太阳能路灯安装项目：平谷区2011年计划安装太阳能路灯400盏，总投资200万元。工程已于9月份完成招投标并已全面开工，年底已全部竣工；二是蓄电池更换项目：计划投资300万元为2007年安装的3 006盏村内太阳能路灯更换蓄电池，涉及全区17个乡镇（街道）。工程已于10月份完成招投标并已全面开工建设，预计4月底前全部竣工。"暖起来"工程：全区计划改造既有住房2 100户。截至11月底，该工程已改造完成既有住房2 100户，累计完成面积20万余平方米，财政扶持资金达2 200余万元。

【积极完成抗震节能改造项目】 完成的新建翻建和单项改造的任务数是7 990户。4月，要求各村委会对2011年农民住宅抗震节能改造进行认真统计核实，乡镇政府进行严格把关后上报领导小组，区新农办会同区住建委、区财政局相关工作人员进行逐村核实及汇总工作，2011年全区新建翻建的农户为7 306户，综合改造的农户为90户，单项改造的农户为2 100户，累计平谷区2011年农民抗震节能改造户数为9 496户。

【新农村社区试点村建设全面启动】 一是西鹿角新型农村社区。该项目为市级试点，包括西鹿角村和北台头村两个村。西鹿角村全村总占地面积6 184亩，其中城市拓展有条件建设用地4 951.9亩，村庄建设总占地面积 1 232.1 亩（不含道路）。该村现有宅基地 1 480 处，居住总户数 1 348 户；全村总人数 3 374 人，其中农业人口 2 898 人，非农业人口数 476 人。北台头村总占地面积 1 933 亩，其中城市拓展有条件建设用地 1 458 亩，村庄建设总占地面积 475 亩（不含道路）。该村现有宅基地 386 处，居住总户数 450 户；全村总人数 1 025 人，其中农业人口数 710 人，非农业人口数 315 人。两个村都以传统的种植业为主，人均年收入 8 000 元左右，经济积累差。建设由村委会组织实施，吸收社会资金，对西鹿角村、北台头村实施新型农村社区的改造和建设。采取异地建设、搬迁重组、产业带动建设模式。2011 年底，该试点仍处于项目方案调整阶段，计划 2012 年可开工建设，计划 3～5 年可完成一期工程建设。二是白云寺新型农村社区。该项目在 2011 年 6 月被纳入区级试点范围。白云寺村是位于平谷区东北 15 公里的山区小村，分白云寺和康石岭两个自然村落。村域面积 4 728.8 亩，绝大部分为山场，果林面积 1 620 亩，没有耕地；全村人口 320 人，户数 140 户；经济以农林为主。2010 年，该村经济总收入 226.8 万元，人均纯收入 6 961.5 元。该村旧村落分山前山后两部分，民居分散，旧村落占地面积达到 350 亩，其中山前 260 亩，山后 90 亩。按照区国土局土地利用总体规划，该村要集中选址新建，减少村庄用地面积，在梁前白云寺择址新建。新村经过重新布局，按照新村规划，新村占地面积 150 亩，用地比原来的 350 亩减少了 200 亩，其中的 100 亩用于土地复耕，另外 100 亩作为旅游产业用地。产业发展方面，则是通过社区建设，重点发展旅游服务业，实现产业由一产向三产的转移。该社区的建设方式采用的是村与企业合作的方式。所需全部资金为 5 720 万元，预计来源于政府扶持资金 2 200 万元，吸引社会资金 3 520 万元。该村已经与合作企业签订了战略合作协议，新民居建设的缺口资金 3 520 万元先由投资方垫付，其投资通过开发白云寺旅游风景区和建设旅游配套服务设施的经营利润回收。投资方全部收回投资后，村委会和投资方按照三七进行分成，村委会所得红利全部用之于民。2011 年底，该社区已完成了建设用地的评估工作，同时土地平整的工作已基本完成，村委会正与村民签订建房协议，为来年的施工打下坚实的基础。三是老泉口新型农村社区。该项目是市国土局试点，也被纳入区级试点范畴。老泉口村位于熊儿寨乡北部，距乡政府所在的熊儿寨中心村约 2 公里，是北京最美的乡村，同时也是北京市生态文明村、市级民俗旅游村。村域总面积 337.24 公顷，下辖 3 个生产队，总人口 651 人，现有住房 220 户，居民点总用地 17.04 公顷。2011 年，全村农业产值 325 万元；旅游收入 237 万元；农民年人均纯收入 8 680 元，居全乡第 2 位；村集体总资产 1 832 万元，居全乡第 1 位。老泉口村的建设是由村民出资一部分，村集体补助一部分（先由企业垫付），政府支持补贴一部分，采取村与企业合作共建方式，同时鼓励本村村民参与建设、重复利用现有房屋原材料，减少资金投入。未来产业发展规划是以音乐乡村、老泉公园、旅游配套产业和农业观光产业主导。在土地利用方面，立足于集约节约土地，不仅在现状集体建设用地规模中完成了居民安置、产业开发，还将复垦 70 亩，结余了集体建设用地指标。2011 年底，该社区的规划方案仍在进一步完善中。

【积极实施生态创建工作】 以环境优美乡镇和生态村创建为契机，提升农村环境整体水平。已完成 156 个市级生态村创建工作，申报创建的 84 个市级生态村已完成验收，结果市里暂未公布；全区环境优美乡镇总数达 12 个，全年申报创建的 4 个环境优美乡镇已完成了验收工作，验收结果暂未下达。

【加大环境整治力度】 加强环境督导检查工作，先后组织了 2 次大规模地毯式的环境检查督导。抓好环境巡视检查工作，对重点乡镇、公路干线、村庄进行定期查验。2011 年 4 月下旬，在市新农办组织相关部门进行的农村环境检查中，平谷区成绩居全市第三。

农村改革与管理

【农民专业合作社得到快速发展】 出台了《平谷区农民专业合作社示范社建设实施意见》、《农民专业合作社公共服务设施建设扶持政策》、《平谷区优质农副产品直销店扶持政策》、实施“5＋5”金融服务行动计划政策等多项扶持合作社发展的相关政策，对建设冰温保鲜库、购置农产品深加工设备、兴建农产品仓储设施、在城八区建立农产品直销店以及带动能力较强、社会影响较好的合作社给予重点扶持。先后向农民专业合作社兑现各项政策性扶持资金 800 多万元，大大推进了合作社快速发展。截至 2011 年底，在工商部门注册登记的农民专业合作社达到 734 家，其中，种植业 516 家，养殖业 123 家，农机服务、民俗旅游、手工艺加工等其他行业 95 家。合作社出资总额 12.14 亿元，成员共计 40 963 户，其中农民成员 38 442 户，占全区农民总户数的 43.2%；带动社员 45 500 户，其中农民社员 44 800 户，占从事一产农户的 73.4%。

【农村集体经济产权制度改革工作取得新进展】 在 22 个村级试点工作的基础上，平谷区农村集体经济产权制度改革工作全面推进，2010 年一年完成了 183 个村。2011 年底前，产权制度改革已完成 240 个村，预计年底前基本完成改革工作任务。同时，就新型农村集体经济组织运行机制在峪口镇进行了试点，在总结试点经验的基础上，在全区进行推广。通过产权制度改革，明晰了集体资产的产权，肯定了社员身份，管理更加规范和民主。

【集体林权制度改革工作有序进行】 完成集体林地面积 99.2 万亩的确权工作，涉及 273 个村、21.4

万人，其中山区生态林52.6万亩、152个村、62 617户，享受山区生态林补偿174 641人，发放股权证53 886户。顺利通过了市园林绿化局、市档案局联合检查组的验收，完成了山区生态效益补偿金发放工作。

【做好农村土地经营权确权颁证试点工作】 在平谷区镇罗营镇的玻璃台、大庙峪和东寺峪三个村开展农村土地承包经营权登记试点工作。在市农委和市农研中心的指导下，制定了《北京市平谷区农村土地承包经营权证登记试点工作方案》，明确了试点工作的任务、基本原则、主要内容、工作进度安排和工作要求。年底，此项工作进展顺利，已经完成了宣传发动、成立组织机构、开展培训、清理核实等工作，现试点的3个村均已进入到实地测绘阶段，年底此项工作顺利完成。9月，市土地承包经营权登记指导小组在平谷区召开了工作会议，平谷区土地承包经营权登记领导小组组长、区长张吉福部署工作。会议对平谷区农村土地经营权确权颁证试点工作给予了充分肯定。2012年此项工作将在全区全面展开，预计经费开支1 000多万元。

【搭建农村产权交易平台】 2010年12月8日，北京市平谷区农村产权交易服务中心、北京农村产权交易所平谷办事处正式挂牌成立。区委书记邱水平和首创集团董事长亲自揭牌，区委常委闫维洪同志主持仪式，市农委副主任陈涛同志及有关部门的领导前来祝贺。2011年，平谷区成立了规范农村产权交易工作领导小组，建立了区、镇（乡）、村三级300余名信息员队伍，下发了《关于规范农村产权交易工作的意见》，明确了全区农村产权交易的范围，规范了农村产权交易的程序，规定了农村产权交易应遵循的原则。农村产权交易中心成立后，建立起了政府主导、社会参与、市场化运作的产权交易机制，明确了交易范围，并严格按照法律法规及各项政策运作，依照工作流程，全程监督交易行为，杜绝了违法违规交易行为。聘请市农村产权交易所的专业人员，对区、镇（乡）、村三级信息员和各村党支部书记进行系统的培训，让信息员熟练掌握相关政策和各种操作规程。2011年，产权交易服务中心已经成功受理10宗交易，涉及土地1 708亩、山场1 810亩、集体企业2家，总交易额3 192.69万元，溢价1 141万元。2011年10月刘淇书记到经管站调研后说：产权交易这件事太好了，市农委要很好地研究，大力向全市宣传、推广，在全市一定要把这项工作抓起来。

【创新村级公章管理模式】 起草制定了《平谷区村级组织公章管理使用办法》，并以区委、区政府文件的形式下发全区。对村民委员会和村集体经济合作社两枚印章实行专柜存放，“三把锁”控制，小组共同管理，同时，平谷区将公章管理制度纳入到农村党的建设“三级联创、五好乡镇党委”考评范围。年底，全区全部村落实了公章管理制度，年底前该制度将在全部村落实完成。

【全面推进农村财务电算化和在线审计工作】 农村财务管理电算化和在线审计，被列为市、区两级政府折子工程和“三级联创、五个好乡镇”考评范围。从市、区两级争取资金190万元，通过政府采购的形式为各镇乡购置了软、硬件设备；根据北京市2010年会计制度实施细则制订了平谷区的会计科目。组织全区16个镇（乡）、兴谷街道的经管干部、托管办会计进行系统培训。2011年1月1日起平谷区正式全面实施农村会计电算化，在此项工作进行中，定期下乡督促、检查、指导工作，对各乡镇、村在工作中出现的业务及电脑问题，及时给予解决。截至2011年9月份，全区会计电算化完成率达到100%。

【进行了乡镇级和村级清产核资试点】 自2011年3月始，在王辛庄镇组织开展了资产清查工作。整个清查工作分准备、实施和总结等三个阶段，历经动员部署、舆论宣传、组织建设、政策制定、业务培训、督查指导、基本情况清理、账务清理、财产清查、手工报表上报、中介核查、资产核实、完善制度等环节。制定了《平谷区王辛庄镇农村集体资产清产核资工作实施方案》。根据方案要求，严格清查程序，力求清查工作真实、全面、完整。至2011年9月，王辛庄镇资产清查工作已全面完成。

农民生活

【农民人居收入稳步增长】 一是工资性收入较快增长。全区农民人均工资性收入8 352元，增长22.2%，工资性收入占纯收入的比重为62.4%。工资性收入增长的主要原因：首先是农村劳动力工资水平越来越高，使得农民在本乡地域内劳动人均获得收入5 440元，增长20.2%；外出从业人均获得收入2 665元，增长58.1%。其次是农民就业年龄趋向年轻化，2/3的外出就业劳动力年龄在30岁以下；外出就业劳动力人数增加，平均每6.3人就有1人外出就业（上年为10.8人）。再次是就业人员文化程度提升，接受技能培训更加系统，很大程度上拉动了工资性收入的增长。二是家庭经营纯收入明显下滑。全区农民人均家庭经营纯收入2 608元，下降26.2%。其中，人均第一产业纯收入2 001元，下降27.4%；人均第二产业纯收入11元，下降95.4%；人均第三产业纯收入595元，增长10.6%。第一产业纯收入下降的主要原因是农业及牧业纯收入下降幅度较大，分别为-19.7%、-57.5%。农业纯收入下降主要是大棚蔬菜种植户减少，导致出售蔬菜金额下降35.9%。牧业纯收入下降主要是出售活鸡和蛋类纯收入下降幅度较大，其中人均出售活鸡金额2010年达957元，而2011年仅有1元；人均出售蛋类纯收入2010年达488元，而2011年仅有72元。第二产业纯收入大幅下降的原因主要是建筑业经营户规模缩小和数量减少，工业经营户全年经营收入下滑。第三产业人均纯收入增长主要原因是民俗旅游业的发展带动人均批零贸易业，饮食业纯收入达到 381 元，同比增长 55%。三是财产性纯收入迅速增长。农民人均财产性收入 603 元，与上年同口径 219 元相比增长 175.3%，主要原因是租金和集体分配股息红利收入增加。其中：人均租金（包括农业机械）纯收入达 330 元，增长 6.5 倍；人均集体分配股息和红利达 136 元，从而带动了农民财产性纯收入增长，对纯收入增长的贡献率达到 7.7%。四是转移性纯收入增长明显。农民人均转移性收入 1 824 元，与上年同口径 1 146 元相比增长 59.2%。其中，农民人均离退休金、养老金收入 1 322元，增长 89.1%，主要是因为民生政策的延续及居民离退休金、养老金标准的提高，包括：国家调整离退休人员离退休金，行政事业单位的离退休人员补发价格补贴，福利养老金标准两度提高，在人均增加 30 元基础上又增加 20 元。

【农民生活消费支出快速增长】 全区经济保持平稳健康发展，在各项保民生、惠民生政策的积极作用下，农民生活消费水平逐渐提升。全年农民人均生活消费支出达到 9 555 元，比上年增加 1 207 元，增速为 14.5%，其中服务性支出占生活消费支出的 29.6%。农村居民生活消费八大类呈七升一降趋势。一是食品消费支出人均 2 897 元，同比增长 26.3%。其中：蔬菜及制品支出人均 257 元，同比增长 47.2%；肉禽蛋奶及制品支出人均 767 元，同比增长 58.8%；水产品及制品支出人均 72 元，同比增长 74.4%。二是衣着支出人均 620 元，同比下降 47.6%。其中购买成衣支出人均 388 元，同比增长 44.2%，占衣着支出的 62.6%。三是居住支出人均 2 254元，同比增长 18.2%。原因是购买建筑生活用房材料、维修生活用房材料、生活用燃料等支出分别增长 138.1%、126.6%和 6.6%。四是家庭设备用品及服务支出人均 600 元，同比增长 27.3%。其中：购买日用品支出人均 187 元，同比增长 94.5%；购买家具类支出人均 137 元，同比增长 18.1%；床上用品支出人均 43 元，同比增长 29%。五是交通和通讯支出人均 1 118 元，同比增长 16.2%。主要原因是农户购买生活用车及电动自行车等交通工具数量的增加。六是文化教育娱乐用品及服务支出人均 1 051 元，同比增长 5.5%。其中：购买文教娱乐用品及服务支出人均 583 元，同比增长 21.7%；教育服务支出人均 468 元，同比下降 9.8%。七是医疗保健支出人均 799 元，同比下降 18.2%。医疗保健支出下降主要是医疗费支出下降 26.5%。八是其他商品服务支出人均 217 元，同比增长 49.6%，原因是农户购买首饰、化妆品档次提高，同比分别增长 11.8%和 24.5%。

【农村劳动力职业技能培训力度进一步加大】 不断完善集职业介绍、职业指导、职业培训、职业技能鉴定于一体的就业服务体系和区镇村三级就业信息系统和职业介绍网络。通过“技能大篷车”送训下乡、实习式培训、特色培训，带动农村劳动力三产就业。2011 年累计培训城乡劳动力 41 979 人次，农村劳动力实现转移就业 24 914 人。

【创建“卫生镇、村”与“健康示范村、健康社区”取得好成绩】 为培养居民良好卫生习惯，建立健康生活方式，提高全区整体文明、卫生、健康素质，全年共创建北京市卫生镇 3 个、北京市卫生村 34 个，创建健康示范村 34 个、健康社区 11 个，开展健康大课堂 750 场。

【新型农村合作医疗参合率稳步增长】 在全市首家成功引入第三方参与新农合管理工作，实行“政府主导，商业辅助，共保联办，风险同担”管理模式，通过全程服务监管、重点医院病历检查、基层医疗机构不定期巡检、健康教育宣传等方式提高管理服务水平。5 年来，新农合总参合人数达到了 130 025 人，基金总补偿支出 406 万元。

【艺术节活动再上新台阶】 成功举办了以“我的北京我的家 红红火火过大年”为主题的平谷区第二十一届农民艺术节文化活动。本届农民艺术节以区级文化活动为龙头，以基层文化活动为重点，相继举办了平谷区新春团拜会、“中国乐谷首届欢乐节”花会秧歌进城大拜年、“张灯结彩过大年”花灯展示等系列文化活动，充分营造了团结、向上、喜庆、祥和的节日文化氛围，形成了全民参与、人人享受快乐文化的格局。其中，以“绿谷腾飞”、“魅力乡村”、“青春律动”三个主题版块的中国乐谷首届欢乐节——平谷区秧歌花会进城大拜年活动，汇聚了国外表演队、山西翼城花鼓、河北井陉拉花、昌平花钹大鼓、大兴武吵子等外埠特色表演团队和全区各乡镇、街道、机关、学校、部队 40 组特色表演队伍，进行了舞龙、舞狮、花鼓、腰鼓、什不闲、高跷等十余种花会秧歌展演。本次活动再次荣获北京春节庙会·灯会·文化活动“非遗展演奖”。

【电影放映宣教功能进一步提升】 充分利用农村电影公益放映系统，采取农村数字影厅阵地放映和下乡服务流动放映相结合的形式，开展电影放映进军营、敬老院等慰问活动 40 余场，全年农村电影放映累计 14 000 余场，超额完成了每村每年放映数字电影 40 场的目标。

【成功举办了北京平谷国际户外休闲健身大会】 4 月 23 日，由平谷区人民政府主办，平谷区体育局、北京每日徒步运动中心共同承办的北京平谷第十三届国际桃花音乐节户外休闲健身大会，在北京平谷国际徒步大道和桃花海景区举行，内容包括徒步大会和露营大会。大会举行了隆重热烈的开幕式，国家体育总局登山协会副主席、登山运动管理中心副主任颜金安，市体育局副局长李丽莉，区领导张吉福、王晓光、金国英、白长河、郭有才及捷克、蒙古和土耳其驻华使节出席了开幕式。

徒步大会以“徒走生态平谷，体验低碳生活”为主题，分别设立 12 公里、25 公里、42.195 公里马拉松三个组别，来自全国各地，在京委办局、驻京单位的运动员和平谷区的徒步运动爱好者共计 1 500 余人参加比赛。参赛者在北京平谷国际徒步大道上尽情领略了平谷优美的自然风光和秀丽景色。徒步大会结束之后，当晚 200 余名徒步爱好者在桃花海景区举行了户外露营活动。露营大会主题为“夜宿桃花海、浪漫欢乐行”，举行了音乐狂欢、精彩文体演出、健身互动等系列活动。为了进一步展示平谷，大会还设置了特色美食广场和特色农产品展示展卖区。

【圆满完成了平谷区第七届全民健身体育节各项比赛活动】 2011 年 4—10 月，平谷区第七届全民健身体育节的各项比赛活动相继拉开帷幕。体育节共设篮球、乒乓球、羽毛球、田径、棋类和拔河六大项比赛，全区有 6 000 余人参赛，3 万余人参与活动，内容丰富、形式多样的体育活动成为平谷区全民健身的一道靓丽风景线。

【社会保险覆盖范围持续扩大】 养老、失业、工伤、医疗、生育“五险”已分别覆盖全区 12.82 万人、10.52 万人、12.45 万人、18.63 万人和 5.63 万人。截至 10 月底，五项社会保险累计收入 78 627.99 万元。五项社会保险基金收缴率均达到 96%。12.36 万人参加城乡居民养老保险，参保率达 98.57%。累计为 47 618 人次发放城乡无保障老年人福利养老金 11 751.86 万元。持卡就医实时结算进展顺利，已发放社保卡 14.53 万张，发放率 99%。44 家定点医疗机构实现持卡就医实时结算，43 家定点医疗机构完成门诊医生工作站建设。

【创造性解决征占地安置补助费沉淀问题】 为妥善解决征地后村民社会保障问题，经过深入调研，根据征占地的不同特点，结合平谷实际提出 148 号令和城乡居民养老保险“两条线”并行的思路。在城市化和工业化进程较快、在一定预期内仍有大宗征占地、累计产生人均安置补助费较高的地区，推行整建制农转居。蒋里庄村、塔寺村、西大街村整建制农转居工作已陆续完成，涉及人口 2 100 人，资金 1.26 亿元，已有 60 人领取每月 1 100 元养老金、符合条件的 178 人申请办理灵活就业。

基层组织与民主政治建设

【全力打造基层党建示范点】 用足用好党建专项资金，分别给予 18 个基层党建示范点 10 万元建设启动资金。11 月底，在熊儿寨乡北土门村组织召开了党建示范点建设现场工作会，总结交流了北土门村等 4 个示范点建设工作经验，并成立了验收小组，采取听取汇报、实地察看等方式，对 18 个示范点逐一进行验收。

【完善村干部的激励关心机制】 继续落实连续任职 9 年且正常离退职村书记、主任补贴制度和困难干部救济基金制度，为 4 名困难干部发放帮扶资金 2.8 万元，安排 34 名村书记及后备干部参加本科或专科学历教育，举办了 2011 年农村“两委”班子主要干部培训班，参照处级干部体检标准，组织 438 名村书记、主任进行免费体检并建立个人档案，实现对村干部工作环境、身体健康、学习培训、特殊困难，保障待遇“五个关心”。

【创新农村基层党组织建设】 起草了《关于在农村建立村务监督委员会的实施意见》，通过差额选举，马昌营镇马昌营村建立全市第一个村务监督委员会，实现惩治和预防腐败体系向村级组织延伸。加强后进村党组织建设，开展“结对帮扶、和谐共建”活动，实现乡镇与乡镇、村与村、区直各委办局与村之间优势互补、资源共享、互动共赢、共同发展。

【村“两委”承诺制深入开展】 全区 273 个村级班子和 2 167 名村干部共承诺事项 6 300 余项，兑现率达到 98%以上。

【深入推进农村基层党风廉政建设】 按照区委的统一安排部署，制定了《平谷区 2011 年农村党风廉政建设考核办法》和《年中检查方案》，有效推动全区农村基层党风廉政建设。积极探索建立适合平谷区的村务监督委员会，并对峪口镇村级大事咨商制度和马昌营村建立村务监督委员会情况进行研究学习，将一些好经验、好做法进行总结，在全区进行全面推广。

【深化民主评议基层站所工作】 制定了《平谷区关于 2011 年开展民主评议基层站所工作实施方案》，首次将将乡镇街道所有的内设机构纳入评议范围，对区政风行风评议员进行业务培训，组建了政风行风督导组，全年共与被评议单位座谈 128 次，走访群众 960 人次，发现问题 112 个，提出意见、建议 70 条。

平谷区主要领导人

区委书记		邱水平		
	副书记	张吉福	闫维洪	
	常委	姜帆	武克	高飞
		韦小玉	李宝峰	王业亮
		区志奇	田长丰	
区人大常委会主任		刘军		
	副主任	李继合	路崇武	金国英
		石来福	贾喜庚	
区长		张吉福		
	副区长	姜帆	区志奇	王志勉
		刘晓光	底志欣	王红艳
区政协主席		王春辉		
	副主席	白长河	郭有才	杨凤山
		刘廷海	刘建增	徐素芝
区纪委书记		武克		
	副书记	陈凤友	张月春	谢宝德

平谷区乡镇正职领导干部

	党委书记	乡镇长
平谷镇	石来福	马立文
金海湖	唐庆育	史立成

王辛庄镇	王文忠	李学东
夏各庄镇	于海山	赵卫民
东高村镇	李　臣	秦海滨
马坊镇	李宝峰	张富泉
马昌营镇	牛福生	景国平
山东庄镇	崔曙光	马思亿
南独乐河镇	付湘生	梁　军
刘家店镇	张振江	陈立荣(女)
大兴庄镇	郭明山	陈新华
峪口镇	李　正	胡宝旺
镇罗营镇	李所印	王何义
大华山镇	金永来	胡东升
黄松峪乡	任建义	安　青
熊儿寨乡	陈梦慧（女）	龚禹峰

（平谷区委研究室　白云兵　梁自山）

密云县

概　述

全县总面积 2 229.45 平方公里，占全市面积的 13.6%，是北京市土地面积最大的区县。全县山区面积 1 771.75 平方公里，占 79.5%；平原面积 263.4 平方公里，占 11.8%；水面面积 194.3 平方公里，占 8.7%。全县共辖 2 个街道、17 个镇、1 个乡（地区办事处），有 69 个居委会、334 个村委会。全县常住人口 47.1 万人，比上年末增加 0.3 万人。全县户籍人口 42.9 万人，比上年末增加 0.1 万人。按户籍属性分，农业人口 25.6 万人，比上年末减少 0.2 万人；非农业人口 17.3 万人，比上年末增加 0.3 万人。

年内，全县上下深入贯彻落实科学发展观，按照“三个走在前列”奋斗目标和建设“绿色国际休闲之都”发展定位，深入落实密云生态涵养发展区工作方略，顺利完成了全年的各项工作任务，全县经济实现较快发展。全年实现财政一般预算收入 19.5 亿元，比上年增长 25.2%；完成全社会固定资产投资 132.1 亿元，比上年增长 14.8%；全县完成农林牧渔业总产值 44 亿元，比上年增长 12.5%，按可比价计算，增长 2.6%。农村经济总收入达到 196.75 亿元，同比增长 11.1%；全年农村居民人均纯收入 12 924 元，比上年增长 13.9%。

城乡一体化

【概况】 全县深入落实《北京市“十二五”时期城乡经济社会一体化发展规划》及市委《关于率先形成城乡经济社会发展一体化新格局的意见》的行动计划，深入实施密云生态涵养发展区工作方略，着力推进农民增收、农民健康和农民安居三大工程，加快推进城乡一体化发展步伐。

【城乡居民收入实现两位数增长】 城镇居民人均可支配收入 26 652 元，比上年增长 13.7%。其中，工资性收入 20 722 元，比上年增长 17.1%；经营性收入 1 732 元，比上年增长 8.7%；财产性收入 832 元，比上年增长 8.1%；转移性收入比上年增长 4.7%。

【农村投资实现较快增长】 全县完成全社会固定资产投资 132.1 亿元，比上年增长 14.8%。农村完成固定资产投资 8.4 亿元，比上年增长 6%；全县各镇完成固定资产投资 79 亿元，比上年增长 34.2%，占全社会投资总量的比重为 59.8%。其中，古北口镇完成投资额最多，主要受司马台新农村建设和古北水镇综合旅游开发等项目的带动，完成固定资产投资 21.9 亿元，比上年增长 8.4 倍，是全县完成投资额最多、增幅最高的镇。

【重大市政基础设施项目进展顺利】 西统路、101 国道绕城线、密关路、密兴路二期、司曹路、穆九路等重点道路工程扎实推进。西统路跨京承高速桥基本完工，跨潮白河桥正在紧张施工，全线 6.75 公里道路已经贯通；大关桥新桥主体完工。市天然气大管网进密云工程 1.2 公里主管线铺设完毕，北汽福田 CNG（压缩天然气）站率先建成并投入使用。城区集中供热整合工作正在全力推进。新城地表水厂、云西再生水厂已取得市发改委批准立项，垃圾综合处理中心、殡仪馆（烈士陵园）迁址新建和塘峪等 6 个变电站建设前期手续正在加紧办理。

【城乡生活环境不断改善】 进行“六路一口一园”绿化美化。“六路”是指：顺密路、西统路、密西路、密溪路、101 国道城镇段、京承高速路二期；“一口”指：京承高速路二期密云城区出口；“一园”指滨河森林公园。提高密云县主要干线道路整体景观水平，提高森林绿地的整体生态涵养功能。

都市型现代农业

【概况】 通过整合资源、加大投入、优化结构、打造品牌、促进融合，农业基础不断加强，产业结构不断优化，经营机制不断创新，发展活力不断增强，以生态、有机、现代、高效为特征的都市型现代农业发展全面推进。

【种植业生产稳步增长】 粮经作物完成播种面积 30 万亩、总产 12 245 万千克。其中：小麦 1.8 万亩，总产 489.6 万千克；玉米 22.7 万亩，总产 11 002 万千克；杂粮 2.9 万亩（有机杂粮基地 1 万亩），总产 754 万千克。花生等经济作物 2.6 万亩，总产量 468 万千克，同比增加 11.2%；实现产值 2.45 亿元，同比增长 5.6%。完成粮食直补和生态补贴面积 24 万亩。蔬菜实现播种面积 7.2 万亩，比上年增长 3%；总产量 4 亿千克，比上年增长 11%；实现产值 5.5

亿元，比上年增长5.8%。

【林果业发展效果明显】 共完成植树面积6 421亩。实施京津风沙源治理工程7.8万亩，其中人工造林7 000亩、爆破造林1 000亩、封山育林70 000亩。京承三期绿化工程18 114亩，62.7公里。彩叶树种造林2 500亩。公路河道绿化30公里。对全县7 234亩退耕还林地进行了全面的补植补造。全县果树面积达到45.2万亩，居全市首位。全年干鲜果品总产量达到8 400万千克，比上年增长2.3%；全年干鲜果品总产值达到4.8亿元，比上年增长0.12%。续建有机果品基地29个，6.29万亩。2011年果树发展14 343亩，2 244 765株。

【畜牧业健康发展】 畜牧业产值21.6亿元，增长10.1%，占总产值的比重为49.1%。实现生猪出栏21.40万头，与上年同期比增加10.1%；奶牛出栏0.85万头，比上年同期减少0.33%；鲜奶产量为8.08万吨，与上年同期比增加0.4%；家禽出栏2 784.86万只，比上年同期下降9.7%。

【葡萄基地建设项目】 按照葡萄产业综合发展示范区建设目标，以张裕爱斐堡国际酒庄为核心，建设密兴路沿线酿酒葡萄生产基地，打造密云“酒乡之路”；以京承高速公路和101国道为主线，建设鲜食葡萄采摘基地，打造葡萄观光休闲产业带。全年，在穆家峪、巨各庄等4个镇17个村完成标准化葡萄基地种植5 085亩（其中穆家峪镇1 840亩，东邵渠镇800亩，北庄镇250亩，巨各庄镇2 195亩）。

【水产养殖业产量稳步增加】 落实养殖水面154 900亩，其中水库自然养殖152 100亩，池塘2 730亩，流水70亩，人工养殖中成鱼养殖水面2 600亩。完成商品鱼产量4 400吨，与上年持平。实现渔业综合收入1.82亿元，比上年增长7%。其中渔业生产收入0.94亿元，休闲渔业收入0.88亿元。

【花卉种植初具规模】 全县苗圃总面积6 148.5亩，年生产能力755万株，年出圃种苗420亩、160万株，产值1 229.6万元。花卉种植面积2 068亩，其中设施花卉418亩，包括鲜切花生产基地5个、盆栽花卉生产基地3个；露天花卉及观赏苗木1 650亩，共有露天花卉基地4个，年总产值4 300万元。主要品种有百合、现代月季、仙客来、杜鹃、薰衣草、玫瑰、非洲菊及各种草花等。全县最大的百合种球示范基地引进国产化种球贵阳红2 000粒，预计3年内达到百合种球的自产化和商品化。

【养蜂产业稳步发展】 新发展蜂群10 000群，全县蜜蜂饲养量可达92 620群。培训蜂农105人次。目前，养蜂生产规模、效益均列全市首位。

【设施农业加快发展】 落实市级“菜篮子”重点工程新发展菜田任务，受强降雨影响，目前新发展菜田面积1 000亩。按照科学规划、高水平设计、高档次建设、高标准提升设施农业的建设要求，落实新建设施农业面积5 000亩。

【籽种业稳步发展】 粮经作物完成播种面积30万亩、总产12 245万千克，其中：小麦1.8万亩，总产489.6万千克；玉米22.7万亩，总产11 002万千克；杂粮2.9万亩，总产754万千克。花生等经济作物2.6万亩，总产468万千克。实现产值2.45亿元。面积基本持平，总产、产值同比增加11.2%和5.6%。

【农业机械化生产水平进一步提高】 新增大中型拖拉机34台，自走式小麦收获机5台，自走式玉米收获机10台，花生收获机3台，玉米精准播种机4台，全年投入作业大型农业机械10 631台，实现机播种植面积23.241万亩，实现农机作业总收入3.8亿元，同比增加5.6%。

【食用菌产业稳步发展】 继续加大食用菌产业政策扶持力度，重点扶持、发展了5个食用菌种植基地和4个菌棒厂建设，全县50万棒生产能力的基地规模达到14个、菌棒加工厂达到6个，食用菌生产规模跻身全市前列。2011年推广栽培食用菌菌棒近1 000万棒、双孢菇种植面积8万平方米，总产达到6 500吨，销售收入3 300万元，纯收入1 700万元。食用菌产业有效拉动了农民增收致富。

【有机杂粮基地基地规模不断扩大】 全县新增加有机杂粮基地1万亩，通过制定有机杂粮标准化基地生产技术规程、引进优种和认证工作，有机杂粮基地规模、生产水平进一步提升，涉及的6个合作社农民亩产杂粮680千克、亩效益近2 000元，大部分通过合作社品牌化、市场化运作进行了市场营销。

【马铃薯、甘薯等产业稳步发展】 利用冷凉山区地域优势，在新城子、石城、大城子等镇引进、繁育马铃薯新品种，推广种植面积达800亩。同时引进甘薯脱毒种苗10万株，在车道峪、坟庄、柏崖、河下等四个育苗基地进行繁育。全年共推广面积2.2万亩，其中建立七彩薯观光基地2 000亩，帮扶组建甘薯合作社2家。全县甘薯平均亩产1 500千克以上，亩效益达到3 000多元，促进了3 300多户农民增收。

【景观农业建设取得良好示范效果】 完成了新城子彩葵园、古北口香草园、北庄油菜花园、巨各庄五谷花香园、太师屯人间花海香草园等建设地点和建设内容，专业设计和专业施工，全部开园接待游客共计接待游客2.5万人，为探索密云县沟域经济发展起到先行先试的示范效果。

【农业科技支撑作用效果显著】 以十里堡基地为主的自主基地建设有3个、面积500亩，通过设施配套、技术配套、人员配套，科技研发、试验示范、展示推广能力不断加强，为全县农业产业的快速发展提供了技术支撑。全年完成各类试验示范项目38项，由此带动的农民增收在2 500万元左右。农业基础性研究成为国家及市相关科研部门的重要研发试验基地。全年，完成了重点植物疫情病情监测、土壤墒情旱情监测、渔业水域环境监测等数据采集工作近1万个，成为农业部、北京市农业局重要的数据采集基点县。全县农业总体规模在全市虽然不占地位，但由于独特的区位特点，在水环境质量、面源污染防控、安全农产品监测等方面，正逐渐成为国家及市相关部门的重要研发试验基地。

非农产业

【概况】 全年实现地区生产总值161.3亿元，比上年增长14%。其中，第一产业增加值17.9亿元，增长9.2%；第二产业增加值74.3亿元，增长16.3%；第三产业增加值69.1亿元，增长13%。

【国有资产质量和企业经营效益进一步提升】 预计2011年底，34家监管国有企业资产总额71.6亿元，同比增长8%；所有者权益33.3亿元，同比增长23.33%；资产负债率53.49%，同比减少5.71%。预计实现销售收入33亿元，同比减少3.6%；实现利润9亿元，同比增长25%；上缴税金6.4亿元，同比增长12.2%。

【重大产业项目建设实现新突破】 北汽福田多功能汽车厂历时仅15个月，一期工程于6月21日正式投产，预计年内可生产2.6万辆，实现销售收入16.3亿元，上缴税金1 500万元。北新建材住宅产业项目一期、二期同步推进，部分已正式投产。中青旅古北水镇前期各项手续基本办结，市政和旅游基础设施建设全面推进。司马台新村119栋新民居主体工程全部完工。港中旅南山房车营地一期工程完工，10月1日投入试运营。华润希望小镇全面启动，一期阁老峪村土地流转工作完成，基础设施、产业发展、新民居建设等重点工程正在扎实有序推进。

【招大引强势头强劲】 新引进项目70个，协议投资总额133亿元，已实际到位资金32亿元。与远洋地产、中化、中科恒源、中国移动卫星通讯集团等16家央企及大型民企签订了合作协议。中国通用集团、海航集团、北大方正集团等多家知名企业来密云县实地考察。第十四届京港洽谈会签约项目全部落实。第十五届京港洽谈会再创佳绩，签约华润五彩乐活城等15个大项目，协议投资额280亿元。中国人保财险电子商务北方运营中心已入驻北京数字信息产业基地，并正式运营。通过全力实施招大引强、做大做强战略，形成大项目在建一批、签约一批、在谈一批的好势头。随着这些项目的陆续落地、建设、投产，全县经济步入跨越发展的新阶段。

【开发区改革注入新活力】 各项改革措施全面落实到位，新的体制机制运转高效、顺畅。A区规划方案初步完成，B区控规修编完成。区内及周边基础设施建设顺利推进，综合承载能力进一步增强。制定了入区企业管理办法，严格项目准入标准。新引进实体项目24个，协议投资额71.4亿元；引进结算型企业总部197家，预计年实现税收3.8亿元。着力盘活闲置土地厂房，利用盘活资源新引进企业4家，协议投资额7亿元，全部达产后年可形成销售收入70亿元。商务区蓝图绘就，发展乘势而起。高水准编制完成了《密云生态商务区概念性规划》，顺利通过市政府专题会审议；邀请国际一流专家，召开了生态商务区规划国际研讨会，高起点启动了控制性详细规划编制工作。坚持招商引资与园区规划建设同步推进，中国旅贸、华润五彩乐活城、中金投、海航易食、华电贸易等45个项目入驻，注册资本近20亿元，为商务区建设的快速推进积蓄了充足的动力。

【休闲旅游产业综合示范区建设】 启动了示范区建设规划和实施方案编制工作。全面实施旅游环境提升工程，投入4 000万元，完善导示系统、规范门头牌匾、强化基础设施。在集中精力抓好中青旅古北水镇、港中旅房车营地等大项目建设的同时，与远大集团签约，将投资25亿元推进云蒙山风景名胜区的保护与综合开发。按照“一个民俗村就是一个乡村酒店”的理念，着力推进民俗旅游“规范化、标准化、组织化、网络化”发展。溪翁庄、石城、古北口3个重点旅游镇的15个民俗村率先实现床上用品统一洗涤配送；16个民俗村成立了民俗旅游合作社（民俗旅游协会）。建立了旅游网络信息管理制度，完成40个民俗村网页制作。对全县民俗村统一编码，实行网格化管理，实现对游客的全程无障碍服务。预计2011年全县民俗旅游可接待游客555万人次，实现收入3.6亿元，同比分别增长5%和17%。

【农业产业化发展服务工程】 一是引导和支持农产品加工企业创新农业产业发展模式，洪福环宇等一批重点农业产业龙头企业、产业园区的提升工作扎实开展；百年栗园企业上市工作稳步实施。二是推进农产品市场销售体系建设，通过密农产销专业合作社组织90家蔬菜种植专业合作社与顺鑫农业等企业对接，确定年供应订单蔬菜、杂粮5 500吨。新建、扩建密云特色农产品专卖店4家。三是成功举办密云有机板栗经贸洽谈会暨金秋采摘季、鱼王美食节等特色主题活动，密云农业品牌影响力进一步提升。四是依托农业担保公司平台，为农业和农民协调产业发展贷款5 000万元。五是政策性农业保险有序运转，全年全县政策性农业总保额预计接近4亿元。六是动植物防疫检疫、防汛抗旱、农业面源污染防控、农机化、农业技术推广等各项工作扎实有序开展。

山区建设

【沟域经济发展加快推进】 着力打造司马台·雾灵山国际休闲度假区市级重点沟域建设，探索集新型镇村、新兴产业、新式生活于一体的沟域经济建设新模式。将沟域经济与重点镇和新农村建设相结合，沟域内重点实施了环境整治、生态建设、新村民居建设、重要节点建设、产业发展等五项重点工程。各项工程顺利进行。

【重点造林绿化工程成效显著】 实施京津风沙源治理工程7.8万亩，其中人工造林7 000亩、爆破造林1 000亩、封山育林70 000亩。京承三期绿化工程18 114亩，62.7公里。彩叶树种造林2 500亩。公路河道绿化30公里。

【山区农户搬迁工程扎实推进】 山区农户搬迁606户、1 542人。

【小流域综合治理】 继续实施京津风沙源治理，综合治理古石峪、苍术会等6条小流域，治理水土流失面积75平方公里。

村镇建设

【基础设施建设】 全年共有7个镇的130个行政村被列入了农村地区生活垃圾分类达标试点，7个镇130个行政村的户用分类桶等垃圾分类设施已全部到位，生活垃圾分类工作得到有序推进。共完成110处村镇污水处理厂（站）、14 218盏农村太阳能路灯、5处大型沼气集中供气工程、13处生物质气化集中供气工程、新建太阳能公共浴室7处、106座农村太阳能公共浴室的维护工作。农村垃圾处理系统、污水处理厂（站）以及太阳能路灯等新能源设施绝大部分运转良好，全县农村基础设施运行状况有了明显的改善。全县17个乡镇330个行政村村级专职保洁员总数已增加到2 156名，垃圾桶总数达到12 597个，垃圾大箱总数为397个；全县332名村邮员全部上岗，解决了332名农民就业问题。

【重点小城镇建设】 溪翁庄镇、西田各庄镇、太师屯镇、巨各庄镇、古北口镇、穆家峪镇6个镇被确定为市级重点小城镇。大力发展高端高效现代农业，加快产业园区（农民就业基地）发展，培育形成巨各庄农产品加工、太师屯服装制造等特色工业园区。依托101农耕文化产业带、云蒙风情大道、京承高速都市型现代农业走廊特色产业带发展基础，以大项目为引领，加快高端旅游产业发展，中青旅古北水镇、华润希望小镇、张裕爱斐堡国际酒庄等特色项目加快实施；司马台·雾灵仙谷旅游休闲沟域、穆九沟域建设稳步推进，酒乡之路沟域建设全面启动。加快基础设施建设，提高城镇化发展水平。6个重点镇全部实现镇区集中供水并均建有污水处理厂，镇村路网、集中供热、燃气站等基础设施不断完善。全面完成新农村“五项基础设施”建设，农村基础设施水平得到提升，村村通油路、通光纤、建邮站等全面实现。

【密云水库及上游地区水源地保护工程】 编制《密云水库水源地保护规划》。落实护水、护河、护山、护林、护地、护环境“六护”管理机制，着力加强农村环境整治，完善农村垃圾、污水处理设施，水源地环境进一步改善。县库区周边7个镇全部完成了镇与村有序种植协议的签订，村与农户全部签订了有序种植协议。

【持续实施农村环境建设工程】 落实农村环境综合整治奖励机制，组织制定了《密云县2011年农村环境建设工作方案》，农村环境分季度检查评比工作如期完成。

【新型农村社区、新民居建设工程】 依托司马台综合开发、华润希望小镇等重大项目建设，加快推进司马台村、阁老峪村新型农村社区试点建设。古北口镇司马台新村于2011年3月正式开工，建住宅楼119栋，其中二层别墅105栋、多层14栋。目前，住宅楼已完成结构封顶并通过主体结构验收，进入室内外装修阶段，已完成总工程量的90%，完成总投资5亿多元；强弱电工程、污水工程、给水工程、燃气工程、村内道路、桥梁、护村坝工程已进场施工。穆家峪镇阁老峪村涉及68户130人，展示区及公建房22套样板房已全部封顶，正在进行内外装修、屋顶挂瓦、地砖铺设和屋内楼梯栏杆安装等工作，已完成工程量的50%。

【城区旧村改造和镇村建设稳步推进】 全面启动了檀营旧村改造搬迁工作，已签订补偿安置协议180份，完成拆迁总量的20%，2012年这一历史遗留的老大难问题将得到根本解决。河西六村旧村改造持续推进。溪翁庄等6个重点镇和石城等9个特色镇基础设施、公共服务设施建设得到加强。

【新农村长效机制建设工程】 落实市级关于建立新农村建设长效机制要求，在《关于建立和完善新农村建设与管理长效机制的补助办法》基础上，因地制宜制定《密云县2011年农村基础设施运行与维护管理补助办法》，进一步完善新农村建设与管理机制，巩固和提升新农村建设水平。

农村改革与管理

【农民专业合作社规范发展】 启动农民专业合作社示范社建设，全县农民专业合作社发展到888家，入社及带动农户7.5万户，占农户总数的78%。

【农村“两权”改革工作顺利展开】 截至2011年10月底，全县累计有319个村完成产权制度改革，占全县需要改革村总数（331个村）的96.4%，改革进程位于全市前列。剩余12个村中，目前有1个村（西田各庄镇大辛庄村）改革工作正在进行。全县各村林改工作正在进行自查自纠、县镇检查验收、林改资料收集归档等工作。6月份市级检查验收结果，全县91 344本股权证，发到农民手中89 898本，发证率98.4%，全县林权争议86件、面积56125.5亩，已调处79件、面积47 898.5亩，调处率91.9%。

【规范推进农村土地流转】 截至10月底，全县流转土地面积6.8万亩，占确权总面积的24%（其中转让35亩、转包0.8万亩、出租2.2万亩、其他方式3.8万亩），签订流转合同5万余份。

【“村账双托管”工作不断规范】 全县17个镇333个村，有330个村完成村级资金委托镇管工作，占行政村总数的99%，托管村级资金达6.5亿元。为进一步规范“村账镇管”工作，主要抓了村级资金实行账户分设工作，有192个村完成了账户分设，占全县总村数的58%，预计年底前将完成95%。

【农村集体资产管理取得实效】 制定了《密云县村级财务公开内容及操作办法》，将村级收入细化为26项、支出39项，实施村级财务公开。在全县17个镇建立了“镇农村财务托管中心”，全面推广“村级资金委托乡镇管理”工作。相继出台了《密云县村合作组织内部往来票据管理办法》、《密云县村合作组织现金管理办法》、《关于严格村集资金管理强化责任追究的有关规定》，保证农村财务管理步入规范化轨道。

农民生活

【农民收入稳步增长】 全县农村居民人均纯收入12 924元，比上年增加1 578元，增长13.9%，呈现稳步增长态势。其中，农村居民人均工资性纯收入为9 441元，比上年增加2 117元，增长28.9%，占收入总量的比重为73.1%，是农村居民的主要收入来源。农村居民收入增长的主要因素：一是县经济开发区招大引强，大项目落地投产，带动了农民就业；二是农村“五项基础设施”建设、“三起来”工程深入实施。

【农村居民生活消费支出增长1.2%】 农村居民人均生活消费支出8 970元，比上年增加110元，增长1.2%。从支出类别看，人均食品支出2 990元，比上年增长6.1%；人均衣着支出531元，比上年下降17.9%；人均居住支出1 800元，比上年下降14%；人均家庭设备用品及服务支出713元，增长7.8%；人均交通通讯支出948元，增长15.2%；人均文化娱乐用品及服务支出854元，增长17.2%；人均医疗保健支出958元，增长7.1%。

【新型农民培养和农村信息化服务工程】 农村实用人才培养加快推进，733名培养对象与154名技术专家签订帮带协议。完成农民实用技术培训10.473万人次，开办农民田间学校69所，农村实用人才综合能力进一步提升。“移动农网”等农村信息网络建设稳步推进，为农民提供多方面的信息服务。

【开展农民实用技术培训】 全年共完成农民实用技术培训10.473万人。

【继续加大农村实用人才开发培养力度】 结合产业发展实际，按照平均每村不少于2人的标准确定了农村实用人才培养对象，并邀请市、县、镇三级专家与培养对象签订了帮带协议。全年共有733名培养对象与154名各类技术专家签订帮带协议书，专家们通过实地辅导、电话指导等方式开展帮带活动。并对培养对象登记造册，将培训合格的新增培养对象录入市、县两级农村实用人才信息库。

【开办农民田间学校69所】 其中新建18所，续建51所，涉及设施蔬菜、食用菌、肉鸡、生猪、柴蛋鸡等内容。截至12月底，农业中心44所田间学校、农业局25所田间学校共招收农民学员1 730人，开办农民活动日1 159次。

【社会保障】 年末，全县参加基本养老、基本医疗、工伤、失业和生育保险人数为13.4万人、13.5万人、13.3万人、10.9万人和5.3万人，分别比上年末净增1.7万人、3.5万人、1.1万人、1.7万人和0.8万人。全年人均养老金水平为1 876元，比上年增加157元。年末全县有福利中心24个，床位2 601张，收养人员1 589人。全县享受城镇最低生活保障的人数为1 353人，比上年减少109人；享受农村最低生活保障的人数为9 715人，比上年增加823人。

【农业就业】 年末全县城镇实有登记失业人员2 410人，比上年末增加7人；城镇登记失业率为2.4%，比上年末高0.01个百分点；年内登记失业人员就业人数5 144人，比上年增加392人。

【农民教育】 全县共有大专院校1所，在校生1 652人，本年毕业生587人；普通中学22所，在校生18 391人，本年毕业生6 408人；中等职业中学2所，在校生3 279人，本年毕业生891人；小学40所，在校生19 643人，本年毕业生3 625人；幼儿园60所，在园幼儿10 065人；聋哑学校1所，在校学生144人。

【农村文化】 年末全县共有公共图书馆1个，总藏量58.67万册，比上年增加11.17万册；新华书店1个，直属营业点4个，全年发行图书75万册。全县有文化馆1个，文化中心20个，组织文化演出2 129场，观众达37.57万人次。县级影剧院1个，全年共放映电影1 110场，戏曲文艺演出92场。

【农村卫生】 年末全县共有卫生机构672个，比上年末减少6个，其中医院5个、社区卫生服务中心（站）46个、专科疾病防治院（所、站）2个；卫生机构共有床位1 440张，比上年末增加170张；全县卫生技术人员达到3 722人，比上年末增加27人。

【体育】 年末全县共有体育场馆33个；全年共举办全民健身活动30次，比上年增加8次，参加活动人数达7.5万人，比上年增加0.6万人。密云县运动员参加全国比赛5项次，参赛运动员18人，获得金牌2枚、银牌7枚；参加市级运动会13项次，参赛运动员329人，获得金牌64枚、银牌45枚。

基层组织与民主政治建设

【基层组织建设情况】 全县共有基层党组织1 499个，其中党委74个，党总支65个，党支部1 360个；党员40 267名，其中：女党员12 061名，占党员总数的30.0%；少数民族党员2 102名，占党员总数的5.2%。党员队伍年龄结构：35岁及以下党员7 673名，占党员总数的19.1%；36～45岁8 821名，占党员总数的21.9%；46～54岁8 833名，占党员总数的21.9%；55～59岁5 128名，占党员总数的12.7%；60岁及以上9 812名，占党员总数的24.4 %。党员队伍学历结构：大学专科及以上学历15 745名，占党员总数的39.1%；高中、中专、中技10 013名，占党员总数的24.9%；初中及以下

14 509名，占党员总数的36.0%。

【实行村级干部职责管理】 全县17个镇、334个行政村有村“两委”干部1 650人。在试点的基础上，全面推行了村级干部职责管理，县委结合实际，制定下发了《关于全面推行村级干部职责管理工作的意见》，明确村级干部职责管理工作按8个步骤进行：明确村级干部职责、建立评价指标体系、编写职位说明书、签订职责管理责任书、公示并承诺、进行职责管理、严格按程序考核、科学运用考核结果。同时，建立了村干部定期履职汇报制度、村干部述职备案制度、乡镇党委每季度听取一次村党支部书记汇报制度、乡镇包村干部定期到村指导检查工作制度，及时发现和研究解决工作中出现的新情况和新问题，定期检查村级干部履行职责情况，对到完成时限但还没完成的工作进行督促，要求村干部提高工作效率，加快工作进度；对已完成的工作进行检查，看质量和效果是否符合标准；对正在开展中的工作加强指导，确保村级干部职责管理各项工作全面落实。

【加强农村民主管理】 采取措施，创新管理方式，加强管理规范化运行，提高民主管理水平。健全和完善村级重大事项民主决策制度，深化各镇政策公开和村务公开工作，配合落实财务逐项逐笔公开、重大事项一事一议、村级班子民主听证会制度。理顺和规范村党支部和村民委员会关系，健全农村基层党组织，完善村民自治机制。抓好“村账村管”工作。做好农户土地承包经营权流转、农村财务审计、村级财务预决算、村级债务债权清查、农村承包合同管理等工作。

【严肃换届纪律】 圆满完成了乡镇、村、社区班子和县直机关等基层党组织换届工作。按照县委提出的创先争优活动“十个体现”要求，扎实开展创先争优活动，基层党组织创造力、凝聚力和战斗力明显增强。深入开展“三级联创”活动，农村基层党组织建设始终保持在北京郊区一类水平。以华润希望小镇建设为依托，在全市率先探索了具有密云特色的党组织引领经济发展、农民致富、社会建设的新模式。规范了机关党组织设置，理顺了党组织隶属关系，机关党组织职责更加明确，作用更加突出。社区、企事业单位和“两新”组织党建工作扎实推进，扩大了党的工作的覆盖面和影响力。

【党风廉政建设不断加强】 惩防体系建设深入推进，廉政风险防范管理全面开展，反腐倡廉宣传教育不断创新，领导干部廉洁自律意识明显增强，查办案件工作取得了新成果。党务公开全面推进，被确定为中央党的地方组织党务公开工作联系点。

“三农”工作部署和实施

【2011年农村重点工作推进会】 4月12日，县政府召开密云县2011年农村工作会。会议由县委常委、常务副县长王稳东主持。副县长蒋学甫作工作报告。巨各庄镇党委书记王德云、高岭镇党委书记郭生海分别作典型发言。县委副书记、县长王海臣出席大会并讲话。各乡镇人民政府党政一把手、农业主管镇长、新农村建设主管镇长、县直98个帮扶户工作单位行政一把手、农口部门党政一把手参加了会议。

【低收入农户增收工程】 深入落实关于促进农民增收的有关文件，继续实施就业帮扶、产业帮扶、救助帮扶和县直单位对口帮扶，低收入农户收入继续保持较快增长，获得市级2010年度促进农民增收先进区县表彰。全县1.2万户有劳动能力的低收入农户人均收入全部达到4 500元以上，完成县委提出的到2011年底全面消除有劳动能力低收入农户的目标。

【大中型水库移民后期扶持政策深入落实】 全县共核定农业户口水库移民人口64 012人，扶持资金3 840.72万元已全部发放到人。核定农转非移民22 267人。核定水库一级保护区人口35 805人，发放生活补助资金2 167.32万元。

密云县主要领导人

县委书记		汪先永
	副书记	王海臣
		王玉江（12月任）
	常委	张晓兰（女）
		韩　耕　王稳东　张　涛
		杨　珊（女）
		张　健（11月任）
		徐　芳（女，12月任）
		刘名义（12月任）
人大常委会主任		李和平
	副主任	孔令昌　郭瑞权
		赵秦岭（女，12月任）
		王铁明（12月任）
		何继玲（女）
县长		王海臣
	副县长	王稳东
		杨　珊（女）
		李光辉（8月任）
		蒋学甫
		郭　鹏（12月任）
		郭洪泉（10月任）
县政协主席		王春林（女，12月任）
	副主席	钱福生（12月任）
		张文伶　孙　奇
		吴成全（1月任）
		王森林（回族）
		杨伟兰（女）

密云县乡镇（街道办事处）正职领导干部

	党委书记	乡、镇长（街道、地区办事处主任）
密云镇	曹洪利（1月任）	付小平（8月任）
河南寨镇	郭生海（8月任）	聂卫东

十里堡镇	王振国	张明智(8月任)
西田各庄镇	晁怀国(1月任)	何立新
溪翁庄镇	张天杰	宋印双
穆家峪镇	李长全	赵志政(8月任)
太师屯镇	王如新	王东利
北庄镇	王贺虎	张洪娟(8月任)
巨各庄镇	王德云	王　东
大城子镇	任建华	李建民
东邵渠镇	付全利	马　超(8月任)
高岭镇	杨光辉(女,8月任)	田　野
不老屯镇	田立文(1月任)	齐　超
新城子镇	贾志海(8月任)	庆兆珅(8月任)
古北口镇	何立娟(女)	张明华(8月任)
冯家峪镇	段启良	季荣旺(8月任)
石城镇	耿智慧	孙立军
檀营(乡)地区	董向东(1月任)	关佩君(女)
鼓楼街道	孙明朝	郭生民
果园街道	相远方	郝立英

(密云县农委　周立君　赵雪莲)

延　庆　县

概　　述

延庆县位于北京市西北部，距北京市区74公里。全境平均海拔500米，总面积1 993.74平方公里，其中平原面积522.33平方公里，山区面积1 451.41平方公里。耕地面积42.523 1万亩，农民人均耕地近2.6亩。辖11镇4乡，3个街道办事处，376个行政村，户籍总人口27.87万人，农业人口16.16万人，非农业人口11.71万人，农业人口占全县总人口的58%。年内，实现地区生产总值75.3亿元，同比增长11.3%；完成财政一般预算收入8.06亿元，同比增长13.5%；完成财政支出60.13亿元，同比增长9.2%。全社会固定资产投资达到62.3亿元，同比增长18.2%。城镇居民人均可支配收入26 080元，同比增长11.8%。农民人均纯收入12 761元，同比增长11%，其中：工资性收入7 611元，增长14.3%；家庭经营纯收入为2 674元，下降4%；财产性收入为497元，增长51.5%；转移性收入为1 979元，增长14.6%。

都市型现代农业

【概况】 立足生态涵养发展区功能定位，突出有机循环和休闲创意理念，有力推进农村经济发展方式转变。年内，全县实现农村经济总收入130.14亿元，同比增长10.3%；农林牧渔业总产值226 944.8万元，同比增长11.8%。其中：种植业完成77 844万元，增长16.9%；林业完成22 202.8万元，增长1%；牧业完成119 407.3万元，增长10.6%；渔业完成3 507.8万元，增长9.7%。

【获得“国家有机产品认证示范创建县”称号】 11月，被国家认监委批准为“国家有机产品认证示范创建县”，成为全国首批获此殊荣的11个区县之一，也是北京市唯一获此称号的区县。

【有机循环农业】 新增有机认证企业10家，累计70家企业262个产品获得有机或有机转换认证，总面积6万亩，年生产有机农产品5.6万吨，占全县农产品产值的16%。无公害认证企业64家133个品种，产量4万吨，占农产品产值的8%，农业“三品”覆盖率占京郊前列。

【粮食生产】 完成秋粮收获面积33.6万亩，其中玉米31.4万亩，豆类1万亩，其他作物1.2万亩。全县玉米平均产量497千克/亩，比上一年增长52.5%；总产达到1.56亿千克，增长48.6%。

【粮食直补工作】 全县15个乡镇356个村47 768户农民享受了粮食直补，各类作物总补贴金额2 553.32万元。其中：小麦补贴面积26亩，补贴资金3 250元；水稻良种补贴面积664.9亩，补贴资金9 973.5元；玉米补贴面积29.4万亩，补贴资金2 552万元。

【玉米高产创建示范工程】 在康庄镇、旧县镇、永宁镇建立3个万亩玉米高产示范方，实施“万亩春玉米高产创建示范工程”(部级示范区)，重点示范推广品种是郑单958、永玉6、联科96等，留苗密度控制在4 800～5 000株/亩，亩有效穗数4 800个以上，通过采用测土配方施肥、有机肥培肥地力和适当晚收等技术措施，康庄镇万亩方平均产量为918.1千克，比农业部计划指标800千克增产14.76%；旧县镇和永宁镇2万亩市级示范方平均产量为903.7千克，比农业部计划指标800千克增产12.96%。

【蔬菜生产】 菜田总面积2.7万亩，其中露地蔬菜1.94万亩，设施蔬菜0.76万亩(建筑面积)。全年共完成蔬菜播种(定植)面积41 842亩，较上年减少了14.9%。新发展设施蔬菜405亩，全县设施蔬菜已发展到7 630亩(连栋温室56亩、日光温室2 079亩、大棚5 468亩、食用菌棚27亩)。主要分布在大榆树、康庄、永宁、旧县、延庆镇等乡镇。主要种植越夏硬果番茄(百利、蓓莹、百福)、彩椒(红苏珊、黄贵人等)、小西瓜(京秀、红小帅、京欣等)等蔬菜品种。

【蔬菜销售】 蔬菜累计上市数量1.05亿千克，与上年同期1.07亿千克基本持平；累计收入金额1.88亿元，较上年同期1.63亿元增加了0.25亿元，增加15.3%；全年市场累计成交量2.60亿千克，较上年同期2.75亿千克减少0.15亿千克，减少5.5%；累计成交金额3.48亿元，较上年同期2.92亿元增加0.56亿元，增加19.2%。

【设施农业】 在延庆镇、康庄镇、永宁镇等新发展设施农业890栋1 910亩，设施农业总面积达到1.5万亩。

【设施蔬菜高产高效示范基地建设】 在延庆镇广积屯村确定设施蔬菜高产高效示范基地建设项目，建成综合示范基地核心示范区90亩，推广应用项目各课题技术成果1 200亩，辐射带动2 900亩，推广应用高产抗病优质蔬菜新品种2个，应用设施蔬菜高产高效栽培技术8项。

【设施蔬菜高产高效创建活动】 参加了北京市设施蔬菜高产高效创建活动，康庄镇西红寺的钢架大棚西瓜获得三等奖，张山营镇西羊坊的日光温室平菇获得一等奖。

【"三品"认证】 新认证无公害企业5家，无公害企业到期换证19家，全县获无公害企业认证已达63家；换发有机及有机转换企业证书4家，全县获有机及有机转换证书企业达64家。

【新品种展示基地】 基地位于沈家营镇临河村，共引进茄果类、豆类、叶菜类、番茄类、瓜果类、特菜类、中药材类、大田作物以及杂粮等作物新品种152个，种植示范面积15亩，其中特色樱桃番茄、彩色大椒、异型茄子、水果黄瓜、小型礼品西瓜、观赏南瓜、彩色谷子、彩色甘薯、彩色花生等作物品种，成为了观光农业的新亮点，接待观摩学习和游客2 000余人次。

【中药材种植】 在四海镇、珍珠泉乡、井庄镇、大榆树镇、大庄科乡等乡镇发展成方连片、单块播种面积在20亩以上的高标准发展中药材1万亩。

【控制面源污染示范工程】 继续实施控制面源污染示范工程，该工程是"十一五"国家科技支撑项目，种植中心承担的是一个子项目——沿官厅库区农业面源污染技术集成示范与研究。一是在官厅库区建设延庆县康庄镇农田土壤氮磷流失源头控制技术试验示范区，开展了蔬菜、春玉米减量施肥、缓释肥施用技术研究，完成核心试验区面积100公顷，技术示范面积300公顷，技术辐射1 000公顷。二是对上磨村植被净化农村污水处理工程进行土壤和水质监测。三是在延庆县小丰营村建设人工湿地净化农村污水工程，共建人工湿地800平方米，其中柳树占地667平方米，年处理污水能力1 500吨。

【林下经济】 发展以林药、林菌、林花、林禽为内容的林下经济1万亩，主要集中在四海镇、珍珠泉乡、刘斌堡乡，主要品种有茶菊、玫瑰、猪苓、野生口蘑、黄芩等，总产值1 975万元。花卉产业：新增花卉种植面积5 000亩，主要分布在东部的四海镇、刘斌堡乡和珍珠泉乡"两乡一镇"47公里的公路沿线，实现了茶菊、万寿菊生产、加工、销售的产业格局，其中四海的茶菊在第二届全国林产品博览会上荣获金奖。育苗产业：培育各类针阔乔灌苗木1 300万株，容器育苗200万个。蜂业产业：新发展蜂群2 000群，全县蜂群总量达3万群，养蜂户达到366户，蜂蜜、王浆、蜂胶、花粉等各项总产值1 173.7万元。

【生物质能源】 对生产基地进行了技术改造，已进入生产阶段，日产量30吨，年产量1万吨。

【林业绿化重点工程】 完成国家、市、县绿化重点工程12项，总面积23.8万亩，其中新造林1.4万亩，植树157.5万株。一是延庆新城万亩滨河森林公园建设工程：面积1.54万亩，栽植乔灌木42.2万株、花卉19万株、地被325万平方米。二是京津风沙源治理工程：面积7.7万亩，其中新造林7 000亩，植树42万株，封山育林7万亩。三是绿色通道建设工程：延琉路、旧小路和香刘路三条绿色通道全长67公里，绿化面积7 969亩，植树48万株。四是延康路外侧绿化带建设：全长1 360米，绿化面积210亩，栽植乔木5 400株、花灌木4 400株，播种地被12万平方米。五是妫水河绿化补植工程：栽植乔灌木0.4万株、花卉7.6万株。六是彩色树种造林工程：面积3 000亩，植树9.7万株。七是播草盖沙工程：面积3 000亩，播种7 500千克。八是农田林网建设工程：新建林网22条，植树1.9万株，新增绿化面积371亩。九是山区生态公益林森林健康经营项目：涉及八达岭、张山营等11个乡镇，面积10.97万亩。十是国家重点公益林管护项目：面积2.16万亩。十一是中德财政合作项目：进行后期技术规程和投资标准的编制、讨论和定稿，探讨管理模式。十二是完成京包高速、S2线、大秦铁路等近三年重点绿化工程的抚育管护。

【森林资源管理】 一是林地征占用管理。2011年，审核征占用林地1件，审核面积5.000 2公顷，收取森林植被恢复费100.004万元。二是林木采伐管理。办理采伐审批413件，采伐22 484.68立方米，20.71万株，488.71公顷。批准移植30件，11 454株。城市树木伐移：受理10件，批准砍伐119株，批准移植115株。三是林网更新工作。完成林网更新17条，栽植长度1.57万米，植树1.07万株。

【森林植物检疫】 检疫苗圃129家、苗木2 350万株，花圃30家，木材经销点16家；检查建材门市部15家。发现有虫苗木520株。种苗产地检疫率达到100%。复检外调苗木211批次119.16万株，发现带有病虫害苗木8批次0.3万株。开具植物检疫证书91份；办理植物检疫要求书22份、木材运输证30份。

【林业有害生物防治】 设立国家级测报点1个，市级测报点55个，县级测报点261个，建成乡级标准测报站1个，形成国家、市、县、乡四级测报网络体系，监测准确率95%以上。林业有害生物发生面积5.4万亩，全部得到防治，防治率100%，其中无公害防治率达到95%以上。林业有害生物成灾率控制在1‰以下。

【果品生产】 全县果品总产量达4 100万千克，比上年增产885万千克，与常年基本持平；总产值达1.92亿元，比上年增长5 600万元，比常年增长

17%左右，达到历史最高水平。

【有机果园建设】 有机果品生产是今后果品产业的发展方向，自2006年前庙葡萄园取得有机果品认证以来，不断加大有机果品生产力度。到2011年末，全县已发展有机果园22个，面积22 204.8亩，其中正式认证果园6个，面积3 510亩，转换期果园16个，面积18 694.8亩。

【果品基地建设】 新植苹果、葡萄、核桃、杏、海棠、榛子等树种4 305亩，圆满完成了年初计划1 000亩的工作目标。其中：葡萄3 000亩，成活率达到95%以上；苹果620亩，成活率达到90%以上；核桃500亩，成活率达到85%；榛子50亩，成活率95%；杏120亩，成活率95%以上；海棠15亩，成活率95%以上。

【标准化基地建设】 完成了千亩国光苹果标准化基地建设，推广了沃土培肥、生物综合防控等多项有机化栽培技术，加大有机肥的使用，每亩施有机肥5方，有效地提高了土壤有机质的含量，果品产量质量比以前有显著提高。同时，完成了刁千营200亩的苹果主题公园多架式、多树形培养工作。

【葡萄产业发展】 2014年7月28日，第十一届世界葡萄大会将在延庆举办。为了召开好本次大会，本着以会兴业、以会促业的宗旨，延庆县果品服务中心积极践行科学发展观，以现有葡萄产业为基础，以促进农民增收为目的，大力发展独具延庆特色的都市型现代鲜食葡萄产业。2011年，积极协调推进了五项工作：一是完成了北山带葡萄及葡萄酒产业发展规划，确立了“一场、一园、一带、四中心”的葡萄产业发展格局。二是制订了酿酒葡萄3万亩，鲜食葡萄3万亩，48个酒庄的发展目标。三是引进了名优葡萄品种1 023个，新建葡萄品种园50亩，繁育鲜食葡萄大苗14万株、酿酒葡萄苗木60万株、贝达苗木5万株，新增设施葡萄大棚350栋，全县设施大棚葡萄已达到700栋。四是与中科院合作，规划在延庆建立国家级葡萄科研与产业服务中心。五是起草了《第十一届世界葡萄大会学术会议工作方案》，明确相关成员单位的职责。协助中科院植物研究所筹备召开了第十一届世界葡萄大会学术组委会第一次会议。

【科技富民工程】 举办农民技术培训班203期，培训果农15 024人次，发放书籍1 025本，培训材料1 847份。新建和续建田间学校14所，选派20名技术人员对“科技入户”、“1+1+X”以及“农机推广体系建设”涉及的322户果农实行一对一帮扶。科技入户工程的实施使80%的科技入户果农，鲜果亩收入达到0.8万～1.0万元，最高达到1.5万元。

【退耕还林及后续产业建设】 对8.4万亩退耕地进行逐块核查，保存面积7万亩以上，保存率达到92%以上，完成国家下达的补植补造任务6 535亩。在退耕还林后续产业建设中，先后完成了旧县黄峪口、永宁西关、香营山底下、千家店下德龙湾4个观光果园的路面硬化、大门、围栏、杀虫灯、宣传橱窗、休息椅等基础设施建设。发展300户的民俗旅游户，实现了100人的劳动力转移培训。

【零残留有机技术推广】 全县推广零农残有机栽培面积7 000亩，通过推广零农残有机果品生产技术，果品质量和内在品质大幅度提高，经上级相关部门对送检样品的检测，农药残留量、土壤重金属含量均未检出，基地生产的果品全部达到零农残有机果品标准。同时配合市园林绿化局林业总站完成对桃、杏、李、梨、苹果、葡萄等6个树种153个样品的安全食品抽样检测，经检测各项指标全部合格。

【果树生物防控体系建设】 完善和提高了143个市县两级测报点建设，加强对有害生物的监测和防控；发放13类主要有害生物测报表6 000余套，责成全县50位测报员全天候进行监测。积极推广栽植趋避植物1 024亩；悬挂桃小、李小、桃潜叶蛾等诱芯4 900个，可控面积1 640亩，辐射带动面积3.2万亩。同时，加大农药使用的监督力度，要求全县范围内果园一律使用生产安全果品所允许使用的农药，对农药的来源渠道和使用情况进行严格监督，一旦发现不符合要求的，追查农药来源，对供货商进行教育并报请上级有关部门处理，同时对农户批评教育。

【信息宣传与品牌建设】 为提高延庆果品知名度，扩大延庆果品市场占有率，增加果农收入，努力加大果品品牌建设，积极拓展宣传途径，先后在农民日报、科技潮、北京日报、北京晚报、京郊日报、延庆报、数字延庆等报刊上发表宣传稿件158篇，先后完成了“延庆国光苹果农产品地理标志”认证和“延庆葡萄农产品地理标志”评审并通过公示。

【畜牧产业】 奶牛存栏2.04万头，鲜奶总产8 205万千克；出栏肉牛1.01万头、家禽1 089万只、羊1.9万只、生猪10.2万头；鲜蛋总产3 527.6万千克。畜牧业完成产值11.9亿元，增长10.6%，畜牧产值占农林牧渔业总产值的52.4%。

【规模化养殖】 全县各类备案畜禽养殖场（小区）达到187个，其中奶牛养殖场（小区）67个，生猪（种猪）养殖场31个，蛋鸡及肉鸡养殖场74个。奶牛、蛋鸡、肉鸡规模化水平达到90%以上，生猪达到60%以上。

【养殖业标准化示范场】 北京长城丹玉畜产有限公司和北京兴利鹏奶牛养殖中心被评为标准化示范场，延庆县养殖业标准化示范场总数达到5个。

【畜禽集中免疫】 开展了3次畜禽集中免疫工作，对口蹄疫、禽流感、高致病性猪蓝耳病、猪瘟、新城疫5种疫病实行强制免疫，应免免疫密度达到100%。全年共免疫口蹄疫奶牛5.9万头次、羊5.7万只次、猪17.64万头次，免疫禽类禽流感1 046.24万羽次、新城疫980.88万羽次，免疫猪瘟16.15万头次、高致病性猪蓝耳病14.71万头次。

【重大动物疫病免疫抗体监测】 共开展了21次重大动物疫病免疫抗体监测工作，包括集中监测3次、自免规模场监测3次、重点监测1次、跟踪监测

2次、月监测12次，共监测畜禽样本976个场户6 783份血样，免疫抗体合格率均达到95.0%以上。检测证明，延庆县的畜禽处于安全保护状态。

【编写《延庆县村级动物防疫员手册》】 县农业局和县科委组织编印了《延庆县村级动物防疫员手册》600册书籍。

【养殖环境综合治理】 组织开展了2次大型预防性消毒，共出动消毒车辆321车次，799人次，涉及79个养殖场区，总消毒面积达234.05万平方米，投入各类消毒药品8.63吨。开展了春秋两次畜禽场灭鼠工作，共发放毒饵971袋，鼠药原液214瓶，毒饵站320个，警示旗3 000面，灭鼠药物发放面积300万平方米，畜禽场区灭鼠覆盖率达到100%。

【防疫知识培训】 组织开办了高级研修培训班，9个基层动物防疫机构的79名基层兽医技术人员参加了本次培训。

【官方兽医室建设】 建设完成华都阳光官方兽医室、日上官方兽医室。至此，延庆已建成区域官方兽医室1个、驻场官方兽医室3个，签约兽医168名。

【动物卫生监督执法】 全年共出动执法车辆731车次，出动执法人员2 487人次，检查场所844场次，下达监督笔录638份，下达监督意见书538份，作出行政处罚109件，处罚金额109 184.14元。

【动物及动物产品检疫监督】 产地检疫动物1 408.9万头（只），动物产品1 734.23吨，消毒车辆6 300辆，申报检疫率100%。其中，奶牛产地检疫3 533头，同比增长230.8%。检疫屠宰禽类35.85万只，生猪15万头，瘦肉精抽检生猪17 527头，全部为阴性。4个公路动物防疫监督检查站共检查进京车辆20 460辆，检查动物364.8万头（只），动物产品28 106.76吨，生皮13.7万张；劝返动物49车次、3 444头（只），动物产品4车次、33.2吨，生皮1车3 000张，补检动物5车次、22头。流通、使用环节监督检查场所424个，检查肉类3 612.22吨，动物产品57.84吨。

【休闲渔业】 年内发展休闲垂钓50户，垂钓面积达到2 000亩，实现年垂钓产量120万千克，产值达到1 200万元，接待旅游人数30万人次，休闲渔业已经成为延庆县渔业发展的新的增长点。

【三企业获得“竞技·休闲健身垂钓基地”称号】 北京市钓鱼协会首批认定延庆县珍珠泉度假村、张山营吴庄百家垂钓园、西屯渔场为此称号，分别挂“竞技·休闲健身垂钓基地”和“休闲健身垂钓基地”牌匾。

【渔业高产高效生产基地建设】 根据《北京市人民政府关于统筹推进本市“菜篮子”系统工程建设保障市场供应和价格基本稳定的意见》和北京市农业局关于印发《2011年渔业高产高效生产基地建设实施方案》的通知精神，将延庆县张山营镇吴庄村北京鸿润泽养殖专业合作社为试点进行池塘改造。该养殖合作社占地55亩，改造后纯养殖水面为33亩，工程投资145万元，市财政每亩补贴9 000元。11月专家验收合格，年底市补助资金全部到位。

【有机鱼养殖基地建设】 下半年，按照延庆县有机农业的发展规划，和延庆县农业局合作，以珍珠泉北京繁荣畜禽养殖中心获得水产品有机证书为契机，将珍珠泉乡水域列为有机鱼养殖示范基地，投放了1万千克鲤鱼、草鱼等鱼种，为2012年大批量生产有机鱼奠定了基础。

【大宗鱼类苗种引进】 年内共引进鱼苗636万尾。其中从江苏扬州引进浦江一号团头鲂乌仔8万尾；从湖北荆州长江所引进长丰鲢水花200万尾；从哈尔滨引进松浦镜鲤8万尾；从天津引进鲢鳙鱼夏花420万尾，大宗鱼类引种实验取得初步成效。

【“养护水生生物，建设绿色北京”增殖放流仪式举行】 4月28日，在野鸭湖湿地自然保护区举行。市农业局副局长、河北省渔政处等12个单位主要领导及延庆小学生150余人参加仪式。当日增殖放流草鱼、花白鲢鱼鱼种1万千克计10万尾鱼苗。

【完成全年增殖放流任务】 年内新增野鸭湖、蔡家河为增殖放流水域，4—6月份放流苗种14.777万千克，比计划的12.65万千克增加2.127万千克，增加观赏鱼2.4万尾。

【“一库两县三方”春季联席会召开】 官厅水库管理处、河北省怀来畜牧水产局、县水产中心及市渔政站、县农委、农业局领导参加会议。三方分别对2010年增殖放流、休渔及水库执法情况进行了总结。对2011年水库管理工作达成共识：一是加强渔业管理，休渔结束后开展联合执法3次。二是确定延庆县增殖放流品种和数量。三是根据各自职责对自2005年以来渔业增殖放流净水情况进行总结和效果评估，形成成果材料。

【渔业执法】 年累计收缴电鱼设备2套、橡皮筏子6条，收缴偷捕网具700余条、地笼236个、钓具280套，实施行政处罚结案10起，罚款5 300元，维护了正常的渔业生产秩序。

【马铃薯种薯研发生产】 “希森三和马铃薯产业研发基地”生产情况稳定。共种植了101个大棚（春秋两季种植）。其中，98个大棚用于微型薯生产，2个网棚用于杂交圃、新品种的选育，1个坡棚用于雾培生产。种植品种以荷兰薯、大西洋、夏波蒂、克新一号为主。全年生产脱毒苗4 000万株，生产微型薯10 000万粒。

【国际马铃薯中心亚太中心】 2006年经国务院批复，由农业部牵头筹建的国际马铃薯中心亚太区域中心建设取得新的进展。2010年2月4日，国际马铃薯中心（CIP）帕米拉主任与农业部韩长赋部长在北京正式签署《东道国协议》。协议签署以来，国际马铃薯中心理事会及中心领导、农业部相关领导多次来延庆县考察调研，并对亚太中心在建情况及亚太中心筹建工作事项进行座谈。2011年5月，国际马铃薯中心理事会（北京）通过亚太中心建设方案（亚太中心总部包括市区部分和延庆部分)。2011 年 10 月,国际马铃薯中心亚太中心(中国)(CCCAP)项目建议书(讨论稿)起草工作完成。目前农业部亚太中心筹备工作组正在组织开展亚太中心建设项目建议书的论证工作,待编制完成后进行项目申报。

【马铃薯博物馆】 马铃薯博物馆通过珍贵的图片和丰富的实物全面展示了马铃薯的历史、现状、发展以及在中国的推广、应用。中共中央政治局委员、中共北京市委书记刘淇,全国人大常委会副委员长、农工党中央主席桑国卫,全国政协副主席、农工党中央常务副主席陈宗兴,全国政协常委、中央宣传部原副部长高俊良,北京市人大常委会主任杜德印,农业部副部长牛盾、张桃林,国际马铃薯中心主任安德森等先后莅临参观考察。截至 2011 年已累计成功接待 1 200余人次来访参观,2011 年共接待 500 余人次。

【参展中国国际薯业博览会】 4 月 20—22 日,园区管委会与希森三和马铃薯有限公司共同组团参加了在全国农展馆举办的中国国际薯业博览会。此次博览会吸引了来自荷兰、德国、美国等 13 个国家(地区)以及国际组织、国内 22 个省(自治区、直辖市)的近 200 家薯业协会、科研、企业单位到会参展。管委会在县政府的领导下,认真做好各项筹备工作,设计制作了宣传册、展板等宣传资料,就马铃薯科技园区的功能定位、国际马铃薯中心亚太区域中心建设、希森三和马铃薯有限公司建设及生产经营情况等进行了展示。

【水资源概况】 降水:2011 年度全县平均降水量为 330.8 毫米,与上年同期降水量 492.6 毫米相比,减少了 161.9 毫米,减少了 32.9%;比多年平均降水量 437.3 毫米减少了 106.5 毫米,减少了 24.4%。全县共有 55 个降水日。最大的降水日发生在 6 月 23 日,全县平均 42.5 毫米,其中珍珠泉站最大为 60 毫米,八达岭站最小为 27.6 毫米。全县 18 个雨量站中,全年降水量最小的是沈家营站,为 252.5 毫米;四海站最大,为 439.9 毫米。地下水:年末全县 26 眼地下水观测井数据显示地下水平均埋深 17.17 米,比上年同期 16.77 米下降 0.4 米。水资源调度:本年度白河堡水库向密云水库输水 8 530 万立方米,从 2003 年以来已累计输水 8.16 亿立方米。供水:全县用水总量 6 126.62 万吨,其中:农业用水3 786.08万吨,生活用水 1 124.86 万吨,公共服务业用水 789.91 万吨,工业用水 214.57 万吨,环境用水 211.2 万吨。

【城乡供排水建设】 通过连续几年着力加强工程建设和改造,基本实现了城乡安全供水。4 月 1 日,延庆县城安全饮水改造工程开工建设,年内完成管道工程 9 024 米、净水厂土建工程、水源井 4 眼、水源井配电 4 台套,完成了总工程量的 60%,工程建成后县城的供水能力从 2.1 万立方米/天增加为 3.0 万立方米/天,可提高县城 10 万居民的安全饮水保障水平。在保障农村地区安全饮水方面,对全县部分管网受冻、水源不足等饮水困难村庄实施改造,年内完成了团山、东沟、果树园、下垙、聂庄、秤钩湾、八亩地等 21 个村庄的安全饮水维修改造工作。

【节水宣传创建工作】 以中央 1 号文件为契机,开展节水宣传“五进”(即:进社区、进机关、进学校、进企业、进农村)活动。继续开展节水创建,年内创建节水小区 2 个(百泉街道舜泽园社区、儒林街道办事处儒林苑社区)、节水型企业单位 9 个(永宁镇人民政府、职业技术教育中心、儒林街道办事处、北京金隅八达岭温泉度假村、延庆县第二中学、延庆县第一小学、夏都会议中心、园林管理中心、北京科技大学延庆分校)。利用“城市节水宣传周”,以宣读节水倡议书、播放节水宣传片、交流节水经验、发放节水资料及用品等方式开展节水宣教活动。发放节水桶 1 000 个、节水围裙 1 800 个、节水宣传材料 500 份,摆放宣传展板 30 块。通过多措并举,全县总用水量 6 126 万立方米,比年度用水指标 6 156 万立方米少 30 万立方米。

【农业节水灌溉工程建设】 注重将农业节水工程规划与乡镇产业发展规划紧密结合,因地制宜选择灌溉形式和发展规模,采取适用、可靠、先进的设施农业节水灌溉设备,年内完成节水灌溉面积 1.4 万亩。

【会展经济】 11 月,在中国第九届国际农产品交易会上,德青源的鸡蛋和绿富隆的有机西红柿荣获金奖。

【农业机械化】 全县机械播种玉米面积 30.08 万亩,机播率达到 98%,完成机械化青贮面积 4.95 万亩,黄贮面积 7.24 万亩,机械收获玉米面积 8.25 万亩。

延庆县国家补贴机具主要围绕大田机械(尤其是玉米收获机械)、保护性耕作机具、设施农业机械等,共引进国家补贴机具 346 台件,其中 120 马力拖拉机 6 台,75 马力拖拉机 10 台,玉米免耕播种机 200 台,田园管理机 70 台,玉米收获机 40 台,享受补贴资金 440.6 万元。

【裸露农田治理】 全县完成裸露农田治理面积 26.13 万亩,其中直接留茬免耕播种完成 1.58 万亩,留茬后深松播种完成 5.38 万亩,留茬春季浅耙(旋)后播种完成 19.17 万亩。

【全市百台麦田镇压器“延庆制造”】 北京市农业局将全市 100 台麦田镇压器的生产任务全部交给延庆县农机研究所,农机研究所的工作人员加班加点赶制镇压器,并于 3 月初发放给各区县,用于麦田抗旱。此次生产的筒式麦田镇压器,其原理是通过牵引器带动镇压器,压实麦田表层土壤,避免麦田底层水分挥发,可抵御春季多风对土壤的侵蚀,达到保墒抗旱目的,降低干旱对小麦返青的不利影响。

【“延农”牌农业机械取得了商标注册证】 4 月 7 日,国家工商行政管理总局商标局向县农机研究所颁发了“延农”商标注册证。核定使用商品有农业机械、犁、中耕机、播种机等。“延农”牌农业机械取得了国家工商总局颁发的商标注册证，给延庆农机的发展带来了坚实的法律基础，为“延农”品牌提升起到重要作用，从此延庆农机有了自己的知识产权，并要用自主的知识产权发展社会主义新农村经济。

【创建全国“平安农机”示范县】 11月26日，由农业部农机化管理司和国家安全监管总局组成的考评验收组到延庆县，对延庆县“平安农机”示范县创建工作进行了考评验收。北京市农业局主管部门领导、延庆县政府副县长刘兵陪同。考评验收组一行先后到八达岭镇政府、八达岭镇东曹营村、北京农牧兴农机技术服务有限公司和延庆县农机监理所进行了实地检查，查阅了相关资料，听取了延庆县“平安农机”创建工作情况汇报。考评验收组对延庆县全国“平安农机”创建工作给予了肯定和好评。考评验收组认为，延庆县“平安农机”创建工作得到了政府相关职能部门高度重视、部门协作密切；农机安全宣传工作做到“六个一”，效果好；农机监理各项工作扎实有效；农机安全执法检查力度大，有效消除了安全隐患。同时，要求在下一步工作中继续做到：宣传培训不放松，隐患排查不麻痹，监管责任不懈怠。12月13日，考评组通过了对延庆县的验收，农业部、国家安全监管总局公布延庆县正式成为了全国“平安农机”示范县。

【村级全科农技员管理】 完成了康庄镇、大榆树镇、井庄镇、千家店镇、张山营镇、延庆镇、旧县镇和香营乡8个乡镇共136名村级全科农技员的培训考核等工作，考核结果全部合格。

【基层农技推广体系改革及示范县建设】 完成了基层农技推广体系建设项目的立项审批工作，为15个乡镇农服中心配备试验检测设备、办公及培训设备。

非农产业

【乡村旅游】 全县共有民俗旅游村48个，其中市级民俗村27个，民俗户1 500余户，乡村旅游从业5 000余人。乡村旅游接待游客369万人次以上，收入达1.9亿元，同比分别增长12.4%和26.6%。

【乡村旅游星级评定】 为推动延庆乡村旅游全面提档升级，结合全国旅游标准化示范县创建工作，制定并出台了《延庆县推进乡村旅游标准化建设促进产业升级实施意见》和《乡村民俗旅游村户星级评定标准及细则》；组织对民俗村、户进行广泛宣传、动员；聘请民俗专家深入村户进行策划、包装、指导；同时编印图文并茂、内容丰富的《延庆乡村旅游升级改造指导手册》1 500册，下发到全县民俗村、户手中；以千家店、井庄、张山营为试点乡镇，目前已完成200余户的申报工作。

【特色民俗村建设】 聘请专业规划公司对黑汉岭、三司两个村进行“一村一品”策划。黑汉岭民俗村完成了周边环境整治，开设了2栋百合采摘大棚和4栋彩色马蹄莲采摘大棚，培育发展2户民俗户，统一配发了印有四季花海标识的餐具，并统一安装了民俗村户道路标识，打造“四季花海田园人家”品牌；三司村完成了整体环境整治，对8户民俗户进行改造，规划设计2块农事体验区，建设道路标识牌20块，恢复辘轳、石碾等，初步形成“同吃、同住、同劳动”主题民俗村，已接待市委党校、市财政局等游客前来休闲、体验。

【民俗实习实训基地落成】 1月26日，延庆第一职业学校民俗实习实训基地举行落成剪彩仪式。该民俗实习实训基地位于张山营镇黄柏寺村，总面积7 000平方米，建筑形式为仿明清古式建筑，可同时容纳260人就餐，30人住宿。该基地的功能定位为面向全县进行民俗接待培训、民俗文化收集整理传播、民俗工艺品开发制作销售培训、农家院设计等。

【现实版的“开心农场”落户延庆县大榆树镇】 现实版的“开心农场”落户大榆树镇东杏园村，占地面积120亩，园区设有采摘、儿童乐园区、农作迷宫、田园风光、偷菜等区域，种植品种达30余种。游人到园区可认领一分地，亲身体验种植和收获的乐趣，儿童可以培养热爱劳动的良好的品质。“开心农场”曾被中央二套和中央七套广泛宣传，深受市民的欢迎，特别是为北京市民提供了良好的休闲体验的基地，全年共接待游人达10 000余人次。

【自行车骑游基础设施建设】 制定完成了《延庆县“十二五”自行车系统发展专项规划》和《“十二五”时期自行车骑游发展规划方案》；完善县域内自行车骑游道路指示牌、安全警示牌55块；结合旅游生态咨询站设计、建设自行车棚、车架3处；聘请专业设计公司开发设计通租通还租赁软件；与旅行社共同打造出2～3条自行车骑游精品线路，组织了6次自行车骑游活动；6月18日，与体育局共同做好首届北京国际自行车骑游大会活动的举办。全年共接自行车骑游爱好者2万余人次。

【出口鲜切菊花100万支】 自2009年大榆树镇与北京新华园艺公司合作，在岳家营村试种出口鲜切菊花以来，进过3年的实践和探索，从3亩发展到30余亩，2011年出口鲜切菊花达到100万支，每亩纯收入达到10 000元以上。

【菊花产业】 在东桑园和岳家营村试种食用菊花2.5万株，“十一”期间开始采收，共采收成品花50 000余朵，产品深受消费者欢迎。根据食用菊花的特性，推出了“菊花宴”，为大榆树镇民俗旅游的发展开辟新的途径。

【百草园基地】 大榆树镇依托阜高营村的玉皇山打造了集药材种植、试验示范、成品展示、观光旅游及科普教育培训五大功能于一体的百草园多元素药材基地，进一步丰富了玉皇山道教养生文化基地的内涵，深受市民的欢迎。经过多次到河北安国考察中药材种植情况，4月份开始引进药材苗和种子进行试种，5月中旬完成全部药材种植，7月开始接待游人。

整个园区占地200亩，包括50亩展示区和150亩示范区，种植品种达到45种。结合道教文化在展示区的中间部分打造了红黄相间的阴阳鱼图案，站在玉皇山上眺望，整个园区鲜花与绿树交相辉映，五彩斑斓，形成一道壮美景观。

【农超对接】 实现了万吨蔬菜进京城，为京客隆、欧阁有机农庄、物美等连锁超市配送有机和无公害蔬菜共计23个品种12 243吨，合计1 949.1万元，延庆县特色产品——永宁豆腐进京销售达12万千克，销售额达60万元，同比增长12%。销售形式也由农超对接向农餐对接、农校对接、农宅对接等方面延伸。

【周末菜市场】 绿富隆在北京4个社区开办周末菜市场，销售蔬菜达233.5吨，销售额46.7万元。在海淀区北航等社区举办的“周末车载蔬菜市场”模式得到国务院主要领导充分肯定，并被国家列为农产品流通体系建设重点任务向全国推广。

【国务院总理温家宝视察绿富隆周末车载蔬菜市场】 10月1日，国务院总理温家宝在北京市市委书记刘淇、商务部长陈德铭、北京市市长郭金龙、副市长程红等人陪同下，视察了绿富隆在北京航空航天大学社区开办的“周末车载蔬菜市场”，并与公司董事长张会臣及合作社农民代表和经营服务人员亲切交谈，希望把周末菜市坚持下去，办出特色，实现“生产者”和“消费者”两个满意。

【绿富隆“时鲜快递”正式开通】 绿富隆“时鲜快递”正式开通，产品丰富，有蔬菜、水果、杂粮、鸡蛋、干菜等数百个品种，支持支付配送柜送货和人工送货，配送柜配送可享受免费送货。为了让广大客户在网上轻松购物，本站还开通网银在线和支付宝功能。

【绿富隆蔬菜产销合作社牵头成立“北京腾隆农产品产销专业合作社”】 为适应市场经济的需要，提高农业生产市场农民组织化程度，促进农民增收，创新农业经营体制机制，转变农业发展方式，提高农业规模化、集约化生产水平，推进都市型现代农业建设，由绿富隆蔬菜产销合作社牵头，成立了“北京腾隆农产品产销专业合作社”。市、县相关领导和32家农民专业合作社代表参加了会议。联合社的发展目标是逐步扩大基层合作社的范围和区域，建立起涵盖种养殖业、民俗旅游、信息服务、经营销售、资金互助等多领域跨行业、跨区域的大型联合社。

【创新合作社销售方式】 合作社在原有“农超对接”的基础上，拓宽多种销售模式，增加产销利润，北菜园联合社中的绿菜园专业合作社实行了“农宅对接”，获得了北京市新农村建设网络营销机制创新奖，荣获奖励资金110万元；腾隆农产品产销专业合作社正式开通了“时鲜快递”，同时，积极探索了在京开设“周末菜市场”。

【农村流通网络建设】 为方便农村消费，推进“万村千乡”工程，完善配送中心及网络建设，规范进货渠道，提高主要商品的配送率，加强网络建设和管理，推进规范经营，打造安全体系，让城乡居民放心消费。充分发挥乡村便民连锁配送网络便民、惠民功能，指导惠百公司加强商品配送，全年共实现商品配送额3 769.2万元；发挥农资服务网点功能，指导旭阳昶农资服务中心全力做好农耕供肥工作，全年共实现农资商品配送额达1 101.2万元。

【“延庆番茄红遍京城”活动在城乡中心超市举行】 8月5—7日，由北京农产品流通协会、北京郊旅集团、北京绿富隆农业股份有限公司共同举办的“延庆绿富隆有机蔬果·番茄展卖”活动在城乡贸易中心小屯超市和小南庄超市举行。此次活动的主题是“延庆番茄·红遍京城”，3天时间共销售有机番茄5.2万千克，销售额23万元。同时参与销售的还有物美、京客隆、永辉、天客隆、华堂等大型连锁超市。展卖活动通过农超对接的形式大大提高了“延庆番茄”的知名度，对树立京郊农产品区域特色品牌发挥了重要作用。

【“蔬菜进京城产销直挂”研讨会】 延庆县商务委与北京绿富隆农业股份有限公司邀请北京市商务委和城六区商务委，于2月18日在延庆八达岭温泉度假村召开“延庆蔬菜进京城、产销直挂研讨会”，延庆县政府主管县长李满、北京市商务委流通发展处处长张沙宁、流通规划处副处长史俊峰出席了会议，并就会议主题和与会的同志们共同进行了深入的研讨。延庆县农委、发改委、财政局、农经站等单位负责人参加了会议。

【文化创意产业】 “三朝御路”、“午状元”、“隆隆”、“庆庆”、“午临帖”五项文化创意产品版权成功获得北京市版权局颁发的作品登记证书，实现了文化创意作品的知识产权保护。

【品牌活动】 围绕“弘扬民族传统文化，体验绿色生态延庆”的主题，创意举办第六届北京延庆端午文化节，活动内容包括5大类20项。选拔秧歌、高跷、旱船、舞龙、舞狮、竹马、小车等民间花会43档，进行元宵节花会展演，演员1 400余名，观众5万余名，荣获第七届北京春节庙会·灯会·文化活动最高奖项——文化魅力奖。配合开展第二届北京森林音乐节、北京延庆第七届国际葡萄文化节、自行车骑游大会、首届环北京职业公路自行车赛等大型文体活动，展示延庆独具韵味的人文风貌。

【“乡下有我一分田”特色活动】 4月20日，延庆镇东小河屯村推出了“乡下有我一分田”主题耕作休闲基地和“开心农场”活动。有意参与活动的游客只需交200元钱，就可以认领到“一分田”，耕种使用期限为一年，年内可种植各种农作物。在此期间，民俗旅游协会将无偿为其提供喷灌水、有机肥和农具，并负责农作物的日常看护和管理工作。收获季节，民俗旅游协会将会通知开心“地主”们及时收获自己的农作物，如果开心“地主”自愿参加“偷菜游戏”，还可以体验一把现实版“开心农场”——限时偷菜，如果开心“地主”无法及时收获，可以授权协会成员帮忙。

【家电下乡】 落实国家消费政策，开展家电下乡工作。全年共销售各类家电下乡商品 9 892 件，销售额 2 328.1 万元。

山区建设

【沟域经济】 “四季花海”沟域位于延庆县东部山区，涉及刘斌堡、四海、珍珠泉 3 个乡镇，总面积 375 平方公里。2011 年作为北京市重点建设 7 条沟域之一，在市委、市政府的领导下和各相关部门的大力支持下，坚持以保护生态环境为前提，以加强基础设施建设为重点，以发展特色产业为核心，以促进农民增收为根本，高标准规划、大力度推进，整条沟域全年种植花卉万余亩，涉及 16 个行政村 1 300 多户，成立了农民专业合作组织 14 家，吸引 3 家花卉企业入驻。以花卉产业为支撑的大地花海景观效果凸显，成为全市沟域经济发展的新亮点。

【北京市沟域经济建设现场会】 4 月 26 日，在四季花海沟域珠泉喷玉广场召开北京市沟域经济建设现场会。北京市副市长夏占义、农委主任王孝东以及市发改委等 11 个部门、7 个山区县主管领导和北京市 7 条沟域涉及乡镇的党委书记共 120 余人参加。

【牛有成常委调研山区沟域经济】 10 月 11 日，市委常委牛有成、市委副秘书长赵玉金、市农委主任王孝东及市发改委、规划委、财政局等十余个部门的主要领导到四季花海调研山区沟域经济。牛有成常委对延庆县沟域的建设情况给与了充分肯定，并对全市沟域经济的发展提出了指导建议。

【沟域经济考核评比】 11 月，北京市沟域经济考核小组对全市重点建设的 7 条沟域进行考核评比，四季花海沟域由于建设目标明确、重点突出，既能充分利用资源优势，又能突出沟域特色，获得全市考核评比一等奖，奖励资金 1 500 万元。

【山区搬迁】 扎实推进新一轮山区搬迁工程，积极整合新农村建设、生态移民等政策资金，共同用于新村建设，圆满完成了 349 户 830 人，重点启动了八达岭镇东沟村、四海镇岔石口村、井庄镇西三岔村和千家店平台子（二期）的搬迁工程建设。

【野生动物保护】 一是疫源疫病防控。全县 11 个市、县监测点共监测野鸟 1 060 余万只，未发现异常情况。二是野生动物救助。2011 年，救助野生动物 30 起，救助各类野生动物 52 只（条），其中雕鸮、大鵟、鸳鸯、红角鸮等国家二级保护野生动物 10 只。三是野生动物损害补偿。2011 年，野生动物损害涉及 11 个乡镇、117 个村、1 920 户，直接经济损失 966 482 元，补偿 676 542 元。

【小流域综合治理】 小流域治理：包括京津风沙源、生态清洁小流域和国家重点水土保持工程 3 大项目，涉及 7 条小流域，治理面积为 65 平方公里，总投资为 3 250 万元。其中，京津风沙源项目治理 30 平方公里，生态清洁小流域建设项目治理 15 平方公里，国家重点水土流失治理项目治理 20 平方公里。

村镇建设

【“三起来”工程建设】 “亮起来”工程：对 2005—2007 年安装的 7 500 盏太阳能灯进行维护。“暖起来”工程：新建抗震节能民居 948 户，完成既有住房改造 1 800 户。“循环起来”工程：完成井庄镇窑湾村，大榆树镇刘家堡村、新宝庄村 3 处大中型生物质气站建设，共铺设管网 13 500 米；完成对全县 40 余处气站设备的检修维护、老旧设备更换、管理人员培训等工作；新建生物质燃料加工厂 5 处，在完善卓家营加工厂的基础上建设了 4 处燃料加工点；建设雨洪利用工程 5 处，新增蓄水量为 2.45 万立方米；新建旧县镇大柏老养殖场 1 处。

【新农村基础设施长效管护机制建立】 依据京政发［2011］28 号《北京市人民政府关于加强农村基础设施维护和管理的意见》文件，延庆县社会主义新农村建设领导小组办公室牵头制定了《延庆县农村“五项基础设施及三起来工程”运行维护管理办法》，各部门制定了配套的单项实施细则，重点对农村的街坊路、供水、污水处理、环境卫生、垃圾处理、公共厕所、绿化、大中型沼气站、生物质气化站、雨洪利用、太阳能浴室、路灯（含太阳能路灯）和脚踏式户厕等基础设施进行管护，实现管护工程全覆盖，有效解决了农村基础设施重建轻管的问题。

【基础设施建设】 实施农村环境建设工程 3 项：一是新农村街坊路硬化工程，对 4 个行政村 6 万平方米街坊路进行硬化，全面完成街坊路硬化扫尾任务。二是县级环境优秀村创建工作，年内创建县级环境优秀村 100 个，有效改善村庄面貌。三是四季花海沟域环境建设，清理杂草 8 万立方米、垃圾渣土 1.4 万立方米，整理田边地埂 17 万平方米，拆除破旧建筑 1.3 万平方米，绿化 5.5 万平方米，修建节点小品 45 处、景观台 15 处、停车场 17 处、公厕 7 座，安装标识 150 件，大幅提升环境档次。

【乡风文明建设】 为贯彻党中央、国务院关于进一步加强新形势下农村精神文明建设工作的指示精神，进一步加强延庆县乡风文明建设，不断提高农民素质和农村文明程度，促进延庆县农村全面、协调、可持续发展，2011 年，县委、县政府下发了《关于推进延庆县社会主义新农村乡风文明建设的实施意见》，在全县开展了以建设整洁秀美的生态环境、优质高效的管理环境、幸福和谐的人文环境、公平正义的法律环境为主要内容的“四环境”建设活动。

【扎实启动新型农村社区试点】 初步完成了八达岭社区试点规划编制，10 月 12 日，八达岭新型农村社区规划正式通过县新农村建设领导小组审批。年内，八达岭新型农村社区共计建设新民居373套，其中营城子村248套、东沟村104套、南元村21套。同时，新修了规划一路、二路、九路，初步建成了社区综合服务中心和相关市政配套设施，基本完成了社区框架建设。

【加快推进重点小城镇建设】 永宁、康庄、八达岭、旧县四个重点小城镇分别实现农村经济总收入5.05亿、9.68亿、8.59亿、19.2亿。八达岭镇过境线全面完工，110辅线应急线建设工程完成了拆迁，正在进行隧道施工，新型农村社区建设进展顺利。康庄三街10.6万平方米旧村改造工程已全部完工并交付使用，88户百姓顺利回迁，5.1万平方米的三期建设工程已封顶。工业方面，浩华科技、欧罗科技、綦齿机电、上谷龙行、世纪宇达、凯宏鑫医药等新入驻项目陆续开工建设，生物质成型燃料厂进入生产阶段。永宁镇工业发展较快，完成工业产值2.38亿元，比上年增加1.43亿元。旧县镇招商引资势头良好，正在积极推进海航葡萄酒庄、中集葡萄酒庄等8个项目，力争项目早日落地。

【首绿办验收市重点绿化小城镇首都园林小城镇及首都绿色村庄创建工作】 9月23日，首绿办巡视员王苏梅率领检查组到本县验收小城镇和绿色村庄创建工作。检查组实地察看了四海镇、香营乡及拟申报的23个首都绿色村庄。王苏梅对本县小城镇和绿色村庄创建工作取得的成效给予充分肯定。

【农村雨洪利用】 农村雨洪利用坚持因地制宜、综合治理、循环发展的思想，从服务生态建设、新农村建设、农业生产、优化水环境条件的着眼点出发，充分利用沟坡、坑塘、庭院等集雨场所集蓄雨洪，建成农村雨洪利用工程5处，总容积2.45万立方米。

【村庄绿化】 全县有186个行政村进行了绿化美化，栽植乔灌木31.2万株、花卉47.8万株，新增绿化面积169.8万平方米。截至2011年底，全县共有361个行政村进行了绿化美化建设，栽植乔灌木153万株、花卉105万株，累计建成"首都绿色村庄"60个，"延庆县绿色村庄"146个。

【小城镇绿化创建】 四海镇创建"市重点绿化小城镇"达标，新增绿化面积1 350亩，栽植乔灌木15万余株、花卉150万株、草坪2万平方米。香营乡创建"首都园林小城镇"达标，新增绿化面积450亩，栽植乔灌木4.7万株。

【垃圾分类】 年内，创建垃圾分类达标村130个，进一步推进农村垃圾分类工作，截至12月底，已在312个行政村推行垃圾分类工作，占全县村庄的83%。

【农村新能源】 完成农村新能源建设工程5项，一是在旧县镇旧县村、康庄镇刁千营、香营乡香营村新建秸秆气站3处，供气规模约18 00户；二是在旧县镇大柏老村、大榆树镇大泥河村铺设沼气站管网2处，供气约1 700户；三是重铺延庆镇东小河屯和大榆树镇东桑园村2处气站管网，恢复供气360户；四是在延庆镇东卓家营村建成成型燃料加工厂1处，年产量约3 000吨；五是在大榆树镇岳家营安装太阳能灶110台。

【国家及市局领导调研本县生物质能源发展情况】 2月22日，国家林业局造林绿化管理司总工程师吴坚、首绿办副主任甘敬等领导对延庆县生物质能源加工基地进行考察调研。领导对林业试点示范建设项目提出三点意见：一是继续完善生物质能源基地建设，改进技术，减少能源消耗；二是进一步推进林业可再生能源建设与森林抚育经营紧密结合，逐步形成林业生物质能源开发利用的闭合圈，相互促进，实现共赢；三是进一步提高全社会对林业在调整能源结构、建设绿色能源县中重要作用的认识，大力推进绿色能源县——林业试点示范建设。

【国家发改委领导视察林业生物质能源发展情况】 5月31日，国家发改委能源司司长曾亚川、北京市发改委副主任王英建和发改委能源处处长高新宇一行到延庆县视察林业生物质能源发展情况。领导们实地察看了卓家营生物质能源加工基地生产和生物质能源炉具的使用情况，提出三点建议：一是完善生物质能源基地建设；二是做好绿色能源县全国林业试点示范建设启动仪式筹备工作；三是加大宣传力度。

农村改革与管理

【农村集体经济组织产权制度改革】 累计完成373个村的产权制度改革工作，占全县总村数的99.2%，进度位居全市第二。强化产权改革利益分配机制的运用，全县共有10个村实现股东分红，分红总额3 794.9万元。产权改革与林权改革相结合，发放生态效益补偿资金4 873万元，使全县农民年人均增收233元，农民真正成为集体资产的主人，股东收益成为农民增收的新渠道。

【集体林权制度改革】 全县集体林权制度改革主体改革任务基本完成。出台了《关于山区生态公益林生态效益补偿资金使用和股权划分的意见》和《延庆县享受山区生态效益补偿资金的集体经济组织成员管理办法》。完成全县376个行政村、222万亩集体林地的勘界确权，调解林权纠纷224件，纠纷面积53 293亩。确权率为100%。全县有15个乡镇366个行政村完成人员界定209 083人。《延庆县集体森林资源股权证》已发放70 741本，占总任务量的95%。已发放生态效益补偿资金4 736万元，占补偿资金总数的97.2%。

【农村集体土地确权登记发证】 延庆县开展了农村集体土地确权登记发证试点工作，顺利完成了各阶段工作。共确定农村集体土地所有权151宗，面积36 363.91公顷；农村集体建设用地使用权65宗，面积8.55公顷；国有土地所有权53宗，面积509.09公顷。

【农村土地承包管理】 完成确权确地清查归档工

作。延庆县家庭承包经营总面积35.5万亩，其中：确地面积35.1万亩，共签订确地合同5.4万份，发放土地承包经营权证书5.8万份；确权确利总面积0.4万亩，签订合同0.3万份。在全县范围内开展了农村土地承包档案清查归档工作。共清查归档土地承包档案3 257卷，其中：乡镇级1 443卷、村级1 303卷、移交县档案馆511卷。发现未归档土地承包档案3 056份，并全部归档完成。

【农村财务管理与审计监督】 全县利用电脑“触摸屏”进行村务公开的试点村达到了127个，通过账前“双审计”、村级财务互审以及专题、专项审计、“事前、事中、事后”审计相结合等方式，将村级财务监管的“关口”前移，全年共审计财务收支票据148 803张，审计金额229 721.7万元，有效地保护了农民和集体的经济利益，促进了农村社会的和谐稳定。

【村级债权债务管理】 对全县376个行政村开展债权债务调查。据统计，全县村级累计债权总额16 185.7万元，累计债务总额37 439.7万元，全年收回、核销以前债权3 082.4万元，化解以前债务11 898.6万元。通过调查，及时掌握了村级债权债务的增减变化，为制定化解政策提供了详实的数字依据。

【村级公益事业专项补助资金管理】 全县15个乡镇5 570万元村级公益事业专项补助资金全部到位，补助资金累计支出5 308.8万元，占拨付资金总额的95.3%。其中，社会管理费用支出1 719.7万元，占支出总额的32.4%；公益设施建设费用支出1 370.8万元，占支出总额的25.8%；公益设施维护费用支出1 363.7万元，占支出总额的25.7%；社会事业费用支出518.2万元，占支出总额的9.8%；村务人员工资336.4万元，占支出总额的6.3%。

【农村土地流转】 全县土地流转总面积76 437亩，占家庭承包经营总面积的21.5%，共签订土地流转合同31 453份，涉及农户26 234户，实现土地流转收益21 696.8万元。

【“延庆县农地流转信息网”应用】 完成土地流转信息基础数据采集上报工作，网站浏览量累计达到38 000次，共计发布土地转出信息166条，涉及土地面积2 032.7亩；土地需求信息17条，涉及土地面积529.86亩。

【农民专业合作社规范管理】 在工商局注册的农民专业合作社达到474家，成员总数20 532户，占一产农户的76.7%，带动非成员农户43 250户，成员户均纯收入3.8万元，比非成员高出23%。试点合作社规范化建设达到74家，其中，市级示范社达到了11个，占全市示范社的11%，全市排名第二。加大扶持力度，延庆县的11个市级示范社、3个示范社建设单位以及59家县级规范社获取了“以奖代补”、贷款贴息、项目创新奖等县级以上各种奖励补贴近千万元。为19家规范合作社增添了大学生村官任理事长助理，缓解了合作社人才短缺问题。整合全县农民专业合作社资源，进行了社与社的联合，分别组建了由17家合作社和2家科技公司组成的北菜园农产品产销联合社和由22家合作社和1家公司组成的腾隆农产品产销联合社。

【“共同致富”行动计划】 继续落实《北京市共同致富行动计划工作方案（试行）》，低收入户实现人均可支配收入4 908元，同比增长19.6%，完成年计划4 721元的104%。

【后进村整顿建设工作】 在深入排查摸底的基础上，研究制定了《关于在创先争优活动中进一步加强后进村党组织整顿建设的意见》，对全县村级党组织分档倒排，按10%的比例确定了30个后进村党组织，其中村级组织软弱涣散村9个、经济发展薄弱村10个、矛盾问题突出村8个、村务公开和民主管理难点村3个。县领导每人联系一个后进村，定期调查研究、指导工作。县、乡镇分别成立了后进村整顿建设工作督导组，掌握后进村党组织整顿建设工作进展情况，发现问题，及时解决。开展了市直、县直单位与后进村结对帮扶活动，由10个市直单位与10个乡镇和所属经济薄弱村、30个县直单位与30个村级党支部结对帮扶，坚持从各村实际出发，深入分析研究，突出针对性、操作性，做到整顿建设工作一村一策。目前，后进村整顿建设工作已取得明显成效。

【农村劳动力就业监测】 全县共有农村劳动力104 957人，其中就业劳动力103 049人，就业率为98.2%；农村劳动力的一、二、三产就业比重为28：5.2：66.8。农村劳动力就业状况较为稳定，非农就业特征明显。

【农业和农村信息化建设】 完成了北京农村管理信息化11个数据库数据的更新，加强“221信息平台”和“12316”农业服务热线建设，推进“三零”服务模式，有效解决了农民在生产、生活中的难题。共向北京现代农业信息网转发信息1 226条，向市农研中心发送信息212条，在“农经网”上发布农经工作动态信息249条，让社会各界及时了解延庆县的农村经济发展情况，宣传了党在农村的各项政策，提高了农经系统现代化办公水平和为新农村建设服务的能力。在绿菜园蔬菜专业合作社开展了现代农业物联网应用试点工作，安装了温湿度传感器、光照传感器、二氧化碳浓度传感器、视频摄像头等环境监控采集设备，实现了对温室大棚的实时监控和管理。

农民生活

【农民收入】 农民人均纯收入12 761元，同比增长11%，其中：工资性收入7 611元，增长14.3%；家庭经营纯收入为2 674元，下降4%；财产性收入为497元，增长51.5%；转移性收入为1 979元，增长14.6%。

【农民消费】 农村居民人均生活消费支出达到

8 135元，同比增长 20.4%，其中：家庭设备用品及服服务支出 480 元，增长 34.1%；居住支出 1 786 元，增长 30.3%；衣着支出 702 元，增长 25.1%；食品支出 2 859 元，增长 23.4%。农村居民生活质量进一步提高。

【劳动关系】 年内，监控劳动合同履行情况单位 89 家，监控企业人数 8 898 人，其中农民工 2 877 人，监控企业劳动合同签订率 100%；共受理各类争议案件 806 件，涉及职工 806 人，其中涉及农民工 624 人，占 77.42%，时限期内结案率 100%；为 542 名农民工追发工资 267.07 万元；补签劳动合同 237 份。

【农村劳动力非农就业】 农村就业困难人员转移就业 6 549 人；帮扶 42 户纯农就业家庭 74 名受援劳动力实现了转移就业；开发了村邮员、两气管理员、阳光浴室管理员、农村公厕管理员等绿色生态就业岗位 1 481 个；12 009 名农村就业困难人员通过生态就业实现致富增收；创建充分就业乡镇 8 家，充分就业社区（村）299 个。

【新型农民培养工作】 着眼于统筹城乡经济社会发展，推动社会主义新农村建设，积极会同县农委、教委、人力社保局等 17 个成员单位，深入推进新型农民培养工作。开展农业实用技术培训、农民就业技能培训、农民学历教育、特色文化培训等。年内共开展新型农民培训 1.6 万人次。通过不断加大新型农民培养力度，提高了广大农民的就业技能和致富能力，促进了乡风文明和农村社会和谐稳定。

【市领导专题调研】 8 月 18 日，市委书记刘淇，市委副书记、市长郭金龙到延庆，围绕“加强农村公共文化设施建设，构建城乡一体化发展格局”主题进行调研，市、县有关领导陪同调研。刘淇指出，要充分发挥首都文化人才众多、文化设施健全、文化资源丰富的优势，加强城乡文化交流，帮助培养农村文化人才，不断提升农村文化活动水平，使文化建设在构建城乡一体化发展新格局过程中发挥更大的作用。

【大型主题群众文化活动】 以“庆祝中国共产党成立 90 周年”为主题，成功策划组织了“放歌长城献给党”——庆祝建党 90 周年大型演唱会暨全国鼓舞展演、“妫川飘出红色的歌”——第四届农民合唱节、春节团拜会、第四届乡村欢乐节、第三届清明文化节、第二届万名农民广场舞蹈大赛和夏日文化广场活动，受益群众 50 余万人次。

【文化益民工程】 开展星火工程、周末场及各类演出 2 000 余场，播放共享工程信息 3 190 余场，开展农村电影放映 1.8 万余场；发展文化志愿者 1 200 余名，开展文化培训 2 万余人次，下乡送书 3 万余册。

【阵地文化活动】 利用延庆文化中心阵地，开展“妫川大讲堂”专题讲座 16 期，举办各类展览 10 余次，开展优秀军事题材影片预约观影活动、红领巾读书活动、全民读书活动，提升群众文明素养。

【交流类演出活动】 举办“绿色延庆杯”第三届京·津·冀河北梆子票友邀请赛，共 32 名票友参加决赛。组织以“大美新疆、绿色和田、璀璨墨玉”为主题的文化交流演出，53 名演员表演了新疆特色舞蹈、歌曲和民族器乐演奏。

【“十大特色文化遗产”评选】 通过专家推荐、邮寄投票、网上投票、固定地点投票等多种形式投递选票 16 593 张，最终长城（延庆县境内）、古崖居遗址、永宁天主教堂、山戎墓葬群、京张铁路——青龙桥火车站、延庆特色饮食——火勺、永宁南关竹马、八达岭长城传说、延庆旱船、正月十五花会走街被评为延庆县十大特色文化遗产。

【文物保护】 开展古崖居前山景区（一号工点）化学保护工程，修缮东门营真武庙等 12 处文物保护单位；完成应梦寺主体复建工程，整个建筑群在原址按明代建筑风格进行复建，恢复了其历史风貌；对胡家营遗址进行抢救性考古发掘，发现了北京地区最早的东周时期房址遗迹；对大庄科乡辽代冶铁遗址进行考古发掘，发现了燕山地区迄今为止规模最大、保存最为完整的辽代冶铁高炉遗迹；开展早期长城调查工作，整理延庆县第三次全国文物普查档案；采集博物馆馆藏珍贵文物数据，形成了一批学术成果；成立北京市延庆县文物保护协会，使全县文物保护体系更加完善。

【公共文化设施建设】 启动 4 个乡镇文体活动中心建设工程，完成 10 个乡镇、44 个村级文化活动室建设工程，开展 2 个乡镇、67 个行政村广播“村村响”工程，推进 15 个乡镇、46 家卫星数字农家书屋设备安装工程，新建 10 个基层图书配送点，使公共文化设施网络得到进一步完善。

【村级群众文化组织员队伍建设】 通过前期宣传、公开报名、资格审查、笔试、面试等环节，从 1 000余名报名者中选拔出 376 名群众文艺骨干人才，为每个行政村配备了 1 名群众文化组织员，并对其进行岗前培训，使延庆县公共文化服务体系基本健全，村级公共文化服务管理更加规范、高效。

【农村卫生】 全县有村卫生室 177 个，均为集体所有制非营利性，有农村社区卫生服务站 52 个，均为全民所有制非营利性。有注册乡村医生 300 名。

【新型农村合作医疗】 全县有 181 611 万农民参加合作医疗，参合率 99.63%。为 96 247 人次参合农民报销医药费用 11 194 万元；各定点医院为 245 064 位农民减免 116.6 万元，下乡巡诊 1 115 次，派出医务人员 4 695 人次，服务群众 28 005 人次，为 10 933 人进行免费健康体检，建立完整健康档案。

【延庆建设第五批市级创新型科普社区】 8 月 24 日，延庆县儒林街道温泉南区东里社区、旧县镇盆窑村被批准为第五批市级创新型科普社区。

【社保所建设】 全县共有社保所 18 个，其中五星级社保所 6 家，四星级社保所 9 家，三星级社保所 3 家。

【就业政策】 积极落实市、县促进就业政策，全面促进城乡劳动力就业，共落实市县促进就业政策资金 32 217.43 万元，其中市失业保险基金 18 035.28 万元，县财政资金 14 182.15 万元，惠及城乡劳动力 3.55 万人。制订出台了《关于扶持农民绿色生态合作组织发展积极促进农村就业困难人员就业增收实施办法的补充通知》和《关于加强农民绿色生态合作组织管理的通知》，进一步规范了生态就业人员的管理。

【城乡居民养老保险】 截至 2011 年底，参加城乡居民养老保险人数 107 018 人。当年参保 67 097 人，其中新增 3 044 人，续保 64 053 人。享受待遇人数10 267人，其中基础养老金享受人数 10 213 人，中央财政补贴享受人数 8 290 人。当年收缴保费 7 349.38万元，领取养老金 4 261.48 万元。完成 5 818名残疾人参保工作，个人缴费为 195.60 万元，县财政补贴 370.17 万元；落实上年度参保缴费人员每人 30 元补贴工作，涉及人员 50 126 人，补贴资金 150.4 万元。

【福利养老金】 截至 2011 年底，城乡无社会保障老年人享受福利养老金人数 32 085 人，同比减少 1 519人，减幅 4.52%。累计发放福利养老金9 639.07 万元，同比增加 1 470.75 万元，增幅 18.01%。

【组织农村实用人才创业成果展示推介活动】 4 月初，组织延庆系列有机农产品参加了北京市第三届“农村实用人才创业成果展示推介会”，延庆有机农产品再次成为市民关注焦点。

【重点水利工程伤残民工鉴定登记工作】 自 2008 年 10 月至 2011 年 7 月，对全县 15 个乡镇及城镇办事处上报的 1 640 名伤残民工进行反复筛选，调查核实去伪存真，剔除病类，进入伤残鉴定人数为：第一批 118 人，其中有 7 人不符合救助标准，111 人在 2009 年底实施救助；第二批 141 人，其中 7 人不符合救助标准，134 人在 2012 年 1 月实施生活救助。能够得到救助共计 245 人，245 人档案及鉴定结果及明细表已转交延庆县民政局存档。

【水库移民后期扶持工作】 继续落实大中型水库后期移民扶持政策，后扶工作推行“五个转变”：由扶贫济困向引导移民脱贫致富奔小康方面转变；由扶持小项目向产业化规模化转变；由行政推行向行政与市场方式相结合转变；资金管理向科学化、规范化转变；效益由重经济向经济、社会并重转变。延庆县移民办被财政部、水利部、国家发展改革委、人保部授予“先进集体单位”的荣誉称号。2011 年，核定水库农村移民人口为 26 685 人，其中新增 352 人，核减 931 人，发放直补资金 1 651.68 万元；核定无固定职业农转非水库移民 6 776 人，其中核减 1 117 人，发放培训补贴 379.456 万元。2011 年移民接收村扶持项目涉及 10 个乡镇，85 个村，扶持项目 94 个。

【市少数民族村经济发展考评组到延庆县考评】 1 月 11 日至 1 月 12 日，市少数民族乡村经济发展专项资金“以奖代补”考评专家组一行 8 人来到延庆县，就 2010 年延庆县民族村经济发展的 10 个项目实施情况进行考评。考评小组听取了民宗办及各乡镇对项目工作情况的专题汇报，查看了各民族村申报材料。会后，考评专家组先后到大庄科乡、康庄镇、井庄镇和永宁镇的 9 个少数民族村实地考查了各民族村经济发展项目建设情况。考评组对民族村一年来经济发展以及各个项目的落实情况给予了充分的肯定。

【衣恋圣秀慈善基金】 8 月 31 日，北京市慈善协会、延庆县慈善协会联合韩国衣恋集团在延庆县举行了“衣恋圣秀慈善基金”助学款发放仪式。由衣恋集团向延庆县第二中学高一宏志班的 40 名贫困高中生每人发放 3 000 元助学款，共计 12 万元。

【低保调标】 年内，城乡低保标准进行了两次调标，最终标准：城市低保对象由原来的月人均 430 元调整为500 元，农村低保对象由原来的年人均 2 520 元调整为 4 080 元，五保对象供养标准由原来的年 6 239元调整为 6 754 元。

【城乡低保】 全县共有城镇低保对象 669 户，945 人，占全县城市居民的 0.83%，比上年下降了 0.46%，年发放城镇低保救助金 620.26 万元，比上年减少 68 万元。全县共有农村低保对象 4 274 户，6 451人，占全县农村居民的 3.88%，比上年下降了 0.56%。年发放农村低保救助金 2 240.32 万元，比上年增加 947 万元。全县共有五保供养对象 541 人，集中供养 190 人，分散供养 351 人，集中供养率 35%。全县共有城乡低收入对象 1 255 户，4 097 人。全年医疗救助城市低保户 68 户，73 人，医疗救助金 19.61 万元。大病住院押金减免，全年为救助对象实行住院押金减免 89 人次，救助金 17.11 万元。资助城乡救助对象入合作医疗、参加医疗保险工作，共计 5 525 户、8 733 人，资助金 30.57 万元。城乡低收入对象医疗救助工作全年为农村低收入对象 145 户、150 人进行了医疗救助，救助金 97.97 万元。临时救助工作全年共计救助 64 户、67 人，临时救助资金 18.04 万元。

【危房改造】 共为低保家庭翻建房屋 30 户、96 间，投入资金 135 万元。

【老龄工作】 年内，延庆县共为 6 230 余位 80 周岁及以上的老年人发放养老券 687.93 余万元，为 3 200 余位 65 周岁及以上老年人新办理老年优待卡，为 510 位 90 岁以上老年人发放高龄津贴共计 52 万余元。享受高龄特困救助津贴的人数由原来的 22 人增加到现在的 44 人，每人发放金额 600 元。从 1 月 1 日起，延庆县百岁医疗报销的人群由 100 周岁以上扩大到 95 周岁，受惠人员由 6 人扩大到 100 余人，为高龄老人及其家属解决了很大的实际困难。

【改厕改水】 全县农村总户数为 7.74 万户，实际改造农村无害化卫生厕所 71 385 座，卫生厕所普及率 100%，无害化卫生厕所普及率 92%以上。

【北京市农运会】 5 月 4 日至 9 月 27 日，北京市第七届农民运动会在门头沟举行，延庆县派出 100

余名运动员参加了全部10个项目的比赛，最终获得团体总分二等奖、优秀组织奖、体育道德风尚奖和贡献奖。

【承办市农运会围棋赛】 5月25—27日，北京市第七届农民运动会围棋比赛暨北京市第三届农民围棋赛在中银酒店举行，来自市各郊区县的14支代表队42名队员参加了比赛，延庆代表队获得团体第六名。中国棋院院长、中国围棋协会主席王汝南出席并观看比赛。

【承办市农民健身秧歌培训】 6月15日，北京市农民第四套健身秧歌培训在延庆县体育馆举行。来自全市13个郊区县的健身秧歌爱好者和延庆县15个乡镇的健身秧歌爱好者共计100余人参加了培训。中国农民体协秘书长王福来出席并讲话。

【参加市全民健身路径交流大会】 7月16日，2011年北京市全民健身路径交流大会在昌平区亢山公园举行。延庆县农协从珍珠泉乡选派20名队员参加比赛。

【参加全国健身秧歌比赛】 10月25—29日，全国"亿万农民健身活动"展示暨"同科汇丰国际杯"全国农民健身秧歌大赛（东部赛区）在江苏省连云港市举行。延庆县选派12名队员代表北京市参加比赛，并获得团体一等奖。

【体育特色村】 11—12月，延庆县刘斌堡乡刘斌堡村以花毽为体育特色申报体育特色村，并通过审核，成为北京市首批体育特色村。

【扶贫与助残】 新建了3个扶贫基地，分别是大庄科的麻核桃种植基地、永宁的贵妃鸡养殖基地、四海的茶菊种植基地，分散辐射扶持残疾人就业125名，6月7日，通过了市残联检查验收组的检查验收；对2010年的23名自主创业的残疾人发放扶持资金40.9万元；为2010年积极安置残疾人就业的345家单位发放岗位补贴522.1万元，补贴1 071名残疾人；对12名城镇个体就业残疾人缴纳养老、失业、医疗社会保险给予补贴5.789 2万元；为5 818名残疾人给予城乡养老保险补贴370.176万元。

基层组织与民主政治建设

【新农村建设结对帮扶工作】 3月7日，县委组织召开农村工作会，制定下发了《关于做好新农村建设结对帮扶工作的实施意见》，110个县直机关企事业单位与117个村级党支部结成帮扶对子，按照"单位帮扶、组团下乡、乡镇统筹、注重实效"的原则，围绕农村产业发展、新型农民培养、解决民生问题等方面开展帮扶工作。全年各帮扶单位累计为群众解决实际困难467件，投入资金923万元。配合市结对帮扶工作，组织10个市直单位与10个乡镇和所属经济薄弱村完成对接。

【基层政权建设】 全县15个乡镇，376个行政村，截至11月10日，全部顺利完成村务监督委员会推选工作，共选出村务监督委员会成员1 312名。其中，主任376名，委员936名。全部成员中党员共计620名，占47%；妇女212名，占16%。主任中，党员351名，占93.4%；妇女44名，占11.7%。全部成员平均年龄47岁。研究生文化程度2名，本科12名，大专文化53名，中专含高中292名，初中及以下953名。11月中旬，各村村务监督委员会规范化建设工作基本完成，全部按照"六有"工作要求进行了规范，村务监督委员会成员培训工作已经启动。

【强化基层党建工作责任制】 把农村基层党组织建设工作作为农村经济社会发展的总抓手，列入对各乡镇、县直各单位的考核体系，认真落实中央《关于建立健全地方党委和部门党组（党委）抓基层党建工作责任制的意见》，紧紧围绕全县中心工作，健全完善村党组织向乡镇党委述职、乡镇党委向县委述职、县委常委会向县委全委会报告农村党建工作制度；完善县委全委会评议农村党建工作制度；建立农村基层组织建设工作向全县二级班子单位征求意见建议制度，广泛听取各单位对推进和加强农村基层组织建设的意见建议。通过建立各种规章制度，使县、乡镇、村三级党组织的任务相互关联、各部门之间责任相互渗透，形成了上下齐抓共管、党政互动的工作格局，完善了基层组织建设工作责任机制。

【乡镇党委换届选举】 8月，召开乡镇党代会换届选举工作部署会，对乡镇党委换届工作做出安排部署。编印下发了《延庆县乡镇党委换届选举工作手册》，发放《北京市基层党组织选举工作手册》、《乡镇党委换届工作手册》、《乡镇党委换届工作指南》等换届选举指导书籍300余册。围绕换届工作要求、工作流程和重点问题，对15个乡镇党委书记、副书记和组织委员、宣传委员、党办主任等90余人进行了业务培训，进一步提高了换届工作人员政策水平和业务能力。成立了5个联络指导组，对乡镇党代会换届选举工作在操作程序上进行指导，督导各乡镇严格按照要求开展换届选举工作。9月15—25日，全县15个乡镇先后召开党代会，顺利完成了乡镇党委换届选举。

【加强村级工作规范化建设】 制定了《关于建立村务监督委员会的工作意见》，将现有的村务公开监理小组和民主理财小组整合，建立村务监督委员会，在村党组织领导下对村级事务实施全程监督。深化村"两委"主要干部双向承诺制。严格村干部经济责任审计制度，2011年，共审计村"两委"主要干部474人，审计金额近11.3亿元。积极推进党务公开，制定了《关于党的基层组织实行党务公开的实施意见》和《延庆县关于党的基层组织实行党务公开的意见实施细则》，对党务公开内容、程序、时限、保障等作了制度性规定，坚持党务公开同村务公开相结合。加强村干部队伍党风廉政建设，建立教育防范、权力约束、惩戒震慑等长效机制，全方位、多渠道加强对农村干部的廉政教育。

【农村基层党组织和党员星级创建管理】 制定并

下发了《关于在全县农村基层党组织和党员中开展星级创建管理工作的意见》。结合全县“三级联创”考核评价体系，确定了星级党组织创建“五强五好”和星级党员创建“五带头”一至五级的星级评定标准。突出党员满意、群众公认的要求，把农村基层党组织和党员星级创建管理确定为“自我认星、党员评星、群众议星、组织定星、挂牌亮星”五大步骤。各乡镇根据确定的星级等次，为各村党支部和党员统一挂牌，接受群众监督。完善管理制度，进行分类跟踪指导，动态管理。“五星级”抓示范推广，“四星级”抓巩固提高，“三星级”抓帮扶提升，“二星级”（含二星级）以下抓转化整顿。乡镇党委每年根据考评结果对村党组织和党员加星或减星，积极营造努力争星的工作氛围。

【优化党组织设置形式】 制定了《延庆县非公有制企业党建推进工程实施方案》，深入推进“非公有制企业党建推进工程”，开展了非公企业党的建设“五个好”示范点创建活动，加大非公企业党组织建设力度，采取了企业单独建、商铺联合建、零星挂靠建等党组织设置方式，实现了69家规模以上非公企业党组织全覆盖。继续坚持在以行政村为主设置农村基层党组织的基础上，进一步优化“联片建、特色建、依托建、异地建”等设置模式，创新党组织设置，增强了党组织的凝聚力和战斗力。

【统筹城乡党建】 坚持以优化组织设置为纽带、以整合资源配置为重点、以统筹工作推进为抓手，进一步深化了双向联系、双管互动的跟进式党员教育管理模式和城乡联合、资源共享的互助式党组织共建模式以及校村结对、活动联谊的红色1+1帮扶模式三种统筹城乡党建模式，促进城乡资源共享、党员共管、组织共进。绿富隆公司党委与县内18个以蔬菜种植和特色农产品为主导产业的行政村共建，成立“增收致富联合党支部”，培育区域主导产业，加快农民增收致富步伐。井庄镇三司村与中央国家机关党校建立了长期共建机制，交流党建工作经验，通过探索构建统筹城乡的党建资源整合体系，形成了以城带乡、城乡联动、共促互补的城乡党建工作新模式。

【在职党员服务社区】 制定下发了《关于开展“在职党员服务社区”活动的通知》，通过组织全县二级班子单位在职党员回社区报到、填写在职党员服务社区手册和报到单，把在职党员从“八小时内岗位履职”延伸到“八小时外服务社会”，充分发挥其参与社区建设、服务社区居民的先锋模范作用。在职党员结合自身特长认领岗位，参与服务社区各项活动。目前全县已有6 940名在职党员回社区报到，26个社区共组建在职党员志愿服务队36支，全年开展社区义诊、青少年暑期教育、消夏文艺演出、垃圾分类、送法上门等专题活动100余场（次），服务居民群众3万余人次。

【“一村一名大学生计划”培养工程】 借助县委党校、延庆电大等单位资源，继续开展“一村一名大学生计划”项目培养工程，2011年秋季录取了37名学员开展大专学历教育，截至2011年，“一村一名大学生计划”培养工程累计招生总量已达到668人，毕业345人。

【大学生“村官”管理】 270名合同期满大学生“村官”中实现再就业251人，就业率达92.96%。已就业的“村官”中，进入行政机关24人，进入事业单位44人，进入专项事业编制9人，考取社区工作者18人，进入企业77人，自主创业4人，考研1人，续签及延长劳动合同25人，灵活就业等48人。新录用大学生“村官”184人，其中：硕士25人，本科111人，专科48人，本科以上学历占74%；男85人，女99人，男生占46%；北京生源91人（其中延庆生源87人），非北京生源93人，非北京生源占51%以上；党员50人。开展北京市2011年面向续聘和进入乡镇机关公务员编制、专项事业编制的合同期满大学生“村官”公开选拔乡镇科级领导干部工作，完成康庄镇市政市容所副所长和井庄镇文化站副站长2个职位的选拔工作。

【农村“两委”主要干部培训工作】 6月，举办了村“两委”主要干部培训班，邀请民政部、北京市委农工委、高校专家教授从农村基层组织建设、村级民主政治建设、农村党风廉政建设、农村专业合作组织经营管理、农村财务管理等几个方面，对村“两委”干部进行针对性的培训。2011年8月，组织10名村党支部书记参加市委组织部、市委农工委举办全市村党组织书记加强和创新社会管理示范培训班。提高了村“两委”干部的思想理论水平和服务发展能力。

【组织开展建党90周年纪念活动】 组织全县1万名党员参观了“一切为了人民——北京市纪念中国共产党成立90周年展览”。7月11日，以“永远跟党走”为主题，在中华世纪坛举办了主题党日活动，以重温入党誓词、诗朗诵、唱红歌等形式，表达了延庆人民永远跟党走的坚定信念和建设富裕、文明、宜居、和谐新延庆的炽热情怀。

“三农”工作部署和实施

【农村工作会】 3月10日，召开2011年农村工作会。副县长徐凤翔总结了2010年新农村建设工作，并部署了2011年工作任务。随会下发了：《关于推进社会主义新农村建设促进农民增收致富若干政策的意见》、《新农村建设实施方案》和《新农村建设折子工程》。

【县十三次党代会】 8月，召开延庆县第十三次党代会代表选举工作部署会，向全县58个党委、工委相关人员进行工作部署和业务培训，编印下发了《中国共产党延庆县第十三次代表大会选举工作手册》。成立了五个联络指导组，指导各基层党委、工委按照县党代会代表选举的程序、要求和结构比例认真做好县党代表的选举工作，共选出县十三次党代会代表245人。起草印制党代会议程、日程安排、代表名册等各项会务材料，做好大会筹备工作。12月5—8日，中国共产党延庆县第十三次代表大会胜利召开，本次大会主题是：高举中国特色社会主义伟大旗帜，认真贯彻落实科学发展观，加快转变经济发展方式，动员和带领全县人民，深入实施生态文明发展战略，全面建设绿色北京示范区，努力开创延庆现代化建设新局面。县委书记孙文锴代表中国共产党延庆县第十二届委员会向大会作了题为《抢抓发展机遇，坚持科学发展，全面建设绿色北京示范区，为开创延庆现代化建设新局面而努力奋斗》的报告。大会审议并通过了关于中共延庆县第十二届委员会工作报告的决议和县纪律检查委员会工作报告的决议，以无记名投票的方式选举产生了中共延庆县第十三届委员会和中共延庆县第十三届纪律检查委员会，共有县委委员34名、县委候补委员6名、县纪委委员29名。这次大会实事求是地总结了中国共产党延庆县第十二次代表大会以来延庆县在经济社会发展和党的建设等方面的成就，分析了本地区面临的发展机遇和挑战，进一步理清了科学发展的思路，科学制定了未来五年的主要任务，为延庆县今后的发展指明了方向。

【人大建议办理情况】 人大共收到代表提出的涉农建议2件，于5月4日全部办结。

【政协提案办理情况】 政协共收到委员提出的涉农提案2件，于5月4日全部办结。

延庆县主要领导人

县委书记		孙文锴
	副书记	李先忠　郭振清（12月免）
		胡耀刚（12月任）
	常委	孙文锴　李先忠
		郭振清（12月免）
		胡耀刚　于少东（9月免）
		徐维功　甘靖中
		孟振全　陈合安
		王立明　张素枝（6月任）
		李忠义（10月任）
		吕桂富（12月任）
县人大常委会主任		赵淑君（女，12月免）
		郭振清（12月任）
	副主任	赵振山（1月免）
		侯林兴
		盛桂荣（女，1月任）
		白元玺（12月免）　唐富臣
		郭同林（不驻会，12月免）
县长		李先忠（1月任）
	常务副县长	胡耀刚（12月免）
		甘靖中（12月任）
	副县长	徐凤翔（12月免）
		李满（12月免）
		赵志萍（女，12月免）
		张素枝（女，12月任）
		魏怡（女，10月任）
		刘兵
		谢文征（10月任）
		武岗（12月任）
县政协主席		赵双利
	副主席	宋献坤　谷艳兰（女）
		贾晓明（12月免）
		杨书海（不驻会，12月免）
		徐凤翔（12月任）
		李满（12月任）
		赵志萍（女，12月任）
		程大庆（不驻会，1月任）
	秘书长	丁铁生

延庆县乡镇（街道办事处）党政正职领导

	党委书记	乡（镇）长
延庆镇	胡玉民	闫承发
永宁镇	李东升（2月免）	丁立民（4月免）
	丁立民（2月任）	史建柱（4月任）
康庄镇	武岗（12月免）	贺利
张山营镇	王建元（9月免）	叶东（11月免）
	叶东（9月任）	刘文祥（11月任）
八达岭镇	张双锁（2月免）	卫洪涛（4月免）
	卫洪涛（2月任）	卫洪英（女，4月任）
旧县镇	张书亭（2月免）	常迎六（4月免）
	常迎六（2月任）	郭铁石（4月任）
千家店镇	纪文选（2月免）	黄金龙（4月免）
	黄金龙（2月任）	池合仓（4月任）
四海镇	李凤云	郑玉伶（女）
大榆树镇	梁志杰	王艳宾
沈家营镇	杜义忠（2月免）	张绍芬（女，4月免）
	张绍芬（女，2月任）	吴永才（4月任）
井庄镇	刘永强（9月免）	赵琳峰（11月免）
	赵琳峰（9月任）	崔旭龙（11月任）
香营乡	朱万富	徐自成
大庄科乡	胡树森	晏红利
刘斌堡乡	刘占亮（2月免）	
	张合林（2月任）	
珍珠泉乡	孙平（2月免）	姜言泉（4月免）
	姜言泉（2月任）	徐志中（4月任）
百泉街道办事处	鲁振中	赵振华
儒林街道办事处	刘世记	冯浙军
香水园街道办事处	聂书军	史建柱（2月免）
		陈桂芬（女，2月任）

（延庆县农委　路宝庆　王秋凤　贺志鸿）

市农业系统行政、事业单位

中共北京市委农村工作委员会 北京市农村工作委员会

年初，市委农工委、市农委全面接受了市委巡视组的巡视，对巡视组指出的问题进行了认真梳理，坚持做到一边整改，一边推动工作。在实际工作中，努力转变自身的职能，努力创新工作方法，努力整改两委工作中存在的问题，全面强化两委机关对市委、市政府决策的执行力，全面强化对近郊农村的服务力，全面强化对新农村建设和城乡一体化发展的协调力。通过抓规划带动、抓政策推动、抓协调督查，顺利实现了“十二五”时期的良好开局。

一、编制规划，带动、引领区县投入“三农”资金

过去以支农资金作为抓手，推动郊区的发展。财政实行转移支付之后，如何推动“三农”工作，是一个重大课题。从实践中摸索出用规划引领和带动工作的方法。通过规划来调动财政和各个委办局的资金，用规划来引领区县投入“三农”的资金。编制完成了《“十二五”时期城乡经济社会一体化发展规划》，涉及城乡规划、城乡产业、城乡基础设施、城乡公共服务、城乡劳动和社会保障、城乡社会管理6个方面，内容很丰富、架构很清晰、制度设计很具体。这是全市“十二五”时期市级18个重点综合专项规划之一。围绕这个综合专项规划，还编制了8个方面的规划，包括以农业局为主编制的《都市型现代农业发展规划》以及《沟域经济发展规划》、《重点小城镇建设规划》、《农产品加工业发展规划》、《农产品流通体系发展规划》、《政策性农业保险发展规划》、《农业区域合作发展规划》、《农村适用人才中长期发展规划》。这些规划超前谋划了京郊“三农”发展的长远思路和措施，明确了目标和任务，也安排了重大的项目和资金。所以，这些规划成为推动工作的一个重要抓手，为争取政策支持、资金支持，推动未来的发展奠定了良好的基础。

二、制定政策，推动、促进郊区各业发展

按照市委、市政府整体工作要求，全面落实中央农村工作会议和市委、市政府十届八次、九次会议精神，以及年初全市农村工作会议精神，市委农工委、市农委从多个方面研究政策，从多个渠道联系各有关委办局，出台了20多个含金量比较高、推动力比较强、农民得实惠的政策。

1. 出台了《关于坚持科学发展促进城乡融合统筹推进郊区工业化、城镇化和农业现代化的意见》（京发［2011］6号）。这是以市委名义发的贯彻落实中央1号文件的北京市1号文件。这个文件明确了京郊“三化同步”的发展方向，明确了坚持科学发展这一主题和加快转变经济发展方式这一主线，突出“五个加快”推动城乡一体化发展的重点任务和重要途径，进一步完善了近年来行之有效的强农惠农政策。同时，根据京郊发展需求提出了创新城镇化途径和机制、深化新农村建设、千方百计增加农民收入等一些新的重大举措，对全市加快推进城乡一体化发挥了重要作用。

2. 出台了《关于全面推进北京都市型现代农业服务体系建设的意见》（京政发［2011］8号）。这个文件明确了农业科技推广、动植物疫病防控、农产品质量安全、农资、农村金融等九大服务体系、37项重点工程，提出了以奖代补、择优扶持、加大投入等奖励政策，推动了农业服务体系的建设。乡镇的科技推广、动物疫病防控以及农产品质量安全体系基本建成。

3. 出台了《关于加强农村基础设施维护和管理的指导意见》（京政发［2011］28号）。这是以市政府名义制发的重要文件。“十一五”期间，全市投资了200多亿元，3 900多个村的五项基础设施全部到位，加快推进了“三起来”工程，农村的面貌发生了很大变化。但是这些基础设施的后期管护对这些村来说，既没有资金又没有能力。经过反复调查研究，确定了城乡一体化农村基础设施运行维护管理意见。把农村五项基础设施纳入原来政府管理渠道，各司其职、各负其责。市政、水务、园林、农业部门、交通、环卫等部门，将各自的工作范围直接延伸到村，把五项基础设施管起来，通过这个思路推进了农村基础设施、城乡统筹管护的机制。应该说，为城乡一体化开了管理的先河。各个部门和远郊区县都出台了意见，把农村基础设施由原来的部门、原来的体系来管理，走原渠道增加资金，走原渠道增加人力。部分在原渠道没有的，就采取市场化购买服务的形式，明确了农村基础设施维护管理责任主体、出资主体、监管主体。应该说，这是从长效机制上、从根本上解决问题。

4. 制定了《关于开展新型农村社区试点建设的意见》(京政发［2011］22号)。在10个远郊区县各确定了一个试点社区，通过不同区域、不同类型探索规划、土地、筹资、就业、新民居建设以及社区服务和党组织建设、民主自治的新途径。每个试点进展得都比较顺利。

5. 制定了《关于促进沟域经济发展的意见》。同时，还出台了《关于完善山区泥石流易发区以及生存条件恶劣地区农户搬迁工程管理办法》，山区的产业发展以及农户搬迁工作又进入了一个新的阶段。财政确定了1亿元的沟域经济发展资金，对于沟域经济发展发挥了重大的推动作用。

6. 出台了《促进农民增收行动计划》(京新农发［2011］1号)。明确提出了“两个以上，两个高于”的农民增收目标，即：“2011年，农民人均纯收入要确保实际增长7%以上，低收入农户人均纯收入要实际增长10%以上。‘十二五’时期，确保农民增收速度高于城镇居民，相对低收入农户增收速度高于农村居民收入平均增长速度，逐步扭转城乡居民收入绝对差距扩大趋势。”明确了加大转移就业力度，增加农民经营性收入、转移性收入及动员社会力量帮扶等11项重点工作。

7. 制定了《关于加快现代种业发展的意见》，已通过市政府专题会审议。计划组织召开种业大会，全面贯彻落实。

8. 制定了《关于培育创建北京市农民专业合作社示范社及评定管理办法》(京政农发［2011］4号)。这个办法含金量较重，将推动合作社做大做强。

9. 制定了《关于开展村级公益事业建设一事一议财政奖补试点工作的实施意见》(京农改函［2011］1号)。目前，已经确定了年度奖补项目133个，落实奖补资金10 175万元。

10. 制定了《关于进一步加强新形势下首都农村精神文明建设工作的实施意见》(京办发［2011］28号)，这个文件由市委办公厅印发。贯彻中央六中全会精神，弘扬北京精神，扎扎实实推进首都农村精神文明建设。

同时还出台了《海外人才创业园的优惠政策》、《推进小城镇改革发展的意见》、《加快推进京郊旅游发展的意见》、《建立村务监督委员会工作的意见》、《党风廉政建设工作的意见》、《村庄社区化服务管理活动的意见》、《村邮政员队伍建设工作的实施意见》等政策意见。

结合年度工作任务，还出台了一些管理的办法。比如：《沟域经济发展资金管理办法》、《金融支持农民专业合作社发展的意见》、《北京市政策性农业保险补贴资金管理办法》、《政策性农业保险统颁条款》、《大学生村官促进北京农村金融发展的实施意见》、《“三起来”工程建设实施方案》、《远郊重点小城镇建设资金的指导意见》、《主要涉农企业外埠基地建设任务和奖励资金分配意见》、《农委专项资金管理办法》。

通过以上这些政策，进一步把规划落到实处，调动了市政府职能部门的积极性，吸引了社会各界力量的参与，引导了区县资金的投入，深受京郊广大农民群众欢迎，取得了实实在在的效果。初步统计，通过这些规划和政策的意见，争取了政策性支农资金100多亿元，仅在农业农村这个层面，不包括修路、水务、园林。农村固定资产投资达到447亿元。

三、狠抓协调督查，取得丰硕成果

有了规划、有了思路、有了资金，就要着力狠抓落实。主要表现在以下十个方面：

1. 全面提升都市型现代农业发展水平。“十一五”时期，都市型现代农业初具规模，形成了体系。“十二五”时期，着力提升都市型现代农业的发展水平。一是扎实推进新一轮“菜篮子”工程建设。划定基本菜田57.9万亩，新增基本菜田5万亩。创建了10个千亩设施蔬菜标准园、10个集约化育苗体系。建设2万亩设施蔬菜，新增外埠蔬菜生产基地4万亩。二是加快调整农业的产业结构。继续深入开发农业的生产、生活、生态功能和综合价值，都市型现代农业的实现形式进一步完善。特别是在设施农业、种业、乡村旅游业和会展农业等方面实现了新突破。制定了种业发展的相关意见，筹备全市种业大会，分项目推动落实。世界草莓大会、国际食用菌大会、世界种子大会、葡萄大会等筹备工作进展顺利。协调旅游委等7个部门共同出台了关于推进乡村旅游业的意见，提出了“六个一”的工作目标，召开京郊旅游大会，为加快京郊旅游发展奠定了基础。三是大力推进一、二、三产融合发展。在抓设施农业、种业、农业结构调整的同时，加大了对农产品加工业、涉农企业上市、龙头企业的扶持力度，农业产业化全面推进。有6家企业被评为国家级农业龙头企业，全市国家级农业龙头企业达到37个，市级龙头企业达到75个。抓涉农企业上市，对每个涉农企业上市奖励600万元，极大地调动了企业的积极性。四是加快建设沟域经济。规划沟域内生态建设、环境整治、基础设施、村庄民居和产业建设五项工程加快实施。2010年规划的7条沟启动项目156个，2011年新规划7条沟，已经基本完成。五是建设和完善了农业服务体系。推进基层全科农技员队伍建设，实现了“千人千村”目标。推动以供销合作社为主体的农资服务体系，供销社的农资服务、物流中心已经建成开业。

2. 全面推进社会主义新农村建设。一是初步建立了农村基础设施的管护机制。探索农村基础设施管护机制的工作已经走在了全国前列。二是继续推进“三起来”工程。特别是2010年第四季度，启动了20万户农民住宅抗震节能改造工作，建立了工作机制，落实了资金投入，明确了建设标准，下达了建设任务。突破了用土地出让金来建农村的基础设施、改造农民的房屋这样一个政策。全年预算资金16.4亿元，2012年安排35亿元。用两年时间改造20万户，以后还要连续改造，一年完成10万户。三是稳步推进新型农村社区建设试点。不同类型的10个试点都有进展。四是村庄人居环境显著改善。全面开展村庄环境整治绿化美化，特别是探索了农村地区生活垃圾分类投放、分类收集、分类运输和分类处理全过程的管理体系，并选择了50个乡镇、1 200个行政村开展了垃圾分类达标试点工作。农村体育设施、文化设施各方面设施都有显著的变化。五是动员社会力量参与社会主义新农村建设。目前，全市已有各级政府机关和事业单位484个，中央企业、本市企业31家，民营企业227家，驻京部队13家，还有国际驻华机构、社会团体200多家，投入了大量的资源、资金，采取不同的方式参与了社会主义新农村建设。初步估计，这些机关、企业、团体对全市社会主义新农村的支持不少于几十个亿。

3. 全力推进小城镇建设。一是全面落实《“十二五”时期重点小城镇规划》，出台了《重点小城镇改革发展的意见》。二是建立了重点镇监测调查分析评价的体系，加强对小城镇建设的管理指导。三是开展了国家历史文化名镇、名村保护工作，绿色小城镇推荐申报工作，城镇发展改革试点推荐申报工作，小城镇的影响力有了提升。四是加快推进产业园区发展。吸纳农村人口，促进小城镇居民的就业有了新的进展。特别是在这个过程中，市委农工委、市农委协调市发展改革委、市国土局、市公安局、市民政局和市人力社保局共同研究推进农转非工作，建立了一套加快农转非工作的督查机制，对于推进农转非起到了积极的作用。

4. 全力促进改善民生。一是千方百计增加农民收入。第一季度农民收入增长达到10.1%。当时物价指数接近6%，扣除物价指数，实际增长刚刚超过4%，离7%的指标差距太远。如何实现7%的目标？农工委、农委、新农村办公室及时组织力量研究政策，协调各部门制定了推进农民增收的意见，并于5月份召开了专门推进农民增收工作大会，果断从年初的创新奖里拿出4 000万元，对农民增收和低收入农户增收前两名进行了奖励，分别对密云、顺义、平谷、通州4个区县各奖励了1 000万元，在全市产生了巨大的震动，同时配套了相关的政策意见，协调相关部门推动项目落实，农民收入从第二度逐渐好起来。第三季度末，在CPI6.5%的情况下，农民收入增长13.8%，基本完成年度指标任务。主要得益于及时出台了强有力的农民增收政策。到年底，对农民增收走在前头的门头沟、怀柔、顺义3个区县，又分别奖励了1 000万元。二是千方百计提高农村社会保障水平。城乡居民基础养老金提高到330元，无保障老人福利养老金提高到250元，45.4万人领取福利养老金。全市农村养老保险累计参保人数153万人，参保率92%，16.8万人领取养老金，人均每月450元。农村最低社会保障水平有较大幅度提高，农村低保从每月210元提高到330元，全市4.3万户、7.4万人受益。加大农村社会救助力度，提高低收入家庭取暖补贴标准、高等教育新生入学一次性救助标准，落实特困人员住院押金减免和出院即时结算制度。三是加大对新型农民的培养和培训力度。选派300名农民参加设施农业骨干农民境内外研修，培训后平均亩产增加153千克以上，平均亩效益增加0.5万元以上，直接生产面积2 355亩，示范指导生产面积20 034亩，辐射带动生产面积8万亩左右。依托农民田间学校，大力推广良种良法，农民生产效率进一步提高。做好都市型现代农业海外人才创业园基础设施和周边环境优化建设，初步具备农业科技研发、创业基本条件，对海外农业高端人才和创业团队的吸引力进一步提高。

5. 全力深化农村改革。一是进一步加强农村的土地管理。包括完善家庭承包经营制度，确定土地关系，对集体土地所有权、建设用地使用权、宅基地使用权确权登记。加强对设施农业违法占地的查处力度，坚持建设的设施农业绝不能违反设施农业的功能、不能违反设施农业的标准的原则，配合市国土局对借着设施农业的名义盖小产权房、大棚里建房、房上建棚等违法行为进行了专项查处。二是加快推进农村集体经济产权制度改革。全市新完成改革的单位1 232个，累计完成3 645个，全年村级改革完成比例达到91.4%，300万农民成为新型集体经济组织的股东。巩固改革成果，推进产权制度改革档案管理规范建设。三是农民专业合作社得到了长足的发展。全市农民专业合作社达到4 864个，成员12.8万名，辐射带动农户46万户，覆盖农户的2/3，全市新评示范社50家，累计达到100家。四是农村金融服务不断创新。2011年底，涉农贷款余额1 667.5多亿元，增长40.3%。农村保险受到各方的好评，农村政策性保险制度正在逐步完善。五是农村综合改革得到深化。确定了一事一议财政奖补政策，基本完成乡镇机构改革。还有一些相应的改革也在不断推进。

6. 全面推进农村基层组织建设。一是基层组织建设不断加强。围绕庆祝建党90周年，深入推进农村创先争优活动，实施“领航”、“聚力”、“先锋”三大工程，基层党组织战斗堡垒作用更加坚强，农村党员先锋模范作用更加突出。积极适应城乡一体化进程中农村社会结构、产业结构、组织形式的新变化，在全市农村推广村村联建型、产业带动型、村企联建型、村居联动型等多种形式的组织设置方式，农村基层组织建设与时俱进。二是顺利完成乡镇领导班子换届工作。配合市委组织部，加强乡镇换届工作的指导和监督，选好配强乡镇领导班子。积极推进改革，探索实施“80后”干部选配工作，加大干部交流力度，乡镇领导班子梯队结构更趋合理。举办新任乡镇党委书记和乡镇长轮训班，基层执政能力建设进一步加强。三是逐步推行乡村治理机制。深化基层民主建设，推进农村基层党务公开，党员群众的民主权利得到充分保障。规范农村新型股份经济合作社运行机制，农村“两委一社”整体作用得到强化。深入开展后进村党组织整顿工作，倒排确定后进村党组织255个，整顿转化工作扎实有效。

7. 全面加强农村社会建设。一是扎实推进社会管理。推进社会管理创新，开展了村庄社区化服务管理活动。加强涉农矛盾纠纷排查化解工作，维护了郊区和谐稳定。二是加强农村的精神文明建设。农民艺术节弘扬“北京精神”，把“北京精神”落实到农村去。“美丽乡村”两年评一次，已推出来42个候选村。成功举办了一届有特点、高水平的农民运动会。精心组织第二十二届农民艺术节暨第二届北京乡村歌舞节活动，组织开展了2011“美丽乡村”主题电视晚会、“美丽乡村”文化主题展播系列活动、“乡村大舞台”群众文化系列活动、“北京·美丽乡村”艺术展览系列活动。三是维护了农村的安全稳定。配合查处违章建筑和违法经营专项活动，开展矛盾纠纷排查的化解工作、信访工作，解决了大量的矛盾和问题，维护了农村社会稳定。

8. 全面加强自身建设。一是领导班子和干部队伍建设进一步加强。年初，两委接受了市委的巡视，巡视组给予了很高的评价，对两委班子建设、干部队伍建设提出了新的要求。年底，接受了市委组织部对两委班子综合任期考察。两委一批干部得到了成长，一批干部下基层锻炼。两委班子有信心、有能力带领全体干部职工全力做好首都的“三农”工作。二是机关的效能建设进一步加强。全年办结人大建议议案68件，满意率100%。全面完成了政府的折子工程、新农村建设折子工程、“人文北京、科技北京、绿色北京”折子工程、重点改革任务、社会矛盾化解、党风廉政建设等各项任务174项。完成领导批示办理件550件、督查件17件，有效促进了各项工作的落实。三是机关作风建设进一步加强。举办纪念建党90周年专题活动，获市委主题活动最佳奖。两委机关开展创先争优和“三进两促”实践活动，18名优秀党员、8个处党支部受到了表彰。全面落实党务公开制度。四是党风廉政建设进一步加强。农村、区县、两委机关党风廉政建设进一步加强。组织查找风险点，制定预防措施，推进项目管理。包括小金库检查制度、公务用车专项制度执行得很好，推进得很好。全年两委机关没有受到党纪、政绩处分的人和事。

9. 全力做好服务保障。机关党委、工会、老干部工作、农产品特需、办公室工作都有创新，每项工作都取得了好成绩。

10. 全面抓好农口系统建设。坚持以两委工作的中心来凝聚农口系统各单位的力量，推进“三农”工作。农业局队伍最大，应该说2011年成绩非常突出：粮食生产实现全面丰收，蔬菜生产确保了首都市场基本的供应保障，畜牧业没有发生重大的疫情，结构调整也正在积极地进行。种业、农业科技推广、农产品质量安全都取得了好的成绩。农研中心围绕农委的中心工作，围绕“三农”发展的热点难点，开展调研、推进试点，取得了好成绩。积极抓农村信息化、农村经营管理、集体产权制度的改革、农业合作社的管理，为基层提供了服务、解决了难题，为领导提供了服务、取得了明显的成绩。中央批发市场管委会大力转变发展方式，解放思想，创新思路，整合资源，推动了各项工作的落实。农产品的交易同比增长31%，实现营业收入比上年增长13.9%，直接吸纳就业人员7 000人，间接带动12万人就业。特别是牵头协调北京东南部农产品流通中心项目，取得了实质性进展，市政府已经发文，由朝阳区政府和中央批发市场管委会推进东南部农产品物流园区建设，发改委已经把它作为2012年重大项目列入计划。农职院通过人才强校、智力立校、特色兴校，通过了教育部、财政部“211示范校”的验收，跻身全国百所示范校的行列，这是一个重大的进步。农科院紧密围绕都市型现代农业发展的需求，整合各所、各中心的科技资源，开展了一系列的科技攻关。全年获得省部级科技奖励28项，获得国家科技进步奖4项，获得农业部的奖励4项，获得市科学技术奖20项，成果丰厚。宣教中心从抓技能、抓载体、抓服务入手，围绕两委的中心工作，发挥了重要的作用，为城乡一体化的宣传、为社会主义新农村建设的推进、为京郊农民的服务，做出了很大的成绩。北京新农村专题片45分钟，上了中央电视台7频道，在全国宣传了北京的社会主义新农村建设。

一年来，坚持转变职能、转变作风，在突出主题和围绕主线中开拓进取，在明确“三化同步”主攻方向上敢于担当，在服务农民群众这个主体中亲历亲为，在争取率先形成城乡经济社会一体化发展新格局中攻坚克难，在完成各项任务中勇于创新，付出的努力有目共睹，取得的成绩、积累的经验弥足珍贵。一是强化规划引导，推动当前和谋划长远两手抓；二是强化政策推动，积极争取和狠抓落实两注重；三是强化创新驱动，调整结构和转变方式两加快；四是科技支撑，技术服务和设备推广两促进；五是强化农村改革，重点领域和关键环节两突破；六是强化统筹协调，内部联动和外部协作两驱动；七是强化基层基础，组织建设和文化建设两加强；八是强化职责职能，中心任务和自身建设两确保。

市委农工委、市农委领导班子成员

市委农工委书记　王孝东
　　副书记　白仙畔（4月免）
　　　　　　刘福志（1月任）
　　　　　　高　华
　　委　员　赵根武　张贵忠
　　　　　　朱二宏（3月免）
　　　　　　尚延华（8月任）

陈　涛（10月免）
康　森
李海平（12月任）
农村纪工委书记　朱二宏（3月免）
尚延华（8月任）
市农委主任　王孝东
副主任　刘福志（1月任）
赵根武　张贵忠
陈　涛（10月免）
康　森　李成贵　李海平
武维华（2011年7月任，挂职至2012年12月）
委　员　刘亚清　王建中　张宏图
郝　霞　刘春成　薛有才
左晓波（5月任）
（市委农工委办公室、机关党委、干部处）

北京市农业局

概　况

北京市农业局是负责农业行业监督管理的市政府部门管理机构。机关内设14个职能处室和机关党委、老干部处、工会、监察处，机关行政编制106人。局属单位28家，按照单位经费形式划分：行政执法机构1个，全额拨款事业单位20个（参照公务员法管理单位3个，纳入工资规范单位1个），差额拨款事业单位3个，经费自理事业单位2个，未定形式2个。因部分单位合署办公，内部管理实际为24家。

机构设置

单位名称	地址	邮编	电话
北京市农业局	西城区裕民中路6号	100029	82031800
北京市农业技术推广站	朝阳区惠新里高原街4号	100029	84638460
北京市土肥工作站	西城区裕民中路6号	100029	82078454
北京市种子管理站	海淀区北太平庄路15号	100088	62051552
北京市植物保护站	西城区北三环中路9号	100029	62016348
北京市优质农产品产销服务站	朝阳区安外北苑路88号	100101	64965639
北京市农业物资供应站	海淀区西直门外高梁桥斜街28号	100081	62218570
北京市农业环境监测站（北京市农业绿色食品办公室）	西城区裕民中路6号	100029	82031875
北京市农业局信息中心	西城区裕民中路6号	100029	82031894
北京市畜牧兽医总站	朝阳区安外北苑路甲15号	100107	84929018
北京市动物卫生监督所	西外上园村甲3号	100044	62248621
北京市兽医实验诊断所	朝阳区慧忠寺96号	100101	64891950
北京市兽药（饲料）监察所	朝阳区安定门外北苑畜牧服务中心院内	100012	84932317
北京市畜牧业环境监测站	昌平区昌平镇超前路21号	102200	89740848
北京市水产技术推广站	朝阳区潘家园华威西里甲48号南楼	100021	87702636
北京市水生野生动物救治中心	延庆县大榆树镇西杏园300号	102100	81198253
北京市渔政监督管理站	丰台区永外西罗园二区23楼二层	100077	67274269
北京市农业机械试验鉴定推广站	丰台区南方庄甲60号	100078	67631575
北京市农业机械监理总站	海淀区复兴路2号	100038	63312505
北京市农业干部培训中心	北京经济技术开发区经海一路科创十四街99号1栋	100176	69543168

（续）

单 位 名 称	地 址	邮 编	电 话
北京市农业局后勤服务中心	西城区裕民中路6号	100029	82078481
北京市农民体育工作办公室	西城区裕民中路6号	100029	62024158
北京农业杂志社	西城区裕民中路6号	100029	62044255
北京市农业局财务服务中心	西城区裕民中路6号	100029	82085018
北京市农业局老干部活动站	西城区裕民中路6号	100029	82078496

主要工作

年内，北京都市型现代农业保持了良好的发展势头。农业经济运行平稳，农林牧渔总产值预计实现363.1亿元，同比增长10%；农民人均纯收入预计达到14 736元，扣除物价因素实际增长7.6%以上；粮食生产实现“三增”，单产、总产、产值分别为387.7千克、121.8万吨和24.9亿元，同比分别增长12.3%、5.3%和6.9%，大兴区和全市2名种粮大户、4名科技工作者受到了国务院表彰。菜篮子产品生产稳定，全市蔬菜播种面积100.2万亩，上市量33亿千克，肉、蛋、奶产量分别达到44.4万吨、15.1万吨和64万吨，水产品产量6.1万吨。重大动物疫情零发生，确保了北京市连续7年未发生区域性重大动物疫情。农产品质量安全水平稳步提高，在农业部抽检中处于全国较高水平，确保了全年未发生重大农产品质量安全事件。农机化发展步伐加快，全市主要粮食作物耕种收综合机械化水平达66%。特别是玉米机收率达75%，比上年提升了18个百分点。同时，会展农业、观光休闲农业发展迅速，产业化经营水平不断提高。

1. 抓统筹，谋发展，构建全局工作一盘棋。加强工作谋划，年初，在全市农业系统工作会上，提出了“四个确保”的工作目标，确定了“强基础、拓功能、保供给、促转型”的工作思路，明确了全年工作重点。在工作推进过程中，通过会议、督查、总结等形式，对阶段任务进行了部署和安排，对重点工作措施进行了完善。研究重点问题，组织开展了“北京市农业规模化经营现状调研”等9项重点调研课题，建立了市、区县调研信息沟通机制，形成了一批重要研究成果，为下一步都市型现代农业科学发展提供了依据。加快规划实施，围绕《北京市“十二五”时期都市型现代农业发展规划》，设施农业、种业、畜牧业、渔业、农业基础建设及综合开发、都市型现代农业服务体系建设等多个专项规划迅速进入实施阶段。组织编制了《北京市农业机械化发展规划（2011—2015)》，提出了发展目标，明确了主要任务和工作举措。狠抓政策落实，认真贯彻实施粮食直补、畜禽良种补贴、农机购机补贴等各项强农惠农富农政策，加强项目监管和专项检查，确保6.38亿元补贴资金不折不扣落实到基层，落实到农民手中。强化指导服务，在关键季节、重要农时及时派出督导服务组，“零距离”提供服务，确保重点工作取得阶段性成效。在突发不利天气面前，及时组织专家和技术人员深入生产一线，科学指导防灾减灾；支持发展优势特色产业，全面提供技术服务，得到了区县政府和农民的一致好评。

2. 促生产，保供给，“菜篮子”工程建设取得显著成效。始终坚持把实施新一轮“菜篮子”工程建设作为全年工作的重中之重，市区县各部门密切配合，围绕提高“三率一能力”（自给率、控制率、合格率和应急保障能力）目标，全力以赴推进。抓增量、扩总量，“菜篮子”生产能力稳定提高。大力发展设施农业，新建3.2万亩，全市设施面积已达32.6万亩。增加菜田总量，新建菜田5.5万亩，落实全市菜田最低保有量58万亩。大力发展畜禽标准化规模养殖，生猪、奶牛、肉禽标准化规模养殖比例分别达75%、95%和85%。全市主要农产品自给率稳步提高。加强区域合作，组织龙头企业建立外埠生产基地67个，主要农产品控制率进一步提高。抓生产、提质量，“菜篮子”生产效率显著提升。实施蔬菜提质增效“三百工程”（百名专家进菜园、百项技术到地头、百分竞赛选能手），带动全年瓜菜、食用菌增产6.5万吨、增收4.1亿元。加快推进健康养殖，完成104个规模养殖场标准化改造和产能提升，对21个渔业标准化生产基地和7个循环温室进行了提档升级。抓示范、树典型，“菜篮子”产品质量安全得到保障。稳步推进农产品质量安全监管示范创建工作，房山被评为“示范区”，大兴、平谷被评为“优秀区县”，延庆、顺义等10个区县被评为“达标区县”，房山区琉璃河镇等5个乡镇被评为“优秀乡镇”，建立“菜篮子”工程优级标准化基地57个，树立了首都“菜篮子”产品的质量安全品牌形象。

3. 占高端，创高效，都市特色农业产业加快发展。籽种农业全面发展，落实《北京种业发展规划（2010—2015年）》，实施“2468行动计划”，全市种子经营额达50多亿元。制定了《关于加快推进现代种业发展的意见》，加快了打造北京“种业之都”的步伐。着力构建畜禽良种繁育体系，实施良种产业科技示范园区建设等19个重点项目，全市种畜禽场达190个，3家企业入选国家生猪核心育种场行列，代表了全国生猪育种的最高水平。大力推进畜禽良种产业发展，实现畜牧种业产值20亿元。以观赏鱼、冷水鱼、罗非鱼及鲟鱼为代表的渔业苗种繁育体系初步形成。粮经高产创建扎实推进，建立国家、市、区县三级高产创建示范方60万亩，小麦、玉米平均亩产提高13%。积极发展农业会展经济，第9届中国国际农产品交易会和第19届北京种子大会取得丰硕成果，世界草莓、食用菌、种子、葡萄大会等筹备工作进展顺利。深入探索创意农业，2011北京金鱼锦鲤大赛、第二届北京市小麦收获节、农业“进城入园”等活动收到良好效果，丰富了现代农业的功能，挖掘了传统农业的新价值。

4. 重监管，保安全，为首都农业发展和城市运行提供了有力保障。始终坚持主动防控与应急处置相结合、强化管理与专项治理相结合，突出抓好监测、预防、应急、整治、执法等关键环节。动物卫生管理工作成效显著，强化春秋两季集中免疫，累计免疫口蹄疫等各类重大动物疫病2.1亿头只、狂犬病75.7万条；加强疫病监测，累计监测16.3万份，合格率均高于部颁标准。深化动物卫生与畜牧管理三大体系建设，强化行政管理、监督执法和技术支撑三条主线，搭建了“两级四层”的运行体制，建成区域驻场官方兽医室65个、区县快速检测室10个，全市7个区县系统内部兽医实验室达到了农业部考核标准。加强检验检疫工作，完成产地和屠宰检疫4.3亿头只、产品7.6万吨，无害化处理59万头只、产品1 000余吨。加强进京动物产品检疫监管，查处不合格动物3.5万头只，产品近3 000吨。落实《北京市动物防疫体系建设规划（2008—2012年）》，市动物病预防控制中心、动物及动物产品留检中心和非犬类动物收容中心建设进展顺利，区县项目同步推进，技术支撑和能力保障体系稳步确立。农产品质量安全监管不断强化，实施“顺向推动”和“逆向监管”相结合的工作方式，构建了开展风险调查、启动风险评估、实施风险检测、加强监督抽检“四位一体”的农产品质量安全监管体系。大力推进农业标准化生产，建成市级农业标准化基地1 128家，累计制定各项农业标准221项，形成了产前有环境质量标准、产中有生产技术操作标准、产后有卫生质量和包装标准、全程有规范管理标准的全过程标准化生产和管理，种养业主导产品的标准覆盖率达90%以上。加快“三品一标”认证，新增认证产品465个，全市共1 063家企业的3 572个产品获得认证，占农产品生产量的35%以上；“昌平草莓”等6个农产品获农业部地理标志登记。实施检打联动，以蔬菜农药残留、“瘦肉精”等六大专项治理行动为重点，检查各类生产经营企业1.2万个次，整顿市场1 000多个次。加强监督检测，完成检测样本1.4万个，取得了“首届全国农产品质量安全基层检测技术人员大比武”二等奖的好成绩，在农业部例行监测中，北京市农产品质量安全合格率处于全国前列，居四直辖市之首。农业安全生产形势稳定，深入开展“平安农机”创建活动，开展农机安全生产联合行动185次，检测农机1.4万台，培训驾驶员近千人，在“全国农机驾驶员操作技能竞赛”中获得团体第二名的好成绩；在全国率先取消农机监理费，将农机综合性保险正式纳入全市政策性保险范畴，构建了农机安全生产长效机制。加强农村能源工程管理，制定下发了《关于农村可再生能源工程设施运行管护工作的意见》，创建了考核指标体系，保障了工程设施的可持续运行。

5. 靠科技，重创新，科技入户“最后一公里”难题开始破解。现代农业产业技术体系建设不断创新，新增家禽和食用菌两个产业创新团队，全年实施研发项目150项，推广新技术151项，直接经济效益达5亿多元。村级全科农技员队伍建设成效显著，培养全科农技员1 039名，覆盖10个区县、39个乡镇、1 039个行政村，实现了“千人千村”的目标。农民田间学校建设稳步推进，全市已建成农民田间学校800所、示范校33所，培养新型农民近2万人，技术入户率和到位率分别达到100%和97.6%。都市型现代农业服务体系建设初见成效，稳步推进基层农技推广体系改革，投入1 200万元，100个农业大镇基本建立起农技推广、疫病防控、农产品质量监管等公共服务机构；农资服务体系建设取得新突破，“北京农资交易服务中心”建设完成，顺义、大兴、昌平三个区县配送分销中心建设进展顺利，建立基层网点180个。

6. 强基础，求实效，农业基础建设和基础工作再上新台阶。始终坚持集中推进一批重点工程、重点项目，强化农业发展基础支撑，加快都市型现代农业发展步伐。农业基础建设及综合开发工程加快实施，新建和续建面积共85.1万亩。工程实施三年来，土壤养分综合指数达到67.5，较2009年提高11.4，有机质含量提高0.2%左右，农田肥力等级得到提升；实施配水节水工程，共节水3 910万立方米。生态循环农业深入推进，加强农村可再生能源建设，继续实施“三起来”工程和“两气”工程建设，节约与开发能源6万吨标准煤，减排二氧化碳16万吨；强化农业环境保护，扎实开展北运河流域农业面源污染综合防治，实施化肥控制工程和农药减施工程，化肥施用量减少30%，农药用量减少25%，潮白河流域水系综合治理工作已经启动；加快规模养殖场粪污治理，累计治理规模养殖场585家，粪污量减少了55%，实现了零排放和资源化利用；开展渔业增殖放流，投入资金930万元，投放鱼苗1 287万尾，创造了明显的生态、经济和社会效益。坚持依法行政，完善法律法规体系，完成了《北京市实施〈中华人民共和国动物防疫法〉办法》后评估工作，积极推进《北京市农业植物检疫实施办法》的修订工作；深入推进“绿剑护农”，全市各级农业部门围绕农资打假、“打非添”、“双打”和“打四黑、除四害”等工作重点，组织执法活动2.2万次，查办案件1 000余件，有力维护了市场秩序和农民的合法权益。农业信息化加快发展，全面推进“221信息平台”和12316农业综合信息服务平台建设，信息化服务能力不断增强。加强国际交流与合作，与荷兰有关机构联合举办“中荷农业创新论坛”、“北京—阿姆斯特丹都市农产品生产与供应研讨会”等多项活动，部分合作项目已落地产生效果；组织10名青年技术骨干赴西班牙进行培训，迈出了中长期农业科技人才境外培训第一步。

学会、协会

登记证号	社团名称	业务主管单位	会长	电话	地址	邮编
0010022	北京艾维茵肉鸡协会	农业局	尹彦勋	62029651 60431003	马甸桥北华严北里甲1号	100029
0010027	北京市农机流通协会	农业局	王祖南	63260787	宣武区广外红居南街1号	100055
0011041	北京市新能源与再生能源协会	农业局	高振南	82078421	西城区德外裕民中路6号	100029
0011282	北京外贸菜蔬协会	农业局	闫洪泉	69102441 69102051	延庆东外大街25号	102100
0011283	北京谷物协会	农业局	李继扬	84635681	朝阳区市农业技术推广站内	100029
0011324	北京设施农业协会	农业局	沈　瀚	67697320 67634525	丰台区南方庄甲60号	100078
0011370	北京种子协会	农业局	刘　杭	62365472	海淀区北太平庄路15号	100088
0011369	北京市中药材种植业协会	农业局	周春江	84635681 61786343	朝阳区高原街4号	100029
0011394	中国农业大学北京校友会	农业局	江树人	62373203 62376382	海淀区清华东路17号	100083
0011402	北京畜牧业协会	农业局	尹彦勋	62211790	海淀区西直门外上园村甲3号	100044
0011431	北京市渔业协会	农业局	穆晓萍	87702636	朝阳区潘家园华威西里甲48号南楼	100021
0011530	北京小动物诊疗行业协会	农业局	刘　朗	84929032	北京市朝阳区安外北苑路甲15号	100107
0011532	北京兽药行业协会	农业局	江厚生	84929023/24	朝阳区安外北苑路甲15号	100107

市农业局党政领导班子成员

局　　长　赵根武
副 局 长　刘亚清　沙松平　吴宝新　王振邦
　　　　　马丽英（9月任）　马荣才
　　　　　任宗刚（10月退休）
总农艺师　郑　渝
党组书记　赵根武
副 书 记　刘亚清
成　　员　沙松平　吴宝新　王振邦　金兴利
　　　　　郑　渝　马丽英（9月任）
纪检组组长　金兴利

（黄生斌）

北京市气象局

概　况

北京市气象局实行中国气象局和北京市人民政府双重领导管理，以部门领导为主的管理体制，是中国气象局的下属机构，同时是北京市政府的工作部门。负责北京市行政区域内的气象管理工作以及承担北京地区气象监测、制作和发布北京地区天气预报和灾害性天气预警任务，开展气象科学研究和气候变化研究等工作。

北京市气象局同时是中国气象局华北区域气象中心，负责对该区域内的其他省（自治区、直辖市）气象局开展气象业务技术协调和指导、科研组织、技术支持及业务培训等工作。

北京市气象局内设有10个机关处室、8个直属事业单位，下设14个区（县）气象局并代管北京市人工影响天气办公室、北京市避雷装置安全检测中心；北京气象学会、北京减灾协会挂靠北京市气象局。

经市政府领导批准，同意市气象局组建北京市突发事件预警信息发布中心，3月获得市编制办批准，为事业单位，主要职责和业务工作为应对处置突发事件，提供突发事件预警信息发布服务，接收、发布国家及市级应急指挥中心要求发布的相关预警信息，承担本市突发事件预警平台建设、运行和维护工作。北京市突发事件预警信息发布中心由市气象服务中心管理运行。

年内全市气象部门事业编制内职工560人，其中参照公务员管理58人。在职职工学历结构：大专学历以上469人，占全部在职职工总数的83.8%，其中博士研究生34人、硕士研究生122人、大学本科生211人、大学专科102人、中专29人、高中及以下62人。职称结构：具有专业技术职务人员513人，占全部职工总数的91.6%，其中正研级职称18人、副高级职称128人、中级职称195人、初级及以下职称219人。

机 构 设 置

单位名称	办公地点	邮编	联系电话
北京市气象局	海淀区紫竹院路44号	100089	68400858
北京市气象台	海淀区紫竹院路44号	100089	68400581
北京市气候中心	海淀区紫竹院路44号	100089	68400552
中国气象局北京城市气象研究所	海淀区北洼西里55号	100089	68400745
北京市气象服务中心（专业气象台）	海淀区紫竹院路44号	100089	68400562
北京市观象台	大兴区亦庄北口	100176	68400731
北京市气象信息中心	海淀区紫竹院路44号	100089	68400527
北京市气象局大气探测技术保障中心	海淀区北洼西里55号	100089	68714283
北京市气象局后勤服务中心	海淀区紫竹院路44号	100089	68400808
北京市人工影响天气办公室	海淀区紫竹院路44号	100089	68400745
北京市避雷装置安全检测中心	海淀区北洼西里55号	100089	68420719

主 要 工 作

全市气象工作的总体思路和要求是：深入贯彻落实中国气象局部署，按照以科学发展为主题，以转变气象事业发展方式为主线的总体要求，积极围绕北京建设具有中国特色的世界城市目标和“人文北京、科技北京、绿色北京”建设，加强防灾减灾和公共气象服务，增强应对气候变化科技支撑能力，发展现代气象业务，组织实施好重大项目，进一步重视机制建设、基层基础工作，深入开展创先争优活动，认真编制“十二五”规划，为保障服务首都现代化建设提高发展质量，提升服务效益，在实施“十二五”规划的开局之年，为全面完成“十二五”规划任务开好头、起好步。

1. 围绕首都世界城市建设需求做好气象预测预报服务。年内在为首都开展决策气象服务和重大活动服务工作中，以做好建党90周年系列活动保障为重点，完成了深圳大运会火种采集和火炬传递启动仪式、中央领导同志在京义务植树活动、第二届北京国际徒步大会、中国网球公开赛和2011年环北京公路自行车赛、首都各界向人民英雄纪念碑献花篮活动、党的十七届六中全会气象服务工作等，并为市政府提供日本福岛核辐射污染扩散气象服务专报80余期，成功保障首都重要大型活动31项，服务保障工作获得了中办、市政府和活动组委会的表扬和感谢。

年内在气象服务工作中更加体现精细化、人性化，建立了迎峰度夏、扫雪铲冰等多部门联动会商机制，为电力部门、市政市容委、环卫集团等行业用户提供精细化、专业化服务。公众服务更加人性化，汛期强天气提供上下班出行的针对性天气服务信息。汛期市局政府网站开通“重要天气过程实况信息”专栏，实现暴雨雷电等重要天气过程后实况信息及时对公众发布，方便市民了解和下载，为市民提供气象信息快捷方便服务。市气象局与市市政市容委、市财政局联合开展5次供暖气象服务专题会商，为供暖决策工作提供科学气象依据。在深圳大运会筹备和举办期间，市气象局派出人员为深圳市气象局安装了短时临近预报系统软件，进行业务培训，支援并参与大运会的气象服务工作。精细天气预报技术参与支持西安世界园艺博览会气象服务。

在保障重点部门领域和城市运行的防雷安全工作中，为中共中央直属机关等进行防雷检测和保障服务，完成了新建地铁线路、首都机场、大型火车站的防雷检测任务，完成了高等院校、商企系统、全市中小学抗震加固防雷工程、市旅游景区等重点部门和领域的防雷保障任务。

2. *加强做好全市应急保障气象服务。*年内在应急保障气象服务工作中，市气象局参与修订了60余项与气象有关的部门应急预案；建立了与市应急指挥中心、水务、市政、交管、路政等部门之间的预警联动、应急响应及信息共享机制；与市民政局、市公安局签署两项框架协议。应用市物联网系统圆满完成了春节期间全市燃放烟花爆竹气象服务工作。围绕首都防灾减灾和城市安全运行需求，针对降雪、干旱、降雨、冰雹、大雾等重要天气过程，发布气象灾害预警信号86期，提供气象决策服务材料近千份，为联动协调城市安全运行发挥服务保障作用。针对汛期出现的15次强降雨天气，为市应急委等委办局决策部门提前布控、有效应对，滚动加密提供每30分钟降水实况及最新预报预警信息。尤其是“7·24”暴雨过程，全市各应急专项指挥部根据预报预警，提前部署准备，取得了良好的服务效益和社会效益，中国气象局公共气象服务中心以此为预报预警服务范例进行了评估和推广。年内进一步完善与北广传媒气象灾害预警信息发布合作机制；手机预警短信覆盖移动、联通、电信三大运营商，初步建立了预警信息手机短信“全网发布”和“绿色通道”，年内累计发布气象预警短信约9 600万条次，降雪和强降雨等预报预警服务工作多次得到郭金龙等市领导表扬。

在城市功能区朝阳、丰台建设3个城市气象安全社区示范点，依托当地政府，建立基层气象防灾减灾基础设施，实现预警信息进区入户，开展气象防灾减灾科普社区和科技应用示范社区建设，增强社区有效防范和应对气象灾害能力，受到社区居民的欢迎。

3. *扎实开展京郊“三农”气象服务工作。*在开展京郊新农村建设服务工作中大力推进“农业气象服务体系”和“农村气象灾害防御体系”这“两个体系”建设试点工作，年内试点建设推广到平谷、密云、怀柔3个具有生态涵养功能的区县。构建了各区县基层有效联动防灾减灾体系，与民政、水务、农业等部门联合共建信息员队伍3 870人，为2010年的5倍；气象信息服务站增至2010年的6.5倍，覆盖144个乡镇和街道；试点区县在村、农合组织安装气象预警信息机，在人群密集和重点区域安装显示屏，昌平区建立了“区—镇—村”三级气象预警信息系统；编写了试点区县农业气象服务手册和气象信息员手册，赠给农户和信息员使用；开展了农业气象预报和服务产品开发应用及业务系统推广工作，改进了主要粮食作物产量预报技术，建成了农用天气预报系统，土壤墒情监测及预报灌溉服务系统推广到华北区域和山东省局；完成了十余种特色作物农业气象指标体系，向试点区县提供特色农业气象服务产品；建立了面向京郊特色农业大户的“直通式”气象服务模式，为京郊14个区县农业技术负责人、骨干和农业大户等200余人次开展农业气象服务技术培训；完成全国四个天气指数保险产品之一的蜂业干旱气象指数的政策性农业保险产品研发。

4. *开展人工影响天气作业为防灾减灾服务。*年内编写出版了《人工影响天气技术与管理》培训教材分册，为基层气象台站和人工影响天气作业人员服务。在人工影响天气工作中，根据不同季节的天气特点，严密监视天气，把握人工影响天气作业时机，组织实施了以高山地基、火箭、高炮、飞机多种方式增水和防雹作业缓解旱情。开展火箭增雨雪作业33日192点次，发射火箭弹371枚；高炮增雨作业8日37点次，发射炮弹693发；高山地基增雨（雪）作业30日629点次5 975根。4—11月间使用2架运-12飞机共开展增雨作业飞行29架次，大气探测和暖云试验79架次，总计飞行时间331小时47分。分别燃烧机载碘化银烟条46根（碘化银含量为25克/根）和205根（碘化银含量为11克/根），增雨作业次数超过往年，作业效果显著。根据与水文部门的联合评估，汛期作业目标区相对增雨率约23%，密云、官厅、白河堡水库增加水量占水库总来水量的9.4%。

5—10月，在延庆、昌平、平谷、海淀、房山5个区县共开展高炮防雹15个作业日73点次，发射防雹增雨炮弹2 521发；除平谷峪口镇出现雹灾外，其他4个区县作业保护区没有雹灾出现。

4月接到中国气象局下达的组织援助河北省人工增雨作业扑火紧急任务，市人影办人员乘运-12人工增雨飞机紧急支援实施对河北抚宁县和青龙县森林火灾的扑火作业，在当地进行人工增雨作业4架次飞行8小时，另调送北京地区增雨作业火箭弹一批运往火灾地区救急支援灭火作业，人工增雨对抑制火灾蔓延、扑灭火灾起到了积极的作用，为及时扑灭当地森林山火作出贡献。

5. 推进气象业务与现代化建设工作。年内加强天气业务试点工作，实现了雷达径向风资料的模式同化，建立适合京津冀大范围的雷达资料热动力反演子系统；研发基于 blending 技术的 0～6 小时定量降水预报产品，建立了乡镇温度预报技术方法；继续完善与区县气象局、中央气象台上下衔接的精细化预报业务流程，制定了《北京市气象局乡镇温度预报业务试运行管理规定》，完善了气象台中尺度分析业务流程；完成本地中尺度分析成熟算法向 MICAPS 系统的移植。针对短历时强降水对城市安全运行、生产生活的高影响，改进了暴雨预警、实时雨量发布等业务标准和规范。通过建立天气总结制度、开展专项研究提高预报员能力。基本建立起能够支持全国大部分地区开展风能预报的区域数值预报系统和业务流程，并为应用单位提供技术培训和支持。

年度 24 小时晴雨 TS 预报准确率为 90.6%，一般性降水 TS 评分为 62.5%，与 2010 年相比，分别提高 3%和 4%。

优化观测站网布局，完成了观象台、丰台、顺义、朝阳固态降水观测试点工作并形成人工观测与自动观测资料分析评估报告；组织 10 个台站进行天气现象自动化观测组网试验观测及评估。全面完成了高空气象探测业务工作指标，其中 6 项考核指标排名处于全国首位。上甸子、昌平观象台酸雨观测在全国质量样品考核中各项指标达到全优。推进新一代信息网络业务系统建设，依托房山应急备份中心建设形成《省级应急业务备份中心建设指导意见》。

上甸子区域大气本底站经过两年的改造和建设，上半年完成了科研业务楼和气象铁塔等建设，搬迁观测系统全面投入业务运行，安装了安全监控和远程视频系统，改善了站貌和工作条件。

市气象局完成了业务楼顶原 C 波段旧雷达拆卸和安装 C 波段新功能雷达天线及机柜工作。完成了“北京市人影对空作业指挥与空域申请业务平台”建设；起步建设人影物联网；组织开展了全市人工影响天气作业炮手技能大赛。

整编印刷了《北京市气象局业务管理规定汇编》(3 册)，汇编了中国气象局和北京市气象局制定的各项基本气象业务管理规定，分别为综合探测类、预报预测类和信息档案类的相关管理规定，方便各单位在业务工作中应用。

10 月后成立了率先实行气象现代化工作筹备和编写组，启动编写《北京率先实现气象现代化行动计划》，凝练出六个重点工程项目。

6. 积极应对气候变化和开发利用气候资源能力。年内在加强气候变化科学问题研究中积极发挥决策咨询作用，编写完成《华北区域气候变化评估报告》初稿。《关于我市强降雨变化趋势及适应对策的意见》的气候变化决策咨询报告得到市长郭金龙的批示，对气象高度重视保障人民生命财产安全这一重大民生问题给予肯定。围绕低碳城市建设需求，开展了“北京市极端气候事件趋势预估和气候变化对敏感领域影响评估研究”以及“北京地区气候变化对城市热环境影响评估及气象节能关键技术研究”。在市发改委组织下，与有关部门建立了“北京市节能形势分析会商会议”的长效机制。开展了北京 CBD 区域高时空密度的温度、湿度精细观测试验，为建设低碳环保新城市提供科技支撑。现代气候业务试点工作在推广城市总体规划气候可行性论证方面首次形成了《城市总体规划气候可行性论证技术指南》，供各省气象部门参考使用。

为北京市“十二五”风电发展规划、风电场选址、设计建设和风电机组选型提供详细的气候资源详查和分析评估数据，取得了较好的应用效果和社会经济效益。与北京清洁能源电力企业达成清洁能源开发利用合作协议，为降低首都 GDP 单位能耗，增加清洁能源作贡献。“北京绿色低碳商务区建设评价标准”纳入了新能源和可再生能源利用率、商务区规划和重大项目立项气候可行性评估、建立能源消费和温室气体排放统计与监测体系等内容，推进依靠科技提高开发利用气候资源能力。

7. 科研和教育工作取得新成绩。年内全局气象科研和业务单位积极申报科研项目，“极端天气事件对城市安全运行的影响评估系统研究”、“利用飞机探测研究北京地区大气边界层结构对污染物空间分布的影响”、“大城市多源气象信息集成管理与综合应用技术”等 18 个课题获得国家自然科学基金、市自然基金、中国气象局行业专项以及市科委绿色通道项目等省部级课题立项实施。

“北京奥运会天气预报技术成果在上海世博会中的推广应用”、“京津冀城市群强对流天气短时临近预报关键技术研究”、“夏季北京地区大气气溶胶谱分布空间特征的飞机探测研究”等 6 项省部级科研课题通过验收。

气象服务成果有力地支持了北京地区精细化预报服务能力由重大活动保障向常态化业务运行的转变，推广交流到举办重大国际活动的广东和西安，支持并参与深圳大运会和西安世园会的气象服务工作。市气象局科技人员在国内外发表科技论文 68 篇，其中 SCI、EI11 篇、核心期刊 40 篇，装备中心的“气象风杆起降器”获得国家实用新型发明专利，人影办“CINRAD 雷达产品显示系统”和万云科技开发有限公司的“气象信息员工作平台”以及“气象新型综合显示系统”等 6 项软件成果获得国家软件著作权；获得科技部颁发的“十一五”国家科技计划执行优秀团队奖和个人贡献奖以及世博科技先进集体和先进个人荣誉；城市所苗世光获第 14 届涂长望青年气象科技奖二等奖。

年内开展多层次的职工教育培训，努力加强针对业务骨干和管理人员的培训工作，轮训预报员 19 人和区县气象局长 6 人，完成观测员上岗资格认证及证书发放工作。组织区县局在职职工和业务科室外聘职工开展基层台站职工科学发展主题远程培训学习，各区县气象局职工 199 人参加培训和考试，192 人通过考试，考试总平均分 87.2 分。职工参加中国气象局培训中心和有关职能司培训 72 人次、外送（非气象部门）培训 64 人次、远程培训 210 余人次（共计学习时间 1 800 余小时）、组织内部办班进行岗位培训 1 226人次。参加地方组织的公务员和处级干部培训 3 人次。

年内在职教育送学 22 人，其中博士生 1 人、研究生课程进修班 9 人、本科生 11 人、专科生 1 人。1 人获博士学位，4 人获硕士学位，本科毕业 6 人，专科毕业 1 人。

在对外科技交流活动中，年内派遣 16 批 35 人次到美国、瑞士、澳大利亚、韩国、阿曼、泰国等国家以及我国澳门参加相关国际会议和技术交流及培训活动，举办城市气象观测与模拟国际研讨会，接待了包括美国、伊朗、俄罗斯、瑞士、澳大利亚、朝鲜等 14 个国家和地区气象科技人员 7 批 50 人次参加学术会议或参观交流。

8. *加强气象法规建设与依法行政*。年内扎实有效地推动地方气象立法工作，起草了《北京市气象灾害防御办法》（初稿）待市政府法制办调研立项。印发了《北京市气象局关于加快推进依法行政工作的意见》，进一步强化基层气象依法行政工作，继续开展气象行政执法案卷综合评查工作，规范了行政执法案卷归档管理。采取有力措施加强城六区气象行政执法工作，执法效果显著提升。开展防雷安全、施放气球安全、气象信息发布与传播等方面的专项执法检查总计 370 次，与市文物局文物监察执法部门联合排查检查全市 98 家全国重点文物保护单位的防雷安全工作；按时、保质完成三条新城线轨道交通建设工程防雷装置设计审核和竣工验收等防雷许可工作，市局和区县局共办理防雷装置设计审核和竣工验收 1 041 项、施放气球活动审批 1 844 项。制定“六五”普法规划，借助多种媒体和渠道宣传普及《气象灾害防御条例》等法律法规，提高了气象法律法规的宣传普及面和社会影响力。组织并制定完成了《风廓线雷达防护技术规范》等 2 项行业标准，《临近天气预报业务数据环境建设指南》1 项行业标准被批准立项。

9. *人事改革与人才队伍建设*。年内人事改革以专业气象台作为基础，组建了北京市气象服务中心，进行机构设置以及业务划归和岗位调整分工等，整合了气象服务资源，建立完善相应的运行机制，实现技术资源、科技人才和服务功能的集约化。气象台制定了《短时临近预报岗位职责》，开展了预报质量评定，进一步强化首都公共气象服务职能，提高公共气象服务水平。加快培养高层次专业人才和业务科研骨干，派出 1 人赴外省气象局挂职锻炼，确定了 3 名高层次学科带头人、18 名高水平业务科技骨干、8 名基层业务技术骨干和青年新秀；针对重大、关键技术问题和培养优秀业务科技人才等工作需要，组建了城市边界层观测分析与精细化模式、城市气候与气候变化、预报与服务业务平台建设、精细化预报团队等 5 个创新团队，为凝聚科技创新的核心力量、培养人才快速成长提供了机制保障。全年调整交流处级干部 18 人，接收毕业生和录用公务员 31 人，其中分配到直属单位 23 人、区县局 6 人、局机关 2 人。

市人影办权建农博士入选市科技新星计划。

10. *气象内容纳入北京“十二五”规划纲要*。市政府将气象相关内容写人《北京市国民经济和社会发展第十二个五年规划纲要》（草案），1 月中旬经市十三届人大四次会议审议通过，其中的健全城市应急管理机制、主动适应气候变化两部分涉及气象工作内容。朝阳、海淀、丰台、石景山、昌平、平谷、怀柔、房山、顺义、门头沟 10 个区县的气象事业发展规划纳入当地规划体系。3 月，《北京市“十二五”时期气象事业发展规划》通过专家论证。

11. *积极贯彻落实国办 33 号文件工作*。为贯彻落实国务院办公厅《关于加强气象灾害监测预警及信息发布工作的意见》（国办发〔2011〕33 号文件，简称国办 33 号文件）精神，多次与市应急办、市政市容、市交通管理等部门结合首都实际分析气象灾害监测预警和信息发布现状及存在问题，商讨贯彻落实工作，就贯彻落实国办 33 号文件达成共识，依托北京市预警信息发布中心，加快预警信息平台建设；年内制定形成了北京市气象灾害监测预警和突发事件预警信息发布有关工作管理办法初稿，共同促成市政府出台贯彻落实国办 33 号文的相关文件。

11 月 25 日，中国气象局局长郑国光到北京市政府会见了市长郭金龙。双方围绕进一步推进部市合作和北京率先实现气象现代化试点工作，贯彻落实国办发 33 号文，为北京加快推进中国特色“世界城市”建设，大力实施“人文北京、科技北京、绿色北京”战略提供一流气象服务等内容进行商谈并交换了意见。

12. *牵头华北区域气象中心工作*。市局成立华北区域气象中心协调办公室（简称“区域协调办”），加强牵头区域气象中心协调管理工作和组织协调区域天气联防和信息资源共享等业务技术交流工作。坚持科研成果区域推广“一变五”、科技创新“五变一”工作运行机制，促进区域各省市气象成果的转化和应用。在河北省沧州市召开华北区域气象中心气象局长联席会，交流统筹资源，提升“四个能力”等工作。组织召开汛期区域气候趋势预测会商会和区域气候变化评估报告编写研讨会，在秦皇岛市承办华北地区夏季极端天气暨区域气象台 2011 年度预报服务技术交流会，在山西省晋城市召开第 13 届华北区域人工影响天气协作会，11月中旬在太原市举办了区域五省区市20名预报员参加的第二届华北区域气象行业重要天气预报技能竞赛，促进天气预报水平的提高。

13. *大力开展气象科普宣教，普及防灾减灾知识*。年内，市气象局联合北京气象学会、北京减灾协会在科普工作中积极贯彻落实《全民科学素质行动计划纲要》，利用世界气象日、国家防灾减灾日、北京科技活动周、全国科普日等契机，开展了气象科普进学校、进山区、进社区、进农村以及气象知识竞赛、气象讲座、气象防灾减灾自救演练等科普活动，向广大中小学生、市民、农民群众传播和普及气象防灾减灾知识，增强市民防灾减灾意识和应对灾害的技能。建立了具有北京城市减灾特点的首都减灾信息网(www.bjjz.org.cn)，5月12日正式上线运行。通过网站提供工作动态信息服务，开展减灾政策法规、科普知识咨询和宣传、学术成果交流等，为提高城市灾害管理水平和保障北京城乡现代化建设提供权威的信息服务。

14. *加强党建和文明创建活动，建设和谐单位*。年内，在深入开展创先争优活动中，继续开展了“创先争优，从我做起”主题实践活动，在党员中设立先锋模范岗位“党员先锋岗”，落实党员承诺，开展“三亮三比三评”活动；以服务基层服务群众为着力点，推进“三进两促”活动，市局所属7个党支部与房山区佛子庄乡7个党支部结对，开展“创先手拉手，共建新农村”活动，促进新农村建设。召开庆祝建党90周年党员座谈会、报告会和红歌赛，参观展览，组织了共产党员献爱心捐款活动，为群众和基层办实事71件。通过党组专题会和理论中心组学习扩大会、研讨会等形式全面贯彻学习十七届六中全会精神，局领导讲党课，青年参加北京市“党在百姓心中”百姓宣讲活动等，使得党的建设进一步加强。

年内继续开展了党风廉政宣传教育月和作风建设月活动；扎实推进廉政风险防控试点和廉政文化建设，开展科研类、纪检监察审计类部分事项的风险防控试点，参加“气象部门领导干部电子廉政档案管理系统”试点，对市气象部门纪检监察员进行了业务培训，进行了公务用车问题专项治理和“小金库”专项治理工作，举办“万云杯”反腐倡廉知识竞赛，《反腐倡廉警示录》到各区县局进行巡回展，召开气象文化、气象精神主题大讨论青年座谈会，结合北京建设全国文化中心和北京精神内涵研讨首都气象精神，通过树典型、评先进、唱红歌，深入开展气象文化建设，有三位同志的先进事迹通过中组部和市直机关及相关媒体宣传，获得北京市庆祝建党90周年宣传活动先进集体称号。举办了市局职工运动会和乒乓球赛游泳比赛，参加“庆建党·迎国庆”首都公务员健康步行大赛、华北区域第五届老干部台球比赛等多项文体活动。连续保持了多年重大安全生产事故、刑事案件、集体和越级上访等零指标。

市气象局第三次获得“全国文明单位”称号；平谷局获“全国气象部门文明台站标兵”称号，徐绍林同志被市委、市政府授予首都精神文明建设奖。伏建国同志被市总工会授予首都劳动奖章。市局团委被市直机关工委授予“市直机关五四红旗团委”称号。

15. *中国气象局与市政府签署合作协议，携手推进气象为首都经济社会发展服务工作*。8月25日，中国气象局与北京市政府在京签署“共同推进气象为首都经济社会发展服务合作协议”，中国气象局副局长于新文和北京市副市长夏占义分别代表双方签字。中国气象局局长郑国光、市委常委牛有成出席了协议签署仪式。

签署协议是中国气象局和北京市政府在贯彻落实科学发展观，进一步落实《国务院关于加快气象事业发展的若干意见》和《北京市人民政府关于加快气象事业发展的实施意见》，落实《国务院办公厅关于加强气象灾害监测预警及信息发布工作的意见》精神，充分发挥气象部门对首都建设中国特色世界城市、实施“三个北京”战略、提升“四个服务”工作水平等的作用，共同促进首都气象防灾减灾体系建设的一项重要举措，对首都气象防灾减灾和应对气候变化能力建设、保障首都经济社会发展起到积极的推动作用，标志着气象服务于首都经济社会发展进入了一个新的起点。

根据协议具体内容，双方本着统筹协调、共同支持的原则，建立合作联席会议制度，形成长效合作机制，并围绕促进和保障首都经济社会发展，共同推进三大方面工作：一是共同推进北京气象防灾减灾体系建设和气象为农服务体系建设，大力提高灾害应急防御服务能力，包括建设北京气象灾害应急防御支撑系统、城市安全运行保障气象服务系统、都市型现代农业服务系统、气象预警信息发布系统、精细化数值预报支撑系统等，完善气象灾害防御机制，共同推进北京市突发事件预警信息发布中心建设，完善预警信息发布渠道。共同推进北京市人工影响天气工程、山洪地质灾害气象监测预警工程、基层气象台站基础设施和能力的建设，建设功能比较完备、国内领先的人工影响天气外场实验基地等。二是共同推进气候变化监测评估与应对工程建设。重点加强气候变化基础研究，加强节能减排、可再生能源利用、城市规划等方面的气象科技研究和成果应用，建设气候变化监测系统，建立气候变化基础数据库，建立气候可行性论证评估系统，建设新一代短期气候预测业务系统等，增强应对气候变化能力和加快开发利用气候资源能力。三是共同推进中国气象科技产业园建设。充分利用气象部门科技优势和中关村示范区的各项政策优势，建设中国气象科技产业园，建立产学研用相结合的创新体系，大力提高气象科技产业发展水平和规模，大力提升气象科技产业对首都经济社会发展的贡献率。

学会、协会

登记证号	社团名称	业务主管单位	会长	电话	地址	邮编
0010262	北京气象学会	北京市科学技术协会	徐祥德	68400820	海淀区紫竹院路44号	100089
0010834	北京减灾协会	北京市科学技术协会	夏占义	68400821	海淀区紫竹院路44号	100089

市气象局党政领导班子成员

党 组 书 记　谢　璞
成　　　员　王建捷　邓北胜　王迎春
　　　　　　冯继超
局　　　长　谢　璞
副　局　长　王建捷　邓北胜　王迎春
纪 检 组 长　冯继超
巡　视　员　杨宝忠
副 巡 视 员　王玉彬

（曹冀鲁）

北京市农林科学院

概　　况

北京市农林科学院是一所承担农业应用基础、应用及开发性研究、农业高新技术研究、农业科技成果转化等任务，学科齐全、设备先进、学术水平较高、产业能力较强，为北京农业发展提供强有力科技支撑的地方综合性农业研究机构。现占地1 370亩，各类建筑物30万平方米，资产总值10亿多元。下设蔬菜研究中心、林业果树研究所、畜牧兽医研究所、植物保护环境保护研究所、植物营养与资源研究所、农业科技信息研究所、农业综合发展研究所、农业信息技术研究中心、农业生物技术研究中心、杂交小麦研究中心、玉米研究中心、草业与环境研究发展中心、水产科学研究所和农产品质量检测与农田环境监测技术研究中心、国家智能装备工程技术研究中心15个科学研究机构；拥有4个国家级工程技术研究中心、10个部级资源圃、原种基地和野外科学观测站、7个农业部高技术实验室及中心、8个北京市高技术实验室和专业研究中心。年内，有在职人员1 017人，其中专业技术人员732人，高级技术人员342名，博士（后）223名，硕士208名；院内建有博士后工作站1个，博士生培养点5个，硕士生培养点7个。

机 构 设 置

北京市农林科学院直属单位

单位名称	办公地点	邮编	联系电话
蔬菜研究中心	海淀区曙光花园中路9号	100097	51503032
畜牧兽医研究所	海淀区曙光花园中路9号	100097	51503351
林业果树研究所	海淀区香山瑞王坟甲12号	100093	62591506
植物保护环境保护研究所	海淀区曙光花园中路9号	100097	51503330
植物营养与资源研究所	海淀区曙光花园中路北京	100097	51503325
农业科技信息研究所	海淀区曙光花园中路9号	100097	51503304
农业综合发展研究所	海淀区曙光花园中路9号	100097	51503310
玉米研究中心	海淀区曙光花园中路9号	100097	51503404
农业信息技术研究中心	海淀区曙光花园中路11号	100097	51503423
农业生物技术研究中心	海淀区曙光花园中路9号	100097	51503293
杂交小麦研究中心	海淀区曙光花园中路9号	100097	51503104
草业与环境发展研究中心	海淀区曙光花园中路9号	100097	51503297
水产科学研究所	丰台区永外角门路18号	100068	67586098

主要工作

1. 取得一批高水平科技成果。共获得省部级以上科技奖励28项，其中获得国家科技进步奖4项，农业部奖励4项，市科学技术奖20项。“中国二系杂交小麦技术体系创建”获得2011年度市科学技术一等奖，“优质早熟京欣西瓜与砧木系列新品种的选育和推广”荣获全国农牧渔业丰收一等奖，精准农业技术创新团队获得中华农业科技创新团队奖，参与的“玉米单交种浚单20选育及配套技术研究与应用”获得了2011年国家科技进步一等奖。有48个新品种通过国家及北京市的审定、认定和鉴定，获得国家植物新品种保护6个、农业部新兽药证书1个、专利108项。制定行业、地方标准3项。发表论文767篇，其中被SCI收录80篇。蔬菜种子质量监督和检测试验中心成为国内屈指可数的国际种子测试协会成员。

2. 优势研究领域取得重要进展。在杂交小麦育种研究方面，突破了光温敏不育系和恢复系创制的系列技术难题，创建了中国二系杂交小麦技术体系。在禽病研究方面，通过开展鸡传染性法氏囊病的分子致病机制研究，发现宿主存活信号在病毒感染与致病过程中起重要作用；国内首次发现鸭出血性卵巢炎，并在病原体的分离鉴定、致病机制、发病模型的建立和灭活疫苗的研究方面取得突破，与首农集团合作，解决了种鸭和肉鸭的免疫问题，此项工作受到市科委的高度重视。在转基因技术研究方面，国际上首次构建完成西瓜基因组序列精细图谱及相关的鉴定、信息平台和高密度分子图谱；发表的论文《西瓜果实发育的转录组动态研究》影响因子达4.21；初步研制出抗生素标记基因删除系统，建立了以花青素为可视化标记的基因表达跟踪系统，为高效育种提供了技术选择。在新品种选育方面，培育出3种抗根瘤、抗盐碱、抗褐斑病，能提高早果性和产量的系列樱桃砧木；玉米新品种“京科968”通过国家审定，具有高产、优质、多抗等综合优点，有望成为“十二五”全国主栽品种之一。

3. 科研项目水平有了新提升。通过与科技部、农业部和市科委重大专项的对接，获得一批项目支持。新上项目93个，其中国家级项目37个。在蔬菜和杂交小麦育种、面源污染、农业信息技术领域又争取到一批863、973等国家级项目。落实“科技城农村科技网络服务中心网联工程”、“首都菜篮子蔬菜良种增效工程”等市科委重大项目9项，获得国家和北京市重点基金项目各1项。

4. 一批工程中心、重点实验室落户。在争取农业部和北京市工程中心、重点实验室工作中，获得农业部农业信息技术和都市农业两个综合性重点实验室，园艺作物生物学与种质创制和农产品质量安全风险评估两个区域性重点实验室；在林业、渔业、玉米和农业环境方面获得四个部级野外长期定位科学观测实验站；获得草莓、缓释肥两个北京市工程技术研究中心及农业智能装备重点实验室。

5. 国际交流与合作内容日益丰富。与加拿大、意大利、荷兰有关大学和公司新签署一批国际科技合作协议。科技部国际合作专项“北京主要作物高效育种关键技术的合作研发”顺利启动。主办了植保与农业信息领域两次高水平的国际学术交流会。与巴基斯坦合作开展杂交小麦的研发工作，示范推广4个该院自育的杂交小麦组合，并获得科技部国际援助项目支持。

6. 提升服务水平，科技支撑工作取得新成效。①认真完成政府交办的各项工作任务。一是积极参与国家现代农业科技城建设。完成科技城四个领域策划，三个中心及相关产业的规划。牵头的良种创制中心和网络服务中心建设进展顺利。蔬菜、玉米和杂交小麦育种已经成为科技城良种创制中心的重要内容；建设完成集综合信息、远程监测、控制、发布为一体的多功能信息平台。二是科技成果向全国辐射取得新进展。按照市委市政府的要求，该院进一步加大了援助新疆和田的工作力度，承担的交钥匙援建项目——新疆“和田县农产品物流保鲜库建设”顺利开工，编制完成《北京市援助新疆和田地区“三县一市及农十四师”农业发展规划》，为和田地区成功引入杏、樱桃、玉米、芦笋等新品种，为新疆建设兵团提供北京油鸡种蛋30万枚。按照农业部的要求，进一步加大援藏工作力度，与西藏农牧科学院合作，在拉萨建立了3个设施展示温室，开展系列专业技术人员培训，得到农业部领导的肯定。为四川好时吉化工有限公司援建的5万吨控释肥料生产线竣工并投产。三是扎实推进第七届世界草莓大会学术活动的组织工作。邀请到60多个国家的数百位有关专家和企业代表参会，收到论文360余篇，建立了沟通联系的网络服务平台；集成栽培、育苗、土肥和环境控制技术，建立示范基地6个，展示温室150余栋。四是确保北京市农村党员干部现代远程教育平台稳定、高效运行。在市委组织部和市远程办的领导下，组织开展了“全市组织部长走进直播间”现场直播活动，播放视频课件30多万小时。②科技合作进一步深化。与大兴第三期院区合作的蔬菜、西瓜、肉鸽3个项目圆满完成。示范推广了“京欣3号”等6个西瓜新品种和省工栽培模式。在大兴安定镇开展了“U农蔬菜通”应用培训活动，提高了全科农技员的服务能力。与密云科委及巨各庄镇蔡家洼村合作，为当地引入“大树树体结构改造”等系列栽培技术，使该村1 000余亩樱桃年新增产量5万千克。在密云开展“家禽专家服务门诊”的业务范围拓展到猪和羊，获得当地农民的好评。围绕农民增收等内容，与北京市农村经济研究中心等单位签署了3项科技合作协议，使该院科技合作范围进一步拓展，内容进一步丰富，成效进一步显著。③加强重点示范基地建设。对13个院级重点基地在资金上给予了扶持，通过目标管理和专家现场督导检查，基地建设成效显著。林地食用菌基地示范推广10余个优良品种及配套技术，直接带动160余农户从事食用菌产业；延庆绿富隆基地开展循环农业技术组装、集成与示范，提高了基地循环农业的示范功能和农产品的品牌效应；通过专家对蔬菜种植全方位技术指导，把房山窦店芦村建成了集新品种、新技术和园区景观为一体的成果展示示范基地。④科技示范项目效果显著。通过整合6个所中心的科技资源，打造山区沟域经济项目，示范推广蔬菜、林果、冷水鱼等新品种30多个、关键技术20余项。在房山蒲洼开展了“蒲洼菊花台”景观建设，在延庆示范该院自育的17个菊花品种，总面积达4 000多亩。依托产业技术体系项目，桃育种创新团队引进15个新品种在平谷大华山进行区域试验，成为平谷大桃发展的重要种源。⑤科技支撑北京设施农业发展。设施农业创新团队集聚蔬菜、植环、营资和信息中心20余位科技专家，规范设计出适合北京都市型日光温室标准化结构；提出“生态互补”等5种设施高效高产种植模式；筛选出20余个适合设施栽培的新品种；优化集成10项高效栽培技术；在大兴、通州、顺义等区县建立示范基地6个，示范新品种、新技术10万亩以上。

7. *以创新团队为抓手，全面加强人才队伍建设。*按照“十二五”事业发展规划，围绕学科建设、高层次人才培养、机制创新，在设施农业院级创新团队建设的基础上，新组建了畜禽疫病防控，精准农业与智能装备，蔬菜、玉米种质创新及新品种选育4个院级团队。制定了《北京市农林科学院公开招聘工作人员考试操作规程》，建立和正式运行“北京市农林科学院人才公开招聘网”，实行网上报名、统一考试、统一面试，实现了人员招聘过程的公开、平等、竞争、择优。按照市人事局的要求，积极争取优惠政策，全院聘任二级研究员岗位15人，三级岗位26人。自开展推广研究员职务聘任制试点工作两年来，打破了学历、资历的限制，重实绩、比贡献，向艰苦岗位和基层一线倾斜，向作出突出贡献的专业技术人员倾斜，累计聘任推广研究员8名，推广副研究员12名，从而初步形成了一支服务水平高，职务结构合理，人员稳定的专业技术推广队伍。年内，1人被国务院评为“全国粮食生产突出贡献农业科技人员”，1人入选农业部农业科研杰出人才，2人入选科技北京百名领军人才培养工程，4人获得北京市新世纪百千万人才工程培养经费资助，9人获得北京市优秀人才培养资助。

8. *深入推进“创先争优”，为实现科学发展提供思想保证和精神动力。*①在实施“三大工程”中推进创先争优。按照市委部署，认真实施领导干部“领航工程”、基层党组织“聚力工程”、共产党员“先锋工程”。广泛开展了“党支部向党员群众和院党委承诺，党员干部向党支部和职工群众承诺”为主要内容的“双向承诺”活动。11月，在所属所、中心开展了党员群众对党支部的评议活动，共有597名党员群众参加了评议活动，满意率和比较满意率为97.3%。②加强干部队伍建设。坚持德才兼备、以德为先的标准。新提拔任用2名副处级干部。认真贯彻落实四项监督制度，制定了北京市农林科学院处级干部任免票决制实施办法、科级干部任免规定，认真执行干部选拔任用工作“一报告两评议”制度，拓宽干部工作信息公开渠道，积极推进干部任免过程的信息公开。③认真开展廉政风险防范管理工作。认真学习贯彻《北京市关于进一步加强廉政风险防控管理的意见》，扎实做好了廉政风险防范向院领导班子延伸和向所、中心延伸。认真做好了“小金库”专项治理工作，完成了8个单位领导干部任期经济责任审计和在研项目审计。按照《院对所（中心）负责人持有企业股份的相关规定》，为所、中心副处以上负责人办理了退股手续。④开展丰富多彩的纪念建党90周年活动。组织党员和积极分子举办了“为党旗增辉”宣讲会，参观了“一切为了人民——北京市纪念中国共产党成立90周年”主题展览，开展了“围绕一个中心、做好两个服务，振奋精神、凝聚力量”主题实践活动。“七一”期间组织职工开展了“辉煌历程，伟大的党”红歌演唱活动，评选表彰了5个先进党支部和56名优秀共产党员。组织编印了展示农科院科技成果、农科人精神面貌的北京市农林科学院画册。编辑出版了《辉煌成就，誉满中华》“十一五”院科技宣传集锦。大力宣传“爱国、创新、包容、厚德”为核心内容的“北京精神”。

学会、协会

登记证号	社团名称	业务主管单位	会　长	电　话	地　址	邮编
0010257	北京农学会	北京市科学技术协会	陶铁男	51503204 51503241	海淀区曙光中路9号，市农林科学院	100097
0010591	北京蔬菜学会	北京市科学技术协会	许　勇	51503200	海淀区曙光中路9号，市农林科学院蔬菜研究所	100097
0010277	北京昆虫学会	北京市科学技术协会	高希武	51503688	海淀区曙光中路9号，市农林科学院植保与环保研究所	100097

（续）

登记证号	社团名称	业务主管单位	会长	电话	地址	邮编
0010192	北京食用菌学会	北京市科学技术协会	王贺祥	51503437	海淀区曙光中路9号，市农林科学院植保与环保研究所	100097
0010738	北京土壤学会	北京市科学技术协会	李保国	68463917 51503739	海淀区曙光中路9号，市农林科学院营养与资源研究所	100097
0010265	北京作物学会	北京市科学技术协会	李云伏	51503241	海淀区曙光中路9号，市农林科学院作物所留守处	100097
0011456	北京农业信息化学会	北京市科学技术协会	赵春江	51503593	海淀区曙光中路11号，市农林科学院信息中心，农科大厦A座311室	100097
2000-03	北京畜牧兽医学会小动物分会	北京市科学技术协会	王金洛	51503671/210	海淀区曙光中路9号，市农林科学院畜牧兽医研究所	100097
3531-4	中国畜牧兽医学会禽病分会	中国科学技术协会	周蛟	51503678/677/355	海淀区曙光中路9号，市农林科学院畜牧兽医研究所	100097
	中国园艺学会草莓分会	中国园艺学会	张运涛	82598882	海淀区香山瑞王坟甲12号，市农林科学院林果所	100093
	中国园艺学会樱桃分会	中国园艺学会	张开春	82596007	海淀区香山瑞王坟甲12号，市农林科学院林果所	100093
0010070	北京水产学会	北京市科学技术协会	殷守仁	67586268	北京市丰台区角门路18号，北京市农林科学院水产所	100068
社政字第3755-13号	中国水产学会观赏鱼分会	中国水产学会	苏建通	61786877	北京市昌平区小汤山镇中心街155号	102211
0010329	北京微生物学会兽医专业委员会	北京市科学技术协会 北京微生物学会	张培君	51503455	海淀区曙光中路9号，市农林科学院畜牧兽医研究所	100097
0011586	北京农产品质量安全学会	北京市科学技术协会	王纪华	51503405	海淀区曙光中路9号，市农林科学院信息中心，综合楼508	100097
社政字第4085-2号	中国技术经济学会农业技术经济分会	中国技术经济学会	朱希刚	51503648	海淀区曙光中路9号，市农林科学院综合发展研究所	100097
京民社政字第0011663号	北京山区发展研究会	北京市科学技术协会	李云伏	51503911	海淀区曙光中路9号，市农林科学院综合发展研究所	100097

市农林科学院党政领导班子成员

党 委 书 记　秦树福
党委副书记　李云伏　王　丽（女）
纪 委 书 记　肖　兰（女）
院　　　长　李云伏
副　院　长　程贤禄（正局）　王金洛　孙宝启
　　　　　　唐桂均　苏建通
党 委 委 员　喻　京（女，正处）　赵春江（正处）
院 长 助 理　王之岭（正处，2011年11月任）
　　　　　　胡晓光（正处，2011年11月任）

（郭建强）

北京市农村经济研究中心

主 要 工 作

一、加强农村“三资”管理取得新成效

1. 圆满完成农村集体资产清产核资试点工作。按照农研中心统一部署和标准，高质量完成了全市13个区县35个乡（镇）、439个村、658家企业清产核资试点工作。对试点乡（镇）村两级集体经济

组织及其所属企事业单位的经营性资产、非经营性资产、资源性资产进行全面清理。清查结果，全市试点乡镇村集体资产总额比清查前增长0.66%，负债总额比清查前减少9.2%，所有者权益比清查前增加15.6%，资产负债率比清查前降低5.9个百分点，约70万平方米商业用户面积重新登记入账。通过试点，摸清了集体资产家底，为进一步理顺产权关系，健全集体资产管理制度，加强农村集体“三资”管理夯实了基础。为推进清产核资试点和加强“三资”管理工作，8月初，由农研中心全体领导班子成员带队，各处处长和研究人员参加组成9个检查组，对13个郊区县集体“三资”管理和财务规范化建设情况进行了检查督促，并撰写上报了调研报告。通过检查调研，总结推广了典型经验和创新模式，及时发现和解决存在的问题，有的放矢地开展了对集体经济组织成员的业务培训，促进了清产核资试点工作和“三资”管理的制度化、规范化建设。

2. *加强农村土地承包管理和集体财务管理，稳定完善农村基本经营制度。*加强农村土地确权流转的监督管理。开展了农村土地承包经营权登记试点工作，加大“北京市农地流转信息网”维护运行力度。对2010年郊区农村土地承包经营管理情况进行分析研究，加强对2011年土地承包经营权流转工作的指导，组织开展了郊区农村土地承包档案专项检查。全面启动农村财务管理规范化建设。截至年底，全市已有77个乡镇代理机构、1 293个村完成了规范化建设任务，分别占全市乡镇代理机构、总村数的44.3%和32.5%。推动全市普遍建立村民主理财小组并实行财务公开，其中规范公开的村达到90%以上。加强农民负担监督管理，开展了专项检查，使农民减负工作落到实处。重视加强对群众来访来信咨询问题的分析研究，紧密围绕群众关心的问题开展工作，对来信来访中反映的土地承包、土地征占、经济管理等农户和基层重点关注的问题定期研究，加强调研和政策宣传，加大管理规范力度，使各项监管工作进一步落实。10月10日，市委书记刘淇到平谷区经管站调研时对农村经管工作给予充分肯定并做重要指示。农研中心迅速传达贯彻刘淇书记讲话精神，并具体筹办了全市“加强农村集体资产经营管理工作现场会”及“农村土地承包管理工作座谈会”，副市长夏占义出席现场会并讲话。此后中心又与首创集团沟通合作，在农村集体资产经营管理、推进农村产权交易、创新农村金融服务方式等方面签订工作协议，具体落实刘淇同志讲话精神，有力促进了农村经管工作开展和队伍建设。

3. *农村集体经济审计监督显著加强。*汇总分析2010年村干部任期离任经济责任审计情况，向市领导和有关部门提交了审计报告。同时组织13个区县对上年村级专项补助资金使用情况进行年度审计；对区县粮食直补资金和生态林资金到村到户情况进行了专项检查。深入推广农村经济在线审计，指导8个区县及所属136个乡镇2 946个村推广应用了《北京农村经济在线审计系统》。在完成郊区1 000个村开发实现“利用电脑触摸屏进行村务公开试点”示范项目基础上，又新增了党务公开的模块。进一步完善操作功能和管理方法，使触摸屏更加实用、有效、规范，促进了全市党务村务公开工作开展。

二、推进农村改革成效显著

1. *农村集体经济产权制度改革取得新突破。*2011年是农研中心“十二五”规划中确定的农村产权制度改革的攻坚之年。产权制度改革起步早、力度大。中心加强产权制度改革工作的指导管理和督促检查，年初领导班子成员分片包干区县，加强改制工作的督查指导。对城乡结合部50个重点村改革情况进行重点监测。举办了全市乡村产权制度改革培训班，系统培训村党支部书记和乡镇干部1 068名。与市检察院共同加强农村集体资产管理和产权制度改革工作。截至年底，全市累计完成产权制度改革的单位达到3 645个，其中村级3 635个，乡级10个。村级完成产权制度改革的比例达到91.4%，有301万农村居民当上了农村新型集体经济组织的股东。在已经完成产权制度改革的3 635个村级新型集体经济组织中，有620个村实现了股份分红，是上年的2.1倍。全市按股分红村比例达到17.1%，比上年提高5.1个百分点。初步统计股份分红总金额20.6亿元，比上年增加5.9亿元，增长40.1%。全市以按股分红方式享受了集体收益分配的农民58万余人，人均分红收入3 525元。初步测算农民从新型集体经济组织得到的股份分红和集体生态林公益补偿金收入占农民财产性收入的比重为45.5%，同比提高8.6个百分点。为加强农村集体资产监督管理，年内制定下发了《关于加强农村集体产权交易监督管理的指导意见》、《北京市农村股份经济合作社财务公开暂行规定》，对落实农村集体经济的管理指导责任、规范产权交易行为、加强新型集体经济组织的财务公开、保护发展农民的权益起到了显著作用。

2. *推动“三农”创新试验区建设取得新进展。*中心与平谷区政府签订的共建农村经济发展创新研究试验区战略合作协议相关工作取得实质进展。其中“上宅农耕文化园”建设重点项目开始实施建设。与中科院地理研究所联合成立了“北京农研沟域经济发展促进中心”，推动北京市沟域经济项目落地和发展。推进平谷区农产品网络营销促销系统应用试点，成功举办了网络营销试点暨北京绿谷农合合作社“平谷优质农产品配送中心”揭牌仪式。该电子系统农产品销售平台的建成运行，将实现全国第一个农民专业合作社网络管理系统试点、第一个农民专业联合社电子销售平台、第一个农超对接的网上交易平台和第一个合作社农产品直销店配送中心，并加速推进利用现代移动物联网实现连锁销售企业网上营销和“农超对接”，同时利用农研中心开发的“合作社经营管理系统”实现合作社生产经营的全程数据录入、监控和农产品安全追溯，还将依托建成平谷区农民专业合作社优质农产品营销总部。

指导帮助平谷区组建了农村产权交易服务中心，正式挂牌以来成功受理15宗交易，涉及土地3 732.2亩、山场1 810亩、集体企业2家，总交易额8 217.37万元，溢价近2 000万元。仅北洋桥村土地承包经营权流转一笔交易，就为农民直接增收674万元。平谷区农村产权交易服务中心的成立与运营，在建立产权交易市场、规范集体产权交易行为、加强农村集体资产管理、提高经营效益、保护农民合法权益、促进农村资源优化配置和城乡统筹发展以及促进农村党风廉政建设等方面发挥了试验示范作用。11月8日，中心与农业部、市农委等单位共同举办了全国首届农村产权交易研讨会，深入研讨了农村集体产权交易市场建设等重大问题，促成了北京市农村产权交易所与上海、天津等全国7家产权交易所签署了合作倡议书，达成了加强农村产权交易战略合作的共识。其他合作项目也取得了重要进展。

3. 农村金融服务体系创新建设取得新突破。注重加强农村金融改革和服务体系创新建设工作。农研中心在市金融工作领导小组支持下，与市金融部门合作，共同推进农村金融信息体系建设等4个合作项目，取得了重要的实质性进展。为探索推进北京市农村土地信托流转的途径和办法，提高集体资产交易配置的市场化水平，促进集体资产保值增值，由主任郭光磊带队，组织中心和平谷区联合考察组，到湖南省益阳市实地考察土地信托流转的具体做法和效果，深入研究了北京市土地信托流转的政策法规和试点操作问题，确定了基本工作思路。

三、抓好落实农民增收工作

1. 农民增收分析预测工作得到加强。中心进一步加强对农民增收问题的关注和分析研究，完成了“十二五”时期北京农民收入增长的分析预测，受到了领导的肯定和批示。同时拟订工作方案，开展了对农民增收和农业增收问题的长期跟踪调查和分析研究。按照北京市实施“共同致富行动计划”要求，利用市农经统计信息系统对低收入农户收入情况加强监测指导，并对低收入农户增收的原因特点进行了分析总结。

2. 促进农民增收计划落实。为贯彻落实《北京市促进农民增收行动计划》，市农研中心召开全市经管系统和市有关部门参加的会议，传达市促进农民增收表彰大会精神，部署落实农研中心承担的5项重点工作任务，与各区县经管站和农合服务中心签订了《促进农民收入较快增长责任书》，与农行北京分行、市农科院、市供销合作总社签订了金融、科技、营销等方面《促进农民增收、加强为农民专业合作社服务的合作协议》。农研中心成立了郭光磊任组长的落实促进农民增收行动计划工作领导小组，中心党组成员、各区县经管站长为领导小组成员，下设农村“三资”管理、农地流转、政策调研等7个工作组，使增收致富推进实施工作取得了重要进展。

3. 加速推进专业合作社发展，促进农民增收致富。评选出50家市级示范社和49家示范社建设单位进行表彰授牌，发挥了示范社的引领带动作用。与市人力社保局合作启动“村官进合作社”试点工程，对专业合作社配备大学生助理（试点）工作安排部署，吸引和帮助大学生助理搭建发展平台，促进他们在农民专业合作社发展中引领农民创业、帮助农民致富。首批优选200家示范社作为试点，为市、区县两级示范社配备了90名专职“合作社理事长助理”，聘用后执行现有大学生村官的选派政策和相关管理办法。加强办社指导，帮助平谷区农合服务中心、延庆县绿富隆蔬菜产销专业合作社与市供销社实现了服务对接，开展了农民专业合作社示范社“资金需求情况调查”，掌握了当前北京市农民专业合作社资金需求及贷款意愿。到年底，全市农民专业合作组织发展到4 804个，带动农户43.9万户。

四、围绕“三农”工作加强调查研究取得新成果

全面优质完成了年度重点调研课题工作任务。按照中心“十二五”发展规划，围绕农口中心工作，紧扣当前农村经济社会改革发展的需求，安排各类调研课题40项，其中重点课题19项，包括市级重点课题6项、专家主持课题3项、典型调查4项。承接课题为：平谷区创新试验区项目6项、委办局委托课题8项、国家社会科学基金项目1项、北京市哲学社会科学“十一五”规划项目1项。19项中心重点课题中除1项跨年度课题仍在研外，18项课题全部完成验收评审。其中评审结果为优秀的17项，合格1项，课题完成总优秀率达95%。完成课题中获得市级奖励2项，市领导批示6项，在国家、省级报刊上公开发表26篇，在《决策参考》等市委市政府内部刊物上发表5篇，研究成果出版专著9部。其中部分成果已转化为推动工作的政策措施，有的已取得了实际工作成果。这些调研任务的完成，对转变“三农”发展方式、破解突出问题、支持领导决策产生了积极作用。如《农民收入增长分析预测的研究》被市长郭金龙批转给“十二五”规划办公室参阅并被《北京信息》（调研与参考）刊登，《沟域经济发展引入社会资本的研究》受到领导的重视和好评，获自然科学类奖项二等奖，其主要观点在国家级专业刊物上发表并促成了“北京农研沟域经济发展促进中心”的成立，使山区发展中沟域经济的研究指导、咨询培训等工作落地加强并有了专业工作机构。

近两年的调研工作，在选题确定、组织管理、调研方式以及成果转化等方面都有所创新，为今后调研工作提供了重要的经验和基础。一是领导身体力行抓调研。中心党组书记、主任郭光磊同志亲自参与研究指导调研规划、选题确定、管理考核、成果转化等各个环节的工作，主持参与重点课题调查研究及报告撰写工作。为加强推进城市化的顶层设计和政策性研究，亲自主持完成了重点课题“新型城市化发展路径比较研究”，该课题针对领导决策中的一些重点难点问题，对土地政策、集体资产、户籍制度、社会保障等经济、社会层面的制度政策进行了较为深入的系统比较研究，从理论和实际操作层面提出了政策措施和对策建议。为探索创新农村土地信托流转模式和途径，郭光磊同志带领业务人员抓试点总结经验，带队考察“益阳模式”，与有关专家领导深入探讨土地信托流转的理论和实践问题，研究确定了借鉴引入金融资本运作方式，优化配置土地资源，开展土地信托流转试点工作的基本思路。中心所有重点调研课题都由领导班子成员牵头完成，重大课题还采取班子成员带队、中心机关全体干部参加，集中力量开展调研的方法，既提高了调研质量，也促进了机关作风转变和干部素质的提高。二是围绕中心任务和热点问题，总结宣传典型经验，推动工作。在《北京城乡经济信息》上编发了“加快农村经济发展方式转变”专刊8期，结合中心重点课题《新型城市化发展路径比较研究》编发了10期部分省市“三农”工作新探索系列信息。总结了一批加强农村“三资”管理、创新集体资产经营方式、推进农村产权交易市场建设、促进农民增收致富等方面的典型经验。为及时全面反映中心的调研成果及促进转化应用，创刊了《北京市农村经济研究调查研究报告》内部刊物，已刊登了《北京市征地转非调查报告》等近20篇调查报告，引起了领导和相关部门的重视与关注，发挥了支持领导决策、促进交流合作的作用。这些调研报告多数是由中心领导班子成员领衔牵头，或由郭光磊同志任课题组长参与撰写完成。三是加强统计数据研究和农村经济信息预测工作。2011年的分析预测工作在年度分析基础上增加了半年和季度分析，使分析预测的频率和密度加大，预测服务的及时性、准确性进一步提高。同时加强了农经统计年报和信息数据更新工作，为领导机关科学决策提供了高质量的数据支撑和决策参考。为完善调研工作的综合性和指导性，突出实用性和针对性，农研中心启动编制年度《北京农村经济发展报告》，目前编写工作正抓紧落实推进。四是多渠道创新加强调研工作。建立了农村改革与发展观察员队伍并加强培训，发挥其在调查研究中的作用，使观察员成为农研中心深入实际、调查研究的重要触角耳目，及时发现和掌握农村改革和经济社会发展的第一手材料，为课题研究和农经管理提供准确信息和客观依据。召开市城郊经济研究会第六届大会暨主题报告会，选举郭光磊同志为研究会第六届会长，同时选举产生了新一届研究会成员和秘书长；市委常委牛有成同志到会祝贺并讲话。通过研究会的工作，从学术团体的角度加强了对调研工作和学术交流的领导。

五、加强领导，推进农村信息化建设取得新发展

1. 深入开展“221信息平台”推广应用。在13个区县开展“221行动计划”、“221信息平台”、尚农网的巡回宣讲工作，部署开展“221信息平台”数据更新及推广应用培训工作。启动“221信息平台”数据中心建设，推进平台三期建设和现代农业物联网的应用建设工作。推进完成“北京农村产权交易网”、“农民专业合作社管理信息系统”的建设，从解决基层群众的服务需求入手，利用信息化手段，实现了农村产权交易和加强集体资产管理的工作手段和工作方式上的重大突破。创新开发了“221信息平台”的应用模式，采用新技术拓展了应用领域，为实现农民专业合作社管理信息化提供了更加优质全面的服务。下力量抓了农研中心外网网站改版升级工作，进一步加强领导，突出重点，充实内容，提高质量，使北京农经网的运行质量和管理水平显著提高，成为政策研究、农经管理的重要平台和对外交流、展示农研中心品牌形象的窗口。

2. 现代农业信息网、北京移动农网、农村“数字家园”建设应用得到新加强。北京现代农业信息网总浏览量为167.6万次，注册会员2 300家，发布供求信息3.2万条，比上年同期增长11%。市县两级利用农村“数字家园”组织电脑应用、农业实用技术、农村劳动力就业等培训1.3万人次。

3. 资源区划和观光休闲农业发展取得新成绩。成功举办了市农委、市旅游委、市农研中心主办、观光休闲农业行业协会承办的2011“收获金秋乡村游”启动仪式，启动了“农民学艺”成果展销平台展艺廊。抓好“十一”黄金周期间的观光休闲和乡村旅游活动，“十一”假日期间，全市共接待了游客329万人次，同比增长16.2%；乡村旅游总收入达到3.27亿元，同比增长18.3%。市农委、市农研中心和北京市观光休闲农业行业协会在12个区县设立的休闲农业与乡村旅游动态监测点工作进一步加强，扩展充实了监测点数量及监测内容，使监测数据更加全面准确。

4. 编刊、史志、培训工作和培训交流工作取得新发展。按时保质完成了《北京农村经济》编刊和《北京农村年鉴》编撰出版工作。全年举办经管业务培训、财会培训及各类专业技能、实用人才培训多次，累计培训1.1万人次。与中科院、中国社科院等有关院所加强人才交流合作，筹备建立农研中心博士后工作站。成功举办了第十四届京台科技论坛暨2011年北京台湾名品博览会·农业论坛，京台两地签署了3项农业合作协议或合作意向，促进两地农业发展与交流合作取得了实质性进展。

学会、协会

登记证号	社团名称	业务主管单位	会长	电话	地址	邮编
0010325	北京市城郊经济研究会	农研中心	郭光磊	64866072	朝阳区北沙滩7号院3号楼	100192
0011244	北京市农产品产销信息协会	农研中心	冯乐平	89288556	大兴区庞各庄镇西四各庄村	100085
0011364	北京观光休闲农业行业协会	农研中心	贺乐升	64866037	朝阳区北沙滩7号院3号楼	100192
0011424	北京农史研究会	农研中心	焦守田	64866078	朝阳区北沙滩7号院3号楼	100192

市农研中心党政领导班子成员

党组书记　郭光磊
党组成员　贺东升　张秋锦　王瑞华
　　　　　曹四发　吴志强
　　　　　刘军萍（5月任）
　　　　　戚书平（7月任）
纪检组长、机关党委书记　王瑞华
主　　任　郭光磊
副 主 任　贺东升　张秋锦　曹四发
　　　　　吴志强　刘军萍（5月任）

（农研办）

北京农业职业学院

概　况

北京农业职业学院设有南校区、北校区、国际教育学院和机电工程学院等4个校区，10个系部，园艺技术、畜牧兽医和绿色食品生产与检验等37个高职专业。

学院占地面积84.55万平方米，产权建筑面积27.55万平方米；图书馆建筑面积6 631平方米，藏书102.38万册，其中，纸质图书44.61万册、电子图书57,77万册。固定资产总值37 124.74万元，其中，教学、科研仪器设备总值15 603.04万元。全年教育经费投入34 152.74万元，其中，国家拨款30 277.86万元、自筹经费3 874.88万元。学校信息化经费投入97.6万元，拥有计算机2 578台，多媒体教室座位10 184个，信息化设备资产5 110.52万元。

教职工862人，其中，专任教师416人，包括教授及教授级高级工程师22人，副教授及高级工程师以上120人；博士20人，硕士96人；双师型教师312人。外聘教师183人。毕业生1 740人，其中，高职生1 405人，中职生335人。毕业生一次就业率98.72%，一次签约率95.93%。招生1 761人，其中，高职生1 415人，中职生346人，高考北京地区提档线文科150分、理科150分，单考单招150分。在校生5 089人，其中，高职生4 038人，中职生1 051人。

机 构 设 置

单位名称	办公地点	邮编	联系电话
北京市农村实用技术服务中心（北京农业职业学院继续教育学院）	北京市房山区长阳镇稻田南里5号	102442	80358899—221/217
北京市农业广播电视学校（北京市农民科技教育培训中心）	北京市房山区长阳镇稻田南里5号	102442	80358899—543/661
北京市委农工委党校	北京市海淀区香山普安店29号	100093	82595027
北京市职业教育研究所	北京市海淀区香山普安店29号	100093	82595049

主 要 工 作

在学院党委的统一领导和统筹安排下，全院教职工解放思想、团结协作、勇于创新，各方面工作取得了显著进展。

1. 取得示范校验收的巨大成功，树起了学院建设发展史上又一个里程碑。经过三年的拼搏和努力，学院的国家示范校建设在以下几个方面取得了显著的突破和进展：

一是人才培养模式全面创新。园艺技术、畜牧兽医、绿色食品生产与检验3个重点建设专业创新形成“植物生长周期循环”、“岗位轮动”、“1—4—1”工学结合的人才培养模式，为农业种植类、畜牧兽医类、食品安全类专业人才培养模式改革提供了范例。

二是课程体系改革和课程建设取得显著进展。园艺技术专业依据植物生长期，以典型工作任务为核心，构建了基于工作过程系统化的课程体系；牧医专业结合专业特点，构建了由平台课程、岗位核心课程、拓展课程组成的岗位化课程体系；绿检专业以质量控制为出发点，构建了从田间到餐桌的全程质量控制为主线的课程体系。建成优质专业核心课程9门，建成国家级精品课程2门、北京市精品课程10门、院级精品课程48门，出版精品教材、校本教材、规划教材等90本。

三是实践教学基地和办学条件极大改善。学院内生产性实训场所占地700余亩，校内生产性实训基地增加到37个，实验室数量增加到156个，校外实训基地330个，校内生产性实训比例达到80%以上，实现了教学过程现场化，基本建成了国内一流的“校中有场、场中有园”的实验实训场所。新增的彩色苗木繁育中心、植物病虫害生物防治中心、动物医院、食品安全检测中心以及绿色科技园、湖畔实训园、畜牧实验园等实践教学基地，彰显了都市型现代农业的办学特色，显著提升了学院的办学水平。

四是“三农”服务成绩斐然。创新“三农”服务机制与模式，完成农村远程教育与技术服务网络体系建设，建成3个专业化流动服务站，培训农民13万人，研发新技术25项，推广实用技术80项。

五是交流与合作取得显著进展。国内交流与合作方面，对口支援内蒙古锡林郭勒职业学院等3所西部院校，为安徽省金寨县、山西省左权县等革命老区培训各类人才，对口支援四川什邡，为新疆和田地区少数民族普通高校毕业生开展培训，与青海畜牧兽医职业技术学院等职业院校就专业建设和“三农”服务开展交流互访。在国际交流与合作方面，与荷兰朗蒂斯教育集团等5所国外职业教育院校签订交流协议，组织教师赴澳大利亚启思蒙职业学院等79所职业教育学院开展考察交流，接待美国社区学院协会代表团等国外高校和访问团58批次302人，邀请外专来院开展学术交流活动14次，接待了荷兰等国外职业院校学生来院交流学习。与英国南兰克郡职业学院等4所院校开展合作办学，88名学生赴国外职业院校学习，合作办学规模达到306人。

六是促进学院教育教学水平整体提升。在国家示范性高等职业院校建设项目的推动下，学院的教育教学改革不断深化，职业教育分级制试点在畜牧兽医系得到积极推进，基础课改革逐步深化，学分制得到积极推进，教学安排的柔性化在实施中得到完善。师资队伍和教学团队建设取得显著成效。示范校建设推动了学院专业建设水平和人才培养质量全面提升。

2. 坚持民主公开和竞争择优原则，圆满完成第三轮干部人事制度改革。年内学院圆满完成第三轮干部人事制度改革工作，为实施“人才强校、质量立校、特色兴校”发展战略，实现学院“十二五”规划提出的“一体两翼”的发展格局打下了坚实的基础。

一是以深化干部选拔任用制度改革为突破口，进一步树立正确的用人导向，选人用人公信度进一步提高。为加大选人用人的民主化程度，学院党委将民主推荐、民主测评作为干部选拔任用的必经程序和基础环节，全面实行考察预告、任职前公示、试用期制度，将加强纪委监督和接受群众监督贯穿于选拔任用干部工作的全过程。为加大竞争性选拔干部工作力度，在第三轮干部人事制度改革中，处科级干部全面实行竞争上岗。处级95个职位中，有39个岗位形成竞争，最多的岗位有8人报名。同时，加大了干部交流轮岗力度，实行了能上能下。

二是建立全员聘任制和岗位管理制度。作为北京市首批岗位设置管理试点单位，成功推行了教师职务聘任制改革和岗位设置管理改革，初步实现了教职工聘任由身份管理向岗位管理的过渡。作为北京市首批三家单位，还推行了农业推广教授聘任制度，聘任农业推广教授5名、副教授8名，得到有关领导的高度肯定。

三是进一步完善分配激励制度。逐步加大岗位津贴分配力度，建立了以能力和业绩为导向的考核评价机制和重实绩、重贡献、优劳优酬的分配机制。推行了绩效工资制度改革，实行分配和业绩直接挂钩，坚持向一线教师倾斜，奖优罚劣。同时，努力为教职工增加收入待遇，2008年以来连续两次为教职工增加岗位津贴人均1万元，教职工收入达到同类院校中上等水平。

四是进一步加强制度建设。累计修订、新建制度68项，范围涉及四校区管理、教学管理、科研管理、专业建设、学生管理、干部人事管理、师资队伍建设、财务管理、院务公开、党务公开、后勤管理等，并在实际工作中得到了较好的贯彻执行，提升了学院管理制度化、科学化水平，有力推进了依法治校。

3. 圆满完成各项常规工作，各方面取得显著进展 日常教学、学生管理、招生就业、培训和继续教育、科研与“三农”服务、对外交流、后勤服务、产业发展、离退休服务、无烟学院建设、安全稳定等各项工作以及党的建设和精神文明建设均取得显著进展。

北京农业职业学院党政领导班子成员名单

党委书记　崔砚青
院　　长　王振如
副书记　周广和　刘福田（5月免）
　　　　杜保德（5月任）
副院长　李俊英　杜保德（5月免）
　　　　王晓华　程文华（10月任）
　　　　王福海（5月任）

（肖　兵）

北京农产品中央批发市场管理委员会

概　况

北京农产品中央批发市场管理委员会成立于1993年，是市政府派出的正局级全民所有制事业单位，代行政府有关职能，主要负责中央批发市场的规划建设和资本运营。2011年北京市人民政府第154期会议纪要提出，由北京农产品中央批发市场管委会、朝阳区政府牵头，统筹协调北京市东南方向农产品物流园项目规划开发、投资建设和运营管理工作。

管委会系统全年农产品交易额达到85亿元，同比增长31%，约占全市交易总量的10%；实现营业收入7 363万元，同比增长37.6%；实现利税2 345万元，同比增长81.2%；直接吸纳就业人口约7 000人，带动就业人口12万余人，带动京郊基地13万亩。

机构设置及下属单位

管委会机关目前下设4个处室，分别是综合办公室、计划财务处、企业管理处和新市场项目筹委会办公室。机关在编职工50人。

北京农通实业开发总公司是管委会的经营公司，与管委会一套人马、两块牌子，合署办公。农通实业开发总公司作为资产管理型公司，下有5家全资子公司、2家参股公司，分别是北京农产品中央批发市场有限责任公司、北京银地物业管理有限公司、北京市万柳商城有限责任公司、北京农通绿洲贸易有限责任公司、北京银地房地产开发有限责任公司；北京农通电子商务有限公司、北京金海盛源商贸有限公司。

北京农通实业开发总公司下属公司

名　称	地　址	联系电话
北京农产品中央批发市场有限责任公司	北京市丰台区新发地168号	83729569
北京银地物业管理有限公司	北京市丰台区花乡银地家园8号楼1号	83729667
北京市万柳商城有限责任公司	北京市丰台区万柳园小区34号万柳商城二层	63300677
北京农通绿洲贸易有限责任公司	北京市丰台区万柳园小区34号1栋1313室	83705360
北京银地房地产开发有限责任公司	北京市丰台区花乡银地家园8号楼一层	83705390

主要工作

2011年是“十二五”开局之年，也是管委会开拓发展的关键一年。全系统抓住中央和北京市关于加强农产品现代流通体系建设的机遇，紧紧围绕生存与发展两条主线，抓好现有企业经营和全力推进北京农产品流通中心建设，着力转变发展方式，整合资源、强化管理、改革创新，各项事业取得了可喜成绩。

一、整合资源、加强管理，各项经营业务取得新成绩

*1. 交易市场升级扩容，主营业务平稳增长。*中央批发市场公司将原服务中心1 000平方米大棚进行修缮改造，用作特菜、食用菌交易，进一步巩固了在全市特菜、食用菌批发交易中的龙头地位，其中特菜交易占全市交易量的80%，食用菌交易占70%。重点推进交通治理系统工程建设，市场内交通秩序大为改善。实施监控系统改造工程，新增监控点109个，对交易主厅顶板进行消防喷涂，有效增强了市场安全防范能力。升级改造食品安全检测室，强化日常巡查备案，食品安全监管水平进一步提高。完善交易信息监测制度，做好价量分析，拓宽服务渠道。强化市场管理，市场日常管理更加规范化。中央批发市场全年实现营业收入3 208万元，同比增长4.67%。

*2. 加快资产盘活，公司新的业务增长点得到积极挖掘。*银地物业公司改善银地家园地下车库设施，完成车位销售208个，实现销售收入1 564万元；银地家园临电改造、垃圾房改造等工程取得积极进展，

完成了西侧公园的绿化改造；全面提升物业服务管理水平，银地家园通过了“北京市花园单位”验收。银地房地产公司恢复运营，积极着手健全公司制度、明晰公司资产、梳理重点业务、解决历史遗留问题等工作，为公司下一步发展打下了基础。万柳商城认真做好管委会机关办公场所的日常管理和安全防范工作，完成了排污井改造和外墙粉刷工程及周边绿化美化工作，为管委会开展工作提供了良好环境。农通绿洲与吉诺安食实现企业合并、业务重组，成立了新农通绿洲公司，配送销售业务得到了加强，全年实现营业收入588万元，同比增长218.6%。农通电子商务公司实现融资，并与乌兰察布农科所合作成立了马铃薯电子交易有限公司，推进马铃薯电子交易。金海盛源成立新一届董事会，股东双方就股权比例调整等事项达成协议，初步解决了历史遗留问题。

二、统筹协调、全力推进，北京农产品流通中心筹建取得新突破

认真贯彻落实《北京市“十二五”时期农产品流通体系发展规划》和市政府有关会议精神，将新市场筹建任务作为全系统工作的重中之重，凝心聚力、协调各方，全力以赴推进筹建工作。

1. 广泛开展项目前期调查研究工作。学习考察国内外农产品批发市场，借鉴先进的批发市场建设经验。邀请市政协委员开展专题调研，向大专院校的专家教授咨询，走访有关单位，深入现场考察了解地形地况，为规划部门选址论证提供第一手资料。协助市规划委和规划院对项目拟征地块进行摸底研究，提出针对性的选址方案意见，据此，市政府决定在黑庄户地区建设大型现代化农产品批发市场。

2. 不断修改完善项目建设方案。发挥规划的龙头作用，按照市政府“新建大型农产品批发市场应采取园区式开发模式”的要求，经过先后6次大的修改和论证，拟定了《北京农产品中央物流园区建设方案》。方案提出了“突出政府主导、保证公益职能、坚持市场运作、实行经营项目投资主体多元化”的建设原则、“园区化、现代化、完备化”的建设标准和“一园、六区、六中心”的功能布局。该方案既符合“十二五”规划用地规模的要求，又满足了北京市大型农产品批发市场东西分布的“双核”保障需要。

3. 积极运作项目筹建各项工作。争取市委、市政府及各部门的理解、支持，是新市场筹建的前提和关键。抓住各种有利机会和场合，及时向市领导汇报情况，主动向市发改委、市规划委、市商务委、市农委、市国土局、朝阳区政府等相关单位领导通报新项目功能、作用和进展情况，积极争取各部门的支持。9月，朝阳区委、区政府明确表态，支持在黑庄户地区新建农产品批发市场。11月，市政府第154期会议纪要和京商务规字〔2011〕25号文中明确提出，成立北京农产品流通中心筹备组，由北京农产品中央批发市场管委会、朝阳区政府牵头，统筹协调项目规划开发、投资建设和运营管理工作。

三、着眼长远、立足当前，深化管委会公益服务职能取得新进展

1. 事业单位分类改革稳步推进。有计划、有步骤地推进管委会事业单位改革，圆满完成前期清理规范工作。经过深入调研、广泛研讨和与市有关部门的沟通，建议将北京农产品中央批发市场管理委员会划入公益类事业单位，翻牌成立“北京农产品流通管理委员会”，或按照政府建设“北京农产品流通中心园区”的工作部署，翻牌成立“北京农产品流通中心园区管理委员会”。这将为深化管委会公益服务职能，提供长远的制度保障。

2. 公益服务渠道进一步拓宽。创新方法、拓宽渠道，以中央批发市场、农通绿洲为主要窗口，北京农产品流通协会、安食网为后台支撑的公益服务体系逐渐完善。流通协会承办市农委组织的草莓季、花季、樱桃季等农产品流通季系列活动，影响力和知名度进一步扩大；坚持开展农产品层级市场价格调查工作，为政府决策提供依据；联手北京电视台等媒体，滚动宣传和推介京郊特色优质农产品，增强公众对“三农”、食品安全、农产品品牌的关注。中央批发市场抽调专人成立京郊服务筹备组，负责农产品公益服务、市场信息收集报送、蔬菜产销对接等工作。

3. 协调解决京郊农民卖菜难问题。11月底，副市长夏占义在《市长电话要情》第132期批示“京郊农副产品销路不畅、价格低，农民经济损失大”，管委会迅速反应，中央批发市场公司、农通绿洲公司立即行动，利用周末时间，深入乡村田间地头，先后收购大白菜150万千克，在一定程度上缓解了当地农民卖菜难问题，体现了服务“三农”的宗旨，受到了政府有关部门的关注和老百姓的信赖。

四、围绕中心、服务大局，管委会系统党群工作取得新成效

1. 健全管委会领导班子运行机制。根据市委关于局级领导班子的调整安排，明确管委会党政领导班子成员的分工，调整农通实业开发总公司领导班子。坚持科学决策、民主决策、依法决策原则，规范了管委会领导班子议事规则和工作程序，对重大资金、重要决策、重要干部任免事项进行集体研究，牢牢把握管委会事业的正确方向。

2. 组织开展建党90周年系列活动。按照市委部署，组织开展管委会系统建党90周年系列活动，参加农委系统主题党日活动，展示了管委会广大党员的新面貌。开展“先进党支部”和“十大优秀共产党员”评选活动，对在创先争优活动中涌现出的先进党支部、先进个人给予了表彰，在全系统广大党员群众中营造了学习先进、赶超先进、争做先进的良好氛围。

3. 干部队伍建设和党风廉政建设扎实推进。全系统具备条件的青年干部多次参加全市的干部选拔、业务培训、短期借调等活动，受到了市委组织部等有关部门领导的好评，拓宽了选人用人的视野。调整管委会机构和人员，组建了新的综合办公室等部门，对20余名中层干部进行了交流、调整，有效充实了新市场筹委会办公室和二级公司的工作力量。召开全系统青年干部职工座谈会，后备干部培养进一步加强。完成了市委组织部选人用人各项迎检工作，组织工作满意度有了显著提高。及时更新党务公开栏内容，深入学习《党员领导干部廉洁从政若干准则》，强化述职述廉，党风廉政建设和惩防体系建设扎实推进。

4. *组织文化建设谱写新篇章*。在全系统广泛讨论、反复酝酿的基础上，整合、提炼出管委会核心价值观表述语。通过管委会官方网站、LED显示屏，文化园地等途径，结合践行“北京精神”，大力宣传和弘扬核心价值观，成为广大干部职工的奋斗旗帜。组织开展多种形式、参与性强的文体活动，丰富员工文化生活。在管委会历史上首次创办内部刊物《工作动态》，截至目前共编发11期，在推介宣传管委会工作和展示职工精神风貌方面迈出了重要一步。

北京农产品中央批发市场管理委员会
党政领导班子成员

主　　任　刘春广
副 主 任　吴守荣　王和平　吴宝琴
　　　　　赵全保(8月任)
党委书记　赵文广（10月任）
　　　　　赵黎明（9月28日免）
党委副书记　刘春广
党委委员　吴守荣　王和平　吴宝琴

（余久兴）

大　事　记

2011 年农口大事记

1 月 7 日　新一届农民专业合作社专家指导组组建成立。市农委、市农研中心正式聘请了由农业部、中国社会科学院、中国农业科学院和中国农业大学等单位 9 名专家组成的新一届北京市农民专业合作社专家指导组，将进一步指导、规范和发展北京市农民专业合作社。

1 月 10 日　农业部植业管理司相关领导来京考察 2014 年世界种子大会筹备工作。强调种子行业事关国家粮食根本，举办 2014 年世界种子大会意义重大、影响深远，农业部将尽全力支持北京办好本次国际种业盛会。

1 月　市农委召开"共同致富行动计划"工作总结部署会。市民政局、市人力社保局、市民委、市统计局、市残联、市经管站以及 10 个远郊区县农委参加了会议。会上，部分区县就低收入农户增收工作进行了经验交流，市相关部门从提高农村低保水平和低收入家庭救助标准、推动农村劳动力就业、加强农村残疾人帮扶救助、做好低收入农户监测工作等方面，介绍了工作做法和成效。据市经管站监测，2010 年全市重点帮扶的 8.1 万低收入农户增收成效显著，"共同致富行动计划"重点目标全部实现。一是低收入农户人均可支配收入为 4 481.2元，同比增长 21%，超过预期目标 11 个百分点；二是人均可支配收入 4 500 元以下的低收入农户减少 20 000 余户，同比减少 30%，超过预期目标 18 个百分点；三是低收入农户劳动力在二、三产业就业比重提高 5 个百分点，达到预期目标；四是全市公益性岗位就业人数近 15 万人，安置低收入农户劳动力人数增加 20%；五是 269 个重点低收入村实现 100%对接帮扶。会议对 2011 年重点工作进行了部署安排。

1 月　政策性农业保险统颁条款修订工作圆满完成。本次修订进一步强化了各项强农惠农政策的联动机制，对部分险种条款进行有效调整，通过细化条款要素、降低保险费率、延长保险期限、提高保险金额、改进免赔条款等，进一步贴近了农民需求，让农民享受更多实惠。例如，新条款在险种设置中，结合"菜篮子"工程建设增加了秋播大白菜险种；结合促进设施农业发展增加了简易温室险种；结合即将实施的《北京市农业机械化条例》增加了农机具综合保险险种，通过增加保险险种，更好地满足都市型现代农业风险保障需求。在保险责任方面，根据基层需求选取受冻灾影响明显、便于操作的樱桃、温室大棚、秋播大白菜等险种，增加冻灾保险责任。同时，新条款全部增加泥石流、山体滑坡、暴雨形成的洪涝责任，通过拓展保险责任，切实扩大农险风险保障范围。

1 月 12 日　北京市第 21 届农民艺术节开幕式暨"2010 北京美丽乡村主题晚会"在大兴区星光影视园圆满录制完成。该主题晚会由市委宣传部、市委农工委、市农委、市旅游局、市文化局、北京电视台共同主办。市委常委牛有成、副市长夏占义及市有关部门负责同志出席晚会，来自 13 个郊区县的干部群众和"2010 年度'北京最美乡村'"提名村代表近千人观看了晚会。1 月 20 日，第 21 届农民艺术节暨首届北京乡村戏剧节颁奖晚会在怀柔剧场召开。

1 月 19 日　北京市城乡结合部建设领导小组办公室与中国农业银行北京市分行在北京万豪酒店举行"金融支持城乡结合部建设，助推首都城乡一体化发展《战略合作框架协议》签约仪式"，市委常委牛有成出席签约仪式。

1 月 27 日　北京市新农村建设领导小组（扩大）会议召开，市委常委牛有成、副市长夏占义出席会议并讲话。会上，市新农办主任王孝东通报了中央农村工作会精神、2010 年新农村建设工作情况和 2011 年重点工作安排；研究讨论了《关于开展新型农村社区试点建设的意见》、《关于加强农村基础设施建设运行与维护管理的指导意见》，观看了新农村建设专题片《新北京新农村——北京市新农村建设巡礼》。市委副秘书长李福祥、市政府副秘书长安钢出席会议。市新农村建设领导小组全体成员，各区县主管“三农”工作的常委、主管农业工作的副区长以及各区县新农办、农委的主要负责同志参加会议。

2月11日 “北京农业（一期）”集合票据发行仪式暨第二届“送贷下乡”和第五届“凤凰乡村游、体验新农村”活动在北京会议中心正式启动。夏占义副市长出席了启动仪式，并为“北京农业（一期）”集合票据发行揭幕，为“凤凰乡村游”特约商户代表授牌，为“送贷下乡”宣传组组长授旗。本次活动由市农委、市金融局、市财政局主办，北京银行、北京农商行、邮储银行北京分行、市农业担保有限责任公司、北京首创投资担保有限公司、北京观光休闲协会承办。

2月12日 全市新农村建设新闻宣传工作座谈会召开。朝阳区、海淀区、丰台区委农工委及10个远郊区县委宣传部的主管领导，与农民日报、北京日报、北京电视台、北京人民广播电台、京郊日报等媒体“三农”宣传节目的负责人参加了座谈会，会议简要回顾了“十一五”时期全市农村新闻宣传工作取得的主要成绩，并就下阶段新农村建设新闻宣传工作的方向和重点进行研讨。

2月16—18日 中共中央政治局常委、全国政协主席贾庆林在北京考察工作。

2月18日 在2011年度全国科技工作会议上，市农科院喜获“‘十一五’国家科技计划执行优秀团队奖”和“‘十一五’国家科技计划执行突出贡献奖”两项大奖。

2月24日 北京市农村工作会召开。会议由市委副书记王安顺主持，市、区县主要领导，市、区县部门和乡镇主要领导，部分村负责人和涉农企业代表参加了会议。会议总结2010年和“十一五”时期农业农村工作，分析当前形势，部署“十二五”和2011年农业农村任务。市委副书记市长郭金龙出席并讲话，他首先肯定了郊区农村“十一五”期间所取得的巨大成就，同时强调首都已经进入一个新的发展阶段，要建立起创新驱动的发展模式，从事农村工作的同志们要准确把握全市发展的态势，准确把握郊区农村发展面临的机遇和挑战，充分认识郊区农村在首都经济社会发展中的地位和作用。副市长夏占义代表市政府作了题为《坚持科学发展促进城乡融合　统筹推进郊区工业化城镇化和农业现代化》的工作报告。

2月 市农研中心成立专家咨询委员会。聘请中央和市相关部门、科研院校从事“三农”工作的16名专家、学者成为首届委员会成员，负责对农研中心调研规划及重点调研项目进行咨询、研究、论证和评估任务。

2月28日 市政府实施的“现代农业装备对接农民专业合作社工程”全部圆满结束，共为北京郊区农民专业合作社配备各类运输车601辆，其中封闭货车439辆，冷藏车144辆，奶罐车18辆，目前全部车辆已验收完毕并投入使用。该工程由市财政按购车款补贴50%的方式，通过政府采购程序实施。

3月9日 北京郊区农村环境建设工作会议召开。会议总结了2010年郊区环境建设工作，提出了2011年的主要任务，首都环境办、市文明办、市市政市容委、市环保局、市水务局、市园林绿化局、市妇联的主管领导到会并结合本部门职责进行了发言。郊区各区县相关部门、新闻媒体等120余人参加了会议。

3月 市农委明确2011年山区工作重点。一是抓好七条沟域经济发展规划公开征集工作。二是启动七条沟域建设工程。三是继续做好山区搬迁工作。四是开展山区自然灾害区和生存条件恶劣地区农户搬迁调研。编制“十二五”期间山区泥石流易发区及生存条件恶劣地区农户搬迁工程计划任务，确保2015年基本完成泥石流易发区农户搬迁。

3月18日 市农委召集座谈会研究日本地震对北京农产品对日出口工作应对措施。一是积极与日本合作商沟通，调整产品规格以适应消费新需求。二是应对日本灾区厂房损毁，将初级农产品调整为深加工产品出口，保障供应。三是研究日本地震对北京农产品出口可能带来的商机，为企业发展服务。

3月 2010年度北京市农业技术推广奖评审结果揭晓。经市政府批准，共表彰63项农业科技成果，涉及粮经蔬菜、林果花卉、畜牧兽医、农机水利、食品加工等多个领域。

3月 农委系统组织开展系列活动纪念中国共产党成立90周年。一是开展评选表彰活动。二是开展“立足岗位出精品，向党的生日献礼”活动。三是组织一次“忆党史　颂成就　谋发展”专题报告。四是组织召开“入党为什么、党员图什么、为党做什么”主题座谈会。五是开展瞻仰革命圣地、缅怀革命先烈、重温入党誓词等形式多样的学习教育活动。六是编撰并发放《农委系统优秀共产党员事迹汇编》。七是开展一次主题党日活动。八是开展慰问老党员、优秀党员和特困党员活动。

3月 北京市郊区农村环境建设工作全面启动。一是实施“三个一批”村庄环境建设工程。即提升一批，打造郊区农村环境建设“典范”和“亮点”；整顿一批，彻底治理后进村庄的环境；重点推进一批，加强重点区域周边行政村的环境建设。二是启动生活垃圾分类达标试点工作。重点选择50个乡镇，并在这50个乡镇中选择1 200个行政村，开展生活垃圾分类达标试点工作。三是继续推进“三级联创”活动。继续推进生态区（县）、环境优美乡镇、生态村“三级联创”活动，2011年创建5个市级环境优美乡镇、100个生态村，力争创建国家级生态镇和生态村。四是推进新农村绿化工作。创建5个首都绿化美化园林小城镇、创建80个首都绿色村庄，重点抓好10个新型农村社区试点中的绿化美化建设，大力发展绿色产业。

4月15日 北京市深入推进农村创先争优活动暨“三级联创”工作会议召开。会议由副市长夏占义主持，市委常委牛有成到会并讲话。牛有成在讲话中强调：一要深化认识。深刻领会创先争优的丰富内涵。二要注重实践。以“三大工程”为载体，组织动员农村各级党组织和广大党员干部深入开展创先争优活动，实现组织创先进、党员争优秀、群众得实惠的目标。三要加强领导。农村各级党组织要切实加强对创先争优活动的组织领导，形成一级抓一级、一级带一级、层层抓落实的工作格局。要抓班子、要抓作风、要抓改革，加强农村基层民主建设，让群众得到真正的实惠。

4月15日 2011北京农产品流通季之花季正式启动。本次活动启动了都市型现代农业“七网联推”机制，搭建了京郊农产品生产与流通平台，市民可以通过尚农网、北京农产品贸易网、美丽乡村网、安食网、乡村旅游网、大美田园网、城乡旅游网7个涉农网站，了解京郊时令农产品和“寻花觅果”、“赏景尝鲜”的好去处。

4月 经农业部和国家旅游局认定，北京市怀柔区被评为“全国休闲农业与乡村旅游示范县”，交道富恒休闲农庄、张裕爱斐堡国际酒庄、御林汤泉农庄、华坤庄园被评为“全国休闲农业与乡村旅游示范点”。在随后农业部认定的10个中国最有魅力休闲乡村中，密云县古北口村成为全市唯一入选的中国最有魅力休闲乡村。

4月22日 延庆“葡萄酒庄产业带规划国际征集暨招商引资新闻发布会”召开。经过国际征集、资格审查、方案筛选等程序，从28家报名公司中甄选确定了上海同济城市规划设计研究院等4家规划单位，已开展实地踏查等工作。葡萄酒庄产业带是延庆县结合世界葡萄酒大会，公开征集规划的重点沟域。

4月26日 2011年北京沟域经济建设现场会在延庆召开。夏占义副市长出席会议并提出要求：对于沟域经济建设和发展，认识必须加深，方向必须把握，坚持生态优先，在产业发展、招商引资、基础设施建设方面要从政策、资金等方面多给予山区支持，全力加快城乡一体化进程。会议对推进7条沟域建设工作进行了部署，并提出：一要出形象。要通过环境整治、绿化美化、旅游标识、服务设施的建设，让沟域面貌焕然一新。二要有进展。沟域内各类工程项目，要开工建设一批、竣工完成一批、引进储备一批。三要见成效。沟域建设要使沟域的生态环境得到改善、农民收入得到增加、服务首都的能力得到增强。

4月 副市长夏占义到平谷区调研。实地察看了平谷区滨河森林公园工程建设进展，听取了平谷区农资服务、动物卫生和畜牧管理三大体系及动物防疫基础设施建设情况汇报，视察了动物疫病预防控制中心运行状况。夏占义对该区相关工作给予肯定，并强调指出，一是在推进万亩滨河森林公园工程建设的同时，要及时研究后续管理工作，理顺管理体制和机制，做到有人管、管到位，充分发挥公园生态和社会价值；二是要进一步总结经验，积极探索新型农资管理模式；三是市有关部门要在全市推广平谷区在兽药服务体系运作和监管机制等方面的经验做法，推进农业生产科学、安全、健康发展。

4月28日 2011年“菜篮子”工程生产工作部署会召开。会上宣布了相关扶持政策，部署了2011年建设任务。一是扶持新建5万亩基本菜田。对新建菜田规模达到100亩（山区乡镇50亩）以上的，市级财政补贴1 000元/亩；新建菜田规模达到500亩（山区乡镇300亩）以上的，市级财政补贴1 500元/亩。二是重点建设2万亩日光温室。对列入国家农业综合开发设施蔬菜项目的1.5万亩中高档日光温室建设实行项目化管理，市级补贴标准提高到2.24万元/亩。三是推进“菜篮子”主要产品高产高效生产基地建设和示范创建。建设一批生猪（奶牛）标准化规模养殖场、标准化肉禽舍、规模化蛋鸡场和池塘循环养殖温室，推进10个千亩设施蔬菜标准园和10个集约化蔬菜育苗场建设。四是推进“菜篮子”产品安全放心品牌创建。实施生产基地标准化分级管理，创建农产品质量安全监管示范区（县）和示范镇（乡），对获得“三品”认证给予奖励。

4月 2011—2012年度“寻找‘北京最美的乡村’宣传评选活动”启动。评选活动坚持以“共建美丽乡村，共享美好生活”为主题，按照“生产美、生活美、环境美、人文美”的标准，计划在2年时间内，分5个步骤进行，即候选村庄推荐、集中宣传报道、多种形式评选、活动总结表彰、活动深化提升等。已开通“北京美丽乡村”（www.bjmlxc.cn）官方网站，同时首次推出“‘北京最美的乡村’参观体验电子优惠券”，开展美丽乡村体验线路和美丽乡村游记征集。

5月12日 中共北京市委办公厅北京市人民政府办公厅印发了《2011年北京市社会主义新农村建设折子工程》，并通过《北京日报》和《首都之窗》向社会进行公布。2011年新农村建设折子工程主要包括农村城镇化建设、民生工程建设、都市型现代农业发展、“菜篮子”工程建设、生态环境建设、农村改革发展、农村组织建设7个方面，共73项重点任务。

5月18日 北京市第一个“万侨助万村”项目落户密云县。侨领企业家、社会公益人士管宝龙捐赠30万元，帮助密云县太师屯镇葡萄园村建设侨爱采摘园。自市侨办、市农委联合下发《关于开展“侨爱工程—万侨助万村活动”的通知》以来，“万侨助万村”活动已成为海内外侨胞参与和支持新农村建设的重要载体和具体行动。

5月19日 北京市促进农民增收表彰大会召开。市委常委牛有成主持会议，副市长夏占义同志部署工作。会上宣读了关于奖励2010年度促进农民增收先进区县的决定，下发了《北京市促进农民增收行动计划》。夏占义指出，此次会议具有三个特点，一是会议规格高，会议规模大；二是奖励金额高，奖励力度大；三是先进单位创造了生动鲜活的经验和做法，值得各区县、各乡镇借鉴学习。牛有成强调，第一，“三农”工作是全党工作的重中之重。第二，农民增收是“三农”工作的重中之重。第三，拓展增收途径是当前工作的重中之重。充分挖掘北京优势，拓展促进农民增收途径。

5月29日 北京市新型农村社区试点建设工作部署会召开。会上宣布了10个试点名单。各联席会议成员单位根据本单位职能对试点建设提出了工作要求。会议对试点建设工作作了具体部署：一要统一思想，提高认识。新型农村社区试点建设工作是“十二五”郊区新农村建设的一项重要工作，各区县要提高对“建设的本质是选择发展方式，管理的本质是选择运行方式”的思想认识。二要明确试点建设目标和内容。试点建设要实现“产业发展、就业充分，环境宜居、住房舒适，设施配套、服务均等，管理民主、文明和谐”和“可学、可看、可推广”的发展目标，明确科学编制试点规划、探索完善用地政策、引导农民建设新型住宅、完善基础设施、公共服务设施和推动试点体制机制创新5个方面建设内容。三要尊重农民意愿，发挥农民主体作用。各郊区县、各部门坚持“以人为本、以社区为本、以农民满意为本”，加强组织领导，积极探索新型农村社区在规划、土地利用、筹资途径、农民就业增收、新民居建设以及社区公共服务方面的新途径。13个郊区县新农办主任、10个市级试点所在乡镇书记（镇长）和试点村党支部书记参加了会议。

5月30日 市委常委牛有成到市委农工委、市农委调研。牛有成充分肯定了“十一五”时期全市新农村建设和“三农”工作。在讲话中强调，“十二五”时期，围绕首都要率先形成城乡经济社会发展一体化新格局的目标，在实践中不断地提高认识，统一认识，妥善处理好“农村与城市、产业和体制，农业与市民、市场和生态，农民与政治、经济和社会”的关系，从根本上解决好“三农”问题。下一步工作的着力点：一是要学会合作，二是要推进改革，三是鼓励创造。

5月底 市农林科学院研发研制70余种智能技术产品支持现代农业发展。在全国14个省市的设施农业和大田上累计应用面积560多万亩，部分产品出口以色列、俄罗斯和南非等国。

6月1日 潮白河流域生态建设推进会在密云县召开，副市长夏占义出席并讲话。夏占义一行实地察看了顺义、怀柔、密云潮白河干流治理工程进展情况，听取了市有关部门相关工作情况汇报。夏占义指出，第一、要将落实好市人大关于潮白河流域综合治理提案办理工作作为建设法治政府、接受人大监督、推动实际工作来认识，作为政府自身建设的一项重要内容，相互配合，共同参与。第二、要着眼长远，胸怀大局。潮白河流域综合治理关乎五个区县经济社会的协调发展，要认真抓细抓好。第三、要抓住重点，扎实推进。认真考虑河道治理涉及的蓄水等问题，对流域内盗采砂石行为保持严厉打击高压态势，各部门在治理工作中要密切配合，相互协调，加快项目审批，突出综合治理效益。第四、要进一步增强责任感和使命感，形成强大的凝聚力，认真推进市人大潮白河流域综合治理议案办理工作。

6月9日 北京市全面部署“三夏”工作，副市长夏占义出席会议并讲话，他指出：第一，克服困难、抢收抢种，全力以赴确保粮食丰产丰收。第二，抓住时机、统筹兼顾，全力以赴推进当前农业各项工作。第三，认真研究、深刻领会，全面落实党在农村的路线方针政策。截至6月底，北京市全面完成“三夏”工作。夏收面积88.2万亩，夏播面积112万亩，夏管面积178万亩。据统计，2011年夏粮单产平均320千克，总产量与2010年基本持平。

6月20—24日 由市委组织部、市委农工委、市委党校联合举办北京新农村建设专题研讨班。学员们分别就“三农”政策、农村金融、农产品质量安全、社会管理体制创新等9方面进行了集中学习和分组讨论。市各委办局、区县主管领导，市人大、市政协相关部门领导，区县农委主任、人大、政协分管领导，中国农业发展银行相关干部等50人参加。

6月22日 北京市推进村庄社区化服务管理活动暨首都综治委农村综治工作协调委员会全体扩大会议召开。会议由首都综治办、市新农办组织召开。会议对推进村庄社区化服务管理活动作了具体部署：一是提高认识，统一思想。各区县要以提高村庄社区管理和服务能力为重点，以建立科学完善的社会服务管理体系为目标，以解决当前社会服务管理的薄弱环节和突出问题为突破口，以群众自治、社会参与为动力全面开展工作。二是明确目标，强化落实。以发展农村公共事业，拓宽服务领域，增加服务内容，转变服务方式，着力打造管理有序、服务完善、文明祥和的生产生活共同体为具体评量内容，提出了“自治管理规范化、治安秩序标准化、基层服务组织化、建设规划科学化、城乡文明一体化”五项标准。三是科学谋划，因地制宜。各区县要充分考虑村庄文化、生态、产业发展、经济现状等属性，按照“城中村社区化、中心村社区化、平原村社区化、山区林地村社区化、专业村社区化”五种模式，开展村庄社区化服务管理活动。2011年全市130个村庄参加创建活动。

6月24日 中央农村工作领导小组副组长、办公室主任陈锡文一行9人到市委农工委市农委调研。在听取了市委农工委书记、市农委主任王孝东的汇报，观看了专题宣传片《北京新农村》后，陈锡文做了重要讲话。陈锡文充分肯定了“十一五”时期北京市农村工作取得的成绩，并进一步要求北京市要在农村土地制度、经营制度和农村金融建设方面积极探索创新工作思路，注意处理好改革创新和依法合规的关系，为全国“三农”工作积累经验，更好地发挥示范作用。

6月底 《农村基层干部反腐倡廉知识读本》在中宣部、新闻出版总署组织开展的第三届优秀通俗理论读物推荐活动中，被评选为15种推荐图书之一。该书由市纪委、市委农工委、市新闻出版局组织编写。

7月5日 第三场拟上市企业培训暨推进涉农企业上市工作会议举办。夏占义副市长出席并发表重要讲话，他指出：一是各部门、各区县领导及干部要在推进培育涉农企业上市当中，提高执政能力、执政水平和执政智慧。二是涉农企业要提高竞争力、要走得远，进入资本市场是必然的选择。三是涉农企业负责人只有熟知资本市场运作规律，才能在资本市场自由的翱翔，才能成为优秀企业家。四是举办这期培训，也是我们贯彻落实胡锦涛总书记在庆祝建党90周年大会上的讲话精神，大家要认真学习，提高认识，扎实推进涉农企业上市工作。截至7月初，全市涉农上市企业36家，其中农业板块企业10家，注册地在郊区的镇村企业26家，占到全市上市企业总数的19.6%。涉农上市后备资源企业40家。会议由市农委会同北京证监局、市金融局和深圳证交所共同举办。市发展改革委、科委、经济信息化委、财政局、商务委等有关部门的主管领导，郊区县主管区（县）长、农委主任、金融办主任及涉农企业负责人、专家和新闻媒体的记者共约280余人参加。

7月6日 北京都市型现代农业农产品流通季鲜桃季启动。活动历时3个月，其间举办桃醉城乡、超市鲜桃展卖等。北京农产品流通网络联盟还推出“网上逛桃园”特色活动。目前全市鲜桃达40万亩，栽植品种200余个。其中鲜桃主产区平谷区建立外埠交易平台20个、农超对接关系企业100余家，专供基地4 000亩。组织百家企业对接百村、百家商超对接百个合作社、百位名人对接百个科技示范户主题活动。

7月13日 国家现代农业科技城通州国际种业科技园正式揭牌启动。该园总体占地1.5万亩，分为种业研发、种苗繁育和展示交易三大中心，承接重大科技成果推介功能。目前聚集了杜邦先锋、利马格兰、北京德农等14家中外籽种企业，开展新品种试验示范、展示推广，构建“育繁销”一体化产业链。力争2～3年内引进30家国内外一流种业企业入驻，吸引300家企业、科研机构，培育新品种100个，聚集5 000个以上的品种在园区试验示范，构建玉米、小麦、蔬菜三个“育繁销”一体化产业链。

7月22日 平谷区大华山邮政“三农”服务站正式开业剪彩并投入使用，标志着贯彻落实市政府《关于全面推进都市型现代农业服务体系建设的意见》、开展邮政系统农资服务体系建设工作的正式启动。

8月 北京市“三农”工作务虚会召开。副市长夏占义指出：一是要从建设中国特色世界城市、抓住重要战略机遇期和“以工促农、以城带乡”的高度，正确研判“三农”工作形势。二是要进一步明确目标，增强责任感和使命感，找准着力点，掌握工作主动权。三是要抓重点、树典型，营造氛围，转变作风，落实各项工作。市委常委牛有成强调：本市“三农”工作要有全国和全市两个大局观、承担市场和自然两种风险的能力、实现拓展战略发展空间和提供生态服务两个价值，具体要求：第一，在转变发展方式上，按照全面协调可持续发展的要求，依靠改革和科技，破解城乡二元体制结构，走城乡一体化发展道路。第二，在政府行为方式上，树立服务型政府理念，加强部门联动，发挥政府调控和市场调节作用。第三，在工作思维方式上，不断创新，探索规律，开创“三农”工作新局面。

8月 北京市新农办、市外联办组织召开央企参与新农村建设座谈会，邀请中石油、中国移动、中粮集团、恒天集团、华润集团等部分央企参加座谈。央企领导表示，今后将在科技注入、小城镇建设、沟域经济建设等方面积极参与新农村建设，为北京率先形成城乡一体化新格局作贡献。

8月15日 北京市新农村建设领导小组半年工作会召开。市委常委、市新农村建设领导小组组长牛有成出席并讲话，副市长、市新农村建设领导小组副组长夏占义主持。市委农工委书记、市农委主任、市新农办主任王孝东代表领导小组通报了《2011年新农村建设工作情况及下半年工作安排》。市住房城乡建设委、市市政市容委、顺义区、密云县、通州区作了典型发言。市委副秘书长傅华出席会议。市新农村建设领导小组全体成员，各区县委主管“三农”工作的领导、政府主管区县长、新农办主任、农委主任以及人民日报、新华社、北京电视台、北京日报等媒体记者参加了会议。

8月30日 副市长夏占义带队观摩沟域经济建设。夏占义副市长参观了密云古北水镇、司马台搬迁新村、紫海香堤香草园，怀柔白河湾三期工程之后，充分肯定了沟域建设取得的成绩，并为大家讲解了北京探索沟域经济的起因、沟域在北京建设世界城市过程中的战略腹地作用、沟域经济的内涵和要义。市委农工委书记、市农委主任王孝东陪同。市各委办局相关领导、7个山区县主管区县长、农委主任、山区办主任参加。

8月 北京市全面启动2011年生态示范创建活动验收工作。全市15个乡镇、637个村庄申请创建北京郊区环境优美乡镇、生态村。市农委、市环保局聘请中国农业大学、北京林业大学等专家教授及部分区县主管部门负责同志组成专家验收组，按照市级环境优美乡镇创建、生态村创建指标，重点验收申报镇、村的环境建设状况和创建任务完成情况。对验收期间污水处理和供暖设施等项目未完工的镇村，实行一票否决。

9月1日 市委常委牛有成到门头沟区调研。察看了门头沟新城建设、“一湖十园、五水联动”景观体系建设、市农运会筹备等情况，听取了有关工作汇报。对门头沟区经济社会发展各项工作给予了充分肯定，并指出，门头沟区发展思路清晰、定位准确、工作扎实，城乡一体化建设取得了明显成效；市有关部门要大力支持门头沟发展建设，积极协调解决工作推进中遇到的困难和问题，促进门头沟区加快发展。牛有成就进一步加快推进城乡一体化建设提出要求。市委副秘书长傅华，市农委、市发展改革委、市旅游委、市水务局、市农业局等部门主要领导陪同调研。

9月3日 牛有成提出要通过改革确立农民主体地位。牛有成在城郊经济研究会第六届代表大会上的讲话中强调，要真正实现城乡一体化，缩小城乡差距，完成经济社会的转型，关键还是要看农民的主体地位怎么确立。要确立农民的主体地位，就是必须要推进改革，推进农村集体经济产权制度改革、农村集体林权制度改革及农村土地制度改革。

9月14日 北京市农民住宅抗震节能改造工作部署会议召开。会议的主要任务是，落实刘淇书记在2011年上半年经济形势分析会上提出的“要大力推进‘暖起来’工程，通过‘以奖代补’等措施，完成农村住宅节能改造目标任务”的指示精神。牛有成常委出席会议并讲话，陈刚副市长对2011—2012年农民住宅抗震节能改造工作提出要求，夏占义副市长主持会议。牛有成强调，第一，深刻认识做好此项工作的重要意义。抗震节能改造是重要的民生工程、农民直接受益的温暖工程，是农民增收的重要途径，是积极的环保实践。第二，把握三个工作要点，即讲原则、讲科学、讲节奏。第三，做好三方面工作保障。做好领导统筹。强化政策支撑。创新工作机制。要继续坚持部门联动、各尽其责；要带着对农民深厚的感情保质保量完成任务；要强化监督考核工作机制，严把资金使用、标准制定、流程实施、材料选取、建设质量等关口。陈刚就农民住宅抗震节能改造工作提出：一是统一思想，提高认识，全力推进农宅抗震节能改造工作。二是科学规划，统筹安排，高标准建设抗震节能农宅。三是明确职责，部门联动，创新管理和服务，保质保量完成任务。夏占义副市长明确要求，各区县、各部门要认真安排部署工作，制定时间表，确保两年任务的完成。要坚持以人为本，带着对农民的深厚感情来创新机制，加大政策支持力度，把好事办好。要抓好宣传，调动农民积极参与。会上，印发了《北京市农民住宅抗震节能工作实施方案（2011—2012年）》文件，市农委、市住房城乡建设委、市财政局等部门分别布置了具体工作。

9月20—23日 第十九届北京种子大会在丰台举办。本次大会采用“一场两区”方式，即主会场、现货交易区、田间展示区，开展了种业高峰论坛、品种权拍卖、现货交易等11项主题活动，累计参会5.2万人。本次大会的特点：一是国际化有所突破，吸引国外企业及行业协会16家，企业3 200余家，覆盖32个省（自治区、直辖市）。首次有国外种业组团参会，如美国种子贸易协会；首次开通英文网站；首次在国际种子联合会（ISF）年会上进行宣传。二是信息化有所突破，所有参会单位实现了网上注册，并设立信息采集系统，建立大会永久数据库。三是市场化有所突破。交易品种5 000余个，展示品种2 200个，涉及前沿性品种200个，实现交易总额5.3亿元，直接带动餐饮、住宿、旅游收入2亿元以上。

9月21—22日 第四次京承农业战略合作座谈会在京召开。以“共建优质安全农产品基地，促进京承农业高度融合”为主题，以推进北京“菜篮子”工程建设为内容，签订京承农业合作项目11个，总投资达62.36亿元，其中，投资达亿元以上项目7个。截至目前，双方已达成合作项目115项，总投资113.4亿元。其中生产性合作项目98项，100多亿元；科技合作项目17项，10多亿元。

9月23日 市农委与唐山市政府联合举办农业项目暨农产品北京推介会。来自唐山市总投资额130亿元的105个农业合作项目和1 000余种名优特农产品向北京市农业龙头企业、商超企业及联合体、新发地农副产品批发商户等28家客户代表、90多家商户推介。

9月 北京援建和田地区智能化连栋温室育苗工程启动。该工程项目建设占地1.45万平方米，其中温室建筑面积达到1.15万平方米，援助总投资2 000万元，是目前南疆地区单体面积最大温室，该项目的实施，将会对和田地区农业现代化产生直接的示范引领作用。

10月10日 市委书记刘淇到平谷区调研创新农村社会管理工作，先后参观了平谷区农村土地承包纠纷调解仲裁庭和农村产权交易服务中心，对平谷区的工作给予了充分肯定，并要求进一步推广。为了贯彻落实刘淇的讲话精神，总结和推广平谷区建立农村产权交易服务中心、加强农村集体资产经营管理经验，10月26日，全市加强农村集体资产经营管理工作现场会在平谷区召开。夏占义副市长出席会议并讲话。会前参观了平谷区农村产权交易服务中心和土地承包经营纠纷调解仲裁庭。会上分别介绍了平谷区、镇罗营镇集体资产经营管理的经验。夏占义副市长在讲话中强调了两点：第一，各级领导干部要努力成为农村集体资产经营管理的行家里手，牢牢掌握农村经济发展的领导权、主动权。第二，要凝心聚力，扎扎实实，抓好当前的几项工作。主要包括加大力度，推进集体经济产权制度改革；开展清产核资，摸清家底，严格控制村级债务，禁止出现新债务；认真学习、借鉴平谷区先进经验，切实加强农村集体资产经营管理工作等。市纪委、市农委、市农研中心、首创集团、市农投公司等单位相关负责同志，各郊区县主管区县长、农委主任、经管站站长及资产管理等部门参加。

10月11日 市委常委牛有成带领市农委、发改委、财政局等11个相关部门负责人前往延庆县四季花海沟域进行调研，先后听取了延庆县四季花海沟域建设、全市重点沟域建设的情况汇报。牛有成对北京市沟域建设给予了高度评价，并提出了四点意见：坚持生态底线；坚守基本农田红线；把握好山区发展节奏；摒弃急功近利思维，实现可持续发展。同时牛有成对沟域建设提出了两点要求：一是强化对生态涵养区的认识，二是发展沟域经济要遵从念好“借、顺、创”三字经。市委副秘书长赵玉金，市委农工委书记、市农委主任王孝东陪同调研。

10月15日 市农林科学院与中国种子集团签署战略合作协议。农业部副部长危朝安、北京市委常委牛有成、中化集团副总裁韩根生等领导为共同投资成立的中种杂交小麦种业（北京）有限公司举行了揭牌仪式。该公司根据《中关村国家自主创新示范区企业股权和分红激励实施办法》，以无形资产入股的形式对杂交小麦核心科技人员进行奖励，努力形成以企业为主体、市场为导向、资本为纽带的利益共享、风险共担的农作物种业科技创新模式，促进以产业为主导、企业为主体、产学研结合、“育繁推”一体化模式的快速发展。目前，北京杂交小麦进入示范应用阶段，创制冬性光温敏不育系BS系列和种质资源5 000余份，累计示范约20万亩，涉及10个省市，大面积制种产量已达250千克/亩，纯度达98%。

10月 北京市农村土地承包经营权登记试点工作在平谷区正式启动。试点将在平谷区镇罗营镇玻璃台、大庙峪和东寺峪3个村全面展开。此项工作是在前期制订方案、组建各级试点工作机构、开展培训及调查摸底的基础上进行的。按照工作方案安排，试点工作从10月开始进行档案清理核实、实地测绘、公示及审核，年底前完成试点任务。

10月24—28日 北京市新一届乡镇党委书记培训班举办。此届培训班由市委组织部、市委农工委联合举办，市委常委牛有成出席开班动员会并讲话。牛有成在讲话中强调：第一，要充分认识乡镇党委在城乡一体化发展中的地位和作用。第二，要加强新形势下的管理工作，重新认识乡镇管理问题。第三，要充分尊重农民的主体地位。培训班采取专题讲座、经验交流和实地考察的方式进行，邀请了中农办主任陈锡文，国家行政学院丁元竹教授等领导学者作专题讲座，介绍了朝阳区崔各庄乡、房山区窦店镇等经验做法，实地参观了顺义区高丽营镇、密云县蔡家洼村。郊区各区县委常委、组织部长，有关区县委农工委书记，郊区县各乡镇党委书记，市有关部门负责人及工作人员共240余人参加了培训。截至9月底，全市乡镇党委换届工作完成。全市13个涉农区县182个乡镇共计选举产生乡镇党委委员1 801名。乡镇党委书记平均年龄45.2岁，女性占6.6%，少数民族占4.4%。乡镇党委领导班子平均年龄为43岁，乡镇党委拥有大专以上学历的占99%。乡镇党委委员中，女性占19.6%，少数民族占4.3%。

10月28日 北京市第22届农民艺术节开幕式暨“美丽乡村·文化之旅”大型电视系列报道活动启动仪式在房山区举行。市委常委牛有成宣布艺术节开幕，市委副秘书长赵玉金致开幕词，市委农工委书记、市农委主任王孝东主持开幕式。本届农民艺术节持续4个月，由市委宣传部、市委农工委、首都文明办、市农委、市文化局、北京电视台共同主办。以“新农村、新文化、新生活”为主题开展“乡村大舞台”群众文化活动、“美丽乡村”文化主题展播、“北京·美丽乡村”艺术展览三大系列活动。

10月 全市首家农资交易服务中心落户顺义区。由北京农业生产资料公司出资100万元成立。该公司的成立标志着北京市市级农资配送供应总部正式启用。该中心投入使用后，将成为各类优质农资商品的展销交易平台，同时实现各类大宗农资商品网上远程交易，开创全国农资行业电子交易之先河。

11月 市新农办与北京上市

公司协会就推动北京市上市公司参与新农村建设工作进行座谈，就社会力量参与新农村建设的情况、北京上市公司协会的职能任务进行了交流，并就上市公司如何参与市新农村建设的领域范围、方法途径达成共识。市委农工委书记、市农委主任、市新农办主任王孝东，民革中央副主席、北京市政协副主席、民革北京市委主委傅惠民参加座谈。

11月17日 北京市一中院、市农委围绕积极创新农村社会管理、有效预防化解农村矛盾纠纷签署合作协议。双方将加强协作，建立信息收集、通报预警制度、联络员制度和不定期会议制度，共同参与化解涉农矛盾纠纷，加强对涉农法律法规适用与涉农政策文件制定以及协调配套措施的调查研究，加强对农村基层组织和农村土地承包仲裁委员会的指导和司法支持，加强行政指导和司法裁判指引，加强农村土地流转工作的规范管理，逐步探索农村社会管理和依法化解农村矛盾纠纷的新途径。市一中院院长王明达，市委农工委书记、市农委主任王孝东参加。

11月 北京市农委与安徽省金寨县签署《关于农业区域合作（2011—2015年）框架协议》。涉及支持金寨县新农村建设、优势特色产业发展、引智引资和人才培训等方面。自2003年与金寨开展对口帮扶与合作以来，已累计投入1 500余万元，重点在新农村建设、产业发展、乡村旅游、市场与品牌建设、干部交流与培训等方面开展了合作。

11月 全市后进村党组织整顿建设工作取得实效。一是建立工作机制，落实整顿责任。在全市255个后进村党组织整顿建设中，明确了区县委书记、乡镇党委书记、村党组织书记分别是第一责任人、直接责任人和具体责任人，建立区县级领导干部联系点176个、乡镇领导干部联系点255个，下派工作组（队）255个。二是坚持分类治理，着力解决突出问题。从选准配强班子入手，坚持思想整顿与组织整顿相结合，全市共下派“第一书记”37人，调整村党组织班子71个。从深化创先争优入手，解决农村党员作用发挥不充分的问题。组织开展“双争双带”活动，鼓励致富能力强的党员争当实用人才、带头创业致富，引导有帮带能力的党员争当服务标兵、带领群众致富。从加大扶持力度入手，着力解决村级经济发展滞后的问题。截至9月底，全市各级共制定扶持政策171个，投入扶持资金9 459.34万元，新建产业项目128个，解决农村劳动力就业6 839人。从加强制度建设入手，着力解决村务不公开、管理不民主的问题。借鉴“四议两公开”工作法，完善党务、村务公开制度，开展村务监督委员会建设，健全和完善村民自治章程以及村规民约。截至9月底，全市各级共修改完善村务管理制度442个，新制定制度219个。从改进群众工作入手，解决村级矛盾突出的问题。综合运用法律、经济、行政等手段和教育、协商、疏导等办法，妥善处理群众问题。截至9月底，全市各级共走访后进村群众24 628人次，解决后进村突出矛盾问题410个，为后进村群众办实事1 013件。

12月6日 “首都农资”连锁服务体系运营启动仪式在顺义区举行。启动仪式上，市委常委牛有成、副市长夏占义为“北京农资交易服务中心”揭牌，并进行了实地参观，随后召开了北京市农资服务体系建设现场会。会上，夏占义指出，北京农资交易服务中心建设标志了北京市新型农资供应服务网络初步建成和都市型现代农业服务体系建设取得重大突破。农业服务体系建设决定着都市型现代农业的质量、品质和水平。目前，在服务的规模、服务的便捷、服务的质量上还有差距，要勇于创新、大胆探索，加快建设现代农业服务体系。夏占义进一步指出，北京市农资服务体系建设现场会应成为进一步提高水平、创新机制的动员和开始。市财政、农委、商务委、国资委等部门要给予大力的支持，各区县政府要大力加强分中心建设，共同将北京现代农业服务体系建设推向前进。牛有成指出，建设都市型现代农业服务体系，是推进农村改革发展的必然要求，是加快推进都市型现代农业发展的客观需求，是促进农民增收致富的重要举措，要充分认识现代农业服务体系建设的重要意义，以农资服务体系建设为突破口，全面扎实推进现代农业服务体系建设。牛有成强调，农业在北京虽然是一个比重小的产业，但却是北京的第一张名片。无论政府、企业还是农民专业合作组织，都有责任让北京的生态环境更宜居，让农民增收的幅度更大，让消费者的幸福指数更高，农业的作用不可替代。市委副秘书长赵玉金，市委农工委书记、市农委主任王孝东，市农业局局长赵根武，顺义区区长王刚，市发展改革委、经济信息化委、财政局、商务委等部门主管领导，郊区县主管区（县）长、农委主任、农业局局长以及农民专业合作社示范社代表、入驻商户负责人和新闻媒体记者共约230余人参加。

12月8日 北京市京郊旅游发展大会召开。市委常委牛有成、副市长丁向阳、副市长夏占义出席会议。会议由副市长夏占义主持。夏占义要求，各区县、各部门、各单位一定要准确把握、认真学习，深刻领会文件和领导讲话精神。一定要抓住重点，加大投入。一定要认真谋划，搞好宣传。丁向阳指出，各区县要做到“六个一”：即打造一个具有龙头带动效应的旅游产业项目；主打一种特色旅游品牌商品；培育一个民俗旅游示范镇；人均旅游消费增长一倍；一成农民增收依靠旅游；旅游经济为地区生产总值增长贡献一个百分点。牛有成强调，旅游，尤其是京郊旅游对于市民来说是一种生活方式，对于政府来说是一种发展方式，对于产业来说是一种融合方式。今后一个时期，政府推动京郊旅游发展，要改善旅游环境。加强专业规划，注重体现以人为本思想，加大基础设施的投入，防止对生态环境破坏。要创新体制机制。加强服务职能，做到部门联动、政策集成、资源聚焦、共促发展。要满足旅游消费需求。一要满足地理消费；二要满足生理消费；三要满足心理消费。会上，市旅游委、市农委、市水务局、市园林绿化局、市农业局分别作了发言，中青旅控股股份有限公司就密云县古北水镇项目做了交流发言，五部门联合制定印发了《关于加快推进京郊旅游发展的指导意见》。

12月10日 市委常委牛有成到平谷区调研，实地察看了平谷区“四位一体”300万只蛋鸡现代化养殖项目基地建设和农村产权交易服务中心运营情况，听取了平谷区相关情况汇报，对平谷区经济社会发展取得的成绩给予了肯定，对平谷区党代会提出的“幸福平谷”发展战略表示赞赏。牛有成指出：第一，要学会“能挣会花”，两手都要抓。第二，要在围绕塑造农民主体上下工夫。引导培育农民成为利益的主体、责任的主体和市场的主体。第三，要重点做好四个方面的工作。一是“土地”要流转起来，二是“资产”要经营起来，三是“要素”要整合起来，四是“农民”要组织起来。市委副秘书长赵玉金、市农委主任王孝东、市农业局局长赵根武、平谷区领导邱水平、张吉福等陪同调研。

12月 《关于大学生村官助力北京农村金融发展的实施意见》出台。该意见由市委组织部、市农委、市人力社保局、市金融局、人行营管部共同制定。计划先选择大兴区、怀柔区的4个村进行试点，在实践中不断总结经验，完善政策制度，在此基础上选择在13个涉农区县中农业基础较好、涉农贷款需求较大、村官工作较好的乡镇进行推广。

（市委农工委办公室　周洪生
胡小标　侯芳梅）

统 计 资 料

农村基本情况

指标名称	计量单位	北京市	朝阳区	丰台区	海淀区	门头沟区	房山区	通州区
1. 乡镇个数	个	182	19	5	7	9	20	11
（1）乡个数	个	38	19	3	0	0	6	1
（2）镇个数	个	144	0	2	7	9	14	10
2. 村委会个数	个	3 941	154	66	84	178	461	475
3. 乡村户数	户	2 124 155	315 631	131 238	158 728	42 596	238 404	247 798
4. 乡村人口	人	5 748 020	810 402	382 474	437 402	89 512	552 764	675 507
5. 乡村从业人员	人	3 382 628	499 669	244 947	269 799	45 406	292 416	378 723

指标名称	计量单位	顺义区	昌平区	大兴区	怀柔区	平谷区	密云县	延庆县
1. 乡镇个数	个	19	15	14	14	16	18	15
（1）乡个数	个	0	0	0	2	2	1	4
（2）镇个数	个	19	15	14	12	14	17	11
2. 村委会个数	个	426	303	527	284	273	334	376
3. 乡村户数	户	200 223	187 782	183 750	91 210	109 640	124 855	92 300
4. 乡村人口	人	553 357	577 113	605 850	230 553	308 144	311 477	213 465
5. 乡村从业人员	人	307 510	366 596	375 984	123 791	175 555	180 965	121 267

农林牧渔业总产值（现价）

单位：万元

区 县	农林牧渔业总产值			农 业			林 业		
	2011	2010	2011 年比 2010 年增长（%）	2011	2010	2011 年比 2010 年增长（%）	2011	2010	2011 年比 2010 年增长（%）
全 市	3 631 375.5	3 280 226.5	10.7	1 633 731.8	1 542 227.8	5.9	189 202.3	168 127.2	12.5
朝 阳 区	35 532.2	40 830.6	−13.0	11 032.6	16 063.1	−31.3	9 336.7	9 074.8	2.9

（续）

区 县	农林牧渔业总产值			农 业			林 业		
	2011	2010	2011 年比 2010 年增长（%）	2011	2010	2011 年比 2010 年增长（%）	2011	2010	2011 年比 2010 年增长（%）
丰 台 区	26 277.2	30 313.1	−13.3	14 026.9	18 596.7	−24.6	3 803.9	3 990.2	−4.7
海 淀 区	47 588.7	40 185.2	18.4	15 021.5	12 173.4	23.4	14 430.2	14 024.1	2.9
门头沟区	50 613.5	39 324.6	28.7	8 683.7	9 623.0	−9.8	29 336.4	17 359.7	69.0
房 山 区	450 201.6	426 437.4	5.6	190 873.0	187 660.2	1.7	12 086.6	12 340.0	−2.1
通 州 区	453 712.0	397 882.1	14.0	257 525.0	232 287.1	10.9	6 384.6	11 748.6	−45.7
顺 义 区	651 669.6	585 817.2	11.2	270 389.2	269 400.8	0.4	15 923.9	26 200.4	−39.2
昌 平 区	198 343.6	168 000.6	18.1	81 102.1	66 708.2	21.6	16 032.0	13 491.8	18.8
大 兴 区	515 619.9	482 140.6	6.9	265 854.3	262 248.5	1.4	4 141.3	3 253.5	27.3
怀 柔 区	182 607.0	170 788.8	6.9	63 939.2	62 080.3	3.0	18 042.6	9 776.5	84.6
平 谷 区	344 230.6	294 431.7	16.9	195 355.6	171 728.6	13.8	9 909.2	9 622.5	3.0
密 云 县	440 634.8	391 705.5	12.5	182 084.7	167 045.8	9.0	27 572.1	15 253.8	80.8
延 庆 县	226 944.8	202 980.1	11.8	77 844.0	66 612.1	16.9	22 202.8	21 991.3	1.0

区 县	牧 业			渔 业			农林牧渔服务业		
	2011	2010	2011 年比 2010 年增长（%）	2011	2010	2011 年比 2010 年增长（%）	2011	2010	2011 年比 2010 年增长（%）
全 市	1 627 269.9	1 395 762.5	16.6	115 171.5	115 109.0	0.1	66 000.0	59 000.0	11.9
朝 阳 区	5 865.8	6 023.1		6 399.3	6 669.6		2 897.8	3 000.0	−3.4
丰 台 区	5 093.5	4 575.8	11.3	2 404.2	2 398.0	0.3	948.7	752.4	26.1
海 淀 区	13 317.4	10 324.1	29.0	279.1	358.6		4 540.5	3 305.0	37.4
门头沟区	11 922.4	11 724.0	1.7		10.8		671.0	607.1	10.5
房 山 区	227 307.1	208 161.4	9.2	9 765.3	9 235.4	5.7	10 169.6	9 040.4	12.5
通 州 区	158 669.6	123 186.2	28.8	23 084.5	23 028.4	0.2	8 048.3	7 631.8	5.5
顺 义 区	333 274.1	260 605.8	27.9	17 941.7	16 616.5	8.0	14 140.7	12 993.7	8.8
昌 平 区	91 932.2	79 033.6	16.3	3 455.7	2 987.0	15.7	5 821.6	5 780.0	0.7
大 兴 区	236 691.3	208 948.4	13.3	2 367.9	2 040.5	16.0	6 565.1	5 649.7	16.2
怀 柔 区	86 830.3	83 029.7	4.6	13 075.6	15 226.9		719.3	675.4	6.5
平 谷 区	121 236.5	96 229.2	26.0	16 690.4	15 831.4	5.4	1 038.9	1 020.0	1.9
密 云 县	215 722.4	196 004.1	10.1	8 800.0	8 119.0	8.4	6 455.6	5 282.8	22.2
延 庆 县	119 407.3	107 917.1	10.6	3 507.8	3 197.9	9.7	3 982.9	3 261.7	22.1

注：全市数据含远洋渔业数据。

主要农产品产量

单位：吨

区 县	粮 食			蔬菜（含食用菌）			干鲜果品		
	2011	2010	2011年比2010年增长（%）	2011	2010	2011年比2010年增长（%）	2011	2010	2011年比2010年增长（%）
全　市	1 217 700	1 156 865	5.3	2 968 700.9	3 029 821.9	−2.0	878 066.1	853 984.5	2.8
朝阳区	1 416	1 610	−12.1	11 444.6	20 425.7	−44.0	1 006.6	1 476.1	−31.8
丰台区	1 433	1 314	9.0	7 413.8	13 593.9	−45.5	1 737.6	1 664.6	4.4
海淀区	3 422	4 198	−18.5	23 106.9	19 394.0	19.1	5 770.1	5 260.7	9.7
门头沟区	2 988	1 855	61.1	1 914.6	4 748.6	−59.7	3 815.0	3 954.1	−3.5
房山区	147 587	135 413	9.0	186 084.0	202 665.9	−8.2	68 309.8	69 683.1	−2.0
通州区	198 048	208 405	−5.0	705 211.6	680 931.2	3.6	62 227.6	63 532.7	−2.1
顺义区	212 864	214 983	−1.0	458 948.3	478 156.2	−4.0	71 710.9	69 439.6	3.3
昌平区	25 388	22 677	12.0	43 454.9	47 160.3	−7.9	40 390.0	41 432.0	−2.5
大兴区	234 521	233 162	0.6	863 487.8	891 226.9	−3.1	118 848.5	115 026.5	3.3
怀柔区	60 072	52 101	15.3	37 569.6	35 066.7	7.1	38 030.0	37 393.3	1.7
平谷区	73 647	76 675	−3.9	253 716.8	265 046.0	−4.3	350 878.0	333 193.2	5.3
密云县	103 753	102 917	0.8	268 145.9	267 939.5	0.1	82 191.7	79 824.1	3.0
延庆县	160 102	107 251	49.3	108 202.1	103 467.0	4.6	33 150.3	32 104.5	3.3

区 县	肉 类			#猪牛羊肉		
	2011	2010	2011年比2010年增长（%）	2011	2010	2011年比2010年增长（%）
全　市	444 155.6	462 574.6	−4.0	276 054.2	275 343.1	0.3
朝阳区	10.2	27.9	−63.4	7.0	27.9	−74.9
丰台区	1 004.1	1 180.3	−14.9	897.0	1 145.2	−21.7
海淀区	2 426.4	2 395.4	1.3	1 946.7	1 809.5	7.6
门头沟区	5 909.1	6 083.7	−2.9	691.7	847.8	−18.4
房山区	50 879.2	54 801.4	−7.2	33 223.0	31 309.4	6.1
通州区	41 299.4	41 264.5	0.1	27 729.4	28 550.0	−2.9
顺义区	103 603.1	101 565.8	2.0	85 310.1	83 331.7	2.4
昌平区	11 092.2	12 640.2	−12.2	8 579.4	10 033.6	−14.5
大兴区	70 522.7	75 756.6	−6.9	49 924.0	51 687.0	−3.4
怀柔区	26 664.1	28 671.4	−7.0	8 173.0	7 650.4	6.8

（续）

区县	肉类			#猪牛羊肉		
	2011	2010	2011年比2010年增长（%）	2011	2010	2011年比2010年增长（%）
平谷区	41 045.7	40 394.5	1.6	30 409.9	29 851.5	1.9
密云县	62 334.8	68 363.8	−8.8	19 032.8	18 849.2	1.0
延庆县	27 364.6	29 429.1	−7.0	10 130.2	10 249.9	−1.2

区县	奶类			#牛奶			鲜蛋		
	2011	2010	2011年比2010年增长（%）	2011	2010	2011年比2010年增长（%）	2011	2010	2011年比2010年增长（%）
全市	639 759	641 122	−0.2	639 755	640 937	−0.2	151 463	151 447	0.0
朝阳区	16 559	18 809	−12.0	16 559	18 809	−12.0			
丰台区	3 031	4 186	−27.6	3 031	4 186	−27.6	1 665	1 616	3.0
海淀区	144 53	13 349	8.3	14 453	13 349	8.3	482	384	25.7
门头沟区	900	1 152	−21.9	899	1 152	−22.0	368	452	−18.6
房山区	34 653	37 042	−6.4	34 653	37 042	−6.4	10 914	10 156	7.5
通州区	100 973	90 213	11.9	100 973	90 213	11.9	7 117	7 257	−1.9
顺义区	51 606	51 288	0.6	51 606	51 285	0.6	13 324	16 426	−18.9
昌平区	54 910	47 586	15.4	54 908	47 586	15.4	8 522	9 288	−8.2
大兴区	150 023	162 500	−7.7	150 023	162 318	−7.6	18 575	21 476	−13.5
怀柔区	46 122	44 263	4.2	46 122	44 263	4.2	3 407	4 050	−15.9
平谷区	3 725	4 523	−17.6	3 725	4 523	−17.6	30 334	28 227	7.5
密云县	80 754	80 433	0.4	80 752	80 433	0.4	21 479	22 726	−5.5
延庆县	82 050	85 777	−4.3	82 050	85 777	−4.3	35 276	29 389	20.0

注：全市粮食产量为抽样调查推算数据，故与区县合计数不等。

农作物播种面积

单位：亩

区县	农作物播种面积			#粮食作物			#蔬菜面积		
	2011	2010	2011年比2010年增长(%)	2011	2010	2011年比2010年增长(%)	2011	2010	2011年比2010年增长(%)
全市	4 538 738	4 759 018	−4.6	3 140 729	3 351 980	−6.3	1 001 954	1 013 072	−1.1
朝阳区	11 881	19 002	−37.5	3 477	4 596	−24.3	7 145	12 653	−43.5

（续）

区 县	农作物播种面积			#粮食作物			#蔬菜面积		
	2011	2010	2011年比2010年增长(%)	2011	2010	2011年比2010年增长(%)	2011	2010	2011年比2010年增长(%)
丰 台 区	16 946	22 393	−24.3	6 218	7 729	−19.5	5 496	8 799	−37.5
海 淀 区	23 708	24 990	−5.1	8 626	11 496	−25.0	10 690	9 783	9.3
门头沟区	48 792	52 275	−6.7	27 571	30 707	−10.2	1 883	3 848	−51.1
房 山 区	514 854	550 427	−6.5	415 773	451 769	−8.0	73 127	73 066	0.1
通 州 区	775 462	805 091	−3.7	508 746	563 462	−9.7	237 569	217 099	9.4
顺 义 区	786 192	821 699	−4.3	544 547	577 639	−5.7	154 148	159 581	−3.4
昌 平 区	139 421	161 408	−13.6	85 042	104 744	−18.8	23 480	24 314	−3.4
大 兴 区	966 958	101 4014	−4.6	56 4827	599 948	−5.9	286 159	298 555	−4.2
怀 柔 区	183 569	190 944	−3.9	154 845	157 925	−2.0	18 978	19 061	−0.4
平 谷 区	277 417	287 698	−3.6	192 874	201 470	−4.3	75 682	79 065	−4.3
密 云 县	387 327	389 082	−0.5	291 402	296 424	−1.7	70 050	68 035	3.0
延 庆 县	406 211	419 995	−3.3	336 781	344 071	−2.1	37 547	39 213	−4.2

设施农业

指标名称	面积（亩）			销售收入（万元）		
	占地面积					
	2011	2010	增减（%）	2011	2010	增减（%）
合计	279 238	274 846.0	1.6	455 819.3	407 236.5	11.9
一、温室	135 903	126 658.0	7.3	308 989.8	271 004.3	14.0
1. 蔬菜				189 577.2	198 188.6	−4.3
2. 食用菌				34 126.1		
3. 花卉苗木				41 600.1	47 840.8	−13.0
其中：切花				8 482.1	8 507.8	−0.3
盆花				32 769.6	39 004.2	−16.0
4. 瓜果类				31 518.1	18 010.9	75.0
5. 水果				4 831.2	2 988.7	61.6
6. 其他				7 337.1	3 975.3	84.6
其中：盆栽观叶植物				3 988.5		

（续）

指标名称	面积（亩）			销售收入（万元）		
	占地面积					
	2011	2010	增减（%）	2011	2010	增减（%）
二、大棚	90 504	88 961.0	1.7	110 771.2	98 818.2	12.1
1. 蔬菜				66 337.7	61 846.4	7.3
2. 食用菌				1 249.5		
3. 花卉苗木				6 785	6 470.6	4.9
其中：切花				799	1 079	−25.9
盆花				5 741	5 040.6	13.9
4. 瓜果类				33 104.7	28 040.3	18.1
5. 水果				1 876.3	587	219.6
6. 其他				1 418	1 873.9	−24.3
其中：盆栽观叶植物						
三、中小棚	52 831	59 227	−10.8	36 058.3	37 414	−3.6
1. 蔬菜				18 005.3	18 053.1	−0.3
2. 食用菌				209.7		
3. 花卉苗木				776.1	522.5	48.5
其中：切花				23.3	21.1	10.4
盆花				749.8	501.4	49.5
4. 瓜果类				16 722.5	18 498.6	−9.6
5. 水果				61.7	9.8	529.6
6. 其他				283	330	−14.2
其中：盆栽观叶植物				20		

生猪生产

区县	存栏（头）			出栏（头）		
	本年	上年	幅度（%）	本年	上年	幅度（%）
全市	1 793 372	1 831 253	−2.1	3 122 039	3 119 293	0.1
朝阳区						
丰台区	3 518	8 222	−57.2	10 742	14 552	−26.2
海淀区	22 321	21 321	4.7	26 085	26 133	−0.2
门头沟	5 082	5 031	1.0	6 921	8 464	−18.2

（续）

区县	存栏（头）			出栏（头）		
	本年	上年	幅度（%）	本年	上年	幅度（%）
房山区	267 393	274 103	−2.4	388 795	366 883	6.0
通州区	149 575	159 028	−5.9	298 223	310 433	−3.9
顺义区	563 763	584 840	−3.6	964 850	939 711	2.7
昌平区	71 495	73 022	−2.1	101 158	119 162	−15.1
大兴区	253 338	277 330	−8.7	558 452	596 038	−6.3
怀柔区	65 196	56 871	14.6	96 044	89 372	7.5
平谷区	202 618	193 914	4.5	354 383	344 592	2.8
密云县	130 550	121 743	7.2	214 067	209 003	2.4
延庆县	58 523	55 828	4.8	102 319	94 950	7.8

牛的生产

区县	存栏（头）			出栏（头）		
	本年	上年	幅度（%）	本年	上年	幅度（%）
全市	210 915	206 885	1.9	114 009	110 850	2.8
朝阳区	3 182	3 756	−15.3	22	7	214.3
丰台区	1 043	1 113	−6.3	215	128	68.0
海淀区	2 927	3 299	−11.3	427	327	30.6
门头沟	643	626	2.7	149	116	28.4
房山区	15 746	13 471	16.9	9 425	7 820	20.5
通州区	24 878	23 623	5.3	13 445	12 069	11.4
顺义区	37 856	36 350	4.1	39 610	41 777	−5.2
昌平区	12 242	12 260	−0.1	1 917	1 920	−0.2
大兴区	39 461	37 837	4.3	15 686	9 949	57.7
怀柔区	14 588	13 541	7.7	3 283	3 195	2.8
平谷区	9 014	9 863	−8.6	11 207	10 789	3.9
密云县	27 851	27 487	1.3	8 480	8 772	−3.3
延庆县	21 484	23 659	−9.2	10 143	13 981	−27.5

羊的生产

区县	存栏（只）			出栏（只）		
	本年	上年	幅度（%）	本年	上年	幅度（%）
全　　市	577 661	606 270	－4.7	786 193	864 430	－9.1
朝 阳 区	372	298	24.8	231	1 915	－87.9
丰 台 区	2 443	2 151	13.6	1 537	2 049	－25.0
海 淀 区	2 081	2 132	－2.4	1 455	1 967	－26.0
门 头 沟	16 481	15 369	7.2	7 721	11 149	－30.7
房 山 区	117 396	122 038	－3.8	86 230	99 695	－13.5
通 州 区	55 927	67 795	－17.5	97 539	100 989	－3.4
顺 义 区	87 138	89 109	－2.2	155 031	181 634	－14.6
昌 平 区	16 647	17 110	－2.7	21 362	30 571	－30.1
大 兴 区	107 958	122 263	－11.7	199 532	198 457	0.5
怀 柔 区	24 079	20 653	16.6	17 075	19 139	－10.8
平 谷 区	74 279	74 653	－0.5	104 716	103 773	0.9
密 云 县	58 924	60 911	－3.3	74 890	90 100	－16.9
延 庆 县	13 936	11 788	18.2	18 874	22 992	－17.9

家禽生产

区　　县	存栏（万只）			出栏（万只）		
	本年	上年	幅度（%）	本年	上年	幅度（%）
全　　市	2 662.84	2 737.52	－2.7	10 736.65	11 779.74	－8.9
朝 阳 区						
丰 台 区	13	13.94	－6.7	8.25	2.67	209.0
海 淀 区	14.58	14.46	0.8	36.54	44.36	－17.6
门 头 沟	30.58	39.8	－23.2	337.56	323.99	4.2
房 山 区	280.49	278.38	0.8	1 162.66	1 487.22	－21.8
通 州 区	158.48	146.94	7.9	802.43	812.86	－1.3
顺 义 区	262.03	329.1	－20.4	1194.75	1 200.21	－0.5
昌 平 区	119.18	111.6	6.8	121.50	137.90	－11.9
大 兴 区	263.73	309.02	－14.7	1 294.40	1 446.06	－10.5

（续）

区县	存栏（万只）			出栏（万只）		
	本年	上年	幅度（%）	本年	上年	幅度（%）
怀柔区	175.02	208.97	−16.2	1 186.02	1 322.59	−10.3
平谷区	374.54	348.53	7.5	718.84	711.92	1.0
密云县	548.05	536.58	2.1	2 784.86	3 084.97	−9.7
延庆县	423.16	400.2	5.7	1 088.84	1 204.99	−9.6

镇村企业主要经济指标

指标名称	单位	2010	2011	增减（%）
企业数	个	152 778	150 721	−1.3
其中：规模以上企业	个	4 169	3 813	−8.5
其中：规模工业企业	个	2 940	2 697	−8.3
从业人员年末数	人	1 364 518	1 295 534	−5.1
营业收入	万元	42 665 839	46 531 113	9.1
利润总额	万元	2 426 968	2 679 843	10.4
增加值	万元	7 770 246	8 766 119	12.8
工业增加值	万元	4 428 187	5 039 700	13.8
出口产品交货值	万元	1 460 647	1 625 673	12.0
上交税金总额	万元	1 701 647	1 992 621	17.1
劳动者报酬	万元	2 408 673	2 746 143	14.0
人均劳动者报酬	元/年	17 652	21 197	20.1
资产总额（私营以上）	万元	42 510 114	45 448 590	6.9
负债总额（私营以上）	万元	27 098 651	30 196 665	11.4
资产负债率（私营以上）	%	63.8	66.4	2.6

资料来源：市经信委统计资料。

农业观光园

区县	农业观光园个数（个）		从业人员（人）		接待人次（人次）		经营总收入（万元）	
	2011	2010	2011	2010	2011	2010	2011	2010
全市	1 300	1 303	46 038	42 561	18 429 456	17 748 934	217 152	177 958
朝阳区	14	16	3 047	2 603	1 223 999	1 117 047	40 803	33 889
丰台区	10	10	880	806	1 204 115	1 146 306	2 196	2 015

（续）

区 县	农业观光园个数（个）		从业人员（人）		接待人次（人次）		经营总收入（万元）	
	2011	2010	2011	2010	2011	2010	2011	2010
海淀区	58	71	2 372	1 354	410 747	375 862	6 638	5 360
门头沟区	56	48	1 348	1 133	526 553	391 368	7 775	4 442
房山区	108	102	3 001	2 887	1 800 346	1 856 785	17 033	15 714
通州区	47	46	1 640	1 471	634 657	614 543	10 207	7 837
顺义区	69	71	2 728	2 485	879 808	821 551	13 379	13 706
昌平区	201	198	6 125	5 531	1 209 003	1 257 934	32 062	24 336
大兴区	108	110	9 246	9 715	2 116 679	2 287 685	18 240	17 434
怀柔区	234	234	2 464	2 543	1 743 432	1 912 315	13 993	13 902
平谷区	209	209	8 397	8 094	3 165 428	3 125 925	20 376	17 677
密云县	148	152	3 425	2 717	2 978 875	2 434 421	29 820	18 288
延庆县	37	35	1 322	1 166	533 671	402 192	4 617	3 334

注：全市合计中含石景山区数据。

民俗旅游

区 县	民俗旅游接待户数（户）		从业人员（人）		民俗旅游接待人次（人次）		民俗旅游总收入（万元）	
	2011	2010	2011	2010	2011	2010	2011	2010
全 市	8 396	7 979	18 232	16 856	16 688 923	15 535 783	86 822	73 472
朝阳区	8	10	12	30	3 784	1 344	28	10
丰台区	1		43		24 738		155	
海淀区	30	26	48	31	42 346	40 136	234	228
门头沟区	561	504	1 444	1 029	681 880	617 918	5 031	3 447
房山区	1 404	1 314	1 903	1 927	2 163 460	1 945 567	12 943	11 059
通州区	76	76	126	124	31 886	25 740	891	421
顺义区	28	28	44	46	23 403	24 825	75	75
昌平区	348	365	1 274	1 315	1 680 321	1 385 927	7 678	5 913
大兴区	187	164	711	763	377 380	362 702	1 328	1 235
怀柔区	1 613	1 476	2 858	2 430	2 130 311	2 187 359	13 175	12 348
平谷区	2 237	2 162	5 171	4 706	3 465 904	3 208 253	16 658	14 479
密云县	1 215	1 212	2 440	2 457	2 905 120	2 854 304	14 107	12 478
延庆县	688	642	2 158	1 998	3 158 390	2 881 708	14 520	11 779

注：民俗旅游接待户数为实际经营的户数。

地方财政收入

单位：万元

区县	地方财政收入			#地方公共财政预算收入		
	2011	2010	增长速度（%）	2011	2010	增长速度（%）
朝阳区	3 168 330	2 342 627	35.2	3 127 877	2 313 388	35.2
丰台区	623 642	472 831	31.9	608 098	456 362	33.2
石景山区	230 015	190 679	20.6	226 571	188 541	20.2
海淀区	2 417 571	1 909 391	26.6	2 382 041	1 882 756	26.5
房山区	1 174 595	1 685 783	—30.3	347 960	281 573	23.6
通州区	1 223 642	1 746 727	—29.9	404 402	316 524	27.8
顺义区	1 176 216	1 457 031	—19.3	809 096	584 356	38.5
昌平区	966 080	1 402 811	—31.1	453 728	355 920	27.5
大兴区	1 956 874	2 596 455	—24.6	401 917	301 382	33.4
门头沟区	438 090	253 058	73.1	168 665	106 754	58.0
怀柔区	324 028	233 921	38.5	210 598	182 440	15.4
平谷区	349 227	401 382	—13.0	180 917	136 489	32.6
密云县	310 709	240 237	29.3	195 077	155 819	25.2
延庆县	113 858	99 159	14.8	80 570	71 000	13.5

注：分区县财政收入为区县级财政收入。
资料来源：北京市财政局。

郊区（县）人民生活

单位：元

	城镇居民人均可支配收入	农村居民人均纯收入	城镇居民人均生活消费支出	农村居民人均生活消费支出
全市	32 903	14 736	21 984	11 078
城市功能拓展区	34 495	18 954	23 393	15 773
朝阳区	34 044	19 839	24 799	16 888
丰台区	30 682	16 554	20 548	13 414
海淀区	37 746	20 015	24 000	16 498
城市发展新区	27 651	13 852	17 432	10 249
房山区	26 956	13 527	16 540	9 814
通州区	27 713	14 273	17 779	10 253
顺义区	28 163	14 314	16 431	9 926

（续）

	城镇居民人均可支配收入	农村居民人均纯收入	城镇居民人均生活消费支出	农村居民人均生活消费支出
昌平区	27 669	13 441	18 489	11 160
大兴区	27 786	13 723	17 678	10 230
生态涵养发展区	27 355	13 182	16 921	9 119
门头沟区	29 172	14 031	18 578	9 598
怀柔区	26 647	12 991	16 258	9 483
平谷区	26 842	13 387	16 790	9 555
密云县	26 652	12 924	15 971	8 970
延庆县	26 080	12 761	14 756	8 135

图书在版编目（CIP）数据

北京农村年鉴．2012/《北京农村年鉴》编委会编．—北京：中国农业出版社，2012.12
ISBN 978-7-109-17331-6

Ⅰ.①北… Ⅱ.①北… Ⅲ.①农村经济—北京市—2012—年鉴 Ⅳ.①F327.1-54

中国版本图书馆 CIP 数据核字（2012）第 260633 号

中国农业出版社出版
（北京市朝阳区农展馆北路 2 号）
（邮政编码 100125）
责任编辑 姚 红 闫保荣 张 欣 周 珊

中国农业出版社印刷厂印刷 新华书店北京发行所发行
2012 年 12 月第 1 版 2012 年 12 月北京第 1 次印刷

开本：787mm×1092mm 1/16 印张：24.25 插页：16
字数：905 千字 印数：1～1 700 册
定价：200.00 元